Johanna Härtl · Jürgen Kemmerer

Kompendium für die Meisterprüfung

Kompaktwissen und Prüfungsfragen für die Basisqualifikation

mit über 500 Aufgaben und Lösungsvorschlägen

sowie fünf Musterklausuren

Erfolgreich im Beruf

Über die Autoren

Johanna Härtl ist als Dozentin bei verschiedenen Bildungsträgern tätig, konzipiert Lehrgänge und ist als Autorin ausgewiesen. Dipl.-Phys. Jürgen Kemmerer war langjährig Studiengangleiter bei einem privaten Bildungsträger, bevor er sich auf auf seine Dozentenfunktion konzentrierte. Beide Autoren verfügen über umfassende Erfahrungen in Meisterkursen und haben eine eigene Akademie gegründet.

Hinweis:
In diesem Buch werden Marken handelsüblicher Software genannt. Auch falls sie im Einzelfall nicht entsprechend gekennzeichnet sein sollten, so sind sie geschützt und dürfen nur nach der im Markengesetz festgelegten Rechtslage verwendet werden.

Verlagsredaktion: Erich Schmidt-Dransfeld
Technische Umsetzung: Holger Stoldt, Düsseldorf
Illustrationen: Holger Stoldt, Düsseldorf (sofern nicht einzeln gekennzeichnet)
Umschlaggestaltung: Knut Waisznor, Berlin

> Informationen über Cornelsen Fachbücher und Zusatzangebote:
> www.cornelsen.de/berufskompetenz

5. Auflage

© 2009 Cornelsen Verlag Scriptor GmbH & Co KG, Berlin

Das Werk und seine Teile sind urheberrechtlich geschützt.
Jede Nutzung in anderen als den gesetzlich zugelassenen Fällen bedarf der vorherigen schriftlichen Einwilligung des Verlages.
Hinweis zu den §§ 46, 52 a UrhG: Weder das Werk noch seine Teile dürfen ohne eine solche Einwilligung eingescannt und in ein Netzwerk eingestellt oder sonst öffentlich zugänglich gemacht werden. Dies gilt auch für Intranets von Schulen und sonstigen Bildungseinrichtungen.

Druck: Druckhaus Thomas Müntzer, Bad Langensalza

ISBN 978-3-589-23723-4

 Inhalt gedruckt auf säurefreiem Papier aus nachhaltiger Forstwirtschaft.

Zu diesem Buch

Dieses Buch wendet sich in erster Linie an angehende Industriemeister und -meisterinnen, aber darüber hinaus breiter auch an Führungskräfte der mittleren Ebene in gewerblich und technisch ausgerichteten Betrieben, die sich auf Stand bringen oder weiter qualifizieren möchten.

In fünf Kapiteln behandelt das Werk die fachrichtungsübergreifenden Basisqualifikationen nach dem Konzept Industriemeister 2000: Grundlagen des Rechts, Betriebswirtschaft einschließlich Kostenrechnung, Information und Kommunikation, Führung von Mitarbeitern sowie Grundlagen von Naturwissenschaft und Technik. Damit sind zugleich die Bereiche umrissen, in denen heute jede Führungskraft über die reine Fachkompetenz hinaus bewandert sein muss und die durch die so genannten Methoden- und Sozialkompetenzen umrissen werden. Die Darstellung erfolgt – in Übereinstimmung mit den Anforderungen des Lehrplans – handlungsorientiert und damit sehr praxisnah. Gleichzeitig ist der Band spezifisch auf die Erfordernisse des gewerblichen und technischen Bereichs ausgerichtet, was sich zum einen in den Details der Stoffauswahl und zum anderen in den dafür passenden Beispielen widerspiegelt.

Damit wird den an Fortbildung interessierten Führungskräften ein umfassender und zugleich konkret auf ihr Arbeitsumfeld zugeschnittener Leitfaden an die Hand gegeben, der als Einführung herangezogen, als Begleitbuch zu Kursen und Seminaren dienen oder als Nachschlagewerk am Arbeitsplatz genutzt werden kann.

Einsatz des Buches im Rahmen der Meisterausbildung
Im Rahmen der (Industrie-)Meisterbildung kann das Werk sowohl als Lehrbuch in den Kursen als auch für die individuelle Prüfungsvorbereitung verwendet werden. Die beiden Autoren, langjährig in der Lehre erfahren, haben sich um eine verständliche Darstellung und Sprache bemüht. Sie haben den umfangreichen Stoff einerseits vollständig berücksichtigt und andererseits kompakt aufbereitet. Insgesamt sind 525 Aufgaben und fünf Musterklausuren enthalten. Dies unterstützt zusammengenommen die effiziente Prüfungsvorbereitung.

In erster Linie dient das Werk zur Vorbereitung des Prüfungsteils der „Fachübergreifenden Basisqualifikationen". Allerdings stellen die drei Stoffgebiete des Prüfungsteils „Handlungsspezifische Qualifikationen", nämlich Technik, Organisation (u.a. mit Kostenrechnung, Planungs- und Steuerungssystemen) sowie Führung und Personal eine teils wiederholende und dann vertiefende Weiterführung dar. Deshalb ist das Buch auch für den zweiten Prüfungsteil noch ausgesprochen nützlich und kann hier zum Wiederholen oder zum Aufarbeiten bislang fehlender Grundlagen herangezogen werden. Diese Situation stellt sich insbesondere dort ein, wo angehende Meister die Reihenfolge der Prüfungen vertauschen (dürfen) und wo es dann darauf ankommt, im Nachgang noch Prüfungen zu den Grundlagen abzulegen.

Tipps zum methodischen Vorgehen

Methodisch berücksichtigt das Buch zwei Aspekte: Erstens gehört zum Lernen Wiederholung und Anwendung. Zweitens bringen angehende Meister oft unterschiedliche Voraussetzungen mit. Deshalb lässt das Buch drei Einstiegsvarianten zu und bietet ausführlich Aufgaben zum Erproben des Gelernten:

1. Wer noch über wenig Kenntnisse verfügt, kann zunächst die Texte durcharbeiten. Die Kapitel sind unabhängig nutzbar, enthalten aber eine große Anzahl von Querverweisen, mit denen Zusammenhänge zwischen Themen hergestellt werden. Die Fragen und Bemerkungen in der Randspalte helfen, das Gelesene passagenweise abzufragen, zu wiederholen usw. Nach jedem Hauptabschnitt können die jeweiligen Aufgaben bearbeitet werden. Am Ende des Kapitels steht dann eine Musterklausur mit vermischten Aufgaben. Dazu noch ein Hinweis: Einige wenige Aspekte werden nicht im Text behandelt, sondern ausschließlich in Aufgaben. Teils betrifft dies Grundlagen, die nur geübt werden sollen und aus Platzgründen teils auch Ergänzungen.
2. Wer hinreichend gute Kenntnisse hat, kann direkt mit den Fragen und Bemerkungen am Rand einsteigen. Nur wo er Lücken empfindet, braucht er sich noch einmal in die Texte zu vertiefen. So ist es möglich, mit Hilfe des Buches einen kursorischen und an die persönlichen Leistungen angepassten Stoffdurchgang zu machen. Natürlich sollte man anschließend auch die Aufgaben und die Musterklausuren lösen.
3. Für einen allerletzten Durchgang vor einer Prüfung kann man auch gleich mit den Aufgaben beginnen und dann nur noch die Abschnitte bearbeiten, in denen man sich unsicher fühlt.

Zu den abgedruckten Lösungsvorschlägen sollten Leser/innen bedenken: Insbesondere bei Methoden- und Sozialkompetenzen gibt es vielfach kein eindeutiges Richtig oder Falsch. Oft führen mehrere Wege zum Ziel. Richten Sie Ihr Augenmerk darauf, Begriffe richtig zu verwenden und eine von Ihnen ausgearbeitete Lösung, die von unserer abweichen kann, nachvollziehbar zu begründen. Wir würden uns freuen, wenn unsere Lösungen in den Kursen auch Anstoß für weiteres Nachdenken, für Diskussion und Weiterentwicklung bieten würden.

Zu guter Letzt: Die Meisterinnen mögen in den Betrieben in der Minderzahl sein. Sie sind aber mit diesem Buch selbstverständlich völlig gleichberechtigt angesprochen, auch wenn wir überwiegend von „dem Meister" sprechen und keine der in der Literatur vielfach anzutreffenden sperrigen Doppelformulierungen benutzen. So lesen sich unsere Texte ganz praktisch gesehen besser.

Kein Buch ist perfekt und fehlerfrei. Über Anregungen und Verbesserungsvorschläge freuen wir uns.

Ihnen als Leser und Leserinnen wünschen wir gutes Gelingen!

Die Autoren und der Verlag

Inhaltsverzeichnis

Qualifikationsbereich 1: Rechtsbewusstes Handeln

1.1 Arbeitsrechtliche Vorschriften und Bestimmungen 2

1.1.1	Rechtsgrundlagen	2
1.1.1.1	Gültigkeitsreihenfolge von arbeitsrechtlichen Normen und Gesetzen	3
1.1.1.2	Betriebliche Einzelmaßnahmen	4
1.1.1.3	Arbeitsrechtliche Rechtsquellen im Einzelnen	5
1.1.1.4	Individuelles und kollektives Arbeitsrecht	6
1.1.2	Wesen und Zustandekommen des Arbeitsvertrages	7
1.1.2.1	Zustandekommen des Arbeitsvertrages	7
1.1.2.2	Geltungsbereich des Arbeitsvertrages	9
1.1.2.3	Mängel des Arbeitsvertrages	11
1.1.2.4	Arten von Arbeitsverhältnissen	15
1.1.2.5	Sondervereinbarungen über Arbeitszeit und Urlaub sowie die entsprechende Entlohnung	21
1.1.3	Rechte und Pflichten aus dem Arbeitsverhältnis	22
1.1.3.1	Rechte und Pflichten des Arbeitnehmers sowie Wettbewerbsklausel	22
1.1.3.2	Rechte und Pflichten des Arbeitgebers	24
1.1.3.3	Spezielle Rechte und Pflichten aus dem Arbeitsverhältnis	28
1.1.3.4	Schadensersatzansprüche	29
1.1.3.5	Grundlagen und Umfang des Weisungsrechts	30
1.1.3.6	Muster eines Arbeitsvertrages	30
1.1.4	Beendigung des Arbeitsverhältnisses und daraus folgende Rechte und Pflichten	34
1.1.4.1	Möglichkeiten der Beendigung des Arbeitsverhältnisses	34
1.1.4.2	Ordentliche und außerordentliche Kündigung	35
1.1.4.3	Einschaltung der Personalvertretung in das Kündigungsverfahren ..	42
1.1.4.4	Möglichkeiten des Arbeitnehmers zum Vorgehen gegen die Kündigung	42
1.1.4.5	Art und Inhalt des einfachen und des qualifizierten Zeugnisses	43
1.1.4.6	Rechte und Pflichten nach Beendigung des Arbeitsverhältnisses ...	43
1.1.5	Geltungsbereich und Rechtswirksamkeit von Tarifverträgen ..	44
1.1.5.1	Koalitionsfreiheit und Tarifautonomie	44
1.1.5.2	Inhalt und Form von Tarifverträgen	45
1.1.5.3	Tarifbindung und Allgemeinverbindlichkeit	46
1.1.6	Rechtliche Rahmenbedingungen von Arbeitskämpfen	47
1.1.6.1	Interessenkonflikte als Ursache von Arbeitskämpfen	47
1.1.6.2	Formen und Beendigung der Arbeitskampfmittel	47
1.1.6.3	Aufgabe des Schlichtungsverfahrens	49
1.1.6.4	Rechtsfolgen aus Arbeitskampfmaßnahmen	49
1.1.7	Bedeutung der Betriebsvereinbarung	50
1.1.7.1	Ziel und Rechtswirkungen der Betriebsvereinbarung	50
1.1.7.2	Abgrenzung zwischen Tarifvertrag und Betriebsvereinbarung	50
1.1.7.3	Umsetzung von Betriebsvereinbarungen	51
	● Aufgaben mit Lösungsvorschlägen zu Abschnitt 1.1	52

1.2 Die Vorschriften des Betriebsverfassungsgesetzes und Beteiligungsrechte 59

- 1.2.1 Rechte und Pflichten des Betriebsrates 59
  - 1.2.1.1 Mitwirkungs- und Mitbestimmungsrechte 59
  - 1.2.1.2 Mitwirkungs- und Mitbestimmungsrechte des Betriebsrates in sozialen, personellen und wirtschaftlichen Angelegenheiten 60
  - 1.2.1.3 Verbot parteipolitischer Betätigung im Betrieb 61
  - 1.2.1.4 Wesentliche Unterschiede zwischen der Mitbestimmung nach dem Betriebsverfassungsgesetz und dem Mitbestimmungsgesetz 61
- 1.2.2 Aufgaben und Stellung des Betriebsrates und das Wahlverfahren 61
  - 1.2.2.1 Träger und Organe des Betriebsrates 61
  - 1.2.2.2 Wesentliche Aufgaben des Betriebsrates 62
  - 1.2.2.3 Besondere Rechtsstellung der Betriebsratsmitglieder 62
  - 1.2.2.4 Die Wahlverfahren (insbesondere aktives und passives Wahlrecht) . 62
  - 1.2.2.5 Ziel und Aufgaben der Betriebsvereinbarung 63
- 1.2.3 Grundlagen der Arbeitsgerichtsbarkeit 63
  - 1.2.3.1 Aufbau, Zuständigkeit und Besetzung der Arbeitsgerichte 63
  - 1.2.3.2 Grundsätze des Arbeitsgerichtsverfahrens 64
  - 1.2.3.3 Klagearten – Rechtsmittel und Kosten von Arbeitsgerichtsverfahren 64
- 1.2.4 Grundzüge der Sozialgerichtsbarkeit 65
  - 1.2.4.1 Aufbau, Zuständigkeit und Besetzung der Sozialgerichte 65
  - 1.2.4.2 Grundsätze des Sozialgerichtsverfahrens 66
  - 1.2.4.3 Klagearten und Rechtsmittel von Sozialgerichtsverfahren 66
  - ● Aufgaben mit Lösungsvorschlägen zu Abschnitt 1.2 67

1.3 Rechtliche Bestimmungen zu Sozialversicherung, Entgeltfindung und Arbeitsförderung 69

- 1.3.1 Grundlagen der Sozialversicherung 69
  - 1.3.1.1 Versicherungszweige und -träger der Sozialversicherung 69
  - 1.3.1.2 Aufgaben der Selbstverwaltung und ihrer Organe 70
  - 1.3.1.3 Aufsicht über die Sozialversicherung 71
- 1.3.2 Ziele und Aufgaben der Krankenversicherung 71
  - 1.3.2.1 Solidaritätsprinzip und die Finanzierung der gesetzlichen Krankenversicherung 71
  - 1.3.2.2 Versicherte Personen der gesetzlichen Krankenversicherung 72
  - 1.3.2.3 Leistungen der gesetzlichen Krankenversicherung 72
  - 1.3.2.4 Die Bedeutung der Arbeitskraft als Lebensgrundlage des Menschen 73
  - 1.3.2.5 Einflüsse gesundheitsschädlicher Verhaltensweisen 73
  - 1.3.2.6 Auswirkungen des Entgeltfortzahlungsgesetzes für Arbeitnehmer .. 73
- 1.3.3 Ziele und Aufgaben der Pflegeversicherung 73
- 1.3.4 Ziele und Aufgaben der Unfallversicherung 74
  - 1.3.4.1 Zweck und Umfang der Unfallversicherung 74
  - 1.3.4.2 Versicherte Personen in der Unfallversicherung 74
  - 1.3.4.3 Arbeitsunfälle im Rahmen der gesetzlichen Unfallversicherung 74
  - 1.3.4.4 Berufsbedingte Krankheiten und ihre Ursachen 75
  - 1.3.4.5 Unfallverhütung und Erste Hilfe 75
  - 1.3.4.6 Leistungen der Unfallversicherung 76
- 1.3.5 Ziele und Aufgaben der Rentenversicherung 76
  - 1.3.5.1 Zweck und Umfang der Rentenversicherung 76
  - 1.3.5.2 Versicherte Personen in der Rentenversicherung 76
  - 1.3.5.3 Versicherungsträger der Rentenversicherung 77

1.3.5.4	Leistungen zur Rehabilitation durch die Rentenversicherung	77
1.3.5.5	Finanzierung, Berechnung, Grundlagen und Anpassung der Rente in der Rentenversicherung	77
1.3.6	Ziele und Aufgaben der Arbeitslosenversicherung	79
1.3.6.1	Zweck und Umfang der Arbeitslosenversicherung	79
1.3.6.2	Arten der Arbeitslosigkeit	79
1.3.6.3	Versicherte Personen in der Arbeitslosenversicherung	80
1.3.6.4	Leistungen der Arbeitslosenversicherung	80
1.3.6.5	Finanzierung der Arbeitslosenversicherung	80
1.3.7	Ziele und Aufgaben der Arbeitsförderung	81
	● Aufgaben mit Lösungsvorschlägen zu Abschnitt 1.3	82
1.4	**Arbeitsschutz- und arbeitssicherheitsrechtliche Vorschriften und Bestimmungen**	**86**
1.4.1	Ziele und Aufgaben des Arbeitsschutzes und des Arbeitssicherheitsrechtes	86
1.4.1.1	Bestimmungen in Sozialgesetzbuch, Reichsversicherungsordnung und Arbeitsschutzgesetz	86
1.4.1.2	Grundlegende Vorschriften nach § 120 a der Gewerbeordnung	87
1.4.1.3	Die Bedeutung weiterer Gesetze für den Arbeitsschutz und die Arbeitssicherheit	87
1.4.1.4	Überwachung des Arbeitsschutzes und der Arbeitssicherheit	89
1.4.1.5	Arbeitszeitgesetz: Rechtliche Bestimmungen der Arbeitsgestaltung	89
1.4.2	Verantwortung für den Arbeitsschutz und die Arbeitssicherheit	90
1.4.2.1	Verantwortung des Arbeitgebers für den Arbeitsschutz	90
1.4.2.2	Verantwortung der Arbeitnehmer für den Arbeitsschutz	90
1.4.2.3	Verantwortung des Betriebsrates für den Arbeitsschutz	91
1.4.2.4	Rechtsfolgen bei Verstößen und Ordnungswidrigkeiten	91
1.4.3	Sonderschutzrechte für schutzbedürftige Personen	91
1.4.3.1	Einrichtung spezieller Arbeitsplätze für schutzbedürftige Personen	91
1.4.3.2	Vorschriften für schutzbedürftige Personen	92
1.4.4	Bestimmungen des Arbeitssicherheitsgesetzes (ASiG)	93
1.4.4.1	Grundlagen des Arbeitssicherheitsgesetzes	93
1.4.4.2	Bestellung von Betriebsärzten und Fachkräften für Arbeitssicherheit und ihre Aufgaben	93
1.4.4.3	Aufgaben des Arbeitsschutzausschusses	94
1.4.5	Ziel und wesentliche Inhalte der Arbeitsstättenverordnung (ArbStättV)	94
1.4.5.1	Allgemeine Vorschriften und Anforderungen für Arbeitsstätten und Einrichtungen in Gebäuden	94
1.4.5.2	Konkretisierung der Arbeitsstättenverordnung durch die Arbeitsstättenrichtlinien	95
1.4.6	Bestimmungen des Gesetzes über technische Arbeitsmittel und Verbraucherprodukte (GPSG) unter Berücksichtigung des EU-Rechts	96
1.4.6.1	Gesetzliche Bestimmungen für Hersteller oder Einführer technischer Arbeitsmittel und deren zulässige Abweichungen	96
1.4.6.2	Zertifizierung und Prüfwesen	96
1.4.7	Gesetzliche Grundlagen der Gewerbeaufsicht	97
1.4.7.1	Die Gewerbeaufsicht und deren zuständige Behörden	97
1.4.7.2	Aufgaben der Gewerbeaufsicht	98
1.4.7.3	Erteilung von Auflagen durch die Gewerbeaufsicht	98

1.4.8	Gesetzliche Grundlagen und Aufgaben der Berufsgenossenschaft	98
1.4.8.1	Status, Auftrag, Gliederung, Aufgaben und Leistungen der Berufsgenossenschaft	98
1.4.8.2	Aufgaben der Sicherheitsbeauftragten und ihre Verantwortung	98
1.4.9	Aufgaben technischer Überwachungsvereine	99
	● Aufgaben mit Lösungsvorschlägen zu Abschnitt 1.4	100
1.5	**Vorschriften des Umweltrechts**	**104**
1.5.1	Ziel und Aufgaben des Umweltschutzes	104
1.5.1.1	Aufgaben der Politik im nationalen Bereich für den Umweltschutz ..	104
1.5.1.2	Das Umweltschutzrecht der EU	104
1.5.1.3	Strafrechtliche Folgen bei Verstößen gegen den Umweltschutz	105
1.5.1.4	Basisprinzipien beim Umweltschutz	106
1.5.2	Wichtige Gesetze und Verordnungen zum Umweltschutz	107
1.5.2.1	Wesentliche Bestimmungen des Wasserhaushaltsgesetzes	107
1.5.2.2	Wassergefährdende Stoffe und ihre Gefährdungsklassen	107
1.5.2.3	Abgaben für das Einleiten von Abwasser in Gewässer (Abwasserabgabengesetz AbwAG)	108
1.5.2.4	Bodenschutz (siehe StGB § 324 Bodenverunreinigung)	108
1.5.2.5	Gesetz über die Umweltverträglichkeit von Wasch- und Reinigungsmitteln (Wasch- und Reinigungsmittelgesetz WRMG) ...	108
1.5.2.6	Wesentliche Bestimmungen des Gesetzes zur Förderung der Kreislaufwirtschaft und Sicherung der umweltverträglichen Beseitigung von Abfällen KrW-/AbfG	109
1.5.2.7	Zweck, Geltungsbereich und wesentliche Bestimmungen des Bundesimmissionsschutzgesetzes (BImSchG)	109
1.5.2.8	Notwendigkeit der Überwachung der Luftverunreinigung in der Bundesrepublik (BImSchG)	110
1.5.2.9	Auswirkungen von Arbeits- und Verkehrslärm auf den Menschen (BImSchG)	111
1.5.2.10	Schutzvorschriften gegen Strahlen	111
1.5.2.11	Zweck, Geltungsbereich und Bestimmungen zum Schutz vor gefährlichen Stoffen (Chemikaliengesetz ChemG)	112
	● Aufgaben mit Lösungsvorschlägen zu Abschnitt 1.5	113
1.6	**Wirtschaftsrechtliche Regelungen zu Produktverantwortung und -haftung sowie Datenschutz**	**114**
1.6.1	Wesentliche Bestimmungen des Kreislaufwirtschafts- und Abfallgesetzes (Krw/AbfG)	114
1.6.1.1	Aufgaben der Produktverantwortung	114
1.6.1.2	Verbote, Beschränkungen und Kennzeichnungen	114
1.6.2	Wesentliche Bestimmungen des Produkthaftungsgesetzes (ProdHaftG)	115
1.6.2.1	Unterschied zwischen der vertraglichen und gesetzlichen Haftung ..	115
1.6.2.2	Haftung für fehlerhafte Produkte	115
1.6.3	Notwendigkeit und Zielsetzung des Datenschutzes	116
1.6.3.1	Die Rechtsquellen des Datenschutzes	116
1.6.3.2	Personenbezogene Daten und ihre Schutzwürdigkeit	117
	● Aufgaben mit Lösungsvorschlägen zu Abschnitt 1.6	118
Musterklausur für Kapitel 1		**120**

Qualifikationsbereich 2:
Betriebwirtschaftliches Handeln

2.1 Ökonomische Handlungsprinzipien von Unternehmen mit Beachtung volkswirtschaftlicher Zusammenhänge und sozialer Wirkungen 126

2.1.1	Unternehmensformen und deren Weiterentwicklung	126
2.1.1.1	Unternehmensformen	126
2.1.1.2	Konzentrationsformen der Wirtschaft	131
2.1.1.3	Internationalisierung und Globalisierung	134
2.1.2	Hauptfunktionen des Industrie- bzw. Produktionsbetriebes ..	134
2.1.2.1	(Geschäfts-)Leitung	135
2.1.2.2	Beschaffung	135
2.1.2.3	Entwicklung	135
2.1.2.4	Fertigung	135
2.1.2.5	Absatz	135
2.1.2.6	Verwaltung	136
2.1.2.7	Lagerung und Logistik	136
2.1.2.8	Finanzierung	136
2.1.3	Der Produktionsfaktor Arbeit	137
2.1.3.1	Formen der menschliche Arbeit	137
2.1.3.2	Bedingungen der menschlichen Arbeitsleistung und deren Einflussfaktoren	138
2.1.3.3	Arbeitsteilung nach Art und Menge	139
2.1.3.4	Menschliche Arbeit im Arbeitssystem	140
2.1.3.5	Beurteilungsmerkmale des menschliche Leistungsgrades	140
2.1.4	Die Bedeutung des Produktionsfaktors Betriebsmittel	142
2.1.4.1	Die Auswirkungen von Investitionen auf die Mitarbeiter/innen und den Produktionsablauf	142
2.1.4.2	Notwendigkeit von Investitionen	142
2.1.4.3	Bedeutung der Kapazitätsauslastung aus betriebswirtschaftlicher Sicht	143
2.1.4.4	Probleme der Substitution menschlicher Arbeit durch Betriebsmittel	143
2.1.5	Die Bedeutung der Werkstoffe in der Produktion	144
2.1.5.1	Einteilung der Werkstoffe in Roh-, Hilfs- und Betriebsstoffe	144
2.1.5.2	Wirtschaftliche Probleme der Werkstoffe	144
2.1.5.3	Werkstoffverlust und Rohstoffwiedergewinnung	145
	● Aufgaben mit Lösungsvorschlägen zu Abschnitt 2.1	145

2.2 Berücksichtigen der Grundsätze betrieblicher Aufbau- und Ablauforganisation 148

2.2.1	Grundstrukturen betrieblicher Organisationen	148
2.2.2	Methodisches Vorgehen im Rahmen der Aufbauorganisation ..	149
2.2.2.1	Wesen und Zweck der Aufgabenanalyse	149
2.2.2.2	Wesen und Zweck der Aufgabensynthese	149
2.2.2.3	Gliederungsmerkmale der Aufgabensynthese	150
2.2.2.4	Die Vorgehensweise bei der Stellenbildung	152
2.2.3	Die Bedeutung der Leitungsebenen	154
2.2.3.1	Formale Organisationseinheiten	154
2.2.3.2	Anordnungsbeziehungen der Stellen	154
2.2.3.3	Organisationssysteme	155

	2.2.3.4	Aufbau eines Organisationsplanes	160
	2.2.3.5	Ergebnisorientierte Organisationseinheiten	161
	2.2.4	**Aufgaben der Arbeitsplanung**	**161**
	2.2.4.1	Festlegung des Produktionsvolumens	161
	2.2.4.2	Festlegung des Produktionsprogramms	162
	2.2.4.3	Aufnahme neuer Produkte und /oder neuer Fertigungsverfahren	165
	2.2.4.4	Erzeugnisgliederung	167
	2.2.5	**Grundlagen der Ablaufplanung**	**168**
	2.2.5.1	Formen der Arbeitsteilung und -planung	168
	2.2.5.2	Einflussfaktoren auf die Gestaltung des Materialflusses	170
	2.2.5.3	Arten von Arbeitssystemen	172
	2.2.6	**Elemente des Arbeitsplans**	**173**
	2.2.6.1	Daten des Arbeitsgegenstandes	173
	2.2.6.2	Betriebsmitteldatei	175
	2.2.7	**Grundsätze zur Gestaltung des Arbeitsplatzes und Arbeitsvorgangs**	**175**
	2.2.8	**Aufgaben der Bedarfsplanung**	**178**
	2.2.8.1	Aufgaben und Grundsätze der Personalplanung	178
	2.2.8.2	Aufgaben der Betriebsmittelplanung	179
	2.2.8.3	Aufgaben der Materialplanung	180
	2.2.9	**Produktionsprogrammplanung, Auftragsdisposition und deren Instrumente**	**181**
	2.2.9.1	Die Notwendigkeit von Produktionsprogrammen	181
	2.2.9.2	Materialdisposition und Bedarfsbestimmung	181
	2.2.9.3	Vorratsplanung nach betriebswirtschaftlichen Gesichtspunkten	184
	2.2.10	**Wirtschaftsschutz und betrieblicher Selbstschutz**	**186**
	2.2.10.1	Maßnahmen des Wirtschaftsschutzes	186
	2.2.10.2	Rechtliche Stellung und Aufgaben des Werkschutzes	186
		● Aufgaben mit Lösungsvorschlägen zu Abschnitt 2.2	187
2.3	**Nutzen und Möglichkeiten der Organisationsentwicklung**		**192**
	2.3.1	**Veränderungsprozesse in Gang setzen**	**192**
	2.3.1.1	Grundgedanken der Organisationsentwicklung	192
	2.3.1.2	Phasen des Organisationszyklus	193
	2.3.1.3	Alternative Vorgehensweisen der Organisationsentwicklung	195
	2.3.1.4	Erfolgs- und Misserfolgsfaktoren des organisatorischen Wandels	196
	2.3.2	**Organisationsentwicklung in Tätigkeitsfeldern betrieblicher Abläufe**	**196**
	2.3.2.1	Darstellung von Arbeitsabläufen	197
	2.3.2.2	Analyse der Arbeitspapiere	206
		● Aufgaben mit Lösungsvorschlägen zu Abschnitt 2.3	207
2.4	**Entgeltfindung und kontinuierlicher betrieblicher Verbesserungsprozess**		**211**
	2.4.1	**Ergonomische Arbeitsplatzgestaltung**	**211**
	2.4.1.1	Anthropometrische Aspekte	211
	2.4.1.2	Physiologische Aspekte	211
	2.4.1.3	Psychologische Aspekte	211
	2.4.1.4	Informationstechnische Aspekte	212
	2.4.1.5	Sicherheitstechnische Aspekte	212
	2.4.1.6	Organisatorische Aspekte	212

2.4.1.7	Ziele der Arbeitsplatzgestaltung durch Bewegungsanalyse (Systeme vorbestimmter Zeiten)	213
2.4.1.8	Ergebnisse der Arbeitsplatzgestaltung	213
2.4.2	**Formen der Entgeltfindung**	**214**
2.4.2.1	Anforderungsabhängige und leistungsabhängige Entgeltdifferenzierung	214
2.4.2.2	Lohnformen: Zeitlohn und Leistungslohn (Akkord, Prämie, Zulagen)	220
2.4.2.3	Auswirkungen von Zeitlohn und Leistungslohn auf Kalkulation, Leistung und Verdienst	224
2.4.3	**Innovation und kontinuierlicher betrieblicher Verbesserungsprozess**	**225**
2.4.3.1	Innovation in Begleitung stetiger Verbesserung	225
2.4.3.2	Methoden des kontinuierlichen Verbesserungsprozesses und betriebliches Vorschlagswesen sowie ihre nachhaltigen Wirkungen	225
2.4.3.3	Wertanalyse als wesentliches Element im KVP	228
2.4.4	**Bewertung von Verbesserungsvorschlägen**	**229**
2.4.4.1	Bewertungsmaßstäbe	229
2.4.4.2	Bewertungsfaktoren	229
2.4.4.3	Bewertungskriterien von Vorschlägen mit errechenbarem Nutzen	230
2.4.4.4	Bewertungskriterien bei nicht errechenbarem Nutzen	230
	● Aufgaben mit Lösungsvorschlägen zu Abschnitt 2.4	232
2.5	**Kostenrechnung und Kalkulationsverfahren**	**234**
2.5.1	**Grundlagen des Rechnungswesens**	**234**
2.5.1.1	Aufgaben des betrieblichen Rechnungswesens	234
2.5.1.2	Gliederung des betrieblichen Rechnungswesens	236
2.5.1.3	Gesetzliche Grundlagen der Finanzbuchhaltung	239
2.5.1.4	Grundsätze ordnungsgemäßer Buchführung	240
2.5.1.5	Inventur	241
2.5.1.6	Inventar	244
2.5.1.7	Vom Inventar zur Bilanz	247
2.5.1.8	Bilanz, Bestandskonten und Geschäftsvorfälle	248
2.5.1.9	Erfolgskonten	255
2.5.1.10	Bilanz, GuV, Anhang, Lagebericht	260
2.5.1.11	Analyse von Bilanz und GuV-Rechnungen	263
2.5.1.12	Abschreibung	266
2.5.1.13	Leasing	273
2.5.2	**Ziele und Aufgaben der Kostenrechnung**	**275**
2.5.3	**Grundbegriffe der Kosten- und Leistungsrechnung**	**277**
2.5.3.1	Begriffsunterscheidung	277
2.5.3.2	Neutrales Ergebnis und Betriebsergebnis	282
2.5.4	**Teilgebiete der Kostenrechnung**	**285**
2.5.4.1	Kostenartenrechnung, Kostenstellenrechnung, Kostenträgerrechnung	285
2.5.4.2	Erfassung von Kostendaten im Betrieb	286
2.5.4.3	Verwendung von Belegen und Datensätzen verschiedener Art	287
2.5.5	**Techniken der Betriebsabrechnung**	**287**
2.5.5.1	Kostenarten und ihre Gliederungsmöglichkeiten	287
2.5.5.2	Kostenartenrechnung als Maschinenstundensatzrechnung	288
2.5.5.3	Aufbau und Struktur des Betriebsabrechnungsbogens (inhaltliche und rechnerische Zusammenhänge)	292
2.5.5.4	Betriebsabrechnungsbogen mit mehreren Fertigungshauptstellen	300
2.5.5.5	Mehrstufiger Betriebsabrechnungsbogen	302

2.5.5.6	Verrechnung innerbetrieblicher Leistungen	306
2.5.5.7	Betriebsabrechnungsbogen mit Über- und Unterdeckung	311
2.5.5.8	Umlage von Kostenstellen nach dem Kostenverursachungsprinzip .	315
2.5.6	Zuschlagskalkulation und weitere Kalkulationsverfahren ...	316
2.5.6.1	Unterschied zwischen Vor- und Nachkalkulation	316
2.5.6.2	Divisionskalkulation	319
2.5.6.3	Zuschlagskalkulation	330
2.5.7	Zusammenhänge zwischen Erlösen (Umsätzen), Kosten und Beschäftigungsgrad	336
2.5.7.1	Beschäftigungsgrad, fixe und variable Kosten	336
2.5.7.2	Grafische Darstellung des Zusammenhangs von Gesamtkosten und Stückkosten	342
2.5.8	Grundzüge der Deckungsbeitragsrechnung	348
2.5.8.1	Struktur der Deckungsbeitragsrechnung	348
2.5.8.2	Die Vorgehensweise der Deckungsbeitragsrechnung	349
2.5.8.3	Deckungsbeitragsrechnung als Periodenrechnung im Mehr-Produkt-Unternehmen	354
2.5.8.4	Deckungsbeitragsrechnung in Engpasssituationen	360
2.5.8.5	Mehrstufige Deckungsbeitragsrechnung	365
2.5.9	Kostenvergleichsrechnung und Verfahren der Wirtschaftlichkeitsrechnung	368
2.5.9.1	Grundlagen und Zweck der Kostenvergleichsrechnung	368
2.5.9.2	Gesamtkostenvergleich und die Berechnung der Grenzstückzahl an Beispielen	368
2.5.9.3	Wirtschaftlichkeitsrechnung bei Investitionsentscheidungen	371
2.5.10	Zweck und Ergebnis betrieblicher Budgets	373
2.5.10.1	Aufstellung von Budgets	373
2.5.10.2	Maßnahmen zur Budgetkontrolle und Budgeteinhaltung	373
2.5.10.3	Plankostenrechnung	374
	● Aufgaben mit Lösungsvorschlägen zu Abschnitt 2.5	377
2.6.	Statische Investitionsrechenverfahren	399
2.6.1	Kostenvergleichsrechnung	399
2.6.2	Gewinnvergleichsrechnung	404
2.6.3	Rentabilitätsvergleichsrechnung	407
2.6.4	Amortisationsvergleichsrechnung	409

Musterklausur zu Kapitel 2 413

Qualifikationsbereich 3:
Anwendung von Methoden der Information, Kommunikation und Planung

3.1	Prozess- und Produktionsdaten mit EDV-Systemen erfassen, aufbereiten, analysieren und bewerten	420
3.1.1	Beschreibung eines Prozesses	420
3.1.1.1	Beispiel für einen Prozess	420
3.1.1.2	Dokumentation von Prozessen	420

	3.1.2	Rahmenbedingungen von Prozessen	421
	3.1.3	Daten eines Prozesses	422
	3.1.3.1	Daten erfassen	422
	3.1.3.2	Daten verarbeiten	423
	3.1.3.3	Daten visualisieren	423
	3.1.4	Betriebssysteme zur Prozessverarbeitung	423
	3.1.5	Einteilung von Betriebssystemen und ihre Anwendungs-gebiete	423
	3.1.6	Einteilung von Software	428
	3.1.6.1	Einsatzmöglichkeiten von Programmiersprachen	428
	3.1.6.2	Compiler und Interpreter	431
	3.1.7	Interpretation von Diagrammen	431
	3.1.7.1	Basis des Diagramms	432
	3.1.7.2	Rahmenbedingungen zum Zahlenmaterial	432
	3.1.7.3	Interpretation in Abhängigkeit zum Prozess	432
		● Aufgaben mit Lösungsvorschlägen zu Abschnitt 3.1	434
3.2	**Bewertung und Anwendung von Planungstechniken und Analysemethoden**		**438**
	3.2.1	Persönliche und sachliche Vorraussetzungen zum optimalen Arbeiten	438
	3.2.1.1	Individueller Umgang mit der Zeit (Zeitplanung)	438
	3.2.1.2	Persönliche Arbeitsmethodik (z.B. Checklisten)	440
	3.2.1.3	Systematische Kontrolle im Arbeitsbereich	442
	3.2.1.4	Gestaltung des eigenen Arbeitsplatzes (Zweckmäßigkeit, Ergonomie)	442
	3.2.1.5	Technische Hilfen (Ablagesysteme, PC-Technik)	442
	3.2.2	Methoden der Problemlösung und Entscheidungsfindung . . .	444
	3.2.2.1	Formen betrieblicher Probleme und ihre unterschiedlichen Auswirkungen	444
	3.2.2.2	Ziel, Formen und Inhalte der Situationsbeschreibung	444
	3.2.2.3	Ziel, Formen und Inhalt der Problemanalyse	450
	3.2.2.4	Ziel und Methoden der Ideenfindung	455
	3.2.2.5	Ziel, Formen und Inhalt der Entscheidungsfindung	459
	3.2.3	Strategische Planung, Strukturplanung, operative Planung . . .	463
	3.2.3.1	Ist-Zustands-Analyse und Einflussfaktoren	463
	3.2.3.2	Planungsebene (kurzfristig, mittelfristig, langfristig)	463
	3.2.3.3	Fristen- und Terminplanung (Vorwärts- und Rückwärts-terminierung)	464
	3.2.4	Planungstechniken und Analysemethoden	464
	3.2.4.1	Methode der Systemgestaltung	464
	3.2.4.2	6-Stufen-Methode nach REFA	464
	3.2.4.3	Weitere Methoden	465
		● Aufgaben mit Lösungsvorschlägen zu Abschnitt 3.2	467
3.3	**Anwenden von Präsentationstechniken**		**470**
	3.3.1	Ziel und Gegenstand einer Präsentation	470
	3.3.1.1	Präsentation als Methode der Darstellung von Informationen in logischer und konzentrierter Form	470
	3.3.1.2	Zielgerichtete Information, Motivation und Überzeugung durch Anwendung von Methoden der Rhetorik und Moderation	470

	3.3.2	Voraussetzungen für eine erfolgreiche Präsentation	472
	3.3.2.1	Rhetorisch-methodische Bedingungen	472
	3.3.2.2	Moderations-methodische Bedingungen	472
	3.3.2.3	Gestaltungselemente	476
	3.3.2.4	Frage- und Antworttechniken	480
	3.3.3	Vorbereitung einer Präsentation	481
	3.3.3.1	Thema und Ziel der Präsentation (Informieren, Motivieren, Überzeugen)	481
	3.3.3.2	Zielgruppe und deren Zusammensetzung	482
	3.3.3.3	Inhaltliche Vorbereitung	482
	3.3.3.4	Organisation der Präsentation	484
	3.3.4	Durchführung einer Präsentation	487
	3.3.4.1	Eröffnung der Präsentation (Outfit, Ambiente, Aktualität)	487
	3.3.4.2	Hauptteil der Präsentation	488
	3.3.4.3	Abschluss (Zusammenfassung, Feed-back)	489
	3.3.5	Nachbereitung einer Präsentation	489
		● Aufgaben mit Lösungsvorschlägen zu Abschnitt 3.3	490
3.4		**Erstellen von technischen Unterlagen (Entwürfe, Statistiken, Tabellen, Diagramme)**	**492**
	3.4.1	Technische Unterlagen	492
	3.4.1.1	Berichte, Unterlagen bzw. Dokumentationen	492
	3.4.1.2	Verschiedene Arten der Stücklisten und deren Einsatzgebiete	493
	3.4.1.3	Erstellung von Stücklisten für einfache Baugruppen	494
	3.4.2	Entwürfe	498
	3.4.2.1	Teilzeichnungen bzw. Entwürfe im Hinblick auf die fertigungs- und vermaßungstechnische Herstellbarkeit	498
	3.4.2.2	Skizzieren von Einzelteilen aus Gesamtzeichnungen	498
	3.4.2.3	Fertigungs- und funktionsgerechtes Skizzieren von Einzelteilen	499
	3.4.2.4	Perspektivische Entwürfe	499
	3.4.3	Statistiken und Tabellen	499
	3.4.3.1	Anwendungsgebiete der Statistiken und Tabellen	499
	3.4.3.2	Erstellung technischer Tabellen und Statistiken	501
	3.4.4	Diagramme	502
	3.4.4.1	Diagramme und Nomogramme	502
	3.4.4.2	Arten der Diagramme	503
		● Aufgaben mit Lösungsvorschlägen zu Abschnitt 3.4	504
3.5		**Anwenden von Projektmanagementmethoden**	**508**
	3.5.1	Nutzen und Anwendung von Projektmanagement	508
	3.5.1.1	Merkmale eines Projekts	511
	3.5.1.2	Projektbestimmung durch Zielvorgaben	511
	3.5.2	Vorgehensweise bei der Abwicklung eines Projekts	512
	3.5.2.1	Schrittfolgen im Problemlösungszyklus	512
	3.5.2.2	Strukturierungsphasen eines Projekts	512
	3.5.3	Aufbau eines Projektauftrages	513
	3.5.4	Der richtige Umgang mit Konflikten als wichtige Voraussetzung für den Projekterfolg (Konfliktmanagement)	513
	3.5.5	Projektplanung auf der Basis eines Projektauftrages	515
	3.5.5.1	Systematische, zielorientierte Planung und Steuerung	515

	2.5.5.2	Bestandteile eines Projektplanungsprozesses	515
	3.5.6	Funktion einer Projektsteuerung	519
	3.5.6.1	Erfassung des IST-Standes	519
	3.5.6.2	Analyse und Interpretation von IST-SOLL-Abweichungen	519
	3.5.6.3	Einleitung von Korrekturmaßnahmen	519
	3.5.7	Projektabschluss durch Projektleitung	520
	3.5.7.1	Überprüfen der Abnahmebedingungen aus der Qualitätsplanung . .	520
	3.5.7.2	Erstellen eines Abschlussberichts	520
	3.5.7.3	Führen einer Abschlusssitzung mit dem Auftraggeber	521
	3.5.7.4	Einholung von Feed-back von dem Projektteammitgliedern	521
	3.5.7.5	Projektauflösung	521
		● Aufgaben mit Lösungsvorschlägen zu Abschnitt 3.5	522

3.6 Auswählen und Anwenden von Informations-/Kommunikationsformen sowie Einsatz von Informations-/Kommunikationsmitteln . . 526

	3.6.1	Aufgaben der Informationsverarbeitung	526
	3.6.1.1	Hardware: Komponenten und Aufbau eines Computersystems	527
	3.6.1.2	Arbeitsplatzinformatik (Software)	527
	3.6.1.3	Datensicherung, Daten- und Informationsschutz	529
	3.6.1.4	Organisationsstrukturen in der Informatik	534
	3.6.1.5	Hardware-Ergonomie und Softwareergonomie	534
	3.6.2	Betriebliche Kommunikation und Information	538
	3.6.2.1	Notwendigkeit optimaler betrieblicher Kommunikation	538
	3.6.2.2	Formen der Kommunikation	539
	3.6.2.3	Schriftliche Kommunikation	539
	3.6.2.4	Mündlicher Vortrag	540
	3.6.2.5	Adressatengerechte Darstellung und Visualisierung von Ergebnissen aus Einzel- und Gruppenarbeiten	540
		● Aufgaben mit Lösungsvorschlägen zu Abschnitt 3.6	541

Musterklausur für Kapitel 3 545

Qualifikationsbereich 4:
Zusammenarbeit im Betrieb

4.1 Berufliche Entwicklung des Einzelnen 552

	4.1.1	Zusammenhang von Lebenslauf, beruflicher Entwicklung und Persönlichkeitsentwicklung	552
	4.1.2	Entwicklung des Sozialverhaltens und Einflussmöglichkeiten auf Einstellungen und Verhalten von Mitarbeitern	552
	4.1.2.1	Bereiche und Phasen menschlicher Entwicklung und ihr Einfluss auf die Entwicklung des Sozialverhaltens	552
	4.1.2.2	Zusammenhang von Anlagen und Umwelteinflüssen und ihre Bedeutung für die menschliche Entwicklung	555
	4.1.2.3	Entwicklungsfördernde und entwicklungshemmende Umwelteinflüsse sowie persönliche Einstellungen und Haltungen	556
	4.1.2.4	Phasen des Lernprozesses im Hinblick auf das soziale Lernen und die Bedeutung von Automatisierung und Habitualisierung	556
	4.1.2.5	Einflussmöglichkeiten auf die Einstellungen und das Verhalten von Mitarbeitern	558

	4.1.3	Psychologische und soziologische Aspekte bestimmter Gruppen	559
	4.1.3.1	Integration jugendlicher Mitarbeiter	559
	4.1.3.2	Zusammenarbeit von Männern und Frauen im Betrieb	559
	4.1.3.3	Stellung älterer Mitarbeiter	560
	4.1.3.4	Integration körperlich behinderter Mitarbeiter	561
	4.1.3.5	Integration ausländischer Mitarbeiter	562
		● Aufgaben mit Lösungsvorschlägen zu Abschnitt 4.1	562

4.2 Einfluss des Arbeitsumfeldes auf das Sozialverhalten und das Betriebsklima und Maßnahmen zur Verbesserung 565

	4.2.1	Unternehmensphilosophie und Unternehmenskultur	565
	4.2.2	Auswirkungen industrieller Arbeit auf Einstellung und Verhalten der arbeitenden Menschen	566
	4.2.2.1	Auswirkungen von Arbeitsbedingungen und -anforderungen auf Arbeitsmotivation und Arbeitsleistung	566
	4.2.2.2	Voraussetzungen für Arbeitsmotivation und Arbeitszufriedenheit . . .	569
	4.2.3	Gestaltung und Harmonisierung der Arbeitsorganisation sowie betriebliche Sozialmaßnahmen	571
	4.2.3.1	Arbeitstrukturierung und neue Formen der Arbeitsorganisation im Hinblick auf Arbeitsmotivation und Arbeitsleistung der Mitarbeiter	571
	4.2.3.2	Soziale Maßnahmen des Betriebes und Auswirkungen auf die Arbeitsmotivation und die Arbeitsleistung der Mitarbeiter	578
	4.2.4	Unterschiedliche Erscheinungsformen sozialen Verhaltens und ihre Auswirkungen auf das Betriebsklima	579
	4.2.4.1	Konflikte	579
	4.2.4.2	Betriebsklima	579
		● Aufgaben mit Lösungsvorschlägen zu Abschnitt 4.2	580

4.3 Einflüsse der Gruppenstruktur auf Gruppenverhalten und Zusammenarbeit sowie Entwicklung von Gruppenprozessen 583

	4.3.1	Wirkungen von Gruppen und Beziehungen auf das Sozialverhalten und Einflussmöglichkeiten des Meisters	583
	4.3.1.1	Entstehen formeller und informeller Beziehungen und Gruppen innerhalb und außerhalb des Betriebes	583
	4.3.1.2	Bedeutung zwischenmenschlicher Beziehungen für den Einzelnen, für die Zusammenarbeit im Betrieb und für das Betriebsklima	585
	4.3.1.3	Einfluss von Gruppen auf Einstellungen und Verhalten Einzelner . . .	586
	4.3.1.4	Einflussmöglichkeiten von Führungskräften auf informelle Strukturen und Teamgeist	586
	4.3.2	Selbstregulierung teilautonomer Arbeitsgruppen	587
		● Aufgaben mit Lösungsvorschlägen zu Abschnitt 4.3	588

4.4 Eigenes und fremdes Führungsverhalten und Umsetzen von Führungsgrundsätzen 590

	4.4.1	Zusammenhänge der Führung im Verantwortungsbereich von Meistern	590
	4.4.1.1	Führung und Grundsätze zielorientierten Führens	590
	4.4.1.2	Zusammenhänge zwischen sachlichen und persönlichen Aspekten im Führungsgeschehen	591

4.4.1.3	Führungsstile und ihre Auswirkung auf die Führungsleistung	591
4.4.1.4	Grundsätze kooperativen Führungsverhaltens und dessen Vorteile	595
4.4.1.5	Einflussfaktoren und Auswirkungen für situatives Führen	595
4.4.2	Position, Anforderungen und Verantwortung des Meisters	596
4.4.3	Möglichkeiten zur Entwicklung von Autorität	597
4.4.3.1	Formen von Autorität und ihre Auswirkungen	597
4.4.3.2	Fach-, Methoden- und Sozialkompetenz und Einfluss von Persönlichkeitsmerkmalen	597
4.4.3.3	Möglichkeiten der eigenen Persönlichkeitsentwicklung	598
4.4.3.4	Erwartungen an den Meister	598
	● Aufgaben mit Lösungsvorschlägen zu Abschnitt 4.4	599
4.5	**Anwenden von Führungsmethoden und -techniken**	**602**
4.5.1	Mitarbeitereinsatz, Delegation und Berücksichtigung von Handlungsspielräumen	602
4.5.1.1	Kriterien für einen effizienten Einsatz der Mitarbeiter	602
4.5.1.2	Ziele und Grundsätze der Aufgabendelegation	603
4.5.1.3	Handlungsspielräume für den effizienteren Aufgabenvollzug	604
4.5.2	Qualifizierungsbedarf und Qualifizierungsmaßnahmen	604
4.5.2.1	Aufgaben der Führungskraft hinsichtlich der Qualifizierung der Mitarbeiter	604
4.5.2.2	Qualifizierungsbedarf	606
4.5.2.3	Ziele und Arten betrieblicher Qualifizierungsmaßnahmen	606
4.5.2.4	Notwendigkeit von Arbeitsunterweisungen	607
4.5.3	Arbeitskontrolle	607
4.5.3.1	Notwendigkeit und Formen effektiver Arbeitskontrolle	607
4.5.3.2	Angemessenes Kontrollverhalten von Führungskräften	608
4.5.4	Anerkennung und Kritik	608
4.5.4.1	Grundsätze und Formen	608
4.5.4.2	Grundsätze für Anerkennung und Kritikgespräche	609
4.5.5	Mitarbeiterbeurteilung und Arbeitszeugnis	609
4.5.5.1	Zweck von Beurteilungen und Zeugnissen	609
4.5.5.2	Beurteilungsformen, -verfahren und -merkmale	610
4.5.5.3	Beurteilungsfehler	614
4.5.5.4	Beurteilungsgespräche	614
4.5.5.5	Entwurf für ein qualifiziertes Zeugnis	615
4.5.6	Personelle Maßnahmen	617
4.5.6.1	Zusammenarbeit mit anderen betrieblichen Stellen bei personellen Maßnahmen	617
4.5.6.2	Angemessene personelle Maßnahmen	617
4.5.6.3	Planungsmittel für personelle Maßnahmen	617
4.5.7	Einführung neuer Mitarbeiter	618
4.5.7.1	Methodische Mitarbeitereinführung	618
4.5.7.2	Grundsätze und Methoden für eine situationsbezogene Einführung	618
4.5.8	Motivations- und Kreativitätsförderung	619
4.5.8.1	Zusammenhang von Motivation, Kreativität und Leistungsbereitschaft	619
4.5.8.2	Kreativitätsfördernde Techniken	619
4.5.9	Fluktuation und Fehlzeiten	620
4.5.9.1	Arten, Ursachen und Folgen	620
4.5.9.2	Einflussmöglichkeiten	620

4.5.9.3	Fehlzeitengespräch	620
	● Aufgaben mit Lösungsvorschlägen zu Abschnitt 4.5	621

4.6 Förderung von Kommunikation, Kooperation und Konfliktlösung .. 624

4.6.1	Mitarbeitergespräch	624
4.6.1.1	Arten von Mitarbeitergesprächen	624
4.6.1.2	Vorbereitungen und Rahmenbedingungen für Gespräche	624
4.6.1.3	Ziel- und adressatenorientierte Einstellungen/Verhaltensweisen	625
4.6.2	Betriebliche Besprechungen	626
4.6.2.1	Arten, Anlässe und Ziele von betrieblichen Besprechungen	626
4.6.2.2	Vorbereitungen und Rahmenbedingungen von Besprechungen	626
4.6.3	Zusammenarbeit und Verhaltensregeln im Unternehmen	627
4.6.4	Bildung und Lenkung betrieblicher Arbeitsgruppen	627
4.6.4.1	Arten und Zusammensetzung	627
4.6.4.2	Sozialverhalten der Gruppenmitglieder	627
4.6.4.3	Unterschiedliche Rollen und Rollenverhalten der Führungskraft	628
4.6.4.4	Gruppendynamische Prozesse und Teamentwicklung	628
4.6.5	Betriebliche Probleme und soziale Konflikte	629
4.6.5.1	Arten und Ursachen	629
4.6.5.2	Möglichkeiten zur Verhinderung bzw. Lösung von Konflikten	629
4.6.5.3	Behandeln von Beschwerden	630
4.6.6	Moderationstechnik	630
4.6.6.1	Aufgaben des Moderators	630
4.6.6.2	Stellung und Rolle des Moderators	631
4.6.6.3	Methoden/Techniken	631
	● Aufgaben mit Lösungsvorschlägen zu Abschnitt 4.6	633

Musterklausur zu Kapitel 4 635

Qualifikationsbereich 5:
Berücksichtigung naturwissenschaftlicher und technischer Gesetzmäßigkeiten

Einführung und Überblick 640

Repetitorium naturwissenschaftlicher Grundbegriffe 641

5.1 Auswirkungen naturwissenschaftlicher und technischer Gesetzmäßigkeiten 647

5.1.1	Auswirkungen von Oxidations- und Reduktionsvorgängen in Arbeitsprozessen	647
5.1.1.1	Luft, Sauerstoff, Wasserstoff	647
5.1.1.2	Oxidation und Reduktion	649
5.1.1.3	Maßnahmen zur Reduzierung bzw. Optimierung von Einflüssen durch chemische Reaktionen	653
5.1.2	Wasser, Säuren und Salze sowie deren industrielle Nutzung	655
5.1.2.1	Wasser	655
5.1.2.2	Säuren, Basen, Salze	658

5.1.3	Auswirkungen des Temperatureinflusses auf Material und Fertigungsprozess	662
5.1.3.1	Wärmemenge, Allgemeine Gasgleichung, Temperatureinflüsse	662
5.1.3.2	Maß- und Zustandsveränderungen	664
5.1.3.3	Wärmeleitung, -strahlung, -strömung, -verluste, -dämmung	665
5.1.4	Bewegungsvorgänge bei mechanischen Bauteilen	666
5.1.4.1	Bewegungsarten, Beschleunigung, Verzögerung	666
5.1.4.2	Kräfte und Reibung	667
5.1.4.3	Arbeit und Energie	670
5.1.4.4	Leistung und Wirkungsgrad	673
5.1.4.5	Drehmoment	673
5.1.5	Optimierung der Arbeitsprozesse durch Einsatz von Antriebs- und Steuerungstechnik	674
5.1.5.1	Hydraulik	674
5.1.5.2	Pneumatik	677
5.1.5.3	Elektrotechnik	677
	● Aufgaben mit Lösungsvorschlägen zu Abschnitt 5.1	683
5.2	**Verwenden unterschiedlicher Energieformen im Betrieb – Beachten von Auswirkungen auf Mensch und Umwelt**	**692**
5.2.1	Energieumwandlung in Kraftmaschinen	692
5.2.2	Wirkungsweise von Dampferzeugungsanlagen	693
5.2.2.1	Physikalische Grundlagen der Dampferzeugung	693
5.2.2.2	Verbrennungsvorgang	694
5.2.2.3	Feuerungen	695
5.2.2.4	Strahltriebwerke (Gasturbine)	695
5.2.2.5	Dampferzeuger	697
5.2.2.6	Dampfturbine	697
5.2.2.7	Dampferzeugerhilfsanlagen	697
5.2.3	Wärmeerzeugung durch Kernspaltung	698
5.2.3.1	Geschichte der Kernspaltung	698
5.2.3.2	Kernspaltung durch Neutronenbeschuss	698
5.2.3.3	Kernspaltung bei Uran	699
5.2.3.4	Kettenreaktion	699
5.2.3.5	Funktionsweise eines Kernreaktors und Reaktortypen	701
5.2.4	Alternative Anlagen zur Energieerzeugung	703
5.2.4.1	Solarenergie	703
5.2.4.2	Windkraftenergie	704
5.2.4.3	Wasserkraftwerke	704
5.2.4.4	Brennstoffzellen	705
5.2.5	Verbrennungskraftmaschinen	705
5.2.5.1	Ottomotor	705
5.2.5.2	Viertakt- und Zweitaktverfahren	706
5.2.5.3	Kreiskolbenmotor	707
5.2.5.4	Kraftstoffe	708
5.2.6	Energiearten und deren Verteilung im Betrieb	708
5.2.6.1	Versorgungs- und Verteilungssysteme der verschiedenen Energien	708
5.2.6.2	Notwendige Maßnahmen zur Wartung und vorbeugende Instandhaltung von Maschinen und Anlagen	709
5.2.6.3	Energieverbrauch, Energieverluste, Energieeinsparmöglichkeiten	709
5.2.6.4	Schutzmaßnahmen entsprechend der Sicherheitsvorschriften für Energieversorgungsanlagen und Energieträger	710

● Aufgaben mit Lösungsvorschlägen zu Abschnitt 5.2 711

5.3 **Berechnen betriebs- und fertigungstechnischer Größen bei Belastungen und Bewegungen** 716

    5.3.1 Beanspruchung von betriebs- und fertigungstechnischen Größen und deren Berechnungen 716
        5.3.1.1 Mechanische Spannung 716
        5.3.1.2 Hooke'sches Gesetz 716
        5.3.1.3 Zugspannung 718
        5.3.1.4 Druckspannung, Flächenpressung 718
        5.3.1.5 Scherspannung 719
        5.3.1.6 Torsion 719
    5.3.2 Kreisförmige und geradlinige Bewegungsabläufe 720
        5.3.2.1 Geschwindigkeit 720
        5.3.2.2 Beschleunigung 720
        5.3.2.3 Fallbeschleunigung 721
        5.3.2.4 Umfangsgeschwindigkeit und Winkelgeschwindigkeit 722
    ● Aufgaben mit Lösungsvorschlägen zu Abschnitt 5.3 724

5.4 **Anwendung statistischer Verfahren und einfache statistische Berechnungen sowie ihre grafische Darstellung** 729

    5.4.1 Statistische Methoden zur Überwachung, Sicherung und Steuerung von Prozessen 729
        5.4.1.1 Grundmodelle der technischen Statistik 729
        5.4.1.2 Einsatzbereiche für statistische Methoden 729
        5.4.1.3 Auswahl von Merkmalen 730
    5.4.2 Stichprobenverfahren und Darstellung der Messwerte 730
        5.4.2.1 Aufbereiten von Messstichproben 730
        5.4.2.2 Voraussetzung und Eigenschaften (Kennwerte) einer Normalverteilung 732
        5.4.2.3 Funktionen der Normalverteilung und deren Graphen 732
        5.4.2.4 Häufigkeitsverteilung in einer Stichprobe und Fehleranteil im Prüflos 734
    5.4.3 Ermittlung von verschiedenen Fähigkeitskennwerten und deren Bedeutung für Prozess, Messgerät und Maschine 734
        5.4.3.1 Fähigkeitsuntersuchungen und deren Kennwerte 734
        5.4.3.2 Mindestanforderungen für Fähigkeitskennwerte 736
        5.4.3.3 Statistische Prozessregelung mit Prozessregelkarten 737
        5.4.3.4 Interpretation von Regelkarten 737
    ● Aufgaben mit Lösungsvorschlägen zu Abschnitt 5.4 739

Musterklausur für Kapitel 5 742

Glossar 747

Ausgewählte Fachliteratur 763

Register 765

Qualifikationsbereich 1

Rechtsbewusstes Handeln

1.1	Arbeitsrechtliche Vorschriften und Bestimmungen	2
1.2	Die Vorschriften des Betriebsverfassungsgesetzes und Beteiligungsrechte	59
1.3	Rechtliche Bestimmungen zu Sozialversicherung, Entgeltfindung und Arbeitsförderung	69
1.4	Arbeitsschutz- und arbeitssicherheitsrechtliche Vorschriften und Bestimmungen	86
1.5	Vorschriften des Umweltrechts	104
1.6	Wirtschaftsrechtliche Regelungen zu Produktverantwortung und -haftung sowie Datenschutz	114

Als Führungskräfte und Vorgesetzte sind Meister/innen mit dafür verantwortlich, dass betriebliche Regelungen und Entscheidungen den rechtlichen Vorgaben entsprechen. Die Liste der zu berücksichtigenden Rechtsgebiete ist lang und rechtliche Sachverhalte sind oft komplex. Im vorliegenden Kapitel kann nur ein Überblick gegeben werden und ein wesentliches Ziel besteht darin, Rechtsbewusstsein beim eigenen Handeln im Betrieb zu entwickeln: Was ist in rechtlicher Hinsicht in einer konkreten Situation jeweils zu beachten, was ist erlaubt, was nicht? Ein weiteres Ziel besteht darin, rechtliche Regelungen in ihren Grundzügen zu verstehen und wesentliche Einzelheiten kennen zu lernen.

Im jeweiligen Einzelfall – zum Beispiel im Arbeitsrecht – ist immer zu prüfen, welche Rechtsgrundlagen und Auslegungen herangezogen werden müssen. Im Zweifelsfall, und das gilt insbesondere bei schwer wiegenden Entscheidungen, holt man sich besser rechtlichen Rat (vom Hausjuristen oder vom Anwalt).

Beispiel

Im Allgemeinen ist es verboten, einen Bewerber um einen Arbeitsplatz nach Vorstrafen zu fragen. Handelt es sich jedoch um die Stelle eines Kassierers, ist die Frage nach begangenen Vermögensdelikten zulässig. Personalchef und Geschäftsführung erwarten dann auch, dass keine Bewerber vorgeschlagen werden, über deren charakterliche Eignung Zweifel bestehen. Beispielsweise darf nach Verkehrsdelikten aber wiederum nicht gefragt werden. Es sei denn, es würde sich z. B. um die Bewerbung eines LKW-Fahrers handeln.

Es wird dringend empfohlen, sich eine Sammlung der wichtigsten Gesetze zu besorgen und mit diesen zu arbeiten. Nur so eignet man sich genügend Übung an, um in der Praxis an der richtigen Stelle nachzuschlagen und dann auch richtige Entscheidungen zu treffen.

1.1 Arbeitsrechtliche Vorschriften und Bestimmungen

1.1.1 Rechtsgrundlagen

Welche Zwecke regelt das Arbeitsrecht?

Das Arbeitsrecht regelt die Rechtsbeziehungen zwischen Arbeitgeber und Arbeitnehmer. Sein Grundtatbestand ist die abhängige Arbeit. Es gilt für diejenigen, die Arbeit im Dienst eines anderen in einem Abhängigkeitsverhältnis leisten. Durch das Arbeitsrecht soll soziale Gerechtigkeit bei freiheitsrechtlicher Gestaltung der Arbeitsbedingungen hergestellt werden. Da der Einzelne nicht autonom existieren kann, ist es die Aufgabe der Rechtsordnung, den Gedanken der Freiheit und Gleichheit in einer arbeitsteiligen Wirtschaft zu realisieren.

Im Arbeitsrecht gibt es zahlreiche Rechtsgrundlagen, die es in einer bestimmten Reihenfolge zu beachten gilt. Es ist wichtig, das Verhältnis dieser Rechtsgrundlagen zueinander zu kennen, um bei nicht übereinstimmenden Regelungen die jeweils geltende heranzuziehen und so die richtige Entscheidung zu treffen.

Im Arbeitsrecht findet man sowohl **privates Recht** als auch **öffentliches Recht**. Zum Ersteren zählt das Arbeitsvertragsrecht, wenn z. B. Arbeitgeber und Arbeitnehmer miteinander Verträge abschließen. Zum Zweiten rechnet man zum Beispiel die Arbeitsschutzvorschriften, deren Einhaltung den Mitarbeitern einen ungefährlichen Arbeitsplatz gewährleisten soll.

Was regelt privates und öffentliches Recht?

Das Privatrecht regelt die Rechtsverhältnisse einzelner Personen untereinander, z. B. Inhalt und Beendigung von Arbeitsverträgen. Es herrscht weit gehend Vertragsfreiheit.

Das öffentliche Recht regelt die Rechtsverhältnisse von Staat und Gemeinden untereinander und im Verhältnis zu einzelnen Personen, z. B. durch Schutzvorschriften.

Meist sind diese Bestimmungen zwingend vorgeschrieben und können nicht durch Verträge ausgeschlossen oder geändert werden (Unabdingbarkeit).

Das Arbeitsrecht stützt sich auf das Demokratieprinzip (ist gekennzeichnet durch freie, gleiche, geheime, allgemeine und unmittelbare Wahlen) und das Sozialstaatsprinzip (in bestimmten Notfällen unterstützt die Allgemeinheit den Einzelnen, zum Beispiel bei Arbeitslosigkeit – die Allgemeinheit kann die Gesamtheit der Steuerzahler sein oder eine Versichertengemeinschaft).

1.1.1.1 Gültigkeitsreihenfolge von arbeitsrechtlichen Normen und Gesetzen

Bringt man die arbeitsrechtlichen Normen in eine Reihenfolge, ergibt sich – angefangen bei der speziellsten Regelung – folgende Aufzählung:
- individuelle Weisungen des Arbeitgebers (Direktionsrecht),
- Arbeitsvertrag/betriebliche Übung (Grundsatz der Gleichbehandlung),
- Betriebsvereinbarung (nach Betriebsverfassungsgesetz),
- Tarifvertrag (nach Tarifvertragsgesetz),
- Rechtsverordnungen (z. B. Gewerbeordnung, Handwerksordnung),
- Landes- und Bundesgesetze (z. B. Kündigungsschutzgesetz, Bundesurlaubsgesetz),
- Grundgesetz,
- Europäisches Gemeinschaftsrecht (EG-Vertrag).

In welcher Reihenfolge gelten arbeitsrechtliche Gesetze?

Bezüglich der genannten Normen gelten folgende Prinzipien:

- **Günstigkeitsprinzip**: Abweichende Abmachungen von Normen eines Tarifvertrages sind nur zulässig, soweit sie durch den Tarifvertrag gestattet sind oder eine Änderung der Regelung zu Gunsten des Arbeitnehmers enthalten (§ 4 Abs. 3 TVG).
- **Rangprinzip**: Die höherrangige Regelung gilt vor der rangniedrigeren Regelung.
- **Spezialitäts- oder Ordnungsprinzip**: Ergibt sich zwischen zwei oder mehreren gleichrangigen Rechtsquellen eine Überschneidung, wird die speziellere Regelung angewendet.

1.1.1.2 Betriebliche Einzelmaßnahmen

Da in einem Arbeitsvertrag nicht jede Einzelheit der Tätigkeiten geregelt sein kann, kann der Arbeitgeber auf Grund des Direktionsrechts im Spielraum des Arbeitsvertrags Einzelmaßnahmen ergreifen bzw. anordnen, also die zu verrichtende Arbeit näher konkretisieren. § 106 Gewerbeordnung (GewO) regelt das Weisungs- bzw. Direktionsrecht. Betroffen davon sind:

Was kann das Direktionsrecht regeln?

- Die Art der Tätigkeit und ihre Ausführung: Eine andere als die vertraglich geschuldete Tätigkeit kann nicht angeordnet werden.
- Der Ort der Tätigkeit: Leistungsort können der Betrieb, das Unternehmen oder die Bundesrepublik Deutschland sein. Auch eine Versetzung innerhalb eines Konzerns ist möglich. Enthält der Arbeitsvertrag keine Versetzungsklausel, kann der Arbeitnehmer aber nur innerhalb des Betriebes versetzt werden.
- Die zeitliche Lage der Tätigkeit: Der Umfang der Arbeitszeit ist im Tarifvertrag oder im Arbeitsvertrag geregelt. Der Umfang ist nicht durch Weisung änderbar, da dadurch das Arbeitsentgelt bestimmt wird. Die zeitliche Lage der Arbeitszeit kann vom Arbeitgeber bestimmt werden – z. B. Verlegung des Arbeitsbeginns. Bei Bestehen eines Betriebsrates besteht jedoch hier eine zwingende Mitbestimmung – § 87 Abs. 1 Nr. 2 BetrVG.

> Da das Weisungsrecht ein einseitiges Leistungsbestimmungsrecht ist, muss es nach § 106 GewO billigem Ermessen entsprechen, darf also nicht willkürlich sein.

Was versteht man unter betrieblicher Übung?

Als Beispiel für betriebliche Übung kann gelten, dass durch die regelmäßige Wiederholung einer Maßnahme vom Arbeitgeber der Arbeitnehmer davon ausgehen kann, dass es auf Dauer so geregelt ist (z. B. Zahlung von Weihnachtsgeld ohne Vorbehalt). Aus der betrieblichen Übung entsteht ein arbeitsvertraglicher Anspruch, wenn das Verhalten des Arbeitgebers Angebotsqualität hat und ohne Vorbehalt erfolgt. Ein Anspruch entsteht

Wodurch entsteht ein Anspruch?

- durch konkludentes Vertragsergänzungsangebot (es besteht seitens des Arbeitgebers keine Verpflichtung auf Grund eines Tarifvertrages noch eines Arbeitsvertrages),
- nach dreimaliger Leistung ohne Vorbehalt,
- gegenüber den Arbeitnehmern des Betriebes – auch neu Eingestellten, es sei denn, der Anspruch wird im Arbeitsvertrag ausgeschlossen.

Der Anspruch kann beseitigt werden

Wie kann ein Anspruch beseitigt werden?

- bei Widerrufsvorbehalt durch den Arbeitgeber einseitig nach seinem Ermessen,
- einverständlich zwischen Arbeitgeber und Arbeitnehmer durch Vertragsänderung,
- durch Änderungskündigung,
- durch Umkehrübung. (Der Arbeitgeber macht über einen Zeitraum von drei Jahren deutlich, dass er etwas nicht mehr so zu handhaben gedenkt, indem er z. B. die Zahlung von Weihnachtsgeld unter Freiwilligkeitsvorbehalt stellt. Die Arbeitnehmer können dagegen Einwendungen erheben, sonst wird der vertragliche Anspruch konkludent einvernehmlich geändert.)

Der Gleichbehandlungsgrundsatz verpflichtet den Arbeitgeber, Arbeitnehmer in vergleichbarer Lage bei allgemeinen oder gruppenbezogenen Regelungen bzw. Leistungen auch gleich zu behandeln.

Ohne sachlichen Grund darf niemand schlechter gestellt werden. Wurde der Gleichbehandlungsgrundsatz verletzt, hat der übergangene Arbeitnehmer unmittelbar einen Erfüllungsanspruch auf das, was ihm vorenthalten wurde (siehe z. B. „Gesetz über Teilzeitarbeit und befristete Arbeitsverträge" § 4 Verbot der Diskriminierung). Dieser Grundsatz spielt eine wichtige Rolle bei freiwilligen, tariflich nicht abgesicherten Leistungen.

Was sagt der Gleichbehandlungsgrundsatz aus?

1.1.1.3 Arbeitsrechtliche Rechtsquellen im Einzelnen

Im **Arbeitsvertrag/Einzelarbeitsvertrag** findet der Mitarbeiter den Arbeitsbereich beschrieben, in dem er tätig ist. Es gilt der Grundsatz der Vertragsfreiheit (§ 105 GewO), der jedoch durch Schutzbestimmungen und tarifliche Vereinbarungen eingeschränkt ist. Der Arbeitsvertrag hat meist nur Bedeutung für nicht tarifgebundene Arbeitsverhältnisse (siehe Näheres unter 1.1.2.1 und 1.1.2.2).

Zwischen welchen Parteien werden der Arbeitsvertrag, die Betriebsvereinbarung und ...

Die **Betriebsvereinbarung** wird zwischen Arbeitgeber und Betriebsrat ausgehandelt (es ist auch eine Betriebsabsprache möglich). Sie gilt unmittelbar und zwingend für alle Arbeitnehmer im Betrieb. Sollte in einem Einzelarbeitsvertrag eine nicht mit der Betriebsvereinbarung übereinstimmende Regelung enthalten sein, hat die Betriebsvereinbarung Vorrang. Sie ist schriftlich niederzulegen, vom Arbeitgeber und Betriebsrat zu unterzeichnen und im Betrieb auszulegen. Betriebsvereinbarungen werden abgeschlossen z. B. über Urlaubspläne, Arbeitszeitregelungen oder technische Überwachungseinrichtungen, also soziale Angelegenheiten im Aufgabenbereich des Betriebsrates. Es ist zu beachten, dass der Tarifvertrag eine ranghöhere Rechtsquelle darstellt. § 77 Abs. 3 BetrVG enthält eine Regelungssperre zu Gunsten der Tarifautonomie.

Der **Tarifvertrag** hat Vorrang vor der Betriebsvereinbarung. Er gilt unmittelbar und zwingend. Rechtstechnisch handelt es sich um einen bürgerlich-rechtlichen Vertrag, der dem allgemeinen Vertragsrecht des BGB unterliegt. Tarifverträge werden zwischen Arbeitgebern/Arbeitgeberverband und Gewerkschaften ausgehandelt. Sie setzen sich aus einem normativen Teil (Abschluss, Inhalt und Beendigung der Arbeitsverhältnisse) und einem schuldrechtlichen Teil (Rechte und Pflichten der Vertragspartner) zusammen (siehe Näheres unter 1.1.5).

... der Tarifvertrag ausgehandelt?

Durch das **„Richterrecht"** wurden und werden Lücken im Arbeitsrecht gefüllt. Die obersten Gerichte – im Arbeitsrecht das Bundesarbeitsgericht – wenden nicht nur geltendes Recht an, sondern werden selbst „rechtsschöpferisch" tätig. Das ist immer dann der Fall, wenn es keine konkrete gesetzliche Regelung gibt, ein Fall jedoch eine aus Rechtsgründen korrekte Lösung erfordert (z. B. Begriff der „gefahrgeneigten Arbeit" bei der Haftung des Arbeitnehmers ist im Gesetz nicht zu finden).

Wozu dient das Richterrecht?

Arbeitsrechtliche Gesetze des Bundes oder der Länder haben zwingende Wirkung (Schutz des Arbeitnehmers). Es gibt aber auch Fälle, in denen abweichende Vereinbarungen getroffen werden können. Man spricht in so einem Fall von dispositivem Recht. Können abweichende Vereinbarungen in Tarifverträgen

Was bedeutet dispositives Recht?

geschlossen werden – sogar zu Ungunsten des Mitarbeiters – liegt tarifdispositives Recht vor. Gesetze bezüglich des Arbeitsrechts sind meist Bundesgesetze (Art. 72 Abs. 2 GG). Ländergesetze findet man z.B. bei der Regelung der Feiertage und des Bildungsurlaubs. Art. 74 Nr. 12 GG regelt die Gesetzgebungskompetenz.

Das **Grundgesetz** findet eine mittelbare Anwendung im Arbeitsrecht. Jede Rechtsnorm ist nichtig, die gegen ein Verfassungsrecht/Grundrecht verstößt.

Einige Regelungen im Grundgesetz, die das Arbeitsrecht betreffen, sind: Unantastbarkeit der Menschenwürde, freie Entfaltung der Persönlichkeit, allgemeiner Gleichheitsgrundsatz, Gleichberechtigung von Mann und Frau, Vereinigungsfreiheit (Koalitionsfreiheit), Berufsfreiheit und andere.

Wie wirkt sich EU-Recht auf deutsches Arbeitsrecht aus?

Das **Europäische Gemeinschaftsrecht** und internationale Rechtsquellen beeinflussen das deutsche Arbeitsrecht. Die EU-Verordnungen sind in jedem Mitgliedstaat unmittelbar geltendes Recht, zum Beispiel das Gebot der Gleichbehandlung von Arbeitnehmern aus den Mitgliedstaaten. Die EU-Richtlinien gelten in den Mitgliedsländern erst, wenn dort eine entsprechende Rechtsnorm erlassen worden ist (= Transformation in das innerstaatliche Recht). EU-Richtlinien sind kein unmittelbar geltendes Recht. Sie sind hinsichtlich ihrer Ziele jedoch verbindlich und verpflichten die Nationalstaaten zur Umsetzung.

Was ist das Günstigkeitsprinzip?

Das **Günstigkeitsprinzip** besagt, dass im Arbeitsrecht nicht immer die im Rang höher stehende Regelung gilt, sondern dies auch eine rangniedere Verordnung oder Vereinbarung sein kann, wenn sie eine für den Arbeitnehmer günstigere Regelung enthält. Im Einzelarbeitsvertrag können zum Beispiel mehr Urlaubstage vereinbart sein als im Tarifvertrag. Der nach dem Gesetz vorgeschriebene Mindesturlaub von 24 Tagen hingegen darf aber auf keinen Fall unterschritten werden. Vom Tarifvertrag kann neben dem Günstigkeitsprinzip auch abgewichen werden, wenn dieser eine Öffnungsklausel gegenüber einer rangniedrigeren Rechtsquelle enthält. Weichen Vorschriften oder Gesetze auf derselben Rangstufe voneinander ab, ist die neuere vor der älteren Regelung anzuwenden und die speziellere vor der allgemeinen (Spezialitäts- oder Ordnungsprinzip).

1.1.1.4 Individuelles und kollektives Arbeitsrecht

Das Arbeitsrecht gliedert sich in das Individualarbeitsrecht und das kollektive Arbeitsrecht. Das individuelle Arbeitsrecht regelt die freiwilligen Vertragsbeziehungen zwischen Arbeitgeber und Arbeitnehmer (§§ 611 ff. BGB). Das kollektive Arbeitsrecht bezieht sich auf die Gewerkschaften und Arbeitgeberverbände als Tarifpartner/Sozialpartner bzw. umfasst Vereinbarungen zwischen Belegschaftsvertretungen (z.B. Betriebsräte) und Arbeitgeber. Sie haben auf der Basis des Grundgesetzes zum Teil die Möglichkeit, Arbeitsrecht zu gestalten. Immer ist jedoch das Arbeitsschutzrecht bei Vertragsbeziehungen zu beachten und die Vorschriften sind einzuhalten.

Welche Beziehungen regeln individuelles und kollektives Arbeitsrecht?

Das Individualarbeitsrecht und das kollektive Arbeitsrecht können nicht voneinander getrennt betrachtet werden. Im Arbeitsrecht treten immer wieder Fälle auf, in denen beide Bereiche betroffen sind. Die Entgeltfortzahlung im Krankheitsfall ist ein individualrechtlicher Anspruch, wobei sich dieser Anspruch auch aus einem Tarifvertrag ergeben kann.

Kollektivarbeitsrecht	Individualarbeitsrecht
regelt Rechtsfragen, von denen Arbeitnehmer als Gruppe betroffen sind, dazu gehören	befasst sich mit dem einzelnen Arbeitnehmer und seinem direkten Arbeitgeber, dazu gehören
• Artikel 9 Absatz 3 Grundgesetz • Betriebsverfassungsgesetz • Mitbestimmungsgesetz, • Montanmitbestimmungsgesetz, • Personalvertretungsgesetz, • Tarifvertragsgesetz usw.	Arbeitsschutzgesetze, nämlich u.a. • Arbeitssicherheitsgesetz, • Arbeitszeitgesetz, • Arbeitnehmerüberlassungsgesetz, • BGB (Bürgerliches Gesetzbuch), • Bundesurlaubsgesetz, • Jugendarbeitschutzgesetz, • Kündigungsschutzgesetz, • Schwerbehindertengesetz (SGB IX), • Mutterschutzgesetz usw.

1.1.2 Wesen und Zustandekommen des Arbeitsvertrages

1.1.2.1 Zustandekommen des Arbeitsvertrages

Nach BGB (§§ 611 ff.) ist der Arbeitsvertrag eine Form des Dienstvertrages. Es gelten die Vorschriften des Allgemeinen Teils des BGB (Erstes Buch) und des Allgemeinen Teils des Schuldrechts (§§ 241 bis 432 BGB).

Wie kommt ein Arbeitsvertrag zu Stande?

Der Arbeitsvertrag kommt durch zwei übereinstimmende Willenserklärungen zu Stande. Es handelt sich also um ein zweiseitiges Rechtsgeschäft und gleichzeitig um ein Schuldverhältnis.

Der Arbeitgeber verpflichtet sich zur Zahlung der vereinbarten Vergütung. Der Arbeitnehmer verpflichtet sich zur Leistung von Diensten. Es besteht Vertragsfreiheit. Dies beinhaltet die Abschlussfreiheit (freie Entscheidung darüber, ob und mit wem ein Arbeitsverhältnis geschlossen wird) und die Inhaltsfreiheit (Inhalt des Arbeitsverhältnisses).

Der Arbeitsvertrag kommt zu Stande durch die Einigung der Vertragsparteien durch Angebot und Annahme, durch die Einigung über den wesentlichen Inhalt des Arbeitsvertrags und die Wirksamkeit der Willenserklärungen.

Welche Vorschriften gelten bezüglich des Arbeitgebers?

Die Abschlussfreiheit des Arbeitgebers ist durch ein Abschlussgebot (Schwerbehindertenquote) und durch Abschlussverbote eingeschränkt. Zum Beispiel darf ein Arbeitgeber mit schweren Vorstrafen nach den Vorschriften des Jugendarbeitsschutzgesetzes Jugendliche nicht beschäftigen oder ausbilden. Auch darf ein Arbeitgeber bei der Einstellung weder Frauen noch Männer bevorzugen (keine Diskriminierung wegen des Geschlechts). Hier gibt es allerdings auch Ausnahmen, wenn nur eine Frau oder nur ein Mann für die Tätigkeit infrage kommt (zum Beispiel Model für Damenmoden oder die Besetzung männlicher Hauptrollen in Theater und Film). Verstößt ein Arbeitgeber gegen das Diskriminierungsverbot, ergibt sich daraus ein Anspruch auf „Ersatz des

Was bedeutet „Diskriminierungsverbot" und ...

... welche Folgen können sich daraus ergeben?	Vertrauensschadens" (z. B. Bewerbungskosten und Anspruch auf Schmerzensgeld wegen der Verletzung des allgemeinen Persönlichkeitsrechts). Der Bewerber kann keinen Anspruch auf Einstellung durchsetzen.

Weiterhin muss der Arbeitgeber bei Einstellungen den Betriebsrat um Zustimmung ersuchen – falls es einen Betriebsrat gibt.

Welche Rolle spielt der Betriebsrat bei Abschluss eines Arbeitsvertrages?	Hier kommt der Arbeitsvertrag nur zu Stande, wenn die Mitwirkung der Personalvertretung berücksichtigt wird. § 99 BetrVG sagt dazu, dass in Unternehmen mit in der Regel mehr als 20 wahlberechtigten Arbeitnehmern der Arbeitgeber den Betriebsrat vor jeder Einstellung, Eingruppierung, Umgruppierung und Versetzung zu unterrichten hat, ihm die erforderlichen Bewerbungsunterlagen vorzulegen sind usw.

Gesetzlich ist keine Form für den Arbeitsvertrag vorgeschrieben. Er erlangt auch durch einen mündlichen Abschluss Rechtsgültigkeit, muss aber schriftlich bestätigt werden (siehe unten).

Ein Tarifvertrag oder eine Individualvereinbarung kann die Schriftform vorsehen. Wird kein schriftlicher Arbeitsvertrag geschlossen, muss laut Nachweisgesetz der Arbeitgeber die wichtigsten, mündlich vereinbarten Regelungen schriftlich zusammenfassen und dem Arbeitnehmer innerhalb eines Monats nach Beginn des Arbeitsverhältnisses aushändigen. Der Arbeitnehmer kann auf Aushändigung eines Arbeitsvertrages klagen.

Mindestregelungen im Arbeitsvertrag bzw. in der Niederschrift über den mündlichen Abschluss:

Welche Inhalte müssen mindestens im Arbeitsvertrag festgehalten werden?	1. der Name und die Anschrift der Vertragsparteien, 2. der Zeitpunkt des Beginns des Arbeitsverhältnisses, 3. bei befristeten Arbeitsverhältnissen: die vorhersehbare Dauer des Arbeitsverhältnisses, 4. der Arbeitsort oder, falls der Arbeitnehmer nicht nur an einem bestimmten Arbeitsort tätig sein soll, ein Hinweis darauf, dass der Arbeitnehmer an verschiedenen Orten beschäftigt werden kann, 5. eine kurze Charakterisierung oder Beschreibung der vom Arbeitnehmer zu leistenden Tätigkeit, 6. die Zusammensetzung und die Höhe des Arbeitsentgelts einschließlich der Zuschläge, der Zulagen, Prämien und Sonderzahlungen sowie anderer Bestandteile des Arbeitsentgelts und deren Fälligkeit, 7. die vereinbarte Arbeitszeit, 8. die Dauer des jährlichen Erholungsurlaubs, 9. die Fristen für die Kündigung des Arbeitsverhältnisses, 10. ein in allgemeiner Form gehaltener Hinweis auf die Tarifverträge, Betriebs- oder Dienstvereinbarungen, die auf das Arbeitsverhältnis anzuwenden sind.

Berufsausbildungsverträge können ebenfalls mündlich rechtsgültig abgeschlossen werden. Das Berufsbildungsgesetz fordert jedoch, dass der Ausbildende unverzüglich nach Abschluss des Berufsausbildungsvertrags, spätestens vor Beginn der Berufsausbildung, den wesentlichen Inhalt des Vertrags schriftlich niederzulegen hat (§ 11 Berufsbildungsgesetz).

1.1.2.2 Geltungsbereich des Arbeitsvertrages
Ein Arbeitsvertrag begründet ein Arbeitsverhältnis. Der Arbeitsvertrag ist eine Sonderform des Dienstvertrags. Die Abgrenzung liegt im Wesentlichen darin, dass der Dienstleistende beim Arbeitsvertrag bezüglich Art der Tätigkeit, Arbeitsort und Arbeitszeit an die Weisungen des Arbeitgebers gebunden ist. Im Gegensatz dazu bestimmt ein freier Mitarbeiter (selbstständiger Dienstleistender) die Arbeitszeit, den Arbeitsort und die Art der Durchführung der Tätigkeit selbst.

Wo liegen Unterschiede zwischen Dienstleistenden und freiem Mitarbeiter?

§ 611 BGB regelt die vertragstypischen Pflichten beim Dienstvertrag. „Durch den Dienstvertrag wird derjenige, welcher Dienste zusagt, zur Leistung der versprochenen Dienste, der andere Teil zur Gewährung der vereinbarten Vergütung verpflichtet."
Die Leistung nach § 611 BGB kann
- ein Selbstständiger erbringen,
- eine arbeitnehmerähnliche Person oder
- ein Arbeitnehmer in persönlicher Abhängigkeit – hier wird der Dienstvertrag als Arbeitsvertrag geschlossen.

Zur besseren Verständlichkeit werden im Folgenden die Begriffe Arbeitgeber und Arbeitnehmer (Angestellter, Arbeiter, Auszubildender), arbeitnehmerähnliche Person, leitender Angestellter und Selbstständiger erläutert.

Arbeitgeber
Arbeitgeber ist, wer mindestens einen Arbeitnehmer gegen Entgelt beschäftigt (Dienstverhältnis nach § 611 BGB). Auch eine juristische Person – z. B. eine GmbH – kann Arbeitgeber sein.

Natürliche oder juristische Person

Arbeitnehmer
Ein Arbeitnehmer steht in einem privatrechtlichen Dienstverhältnis und erbringt seine Arbeitsleistung nach den Weisungen des Arbeitgebers. Er ist weisungsabhängig, das heißt, es besteht persönliche Abhängigkeit. Wirtschaftliche Abhängigkeit ist nicht erforderlich. Arbeitnehmer sind entweder Angestellte, Arbeiter oder Auszubildende. Keine Arbeitnehmer sind z. B. Beamte, Soldaten oder Richter, da sie in einem öffentlich-rechtlichen Dienstverhältnis stehen. Kein Arbeitnehmer ist auch, wer Ort und Zeit und Art und Weise der Dienstleistung selbst bestimmt (z. B. Architekten).

Was kennzeichnet einen Arbeitnehmer?

> *Der Begriff des Arbeitnehmers enthält diese drei Tatbestandsmerkmale: privatrechtlicher Vertrag, Verpflichtung zur Arbeit, im Dienste eines anderen (persönliche Abhängigkeit).*

Wann liegt ein Beschäftigungsverhältnis vor?

Nach Sozialrecht wird ein Beschäftigungsverhältnis vermutet, wenn drei der fünf folgenden Merkmale erfüllt sind:
- Der Auftragnehmer beschäftigt keine eigenen Arbeitnehmer.
- Der Auftragnehmer ist auf Dauer und im Wesentlichen nur für einen Auftraggeber tätig.
- Der Auftragnehmer übt Tätigkeiten aus, die regelmäßig von Arbeitnehmern ausgeführt werden.
- Der Auftragnehmer übt keine Tätigkeiten aus, die unternehmerisches Handeln erkennen lassen.
- Der Auftragnehmer übt genau die gleiche Tätigkeit aus wie zuvor als Arbeitnehmer (direkte Ausgliederung).

Angestellter

Welche Tätigkeiten üben Angestellte vorwiegend aus?

Die Unterscheidung zwischen Arbeitern und Angestellten wirkt sich im Wesentlichen nur noch im Sozialversicherungsrecht bezüglich des zuständigen Rentenversicherungsträgers aus. Alle anderen (früher unterschiedlich bestehenden) Regelungen wie z. B. Kündigungsfristen, wurden weit gehend angeglichen. Ein Angestellter führt überwiegend kaufmännische, büromäßige oder sonst überwiegend geistige Arbeit aus. In § 133 Absatz 2 Sozialgesetzbuch VI findet sich eine nicht vollständige Aufzählung, wer zur Gruppe der Angestellten zählt. Ist die Unterscheidung mithilfe dieser Aufzählung und auch auf Grund der Verkehrsanschauung nicht möglich, greift man auf die historische Abgrenzung zurück und ordnet den Angestellten eher geistige Tätigkeiten zu und den Arbeitern handwerkliche, manuelle Tätigkeiten.

Angestellte üben eine Tätigkeit aus,
- die überwiegend geistiger und nicht körperlicher Natur ist,
- die ein größeres Maß an Selbstständigkeit und Verantwortung gegenüber dem Betrieb erfordert,
- die von den beteiligten Berufskreisen den Angestellten zugeordnet wird.

Arbeiter

körperlich-manuelle Arbeit

Arbeiter sind Arbeitnehmer, die nicht den Angestellten zuzurechnen sind. Sie leisten überwiegend körperlich-manuelle Arbeit. Sie sind meist im Wertschöpfungsprozess tätig und erhalten einen Lohn, der nach Stunden oder Wochen bemessen wird.

Auszubildender

Berufsausbildung

Nach § 5 Absatz 1 Arbeitsgerichtsgesetz sind „Arbeitnehmer im Sinne dieses Gesetzes Arbeiter und Angestellte sowie die zu ihrer Berufsausbildung Beschäftigten". Die Auszubildenden nehmen eine Sonderstellung unter den Arbeitnehmern ein.

Arbeitnehmerähnliche Personen

Das Arbeitsrecht findet keine Anwendung, es sei denn, es trifft eine Sonderregelung zu. Gesetzliche Regelungen findet man in § 5 ArbGG (Arbeitsgerichtsgesetz), § 12 a TVG (Tarifvertragsgesetz) und § 2 BUrlG (Bundesurlaubsgesetz). Es steht diesen Personen z. B. bezahlter Erholungsurlaub zu

und sie können den Rechtsweg über Arbeitsgerichte wählen. Arbeitnehmerähnliche Personen sind
- von ihrem Auftraggeber wirtschaftlich abhängig (ist überwiegend für eine Person tätig oder erhält von einer Person im Durchschnitt mehr als die Hälfte des ihr für die Erwerbstätigkeit zustehenden Entgelts),
- persönlich unabhängig (deshalb liegt kein Arbeitsverhältnis vor),
- und sozial schutzbedürftig wie ein Arbeitnehmer, d. h., die Person stellt ihre persönliche Arbeitskraft zur Verfügung.

Zu dieser Gruppe gehören Einfirmenvertreter, Heimarbeiter und oft auch die so genannten freien Mitarbeiter (z. B. Journalist, der nur für eine Zeitung schreibt).

Was trifft auf arbeitnehmerähnliche Personen zu?

Leitender Angestellter
Leitende Angestellte sind Arbeitnehmer und unterliegen dem Arbeitsrecht. Sie nehmen jedoch auf Grund ihrer Position und Arbeitgebernähe eine Sonderstellung ein. Sie üben unternehmerische Aufgaben von erheblicher Bedeutung aus und haben erheblichen eigenen Entscheidungsspielraum. Es gilt nicht das BetrVG, sondern das Sprecherausschussgesetz (SprAuG). Nach Paragraph 14 Kündigungsschutzgesetz gilt nur ein eingeschränkter Kündigungsschutz. Leitende Angestellte unterliegen auch nicht dem Arbeitszeitgesetz (§ 18 Absatz 1 ArbZG). Außerdem dürfen sie nur auf der Arbeitgeberseite als ehrenamtliche Richter tätig sein. Da es keine einheitliche Definition des „Leitenden Angestellten" gibt, greift man am besten auf § 5 Absatz 3 und 4 BetrVG zurück. In diesen Absätzen findet sich eine relativ ausführliche Beschreibung.

Was gilt für leitende Angestellte und welche Aufgaben nehmen sie wahr?

Leitende Angestellte haben entweder
- die Berechtigung zur selbstständigen Einstellung und Entlassung oder
- Generalvollmacht oder Prokura oder
- sie führen Aufgaben in Eigenverantwortung aus.

Selbstständiger
Ein Selbstständiger arbeitet für andere, ist aber unabhängig von einer anderen Person. Es gilt nicht das Arbeitsrecht, sondern das allgemeine Vertragsrecht. Selbstständige sind z. B. Handelsvertreter, Notare oder niedergelassene Ärzte. In § 18 EStG (Einkommensteuergesetz) sind die Tätigkeiten aufgeführt, die zu „Einkünften aus selbstständiger Arbeit" führen. Solche Einkünfte werden erzielt, wenn jemand selbstständig und nachhaltig unter Teilnahme am wirtschaftlichen Verkehr und mit Gewinnerzielungsabsicht persönliche Arbeitsleistung erbringt. Geistige Arbeit und der Einsatz der eigenen Arbeitskraft stehen im Vordergrund. Auch der Begriff des „freien Mitarbeiters" ist hier zuzuordnen.

Beispiel:
Der Notar ist unabhängiger Träger eines öffentlichen Amtes und zur Beurkundung von Rechtsvorgängen bestellt (§ 1 BNotO).

1.1.2.3 Mängel des Arbeitsvertrages

Stellenausschreibung und Diskriminierungsverbote
Bereits bei der Anbahnung eines Arbeitsverhältnisses gilt es, verschiedene Vorschriften zu beachten – also noch bevor überhaupt feststeht, ob sich Arbeitnehmer und Arbeitgeber einig werden. Fehler können zur Auflösung des Vertrags führen. Eine Stellenausschreibung darf nicht irreführend sein und falsche Erwartungen wecken. Sie muss unter Beachtung der §§ 1, 7, 11 AGG formuliert

	sein, es sei denn, es liegen in den §§ 8 bis 10 AGG genannte Fälle vor (es wird ein männlicher Darsteller für „Tarzan" gesucht). Erfolgt die Ausschreibung z.B. nicht geschlechtsneutral, könnte dies als Indiz für die ungerechtfertigte Benachteiligung eines Geschlechts gewertet werden (Gleichheitsgrundsatz). Da
Was fördert der Gleichheitsgrundsatz?	ein Benachteiligungsverbot besteht, kann der/die Benachteiligte Entschädigung vom Arbeitgeber verlangen. Höchstens drei Monatsverdienste können Bewerber verlangen, die den Arbeitsplatz auch bei diskriminierungsfreier Auswahl nicht erhalten hätten (§ 15 Abs. 2 AGG). Nach § 15 Abs. 6 AGG entsteht durch einen Verstoß des Arbeitgebers gegen das Benachteiligungsverbot des § 7 Abs. 1 kein Anspruch auf Begründung eines Beschäftigungsverhältnisses,
Welche Folgen kann eine Benachteiligung für den Arbeitgeber haben?	Berufsausbildungsverhältnisses oder einen beruflichen Aufstieg. Nach § 15 Abs. 4 AGG muss ein Anspruch nach Abs. 1 oder 2 innerhalb einer Frist von zwei Monaten schriftlich geltend gemacht werden. Die Durchsetzung des Anspruchs auf Entschädigung seitens des Bewerbers ist sehr schwierig, da der Arbeitgeber behaupten kann, die Einstellung erfolgte auf Grund der geeigneteren Qualifikation – dies kann kaum widerlegt werden.

   Bei der Ausschreibung von Arbeitsplätzen kann der Betriebsrat nach § 93 BetrVG verlangen, dass diese innerhalb des Betriebes ausgeschrieben werden.

Worauf ist bei Stellenausschreibungen zu achten?	Die externe Ausschreibung darf keine anderen Anforderungen enthalten als die interne Ausschreibung. Schreibt der Arbeitgeber die Stelle intern nicht aus, obwohl er vom Betriebsrat dazu aufgefordert wurde, kann der Betriebsrat die Zustimmung zur Einstellung verweigern nach § 99 Absatz 2 Nr. 5 BetrVG. Ist der Arbeitsplatz für einen schwerbehinderten Menschen geeignet, so ist gemäß § 81 Absatz 1 SGB (Sozialgesetzbuch) IX die Agentur für Arbeit zu informieren. Eignet sich der Arbeitsplatz für Teilzeit, ist er gemäß § 7 Absatz 1 TzBfG (Teilzeit- und Befristungsgesetz) auch als Teilzeitarbeitsplatz auszuschreiben.
	Ersatz von Vorstellungskosten
Beispiel: Bei der Bewerbung als Leiter einer Werbeabteilung kann die Bahnfahrt 1. Klasse als angemessen angesehen werden.	Der Bewerber hat Anspruch auf Ersatz der Vorstellungskosten, unabhängig davon, ob das Arbeitsverhältnis zu Stande gekommen ist oder nicht. Dies ergibt sich aus § 670 BGB. Der Bewerber muss jedoch zur Vorstellung aufgefordert worden sein und die Erstattung der Kosten darf nicht ausgeschlossen worden sein. Zu den Kosten können Fahrt-, Übernachtungs- und Verpflegungskosten zählen. Urlaubstage und Verdienstausfälle werden nicht ersetzt. Es sind nur solche Kosten erstattungsfähig, die den Umständen nach für erforderlich gehalten werden können. Zu den „Umständen" zählen Wohnort des Bewerbers, Ort des Vorstellungsgespräches, Termin und Dauer der Vorstellung und die Art der angebotenen Arbeitsstelle.

Fragerechte und Personalfragebogen
Beim Vorstellungsgespräch darf der Arbeitgeber nur solche Fragen stellen, an deren Beantwortung er ein berechtigtes Interesse hat (§ 123 BGB), z.B. beruflicher Werdegang, Schwerbehinderteneigenschaft oder allgemeine persönliche Verhältnisse (z.B. Alter).

Gefragt werden darf grundsätzlich nur nach Eigenschaften oder in Bereichen, die mit der konkreten Tätigkeit an diesem Arbeitsplatz in direktem Zusammenhang stehen.

Fragen zum rein persönlichen Bereich sind nicht zulässig (Art. 1 und Art. 2 Grundgesetz: Schutz der Menschenwürde, persönliche Freiheitsrechte). Unzulässige Fragen des Arbeitgebers dürfen mit einer Lüge beantwortet werden. Der Arbeitgeber kann in diesem Fall nicht wegen arglistiger Täuschung anfechten. Muss der Bewerber einen Personalfragebogen ausfüllen, gelten die gleichen Vorschriften. Personalfragebögen unterliegen nach § 94 BetrVG der Zustimmung des Betriebsrats. Der Arbeitnehmer muss von sich aus den Arbeitgeber darüber informieren (Offenbarungspflicht), wenn ihm aus bestimmten Gründen die Erfüllung der arbeitsvertraglichen Leistungspflicht nicht möglich ist (z. B. bestehende Wettbewerbsverbote, eine bevorstehende Strafverbüßung).

Das Informationsinteresse ist in erster Linie für Fragen nach der fachlichen und persönlichen Eignung des Bewerbers sowie nach seiner Verfügbarkeit zu bejahen.

Bestimmte Fragen sind in der Regel unzulässig, in bestimmten Fällen aber dennoch erlaubt. Bewirbt sich jemand als Sachbearbeiter bei einer Gewerkschaft, kann er nach der Gewerkschaftszugehörigkeit gefragt werden. Die Frage nach den Vermögensverhältnissen/Schulden darf gestellt werden, wenn finanzielle Unabhängigkeit Voraussetzung für einen Beruf ist, z. B. Buchhalter oder Richter (z. B. besondere Vertrauensstellung, Umgang mit Fremdgeldern). Bewirbt sich jemand als Kassierer, kann sich der Arbeitgeber nach Vorstrafen bezüglich Vermögensdelikten erkundigen. Der Bewerber muss auf die Frage nach der bisherigen Gehaltshöhe nur korrekt antworten, wenn diese Grundlage der Verhandlungen ist, weil zum Beispiel 200 Euro mehr als bisher bezahlt werden sollen. Die Frage nach einer Schwangerschaft darf nicht gestellt werden, es sei denn, die Berufsausübung wird dadurch direkt beeinträchtigt, z. B. bei einem Mannequin. Bei einem Tierpfleger darf nach einer Allergie gegen Tierhaare gefragt werden und bei einem Kraftfahrer nach Straßenverkehrsdelikten. Bei einem Packer in der Lebensmittelbranche ist die Frage nach ansteckenden Krankheiten zulässig.

Grafologische Gutachten, eine ärztliche Untersuchung und psychologische Tests dürfen nur durchgeführt werden, wenn der Bewerber zustimmt. Gesundheitstests sind Pflicht bei der Einstellung von Jugendlichen oder bei Beschäftigten im Lebensmittelbereich.

Mängel des Vertragsschlusses
Es gibt eine ganze Reihe von Mängeln, die im Zusammenhang mit dem Arbeitsvertrag auftreten und zu dessen Nichtigkeit führen können. Wesentliche sind auf der folgenden Seite zusammengestellt.

Gesetzliche Formvorschriften
§ 14 Absatz 4 TzBfG (Teilzeit- und Befristungsgesetz) verlangt die Schriftform für die Befristung eines Arbeitsvertrages. Fehlt die Schriftform, so ist die Abrede der Befristung nach § 125 BGB nichtig. Der Arbeitsvertrag bleibt aber im Übrigen davon unberührt. Für Aufhebungsverträge sieht § 623 BGB die Schriftform vor. Der Aufhebungsvertrag ist nichtig, wenn er nicht schriftlich abgeschlossen wird.

Welche Form ist bei Befristung einzuhalten?

ARBEITSRECHTLICHE VORSCHRIFTEN UND BESTIMMUNGEN

GRÜNDE FÜR DIE NICHTIGKEIT VON ARBEITSVERHÄLTNISSEN

Anfechtung wegen arglistiger Täuschung (§ 123 BGB)

Das Arbeitsverhältnis wird beendet, aber erst mit Wirkung für die Zukunft (ex nunc = „von nun an"). Die Anfechtung muss nach § 124 BGB binnen Jahresfrist nach Entdeckung erfolgen. Ein Beispiel ist die falsche Beantwortung von zulässigen und relevanten Fragen bei der Einstellung bzw. im Personalfragebogen. Wird der Arbeitsvertrag vor Arbeitsantritt angefochten, wirkt die Anfechtung von Anfang an (ex tunc), da das Arbeitsverhältnis noch nicht angetreten wurde.

Anfechtung wegen Drohung (§ 123 BGB)

Die Rechtsfolge und die Frist entsprechen denen bei der Anfechtung wegen arglistiger Täuschung. In der Praxis ist es sehr unwahrscheinlich, dass ein Arbeitsvertrag unter Drohung abgeschlossen wird.

Anfechtung wegen Irrtums (§ 119 BGB)

Das Arbeitsverhältnis wird mit Wirkung für die Zukunft (ex nunc) beendet oder vor Arbeitsantritt ex tunc (von Anfang an). Die Anfechtung muss unverzüglich erfolgen, also ohne schuldhaftes Zögern (§ 121, BGB). Der Arbeitgeber kann wegen Irrtums anfechten, wenn er sich über eine verkehrswesentliche Eigenschaft des Arbeitnehmers geirrt hat. Eine Eigenschaft ist verkehrswesentlich, wenn sie für den Arbeitsvertrag von Bedeutung ist. Der Arbeitgeber hat also etwas angenommen, was sich später als falsch herausgestellt hat. Dabei kann es sich um Eigenschaften handeln, von denen er stillschweigend ausgehen kann oder die der Arbeitnehmer bei Vertragsanbahnung offenlegen hätte müssen (zum Beispiel Allergie gegen Tierhaare bei einem Tierpfleger).

Nichtigkeit (§§ 105, 134, 138 f. BGB usw.)

Es wird ein faktisches Arbeitsverhältnis angenommen, das durch einseitige Erklärung beendet wird. Rückwirkend muss es jedoch regulär behandelt werden, als ob ein Arbeitsverhältnis bestanden hätte. Eine Frist ist hier nicht einzuhalten. Grundsätzlich ist es nicht möglich, aus einem nichtigen Arbeitsvertrag Ansprüche abzuleiten. Da aber in einigen Fällen bereits Arbeitsleistung erbracht wurde und hier eine Rückabwicklung nicht möglich ist, erfolgt die Lösung über das „faktische Arbeitsverhältnis". Mindestens ein Partner ist davon ausgegangen, dass das Arbeitsverhältnis gültig ist.

Das faktische Arbeitsverhältnis gewährt dem Arbeitnehmer alle regulären Ansprüche, also auch Lohn und Urlaub. Es besteht jedoch keine Bindung für die Zukunft, sodass die Beendigung von jeder Seite durch einfache Erklärung erfolgen kann. Gründe für die Nichtigkeit sind z. B. Geschäftsunfähigkeit bei Vertragsschluss (§ 105 BGB), Sittenwidrigkeit (§ 138 BGB) oder Verstoß gegen gesetzliche Verbote (§ 134 BGB) – zum Beispiel Beschäftigung von Kindern (§ 5 Jugendarbeitsschutzgesetz).

Teilnichtigkeit

§ 139 BGB findet hier keine Anwendung (Teilnichtigkeit führt zur Gesamtnichtigkeit), wenn es sich um den Verlust des Arbeitnehmerschutzes handelt. An die Stelle des nichtigen Teils tritt die gesetzliche oder tarifliche Regelung, sodass der Arbeitsvertrag trotzdem gültig ist. Eine Frist ist nicht einzuhalten. Meist betrifft die Teilnichtigkeit Arbeitsverträge mit Ausschluss zwingender Arbeitnehmerrechte (z.B. Mutterschutz, Urlaubsanspruch). Wird zum Beispiel ein Arbeitsvertrag geschlossen mit einem Urlaubsanspruch von 15 Tagen, ist der Vertrag trotzdem gültig, da die gesetzliche oder tarifliche Regelung an die Stelle der ungültigen Klausel tritt.

Beschränkte Geschäftsfähigkeit des Arbeitnehmers (§§ 106 ff. BGB)

Schließt ein 16-Jähriger (beschränkt Geschäftsfähiger) einen Arbeitsvertrag, ergeben sich zwei Möglichkeiten. Erteilen die Eltern (gesetzliche Vertreter) die Genehmigung, ist der Arbeitsvertrag wirksam, andernfalls ist er nicht wirksam zu Stande gekommen. Bei Minderjährigen gibt es kein faktisches Arbeitsverhältnis, es besteht aber dennoch Anspruch auf z.B. Lohn und Urlaub für die Zeit, in der die Arbeit vollzogen wurde. Der Arbeitgeber kann sich nicht auf die Unwirksamkeit des Vertrages berufen und dem Minderjährigen daher nicht die Leistungen aus dem Arbeitsvertrag verweigern.

Mangelhafte Vollmacht auf der Arbeitgeberseite (§§ 164 ff. BGB)

Erfolgt die Einstellung eines Bewerbers von einem Angestellten ohne Vollmacht zur Einstellung von Arbeitnehmern, wird der Arbeitsvertrag durch die Genehmigung des Arbeitgebers wirksam. Verweigert dieser die Genehmigung, ist der Vertrag von Anfang an unwirksam, es wird jedoch bei Arbeitsaufnahme ein faktisches Arbeitsverhältnis angenommen.

Ergänzende Hinweise
Nicht nur der Arbeitgeber, sondern auch der Arbeitnehmer kann unter den nebenstehend genannten Bedingungen den Arbeitsvertrag anfechten. Dies kommt in der Praxis jedoch äußerst selten vor.

Wird ein Arbeitsvertrag über längere Zeit ungestört erfüllt und beruht die Nichtigkeit zum Beispiel auf einem Formfehler, kann im Einzelfall die Anfechtung oder das Berufen auf die Nichtigkeit gegen Treu und Glauben verstoßen (§ 242 BGB). Die Anfechtung wäre dann rechtsmissbräuchlich.

„Unverzüglich" ist nicht gleichbedeutend mit „sofort". Dem Anfechtungsberechtigten steht eine angemessene Überlegungsfrist zu; soweit erforderlich darf er sich den Rat eines Rechtskundigen einholen.

Die Rechtsfigur des faktischen Arbeitsverhältnisses bedeutet, dass der Arbeitnehmer für bereits erbrachte Arbeitsleistungen gegen den Arbeitgeber arbeitsvertragliche Ansprüche geltend machen kann (z. B. Urlaub, Lohn, Zeugnis), obwohl das Arbeitsverhältnis rechtlich nicht besteht. Das Rechtsverhältnis besteht tatsächlich und kann jederzeit durch einseitige Erklärung beendet werden, ohne dass die Voraussetzungen einer fristlosen Kündigung gegeben sein müssen. Das Arbeitsverhältnis wird mit Wirkung für die Zukunft (ex nunc) beendet.

Was bedeutet ein faktisches Arbeitsverhältnis?

Das BGB unterscheidet drei Stufen der Geschäftsfähigkeit: die Geschäftsunfähigkeit (§ 104 BGB), die beschränkte Geschäftsfähigkeit (§ 106 BGB) und die volle Geschäftsfähigkeit. Die Willenserklärung eines Geschäftsunfähigen ist nichtig nach § 105 BGB. Minderjährige zwischen dem 7. und 18. Lebensjahr sind beschränkt geschäftsfähig. Sie brauchen zur Abgabe einer wirksamen Willenserklärung die Einwilligung oder Genehmigung ihres gesetzlichen Vertreters. Für minderjährige Arbeitgeber gilt § 112 BGB. Für minderjährige Arbeitnehmer gilt § 113 BGB.

Welche Arten der Geschäftsfähigkeit gibt es?

Seit dem 1. Januar 2003 unterliegen alle vom Arbeitgeber verwendeten Standardarbeitsverträge einer so genannten Inhaltskontrolle nach den gesetzlichen Regelungen zur Kontrolle von Allgemeinen Geschäftsbedingungen.

Hierdurch kann sich in solchen Verträgen die Unwirksamkeit einzelner Klauseln ergeben. Auch bei Verträgen, die im Einzelnen mit dem Arbeitnehmer ausgehandelt werden, die also nicht standard- oder formularmäßig verwendet werden, können einzelne Klauseln wegen eines Verstoßes gegen Treu und Glauben unwirksam sein.

1.1.2.4 Arten von Arbeitsverhältnissen

Befristetes Arbeitsverhältnis
Ein befristetes Arbeitsverhältnis wird auf bestimmte Zeit geschlossen, z. B. für Saisonarbeit oder vorübergehenden Arbeitsbedarf auf Grund eines Kundenauftrags. Die Befristung richtet sich nach dem Teilzeit- und Befristungsgesetz (TzBfG) – siehe § 620 Absatz 3 BGB.

Wann ist ein Arbeitsverhältnis befristet?

Befristet beschäftigt ist ein Arbeitnehmer, wenn sein Arbeitsvertrag auf bestimmte Zeit geschlossen wurde (§ 3 Teilzeit- und Befristungsgesetz).

Die Dauer ist entweder kalendermäßig bestimmt (Zeitbefristung nach § 3 Absatz 1 TzBfG) oder ergibt sich aus Art, Zweck oder Beschaffenheit der Arbeitsleistung (Zweckbefristung nach Paragraf 3 Absatz 1 TzBfG). Eine Befristung kann sich auch aus einer auflösenden Bedingung ergeben (§ 158 Absatz 2 BGB, § 21 TzBfG).

Beispiele

- Zeitbefristung: „Befristet bis zum 31. August 2008" oder „Das Arbeitsverhältnis beginnt am 1. Mai und ist für die Dauer von acht Monaten befristet"
- Zweckbefristung: Arbeitnehmer Anton Neumann begibt sich im Auftrag der Firma auf eine Fortbildung. Für ihn wird eine Vertretung eingestellt. Im Arbeitsvertrag findet sich folgende Formulierung: „Das Arbeitsverhältnis endet, wenn Herr Neumann seine Tätigkeit wieder aufnimmt".
- Ein weiteres Beispiel ist die Befristung auf die Dauer eines Projekts, z. B. die Einführung einer EDV-Anlage im gesamten Unternehmen oder der Bau eines Kreuzfahrtschiffes. Das Arbeitsverhältnis endet mit Fertigstellung des Projekts und der Abnahme durch den Auftraggeber.
- Auflösende Bedingung: Das Arbeitsverhältnis ist abhängig von einem noch ungewissen Ereignis. Die auflösende Bedingung kann die Fertigstellung des Kreuzfahrtschiffes sein. Jeder Zweck kann als auflösende Bedingung formuliert werden.

Eine Befristung ist nach § 14 Absatz 1 TzBfG nur bei Vorliegen eines sachlichen Grundes zulässig, es gibt jedoch Ausnahmen.

Wann ist eine Befristung zulässig?

Die hier aufgezählten Gründe sind nicht vollständig, da eine Befristung zum Beispiel auch zu Ausbildungszwecken vereinbart werden kann. Liegt kein sachlicher Grund für die Befristung vor, gilt der befristete Arbeitsvertrag nach § 16 TzBfG als auf unbestimmte Zeit geschlossen. Es gibt jedoch auch Ausnahmen, bei denen eine Befristung ohne sachlichen Grund erlaubt ist – § 14 Absatz 2 TzBfG (Befristung bis zur Dauer von zwei Jahren) und § 14 Absatz 3 TzBfG (Befristung bei einem bestimmten Alter des Arbeitnehmers). Es gibt noch weitere Ausnahmen, die jedoch hier nicht näher behandelt werden sollen.

Die mehrfache Befristung eines Arbeitsverhältnisses (Kettenarbeitsverhältnis) ist grundsätzlich möglich, was nachfolgend noch näher erklärt wird. Der Sachgrund wird nur im letzten Arbeitsverhältnis (letztes Glied der Kette) überprüft. Hätte im vorletzten Glied ein unbefristetes Arbeitsverhältnis bestanden, geht man davon aus, dass dieses durch den Abschluss eines neuen befristeten Arbeitsverhältnisses aufgehoben wird (konkludente Aufhebung). Der Arbeitnehmer kann jedoch innerhalb der Klagefrist (§ 17 TzBfG) die Unwirksamkeit der Befristung des Vorvertrags geltend machen.

§ 14 Absatz 2 TzBfG lässt bei einer Neueinstellung die kalendermäßige Befristung bis zur Dauer von zwei Jahren ohne Sachgrund zu.

Die Höchstbefristungsdauer beträgt zwei Jahre. Innerhalb dieser zwei Jahre kann das Arbeitsverhältnis bis zu dreimal verlängert werden – also vier befristete Arbeitsverträge hintereinander. Die zwei Jahre dürfen insgesamt nicht überschritten werden. Entscheidend ist der Beginn des Arbeitsverhältnisses und nicht der Abschluss des Arbeitsvertrages. Der vereinbarte Endtermin wird verschoben. Der Vertrag selbst bleibt unverändert.

Wie lange und wie oft kann befristet werden?

§ 14 Absatz 4 TzBfG bestimmt, dass die Befristung eines Arbeitsvertrages zu ihrer Wirksamkeit der Schriftform bedarf. Dies gilt nur für die Befristungsabrede. Der übrige Vertragsinhalt unterliegt den allgemeinen Regelungen nach dem Nachweisgesetz. Die Schriftform nach § 14 Absatz 4 TzBfG ist konstitutiv, das heißt, die Befristung ist gemäß § 125 BGB nichtig, wenn die Schriftform fehlt. Es ist ein unbefristetes Arbeitsverhältnis entstanden. Dies kann nur durch Kündigung beendet werden.

Schriftform

§ 15 TzBfG enthält die Regelungen zum „Ende des befristeten Arbeitsvertrages". Zu beachten ist, dass das zweckbefristete Arbeitsverhältnis und das auflösend bedingte Arbeitsverhältnis mit Zweckerreichung enden, frühestens jedoch zwei Wochen nach Zugang der schriftlichen Unterrichtung durch den Arbeitgeber über den Zeitpunkt der Zweckerreichung. Wird das Arbeitsverhältnis mit Wissen des Arbeitgebers fortgesetzt, so gilt es als auf unbestimmte Zeit verlängert (§ 15 TzBfG). Bei einem befristeten Arbeitsverhältnis ist die ordentliche Kündigung normalerweise ausgeschlossen, sie kann aber ausdrücklich vereinbart werden (§ 15 Absatz 3 TzBfG). Die außerordentliche Kündigung nach § 626 BGB aus wichtigem Grund ist immer möglich. In § 17 TzBfG findet man die Regelung für Klagen des Arbeitnehmers gegen die Rechtswirksamkeit der Kündigung, dass also die Befristung unwirksam ist. Wird die Klagefrist vom Arbeitnehmer nicht eingehalten, gilt das Arbeitsverhältnis als von Anfang an wirksam befristet.

Wie sind bei einer Befristung die ordentliche und die außerordentliche Kündigung geregelt?

Teilzeitarbeitsverhältnis
Die rechtliche Regelung für Teilzeitarbeitsverhältnisse findet man in den §§ 6 bis 13 des Teilzeit- und Befristungsgesetzes.

Wann liegt eine Teilzeitbeschäftigung vor?

Ein Arbeitnehmer ist teilzeitbeschäftigt, wenn seine regelmäßige Wochenarbeitszeit kürzer ist als die eines vergleichbaren Arbeitnehmers (Vergleichbarkeit nach § 2 Absatz 1 Satz 3 und 4 TzBfG).

Gilt in einem Betrieb die 40-Stundenwoche, so gilt ein Arbeitnehmer mit einer wöchentlichen Arbeitszeit von 39 Stunden als teilzeitbeschäftigt. Geringfügig beschäftigte Arbeitnehmer nach § 8 SGB IV gelten ebenfalls als teilzeitbeschäftigt, wie es in § 2 Absatz 2 TzBfG zu finden ist.

Ohne Vorliegen von sachlichen Gründen dürfen teilzeitbeschäftigte Arbeitnehmer nicht schlechter gestellt werden als vergleichbare vollzeitbeschäftigte Arbeitnehmer. Sachliche Gründe können in der Berufserfahrung, Qualifikation oder auch den Anforderungen an den Arbeitsplatz liegen. In § 4 Absatz 1 Satz 2 TzBfG findet man das Diskriminierungsverbot bezüglich des Arbeitsentgelts und anderer geldwerter teilbarer Leistungen. Sie sind auf Grund der verringerten Arbeitsleistung anteilig zu gewähren. Erhält ein Arbeitnehmer Weihnachtsgeld in

ARBEITSRECHTLICHE VORSCHRIFTEN UND BESTIMMUNGEN

Höhe von 3.000 Euro, so erhalten Arbeitnehmer, die nur ein Drittel der üblichen Arbeitszeit beschäftigt sind, Weihnachtsgeld in Höhe von 1.000 Euro.

Ein Arbeitnehmer darf wegen der Wahrnehmung seiner Rechte aus dem Teilzeit- und Befristungsgesetz nicht benachteiligt werden (§ 5 TzBfG, § 612 a BGB). Ist ein Arbeitsplatz für Teilzeit geeignet, so ist er auch als Teilzeitarbeitsplatz auszuschreiben (siehe 1.1.2.3 Ausschreibung von Arbeitsplätzen). Der Arbeitgeber hat Informationspflichten gegenüber dem Arbeitnehmer nach § 7 Absatz 2 TzBfG über Teilzeitarbeitsplätze und gegenüber dem Betriebsrat nach § 7 Absatz 3 TzBfG. Nach § 11 TzBfG ist die Kündigung eines Arbeitsverhältnisses wegen der Weigerung eines Arbeitnehmers, von einem Vollzeit- in ein Teilzeitarbeitsverhältnis oder umgekehrt zu wechseln, unwirksam. Die Kündigung aus anderen Gründen bleibt hiervon unberührt.

Können Überstunden von einer Teilzeitkraft verlangt werden?

Überstunden sind auch von einem Teilzeitarbeitnehmer nur zu leisten, wenn es der Arbeitsvertrag vorsieht (Ausnahme: betriebliche Notfälle). Bis zur betriebsüblichen Arbeitszeit muss kein Überstundenzuschlag bezahlt werden. Arbeitet jemand nur 4 Stunden und beträgt die betriebliche Normalarbeitszeit 8 Stunden, werden Überstundenzuschläge erst ab der 9. Stunde fällig.

Die Entgeltfortzahlung im Krankheitsfall gilt auch für Teilzeitbeschäftigte. Der Arbeitnehmer erhält das Arbeitsentgelt weiterhin gezahlt, das er bei normaler Arbeit erhalten hätte (Lohnausfallprinzip). Gemäß § 5 Entgeltfortzahlungsgesetz (EFZG) muss die Arbeitsunfähigkeit unverzüglich angezeigt werden. Dies gilt auch für teilzeitbeschäftigte Arbeitnehmer, wenn der erste Tag der Erkrankung kein Arbeitstag ist. Dauert die Arbeitsunfähigkeit länger als drei Kalendertage, hat der Arbeitnehmer eine ärztliche Bescheinigung spätestens an dem darauffolgenden Arbeitstag vorzulegen.

Samstag gilt als Werktag, wenn er nicht Feiertag ist.

Teilzeitbeschäftigte Arbeitnehmer haben den gleichen Anspruch auf Urlaub wie Vollzeitbeschäftigte, nämlich mindestens 24 Werktage bzw. vier Wochen pro Jahr. Arbeitet ein Teilzeitbeschäftigter an zwei Tagen pro Woche und erhält 24 Werktage Urlaub, so entspricht dies acht Arbeitstagen. Der Anspruch gilt auch für das Urlaubsentgelt. Nach § 11 Bundesurlaubsgesetz (BUrlG) bemisst sich das Urlaubsentgelt nach dem durchschnittlichen Arbeitsverdienst in den letzten 13 Wochen mit Ausnahme des zusätzlich für Überstunden gezahlten Arbeitsverdienstes. Feiertagsvergütung wird nur dann bezahlt, wenn tatsächlich Arbeit ausfällt, das heißt, wenn der Arbeitnehmer an diesem Tag gearbeitet hätte.

Beispiele zur Berechnung des Urlaubsentgelts

a) bei gleichmäßiger Verteilung der Arbeitszeit auf die Wochentage:
Verdienst der letzten 13 Wochen: 13 : Arbeitstage pro Woche
= Urlaubsentgelt pro Urlaubstag
b) bei ungleichmäßiger Verteilung der Arbeitszeit auf die Wochentage:
Verdienst der letzten 13 Wochen: (13 * Arbeitstage des Teilzeitarbeitnehmers pro Woche) = Durchschnittlicher Arbeitsverdienst = Urlaubsentgelt pro Urlaubstag
Beträgt die Arbeitszeit eines Teilzeitbeschäftigten 2 Tage pro Woche mit insgesamt 8 Arbeitsstunden, kann zum Beispiel regelmäßig am Montag und am Mittwoch je 4 Stunden gearbeitet werden. Bei ungleichmäßiger Verteilung kann die Arbeitszeit zum Beispiel an den beiden Tagen zwischen 2 und 8 Stunden schwanken.

In § 8 TzBfG findet sich der Anspruch des Arbeitnehmers auf Teilzeit unter folgenden Voraussetzungen:
- § 8 Absatz 1 TzBfG: Der Arbeitnehmer muss länger als sechs Monate in dem Unternehmen beschäftigt sein.
- § 8 Absatz 7 TzBfG: Der Arbeitgeber beschäftigt in der Regel mehr als 15 Arbeitnehmer unabhängig von der Zahl der Auszubildenden.
- § 8 Absatz 6 TzBfG: Das letzte Verlangen des Arbeitnehmers auf Verringerung der Arbeitszeit liegt zwei Jahre zurück.

Der Anspruch auf Teilzeit ist ausgeschlossen, wenn betriebliche Gründe entgegenstehen (§ 8 Absatz 4 Satz 2 TzBfG). Die Verlängerung der Arbeitszeit ist in § 9 TzBfG geregelt.

Arbeit auf Abruf (Sonderform der Teilzeitarbeit)
§ 12 TzBfG regelt die Arbeit auf Abruf (kapazitätsorientierte variable Arbeitszeit = KapovAz). Zum Schutz des Arbeitnehmers ist ein bestimmtes Arbeitszeitvolumen zu regeln (wöchentliche und tägliche Arbeitszeit), eine Ankündigungsfrist von vier Tagen einzuhalten und ein Mindesteinsatz zu gewährleisten. § 12 Absatz 1 TzBfG bestimmt, dass eine Arbeitszeit von 10 Stunden als vereinbart gilt, wenn die Dauer der wöchentlichen Arbeitszeit zwischen den Parteien nicht festgelegt ist. Es kann eine geringere Wochenarbeitszeit als 10 Stunden ausdrücklich vereinbart werden.

Jobsharing (Sonderform der Teilzeitarbeit)
§ 13 TzBfG regelt die Arbeitsplatzteilung.

Mehrere Arbeitnehmer teilen sich die Arbeitszeit an einem Arbeitsplatz und regeln die Verteilung der Arbeitszeit selbst.

Ist ein Arbeitnehmer an der Arbeitsleistung verhindert, sind die anderen Arbeitnehmer zur Vertretung nur verpflichtet, wenn sie im Einzelfall zugestimmt haben. Scheidet ein Arbeitnehmer aus der Arbeitsplatzteilung aus, können die anderen Arbeitnehmer nicht aus diesem Grunde gekündigt werden. Die Arbeitsverhältnisse der Arbeitnehmer bestehen unabhängig voneinander zum Arbeitgeber. Zwischen den Arbeitnehmern bestehen keine Rechtsbeziehungen. Für Schäden und Schlechtleistungen haftet der jeweils verantwortliche Arbeitnehmer. Es kann auch sein, dass die Arbeitnehmer vertraglich die gemeinsame Verantwortung für das Arbeitsergebnis übernommen haben.

Turnusarbeit (Sonderform der Teilzeitarbeit)
§ 13 Absatz 3 TzBfG erläutert dazu, dass sich bei Turnusarbeit Gruppen von Arbeitnehmern aus bestimmten Arbeitsplätzen in festgelegten Zeitabschnitten abwechseln, ohne dass eine Arbeitsplatzteilung im Sinne von Jobsharing vorliegt. Entscheidend ist der Wechsel zu festgelegten Zeitabschnitten. Der Arbeitnehmer kann hier nicht frei bestimmen. Die Arbeitnehmer sind nicht von vornherein zu einer wechselseitigen Vertretung verpflichtet, es sei denn, es liegen dringende betriebliche Erfordernisse vor. Scheidet ein Arbeitnehmer aus, bleiben die anderen Arbeitsverhältnisse davon unberührt.

Aushilfsarbeitsverhältnis

Wie ist die Kündigung geregel?

Aushilfsarbeitsverhältnisse findet man in Vollzeit, in Teilzeit, befristet oder unbefristet. Besteht das Arbeitsverhältnis nicht über drei Monate hinaus, kann die Kündigungsfrist nach § 622 Absatz 5 Nr. 1 BGB abgekürzt werden. Ein wichtiger Grund ist nicht notwendig. Besteht das Aushilfsverhältnis länger als drei Monate, gelten die normalen gesetzlichen bzw. tariflichen Kündigungsfristen. Besonders zu beachten ist hier der Entgeltfortzahlungsanspruch im Krankheitsfall und der Anspruch auf Urlaub. § 3 Absatz 3 Entgeltfortzahlungsgesetz fordert eine vierwöchige ununterbrochene Dauer des Arbeitsverhältnisses für den Anspruch auf Entgeltfortzahlung im Krankheitsfall. Ein Urlaubsanspruch besteht erst nach einer Wartezeit von sechs Monaten. Aushilfsarbeitnehmer erhalten einen Anspruch auf Teilurlaub, wenn sie vorher ausscheiden. Dieser beträgt für jeden vollen Monat ein Zwölftel des gesetzlichen oder vertraglich vereinbarten Urlaubsanspruchs.

Wann entstehen Entgeltfortzahlungs- und Urlaubsansprüche?

Probearbeitsverhältnis

Beim unbefristeten Arbeitsverhältnis mit vorgeschalteter Probezeit kann nach § 622 Absatz 3 BGB während einer vereinbarten Probezeit, längstens für die Dauer von sechs Monaten, mit einer Frist von zwei Wochen gekündigt werden. Abweichende Regelungen können durch Tarifvertrag vereinbart werden (§ 622 Absatz 4 BGB). Die verkürzte Kündigungsfrist gilt für alle Kündigungen, die bis zum letzten Tag der Probezeit ausgesprochen werden. Bei einer Probezeit vom 1. März 2009 bis zum 31. August 2009 kann am 31. August mit der verkürzten Kündigungsfrist gekündigt werden. Zu beachten sind weiterhin Kündigungsverbote (z. B. § 9 Mutterschutzgesetz), Einhaltung der Schriftform (§ 623 BGB) und Anhörung des Betriebsrats (§ 102 BetrVG).

verkürzte Kündigungsfrist

Ein Probearbeitsverhältnis kann nach § 14 Absatz 1 Nr. 5 TzBfG befristet abgeschlossen werden, da die Befristung zur Erprobung als sachlicher Grund angegeben ist. Ein befristetes Probearbeitsverhältnis muss ausdrücklich vereinbart werden, da im Zweifelsfall von einem unbefristeten Arbeitsverhältnis mit Probezeitvereinbarung ausgegangen wird. Das befristete Probearbeitsverhältnis muss nicht gekündigt werden, es endet mit Fristablauf.

Erprobung als sachlicher Grund für eine Befristung

Leiharbeit

Stellt ein Arbeitgeber einen Arbeitnehmer zu dem Zweck ein, ihn gewerbsmäßig an Dritte weiter zu verleihen, spricht man von „unechter" Leiharbeit. Ein Beispiel dafür sind die Zeitarbeitsfirmen. Auf die „echte" Leiharbeit, bei der ein Arbeitnehmer nicht gewerbsmäßig einem Dritten – z. B. für eine Montagearbeit – überlassen wird, wird hier nicht näher eingegangen.

Die Rechtsgrundlage für die Zeitarbeitsfirmen bildet das Arbeitnehmerüberlassungsgesetz (AÜG). Laut § 1 Absatz 1 AÜG bedürfen Arbeitgeber, die als Verleiher von Arbeitnehmern (Leiharbeitnehmer) auftreten, der Erlaubnis durch die Arbeitsverwaltung. Arbeitgeber/Verleiher und Arbeitnehmer schließen einen Arbeitsvertrag. Es besteht gegenseitiger Anspruch auf Arbeitsleistung und Lohn. Der Entleiher tritt nicht als Arbeitgeber auf, hat jedoch gegenüber dem Arbeitnehmer das Direktionsrecht. Zwischen diesen beiden Personen besteht keine Vertragsbeziehung. Es müssen jedoch die Fürsorge- und Treuepflichten beach-

Welche Verträge werden zwischen wem geschlossen?

tet werden. Arbeitgeber und Entleiher schließen einen Überlassungsvertrag. Der Arbeitgeber ist verpflichtet, dem Entleiher für die vereinbarte Zeit und am vereinbarten Ort arbeitswillige Arbeitskräfte mit der vereinbarten Qualifikation zur Verfügung zu stellen. Dafür erhält er das vereinbarte Entgelt vom Entleiher.

Nach § 9 AÜG sind Verträge zwischen Verleihern und Entleihern sowie zwischen Verleihern und Leiharbeitnehmern unwirksam, wenn der Verleiher nicht die nach § 1 erforderliche Erlaubnis hat. In § 10 AÜG sind die Rechtsfolgen bei Unwirksamkeit beschrieben. Ist zwischen dem Verleiher und dem Leiharbeitnehmer kein Vertrag zu Stande gekommen, so ist stattdessen ein Arbeitsverhältnis zwischen Entleiher und Leiharbeitnehmer wirksam zu Stande gekommen. Tritt die Unwirksamkeit erst später ein, so gilt das Arbeitsverhältnis zwischen Entleiher und Leiharbeitnehmer ab dem Zeitpunkt der Unwirksamkeit.

Welche Folgen hat es, wenn der Verleiher nicht die erforderliche Erlaubnis hat?

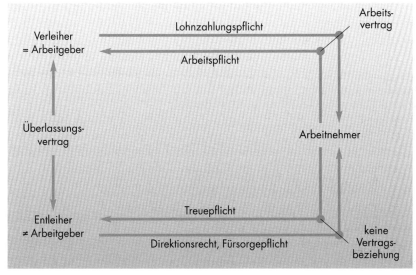

Abb. 1.1: Pflichten beim Leiharbeitsverhältnis

1.1.2.5 Sondervereinbarungen über Arbeitszeit und Urlaub sowie die entsprechende Entlohnung

Arbeitgeber und Arbeitnehmer können einzelvertragliche Sondervereinbarungen treffen, die sich zum Beispiel auf die Arbeitszeit oder den Urlaub beziehen. Dabei müssen die gesetzlichen und tariflichen Regelungen beachtet werden. An entsprechender Stelle wird jeweils darauf hingewiesen. Auf das Thema Arbeitszeit wird in Abschnitt 1.4.1 eingegangen (bezüglich der Arbeitszeit lässt § 7 Arbeitszeitgesetz abweichende Regelungen zu, die in einem Tarifvertrag oder einer Betriebsvereinbarung geregelt werden können– die Lage der Arbeitszeit ist selten in Einzelarbeitsverträgen festgelegt). Ausführungen zu Urlaubsregelungen folgen im nächsten Abschnitt 1.1.3 – nach dem Bundesurlaubsgesetz hat jeder Arbeitnehmer Anspruch auf mindestens 24 Werktage Urlaub pro Jahr. In Einzelverträgen oder durch Tarifvertrag kann auch ein höherer Urlaubsanspruch festgelegt werden. Während seines Urlaubs hat der Arbeitnehmer Anspruch auf Lohn ohne Arbeit.

Mindesturlaub

1.1.3 Rechte und Pflichten aus dem Arbeitsverhältnis

Gegenseitige Verpflichtung zur Leistung

Das Arbeitsverhältnis ist ein gegenseitiges Schuldverhältnis. Die Vertragsparteien sind zu einer Leistung auf Grund der Gegenleistung der anderen Partei verpflichtet. Man unterscheidet dabei Haupt- und Nebenpflichten.

Hauptpflichten, die gegenseitig erfüllt werden müssen, sind die Arbeitspflicht des Arbeitnehmers und die Pflicht zur Lohnzahlung des Arbeitgebers.

Erfüllt eine Vertragspartei ihre Hauptpflicht nicht, ist die andere Vertragspartei nicht zur Leistung verpflichtet. Es gibt hier auch Ausnahmen, wie zum Beispiel die Lohnzahlung bei Urlaub („Lohn ohne Arbeit"). Bei der Verletzung von Nebenpflichten kann ein Anspruch auf Erfüllung oder Schadensersatz bestehen. Die Pflicht der einen Vertragspartei begründet immer den Anspruch der anderen. Jede Verletzung einer Pflicht kann ein Verstoß gegen den Arbeitsvertrag sein, der zur Kündigung berechtigen kann.

1.1.3.1 Rechte und Pflichten des Arbeitnehmers sowie Wettbewerbsklausel

---

Die Pflichten des Arbeitnehmers im Überblick

Hauptpflicht
Die Hauptpflicht des Arbeitnehmers besteht in der Arbeitspflicht nach § 611 BGB in Verbindung mit dem Arbeitsvertrag.

Nebenpflichten
- Gehorsamspflicht nach § 611 BGB in Verbindung mit dem Arbeitsvertrag und dem Direktionsrecht nach § 106 Gewerbeordnung
- Treuepflicht nach § 242 BGB, diese umfasst
  – die Anzeige drohender Schäden
  – Verschwiegenheit/§ 17 UWG (Gesetz gegen den unlauteren Wettbewerb)
  – Überstunden in echten Notfällen
  – keine Ausübung eines Wettbewerbs nach §§ 60, 61 HGB
  – keine Verleitung anderer Arbeitnehmer zu Vertragsbrüchen
  – keine Annahme von Schmiergeldern (Strafgesetzbuch)

Arbeitspflicht

Was kann der Arbeitgeber durch sein Direktionsrecht bestimmen?

Der Arbeitgeber kann die Art der Arbeitsleistung im Rahmen des Arbeitsvertrags auf der Grundlage seines Direktionsrechts nach § 106 Gewerbeordnung (GewO) festlegen, die Erfüllung der Arbeit am vertraglich vereinbarten Ort und die Einhaltung der Arbeitszeit verlangen. In Verbindung mit § 611 BGB und dem Arbeitsvertrag können auch gesetzliche Regelungen, Betriebsvereinbarungen oder Tarifverträge Anspruchsgrundlagen für die Arbeitspflicht darstellen. Nach § 613 BGB hat der zur „Dienstleistung Verpflichtete die Dienste im Zweifel in Person zu leisten. Der Anspruch auf die Dienste ist im Zweifel nicht übertragbar."

Der Arbeitnehmer kann sich also nicht durch eine andere Person vertreten lassen.

Lässt er sich trotzdem vertreten, hat er keinen Anspruch auf Lohn, da er die Leistung nicht erbracht hat. Die folgende Aufzählung enthält Beispiele, bei denen der Arbeitgeber keinen Anspruch auf die Erbringung der Arbeitsleistung durch den Arbeitnehmer hat. Trotzdem liegt kein Verstoß gegen den Arbeitsvertrag vor. Der Anspruch auf Arbeitsleistung ist nicht gegeben bei:

- Unmöglichkeit (§ 275 BGB),
- Annahmeverzug (§§ 615, 293 BGB),
- Urlaub (§ 1 Bundesurlaubsgesetz),
- Unzumutbarkeit wegen persönlicher Verhinderung für eine verhältnismäßig nicht erhebliche Zeit (§ 616 Satz 1 BGB),
- Krankheit (§§ 326, 275 BGB),
- Teilnahme an rechtmäßigem Streik,
- Arbeitsbefreiung nach Mutterschutzgesetz,
- Stellensuche nach einem gekündigten Arbeitsverhältnis („angemessene Freizeit" § 629 BGB).

Wann ist kein Anspruch auf Arbeitsleistung gegeben?

Gehorsamspflicht i. V.m. dem Direktionsrecht
Der Arbeitgeber bestimmt auf Grund seines Direktionsrechts nach § 106 Gewerbeordnung Zeit, Ort, Umfang und Art der Arbeitsleistung des Arbeitnehmers im Rahmen des Arbeitsvertrags. Näher erläutert wurde dies bereits in Kapitel 1.1.1. Eine Anweisung ist unzulässig, wenn ihr eine tarifvertragliche Regelung oder eine Betriebsvereinbarung entgegensteht. Sie ist ebenfalls unzulässig, wenn der Arbeitnehmer unangemessen benachteiligt wird (Schikane, § 315 BGB).

Treuepflicht
Dies ist ein Oberbegriff für mehrere Verhaltensregeln, wie sie bereits aufgeführt wurden. Der Arbeitnehmer hat die Pflicht zur Förderung des Vertragszwecks und zur Rücksichtnahme auf die Interessen des Arbeitgebers. Anspruchsgrundlage ist der Arbeitsvertrag in Verbindung mit §§ 611, 242 BGB. Verletzt der Arbeitnehmer die Treuepflicht, stellt dies einen Verstoß gegen den Arbeitsvertrag dar. Der Arbeitgeber kann dadurch – grundsätzlich nach vorheriger Abmahnung – zur Kündigung berechtigt sein und im Schadensfall Ersatz verlangen.

Treuepflicht ist Teil des Arbeitsvertrages

Wettbewerbsklausel
Das Wettbewerbsverbot ist in §§ 60, 61 HGB für kaufmännische Angestellte ausdrücklich geregelt. Der Arbeitnehmer darf dem Arbeitgeber keine Konkurrenz machen, während er gleichzeitig für ihn tätig ist. Möchte sich der Arbeitnehmer selbstständig machen, darf er keine Kunden seines Arbeitgebers abwerben, solange er noch für ihn arbeitet. Tut er es doch, hat der Arbeitgeber Anspruch auf Schadensersatz wegen Verstoßes gegen das Wettbewerbsverbot.

- Regelung für kaufmännische Angestellte: § 611 BGB i.V.m. dem Arbeitsvertrag i.V.m. § 60 HGB und
- Regelung für andere Arbeitnehmer: §§ 280 ff., 241 BGB i.V.m. §§ 611, 242 BGB i.V.m. dem Arbeitsvertrag.

Welche Sachverhalte regelt das Wettbewerbsverbot?

Karenzklausel + Entschädigung

Es ist auch möglich, ein Wettbewerbsverbot zu vereinbaren für die Zeit nach Beendigung des Arbeitsverhältnisses. Zu diesem Zweck wird bei Abschluss des Arbeitsvertrags eine Karenzklausel eingefügt. Eine solche Vereinbarung ist nur wirksam, wenn der Arbeitgeber dem Arbeitnehmer dafür eine angemessene Entschädigung bezahlt. § 110 Gewerbeordnung (GewO) regelt dies für alle Arbeitnehmer. Weiterhin gelten die §§ 74 bis 75 f. HGB für alle Arten von Arbeitnehmern bezüglich des nachvertraglichen Wettbewerbsverbots. Verstößt der Arbeitnehmer gegen das Wettbewerbsverbot, hat der Arbeitgeber Anspruch auf Unterlassung und Schadensersatz.

1.1.3.2 Rechte und Pflichten des Arbeitgebers

Die Pflichten des Arbeitgebers im Überblick

Hauptpflichten
- Lohnzahlungspflicht für geleistete Arbeit (§ 611 BGB in Verbindung mit dem Arbeitsvertrag):
  - Grundlohn
  - Zulagen in Verbindung mit dem Tarifvertrag
  - Überstundenzuschläge in Verbindung mit dem Arbeitsvertrag
  - Sonderzuwendungen nach Vereinbarung
- Lohnzahlungspflicht ohne Arbeit (§ 611 BGB in Verbindung mit dem Arbeitsvertrag)
  - Annahmeverzug durch den Arbeitgeber (§§ 615, 293 ff. BGB)
  - Weder von Arbeitgeber noch von Arbeitnehmer zu vertretende Unmöglichkeit (§ 326 Absatz 1 BGB, Betriebsrisiko)
  - Verhinderung des Arbeitnehmers (§ 616 Satz 1 BGB)
  - Krankheit des Arbeitnehmers (§ 3 Entgeltfortzahlungsgesetz – EFZG)
  - Urlaub (§§ 1, 11 Bundesurlaubsgesetz – BUrlG)
  - gesetzliche Feiertage (§ 2 Entgeltfortzahlungsgesetz)
  - Betriebsratstätigkeit (§ 37 BetrVG)
  - Mutterschaftsurlaub (§ 11 Mutterschutzgesetz – MuSchG)
  - Wehrübung (§ 14 Arbeitsplatzschutzgesetz – ArbPlSchG)

Nebenpflichten
- Beschäftigungspflicht
- Fürsorgepflicht (§§ 241 Absatz 2, 617, 618 BGB)
  - Schutz des Arbeitnehmers gegen Gefahren für Leben und Gesundheit (§ 618 BGB) durch Beachtung der Unfallverhütungs- und Arbeitsschutzvorschriften
  - Sorge um die vom Arbeitnehmer berechtigtermaßen eingebrachten Sachen
  - Ordnungsgemäße Abführung von Lohnsteuer und Sozialversicherung
- Gleichbehandlungspflicht
- Pflicht zur Urlaubsgewährung (§ 1 Bundesurlaubsgesetz)
- Pflicht zur Zeugniserteilung (§ 109 Gewerbeordnung, § 630 BGB)

Lohnzahlungspflicht für geleistete Arbeit
Arbeitnehmer werden in Geld entlohnt. In seltenen Fällen wird Naturallohn gewährt, z. B. in Form einer Werkswohnung, die dem Arbeitnehmer zur Verfügung gestellt wird. Im Gaststättengewerbe trifft man noch auf „Kost und Logis" als eine Form von Arbeitsentgelt. Sonderformen der Vergütung, die der Arbeitgeber als Gegenleistung für die Arbeitsleistung des Arbeitnehmers gewähren kann, sind zum Beispiel Provisionen, Zuschläge, Weihnachtsgeld oder auch eine betriebliche Altersversorgung.

Sonderformen der Vergütung

Der Arbeitnehmer hat Anspruch auf Lohnzahlung für geleistete Arbeit aus § 611 BGB in Verbindung mit dem Arbeitsvertrag, wenn ein wirksamer Arbeitsvertrag besteht, der Anspruch nicht erloschen ist (§§ 326 Absatz 1, 323 BGB) und die Vergütung nach § 614 BGB fällig ist. Weitere Anspruchsgrundlagen können ein Tarifvertrag, eine Betriebsvereinbarung, betriebliche Übung und der Gleichbehandlungsgrundsatz sein.

Worauf kann sich der Anspruch auf Lohnzahlung stützen?

Hat der Arbeitnehmer die Unmöglichkeit der Arbeitsleistung zu vertreten, verliert er den Anspruch auf Gegenleistung (Lohnzahlung). Dies ist z. B. der Fall, wenn der Arbeitnehmer zu Hause bleibt (kein Urlaub), weil er keine Lust hat zu arbeiten. Sind weder der Arbeitgeber noch der Arbeitnehmer für die Unmöglichkeit verantwortlich, gilt § 326 Absatz 1 BGB (Befreiung von der Gegenleistung). Der Arbeitgeber verliert nach § 275 Absatz 1 BGB den Anspruch auf die Arbeitsleistung, wenn die Erbringung unmöglich wird. Nach § 326 Absatz 1 BGB wird er aber gleichzeitig von der Gegenleistung (Lohnzahlungspflicht) frei.

Wann erlischt der Anspruch auf Lohnzahlung?

Hinweis: Arbeit hat Fixschuldcharakter. Die Arbeitsleistung wird zur vereinbarten Arbeitszeit geschuldet. Wird in dieser Zeit nicht gearbeitet, tritt die Unmöglichkeit der Leistungserbringung ein. Geschuldete Arbeitsleistung kann nicht nachgeholt werden, da der betreffende Zeitraum vorbei ist.

Unmöglichkeit der Leistungserbringung

Die Fälligkeit der Vergütung ist in § 614 BGB geregelt. Arbeitnehmer und Arbeitgeber können einen Auszahlungstermin vereinbaren. Ist dies nicht der Fall, gilt die gesetzliche Regelung. Der Arbeitnehmer ist verpflichtet, zuerst seine Arbeitsleistung zu erbringen. Er kann am Monatsende seine Vergütung verlangen, wenn eine monatliche Entlohnung üblich ist.

Wann ist die Vergütung fällig?

Lohnzahlungspflicht ohne Arbeit
Annahmeverzug durch den Arbeitgeber liegt vor, wenn er die ihm angebotene Leistung nicht annimmt (§ 293 BGB). Gleichzeitig hat der Arbeitnehmer die Leistung ordnungsgemäß angeboten (§§ 294 ff. BGB) und war auch zur Leistung im Stande (§ 297 BGB). Annahmeverzug findet sich häufig bei unwirksamen Kündigungen. Die Entgeltzahlungspflicht bleibt nach § 326 Abs. 2 BGB erhalten.

Wann befindet sich der Arbeitnehmer im Annahmeverzug?

Der Arbeitnehmer hat Anspruch auf Lohn ohne Arbeit wegen einer Betriebsstörung, wenn ein wirksamer Arbeitsvertrag besteht und die Störung weder vom Arbeitnehmer noch vom Arbeitgeber zu vertreten ist. Betriebsstörungen sind technische Störungen der Arbeitsgeräte oder Maschinen, wie zum Beispiel Stromausfall oder eine fehlende behördliche Genehmigung. Auch wirtschaftliche Probleme, wie Absatzschwierigkeiten oder mangelnde Aufträge, zählen zu

Welche Situationen sind eine Betriebsstörung?

den Betriebsstörungen. Der Unternehmer trägt das Risiko einer Betriebsstörung (dafür ist er auch alleiniger Leiter und Berechtigter am Gewinn).

Anspruch auf Lohn ohne Arbeit

Der Arbeitnehmer hat Anspruch auf Lohn ohne Arbeit bei persönlicher Verhinderung, wenn ein wirksamer Arbeitsvertrag besteht und er ohne Verschulden aus persönlichen Gründen für kurze Zeit (für eine verhältnismäßig nicht erhebliche Zeit, § 616 BGB) der Arbeit fernbleibt. Die verhältnismäßig nicht erhebliche Zeit beträgt zwischen drei und sieben Tagen. Ein persönlicher Grund kann zum Beispiel ein krankes Kind sein. Bleibt der Arbeitnehmer dem Arbeitsplatz länger fern, verliert er den Anspruch auf Lohn für die ganze Zeit.

Welche Voraussetzungen müssen zur Entgeltfortzahlung vorliegen?

Der Anspruch auf Lohn im Krankheitsfall besteht, wenn ein wirksamer Arbeitsvertrag vorliegt, nach vierwöchiger ununterbrochener Dauer des Arbeitsverhältnisses und wenn der Arbeitnehmer wegen Krankheit ohne Verschulden arbeitsunfähig ist.

Wie lange besteht der Anspruch?

Der Anspruch besteht nicht länger als sechs Wochen (§ 3 Entgeltfortzahlungsgesetz). Die Höhe des fortzuzahlenden Arbeitsentgelts regelt § 4 EFZG und die Anzeige- und Nachweispflichten § 5 EFZG (Vorlage der ärztlichen Bescheinigung). Der Arbeitnehmer behält den Anspruch auf Lohnfortzahlung, auch wenn er das ärztliche Attest nicht rechtzeitig vorlegt. Er verstößt aber dadurch gegen den Arbeitsvertrag und dem Arbeitgeber steht ein Leistungsverweigerungsrecht zu (§ 7 EFZG), bis er die Bescheinigung erhält.

Wann liegt ein Verschulden des Arbeitnehmers vor?

Den Arbeitnehmer trifft ein Verschulden an der Krankheit, wenn es sich um besonders gefährliche Sportarten handelt, Arbeitsunfälle bei grob fahrlässiger Verletzung der Unfallverhütungsvorschriften oder Verkehrsunfälle bei grober Missachtung der Straßenverkehrsvorschriften. Eine Entgeltfortzahlung wegen groben Verschuldens hat die Rechtsprechung zum Beispiel bei Alkohol am Steuer, Fallschirmspringen, Drachenfliegen und Nichttragen des Sicherheitsgurtes abgelehnt.

Nach § 1 Bundesurlaubsgesetz hat jeder Arbeitnehmer in jedem Kalenderjahr Anspruch auf bezahlten Erholungsurlaub.

Wie wird das Urlaubsentgelt berechnet?

Nach § 11 Bundesurlaubsgesetz bemisst sich das Urlaubsentgelt nach dem durchschnittlichen Arbeitsverdienst, das der Arbeitnehmer in den letzten 13 Wochen vor dem Beginn des Urlaubs erhalten hat. Überstunden zählen nicht dazu. Der Arbeitnehmer verliert den Anspruch auf Lohn ohne Arbeit wegen Urlaubs, wenn er sich selbst beurlaubt. Er verliert den Lohnanspruch wegen Arbeitsverweigerung. Näheres zum Urlaub findet sich bei den Nebenpflichten weiter unten.

Entgeltfortzahlung an gesetzlichen Feiertagen

Der Arbeitnehmer erhält Entgeltfortzahlung an gesetzlichen Feiertagen, wenn die Arbeit wegen des gesetzlichen Feiertags ausfällt und er vor oder nach dem Feiertag nicht unentschuldigt gefehlt hat (§ 2 EFZG). Der Arbeitnehmer hat Anspruch auf Entgeltfortzahlung wegen Krankheit, wenn er während des Feiertags arbeitsunfähig krank ist.

Der Arbeitnehmer hat einen Anspruch auf Beschäftigung aus § 611 BGB in Verbindung mit dem Arbeitsvertrag und in Verbindung mit Art. 1 und 2 Grundgesetz. Probleme gibt es meist, wenn dem Arbeitnehmer gekündigt wurde, dieser jedoch während eines Kündigungsschutzprozesses beschäftigt sein möchte. Der Arbeitgeber muss den Arbeitnehmer auf alle Fälle bis zum Ablauf der Kündigungsfrist beschäftigen. Während des Kündigungsschutzprozesses besteht unter Umständen ein Anspruch auf Weiterbeschäftigung.

Anspruch auf Beschäftigung

Nach § 102 Absatz 5 BetrVG besteht ein Anspruch auf Weiterbeschäftigung, wenn
- der Betriebsrat einer ordentlichen Kündigung widersprochen hat,
- der Arbeitnehmer Kündigungsschutzklage erhoben hat,
- die Klage nicht aussichtslos erscheint,
- die Weiterbeschäftigung für den Arbeitgeber keine unzumutbare Belastung darstellt.

Auch wenn § 102 Betriebsverfassungsgesetz nicht anwendbar ist, weil kein Betriebsrat besteht, kann sich ein Anspruch auf Weiterbeschäftigung aus dem allgemeinen Weiterbeschäftigungsanspruch ergeben. Entweder ist die Kündigung offensichtlich unwirksam (sie leidet an einem besonders schweren Mangel) oder das Interesse des Arbeitnehmers an der Weiterbeschäftigung überwiegt das Interesse des Arbeitgebers, ihn nicht weiter zu beschäftigen.

   Die Fürsorge- und Schutzpflicht des Arbeitgebers stellt eine Nebenpflicht aus dem Arbeitsvertrag dar.

Bei schuldhafter Verletzung können Schadensersatzansprüche des Arbeitnehmers aus §§ 280 ff. BGB entstehen. Der Arbeitnehmer hat Anspruch auf Erfüllung dieser Pflichten. § 618 BGB enthält die Pflicht zu Schutzmaßnahmen. Daneben gibt es noch weitere gesetzliche Vorschriften, die die Schutzpflichten des Arbeitgebers regeln (z. B. Arbeitszeitgesetz, Arbeitsstättenverordnung, Mutterschutzgesetz, Unfallverhütungsvorschriften). Personenbezogene Daten sind vor Missbrauch zu schützen, dem Arbeitnehmer ist in die Personalakte Einsicht zu gewähren (§ 83 BetrVG), der Arbeitnehmer muss seine mitgebrachten Sachen sicher aufbewahren können und die Lohnsteuer und Sozialversicherungsbeiträge sind ordnungsgemäß abzuführen.

Was zählt zur Schutzpflicht des Arbeitgebers?

Aus dem Gleichbehandlungsgrundsatz des Art. 3 Grundgesetz wurde der Grundsatz der Gleichbehandlungspflicht entwickelt.

   Alle Arbeitnehmer sind gleich zu behandeln, es sei denn, es liegt ein sachlicher Grund für die Ungleichbehandlung vor.

Näheres dazu findet sich in Abschnitt 1.1.2.

   Nach § 3 Bundesurlaubsgesetz beträgt der gesetzliche Mindesturlaub jährlich mindestens 24 Werktage (oder vier Wochen).

Mindesturlaub

Als Werktage gelten alle Kalendertage, die nicht Sonn- oder gesetzliche Feiertage sind. Nach § 4 Bundesurlaubsgesetz wird der volle Urlaubsanspruch erstmalig nach sechsmonatigem Bestehen des Arbeitsverhältnisses erworben. In

Wann besteht der volle Urlaubsanspruch?

Welche Regelungen enthält das Bundesurlaubsgesetz?

§ 5 BUrlG finden sich die Regelungen für Teilurlaub (ein Zwölftel des Jahresurlaubs für jeden vollen Monat des Bestehens des Arbeitsverhältnisses ...). In Tarif- oder Arbeitsverträgen sind meist mehr Urlaubstage als nach Bundesurlaubsgesetz vereinbart. § 7 BUrlG ist zu beachten wegen Zeitpunkt, Übertragbarkeit und Abgeltung des Urlaubs. Weiterhin ist § 8 BUrlG (Erwerbstätigkeit während des Urlaubs) und § 9 BUrlG (Erkrankung während des Urlaubs) Aufmerksamkeit zu schenken.

 Den Anspruch auf ein einfaches Zeugnis regelt § 109 Gewerbeordnung (GewO) und § 630 BGB.

Zwischenzeugnis

einfaches und qualifiziertes Zeugnis

Bei Beendigung des Arbeitsverhältnisses haben alle Arbeitnehmer Anspruch auf Erteilung eines Zeugnisses. Anspruch auf ein Zwischenzeugnis besteht zum Beispiel, wenn dem Arbeitnehmer mitgeteilt wird, dass er in nächster Zeit mit seiner Kündigung rechnen muss. Weitere Gründe können Fortbildungskurse sein oder der Wechsel des Vorgesetzten. Das einfache Zeugnis enthält den Namen, Vornamen und Beruf des Arbeitnehmers und die Art und Dauer der Tätigkeit. Nach § 109 Abs. 1 Satz 3 GewO kann der Arbeitnehmer ein qualifiziertes Zeugnis verlangen, in dem zusätzlich Tatsachen und Beurteilung zu Verhalten und Leistung im Arbeitsverhältnis enthalten sind. Weitere Ausführungen zu diesem Thema mit Zeugnisbeispielen befinden sich in Kapitel 4.5.5 im Abschnitt „Zusammenarbeit im Betrieb".

1.1.3.3 Spezielle Rechte und Pflichten aus dem Arbeitsverhältnis

Nicht- oder Schlechtleistung des Arbeitnehmers

Wann spricht man von Nichtleistung?

Die **Nichtleistung** des Arbeitnehmers und ihre Folgen wurden in Abschnitt 1.1.3.2 angesprochen (z. B. Unmöglichkeit der Arbeitsleistung). Es besteht ein subjektiver Leistungsbegriff, das heißt, der Arbeitnehmer ist zu der Leistung verpflichtet, zu der er subjektiv in der Lage ist. Er hat unter Einsatz seiner persönlichen, geistigen und körperlichen Fähigkeiten zu arbeiten. Hält er seine Arbeitskraft bewusst zurück und arbeitet z. B. absichtlich langsam, verletzt er seine Arbeitspflicht. Das Bundesarbeitsgericht geht in diesen Fällen eher von der Annahme der Nichtleistung aus. Die Rechtsfolgen ergeben sich nach §§ 275 (Ausschluss der Leistungspflicht), 326 (Befreiung von der Gegenleistung und Rücktritt beim Ausschluss der Leistungspflicht), 280 Absatz 1 BGB (Schadensersatz wegen Pflichtverletzung).

Durch welches Verhalten erbringt der Arbeitnehmer eine Schlechtleistung?

Man spricht von **Schlechtleistung**, wenn der Arbeitnehmer eine Pflicht aus dem Arbeitsverhältnis verletzt. Eine Schlechtleistung berechtigt den Arbeitgeber nicht, den Lohn zu mindern, sondern führt zu Schadensersatzansprüchen. Ein Arbeitnehmer kann zu Schadensersatz verpflichtet sein, wenn er
- nicht arbeitet, obwohl er dazu verpflichtet wäre,
- schlecht oder fehlerhaft arbeitet (mangelhaftes Arbeitsergebnis),
- für Fehlbeträge verantwortlich ist.

Entsteht durch die Schlechtleistung des Arbeitnehmers ein Schaden, kann der Arbeitgeber möglicherweise einen Schadensersatzanspruch nach § 280 Absatz 1 BGB geltend machen.

Folgende Voraussetzungen müssen für einen Schadensersatzanspruch des Arbeitgebers wegen der Schlechtleistung vorliegen:
- Vorliegen einer Pflichtverletzung (Haupt- oder Nebenpflichten),
- Verschulden des Arbeitnehmers an der Schlechtleistung (der Arbeitgeber trägt nach § 619 a BGB die Beweislast),
- dem Arbeitgeber muss ein Schaden entstanden sein,
- die Pflichtverletzung muss kausal (ursächlich) für den entstandenen Schaden gewesen sein (muss der Grund gewesen sein).

Annahmeverweigerung des Arbeitgebers
Gemäß §§ 293 ff. BGB sind die Voraussetzungen des Annahmeverzugs
- das Leistungsvermögen und der Leistungswille des Arbeitnehmers,
- das ordnungsgemäße Angebot der Arbeitsleistung (in eigener Person, am rechten Ort, zur rechten Zeit, in der rechten Art und Weise)
- und die Nichtannahme der Leistung durch den Arbeitgeber (es muss kein Verschulden des Arbeitgebers vorliegen).

Annahmeverzug kann ohne Verschulden des Arbeitgebers auftreten. § 615 BGB regelt die Vergütung bei Annahmeverzug und bei Betriebsrisiko (z.B. Stromausfall). Es kann auch der Fall des Annahmeverzugs auftreten, bei dem der Arbeitgeber bereit ist, die Arbeitsleistung anzunehmen, er jedoch die berechtigte Gegenleistung nicht erbringt. Meist handelt es sich um die Fälle, in denen der Arbeitnehmer die Leistung verweigern kann, weil der Arbeitgeber zum Beispiel die Arbeitsschutzvorschriften nicht erfüllt.
Annahmeverzug und Betriebsrisiko finden in Kapitel 1.1.3.2 Erwähnung.

1.1.3.4 Schadensersatzansprüche

Haftung für Nichtleistung
Der Anspruch des Arbeitgebers auf Schadensersatz wegen Verletzung der Arbeitspflicht ergibt sich aus § 323 BGB (Rücktritt wegen nicht oder nicht vertragsgemäß erbrachter Leistung), § 280 BGB (Schadensersatz wegen Pflichtverletzung), § 275 BGB (Ausschluss der Leistungspflicht) und § 611 BGB in Verbindung mit dem Arbeitsvertrag. Dem Arbeitgeber ist der Schaden zu ersetzen, der ihm entstanden ist, und ein entgangener Gewinn (§§ 249, 252 BGB).

Der Schadensersatz bei fristloser Kündigung findet sich in § 628 Absatz 2 BGB. Die Schadensersatzpflicht des Arbeitnehmers ergibt sich aus einer wirksamen Kündigung wegen schuldhafter Pflichtverletzung des Arbeitnehmers und einem daraus entstandenen Schaden (z.B. Mehrkosten für eine Ersatzkraft). Diese Vorschrift gilt auch bei einer ordentlichen Kündigung, da die Form der Beendigung keine Rolle spielt, sondern es darauf ankommt, dass der Arbeitnehmer die Kündigung veranlasst hat.

Haftung für Sachschäden und Schlechtleistung

 Verursacht ein Arbeitnehmer bei einer betrieblich veranlassten Tätigkeit einen Schaden, so hängt seine Haftung vom Grad seines Verschuldens ab.

Die Formulierung in § 276 BGB lautet: „Der Schuldner hat Vorsatz und Fahrlässigkeit...". Man unterscheidet:

Welche Stufen der Fahrlässigkeit unterscheidet man?

- leichteste Fahrlässigkeit (schuldlos bis leicht fahrlässig) = Arbeitnehmer haftet nicht (z. B. Flüchtigkeitsfehler),
- mittlere Fahrlässigkeit = die Schadensverteilung erfolgt quotenmäßig entsprechend den Umständen des Einzelfalles,
- grobe Fahrlässigkeit = Arbeitnehmer haftet in voller Höhe (Haftungsbegrenzung ist im Einzelfall möglich, wenn der Verdienst des Arbeitnehmers in deutlichem Missverhältnis zum Schadensrisiko der Tätigkeit steht),
- Vorsatz = Arbeitnehmer haftet in voller Höhe.

Wann trifft den Arbeitgeber ein Mitverschulden?

Den Arbeitgeber kann bei der Verursachung und der Höhe des Schadens ein Mitverschulden treffen (§ 254 BGB). Beispiele für Mitverschulden sind zum Beispiel
- mangelhaftes Material,
- falsche Einschätzung der Fähigkeiten des Arbeitnehmers,
- keine Erteilung der notwendigen Anweisungen oder
- kein Hinweis auf ein außergewöhnlich hohes Schadensrisiko usw.

Eine weitere Anspruchsgrundlage auf Schadensersatz neben §§ 280 ff. BGB ist hier § 823 BGB (Schadensersatzpflicht, schuldhafte Rechtsgutsverletzung).

Personenschäden

Haftungsausschluss

Arbeitnehmer haften nicht für Personenschäden, die sie durch einen Arbeitsunfall bei Kollegen oder ihrem Arbeitgeber verursachen (§ 105 SGB VII). Eine Verpflichtung zur Zahlung von Schadensersatz für die Heilkosten und Schmerzensgeld kommt nur bei einer vorsätzlichen Körperverletzung oder einem Wegeunfall in Betracht, der auf dem Weg von oder zu der Arbeitsstätte geschieht. Dieser Ausschluss der Haftung tritt nur dann ein, wenn Arbeitnehmer geschädigt wurden, die im gleichen Betrieb arbeiten. Dabei reicht es aber aus, dass der verletzte Arbeitnehmer in die Arbeitsabläufe des Betriebs eingegliedert worden ist. Es kann sich zum Beispiel um einen Lkw-Fahrer einer Fremdfirma handeln.

1.1.3.5   Grundlagen und Umfang des Weisungsrechts

Das Weisungsrecht (Direktionsrecht, Direktionsbefugnis) ist das Recht des Arbeitgebers, im Rahmen des Arbeitsvertrags dem Arbeitnehmer bestimmte Arbeiten zuzuweisen. Das Direktionsrecht ist in § 106 Gewerbeordnung (GewO) ausdrücklich geregelt. Weitergehende Erläuterungen sind in den Abschnitten 1.1.3.1 und 1.1.1 zu finden.

1.1.3.6   Muster eines Arbeitsvertrages

Welche Regelungen kann ein Arbeitsvertrag enthalten?

Beispiele von Arbeitsverträgen, z. B. Arbeitsvertrag für Angestellte, Arbeitsvertrag für Arbeiter, Aufhebungsvertrag usw., findet man in der Fachliteratur und mittlerweile auch im Internet. Nachfolgend ist ein grundlegendes Muster zur allgemeinen Information abgedruckt, das wesentliche Regelungen enthält. Die anschließende Aufzählung möglicher Inhalte erweitert dies noch, ist jedoch ebenfalls nicht erschöpfend.

MUSTER EINES ARBEITSVERTRAGS FÜR ANGESTELLTE

Zwischen

der Firma ...

– im folgenden Arbeitgeber genannt –

und

Frau ...

– im folgenden Arbeitnehmerin genannt –

wird folgender

Arbeitsvertrag

geschlossen:

§ 1 Beginn des Arbeitsverhältnisses

Das Arbeitsverhältnis beginnt am ...

Die ersten sechs Monate des Arbeitsverhältnisses gelten als Probezeit. Während der Probezeit kann das Arbeitsverhältnis mit einer Frist von zwei Wochen gekündigt werden.

§ 2 Tätigkeit

Die Arbeitnehmerin wird als Kaufmännische Angestellte eingestellt und mit allen einschlägigen Arbeiten nach näherer Weisung des Inhabers beschäftigt. Sie ist insbesondere zuständig für die Buchhaltung sowie für die Führung sämtlichen Schriftverkehrs sowie sämtlicher Büroarbeiten.

§ 3 Arbeitszeit

Die regelmäßige Arbeitszeit beträgt ... Stunden pro Woche.

§ 4 Vergütung

(1) Die Vergütung beträgt ... € brutto monatlich.

(2) Erfolgt eine Beschäftigung mit einer anderen Tätigkeit, so ist die bisherige Vergütung weiter zu zahlen.

(3) Die Zahlung des Lohnes erfolgt zum 30. des Monats.

(4) Die Zahlung von Gratifikationen, Tantiemen, Prämien und sonstigen Leistungen liegt im freien Ermessen des Arbeitgebers und begründet keinen Rechtsanspruch, auch wenn die Zahlung wiederholt ohne ausdrücklichen Vorbehalt der Freiwilligkeit erfolgt ist.

Ebenfalls nach Maßgabe dieses Absatzes erhält die Arbeitnehmerin Urlaubsgeld in Höhe eines halben Monatsgehaltes nach vorstehendem Absatz (1), zahlbar mit dem Gehalt für den Monat Juni sowie ein Weihnachtsgeld in Höhe eines halben Monatsgehaltes nach vorstehendem Absatz (1), zahlbar mit dem Gehalt für den Monat November. Im Eintrittsjahr erfolgt eine anteilig der Betriebszugehörigkeit entsprechende Zahlung des Weihnachtsgeldes.

§ 5 Abtretung und Verpfändung

Die Abtretung sowie die Verpfändung von Vergütungsansprüchen durch den Arbeitnehmer ist ausgeschlossen. Für die Bearbeitung einer Lohnpfändung berechnet der Arbeitgeber pauschal… €.

§ 6 Arbeitsverhinderung und Vergütungsfortzahlung im Krankheitsfall

(1) Die Arbeitnehmerin ist verpflichtet, jede Arbeitsverhinderung und ihre voraussichtliche Dauer unverzüglich dem Arbeitgeber mitzuteilen.

(2) Im Falle der Arbeitsunfähigkeit infolge Krankheit ist die Arbeitnehmerin verpflichtet, vor Ablauf des dritten Kalendertages nach Beginn der Arbeitsunfähigkeit eine ärztliche Bescheinigung darüber sowie über deren voraussichtliche Dauer vorzulegen. Bei über den angegebenen Zeitraum hinausgehender Erkrankung ist eine Folgebescheinigung innerhalb weiterer drei Tage seit Ablauf der vorangehenden einzureichen.

(3) Der Arbeitgeber ist berechtigt, die nach dem Entgeltfortzahlungsgesetz zu leistende Vergütungsfortzahlung zurückzubehalten, bis die Arbeitsunfähigkeitsbescheinigung eingeht.

§ 7 Urlaub

Die Arbeitnehmerin erhält kalenderjährlich Urlaub in Höhe von … Kalendertagen. Die Festlegung des Urlaubs erfolgt durch den Arbeitgeber unter Berücksichtigung der Wünsche der Arbeitnehmerin. Dringende betriebliche Erfordernisse gehen vor.

§ 8 Nebenbeschäftigung

Während der Dauer des Arbeitsverhältnisses ist jede entgeltliche oder das Arbeitsverhältnis beeinträchtigende Nebenbeschäftigung nur mit Zustimmung des Arbeitgebers zulässig.

§ 9 Beendigung

(1) Das Arbeitsverhältnis endet mit Ablauf des Monats, in dem die Arbeitnehmerin das 65. Lebensjahr vollendet.

(2) Die Kündigung des Arbeitsverhältnisses richtet sich nach den gesetzlichen Fristen. Die Fristen des § 622 Abs. 2 BGB gelten auch für die Arbeitnehmerin.

(3) Die Kündigung muss schriftlich erfolgen.

§ 10 Rückzahlung

Im Falle der Beendigung des Arbeitsverhältnisses noch offene Restbeträge von Vorschüssen oder Darlehen werden sofort im Zeitpunkt der Beendigung zur Rückzahlung fällig. Dies gilt nicht, wenn der Arbeitgeber aus betriebsbedingten Gründen kündigt, oder der Arbeitnehmer wegen eines zur außerordentlichen Kündigung berechtigenden Grundes kündigt. In diesem Falle ist die Rückzahlung entsprechend der Laufzeit des Vorschusses oder Darlehens zurückzuerstatten.

§ 11 Verfallfristen

Alle beiderseitigen Ansprüche aus dem Arbeitsverhältnis und solche, die mit ihm in Verbindung stehen, verfallen, wenn sie nicht innerhalb von zwei Wochen nach Fälligkeit gegenüber der anderen Vertragspartei schriftlich geltend gemacht worden sind.

§ 12 Nebenabreden und Vertragsänderungen

Mündliche Nebenabreden bestehen nicht. Änderungen und Ergänzungen dieses Vertrages bedürfen zu ihrer Wirksamkeit der Schriftform.

§ 13 Teilnichtigkeit

Sind einzelne Bestimmungen dieses Vertrages unwirksam, so berührt dies nicht die Wirksamkeit der übrigen Regelungen des Vertrages.

§ 14 Vertragsaushändigung

Die Parteien bekennen, eine schriftliche Ausfertigung dieses Vertrages erhalten zu haben.

........................., den ...., den

....
(Arbeitgeber) (Arbeitnehmerin)

Checkliste für die Inhalte eines Arbeitsvertrags (nicht erschöpfend)

§ 1	Beginn und Dauer des Arbeitsverhältnisses
§ 2	Tätigkeit
§ 3	Arbeitsort
§ 4	Arbeitszeit
§ 5	Vergütung
§ 6	Gewinnbeteiligung
§ 7	Gratifikation
§ 8	Spesen
§ 9	Gehaltsverpfändung oder Abtretung
§ 10	Arbeitsverhinderung und Entgeltfortzahlung
§ 11	Urlaub
§ 12	Bildungsurlaub
§ 13	Dienstwagen
§ 14	Nebentätigkeit
§ 15	Beendigung des Arbeitsverhältnisses
§ 16	Firmeneigentum
§ 17	Rechte an Arbeitsergebnissen und Erfindungen
§ 18	Verschwiegenheitspflicht
§ 19	Nachvertragliches Wettbewerbsverbot
§ 20	Vertragsstrafe
§ 21	Vorschüsse und Darlehen
§ 22	Verfallfristen
§ 23	Vertragsänderungen
§ 24	Einstellungsfragebogen
§ 25	Sonstiges
§ 26	Anwendbares Recht
§ 27	Salvatorische Klausel

1.1.4 Beendigung des Arbeitsverhältnisses und daraus folgende Rechte und Pflichten

1.1.4.1 Möglichkeiten der Beendigung von Arbeitsverhältnissen

Das Arbeitsverhältnis ist ein Dauerschuldverhältnis. Rechte und Pflichten bestehen auf eine bestimmte Dauer. Das Arbeitsverhältnis endet erst, wenn ein Beendigungstatbestand eingreift. Ein Arbeitsverhältnis kann enden durch

Wodurch kann ein Arbeitsverhältnis enden?

- Befristung,
- auflösende Bedingung,
- Aufhebungsvertrag,
- Kündigung,
- Anfechtung,
- Tod des Arbeitnehmers,
- gerichtliche Auflösung gemäß §§ 9, 10 Kündigungsschutzgesetz (KSchG),
- Erreichen des Rentenalters mit einer Vereinbarung gemäß § 41 Sozialgesetzbuch VI.

Keine Beendigungstatbestände sind
- Veräußerung des Betriebes (§ 613 a BGB Rechte und Pflichten bei Betriebsübergang),
- Insolvenz des Arbeitgebers (der Insolvenzverwalter kann aber kündigen),
- Tod des Arbeitgebers (die Erben treten nach § 1922 BGB in das Arbeitsverhältnis ein),
- Einberufung des Arbeitnehmers zum Wehr- oder Ersatzdienst.

Was führt nicht zur Beendigung des Arbeitsverhältnisses?

> *Ein Arbeitsverhältnis wird im Regelfall durch Kündigung beendet. Die Kündigung ist eine einseitige Erklärung, mit der ein bestehendes Arbeitsverhältnis beendet wird.*

Man unterscheidet zwischen der **ordentlichen** und der **außerordentlichen** Kündigung. Sowohl der Arbeitgeber als auch der Arbeitnehmer kann die Kündigung erklären.

> *Eine Kündigung muss in jedem Fall schriftlich erfolgen (§ 623 BGB).*

Schriftform

Die Kündigung ist unwirksam, wenn die eigenhändige Unterschrift fehlt. Stempel, Kopien oder digitale Unterschriften reichen nicht.

Die Länge der Kündigungsfrist kann geregelt sein im Gesetz, im Tarifvertrag oder im Arbeitsvertrag. Für Arbeiter und Angestellte sind die Kündigungsfristen gleich. Die gesetzlichen Kündigungsfristen sind in § 622 BGB nachzulesen. Die **fristlose Kündigung** aus wichtigem Grund regelt § 626 BGB.

Kündigungsfristen

> *Spricht ein Arbeitgeber oder ein Arbeitnehmer eine Kündigung mit einer falschen Kündigungsfrist aus, ist die Kündigung deshalb nicht unwirksam.*

Sie wirkt erst mit Ablauf der richtigen Frist.
Die schriftliche Kündigungserklärung muss dem Empfänger zugehen. Dies ist geschehen, wenn die Erklärung in den Herrschaftsbereich des Empfängers gelangt, sodass dieser unter gewöhnlichen Umständen davon Kenntnis erlangen kann. Beispiele für den Zugang sind:
- persönliche Übergabe an den Empfänger (sofortiger Zugang),
- Übersendung mit der Post (Schreiben liegt im Briefkasten des Empfängers),
- Einschreiben beim Postamt (Abholung des Schreibens vom Empfänger).

Wann gilt eine Kündigung als zugegangen?

Die Kündigung gilt auch als zugegangen, wenn der Brief im Briefkasten des Empfängers liegt, dieser aber in Urlaub ist. Der Absender muss im Streitfall den Zugang beweisen.

1.1.4.2 Ordentliche und außerordentliche Kündigung

Ordentliche Kündigung
Bei der ordentlichen Kündigung endet das Arbeitsverhältnis nach Ablauf der Kündigungsfrist. Die Wirksamkeit einer ordentlichen Kündigung wird durch Prüfung folgender Punkte festgestellt:

Welche Voraussetzungen sind für eine ordentliche Kündigung notwendig?	• Es liegt ein wirksamer Arbeitsvertrag vor.
	• Es ist eine ordnungsgemäße Kündigungserklärung erfolgt.
	Die Kündigung wird nicht ausgeschlossen durch
	  – Sonderkündigungsschutz (§ 9 Mutterschutzgesetz, Betriebsräte und Jugend- und Auszubildendenvertreter nach § 15 Kündigungsschutzgesetz, Schwerbehinderte nach § 85 SGB IX) oder
	  – Befristung (Liegt eine Befristung vor, kann nicht ordentlich gekündigt werden, es sei denn, es ist eine Frist ausdrücklich vereinbart. Das Arbeitsverhältnis endet mit Ablauf der Frist. Ohne eine ausdrückliche Vereinbarung einer Frist ist nur die fristlose Kündigung möglich – § 15 Absatz 3 TzBfG).
	• Ordnungsgemäße Anhörung des Betriebsrats (§ 102 BetrVG)
	• Kündigungsschutz nach dem Kündigungsschutzgesetz wurde überprüft:
	  – Anwendbarkeit in persönlicher (§ 1 Kündigungsschutzgesetz) und betrieblicher (§ 23 Kündigungsschutzgesetz) Hinsicht,
	  – Einhaltung der Frist des § 4 Kündigungsschutzgesetz (Klagefrist),
	  – Kündigungsgrund und soziale Rechtfertigung (verhaltensbedingt, personenbedingt, betriebsbedingt) wurden beachtet.
	• Die Kündigungsfrist ist eingehalten.

Überprüft man die hier aufgezählten Punkte und stellt fest, dass ein Punkt verneint werden muss, kann keine wirksame ordentliche Kündigung vorliegen. Die Prüfung kann dann abgebrochen werden. Es ist aber darauf zu achten, dass die Unwirksamkeit nur begründet werden kann, wenn die Anwendung eines Kriteriums vorher bejaht wurde. So ist es z. B. Unsinn, dass eine Kündigung wegen der Nichtanhörung des Betriebsrats nicht wirksam sein soll, wenn überhaupt kein Betriebsrat besteht. Auch kann nur ein wirksamer Arbeitsvertrag gekündigt werden. Ein unwirksamer Arbeitsvertrag kann durch einseitige Erklärung „aufgelöst" werden, nicht gekündigt.

Welche Kündigungsgründe werden unterschieden?	In § 1 Absatz 2 Kündigungsschutzgesetz findet man die Einteilung der Kündigungsgründe in verhaltensbedingt, personenbedingt und betriebsbedingt. • **Verhaltensbedingte** Kündigungsgründe: Der Arbeitnehmer könnte sich anders verhalten. Er will aber nicht. • **Personenbedingte** Kündigungsgründe: Der Arbeitnehmer kann sich nicht anders verhalten oder anders handeln, auch wenn er es wollte (z. B. bei Krankheit). • **Betriebsbedingte** Kündigungsgründe: Die Gründe liegen im Betrieb begründet, nicht beim Arbeitnehmer.

Verhaltensbedingte Kündigung

Was führt zu einer verhaltensbedingten Kündigung?	Liegt ein Grund vor, der zu einer verhaltensbedingten Kündigung führen kann, so ist die Verhältnismäßigkeit zu prüfen. Das Vorliegen eines Grundes rechtfertigt nicht unbedingt eine Kündigung. Eine Kündigung ist sozial gerechtfertigt, wenn das Verhalten des Arbeitnehmers an sich ein Kündigungsgrund ist und die Kündigung zulässig ist. Gründe für eine verhaltensbedingte Kündigung können sein: Ständige Unpünktlichkeit, Urlaubsüberschreitung, Vortäuschen einer Krankheit, Spesenbetrug, Störung des Betriebsfriedens, Arbeitsverweigerung,

Fehlleistungen (auch Schlechtleistungen oder unzureichende Leistungen), Nichtbefolgung eines allgemeinen Rauchverbots im Betrieb, unbefugtes Verlassen des Arbeitsplatzes, Nebentätigkeit (soweit sie die arbeitsvertraglich geschuldete Leistung beeinträchtigt), unerlaubte Telefongespräche (auch Surfen im Internet), Entzug der Fahrerlaubnis bei Berufskraftfahrern, Annahme von Schmiergeldern, Nichtvorlage der Arbeitsunfähigkeitsbescheinigung, ehrverletzende Äußerungen über den Arbeitgeber, eigenmächtiger Urlaubsantritt.
Zur Überprüfung der Verhältnismäßigkeit betrachtet man folgende Kriterien:
- Wirkt sich das Verhalten des Arbeitnehmers auf den Betrieb aus?
- Gibt es neben der Kündigung noch ein milderes Mittel, um den Arbeitnehmer zu einer Verhaltensänderung zu bewegen?
- Überwiegt trotz Ursachen das Interesse des Arbeitnehmers an der Fortführung des Arbeitsverhältnisses das Interesse des Arbeitgebers an Auflösung?

Da die Kündigung keine Bestrafung des Arbeitnehmers darstellt, sondern einen Missstand im Betrieb beenden soll, können auch mildere Mittel zur Anwendung kommen, zum Beispiel Abmahnung, Versetzung oder Änderungskündigung. Die letzten Möglichkeiten sind dann die ordentliche und die außerordentliche Kündigung. Im Regelfall wird zunächst eine Abmahnung erteilt. Die Kündigung wird dann mit einem erneuten gleichgelagerten Fehlverhalten begründet. Handelt es sich um eine Störung im Vertrauensbereich (im Gegensatz zu einer Störung im Leistungsbereich, z. B. unentschuldigtes Fernbleiben), kann ohne Abmahnung gekündigt werden. Hat der Arbeitnehmer z. B. gestohlen, ist das Vertrauen zerstört, das durch eine Abmahnung nicht wiederhergestellt werden kann.

Welche Mittel können neben einer Kündigung noch eingesetzt werden?

Personenbedingte Kündigung

Bei einer personenbedingten Kündigung liegt eine Störung im Leistungsbereich vor. Der Arbeitnehmer erfüllt seine Arbeitspflicht nicht. Er kann sich jedoch auch nicht anderes verhalten. Eine Abmahnung ist hier also sinnlos. Eine Kündigung ist sozial gerechtfertigt, wenn der Arbeitnehmer seine Arbeitspflicht nicht erfüllen kann wegen eines in seiner Person liegenden Grundes, die betrieblichen Interessen erheblich beeinträchtigt sind und im Einzelfall die Interessen abgewogen wurden. Gründe können sein: Trink- und Drogensucht, häufige Kurzerkrankungen, eine für die Stelle vorgesehene Prüfung wurde nicht bestanden, fehlende Eignung für die geschuldete Leistung, Arbeitsverhinderung wegen Haft, krankheitsbedingte Leistungsminderung, Krankheit in Form von lang andauernder Erkrankung, fehlende Arbeitserlaubnis bei Ausländern. Da eine Kündigung immer das letzte Mittel sein soll, ist auch an eine Versetzung oder Änderungskündigung zu denken, um den Missstand zu beenden.

Welche Gründe können bei einer personenbedingten Kündigung vorliegen?

Am häufigsten wird eine personenbedingte Kündigung wegen Krankheit ausgesprochen. Einem Arbeitnehmer kann allerdings nicht einfach gekündigt werden, nur weil er krank ist.

Handelt es sich jedoch um eine lang andauernde Krankheit oder häufig auftretende Kurzerkrankungen, muss überprüft werden, ob es dem Arbeitgeber zuzumuten ist, den Arbeitnehmer weiterhin zu beschäftigen. Eine Krankheit ist ein Kündigungsgrund, wenn eine negative Gesundheitsprognose besteht (es lie-

Unter welchen Umständen kann eine Krankheit zur Kündigung führen?

gen objektive Tatsachen vor, die auf weitere Erkrankungen im Umfang der bisherigen Fehlzeiten schließen lassen), betriebliche Interessen erheblich beeinträchtigt werden (organisatorische Störungen im Unternehmen durch die häufige Abwesenheit; Verhältnis von Arbeitsentgelt und Arbeitsleistung ist in einem so hohen Ausmaß gestört, dass es dem Arbeitgeber nicht zugemutet werden kann) und eine Abwägung der Interessen stattgefunden hat (Familienstand des Arbeitnehmers, Alter, Dauer des Arbeitsverhältnisses vor den krankheitsbedingten Störungen, Krankheit auf Grund betrieblicher Ursachen).

Betriebsbedingte Kündigung

> Wo liegen die Gründe einer betriebsbedingten Kündigung?

Bei der betriebsbedingten Kündigung geht es nicht um die Person oder das Verhalten des Arbeitnehmers. Der Grund für die Kündigung liegt im Betrieb, weil der Arbeitsplatz wegfällt, z. B. auf Grund einer Betriebsstilllegung, neuen Produktions- oder Arbeitsmethoden, Rationalisierungsmaßnahmen oder einer Einschränkung des Betriebes. Eine Kündigung ist sozial gerechtfertigt, wenn die Arbeitsmenge reduziert wurde, deshalb ein oder mehrere Arbeitsplätze nicht mehr bestehen, aus diesem Grund eine Kündigung nicht zu vermeiden war und die Grundsätze der Sozialauswahl beachtet wurden.

> Ab 01.01.2004: Der Arbeitnehmer kann bei einer betriebsbedingten Kündigung wählen, ob er gegen die Kündigung klagt oder sich eine Abfindung auszahlen lässt.

Die Entscheidung des Unternehmers, neue Produktionsmethoden einzuführen oder Arbeitsplätze aufzulösen, ist gerichtlich nicht nachprüfbar. Das Gericht kann nur überprüfen, ob ein Arbeitsplatz weggefallen ist, ob der Arbeitnehmer an einem anderen Arbeitsplatz beschäftigt werden kann (Verhältnismäßigkeit) und ob diesem Arbeitnehmer gekündigt werden kann. Bei der Sozialauswahl wird überprüft, ob auch einem anderen Arbeitnehmer hätte gekündigt werden können, der zum Beispiel noch nicht zu lange im Betrieb oder nicht verheiratet ist. § 1 Kündigungsschutzgesetz enthält die Regelungen bezüglich sozial ungerechtfertigter Kündigungen. Hierbei ist besonders Absatz 3 zu beachten, der besagt, dass es auch betriebstechnische, wirtschaftliche oder sonstige berechtigte betriebliche Bedürfnisse zur Weiterbeschäftigung gibt, die der Auswahl nach sozialen Gesichtspunkten entgegenstehen.

Kündigungsschutz

Bei einer Kündigung durch den Arbeitgeber kann sich der Arbeitnehmer an den Betriebsrat wenden, falls im Betrieb ein solcher besteht (§ 3 Kündigungsschutzgesetz). Der Betriebsrat kann versuchen, eine Einigung mit dem Arbeitgeber herbeizuführen. Gelingt dies nicht, kann der Arbeitnehmer Klage vor dem Arbeitsgericht erheben. Das Gericht überprüft die soziale Rechtfertigung einer Kündigung, wenn das Kündigungsschutzgesetz Anwendung findet (§§ 1, 23 KSchG) und der Arbeitnehmer rechtzeitig Klage erhoben hat. Der Arbeitnehmer kann auch klagen, wenn das Kündigungsschutzgesetz nicht anwendbar ist. Das Gericht prüft in so einem Fall nur, ob folgende Punkte erfüllt sind: wirksames Arbeitsverhältnis, richtige Kündigungserklärung, Sonderkündigungsschutz, Anhörung des Betriebsrats.

> Welche Punkte prüft das Gericht bei einer Kündigung, wenn das KSchG nicht anwendbar ist?

Weiterhin zu beachten sind:
- § 4 KSchG: Anrufung des Arbeitsgerichts (Drei-Wochen-Frist)
- § 5 KSchG: Zulassung verspäteter Klagen
- § 7 KSchG: Wirksamwerden der Kündigung

Zu § 5 KSchG: Konnte ein Arbeitnehmer die Klage nicht rechtzeitig erheben, weil er zum Beispiel in Urlaub war, kann er nach § 5 Kündigungsschutzgesetz innerhalb der nächsten zwei Wochen nach seiner Rückkehr Klage erheben.

Zu § 7 KSchG: Wurde nach § 7 Kündigungsschutzgesetz die Klage wegen sozial ungerechtfertigter Kündigung nicht rechtzeitig erhoben, wird die Kündigung wirksam. Dies ist nicht der Fall, wenn sie nicht wirksam erklärt wurde, ein Sonderkündigungsschutz besteht oder der Betriebsrat nicht gehört wurde. Wird verspätet Klage erhoben und eine nachträgliche Zulassung nach § 5 Kündigungsschutzgesetz ist nicht möglich, ist eine sozial ungerechtfertigte Kündigung wirksam. Das Gericht prüft in diesem Fall die Wirksamkeit des Arbeitsverhältnisses, die Kündigungserklärung, den Sonderkündigungsschutz und die Anhörung des Betriebsrats.

> In welchen Fällen wird eine Kündigung nicht wirksam?
>
> Ab 01.01.2004: Solche Arbeitnehmer, deren Weiterbeschäftigung wegen ihrer Kenntnisse und Leistungen oder zur Erhaltung einer ausgewogenen Personalstruktur im berechtigten betrieblichen Interesse liegt, können von der Sozialauswahl ausgenommen werden. Die Nachweispflicht trifft den Arbeitgeber.
>
> Ab 01.01.2004 müssen vor Ausspruch einer betriebsbedingten Kündigung nur noch vier gesetzlich festgeschriebene Grunddaten bei der Sozialauswahl berücksichtigt werden:
> – Dauer der Betriebszugehörigkeit
> – Lebensalter
> – Unterschriftspflichten
> – Schwerbehinderung des Arbeitnehmers

Prüfungsschema für eine ordentliche Kündigung (§§ 620 – 625 BGB)

1. Ist eine ordentliche Kündigung erklärt worden (§ 1 Absatz 1, § 23 KSchG)?
   - eindeutige, hinreichend bestimmte Kündigungserklärung
     – Schriftform (§ 623 BGB)
     – Zugang der Kündigung (§ 130 BGB)
2. Wurde der Betriebsrat ordnungsgemäß angehört (§ 102 BetrVG)?
3. Besteht besonderer Kündigungsschutz? Z. B.:
   - § 9 Mutterschutzgesetz
   - §§ 85 ff. SGB IX Schwerbehindertenschutz
   - § 15 Kündigungsschutzgesetz: zum Beispiel Betriebsratsmitglieder
4. Einhaltung der Kündigungsfrist (§ 622 BGB)
   - gesetzliche Kündigungsfristen (§ 622 Absatz 1 oder 2 BGB)
   - Vereinbarung vertraglich zulässiger kürzerer Fristen (Probezeit, Aushilfskräfte, kleine Betriebe nach § 622 Absatz 3 oder 5 BGB)
   - Ist ein Tarifvertrag mit anderen Fristen gültig oder wurden diese vereinbart (§ 622 Absatz 4 BGB)?
5. Anwendbarkeit des Kündigungsschutzgesetzes
   - sechsmonatige Betriebszugehörigkeit gemäß § 1 Absatz 1 Kündigungsschutzgesetz
   - kein Kleinbetrieb nach § 23 Kündigungsschutzgesetz (Teilzeitkräfte bis 20 Wochenstunden = 0,50 Arbeitnehmer, Teilzeitkräfte bis 30 Wochenstunden = 0,75 Arbeitnehmer)
6. Fristgerechte Klageerhebung (§§ 4, 7 Kündigungsschutzgesetz)
7. Kündigungsgrund gemäß § 1 Absatz 2 Kündigungsschutzgesetz
   Personenbedingte, verhaltensbedingte oder betriebsbedingte Kündigung
8. Prüfung der Verhältnismäßigkeit: Besteht die Möglichkeit der Umschulung oder Versetzung an einen anderen Arbeitsplatz?
9. Soziale Auswahl bei betriebsbedingter Kündigung (§ 1 Absatz 3 Kündigungsschutzgesetz)
   § 1 Absatz 3 Satz 1 KSchG: Betriebszugehörigkeit, Lebensalter
   § 1 Absatz 3 Satz 2 KSchG: berechtigte betriebliche Bedürfnisse
   § 1 Absatz 4 KSchG: Sonderregelungen im Tarifvertrag

Änderungskündigung (§§ 2, 8 KSchG)

Was beabsichtigt der Arbeitgeber mit einer Änderungskündigung?

Durch Änderungskündigung möchte sich der Arbeitgeber nicht vom Arbeitnehmer trennen, ihm jedoch einen anderen Arbeitsplatz zuweisen. Die Zuweisung von Arbeiten, die nicht im Arbeitsvertrag vereinbart wurden und nicht im Rahmen des Direktionsrechts liegen, ist nur über eine neue Vereinbarung möglich. Die Änderungskündigung besteht aus der Kündigung des bestehenden Arbeitsverhältnisses und dem Angebot des Arbeitgebers auf einen neuen Arbeitsvertrag mit geänderten Bedingungen. Es ergeben sich drei Möglichkeiten:

Welche Alternativen hat der Arbeitnehmer?

1. Der Arbeitnehmer nimmt das Angebot an und es gilt der Arbeitsvertrag zu geänderten Bedingungen.
2. Der Arbeitnehmer nimmt das Angebot nicht an. Es muss nun geklärt werden, ob die Kündigung wirksam und die Änderung sozial gerechtfertigt ist. Ist dies der Fall, wird der Arbeitsvertrag aufgelöst. Ist dies nicht der Fall, bleibt der alte Arbeitsvertrag bestehen.
3. Der Arbeitnehmer nimmt unter Vorbehalt an. Es muss nun geklärt werden, ob die Kündigung wirksam und die Änderung sozial gerechtfertigt ist. Ist dies der Fall, gilt der neue Arbeitsvertrag. Ist dies nicht der Fall, bleibt der alte Arbeitsvertrag bestehen.

Außerordentliche Kündigung

Worauf beruht eine außerordentliche Kündigung?

Bei einer außerordentlichen Kündigung wird das Arbeitsverhältnis ohne Einhaltung einer Kündigungsfrist beendet. Es handelt sich immer um eine verhaltensbedingte Kündigung. Die Verhältnismäßigkeit ist hier besonders genau zu prüfen. Die fristlose Kündigung aus wichtigem Grund regelt § 626 BGB. Bei befristeten Arbeitsverhältnissen ist eine außerordentliche Kündigung ohne besondere Vereinbarung möglich (eine ordentliche Kündigung muss vereinbart sein). Der Betriebsrat ist vor jeder Kündigung vom Arbeitgeber anzuhören.

Prüfschema für eine außerordentliche Kündigung (§ 626 BGB)

1. Es besteht ein wirksamer Arbeitsvertrag.
2. Es ist eine ordnungsgemäße Kündigungserklärung erfolgt (Schriftform, Zugang der Kündigung).
3. Es besteht kein Ausschluss der Kündigung durch Sonderkündigungsschutz, z. B.
    - § 9 Mutterschutzgesetz
    - § 85 SGB IX (bei Kündigung eines Schwerbehinderten ist die Zustimmung des Integrationsamtes notwendig)
    - § 103 BetrVG (die außerordentliche Kündigung bedarf der Zustimmung des Betriebsrats)
4. Anhörung des Betriebsrats (§ 102 BetrVG)
5. Fristlose Kündigung aus wichtigem Grund (§ 626 Absatz 1 BGB)
6. Unzumutbarkeit der Einhaltung der ordentlichen Kündigungsfrist (§ 626 Absatz 1 BGB)
7. Einhaltung der Kündigungsfrist von 2 Wochen ab Kenntnis des Kündigungsgrundes (§ 626 Absatz 2 BGB)

Eine außerordentliche Kündigung ist nach § 626 BGB nur aus wichtigem Grund möglich.

 Es muss ein wichtiger Grund an sich vorliegen, die konkrete Prüfung des Einzelfalles erfolgen und die Unzumutbarkeit der Weiterbeschäftigung bestehen.

Eine außerordentliche Kündigung ist verhältnismäßig, wenn das Vertrauensverhältnis zerstört ist (Verdachtskündigung) oder der Arbeitnehmer mehrere erfolglose Abmahnungen bezüglich dieses Verhaltens erhalten hat oder eine Störung im Leistungsbereich so schwer ist, dass nur die fristlose Kündigung Erfolg verspricht.

Gründe für eine außerordentliche Kündigung können sein: Verbotene Nebentätigkeit, Trunkenheit während der Arbeitszeit, Urlaubsüberschreitung, vorsätzliche Arbeitsverweigerung, eigenmächtiger Urlaubsantritt, Vortäuschen einer Krankheit, strafbare Handlungen, strafbare Beleidigung gegen den Arbeitgeber, Annahme von Schmiergeldern, Androhung von Krankfeiern, Missbrauch einer Vollmacht, Teilnahme an rechtswidrigem Streik usw.

Welche Gründe können zu einer außerordentlichen Kündigung führen?

Kündigungsschutz

§ 13 Kündigungsschutzgesetz regelt das „Verhältnis zu sonstigen Kündigungen". Arbeitnehmer, auf die das Kündigungsschutzgesetz Anwendung findet (§§ 1, 23 KSchG), können vom Arbeitsgericht das Vorliegen eines wichtigen Grundes prüfen lassen. Sie müssen innerhalb einer Frist von drei Wochen Klage erheben. Es ist auch möglich, dass die Klage verspätet zugelassen wird (§§ 4, 5 Kündigungsschutzgesetz). Trifft dies nicht zu, kann der Arbeitnehmer bei Überschreiten der Frist nicht geltend machen, dass ein wichtiger Grund vorliegt (§ 7 Kündigungsschutzgesetz). Er kann dann nur andere Gründe für die Unwirksamkeit der Kündigung geltend machen (z. B. Sonderkündigungsschutz, Anhörung des Betriebsrats, unwirksame Kündigungserklärung).

Ab 01.01.2004: Kündigungsschutzgesetz gilt in Betrieben mit mehr als 10 Arbeitnehmern. Die Neuregelungen gelten aber nur für Neueinstellungen ab 01. Januar 2004.

 Das Gericht prüft bei Anwendbarkeit des Kündigungsschutzgesetzes bei außerordentlicher Kündigung das Vorliegen eines wichtigen Grundes nur, wenn die Klage rechtzeitig erhoben wurde.

Bei der ordentlichen Kündigung wird hingegen die soziale Rechtfertigung geprüft. Bei Arbeitnehmern, auf die das Kündigungsschutzgesetz nicht anwendbar ist, kommt es auf den Zeitpunkt der Klageerhebung nicht an. Sie müssen die Frist von drei Wochen nicht einhalten. Das Gericht prüft in jedem Fall den Kündigungsgrund.

Zusammenfassender Hinweis auf Kündigungshindernisse:
- § 9 Mutterschutzgesetz (MuSchG),
- § 2 Absatz 1 Arbeitsplatzschutzgesetz (ArbPlSchG) – Grundwehrdienst und Wehrübungen
- § 85 SGB IX – Schwerbehinderte
- § 22 Absatz 2 Berufsbildungsgesetz (BBiG) – Berufsausbildungsverhältnis
- § 15 Kündigungsschutzgesetz (KSchG) – z. B. Betriebsrat

Ab 01.01.2004 gilt für alle Kündigungsschutzklagen eine einheitliche Klagefrist von drei Wochen. Der Arbeitnehmer muss die Unwirksamkeit einer Kündigung – gleich aus welchem Grund – innerhalb von 3 Wochen durch Klage beim Arbeitsgericht geltend machen. Die Klagefrist beginnt mit Zugang der schriftlichen Kündigung.

1.1.4.3 Einschaltung der Personalvertretung in das Kündigungsverfahren

Wie ist der Betriebsrat an einer Kündigung beteiligt?

Ist in einem Betrieb ein Betriebsrat vorhanden, ist dieser vor jeder Kündigung anzuhören. Geschieht dies nicht, oder nicht richtig, ist die Kündigung unheilbar unwirksam (§ 102 BetrVG). Der Betriebsrat muss zeitlich gesehen vor der Kündigung angehört werden. Die Anhörung muss vor Absendung oder Übermittlung der Kündigung an den Arbeitnehmer erfolgen. Auch eine spätere Zustimmung des Betriebsrats zur Kündigung heilt nicht den Mangel einer verspäteten Anhörung. Im Anhörungsverfahren muss der Arbeitgeber dem Betriebsrat die notwendigen Informationen geben. Dies kann schriftlich oder mündlich geschehen über

- die Person des Arbeitnehmers,
- Art und Zeitpunkt der Kündigung,
- die maßgeblichen Gründe für den Entschluss zur Kündigung (Stichwortartige Benennung des Kündigungsgrundes genügt nicht. Der maßgebende Sachverhalt muss genau dargestellt werden, sodass der Betriebsrat keine eigenen Informationen einholen muss.)

Der Betriebsrat kann

Wie kann der Betriebsrat reagieren?

- der Kündigung zustimmen,
- schweigen; dies gilt nach § 102 Absatz 2 Satz 2 BetrVG als Zustimmung.
- Bedenken jeglicher Art äußern,
- gemäß § 102 Absatz 3 BetrVG bei der ordentlichen Kündigung widersprechen (5 Gründe).

Bedenken gegen eine ordentliche Kündigung muss der Betriebsrat dem Arbeitgeber spätestens innerhalb einer Woche schriftlich mitteilen. Nach Ablauf dieser Frist gilt die Zustimmung als erteilt.

Bedenken gegen eine außerordentliche Kündigung muss der Betriebsrat mit Angabe der Gründe dem Arbeitgeber unverzüglich, spätestens innerhalb von drei Tagen schriftlich mitteilen. Hat der Betriebsrat der Kündigung form- und fristgerecht widersprochen und erhebt der gekündigte Arbeitnehmer daraufhin Kündigungsschutzklage, kann er gemäß § 102 Absatz 5 BetrVG einen Weiterbeschäftigungsanspruch geltend machen. Der Arbeitgeber muss ihn zu den gleichen Bedingungen weiter beschäftigen.

Weiterbeschäftigungsanspruch

Durch einen Widerspruch des Betriebsrats wird der Arbeitgeber nicht daran gehindert, dem Arbeitnehmer zu kündigen. Er muss jedoch nach § 102 Absatz 4 BetrVG den Widerspruch der Kündigung beifügen.

Für leitende Angestellte gilt § 31 Absatz 2 Sprecherausschussgesetz (SprAuG).

1.1.4.4 Möglichkeiten des Arbeitnehmers zum Vorgehen gegen die Kündigung

Der Arbeitnehmer kann die Wirksamkeit einer Kündigung beim Arbeitsgericht überprüfen lassen. Die Gerichte für Arbeitssachen (Arbeitsgerichte) sind gemäß § 2 Absatz 1 Ziffer 3 b Arbeitsgerichtsgesetz (ArbGG) unter anderem zuständig für „Rechtsstreitigkeiten über das Bestehen oder Nichtbestehen eines Arbeitsverhältnisses".

Arbeitnehmer, auf die das Kündigungsschutzgesetz Anwendung findet, müssen sowohl bei der ordentlichen Kündigung als auch bei der außerordentlichen Kündigung innerhalb von drei Wochen nach Zugang der Kündigung Klage beim Arbeitsgericht erheben. Findet das Kündigungsschutzgesetz keine Anwendung, muss diese Frist nicht eingehalten werden. Gelten andere Unwirksamkeitsgründe (z. B. Schwerbehinderung), können diese auch nach Fristablauf geltend gemacht werden.

Neue Gesetzesregelung ab. 01.01.2004: Für alle Kündigungsschutzklagen gilt eine einheitliche Klagefrist von 3 Wochen.

Genauere Erläuterungen finden sich im Abschnitt 1.1.4.2 über ordentliche und außerordentliche Kündigung unter den Zwischenüberschriften „Kündigungsschutz".

1.1.4.5 Art und Inhalt des einfachen und des qualifizierten Zeugnisses

Gemäß § 630 BGB hat der Arbeitnehmer einen Anspruch auf ein Zeugnis. Das einfache Zeugnis enthält die Dauer der Beschäftigung und beschreibt die ausgeübte Tätigkeit. Im qualifizierten Zeugnis findet sich zusätzlich eine Beurteilung von Führung und Leistung. Dieses Thema wird ausführlicher behandelt in Abschnitt 4.5.5.5 der „Zusammenarbeit im Betrieb".

Der Arbeitnehmer kann ein Zwischenzeugnis verlangen, wenn er sich bewerben möchte, er es für eine Weiterbildungsmaßnahme benötigt, der Vorgesetzte wechselt oder er ein anderes Aufgabengebiet übernehmen soll.

Wozu dient ein Zwischenzeugnis?

1.1.4.6 Rechte und Pflichten nach Beendigung des Arbeitsverhältnisses

Ist das Arbeitsverhältnis wirksam beendet, muss der Arbeitnehmer die ihm zur Verfügung gestellten Arbeitsmittel an den Arbeitgeber herausgeben. Der Arbeitgeber ist verpflichtet, dem Arbeitnehmer ein Zeugnis auszustellen, die Arbeitspapiere auszuhändigen und Freizeit zur Stellensuche zu gewähren.

Welche Pflichten haben Arbeitgeber und Arbeitnehmer nach Beendigung des Arbeitsverhältnisses?

Die Pflicht zur Zeugniserteilung ist in § 630 BGB zu finden. Die Gewerbeordnung regelt in § 109 den Anspruch auf ein schriftliches Zeugnis. Näheres dazu ist in den Abschnitten 1.1.4.5 bzw. 4.5.5.5 nachzulesen.

Zu den Arbeitspapieren, die dem Arbeitnehmer auszuhändigen sind, gehören
- Arbeitsbescheinigung (§ 312 SGB III),
- Lohnsteuerkarte,
- Urlaubsbescheinigung (§ 6 Bundesurlaubsgesetz),
- Bescheinigung über die Meldungen an die Sozialversicherung,
- sonstige Arbeitspapiere, z. B. Sozialversicherungsausweis, Gesundheitspass, Arbeitserlaubnis.

Nach § 629 BGB hat der Arbeitgeber nach der Kündigung eines dauernden Arbeitsverhältnisses dem Arbeitnehmer auf Verlangen angemessene Zeit (§ 315 BGB) zum Aufsuchen eines anderen Arbeitsverhältnisses zu gewähren. Auch bei befristeten und bedingten Arbeitsverhältnissen besteht ein Freistellungsanspruch, wenn sie eine gewisse Zeit bestanden haben. Der Arbeitnehmer wird durch die so genannten „Hartz-Gesetze" bei Beendigung des Arbeitsverhältnisses durch § 37 b SGB III zur frühzeitigen Stellensuche verpflichtet.

Auf welche Weise muss der Arbeitgeber den gekündigten Arbeitnehmer bei seiner Stellensuche unterstützen?

1.1.5 Geltungsbereich und Rechtswirksamkeit von Tarifverträgen

1.1.5.1. Koalitionsfreiheit und Tarifautonomie

Das Recht der Arbeitsverbände ist das kollektive Arbeitsrecht. Zu den Arbeitsverbänden zählen die Gewerkschaften, die Arbeitgeberverbände und der Betriebsrat.

Das kollektive Arbeitsrecht umfasst die innere Organisation dieser Verbände, das Arbeitskampfrecht, das Tarifvertragsrecht und das Mitbestimmungsrecht.

Welche Aufgabe haben die Gewerkschaften?

Die Gewerkschaften nehmen die Interessen der Arbeitnehmer gegenüber den Arbeitgeberverbänden auf überbetrieblicher Ebene wahr. Überbetrieblich bedeutet, dass die Gewerkschaften die Arbeitnehmer einer Branche vertreten. Gewerkschaften sind Vereinigungen von Arbeitnehmern, die die Verbesserung ihrer wirtschaftlichen, sozialen und kulturellen Lage zum Ziel haben.

Koalitionsfreiheit

Art. 9 Absatz 3 Grundgesetz enthält das Recht, sich in Arbeitsverbänden zusammenzuschließen (Koalitionsfreiheit). Es wird sowohl die individuelle als auch die kollektive Koalitionsfreiheit festgehalten. Zur individuellen Koalitionsfreiheit zählen die positive und die negative Koalitionsfreiheit.

Welche „Arten" der Koalitionsfreiheit gibt es?

- Positive Koalitionsfreiheit: Der Einzelne hat das Recht, Vereinigungen zu gründen, beizutreten oder sich darin zu betätigen.
- Negative Koalitionsfreiheit: Der Einzelne hat das Recht, einer bestimmten oder gar keiner Vereinigung beizutreten.

Die kollektive Koalitionsfreiheit bedeutet nach Artikel 9 Absatz 3 Grundgesetz eine Bestands- und Betätigungsgarantie, die dem Verband das Recht auf Bestehen und auf Betätigung einräumt (Arbeitskampf, Mitgliederwerbung, Mitbestimmung, Informationstätigkeit).

Nicht jede Verbindung von Arbeitnehmern oder Arbeitgebern stellt eine Koalition dar. Gewerkschaften oder Arbeitgeberverbände müssen bestimmte Voraussetzungen erfüllen:

Wann spricht man von einer Koalition?

- freie, auf Dauer angelegte Vereinigung,
- Zweck ist die Verbesserung der wirtschaftlichen oder sozialen Lage durch Einwirken auf die Gegenseite,
- der Verband muss gegnerfrei sein (sind Arbeitgeber und Arbeitnehmer in einem Verband vertreten, handelt es sich nicht um eine Koalition),
- finanzielle und auch sonstige Unabhängigkeit vom Gegner (Gewerkschaft darf kein Geld von Arbeitgeberseite annehmen),
- Koalition darf nicht auf einen Betrieb beschränkt sein (überbetrieblich!),
- über die Zahl der Mitglieder und die Einstellung muss eine gewisse Durchsetzungskraft vorhanden sein (keine Abhängigkeit vom guten Willen des Gegenspielers).

Verbände, die die Merkmale einer Koalition erfüllen, sind tariffähig.

Sie können nach § 2 Tarifvertragsgesetz (TVG) Tarifvertragsparteien sein. Auf der Arbeitgeberseite sind dies einzelne große Arbeitgeber (Firmen- oder Werktarifverträge) und die Arbeitgeberverbände bzw. deren Spitzenverbände. Auf der Arbeitnehmerseite sind dies einzelne Gewerkschaften oder deren Zusammenschlüsse.

Tarifautonomie
Die Tarifautonomie ist in Artikel 9 Absatz 3 Grundgesetz garantiert. Die Tarifvertragsparteien haben das Recht, Löhne und sonstige Arbeitsbedingungen (= kollektive Gestaltung der Arbeitsbedingungen) ohne staatliche Einflussnahme durch Tarifverträge frei zu regeln („Wahrung und Förderung der Arbeits- und Wirtschaftsbedingungen").

Was bedeutet Tarifautonomie?

1.1.5.2 Inhalt und Form von Tarifverträgen

§ 1 Tarifvertragsgesetz regelt den Inhalt und die Form des Tarifvertrages. Ein Arbeitgeber/Arbeitgeberverband und eine Gewerkschaft/Spitzenorganisation schließen einen schriftlichen Vertrag. Der Abschluss, die Änderung und die Aufhebung der Tarifverträge werden in die Tarifregister eingetragen, die bei den Arbeitsministerien geführt werden (§ 6 TVG). Die Voraussetzungen für die Wirksamkeit eines Tarifvertrages sind:
- wirksamer Vertrag,
- Schriftform,
- Tariffähigkeit,
- Tarifzuständigkeit,
- zulässiger Inhalt des Tarifvertrags.

Tariffähig/berechtigt zum Abschluss von Tarifverträgen sind einzelne Arbeitgeber, Arbeitgeberverbände und Gewerkschaften. Die Tarifzuständigkeit ist Voraussetzung für die Wirksamkeit des Tarifvertrags. Verbände können nur Vereinbarungen für Bereiche treffen, für die sie sachlich und räumlich zuständig sind.

Unter welchen Voraussetzungen kommt ein wirksamer Tarifvertrag zustande?

   Ein Tarifvertrag teilt sich in einen schuldrechtlichen und einen normativen Teil.

Der **schuldrechtliche** Teil regelt die Rechte und Pflichten der Vertragsparteien:
- Friedenspflicht: während der Laufzeit und dem Geltungsbereich dieses Tarifvertrags keinen Arbeitskampf durchzuführen
- Erfüllungspflicht: Die Vertragsparteien haben dafür zu sorgen, dass ihre Mitglieder den Vertrag verwirklichen und sich an die Bestimmungen halten.
- Nachwirkung: Bei Ablauf des Tarifvertrags bleiben die Bestimmungen des alten Tarifvertrags in Kraft, bis ein neuer Tarifvertrag abgeschlossen ist.

Der **normative** Teil umfasst Regelungen zu Inhalt, Abschluss und Beendigung von Arbeitsverhältnissen und zu betrieblichen und betriebsverfassungsrechtlichen Fragen. Aufgeteilt ist dies in
- Inhaltsnormen: Lohnhöhe, Lohn- Formen, Urlaub, Arbeitszeit,
- Abschlussnormen: Formvorschriften für den Abschluss des Arbeitsvertrages,
- Beendigungsnormen: Regelungen zu Kündigung oder Befristung,
- Betriebsnormen: betriebliche Ordnung, Betriebsgestaltung.

In welche zwei Bestandteile gliedert sich ein Tarifvertrag?

Normativ bedeutet, dass die Vereinbarungen direkt und zwingend für alle Tarifgebundenen gelten.

Alle Mitglieder der Gewerkschaft und der Arbeitgeberverbände und auch der Arbeitgeber, der einen Tarifvertrag mit einer Gewerkschaft abgeschlossen hat, sind tarifgebunden.

Welche Arten von Tarifverträgen unterscheidet man grundsätzlich ...

Bei den Arten der Tarifverträge unterscheidet man nach den Tarifpartnern (Firmentarife, Haustarife, Verbandstarife), nach dem räumlichen Geltungsbereich (Werkstarife, Flächentarife) und nach dem Inhalt. Nach dem Inhalt unterscheidet man wiederum

... und nach dem Inhalt?

- Rahmentarife (Manteltarife): allgemeine, für längere Zeit gleich bleibende Arbeitsbedingungen, z.B. Arbeitszeit, Urlaub, Mehrarbeit, Sonn- und Feiertagsarbeit
- Lohn- und Gehaltstarife: Gruppenplan (Einteilung der Arbeitnehmer nach Vorbildung oder Schwierigkeitsgrad der Arbeitsaufgabe in Lohn- oder Gehaltsgruppen, siehe dazu auch die ausführliche Darstellung im Kapitel 2 zum Thema Lohnsysteme), Gehaltssätze für die Gehaltsgruppen (ein Grundgehalt – entspricht 100 % – bildet die Grundlage für Zu- und Abschläge)
- Arbeitszeittarife: tägliche und wöchentliche Arbeitszeiten (soweit nicht im Rahmentarif vereinbart)
- Tarifverträge über Sonderleistungen (Vermögensbildung, Urlaubsgeld, Weihnachtsgeld)
- Tarifverträge über Qualifizierungsmaßnahmen (Recht auf Weiterbildung)

1.1.5.3 Tarifbindung und Allgemeinverbindlichkeit

Wer ist tarifgebunden?

§ 3 Tarifvertragsgesetz sagt aus, dass die Mitglieder der Tarifvertragsparteien und der Arbeitgeber, der selbst Partei des Tarifvertrags ist, tarifgebunden sind. In § 4 Absatz 1 Tarifvertragsgesetz wird die Wirkung der Rechtsnormen beschrieben. Sie gelten unmittelbar und zwingend zwischen den beiderseits Tarifgebundenen.

Wann wird ein Tarifvertrag für allgemeinverbindlich erklärt?

Die **Allgemeinverbindlichkeit** ist geregelt in § 5 Tarifvertragsgesetz. Sind mindestens 50 % der Arbeitnehmer im Geltungsbereich des Tarifvertrags bei tarifgebundenen Arbeitgebern beschäftigt und erscheint die Allgemeinverbindlichkeitserklärung im öffentlichen Interesse geboten, kann das Bundesministerium für Arbeit und Soziales einen Tarifvertrag für allgemeinverbindlich erklären. Die normativen Bestimmungen des Tarifvertrages gelten dann auch für alle Arbeitnehmer und Arbeitgeber, die nicht tarifgebunden sind.

Ende des Tarifvertrages

Der Tarifvertrag endet mit Fristablauf, Kündigung, Aufhebung oder Abschluss eines neuen Tarifvertrags (Ausnahme: Günstigkeitsprinzip – vom Tarifvertrag abweichende Vereinbarungen im Einzelarbeitsvertrag sind nur zulässig, wenn dies der Tarifvertrag gestattet oder sie den Arbeitnehmer begünstigen, § 4 Absatz 3 TVG).

Nach § 4 Absatz 5 Tarifvertragsgesetz gelten die Rechtsnormen nach Ablauf des Tarifvertrags weiter, bis sie durch eine andere Abmachung ersetzt werden. Man spricht hier auch von **Nachwirkung** des Tarifvertrags zur Vermeidung von Vertragslücken während einer tariflosen Zeit.

1.1.6 Rechtliche Rahmenbedingungen von Arbeitskämpfen

1.1.6.1 Interessenkonflikte als Ursache von Arbeitskämpfen

Das Recht zur Führung von Arbeitskämpfen „Zur Wahrung und Förderung der Arbeits- und Wirtschaftsbedingungen" ist in Artikel 9 Absatz 3 Grundgesetz festgehalten. Der Arbeitskampf ist Teil der Tarifautonomie.

Interessenkonflikte ergeben sich aus der Verfolgung unterschiedlicher Ziele der Sozialpartner (Arbeitgeber- und Arbeitnehmerverbände).

Gewerkschaften sind Vereinigungen der Arbeitnehmer zur Förderung und Wahrung der Arbeits- und Wirtschaftsbedingungen. Sie erfüllen folgende Aufgaben:

- Kampfaufgabe: Verbesserung der Lohn- und Arbeitsbedingungen (Arbeitszeitverkürzung, Mitbestimmung, Lohnerhöhung), eventuell Einsatz des Kampfmittels „Streik".
- Bildungsaufgabe: Vorträge, Kurse, Berufswettkämpfe, berufliche Weiterbildung, Umschulung, Mitwirkung in Prüfungsausschüssen.
- Rechtliche Aufgabe: Rechtshilfe und Rechtsschutz für Arbeitnehmer/Auszubildende, Abschluss von Tarifverträgen, betriebliches Mitbestimmungsrecht.
- Wirtschaftspolitische Aufgabe: Sozialversicherungsreform, Förderung der Vermögensbildung der Arbeitnehmer.

Welche Aufgaben obliegen den Gewerkschaften?

Organisationen der Unternehmer dienen zur Wahrung der Interessen gegenüber den Arbeitnehmern (Tarifverträge) oder auch gegenüber dem Staat oder den Gemeinden (Gesetzgebung).

1.1.6.2 Formen und Beendigung der Arbeitskampfmittel

Unter einem Arbeitskampf versteht man kollektive Maßnahmen der Arbeitgeber oder Arbeitnehmer zur Durchsetzung tarifvertraglich regelbarer Ziele. Es kann sich dabei um Streik (Arbeitnehmer), Aussperrung (Arbeitgeber) oder Boykott handeln. Ein Arbeitskampf ist rechtmäßig, wenn die tarifrechtlichen Grenzen (z. B. Ziel ist Abschluss eines Tarifvertrages) und die Grundsätze der Kampfführung (z. B. Streik erst nach Scheitern der Tarifverhandlungen) beachtet werden und kein gesetzliches Kampfverbot (z. B. darf nach § 74 Absatz 2 BetrVG der Betriebsrat als Gremium nicht streiken) besteht. Wird ein rechtmäßiger Arbeitskampf geführt, werden die Hauptpflichten des Arbeitsvertrags „suspendiert", nicht die Nebenpflichten. Das bedeutet, es besteht keine Arbeitspflicht und keine Lohnzahlungspflicht (die Pflichten „ruhen"). Das Arbeitsverhältnis besteht jedoch fort. Wird ein Arbeitskampf rechtswidrig geführt, entstehen Schadensersatzpflichten wegen Verletzung des Arbeitsvertrags. Hierbei ergeben sich auch Kündigungsmöglichkeiten.

Was ist ein Arbeitskampf ...

... und welche Formen gibt es?

Streik

Ein Streik ist eine gemeinsame, planmäßige und vorübergehende Arbeitsniederlegung einer größeren Zahl von Arbeitnehmern zur Erlangung günstigerer Arbeitsbedingungen, verbunden mit dem Willen, die Arbeit wieder fortzusetzen, wenn der Arbeitskampf beendet ist. Ein Streik ist das allerletzte Mittel (Ultima-Ratio-Prinzip). Alle Möglichkeiten einer friedvollen Einigung wurden bereits ausgeschöpft.

Wann wird gestreikt?

Rechtmäßigkeit eines Streiks	Ein Streik ist rechtmäßig, wenn folgende Anforderungen erfüllt sind: • Es darf nur von Tarifparteien, also von Gewerkschaften gestreikt werden. Jeder anderen Gruppierung ist dies verboten. • Das Ziel des Streiks muss ein neuer Tarifvertrag sein. Es darf nicht für andere Ziele, z. B. politischer Art, gestreikt werden. • Es darf nicht in der Zeit der Friedenspflicht gestreikt werden. Jeder Arbeitskampf während der Laufzeit eines Tarifvertrags ist verboten.
Arten von Streiks	Wird ein Streik von einer anderen Gruppierung als einer Gewerkschaft durchgeführt, handelt es sich um einen **wilden Streik**. Dieser ist rechtswidrig. Legen die Arbeitnehmer eines Betriebes, der einer ganz anderen Tarifzuständigkeit angehört als der streikende Betrieb, die Arbeit aus Solidarität nieder, spricht man von einem **Solidaritätsstreik**. Auch dieser ist rechtswidrig, da das Kampfziel nicht der Abschluss eines Tarifvertrags ist. Zulässig hingegen sind kurze Streiks (bis etwa 2 Stunden) während der Tarifverhandlungen, so genannte **Warnstreiks**. Sie sollen den Abschluss von Tarifverträgen beschleunigen. Legen alle Arbeitnehmer eines Tarifgebiets die Arbeit nieder, spricht man von einem **Flächenstreik**. Bei einem **Schwerpunktstreik** versuchen die Gewerkschaften mit minimalem Aufwand maximale Wirkung zu erzielen. Werden zum Beispiel Zuliefererbetriebe bestreikt, wird dadurch die ganze Automobilbranche stillgelegt.

Aussperrung

Von wem geht die Aussperrung aus?	Bei der Aussperrung handelt es sich um die Kampfmaßnahme der Arbeitgeber, wenn die Gewerkschaften den Streik ausgerufen haben (Abwehraussperrung). Das Ziel ist die Wiederherstellung der Verhandlungsparität, wenn die Gewerkschaften nur zu einem Teilstreik aufgerufen haben (ca. 20% der Arbeitnehmer eines Tarifgebietes). Bestreikte und nichtbestreikte Betriebe kommen dadurch in eine starke Konkurrenzsituation. Den Arbeitnehmern wird der Zutritt zu ihrem Arbeitsplatz versperrt. Arbeitnehmer, die nicht streiken, können nicht mehr an ihren Arbeitsplatz. Es ist aber auch möglich, dass streikende Arbeitnehmer nach Beendigung des Streiks nicht arbeiten können.
Wer zahlt den Unterhalt der Arbeitnehmer während eines Streiks?	Der Unterhalt der Arbeitnehmer während des Streiks wird von der Gewerkschaft aus den Beiträgen ihrer Mitglieder getragen. Eine Aussperrung ist nur zur Erhaltung des Kampfgleichgewichts zulässig. Die Aussperrung darf nicht dazu benutzt werden, die Gewerkschaften zu ruinieren (Grundsatz der Verhältnismäßigkeit). Maximal 50% der Arbeitnehmer des betroffenen Tarifgebietes dürfen ausgesperrt werden. Bei einer **kalten Aussperrung** werden die Arbeitnehmer ohne Bezahlung ausgesperrt, da eine Weiterarbeit z. B. wegen Arbeitskämpfen in Zulieferbetrieben nicht möglich ist.

Boykott

Welches Ziel verfolgt ein Boykott?	Ein Boykott ist darauf gerichtet, während eines Arbeitskampfes den Abschluss von Arbeitsverträgen zu verhindern oder die Auflösung von Arbeitsverträgen mit Nichtstreikenden zu erreichen. Er ist von relativ geringer Bedeutung. Hier ist be-

sonders auf die Rechtmäßigkeit zu achten (Grundsatz der Verhältnismäßigkeit), weil in vielen Fällen auch Dritte in den Arbeitskampf hineingezogen werden sollen. Der Boykott kann unter Umständen rechtswidrig sein und Schadensersatzansprüche begründen.

1.1.6.3 Aufgabe des Schlichtungsverfahrens

Die Schlichtung ist ein Verfahren, das Konflikte zwischen den Parteien eines Tarifvertrags beilegen soll. Es dient der Erhaltung des Arbeitsfriedens. Die Schlichtung kann in einen Tarifvertrag von vornherein vereinbart oder auch gesetzlich vorgeschrieben sein. An den Vorschlag des Schlichters sind die Parteien nicht gebunden.

Das Schlichtungswesen ist für solche Streitigkeiten anwendbar, die nicht der Zuständigkeit der Arbeitsgerichte unterliegen.

Das Ziel ist, eine vertragliche Grundlage zu schaffen. Das Ausgleichsverfahren wird von Schlichtungsstellen durchgeführt. Die Besetzung der Schlichtungsstellen kann im Tarifvertrag oder in der Betriebsvereinbarung festgelegt sein. Ist es nicht möglich, eine Einigung zu erzielen, können anerkannte Persönlichkeiten des öffentlichen Lebens oder Behörden eingeschaltet werden. Wird keine Einigung erzielt, ist das Schlichtungsverfahren beendet. Damit endet die Friedenspflicht und es können Arbeitskampfmaßnahmen eingeleitet werden.

Wie verläuft eine Schlichtung?

1.1.6.4 Rechtsfolgen aus Arbeitskampfmaßnahmen

Bei einem rechtmäßigen Streik/rechtmäßiger Aussperrung werden die Hauptpflichten des Arbeitsvertrags suspendiert. Arbeitspflicht und Lohnzahlungspflicht ruhen also, nicht aber die Nebenpflichten.

Während eines Streiks ruhen die bestehenden Arbeitsverhältnisse. Die Arbeitnehmer haben keinen Lohnanspruch, sondern erhalten von ihrer Gewerkschaft eine Unterstützung (Streikgeld) – sowohl streikende als auch ausgesperrte Mitglieder. Einem Arbeitnehmer kann nicht gekündigt werden, weil er sich an einem rechtmäßigen Streik beteiligt. Der Arbeitgeber ist aber nicht zur Lohnzahlung verpflichtet. Er kann zum Mittel der Aussperrung greifen. Nach Beendigung des Streiks leben die Pflichten der Parteien ohne erneute Maßnahmen wieder auf. Das alte Arbeitsverhältnis besteht fort.

Wie verhält es sich mit den Haupt- und Nebenpflichten bei einem Streik, bzw. einer Aussperrung?

Bei einem rechtswidrigen Streik/rechtswidriger Aussperrung werden die Hauptpflichten des Arbeitsvertrags nicht suspendiert. Arbeitsverweigerung bzw. Nichtbeschäftigung sind Arbeitsvertragsverletzungen.

Nimmt ein Arbeitnehmer an einem rechtswidrigen Streik teil, liegt eine Pflichtverletzung vor. Der Arbeitgeber kann darauf neben dem Unterlassungsanspruch auch Schadensersatzansprüche gegen den Arbeitnehmer/die Gewerkschaft begründen und ist unter Umständen zur außerordentlichen Kündigung berechtigt. Nimmt ein Arbeitnehmer an einem gewerkschaftlichen Streik teil, kann er davon ausgehen, dass dieser rechtmäßig war.

Bei einer rechtswidrigen Aussperrung besteht Anspruch des Arbeitnehmers auf Unterlassung und Lohnzahlung. Der Arbeitgeber gerät in Annahmeverzug und muss den Lohn nach § 615 BGB bezahlen.

1.1.7 Bedeutung der Betriebsvereinbarung

1.1.7.1 Ziel und Rechtswirkung der Betriebsvereinbarung

Welche Inhalte werden in Betriebsvereinbarungen geregel?

Die Betriebsvereinbarung ist in § 77 BetrVG festgehalten. Es ist ein schriftlicher Vertrag zwischen Arbeitgeber und Betriebsrat. Er gilt unmittelbar und zwingend (Normwirkung) für die vereinbarten Rechte und Pflichten des Arbeitnehmers und des Arbeitgebers. Die Betriebspartner (Arbeitgeber und Betriebsrat bzw. Arbeitsgruppe nach § 28 a BetrVG) regeln und gestalten mit Betriebsvereinbarungen die betriebliche und betriebsverfassungsrechtliche Ordnung sowie die individuellen Rechtsbeziehungen zwischen Arbeitgeber und Arbeitnehmern.

> Betriebsvereinbarungen sind nach § 77 Absatz 2 BetrVG von Betriebsrat und Arbeitgeber gemeinsam zu beschließen und schriftlich niederzulegen.

Der Arbeitgeber hat die Betriebsvereinbarungen an geeigneter Stelle im Betrieb auszulegen. Leitende Angestellte sind nach § 5 Absatz 3 BetrVG von den Regelungen einer Betriebsvereinbarung ausgenommen.

Hat ein Arbeitnehmer mit seinem Arbeitgeber in seinem Arbeitsvertrag etwas ausgehandelt, was für ihn günstiger ist als in der Betriebsvereinbarung, findet

Günstigkeitsprinzip

das Günstigkeitsprinzip Anwendung. Die individuelle Regelung geht der Betriebsvereinbarung vor, obwohl der Arbeitsvertrag der Betriebsvereinbarung im Rang nachgeht.

Betriebsvereinbarungen dürfen den Bestimmungen des Tarifvertrages nicht entgegenstehen, sondern sie nur ergänzen oder anpassen. Betriebsordnungen und Dienstordnungen werden durch Betriebsvereinbarungen aufgestellt. Sie müssen an geeigneter Stelle ausgehängt oder den Arbeitnehmern ausgehändigt werden.

Beispiele für Regelungen in Betriebsvereinbarungen

> Beginn und Ende der täglichen Arbeitszeit und der Pausen, Aufstellung eines Urlaubsplans, Lohn- und Arbeitsbedingungen, Zeit und Ort der Entgeltzahlung, Errichtung von Sozialeinrichtungen, Maßnahmen zur Verhütung von Betriebsunfällen, Verhalten der Arbeitnehmer im Betrieb (z. B. Benutzung des Parkplatzes und Telefons, Kantinenbesuch) usw.

Nicht tarifgebundene Unternehmen treffen häufig mit dem Betriebsrat Einzelvereinbarungen über Arbeitsverdienst und Arbeitszeit in Betriebsvereinbarungen zur Flexibilisierung der Arbeitszeit.

1.1.7.2 Abgrenzung zwischen Tarifvertrag und Betriebsvereinbarung

Wie unterscheiden sich Betriebsvereinbarung und Tarifvertrag?

Ein Tarifvertrag ist ein Kollektivvertrag zwischen den Tarifpartnern, in dem die Arbeitsbedingungen für ganze Berufsgruppen eines Wirtschaftszweiges in freien Verhandlungen einheitlich festgelegt werden. Ein Tarifvertrag kann nach § 77 Absatz 3 BetrVG den Abschluss ergänzender Betriebsvereinbarungen ausdrücklich zulassen. In der Rangfolge steht der Tarifvertrag über der Betriebsvereinbarung. Kapitel 1.1.5 befasst sich ausführlich mit Tarifverträgen.

Betriebsvereinbarungen werden zwischen dem Betriebsrat und dem Arbeitgeber eines bestimmten Betriebes getroffen. In einer Betriebsvereinbarung kann nur das geregelt werden, was in den Aufgabenbereich des Betriebsrats fällt (§§ 87 ff. BetrVG) und nicht schon durch Tarifvertrag geregelt ist oder üblicherweise durch ihn geregelt wird (§ 77 Absatz 3 BetrVG). Diese Sperrwirkung soll die Tarifautonomie schützen. Es kann aber auch sein, dass der Tarifvertrag eine Öffnungsklausel nach § 4 Absatz 3 Tarifvertragsgesetz enthält, die eine andere Regelung ausdrücklich zulässt.

Welche Parteien schließen Betriebsvereinbarungen?

Öffnungsklausel

1.1.7.3 Umsetzung von Betriebsvereinbarungen

Betriebsvereinbarungen wirken unmittelbar und zwingend auf die einzelnen Arbeitsverhältnisse, ohne dass es einer Umsetzung durch Vertrag oder Weisung des Arbeitgebers bedarf. Betriebsvereinbarungen lassen sich unterscheiden in erzwingbare und freiwillige Betriebsvereinbarungen, die durch so genannte teilmitbestimmungspflichtige Betriebsvereinbarungen ergänzt werden.

Der Betriebsrat kann eine **erzwingbare Betriebsvereinbarung** gegen den Willen des Arbeitgebers durch Spruch der Einigungsstelle erwirken, wenn sich die Betriebsparteien nicht einigen. Die Bereiche der erzwingbaren Betriebsvereinbarung sind abschließend im Betriebsverfassungsgesetz geregelt:

Welche Regelungen treffen erzwingbare und ...

- § 39 BetrVG: Sprechstunden des Betriebsrats
- § 47 Absatz 4, § 55 Absatz 4, § 72 Absatz 4 BetrVG: Mitgliederzahl des Gesamtbetriebsrats, der Auszubildendenvertretung usw.
- § 87 BetrVG: Mitbestimmungsrechte in sozialen Angelegenheiten
- Vereinbarungen über die menschengerechte Gestaltung des Arbeitsplatzes
- § 94 BetrVG: Personalfragebogen, Beurteilungsgrundsätze
- § 97 Absatz 2 BetrVG: Einrichtungen und Maßnahmen der Berufsbildung
- § 95 BetrVG: Auswahlrichtlinien
- § 98 BetrVG: Durchführung betrieblicher Bildungsmaßnahmen
- § 112 BetrVG: Sozialplan

Freiwillige Betriebsvereinbarungen kommen nur durch Übereinstimmung von Arbeitgeber und Betriebsrat zu Stande. Die Bereiche sind nicht abschließend vom Betriebsverfassungsgesetz vorgegeben. In folgender Aufzählung werden einige Beispiele genannt:

... freiwillige Betriebsvereinbarungen?

- § 38 BetrVG: Freistellungsregelung von Betriebsratsmitgliedern
- § 76 Absatz 1 BetrVG: Einrichtung einer ständigen Einigungsstelle
- Vereinbarung über die Ausschreibung von Arbeitsplätzen
- § 88 BetrVG: Verhütung von Arbeitsunfällen, Maßnahmen des betrieblichen Umweltschutzes usw.

Die teilmitbestimmungspflichtige Betriebsvereinbarung verbindet Bereiche der erzwingbaren Mitbestimmung mit mitbestimmungsfreien Bereichen. Arbeitgeber und Betriebsrat vereinbaren z. B. in einer Betriebsvereinbarung eine jährliche Erfolgsbeteiligung für die Arbeitnehmer. Der Arbeitgeber entscheidet alleine, ob die Erfolgsbeteiligung eingeführt wird und über die Höhe des Betrags. Über die Verteilungsgrundsätze hat der Betriebsrat ein erzwingbares Mitbestimmungsrecht.

AUFGABEN ZU ABSCHNITT 1.1

1. Herr Alfred hat in seinem Arbeitsvertrag stehen, dass ihm 30 Urlaubstage gewährt werden. Der für ihn geltende Tarifvertrag sieht 29 Tage vor. Die Betriebsvereinbarung des Betriebes, in dem er arbeitet, legt 31 Tage fest. Auf wie viele Urlaubstage hat er Anspruch?
2. Beschreiben Sie an je einem Beispiel, welche Aufgaben ein Gesetz – hier im Arbeitsrecht – erfüllt.
3. Ein Arbeitgeber und ein Arbeitnehmer schließen einen schriftlichen Arbeitsvertrag, in dem alle wesentlichen Punkte geregelt sind, nur die Zahl der Urlaubstage wurde nicht eingetragen. Kann der Arbeitnehmer trotzdem Urlaub beanspruchen?
4. Arbeitgeberin Anna Gabel und Bewerber Anton Neumann einigen sich im Bewerbungsgespräch über alle Einzelheiten des Arbeitsvertrags. Nur der Termin der Einstellung wird nicht festgelegt, weil Neumann versuchen will, das Arbeitsverhältnis bei seinem gegenwärtigen Arbeitgeber vorzeitig zu beenden. Anna Gabel sagt zu Neumann, er solle auf jeden Fall kündigen. Außerdem stellt sie ihm ein höheres Gehalt in Aussicht. Neumann kann sein Arbeitsverhältnis tatsächlich vorzeitig auflösen. Gabel stellt ihn jedoch nicht ein, da zwei bei ihr bisher halbtags beschäftigte Mitarbeiter nun ganztags arbeiten. Beurteilen Sie die Rechtslage.
5. Dem Arbeitnehmer Anton Neumann stehen nach Arbeitsvertrag 30 Arbeitstage als Urlaub zu. Es existiert eine Betriebsvereinbarung mit 34 Urlaubstagen für alle Arbeitnehmer. Der hier geltende Rahmentarifvertrag legt 32 Urlaubstage fest. Im ausgehandelten Firmentarifvertrag findet man 29 Urlaubstage. Erläutern Sie, wie viele Urlaubstage Herr Neumann beanspruchen kann.
6. Begründen Sie, warum die Vertragsfreiheit im Arbeitsrecht eingeschränkt ist.
7. Die Arbeitgeberin Anna Gabel führt ein Einstellungsgespräch mit Anton Neumann. Da die Auftragslage sehr gut und Personal in diesem Bereich schwer zu bekommen ist, vereinbaren beide, dass Neumann im laufenden Jahr auf den Urlaubsanspruch verzichtet und stattdessen ein zusätzliches Monatsgehalt erhält. Erläutern Sie, ob hiermit der Urlaubsanspruch für Neumann entfallen ist.
8. Hat ein Schwerbehinderter einen Anspruch auf eine Anstellung, wenn ein Arbeitgeber nach den Bestimmungen des Schwerbehindertengesetzes über eine bestimmte Anzahl von Arbeitsplätzen verfügt und bisher kein Schwerbehinderter beschäftigt wird?
9. Im Unternehmen von Anna Gabel möchte der Betriebsrat die wöchentliche Arbeitszeit um 2 Stunden herabsetzen und die Stunden so verteilen, dass am Freitag nur noch fünf Stunden gearbeitet werden muss. Nach § 87 Absatz 1 Ziffer 2 BetrVG hat der Betriebsrat bei Beginn und Ende der täglichen Arbeitszeit einschließlich der Pausen sowie bei der Verteilung der Arbeitszeit auf die einzelnen Wochentage mitzubestimmen – soweit eine gesetzliche oder tarifliche Regelung nicht besteht. Anna Gabel lehnt die Verkürzung um 2 Stunden ab und weist auf den Tarifvertrag hin, in dem die Stundenanzahl festgeschrieben ist. Erläutern Sie, welche Regelungen Anwendung finden.
10. Anna Gabel zahlt allen Arbeitnehmern ein Weihnachtsgeld in Höhe von 1.000 Euro. Eine Arbeitnehmerin erhält nur 400 Euro, ohne dass ein sachlicher Grund besteht. Beurteilen Sie die Rechtslage.
11. Industriemeister Max Meier aus Regensburg, der gerade einen Meisterpreis für seine hervorragenden Leistungen in der Abschlussprüfung erhalten hat, bewirbt sich auf eine Stelle in Bremen. Die Firma schickt ihm eine Einladung zum Vorstellungsgespräch. Da die Fahrtkosten relativ hoch sind, überlegt Max Meier, ob er überhaupt fahren soll. Erläutern Sie die Rechtslage.
12. Nennen Sie zwei Grundlagen, die neben den gesetzlichen Regelungen und dem Arbeitsvertrag in Arbeitsverhältnissen auch Anwendung finden können.
13. Arbeitgeberin Anna Gabel stellt den Arbeitnehmer Anton Neumann ein. Sowohl Gabel als auch Neumann sind tarifgebunden. Über

die Urlaubsregelung, Kündigungsfristen und andere Details wurde nichts vereinbart. Es ist nur die Höhe des Lohns im Gespräch festgelegt worden. Der zutreffende Manteltarifvertrag sieht eine Kündigungsfrist von einer Woche im ersten Beschäftigungsmonat vor. Die Kündigungsfrist nach § 622 BGB Abs. 1 beträgt vier Wochen zum Fünfzehnten oder zum Ende eines Kalendermonats. Gabel ist mit Neumann nicht zufrieden und möchte ihn im ersten Beschäftigungsmonat wieder entlassen. Erläutern Sie, welche Kündigungsfrist eingehalten werden muss.

14. Anna Gabel hat Anton Neumann vor einiger Zeit als Buchhalter eingestellt. Nach einigen Monaten wurde er gekündigt und erhob erfolgreich Kündigungsschutzklage. Er verlangte die Weiterbeschäftigung als Buchhalter. Frau Gabel wollte ihm jedoch die Stelle eines Einkäufers zuweisen. Erläutern Sie die rechtliche Situation.

15. Welche drei Kriterien sind bei der Abgrenzung von Arbeitnehmern und Selbstständigen zu prüfen?

16. Anna Gabel hat Anton Neumann in den letzten drei Jahren jeweils Ende November 1.000 Euro Weihnachtsgeld ausgezahlt. Frau Gabel hat dabei keinen Vorbehalt ausgesprochen. Im Arbeitsvertrag ist die Zahlung eines Weihnachtsgeldes nicht festgeschrieben. In diesem Jahr zahlt Frau Gabel kein Weihnachtsgeld mit dem Hinweis auf die schlechte Konjunktur. Erläutern Sie, ob Anton Neumann Anspruch auf Weihnachtsgeld hat.

17. Nennen Sie drei Gruppen von Personen, die zwar fremdbestimmt arbeiten, aber dennoch keine Arbeitnehmer sind.

18. Erläutern Sie das Wesen eines Arbeitsvertrags.

19. Erläutern Sie die Begriffe Abschlussfreiheit und Inhaltsfreiheit bezogen auf den Arbeitsvertrag.

20. Im Mai schließt Anton Neumann mit Anna Gabel, die ein Spielwarengeschäft besitzt, einen Arbeitsvertrag als Verkäufer. Im Vertrag wird die Vereinbarung getroffen, dass er für ein Jahr gelten soll. Nach einem Jahr erhält Neumann – der sehr gerne Spielwaren verkauft – von Gabel wieder einen Arbeitsvertrag. Dieser ist auf sechs Monate beschränkt, da Gabel davon ausgeht, dass sich zwei Konkurrenzfirmen ansiedeln und sie dann das Geschäft schließen wird. Im August verkauft jedoch Gabel ihr Spielwarengeschäft an die Konkurrenz Huber. Huber schließt mit Neumann nach Ablauf des bestehenden Vertrags einen Arbeitsvertrag für ein Jahr. Nach Ablauf des Jahres lehnt er den Abschluss eines weiteren Arbeitsvertrags mit der Begründung ab, Neumann sei nicht für den Spielwarenverkauf geeignet. Dieser verlangt die Weiterbeschäftigung über das Fristende hinaus. Begründen Sie, ob Neumann ein Recht auf Weiterbeschäftigung hat.

21. Anton Neumann arbeitet als Dreher im Metallbetrieb von Anna Gabel. Als er ein verlängertes Wochenende in Wien gewinnt, schickt er am Freitag seinen Bruder in den Betrieb. Dieser hat die gleiche Ausbildung wie Anton, ist für die Stelle geeignet und soll Antons Arbeit ausführen. Anna Gabel ist damit jedoch nicht einverstanden. Sie verweigert dem Bruder die Aufnahme der Arbeit. Wie ist die Rechtslage?

22. Anton Neumann arbeitet seit Jahren als Konstrukteur in einem Metall verarbeitenden Betrieb. Durch Einführung der EDV und immer bessere Programme ist er nicht mehr ausgelastet. Sein Arbeitgeber möchte Ihn deshalb halbtags damit beschäftigen, ausgemusterte Metallrahmen zu zerlegen. Kann sich Anton Neumann weigern?

23. Nach § 1 Absatz 1 Kündigungsschutzgesetz ist eine Kündigung rechtsunwirksam, wenn sie sozial ungerechtfertigt ist.

a) Welche Gründe nennt das Kündigungsschutzgesetz, die eine Kündigung normalerweise sozial rechtfertigen?

b) Warum kann eine Kündigung aus einem unter a) genannten Grund trotzdem sozial ungerechtfertigt sein?

24. Anna Gabel schließt mit dem Arbeitnehmer Anton Neumann mehrere befristete Arbeitsverhältnisse hintereinander ab. Die Befristung stellt sich jeweils auf einen anderen

Sachgrund. Die letzte Befristung wird damit begründet, dass Neumann einen Kollegen vertreten soll, der auf Grund einer Verletzung beim Sport länger erkrankt ist. Wie ist die Rechtslage, wenn vor der letzten Befristung ein Dauerarbeitsverhältnis entstanden wäre?

25. Anton Neumann war bereits vor Jahren als Aushilfe bei Anna Gabel tätig. Anna Gabel möchte Neumann auf Grund seiner Bewerbung für zwei Jahre befristet einstellen. Sie fragt ihn beim Bewerbungsgespräch, ob er bereits irgendwann für sie tätig war. Neumann verneint das, obwohl er sich an seine Aushilfszeit noch gut erinnern kann. Gabel schließt mit Neumann ein befristetes Arbeitsverhältnis ab. Beurteilen Sie die Rechtslage.

26. Anna Gabel möchte dem Arbeitnehmer Strunz kündigen. Es wurde ihm nachgewiesen, dass er Geld aus fremden Schreibtischen gestohlen hat. Gabel füllt ein Anhörungsformular für den Betriebsrat aus und begründet die geplante Kündigung mit „verhaltensbedingten Gründen". Der Betriebsrat schweigt zu der Anhörung. Gabel kündigt Strunz nach einer Woche. Begründen Sie, ob dies wirksam ist.

27. Im Betrieb von Anna Gabel gilt die 39-Stundenwoche. Anton Neumann arbeitet in Teilzeit 28 Stunden pro Woche. In der Vorweihnachtszeit arbeitet Neumann an manchen Tagen auch länger, um die Kundenwünsche rechtzeitig vor Weihnachten erfüllen zu können. Ab welcher Stunde bekommt Neumann Überstundenzuschläge bezahlt?

28. Anton Neumann stellt beim Vergleich des Tarifvertrags mit seinem Arbeitsvertrag fest, dass es Unterschiede bezüglich des Urlaubs/Urlaubsgelds und des Weihnachtsgeldes gibt. Im Arbeitsvertrag steht, dass er 32 Tage Urlaub und ein Urlaubsgeld von 12 € pro Tag erhält. Der Tarifvertrag regelt den Urlaub mit 24 Tagen und 16 € Urlaubsgeld pro Tag. Das Weihnachtsgeld nach Arbeitsvertrag beläuft sich auf 300 €, im Tarifvertrag sind 500 € festgehalten. Erläutern Sie, ob Neumann einen Anspruch hat auf 32 Tage Urlaub, 16 € Urlaubsgeld pro Tag und 500 € Weihnachtsgeld auf Grund des Günstigkeitsprinzips.

29. Der wegen Verschwendungssucht entmündigte Egon Strunz möchte eigenes Geld verdienen und bewirbt sich bei einer Spedition als Fahrer. Der Chef der Spedition, der gerade einen zusätzlichen Lkw gekauft hat, stellt Egon Strunz ein. Dieser beginnt sofort zu arbeiten und transportiert hauptsächlich Büroartikel zu Schreibwarengeschäften. Beurteilen Sie die Rechtslage.

30. Industriemeister Max Meier nimmt seine Kaffeetasse mit in den Maschinenraum, in dem drei CNC-Fräsmaschinen stehen. Anton Neumann läuft ihm nach, weil er ihm noch etwas mitteilen möchte. Da es im Maschinenraum relativ laut ist, hört Meier Neumann nicht. Dieser klopft Meier auf die Schulter, um sich bemerkbar zu machen. Meier erschrickt und schüttet seinen Kaffee über die Elektronik einer Maschine, die dadurch zerstört wird. Klären Sie die Rechtslage.

LÖSUNGSVORSCHLÄGE

L1: Als Rangfolge der einzelnen Regelungen ergibt sich an erster Stelle die gesetzliche Regelung nach Bundesurlaubsgesetz (24 Tage), dann folgen Tarifvertrag, Betriebsvereinbarung und Arbeitsvertrag. Die gesetzliche Bestimmung ist abdingbar, da sie mindestens 24 Tage fordert (Günstigkeitsprinzip). Die Betriebsvereinbarung mit den meisten Urlaubstagen ist in diesem Fall ungültig, da etwas, was im Tarifvertrag geregelt ist, nicht durch Betriebsvereinbarung geändert werden darf (§77 Absatz 3 BetrVG, Regelungssperre zum Schutz der Tarifautonomie). Ausnahmen sind durch Tarifvertrag ausdrücklich zuzulassen. In diesem Fall gilt der Arbeitsvertrag mit 30 Tagen, der zwar rangniedriger ist als der Tarifvertrag, für den Arbeitnehmer aber günstiger.

L2:
Lückenfüllung:
Fehlt in einem Vertrag zwischen Arbeitgeber und Arbeitnehmer eine vertragliche Vereinbarung (z. B. Kündigungsfrist oder Urlaubsanspruch), so dient das Gesetz der Lückenfüllung. Es gilt die im Gesetz festgelegte Regelung.

Zwingendes Recht:
Wird in einem Vertrag etwas vereinbart, das gegen eine gesetzliche Mindestanforderung (zwingendes Recht) verstößt, wird diese Vereinbarung durch das Gesetz verboten und gleichzeitig durch die gesetzliche Mindestregelung ersetzt. Es kann sich hierbei z. B. um einen vereinbarten Urlaubsanspruch in Höhe von 20 Tagen pro Jahr handeln. Hier wird die gesetzliche Mindestanforderung unterschritten.

L3: Die gesetzliche Regelung nach Bundesurlaubsgesetz legt den Mindesturlaub auf 24 Werktage pro Jahr fest. Auch ohne, dass es im Vertrag geregelt ist, kann der Arbeitnehmer mindestens 24 Werktage Erholungsurlaub jährlich beanspruchen. Das Gesetz ergänzt die Lücke im Vertrag.

L4: Anna Gabel muss Anton Neumann so stellen, als wäre er noch im alten Arbeitsverhältnis. Es handelt sich um einen so genannten Vertrauensschaden. Neumann bekommt sein Gehalt in bisheriger Höhe von Gabel weiter (§§ 611, 145 BGB). Dies ist der Schadensersatz für den Verlust des alten Arbeitsplatzes. Auf das von Gabel in Aussicht gestellte höhere Gehalt hat Neumann keinen Anspruch, da kein Vertrag zu Stande gekommen ist.

L5: Die Betriebsvereinbarung könnte wegen des Günstigkeitsprinzips Anwendung finden, obwohl sie rangniedriger ist als der Tarifvertrag. Die Betriebsvereinbarung ist jedoch ungültig, da in ihr nicht etwas festgelegt werden darf, was bereits durch einen Tarifvertrag geregelt ist. Der Firmentarifvertrag und der Rahmentarifvertrag konkurrieren auf der gleichen Rangstufe. Der speziellere Firmentarifvertrag hat Vorrang. Da der Einzelarbeitsvertrag aber günstiger ist, findet dieser wegen Konkurrenz auf verschiedenen Rangstufen Anwendung. Herr Neumann hat Anspruch auf 30 Arbeitstage Urlaub.

L6: Der wirtschaftlich schwächere Arbeitnehmer soll davor geschützt werden, dass der Arbeitgeber, der sich meist in der besseren Position befindet, ihn ausnutzt und übervorteilt. Durch Individualvereinbarungen darf niemand schlechter gestellt werden, als es im Gesetz geregelt ist.

L7: Individuelle Abreden dürfen nicht zum Nachteil des Arbeitnehmers getroffen werden, wenn sie die gesetzlichen Mindestanforderungen nicht einhalten. Es handelt sich dabei um zwingendes Recht, das eine nachteilige Vereinbarung verbietet. Sollte etwas Nachteiliges für den Arbeitnehmer vereinbart worden sein, gilt automatisch die gesetzliche Mindestregelung. § 1 und § 13 des Bundesurlaubsgesetzes regeln den Urlaubsanspruch und dessen Unabdingbarkeit. Anton Neumann behält also den Anspruch auf den gesetzlichen Mindesturlaub.

L8: Der Arbeitgeber ist zur Einstellung nicht verpflichtet. Ein Anstellungsanspruch besteht nicht, auch wenn der Arbeitgeber die Pflichtquote nicht erfüllt. Der Arbeitgeber muss jedoch eine Ausgleichsabgabe pro Monat und unbesetzten Arbeitsplatz an die Hauptfürsorgestelle zahlen (§ 77 SGB IX). Bei mindestens 20 Arbeitsplätzen haben Arbeitgeber nach § 71 SGB IX auf mindestens 5 % der Arbeitsplätze Schwerbehinderte zu beschäftigen.

L9: Nach § 77 Absatz 3 BetrVG kann etwas, das im Tarifvertrag geregelt ist, nicht mehr Gegenstand einer Betriebsvereinbarung sein. Es sei denn, der Tarifvertrag lässt ergänzende Betriebsvereinbarungen zu.
§ 87 Absatz 1 BetrVG regelt die Mitbestimmungsrechte des Betriebsrats. Hier wird unter anderem Beginn und Ende der täglichen Arbeitszeit und die Verteilung der Arbeitszeit auf die einzelnen Wochentage erwähnt. Tarifliche Regelungen haben immer Vorrang vor Betriebsvereinbarungen. Deshalb können Betriebsvereinbarungen nur solche Dinge regeln, die im Tarifvertrag nicht zu finden sind oder offen gelassen wurden. Die Betriebsvereinbarung regelt dann die Details.
Der Betriebsrat kann im vorliegenden Fall eine Verkürzung der Arbeitszeit nicht verlangen, da diese tariflich geregelt ist. Zwischen Arbeitgeber und Betriebsrat kann nur eine Vereinbarung darüber getroffen werden, wie die tarifliche

Arbeitszeit auf die Wochenarbeitstage zu verteilen ist.

L10: Die Arbeitnehmerin hat Anspruch auf die vollen 1.000 Euro auf Grund des arbeitsrechtlichen Gleichbehandlungsgrundsatzes (§ 612 Absatz 3 BGB). Anna Gabel ist verpflichtet, alle Arbeitnehmer gleich zu behandeln (Art. 3 GG). Unterschiede dürfen nur aus sachlichen Gründen gemacht werden.

L11: Der Arbeitgeber lädt zum Vorstellungsgespräch ein. Er erteilt dem Arbeitnehmer den Auftrag, sich bei ihm vorzustellen. Es gelten die Vorschriften des Auftrags gemäß §§ 662 bis 676 BGB. Der Beauftragte übernimmt den Auftrag zur kostenlosen Ausführung (§ 662 BGB). Dies bezieht sich jedoch nicht auf die Aufwendungen. Der Beauftragte, also Max Meier, kann davon ausgehen, dass die Firma in Bremen (Auftraggeber) die erforderlichen Aufwendungen übernimmt (§ 670 BGB). Dazu zählen bei einem Vorstellungsgespräch Fahrtkosten ebenso wie Übernachtungs- und Verpflegungskosten. Nicht ersetzt wird ein etwaiger Verdienstausfall, wenn der Arbeitnehmer unbezahlten Urlaub zur Vorstellung nimmt. Weist der Arbeitgeber in der Einladung zum Vorstellungsgespräch darauf hin, dass die Kosten nicht erstattet werden, ist er auch nicht nach § 670 BGB dazu verpflichtet. Sollte also in der Einladung an Max Meier zum Vorstellungsgespräch kein Hinweis enthalten sein, dass die Kosten nicht übernommen werden, sollte er das Vorstellungsgespräch wahrnehmen.

L12: Tarifverträge sind im Tarifvertragsgesetz (TVG) geregelt.
Die Grundlage für Betriebsvereinbarungen bildet das Betriebsverfassungsgesetz (BetrVG).

L13: Die Klärung der Frage, ob nach Gesetz oder Tarifvertrag gekündigt wird, muss dem Gesetz entnommen werden, da dies grundsätzlich über allen arbeitsrechtlichen Regelungen steht. § 622 Absatz 4 BGB lässt eine vom Gesetz abweichende Regelung durch Tarifvertrag zu. Das Gesetz bestimmt also, ob von ihm abgewichen werden darf. In diesem Fall gilt die tarifliche Kündigungsfrist, obwohl sie für den Arbeitnehmer ungünstiger ist als die gesetzliche Mindestfrist.
Meist legt das Gesetz Mindestregelungen für nicht tarifgebunde Arbeitsverhältnisse fest und lässt bei Tarifgebundenheit eine Abweichung – auch zu Ungunsten des Arbeitnehmers – zu.

L14: Neumann steht die Stelle als Buchhalter weiterhin zu, da die Art der Tätigkeit genau bestimmt war. Anna Gabel hat keinen Spielraum bezüglich der geschuldeten Tätigkeit. Die Arbeiten müssen innerhalb des vereinbarten Berufsbildes liegen (§ 611 BGB – Dienstvertrag, § 315 BGB – billiges Ermessen, § 106 Gewerbeordnung).

L15: Umfang der Weisungsgebundenheit, Eingliederung in den Betrieb, Dauer und Lage der Arbeitszeit (§ 5 Arbeitsgerichtsgesetz, § 84 HGB)

L16: Arbeitnehmer Anton Neumann hat Anspruch auf 1.000 € Weihnachtsgeld, da nach dreimaliger Zahlung der „objektive Tatbestand" einer verbindlichen Zusage vorliegt. Der Arbeitnehmer vertraut auf die Fortsetzung der Zahlung. Dieses Vertrauen darf nicht enttäuscht werden. § 611 BGB i. V.m. betrieblicher Übung, § 145 BGB regelmäßige Gewährung ist tatsächliches Angebot, §§ 147, 151 BGB

L17: Keine Arbeitnehmer sind zum Beispiel
- Richter, Beamte und Soldaten (auf Grund eines öffentlichen Dienstverhältnisses tätig)
- Gesellschafter, die für ihre Gesellschaft tätig werden.
- Vorstandsmitglieder juristischer Personen in ihrer Funktion als Leiter.
- Kinder und Ehegatten, wenn sie im Rahmen ihrer familienrechtlichen Pflicht tätig sind.
- Eingewiesene Personen in geschlossenen Anstalten und Strafgefangene, da sie im Rahmen eines öffentlich-rechtlichen Gewaltverhältnisses arbeiten.

L18: Es handelt sich bei einem Arbeitsvertrag um einen gegenseitigen Austauschvertrag. Er kommt durch zwei übereinstimmende Willenserklärungen zu Stande. Er ist ein Untervertrag des Dienstvertrags (§§ 611 ff. BGB). Der Arbeitgeber ist zur Zahlung der vereinbarten Vergütung und der Arbeitnehmer zur Leistung von Arbeit verpflichtet.

L19: Im Arbeitsrecht besteht das Prinzip der Vertragsfreiheit. Abschlussfreiheit bedeutet, dass die vertragschließenden Parteien frei darüber entscheiden können, ob und mit wem sie ein Arbeitsverhältnis eingehen. Unter Inhaltsfreiheit versteht man, dass der Inhalt des Arbeitsverhältnisses frei festgelegt werden kann (z. B. Buchhalter, Kraftfahrer, Sekretär, Kunstschmied).

L20: Nach § 14 Absatz 1 Teilzeit- und Befristungsgesetz (TzBfG) ist eine Befristung nur zulässig, wenn sie durch einen sachlichen Grund gerechtfertigt ist. Ist ein solcher Grund nicht vorhanden, gilt der Arbeitsvertrag als unbefristet. Eine befürchtete Ansiedlung von Konkurrenz ist kein Grund zur Befristung. Bei Abschluss des Vertrages lag kein Rückgang der Aufträge vor.
§ 14 Absatz 2 TzBfG erlaubt eine Befristung ohne sachlichen Grund. Befristete Arbeitsverträge dürfen bis zu einer Länge von zwei Jahren geschlossen werden. In dem Zeitraum von zwei Jahren darf ein Vertrag dreimal verlängert werden, also insgesamt vier befristete Arbeitsverträge hintereinander (insgesamt nicht mehr als 2 Jahre). Zuvor darf kein Arbeitsverhältnis in irgendeiner Form bestanden haben. Im Fall Neumann ist der letzte der befristeten Arbeitsverträge zu überprüfen, da die Vertragsparteien durch den Abschluss des letzten Arbeitsvertrages zu verstehen geben, dass dieser gelten soll. Ein sachlicher Grund für die Befristung nach § 14 Absatz 1 TzBfG liegt nicht vor. Da Neumann bereits 1,5 Jahre Spielwaren verkaufte, kann es sich um keine Befristung zur Erprobung handeln. Auch die anderen Gründe treffen nicht zu. Bei Überprüfung der Sonderregel nach § 14 Absatz 2 TzBfG mit der Zweijahresfrist, muss man die Beschäftigungsdauer ermitteln. Insgesamt war Neumann 2,5 Jahre im Spielwarengeschäft tätig (1 Jahr + 6 Monate + 1 Jahr = 2,5 Jahre). Der Verkauf eines Geschäfts ändert nichts an der Zweijahresfrist. Die Befristung ist also unwirksam.

L21: Die Arbeitspflicht ist geregelt in § 611 Absatz 1 BGB. Der Arbeitnehmer ist zur Leistung der versprochenen Dienste verpflichtet. § 613 BGB bestimmt die Unübertragbarkeit. Die Dienste sind im Zweifel in Person zu leisten. Die Brüder dürfen sich die Arbeit nicht einfach teilen.
Im Zweifel ist auch Schichttausch zwischen zwei Arbeitern verboten. Im Arbeitsvertrag kann jedoch etwas anderes festgelegt werden, der Arbeitgeber kann den Wechsel zulassen. Die Regelung, dass der Arbeitnehmer die Arbeitsleistung persönlich erbringen muss, bedeutet aber auch, dass er zum Beispiel bei Krankheit nicht verpflichtet ist, sich um einen Ersatz zu kümmern.

L22: Strittig ist die Art der Arbeitsleistung. Es muss überprüft werden, welche Arbeitsleistung mit dem Arbeitnehmer vereinbart wurde. Im Arbeitsvertrag von Neumann ist festgehalten, dass er als Konstrukteur eingestellt ist. Der Arbeitsvertrag ist nach Treu und Glauben, nach Verkehrssitte und nach Betriebsübung auszulegen. Nach Treu und Glauben muss Neumann keine Metallrahmen zerlegen. Es besteht auch keine Verkehrssitte, dass Konstrukteure dies tun. Der Sachverhalt trifft auch keine Aussage, dass Konstrukteure eben dies tun. Anton Neumann kann sich also weigern, diese Arbeit auszuführen.

L23:
a) § 1 Absatz 2 Kündigungsschutzgesetz
- Gründe in der Person des Arbeitnehmers
- Gründe im Verhalten des Arbeitnehmers
- dringende betriebliche Erfordernisse

b) Eine Kündigung ist sozial ungerechtfertigt, wenn ein Grund nach § 1 Absatz 2 Satz 2 Kündigungsschutzgesetz gegeben ist und der Betriebsrat der Kündigung innerhalb der Frist nach § 102 Absatz 2 BetrVG form- und fristgerecht widersprochen hat. Die hier angesprochenen Gründe können sein:
- Verstoß gegen eine Auswahlrichtlinie nach § 95 BetrVG
- Weiterbeschäftigungsmöglichkeit des Arbeitnehmers an einem anderen Arbeitsplatz im Betrieb/Unternehmen

- Weiterbeschäftigungsmöglichkeit nach zumutbaren Umschulungs- oder Fortbildungsmaßnahmen unter geänderten Arbeitsbedingungen mit Einverständnis des Arbeitnehmers (§ 1 Absatz 2 Satz 3 KSchG)

L24: Durch Abschluss des befristeten Vertrages auf Grund der Krankheitsvertretung für den Kollegen ist ein eventuell vorher entstandenes Dauerarbeitsverhältnis aufgehoben. Anton Neumann hätte den letzten Vertrag unter Vorbehalt abschließen müssen. Der vorbehaltlose Abschluss eines weiteren befristeten Vertrages bedeutet aber nicht, dass Neumann darauf verzichtet, die Unwirksamkeit der Befristung des vorherigen Vertrages geltend zu machen (§ 17 TzBfG).

L25: Der befristete Arbeitsvertrag kann nicht auf § 14 Absatz 2 TzBfG gestützt werden, da mit demselben Arbeitgeber bereits zuvor ein Arbeitsverhältnis bestanden hat. Für die Befristung fehlt also ein Sachgrund. Es ist ein unbefristetes Arbeitsverhältnis entstanden.
Anna Gabel kann das unbefristet entstandene Arbeitsverhältnis nach § 123 BGB anfechten (Anfechtbarkeit wegen arglistiger Täuschung).

L26: Die Kündigung ist wirksam (Schweigen gilt als Zustimmung (§ 102 Absatz 2 Satz 1 und 2 BetrVG).

L27: Neumann erhält von der 29. bis zur 39. Stunde nur das normale Gehalt, da im Betrieb die 39-Stundenwoche gilt. Deshalb zählen diese Stunden nicht als Überstunden. Überstundenzuschläge fallen erst ab der 40. Stunde an, wenn sie im Tarifvertrag oder im Arbeitsvertrag vorgesehen sind. Wird die regelmäßige betriebliche Arbeitszeit überschritten – nicht die persönliche Arbeitszeit – liegen Überstunden vor.

L28: Der Tarifvertrag gilt zwingend (§ 4 Absatz 1 Tarifvertragsgesetz). Er enthält die Mindestbedingungen. Der Arbeitnehmer darf nicht unter Tarif bezahlt werden. Auch die anderen Arbeitsbedingungen dürfen nicht schlechter sein als die des Tarifvertrags (§ 4 Absatz 3 TVG). Sind im Arbeitsvertrag bessere Bedingungen vereinbart, gelten diese (Günstigkeitsprinzip). Es gilt aber nicht die so genannte Rosinentheorie, das heißt, man kann sich nicht in allen Punkten nur das Beste herauspicken. Die Regelungen müssen im vollständigen Zusammenhang betrachtet werden. Dabei stellt sich die Frage, ob 32 Tage Urlaub mit einem Urlaubsgeld von 12 Euro pro Tag höher zu bewerten sind als 24 Tage Urlaub mit 16 Euro Urlaubsgeld pro Tag. Vorzuziehen sind hier nach allgemeinem Verständnis die 32 Tage mit 12 Euro Urlaubsgeld pro Tag.
Das Weihnachtsgeld ist ein eigenständiger Bereich, sodass Neumann hier Anspruch hat auf die im Tarifvertrag festgelegten 500 Euro (Günstigkeitsprinzip).

L29: Eine entmündigte Person ist nicht geschäftsfähig (§ 104 BGB). Die Willenserklärungen sind nichtig (§ 105 BGB). Daraus folgt, dass der Arbeitsvertrag nichtig ist. Da eine Rückabwicklung der Arbeit nicht möglich ist (ungerechtfertigte Bereicherung nach §§ 812 ff. BGB), wird das Problem über das faktische Arbeitsverhältnis gelöst. Dieses Arbeitsverhältnis kann jederzeit von beiden Seiten beendet werden. Strunz erhält auf alle Fälle seinen Lohn und auch die weiteren Ansprüche für die bis zur Beendigung geleistete Arbeit.

L30: § 280 Absatz 1 BGB – Schadensersatz wegen Pflichtverletzung, § 241 Absatz 2 BGB – Pflichten aus dem Schuldverhältnis, § 823 Absatz 1 BGB - Schadensersatzpflicht
Eine Kaffeetasse in einen Maschinenraum mitzunehmen, in dem teure Geräte stehen, ist fahrlässig. Von leichter Fahrlässigkeit kann nicht mehr gesprochen werden, da die Gefahr für die Maschinen offensichtlich ist. Von grober Fahrlässigkeit kann jedoch nicht gesprochen werden, da die notwendige Intensität der Verletzung der Sorgfalt nicht vorliegt. Es liegt also mittlere Fahrlässigkeit vor. Dabei ist, da nichts Näheres bekannt ist, von einer hälftigen Aufteilung des Schadens auszugehen. Max Meier trägt daher 50% des Schadens (vielleicht!).

1.2 Die Vorschriften des Betriebsverfassungsgesetzes und Beteiligungsrechte

1.2.1 Rechte und Pflichten des Betriebsrates

1.2.1.1 Mitwirkungs- und Mitbestimmungsrechte

In Deutschland ist in Betrieben grundsätzlich eine Mitbestimmung von Arbeitnehmern vorgesehen, was durch verschiedene Gesetze abgesichert ist, die sich auf unterschiedliche Betriebstypen beziehen:

a) Die Aufgaben und Befugnisse des Betriebsrates, der die Arbeitnehmer vertritt und deren Interessen wahrnehmen soll, sind im Betriebsverfassungsgesetz festgehalten. Zusammensetzung und Wahl des Betriebsrats sind geregelt in den §§ 7 ff. BetrVG. §§ 42 ff. BetrVG behandelt die Betriebsversammlung. In den folgenden Paragrafen finden sich die Vorschriften für den Gesamtbetriebsrat, die Betriebsräteversammlung, den Konzernbetriebsrat, die Jugend- und Auszubildendenvertretung usw.

<small>In welchen Gesetzen findet man Regelungen zur Mitbestimmung der Arbeitnehmer?</small>

b) In den Betrieben des Bundes, der Länder, der Gemeinden und sonstiger Körperschaften, Anstalten und Stiftungen des öffentlichen Rechts (zum Beispiel Rundfunkanstalten) gilt das Betriebsverfassungsgesetz nicht. Aber auch dort haben die Beschäftigten Mitbestimmungsrechte. Diese werden von den Bundes- und Länderpersonalvertretungsgesetzen festgelegt. Die Beschäftigten werden nicht von einem Betriebsrat vertreten, sondern von der Personalvertretung. Die Inhalte der Personalvertretungsgesetze stimmen weit gehend überein.

c) Die Unternehmensmitbestimmung gliedert sich in drei Bereiche:
- Das Betriebsverfassungsgesetz 1952 (BetrVG 1952) ist Teil des kollektiven Arbeitsrechts und wurde im Rahmen des 2. Gesetzes zur Vereinfachung der Wahl der Arbeitnehmervertreter in den Aufsichtsrat zum 1. Juli 2004 vom Drittelbeteiligungsgesetz (DrittelbG) abgelöst. Das „Gesetz über die Drittelbeteiligung der Arbeitnehmer im Aufsichtsrat" regelt die Drittelbeteiligung der Arbeitnehmer in den Aufsichtsräten von Aktiengesellschaften, Kommanditgesellschaften auf Aktien, Gesellschaften mit beschränkter Haftung, Genossenschaften und Versicherungsvereinen auf Gegenseitigkeit mit bis zu 2000 Beschäftigten. Es ist somit die schwächste Form der Mitbestimmung.
- Montanmitbestimmung (Kohlen-, Eisenhütten- und Stahlindustrie) in Betrieben mit mehr als 1.000 Beschäftigten: Zu beachten sind das Montanmitbestimmungsgesetz von 1951 und das Montanmitbestimmungsergänzungsgesetz von 1956. Die Arbeitnehmer haben hier großes Gewicht bei der Mitbestimmung, da unter anderem der Aufsichtsrat zu gleichen Teilen von Arbeitgebern und Arbeitnehmern besetzt ist. Zusätzlich wird eine neutrale Person mit beidseitiger Mehrheit der Gruppen im Aufsichtsrat bestimmt. Außerdem wird noch ein Arbeitsdirektor gewählt, der für Personal- und Sozialfragen zuständig ist. Es herrscht eine echte Parität.
- Mitbestimmungsgesetz: Das Gesetz von 1976 regelt die Arbeitnehmermitbestimmung für Handelsgesellschaften, die mehr als 2.000 Arbeitnehmer haben. Der Aufsichtsrat besteht zu gleichen Teilen aus Vertretern der Arbeitgeber- und der Arbeitnehmerseite. Der Vorsitzende hat doppeltes Stimmrecht und wird von den Arbeitgebern gestellt.

<small>In welchen Punkten unterscheiden sich das BetrVG, das Montanmitbestimmungsgesetz und das Mitbestimmungsgesetz?</small>

1.2.1.2 Mitwirkungs- und Mitbestimmungsrechte des Betriebsrats in sozialen, personellen und wirtschaftlichen Angelegenheiten

In welchen Bereichen bestimmt der Betriebsrat mit?

Die Mitbestimmung des Betriebsrats lässt sich in vier Bereiche gliedern:
- Soziale Angelegenheiten,
- Gestaltung von Arbeitsplatz, Arbeitsablauf und Arbeitsumgebung,
- personelle Angelegenheiten,
- wirtschaftliche Angelegenheiten.

Zwischen Arbeitgeber und Betriebsrat sind Maßnahmen des Arbeitskampfes unzulässig (§ 74 Absatz 2 BetrVG). Es herrscht ständige Betriebsfriedenspflicht.

Wie ist die Einigungsstelle besetzt?

Für den Fall von Meinungsverschiedenheiten wird die **Einigungsstelle** geschaffen (§ 76 BetrVG). Sie wird je zur Hälfte von der Arbeitgeberseite und vom Betriebsrat besetzt. Hinzu kommt ein unparteiischer Vorsitzender, über den sich beide Seiten einigen müssen.

Mitbestimmung in sozialen Angelegenheiten (§§ 87 bis 89 BetrVG)

Bei der zwingenden/obligatorischen Mitbestimmung kann der Arbeitgeber ohne Zustimmung des Betriebsrats nicht handeln. Kommt keine Einigung zu Stande, entscheidet eine Einigungsstelle (§ 87 Absatz 2 BetrVG, § 76 BetrVG – Bildung einer Einigungsstelle). Die zwingende soziale Mitbestimmung ist in § 87 Absatz 1 BetrVG abschließend aufgezählt.

Zwingende und freiwillige soziale Mitbestimmung

§ 88 BetrVG enthält den Bereich der freiwilligen sozialen Mitbestimmung, z. B. Maßnahmen zur Förderung der Vermögensbildung.

Mitbestimmung bei der Gestaltung von Arbeitsplatz, Arbeitsablauf und Arbeitsumgebung

Worüber ist der Betriebsrat bezüglich der Gestaltung der Arbeitsumgebung zu informieren?

Die Rechte des Betriebsrats finden sich in den §§ 90 und 91 BetrVG. Der Arbeitgeber muss den Betriebsrat über die Planung von Neubauten, Erweiterungsbauten, von technischen Anlagen, von Arbeitsplätzen usw. unterrichten.

Mitbestimmung in personellen Angelegenheiten (§§ 92 bis 105 BetrVG)

Einige Punkte der Mitbestimmung sind hier Maßnahmen der Personalplanung und Personalführung, Erstellung von Fragebögen für die Personaleinstellung, Kündigung und andere.

Mitbestimmung in wirtschaftlichen Angelegenheiten (§§ 106 bis 113 BetrVG)

Hier geht es zum Beispiel um die Bildung eines Wirtschaftsausschusses (§ 106 Absatz 1, 2 und 3 BetrVG) und um Betriebsänderungen (§ 111 BetrVG). Bei letzteren kann zum Beispiel die Aufstellung eines Sozialplans notwendig werden.

Sozialplan

Gleichheitsgrundsatz

Was bedeutet der Gleichheitsgrundsatz?

Durch den allgemeinen Gleichheitsgrundsatz ist die willkürliche Schlechterstellung einzelner Arbeitnehmer im Vergleich zu anderen Arbeitnehmern in vergleichbarer Lage verboten. Es muss ein sachlicher Grund vorliegen, wenn vergleichbare Arbeitnehmer unterschiedlich behandelt werden.

1.2.1.3 Verbot parteipolitischer Betätigung im Betrieb
Arbeitgeber und Betriebsrat haben jede parteipolitische Betätigung im Betrieb zu unterlassen (§ 74 Absatz 2 Satz 3 BetrVG). Verletzt ein Mitglied des Betriebsrats seine Pflichten (grobe Verletzung seiner gesetzlichen Pflichten), kann es aus dem Betriebsrat ausgeschlossen werden (§ 23 Absatz 1 BetrVG).

1.2.1.4 Wesentliche Unterschiede zwischen der Mitbestimmung nach dem Betriebsverfassungsgesetz und dem Mitbestimmungsgesetz
Wie in 1.2.1.1 schon dargelegt, ist die Mitbestimmung nach dem BetrVG für Unternehmen unter 2.000 Beschäftigten vorgesehen. Einzelheiten über den Betriebsrat finden sich gleich anschließend im Abschnitt 1.2.2.

Worin unterscheiden sich das BetrVG und das MitbestG?

Das Mitbestimmungsgesetz, das weiter gehende Beteiligung der Arbeitnehmer vorsieht, ist anzuwenden auf Aktiengesellschaften, Kommanditgesellschaften auf Aktien (KGaA), Gesellschaften mit beschränkter Haftung und bergrechtliche Gesellschaften, die nicht dem Montanbereich angehören, aber mehr als 2.000 Mitarbeiter beschäftigen (§ 1 MitbestG). Der Aufsichtsrat ist hier nicht nur zu einem Drittel mit Arbeitnehmervertretern, sondern paritätisch zu besetzen. Der Vorsitzende des Aufsichtsrats wird aus der Gruppe der Anteilseigner gewählt. Dieser hat bei Pattsituationen ein doppeltes Stimmrecht, wodurch die Arbeitgeberseite ein Übergewicht hat.

1.2.2 Aufgaben und Stellung des Betriebsrates und das Wahlverfahren

1.2.2.1 Träger und Organe des Betriebsrates
Der Betriebsrat bildet das Vertretungsorgan der Arbeitnehmer bei der betrieblichen Mitbestimmung bzw. den gesetzlichen Interessenvertreter der Belegschaft.

Was stellt der Betriebsrat dar ...

 Das Betriebsverfassungsgesetz regelt die Zusammensetzung, die Wahl und die Rechte des Betriebsrates.

Dieser wird von der Belegschaft gewählt. Er ist kein Organ der Gewerkschaft, obwohl die Mitglieder häufig auch Gewerkschaftsmitglieder sind. Die Anzahl der Betriebsratsmitglieder, die von der der Größe des Betriebs abhängt, ist in § 9 BetrVG geregelt, zum Vorsitzenden und zum Stellvertreter bei mehreren Mitgliedern findet man Regelungen in § 26 BetrVG.

... und wer wählt ihn?

Weitere Einrichtungen nach dem BetrVG, die je nach der Struktur eines Betriebes existieren, sind:
- die Betriebsversammlung (§§ 42 bis 46 BetrVG), einmal in jedem Kalendervierteljahr, sie ist in jedem Betrieb abzuhalten,
- der Gesamtbetriebsrat (§§ 47 bis 53 BetrVG),
- die Betriebsräteversammlung (§ 53 BetrVG),
- der Konzernbetriebsrat (§§ 54 bis 59 BetrVG)
- die Jugend- und Auszubildendenvertretung (§§ 60 bis 70 BetrVG),
- die Jugend- und Auszubildendenversammlung (§ 71 BetrVG),
- der Wirtschaftsausschuss (§ 106 BetrVG),
- der Betriebsausschuss (§ 27 BetrVG).

1.2.2.2 Wesentliche Aufgaben des Betriebsrates

Wem sind Betriebsratsmitglieder verpflichtet?

Die Mitglieder des Betriebsrates sind während ihrer Amtszeit nur ihrem Gewissen verpflichtet, d. h. sie sind Träger eines freien Mandats. Sie sind unabhängig von den Weisungen der Betriebsversammlung oder der Belegschaft und führen ihr Amt unentgeltlich aus (§ 37 Absatz 1 BetrVG, siehe auch § 37 Absatz 2 BetrVG Arbeitsentgelt und § 38 BetrVG Freistellungen).

 Nach § 2 Absatz 1 BetrVG arbeiten „Arbeitgeber und Betriebsrat … vertrauensvoll … zusammen" und sollen sich nach § 74 Absatz 1 BetrVG mindestens einmal im Monat zu einer Besprechung treffen.

Nach § 74 Absatz 2 BetrVG sind Maßnahmen des Arbeitskampfes zwischen Arbeitgeber und Betriebsrat unzulässig. Nach § 40 Absatz 1 BetrVG trägt der Arbeitgeber die durch die Tätigkeit des Betriebsrates entstehenden Kosten (§ 40 Absatz 2 BetrVG).

In den §§ 75 bis 80 BetrVG sind die allgemeinen Aufgaben des Betriebsrates geregelt. So soll er zum Beispiel die Einhaltung von Rechtsnormen überwachen und die Selbstständigkeit und Eigeninitiative der Arbeitnehmer fördern.

Welche Beteiligungsrechte hat der Betriebsrat?

Im Folgenden werden Beteiligungsrechte des Betriebsrates mit Beispielen aus dem BetrVG genannt:

- Informationsrecht, z. B. § 90 Absatz 1 BetrVG, § 106 BetrVG,
- Anhörungsrecht, z. B. § 82 Absatz 1 BetrVG, § 85 BetrVG,
- Vorschlagsrecht, z. B. § 92 Absatz 2 BetrVG, § 98 Absatz 3 BetrVG,
- Beratungsrecht, z. B. § 92 Absatz 1 BetrVG, § 97 BetrVG,
- Widerspruchsrecht, z. B. § 99 BetrVG, § 103 BetrVG,
- Mitbestimmungsrecht (Initiativrecht, Vetorecht), z. B. § 87 BetrVG, § 95 BetrVG.

1.2.2.3 Besondere Rechtsstellung der Betriebsratsmitglieder

Betriebsräte üben eine ehrenamtliche Tätigkeit aus (§ 37 BetrVG, Arbeitsentgeltgarantie). Nach § 38 BetrVG ist eine bestimmte Zahl von Betriebsratsmitgliedern je nach Zahl der Arbeitnehmer freizustellen. Eine ordentliche Kündigung eines Mitglieds des Betriebsrates ist grundsätzlich unwirksam. Es kann jedoch außerordentlich gekündigt werden. Zum einen muss aber hier ein wichtiger Grund vorliegen, der zur Kündigung ohne Einhaltung der Kündigungsfrist berechtigt, und zum anderen ist die Zustimmung des Betriebsrates notwendig (§ 15 Kündigungsschutzgesetz, § 103 BetrVG). Nach § 103 Absatz 2 BetrVG kann diese Zustimmung vom Arbeitsgericht ersetzt werden.

1.2.2.4 Die Wahlverfahren (insbesondere aktives und passives Wahlrecht)

Was versteht man unter aktivem und passivem Wahlrecht?

Aktives Wahlrecht: Wahlberechtigt sind alle Arbeitnehmer, die das 18. Lebensjahr vollendet haben (§§ 5 und 7 BetrVG). In den §§ 60 ff. BetrVG ist die Wahl einer Jugend- und Auszubildendenvertretung geregelt.

Passives Wahlrecht: Wählbar sind alle Wahlberechtigten, die dem Betrieb mindestens sechs Monate angehören (§ 8 BetrVG). Die Größe des Betriebsrates ist abhängig von der Zahl der Betriebsangehörigen (§ 9 BetrVG).

Weitere zu beachtende Vorschriften:
- Errichtung von Betriebsräten (§ 1 BetrVG),
- Zeitpunkt der Betriebsratswahlen (§ 13 BetrVG): alle vier Jahre in der Zeit vom 1. März bis 31. Mai,
- Amtszeit (§ 21 BetrVG),
- Wahlvorschriften (§ 14 BetrVG): geheime und unmittelbare Wahl, Verhältniswahl,
- Vereinfachtes Wahlverfahren für Kleinbetriebe (§ 14 a BetrVG): zweistufiges Verfahren,
- Zusammensetzung nach Beschäftigungsarten und Geschlechtern (§ 15 BetrVG).

1.2.2.5 Ziel und Aufgaben der Betriebsvereinbarung

Arbeitgeber und Betriebsrat können Vereinbarungen treffen über Fragen, die zum Aufgabenbereich des Betriebsrates gehören und die im BetrVG näher geregelt sind. Die Betriebsvereinbarung bedarf nach § 77 Absatz 2 BetrVG der Schriftform. Es können zum Beispiel Vereinbarungen über Abschluss, Inhalt und Beendigung des Arbeitsverhältnisses getroffen werden. Regelungen durch Betriebsvereinbarungen sind nicht möglich, wenn sie durch Tarifvertrag geregelt sind oder üblicherweise geregelt werden (§ 77 Absatz 3 BetrVG), es sei denn, der Tarifvertrag lässt ergänzende Betriebsvereinbarungen zu (Öffnungsklausel). Weitere Erläuterungen befinden sich in Kapitel 1.1.7.

Wann kann eine Regelung in einer Betriebsvereinbarung nicht getroffen werden?

1.2.3 Grundlagen der Arbeitsgerichtsbarkeit

1.2.3.1 Aufbau, Zuständigkeit und Besetzung der Arbeitsgerichte

Arbeitsgerichte sind zuständig
- im **Urteilsverfahren** (§ 2 Arbeitsgerichtsgesetz): Verfahren zwischen Arbeitnehmer und Arbeitgeber sowie zwischen Tarifvertragsparteien (§§ 46 bis 79 Arbeitsgerichtsgesetz) und
- im **Beschlussverfahren** (§ 2 a Arbeitsgerichtsgesetz): Verfahren zwischen Arbeitgeber und Betriebsrat (§§ 80 bis 98 ArbGG).

Zwischen welchen Parteien finden Urteils- und Beschlussverfahren statt?

 Der Instanzenweg läuft von den Arbeitsgerichten über die Landesarbeitsgerichte zum Bundesarbeitsgericht in Erfurt. Bei der ersten Instanz – dem Arbeitsgericht – wird Klage eingereicht.

In § 54 Arbeitsgerichtsgesetz findet man die Vorschriften für das **Güteverfahren** (mündliche Verhandlung vor dem Vorsitzenden zum Zwecke der gütlichen Einigung). Findet keine gütliche Einigung statt, wird jede Kammer des Arbeitsgerichts in der Besetzung mit einem Vorsitzenden und je einem ehrenamtlichen Richter aus Kreisen der Arbeitnehmer und der Arbeitgeber tätig (§ 16 Absatz 2 Arbeitsgerichtsgesetz).

Güteverfahren

Durch **Berufung** bzw. **Beschwerde** gelangt man zur zweiten Instanz, dem Landesarbeitsgericht. Diese sind in gleicher Weise zusammengesetzt wie die Arbeitsgerichte (§ 35 Absatz 2 Arbeitsgerichtsgesetz).

Wie sieht der Instanzenweg aus?

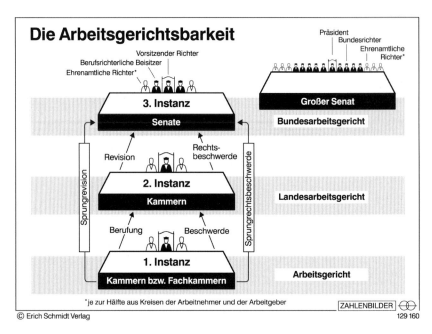

Abb. 1.2: Instanzen der Arbeitsgerichtsbarkeit

Welche Aufgabe hat der große Senat? — Durch **Revision** bzw. **Rechtsbeschwerde** kommt man zur dritten Instanz, dem Bundesarbeitsgericht (Zusammensetzung nach § 41 Absatz 2 ArbGG). Nach § 45 ArbGG entscheidet der Große Senat, wenn ein Senat von der Entscheidung eines anderen Senats oder des Großen Senats abweichen will.

1.2.3.2 Grundsätze des Arbeitsgerichtsverfahrens

- Nach § 9 Absatz 1 Arbeitsgerichtsgesetz gilt der Beschleunigsgrundsatz, um möglichst schnell Rechtssicherheit zu erlangen (siehe auch § 61 a ArbGG: Besondere Prozessförderung in Kündigungsverfahren).
- Gütetermin — § 54 ArbGG: Vor dem Vorsitzenden findet die mündliche Verhandlung zum Zwecke der gütlichen Einigung statt (Güteverhandlung/Gütetermin).
- § 57 ArbGG: „Die Verhandlung ist möglichst in einem Termin zu Ende zu führen" und „Die gütliche Erledigung des Rechtsstreits soll während des ganzen Verfahrens angestrebt werden".
- § 11 Absatz 1 ArbGG: Die Parteien können vor den Arbeitsgerichten den Rechtsstreit selbst führen (kein Vertretungszwang).
- § 11 Absatz 2 ArbGG: Vor den Landesarbeitsgerichten und vor dem Bundesarbeitsgericht müssen Parteien sich durch Rechtsanwälte vertreten lassen.

1.2.3.3 Klagearten, Rechtsmittel und Kosten von Arbeitsgerichtsverfahren

Welche Klagearten sind möglich? — *Klagearten – Übersicht und typische Beispiele*
- Leistungsklage: Ein Arbeitnehmer erhält vom Arbeitgeber nicht die vereinbarte Prämie.

- Kündigungsschutzklage: Einem Arbeitnehmer, der seit 12 Jahren in einem Betrieb mit 60 Arbeitnehmern beschäftigt ist, wird ohne Grund gekündigt.
- Änderungsschutzklage: Ein Konstrukteur soll auf Grund einer Änderungskündigung zukünftig die Waschanlage des Fuhrparks warten.
- Beschlussverfahren: Der Betriebsrat geht gegen eine ohne seine Zustimmung veranlasste Maßnahme des Arbeitgebers vor, bei der er ein Mitbestimmungsrecht hat.
- Feststellungsklage: Einem Arbeitnehmer wird in einem Betrieb fristlos gekündigt, der nur drei Arbeitnehmer beschäftigt, sodass das Kündigungsschutzgesetz keine Anwendung findet.

Rechtsmittel

- Berufung (§§ 64 bis 69 ArbGG) kann gegen Urteile des Arbeitsgerichts vor dem Landesarbeitsgericht eingelegt werden, wenn die Gründe nach § 64 Absatz 2 ArbGG vorliegen.
- Revision (§§ 72 bis 77 ArbGG) kann in bestimmten Fällen gegen Urteile der zweiten Instanz eingelegt werden (§ 72 ArbGG).
- Sprungrevision (§ 76 ArbGG): Gegen das Urteil des Arbeitsgerichts kann unmittelbar Revision eingelegt werden unter Übergehung der Berufungsinstanz.
- Beschwerde (§ 78 ArbGG) ist gegen Beschlüsse des Arbeitsgerichts möglich.

> Welche Rechtsmittel können eingelegt werden?

Kosten

- Bei Urteilsverfahren: In der ersten Instanz fallen keine Gerichtskosten an, wenn es zu einem Vergleich kommt. Gerichtsgebühren entstehen erst, wenn es zu einem Urteil kommt. Diese orientieren sich am Streitwert. Ferner hängen die Kosten von der Vertretung ab:
  - In der ersten Instanz können die Parteien selbst vor Gericht auftreten.
  - In der nächsten Instanz besteht Vertretungszwang durch Anwälte oder Verbandsvertreter bzw. Vertreter der Gewerkschaft.
  - Vor dem Bundesarbeitsgericht herrscht Anwaltszwang.
- Bei Beschlussverfahren: Vor dem Arbeitsgericht ergeht ein kostenfreier Beschluss, da die Gerichtskosten von der Staatskasse getragen werden.

> Welche Kosten fallen an?

> Wo herrscht Anwaltszwang?

1.2.4 Grundzüge der Sozialgerichtsbarkeit

1.2.4.1 Aufbau, Zuständigkeit und Besetzung der Sozialgerichte

Die Sozialgerichtsbarkeit ist ein besonderer Verwaltungsgerichtszweig. Sozialgerichte sind zuständig für Streitigkeiten auf den Gebieten des Sozialversicherungsrechts, des Kassenarztrechts, des Arbeitsförderungsrechts, des Kindergeldrechts, des Schwerbehindertenrechts und der Kriegsopferversorgung.

Die Sozialgerichtsbarkeit ist nach Sozialgerichtsgesetz (SGG) dreistufig aufgebaut:

- In erster Instanz entscheiden die Sozialgerichte (Kammern mit einem Berufsrichter und zwei ehrenamtlichen Richtern). Es werden Fachkammern für bestimmte Angelegenheiten, zum Beispiel der Sozialversicherung, gebildet. Gegen Entscheidungen der Sozialgerichte kann Berufung eingelegt werden.

> Wofür sind Sozialgerichte zuständig?

> Welche Instanzen können durchlaufen werden?

- Die zweite Instanz bilden die Landessozialgerichte. Die Senate entscheiden in der Besetzung mit drei Berufsrichtern und zwei ehrenamtlichen Richtern. Gegen Entscheidungen der Landessozialgerichte kann Revision vor dem Bundessozialgericht in Kassel eingelegt werden.
- Die dritte bzw. oberste Instanz ist das Bundessozialgericht mit Sitz in Kassel. Die Besetzung der Fachsenate entspricht denen der Landessozialgerichte. Der Große Senat entscheidet – ähnlich wie bei der Arbeitsgerichtsbarkeit – wenn ein Senat von der Entscheidung eines anderen Senats oder des Großen Senats abweichen will.

Vertretungszwang besteht nur vor dem Bundessozialgericht. Neben Rechtsanwälten sind auch Gewerkschaftsvertreter und Vertreter von Arbeitgebervereinigungen vertretungsberechtigt.

1.2.4.2 Grundsätze des Sozialgerichtsverfahrens

Wer ist für die Beschaffung der notwendigen Istsachen zuständig?

Das Gericht muss alle für die Entscheidung des Rechtsstreits notwendigen Tatsachen von Amtes wegen ermitteln (Offizialmaxime). Der Vorsitzende muss vor der mündlichen Verhandlung alle notwendigen Maßnahmen in die Wege leiten, um den Rechtsstreit in der mündlichen Verhandlung zu Ende führen zu können.

1.2.4.3 Klagearten und Rechtsmittel von Sozialgerichtsverfahren

Klagearten – Übersicht und typische Beispiele

Welche Klagearten gibt es?

- Leistungsklage: Der Kläger begehrt die Verurteilung des Beklagten zum Erbringen einer bestimmten Leistung, zum Beispiel die Zahlung von Rente.
- Feststellungsklage: Hier kann der Kläger z. B. die Feststellung begehren, welcher Sozialversicherungsträger zuständig ist oder ob eine Gesundheitsschädigung Folge eines Arbeitsunfalls oder einer Berufskrankheit ist.
- Untätigkeitsklage: Hat der Kläger einen Antrag auf Leistungen aus der Krankenversicherung gestellt und ist darüber seit sechs Monaten ohne Grund nicht entschieden worden, kann er auf Erlass eines Verwaltungsaktes klagen.
- Anfechtungsklage: Der Kläger kann die Aufhebung oder Abänderung eines Verwaltungsaktes begehren, zum Beispiel die Kürzung seiner Rente.

Rechtsmittel

Welche Rechtsmittel sind zugelassen?

- Berufung (binnen eines Monats nach Zustellung des Urteils)
- Revision (binnen eines Monats nach Zustellung des Urteils, soweit die Revision zugelassen ist)
- Sprungrevision (gegen ein Urteil eines Sozialgerichts unter Übergehung der Berufungsinstanz beim Bundessozialgericht)
- Beschwerde (gegen Beschlüsse des Sozialgerichts)

Kosten

Sozialgerichte erheben keine Gerichtskosten für Versicherte, Leistungsempfänger und Behinderte. Körperschaften und Anstalten des öffentlichen Rechts müssen eine Gebühr entrichten.

AUFGABEN ZU ABSCHNITT 1.2

1. Die Geschäftsleitung eines führenden Uhrenherstellers möchte im Unternehmen Verschiedenes ändern:
   a) Angebot von Länderspezialitäten in der Kantine
   b) Einführung eines Rauchverbots in den Gebäuden
   c) Erfassung der Anwesenheitszeiten mittels Stechuhr
   d) Einführung der Helmtragepflicht in Werkstätten nach Arbeitsschutzvorschriften zum Schutz vor herunterfallenden Teilen
   e) Befüllung der Getränkeautomaten mit Honigwein
   f) Firmenparkplätze sollen Mitarbeitern durch Anbringung der Autonummern zugeteilt werden
   g) In der erst kürzlich modernisierten Werkstatt soll ein neues Standuhrmodell hergestellt werden
   Entscheiden Sie, bei welchen Punkten der Betriebsrat ein Recht auf Mitbestimmung hat.
2. Erläutern Sie, in welchen Betrieben ein Betriebsrat gebildet werden kann und erklären Sie die Voraussetzungen, welche die Arbeitnehmer erfüllen müssen.
3. Erläutern Sie den Unterschied zwischen Urteilsverfahren und Beschlussverfahren, die vor dem Arbeitsgericht stattfinden. Nennen Sie je ein Beispiel, das Thema der Verhandlung sein kann.
4. Ein Bekannter, der von seinem Arbeitgeber eine plötzliche Kündigung erhalten hat, möchte sich Rat holen, da er glaubt, dass die Kündigung „nicht in Ordnung ist" und fragt Sie:
   a) Vor welchem Gericht kann ich gegen die Kündigung vorgehen?
   b) Brauche ich einen Anwalt?
   c) Wie wird das Verfahren ablaufen?
   Erläutern Sie Ihrem Bekannten seine Fragen.
5. Erläutern sie den Aufbau der Arbeitsgerichtsbarkeit bezüglich Instanzen, Bezeichnung der Entscheidungsgremien, Zusammensetzung der Entscheidungsgremien und Prozessvertretung.
6. Erläutern Sie, von wem der Vorsitzende des Betriebsrats gewählt wird.
7. Erläutern Sie die Bildung eines Gesamtbetriebsrats.
8. Erläutern Sie, wer Mitglied einer Jugendvertretung werden kann.
9. Ein Betrieb, der im Sondermaschinenbau tätig ist, beschäftigt 130 Arbeitnehmer. Auf Grund der schlechten Auftragslage möchte die Geschäftsführung eine Abteilung mit 16 Mitarbeitern schließen und die dort gefertigten Teile fremd beziehen. Erläutern Sie die Vorgehensweise des Arbeitgebers gegenüber dem Betriebsrat.
10. Nennen Sie die Bezeichnung für die Entscheidung des Arbeitsgerichts, wenn
    a) über eine Feststellungsklage eines Arbeitnehmers entschieden wird,
    b) über einen gesetzlichen Anspruch des Betriebsrats entschieden wird.

LÖSUNGSVORSCHLÄGE

L1: Der Betriebsrat hat kein Recht auf Mitbestimmung, wenn es sich um Maßnahmen zur ordnungsgemäßen Arbeitserbringung handelt. Darüber bestimmt der Arbeitgeber alleine.
Der Betriebsrat hat ein Recht auf Mitbestimmung, wenn es um Fragen der Ordnung des Betriebes geht. Hierbei handelt es sich nicht um Maßnahmen der arbeitstechnischen Einrichtungen und Organisationen des Betriebs. Vielmehr geht es nach § 87 Absatz 1 Nr. 1 BetrVG um die äußere Ordnung des Betriebs und das Zusammenwirken und Verhalten der Arbeitnehmer. Die zwingende soziale Mitbestimmung findet man in § 87 Absatz 1 BetrVG abschließend aufgezählt. Keine Mitbestimmung des Betriebsrates bei d und g, Mitbestimmungspflicht bei a, b, c, e, f.

L2: § 1 Absatz 1 BetrVG: „In Betrieben mit in der Regel mindestens fünf ständigen wahlberechtigten Arbeitnehmern, von denen drei wählbar sind, werden Betriebsräte gewählt."
§ 7 BetrVG klärt, wer wahlberechtigt ist. „Wahlberechtigt sind alle Arbeitnehmer des Betriebs, die das 18. Lebensjahr vollendet haben."

§ 8 BetrVG erläutert die Wählbarkeit. „Wählbar sind alle Wahlberechtigten, die sechs Monate dem Betrieb angehören..."

L3: Bei Urteilsverfahren (§ 2 ArbGG) geht es um Ansprüche aus dem Arbeitsvertrag zwischen Arbeitgeber und Arbeitnehmer (z. B. um Lohnansprüche, ein Kündigungsschutzverfahren).
Bei Beschlussverfahren (§ 2 a ArbGG) werden Streitigkeiten zwischen Arbeitgeber und Betriebsrat entschieden. Es wird zum Beispiel geklärt, ob der Betriebsrat in einer bestimmten Angelegenheit ein Mitbestimmungsrecht hat.

L4:
a) Arbeitsrechtliche Verfahren laufen vor der eigenständigen Arbeitsgerichtsbarkeit ab, die sich in drei Instanzen gliedert (Arbeitsgerichte, Landesarbeitsgerichte, Bundesarbeitsgericht in Erfurt). Der Betroffene muss sich in diesem Fall an das zuständige Arbeitsgericht wenden. Zu beachten ist die Frist, innerhalb derer die Kündigungsschutzklage einzureichen ist (drei Wochen, §§ 4, 7 Kündigungsschutzgesetz bzw. § 13 Absatz 1 Satz 2).
b) In der ersten Instanz ist nicht unbedingt ein Anwalt nötig. Der Betroffene kann sich selbst vertreten. Er hat aber auch die Möglichkeit, einen Vertreter einer Gewerkschaft mit der Prozessvertretung zu beauftragen.
c) Das Verfahren beginnt mit einer Güteverhandlung und wird dann gegebenenfalls beschleunigt durchgezogen. Ziel dieser Güteverhandlung, die ohne ehrenamtliche Richter durchgeführt wird, ist es, zwischen den Parteien einen Vergleich zu finden. Das gesamte Streitverhältnis wird unter freier Würdigung aller Umstände erörtert (§ 54 Arbeitsgerichtsgesetz).

L5: siehe Übersicht unten!

L6: Der Vorsitzende wird von den Betriebsratsmitgliedern gewählt, geregelt in § 26 Absatz 1 BetrVG: „Der Betriebsrat wählt aus seiner Mitte den Vorsitzenden und dessen Stellvertreter."

L7: § 47 Absatz 2 BetrVG: „In den Gesamtbetriebsrat sendet jeder Betriebsrat mit bis zu drei Mitgliedern eines seiner Mitglieder; jeder Betriebsrat mit mehr als drei Mitgliedern entsendet zwei seiner Mitglieder."

L8: § 61 Absatz 2 BetrVG: „Wählbar sind alle Arbeitnehmer des Betriebes, die das 25. Lebensjahr noch nicht vollendet haben. Mitglieder des Betriebsrates können nicht zu Jugend- und Auszubildendenvertretern gewählt werden."

L9: § 111 BetrVG: Information des Betriebsrats und gemeinsame Beratung
- § 112 BetrVG: Interessenausgleich über die Betriebsänderung, sonst eventuell Nachteilsausgleich aus § 113 BetrVG
- § 112 BetrVG: Aufstellung eines Sozialplans

L10: a) Urteil / b) Beschluss

	1. Instanz	2. Instanz	3. Instanz
Gerichte	Arbeitsgerichte	Landesarbeitsgerichte	Bundesarbeitsgericht in Erfurt
Entscheidungsgremien	Kammer	Kammer	Senat
Zusammensetzung	1 Berufsrichter 2 ehrenamtliche Richter §§ 16 ff. ArbGG	1 Berufsrichter 2 ehrenamtliche Richter §§ 37 ff. ArbGG	3 Berufsrichter 2 ehrenamtliche Richter §§ 41 ff. ArbGG
Prozessvertretung § 11 ArbGG	selbst oder durch – Vertreter von Gewerkschaften, Arbeitgeberverbänden – oder Rechtsanwälte	nur durch Vertreter von – Gewerkschaften, Arbeitgeberverbänden – oder Rechtsanwälte	nur durch Rechtsanwälte

1.3 Rechtliche Bestimmungen zu Sozialversicherung, Entgeltfindung und Arbeitsförderung

1.3.1 Grundlagen der Sozialversicherung

1.3.1.1 Versicherungszweige und -träger der Sozialversicherung

Die Sozialversicherung ist eine gesetzliche Versicherung, durch die weite Bevölkerungskreise zur Versicherung verpflichtet sind, um im Alter abgesichert bzw. vor wirtschaftlicher Not bei Krankheit, Unfall, Erwerbsminderung, Pflegebedürftigkeit und Arbeitslosigkeit geschützt zu sein.

Welche Aufgabe hat die Sozialversicherung?

Im Sozialgesetzbuch (SGB) soll das gesamte Sozialrecht zusammengefasst werden. Das Recht des Sozialgesetzbuches soll zur Verwirklichung sozialer Gerechtigkeit und sozialer Sicherheit Sozialleistungen einschließlich sozialer und erzieherischer Hilfen gestalten.

Übersicht über die einzelnen Bücher des Gesamtwerks „Sozialgesetzbuch"

SGB I	Allgemeiner Teil
SGB II	Grundsicherung für Arbeitssuchende
SGB III	Arbeitsförderung
SGB IV	Gemeinsame Vorschriften
SGB V	Krankenversicherung
SGB VI	Rentenversicherung
SGB VII	Unfallversicherung
SGB VIII	Kinder- und Jugendhilfe
SGB IX	Rehabilitation und Teilhabe behinderter Menschen
SGB X	Verwaltungsverfahren
SGB XI	Pflegeversicherung
SGB XII	Sozialhilfe

Das Sozialgesetzbuch wird immer wieder reformiert, deshalb muss man sich hinsichtlich Einzelheiten stets über den aktuellen Stand informieren. Die nachfolgende Übersicht nennt die Träger der jeweiligen Sozialversicherungen.

Versicherungszweige	Versicherungsträger
Krankenversicherung	Krankenkassen: Ortskrankenkassen, Innungskrankenkassen, Betriebskrankenkassen, Ersatzkassen, See-Krankenkasse, Bundesknappschaft, Landwirtschaftliche Krankenkassen
Pflegeversicherung	Pflegekassen: bei den Krankenkassen
Unfallversicherung	Berufsgenossenschaften: Gewerbliche Berufsgenossenschaften, See-Berufsgenossenschaft, Unfallversicherungskassen und -verbände der öffentlichen Hand, Landwirtschaftliche Berufsgenossenschaften
Rentenversicherung	Versicherungsanstalten: Bundesversicherungsanstalt für Angestellte, Landesversicherungsanstalten, Bahnversicherungsanstalt, Seekasse, Bundesknappschaft, Landwirtschaftliche Alterskassen
Arbeitsförderung	Bundesagentur für Arbeit: Landesarbeitsagenturen

Wer zahlt die Pflichtbeiträge?

In der Kranken-, Pflege-, Renten- und Arbeitslosenversicherung müssen die Pflichtbeiträge der Arbeitnehmer je zur Hälfte vom Arbeitgeber und vom Arbeitnehmer in Höhe des festgesetzten Prozentsatzes des Arbeitsentgelts getragen werden. Dies gilt, soweit es die Beitragsbemessungsgrenze der Krankenversicherung bzw. der Renten- und Arbeitslosenversicherung nicht überschreitet. Die Beiträge zur Unfallversicherung werden hingegen vom Arbeitgeber allein aufgebracht.

1.3.1.2 Aufgaben der Selbstverwaltung und ihrer Organe

Die Träger der Sozialversicherung sind rechtsfähige Körperschaften des öffentlichen Rechts mit Selbstverwaltung.

Welche Organe sind jeweils vorhanden?

An ihrer Spitze stehen gewählte Organe der Selbstverwaltung. Es handelt sich dabei um die **Vertreterversammlung** als beschließendes Organ („Parlament") und den **Vorstand** als ausführendes Organ („Regierung"). Bei den Krankenkassen tritt der Verwaltungsrat an die Stelle der Vertreterversammlung. Ein hauptamtlicher Geschäftsführer ist für die laufenden Geschäfte verantwortlich. Bei den Krankenkassen ist dies der hauptamtliche Vorstand. Die Vertreterversammlung bzw. der Verwaltungsrat und der ehrenamtliche Vorstand bestehen in der Regel je zur Hälfte aus gewählten Vertretern der Versicherten und der Arbeitgeber. Die Vertreterversammlung bzw. der Verwaltungsrat beschließt die Satzung des Versicherungsträgers und wählt den Vorstand.

Wie setzen sich die Organe zusammen?

Die Versicherungsträger haben sich zu **Bundesverbänden** zusammengeschlossen, die Krankenkassen auch zu Landesverbänden.

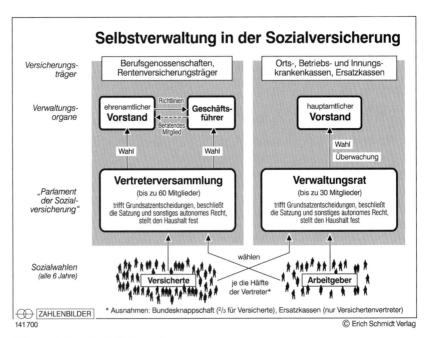

Abb. 1.3: Aufbau der Selbstverwaltung

Die Organe der Bundesanstalt für Arbeit sind zu je einem Drittel mit Vertretern der Arbeitnehmer, der Arbeitgeber und der öffentlichen Hand besetzt. Versicherte und Arbeitgeber wählen für sechs Jahre die Vertreterversammlung, diese den Vorstand und nach dessen Vorschlag den Geschäftsführer und seinen Stellvertreter.

Die Aufgaben der Selbstverwaltung sind
- bedarfsgerechte Versorgung der Versicherten mit Leistungen zur Gesundheitsvorsorge, bei Krankheit und zur Rehabilitation,
- problemlose Inanspruchnahme dieser Leistungen durch Organisation der Verwaltung und
- Finanzierung der Leistungen im Rahmen der gesetzlichen Bestimmungen.

Welche Aufgaben hat die Selbstverwaltung?

1.3.1.3 Aufsicht über die Sozialversicherung
Das Bundesversicherungsamt und die Landesversicherungsämter sind staatliche Aufsichtsbehörden. Sie unterstehen jeweils auf ihrer Ebene den Ministerien für Arbeit und Sozialordnung. Sie wachen darüber, dass Gesetz und Satzung von den Trägern der Sozialversicherung beachtet werden.

Das Bundesversicherungsamt Berlin führt Aufsicht über die bundesunmittelbaren Sozialversicherungsträger:
- Bundesversicherungsanstalt für Angestellte (BfA),
- Bahnversicherungsanstalt,
- Seekasse,
- Bundesknappschaft,
- Bundesunmittelbare Berufsgenossenschaften.

Welche Ämter überwachen welche Behörden?

Die Landesversicherungsämter für Sozialversicherung führen Aufsicht über die landesunmittelbaren Sozialversicherungsträger:
- Landesversicherungsanstalt für Arbeiterrentenversicherung (LVA),
- Krankenkassen beziehungsweise Krankenkassenverbände,
- Landesunmittelbare Genossenschaften.

1.3.2 Ziele und Aufgaben der Krankenversicherung

1.3.2.1 Solidaritätsprinzip und die Finanzierung der gesetzlichen Krankenversicherung
Das Solidaritätsprinzip bedeutet, dass alle Arbeitnehmer entsprechend ihrem Einkommen die Finanzmittel für die Unterstützung der Erkrankten aufbringen.

Was versteht man unter dem Solidaritätsprinzip?

> *Die Leistungen der gesetzlichen Krankenversicherung stehen allen in gleicher Weise zur Verfügung, unabhängig vom Einkommen.*

Eine private Krankenversicherung arbeitet hingegen nach dem Äquivalenzprinzip, das heißt, die Leistungsansprüche orientieren sich an der Beitragshöhe der einzelnen Versicherten.

Was bedeutet Äquivalenzprinzip?

Die Finanzierung erfolgt über Beitragssätze, die von der zuständigen Krankenkasse festgesetzt werden. Arbeitgeber und beitragspflichtige Beschäftigte zahlen die Beiträge je zur Hälfte. Die Berechnung erfolgt in Prozent vom Brut-

Wie ist die Zahlung und Abführung der Krankenkassenbeiträge geregelt?

toverdienst, höchstens jedoch von der Beitragsbemessungsgrenze. Der Arbeitgeber behält den Anteil der Arbeitnehmer ein und führt ihn, zusammen mit seinem eigenen Anteil, an die jeweilige Krankenkasse ab.

Für Versicherte, deren Entgelt eine bestimmte Grenze nicht übersteigt, zahlt der Arbeitgeber den ganzen Beitrag. Bei Arbeitslosen trägt das Arbeitsamt, bei Wehr- und Zivildienstleistenden der Bund die Beiträge. Die Beiträge der Rentner werden von der Rentenversicherung einbehalten und der Krankenkasse zugeführt (siehe SGB V).

1.3.2.2 Versicherte Personen der gesetzlichen Krankenversicherung

Versicherungspflichtige Personen (§ 5 SGB V): z.B.

Wer ist pflichtversichert?

- Arbeitnehmer. bei denen das regelmäßige Jahresarbeitsentgelt (mit Urlaubs- und Weihnachtsgeld) die sogenannte Jahresarbeitsentgeltgrenze (Versicherungspflichtgrenze) nicht überschreitet (2008: 48.150 €),
- Auszubildende,
- Landwirte und mitarbeitende Familienangehörige,
- Wehr- und Zivildienstleistende ,
- Arbeitslose und
- Rentner.

Wichtiger Hinweis: Diese Aufzählung ist nicht vollständig und enthält nicht die genauen Bedingungen der Versicherungspflicht! In der Praxis muss man die differenzierten, aktuellen Unterlagen von Gesetzgeber und Kassen heranziehen.

Durch die **Familienversicherung** (§ 10 SGB V) sind Ehegatten und Kinder aller Versicherten, die ohne Beschäftigungsverhältnis sind, ohne zusätzlichen Beitrag mitversichert (Prinzip des sozialen Ausgleichs).

Wer ist versicherungsfrei?

Versicherungsfreiheit besteht nach § 6 SGB V z.B. für Arbeiter und Angestellte, deren regelmäßiges Jahresarbeitsentgelt die Jahresarbeitsentgeltgrenze (nach den Absätzen 6 oder 7) übersteigt. Die Versicherungsfreiheit bei geringfügiger Beschäftigung regelt § 7 SGB V. Die **Befreiung von der Versicherungspflicht** ist festgelegt in § 8 SGB V.

1.3.2.3 Leistungen der gesetzlichen Krankenversicherung

Welche Arten von Leistungen gewähren Krankenkassen?

Die Krankenkassen gewähren Sachleistungen (z.B. Arznei, Krankenhauspflege), Dienstleistungen (z.B. zahnärztliche Behandlung) und Geldleistungen (z.B. Krankengeld bei Arbeitsunfähigkeit). Es besteht ein Rechtsanspruch auf die Leistungen. Sie werden jedoch nur auf Antrag gewährt.

Folgende Leistungen bietet die gesetzliche Krankenversicherung:

- Gesundheitsförderung (z.B. Aufklärung über Gesundheitsgefährdung),
- Krankheitsverhütung (z.B. Beratung zur Vermeidung von Krankheiten),
- Früherkennung von Krankheiten (z.B. Diabetes),

Wann werden diese Leistungen gewährt?

- Krankenbehandlung (z.B. Krankenhausbehandlung, Haushaltshilfe, Kuren zur Rehabilitation),
- Krankengeld (§§ 44 ff. SGB V, 70% des regelmäßigen Arbeitsentgelts, Zahlung bei Arbeitsunfähigkeit wegen derselben Krankheit für längstens 78 Wochen),
- Hilfsmittel wie Hörgerät oder Rollstuhl,
- Leistungen bei Schwangerschaft/Mutterschaft.

Auch hier gilt: Zum Zeitpunkt des Redaktionsschlusses sind Reformen im Gange, bei denen einige aufgeführte Leistungen auf den Prüfstand gestellt werden, sodass man sich in der Praxis immer über den aktuellen Stand informieren muss.

1.3.2.4 Die Bedeutung der Arbeitskraft als Lebensgrundlage des Menschen

Der Mensch muss arbeiten, um seine Existenz zu sichern und die Lebensgrundlage für seine Familie zu schaffen. Kann jemand auf Dauer oder vorübergehend seine Arbeitskraft nicht einsetzen, gefährdet er sein Dasein. Da dies weder humanitär noch sozialpolitisch zugelassen werden kann, haben sowohl die Allgemeinheit als auch der Arbeitgeber die Pflicht, die Arbeitskraft des Mitarbeiters zu erhalten und zu fördern.

Erhaltung der Arbeitskraft

1.3.2.5 Einflüsse gesundheitsschädlicher Verhaltensweisen

Jeder Mensch ist für sich selbst und damit für seine Gesundheit verantwortlich. Die Krankenkassen bemühen sich durch Information, den Versicherten eine gesundheitsbewusste Lebensführung näher zu bringen. Außerdem bieten sie Vorsorgeleistungen an, zum Beispiel zur Früherkennung von Krankheiten, um die Auswirkungen gering halten zu können. Durch die Teilnahme an Rehabilitationsmaßnahmen kann der Versicherte dazu beitragen, eine Behinderung zu vermeiden oder die Folgen einer Krankheit zu überwinden.

Was kann der Mensch zur Erhaltung seiner Gesundheit tun?

1.3.2.6 Auswirkungen des Entgeltfortzahlungsgesetzes für Arbeitnehmer

Wesentliche Regelungen des Entgeltfortzahlungsgesetzes sind:
§ 3 Absatz 1 Satz 1: „Wird ein Arbeitnehmer durch Arbeitsunfähigkeit infolge Krankheit an seiner Arbeitsleistung verhindert, ohne dass ihn ein Verschulden trifft, so hat er Anspruch auf Entgeltfortzahlung ... bis zur Dauer von sechs Wochen."
§ 3 Absatz 3: „Der Anspruch nach Absatz 1 entsteht nach vierwöchiger ununterbrochener Dauer des Arbeitsverhältnisses."
§ 4 Absatz 1: „Für den ... bezeichneten Zeitraum ist dem Arbeitnehmer das ihm ... zustehende Arbeitsentgelt fortzuzahlen."
§ 4 Absatz 4 nimmt Bezug auf tarifvertragliche Vereinbarungen. „Durch Tarifvertrag kann eine ... abweichende Bemessungsgrundlage des fortzuzahlenden Arbeitsentgelts festgelegt werden."

Wie ist die Entgeltfortzahlung geregelt?

1.3.3 Ziele und Aufgaben der Pflegeversicherung

Die Regelungen für die Pflegeversicherung sind im Sozialgesetzbuch XI festgehalten. 1995 trat die soziale Pflegeversicherung als fünfte Säule der Sozialversicherung in Kraft.

> Vorrangige Ziele sind die Verbesserung, die rechtliche und finanzielle Absicherung und der Ausbau der ambulanten bzw. häuslichen Pflege.

Wozu dient die Pflegeversicherung?

Die pflegebedingten Kosten der vollstationären Versorgung werden bis zu einem Höchstbetrag übernommen. Versicherungspflichtig sind grundsätzlich alle in der gesetzlichen Krankenversicherung Versicherten einschließlich der mitversicherten Familienangehörigen. Die Beiträge werden vom Bruttoverdienst erhoben, höchstens aber von der Beitragsbemessungsgrenze. Die privat Krankenversicherten müssen eine private Pflegepflichtversicherung abschließen. Ziel der gesetzlichen Pflegeversicherung ist es, Pflegebedürftigen trotz ihres Hilfebedarfs möglichst lange ein selbstständiges und selbstbestimmtes Leben zu ermöglichen. Die Leistungen sind einkommens- und vermögensunabhängig. Prävention und Rehabilitation haben Vorrang vor der Pflege.

Die Dienst-, Sach- und Geldleistungen sind nach der Schwere der Pflegebedürftigkeit gestaffelt:

Wie ist die Pflegebedürftigkeit gestaffelt?

- Pflegestufe I: erheblich Pflegebedürftige mit einem Pflegezeitaufwand von 90 Minuten pro Tag, die mindestens einmal täglich Hilfe benötigen,
- Pflegestufe II: Schwerpflegebedürftige mit einem Pflegezeitaufwand von 3 Stunden pro Tag, die mindestens dreimal täglich Hilfe benötigen und
- Pflegestufe III: Schwerstpflegebedürftige mit einem Pflegezeitaufwand von 5 Stunden pro Tag, die täglich rund um die Uhr Hilfe benötigen.

1.3.4 Ziele und Aufgaben der Unfallversicherung

1.3.4.1 Zweck und Umfang der Unfallversicherung
Die gesetzliche Unfallversicherung hat nach § 1 SGB VII folgende Aufgaben:

Welche Aufgaben übernimmt die Unfallversicherung?

- Präventionsfunktion: Verhütung von Arbeitsunfällen, Berufskrankheiten und arbeitsbedingten Gesundheitsgefahren,
- Rehabilitationsfunktion: Wiederherstellung der Gesundheit und der Leistungsfähigkeit der Versicherten,
- Entschädigungsfunktion: Entschädigung der Verletzten oder ihrer Hinterbliebenen durch Geldleistungen.

Wer zahlt die Beiträge?

Die Beiträge werden durch die Unternehmer aufgebracht. Die Unfallversicherung stellt eine Art Haftpflichtversicherung des Arbeitgebers dar. Bei Arbeitsunfällen erstattet die Unfallversicherung dem Arbeitnehmer die Ansprüche, die dieser gegenüber dem Arbeitgeber geltend machen könnte. Außerdem erfüllt sie eine Art Friedensfunktion, da Rechtsstreitigkeiten mit dem Arbeitgeber vermieden werden können. Die Leistungen erfolgen aus einer Hand, das heißt, von der Heilbehandlung über das Verletztengeld bis zur Rente ist die Unfallversicherung zuständig.

1.3.4.2 Versicherte Personen in der Unfallversicherung
Die Versicherung kraft Gesetzes ist geregelt in § 2 SGB VII, die Versicherung kraft Satzung in § 3 SGB VII und die freiwillige Versicherung in § 6 SGB VII. Beispielhaft für Versicherte kraft Gesetzes seien genannt: Beschäftigte im Betrieb, Lernende während der beruflichen Aus-/Fortbildung, Hausgewerbetreibende.

Wer ist versichert?

1.3.4.3 Arbeitsunfälle im Rahmen der gesetzlichen Unfallversicherung
§ 8 SGB VII (Arbeitsunfall): „Arbeitsunfälle sind Unfälle von Versicherten infolge einer den Versicherungsschutz ... begründenden Tätigkeit. **Unfälle** sind zeitlich begrenzte, von außen auf den Körper einwirkende Ereignisse, die zu einem Gesundheitsschaden oder zum Tod führen."

Wann liegt ein Arbeitsunfall vor?

Erfasst werden auch die Unfälle auf dem Weg in den Betrieb und von dort nach Hause (Wegeunfälle, § 8 Absatz 2 Ziffer 1 SGB VII).

Zu diesen so genannten Wegeunfällen gibt es detaillierte Einzelvorschriften, die beispielsweise regeln, ob und welche Umwege gemacht werden dürfen. Sie können sich auch auf Unfälle beziehen, die beim vorübergehenden Verlassen des Betriebsgeländes eintreten. Bei **Kfz-Unfällen unter Alkoholeinfluss** ist erst Fahruntüchtigkeit festzustellen. Ab einer Blutalkoholkonzentration von 1,1 Promille geht man bei Kraftfahrzeugführern von absoluter Fahruntüchtigkeit aus. Liegt die Blutalkoholkonzentration darunter, ist zu prüfen, ob zum Beispiel anhand von leichtsinnigem Fahrverhalten Fahruntüchtigkeit nachgewiesen werden kann. Liegt Fahruntüchtigkeit vor, ist zu klären, ob diese mit hinreichender Wahrscheinlichkeit die allein rechtlich wesentliche Ursache des Unfalls gewesen ist.

Wann spricht man von Wegeunfällen?

Fahruntüchtigkeit

1.3.4.4 Berufsbedingte Krankheiten und ihre Ursachen

§ 9 SGB VII (Berufskrankheit): „Berufskrankheiten sind Krankheiten, die ... Versicherte infolge einer den Versicherungsschutz ... begründenden Tätigkeit erleiden. Die Bundesregierung wird ermächtigt, in der Rechtsverordnung solche Krankheiten als Berufskrankheiten zu bezeichnen, die ... durch besondere Einwirkungen verursacht sind, denen bestimmte Personengruppen durch ihre versicherte Tätigkeit in erheblich höherem Grade als die übrige Bevölkerung ausgesetzt sind;"

Wann liegt eine Berufskrankheit vor?

Die hier angesprochene Rechtsverordnung ist die **Berufskrankheitenverordnung**. Hier sind die Berufskrankheiten erfasst, die als entschädigungspflichtig anerkannt sind.

Anerkannt sind zum Beispiel Krankheiten durch chemische Einwirkungen (z. B. Lösemittel) oder mechanische Einwirkungen (z. B. Lärm oder Erkrankung durch anorganische Stäube).

1.3.4.5 Unfallverhütung und Erste Hilfe

Die Verhütung (Prävention) von Arbeitsunfällen, Berufskrankheiten und arbeitsbedingten Gesundheitsgefahren ist Aufgabe der Unfallversicherungsträger (§ 1 Nr. 1 SGB VII). Ebenso haben sie für die Sicherstellung einer wirksamen Ersten Hilfe zu sorgen. Jeder Unfall muss ihnen angezeigt und der Hergang genau beschrieben werden. Merkblätter und Schaubilder warnen vor Gefahren. Aufsichtspersonen überwachen die Einhaltung von Unfallverhütungsvorschriften. Außerdem beraten sie die Unternehmer und fordern bei Verstößen Abhilfe mit Fristsetzung. Bei Zuwiderhandlungen werden Ordnungsstrafen gegen Unternehmer bzw. Arbeitnehmer verhängt.

Welche vorrangige Aufgabe haben Unfallversicherungsträger?

Zur Erfüllung ihrer Aufgaben dienen der gesetzlichen Unfallversicherung mehrere Instrumente:
- Unfallverhütungsvorschriften (§ 15 SGB VII),
- Überwachung, Anordnung von Maßnahmen (§§ 17, 19 SGB VII),
- Betreuung, Beratung der Mitgliedsunternehmen (§ 17 Absatz 1 SGB VII),
- Forschungen zur Prävention,
- Schulungen (§ 23 SGB VII),
- überbetriebliche arbeitsmedizinische/sicherheitstechnische Dienste (§ 24 SGB VII),
- Sonstiges, z. B. Prämien nach § 162 Absatz 2 SGB VII).

1.3.4.6 Leistungen der Unfallversicherung

Welche Leistung erbringt die gesetzliche Unfallversicherung?

Die Leistungen der gesetzlichen Unfallversicherung sind im Sozialgesetzbuch VII geregelt:
- Heilbehandlung, Verletztengeld (entspricht Krankengeld),
- Berufsfördernde Leistungen zur Rehabilitation, Leistungen zur sozialen Rehabilitation, Übergangsgeld,
- Rente (Verletztenrente als Voll- oder Teilrente),
- Leistungen an Hinterbliebene (Sterbegeld, Hinterbliebenenrente).

1.3.5 Ziele und Aufgaben der Rentenversicherung

1.3.5.1 Zweck und Umfang der Rentenversicherung

Wozu dient die Rentenversicherung?

Fast alle Arbeitnehmer und deren Angehörige, bestimmte Selbstständige und freiwillig Versicherte erhalten durch die Rentenversicherung einen lebenslänglichen Schutz für die Risiken der Erwerbsminderung, des Alters und des Todes. Durch Gesundheits- und Berufsförderungsmaßnahmen sollen die Versicherten möglichst lange gesund und erwerbstätig bleiben. Die Zahlung von Altersrente in Verbindung mit betrieblicher/privater Altersvorsorge gewährleistet einen Lebensabend ohne große finanzielle Sorgen. Bei Tod des Versicherten erhalten die Hinterbliebenen Witwen- und Waisenrenten.

Wird Rente automatisch bezahlt?

Die gesetzliche Rentenversicherung ist eine Pflichtversicherung. Leistungen werden (nur) auf Antrag gewährt.

Sie hat folgende Aufgaben bzw. Ziele:
- Erhaltung, Verbesserung und Wiederherstellung der Erwerbsfähigkeit ihrer Mitglieder durch z. B. Heilbehandlung oder Berufsförderung,
- wirtschaftliche Absicherung durch Renten,
- Unterstützung von Hinterbliebenen,
- wirtschaftliche Förderung der Kindererziehung durch Anrechnung von Erziehungszeiten auf die Rente,
- Aufklärung und Beratung der Versicherten
und weitere.

1.3.5.2 Versicherte Personen in der Rentenversicherung

Der Kreis der Versicherungspflichtigen bzw. freiwillig Versicherten ist im Sozialgesetzbuch VI zu finden. Versicherungspflichtige sind zum Beispiel

Wer ist versicherungspflichtig?

- alle gegen Entgelt beschäftigten Arbeitnehmer und Auszubildenden,
- alle in die Handwerksrolle eingetragenen Handwerker,
- mit Kindererziehung beschäftigte Mütter oder Väter für drei Jahre
und weitere.

Freiwillig versichern können sich alle Personen, die nicht versicherungspflichtig sind, nach Vollendung des 16. Lebensjahres. Personen, die aus der Pflichtversicherung ausscheiden (z. B. Hausfrauen), können weiterhin freiwillig in der Rentenversicherung bleiben. Voraussetzung ist eine Mindestzahl von Pflichtbeiträgen.

1.3.5.3 Versicherungsträger der Rentenversicherung

Versicherungszweige	Versicherungsträger
Rentenversicherung der Arbeiter	Landesversicherungsanstalten (LVA), ferner als Sonderanstalten die Seekasse in Hamburg für Seeleute und die Bahn-Versicherungsanstalt in Frankfurt
Rentenversicherung der Angestellten	Bundesversicherungsanstalt für Angestellte (BfA), Berlin, in deren Auftrag die Seekasse für Angestellte auf Seeschiffen
Knappschaftliche Rentenversicherung	Bundesknappschaft in Bochum (für im Bergbau Beschäftigte)

Die Träger der Rentenversicherung sind verpflichtet, Versicherte und Rentner regelmäßig über die in ihren Versicherungskonten gespeicherten Sozialdaten zu informieren.

1.3.5.4 Leistungen zur Rehabilitation durch die Rentenversicherung
Die Leistungen zur Rehabilitation dienen der Verhinderung oder Verbesserung von Beeinträchtigungen der Erwerbsfähigkeit durch Krankheit oder Behinderung. Es soll – wenn möglich – eine Wiedereingliederung in das Erwerbsleben erreicht werden.

- Medizinische Maßnahmen umfassen ambulante oder stationäre Behandlungen, zum Beispiel auch Bäder mit Bewegungstherapie, Inhalationen, Naturheilverfahren und Anschlussheilbehandlung, Versorgung mit Arzneien, Verbands-, Heil- und Hilfsmitteln.
- Durch berufsfördernde Maßnahmen soll der Versicherte möglichst auf Dauer unter Berücksichtigung von Neigung, Eignung und bisheriger Tätigkeit eingegliedert werden. Dazu gehören zum Beispiel Fort- und Ausbildung sowie Umschulung, Hilfe zur Erlangung eines Arbeitsplatzes und zur Berufsfindung und Berufsvorbereitung.
- Zu den ergänzenden Leistungen der Rehabilitation zählen Haushaltshilfe, Reisekosten, Rehabilitationssport und Kosten für Berufsförderung wie Lehrgangskosten. Außerdem übernimmt der Träger der Rentenversicherung die Beiträge zur Kranken-, Renten-, Unfall- und Arbeitslosenversicherung.

Welche Leistungen zählen zur Rehabilitation?

1.3.5.5 Finanzierung, Berechnung, Grundlagen und Anpassung der Rente in der Rentenversicherung
Die Finanzierung der Rentenversicherung erfolgt über Beiträge, die vom Arbeitgeber und vom Versicherten je zur Hälfte getragen werden, und durch Beiträge und Zuschüsse des Bundes. Die Berechnung erfolgt vom Bruttoverdienst, höchstens von der Beitragsbemessungsgrenze. Liegt das regelmäßige Entgelt unter einem bestimmten Betrag pro Monat (geringfügig Beschäftigte), entrichtet der Arbeitgeber den Beitrag alleine. Der Bund übernimmt die Beiträge für Wehr- und Zivildienstleistende.

Die Rentenzahlungen erfolgen im Umlageverfahren. Die Rentenversicherungsbeiträge, die die Erwerbstätigen zahlen, werden unmittelbar für die Zahlung von Renten verwendet.

Wie wird die Rentenversicherung finanziert?

Grundsätzliche Berechnungsweise der Rente

Die monatliche Rente wird für jeden einzelnen Versicherten nach einer Formel berechnet. Die Daten erhält man jeweils aus dem neuesten Gesetz (z. B. SGB VI) bzw. vom Rentenversicherungsträger.

Persönliche Entgeltpunkte · Zugangsfaktor · Rentenartfaktor · Aktueller Rentenwert = Monatsrente

Persönliche Entgeltpunkte: Für jedes Jahr der Versicherung wird ein Entgeltpunkt ermittelt mit folgender Formel:

$$\frac{\text{Tatsächlicher Bruttoverdienst des Versicherten in diesem Jahr}}{\text{Durchschnittlicher Bruttoverdienst aller Versicherten im gleichen Jahr}}$$

Addiert man die Entgeltpunkte der gesamten Versicherungszeit, erhält man die Summe der persönlichen Entgeltpunkte.

Beispiel:
Tatsächlicher Jahresbruttoverdienst eines Versicherten = EUR 30.780 geteilt durch den Jahresbruttodurchschnittsverdienst aller Versicherten = EUR 27.960 (fiktiver Wert) = 1,1 Entgeltpunkte.
Bei 40 Versicherungsjahren und durchschnittlich 1,1 Entgeltpunkten pro Jahr beläuft sich die Summe der persönlichen Entgeltpunkte auf 44 (1,1 mal 40).

Zugangsfaktor: Die persönlichen Entgeltpunkte werden mit einem zusätzlichen Zugangsfaktor multipliziert, der bei vorzeitigem Rentenbeginn eine Minderung der Altersrente, bei nachzeitigem Rentenbeginn eine Rentenerhöhung bewirkt.

Beispiel:
Jeder Monat, um den die Rente vor Erreichen des festgelegten Lebensjahres in Anspruch genommen wird, bewirkt einen Rentenabschlag von 0,003 beziehungsweise 0,3 %. Daraus ergibt sich ein Zugangsfaktor von 0,997 (1 – 0,003). Der jährliche Rentenabschlag beträgt somit 12 · 0,3 % = 3,6 %. Nimmt jemand seine Rente erst später in Anspruch, erhöht sich die Jahresrente.

Rentenartfaktor: Die Rentenartfaktoren sind gesetzlich festgelegt und dienen der unterschiedlichen Bewertung der persönlichen Entgeltpunkte bei den verschiedenen Rentenarten.

Beispiele: bei Renten wegen Alters, wegen voller Erwerbsminderung und bei Erziehungsrenten 1,0, bei Renten wegen teilweiser Erwerbsminderung 0,5, bei großer Witwenrente 0,55, bei Vollwaisenrente 0,2

Aktueller Rentenwert: Er gibt die aktuelle monatliche Altersrente an, die sich aus den Beiträgen eines Durchschnittsverdieners für ein Jahr bzw. für einen persönlichen Entgeltpunkt errechnet. Die Bundesregierung bestimmt diesen Wert jährlich für die Zeit vom 1. Juli bis zum 30. Juni des nächsten Jahres neu.

Beispiel:
Angenommen, der aktuelle Rentenwert beträgt monatlich 24,41706 EUR. Ein Altersrentner mit 44 persönlichen Entgeltpunkten und einem Rentenartfaktor 1,0 bekäme dann eine Rente von 1.066,87 EUR (44 · 1,0 · 24,41706 EUR).

Die Renten der Arbeitnehmer werden in der Regel jährlich entsprechend den durchschnittlichen Bruttolohn- und Gehaltserhöhungen jeweils zum 1. 7. angeglichen. Außerdem wirken sich die Entwicklung des Beitragssatzes zur Rentenversicherung und die private staatlich geförderte Altersvorsorge auf die Rentenanpassung aus. Die Privatrente soll die Lücke bei der gesetzlichen Rente ausgleichen.

1.3.6 Ziele und Aufgaben der Arbeitslosenversicherung

1.3.6.1 Zweck und Umfang der Arbeitslosenversicherung
Die Ziele der Arbeitslosenversicherung lassen sich wie folgt zusammenfassen:
- Erreichen hohen Beschäftigungsstandes,
- Verbesserung der Beschäftigungsstruktur,
- Förderung des Wirtschaftswachstums
- Arbeitsplatzsicherung durch Förderung der beruflichen Bildung,
- Förderung von Frauen,
- Schutz vor sozialem Abstieg durch Voll- und Teilarbeitslosigkeit

Welche Aufgaben hat die Arbeitslosenversicherung?

> *Kann ein Arbeitnehmer die Arbeitslosigkeit nicht verhindern, hat er Ansprüche auf Arbeitslosenunterstützung.*

Gezahlt werden Arbeitslosengeld bzw. ALG II (Hartz IV). Rechtsgrundlage ist das Sozialgesetzbuch III (auch hier sind Reformen im Gange). Entweder erhält der Arbeitgeber die Leistungen der Arbeitslosenversicherung zur Sicherung von Arbeitsplätzen oder sie werden unmittelbar an den Arbeitslosen gezahlt.

Bezieht jemand Arbeitslosengeld, Unterhaltsgeld oder Arbeitslosengeld II, so ist er für die Dauer dieser Ersatzleistungen kranken-, renten- und pflegeversichert. Die Arbeitsverwaltung trägt diese Beiträge. Sie werden von einer niedrigeren Beitragsbemessungsgrundlage berechnet als bei pflichtversicherten Arbeitnehmern.

1.3.6.2 Arten der Arbeitslosigkeit
Man unterscheidet aus wirtschaftlicher Sicht mehrere Formen.
- **Friktionelle Arbeitslosigkeit**: Ein Arbeitnehmer ist kurzzeitig arbeitslos, weil er den Arbeitsplatz oder den Beruf wechselt. Zu diesem Zweck hat er selbst gekündigt.
- **Konjunkturelle Arbeitslosigkeit**: Die Unternehmen entlassen Arbeitnehmer auf Grund einer ungünstigen Ertragslage wegen konjunktureller Schwankungen oder tätigen keine Neueinstellungen. Sie wollen so ihre Kosten verringern.
- **Strukturelle Arbeitslosigkeit**: Sie beruht auf der Automatisierung, bei der Menschen durch Maschinen ersetzt werden. Der Arbeitnehmer kann dadurch gezwungen werden, den Beruf zu wechseln, da es keine Arbeitsplätze mehr für ihn gibt. Bestimmte Berufsbilder verschwinden.
- Weiterhin gibt es die regionale Arbeitslosigkeit (in bestimmten Regionen siedelt sich z. B. keine Industrie an), die saisonale Arbeitslosigkeit (z. B. im Baugewerbe während des Winters) und die sektorale Arbeitslosigkeit (in bestimmten Arbeitsmarktsegmenten, z. B. Kohlebergbau).

Welche Arten der Arbeitslosigkeit werden unterschieden?

1.3.6.3 Versicherte Personen in der Arbeitslosenversicherung

Wer ist versichert? Versicherungspflichtig sind alle Arbeiter, Angestellten und Auszubildenden. Versicherungspflichtig sind zum Beispiel auch Personen, die Krankengeld oder Verletztengeld beziehen. Die Versicherung besteht normalerweise auch dann weiter, wenn Wehr- oder Zivildienst geleistet wird. Nicht gegen Arbeitslosigkeit versichert sind zum Beispiel Beamte und Arbeitnehmer, die das 65. Lebensjahr vollendet haben und eine Rente wegen voller Erwerbsminderung beziehen.

1.3.6.4 Leistungen der Arbeitslosenversicherung

Leistungen an Arbeitnehmer:

Welche Leistungen zahlt die Arbeitslosenversicherung an Arbeitnehmer und ...

- Arbeitslosengeld: Es wird an Arbeitslose ausgezahlt, die vorübergehend keine Beschäftigung haben, die Vorbeschäftigungszeit erfüllt haben, arbeitslos gemeldet sind und Arbeitslosengeld beantragt haben (§§ 117 ff. SGB III).
- Arbeitslosengeld II: Die Grundsicherung für Arbeitsuchende orientiert sich an ihrem Bedarf und wird auf Antrag gewährt. Sie setzt sich aus der Regelleistung sowie den anteiligen angemessenen Kosten für Unterkunft und Heizung zusammen. Ausschlaggebend ist, ob jemand erwerbsfähig und hilfebedürftig ist. In der Regel werden auch die Beiträge zur gesetzlichen Kranken-, Pflege- und Rentenversicherung übernommen (§§ 7 ff. SGB II).
- Kurzarbeitergeld: Arbeitnehmer erhalten bei vorübergehendem Arbeitsausfall auf Antrag Kurzarbeitergeld, wenn zu erwarten ist, dass den Arbeitnehmern die Arbeitsplätze erhalten bleiben (§§ 177 ff. SGB III).
- Schlechtwettergeld (§§ 209 ff. SGB III)
- Übernahme der Krankenkassenbeiträge von der BA (§ 251 SGB V)
- Insolvenzgeld (§§ 183 bis 189 SGB III)

Man spricht von **Teilarbeitslosigkeit**, wenn ein Arbeitnehmer mehrere versicherungspflichtige Beschäftigungen nebeneinander ausübt und eine davon verliert. Er hat Anspruch auf Teilarbeitslosengeld, wenn er auf der Suche nach einer neuen versicherungspflichtigen Beschäftigung ist, sich teilarbeitslos gemeldet und die Anwartschaftszeit erfüllt hat (§ 150 SGB III).

... was an Arbeitgeber? Leistungen an Arbeitgeber:

- Zuschüsse bei der Eingliederung leistungsgeminderter Arbeitnehmer (§§ 217 bis 224 SGB III)
- Einstellungszuschüsse bei Neugründungen (§§ 225 bis 228 SGB III)
- Förderung der Berufsausbildung und der beruflichen Eingliederung behinderter Menschen (§ 235 a SGB III)
- Leistungen nach dem Altersteilzeitgesetz (die Bundesanstalt fördert die Teilzeitarbeit, um die Einstellung eines sonst arbeitslosen Arbeitnehmers zu ermöglichen) usw.

1.3.6.5 Finanzierung der Arbeitslosenversicherung

Die Ausgaben der Bundesanstalt für Arbeit werden aus verschiedenen Quellen finanziert: Beiträge zur Arbeitsförderung, Umlagen, Mittel des Bundes, sonstige Einnahmen.

- Der Beitrag zur Arbeitslosenversicherung wird in Prozent vom Bruttoverdienst, höchstens jedoch von der Beitragsbemessungsgrenze erhoben. Arbeitgeber und Arbeitnehmer tragen die Beiträge je zur Hälfte.
- Die Bundesanstalt erhebt Umlagen zur Finanzierung ganz bestimmter Leistungen, zum einen für das Wintergeld und das Winterausfallgeld (§§ 354 ff. SGB III) und zum anderen für das Insolvenzgeld (§§ 358 ff. SGB III).
- Der Bund beteiligt sich an der Finanzierung z. B. durch Gewährung zinsloser Darlehen als Liquiditätshilfen. Sollten diese nicht zurückgezahlt werden können, verwandeln sich die Darlehen in einen Zuschuss.
- Zu den sonstigen Einnahmen zählen Bußgelder (§ 405 SGB III), Zinsen, Gebühren, Vermietung von Räumen und so weiter.

Aus welchen Quellen finanziert sich die Arbeitslosenversicherung?

1.3.7 Ziele und Aufgaben der Arbeitsförderung

Maßnahmen der Arbeitsförderung
Ziele der Arbeitsförderung sind
- die Erschließung neuer Beschäftigungsmöglichkeiten,
- die Verbesserung der Qualität und Schnelligkeit der Arbeitsvermittlung und die Neuausrichtung der beruflichen Weiterbildung,
- die Stärkung des Dienstleistungscharakters der Bundesanstalt für Arbeit,
- Ausgleich von Angebot und Nachfrage auf dem Arbeits- und Ausbildungsmarkt,
- Erreichung eines hohen Beschäftigungsstandes

Welche Ziele hat die Arbeitsförderung?

Arbeits- und berufsfördernde Maßnahmen:
- Unterstützung bei der Auffindung und Vermittlung von Arbeitsstellen durch die Arbeitsvermittlung,
- Beratung bei der Berufswahl und bei einem Berufswechsel und Vermittlung von Ausbildungsstellen durch die Berufsberatung,
- Förderung der beruflichen Bildung (Ausbildung, Umschulung, berufliche Fortbildung) und Zahlung dazu notwendiger Unterhaltsgelder,
- Rehabilitation von Behinderten zur Hebung ihrer Erwerbstätigkeit
und weitere.

Welche Maßnahmen ergreift die Arbeitsförderung?

Seit dem 1.1.2003 wird auch die **Arbeitnehmerüberlassung** zur Bekämpfung der Arbeitslosigkeit eingesetzt. Jede Arbeitsagentur hat für die Einrichtung einer Personal-Service-Agentur (PSA) zu sorgen, die Arbeitslose auf der Grundlage von Verträgen einstellt und vorrangig verleiht (§ 37 c SGB III). Die Zeiten, in denen der Arbeitnehmer nicht verliehen wird, sollen für die Suche nach regulären Beschäftigungen bzw. für Qualifizierungen genutzt werden.

Wie funktioniert die Arbeitnehmerüberlassung?

Die Arbeitsverwaltung kann sich auch der Unterstützung privater Vermittler bedienen. Bezieher von Arbeitslosengeld bzw. Arbeitslosenhilfe erhalten einen Vermittlungsgutschein, mit dem sie einen privaten Arbeitsvermittler ihrer Wahl beauftragen können (§ 421 g SGB III). Anspruch auf einen Vermittlungsgutschein besteht längstens bis zum 31. Dezember 2010 (§ 421 g Abs. 4 SGB III).

Die **Finanzierung der Arbeitsförderung** wurde bereits in Abschnitt 1.3.6.5 angesprochen.

AUFGABEN ZU ABSCHNITT 1.3

1. Beschreiben Sie die Leistungen der Unfallversicherung.
2. Erläutern Sie den Begriff „Arbeitsunfähigkeit".
3. Erläutern Sie, für welche Beschäftigte und wie lange ein Arbeitgeber im Krankheitsfall Entgeltfortzahlung leisten muss.
4. Nennen Sie die drei Grundvoraussetzungen, die notwendig sind, damit die zuständige Krankenkasse Leistungen gewährt.
5. Max Meier führt eine Statistik über Unfälle der Mitarbeiter seiner Abteilung. Zu Beginn der kalten Jahreszeit stellt er eine Häufung von Autounfällen fest. Erläutern Sie in folgenden Fällen, ob ein Arbeitsunfall vorliegt.
   a) Herr N. fährt nach Feierabend bei einer Freundin vorbei. Eine Querstraße vor seinem Ziel prallt er gegen ein Betonhäuschen für Abfalltonnen.
   b) Frau G. hat mit Kollegen eine Fahrgemeinschaft gebildet. Sie muss einen weiten Umweg fahren, um zum täglichen Treffpunkt zu gelangen. Auf dem Weg von zu Hause zum Treffpunkt rutscht sie an ein vor ihr fahrendes Auto.
   c) Frau S. fährt auf dem Weg von der Arbeit nach Hause bei ihrer Mutter vorbei, die direkt an der Straße wohnt, die Frau S. jeden Tag benutzt. Nach einem Kaffeeklatsch von ca. 3 Stunden steigt sie wieder in ihr Auto, kommt kurz vor zu Hause von der Straße ab und fährt gegen einen Begrenzungspfosten.
   d) Herr F. bringt seine dreijährige Tochter jeden Tag vor Arbeitsbeginn in den Kindergarten. Seine Frau kann dies nicht übernehmen, da sie eine Stunde früher zu arbeiten beginnt. Herr F. muss einen beträchtlichen Umweg zum Kindergarten fahren. Zwischen Kindergarten und Büro rutscht er auf glatter Fahrbahn in den Graben.
   e) Herr W. wählt auf dem Weg zur Arbeit eine Strecke, die ca. 7 km länger ist als der direkte Weg. Dafür ist seine Fahrtzeit aber eine Viertelstunde kürzer. Alle in der Nachbarschaft wohnenden Arbeitnehmer nutzen die kürzere Fahrtzeit. Vor drei Wochen ist ihm ein nachfolgendes Fahrzeug aufgefahren, weil der Fahrer mit dem Handy telefoniert hat. Herrn W. traf keine Schuld.
6. Egon Strunz regt sich kurz vor der Mittagspause so über seinen Chef auf, dass er plötzlich keine Luft mehr bekommt. Die Kollegen alarmieren den Notarzt. Strunz wird ins örtliche Krankenhaus gebracht. Nach einer zweiwöchigen Behandlung wird er zur Rehabilitation auf Kur geschickt. So wie es aussieht, wird er mehrere Monate arbeitsunfähig sein.
   a) Erklären Sie, von wem Egon Strunz Einkommen bezieht, wenn er tatsächlich mehrere Monate arbeitsunfähig geschrieben wird.
   b) Nennen Sie die Zweige der Sozialversicherung, die
   • für den Einsatz des Notarztes aufkommen,
   • die stationäre Krankenhausbehandlung übernehmen,
   • die Kur zur Rehabilitation bezahlen.
7. Nennen Sie drei Personengruppen, die krankenversicherungsfrei sind.
8. Erläutern Sie, wer Pflegebedürftigkeit feststellt und die Pflegestufen festlegt.
9. Beschreiben Sie, warum die Rentenversicherung Rehabilitationsmaßnahmen übernimmt.
10. Beschreiben Sie, wovon es abhängt, wie lange Arbeitslosengeld gezahlt wird.
11. Egon Strunz arbeitet bei einer Spedition als Disponent und muss hin und wieder auch im Lager die Ware überprüfen. Dabei wurde er von einem Gabelstapler angefahren.
    Erläutern sie, ob er gemäß der gesetzlichen Unfallversicherung eine versicherte Tätigkeit ausgeübt hat.
12. Egon Strunz fängt nach seiner Ausbildung bei einem Autozulieferer an und erhält als Einstiegsgehalt EUR 2.000,– brutto monatlich. Erläutern Sie, ob er krankenversicherungspflichtig ist und wohin er seinen Beitrag überweisen soll.
13. Nennen Sie fünf Leistungsarten in der gesetzlichen Krankenversicherung.
14. Erläutern Sie den Begriff Wartezeit in Zusammenhang mit der Rentenversicherung.
15. Erläutern Sie, wer sich auf Antrag von der sozialen Pflegeversicherung befreien kann.
16. Bei bestimmten Bewerbern um einen Arbeitsplatz werden von der Arbeitslosenversicherung Eingliederungszuschüsse gewährt.

Nennen Sie die Möglichkeiten, bei denen Arbeitgeber diese Zuschüsse erhalten können.
17. Erläutern Sie, ab wann und wie lange Krankengeld gezahlt wird.
18. Erklären Sie die zweistufige Rente wegen Erwerbsminderung nach dem Gesetz zur Reform der Renten wegen Erwerbsminderung ab 01. Januar 2001.
19. Bestimmen Sie die Pflegestufen für folgende Personen:
    a) Eine ältere gehbehinderte Dame muss viermal am Tag (früh, mittags, nachmittags, abends) von einer Pflegeperson betreut werden.
    b) Ein 75-jähriger Mann wird einmal täglich von seinem Sohn gepflegt und haushaltsmäßig versorgt.
    c) Eine 95-jährige Rentnerin kann nicht mehr alleine aus ihrem Pflegebett aufstehen.
20. Erläutern Sie den Begriff „Krankheit" und die Anspruchsberechtigung in der Krankenversicherung.
21. Erläutern Sie, warum der Staat trotz der Pflegeversicherung noch in bestimmten Fällen zusätzliche Kosten übernehmen muss.
22. Nennen Sie die Personen, die sich privat gegen Pflegebedürftigkeit versichern müssen.
23. Erläutern Sie die Begriffe beitragsgerecht, lohnbezogen und sozial bezogen auf die Höhe der Rente.
24. Beschreiben Sie die Bedingungen, die der Versicherte erfüllen muss, um Krankengeld zu erhalten.
25. Nennen Sie fünf Leistungen der sozialen Pflegeversicherung.

LÖSUNGSVORSCHLÄGE

L1:
- Unfallverhütung (Prävention): Das Ziel ist die Verhinderung von Arbeitsunfällen, Berufskrankheiten und arbeitsbedingten Gesundheitsgefahren.
- Rehabilitation (Wiederherstellung von Gesundheit und Arbeitskraft): Medizinische Betreuung und berufliche und soziale Wiedereingliederung.
- finanzielle Leistungen: z. B. Verletztenrente, Witwenrente, Waisenrente

L2: Ein Mitarbeiter ist arbeitsunfähig, wenn er infolge einer Krankheit die ihm nach dem Inhalt des Arbeitsvertrags zu verrichtende Arbeit nicht mehr ausüben kann. Dies gilt auch, wenn er nur mit der Gefahr arbeiten kann, seinen Zustand in absehbarer Zeit zu verschlimmern.

L3: Kann ein Arbeitnehmer wegen Krankheit nicht arbeiten, hat er grundsätzlich gegenüber dem Arbeitgeber Anspruch auf Entgeltfortzahlung bis zu sechs Wochen. Dauert die Arbeitsunfähigkeit länger, setzt ab dem 43. Tag die Krankengeldzahlung der gesetzlichen Krankenkasse ein.
Arbeitnehmer im Sinne des Entgeltfortzahlungsgesetzes (§ 1 Absatz 2 EFZG) sind Arbeiter, Angestellte und Auszubildende.

L4:
- Es muss eine Mitgliedschaft, eine Familienversicherung oder ein nachgehender Leistungsanspruch bestehen.
- Es müssen die Leistungsvoraussetzungen erfüllt sein.
- Es muss ein Antrag gestellt sein.

Für den Anspruch auf Krankengeld ist z. B. neben dem Eintritt der Krankheit auch Arbeitsunfähigkeit Bedingung.

L5:
a) Herr N. befand sich nicht auf dem direkten Weg von der Arbeitsstätte nach Hause. Der Besuch bei einer Freundin wird in § 8 SGB VII nicht als versicherte Tätigkeit angesehen. Deshalb liegt kein Arbeitsunfall vor.
b) Es liegt ein Arbeitsunfall nach § 8 SGB VII Absatz 2 Ziffer 2 b vor, da das Zurücklegen eines Umweges, um mit anderen Berufstätigen oder Versicherten gemeinsam ein Fahrzeug zu benutzen, versichert ist.
c) Der Weg von der Arbeitsstätte nach Hause wurde für einen erheblichen Zeitraum unterbrochen. Es liegt deshalb kein Arbeitsunfall vor.

d) Es liegt nach § 8 SGB VII Absatz 2 Ziffer 2 a ein Arbeitsunfall vor, da ein Umweg versichert ist, um Kinder wegen der beruflichen Tätigkeit fremder Obhut anzuvertrauen.
e) Es liegt ein Arbeitsunfall vor, da nicht nur der kürzeste Weg versichert ist, sondern auch der ortsübliche Weg.
Solche und ähnliche Regelungen findet man teils unmittelbar im Gesetz, teils aber auch in der mittlerweile umfangreichen Rechtsprechung.

L6:
a) § 3 Absatz 1 Satz 1 Entgeltfortzahlungsgesetz: „Wird ein Arbeitnehmer durch Arbeitsunfähigkeit ... an seiner Arbeitsleistung verhindert, ohne dass ein Verschulden trifft, so hat er Anspruch auf Entgeltfortzahlung ... durch den Arbeitgeber ...bis zur Dauer von sechs Wochen."
Anschließend übernimmt die gesetzliche Krankenversicherung die Zahlung des Krankengeldes.
b) Die gesetzliche Krankenversicherung übernimmt den Notarzteinsatz und die stationäre Krankenhausbehandlung. Die Rehabilitation wird von der gesetzlichen Rentenversicherung übernommen.

L7:
Als versicherungsfrei gelten Personen, die kraft Gesetzes oder auf Antrag nicht versicherungspflichtig sind (§§ 6 bis 8 SGB V).
Dazu gehören zum Beispiel
- Arbeitnehmer, die die regelmäßigen Jahresarbeitsentgeltgrenzen überschreiten.
- Beamte, Richter, Berufssoldaten und andere, die bei Krankheit Anspruch auf Fortzahlung der Bezüge und auf Beihilfe gegen ihren Dienstherrn haben.
- geringfügig Beschäftigte (§ 8 SGB IV).
- Studenten, die auf Antrag von der Krankenversicherungspflicht befreit sind.

L8: Für die Prüfung der Pflegebedürftigkeit und der Pflegestufe ist der Medizinische Dienst der Krankenversicherung zuständig. Die jeweilige Situation wird regelmäßig untersucht. Die Pflegekasse trifft die Entscheidung. Der Medizinische Dienst kann zum Beispiel auch feststellen, ob eine Maßnahme zur Minderung der Pflegebedürftigkeit ergriffen werden kann. Die Versicherten haben einen Anspruch auf ambulante medizinische Rehabilitation.

L9: Durch die Leistungen zur Teilhabe (am Arbeitsleben) (= Rehabilitationsmaßnahmen) der Rentenversicherung soll die Erwerbsfähigkeit des Versicherten erhalten und wiederhergestellt werden. Es soll eine Beeinträchtigung der Erwerbsfähigkeit verhindert werden, ebenso wie ein vorzeitiges Ausscheiden aus dem Erwerbsleben. Die Leistungen der Rehabilitation haben Vorrang vor der Rente wegen verminderter Erwerbsfähigkeit (§ 9 SGB VI).

L10: § 127 SGB III: „Die Dauer des Anspruchs auf Arbeitslosengeld richtet sich
1. nach der Dauer der Versicherungspflichtverhältnisse ... und
2. dem Lebensalter, das der Arbeitslose bei der Entstehung des Anspruchs vollendet hat."
Der Anspruch auf Arbeitslosengeld steigt also, je länger der Arbeitslose versicherungspflichtig beschäftigt war und je älter er ist.

L11: § 2 Absatz 1 Nr. 1 SGB VII: Egon Strunz übte zum Unfallzeitpunkt eine Tätigkeit aus, die mit seiner Beschäftigung zusammenhängt. Es handelt sich also um eine versicherte Tätigkeit (siehe auch § 8 SGB VII).

L12: Jeder Arbeitnehmer, der gegen Arbeitsentgelt beschäftigt ist, ist in der Krankenversicherung pflichtversichert (es sei denn, er überschreitet die Beitragsbemessungsgrenze). Der Beitrag zur Krankenversicherung wird vom Arbeitgeber vom Bruttolohn abgezogen und einbehalten. Dieser überweist die Beiträge seiner Mitarbeiter und seinen Arbeitgeberanteil an die jeweils zuständige Krankenkasse.

L13:
- Gesundheitsförderung und Krankheitsverhütung (§§ 20 bis 24 SGB V)
- Früherkennung von Krankheiten (§§ 25 und 26 SGB V)

- Krankenbehandlung (§§ 27 bis 43 SGB V)
- Krankengeld (§§ 44 bis 51 SGB V)
- Fahrkosten (§ 60 SGB V)
- Leistungen bei Schwangerschaft und Mutterschaft (§§ 195 ff. Reichsversicherungsordnung)

L14: Unter Wartezeit versteht man eine bestimmte Mindestversicherungszeit. Diese Zeit muss zum Beispiel belegt sein mit Beitragszeiten, Ersatzzeiten oder/und Zeiten der Kindererziehung, damit bei Erfüllung der Voraussetzungen ein Rentenanspruch besteht. Der Versicherte erbringt diese Mindestversicherungszeit (finanzielle Vor- und Gegenleistung) für spätere Rentenansprüche.

L15: § 22 SGB XI: Von der Versicherungspflicht in der sozialen Pflegeversicherung können freiwillig gegen Krankheit Versicherte befreit werden, wenn sie dieses innerhalb von drei Monaten nach Eintritt in die gesetzliche Krankenversicherung beantragen und eine gleichwertige private Pflegeversicherung für sich und die Angehörigen abschließen.

L16: §§ 217 bis 224 SGB III: Arbeitgeber sollen durch finanzielle Anreize dazu angeregt werden, auch Personen mit geminderter Leistung einzustellen. Eingliederungszuschüsse sind möglich bei Einarbeitung, bei erschwerter Vermittlung, für ältere Arbeitnehmer und für besonders betroffene schwerbehinderte Menschen.

L17: Es gilt zwar der Grundsatz, dass Krankengeld zeitlich unbegrenzt gewährt wird. Aber: Hat der Versicherte wegen derselben Krankheit innerhalb von drei Jahren seit Beginn einer Arbeitsunfähigkeit mit oder ohne Unterbrechung für 78 Wochen einen Krankengeldanspruch gehabt, endet der Anspruch. Die Leistungsdauer wird auch nicht verlängert, wenn während der Arbeitsunfähigkeit eine weitere Krankheit hinzukommt. Ist jemand ein so genannter Langzeitkranker, erhält er zunächst für sechs Wochen Lohn oder Gehalt und dann für maximal 72 Wochen wegen derselben Krankheit Krankengeld.

Anschließend wird meist Rente (z. B. wegen Erwerbsunfähigkeit) gezahlt bzw. eventuell Sozialhilfe. Dann kann es unter Umständen erneut zu Zahlungen von Krankengeld kommen.

L18: Versicherte, die auf dem allgemeinen Arbeitsmarkt bis zu 3 Stunden täglich erwerbstätig sein können, erhalten die volle Rente wegen Erwerbsminderung. Versicherte, die zwischen drei und unter sechs Stunden erwerbstätig sein können, erhalten eine halbe Rente wegen Erwerbsminderung. Ist das Ende der Erwerbsminderung absehbar, wird die Rente auf Zeit geleistet. Versicherte, die sechs Stunden und mehr erwerbstätig sein können, erhalten keine Rente.

L19:
Bitte die konkreten Zeitangaben der Regelung beachten, dann lassen sich die umschriebenen Situationen einordnen.
a) Pflegestufe II
b) Pflegestufe I
c) Pflegestufe III

L20: Bei einer Krankheit handelt es sich um einen „regelwidrigen Körper- oder Geisteszustand". In der Krankenversicherung ist jemand anspruchsberechtigt, wenn er deswegen in ärztlicher Behandlung oder sogar arbeitsunfähig ist. Der Versicherungsfall der Krankheit tritt an dem Tage ein, an dem erstmalig die behandlungsbedürftigen Beschwerden auftreten.

L21: Die Pflegesätze in Pflegeheimen sind oft höher als der Höchstsatz, den die Pflegeversicherung zahlt. Hat der Versicherte kein eigenes Einkommen oder Vermögen und keine Verwandten, kommt der Staat für den Rest über die Sozialhilfe auf.

L22: Privat gegen Krankheit versicherte Personen müssen für sich und ihre Angehörigen eine private Pflegeversicherung abschließen. Dies gilt auch für Beamte, die nicht Mitglied der gesetzlichen Krankenversicherung sind. Allerdings genügt für diese eine die Beihilfe ergänzende Pflegezusatzversicherung.

L23:
- Beitragsgerecht: Die Rente ist abhängig von der Zahl und der Höhe der Beiträge.
- Lohnbezogen: Die Rentenhöhe berücksichtigt die Höhe des Durchschnittsverdienstes aller Arbeitnehmer zur Zeit des Rentenbezugs.
- Sozial: Es werden zum Beispiel beitragsfreie Zeiten angerechnet und Renten gezahlt wegen Todes an Hinterbliebene.

L24: §§ 44 - 46 SGB V: Zum Bezug von Krankengeld muss die Person bei Eintritt des Versicherungsfalls der Krankheit Mitglied einer Krankenkasse sein, arbeitsunfähig sein und die Arbeitsunfähigkeit der Kasse melden. Arbeitsunfähigkeit liegt vor, wenn jemand seine zuletzt ausgeübte Beschäftigung infolge Krankheit nicht oder nur mit der Gefahr der Verschlimmerung verrichten kann.

L25: SGB VI:
- häusliche Pflege bei Verhinderung der Pflegeperson
- Pflegegeld für selbst beschaffte Pflegehilfen
- Kurzzeitpflege
- vollstationäre Pflege
- Pflegekurse für Angehörige
- Pflegehilfsmittel und technische Hilfen
- Zuschuss zur Pflege in Einrichtungen der Behindertenhilfe
- usw.

1.4 Arbeitsschutz- und arbeitssicherheitsrechtliche Vorschriften und Bestimmungen

Im Folgenden wird insbesondere darauf eingegangen, beim Arbeitsprozess Vorschriften in Abstimmung mit betrieblichen und außerbetrieblichen Institutionen zu beachten.

1.4.1 Ziele und Aufgaben des Arbeitsschutzes und des Arbeitssicherheitsrechtes

Arbeitnehmer sollen vor Gefahren für Leben und Gesundheit bei der Arbeit und durch die Arbeit geschützt werden. Die Schutzbestimmungen wurden der technischen Entwicklung laufend angepasst, sodass es heute zahlreiche Vorschriften, Verordnungen und Gesetze gibt, die den Arbeitsschutz zum Thema haben.

Arbeitsschutz soll vorbeugen, bevor es tatsächlich zu Unfällen kommt.

1.4.1.1 Bestimmungen in Sozialgesetzbuch, Reichsversicherungsordnung und Arbeitsschutzgesetz

Sozialgesetzbuch (SGB)
Der öffentlich-rechtliche autonome Arbeitsschutz ist durch das **SGB VII** geregelt. Die Berufsgenossenschaften erlassen auf dieser Grundlage verbindliche **Unfallverhütungsvorschriften** für ihre Mitgliedsunternehmen und die dort Beschäftigten (§§ 15, 16 SGB VII). Das SGB VII hat das 3. Buch der Reichsversicherungsordnung (RVO) zur Unfallversicherung abgelöst. Es gilt weiterhin die Ablösung der privaten Haftpflicht des Unternehmers durch eine öffentlich-rechtliche Haftpflicht.

Reichsversicherungsordnung (RVO)
Wie soeben gesagt, sind die Vorschriften der RVO zur Unfallversicherung in das SGB VII übernommen worden. Ein Teil der Reichsversicherungsordnung besteht jedoch auch heute noch in modernisierter Fassung. Dies gilt beispielsweise bezüglich der Leistungen bei Schwangerschaft und Mutterschaft.

Arbeitsschutzgesetz (ArbSchG)
Das Arbeitsschutzgesetz (ArbSchG) als „Gesetz über die Durchführung von Maßnahmen des Arbeitsschutzes zur Verbesserung der Sicherheit und des Gesundheitsschutzes der Beschäftigten bei der Arbeit" enthält neben allgemeinen Vorschriften auch die Pflichten des Arbeitgebers und die Pflichten und Rechte der Beschäftigten.

Welchem Zweck dient das Arbeitsschutzgesetz?

Übersicht über wichtige Vorschriften aus dem Arbeitsschutzgesetz		
Allgemeine Vorschriften:	§ 1 ArbSchG	Zielsetzung und Anwendungsbereich
	§ 2 ArbSchG	Begriffsbestimmungen
Pflichten des Arbeitgebers:	§ 3 ArbSchG	Grundpflichten des Arbeitgebers
	§ 4 ArbSchG	Allgemeine Grundsätze
	§ 9 ArbSchG	Besondere Gefahren
	§ 13 ArbSchG	Verantwortliche Personen
Pflichten und Rechte der Beschäftigten:	§ 15 ArbSchG	Pflichten der Beschäftigten
	§ 17 ArbSchG	Rechte der Beschäftigten
Schlussvorschriften:	§ 21 ArbSchG	Zuständige Behörden; Zusammenwirken mit den Trägern der gesetzlichen Unfallversicherung
	§ 22 ArbSchG	Befugnisse der zuständigen Behörden

1.4.1.2 Grundlegende Vorschriften nach § 120 a der Gewerbeordnung
§ 120 a Gewerbeordnung regelte den betrieblichen Arbeitsschutz für gewerbliche Arbeitnehmer (Betriebssicherheit). Diese Vorschrift (gültig seit 1869) wurde durch das Inkrafttreten des Arbeitsschutzgesetzes abgelöst.

1.4.1.3 Die Bedeutung weiterer Gesetze für den Arbeitsschutz und die Arbeitssicherheit
Die hier genannten Gesetze und Verordnungen werden an entsprechender Stelle in den nachfolgenden Kapiteln je nach Bedarf ausführlicher behandelt.

Gesetze
- Geräte- und Produktsicherheitsgesetz GPSG
- Arbeitssicherheitsgesetz ASiG (Gesetz über Betriebsärzte, Sicherheitsingenieure und andere Fachkräfte für Arbeitssicherheit)
- Bundesimmissionsschutzgesetz BImSchG
- Mutterschutzgesetz MuSchG (Gesetz zum Schutz der erwerbstätigen Mutter)
- Schwerbehindertenschutz SGB IX (Rehabilitation und Teilhabe behinderter Menschen)
- Betriebsverfassungsgesetz BetrVG
- Jugendarbeitsschutzgesetz JArbSchG
- Bildschirmarbeitsverordnung BildscharbV

Welche Gesetze und Verordnungen enthalten Vorschriften über Arbeitsschutz und Arbeitsentwicklung?

Verordnungen:
- Arbeitsstättenverordnung ArbStättV
- Gefahrstoffverordnung GefStoffV (Verordnung zum Schutz vor gefährlichen Stoffen)
- Unfallverhütungsvorschriften UVV

Welche Auswirkungen hat das EU-Recht auf das nationale Recht?

EU-Recht/EU-Richtlinien
Ein umfassender Ansatz zum Arbeitsschutz hat sich auch im internationalen und im europäischen Recht niedergeschlagen.

   Der Arbeitsschutz gehört zu den Kernbereichen des EG-Rechts auf dem Gebiet der Sozialpolitik.

In erster Linie ergibt sich der EG-Arbeitsschutzansatz und die Zielsetzung der Europäischen Arbeitsschutzpolitik aus Art. 118 a (jetzt: 137 Absatz 1) EGV (betrieblicher, verhaltensbezogener Arbeitsschutz) und aus Art. 100 a (jetzt: 95) EGV (vorgreifender, produktbezogener Arbeitsschutz). Der Begriff „Arbeitsumwelt" steht für die ganzheitliche Zielsetzung eines zeitgemäßen Arbeitsschutzes. Es geht nicht allein um technische Lösungen für Sicherheit und Gesundheitsschutz am Arbeitsplatz, sondern auch um präventive und dynamische Arbeitsschutzpolitik. Berührt werden sämtliche körperliche und sonstige Faktoren, die die Gesundheit und Sicherheit der Beschäftigten unmittelbar oder mittelbar erfassen. Dazu zählen auch Aspekte der Arbeitszeitgestaltung.

Was umfasst der Begriff „Arbeitsumwelt"?

EGV = Vertrag zur Gründung der Europäischen Gemeinschaft

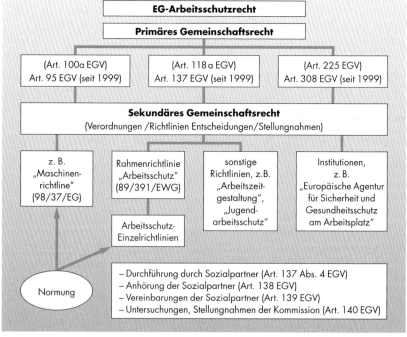

Abb. 1.4: (in Anlehnung an Kittner/Pieper, Arbeitsschutzrecht, 2. Auflage, Bund-Verlag)

1.4.1.4 Überwachung des Arbeitsschutzes und der Arbeitssicherheit

Arbeitsschutz und Arbeitssicherheit wird von externen und internen Stellen überwacht. Zu den externen Stellen zählen Berufsgenossenschaft, Gewerbeaufsicht und Technische Überwachung. Zu ihren Aufgaben gehören zum Beispiel Beratung des Arbeitgebers, Einholung von Auskünften, Betriebsbesichtigungen, Durchführung technischer Prüfungen oder die Entnahme von Proben/Mustern. Sie können auch Bußgelder festsetzen oder Strafverfahren einleiten.

> Welche Behörden bzw. Stellen üben eine Überwachungsfunktion aus?

Intern können in einem Unternehmen – je nach Größe – zu finden sein: Sicherheitsfachkraft, Sicherheitsbeauftragter, Betriebsarzt, Betriebsrat, betriebliche Beauftragte für bestimmte Umweltschutzbereiche oder besonders schutzbedürftige Personen (Schwerbehindertenvertretung), Datenschutzbeauftragter.

Auswahl rechtlicher Vorschriften:

- § 88 BetrVG: „Durch Betriebsvereinbarung können insbesondere geregelt werden 1. zusätzliche Maßnahmen zur Verhütung von Arbeitsunfällen und Gesundheitsschädigungen;"
- § 89 BetrVG: „Der Betriebsrat hat sich dafür einzusetzen, dass die Vorschriften über den Arbeitsschutz und die Unfallverhütung ..."
- § 22 SGB VII: „In Unternehmen mit regelmäßig mehr als 20 Beschäftigten hat der Unternehmer unter Beteiligung des Betriebsrates ... Sicherheitsbeauftragte ..."
- §§ 21 und 22 Arbeitsschutzgesetz: Zuständige Behörden, Befugnisse der zuständigen Behörden
- Geräte- und Produktsicherheitsgesetz (GPSG): u.a. Grundlage für TÜV

> In welchen Vorschriften findet man Regelungen?

> GPSG: Gesetz über technische Arbeitsmittel und Verbraucherprodukte

1.4.1.5 Arbeitszeitgesetz: Rechtliche Bestimmungen der Arbeitsgestaltung

Arbeitszeitgesetz (ArbZG)

In der Praxis ist es unerlässlich, die rechtlichen Bestimmungen im Einzelnen dem Arbeitszeitgesetz direkt zu entnehmen. Im folgenden Abschnitt können nur ausgewählte Themen angesprochen werden. Die Schutzbestimmungen stellen Höchstgrenzen dar. Die tatsächliche Arbeitsverpflichtung ergibt sich aus dem Einzelarbeitsvertrag, dem Tarifvertrag oder der Betriebsvereinbarung.

§ 2 ArbZG: „Arbeitszeit ... ist die Zeit vom Beginn bis zum Ende der Arbeit ohne die Ruhepausen; ..."

§ 3 ArbZG: „Die werktägliche Arbeitszeit... darf acht Stunden nicht überschreiten. Sie kann auf bis zu zehn Stunden nur verlängert werden, wenn innerhalb von sechs Kalendermonaten oder innerhalb von 24 Wochen im Durchschnitt acht Stunden werktäglich nicht überschritten werden."

§ 4 ArbZG: Ruhepausen
§ 5 ArbZG: Ruhezeit
§ 6 ArbZG: Nacht- und Schichtarbeit
§ 7 ArbZG: Abweichende Regelungen
§ 9 ArbZG: Sonn- und Feiertagsruhe
§ 10 ArbZG: Sonn- und Feiertagsbeschäftigung
§ 11 ArbZG: Ausgleich für Sonn- und Feiertagsbeschäftigung
§ 18 ArbZG: Nichtanwendung des Gesetzes

> Welche Regelungen findet man im Arbeitszeitgesetz?

Jugendarbeitsschutzgesetz (JArbSchG)

Welche Punkte regelt das Jugendarbeitsschutzgesetz?

Im Jugendarbeitsschutzgesetz sind die Vorschriften über die Arbeitszeit von Jugendlichen nachzulesen. Das Gesetz gilt für die Beschäftigung von Personen, die noch nicht 18 Jahre alt sind. Auch ist wieder festzuhalten: Wer später Verantwortung für jugendliche Beschäftigte trägt, sollte sich unmittelbar mit dem Gesetzestext auseinander setzen.

Hier ein Überblick über die wesentlichen Paragrafen bzw. die gesetzlich festgelegten Bereiche:

§ 8 JArbSchG: „Jugendliche dürfen nicht mehr als acht Stunden täglich und nicht mehr als 40 Stunden wöchentlich beschäftigt werden."
§ 9 JArbSchG: Berufsschule
§ 10 JArbSchG: Prüfungen und außerbetriebliche Ausbildungsmaßnahmen
§ 11 JArbSchG: Ruhepausen, Aufenthaltsräume
§ 12 JArbSchG: Schichtzeit
§ 13 JArbSchG: Tägliche Freizeit
§ 14 JArbSchG: Nachtruhe
§ 15 JArbSchG: Fünf-Tage-Woche
§ 16 JArbSchG: Samstagsruhe
§ 17 JArbSchG: Sonntagsruhe
§ 18 JArbSchG: Feiertagsruhe
§ 19 JArbSchG: Urlaub

Mutterschutzgesetz (MuSchG)
Die Vorschriften über die Arbeitszeit für werdende und stillende Mütter befinden sich in § 8 Mutterschutzgesetz.

1.4.2 Verantwortung für den Arbeitsschutz und die Arbeitssicherheit

1.4.2.1 Verantwortung des Arbeitgebers für den Arbeitsschutz

Welche Pflichten haben der Arbeitgeber und ...

Unter **Unfallverhütung** versteht man die Planung und Durchführung von Maßnahmen, durch die Unfälle vermieden werden sollen. Die Pflichten des Arbeitgebers gründen sich auf folgende gesetzliche Vorschriften:

- § 62 HGB: Fürsorgepflicht des Arbeitgebers
- §§ 3 bis 14 Arbeitsschutzgesetz: Pflichten des Arbeitgebers
- § 21 SGB VII: Verantwortung des Unternehmers, Mitwirkung der Versicherten

1.4.2.2 Verantwortung der Arbeitnehmer für den Arbeitsschutz

Die Pflichten – und die Rechte – der Beschäftigten ergeben sich aus den §§ 15 bis 17 Arbeitsschutzgesetz.

In der BGV A 1 (BG-Vorschrift) Unfallverhütungsvorschrift „Allgemeine Vorschriften" finden sich ebenfalls Informationen zu den Pflichten der Versicherten.

... der Arbeitnehmer?

Im Überblick:

§ 15 Allgemeine Unterstützungspflichten und Verhalten: (1) Die Versicherten sind verpflichtet, (...) gemäß der (...) Weisung des Unternehmers für ihre Sicherheit und Gesundheit (...) sowie für Sicherheit und Gesundheitsschutz (...). (2) Versicherte dürfen sich durch (...)Alkohol, (...) nicht in einen Zustand versetzen, (...).

§ 16 Besondere Unterstützungspflichten: (1) Die Versicherten haben dem Unternehmer (...) jede (...) Gefahr für die Sicherheit und Gesundheit (...) unverzüglich zu melden. (...) (2) Stellt ein Versicherter fest, dass im Hinblick auf die Verhütung von Arbeitsunfällen (...) ein Arbeitsmittel (...) einen Mangel aufweist, (...)

§ 17 Benutzung von Einrichtungen, Arbeitsmitteln und Arbeitsstoffen: Versicherte haben Einrichtungen, Arbeitsmittel und Arbeitsstoffe sowie Schutzvorrichtungen bestimmungsgemäß und im Rahmen der ihnen übertragenen Arbeitsaufgaben zu benutzen.

§ 18 Zutritts- und Aufenthaltsverbote: Versicherte dürfen sich an gefährlichen Stellen nur im Rahmen der ihnen übertragenen Aufgaben aufhalten.

1.4.2.3 Verantwortung des Betriebsrates für den Arbeitsschutz
Das Recht des Betriebsrates zur Mitbestimmung und Mitwirkung beim Arbeitsschutz und seine Verantwortung dafür sind im Betriebsverfassungsgesetz geregelt. Verletzt ein Mitglied des Betriebsrates seine gesetzlichen Pflichten, kann es aus dem Betriebsrat wegen grober Pflichtverletzung ausgeschlossen werden (§ 23 Absatz 1 BetrVG).

Auf welche Weise wird der Betriebsrat in die Verantwortung genommen?

Weitere Vorschriften sind zu finden in
- § 80 BetrVG: „Der Betriebsrat hat ... darüber zu wachen, dass die ... Unfallverhütungsvorschriften ... durchgeführt werden;"
- § 87 Absatz 1 Nr. 7 BetrVG: „Der Betriebsrat hat ... bei Regelungen über die Verhütung von Arbeitsunfällen und Berufskrankheiten ... mitzubestimmen;"
- § 88 BetrVG: „Durch Betriebsvereinbarung können ... zusätzliche Maßnahmen zur Verhütung von Arbeitsunfällen ... geregelt werden;"
- § 91 BetrVG: Mitbestimmungsrecht

1.4.2.4 Rechtsfolgen bei Verstößen und Ordnungswidrigkeiten
Nach § 25 Arbeitsschutzgesetz kann sowohl der Arbeitgeber als auch der Arbeitnehmer (als Beschäftigter) ordnungswidrig handeln.

Eine Ordnungswidrigkeit kann mit einer Geldbuße bis zu EUR 25.000,- geahndet werden (§ 25 Absatz 2 Arbeitsschutzgesetz).

Ordnungswidrigkeiten

§ 26 Arbeitsschutzgesetz enthält die Strafvorschriften. Nach diesen kann eine Freiheitsstrafe bis zu einem Jahr ausgesprochen werden.
Weitere Vorschriften enthält das SGB VII, zum Beispiel §§ 109, 110, 111 SGB VII. Daneben kann das Gesetz über Ordnungswidrigkeiten (OWiG) herangezogen werden.

1.4.3 Sonderschutzrechte für schutzbedürftige Personen

1.4.3.1 Einrichtung spezieller Arbeitsplätze für schutzbedürftige Personen
Zum Kreis der schutzbedürftigen Personen zählen Jugendliche, Frauen und Schwerbehinderte. Bei der Einrichtung von Arbeitsplätzen ist u.a. auf folgende Vorschriften zu achten:

Welche Personen sind schutzbedürftig?

Jugendliche
§ 28 JArbSchG Menschengerechte Gestaltung der Arbeit: „Der Arbeitgeber hat ... Maßnahmen zu treffen, die zum Schutze der Jugendlichen ... sowie zur Ver-

meidung einer Beeinträchtigung der körperlichen oder seelisch-geistigen Entwicklung ... erforderlich sind."

Frauen
§ 2 MuSchG enthält Regelungen zur Gestaltung des Arbeitsplatzes. § 4 MuSchG Weitere Beschäftigungsverbote: „Werdende Mütter dürfen nicht mit schweren körperlichen Arbeiten und nicht mit Arbeiten beschäftigt werden, bei denen sie schädlichen Einwirkungen ... ausgesetzt sind."

Schwerbehinderte
Die Regelungen für Schwerbehinderte sind im SGB IX enthalten. In § 81 Absatz 4 Ziffer 4 und 5 SGB IX wird der Anspruch von schwerbehinderten Menschen gegenüber ihren Arbeitgebern festgelegt auf „behinderungsgerechte Einrichtung und Unterhaltung der Arbeitstätten ... sowie der Gestaltung der Arbeitsplätze" und „Ausstattung ihres Arbeitsplatzes mit den erforderlichen technischen Arbeitshilfen ..."

1.4.3.2 Vorschriften für schutzbedürftige Personen

Jugendliche
Die Vorschriften über die Arbeitszeit, Urlaub usw. sind in Kapitel 1.4.1.5 erfasst. Weiterhin sind z. B. noch zu beachten:

§ 5 JArbSchG	Verbot der Beschäftigung von Kindern
§ 7 JArbSchG	Beschäftigung von nicht vollzeitschulpflichtigen Kindern
§ 22 JArbSchG	Gefährliche Arbeiten
§ 23 JArbSchG	Akkordarbeit; tempoabhängige Arbeiten
§ 32 JArbSchG	Erstuntersuchung

Frauen
Zu beachten sind u. a.:

§ 3 MuSchG	Beschäftigungsverbote für werdende Mütter
§ 6 MuSchG	Beschäftigungsverbote nach der Entbindung
§ 8 MuSchG	Mehrarbeit, Nacht- und Sonntagsarbeit
§ 9 MuSchG	Kündigungsverbot

Schwerbehinderte
Zu beachten sind u. a.:

§ 2 SGB IX	Behinderung
§ 33 SGB IX	Leistungen zur Teilhabe am Arbeitsleben
§ 34 SGB IX	Leistungen an Arbeitgeber
§ 71 SGB IX	Pflicht der Arbeitgeber zur Beschäftigung schwerbehinderter Menschen
§ 77 SGB IX	Ausgleichsabgabe
§ 81 SGB IX	Pflichten des Arbeitgebers und Rechte schwerbehinderter Menschen
§§ 85 bis 92 SGB IX	Kündigungsschutz
§ 95 SGB IX	Aufgaben der Schwerbehindertenvertretung

1.4.4 Bestimmungen des Arbeitssicherheitsgesetzes (ASiG)

1.4.4.1 Grundlagen des Arbeitssicherheitsgesetzes

§ 1 Arbeitssicherheitsgesetz Grundsatz: „Der Arbeitgeber hat nach Maßgabe dieses Gesetzes Betriebsärzte und Fachkräfte für Arbeitssicherheit zu bestellen. Diese sollen ihn beim Arbeitsschutz und bei der Unfallverhütung unterstützen. Damit soll erreicht werden, dass

1. die dem Arbeitsschutz und der Unfallverhütung dienenden Vorschriften ... entsprechend angewandt werden,
2. ... sicherheitstechnische Erkenntnisse zur Verbesserung des Arbeitsschutzes ... verwirklicht werden können,
3. die dem Arbeitsschutz und der Unfallverhütung dienenden Maßnahmen einen möglichst hohen Wirkungsgrad erreichen."

> *Das Arbeitssicherheitsgesetz ist ein Rahmengesetz. Einzelheiten sind in anderen Rechtsnormen zu regeln, wie es § 14 ASiG beschreibt (Ermächtigung zum Erlass von Rechtsverordnungen).*

1.4.4.2 Bestellung von Betriebsärzten und Fachkräften für Arbeitssicherheit und ihre Aufgaben

§§ 2 bis 4 Arbeitssicherheitsgesetz Betriebsärzte

> *Der Arbeitgeber hat nach dem Arbeitssicherheitsgesetz Betriebsärzte schriftlich zu bestellen.*

Dies gilt, so weit dies nach Betriebsart, Zahl der beschäftigten Arbeitnehmer, Zusammensetzung der Arbeitnehmerschaft und Betriebsorganisation erforderlich ist. Er kann zwischen folgenden Modellen medizinischer Betreuung wählen:
- Einstellung eines hauptberuflichen Arztes,
- Bestellung eines freiberuflich tätigen Arztes,
- Anschluss an einen überbetrieblichen arbeitsmedizinischen Dienst.

Allgemein haben Betriebsärzte die Aufgabe, den Arbeitgeber beim Arbeitsschutz und bei der Unfallverhütung in allen Fragen des Gesundheitsschutzes zu unterstützen. Die Aufgaben der Betriebsärzte sind in § 3 Arbeitssicherheitsgesetz aufgezählt. Betriebsärzte können nur mit Zustimmung des Betriebsrates bestellt oder abberufen werden.

§§ 5 bis 7 Arbeitssicherheitsgesetz Fachkräfte für Arbeitssicherheit

> *Der Arbeitgeber hat nach dem Arbeitssicherheitsgesetz Fachkräfte für Arbeitssicherheit schriftlich zu bestellen.*

Dies gilt, so weit es nach der Betriebsart, Zahl der Beschäftigten, Zusammensetzung der Belegschaft, Betriebsorganisation und der Kenntnis und Schulung des Arbeitgebers oder sonstiger verantwortlicher Personen in Fragen des Arbeitsschutzes erforderlich ist. Allgemein haben Fachkräfte für Arbeitssicherheit

Welche Aufgaben erfüllen Fachkräfte für Arbeitssicherheit? die Aufgabe, den Arbeitgeber beim Arbeitsschutz und bei der Unfallverhütung in allen Fragen der Arbeitssicherheit und des Gesundheitsschutzes einschließlich der menschengerechten Gestaltung der Arbeit unterstützen. Die Aufgaben der Fachkräfte für Arbeitssicherheit sind in § 6 Arbeitssicherheitsgesetz aufgezählt. Die Einstellung und Abberufung einer Fachkraft für Arbeitssicherheit bedarf der Zustimmung des Betriebsrates.

Zu beachten sind weiterhin:

§ 8 ASiG	Unabhängigkeit bei der Anwendung der Fachkunde
§ 9 ASiG	Zusammenarbeit mit dem Betriebsrat
§ 10 ASiG	Zusammenarbeit der Betriebsärzte und der Fachkräfte für Arbeitssicherheit

1.4.4.3 Aufgaben des Arbeitsschutzausschusses

§ 11 Arbeitssicherheitsgesetz Arbeitsschutzausschuss: „Soweit in einer sonstigen Rechtsvorschrift nichts anders bestimmt ist, hat der Arbeitgeber in Betrieben mit mehr als zwanzig Beschäftigten einen Arbeitsschutzausschuss zu bilden; …dieser Ausschuss setzt sich zusammen aus:

Wer sitzt im Arbeitsschutzausschuss?
- dem Arbeitgeber oder einem von ihm Beauftragten,
- zwei vom Betriebsrat bestimmten Betriebsratsmitgliedern,
- Betriebsärzten,
- Fachkräften für Arbeitssicherheit und
- Sicherheitsbeauftragten nach § 22 SGB VII.

Der Arbeitsschutzausschuss hat die Aufgabe, Anliegen des Arbeitsschutzes und der Unfallverhütung zu beraten. Der Arbeitsschutzausschuss tritt mindestens einmal vierteljährlich zusammen."

1.4.5 Ziel und wesentliche Inhalte der Arbeitsstättenverordnung (ArbStättV)

1.4.5.1 Allgemeine Vorschriften und Anforderungen für Arbeitsstätten, Verkehrswege und Einrichtungen in Gebäuden

Durch zweckmäßig, angenehm und sicherheitsgerecht gestaltete Arbeitsstätten wird die Arbeit erleichtert, Wohlbefinden geschaffen und die Wahrscheinlichkeit von Fehlverhalten – und damit von Personenschäden – vermindert. Die **Mindestanforderungen** an betriebliche Arbeitsstätten sind in der Arbeitsstättenverordnung enthalten, die zu den einzelnen Paragrafen durch die Arbeitsstättenrichtlinien (ASR) ergänzt wird.

Welche Bereiche umfasst die Arbeitsstättenverordnung?

Zur Arbeitsstätte gehören auch Verkehrswege, Lager- und Maschinenräume sowie alle mit dem Betrieb zusammenhängenden Nebenräume, z. B. Pausen-, Umkleide- und Sanitärräume.

Der Arbeitgeber hat die Arbeitsstätte nach dieser Verordnung, den sonst geltenden Arbeitsschutz- und Unfallverhütungsvorschriften und nach den allgemein anerkannten sicherheitstechnischen, arbeitsmedizinischen und hygienischen Regeln sowie den sonstigen gesicherten arbeitswissenschaftlichen Erkenntnissen einzurichten und zu betreiben. Soweit in anderen Rechtsvorschriften, insbesondere dem Bauordnungsrecht der Länder, Anforderungen gestellt werden, bleiben diese Vorschriften unberührt.

1.4.5.2 Konkretisierung der Arbeitsstättenverordnung durch die Arbeitsstättenrichtlinien

Die Arbeitsstättenverordnung und die Arbeitsstättenrichtlinien fordern zum Beispiel Folgendes (hier werden nur Ausschnitte genannt):

- Fußböden: Rutschhemmung, leicht zu reinigen, Wärmedämmung für Standflächen an Arbeitsplätzen, zulässige Belastung der Fußbodenfläche
- Wände, Decken: Leichte Reinigung, bruchsicherer Werkstoff für lichtdurchlässige Wände
- Fenster: Fensterflügel dürfen in geöffnetem Zustand nicht hinderlich sein.
- Verkehrswege für Fußgänger: Die Breite ergibt sich aus der Personenzahl des Einzugsgebietes der am stärksten belegten Schicht.
  Bis 5 Personen: Normalbreite 0,875 m (Baurichtmaß)
  Bis 20 Personen: Normalbreite 1,00 m
  ... Bis 400 Personen: Normalbreite 2,25 m
- Arbeitsräume: Sie müssen eine Grundfläche von mindestens 8 m^2 haben. Als Mindestluftraum ist bestimmt:
  12 m^3 pro Person bei überwiegend sitzender Tätigkeit,
  15 m^3 pro Person bei überwiegend nicht sitzender Tätigkeit,
  18 m^3 pro Person bei schwerer körperlicher Arbeit.
- Bildschirmarbeit: Für die Arbeit an Bildschirmen gilt die Bildschirmarbeitsverordnung.

Ausschnitte aus der Arbeitsstättenverordnung:

3.1 Bewegungsfläche: Die freie unverstellte Fläche am Arbeitsplatz muss so bemessen sein, dass sich die Beschäftigten bei ihrer Tätigkeit ungehindert bewegen können. ...

3.2 Anordnung der Arbeitsplätze: Arbeitsplätze sind in der Arbeitsstätte so anzuordnen, dass Beschäftigte ... nicht gefährdet werden.

3.3 Ausstattung: Jedem Beschäftigten muss mindestens eine Kleiderablage zur Verfügung stehen, sofern Umkleideräume nach § 6 Abs. 2 Satz 3 nicht vorhanden sind.

3.4 Beleuchtung und Sichtverbindung: (1) Die Arbeitsstätten müssen möglichst ausreichend Tageslicht erhalten und ... angemessenen künstlichen Beleuchtung ausgestattet sein. (2) Die Beleuchtungsanlagen sind so auszuwählen, ... dass sich dadurch keine Unfall- oder Gesundheitsgefahren ergeben können. ...

3.5 Raumtemperatur: In ... Arbeitsräumen muss während der Arbeitszeit unter Berücksichtigung der Arbeitsverfahren, der körperlichen Beanspruchung ... eine gesundheitlich zuträgliche Raumtemperatur bestehen. ...

3.6 Lüftung: In umschlossenen Arbeitsräumen muss ... ausreichend gesundheitlich zuträgliche Atemluft vorhanden sein. ... Es müssen Vorkehrungen getroffen sein, durch die die Beschäftigten im Fall einer Störung gegen Gesundheitsgefahren geschützt sind. ...

3.7 Lärm: In Arbeitsstätten ist der Schalldruckpegel so niedrig zu halten, wie es nach der Art des Betriebes möglich ist. Der Beurteilungspegel am Arbeitsplatz in Arbeitsräumen darf ... höchstens 85 dB (A) betragen; soweit dieser Beurteilungspegel ... nicht einzuhalten ist, darf er bis zu 5 dB (A) überschritten werden.

1.4.6 Bestimmungen des Gesetzes über technische Arbeitsmittel und Verbraucherprodukte (GPSG) unter Berücksichtigung des EU-Rechts

1.4.6.1 Gesetzliche Bestimmungen für Hersteller oder Einführer technischer Arbeitsmittel und deren zulässige Abweichungen

Wofür wurde das Geräte- und Produktsicherheitsgesetz (GPSG) geschaffen?

Die allgemeinen Anforderungen an eine sicherheitsgerechte Konstruktion sind national im Gesetz über technische Arbeitsmittel und Verbraucherprodukte festgelegt. Das Gesetz gilt für verwendungsfertige technische Arbeitsmittel, die der Hersteller oder Einführer gewerbsmäßig oder selbstständig in den Verkehr bringt oder ausstellt. Das Gesetz gilt auch für die Errichtung und den Betrieb überwachungsbedürftiger Anlagen. Technische Arbeitsmittel im Sinne dieses Gesetzes sind verwendungsfertige Arbeitseinrichtungen, vor allem Arbeits- und Kraftmaschinen, Hebe- und Fördereinrichtungen und Beförderungsmittel. Es fallen auch Werkzeuge unter das Gesetz über technische Arbeitsmittel und Verbraucherprodukte (im Gegensatz zur Maschinenrichtlinie 89/392/EWG). Die EU ist bestrebt, die technischen Einzelheiten in Europa-Normen zu regeln. Diese Normen werden im Amtsblatt der EU bekannt gemacht und direkt in harmonisierte deutsche Normen umgesetzt. Zur Umsetzung des EU-Rechtes wurden entsprechende Verordnungen zum GPSG erlassen. Die 9. VO (MaschinenVO) ist hier von besonderer Bedeutung, weil sie direkt auf die Maschinen-Richtlinie (89/392/EWG) und deren Anhänge verweist.

Technische Arbeitsmittel dürfen vom Hersteller oder Einführer nur in den Verkehr gebracht werden, wenn sie sicher sind.

Sie müssen den sicherheitstechnischen Anforderungen entsprechen und dürfen bei bestimmungsgemäßer Verwendung der technischen Arbeitsmittel Leben und Gesundheit oder sonstige Rechtsgüter der Benutzer oder Dritter nicht gefährden.

Regeln der Technik

Technische Arbeitsmittel, für die die Rechtsverordnungen nach dem Gesetz über technische Arbeitsmittel und Verbraucherprodukte keine Anforderungen enthalten, dürfen nur in den Verkehr gebracht werden, wenn sie den allgemein anerkannten Regeln der Technik und den Regeln der Sicherheitstechnik entsprechen. Diese Regeln müssen sich in der Praxis bewährt haben und von der Mehrheit der Fachleute anerkannt sein. Diese Regeln werden im Anhang des GPSG genannt. Wird die gleiche Sicherheit auf andere Weise gewährleistet, darf von diesen Regeln abgewichen werden. Liegt eine **Sonderanfertigung** nach schriftlichen Angaben des Verwenders vor, trägt dieser die Verantwortung für die Arbeitssicherheit des technischen Arbeitsmittels.

1.4.6.2 Zertifizierung und Prüfwesen

Nach einem Prüfungs- und Zertifizierungsverfahren durch eine zugelassene Stelle werden technische Arbeitsmittel mit dem **CE-Zeichen oder mit GS** (geprüfte Sicherheit) versehen.

Was bedeuten das GS-Zeichen und ...

- **GS**: Dieses Zeichen wird für alle technischen Arbeitsmittel und andere Produkte verwendet, für die es keine EU-Richtlinien gibt. Die Geräte müssen mindestens den allgemein anerkannten Regeln der Technik und dem nach dem Arbeitsschutz festgelegten Sicherheitsniveau entsprechen (nicht harmonisierter Bereich).

- **CE**: Dieses Zeichen wird für alle technischen Arbeitsmittel verwendet, für die auf Grund einer EU-Richtlinie durch Rechtsverordnung nach dem GPSG das Prüfverfahren näher bestimmt ist (harmonisierter Bereich).

... und das CE-Zeichen?

Eine **Prüf- und Zertifizierungsstelle** gilt als zugelassen, wenn sie nach einem Akkreditierungsverfahren von der zuständigen Landesbehörde für einen bestimmten Aufgabenbereich dem Bundesminister für Arbeit und Sozialordnung benannt und von ihm im Bundesarbeitsblatt bekannt gemacht wurde. Die Zulassung wird zeitlich befristet.

Prüfverfahren bei „geprüfter Sicherheit":
- Prüfungen der Prüfmuster und der vom Hersteller vorgelegten Prüfberichte
- Stichproben der Produktion
- Bei Übereinstimmung mit den Anforderungen erfolgt Ausstellung des Zertifikats
- Anbringen des GS-Zeichens

Prüfverfahren beim CE-Zeichen (Konformitätsnachweisverfahren):
- Grundlage sind das Gerätesicherheitsgesetz und EU-Richtlinien
- Konformitätserklärung vom Hersteller/Bevollmächtigten (technische Beschreibung, Dokumentation der Übereinstimmung mit den Bestimmungen)
- Prüfung durch eine unabhängige Stelle
- Baumusterprüfung
- Produktionsüberwachung

1.4.7 Gesetzliche Grundlagen der Gewerbeaufsicht

1.4.7.1 Die Gewerbeaufsicht und deren zuständige Behörden
Rechtsgrundlage für die Tätigkeit der Gewerbeaufsicht sind in erster Linie § 139 b Gewerbeordnung und § 22 Arbeitsschutzgesetz. Auf Bundesebene ist der Bundesminister für Arbeit und Soziales für die Gesetzesentwürfe zuständig, die den Arbeitsschutz betreffen. In den Ländern sind die Arbeitsminister und Senatoren für Arbeit oberste Arbeitsbehörden, die die Landesvorschriften auf dem Gebiet des Arbeitsschutzes vorbereiten, zum Teil auch erlassen und die Durchführung der Bundes- und Landesvorschriften regeln und kontrollieren.

Welche Behörden sind für die Gewerbeaufsicht zuständig?

Die Kontrolle der Einhaltung der von Bund und Ländern erlassenen Arbeitsschutzvorschriften und eine entsprechende Beratung erfolgen im Normalfall durch die staatlichen Gewerbeaufsichtsämter.

Sie werden in einigen Bundesländern auch als Ämter für Arbeitsschutz (und Sicherheitstechnik) oder ähnlich bezeichnet. Die Gewerbeaufsichtsämter sind regional zuständig und unterstehen den Arbeitsministern oder Senatoren für Arbeit des jeweiligen Bundeslandes. In einigen Bundesländern sind die Bezirks-Regierungen (Regierungspräsidenten) Mittelinstanz. Außerdem besitzen die meisten Länder für übergreifende Aufgaben Landesinstitute.

1.4.7.2 Aufgaben der Gewerbeaufsicht

Womit beschäftigt sich die Gewerbeaufsicht?

Das Arbeitsgebiet der Gewerbeaufsicht umfasst hauptsächlich:
- technischer Arbeitsschutz und Gesundheitsschutz (z. B. Gerätesicherheit, gefährliche Stoffe, Strahlenschutz, Arbeitsstättengestaltung),
- sozialer Arbeitsschutz (z. B. Arbeitszeit, Jugendarbeitsschutz, Sonntagsarbeit, Mutterschutz),
- öffentliche Planung (z. B. Mitwirkung beim Erstellen von Flächennutzungs- und Bauleitplänen),
- Umweltschutz (z. B. Gewässerschutz, Immissionsschutz, Abfallverletzung).

1.4.7.3 Erteilung von Auflagen durch die Gewerbeaufsicht

Den Beamten der Gewerbeaufsicht stehen alle amtlichen Befugnisse der Ortspolizeibehörde zu, auch das Recht zur jederzeitigen Revision der Betriebsanlagen. Sie können verlangen, dass ihnen Auskunft gegeben wird und Unterlagen überlassen werden. Im Rahmen bestimmter gesetzlich festgelegter Fälle können Anordnungen zum Durchsetzen von Maßnahmen getroffen werden. Es können sogar Betriebsstilllegungen erfolgen.

1.4.8 Gesetzliche Grundlagen und Aufgaben der Berufsgenossenschaft

1.4.8.1 Status, Auftrag, Gliederung, Aufgaben und Leistungen der Berufsgenossenschaft

Dieses Thema wird ergänzt durch Kapitel 1.3.4.
Die Träger der gesetzlichen Unfallversicherung gliedern sich in
- gewerbliche Berufsgenossenschaften (Gliederung nach Branchen),
- landwirtschaftliche Berufsgenossenschaften,
- Unfallversicherungsträger der öffentlichen Hand.

Die rechtliche Grundlage der Unfallversicherungsträger ist das SGB VII. Die Berufsgenossenschaft ist eine Körperschaft des öffentlichen Rechts. Sie verwaltet sich selbst. Das oberste Organ (Vertreterversammlung) setzt sich paritätisch aus Vertretern der Arbeitgeber und Arbeitnehmer zusammen.

Welchem Zweck dienen Berufsgenossenschaften?

Jeder Mitarbeiter eines Betriebes wird gegen Unfall bei der Arbeit und auf dem Weg zwischen Arbeitsstätte und Wohnung sowie gegen Berufskrankheit bei der zuständigen Berufsgenossenschaft versichert. Dadurch wird er sozial abgesichert, wenn er tatsächlich einen Unfall erleidet.
Die Träger der gesetzlichen Unfallversicherung haben folgende Aufgaben:
- Sicherheit und Gesundheitsschutz (§ 14 SGB VII),
- Heilung von Unfallverletzten,
- Berufshilfe für Verletzte,
- Entschädigung durch Geldleistungen.

Die Leistungen der Berufsgenossenschaft sind in diesem Buch in Abschnitt 1.3.4.6 beschrieben.

1.4.8.2 Aufgaben der Sicherheitsbeauftragten und ihre Verantwortung

Wann ist die Bestellung eines Sicherheitsbeauftragten vorgeschrieben?

§ 22 Absatz 1 SGB VII: "In Unternehmen mit regelmäßig mehr als 20 Beschäftigten hat der Unternehmer unter Beteiligung des Betriebsrates oder Personalrates Sicherheitsbeauftragte unter Berücksichtigung der im Unternehmen für die Beschäftigten bestehenden Unfall- und Gesundheitsgefahren und der Zahl der Beschäftigten zu bestellen."

§ 22 Absatz 2 SGB VII: „Die Sicherheitsbeauftragten haben den Unternehmer bei der Durchführung der Maßnahmen zur Verhütung von Arbeitsunfällen und Berufskrankheiten zu unterstützen, insbesondere sich von dem Vorhandensein ... der Schutzeinrichtungen zu überzeugen und auf Unfall- und Gesundheitsgefahren ... aufmerksam zu machen."

Welche Aufgaben hat ein Sicherheitsbeauftragter?

§ 22 Absatz 3 SGB VII: „Die Sicherheitsbeauftragten dürfen wegen der Erfüllung der ihnen übertragenen Aufgaben nicht benachteiligt werden."

Zur Vermeidung von Interessenkonflikten sollen Meister, leitende Angestellte und andere betriebliche Vorgesetzte nicht zu Sicherheitsbeauftragten bestellt werden. Fachkräfte für Arbeitssicherheit können nicht gleichzeitig Sicherheitsbeauftragte sein. Der Sicherheitsbeauftragte ist im Auftrag des Arbeitgebers Kontaktmann auf unterer Ebene. Er hat keine Weisungsbefugnis.

Kann der Sicherheitsbeauftragte Weisungen erteilen?

Werden mehr als drei Sicherheitsbeauftragte bestellt, bilden sie einen Sicherheitsausschuss. Sind Fachkräfte für Arbeitssicherheit oder Betriebsärzte bestellt, wird statt des Sicherheitsausschusses ein Arbeitsschutzausschuss gebildet.

1.4.9 Aufgaben technischer Überwachungsvereine

Technische Überwachungsvereine wie TÜV, DEKRA u. a. stellen Sachverständige mit Prüfungs- und Überwachungsaufgaben.

Ein Sachverständiger ist ein besonders ausgebildeter, amtlich anerkannter Sachkundiger.

Sachverständige sind für die Lösung schwieriger Arbeitssicherheitsfragen erforderlich, deren Einsatz zum Teil gesetzlich vorgeschrieben ist. Häufig werden Sachverständige der Technischen Überwachungsvereine zu Hilfe gerufen. Inzwischen haben die technischen Überwachungsvereine auf fast allen Gebieten der Arbeitssicherheit Spezialisten, die mit ihrem Fachwissen Betriebe und Behörden unterstützen. Zu ihren Aufgaben zählen:

Wann werden Sachverständige eingesetzt?

- Prüfung von Kraftfahrzeugen und Kraftfahrern,
- Prüfung besonders gefährlicher technischer Geräte und Anlagen (z. B. Dampfkessel, Aufzüge, Druckbehälter).

Rechtliche Stellung
Der Aufgabenbereich der Überwachungsorganisationen ergibt sich aus dem GPSG. Die Technischen Überwachungsvereine sind als eingetragene Vereine **Selbstverwaltungskörperschaften** der Industrie, deren Sachverständige amtlich anerkannt sind. Die Technischen Überwachungsvereine sind mit einigen Industrieunternehmen als Eigenüberwacher in der Vereinigung der Technischen Überwachungsvereine (VdTÜV) zusammengeschlossen. Weitere Sachverständige sind beschäftigt bei den Materialprüfämtern, der Physikalisch-technischen Bundesanstalt, der Bundesanstalt für Materialforschung und -prüfung, der Bundesanstalt für Arbeitsschutz und Arbeitsmedizin u. a.

GPSG: Geräte- und Produktsicherheitsgesetz

AUFGABEN ZU ABSCHNITT 1.4

1. Beschreiben Sie vier Ziele, die ein Arbeitgeber aus Gründen der Arbeitssicherheit anstreben muss.
2. Beschreiben Sie das systematische Vorgehen zur praktischen Unfallverhütung.
3. Bei der Konstruktion von Geräten ist auch auf die Gerätesicherheit zu achten. Erläutern Sie in diesem Zusammenhang die Begriffe Funktionssicherheit, Gestaltungssicherheit und Umweltsicherheit.
4. Immer wieder kommt es durch heiß laufende Maschinenteile oder Selbstentzündung von Putzlappen mit Ölresten zu Bränden.
   a) Nennen Sie drei Kriterien, von denen die Verbrennungsgeschwindigkeit abhängt.
   b) Erläutern Sie die Bereiche, in denen Maßnahmen zum Brandschutz ergriffen werden können.
5. Nennen Sie die Maßnahmen des Arbeitsschutzes, die man üblicherweise unterscheidet.
6. Nennen Sie vier wichtige Gesetze/Verordnungen zu Arbeitsschutz/Arbeitssicherheit.
7. Max Meier ist Mitglied des Betriebsrates und wird in den Arbeitsschutzausschuss gewählt.
   a) Nennen Sie die Personen, die im Arbeitsschutzausschuss tätig sind.
   b) Nennen Sie die Aufgaben des Arbeitsschutzausschusses.
   c) Geben Sie an, in welchen Zeitabständen der Arbeitsschutzausschuss tagen muss.
8. Am Vortag ist eine Maschine in der Abteilung von Industriemeister Max Meier ausgefallen. Er stellt fest, dass es bei einem erneuten Einschalten zu Sicherheitsproblemen kommen könnte. Er informiert seine Mitarbeiter, dass mit dieser Maschine vorerst nicht mehr gearbeitet werden darf. Egon Strunz beendet trotzdem eine von ihm angefangene Arbeit, ohne dass dies jemand bemerkt. Dabei erleidet er eine leichte Kopfverletzung.
   a) Erläutern Sie, ob hier ein Arbeitsunfall vorliegt.
   b) Beschreiben Sie, ob die Berufsgenossenschaft gegenüber Max Meier Regressansprüche geltend machen kann, da er keine Vorkehrungen getroffen hat, damit niemand mehr die Maschine nutzen kann.
9. Für den betrieblichen Arbeitsschutz sind auch externe Aufsichtsbehörden zuständig. Nennen Sie zwei davon.
10. Nennen Sie drei Maßnahmen, die gegen den Arbeitgeber im Falle eines Verstoßes gegen das Arbeitsschutzrecht bzw. das Arbeitssicherheitsrecht ergriffen werden können.
11. Beschreiben Sie drei Grundsätze, von denen der Arbeitgeber bei Maßnahmen des Arbeitsschutzes auszugehen hat.
12. Beschreiben Sie die Regelung von Ruhepausen für Arbeitnehmer und nennen Sie die rechtliche Grundlage.
13. Erläutern Sie unter Angabe der rechtlichen Grundlage, ob ein Arbeitgeber einem Jugendlichen am Arbeitstag vor der schriftlichen Abschlussprüfung frei geben muss.
14. Beschreiben Sie, wie nach der Arbeitsstättenverordnung Beleuchtungseinrichtungen in Arbeitsräumen und Verkehrswegen gestaltet werden müssen.
15. Erläutern Sie die Aufgaben des Arbeitgebers bezüglich Fluchtwegen und Notausgängen unter Angabe der rechtlichen Grundlage.
16. In Betrieben kommt es immer wieder zu Arbeitsunfällen. Beschreiben Sie drei Ziele, die durch eine Unfalluntersuchung erreicht werden sollen.
17. In einer Werkstatt herrscht durch die vielen Maschinen ziemlicher Lärm. Beschreiben Sie drei technische Möglichkeiten für Lärm verringernde Maßnahmen an der Lärmquelle.
18. Erklären Sie, was unter einer persönlichen Schutzausrüstung zu verstehen ist.
19. Erklären Sie, wann jemand fahrlässig handelt.
20. Erläutern Sie die Voraussetzungen, unter denen ein Mitarbeiter im Betrieb zur Sicherheitsfachkraft bestellt werden kann.
21. Erklären Sie, ob die CE-Kennzeichnung durch das GS-Zeichen ersetzt werden kann.
22. Erläutern Sie, ob ein Verletzter nach einem Arbeitsunfall gegen Unternehmer, Vorgesetzte

oder Mitarbeiter Haftungsansprüche geltend machen kann.
23. Der Arbeitgeber kann seine Pflichten für Sicherheit und Gesundheit, die sich aus dem Arbeitsschutzgesetz und SGB VII ergeben, auf Angehörige seines Unternehmens durch schriftliche Erklärung übertragen. Beurteilen Sie die Übertragung von Arbeitgeberpflichten auf
- eine Fachkraft für Arbeitssicherheit
- einen Sicherheitsbeauftragten
- einen Meister/einen Vorarbeiter.
24. Erläutern Sie, was zu verstehen ist unter einer
   a) Betriebsanleitung,
   b) Betriebsanweisung,
   c) Unterweisung.
25. Es wird vermutet, dass Alkohol als Ursache betrieblicher Unfälle eine erhebliche Bedeutung hat.
   a) Nennen Sie drei Wirkungen, die der Genuss von Alkohol haben kann.
   b) Beschreiben Sie zwei mögliche Folgen, wenn Alkohol als betriebliche Unfallursache festgestellt wird.

LÖSUNGSVORSCHLÄGE

L1:
- Information der Mitarbeiter über Gefahren, Wecken des Gefahrenbewusstseins
- Sicherheitsgerechte Gestaltung der persönlichen Arbeitsumwelt
- Sicherheitsgerechte Gestaltung der Gegenstände, z. B. durch Anpassung der Bedienungselemente
- Vermeidung gefährlicher Emissionen
- Schaffung von ausreichender Beleuchtung

L2:
- Ermittlung der Gefahr durch qualitative und quantitative Erfassung
- Analyse der Gefahr (Ursachen)
- Festlegung des Schutzziels
- Planung und Durchführung von Maßnahmen
- Erfolgskontrolle

L3:
Funktionssicherheit: Sicherheit vor Gefahren durch mangelnde Funktion eines Bauteils oder technischen Systems
Gestaltungssicherheit: Sicherheit vor Gefahren durch mangelhafte Anpassung an die physisch und psychisch bedingten Eigenschaften des Menschen
Umweltsicherheit: Sicherheit vor Gefahren durch schädliche Einflüsse auf die inner- und außerbetriebliche Umwelt

L4: a)
- Brennbarkeit des Stoffes
- Sauerstoffzufuhr
- Temperatur der Luft
- Dispersionsgrad des Stoffes (je höher die Dispersion, desto schneller die Ausbreitung des Brandes; Kohlenstaub verbrennt schneller als Kohle)
- Temperatur des brennbaren Stoffes

b)
- vorbeugender Brandschutz (Brandverhütung): Verhinderung der Entstehung und Vermeidung der Ausbreitung
- abwehrender Brandschutz (Brandbekämpfung): Maßnahmen zur Rettung von Menschen und Tieren und zur Brandbekämpfung
- organisatorische Maßnahmen: Ernennung eines Brandschutzbeauftragten, der zum Beispiel Brandverhütung plant, die Mitarbeiter ausbildet, die Brandschutzeinrichtungen überwacht usw.

L5:
- Verhütung von Arbeitsunfällen
- Verhütung von arbeitsbedingten Gefahren
- menschengerechte Gestaltung der Arbeit (Ergonomie)

L6:
- Arbeitssicherheitsgesetz
- Arbeitsstättenverordnung
- Betriebsverfassungsgesetz
- Bundesimmissionsschutzgesetz
- Mutterschutzgesetz
- Gefahrstoffverordnung

- Arbeitsmittelbenutzungsverordnung
- Bildschirmarbeitsverordnung
- Arbeitsschutzgesetz

L7:
a) § 11 Arbeitssicherheitsgesetz: „…. dieser Ausschuss setzt sich zusammen aus:
dem Arbeitgeber oder einem von ihm Beauftragten,
zwei vom Betriebsrat bestimmten Betriebsratsmitgliedern,
Betriebsärzten,
Fachkräften für Arbeitssicherheit und
Sicherheitsbeauftragten nach § 22 des Siebten Buches Sozialgesetzbuch."
b) § 11 Arbeitssicherheitsgesetz: „… Der Arbeitsschutzausschuss hat die Aufgabe, Anliegen des Arbeitsschutzes und der Unfallverhütung zu beraten."
c) § 11 Arbeitssicherheitsgesetz: „ … Der Arbeitsschutzausschuss tritt mindestens einmal vierteljährlich zusammen."

L8:
a) § 7 SGB VII:
Absatz 1: „Versicherungsfälle sind Arbeitsunfälle und Berufskrankheiten."
Absatz 2: „Verbotswidriges Handeln schließt einen Versicherungsfall nicht aus."
Es handelt sich also um einen Arbeitsunfall.
b) Die Berufsgenossenschaft kann Max Meier nicht in Regress nehmen. Dies wäre nur bei vorsätzlichem Handeln möglich (§ 104 SGB VII).

L9: Technischer Überwachungsverein, Gewerbeaufsichtsamt, Berufsgenossenschaft

L10: Freiheitsstrafe, Bußgeld, Anordnungen, Entzug der Gewerbeerlaubnis, Geldstrafe

L 11:
§ 4 Arbeitsschutzgesetz, z.B.
- Gefahren sind an ihrer Quelle zu bekämpfen
- den Beschäftigten sind geeignete Anweisungen zu erteilen
- bei den Maßnahmen sind der Stand von Technik … zu berücksichtigen
- die Arbeit ist so zu gestalten, dass eine Gefährdung für Leben und Gesundheit möglichst vermieden wird

L12: § 4 Arbeitszeitgesetz
„Die Arbeit ist durch im Voraus feststehende Ruhepausen von mindestens 30 Minuten bei einer Arbeitszeit von mehr als sechs bis zu neun Stunden und 45 Minuten bei einer Arbeitszeit von mehr als neun Stunden insgesamt zu unterbrechen. Die Ruhepausen nach Satz 1 können in Zeitabschnitten von jeweils mindestens 15 Minuten aufgeteilt werden. Länger als sechs Stunden hintereinander dürfen Arbeitnehmer nicht ohne Ruhepausen beschäftigt werden."

L13:
§ 10 Absatz 1 Ziffer 2 Jugendarbeitsschutzgesetz
„Der Arbeitgeber hat den Jugendlichen an dem Arbeitstag, der der schriftlichen Abschlussprüfung unmittelbar vorangeht, freizustellen."

L14:
Anhang zur Arbeitsstättenverordnung
(1) Die Arbeitsstätten müssen möglichst ausreichend Tageslicht erhalten und mit … künstlicher Beleuchtung ausgestattet sein.
(2) Die Beleuchtungsanlagen sind so auszuwählen und anzuordnen, dass sich dadurch keine Unfall- oder Gesundheitsgefahren ergeben können.
(3) Arbeitsstätten, in denen die Beschäftigten bei Ausfall der Allgemeinbeleuchtung Unfallgefahren ausgesetzt sind, müssen eine ausreichende Sicherheitsbeleuchtung haben.

L15:
Anhang zur Arbeitsstättenverordnung
(1) Fluchtwege und Notausgänge müssen
a) sich … nach der höchstmöglichen Anzahl der dort anwesenden Personen richten,
b) auf möglichst kurzem Weg ins Freie … führen,
c) … dauerhaft gekennzeichnet sein.
… mit einer Sicherheitsbeleuchtung auszurüsten …
(2) Türen im Verlauf von Fluchtwegen … müssen
a) … jederzeit leicht öffnen lassen …,
b) … dauerhaft gekennzeichnet sein.
…

L 16:
- Gewinnung von Erkenntnissen über Umstände und Ursachen der zu einem Unfall führenden Gefahren, um Maßnahmen zur Unfallverhütung planen und durchführen zu können.
- Sammlung von Daten für betriebliche und überbetriebliche Unfallstatistiken, z. B. zur Ermittlung von Unfallschwerpunkten
- Gewinnung einer Unterlage für die Unfallanzeige an die Aufsichtsbehörde und den Träger der gesetzlichen Unfallversicherung
- Klärung der Frage, ob Anordnung oder Vorschriften übertreten worden sind und von wem

L17:
- Änderung des Arbeitsverfahrens, z. B. Kleben statt Schlagnieten, Benutzung von Kunststoffhämmern statt Stahlhämmer
- Auswechslung des Lärm erzeugenden Maschinenteils, z. B. elektrischer Antrieb statt Pressluft, gummierte Keilriemen statt Ketten
- Beeinflussung der den Schall anregenden Kräfte, z. B. Frequenzänderung eines rotierenden Teiles, Spezialdüsen zum Austritt der Druckluft montieren
- Verringerung der Körperschallaufnahmefähigkeit (Körperschalldämpfung), z. B. Grauguss statt Stahl, Kunststoff statt Resonanzblech

L18: Persönliche Schutzausrüstungen sind Vorrichtungen und Mittel, die zur Abwehr und Minderung von Gefahren für Sicherheit und Gesundheit einer Person bestimmt sind und von dieser am Körper oder an Körperteilen gehalten oder getragen werden. Sie sind nach dem Geräte- und Produktsicherheitsgesetz den technischen Arbeitsmitteln gleichgestellt und werden im Einzelnen in der 8. Verordnung zum GPSG behandelt.

L19: Eine Person handelt fahrlässig, wenn sie die Sorgfalt außer Acht lässt, zu der sie nach den Umständen und ihren persönlichen Kenntnissen und Fähigkeiten verpflichtet und auch im Stande ist.

L20: Der Mitarbeiter muss die erforderliche Fachkunde besitzen, die sich aus beruflichen Voraussetzungen (z. B. Meister, Techniker, Ingenieure) und dem erfolgreichen Besuch eines staatlichen oder berufsgenossenschaftlichen Ausbildungslehrganges ergibt.

L21: Das GS-Zeichen kann die CE-Kennzeichnung nicht ersetzen. Es darf nur zusätzlich angebracht werden.

L22: Nein, dies ist nicht möglich. Durch die Mitgliedschaft in der Berufsgenossenschaft ist der gesamte Haftungsanspruch des Verletzten auf die Berufsgenossenschaft übergegangen.

L 23:
- Eine Pflichtenübertragung ist auf eine Fachkraft für Arbeitssicherheit nicht zulässig, da diese ihrer Funktion nach nur sachverständig beratend tätig ist. Das delegierte Recht des Arbeitgebers beinhaltet jedoch Entscheidungen mit entsprechender Anordnungsbefugnis.
- Sicherheitsbeauftragter: Hier gilt das Gleiche wie für die Fachkraft für Arbeitssicherheit.
- Meister/Vorarbeiter: Pflichtenübertragung ist neben den Meistern auch auf Vorarbeiter zulässig und erwünscht, da Vorarbeiter hierdurch motiviert werden, Fragen der Arbeitssicherheit größere Aufmerksamkeit zu widmen.

Die Übertragung von Arbeitgeberpflichten ist geregelt in § 15 Absatz 1 SGB VII und § 13 Absatz 2 Arbeitsschutzgesetz. Die Pflichtenübertragung erfolgt mithilfe eines Formulars. Die Kenntnisnahme der Pflichtenübertragung muss vom Verpflichteten schriftlich bestätigt werden. Die Übernahme der Pflichten kann nach arbeitsrechtlichen Grundsätzen nicht abgelehnt werden, wenn sie nach dem Arbeitsgebiet der zu verpflichtenden Person zumutbar ist.

Mit der Übertragung von Leitungsfunktionen im Betrieb durch den Unternehmer, z. B. auf Betriebsleiter, Direktoren oder Meister, ist automatisch eine Übertragung der Verantwortung für Sicherheit und Gesundheit der Beschäftigten und Dritter im Rahmen der übertragenen Kompetenzen verbunden. Eine gesonderte schriftliche

Übertragung von Unternehmerpflichten für Gesundheitsschutz und Sicherheit ist dann nicht mehr notwendig.

L24:
a) Eine Betriebsanleitung enthält Angaben des Herstellers einer Einrichtung, eines verwendungsfertigen Erzeugnisses, von Stoffen oder Zubereitungen zum bestimmungsgemäßen Betreiben bzw. Verwenden. Es handelt sich um eine Gebrauchsanweisung im Sinne des Geräte- und Produktsicherheitsgesetzes oder eine Benutzerinformation.
b) Betriebsanweisungen sind Anweisungen und Angaben des Betreibers bzw. Verwenders von Einrichtungen, technischen Erzeugnissen, Arbeitsverfahren, Stoffen oder Zubereitungen an seine Mitarbeiter, um Unfälle, Gesundheits- und Umweltschäden zu verhindern. Die Erstellung einer Betriebsanweisung ist eine allgemeine Pflicht des Arbeitgebers.
c) Die Grundlage einer Unterweisung ist oft eine Betriebsanweisung. Eine Unterweisung bezieht sich in erster Linie auf den Arbeitsplatz einschließlich aller dort vorhandenen Arbeitsmittel und Arbeitsstoffe. Sie erfolgt immer mündlich. Der Unternehmer ist verpflichtet, den Beschäftigten über Gefahren am Arbeitsplatz und Maßnahmen zur Gefahrenabwehr vor Arbeitsbeginn und danach in angemessenen Abständen, mindestens einmal jährlich, zu unterweisen. Nach dem Jugendarbeitsschutzgesetz muss die Unterweisung mindestens halbjährlich erfolgen. Inhalt und Zeitpunkt der Unterweisung sind schriftlich festzuhalten (§ 29 Absatz 2 JArbSchG) und vom Unterwiesenen zu quittieren.

L 25:
a) Verlängerung der Reaktionszeiten, Herabsetzung des Sehvermögens, Steigerung der Erregbarkeit/ Aggressivität, Verminderung der Wahrnehmung von Geräuschunterschieden, Störung des Gleichgewichtssinns
b) Unfallversicherungsträger sind nicht entschädigungspflichtig, Verweigerung der Lohnfortzahlung, Kündigung

1.5 Vorschriften des Umweltrechts

Nicht nur die Prüfung, sondern auch die Praxis des Meisters verlangt Kenntnisse zu
- Gewässer- und Bodenschutz,
- Abfallbeseitigung,
- Luftreinhaltung und Lärmbekämpfung,
- Strahlenschutz und – nicht zuletzt –
- Schutz vor gefährlichen Stoffen.

1.5.1 Ziel und Aufgaben des Umweltschutzes

1.5.1.1 Aufgaben der Politik im nationalen Bereich für den Umweltschutz

Unter Umweltschutz versteht man allgemein den Schutz des Menschen und seiner Umwelt vor schädigenden und unerwünscht belastenden Einwirkungen aus der Umwelt.

Der Umweltschutz ist als Staatsziel im Grundgesetz verankert.

Art. 20a GG lautet: „Der Staat schützt auch in Verantwortung für die künftigen Generationen die natürlichen Lebensgrundlagen und die Tiere im Rahmen der verfassungsmäßigen Ordnung durch die Gesetzgebung und nach Maßgabe von Gesetz und Recht durch die vollziehende Gewalt und die Rechtsprechung."
Die Politik soll unter anderem in folgenden Bereichen tätig sein:
- Umwelterziehung,
- Förderung von Umweltbewusstsein,
- Entscheidung von Zielkonflikten, z.B. landwirtschaftliche Nutzung gegen Ausbau eines Naturschutzgebietes,
- Förderung der Kreislaufwirtschaft,
- Abfallbeseitigung
- Immissionsschutz.

1.5.1.2 Das Umweltschutzrecht in der EU

Die Kompetenzen der EU im Umweltrecht ergeben sich grundsätzlich aus dem Gründungsvertrag von 1957. Mit dessen Änderung 1986 durch die Europäische Akte ist der Umweltschutz zu einem ausdrücklichen Ziel der Gemeinschaft geworden.

Rechtsgrundlagen:
- Art. 100 und 235 des EG-Vertrages (1957) sind Grundlage zur Harmonisierung des Umweltrechtes in der EU;
- Art. 130 r – 130 t des EG-Vertrages (1986) verankert ausdrücklich die Umweltpolitik als Gemeinschaftspolitik.

Als Ziele sind erfasst:
- Erhaltung und Schutz der Umwelt sowie Verbesserung ihrer Qualität,
- Schutz der menschlichen Gesundheit,
- umsichtige und rationelle Verwendung der natürlichen Ressourcen,
- Förderung von Maßnahmen auf internationaler Ebene zur Bewältigung regionaler oder globaler Umweltprobleme.

> Welche Ziele nennt das Umweltschutzrecht der EU?

Die EU arbeitet mit folgenden Instrumenten:
- Verordnungen sind in allen Teilen unmittelbar in jedem Mitgliedstaat verbindlich. Eine Umsetzung in das deutsche Recht ist deshalb nicht erforderlich.
- Richtlinien sind für jeden Mitgliedstaat verbindlich. Es muss eine Umsetzung in das nationale Recht erfolgen.
- Entscheidungen sind für denjenigen verbindlich, demgegenüber sie ergehen. Sie entsprechen den Verwaltungsakten des deutschen Rechts.
- Empfehlungen sind zwar keine verbindlichen Rechtsregelungen, deren Umsetzung aber trotzdem erwünscht ist.

> Welche Instrumente stehen der EU zur Verfügung?

1.5.1.3 Strafrechtliche Folgen bei Verstößen gegen den Umweltschutz

In das Strafgesetzbuch wurde der 29. Abschnitt mit dem Titel „Straftaten gegen die Umwelt" eingefügt. Folgende Delikte werden genannt:
- § 324 StGB Gewässerverunreinigung,
- § 324 a StGB Bodenverunreinigung,
- § 325 StGB Luftverunreinigung,
- § 325 a StGB Verursachen von Lärm, Erschütterungen und nichtionisierenden Strahlen,
- § 326 StGB Unerlaubter Umgang mit gefährlichen Abfällen,
- § 327 StGB Unerlaubtes Betreiben von Anlagen,
- § 328 StGB Unerlaubter Umgang mit radioaktiven und anderen gefährlichen Stoffen und Gütern,
- § 329 StGB Gefährdung schutzbedürftiger Gebiete,
- § 330 StGB Besonders schwerer Fall einer Umweltstraftat,
- § 330 a StGB Schwere Gefährdung durch Freisetzen von Giften.

> Welche Vorgänge zählen zu Umweltdelikten?

Die Umwelt als Ganzes mit ihren Medien Boden, Luft, Wasser und ihren Erscheinungsformen der Tier- und Pflanzenwelt gilt als geschütztes Rechtsgut. Schon der Versuch einer Umweltschädigung ist strafbar. Der Strafrahmen reicht von Geldstrafe bis zu mehreren Jahren Freiheitsentzug. Umweltstraftaten werden grundsätzlich ohne Rücksicht auf den Willen des Verletzten von Amtes wegen verfolgt (Offizialdelikte). Man spricht von „Tätiger Reue", wenn der Täter freiwillig die durch ihn verursachte Umweltgefahr abwendet, bevor ein erheblicher Schaden entsteht.

> Was sind Offizialdelikte?

1.5.1.4 Basisprinzipien beim Umweltschutz

Vorsorgeprinzip
Vorsorge für die Umwelt kann man nicht den einzelnen Wirtschaftssubjekten überlassen. Jeder würde versuchen, seine Kosten zu minimieren, indem er die ökologischen Lasten auf Dritte oder die Umwelt abwälzt. Bei der Aufgabe, diese externen Kosten zu internalisieren, d.h. in die betriebswirtschaftliche Kostenrechnung zu integrieren, muss der Staat die entsprechenden Rahmenbedingungen vorgeben. Es soll nicht erst zu Umweltschäden kommen. Diese sollen bereits bei der Planung von Anlagen ausgeschlossen werden. Ein Beispiel dazu ist das BImSchG (Bundesimmissionsschutzgesetz). Vermeidung, Verminderung und Wiederverwertung hat Vorrang vor unbedenklichem Nutzen und vor der Beseitigung.

Verursacherprinzip
Derjenige, der natürliche Ressourcen verbraucht, und derjenige, der die Umwelt belastet, hat für den Verbrauch und/oder die Belastung einen Ausgleich zu schaffen. Er hat die Kosten dafür zu tragen. Der Verursacher (Hersteller, Vertreiber, Vorhabenträger, Betriebsverantwortlicher) ist im Umweltrecht von wesentlicher Bedeutung. Der Betreiber einer Anlage muss nachweisen, dass er die Grenzwerte für den Schadstoffausstoß eingehalten hat. Der Schädiger muss den Unschuldsnachweis führen. Kann der Verursacher nicht festgestellt werden, muss die Allgemeinheit die Kosten tragen (siehe Gemeinlastprinzip).
Beispiele sind:
- Durchsetzung des Verursacherprinzips im Umweltstraf- und Umwelthaftungsrecht (der Verursacher ist haftbar)
- Ausgleichs- und Ersatzmaßnahmen bei unvermeidbaren Eingriffen in Natur und Landschaft
- Rücknahmepflichten für verbrauchte Güter durch die Hersteller

Kooperationsprinzip
Darunter versteht man die Zusammenarbeit von Behörden, Unternehmen und Öffentlichkeit in verschiedenen Formen und auf verschiedenen Ebenen zur optimalen Durchsetzung des Umweltschutzes. Einige Möglichkeiten sind zum Beispiel:
- rechtliche Pflichten von Unternehmen zur Unterrichtung der Öffentlichkeit über Umweltbelange
- gesetzlich vorgeschriebene Beteiligung der Öffentlichkeit bei Genehmigungsverfahren
- Selbstverpflichtung von Wirtschaftsverbänden zur Einhaltung (freiwilliger) Umweltstandards
- Selbstverpflichtungen nach dem Abfallrecht (Kreislaufwirtschafts- und Abfallgesetz)
- direkte Zusammenarbeit von Bürgerinitiativen/Vereinen/ Unternehmen mit Fachbehörden

Auch eine internationale Kooperation ist für einen wirklichen Erfolg auf dem Gebiet des Umweltschutzes unbedingt erforderlich.

Gemeinlastprinzip
Werden natürliche Ressourcen genutzt und/oder belastet, ohne dass Nutzen und Belastung einem eindeutig festzustellenden Verursacher zuzuordnen sind, fällt dieser Umweltverbrauch der Allgemeinheit zur Last. Anfallende Kosten für die im volkswirtschaftlich klassischen Sinne freie Verfügbarkeit für Boden, Wasser, Luft werden durch die öffentliche Hand getragen, z.B. für Sanierung oder Reinhaltung von Fließgewässern.
Müssen Umweltschäden saniert werden und ist kein Verursacher festzustellen, wird dies ebenfalls von der Allgemeinheit finanziert, z.B. die Sanierung gefährdender Altlasten durch die Kommunen. Weiterhin findet das Gemeinlastprinzip Anwendung, wenn Umweltschutzmaßnahmen für das Gemeinwohl notwendig sind, z.B. Lärmschutz an Autobahnen. Führt das Verursacherprinzip zu einer unzumutbaren Belastung eines Betriebes/einer Einzelperson oder Gemeinde, gilt ebenfalls das Gemeinlastprinzip.

Subsidiaritätsprinzip
Übergeordnete gesellschaftliche Einheiten, besonders der Staat, sollen Aufgaben übernehmen, zu deren Wahrnehmung untergeordnete Einheiten nicht in der Lage sind (subsidium: Hilfe, Unterstützung).
Die Europäische Union beruht auf dem Subsidiaritätsprinzip, das dazu beiträgt, die nationale Identität der Mitgliedstaaten zu bewahren und ihre Befugnisse zu erhalten. In den EG-Vertrag wurde 1986 unter anderem ein Kapitel zum Umweltschutz eingefügt, dessen Grundsatz im „Gesamtkonzept für die Anwendung des Subsidiaritätsprinzips" direkt genannt ist.

1.5.2 Wichtige Gesetze und Verordnungen zum Umweltschutz

Das Gesetz über Naturschutz und Landschaftspflege (**Bundesnaturschutzgesetz** BNatSchG) dient als Basisgesetz zur Sicherung der Leistungsfähigkeit des Naturhaushaltes und der Lebensgrundlagen des Menschen.

Gemäß dem **Gesetz über die Umweltverträglichkeitsprüfung** (UVPG) ist eine Prüfung der Umweltverträglichkeit bei allen betrieblichen und öffentlichen Vorhaben durchzuführen. Umweltauswirkungen sollen geprüft und berücksichtigt werden (Vorsorgeprinzip). Nach dem Kooperationsprinzip sollen Träger der Vorhaben, Behörden und Öffentlichkeit zusammenarbeiten.

> Was ist bei betrieblichen und öffentlichen Vorhaben durchzuführen?

Die folgenden Ausführungen zu den Gesetzen und Verordnungen können nur einige wichtige Bestimmungen ansprechen. Im Anwendungsfall muss eine detaillierte Information über das Gesetz selbst erfolgen.

1.5.2.1 Wesentliche Bestimmungen des Wasserhaushaltsgesetzes

Das **Gesetz zur Ordnung des Wasserhaushaltes** (Wasserhaushaltsgesetz WHG) enthält in Verbindung mit Verordnungen u. a. folgende Bestimmungen:
- Eine Benutzung der Gewässer bedarf der behördlichen Erlaubnis.
- Benutzungen im Sinne dieses Gesetzes sind u. a.
  1. Entnehmen und Ableiten von Wasser in oberirdischen Gewässern,
  2. Einbringen und Einleiten von Stoffen in oberirdische Gewässer,
  3. Einleiten von Stoffen, Entnehmen, Zutagefördern usw. von Grundwasser.

> Was zählt zur Benutzung eines Gewässers?

- Zu den Auflagen kann die Bestellung eines Betriebsbeauftragten für Gewässerschutz gehören oder die Beteiligung an Kosten zur Gewässerreinhaltung.
- Grundsätzlich hat die Gemeinde für die Entsorgung des Abwassers (auch des gewerblichen) zu sorgen.
- Eine Erlaubnis für das Einleiten von Abwasser bei Direkteinleitungen darf nur erteilt werden, wenn die Schadstofffracht des Abwassers so gering gehalten wird, wie dies bei Einhaltung der jeweils in Betracht kommenden Verfahren nach Stand der Technik möglich ist.
- Beim Umgang mit wassergefährdenden Stoffen sind besondere technische Anforderungen (Eignungsfeststellung und Bauartzulassung) und Betreiberpflichten (Überwachung, fachkundiges Personal) zu erfüllen.

1.5.2.2 Wassergefährdende Stoffe und ihre Gefährdungsklassen

> *Stoffe gelten als wassergefährdend, wenn sie die physikalische, chemische oder biologische Beschaffenheit von stehenden und fließenden oberirdischen Gewässern sowie von Grundwasser nachhaltig verändern.*

> Wann sind Stoffe wassergefährdend?

Es kann sich um feste, flüssige oder gasförmige Stoffe handeln. Dazu zählen Säuren und Laugen, metallorganische Verbindungen, Säurehalogenide, Mineralöl- und Teeröle, flüssige und wasserlösliche Kohlenwasserstoffe, stickstoff- und schwefelhaltige organische Verbindungen, Gifte und so weiter. Die Verwaltungsvorschrift wassergefährdender Stoffe (VwVwS) stuft diese in Wassergefährdungsklassen ein (siehe Übersicht auf der Folgeseite). Gemische werden auf Grund der Gefährlichkeit der Komponenten eingestuft.

Wassergefährdungsklassen im Überblick	
• Wassergefährdungsklasse 0	im Allgemeinen nicht wassergefährdende Stoffe
• Wassergefährdungsklasse 1	schwach wassergefährdende Stoffe
• Wassergefährdungsklasse 2	wassergefährdende Stoffe
• Wassergefährdungsklasse 3	stark wassergefährdende Stoffe

1.5.2.3 Abgaben für das Einleiten von Abwasser in Gewässer (Abwasserabgabengesetz AbwAG)

Für das Einleiten von Abwasser in ein Gewässer (Direkteinleitungen) wird eine Abgabe durch die Länder erhoben (Landesabwasserabgabengesetze).

> *Abwasser ist u. a. durch gewerblichen Gebrauch in seinen Eigenschaften verändertes Wasser.*

Wann spricht man von Abwasser?

Die Abwasserabgabe richtet sich nach der Schädlichkeit des Abwassers. Die Schädlichkeit wird festgestellt auf Grund bestimmter, nach bestimmten Verfahren ermittelter Parameter. Abwasser ist auch das durch häuslichen, landwirtschaftlichen oder sonstigen Gebrauch in seinen Eigenschaften veränderte Wasser (**Schmutzwasser**) sowie das von Niederschlägen von bebauten oder befestigten Flächen abfließende Wasser (**Niederschlagswasser**).

1.5.2.4 Bodenschutz (siehe StGB § 324 Bodenverunreinigung)

Wie kann die Funktion des Bodens gesichert werden?

Das Gesetz zum Schutz vor schädlichen Bodenveränderungen und zur Sanierung von Altlasten (Bundes-Bodenschutzgesetz BBodSchG) soll nachhaltig die Funktionen des Bodens sichern oder wiederherstellen. Dies ist möglich durch Verhinderung von schädlichen Bodenveränderungen, Sanierung und Vorsorge gegen nachteilige Einwirkungen. Der Boden dient Menschen, Tieren und Pflanzen als Lebensgrundlage und Lebensraum. Er ist Bestandteil des Naturhaushaltes, Lagerstätte für Rohstoffe, Siedlungsfläche und Standort für landwirtschaftliche Nutzung und öffentliche Nutzungen.

> *Wird der Boden geschädigt, liegt eine Straftat gegen die Umwelt vor. Diese wird nach § 324 StGB bzw. § 324 a StGB geahndet:*

„Wer unter Verletzung verwaltungsrechtlicher Pflichten Stoffe in den Boden einbringt, eindringen lässt oder freisetzt und diesen dadurch ... in bedeutendem Umfang verunreinigt oder sonst nachteilig verändert, wird mit Freiheitsstrafe ... oder mit Geldstrafe bestraft. Der Versuch ist strafbar."

1.5.2.5 Gesetz über die Umweltverträglichkeit von Wasch- und Reinigungsmitteln (Wasch- und Reinigungsmittelgesetz WRMG)

Das Wasch- und Reinigungsmittelgesetz fordert, dass Wasch- und Reinigungsmittel so beschaffen sein müssen, dass sie nach ihrem Gebrauch die Beschaffenheit der Gewässer nicht beeinträchtigen (unter Einhaltung der Dosierempfehlungen der Hersteller). Wasch- und Reinigungsmittel, die bezüglich der biologischen Abbaubarkeit oder der in ihnen enthaltenen Stoffe (z. B. Phosphorverbindungen) nicht den gesetzlichen Bestimmungen entsprechen, dürfen nicht in Verkehr gebracht werden.

Welche Anforderungen müssen Waschmittel erfüllen?

1.5.2.6 *Wesentliche Bestimmungen des Gesetzes zur Förderung der Kreislaufwirtschaft und Sicherung der umweltverträglichen Beseitigung von Abfällen KrW-/AbfG.*

Kurzbezeichnung: Abfallgesetz

Entsorgung umfasst alle Maßnahmen, um Nebenprodukte, Abfälle, Abgase und Abwässer zu beseitigen, die bei der Produktion entstehen.

Die Stoffe, Flüssigkeiten und Gase sind sorgfältig aufzubereiten, bevor sie in die Atmosphäre oder in Wasser abgegeben oder im Boden/auf Deponien gelagert werden.

Die Vermeidung von Abfällen gilt als oberster Grundsatz.

Vermeidung

Als Nächstes folgt die Verwertung von Abfällen (**Recycling**) und als Drittes die Beseitigung der nicht verwertbaren Abfälle. Der Unternehmer trägt die Verantwortung, dass er seine Produkte aus möglichst umweltverträglichen Stoffen erzeugt und auch die Fertigungsverfahren dem Umweltschutz angepasst werden. Jeder Betrieb muss die zu diesem Gesetz geschaffenen Verordnungen, die für ihn zutreffen, kennen und beachten, z. B.:

Verwertung

Beseitigung

- Verordnung zur Bestimmung von besonders überwachungsbedürftigen Abfällen,
- Verordnung über Abfallwirtschaftskonzepte und Abfallbilanzen,
- Verordnung zur Transportgenehmigung,
- Verordnung über Entsorgungsfachbetriebe.

1.5.2.7 *Zweck, Geltungsbereich und wesentliche Bestimmungen des Bundesimmissionsschutzgesetzes (BImSchG)*

Zweck

Das Gesetz dient dem Schutz von Menschen, Tieren, Pflanzen, Boden, Wasser, Atmosphäre sowie von Kultur- und Sachgütern vor schädlichen Umwelteinwirkungen. Diese sollen durch Vorbeugung erst gar nicht entstehen.

Geltungsbereich
- Errichtung und Betrieb von Anlagen,
- Herstellung, In-Verkehr-Bringen und Einführung von Anlagen, Brenn- und Treibstoffen sowie im Gesetz näher bestimmten Stoffen und Erzeugnissen,
- Beschaffenheit und Ausrüstung sowie Betrieb und Prüfung von Kfz, Schienen-, Luft- und Wasserfahrzeugen,
- Bau öffentlicher Straßen, Eisenbahn- und Magnetbahnen sowie Straßenbahnen.

Wo findet das BImSchG Anwendung?

§ 3 BImSchG enthält die notwendigen Begriffsbestimmungen:

Was sind Immissionen und ...
- Schädliche Umwelteinwirkungen sind Immissionen, die nach Art, Ausmaß oder Dauer geeignet sind, Gefahren ... oder erhebliche Belästigungen für die Allgemeinheit ... herbeizuführen.
- Immissionen ... sind auf Menschen, Tiere und Pflanzen, den Boden, das Wasser ... einwirkende Luftverunreinigungen, Geräusche, Erschütterungen, Licht, Wärme, Strahlen und ähnliche Umwelteinwirkungen.

... Emissionen?
- Emissionen ... sind die von einer Anlage ausgehenden Luftverunreinigungen, Geräusche, Erschütterungen ... und ähnliche Erscheinungen.
- Luftverunreinigungen ... sind Veränderungen der natürlichen Zusammensetzung der Luft, insbesondere durch Rauch, Ruß, Staub,... oder Geruchsstoffe.
- Stand der Technik ... ist der Entwicklungsstand fortschrittlicher Verfahren, Einrichtungen oder Betriebsweisen, der die ... Eignung einer Maßnahme zur Begrenzung von Emissionen gesichert erscheinen lässt.

§ 58 BImSchG regelt die Arbeit des Immissionsschutzbeauftragten näher:
„Der Immissionsschutzbeauftragte darf wegen der Erfüllung der ihm übertragenen Aufgaben nicht benachteiligt werden."
§ 58 a BImSchG: „Betreiber genehmigungsbedürftiger Anlagen haben einen oder mehrere Störfallbeauftragte zu bestellen ..."

Störfallbeauftragter
§ 58 b BImSchG: „Der Störfallbeauftragte berät den Betreiber in Angelegenheiten, die für die Sicherheit der Anlage bedeutsam sein können. Er ist berechtigt und verpflichtet,
1. auf die Verbesserung der Sicherheit der Anlage hinzuwirken,
2. dem Betreiber unverzüglich ihm bekannt gewordene Störungen ... mitzuteilen ...
3. ..."

1.5.2.8 Notwendigkeit der Überwachung der Luftverunreinigung in der Bundesrepublik (BImSchG)

Wozu wurde die TA Luft geschaffen?
Die „TA Luft" (TA = Technische Anleitung) bezieht sich auf § 48 BImSchG. Sie dient der Überwachung und Begrenzung von, dem Schutz der Allgemeinheit und der Nachbarschaft vor schädlichen Umwelteinwirkungen durch Luftverunreinigungen und der Vorsorge gegen schädliche Umwelteinwirkungen durch Luftverunreinigungen. Die TA Luft ist gültig für genehmigungsbedürftige Anlagen nach der „Verordnung über die genehmigungsbedürftigen Anlagen".

Emissionsbegrenzungen sind die höchst zulässigen Immissionswerte in einem Genehmigungsbescheid oder einer nachträglichen Anordnung.

Vor der Erteilung einer Genehmigung werden Gesundheitsgefahren, erhebliche Belästigungen, Vorsorgemaßnahmen u. a. geprüft.
 Zu den Maßnahmen zur Reinhaltung der Luft zählen zum Beispiel die Anforderungen zur Ableitung von Abgasen und die vorgeschriebenen Mindesthöhen für Schornsteine. Bereits bei Genehmigung von Anlagen werden Einzelheiten über notwendige Messungen und Messplätze festgelegt.

1.5.2.9 Auswirkungen von Arbeits- und Verkehrslärm auf den Menschen (BImSchG)

 Lärm ist Schall/Geräusch, der in störender, belästigender oder schmerzhafter Form als physikalische Belastung auf den Menschen einwirkt und ihn schädigen kann.

Was ist unter Lärm zu verstehen?

Man unterscheidet:
- **Arbeitslärm** kann von stationären und ortsbeweglichen Maschinen, Arbeitsgeräten und sonstigen technischen Einrichtungen verursacht werden (Baustellen, Fabriken).
- **Verkehrslärm** geht von Kraftfahrzeugen, Schienenfahrzeugen, Schiffen und Luftfahrzeugen aus. Der Straßenverkehr ist hier die Hauptquelle.

Lärm wird in Stufen eingeteilt.

Lärmstufen	
Lärmstufe I:	30 bis 65 dB (A) psychische Reaktionen, Einschlafstörungen, Schlafstörungen, erschwerte Kommunikation
Lärmstufe II:	65 bis 85 dB (A) psychische und physische Reaktionen
Lärmstufe III:	85 bis 120 dB (A) erhöhte psychische und vegetative Reaktionen, Gehörschädigung ist möglich
Lärmstufe IV:	mehr als 120 dB (A) unmittelbare Einwirkung durch die Haut auf die Nervenzellen, ständige Schädigung des Gehörs möglich

Maßnahmen zur Lärmminderung sind vor allem
- technische Maßnahmen (z.B. Arbeitsplatz räumlich verlegen),
- organisatorische Maßnahmen (z.B. Arbeit zeitlich verlegen) und
- persönlicher Schallschutz (z.B. Gehörschutz).

Welche Maßnahmen können der Lärmminderung dienen?

Die TA Lärm wurde geschaffen zum Schutz der Allgemeinheit und der Nachbarschaft vor schädlichen Umwelteinwirkungen durch Geräusche und zur Vorsorge gegen schädliche Umwelteinwirkungen durch Geräusche.

1.5.2.10 Schutzvorschriften gegen Strahlen

Strahlung ist die Ausbreitung von Energie in alle Richtungen oder nach einer Seite.

 Schutzmaßnahmen gegen Strahlung müssen die Art und die Feldstärke berücksichtigen.

Man unterscheidet grundsätzlich

Welche Arten von Strahlung können auftreten?

- **Wellenstrahlung** (nicht ionisierende Strahlung), dazu zählen elektromagnetische Felder, Mikrowellen, Infrarot-Strahlung, Laserstrahlung, Ultraschall und
- **Teilchenstrahlung** (ionisierende Strahlung), dazu zählen Alphastrahlen (Reichweite bis 4 cm in Luft), Betastrahlen (Reichweite bis 8 m in Luft), Gammastrahlen (Reichweite bis mehrere Hundert Meter in Luft).

Der Schutz vor ionisierenden Strahlen wird u. a. geregelt in
- Atomgesetz (Gesetz über die friedliche Verwendung der Kernenergie und den Schutz gegen ihre Gefahren),
- Strahlenschutzvorsorgegesetz,
- Strahlenschutzverordnung (Verordnung über den Schutz vor Schäden durch ionisierende Strahlen und
- Röntgenverordnung.

1.5.2.11 Zweck, Geltungsbereich und Bestimmungen zum Schutz vor gefährlichen Stoffen (Chemikaliengesetz ChemG)

Zweck
Der Mensch und die Umwelt sollen vor schädlichen Einwirkungen gefährlicher Stoffe und Zubereitungen geschützt werden. Diese Einwirkungen sind erkennbar zu machen, abzuwenden und ihrem Entstehen ist entgegenzuwirken.

Geltungsbereich
Dieses Gesetz gilt für natürlich vorkommende oder hergestellte Stoffe (chemische Elemente oder chemische Verbindungen), auch für notwendige Hilfsstoffe und Verunreinigungen. Zubereitungen sind Gemenge, Gemische oder Lösungen, die sich aus zwei oder mehreren Stoffen zusammensetzen. Stoffe oder Zubereitungen sind gefährlich, wenn sie eine der folgenden Bezeichnungen tragen: Explosionsgefährlich, Brand fördernd, hochentzündlich, leicht entzündlich, sehr giftig, ätzend, gesundheitsschädlich usw.

Bestimmungen

Welche Bestimmungen enthält das ChemG und ...

- Anmeldepflicht für neue Stoffe bei der Anmeldestelle (Bundesanstalt für Arbeitsschutz und Arbeitsmedizin in Dortmund),
- Anmeldeverfahren mit Erteilung einer Anmeldenummer,
- zusätzliche Prüfnachweise bei Überschreiten einer bestimmten Menge,
- Verpackung,
- Kennzeichnungspflicht,
- Mitteilungspflichten an die Anmeldestelle.

... welche die Gefahrstoffverordnung?

Eine Rechtsverordnung zum ChemG ist die Verordnung zum Schutz vor gefährlichen Stoffen (Gefahrstoffverordnung GefStoffV). Sie enthält Vorschriften über die Kennzeichnung und Verpackung beim In-Verkehr-Bringen, Verbote und Beschränkungen, allgemeine Umgangsvorschriften für Gefahrstoffe, behördliche Anordnungen und Entscheidungen, Straftaten und Ordnungswidrigkeiten usw.

Aufgaben zu Abschnitt 1.5

1. Der Fahrer eines Mineralölbetriebes liefert mit einem Tankfahrzeug bei einem Kunden Heizöl an. Während des Tankvorgangs platzt der Schlauch, wodurch Öl über einen an dieser Stelle angebrachten Kanaldeckel in einen Fluss gelangt. Beurteilen Sie die Frage der Haftung.
2. Der Betrieb, in dem Industriemeister Max Meier arbeitet, möchte sich verstärkt um den Umweltschutz kümmern.
   a) Nennen Sie drei wirtschaftliche Vorteile, die sich daraus ergeben können.
   b) Nennen Sie vier Beispiele für umweltbezogene Daten, die im Betrieb erfasst werden sollten.
3. Max Meier hat seinen Mitarbeitern erklärt, dass sich umweltbewusstes Handeln darin äußert, dass an erster Stelle die Müllvermeidung steht, dann die Wiederverwertung und erst am Schluss die ordnungsgemäße Entsorgung. Nennen Sie fünf Gesetze bzw. Verordnungen, die mit diesem Thema in Zusammenhang stehen.
4. Nennen Sie drei Prinzipien der Umweltpolitik.
5. Beschreiben Sie den Zweck der Gefahrstoffverordnung.
6. Beschreiben Sie, wann ein Stoff als umweltgefährlich eingestuft werden muss.
7. Beschreiben Sie, welche Tatbestände des Verstoßes gegen den Umweltschutz nach dem Strafgesetzbuch mit Strafe bedroht werden.
8. Nennen Sie die Inhalte von Abfallbilanzen.
9. Beschreiben Sie die allgemeine Schutzpflicht des Arbeitgebers nach der Gefahrstoffverordnung.
10. Beschreiben Sie fünf Maßnahmen, mit denen im Zusammenhang mit gefährlichen chemischen Arbeitsstoffen Risiken verhütet werden können.

Lösungsvorschläge

L1: Nach Wasserhaushaltsgesetz haftet jeder für den Schaden, der durch die Einleitung flüssiger Stoffe in Gewässer verursacht wird, unabhängig vom Verschulden (Gefährdungshaftung). Hier haftet also der das Heizöl anliefernde Betrieb. (Ob auch den Fahrer eine Haftung trifft, ist ein anderes Thema, nämlich die Haftung von Mitarbeitern gegenüber dem Arbeitgeber, was in Abschnitt 1.1.3.4 behandelt wird; es müsste Absicht oder grobe Fahrlässigkeit vorliegen.)

L2:
a) Gewinnung neuer Kunden, Imagegewinn, Einsparung von Energie, Einsparung von Rohstoffen, Wiederverwertung von Rohstoffen
b) Wasserverbrauch, Schadstoffemissionen, Verbrauch von Rohstoffen, Vermeidung von Abfall, Entsorgung von Abfall

L3: Kreislaufwirtschafts- und Abfallgesetz, Wasserhaushaltsgesetz, Bundesimmissionsschutzgesetz, Bundesnaturschutzgesetz, Landesnaturschutzgesetze, Strafgesetzbuch, Abwasserabgabengesetz

L4: Vorsorgeprinzip, Kooperationsprinzip, Verursacherprinzip, Gemeinlastprinzip

L5: § 1 Gefahrstoffverordnung: „(1) Diese Verordnung gilt für das Inverkehrbringen von Stoffen, Zubereitungen und Erzeugnissen, zum Schutz der Beschäftigten und anderer Personen vor Gefährdungen ihrer Gesundheit und Sicherheit durch Gefahrstoffe (...). (2) Der Zweite Abschnitt gilt für das Inverkehrbringen von 1. gefährlichen Stoffen und (...) (3) Der (...) Abschnitt gelten zum Schutz der Beschäftigten (...)

L6: § 4 Gefahrstoffverordnung: „Gefährlich sind Stoffe und Zubereitungen (...). Sie sind 1. explosionsgefährlich (...), 2. brandfördernd (...), 3. hochentzündlich (...), 4. leichtentzündlich (...), 5. entzündlich (...), 6. sehr giftig (...), 7. giftig (...), 8. gesundheitsschädlich (...), 9. ätzend (...), 10. reizend (...), 11. sensibilisierend (...), 12. krebserzeugend (...), 13. fortpflanzungsgefährdend (...), 14. erbgutverändernd (...), 15. umweltgefährlich (...).

L7: Alle Straftaten gegen die Umwelt werden nach dem Strafgesetzbuch mit Strafe bedroht. Dies gilt auch für den Versuch solcher Straftaten.

L8: Art, Menge und Verbleib der Abfälle

L9: § 17 Gefahrstoffverordnung: „(1) Werden für die Durchführung von Tätigkeiten mit Gefahrstoffen in einem Betrieb Fremdfirmen beauftragt, ist der Arbeitgeber als Auftraggeber dafür verantwortlich, (...) (2) Jeder Arbeitgeber hat seinen Verantwortungsbereich so zu organisieren, dass Maßnahmen getroffen werden, um betrieblichen Gefahren wirksam zu begegnen. (...)

L10:
- Gestaltung des Arbeitsplatzes und der Arbeitsorganisation
- Bereitstellung geeigneter Arbeitsmittel für den Umgang mit chemischen Arbeitsstoffen
- Begrenzung der Anzahl der Arbeitnehmer, die bei der Arbeit den chemischen Stoffen ausgesetzt sind oder ausgesetzt sein können, auf ein Mindestmaß
- angemessene Hygienemaßnahmen
- Begrenzung der Menge der am Arbeitsplatz vorhandenen chemischen Arbeitsstoffe auf das erforderliche Mindestmaß
- geeignete Arbeitsverfahren einschließlich Vorkehrungen für die sichere Handhabung, Lagerung und Beförderung

1.6 Wirtschaftsrechtliche Regelungen zu Produktverantwortung und -haftung sowie Datenschutz

1.6.1 Wesentliche Bestimmungen des Kreislaufwirtschafts- und Abfallgesetzes (Krw/AbfG)

1.6.1.1 Aufgaben der Produktverantwortung

Das Gesetz gilt für die Vermeidung, Verwertung und Beseitigung von Abfällen. Abfälle sind entweder „Abfälle zur Verwertung", andernfalls sind es „Abfälle zur Beseitigung".

Die Verwertung von Abfällen hat Vorrang vor der Beseitigung.

Die Verwertung ist einzuhalten, soweit dies technisch möglich und wirtschaftlich zumutbar ist.

Es besteht eine generelle Verpflichtung zur Vermeidung von Abfällen und zur Trennung in verwertbare und zu beseitigende Abfälle.

Die Abfälle sollen in verschiedenen Behältern sortiert werden. Die Behälter sind bis zur Abholung ordnungsgemäß aufzubewahren.

Erzeugnisse sind so zu gestalten, dass bei der Herstellung und dem Gebrauch das Entstehen von Abfällen gemindert und umweltverträgliche Verwertung/Beseitigung sichergestellt wird.

Hersteller/Vertreiber von bestimmten Erzeugnissen unterliegen **Rücknahmepflichten** (z. B. für Batterien oder für Altöl). Die Produktverantwortung findet man zum Beispiel in der „Verordnung über die Vermeidung und Verwertung von Verpackungsabfällen" oder in der „Batterieverordnung" festgehalten.

1.6.1.2 Verbote, Beschränkungen und Kennzeichnungen

Durch verschiedene Rechtsverordnungen zum Kreislaufwirtschafts- und Abfallgesetz werden

Verbote, Beschränkungen und Kennzeichnungen bestimmt, um die Anforderungen festzulegen (siehe 1.6.1.1).

Abfälle werden unterteilt in
- nicht überwachungsbedürftig,
- überwachungsbedürftig und
- besonders überwachungsbedürftig.

Wie werden Abfälle eingeteilt?

Erzeuger von Abfällen müssen jährlich überprüfen, ob sie nach Art und Mengen der Abfälle ein Konzept erstellen müssen. Abfallmengen und -arten müssen grundsätzlich erfasst und Informationen über die Verwertung eingeholt werden. Im Abfallwirtschaftskonzept sind die vorgesehenen Maßnahmen zur Abfallvermeidung, -verwertung und -beseitigung festzuhalten. In der Abfallwirtschaftskonzept- und Abfallbilanz-Verordnung sind die genauen Anforderungen enthalten. Abfallerzeuger und Abfallbesitzer (Betreiber von Anlagen) müssen sich selbst davon überzeugen, dass die anfallenden Abfälle richtig kategorisiert sind. In unklaren Fällen ist dies unbedingt zu überprüfen.

Erzeuger und Besitzer von Abfällen haben bei Abfällen zur Beseitigung die dazu bestimmten Belege zum Zweck des Nachweises einzubehalten und aufzubewahren. Über die Beseitigung von besonders überwachungsbedürftigen Abfällen muss ein Nachweisbuch geführt werden.

Nachweise für Beseitigung

1.6.2 Wesentliche Bestimmungen des Produkthaftungsgesetzes (ProdHaftG)

1.6.2.1 Unterschied zwischen der vertraglichen und gesetzlichen Haftung

Die vertragliche Haftung/Gewährleistung bezieht sich auf die **Gebrauchs- und Funktionsfähigkeit** und den Wert einer Sache. Auf Grund eines abgeschlossenen Vertrages kann der Käufer diese Kriterien in einem bestimmten Ausmaß erwarten. Das wirtschaftliche Nutzungsinteresse des Vertragspartners wird geschützt. Die Sache soll keine Mängel aufweisen.

Worauf beziehen sich die vertragliche ...

Die gesetzliche Haftung bezieht sich auf die Sicherheit des Produktes, wie sie im Allgemeinen erwartet werden darf.

... und die gesetzliche Haftung?

Hier wird der Benutzer und Dritte geschützt vor Gefahren für Leben, Gesundheit und Sachwerte, wie es allgemein berechtigterweise erwartet werden kann.

1.6.2.2 Haftung für fehlerhafte Produkte

In den hier genannten Paragrafen wird erläutert, was zu verstehen ist unter
- Haftung (§ 1 ProdHaftG),
- Produkt (§ 2 ProdHaftG),
- Fehler (§ 3 ProdHaftG),
- Hersteller (§ 4 ProdHaftG).

§ 1 Absatz 1 Produkthaftungsgesetz: „Wird durch den Fehler eines Produkts jemand getötet, sein Körper oder seine Gesundheit verletzt oder eine Sache beschädigt, so ist der Hersteller des Produkts verpflichtet, dem Geschädigten den daraus entstehenden Schaden zu ersetzen. ..."

Produkthaftung

In welchen Fällen ist eine Haftung ausgeschlossen?

§ 1 Absatz 2 Produkthaftungsgesetz: „Die Ersatzpflicht des Herstellers ist ausgeschlossen, wenn
1. er das Produkt nicht in den Verkehr gebracht hat,
2. ... davon auszugehen ist, dass das Produkt den Fehler ... noch nicht hatte, als der Hersteller es in den Verkehr brachte,
3. er das Produkt weder für den Verkauf oder eine andere Form des Vertriebs mit wirtschaftlichem Zweck hergestellt ... oder vertrieben hat,
4. der Fehler darauf beruht, dass das Produkt in dem Zeitpunkt ... dazu zwingenden Rechtsvorschriften entsprochen hat, oder
5. der Fehler nach dem Stand der Wissenschaft und Technik ... nicht erkannt werden konnte."

Wer trägt die Beweislast?

§ 1 Absatz 4 Produkthaftungsgesetz: „Für den Fehler, den Schaden und den ursächlichen Zusammenhang zwischen Fehler und Schaden trägt der Geschädigte die Beweislast. Ist streitig, ob die Ersatzpflicht gemäß Absatz 2 oder 3 ausgeschlossen ist, so trägt der Hersteller die Beweislast."

Was ist ein Produkt?

§ 2 Produkthaftungsgesetz: „Produkt im Sinne dieses Gesetzes ist jede bewegliche Sache, auch wenn sie einen Teil einer anderen beweglichen Sache oder einer unbeweglichen Sache bildet, sowie Elektrizität."

Wann liegt ein Fehler vor?

§ 3 Absatz 1 Produkthaftungsgesetz: „Ein Produkt hat einen Fehler, wenn es nicht die Sicherheit bietet, die unter Berücksichtigung aller Umstände, insbesondere

a) seiner Darbietung,
b) des Gebrauchs, mit dem billigerweise gerechnet werden kann,
c) des Zeitpunkts, in dem es in den Verkehr gebracht wurde,

berechtigterweise erwartet werden kann."

§ 4 Absatz 1 Produkthaftungsgesetz: „Hersteller ... ist, wer das Endprodukt, einen Grundstoff oder ein Teilprodukt hergestellt hat. Als Hersteller gilt auch jeder, der sich durch das Anbringen seines Namens, seiner Marke oder eines anderen unterscheidungskräftigen Kennzeichens als Hersteller ausgibt."

Ersatzpflicht

Das Produkthaftungsgesetz regelt weiterhin den Umfang der Ersatzpflicht bei Tötung, den Umfang der Ersatzpflicht der Körperverletzung, den Schadensersatz durch Geldrente, den Haftungshöchstbetrag, die Selbstbeteiligung bei Sachbeschädigungen, die Verjährung, das Erlöschen von Ansprüchen usw.

Das Produkthaftungsgesetz legt eine verschuldensunabhängige Haftung bei Personenschäden und bei der Beschädigung oder Vernichtung von Sachen des Geschädigten fest. Die Produkthaftung erfasst neben den Schäden an Produkten auch die Personen- oder Sachschäden durch Produkte.

1.6.3 Notwendigkeit und Zielsetzung des Datenschutzes

1.6.3.1 Die Rechtsquellen des Datenschutzes

Wo findet man überall Regelungen zum Datenschutz?

Der Datenschutz ist geregelt im Bundesdatenschutzgesetz (BDSG) und in den Landesdatenschutzgesetzen. Das Bundesdatenschutzgesetz stellt allgemeine datenschutzrechtliche Grundregeln auf. Sie sind aber nicht überall ausreichend. Deshalb gibt es zahlreiche datenschutzrechtliche Spezialregelungen in anderen Gesetzen, z. B.

- Sozialgesetzbuch,
- Straßenverkehrsgesetz,
- Bundesverfassungsschutzgesetz,
- Telekommunikationsgesetz.

Der Bundesbeauftragte für den Datenschutz hat folgende Hauptaufgaben:
- Beratung des Bundestages, der Bundesregierung, aller öffentlichen Stellen des Bundes sowie sonstiger Stellen (§ 26 BDSG),
- Durchführung von Kontrollen (§§ 24, 25 BDSG),
- Bearbeitung von Eingaben (§ 21 BDSG),
- Europäische und internationale Zusammenarbeit in Datenschutzfragen.

Der Bundesbeauftragte für den Datenschutz wird vom Bundestag gewählt. Seine Amtszeit beträgt fünf Jahre. Eine einmalige Wiederwahl ist zulässig. Er ist bei der Ausübung seines Amtes unabhängig und nur dem Gesetz unterworfen.

§ 22 BDSG

Wesentliche Regelungen nach Bundesdatenschutzgesetz (BDSG)

§ 1 Absatz 1 BDSG: „Zweck dieses Gesetzes ist es, den Einzelnen davor zu schützen, dass er durch den Umgang mit seinen personenbezogenen Daten in seinem Persönlichkeitsrecht beeinträchtigt wird."
§ 1 Absatz 2 BDSG: „Dieses Gesetz gilt für die Erhebung, Verarbeitung und Nutzung personenbezogener Daten ..."

1.6.3.2 Personenbezogene Daten und ihre Schutzwürdigkeit

§ 3 Absatz 1 BDSG: „Personenbezogene Daten sind Einzelangaben über persönliche oder sachliche Verhältnisse einer bestimmten oder bestimmbaren natürlichen Person (Betroffener)."

§ 4 Absatz 1 BDSG: „Die Erhebung, Verarbeitung und Nutzung personenbezogener Daten sind nur zulässig, soweit dieses Gesetz oder eine andere Rechtsvorschrift dies erlaubt oder anordnet oder der Betroffene eingewilligt hat."

Weitere wichtige Vorschriften bezüglich personenbezogener Daten sind:
- § 5 BDSG Datengeheimnis,
- § 6 BDSG Unabdingbare Rechte des Betroffenen (Recht auf Auskunft, Berichtigung, Löschung oder Sperrung),
- § 33 BDSG Benachrichtigung des Betroffenen,
- § 34 BDSG Auskunft an den Betroffenen,
- § 35 BDSG Berichtigung, Löschung und Sperrung von Daten.

Aufgaben zu Abschnitt 1.6

1. Beschreiben Sie je zwei Möglichkeiten zur
   a) Vermeidung von Abfällen
   b) Verwertung von Abfällen
   c) Beseitigung von Abfällen.
2. Beschreiben Sie drei Aufgaben der Produktverantwortung aus dem Kreislaufwirtschafts- und Abfallgesetz.
3. Ein Unternehmen stellt Werkzeuge her, die über Zwischenhändler vertrieben werden. Einige Käufer erlitten Verletzungen, weil sich bei der Benutzung Griffe gelöst hatten. Es stellte sich heraus, dass Montagemitarbeiter einen ungeeigneten Kleber verwendeten.
   a) Beschreiben Sie mit Nennung der Rechtsgrundlage, ob die Kunden Ansprüche gegen den Hersteller geltend machen können.
   b) Erläutern Sie, ob die Kunden der Zwischenhändler auf Grundlage der gesetzlichen Gewährleistungspflicht für Kaufverträge auf den Hersteller zugreifen können.
4. Beim Einsatz von EDV gibt es immer wieder Daten, die vor unbefugtem Zugriff geschützt werden müssen. Erläutern Sie an zwei Beispielen, wann ein sofortiger Wechsel des Passworts vorgenommen werden sollte.
5. Beschreiben Sie fünf Maßnahmen, um sensible Personaldaten zu schützen.
6. Durch den verstärkten Einsatz der EDV sind in den Betrieben die zu verarbeitenden Daten verschiedenen Risiken ausgesetzt. Dazu zählen zum Beispiel Verlust, Manipulation und unberechtigter Zugriff. Erläutern Sie drei Maßnahmen zur Vermeidung derartiger Risiken.
7. Erläutern Sie den Begriff Datengeheimnis.
8. Beschreiben Sie die Voraussetzungen für eine Videoüberwachung öffentlich zugänglicher Räume.
9. Erläutern Sie, welches Recht ein Betroffener hat, dem durch unzulässige oder unrichtige Datenverarbeitung Schaden zugefügt wurde.
10. Erläutern Sie folgende Begriffe:
    a) Personenbezogene Daten
    b) Automatisierte Verarbeitung von Daten
    c) Verarbeiten von Daten
    d) Speichern von Daten

Lösungsvorschläge

L1:
a) Möglichst wenig Abfall produzieren, z. B.
- Stoffe in einem anlageninternen Kreislauf führen,
- die Aufmerksamkeit von Kunden auf schadstoffarme Produkte lenken.

b) Gewinnung von Rohstoffen aus Abfällen (sekundäre Rohstoffgewinnung), z. B.
- Abfall für einen ursprünglichen Zweck (als Rohstoff wieder) verwenden,
- Abfall für ein Nebenprodukt verwenden.

c) Entsorgung von Abfällen, dabei
- Sammeln von Abfällen und
- Abfalltrennung.

L2:
- Bei der Produktion von Erzeugnissen sollen in erster Linie verwendbare Abfälle oder Sekundärrohstoffe verwendet werden.
- Schadstoffhaltige Erzeugnisse sind zu kennzeichnen, um die umweltverträgliche Verwertung oder Beseitigung der verbleibenden Abfälle zu sichern.
- Es sollen Produkte entwickelt und hergestellt werden, die mehrfach verwendbar, technisch langlebig und nach Gebrauch schadlos bzw. umweltverträglich verwertet werden können.
- Hinweise auf Rückgabe, Wiederverwendungs- / Verwertungsmöglichkeiten sind anzubringen.

L3:
a) § 1 Produkthaftungsgesetz: „Wird durch den Fehler eines Produkts jemand getötet, sein Körper oder seine Gesundheit verletzt ..., so ist der Hersteller des Produkts verpflichtet, dem Geschädigten den daraus entstehenden Schaden zu ersetzen. ..."
Das Produkthaftungsgesetz sieht also eine verschuldensunabhängige Haftung vor.
§ 4 Produkthaftungsgesetz: „Hersteller ... ist, wer das Endprodukt ... hergestellt hat."
§ 3 Produkthaftungsgesetz: „Ein Produkt hat einen Fehler, wenn es nicht die Sicherheit bietet, die unter Berücksichtigung aller Umstände ... berechtigterweise erwartet werden kann."

Auf Grund des Produkthaftungsgesetzes können die Kunden vom Hersteller Schadensersatz für erlittene Personenschäden verlangen.
b) Zwischen Kunde und Hersteller besteht kein Kaufvertrag. Es können deshalb auch von den Kunden/Endverbrauchern gegen den Hersteller keine gesetzlichen Gewährleistungsansprüche geltend gemacht werden.

L4: Bei Ausscheiden eines Mitarbeiters, bei Personalwechsel und bei Verdacht, dass ein Passwort ganz oder teilweise Dritten bekannt geworden ist.

L5:
- Zugangskontrolle: Unbefugten wird der Zugang verwehrt.
- Abgangskontrolle: Keine unberechtigte oder ungehinderte Entfernung von Datenträgern.
- Benutzerkontrolle: Keine Benutzung des EDV-Systems von unbefugten Personen.
- Zugriffskontrolle: Zugriff nur auf Daten, für die eine Zugangsberechtigung erteilt wurde.
- Eingabekontrolle: Es soll festgestellt werden können, wer wann welche Daten eingegeben hat.
- Kryptografie: Verschlüsselung von Daten.

L6:
- Technisch, z. B. durch Einrichtung einer unterbrechungsfreien Stromversorgung, sodass im Fall eines kurzfristigen Stromausfalls keine Daten (im Arbeitsspeicher) zerstört werden,
- softwareseitig: durch Passwörter sollen die Mitarbeiter nur Zugriff auf Daten bekommen, mit denen sie auch arbeiten dürfen,
- personell durch kritische Mitarbeiterauswahl

L7: § 5 Bundesdatenschutzgesetz: „Den bei der Datenverarbeitung beschäftigten Personen ist untersagt, personenbezogene Daten unbefugt zu erheben, zu verarbeiten oder zu nutzen (Datengeheimnis). ... Das Datengeheimnis besteht auch nach Beendigung ihrer Tätigkeit fort."

L8: § 6 b BDSG bestimmt die Voraussetzungen, unter denen die „Beobachtung öffentlich zugänglicher Räume mit optisch-elektronischen Einrichtungen" (Videoüberwachung) zulässig ist. Unter „öffentlich zugänglichem Raum" ist der Raum zu verstehen, in dem sich jedermann berechtigt aufhalten kann, ohne in irgendwelche Rechtsbeziehungen zum Inhaber des Hausrechts dieses Raumes treten zu müssen.
Beispiele: Kaufhäuser, Bürgersteige, Einkaufspassagen. Nicht erfasst ist die Beobachtung im Arbeitnehmerbereich innerhalb von Unternehmen oder Behörden. Erlaubt ist Überwachung zur Aufgabenerfüllung öffentlicher Stellen und zur Wahrnehmung des Hausrechts oder zur Wahrnehmung berechtigter Interessen für konkret festgelegte Zwecke, soweit sie erforderlich ist.

L 9: §§ 7, 8 BDSG; wenn eine verantwortliche Stelle einem Betroffenen durch eine unzulässige oder unrichtige Datenverarbeitung einen Schaden zugefügt hat, ist sie zum Ersatz des Schadens verpflichtet. Bei einer schweren Verletzung des Persönlichkeitsrechts ist dem Betroffenen auch der Schaden, der nicht Vermögensschaden ist, angemessen in Geld zu ersetzen (Schmerzensgeld). Der Schmerzensgeldanspruch bei der verschuldensabhängigen Haftung ergibt sich aus dem BGB. Auch bei der verschuldensunabhängigen Haftung gibt es bei schweren Persönlichkeitsverletzungen einen Anspruch auf Schmerzensgeld.

L10: § 3 BDSG
a) Personenbezogene Daten sind Einzelangaben über persönliche oder sachliche Verhältnisse einer bestimmten oder bestimmbaren natürlichen Person (Betroffener), wie z. B. Alter, Anschrift, Vermögen, Äußerungen, Überzeugungen.
b) Automatisierte Verarbeitung ist die Erhebung, Verarbeitung oder Nutzung personenbezogener Daten unter Einsatz von DV-Anlagen.
c) Verarbeiten ist das Speichern, Verändern, Übermitteln, Sperren und Löschen von personenbezogenen Daten.
d) Speichern ist das Erfassen, Aufnehmen oder Aufbewahren personenbezogener Daten auf einem Datenträger zum Zweck ihrer weiteren Verarbeitung oder Nutzung.

Musterklausur für „Rechtsbewusstes Handeln"

1. Max Meier besucht ein Seminar, auf dem es rund um das Thema Kündigung geht. Während der Vorträge notiert er sich einige Dinge, die er seinem Stellvertreter mitteilen möchte.
   a) Nennen Sie die Gründe, die zur Beendigung eines Arbeitsverhältnisses führen. (5 Punkte)
   b) Erläutern Sie, wie sich eine falsche Kündigungsfrist auf die ordentliche Kündigung auswirkt. (4 Punkte)
   c) Erläutern Sie den Begriff „Sonderkündigungsschutz". Nennen Sie die Personengruppen, für die er gilt. (5 Punkte)
   d) Beschreiben Sie die Kündigungsgründe, die das Kündigungsschutzgesetz vorsieht. (9 Punkte)

2. Das Gesetz über die Haftung für fehlerhafte Produkte (Produkthaftungsgesetz) regelt die Gefährdungshaftung des Produzenten/Herstellers gegenüber dem Endverbraucher.
   a) Beschreiben Sie zwei Fälle, in denen die Haftung des Herstellers ausgeschlossen ist. (4 Punkte)
   b) Erläutern Sie, was unter einem „Produkt" zu verstehen ist. (3 Punkte)
   c) Beschreiben Sie, was das Produkthaftungsgesetz unter einem „Fehler" versteht. (3 Punkte)

3. Arbeitsschutz und Arbeitssicherheit sind in jedem Betrieb sehr wichtige Themen, mit denen sich jeder Mitarbeiter ohne Ausnahme beschäftigen muss.
   a) Nennen Sie je zwei Rechtsvorschriften, die den Arbeitgeber bzw. den Arbeitnehmer in die Verantwortung nehmen für Arbeitsschutz und Arbeitssicherheit. Begründen Sie bei je einer Rechtsvorschrift die Zuordnung der Verantwortung unter Angabe von Fundstellen. (8 Punkte)
   b) Beschreiben Sie vier Möglichkeiten, die der Betriebsrat hat, um sich für die Verbesserung der Arbeitssicherheit einzusetzen. (8 Punkte)

4. Frühmorgens auf dem Weg zur Arbeit wird Arbeitnehmer Anton Neumann unverschuldet in einen Unfall verwickelt. Er kommt dadurch erst kurz vor Mittag zur Arbeit. Klären Sie die Rechtslage bezüglich seines Anspruchs auf Lohnzahlung. (8 Punkte)

5. Arbeitgeberin Anna Gabel gibt bekannt, dass die Arbeitnehmer auf Grund der guten Auftragslage eine einmalige Sonderzahlung in Höhe von EUR 350,– erhalten. Ausgenommen sind jedoch solche Arbeitnehmer, die in den nächsten zwei Monaten aus dem Betrieb ausscheiden. Egon Strunz, der vor zwei Tagen gekündigt hat, möchte trotzdem die Sonderzahlung. Erläutern Sie die Rechtslage. (8 Punkte)

6. Anna Gabel kündigt Egon Strunz mündlich fristlos und erteilt ihm Hausverbot, als Strunz am nächsten Tag dennoch wieder zur Arbeit erscheint. Strunz erhebt Kündigungsschutzklage, die er gewinnt, weil die Kündigung wegen Fehlens der Schriftform unwirksam war (§ 623 BGB). Erläutern Sie die Rechtslage bezüglich des Fortbestehens des Arbeitsverhältnisses bzw. des Anspruchs von Strunz auf Vergütung. (8 Punkte)

7. Zwischen einer Gewerkschaft und dem entsprechenden Arbeitgeberverband laufen Tarifverhandlungen, die mehr oder minder zum Stehen gekommen sind. Der alte Tarifvertrag ist bereits abgelaufen. Es zeichnet sich bezüglich der Lohnhöhe keine Einigung ab. Die Gewerkschaft ruft ihre Mitglieder zum Streik auf, um ihre Streikbereitschaft zu demonstrieren. Am Vortag des nächsten Verhandlungstermins soll von 14:00 Uhr bis 15:00 Uhr gestreikt werden. Erläutern Sie die Rechtmäßigkeit des Vorgehens der Gewerkschaft. (5 Punkte)

8. Eine Studentin wird vom 1.7. des Jahres bis zum 26.7. des Jahres als Aushilfe im Verkauf eingestellt. Erläutern sie, ob die Studentin einen Urlaubsanspruch erwirbt. (4 Punkte)

9. Erläutern Sie folgende Fragen zum Thema Betriebsvereinbarung:
a) Ist es möglich, durch eine Betriebsvereinbarung übertariflichen Lohn, Weihnachtsgratifikationen und einen Sozialplan zu regeln? (9 Punkte)
b) Wie ist die Kündigungsfrist für eine Betriebsvereinbarung geregelt? (6 Punkte)
c) Es liegt eine freiwillige Betriebsvereinbarung vor. Wann endet deren Rechtswirkung? (3 Punkte)

LÖSUNGSVORSCHLÄGE

Lösung zu 1.:
a) Kündigung, Zeitablauf, Aufhebungsvertrag, Anfechtung, Tod des Arbeitnehmers
b) Auf die Wirksamkeit der Kündigung hat eine falsche Kündigungsfrist keine Auswirkung. Die Kündigung mit einer falschen Kündigungsfrist führt nicht zur Unwirksamkeit der Kündigung. Die Kündigung wirkt mit Ablauf der richtigen Frist.
c) Der Sonderkündigungsschutz stellt an die Kündigung bestimmter Personen besondere Anforderungen.
   - Sonderkündigungsschutz für schwangere Frauen (§ 9 MuSchG)
   - Sonderkündigungsschutz für Schwerbehinderte (§ 85 SGB IX)
   - Sonderkündigungsschutz für Mitglieder des Betriebsrats (§ 15 KSchG)
d) § 1 Absatz 2 Kündigungsschutzgesetz: verhaltensbedingte, personenbedingte und betriebsbedingte Kündigungsgründe
   - Verhaltensbedingt: Dauernde Unpünktlichkeit, Arbeitsverweigerung, eigenmächtiger Urlaubsantritt usw.
   - Personenbedingt: Häufige Kurzerkrankungen, fehlende Eignung für geschuldete Leistung usw.
   - Betriebsbedingt: Wegfall von Arbeitsplätzen durch z. B. neue Arbeitsmethoden

Lösung zu 2.:
a) § 1 Produkthaftungsgesetz (ProdHaftG)
   - Der Hersteller hat das Produkt nicht in den Verkehr gebracht.
   - Das Produkt hatte den Fehler, der den Schaden verursacht hat, noch nicht, als es der Hersteller in den Verkehr brachte.
   - Der Fehler konnte nach dem Stand der Technik zu dem Zeitpunkt nicht erkannt werden, in dem es der Hersteller in den Verkehr brachte.
b) Ein Produkt ist jede bewegliche Sache, auch wenn sie einen Teil einer anderen beweglichen oder unbeweglichen Sache bildet, sowie Elektrizität (§ 2 ProdHaftG).
c) § 3 Abs. 1 ProdHaftG: „Ein Produkt hat einen Fehler, wenn es nicht die Sicherheit bietet, die unter Berücksichtigung aller Umstände, insbesondere ... seines Gebrauchs ... erwartet werden kann."

Lösung zu 3.:
a) Verantwortung für den Arbeitgeber:
   - Arbeitssicherheitsgesetz (§ 1 ASiG: „Der Arbeitgeber hat nach Maßgabe dieses Gesetzes..."
   - Arbeitsschutzgesetz:
   § 3 ArbSchG: „Der Arbeitgeber ist verpflichtet, die erforderlichen Maßnahmen des Arbeitsschutzes ..."
   § 4 ArbSchG: „Der Arbeitgeber hat bei Maßnahmen des Arbeitsschutzes ..."
   - § 21 Sozialgesetzbuch VII („Der Unternehmer ist für die Durchführung von Maßnahmen zur Verhütung von Arbeitsunfällen...")

- § 618 Absatz 1 BGB (Pflicht zu Schutzmaßnahmen: „Der Dienstberechtigte hat...")
- Unfallverhütungsvorschriften der jeweils zuständigen Berufsgenossenschaft

Verantwortung für den Arbeitnehmer:
- Unfallverhütungsvorschriften der jeweils zuständigen Berufsgenossenschaft
- Arbeitsschutzgesetz:
§ 15 ArbSchG: „Die Beschäftigten sind verpflichtet, nach ihren Möglichkeiten ... für ihre Sicherheit und Gesundheit..."
§ 16 ArbSchG: „Die Beschäftigten haben dem Arbeitgeber ... jede von Ihnen festgestellte unmittelbare erhebliche Gefahr für die Sicherheit und Gesundheit..."

b) Möglichkeiten des Betriebsrates
- § 80 Absatz 1 Ziffer 1 BetrVG: „Der Betriebsrat hat ... darüber zu wachen, dass die ... Unfallverhütungsvorschriften ... durchgeführt werden"
- § 80 Absatz 1 Ziffer 9 BetrVG: „Maßnahmen des Arbeitsschutzes ... zu fördern"
- § 87 Absatz 1 Ziffer 7 BetrVG: „Regelungen über die Verhütung von Arbeitsunfällen ..."
- § 88 Ziffer 1 BetrVG: „Durch Betriebsvereinbarung können ... Maßnahmen zur Verhütung von Arbeitsunfällen..."
- § 89 Absatz 1 BetrVG: „Der Betriebsrat hat sich dafür einzusetzen, dass die Vorschriften über den Arbeitsschutz und die Unfallverhütung ..."

Lösung zu 4.:
Anton Neumann hat an diesem Vormittag nicht gearbeitet. Die Erbringung der Arbeitsleistung ist ihm unmöglich geworden. Es trifft ihn dafür aber kein Verschulden. Den Arbeitgeber trifft aber ebenso wenig ein Verschulden. Haben weder der Arbeitgeber noch der Arbeitnehmer die Unmöglichkeit zu vertreten, gilt § 326 Absatz 1 BGB. Anton Neumann verliert seinen Anspruch auf Lohnzahlung. Der Arbeitnehmer trägt das Risiko, rechtzeitig zur Arbeit zu kommen. Den Verlust des Lohnanspruchs in Höhe der versäumten Arbeitszeit muss Neumann beim Unfallverursacher geltend machen.

Lösung zu 5.:
Ein Anspruch von Egon Strunz auf diese Sonderzahlung aus seinem Arbeitsvertrag besteht nicht. Die Sonderzahlung ist nicht Inhalt des Vertrages. Er könnte jedoch aus seinem Arbeitsvertrag in Verbindung mit dem arbeitsrechtlichen Gleichbehandlungsgrundsatz Anspruch darauf haben. Die Sonderzahlung ist eine freiwillige Leistung der Arbeitgeberin Anna Gabel. Ein Anspruch darauf kam erst durch die Ankündigung zu Stande. Die Arbeitnehmer, die in den nächsten zwei Monaten aus dem Betrieb ausscheiden, werden anders behandelt. Aus dem Zweck der Leistung könnte sich ein sachlicher Unterscheidungsgrund ergeben. Anna Gabel möchte die Arbeitnehmer durch besondere Anerkennung

motivieren. Dies ist für die unterschiedliche Behandlung ein sachlicher Grund. Egon Strunz bekommt die EUR 350,– nicht ausgezahlt.

Lösung zu 6.:
Da die Kündigung unwirksam war, bestand das Arbeitsverhältnis weiterhin. Anna Gabel hinderte Egon Strunz durch Erteilung des Hausverbots an der Erbringung der Arbeitsleistung. Strunz behält den Anspruch auf seine Vergütung. Voraussetzungen dafür sind, dass Strunz in der Lage gewesen wäre zu arbeiten (§ 297 BGB) und er seine Leistung Gabel angeboten hat (§§ 294 ff. BGB).

Lösung zu 7.:
Die Gewerkschaft hat ihre Friedenspflicht nicht verletzt, da der Tarifvertrag bereits ausgelaufen ist. Kurze Streiks bis etwa 2 Stunden sind während der Tarifverhandlungen als so genannte Warnstreiks erlaubt. Sie beschleunigen den Abschluss von Tarifverträgen. Der Streik, der nur eine Stunde dauern soll, verstößt nicht gegen das Ultima-Ratio-Prinzip (Streik als allerletztes Mittel). Dieser Streik ist zulässig.

Lösung zu 8.:
Die Studentin hat bei Ausscheiden keinen Urlaubsanspruch, da das Arbeitsverhältnis keinen vollen Monat bestand. Aushilfsarbeitnehmer erreichen oft nicht die nach § 3 Absatz 3 Entgeltfortzahlungsgesetz vorgesehene Wartezeit hinsichtlich des Entgeltfortzahlungsanspruchs im Krankheitsfall und hinsichtlich des Urlaubsanspruchs. Ihr Urlaubsanspruch besteht erst nach einer Wartezeit von sechs Monaten. Scheiden sie vorher aus dem Arbeitsverhältnis aus, erhalten sie einen Teilurlaubsanspruch. Dieser beträgt für jeden vollen Monat des Bestehens des Arbeitsverhältnisses ein Zwölftel des gesetzlichen Urlaubsanspruchs (§ 5 BUrlG).

Lösung zu 9.:
a) Übertariflicher Lohn kann nicht in einer Betriebsvereinbarung geregelt werden (§ 77 Absatz 3 BetrVG).
Bei Weihnachtsgratifikationen handelt es sich um eine freiwillige Betriebsvereinbarung, ist also möglich.
Ein Sozialplan ist eine erzwingbare Betriebsvereinbarung (§ 112 Absatz 4 BetrVG).
b) Entweder, es ist eine Kündigungsfrist vereinbart oder sie ergibt sich, falls die Vereinbarung fehlt, aus § 77 Absatz 5 BetrVG (Kündigung mit einer Frist von 3 Monaten).
c) Eine freiwillige Betriebsvereinbarung endet mit Ablauf der Kündigungsfrist. Im Gegensatz dazu endet eine erzwingbare Betriebsvereinbarung, wenn sie durch eine neue Betriebsvereinbarung ersetzt wird (§ 77 Absatz 6 BetrVG).

Qualifikationsbereich 2

Betriebswirtschaftliches Handeln

2.1	Ökonomische Handlungsprinzipien von Unternehmen mit Beachtung volkswirtschaftlicher Zusammenhänge und sozialer Wirkungen	126
2.2	Berücksichtigen der Grundsätze betrieblicher Aufbau- und Ablauforganisation	148
2.3	Nutzen und Möglichkeiten der Organisationsentwicklung	192
2.4	Entgeltfindung und kontinuierlicher betrieblicher Verbesserungsprozess	211
2.5	Kostenrechnung und Kalkulationsverfahren	234
2.6	Statische Investitionsrechenverfahren	399

2.1 Ökonomische Handlungsprinzipien von Unternehmen mit Beachtung volkswirtschaftlicher Zusammenhänge und sozialer Wirkungen

2.1.1 Unternehmensformen und deren Weiterentwicklung

2.1.1.1 Unternehmensformen

Was wird durch die Unternehmensform mit festgelegt?

Die Unternehmungsform ist die rechtliche Grundlage eines **Unternehmens**, wodurch die Rechtsbeziehungen im Innen- und Außenverhältnis festgelegt werden. Hier wird zum Beispiel die Haftung geregelt oder auch die Geschäftsführungsbefugnis.

Als **Betrieb** wird hingegen der Ort der Leistungserstellung bezeichnet. Ein Unternehmen kann demzufolge mehrere Betriebe besitzen, jedoch nicht umgekehrt.

Die Entscheidung für eine Unternehmungsform hängt ab von der Betriebsgröße, der Eigenkapitalausstattung, dem Haftungsumfang, der Geschäftsführungsbefugnis, der Verteilung des Gewinns bzw. Verlustes, von steuerlichen Überlegungen u. a.

Welche beiden Formen werden grundlegend unterschieden?

 Haften die Gesellschafter den Gläubigern gegenüber persönlich, spricht man von Personengesellschaften. Bei Kapitalgesellschaften haftet nur das Gesellschaftsvermögen der juristischen Person.

Abb. 2.1 bietet einen Überblick über die wesentlichen Unternehmensformen. Die Wahl für eine Unternehmensform wird bei Gründung getroffen und gehört mit zu den wesentlichen Entscheidungen. Ihre spätere Veränderung ist möglich (zum Beispiel der Gang an die Börse zur Umwandlung in eine AG). Im Folgenden werden die Formen näher dargestellt.

Kapital-gesellschaften	Personen-unternehmen	Andere Gesellschaftsformen
• Aktiengesellschaft (AG) • Kommanditgesellschaft auf Aktien (KGaA) • Gesellschaft mit beschränkter Haftung (GmbH)	• Einzelunternehmung • Offene Handelsgesellschaft (OHG) • Kommanditgesellschaft (KG) • GmbH & Co. KG • Stille Gesellschaft • Gesellschaft bürgerlichen Rechts (GbR) • (freiberufl.) Partnerschaftsgesellschaft	• Genossenschaft • Versicherungsverein auf Gegenseitigkeit

Abb. 2.1: Überblick über Unternehmensformen

Einzelunternehmung

Es handelt sich um einen Gewerbebetrieb, bei dem das Eigenkapital von einer Person zur Verfügung gestellt wird, die das Unternehmen leitet und das Risiko alleine trägt. Da die Mittel meist begrenzt sind, kann der Betrieb auch nur eine bestimmte Größe erreichen. Der Unternehmer haftet für Verbindlichkeiten mit seinem gesamten Vermögen. Die Vorteile sind ebenso wie die Nachteile leicht zu erkennen. Der Unternehmer trifft alle Entscheidungen alleine, das heißt, es kann bezüglich der Geschäftsführung nicht zu Meinungsverschiedenheiten mit Gesellschaftern kommen. Dafür, dass er das Risiko alleine auf sich nimmt, kann er auch den gesamten Gewinn auf seinem Konto verbuchen. Seine Kapitalkraft ist begrenzt und er haftet mit seinem Privatvermögen.

Offene Handelsgesellschaft (OHG)

Zwei oder mehr Personen schließen einen Vertrag zum Betrieb eines Handelsgewerbes mit unbeschränkter Haftung unter gemeinschaftlicher Firma. Es muss kein schriftlicher Gesellschaftsvertrag geschlossen werden, jedoch sollte dies aus Beweisgründen immer der Fall sein. Die OHG ist in das Handelsregister einzutragen. Die Gesellschafter müssen eine festgesetzte Kapitaleinlage leisten. Dies kann in Form von Bargeld, von Sachwerten oder Rechtswerten geschehen. Jeder Gesellschafter ist verpflichtet, die Geschäfte zu führen (Einzelgeschäftsführungsbefugnis, kann durch Vertrag aufgehoben oder beschränkt werden) und nicht ohne Einwilligung der anderen Gesellschafter im gleichen Handelsgewerbe Geschäfte auf eigene Rechnung zu machen (Wettbewerbsenthaltung). Der Verlust wird nach Köpfen verteilt und vom Kapitalanteil abgezogen. Die gesetzliche Regelung sieht einen Gewinnanspruch von vier Prozent des Kapitalanteils vor. Der Restgewinn wird nach Köpfen verteilt. Gegenüber Dritten (Außenverhältnis) gilt der Grundsatz der Einzelvertretungsmacht. Vertraglich kann hier zum Beispiel geregelt werden, dass die Gesellschafter nur zusammen die OHG vertreten können oder die Vertretungsmacht nur einem Gesellschafter übertragen wird. Die Vertretungsmacht (Außenverhältnis) ist unbeschränkbar im Gegensatz zur Geschäftsführungsbefugnis (Innenverhältnis). Die Gesellschafter haften unbeschränkt, direkt (unmittelbar) und primär und gesamtschuldnerisch (solidarisch).

- Unbeschränkt: Haftung mit dem gesamten Privatvermögen (keine Einrede der Haftungsbeschränkung)
- Unmittelbar: ein Gläubiger kann sich an jeden beliebigen Gesellschafter wenden (keine Einrede der Vorausklage)
- Solidarisch: alle Gesellschafter haften für alle Schulden der Gesellschaft (keine Einrede der Haftungsteilung)

Tritt ein Gesellschafter in eine bestehende OHG ein, so haftet er für die bereits bestehenden Schulden. Beim Austritt aus einer OHG haftet der Gesellschafter noch fünf Jahre für die zu diesem Zeitpunkt vorhandenen Verbindlichkeiten.

Kommanditgesellschaft (KG)

Zwei oder mehr Personen schließen einen Vertrag zum Betrieb eines Handelsgewerbes unter gemeinschaftlicher Firma. Mindestens ein Gesellschafter muss unbeschränkt und einer beschränkt haften. Die Vollhafter bezeichnet man als Komplementäre, die Teilhafter als Kommanditisten. Tritt eine GmbH als Vollhafter auf, spricht man von einer GmbH und Co. KG (siehe unten). Für die Gründung gelten die gleichen Vorschriften wie für die OHG. Dies trifft auch auf die Pflichten und Rechte des Komplementärs zu. Der Kommanditist muss seine Einlage leisten, mit der er haftet. Er ist am Verlust beteiligt, hat ein Widerspruchsrecht bei Geschäften, die über den gewöhnlichen Betrieb hinausgehen, und erhält einen Gewinnanteil bis zu vier Prozent seines Kapitalanteils. Der restliche Gewinn wird in angemessenem Verhältnis verteilt. Der Kommanditist hat kein laufendes Kontrollrecht. Er kann jedoch den Jahresabschluss durch Einsicht in die Bücher nachprüfen.

GmbH und Co. KG

Es handelt sich um eine Kommanditgesellschaft, bei der eine GmbH Vollhafter ist. Man unterscheidet

- die typische GmbH und Co., bei der die Gesellschafter der GmbH gleichzeitig Kommanditisten der GmbH und Co. sind, und
- die atypische GmbH und Co., bei der andere natürliche oder juristische Personen Kommanditisten sind.

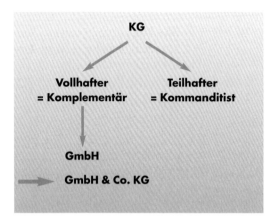

Abb. 2.2: Grundsätzliche Struktur der GmbH & Co. KG

Die Geschäftsführungsbefugnis und die Vertretungsmacht übt die Komplementär-GmbH über den Geschäftsführer aus. Es gelten die gleichen Rechtsgrundlagen wie bei der KG. Die GmbH haftet als Komplementärin unbeschränkt, ihre Gesellschafter haften jedoch nur mit ihren Einlagen. Die Kapitalgrundlage kann durch Aufnahme von Teilhaftern erweitert werden, ohne dass diese Einfluss auf die Unternehmenspolitik nehmen.

Stille Gesellschaft

Ein Kaufmann (natürliche oder juristische Person) verbindet sich vertraglich mit einem Kapitalgeber (natürliche oder juristische Person), dessen Einlage in das Vermögen des Kaufmanns übergeht. Es entsteht kein echtes Gesellschaftsverhältnis, sondern ein langfristiges Gläubigerverhältnis. Es bestehen zwar die Merkmale einer Teilhaberschaft, man spricht aber von einer unvollkommenen Gesellschaft. Der stille Gesellschafter ist nach außen nicht ersichtlich. Er hat das gleiche Kontrollrecht wie ein Kommanditist. Am Gewinn und Verlust ist er nach vertraglicher Vereinbarung beteiligt. Die Verlustbeteiligung kann sogar ausgeschlossen werden.

Gesellschaft des bürgerlichen Rechts (GbR)

Nichtkaufleute und/oder Kaufleute schließen einen Vertrag zur Erreichung eines gemeinsamen Zieles. Sie verpflichten sich zur Förderung dieses Ziels, insbesondere zur Leistung der vereinbarten Beiträge. Die Gesellschaft des bürgerlichen Rechts wird nicht in das Handelsregister eingetragen. Sie endet automatisch mit der Erfüllung des Zwecks. Das angesammelte Vermögen ist gemeinschaftliches Vermögen (Gesamthandvermögen). Ein Gesellschafter kann nicht über seinen Anteil verfügen. Die Geschäftsführung haben die Gesellschafter gemeinschaftlich. Es wird jedoch meist ein einzelner Gesellschafter damit beauftragt. Es besteht persönliche Haftung als Gesamtschuldner. Gewinne und Verluste werden nach Anzahl der Personen verteilt, dabei spielt die Höhe der Beiträge keine Rolle. Der Anlass der Gründung kann jeder beliebige Zweck sein. Handelt es sich um einen Zusammenschluss für eine bestimmte Gelegenheit, spricht man auch von Gelegenheitsgesellschaft, die durchaus auch vereinbart werden kann, um gemeinschaftlich für einen „kleinen" Zweck zu handeln (Ausflug, Miete eines Musikautomaten für eine Veranstaltung).

Freiberufliche Partnerschaftsgesellschaft

Schließen sich Angehörige freier Berufe zu deren Ausübung zusammen, spricht man von Partnerschaft. Es wird kein Handelsgewerbe ausgeübt. Zu den freien Berufen zählen Wirtschaftsprüfer, Steuerberater, Ärzte, Journalisten, Übersetzer, Schriftsteller, Künstler, Lehrer u.a. Der Gesellschaftsvertrag muss schriftlich vorliegen. Die Eintragung erfolgt in ein Partnerschaftsregister bei den Amtsgerichten. Es gelten die Vorschriften über die BGB-Gesellschaft. Die Partnerschaft kann unter ihrem Namen Eigentum erwerben, Verbindlichkeiten eingehen und vor Gericht klagen und verklagt werden. Jeder Partner hat die Berechtigung zur Alleinvertretung. Den Gläubigern gegenüber haftet das Vermögen der Partnerschaft und die Partner selbst als Gesamtschuldner. Die persönliche Haftung kann jedoch vertraglich auf den Verantwortlichen beschränkt werden.

Aktiengesellschaft (AG)
Es handelt sich hier um eine Handelsgesellschaft mit eigener Rechtspersönlichkeit (juristische Person). Die Gesellschafter (Aktionäre) sind mit ihren Einlagen beteiligt. Das Grundkapital ist in Aktien zerlegt. Den Gläubigern gegenüber haftet nur das Gesellschaftsvermögen. Das Grundkapital muss sich auf mindestens EUR 50.000,– belaufen. Nicht ausgeschüttete Gewinne werden in Gewinnrücklagen gebucht. Die Aktiengesellschaft beschafft sich Kapital bei der Gründung und späteren Kapitalerhöhungen durch den Verkauf von Aktien. Bei den Aktien kann es sich um Nennbetragsaktien oder Stückaktien handeln. Nennbetragsaktien müssen auf mindestens einen Euro lauten. Stückaktien lauten auf keinen Nennbetrag. Der anteilige Betrag vom Grundkapital darf jedoch einen Euro nicht unterschreiten. Eine Aktiengesellschaft kann von einer oder mehreren Personen gegründet werden. Die Satzung (Gesellschaftsvertrag) muss notariell beurkundet werden. Bei einer Bargründung leisten die Aktionäre Einzahlungen, bei einer Sachgründung werden Maschinen, Patente oder Grundstücke eingebracht. Die AG wird erst mit Eintragung ins Handelsregister eine juristische Person mit Kaufmannseigenschaft. Bis zu diesem Zeitpunkt bilden die Gesellschafter eine GbR und haften persönlich und gesamtschuldnerisch. Eine Aktiengesellschaft besteht aus drei Organen:

- dem Vorstand,
- dem Aufsichtsrat und
- der Hauptversammlung.

Der Vorstand wird vom Aufsichtsrat auf höchstens fünf Jahre bestellt. Eine wiederholte Bestellung ist zulässig. Der Aufsichtsrat wird auf vier Jahre bestellt. Er übt eine Überwachungsfunktion aus. Die Hauptversammlung wählt die Aktionärsvertreter für den Aufsichtsrat. In Gesellschaften mit weniger als 500 Arbeitnehmern kann der Aufsichtsrat nur mit Vertretern der Anteilseigner besetzt sein, da die Mitbestimmung der Arbeitnehmer hier nicht zwingend vorgesehen ist. Die Aktionäre versammeln sich in der Hauptversammlung. Sie können ihre Rechte durch Ausübung des Stimmrechts wahrnehmen. Eine ordentliche Hauptversammlung muss jedes Jahr innerhalb der ersten acht Monate des Geschäftsjahres einberufen werden.

Kommanditgesellschaft auf Aktien (KGaA)
Es ist eine Gesellschaft mit eigener Rechtspersönlichkeit. Mindestens ein Gesellschafter haftet unbeschränkt. Die so genannten Kommanditaktionäre sind mit Einlagen auf das in Aktien zerlegte Grundkapital beteiligt. Sie haften nicht persönlich. Da die KGaA eine Kombination von KG und AG darstellt, gelten neben den Vorschriften für die KGaA auch die Bestimmungen für die KG und die AG. Die Satzung ist von mindestens fünf

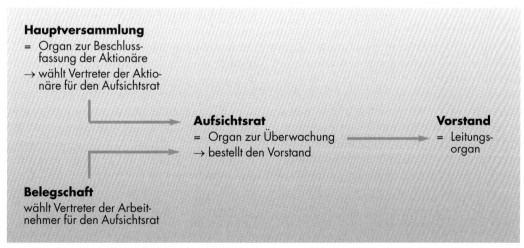

Abb. 2.3: Wahl der Organe der AG

Personen festzustellen. Als Organe treten der Vorstand, der Aufsichtsrat und die Hauptversammlung auf. Anders als bei der AG, sind die persönlich haftenden Gesellschafter Vorstand kraft Gesetzes. Der Aufsichtsrat wird von den Arbeitnehmern und von den Kommanditaktionären gewählt. In der Hauptversammlung sitzen alle Kommanditaktionäre.

Gesellschaft mit beschränkter Haftung (GmbH)
Hier liegt eine Handelsgesellschaft mit eigener Rechtspersönlichkeit vor: Gesellschafter sind am Stammkapital (mindestens 25.000 Euro) durch Geschäftsanteile (mindestens ein Euro) beteiligt; Beschränkung der Haftung auf das Gesellschaftsvermögen; Gründung durch eine oder mehrere Personen; notariell beurkundeter Gesellschaftsvertrag (Satzung); Eintragung der Gesellschafter in die Gesellschafterliste (Recht auf Gewinnanteil, Mitverwaltung und Auskunft). Die GmbH wird durch die Eintragung ins Handelsregister zur juristischen Person (Angabe einer inländischen Geschäftsanschrift, Verwaltungssitz kann im Ausland liegen). Die Gesellschafter haften vor der Eintragung solidarisch und persönlich und es muss ein Viertel der Stammeinlage geleistet werden bzw. die Hälfte des Mindeststammkapitals. Organe: Geschäftsführer, Gesellschafterversammlung, Aufsichtsrat. Das GmbH-Gesetz sieht einen Aufsichtsrat nicht zwingend als Überwachungsorgan vor. Er ist jedoch nach dem Betriebsverfassungsgesetz bei Gesellschaften mit mehr als 500 Arbeitnehmern und nach dem Mitbestimmungsgesetz mit mehr als 2000 Arbeitnehmern notwendig. Er wird auf vier Jahre bestellt. Gesetz zur Modernisierung des GmbH-Rechts (MoMiG): bietet haftungsbeschränkte Unternehmergesellschaft als Einstiegsvariante (Gründung ohne Mindeststammkapital, Gewinne dürfen nicht voll ausgeschüttet werden, dadurch Ansparung des Mindeststammkapitals). Für Standardgründungen werden Musterprotokolle zur Verfügung gestellt. Eine Vereinfachung soll die Zusammenfassung von Gesellschaftsvertrag, Geschäftsführerbestellung und Gesellschafterliste bringen.

Genossenschaft (eG)
Eine Genossenschaft wird gegründet zur Förderung des Erwerbs oder der Wirtschaft ihrer Mitglieder (Genossen). Es ist eine Gesellschaft mit nicht geschlossener Mitgliederzahl, wobei mindestens sieben Gründer eine Satzung (Statut) aufstellen müssen. Die Haftung beschränkt sich auf das Vermögen der Genossenschaft. Durch die Eintragung in das Genossenschaftsregister wird die Genossenschaft zur juristischen Person. Als Mitglieder können natürliche und juristische Personen auftreten. Die Beteiligung geschieht durch einen Geschäftsanteil. Die Organe sind der Vorstand, der Aufsichtsrat und die Generalversammlung. Der Vorstand besteht aus mindestens zwei Mitgliedern, die Gesamtbefugnis für Geschäftsführung und Vertretung haben. Gewählt werden sie vom Aufsichtsrat oder von der Generalversammlung. Der Aufsichtsrat besteht aus mindestens drei Mitgliedern, die von der Generalversammlung gewählt werden.

Die Generalversammlung hat mehr Rechte als die Hauptversammlung der Aktiengesellschaft. Die Abstimmung erfolgt nach Köpfen.

Genossenschaften findet man häufig als
- Einkaufsgenossenschaften (günstiger Einkauf durch große Menge),
- Kreditgenossenschaften,
- Warengenossenschaften (Bezug und Absatz im landwirtschaftlichen Bereich) und
- Baugenossenschaften.

Versicherungsverein auf Gegenseitigkeit (VVaG)
Hier wurde eine spezielle Rechtsform für Versicherungsunternehmen geschaffen. Es gibt keine Kapital gebenden Aktionäre, sondern Mitglieder, die jedoch nicht unmittelbar am Kapital beteiligt sind. Durch Abschluss eines Versicherungsvertrages wird man Mitglied des Vereins. Die Leistungen werden aus den Beiträgen finanziert. Überschüsse werden verteilt, Fehlbeträge durch Beitragserhöhungen aufgefangen. Man findet hier die gleichen Organe wie bei der Genossenschaft. Das beschließende Organ heißt in diesem Fall „oberste Vertretung".

2.1.1.2 Konzentrationsformen der Wirtschaft

Unterscheidung von Kooperation und Konzentration
In vielen Bereichen der Wirtschaft finden Kooperationen und Konzentrationen statt, um gemeinsam bestimmte Ziele erreichen zu können:
- Man spricht von **Kooperation**, wenn sich wirtschaftlich selbstständige Unternehmen auf vertraglicher Basis zur Zusammenarbeit verpflichten und dabei auch weit gehend selbstständig bleiben.
- Dagegen liegt eine **Konzentration** vor, wenn die wirtschaftliche Selbstständigkeit aufgegeben wird und sich eine zentrale Leitung bildet.

Was sind die wesentlichen Unterschiede zwischen Kooperation und Konzentration?

Erscheinungsformen zusammengeschlossener Unternehmungen
Man unterscheidet horizontale, vertikale und anorganische/diagonale Zusammenschlüsse.

Ein horizontaler Zusammenschluss findet auf der gleichen Produktions- oder Handelsstufe statt. Es soll dadurch eine stärkere Marktposition erreicht werden.

Welche drei Grundformen von Zusammenschlüssen gibt es?

Beispiel

Ein Chip-Hersteller (nicht zum Essen, sondern im IT-Bereich) schließt sich mit einem anderen Chip-Hersteller zusammen, um gemeinsam stärker in Forschung und Entwicklung zu sein oder eine Autofabrik mit einer anderen, um bestimmte Komponenten gemeinsam günstiger zu produzieren.

Bei der vertikalen Form verbinden sich aufeinander folgende Produktions- oder/und Handelsstufen. Entweder die Beschaffung oder der Absatz oder beides soll dadurch abgesichert werden.

Beispiel

Besagter Chip-Hersteller sucht sich einen passenden Rohstofflieferanten und ein Unternehmen, das die Chips an die Verwender vertreibt. Daraus entsteht dann die Kette Rohstoff liefern – Chips herstellen – Chips verkaufen, also Beschaffung – Produktion – Vertrieb.

Durch diagonale/anorganische/branchenfremde Zusammenschlüsse möchte man das Risiko auf mehrere Branchen verteilen. Die Unternehmen haben bezüglich der Produkte aber nichts miteinander zu tun.

Beispiel

Denkbar ist die Verbindung des Chip-Herstellers mit einer Hotelkette oder einer Autofabrik mit einem Süßwarenhersteller.

Ziele von Zusammenschlüssen

Welche Argumente sprechen für Zusammenschlüsse?

Der Beschaffungs- bzw. Absatzmarkt soll gesichert werden. Durch gemeinsame Werbung und Entwicklungsarbeit können größere Erfolge erzielt und Kosten gespart werden. Der Wettbewerb wird beschränkt oder sogar ausgeschaltet. Da sich die Unternehmen im Preiskampf nicht mehr gegenseitig unterbieten wollen, steigen die Erträge. Es ist die Übernahme von Aufträgen möglich, die ein einzelnes Unternehmen nicht erfüllen könnte. Durch Rationalisierung und Spezialisierung steigt die Wirtschaftlichkeit.

Vorteile und Nachteile von Unternehmenszusammenschlüssen

Welche wirtschaftlichen Folgen können sich vor- und nachteilig auswirken?

- Vorteile: Die Preise könnten sinken, wenn die Unternehmen ihre Einsparungen an die Kunden weitergeben. Der Markt wird übersichtlicher (Markttransparenz). Da Rationalisierungsmaßnahmen häufig zu Leistungssteigerungen führen, könnte das eine bessere Versorgung der Verbraucher ermöglichen. Die außenwirtschaftliche Wettbewerbsfähigkeit wird gestärkt.
- Nachteile: Die Preise steigen, da kein Wettbewerb mehr gegeben ist oder nur noch in geringem Ausmaß. Die Vielfalt des Angebots ist nicht mehr gegeben. Rationalisierungsmaßnahmen fallen Arbeitsplätze zum Opfer. Die Konzentration wirtschaftlicher Macht kann zu politischem Missbrauch führen. Wird durch einen Zusammenschluss ein nicht leistungsfähiger Betrieb geschützt, wird dadurch der technische Fortschritt und die Leistungsauslese verzögert.

Kartelle

Was sind Kartelle?

Kartelle sind vertragliche horizontale Zusammenschlüsse von Unternehmen, die rechtlich selbstständig bleiben. Sie geben aber einen Teil ihrer wirtschaftlichen Selbstständigkeit auf. Man findet folgende Kartellarten:

Welche Arten gibt es?

- Preiskartelle: einheitliche Preise, gleiche Lieferungs- und Zahlungsbedingungen,
- Konditionenkartelle: gleiche Geschäftsbedingungen und Lieferungs- und Zahlungsbedingungen,
- Rabattkartelle: einheitliche Verkaufsrabatte,
- Kalkulationskartelle: Verwendung des gleichen Schemas in der Kostenrechnung,
- Rationalisierungskartelle: Normen- und Typenkartelle (einheitliche Normen und Typen), Spezialisierungskartelle (Rationalisierung wirtschaftlicher Vorgänge), Syndikate (Rationalisierung der Beschaffung oder des Absatzes).
- Kontingentierungskartelle: Quotenkartelle (Zuteilung von Produktionsquoten zur Steuerung des Preises über das Angebot), Gebietskartelle (Zuteilung eines Absatzgebietes zur Vermeidung von gegenseitigem Wettbewerb),
- Einfuhr- und Ausfuhrkartelle: Unterstützung und Sicherung von Import und Export,
- Krisenkartelle: Beschränkung des Wettbewerbs bei anhaltendem Rückgang der Nachfrage (Strukturkrisenkartell) oder kurzzeitigem Nachfragerückgang (Konjunkturkrisenkartell).
- Mittelstandskartelle: kleine und mittlere Unternehmen arbeiten zusammen und verbessern so ihre Wettbewerbsfähigkeit, zum Beispiel im Bereich der Forschung und Entwicklung, der Werbung, des Einkaufs und der Produktion.

Die Bildung von Kartellen ist in Deutschland grundsätzlich verboten, es gibt jedoch Ausnahmen.

Die Generalausnahmeklausel besagt, dass der Bundeswirtschaftsminister Kartelle genehmigen kann, die nicht genehmigt oder verboten sind. Zu diesen Ausnahmen gehören:
- Genehmigungspflichtige Kartelle: Syndikate, Rationalisierungskartelle, Strukturkrisenkartelle und
- anmeldepflichtige Kartelle: Spezialisierungskartelle, Mittelstandskartelle, Konditionenkartelle, Normenkartelle, Typenkartelle.

Wer darf auf welcher Grundlage Kartelle im Ausnahmefall genehmigen?

Interessengemeinschaft (IG)
Es kann hier ein horizontaler oder vertikaler Zusammenschluss vorliegen. Die Unternehmen bleiben rechtlich selbstständig, geben aber einen Teil ihrer wirtschaftlichen Selbstständigkeit auf. Dies geschieht meist in einem höheren Grad als beim Kartell. Auch hier geht es wieder um die Förderung gemeinsamer Interessen, zum Beispiel Forschung und Entwicklung, gemeinsame Verwaltung oder gegenseitige Belieferung mit Erzeugnissen.

Wie wirkt sich eine Interessengemeinschaft auf die Selbstständigkeit von Unternehmen aus?

Konsortium
Ein Konsortium wird für eine zeitlich begrenzte Aufgabe als horizontaler Zusammenschluss gebildet. Meist wird als Rechtsform die Gesellschaft des bürgerlichen Rechts gewählt. Konsortien findet man häufig im Bankenbereich (Emissionskonsortium) oder bei Versicherungen zur Aufteilung des Risikos.

Was ist das Hauptkennzeichen eines Konsortiums?

Verbundene Unternehmen
Die Verbindung entsteht durch Kapital oder personell oder durch Verträge. Man unterscheidet drei Arten:
- Ein **Konzern** kann horizontal, vertikal oder anorganisch gebildet werden. Die Unternehmen bleiben rechtlich selbstständig, verlieren jedoch ihre wirtschaftliche Selbstständigkeit zu Gunsten einer einheitlichen Leitung. Bei Unterordnungskonzernen gibt es ein beherrschendes Unternehmen, bei Gleichordnungskonzernen handelt es sich um nicht abhängige Unternehmen.
- Bei **wechselseitig beteiligten Unternehmen** bleibt die rechtliche Selbstständigkeit ebenfalls erhalten. Wirtschaftlich findet eine Einschränkung statt, da jedes Unternehmen über 25 Prozent der Kapitalanteile des anderen Unternehmens kauft. Durch diese Sperrminorität kann gegenseitig Einfluss ausgeübt werden.
- Bei **durch Vertrag verbundenen Unternehmen** werden Verträge mit verschiedenen Inhalten geschlossen. Dabei kann es sich um Betriebsüberlassungen, Nutzung von Patenten oder Gewinngemeinschaftsverträge handeln.

Auf welche drei Weisen lassen sich Unternehmen miteinander verbinden?

Vereinigte Unternehmen (Trust)
Hier geben Unternehmen ihre rechtliche und wirtschaftliche Selbstständigkeit auf. Es existiert nur noch ein einziges Unternehmen. Bei der Verschmelzung

Wann erlischt ein Unternehmen?

durch Aufnahme geht das Vermögen einer Gesellschaft auf eine andere über. Die übertragende Gesellschaft erlischt, das aufnehmende Unternehmen besteht weiter. Bei der Verschmelzung durch Neubildung wird eine neue Gesellschaft gegründet, auf die die Vermögen der sich vereinigenden Gesellschaften übergehen.

2.1.1.3 Internationalisierung und Globalisierung

Durch die immer besser ausgebaute internationale Vernetzung vollzieht sich ein immer schnellerer Wandel bei den Unternehmen. Jedes größere Unternehmen, das konkurrenzfähig bleiben möchte, muss versuchen weltweit Fuß zu fassen. Unerlässlich ist dafür auch die Zertifizierung, da sie bei der Abgabe internationaler Angebote zwingend notwendig ist. Rohstoffe können weltweit bezogen werden. Produktionsstätten werden häufig wegen der niedrigeren Lohnkosten ins Ausland verlagert. Ein Unternehmen steht dadurch vor zusätzlichen Anforderungen, die sich auch in der Qualifizierung der Mitarbeiter niederschlagen. Die Beschäftigung mit den jeweiligen Kulturkreisen fordert von den Führungskräften zusätzliches Engagement, um die Chancen auf erfolgreiche Geschäftsabschlüsse zu erhöhen. Kunden fordern Flexibilität und kurze Lieferzeiten. Innovationen müssen in immer kürzeren Abständen auf den Markt gebracht werden. Dazu müssen die Unternehmen in der Lage sein, die modernen Informations- und Kommunikationstechnologien zu nutzen.

Welche Auswirkungen hat Internationalisierung auf die Mitarbeiter?

2.1.2 Hauptfunktionen des Industrie- bzw. Produktionsbetriebes

Wie gliedert man klassisch die Funktionsbereiche eines Produktionsbetriebes?

Ein Industriebetrieb bzw. allgemeiner ein produzierender Betrieb weist vielfältige Funktionen auf, die zueinander in Beziehung stehen und sich wechselseitig beeinflussen. Dazu zählen hauptsächlich die Leitung, die Beschaffung, die Entwicklung, die Fertigung, der Absatz und die Verwaltung, auch die Lagerung und die Finanzierung dürfen nicht vergessen werden. Abb. 2.4 veranschaulicht die Zusammenhänge.

Abb. 2.4: Grundsätzliche Gliederung des Industrie-/Produktionsbetriebes und seine Einbettung in den Markt

2.1.2.1 (Geschäfts-)Leitung

Die Geschäftsleitung gibt die Ziele vor, übernimmt die Planung, kümmert sich mit den jeweiligen Bereichs- und/oder Abteilungsleitern um die Organisation, trifft Entscheidungen und kontrolliert letztendlich die Zwischenergebnisse bzw. das erreichte Ziel. Sie ist auch zuständig für die Koordination betrieblicher Teilbereiche und für die Elimination größerer Störungen. Von den einzelnen Abteilungen werden wiederum Informationen geliefert, die die Entscheidungen beeinflussen können.

Welches sind die Hauptaufgaben der Unternehmensleitung?

2.1.2.2 Beschaffung

Sie muss dafür sorgen, dass das richtige Material in der richtigen Menge und der richtigen Qualität zu einem möglichst günstigen Preis zum richtigen Zeitpunkt am richtigen Ort ist. Es müssen aber auch alle notwendigen Informationen und Betriebsmittel besorgt werden und Arbeitskräfte zur Verfügung stehen, die für die jeweilige Aufgabe entsprechend qualifiziert sind. Als Startglied in der Kette von Beschaffung über Produktion bis Absatz (moderne Organisationsansätze sprechen von Supply Chain) braucht die Beschaffung die enge Zusammenarbeit mit der Fertigung bzw. Auftragsannahme.

Wofür sorgt die Beschaffung?

2.1.2.3 Entwicklung

Forschung und Entwicklung umfasst, bereits vorhandene Produkte weiter zu entwickeln, eventuell Materialien durch günstigere Rohstoffe zu ersetzen und zu versuchen, Funktionen zu vereinfachen. Sie holt sich aber auch Informationen von der Marktforschung und schafft ein neues Produkt, das den Kundenwünschen möglichst genau entspricht. Eine koordinierte Zusammenarbeit mit der Fertigung ist notwendig, weil diese die Entwürfe praktisch umsetzen muss anhand von Zeichnungen und Stücklisten.

Woran orientiert F & E die Auslegung von Produkten vor allem?

2.1.2.4 Fertigung

In der Fertigung/Produktion werden die Erzeugnisse durch Kombination der Produktionsfaktoren Mensch, Betriebsmittel und Materialien hergestellt. Dabei sollen die Kapazitäten möglichst optimal genutzt, die Rüstzeiten minimiert und die Durchlaufzeiten verkürzt werden. Dazu benötigt der Vorgesetzte vielfältige Informationen aus dem gesamten Betrieb. Zu seinem Ausschnitt der Produktions- und Absatzkette muss er - verkürzt gesagt - vor allem erfahren, welche Aufträge bearbeitet werden sollen, welches Material zur Verfügung steht, ob genügend Lagerplatz für die Erzeugnisse vorhanden ist etc.

Mit welchen Mitteln stellt die Fertigung die Produkte her?

2.1.2.5 Absatz

Die produzierten Erzeugnisse müssen an Kunden verkauft werden, damit – wiederum vereinfacht gesagt – über die Umsatzerlöse Geldmittel in das Unternehmen zurückfließen, um die Ausgaben auf dem Beschaffungsmarkt bestreiten und Überschuss erwirtschaften zu können. Dazu muss Marktforschung betrieben, neue Absatzmärkte müssen erschlossen und es muss regelmäßig Werbung gemacht werden. Um Produktinformationen zu erhalten und die Verfügbarkeit von Produkten zu kennen, ist der Kontakt zur Forschung und Entwicklung und zur Produktion unerlässlich.

Welche drei zentralen Aufgaben umfasst die betriebswirtschaftliche Funktion des Absatzes?

2.1.2.6 Verwaltung

Die Verwaltung ist notwendig, um das Funktionieren des Betriebes zu sichern. Wichtige Teilfunktionen der Verwaltung sind Personal und Rechnungswesen.

Zur Personalwirtschaft gehört neben der Personalverwaltung die Personalentwicklung. Sie kann zum Beispiel so gesteuert werden, dass der Führungsnachwuchs aus den eigenen Reihen gewählt werden kann.

Die Kosten- und Leistungsrechnung liefert die Daten und Auswertungen, die als Grundlage der unternehmerischen Entscheidungen dienen, z.B. zu investieren oder zu rationalisieren.

Zu den Aufgaben der Verwaltung zählt aber ebenso die technische Instandhaltung und das Gebäudemanagement bis hin zum Reinigungsdienst. Eine direkte Kommunikation zu allen Abteilungen ist wünschenswert.

Was lässt sich an zentralen Aufgaben zur Verwaltung rechnen?

2.1.6.7 Lagerung und Logistik

In jedem produzierenden Betrieb finden sich verschiedene Arten von Lägern. Im Eingangslager werden die Materialien und Rohstoffe entgegengenommen, eventuell einer Qualitätskontrolle unterzogen und eingelagert, bis sie von der Fertigung abgerufen werden. Nach jeder Fertigungsstufe kann ein Zwischenlager eingebaut sein, wenn halbfertige Erzeugnisse nicht sofort weiterverarbeitet werden. Schließlich findet man noch das Lager für fertige Produkte, mit dem die Zeit überbrückt wird, bis die Lieferung an den Kunden erfolgt. Hier können noch Kommissionierungs- oder Verpackungsvorgänge stattfinden.

Zwischen Lager und Fertigung finden innerbetriebliche Transportprozesse statt, man spricht von der innerbetrieblichen Logistik. Daran schließt sich die Distributionslogistik an, die die Produkte zum Kunden bringt. Diese kann entweder zum produzierenden Betrieb gehören oder extern (Spedition/Transportunternehmen oder auch durch den Kunden) erfolgen.

Welchen prinzipiellen Weg nehmen Materialien und Erzeugnisse vom Einkauf bis zum fertigen Produkt?

2.1.6.8 Finanzierung

Finanzierung kann zur Verwaltung gerechnet werden, wird hier aber als grundlegende Funktion, die Betriebstätigkeit überhaupt ermöglicht, getrennt betrachtet. Da alle anderen Funktionen, von Einkauf über Lager und Fertigung bis Geschäftsleitung, Kosten verursachen, muss sich die Finanzierung damit beschäftigen, das notwendige Kapital rechtzeitig zur Verfügung zu stellen.

Die entscheidenden Geldmittel müssen aus dem Verkauf der Erzeugnisse gewonnen werden. Reicht dies noch nicht (Gründungsphase, Erweiterungsphase) oder vorübergehend nicht (Flaute) aus oder gibt es zeitliche Verschiebungen, werden andere Quellen benötigt: Beispielsweise stellen Banken Kredite zur Verfügung, Geschäftsfreunde gewähren Darlehen oder die Eigentümer des Unternehmens leisten Einlagen aus ihrem Privatvermögen. Art und Höhe der benötigten Geldmittel sind ebenso zu planen (Finanzierungsplanung) wie die zeitliche Verteilung des Geldbedarfs (Liquiditätsplanung).

Der Idealfall ist erreicht, wenn die aus- und einströmenden Finanzmittel so koordiniert werden können, dass die Ausgaben durch die Einnahmen gedeckt sind und noch ein Teil als Gewinn übrig bleibt.

Welche Lücke an Geldmitteln wird durch die Finanzierung überbrückt?

Was wird in der Liquiditätsplanung geplant?

2.1.3 Der Produktionsfaktor Arbeit

2.1.3.1 Formen der menschlichen Arbeit
Je nach Branche und Unternehmen kommt dem Produktionsfaktor Arbeit eine unterschiedliche Bedeutung zu. Bei Handwerkern und Dienstleistern besteht vielfach die wesentliche betriebliche Leistung im Einsatz von Arbeitskraft. Aber auch in der Produktion kann trotz weit gehender Automatisierung nirgends auf den Produktionsfaktor Mensch verzichtet werden. Auch wo die Rationalisierung weit fortgeschritten ist und die Produktionsvorgänge vollautomatisch ablaufen, leistet der Mensch mindestens die geistige Arbeit. Der Arbeitsbegriff hat sich im Laufe der Industrialisierung gewandelt und man unterscheidet heute mehrere Formen von Arbeit sowie das Gegensatzpaar selbstständig/unselbstständig. In der Praxis es kaum möglich, die Begriffe streng voneinander zu trennen:

1. Manuelle/körperliche Arbeit
Körperliche Arbeit wird durch den Einsatz von Muskeln verrichtet. Diese kann, je nach Einsatzgebiet, mit den Begriffen normal, schwer, dynamisch oder statisch beschrieben werden:

> Welche Formen von Arbeit lassen sich grundsätzlich unterscheiden?

- Normale körperliche Arbeit kann von einem geübten Mitarbeiter längere Zeit ausgeführt werden, ohne dass eine besondere Anstrengung oder Schädigung auftritt.
- Bei schwerer Arbeit, wie sie zum Beispiel an Hochöfen auftritt, müssen in kürzeren Abständen Pausen eingelegt werden, damit der Mitarbeiter keine gesundheitlichen Schäden davonträgt.
- Bei gleichmäßigen Bewegungen spricht man von dynamischer Muskelarbeit.
- Statische Arbeit liegt vor, wenn zum Beispiel etwas über längere Zeit gehalten werden muss. Hinweise dazu finden sich auch im Kapitel 4.2.3.1 zur Zusammenarbeit im Betrieb.

2. Geistige Arbeit
Jede geistige Arbeit beinhaltet in unterschiedlichem Ausmaß Planung, Organisation und Kontrolle, je nach Position des Mitarbeiters in der Hierarchie. In der Abteilung Entwicklung oder Konstruktion findet naturgemäß mehr geistige Arbeit statt als etwa bei der Reparatur von Paletten.

Denken darf als Arbeit aus biologischer Sicht nicht unterschätzt werden. Obwohl das menschliche Gehirn nur zwei Prozent des Körpergewichts ausmacht, verbraucht es 20 Prozent des Sauerstoffs, den der Mensch verbrennt. Nimmt man Zucker als Indikator für den Energieverbrauch, wird ungefähr die Hälfte von den Gehirnzellen verarbeitet.

3. Dispositive und operative Arbeit
Die klassische dispositive Arbeit umfasst die Planung, Leitung und Steuerung. Vorgegebene Aufgaben sind zu erfüllen und Ziele zu erreichen. Bezogen auf die Produktionsfaktoren spricht man hier vom dispositiven Faktor. Man meint damit vorwiegend Mitarbeiter in leitenden Funktionen.

Die operative Arbeit ist die Ausführung der Arbeitsleistung. Anweisungen müssen befolgt und Vorgänge durchgeführt werden.

Welche Form von Arbeit ist typisch für Führungsfunktionen und welche Kompetenzen erfordert sie?

Dispositive Arbeit in Führungsfunktionen stellt hohe Anforderungen und für Führungskräfte sind Kompetenzen auf mehreren Gebieten unabdingbar:

- Fachliche Kompetenz: Je nach Verantwortlichkeit und Einsatzgebiet sind wirtschaftswissenschaftliche, technische oder juristische Kenntnisse notwendig. Auf Grund der Internationalisierung und Globalisierung werden meist auch ein bis zwei Fremdsprachen gefordert.
- Strategische Kompetenz: Damit ist die Fähigkeit gemeint, Entscheidungen mit Umsicht zu treffen und diese dann auch zu vertreten. Durch den Einsatz von Kommunikationsmitteln und die effektive Verarbeitung von Informationen werden Ideen entwickelt. Eine Portion Organisationstalent und die Fähigkeit zu improvisieren sind hier von Nutzen.
- Soziale Kompetenz: Eine Führungspersönlichkeit muss dazu in der Lage sein zu delegieren und zu motivieren. Mitarbeiter brauchen Freiräume, um kreativ werden zu können. Soziale Kompetenz beinhaltet aber auch die Verantwortung für die Umwelt und die Arbeitsplätze. Die Wahrnehmung gesellschaftspolitischer Aufgaben zählt ebenso dazu wie die Aneignung neuer Erkenntnisse.
- Persönliche Kompetenz: Die Stichworte hierzu sind Kooperation und Kommunikation, Teamfähigkeit und Einsatzbereitschaft, Verantwortungsbewusstsein und Vorbildfunktion. Auch hier sei auf das Kapitel Zusammenarbeit im Betrieb verwiesen (z. B. Abschnitt 4.4.3.2. oder 4.4.3.4).

4. Selbstständige und unselbstständige Arbeit
Die selbstständige Arbeit verlangt Eigenverantwortung. Der Mitarbeiter bestimmt die Art und Weise der Ausführung, den Einsatz der Mittel und die Nutzung von Kapazitäten. Typischerweise findet man all dies in Handwerksbetrieben. Bei unselbstständiger Arbeit wird der Mitarbeiter auf Anweisung tätig und der Weg zur fertigen Baugruppe oder zum Produkt wird ihm ziemlich genau vorgeschrieben.

2.1.3.2 Bedingungen der menschlichen Arbeitsleistung und deren Einflussfaktoren

Die Bedingungen, eine Arbeitsleistung zu erbringen, haben sich grundlegend durch die Industrialisierung und die Automatisierung verändert. Durch den Fortschritt der Technik unterliegt der Mensch einem ständigen Wandel und der Forderung, sich anzupassen und auf dem aktuellen Stand zu bleiben. Neue Arbeitsverfahren und -methoden verändern die Arbeitssituation. Die qualifizierte Handarbeit nimmt im industriellen Fertigungsprozess immer mehr ab. Die Möglichkeiten der Einflussnahme auf den Arbeitsablauf sind – bis auf wenige Ausnahmen – nicht mehr gegeben. Ein wesentlicher Teil der menschlichen Arbeit beschränkt sich auf überwachende Tätigkeiten. Eine weitere Folge der Automatisierung sind Aufgaben mit geringerem Umfang. Die körperliche Beanspruchung nimmt ab, während die geistige/nervliche Belastung zunimmt. Durch die Entwicklung neuer Formen der Arbeitsorganisation versucht man, den negativen Aspekten entgegenzuwirken und die Arbeitsbedingungen menschengerecht zu gestalten. Dazu zählen u.a. Formen der Gruppenarbeit, Job rotation, Job enlargement oder Job enrichment (siehe Abschnitt 4.2.3.1).

In welcher Hinsicht haben sich in der industriellen Gesellschaft die Arbeitsanforderungen stark gewandelt?

Produktivität kann zum einen mengenmäßig (Quantität) und zum anderen qualitativ erfasst werden.

Sie ist von mehreren Faktoren abhängig. Neben den äußeren Arbeitsbedingungen (Verantwortungsbereich, Sicherheit) spielen die **Leistungsfähigkeit** und die **Leistungsbereitschaft** eine große Rolle. Außerdem ist es wichtig, den geeigneten Mitarbeiter am richtigen Arbeitsplatz einzusetzen. Das Anforderungsprofil sollte mit dem Persönlichkeitsprofil möglichst deckungsgleich sein. Zusätzliche Kriterien sind die Entlohnung, die freiwilligen betrieblichen Sozialleistungen und auch die Möglichkeit der Mitbestimmung des Betriebsrats.

Die **Leistungsfähigkeit** setzt sich aus den Eigenschaften (Gesundheit, Training) und den erworbenen Kenntnissen und Fähigkeiten (Ausbildung, Übung) zusammen. Die **Leistungsbereitschaft** wird physiologisch (Wetter, Klima, Tagesform) und psychologisch (Stimmung, Arbeitsumgebung) bestimmt. Der Betriebsrat nimmt die Interessen der Arbeitnehmer wahr und hat ein Mitbestimmungsrecht bei der Personalauswahl, Versetzungen oder Umgruppierungen (worauf in anderen Kapiteln jeweils näher eingegangen wird, z. B. 1.2.1 und 1.2.3).

Von welchen Faktoren hängt die Produktivität ab?

2.1.3.3 Arbeitsteilung nach Art und Menge

Die Arbeitsteilung ist ein Grundprinzip der industriellen Fertigung. Die Arbeitsanforderungen sind davon abhängig, wie die Aufgaben nach Art und Umfang auf die Mitarbeiter und das Arbeitssystem (vgl. 2.1.3.4) aufgeteilt werden.

 Arbeitsteilung ist also immer die Verteilung von Arbeit auf mehrere Menschen bzw. Betriebsmittel. Man unterscheidet dabei die Mengenteilung und die Artteilung.

Was bedeutet Arbeitsteilung? Welche Arten lassen sich unterscheiden?

Artteilung
Jeder Mitarbeiter übernimmt nur einen Teilvorgang an der gesamten Menge. Zwei Mitarbeiter drehen zum Beispiel 800 Wellen, während zwei andere die notwendigen Bohrungen übernehmen. Die Vorgänge müssen entsprechend dem Arbeitsablauf hintereinander liegen. Hier wird ein sehr großer Rationalisierungseffekt durch Spezialisierung – und damit ein hoher Wirkungsgrad – erreicht. Der einzelne Mitarbeiter hat nur einen begrenzten Tätigkeitsspielraum, sodass er hier einen hohen Übungsgrad erreicht. Die Anlernzeiten und die Eingewöhnung sind sehr kurz. Die Qualität kann ohne größere Beanspruchung gesteigert werden. Die Gestaltung des Arbeitsplatzes ist speziell auf die Tätigkeit ausgerichtet mit einem meist hohen Mechanisierungsgrad. Dabei entsteht jedoch die Gefahr der Monotonie und der einseitigen Beanspruchung mit stärkerer Ermüdung. Die geistigen Anforderungen, ebenso wie die Verantwortung, sind häufig gering. Durch organisatorische Maßnahmen, zum Beispiel dem Durchwechseln der Arbeitsplätze, kann dem entgegengewirkt werden.

Mengenteilung
Mehrere Mitarbeiter führen an einer Teilmenge den gesamten Arbeitsablauf aus. Es sind zum Beispiel 800 Wellen zu drehen und mit zwei Bohrungen zu versehen. Vier Mitarbeiter teilen sich die Arbeit, indem jeder 200 Wellen dreht und

auch bohrt. Bei der Mengenteilung sind die Aufgaben vielfältiger im Vergleich zur Artteilung. Es sind mehr technische Fähigkeiten und Fachwissen gefragt. Die Produktion ist flexibler und die Mitarbeiter tragen mehr Verantwortung. Eine reine Mengenteilung ist jedoch in der Industrie wegen der Vorteile der Artteilung seltener anzutreffen.

2.1.3.4 Menschliche Arbeit im Arbeitssystem

Was kennzeichnet ein Arbeitssystem?

Das Arbeitssystem kann man sich vereinfacht als Modell mit sieben Systemelementen vorstellen: Arbeitsaufgabe, Eingabe (Input), Mensch, Betriebsmittel, Arbeitsablauf, Umwelteinflüsse, Ausgabe (Output). Dies wird noch ausführlich in Kapitel 4.2.2.1 über „Zusammenarbeit im Betrieb" beschrieben. Deshalb soll hier nur kurz auf die menschliche Arbeit in diesem Zusammenhang eingegangen werden. Der Mensch tritt in sozialen Systemen (Menschen-Systeme) und in soziotechnischen Systemen (Mensch-Maschinen-Systeme) auf. Bei der Arbeitsorganisation steht das zweite im Vordergrund, da hier die Maschinen an den Menschen angepasst werden müssen – und in gewisser Weise auch umgekehrt. Der Mensch stellt neben den Betriebsmitteln eine Kapazität des Arbeitssystems dar und nimmt auf die anderen Elemente Einfluss. Er ist der denkende Faktor, der je nach Standort im Unternehmen ausführende, planende, steuernde und kontrollierende Tätigkeiten übernimmt.

2.1.3.5 Beurteilungsmerkmale des menschlichen Leistungsgrades

Der Leistungsgrad menschlicher Arbeit kann kaum absolut, sondern immer nur im Vergleich zwischen Leistungen beurteilt werden. Allgemein versteht man unter Leistungsgrad von Arbeit das Verhältnis zwischen erbrachter Ist-Leistung und einer Durchschnittsleistung.

Was versteht man unter Leistungsgrad?

Das Grundproblem liegt auf der Hand und besteht darin, Leistung messen zu können. Bei produktiven Tätigkeiten lässt sich die Ausbringungsmenge (hergestellte Stückzahl) in einer bestimmten Zeiteinheit heranziehen. Der menschliche Leistungsgrad kann jedoch nur in den Bereichen beurteilt werden, die der Mensch auch beeinflussen kann. Wird beispielsweise die Durchlaufzeit eines Auftrags von einer Maschine bestimmt, ist es nicht möglich, den Leistungsgrad des Mitarbeiters zu bestimmen. Verfahren der Arbeitsbewertung ziehen keine statistisch erfassten Durchschnitte zum Vergleich heran, sondern versuchen festzulegen, was unter „Normalleistung" verstanden werden kann.

Woher bezieht man die Angaben, die für eine Berechnung des Leistungsgrades notwendig sind?

 Im Sinne der Arbeitsbewertung ergibt sich der Leistungsgrad für zeitlich vom Mitarbeiter beeinflussbare Tätigkeiten durch den Vergleich der Ist-Leistung mit einer definierten Normalleistung.

Für manuelle Arbeiten hat REFA beispielsweise die Normalleistung definiert als „Bewegungsführung, deren Einzelbewegungen, Bewegungsfolgen und ihre Koordinierung dem Beobachter besonders harmonisch, natürlich und ausgeglichen erscheint". Die Normalleistung kann von einem geübten Mitarbeiter auf Dauer ohne Schäden erbracht werden.

Was ist Normalleistung?

$$\text{Leistungsgrad} = \frac{\text{Ist-Leistung} \cdot 100}{\text{Normalleistung}}$$

Da in der Normalleistung die regelmäßig geforderte Arbeitsleistung zum Ausdruck kommt, dient sie bei Vergütungssystemen als Basis. So entspricht der Leistungsgrad 100 % (also die Normalleistung) bei Akkordsystemen dem Akkordsatz.

Beispiel

Angenommen, die Normalleistung beträgt 12 Stück pro Stunde und die Ist-Leistung 15 Stück pro Stunde, dann erhält man als Leistungsgrad 125 %:

$$\text{Leistungsgrad} = \frac{15 \cdot 100}{12} = 125\,\%$$

Mit dem Leistungsgrad wird auch die Intensität und die Wirksamkeit der menschlichen Kraft gemessen. Unter Intensität versteht man die Bewegungsgeschwindigkeit und die geistige und körperliche Anspannung. Die Wirksamkeit drückt die Beherrschung bzw. die Geübtheit der Tätigkeit aus.

Die Umrechnung des Leistungsgrades in einen Zeitgrad geschieht mit folgender Formel:

$$\frac{\text{Ist-Leistung}}{\text{Normalleistung}} = \frac{\frac{\text{Ausbringungsmenge}}{\text{Ist-Arbeitszeit}}}{\frac{\text{Ausbringungsmenge}}{\text{Soll-Arbeitszeit}}} = \frac{\text{Soll-Arbeitszeit}}{\text{Ist-Arbeitszeit}}$$

$$\text{Zeitgrad} = \frac{\text{Sollzeit}}{\text{Istzeit}} \cdot 100$$

Beispiel

Verwendet man die Zahlen aus dem obigen Beispiel, so entspricht die Normalleistung von 12 Stück pro Stunde einer Sollzeit von fünf Minuten pro Stück. Bei einer Ist-Leistung von 15 Stück pro Stunde ergibt sich eine Istzeit von vier Minuten pro Stück. Als Zeitgrad erhält man also ebenfalls 125 %.

$$\text{Zeitgrad} = \frac{\frac{15\ \text{Stück}}{60\ \text{Min.}}}{\frac{12\ \text{Stück}}{60\ \text{Min.}}} \cdot 100 = \left(\frac{15}{60} \cdot \frac{60}{12}\right) \cdot 100 = 125\,\%$$

$$\text{Zeitgrad} = \frac{\frac{1\ \text{Stück}}{4\ \text{Min.}}}{\frac{1\ \text{Stück}}{5\ \text{Min.}}} \cdot 100 = \left(\frac{1}{4} \cdot \frac{5}{1}\right) \cdot 100 = 125\,\%$$

Möchte man die Arbeitsproduktivität oder quantitative Arbeitsleistung berechnen, setzt man die Ausbringungsmenge ins Verhältnis zur Arbeitszeit.

$$\text{Arbeitsproduktivität} = \frac{\text{Ausbringungsmenge}}{\text{Arbeitszeit}}$$

2.1.4 Die Bedeutung des Produktionsfaktors Betriebsmittel

2.1.4.1 Die Auswirkungen von Investitionen auf die Mitarbeiter/innen und den Produktionsablauf

Was rechnet man zu den Betriebsmitteln?

Zu den Betriebsmitteln zählt alles, was die technischen Voraussetzungen für die betriebliche Leistungserstellung bildet. Dazu gehören
- Immobilien (Grundstücke, Gebäude),
- Maschinen und Werkzeuge,
- weitere technische Einrichtungen wie beispielsweise Anlagen zur Energieversorgung, Lagereinrichtungen, Sicherheitseinrichtungen, Anlagen zur Abfallentsorgung,
- spezielle Betriebsteile wie Ausbildungswerkstätten.

In einem weiteren Sinn gehören auch die Kantine oder Werkswohnungen dazu. Erstellt bzw. beschafft ein Unternehmen Betriebsmittel, spricht man davon, dass es Investitionen tätigt.

Unter Investieren versteht man die Verwendung finanzieller Mittel zur Beschaffung von Gütern, die dem Unternehmenszweck dienen.

Wie hängen Betriebsmittel und Investitionen zusammen?

Bei einer Erweiterung oder Erneuerung von Betriebsmitteln ist immer zu bedenken, dass sich Investitionen auf vielfältige Weise auf den Produktionsablauf und auf die Mitarbeiter auswirken. Die Folgen können auf unterschiedlichen Ebenen liegen:
- Einführungsprobleme: Bei der Montage von neuen Maschinen oder einer Fertigungsstraße wird der Produktionsablauf unterbrochen, Ausfälle müssen aufgeholt werden, Überstunden sind notwendig. Für eine gewisse Zeit können Reibungsverluste auftreten, was aber Kunden wenig interessiert, diese möchten ihre Aufträge termingerecht erfüllt sehen.
- Qualifikationsprobleme: Mitarbeiter müssen mit neuer Technik durch Schulungen vertraut gemacht werden und/oder sich in veränderte Betriebsabläufe einfinden.
- Rationalisierungsfolgen: Es fallen Arbeitsplätze weg, sodass Mitarbeiter auf Grund der technischen Umrüstungen innerhalb des Betriebes versetzt werden oder sogar ihren Arbeitsplatz verlieren. Die Finanzierung von Neuanschaffungen kann sich auch bei den betrieblichen Leistungen bemerkbar machen. Beispielsweise, wenn Investitionen nicht zur Ausweitung des Betriebs, sondern zur Sicherung von Bestand getätigt werden, kann sich dies bei Betriebsvereinbarungen bemerkbar machen, wenn zukünftig nur noch geringere betriebliche Leistungen bezahlt werden (können).

2.1.4.2 Notwendigkeit von Investitionen

Welche Einflussfaktoren begründen Investitionen?

Zunehmende und auch internationale Konkurrenz sowie Kundenwünsche fordern von den Industriebetrieben qualitativ hochwertige Produkte. Neue Erzeugnisse müssen so schnell wie möglich zur Produktionsreife gelangen und Kosten sparend produziert werden. Auch ist hohe Flexibilität und Anpassungsfähigkeit von Nöten. Dies alles sind Gründe, die Investitionen in neue Technologien notwendig machen. Entwicklung und Fertigung wird durch EDV unterstützt und erleichtert. Die Prozesse laufen effektiver ab, was sich wiederum günstig auf die Kosten auswirkt. Nur so kann ein Unternehmen auf dem Markt überleben.

2.1.4.3 Bedeutung der Kapazitätsauslastung aus betriebswirtschaftlicher Sicht

Anlagen binden Kapital, das über die hergestellten und verkauften Erzeugnisse wieder in das Unternehmen zurückfließen muss. Eine Anlage verliert durch Zeitablauf und Nutzung an Wert, und dies umso schneller, je rascher neue Technologien entwickelt werden. Da die Anlage am Ende der Laufzeit keinen Wert mehr besitzt, müssen das investierte Kapital selbst und seine Verzinsung erwirtschaftet werden. Gleichzeitig sollten die Geldmittel zur Neubeschaffung während der Nutzungsdauer über die Umsatzerlöse verdient werden.

Betriebsmittel sollten nur bis zur wirtschaftlichen Kapazität genutzt werden, da sie hier am kostengünstigsten arbeiten. Die technische Kapazität drückt die Maximalleistung aus, bei der jedoch der Verschleiß bedeutend höher liegt.

> Wann wird eine Anlage betriebswirtschaftlich optimal genutzt?

Vor dem Kauf einer Anlage sollte die Auslastung sorgfältig unter Einbeziehung der zukünftigen Vorhaben ermittelt werden, damit die geeignete Dimensionierung ausgewählt wird. Zur optimalen Ausnutzung gehört auch die Minimierung der Unterbrechungen. Regelmäßige Wartungen, abgestimmter Nachschub von Rohstoffen, verringerte Transportzeiten und die dazu passenden Lohnanreize in Form von Prämien für die Mitarbeiter können dazu beitragen.

> Wie kann man mitarbeiterseitig auf optimale Nutzung hinwirken?

2.1.4.4 Probleme der Substitution menschlicher Arbeit durch Betriebsmittel

Der Einsatz von immer mehr Maschinen zieht automatisch die Freisetzung von Personal nach sich. In vielen Branchen lässt sich steigende Arbeitslosigkeit beobachten.

Die verbleibenden Mitarbeiter werden vor neue Aufgaben gestellt. Körperliche Belastungen nehmen zwar ab, dafür sind mehr Kenntnisse über die neuen Technologien gefordert und die Verantwortung steigt. In einigen Bereichen nimmt die Monotonie zu und die sozialen Kontakte nehmen ab, da die Mitarbeiter nur noch mit der Maschine zusammenarbeiten. Die Ausdünnung der Belegschaft zieht ferner nach sich, dass die Entfernungen zwischen den Arbeitsplätzen zunehmen, kaum mehr Kommunikation möglich ist und nur schwer soziale Beziehungen und informelle Gruppen aufgebaut werden können (siehe auch Kapitel 4.1.2.4 über Zusammenarbeit im Betrieb). All dies wirkt sich oft negativ auf die Motivation und in der Folge auf die Arbeitsqualität aus.

> Welche Auswirkungen kann Rationalisierung auf Mitarbeiter haben?

Weitere Beeinträchtigungen können sein: Einführung von Schichtarbeit, Nachtarbeit, ständige Überwachung durch ein EDV-System, Frustration durch Statusverlust, Angst vor Arbeitsplatzverlust, Konkurrenzverhalten und zunehmende Konflikte unter den Mitarbeitern. Es liegt auf der Hand, dass wirtschaftlich notwendige Rationalisierungsmaßnahmen mit Modellen eingeführt werden müssen, die solche Folgen verhindern oder abschwächen helfen, wenn sie erfolgreich sein sollen. Darauf wird an anderer Stelle näher eingegangen.

2.1.5 Die Bedeutung der Werkstoffe in der Produktion

2.1.5.1 Einteilung der Werkstoffe in Roh-, Hilfs- und Betriebsstoffe

Bei der Zuordnung von Materialien kann man zwei Gruppen unterscheiden, die Produktmaterialien (Werkstoffe) und die Betriebsmaterialien. Im Einzelnen:

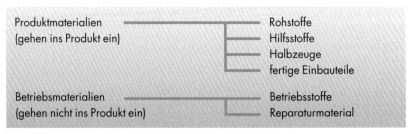

Abb. 2.5: Übersicht über die Werkstoffe aus Fertigungssicht

- Rohstoffe kann man auch als Grundmaterial bezeichnen. Sie werden als Hauptbestandteile eines Produkts verarbeitet (Holz für Bücherschränke, Kunststoff für Laserdrucker, Bleche für Autokarosserien).
- Hilfsstoffe sind so genanntes Ergänzungsmaterial. Sie sind Nebenbestandteil des Erzeugnisses und machen nur einen geringen Anteil der Kosten aus (Knöpfe, Leim, Schrauben, Schweißelektroden).
- Halbzeuge sind Materialien, die bereits vorgeformt bzw. angepasst sind (Kabel in der passenden Länge oder Eisenstangen mit bestimmten Biegungen).
- Fertige Einbauteile werden von Lieferanten zugekauft, da sich die eigene Herstellung nicht lohnt (Fußmatten für Autos, Aluminiumfolie für Schokoladenhersteller).
- Betriebsstoffe werden nicht Teil des Produkts, sind aber notwendig für den Betriebsprozess (Energie, Schmieröl, Schleifpapier, Poliermittel).
- Reparaturmaterial ist notwendig, um Anlagen und Betriebsmittel in Stand zu halten (Dichtungen, Glühbirnen, Keilriemen).

2.1.5.2 Wirtschaftliche Probleme der Werkstoffe

Was spricht gegen (zu) große Materialläger?

Grundsätzlich ist zu sagen, dass die Werkstoffe immer zum richtigen Zeitpunkt in der richtigen Menge und in der richtigen Qualität zur Verfügung stehen müssen. Unter diesen Prämissen ist jedoch zu beachten, dass nicht zu viele Materialien auf Lager liegen und Kapital binden. Längere Liegezeiten sind auch zu vermeiden, damit keine Werkstoffverluste durch Überalterung auftreten.

 Durch Berechnung der optimalen Bestellmenge wird das Ziel verfolgt, ein Minimum bei Beschaffungs- und Lagerkosten zu erreichen.

Wie hilft die ABC-Analyse beim optimalen Einkauf?

Um den Einkauf möglichst wirtschaftlich zu gestalten, kann die **ABC-Analyse** eingesetzt werden. Meist beanspruchen von den A-Gütern etwa 15 % ca. 80 % des Gesamtwertes, d. h., 15 % der Menge machen also 80 % des Wertes aus. Hier liegt ein großes Einsparungspotenzial, das genutzt werden sollte: Es empfiehlt sich bei A-Gütern die Einholung von mehreren Angeboten.

2.1.5.3 Werkstoffverlust und Rohstoffwiedergewinnung

Materialverluste ergeben sich bei jeder Produktion durch
- Ausschuss (Materialfehler, falsches Werkzeug, falsche Informationen oder Unterweisung),
- Materialabfälle (Schnittverluste, falsche Maße) und
- Lagerverluste (zu hohe Lagerbestände, Überalterung, falsche Lagerung, Schwundquote aus verschiedenen weiteren Gründen).

Durch Prämien kann man Mitarbeiter dazu anhalten, den Ausschuss so gering wie möglich zu halten. Möglicherweise können auch Produkte mit kleinen Fehlern (zweite Wahl) verkauft werden (mit Preisabschlägen). Manchmal gibt es die Möglichkeit, Abfälle (Schrott) zu verkaufen. Zum Materialverlust zählen ferner die Liegezeiten (zu hohe Losgrößen, Ausfallzeiten), da durch sie Kapital gebunden wird und Zinsverluste entstehen.

Welche Möglichkeiten von Materialschonung und Restverwertung gibt es?

Wirtschaftliches und ökologisches Denken fordert das Recycling von Abfällen.

Dazu tragen auch die Rohstoffverknappung und Verteuerung bei. Abwärme kann genutzt und Abfälle können zum Beispiel durch Weiterverwendung dem Betrieb wieder zugeführt werden. Die Formen des **Recycling** sind die
- Wiederverwendung (wiederholte Nutzung für den gleichen Einsatzzweck, z. B. Transportpaletten, Verpackungsmaterial),
- Weiterverwendung (Verwendung eines alten Vorhangs als Abdeckmaterial),
- Wiederverwertung (Aufbereitung ist erforderlich, um die Abfallstoffe wie ursprünglich zu verwenden, z. B. Altglas für die Glasherstellung) und
- Weiterverwertung (Herstellung von Umzugskartons aus Altpapier).

Welches sind die Grundformen des Recycling?

Werden Abfallstoffe gesammelt, aufbereitet und eventuell umgewandelt, stellt dies auf alle Fälle eine Versorgungssicherung dar und ist gleichzeitig ein Beitrag zur Verminderung der Umweltbelastungen.

AUFGABEN ZU ABSCHNITT 2.1

1. Formulieren Sie einige Überlegungen, die ein Unternehmer zur Wahl des Standortes anstellen könnte.
2. Erläutern Sie die Verpflichtungen, die ein Unternehmen gegenüber den Eigenkapitalgebern bzw. den Fremdkapitalgebern hat.
3. Beschreiben Sie den Unterschied zwischen Vollhafter und Teilhafter bei einer Kommanditgesellschaft.
4. Sie haben einen Bekannten, der etwas Geld übrig hat. Er möchte sich als Gesellschafter an einem Unternehmen beteiligen. Unter welchen Voraussetzungen würden Sie ihm empfehlen, Gesellschafter einer OHG zu werden oder Teilhafter bei einer KG?
5. Immer mehr Betriebe finden keinen Nachfolger zur Unternehmensfortführung. Nennen Sie einige weitere persönliche und wirtschaftliche Gründe zur Aufnahme eines Gesellschafters.
6. Begründen Sie, warum bei einem hohen Kapitalbedarf die Rechtsform der Aktiengesellschaft gewählt wird.
7. In einem Industriebetrieb sind die Fertigung und die Beschaffung zwei Hauptfunktionen. Warum ist hier eine enge Zusammenarbeit unbedingt notwendig?
8. Nennen Sie einige Kriterien, von denen die Arbeitsleistung der Mitarbeiter abhängt.
9. Erläutern Sie die Begriffe „Menschliche Arbeit" und „Arbeitsleistung".

10. Beschreiben Sie die sieben Systemelemente des Arbeitssystems an einem konkreten betrieblichen Beispiel.
11. Begründen Sie, warum man in Unternehmen immer mehr qualifizierte Angestellte statt Mitarbeiter mit ausführender Tätigkeit findet.
12. Erläutern Sie die wirtschaftliche Kapazität eines Betriebsmittels.
13. Nennen Sie fünf Kostenarten, die der Einsatz von Betriebsmitteln in einem Unternehmen verursacht.
14. Erörtern Sie je zwei Beispiele möglicher negativer Auswirkungen des wachsenden Mechanisierungs-/Automatisierungsgrades auf den einzelnen Mitarbeiter und die Beziehungen zwischen den Mitarbeitern.
15. Nennen Sie drei Faktoren, die auf die Kapazität eines Betriebes Einfluss nehmen.
16. Erläutern Sie den Unterschied zwischen Roh- und Hilfsstoffen einerseits und Betriebsstoffen andererseits.
17. In jedem Industriebetrieb findet man eine unterschiedliche Anzahl Werkstoffe (Roh- und Hilfsstoffe). Nennen Sie Wirtschaftszweige, in denen das nicht der Fall ist.
18. Was verbirgt sich hinter „Werkstoffverlust" und „Werkstoffzeit"?
19. Begründen Sie, warum Unternehmen den Ersatz menschlicher Arbeit durch Betriebsmittel anstreben (Substitution des Produktionsfaktors Mensch durch Produktionsfaktor Betriebsmittel).

Lösungsvorschläge

L1: Wie groß ist die Konkurrenz in dieser Gegend? Stehen genügend Arbeitskräfte zur Verfügung? Wie groß ist das Einzugsgebiet (Kunden)?
Wie sieht es mit der Verkehrsanbindung aus?
Steht genügend Platz für Baumaßnahmen und eventuelle Erweiterungen zur Verfügung?

L2: Das Unternehmen ist grundsätzlich verpflichtet, das Kapital zu erhalten. Die Eigenkapitalgeber haben ein Recht darauf, am Gewinn beteiligt zu werden. Fremdkapitalgeber verlangen eine feste Verzinsung und Rückzahlung des Kapitals nach einer vereinbarten Frist. Eigenkapitalgebern steht außerdem ein Mitbestimmungsrecht zu.

L3: Der Vollhafter (Komplementär) haftet zusätzlich zum Betriebsvermögen mit seinem gesamten Privatvermögen. Der Teilhafter (Kommanditist) haftet mit seiner Einlage, die er vereinbarungsgemäß einbringen muss. Dies kann er in Form von Sachwerten (Maschine, Fahrzeug), Rechtswerten (Patent, Lizenz) oder Geldwerten tun.

L4: Sich als Gesellschafter an einer OHG zu beteiligen, ist nur empfehlenswert, wenn sich derjenige im Unternehmen mit seiner ganzen Arbeitskraft engagieren möchte. Da er mit seinem gesamten Vermögen haftet, sollte er auch mitbestimmen, was damit geschieht.
Sucht jemand nur eine Geldanlage, kann er Kommanditist bei einer Kommanditgesellschaft werden, da er hier nicht für die Geschäftsführung verantwortlich ist und trotzdem am Gewinn beteiligt wird.

L5: Verteilung der Arbeitsbelastung auf mehrere Personen, Übergabe an einen Familienangehörigen, Erhöhung des Eigenkapitals, Verteilung des Risikos, Aufnahme von fähigen Mitarbeitern zur Unterstützung, Vermeidung von Konkurrenz, Erhöhung der Kreditwürdigkeit usw.

L6: Aktien werden über Banken vertrieben, sodass viele Personen erreicht werden. Durch die Stückelung des Grundkapitals in Aktien können sich viele Kapitalgeber beteiligen. Einzelne Aktien erfordern nur geringen finanziellen Aufwand.

L7: Die Beschaffung hat die Aufgabe, alle notwendigen Güter und Dienstleistungen zum richtigen Zeitpunkt in ausreichender Menge und in der passenden Qualität der Fertigung zur Verfügung zu stellen. Damit dies möglich ist, muss allerdings die Fertigung der Beschaffung alle notwendigen Informationen zur Verfügung stellen.

L8: Motivation, Eignung für die Tätigkeit, körperliche und geistige Leistungsfähigkeit, Arbeitsbedingungen (Temperatur, Lärm usw.), Entlohnung,

Betriebsklima, Möglichkeit der Partizipation, freiwillige Sozialleistungen, Führungsstil etc.

L9: Menschliche Arbeit kann geistiger oder körperlicher Art sein. Eine bestimmte Aufgabe wird innerhalb des Arbeitssystems durch Zusammenwirken von Mensch und Betriebsmittel mit dem Arbeitsgegenstand ausgeführt.
Arbeitsleistung wird gemessen, indem das Ergebnis der Arbeit auf die dafür benötigte Zeit bezogen wird. Die Fertigung von zehn Stück in einer Stunde ergibt eine höhere Arbeitsleistung als acht Stück in einer Stunde.

L10/Beispiel:
Arbeitsaufgabe: Anfertigen einer Welle
Eingabe: Informationen, Material, Zeichnung, Sicherheitsvorschriften
Mensch: Dreher Max Meier
Betriebsmittel: Drehbank, Drehstahl
Arbeitsablauf: Einspannen, Drehen, Ausspannen
Umwelteinflüsse: Zugluft, Lärm, Zeitdruck
Ausgabe: Fertige Welle, Lohnzettel

L11: Die ausführenden Tätigkeiten werden immer mehr durch Maschinen ersetzt (Automatisierung, Rationalisierung). Der Schwerpunkt der Aufgaben verlagert sich immer mehr hin zur Planung, Überwachung und Organisation.

L12: Die wirtschaftliche Kapazität ist dann erreicht, wenn die Anlage am kostengünstigsten arbeitet. Sie darf nicht zu wenig ausgelastet sein, da sonst der Fixkostenanteil je produziertem Stück zu hoch ist. Sie darf aber auch nicht bis zur letzten technisch möglichen Grenze beansprucht werden, da sonst der Verschleiß und die Reparaturen überproportional ansteigen und zu hohe Kosten verursachen.

L13: Abschreibungen, Energieaufwand, Ersatzteile, Reparaturaufwand, Miete, Instandhaltung, Zinsen, Werkzeugkosten, Betriebsstoffkosten

L14: Auswirkungen auf den einzelnen Mitarbeiter: Negative Beeinflussung der privaten Lebensumstände durch Schicht- oder Nachtarbeit, erhöhte geistige Belastung und Verantwortung, nervliche Belastung durch permanente Leistungskontrolle, Monotonie durch bloße Überwachungstätigkeiten

Auswirkungen auf die Beziehungen zwischen den Mitarbeitern: Weniger soziale Kontakte und Kommunikation, seit längerer Zeit bestehende Arbeitsgruppen werden getrennt, informelle Gruppen werden durch mangelnde Kommunikationsmöglichkeiten aufgelöst, Konkurrenzverhalten aus Angst um den eigenen Arbeitsplatz.

L15:
Anzahl und Einsetzbarkeit/Leistungsfähigkeit der Betriebsmittel
Anzahl und Qualität der zur Verfügung stehenden Werkstoffe
Anzahl und Qualifikation der Mitarbeiter (psychische und physische Leistungsfähigkeit)
Qualifikation der Vorgesetzten bezüglich der Managementaufgaben Planung, Leitung, Organisation und Kontrolle

L 16: Roh- und Hilfsstoffe zählen zu den Werkstoffen. Sie gehen im Fertigungsprozess in das Erzeugnis ein. Sie bilden Bestandteile des Produktes.
Betriebsstoffe gehören zu den Betriebsmitteln, da sie im Fertigungsprozess verbraucht werden. Sie sind notwendig zum Betreiben und Funktionieren der Maschinen und Anlagen.

L17: Es handelt sich hier um den Bereich der Dienstleistungsgewerbe (Versicherungen, Handel, Verkehrsgewerbe, Banken, Reisebüro usw.).

L18: Abfälle und Ausschuss zählen zum Werkstoffverlust. Die Werkstoffzeit gibt die Zeit an, die Werkstoffe im Produktionsprozess durchlaufen.

L19: Betriebsmittel müssen nicht „motiviert" werden, sie arbeiten unabhängig vom Betriebsklima. Urlaub und Krankheit entfallen. Bei regelmäßiger Instandhaltung und Wartung können sie lange genutzt werden. Die Kosten je Stunde beim Betriebsmittel sind geringer als beim Mitarbeiter.

2.2 Berücksichtigen der Grundsätze betrieblicher Aufbau- und Ablauforganisation

2.2.1 Grundstrukturen betrieblicher Organisationen

Unter Organisation fasst man alle Regelungen zusammen, die die betrieblichen Vorgänge ordnen.

Dadurch soll eine sinnvolle Kombination der Produktionsfaktoren erreicht werden, um die Ziele des Unternehmens möglichst effektiv erfüllen zu können. Zu diesen Zielen können höherer Gewinn, mehr Kunden oder die Sicherung von Arbeitsplätzen zählen.

Welche beiden grundsätzlichen Organisationsstrukturen unterscheidet man klassisch?

Ein Betrieb kann organisiert sein nach dem Aufbau oder nach dem Ablauf, wobei es eine völlige Trennung nicht gibt.

Man spricht von **Aufbauorganisation**, wenn die statischen Beziehungszusammenhänge – also die Zuständigkeiten – gezeigt werden. Die Arbeitsaufgaben orientieren sich an den Merkmalen

Was bildet die Aufbauorganisation ab?

- Verrichtung: Was wird getan (Kopierpapier bestellen, Autotür montieren, …)
- Objekt: Woran wird etwas getan (an der Karosserie, am Motor, …).

Es werden Stellen gebildet, die Struktur der Organisation wird festgelegt und der Aufbau dokumentiert. Bestimmende Kriterien können zum Beispiel die Rechtsform – GmbH oder Aktiengesellschaft – oder die Fertigungstechnologie – Inselfertigung oder Massenfertigung – sein. Auch gesetzliche Vorschriften spielen eine Rolle und eventuell die Wünsche der Kapitalgeber. Zum Aufbau einer Hierarchie benötigt man Stellen und Instanzen, auf deren Bedeutung noch näher eingegangen wird.

Womit beschäftigt sich die Ablauforganisation?

Die **Ablauforganisation** beschäftigt sich mit den dynamischen Beziehungszusammenhängen. Auch hier spielen die Verrichtung und das Objekt eine Rolle, jedoch kommen noch folgende Merkmale hinzu:
- Raum: Wo wird etwas getan (Einkaufsbüro, Lackiererei. Montage, …) und
- Zeit: Wann erfolgt etwas (kurz vor Feierabend, in der zweiten Schicht, …).

In der Ablauforganisation werden also die Prozesse in einem Unternehmen festgelegt und geordnet.

Ziele der Ablauforganisation sind die Verkürzung der Durchlaufzeiten, die Verringerung von Arbeitsaufwand, die Termineinhaltung bei Aufträgen, aber auch die Erleichterung von Arbeitsvorgängen für die Mitarbeiter.

Grundsätzlich ist darauf zu achten, Organisationseinheiten zu bilden, die eine sinnvolle Aufgabenerfüllung zulassen. Dazu müssen Verantwortungsbereiche und Kompetenzen genau abgegrenzt sein und die Einheiten klein genug, um flexibel reagieren zu können.

Eine Hierarchie sollte nicht mehr als drei Stufen aufweisen, da sie sonst zu träge wird, Informationen zu lange unterwegs sind und sich der einzelne Mitarbeiter nicht mehr angesprochen fühlt.

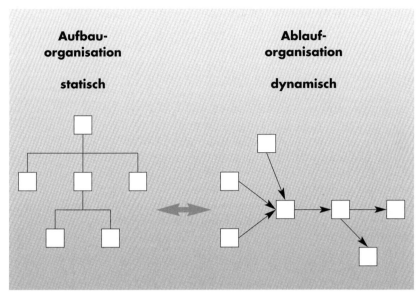

Abb. 2.6: Grundlegende Unterscheidung zwischen Aufbau- und Ablauforganisation: statischer Aufbau einerseits, dynamischer Ablauf andererseits

Zu den Gestaltungsprinzipien, die beachtet werden sollten, zählt zum Beispiel die Wirtschaftlichkeit. Es darf nicht überorganisiert werden. Die Organisation darf nicht Selbstzweck sein. Sie muss dem Gesamtziel dienen. Zu viele Vorschriften verhindern Flexibilität. Wichtig ist auch die Transparenz für die Mitarbeiter.

2.2.2 Methodisches Vorgehen im Rahmen der Aufbauorganisation

2.2.2.1 Wesen und Zweck der Aufgabenanalyse

Die Aufgabenanalyse zerlegt die Gesamtaufgabe in **Teilaufgaben**, die sinnvoll zu ordnen sind. Als Kriterien werden die Verrichtung, das Objekt, der Rang, die Phase, Raum und Zeit, Hilfsmittel und die Zweckbeziehung verwendet. Das Unternehmensziel kann die Erhöhung des Umsatzes sein. Als Gesamtaufgabe bietet sich die Ausweitung des Absatzgebietes an. Die Hauptaufgabe ist die Gewinnung neuer Kunden. Die Abschlüsse von Verträgen sind die Teilaufgaben und die Unterschriften der Kunden die Elementaraufgaben.

2.2.2.2 Wesen und Zweck der Aufgabensynthese

Die Synthese fasst Teilaufgaben zu sinnvollen Einheiten zusammen. Daraus kann zum Beispiel eine **Stelle** entstehen. Die Kriterien der Analyse bilden hierzu die Grundlage. In einem Metall verarbeitenden Betrieb kann effektiver gearbeitet werden, wenn die Aufträge den Maschinen zugeordnet (Verrichtung) und nicht umgekehrt die Maschinen jeweils den Aufträgen entsprechend (Objekt) umgestellt werden. Einige Teile müssen z. B. gestanzt, gebohrt und poliert werden, andere nur gestanzt und poliert. Es hätte wenig Sinn, wenn die Maschinen je nach Auftrag ihren Standort wechselten.

> Wie hängen die Aufgabenanalyse (Zerlegung) und Aufgabensynthese zusammen?

2.2.2.3 Gliederungsmerkmale der Aufgabensynthese

Zu den sachlichen Gliederungsmerkmalen zählen die Verrichtung und das Objekt, zu den formalen der Rang, die Phase und die Zweckbeziehung.

Gliederung nach dem Merkmal Verrichtung
Die Verrichtung gibt Auskunft, welche Aufgaben auszuführen sind. Dies können z.B. Einkauf von Rohstoffen, deren Lagerung und die Fertigung der bestellten Produkte sein. Der Gesamtaufgabe werden die Hauptaufgaben untergeordnet und diesen wiederum die Teilaufgaben (Abb. 2.7).

Gliederung nach dem Merkmal Objekt
Objekte können Produkte (Fahrräder, Waschmaschinen) oder Sachmittel (Bohrmaschinen, Schleifgeräte) sein. Man bezeichnet sie als materielle Objekte. Immaterielle Objekte hingegen sind zum Beispiel Informationen wie Texte (Montageanleitung, Anzeigentext) oder Daten (Stückzahlen, Termine). Man muss also fragen, woran eine Verrichtung vorzunehmen ist. Es wird immer dann in Objekte gegliedert, wenn die Hauptaufgaben umfangreich oder speziell sind (Abb. 2.8).

Gliederung nach dem Merkmal Rang
Aufgaben werden zerlegt und nach Entscheidungskompetenzen geordnet. Hier wird die Hierarchie festgelegt, ob die Durchführung einer Haupt-, Teil- oder Einzelaufgabe von der Entscheidung einer übergeordneten Stelle abhängt. Der Rang gibt an, ob an einer bestimmten Stelle über etwas entschieden wird oder ob es dort auszuführen ist (Abb. 2.9).

Gliederung nach dem Merkmal Phase
Die Phasen bestehen aus Planung, Realisation und Kontrolle. Sie folgen zeitlich und sachlich aufeinander. Dadurch ergibt sich die Zuordnung zu bestimmten Stellen (Abb. 2.10).

Gliederung nach dem Merkmal Zweckbeziehung
Von der Organisationsstruktur her ist zwischen direkten/unmittelbaren und indirekten/mittelbaren Aufgaben zur Erreichung der Gesamtaufgabe zu unterscheiden. Direkte Aufgaben werden auch als Zweck- bzw. Primäraufgaben und indirekte Aufgaben als Verwaltungs- bzw. Sekundäraufgaben bezeichnet (Abb. 2.11).

Beispiel mit allen genannten Merkmalen:

Bei einem Fahrradhersteller werden Gepäckträger auf den Rahmen montiert.
Verrichtung: Festschrauben des Gepäckträgers mit vier Kreuzschrauben an den hinteren Hauptrohren des Rahmens (je zwei auf der rechten und auf der linken Seite)
Objekt: Gepäckträger und Rahmen von Fahrrädern
Rang: Ausführung der Montage
Phase: Realisation der Montage
Hilfsmittel: Schraubendreher, Kreuzschrauben, Beilagscheiben
Ort: Werkbank neben dem Lager für die Gepäckträger
Zeit: Vormittags nach Anlieferung der Rahmen, acht Minuten pro Montage, durchschnittlich 20-mal pro Vormittag
Zweckbezug: Unmittelbar

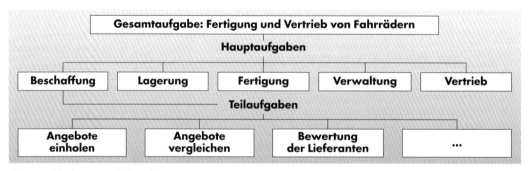

Abb. 2.7: Gliederung nach Verrichtung

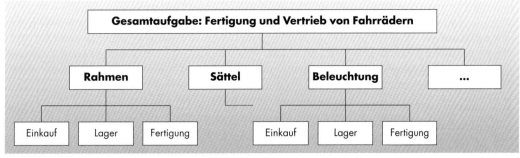

Abb. 2.8: Gliederung nach Objekt

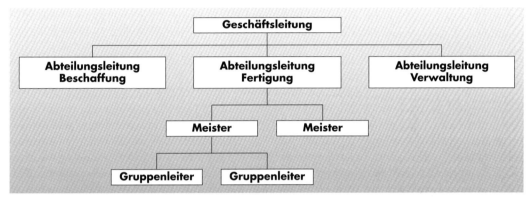

Abb. 2.9: Gliederung nach Rang

Abb. 2.10: Gliederung nach Phase

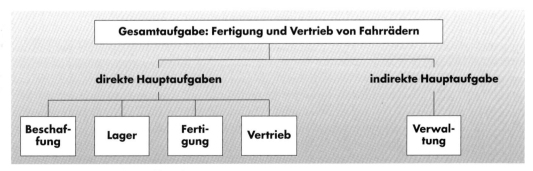

Abb. 2.11: Gliederung nach Zweckbeziehung

2.2.2.4 Die Vorgehensweise bei der Stellenbildung

Wie ergibt sich eine Stelle?

Der Stellenbildung geht die Aufgabenanalyse voraus. Hier wird untersucht, welche Tätigkeiten notwendig sind, um die Unternehmensziele zu erreichen. Den nächsten Schritt bildet die Aufgabensynthese. Teilaufgaben werden zusammengefasst, sodass sie ein von einer Person zu bewältigendes Aufgabengebiet ergeben.

> Häufig ist ein Arbeitsplatz zugleich eine Stelle. Zu einer Stelle gehören die Werkzeuge und Maschinen, die notwendig sind, die vorgegebene Aufgabe zu erfüllen.

Ist eine Stelle zu besetzen, vergleicht man das Anforderungsprofil mit dem Persönlichkeitsprofil der Bewerber. Die größte Übereinstimmung bietet meist auch den geeignetsten Mitarbeiter. Zu berücksichtigen sind unter anderem Erfahrungen, Spezialwissen, Belastbarkeit, Kreativität usw.

Wodurch wird eine Stelle beschrieben, was enthält diese Beschreibung mindestens?

Jede Stelle ist durch eine Stellenbeschreibung festzuhalten. Darin müssen die Aufgaben detailliert beschrieben werden, gegliedert nach deren Wichtigkeit. Der Verantwortungsbereich ist festzulegen für leitende, ausführende oder überwachende Tätigkeiten. Aus der Beschreibung muss hervorgehen, wo die Stelle in der Hierarchie einzuordnen ist – also die über- und untergeordneten Stellen. Verantwortung und Kompetenzen sind anzugeben und die Informationswege zu einer Stelle und umgekehrt aufzuzeichnen.

Die Aufgabensynthese kann zentral oder dezentral nach Verrichtungen oder Objekten vorgenommen werden. Die Zusammenfassung gleichartiger Aufgaben in einer Stelle bezeichnet man als **Zentralisation**. Werden gleichartige Aufgaben auf mehrere Stellen verteilt, spricht man von **Dezentralisation**. Die Merkmale Objekt, Verrichtung, Entscheidung, Sachmittel, Person oder Verwaltung können zur Zentralisation eingesetzt werden. Die beiden Formen werden in den Beispielen auf der folgenden Seite veranschaulicht.

Vor- und Nachteile

Die räumliche Zentralisation und die räumliche Dezentralisation weisen verschiedene Vor- und Nachteile auf, die in unterschiedlich starker Ausprägung auftreten können und bei einer Entscheidung für die eine oder die andere Form entsprechend zu berücksichtigen sind.

Welche Vor- und welche Nachteile haben räumliche Zentralisation bzw. Dezentralisation?

- Vorteile der räumlichen Zentralisation: weniger Bedarf an Personal und Einrichtungen, bessere Überwachung möglich, geringere Kosten, effektiverer Einsatz von Spezialisten, einheitliche Arbeitsweise
- Nachteile der räumlichen Zentralisation: Schwierigkeiten bei der Abstimmung und Koordination, Überforderung der dispositiven Stellen, Einschränkung der Initiative der Mitarbeiter, lange Transportwege
- Vorteile der räumlichen Dezentralisation: Schnellere Reaktion auf sich verändernde Anforderungen, Standortvorteile in Form von Subventionen oder geringerer Gewerbesteuer können genutzt werden
- Nachteile der räumlichen Dezentralisation: Erhöhter Personaleinsatz, schwerfällige Kommunikation durch lange Dienstwege, aufwändige Verwaltung.

Beispiele

1. Die Abb. 2.12 zeigt eine Verrichtungszentralisation, bei der Maschinen mit gleichartiger Tätigkeit an einem Ort bzw. in einem Raum zusammengefasst sind. Die Objekte – also die Produkte – müssen in die jeweiligen Räume transportiert werden. Sie bleiben nicht zentral an einem Ort, bis sie fertig sind.
2. In Abb. 2.13 sind die Objekte zentralisiert. Es sind mehrere gleiche Maschinen vorhanden, die den Objekten zugeordnet werden. Diese können an einem Ort komplett gefertigt werden.
3. Eine Kombination aus Verrichtungs- und Objektzentralisation ist in Abb. 2.13 dargestellt.

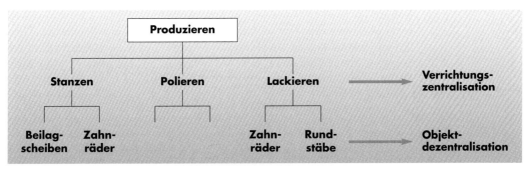

Abb. 2.12: Beispiel einer Verrichtungszentralisation – die Objekte werden transportiert

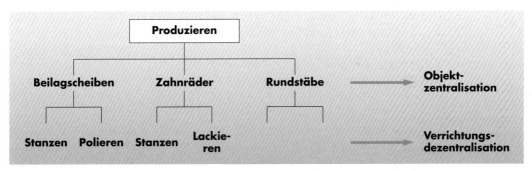

Abb. 2.13: Beispiel einer Objektzentralisation – mehrere gleiche Maschinen müssen vorhanden sein

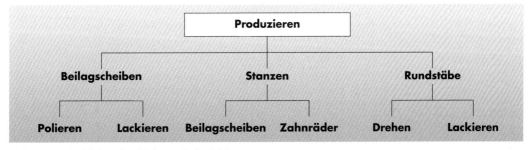

Abb. 2.14: Beispiel einer kombinierten Stellenbildung

2.2.3 Die Bedeutung der Leitungsebenen

2.2.3.1 Formale Organisationseinheiten

Stelle
Eine Stelle ist die kleinste organisatorische Einheit. Die immateriellen Stellenelemente sind Aufgaben, Verantwortung und Befugnisse. Materielle Stellenelemente sind Mitarbeiter, Sachmittel und zum Beispiel die Versorgung mit Informationen. Stellen werden meist langfristig gebildet. Eine Stelle ist personenunabhängig und kann von einem oder mehreren Aufgabenträgern ausgefüllt werden. Die Kompetenzen können sehr vielfältig sein: Ausführen, Verfügen, Mitspracherecht, Entscheiden, Anordnen, Vertretung u. a.

Instanz
Leitende Stellen werden als Instanzen bezeichnet. Sie übernehmen hauptsächlich Leitungsfunktionen wie Kontrollieren oder Planen. Eine Instanz kann die Kompetenz zur Entscheidung oder Anordnung auf untergeordnete Stellen übertragen. Die Kontrollspanne bzw. Leitungsspanne einer Instanz darf nicht zu hoch angesetzt werden. Das zu betreuende Aufgabengebiet und die Zahl der Mitarbeiter müssen überschaubar bleiben.

Stabsstelle
Stäbe beraten die Leitungsstellen, besorgen Informationen, analysieren sie, bereiten sie auf und präsentieren das Ergebnis. Sie haben keinerlei Weisungsbefugnis oder das Recht, etwas zu entscheiden. Auf Grund ihrer Arbeit können sie indirekten Einfluss auf die Entscheidungen im Unternehmen ausüben. Meist sind Stabsstellen mit Spezialisten besetzt.

2.2.3.2 Anordnungsbeziehungen der Stellen

Alle Stellen in einem Unternehmen, unabhängig davon, ob es sich um Instanzen oder Stabsstellen handelt, müssen miteinander verknüpft sein. Der offizielle Weg, den Informationen einhalten müssen, wird als Dienstweg bezeichnet. In größeren Unternehmen werden innerhalb einer Hierarchie zur Abgrenzung der Ebenen Begriffe verwendet wie Geschäftsbereich, Hauptabteilung, Abteilung oder Gruppe. Je weiter man sich nach oben bewegt, desto höher wird der Anteil der dispositiven Aufgaben. Die grafische Darstellung wird Organigramm genannt. Es ergibt sich z. B. durch die Delegation von Aufgaben und Kompetenzen von Instanzen an untergeordnete Stellen.

Man findet in großen, auf mehreren Stufen gegliederten Unternehmen auch noch eine andere Möglichkeit der Bezeichnung der Ebenen: Das obere Management (Top Management) umfasst die oberste Leitungsebene, bestehend aus der Geschäftsleitung und eventuell den Bereichsleitern. Die mittlere Leitungsebene (das Middle Management) erstreckt sich über die Hauptabteilungen und die Abteilungsleiter. Zum unteren Management (Lower Management) gehören die Meister und die Gruppenleiter. In kleineren Betrieben mit weniger Stufen stehen die Meister in der betrieblichen Hierarchie entsprechend höher, beispielsweise, wenn es nur die Gliederung Inhaber, Meister, Mitarbeiter gibt.

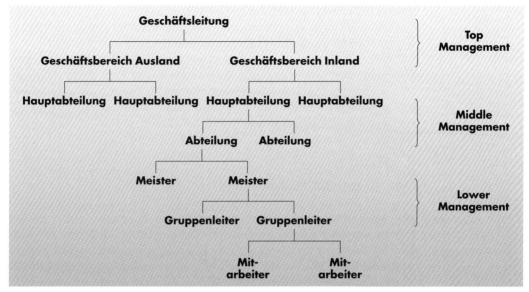

Abb. 2.15: Beispiel zur Struktur eines mehrstufigen Organigramms

2.2.3.3 Organisationssysteme

Einliniensystem

 Bei einer Organisation nach dem Einliniensystem erhält eine Stelle jeweils nur von der direkt übergeordneten Instanz Anordnungen.

Jeder hat einen unmittelbaren Vorgesetzten. Der Dienstweg ist genau geregelt und die Struktur eindeutig gegliedert. Die Leitungsebenen sind abgestuft. Anordnungen laufen nur von oben nach unten. Zuständigkeiten und Verantwortung sind klar ersichtlich.

Bei einem größeren Unternehmen mit vielen Hierarchieebenen wird es für den Vorgesetzten schwierig, den Überblick zu behalten. Spezialwissen wird im Normalfall nicht von ihm gefordert, da dafür die Mitarbeiter zuständig sind. Er muss seiner Rolle als Generalist gerecht werden. Seine Aufgaben liegen in der Koordination, Motivation und Kontrolle.

Was sind die Hauptkennzeichen des Einliniensystems?

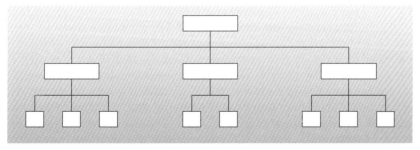

Abb. 2.16: Struktur beim Einliniensystem

Vorteile: Eindeutiger Dienstweg, klar geregelte Kompetenzen, lückenloses Verfolgen von Anweisungen möglich, einfacher Aufbau der Organisation, eindeutig zugeordnete Verantwortung.
Nachteile: Langer Dienstweg, Behinderung von schnellen Entscheidungen, Vorgesetzte werden durch die Bearbeitung von Kleinigkeiten und Routineaufgaben blockiert, Überforderung der Vorgesetzten durch Fachfragen, keine flexible Orientierung am Markt möglich.

Mehrliniensystem/Funktionssystem

  Beim Funktionssystem (Mehrliniensystem) geht man von der so genannten funktionalen Spezialisierung aus.

Was sind die Hauptkennzeichen des Mehrliniensystems?

Eine Stelle erhält Anweisungen von mehreren direkt vorgesetzten Instanzen. Unabdingbare Notwendigkeit ist die konkrete Abgrenzung der einzelnen Aufgabenbereiche und Kompetenzen und eine konsequente Koordinierung. Sobald es bei der Absprache der Fachleute Schwierigkeiten gibt, lassen sich Konfliktsituationen nicht mehr vermeiden. Widersprüchliche Weisungen können die Folge sein und es kann leicht zu Überschreitungen der Kompetenzen kommen. Mitarbeiter wissen nicht mehr, wessen Anweisungen sie befolgen sollen. Darunter leiden Qualität und Quantität der Arbeitsleistung. Es kann sogar so weit kommen, dass Vorgesetzte gegeneinander ausgespielt werden.

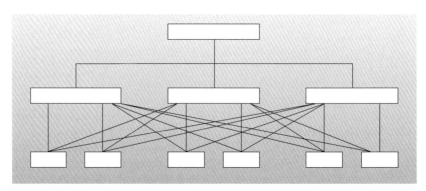

Abb. 2.17: Struktur beim Mehrlinien-/Funktionssystem

Vorteile: Kürzerer Dienstweg als beim Einliniensystem, Vorgesetzte sind Fachleute, Vorgesetzte erteilen nur fachbezogene Anweisungen, die Kontrollverantwortung liegt nicht in der Hand von Einzelnen, Fach- und Entscheidungskompetenzen passen zusammen.
Nachteile: Anweisungen von verschiedenen Vorgesetzten können sich wiederholen bzw. überschneiden, Abstimmungsprobleme und Kompetenzschwierigkeiten können auftreten, lückenlose Verfolgung von Anweisungen ist nicht möglich, bei Mitarbeitern tritt Unsicherheit auf, der Überblick geht verloren, keine eindeutige Zuordnung der Verantwortung, Hemmung der Leistung bei den Mitarbeitern durch die Zuordnung zu mehreren Vorgesetzten.

Stabliniensystem
Dieses System übernimmt die Vorteile des Einlinien- und des Mehrliniensystems und vermeidet weit gehend die Nachteile. Je größer ein Unternehmen wird, desto schwieriger wird es für Linieninstanzen zu entscheiden, da die Vorbereitung der Entscheidungen und die Kontrolle nicht mehr optimal gewährleistet werden kann.

 Zur Entlastung der überforderten Führungskräfte bildet man Stäbe, die mit ihrem Fachwissen die Vorgesetzten unterstützen sollen.

Solche Spezialisten können zum Beispiel Controller oder Juristen sein. Sie sammeln Informationen, analysieren sie und helfen, Entscheidungen vorzubereiten. Sie dürfen aber selbst keine Weisungen erteilen. Linienstellen bemängeln häufig, dass die von Stabsstellen vorgeschlagenen Lösungen sich zu wenig an der Praxis orientieren und nur theoretischer Natur sind. Stabsstellen wiederum werfen den Linienstellen vor, dass brauchbare Lösungen nicht akzeptiert werden, die bei der Linienstelle etwas ändern würden. Stäbe müssen in so einem Fall die nächste Instanz informieren, wenn eine Behinderung oder sogar Gefahr für den Betriebsablauf droht.

Warum bildet man Stäbe?

Was leisten Stäbe?

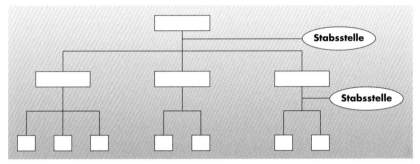

Abb. 2.18: Struktur beim Stabliniensystem

Vorteile: Kombination der Vorteile des Ein- und des Mehrliniensystems, Beratung und Unterstützung der Vorgesetzten durch Spezialisten, Vorgesetzte werden entlastet und haben für ihre eigentlichen Führungsaufgaben mehr Zeit, fundierte Entscheidungen durch die Vorbereitung in den Stabsstellen.
Nachteile: Einflussnahme der Stabsstellen auf die Linienstellen durch das Fachwissen, Kompetenzschwierigkeiten zwischen Linien und Stäben, Instanzen lassen sich durch Stabsstellen lenken.

Spartenorganisation
Die Spartenorganisation ist objektorientiert. Die Globalisierung mit der Erschließung neuer und schnell expandierender Märkte und die Diversifikation im Produktbereich (Erweiterung der Produktgestaltung) erfordern in Unternehmen immer mehr und vielfältigere Entscheidungen. Unflexible Dienstwege verhindern eine Anpassung an den Markt.

|Was ist das neuartige an einer Spartenorganisation?| *Deshalb wendet man sich ab von der verrichtungsorientierten Organisation hin zur objektorientierten Organisation. Die Einteilung eines Unternehmens erfolgt nicht mehr nach Funktionen, sondern nach Sparten beziehungsweise Divisionen.*

Dies sind selbstständige Bereiche mit eigener Verantwortung. Einige Abteilungen bleiben zentral, zum Beispiel das Rechnungswesen oder die Betreuung der EDV. Alles andere wird von den Sparten in Eigenregie durchgeführt.

Die Spartenorganisation findet man in zwei Formen. Im **Profit-Center** ist der Spartenleiter dafür verantwortlich, einen vorgegebenen Gewinn zu erzielen. Im **Cost-Center** ist mit gegebenen Kosten ein bestimmter Umsatz zu erreichen.

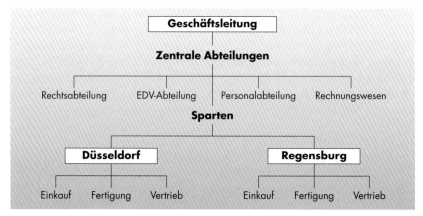

Abb. 2.19: Beispiel der Struktur bei Spartenorganisation

Vorteile: Großes Fachwissen auf Grund von Spezialisierung, schnelle Weitergabe von Informationen, flexible Reaktion auf Kundenwünsche und Marktänderungen möglich.

Nachteile: Der Spartenleiter macht sich „selbstständig" und orientiert sich nicht mehr am Ziel des Unternehmens, durch die Dezentralisierung von Funktionen entstehen höhere Kosten, die Sparten treten zueinander in Konkurrenz und vernachlässigen das gemeinsame Ziel.

Matrixorganisation

Was ist das Hauptmerkmal der Matrixorganisation?

Bei Organisationen in Form einer Matrix gibt es kein dominierendes Strukturkriterium mehr. Zwei oder mehr Strukturkriterien stehen gleichrangig nebeneinander. Das Ziel ist eine erhöhte Flexibilität der Organisation. Als Strukturkriterien bieten sich Produkte, Regionen, Funktionen oder Projekte an. Durch die Kombination von Spezialisten werden Probleme leichter und schneller gelöst. Die Wege der Kommunikation und Information sind kurz und schnell. Eine Anpassung an Kundenwünsche oder Marktveränderungen kann relativ leicht

Was erfordert diese Form fast zwingend?

vorgenommen werden. Die Geschäftsführung wird von vielen Aufgaben entbunden, die die Spezialisten übernehmen. Die Notwendigkeit der Zusammenarbeit/Teamarbeit ist unübersehbar. Die Mitarbeiter sind motiviert und werden in ihrer Persönlichkeitsbildung unterstützt.

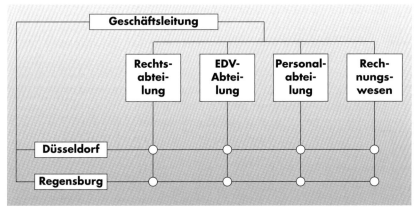

Abb- 2.20: Beispiel zur Struktur bei Matrixorganisationen

Vorteile: Einfache/kurze Entscheidungswege, Sparten neigen nicht zur Konkurrenz, Motivation, Flexibilität, gegenseitige Information.
Nachteile: Aufwändige Moderation bei Streitigkeiten, häufige Kommunikation ist notwendig, Kompromisse verzögern Entscheidungen

Teamorganisation/Projektorganisation
Die Projektorganisation bzw. die Bildung von Teams findet man immer dann, wenn es um die Ausführung von Sonderaufgaben geht. Es steht nur eine begrenzte Zeit zur Aufgabenerfüllung zur Verfügung.

 Bei Projekten handelt es sich um zeitlich befristete, einmalige Organisationsformen. Weiterhin ist ein Projekt gekennzeichnet durch eine komplexe Aufgabenstellung, das feststehende Ziel, den Projektbeginn und das Projektende und die Leistungsstandards.

Was sind die wesentlichen Merkmale eines Projekts?

Das Team steht unter Zeitdruck und mehrere Stellen sind an der Realisierung beteiligt.

Welches sind die Hauptphasen eines Projekts?

Bei der **Projektablauforganisation** findet man folgende Phasen eines Projekts: Auslösung, Planung, Entscheidung, Durchführung, Kontrolle, Steuerung.
Die **Projektaufbauorganisation** ist in drei Formen möglich.

Welche grundsätzlichen Organisationsformen sind bei Projekten möglich?

- Totale Projektorganisation: Die Mitarbeiter der Projektgruppe werden für die Dauer des Projekts von ihren Aufgaben in der jeweiligen Fachabteilung befreit (Task Force). Der Projektleiter trägt die Verantwortung und hat großen Einfluss. Dadurch werden Kompetenzstreitigkeiten vermieden.
- Stabs-Projektorganisation: Die Mitarbeiter der Projektgruppe sind nach wie vor in ihre Fachabteilung eingebunden. Der Projektleiter übernimmt nur die Koordinierung und hat deshalb wenig Einfluss.
- Begrenzte Projektorganisation: Die Mitarbeiter werden für die Projektdauer teilweise aus ihrer Fachabteilung freigestellt. Man findet hier auch den Begriff der Matrix-Projektorganisation. Die Fachabteilung ist für die Lösung von Spezialfragen zuständig. Bei Fragen zum Projekt ist der Projektleiter verantwortlich. Es kann also zu Kompetenzstreitigkeiten kommen.

2.2.3.4 Aufbau eines Organisationsplanes

 Ein Organisationsplan wird auch Organigramm oder Organisationsschaubild genannt.

Welche Grundsatzformen sind für ein Organigramm möglich?

Die Gestaltung orientiert sich an folgenden Kriterien: Zuordnung der Aufgaben zu den Stellen, Gliederung der Stellen, Zusammenfassung von Stellen zu Abteilungen, Unter- und Überordnung, Zuordnung der Stabsstellen. Die Gliederungsmerkmale der Aufgabensynthese und die Leitungsebenen sind zu berücksichtigen. Die Abb. 2.21 bis 2.24 zeigen die wesentlichen Darstellungsformen, die allgemein üblich sind.

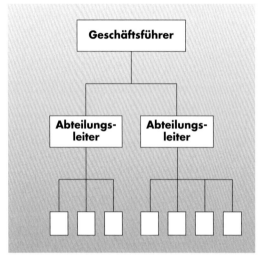

Abb. 2.21: Vertikale Darstellung

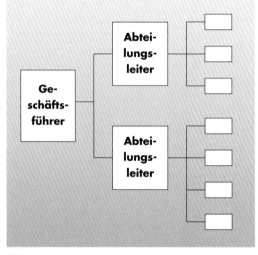

Abb. 2.22: Horizontale Darstellung

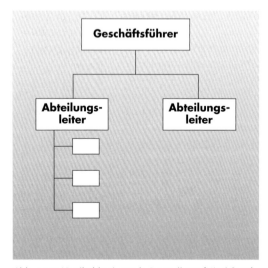

Abb. 2.23: Vertikal-horizontale Darstellung (Mischform)

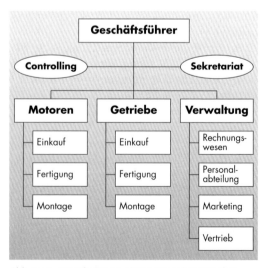

Abb. 2.24: Ausschnitt aus einem Organisationsplan

2.2.3.5 Ergebnisorientierte Organisationseinheiten

 Man spricht von ergebnisorientierten Organisationseinheiten, wenn ein bestimmtes Ziel vorgegeben wird.

Ein Ziel bzw. ein Ergebnis kann eine bestimmte Stückzahl sein, eine Gewinnsteigerung um 5 % innerhalb eines Jahres oder die Gewinnung von 1.000 neuen Kunden in den nächsten sechs Monaten. Für die Realisierung sind die Stellen selbst verantwortlich. Dafür haben sie entsprechende Verantwortung und Kompetenzen. Je flacher eine Hierarchie strukturiert ist, desto flexibler kann sie reagieren. Durch geringe Arbeitsteilung und Bildung von Gruppen steigt die Motivation und das Verantwortungsbewusstsein der Mitarbeiter. Durch die gegenseitige Unterstützung wird das Ergebnis schneller erreicht, als wenn jeder Einzelschritt vorgegeben würde. Planung, Verantwortung und Kontrolle werden an die Abteilungsleiter beziehungsweise Mitarbeiter delegiert. Die Identifizierung mit der Aufgabe wird dadurch einfacher, da Zusammenhänge erkannt werden und Überblick über den Fertigungsprozess besteht. Job Rotation und Job Enrichment tragen ebenfalls dazu bei.

Wie funktioniert eine ergebnisorientierte Organisationseinheit prinzipiell?

 Typische ergebnisorientierte Organisationen sind Profit-Center bzw. Cost-Center.

Welches sind ihre verbreitetsten Realisierungen?

Die Spartenleiter sind dafür verantwortlich, den vorgegebenen Gewinn bzw. die Umsatzmenge durch eigene Ideen zu erreichen.

2.2.4 Aufgaben der Arbeitsplanung

2.2.4.1 Festlegung des Produktionsvolumens
Eine gute Arbeitsplanung unterstützt die Abteilungen bei der Erreichung der Unternehmensziele. Geplant werden müssen der Einsatz von Material, Betriebsmitteln, Personal, Finanzmitteln und anderem. Alles muss im entscheidenden Moment in der richtigen Menge in der richtigen Qualität am richtigen Ort sein. Der für die Arbeitsplanung zuständige Mitarbeiter nimmt den Produktionsprozess gedanklich vorweg und versucht die Kapazitäten optimal auszulasten. Das Produktionsvolumen, an dem sich die Planung orientiert, ergibt sich direkt aus Kundenaufträgen oder auf Grund der Vorhersage der Vertriebsabteilung. Diese schätzt die zukünftige Nachfrage auf Grund eigener Auswertung von Unterlagen (Konjunkturdaten, Messeberichte, Kundenbefragungen) oder beauftragt zu diesem Zweck ein Marktforschungsinstitut.
Planung vollzieht sich auf **drei Ebenen**:
- langfristig (strategisch),
- mittelfristig (taktisch) und
- kurzfristig (operativ).

Die betriebliche Planung setzt sich aus vielen Einzelplänen zusammen, die sich auf das Produktionsvolumen auswirken können. Der geplante Erfolg soll erreicht und die geplanten Kosten nicht überschritten werden.

Welche wesentlichen Überlegungen liegen der Arbeitsplanung zu Grunde?

Auf welchen drei Ebenen vollzieht sie sich?

Der geplante Absatz wiederum wirkt sich direkt auf den Produktionsplan aus. Auf Grund des ins Auge gefassten Absatzes und den damit verbundenen Ausgaben entsteht der Finanzplan. Die Vielzahl der Pläne (z. B. Investitionsplan, Personalplan, Kreditplan) dient zur Erreichung folgender Ziele: Wirtschaftlichkeit, Produktivität, Gewinn, Liquidität, Rentabilität usw.

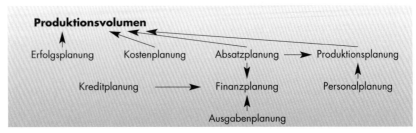

Abb. 2.25: Planungsarten im Zusammenhang

Wie lassen sich Produktion und Fertigung begrifflich unterscheiden?

Die Begriffe Produktion und Fertigung werden häufig synonym verwendet. Man findet jedoch auch Literatur, die hier unterscheidet. **Produktion** bezeichnet allgemein die betriebliche Leistungserstellung von Sachgütern und Dienstleistungen (materielle und immaterielle Güter). **Fertigung** bezieht sich auf die konkrete industrielle Leistungserstellung für die Kunden, aber auch von Erzeugnissen für den eigenen Bedarf (Lagerregale, Werkzeuge).

2.2.4.2 Festlegung des Produktionsprogramms

Die Grundlage des Produktionsprogramms liefert der Markt. Konkret werden die Nachfrage bzw. Kundenwünsche berücksichtigt. Ein auf diese Weise erstelltes Absatzprogramm bildet den Ausgangspunkt für das Produktionsprogramm. Zum einen muss die Breite der Fertigung bestimmt werden, die die Zahl der Erzeugnisarten angibt. Zum anderen ist die Tiefe des Fertigungsprogramms festzulegen. Darunter versteht man die Anzahl der **Fertigungsstufen** (z. B. Fertigung aller Einzelteile oder nur Montage des Enderzeugnisses).

Was versteht man unter Tiefe und unter Breite des Fertigungsprogramms?

Die Produktionsprogrammplanung/Fertigungsprogrammplanung erfolgt in drei Abschnitten. Man unterscheidet langfristige, mittelfristige und kurzfristige Planung, wobei die Instrumente nicht immer eindeutig zuordenbar sind und sich bezüglich der Planungszeiträume überschneiden.

Langfristige/strategische Fertigungsprogrammplanung
Aus der Erforschung, Analyse und Beobachtung des Marktes bestimmt sich das Produktfeld, in dem das Unternehmen seine Erzeugnisse verkaufen möchte. Der nächste Schritt ist die Festlegung der Produktlinie. Hier weist eine Gruppe von Produkten bestimmte Kennzeichen auf, die eine Beziehung herstellen (z. B. Küchenmöbel und Küchengeräte oder Lebensmittel und Getränke oder Wintersportgeräte und Winterkleidung).

Welche Schritte werden bei der langfristigen Programmplanung vollzogen?

In einer weiteren Stufe folgt die Produktidee. Hier macht man sich darüber Gedanken, ob man ein neues Erzeugnis produziert oder ein bereits vorhandenes abändert/verbessert. Dieser Punkt und die Begriffe Produktdifferenzierung, Variation und Diversifikation werden im Abschnitt 2.2.4.3 erläutert.

Da jedes Unternehmen ein Produktionsprogramm festlegen möchte, mit dem sich der Gewinn maximiert, muss es sich genau überlegen, wo eventuell Marktlücken bestehen oder geschaffen werden können. Die Qualität und auch das Design spielen eine große Rolle. Die Konkurrenz muss beobachtet werden, wie sie auf Neuerungen reagiert, und in diesem Zusammenhang ist die – sehr schwierige – Schätzung der absetzbaren Stückzahlen vorzunehmen.

Mittelfristige/taktische Fertigungsprogrammplanung
Das Produktkonzept umfasst die Planung eines Erzeugnisses und seiner Varianten. Die Produkte werden in ihren Einzelheiten festgelegt (Produktbestimmung), wobei die aus langfristiger Planung resultierende Programmbreite (die Zahl der verschiedenen Erzeugnisse), die Programmdichte (Varianten) und die die Tiefe festlegende Anzahl der Fertigungsstufen berücksichtigt werden. Auch der Produktlebenszyklus spielt bei der Programmplanung eine Rolle.

> *Jedes Produkt hat einen Lebenszyklus, der in Phasen die Spanne von seiner Einführung am Markt bis zu seinem Verschwinden mangels weiterer Nachfrage umfasst.*

Der Produktlebenszyklus ist je nach Produkt und Marke zwar unterschiedlich lang, verläuft aber im Mittel in einer typischen Kurvenform (Abb. 2.26). Je nach Art des Erzeugnisses und aktueller Marktlage entscheidet das Unternehmen, in welcher Phase wie viel Werbung veranstaltet, der Preis verändert oder das Produkt selbst variiert wird, um den Zyklus zu verlängern.

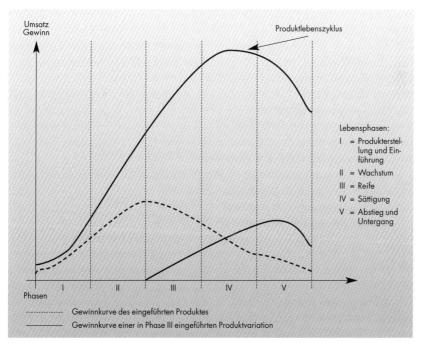

Abb. 2.26: Typischer Verlauf des Produktslebenszyklus in fünf Phasen

Ein weiteres Instrument zur mittelfristigen/langfristigen Steuerung der Maßnahmen für die einzelnen Produkte ist die **Portfolio-Analyse**. Die erfolgt durch Darstellung in einer Vier-Felder-Matrix. Sie wird auch BCG-Matrix genannt (von Boston Consulting Group). Marktwachstum und relativer Marktanteil sind die betrachteten Charakteristika der Produkte und bilden die Achsen des Koordinatensystems (siehe Abb. 2.27).

Welche Dimensionen (Merkmale) werden bei Portfolio-Analysen betrachtet?

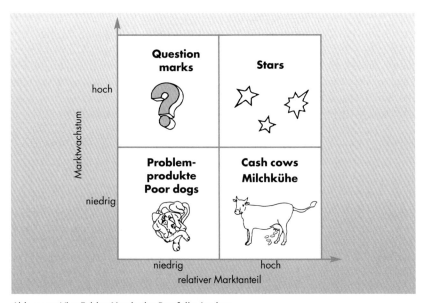

Abb. 2.27: Vier-Felder-Matrix der Portfolio-Analyse

In welcher wirtschaftlichen Phase des Zyklus stehen die Produkte in den vier Feldern jeweils?

Die „Cash cows" (Milchkühe) erwirtschaften hohe Erträge, die für die Förderung der „Question marks" (Nachwuchsprodukte, Fragezeichen) verwendet werden können. Bei den Fragezeichen muss nach einer gewissen Zeit entschieden werden, ob sie zu „Stars" aufsteigen oder ob das nicht mehr zu erwarten ist und sie deshalb ausgesondert werden. Aus den „Stars", die noch durch hohes Marktwachstum geprägt sind, sollen „Cash cows" werden. Bei den „Poor dogs" (arme Hunde) handelt es sich um Produkte, die bereits lange auf dem Markt sind und keinen Gewinn mehr erbringen. Entweder, man nimmt sie endgültig vom Markt oder führt sie nach einer Überarbeitung unter neuem Namen wieder ein. Diese Vorgehensweise findet man unter dem Begriff Relaunch. Der Vorteil dabei ist, dass die Entwicklungskosten sehr gering sind. In diese Richtung gehen auch Re-Design und Face-Lifting.

Was versteht man unter einem Produkt-Relaunch?

Zur Verkürzung von Entwicklungszeiten versuchen Unternehmen durch Bildung von Teams aus allen betroffenen Bereichen, den Entwicklungsprozess an mehreren Stellen parallel ablaufen zu lassen. Modernes Projektmanagement findet hier seine Anwendung. Man bezeichnet das als **Simultaneous Engineering** (Parallelentwicklung). Die Zeit, bis das Produkt auf dem Markt angeboten werden kann, soll so kurz wie möglich sein („time-to-market"). Es kann auch sein, dass eine schnellere Entwicklung höhere Kosten verursacht, diese jedoch durch Wettbewerbsvorteile wieder ausgeglichen werden („time-cost-tradeoff").

Wie lassen sich Produktentwicklungszeiten verkürzen?

Kurzfristige/operative Fertigungsprogrammplanung
Die Planung erstreckt sich hier maximal über ein Jahr. Sie orientiert sich am Absatz und an eventuell auftretenden Engpässen. Liegt keine Kapazitätsbeschränkung vor, können alle nachgefragten Produkte hergestellt werden. Es ist darauf zu achten, dass bei jedem Erzeugnis ein positiver Deckungsbeitrag vorliegt (Erlöse abzüglich variable Kosten = Deckungsbeitrag, siehe auch Abschnitt 2.5.8). Das Unternehmen wird versuchen, die Kundenwünsche – vielleicht mit Unterstützung von Werbung – so zu steuern, dass die Produkte mit dem höchsten **Deckungsbeitrag** bevorzugt nachgefragt werden. Der Deckungsbeitrag stellt auch die Grundlage für das gewinnmaximale Fertigungsprogramm dar, wenn es bei der Produktion zu einem Kapazitätsengpass kommt. Ein Engpass liegt dann vor, wenn z. B. eine Maschine nur eine bestimmte Zahl von Stunden zur Fertigung genutzt werden kann, aber mehr Produkte verkauft werden könnten. In einem solchen Fall ist der relative Deckungsbeitrag der verschiedenen Erzeugnisse (relativer Deckungsbeitrag = Deckungsbeitrag pro Zeiteinheit) zu berechnen. Das Unternehmen wird wieder versuchen, vermehrt die Produkte mit dem höchsten relativen Deckungsbeitrag abzusetzen.

Welche wirtschaftlichen Anforderungen werden an die operative (Jahres-)Planung gestellt?

2.2.4.3 Aufnahme neuer Produkte und/oder neuer Fertigungsverfahren

Ein Unternehmen kann selten dauerhaft die gleichen Produkte mit unveränderten Fertigungsverfahren herstellen. Technik veraltet und Kunden wünschen immer etwas Neues. Bei der Aufnahme neuer Produkte bzw. neuer Technik ist zu überprüfen, ob bereits Vorhandenes übernommen werden kann. Wird neues Material benötigt, muss zuerst der Bezug sichergestellt werden. Beim Kauf neuer Betriebsmittel oder der Einrichtung neuer Fertigungslinien sind notwendige Baumaßnahmen und Anschlüsse vorzubereiten. Ebenso sind geeignete Mitarbeiter zur Bedienung zu suchen bzw. zu schulen. Überhaupt ist es empfehlenswert, Mitarbeitern Gelegenheit zur Partizipation zu geben, um deren Potenzial zu nutzen und Widerstände gegen Innovationen zu minimieren.

Wie bereits angesprochen folgen Erläuterungen zur Gestaltung des Produktionsprogramms. Abb. 2.28 zeigt zunächst eine Übersicht sämtlicher Möglichkeiten, zu denen sich Erklärungen und Beispiele anschließen.

Welche Möglichkeiten zur Veränderung des Produktionsprogrammes gibt es grundsätzlich?

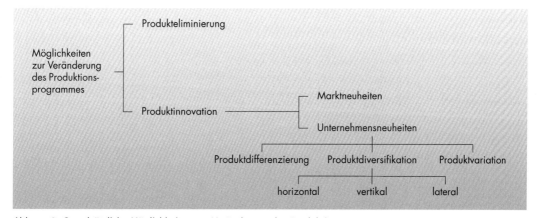

Abb. 2.28: Grundsätzliche Möglichkeiten zur Veränderung des Produktionsprogramms

Die **Eliminierung** eines Produktes bedeutet nichts anderes, als dass das Erzeugnis aus dem Programm genommen und nicht mehr angeboten wird.

Produktinnovation kann sich darauf beziehen, dass etwas gänzlich Neues hergestellt wird, das es bisher auf dem Markt noch nicht gegeben hat (Marktneuheiten). Innovation kann ebenso eine Neuheit im individuellen Programm eines Unternehmens sein, die von anderen bereits angeboten wird (Unternehmensneuheiten).

Produktdifferenzierungen werden vorgenommen, um ein Erzeugnis stärker von der Konkurrenz zu unterscheiden oder für eine bestimmte Zielgruppe interessanter zu machen. Optik und Technik bieten vielfache Möglichkeiten, um neue Ausführungen zu kreieren.

Bei der **Produktvariation** nimmt man ein Produkt aus dem Programm und setzt dafür ein verbessertes Erzeugnis im Bereich Technik oder Gestaltung/Design ein.

Die **Produktdiversifikation** kann in dreifacher Hinsicht erfolgen, wie die Übersicht zeigt:

- Werden Erzeugnisse der gleichen Herstellungsstufe in das Produktionsprogramm aufgenommen, liegt horizontale Diversifikation vor. Beispiel: Ein Produzent von Tafelschokolade bietet zukünftig auch Pralinen an.
- Bei der vertikalen Diversifikation gliedert sich an das Unternehmen noch eine dem Hauptprodukt vorgelagerte oder nachgelagerte Herstellungsstufe an. Beispiele: Eine Schreinerei kauft sich ein Sägewerk oder eine Erdölraffinerie eine Bohrinsel (vorgelagert) und eine Tankstelle (nachgelagert).
- Die laterale Diversifikation zeichnet sich dadurch aus, dass die neu aufgenommen Produkte in keinem Zusammenhang mit dem aktuellen Sortiment stehen. Beispiel: Eine Lebensmittelkette verkauft jetzt auch Kinderkleidung oder ein Autohersteller übernimmt eine Schokoladenfabrik.

Neue Varianten von Produkten können sich auch aus der Veränderung der Programmbreite und Programmtiefe ergeben. Nachfolgend ein Beispiel, das die Möglichkeiten verdeutlicht und das recht einfach auf andere Gebiete übertragen werden kann.

Beispiel

Ein Süßwarenhersteller verfügt folgendes Produktportfolio.

Tiefe	Breite des Produktionsprogramms			
	Tafelschokolade	Pralinen	Bonbons	...
	100 g	Vollmilch	Kirsche	...
	200 g	Zartbitter	Ananas	
	300 g	Walnuss	Zuckerguss	
	500 g	Diät	eingewickelt	
	Vollmilch	...	lose	
	Zartbitter		...	
	...			

Abb. 2.29: Beispiel für Grundtypen des Produktportfolio

Beispielsweise bei der Tafelschokolade ergeben sich acht verschiedene Ausführungen (also konkrete Produkte) – die Gewichte jeweils kombiniert mit Vollmilch oder Zartbitter und bei den Bonbons erhält man sechs Varianten – Kirsche und Ananas jeweils entweder mit Zuckerguss, eingewickelt oder lose.

Zur Gestaltung eines „neuen" Produktes kann man drei Wege beschreiten: Das Neue bezieht sich auf die Funktionsabläufe, die Handhabung oder die Form / das Design. Man gelangt zu Neuem durch Veränderung von Bestehendem oder durch völlig neue Konzeption. Der Gedanke, Produkte zu variieren, kann – neben der Berücksichtigung von Kundenwünschen – auch das Ziel beinhalten, ein Kosten sparendes Baukastensystem zu entwickeln (Typen, Sorten, Qualität). Die Entwicklung völlig neuartiger Produkte geht darauf zurück, dass ausgeschöpft werden soll, was der technische Fortschritt nun zulässt oder was neue Märkte fordern. In jedem Fall muss der Produktgestaltung eine gründliche Marktforschung vorausgehen.

Welche Eigenschaften können zur Gestaltung neuer Produkte verändert werden?

2.2.4.4 Erzeugnisgliederung

Ein Erzeugnis muss bis zum letzten Einzelteil aufgegliedert werden, damit die Planung bzw. Durchführung der Fertigung realisiert werden kann. Die Gesamtzeichnung zeigt das Produkt und die Zusammensetzung aus den notwendigen Baugruppen und Einzelteilen. Aus den Gruppenzeichnungen kann man die Maße der Baugruppen entnehmen und die zum Zusammenbau nötigen Einzelteile. Die Zeichnungen der Einzelteile enthalten deren Abmessungen, Angaben zu den Werkstoffen (Rohabmessungen), zulässige Toleranzen und eventuell Bearbeitungsverfahren. Man findet auch noch Teilebeschreibungszeichnungen, aus denen Vorschriften für die Bearbeitung des Teils entnommen werden können. Das hier nur angerissene Thema technische Kommunikation wird in Abschnitt 3.4.2 noch ausführlicher aufgegriffen.

Wie werden die Informationen über neu zu fertigende Produkte an die Fertigung übermittelt?

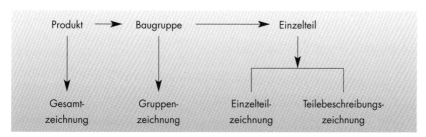

Abb. 2.30: Produktgliederung und Zeichnungsarten

Die Erzeugnisgliederung ist eine grafische Darstellung, aus der die Baugruppen und Einzelteile auf den Ebenen der Fertigung ersichtlich sind. Sie dient als Grundlage für die Arbeitsplanung, um die Reihenfolge der Arbeitsvorgänge möglichst optimal gestalten zu können. Die Materialdisposition entnimmt sich die Informationen, wann welches Material bzw. Teil zur Verfügung stehen muss. Abb. 2.31a zeigt eine allgemeine Erzeugnisgliederung mit den Fertigungsstufen in vertikaler Darstellung.

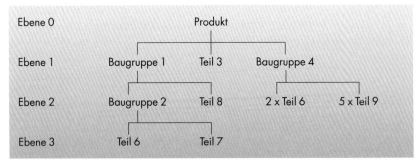

Abb. 2.31a: Erzeugnisgliederung (vertikale Darstellung)

Ferner ist auch eine horizontale Darstellung der Fertigungsebenen möglich (Abb. 2.31b).

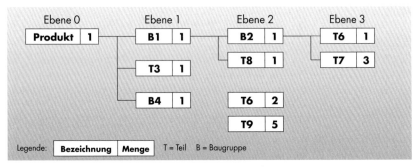

Abb. 2.31b: Erzeugnisgliederung (horizontale Darstellung)

Aus der Erzeugnisgliederung werden die Stücklisten erstellt, die von den verschiedenen Abteilungen/Verantwortlichen benötigt werden, zum Beispiel Mengenstückliste, Strukturstückliste oder Baukastenstückliste. Stücklisten werden im Abschnitt 3.4.1.2 ausführlich beschrieben.

2.2.5 Grundlagen der Ablaufplanung

2.2.5.1 Formen der Arbeitsteilung und -planung

Ein Arbeitsablauf kann nur dann sorgfältig geplant werden, wenn er bis ins Detail gegliedert ist. Dazu müssen auch alle Zeiten bekannt sein, um die Auftragszeit bzw. die Belegungszeit ermitteln zu können.

> *Die Ablaufplanung verfolgt die Ziele, dass der Ablauf reibungslos erfolgt und der Aufwand möglichst gering gehalten wird.*

Was gehört im Einzelnen zum reibungslosen Fertigungsablauf?

Dazu gehört, dass die Durchlaufzeit optimiert wird, möglichst wenig Fehler auftreten, Termine eingehalten werden, Kapazitäten ausgelastet sind und die Mitarbeiter einen ergonomischen Arbeitsplatz vorfinden.

Durch die Zerlegung des Arbeitsablaufs ist es möglich, eine genaue Bestimmung des Arbeitsgegenstandes (was?), des Arbeitsraums (wo?), der Arbeits-

mittel und der Arbeitsmethode (womit?) und des Bearbeitungszeitpunktes (wann?) vorzunehmen. Die Darstellung/Beschreibung kann
- verbal (Arbeits- und Organisationsanweisungen, Arbeitsbeschreibungen) und
- grafisch (Flussdiagramm, Balkendiagramm, Netzplan, Grundriss) erfolgen.

Kapitel 3 über „Methoden der Information, Kommunikation und Planung" enthält dazu einige Beispiele.

Da ein Arbeitsplan für Einzelteile, Baugruppen und Produkte erstellt werden kann, enthält er Angaben über technische Fertigungsverfahren, Maschinen, Kostenstellen, Betriebsmittel, Werkzeuge, Rüstzeiten, Lohngruppen, Qualitätsangaben usw. Zur Ausarbeitung dieser Einzelheiten müssen als Grundlagen Zeichnungen, Stücklisten, Arbeitsplatzbeschreibungen, Maschinenbeschreibungen, Stückzahlen, Termine und vieles mehr zur Verfügung stehen. Abschnitt 2.2.6 befasst sich näher mit dieser Problematik.

Jeder Arbeitsablauf setzt sich aus Arbeitsvorgängen in Raum und Zeit zusammen. Zur sinnvollen und humanen Anordnung zerlegt man zuerst alle Projekte bis zu den Vorgangselementen.

Was versteht man unter Vorgangselementen?

Ein Beispiel zeigt die unten stehende Tabelle.

Die Dauer, die ein Auftrag in Anspruch nimmt, beinhaltet verschiedene Arten von Zeit. Die Durchlaufzeit wird gemeinhin definiert vom Beginn bis zum Ende des Herstellungsvorgangs. Dabei sind Lager-, Liege- und Transportzeiten, ein Sicherheitszuschlag und Zwischen- und Zusatzzeiten zu berechnen. In üblichen Tabellenbüchern findet man die Auftragszeit und die Belegungszeit nach REFA. Im folgenden Absatz wird die Auftragszeit dargestellt und erläutert. Bei der Belegungszeit ist entsprechend vorzugehen.

Beispiel zur Vorgangszerlegung

Projektstufe	Vorgang	Vorgangsstufe	Vorgangselement
Schreibtisch fertigen	Holz zuschneiden	Kreissäge einrichten	Zum Anschlagwinkel hinlangen
			Anschlagwinkel greifen
			usw.
	Holz hobeln	Hobelmaschine mit Hobelmessern bestücken	Zu den Hobelmessern hinlangen
			Hobelmesser greifen
			usw.
		Hobelmaschine auf Maße einstellen	Zum Griff hinlangen
			usw..
	Teile zusammenfügen	...	...

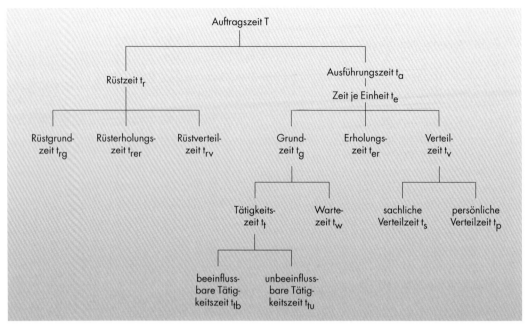

Abb. 2.32: Aufteilung der Auftragszeit

Was versteht man unter Grundzeit und was unter Ausführungszeit?

Die Zeiten sind von unten nach oben abzuarbeiten. Die beeinflussbare und die unbeeinflussbare Tätigkeitszeit ergeben zusammen die Tätigkeitszeit. Addiert man die Wartezeit, ergibt sich die Grundzeit. Grundzeit + Erholungszeit + Verteilzeit bilden die Zeit je Einheit. Die Multiplikation der Stückzahl mit der Zeit je Einheit gibt die Ausführungszeit an. Auf diese Weise sind alle „Äste" zu berechnen. Die Auftragszeit ist die Summe aus Rüstzeit und Ausführungszeit. Tritt eine „Zeitart" nicht auf, lässt man sie einfach weg.

Bei den Formen der **Arbeitsteilung** spricht man von Art- und Mengenteilung, was in Abschnitt 2.1.3.3 schon behandelt wurde.

2.2.5.2 Einflussfaktoren auf die Gestaltung des Materialflusses

Räumliche Faktoren

Welche Rolle spielt der Standort für die Fertigung?

Der Materialfluss wird bestimmt durch den betrieblichen Standort, die Betriebsgebäude und die Förderwege bzw. die Betriebseinrichtungen. Für die Wahl des Standortes kann die Anbindung an Verkehrswege ausschlaggebend sein (Nähe eines Flughafens, eines See- oder Binnenhafens, eines Autobahnanschlusses oder eines Gleisanschlusses), über den die Rohstoffe angeliefert und die Fertigprodukte ausgeliefert werden. Auf Grund der Globalisierung – also der internationalen wirtschaftlichen Kontakte – finden sich sowohl Lieferanten als auch Kunden häufig im Ausland. Deshalb muss diese Verbindung auch verkehrstechnisch hergestellt werden.

Welche Rolle spielen Betriebsgebäude für den Fertigungsablauf?

Betriebsgebäude und Förderwege hängen unmittelbar zusammen. Lang gestreckte Gebäude enthalten eine andere Anordnung der Arbeitsplätze als beispielsweise Hochhäuser. Entsprechend dazu muss der Materialfluss gestaltet sein. Massenfertigung wird man kaum über acht Stockwerke verteilt finden. Ein Hochregallager verlangt nach anderen Förderwegen als ein Rampenlager. Förderwege sollten frei von Hindernissen, ausreichend hoch und breit, ohne Umwege und unter Beachtung von Sicherheitsaspekten eingeplant werden.

Fertigungstechnische Faktoren
Der Materialfluss hängt zum einen von den Ablaufprinzipien der Produktionsorganisation (Flussprinzip oder Verrichtungsprinzip) ab und zum anderen von den Fertigungsarten/Produktionstypen (Einzelfertigung, Serienfertigung, Massenfertigung, Inselfertigung).

Beim Flussprinzip findet man die Arbeitsplätze in der Reihenfolge der auszuführenden Arbeitsvorgänge angeordnet. Das Verrichtungsprinzip fasst die Arbeitsplätze für gleiche Arbeitsverfahren/Arbeitsverrichtungen räumlich zusammen.

Welche beiden Ablaufprinzipien gibt es in der Fertigung?

Häufig sind in der Praxis auch Mischformen anzutreffen.
Bei **Einzel- und Kleinserienfertigung** findet man meist das Verrichtungsprinzip, da es hier sehr viele unterschiedliche Arbeitsabläufe gibt, die auch unabhängig voneinander durchgeführt werden sollen. Die Mitarbeiter sind an keine Taktzeiten gebunden, sondern können ihr individuelles Arbeitstempo einhalten. Urlaubs- und Krankheitszeiten werden leichter überbrückt. Durch die erhöhte Flexibilität kann leichter umgestellt oder improvisiert werden. Dadurch läuft der Materialfluss nicht gleichmäßig. Es müssen längere Transportzeiten und mehr Lagerplätze in Kauf genommen werden. Die Steuerung und Überwachung gestaltet sich schwieriger und die Kapitalbindung ist höher als beim Flussprinzip.

Wann findet welches der Prinzipien bevorzugt Anwendung?

Das Flussprinzip findet Anwendung bei der **Massenfertigung** und bei **Großserien**. Bei der Reihenfertigung sind die Arbeitsplätze entsprechend der Fertigung hintereinander angeordnet. Da aber kein fester Zeittakt festgelegt wird, müssen zwischen den Arbeitsplätzen Puffer eingerichtet werden.

In der Fließfertigung sind die Arbeitsplätze räumlich und zeitlich aufeinander abgestimmt. Es entstehen keine Liegezeiten.

Das Flussprinzip ist gekennzeichnet durch eine geringere Kapitalbindung, kürzere Wege, niedrigere Transportkosten und eine bessere Raumausnutzung.
Überlegt man sich die Unterschiede zwischen Einzel-, Serien- und Massenfertigung, wird klar, dass auch der Materialfluss anders zu organisieren ist:
- Bei der Einzelfertigung (z. B. Schiffe, Bauwerke) benötigt man viele verschiedene Rohstoffe in relativ kleiner Anzahl.
- Die Serienfertigung (z. B. DVD-Player, Computer) wechselt in bestimmten Zeitabständen auf ein anderes Produkt/Modell und damit eventuell auch auf andere Materialien.
- Bei der Massenfertigung (Schrauben, Wäscheklammern) werden über einen längeren Zeitraum große Stückzahlen eines bestimmten Erzeugnisses produziert, wobei der Materialfluss nicht abreißen darf.

Fördertechnische Faktoren
Zur optimalen Organisation des Transports und der Lagerung von Materialien muss geklärt werden, welche Transportmittel zur Verfügung stehen, ob der Transport automatisch erfolgen soll und welcher Weg zurückgelegt werden muss. Handelt es sich z. B. um Schüttgüter, sind andere Behälter einzusetzen als bei Stückgütern. Überhaupt ist die Beschaffenheit des Materials ein wichtiger Faktor, da es zum Beispiel empfindlich gegen Hitze oder Kälte oder gegen Stöße sein kann. In einem Hochregallager benötigt man andere Fördermittel als in einer Lagerhalle für Blechtafeln.

Wie unterteilt man Fördermittel?

Bei den Fördermitteln spricht man von flurgebunden (Bewegung in der Ebene) oder flurfrei (Bewegung in der Ebene und in der Höhe).

Eine weitere Unterscheidung kann in **Stetigförderer** (ständig laufendes Fließband) und Unstetigförderer (Einsatz nur bei Bedarf) getroffen werden. Ein anderes Kriterium ist die Ortsgebundenheit (Mobilität des Beförderungsmittels).

Beispiel

Ein selbst fahrender Kran ist z.B flurfrei, ortsungebunden und unstetig fördernd.

2.2.5.3 Arten von Arbeitssystemen

In Abschnitt 2.1.3.4 wurde ausgeführt, dass ein Arbeitssystem aus Elementen besteht, die zu einem bestimmten Zweck kombiniert werden (Arbeitsaufgabe; Input wie Materialien, Energie, Informationen; Output wie veränderte Materialien, Arbeitsleistung, Informationen, Energie; Mensch; Betriebsmittel; Arbeitsablauf mit räumlicher und zeitlicher Reihenfolge der Arbeitsschritte und Umwelteinflüsse wie Organisation, Lärm, Temperatur, soziale Beziehungen).

Bereits der einzelne Arbeitsplatz stellt ein System dar, ebenso wie die Abteilung, der Betrieb oder das gesamte Unternehmen. Man unterscheidet **technische Systeme** (Maschinensysteme, Maschinen sind hintereinander geschaltet), **soziale Systeme** (Zusammenarbeit von Menschen) und **soziotechnische Systeme** (Mensch-Maschinen-Systeme, Menschen arbeiten mit Maschinen).

Wählt man die Größe als Kriterium zur Abgrenzung, spricht man von **Makro-Arbeitssystemen** (Abteilung, Betrieb, Unternehmen) und von **Mikro-Arbeitssystemen** (Arbeitsplatz, Arbeitsgruppe). Ein Mensch oder eine Maschine nimmt einen Arbeitsplatz in Anspruch, der nicht an einen bestimmten Ort gebunden sein muss. Eine **Stelle** setzt sich aus einem oder mehreren Arbeitsplätzen zusammen unter Beteiligung mindestens eines Menschen. Weitere wissenswerte Begriffe in diesem Zusammenhang sind einstellige und mehrstellige Einzelarbeit (ein Mensch arbeitet an einem oder mehreren Betriebsmitteln) und einstellige und mehrstellige Gruppenarbeit (mehrere Menschen sind entsprechend in einer oder mehreren Stellen tätig). Handelt es sich um ortsgebundene Arbeitssysteme, findet man sie immer am gleichen Ort. Das Material wird hingebracht und die fertigen Teile wieder abtransportiert. Ortsungebundene Arbeitssysteme wandern mit dem Arbeitsgegenstand mit.

2.2.6 Elemente des Arbeitsplans

2.2.6.1 Daten des Arbeitsgegenstandes

Einen Arbeitsplan gibt es für jedes Teil, jede Baugruppe und jedes Produkt. Die Grundlagen zur Erstellung sind Zeichnungen, Stücklisten, Arbeitsplatzbeschreibungen, Maschinenbeschreibungen, Stückzahlen und Termine. Im Arbeitsplan werden die Arbeitsvorgänge festgehalten, ebenso der Arbeitsplatz mit der jeweiligen Maschine und Kostenstelle, Betriebsmittel, Werkzeuge, Lohngruppen, Rüst- und Vorgabezeiten und notwendige Zusatzinformationen.

Was hält der Arbeitsplan im Einzelnen fest?

> *Ein vollständig ausgefüllter Arbeitsplan gibt genau die Reihenfolge der Arbeitsschritte an und auf welche Weise etwas gefertigt werden soll.*

Dazu gehören die Belegung und damit Kapazitätsauslastung der Betriebsmittel. Der Arbeitsplan liefert auch alle Daten zur Lohnabrechnung, zur Kalkulation und zur Überprüfung der Qualität.

Abb. 2.33 zeigt den Entwurf eines Arbeitsplans, der den betrieblichen Gegebenheiten angepasst werden muss.

Arbeitsplan Nr.						
Gegenstand **Bärenhaus**			Auftrags-Nr.		Kunde	
Zeichnungs-Nr.		Modell-Nr. **Eichenheim**	Stücklisten-Nr.		Stückzahl	
Werkstoff						
Kostenstelle		Arbeitsgang	Betriebsmittel Werkzeug	Lohngruppe	Bearbeitungszeit	
2300	01	sägen	**Kreissäge A13**	02		
3700	02	schlitzen		02		
3720	03	Auf Maß schneiden		03		

Abb. 2.33: Beispiel für einen Arbeitsplan

Die Analyse der Daten des Arbeitsgegenstandes erfolgt auf Grund von Materialkarteien (Gewicht, Rohmaße) und Stücklisten (Materialien, Stückzahl der Teile und Baugruppen). Außerdem wird der Arbeitsablauf in Abschnitte unterteilt, um ihn besser beschreiben und nachvollziehen zu können. Der Gesamtablauf wird immer feiner zerlegt bis zu den Vorgangselementen (z. B. Hinlangen oder Greifen). Ein Beispiel zeigt Abb. 2.34.

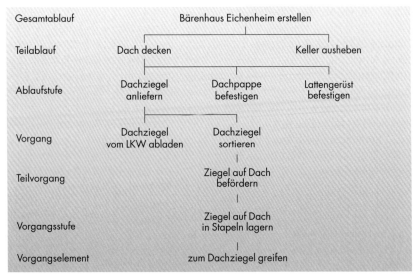

Abb. 2.34: Beispiel für die Zerlegung des Gesamtablaufs

Ordnet man die Inhalte eines Arbeitsplans, ergeben sich drei Themenkreise: Kopfdaten, Materialdaten und Fertigungsdaten:

Kopfdaten	Sachnummer, Bezeichnung des Arbeitsgegenstandes, Bearbeitungsnummer, Art des Arbeitsplans, Angaben zur Verpackung ...
Materialdaten	Sachnummer des Materials, Bezeichnung, Einheit, Menge ...
Fertigungsdaten	Verfahrensdaten auf Grund des Fertigungsverfahrens, Arbeitsplatzdaten (Arbeitsplatz, Kostenstelle, Lohngruppe), Vorgabezeiten (Bearbeitungszeit, Rüstzeit), Betriebsmitteldaten ...

Bei den Kopfdaten wird die Art des Arbeitsplans erwähnt. Es gibt nicht nur eine Art, vielmehr kann man Arbeitspläne nach unterschiedlichen Kriterien erstellen, die in der anschließenden Übersicht zu finden sind:

Objekt	Einzelarbeitsplan (eine Werkstückart)
	Sammelarbeitsplan (mehrere Werkstückarten)
Fertigungsstufe	Teilefertigungsplan
	Montageplan
Aufgabe	Fertigungsarbeitsplan
	Reparaturarbeitsplan
	Wartungsarbeitsplan
Technologie	Verrichtungsarbeitsplan (Arbeitsgänge)
	fertigungstechnologischer Arbeitsplan (Verfahren)
Form	Volltext-Arbeitsplan (umfangreiche Beschreibung)
	Kurztext-Arbeitsplan
Auftrag	auftragsunabhängiger Arbeitsplan (Großserien- /Massenfertigung)
	auftragsabhängiger Arbeitsplan (Einzel- /Kleinserienfertigung)

2.2.6.2 Betriebsmitteldatei
Neben den Daten des Arbeitsgegenstandes sind zur Fertigung die technischen Daten der Betriebsmittel notwendig. Üblicherweise zählen dazu die Art des Betriebsmittels, die Nummer, die Bezeichnung, der Standort, ein Ausweichbetriebsmittel, der durchschnittliche Leistungsgrad, Wartungsintervalle, Bodenbelastung, Normalkapazität und erforderliche Reparaturen.

Die Fertigungssteuerung entnimmt diesen Daten z. B. die Kapazität für die Planung der Durchlaufzeit. Außerdem werden Entscheidungen getroffen über Ersatzmöglichkeiten oder Erweiterungen. Eine Betriebsmitteldatei kann als Maschinenkarte oder Karteikarte oder per EDV geführt und nur bei Bedarf ausgedruckt werden.

Zur Vereinfachung der Kennzeichnung wird pro Betriebsmittel eine Nummer vergeben, aus der die Gattung, die Spezifizierung und weitere Maschineneigenschaften abgelesen werden können, wie es im folgenden Beispiel (Abb. 2.35) angedeutet wird.

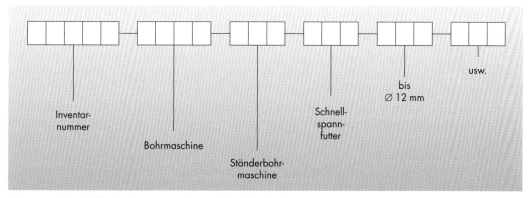

Abb. 2.35: Beispiel für das Nummernsystem von Betriebsmitteln

2.2.7 Grundsätze zur Gestaltung des Arbeitsplatzes und Arbeitsvorganges

Die Aspekte der Arbeitsplatzgestaltung sind sehr vielfältig. Die Grundsätze der Ergonomie sind ebenso zu beachten wie die optimale Gestaltung der Arbeitsmethoden und Arbeitsverfahren. Ziele sind die Verringerung der Arbeitsbelastung für den Menschen bei gleichzeitiger Erhöhung der Wirtschaftlichkeit und Produktivität. Soziale, technische und organisatorische Einflüsse müssen bei der Arbeitsgestaltung/Arbeitsplatzgestaltung Berücksichtigung finden.

Was ist bei der Arbeitsplatzgestaltung grundsätzlich zu beachten?

Arbeitsbedingungen
Im Abschnitt 4.2 im Kapitel 4 zur „Zusammenarbeit im Betrieb" wird ausführlich auf Arbeitsbedingungen eingegangen. Die Ergonomie und die Organisation wirken sich auf die Arbeitsbedingungen aus. Gemeint sind zum einen Umwelteinflüsse (Temperatur, Beleuchtung, Lärm, Staub) und zum anderen Einwirkungen in politischer, rechtlicher, sozialer und wirtschaftlicher Hinsicht. Fehlendes Material oder eine falsche Strukturstückliste führen ebenso zu ungünstigen Arbeitsbedingungen wie eine ungerechte Schichteinteilung oder der autoritäre Führungsstil des Vorgesetzten.

Welche Umgebungseinflüsse können sich negativ auf die Arbeit auswirken?

Arbeitsmethoden
Die Arbeitsmethode gibt an, mit welchen Betriebsmitteln, Werkzeugen und Hilfsmitteln ein Arbeitsvorgang ausgeführt werden soll. Da auch hier wieder die Ergonomie und die Ökonomie eine große Rolle spielen, ist die körperliche Belastung der Mitarbeiter möglichst gering zu halten bei gleichzeitigem Streben nach hoher Leistung bei geringen Kosten (ökonomisches Prinzip).

Arbeitsweisen
Betrachtet man die individuelle Ausführung einer Arbeit, spricht man von Arbeitsweise. Die Arbeitsmethode muss zwar beachtet werden, aber bei den einzelnen Handgriffen oder Tätigkeiten bleibt persönlicher Spielraum. Man denke nur an Rechts- und Linkshänder.

Arbeitsverfahren
Hier müssen das fachliche Vorgehen festgelegt und der Fertigungsablauf organisatorisch gestaltet werden. Ziel ist auch hier die Entlastung des Mitarbeiters durch Technologie und Vermeidung von Monotonie. Bezüglich der Organisation müssen die Arbeitsplätze und Betriebsmittel möglichst optimal räumlich angeordnet werden.

Arbeitsplatztypen
Arbeitsplatztypen wurden bereits in den Abschnitten 2.2.5.2 und 2.2.5.3 angesprochen. Je nach Zahl der Mitarbeiter und der Betriebsmittel spricht man von Einzelarbeit (ein Mitarbeiter) oder Gruppenarbeit (mehrere Mitarbeiter) und von Einstellenarbeit (eine Stelle) oder Mehrstellenarbeit (mehrere Stellen). Bei stationären/ortsgebundenen Arbeitsplätzen wird der Arbeitsgegenstand von einem Arbeitsplatz zum anderen transportiert. Folgen Mensch und Betriebsmittel dem Arbeitsgegenstand, spricht man von ortsveränderlichen Arbeitsplätzen. In diesem Zusammenhang soll hier die folgende kurze Zusammenfassung der Organisationstypen und Ablaufprinzipien der Fertigung geboten werden.

Übersicht über Ablaufprinzipien der Fertigung

WERKBANKFERTIGUNG
Produkte werden einzeln oder in kleinen Stückzahlen an einem ortsgebundenen Arbeitsplatz hergestellt, zum Beispiel Anfertigen von Modellen oder Reparaturen. Der Mechanisierungsgrad ist meist niedrig, während die Mitarbeiter qualifiziert sein müssen.

WERKSTATTFERTIGUNG
Man spricht hier auch von der Fertigung nach dem Verrichtungsprinzip. Arbeitsplätze mit gleicher Arbeitsaufgabe werden zu Gruppen/Werkstätten zusammengefasst. Die Ausrichtung erfolgt hier nicht am Produkt, sondern an der Verrichtung, zum Beispiel Schleiferei oder Lackiererei. Die Arbeitsplätze sind von vorhergehenden oder nachfolgenden Arbeitsplätzen relativ unabhängig. Die Fertigung neuer Erzeugnisse kann leichter vollzogen werden als zum Beispiel bei der Fließfertigung. Der Materialfluss muss gut organisiert werden und der Flächenbedarf für Transportwege und Zwischenläger ist höher als bei anderen Fertigungsformen.

REIHENFERTIGUNG
Die Reihenfertigung erfolgt ebenso wie die Fließfertigung nach dem Flussprinzip. Die Arbeitsplätze werden so angeordnet, wie das Produkt gefertigt wird. Bei der Reihenfertigung – auch Straßen- oder Linienfertigung genannt – wird die Arbeit in der Weise zerlegt, dass Spezialmaschinen eingesetzt werden können. Auf jeder Straße oder Linie wird ein Produkt komplett gefertigt. Die Anpassung an Veränderungen ist hier schwierig. Die Transportwege sind zwar kurz, jedoch sind die einzelnen Arbeitsschritte zeitlich nicht aufeinander abgestimmt, sodass Wartezeiten entstehen können. Aus diesem Grund müssen Vorratspuffer geschaffen werden.

FLIESSFERTIGUNG
Hier sind die Arbeitsschritte zeitlich aufeinander abgestimmt. Das Material läuft ohne Wartezeiten zum Beispiel auf einem Fließband durch. Man findet dies bei der Herstellung von Massenprodukten. Durchlauf- und Transportzeiten werden eben-

so minimiert wie Lager- und Personalkosten. Allerdings besteht geringere Anpassungsfähigkeit und die Gefahr des Ausfalls der kompletten Fertigung bei einer Störung. Für die Mitarbeiter entsteht die Gefahr der Monotonie, da ihnen das Erfolgserlebnis der Fertigung eines kompletten Produkts verloren geht. Müssen Arbeitsplätze auf Grund der Eigenheiten von Produkten in einer bestimmten Reihenfolge angeordnet werden, spricht man von **Zwangslauffertigung** (Verfahrenstechnische Fließfertigung). Ist die Abfolge von Arbeitsschritten nicht zwingend vorgeschrieben, spricht man von **organisierter Fließfertigung**. Automatische Fertigung liegt vor, wenn die Arbeitsgänge fast ganz von Maschinen/Anlagen übernommen werden. Die Mitarbeiter sind nur noch zuständig für das Rüsten, Befüllen, Entnehmen und Kontrollieren.

Flexible Fertigung

Immer schnellere Produktentwicklungen und die Zunahme der Varianten machen den Einsatz flexibler Fertigungssysteme mit computergesteuerten Maschinen notwendig. Die kleinste Einheit sind flexible **Fertigungszellen**, die Einzelteile vollautomatisch fertigen. In flexiblen Fertigungsinseln werden Einzelteile zu Baugruppen automatisch zusammengesetzt. In flexiblen Fertigungsverbundsystemen sind **Fertigungsinseln** und Einzelmaschinen zusammengefasst, um Baugruppen komplett fertigen zu können. Man spricht von einem DNC-System (direct numerical control), wenn mehrere CNC-Maschinen verbunden sind.

Gruppenfertigung

Bei dieser Gemischtfertigung wird die Werkstattfertigung mit dem Flussprinzip kombiniert. Die Arbeitsplätze werden in der Reihenfolge der Arbeitsvorgänge angeordnet und gleichzeitig fasst man zum Beispiel die für Baugruppen notwendigen Einrichtungen verrichtungsorientiert zusammen. Die Transportwege werden verkürzt und Flexibilität und Übersichtlichkeit bleiben erhalten.

Inselfertigung

Mit Fertigungsinseln möchte man die Nachteile der Fließfertigung vermeiden und die Vorteile der Gruppenarbeit nutzen. Eine überschaubare Gruppe übernimmt umfangreichere Arbeitsaufgaben. Es werden verschiedene Führungsinstrumente eingesetzt, um die Motivation zu fördern: Der Tausch von Aufgaben wird **Job Rotation** genannt, bei dem die Mitarbeiter ihre Arbeitsplätze regelmäßig wechseln. Die Vertretung bei Urlaub und Krankheit ist kein Problem mehr. **Job Enlargement** bedeutet Aufgabenerweiterung. Einzelne Handgriffe werden zu kompletten Arbeitsgängen zusammengefasst. Der Mitarbeiter kann auf diese Weise Zusammenhänge erkennen. Die Aufgabenanreicherung – **Job Enrichment** – bedeutet Übertragung von mehr Verantwortung und Kompetenzen. **Teilautonomen Arbeitsgruppen** überträgt man mehr Verantwortung bezüglich Arbeitsverteilung, Aufgabenerfüllung, Urlaubs- und Schichtplanung usw. Sie verwalten sich weit gehend selbst, was sich positiv auf die Motivation auswirkt.

Fertigung im Sternprinzip

Die Arbeitsplätze sind sternförmig um ein Zwischenlager herum angeordnet, in das der Arbeitsgegenstand immer wieder zurückgelegt wird, bis alle Arbeitsgänge von den einzelnen Arbeitsstationen erledigt sind.

Platzprinzip/Baustellenfertigung

Der Arbeitsgegenstand ist ortsgebunden. Betriebsmittel und Arbeitskräfte müssen dorthin gebracht werden. Die Errichtung von Bauwerken und Fertigungsanlagen sind dafür typische Beispiele.

Wanderprinzip

Arbeitskräfte und Betriebsmittel wandern entsprechend dem Arbeitsfortschritt am Arbeitsgegenstand entlang, der ortsgebunden ist. Es kann sein, dass zuerst ein Arbeitsgang erledigt werden muss und anschließend wieder am Ausgangspunkt der nächste Arbeitsschritt begonnen wird. Beispiele sind Straßen- und Gleisbau, Verlegung von Kabeln, Abbau von Bodenschätzen.

Förderprinzip

Hier ist sowohl das Arbeitssystem ortsveränderlich als auch die Arbeitsgegenstände. Typisch sind Transportvorgänge. Es handelt sich hier um das Ablaufprinzip.

2.2.8 Aufgaben der Bedarfsplanung

2.2.8.1 Aufgaben und Grundsätze der Personalplanung

Personalbedarfsplanung (Stellenbesetzungsplan)
Mithilfe der Personalbedarfsplanung soll sichergestellt werden, dass zwar immer genügend Mitarbeiter in den verschiedenen Abteilungen zur Verfügung stehen, aber auch eine Personalüberdeckung vermieden wird. Da die Personalkosten in den Betrieben einen hohen Anteil ausmachen, muss hier besonders darauf geachtet werden, die lang-, mittel- und kurzfristige Planung möglichst genau durchzuführen – sowohl in qualitativer als auch in quantitativer Hinsicht.

Welche Aspekte fließen in die Personalbedarfsplanung ein?

Langfristig ist zu bedenken, ob expandiert oder das Produktsortiment verändert werden soll. Ebenso sind Veränderungen in der Organisation und den Rahmenbedingungen (sozial, politisch, rechtlich) zu beachten und geänderte Anforderungen an die Qualifikation.

Die mittelfristige Planung bezieht sich auf den Ausfall von Mitarbeitern durch Fort- oder Weiterbildungsmaßnahmen, Urlaub oder Sonderaufgaben/Projekte.

Die kurzfristige Planung läuft meist auf Improvisation hinaus, insbesondere bei Sonderaufträgen oder unerwartetem Ausfall von Mitarbeitern.

Der **Bruttopersonalbedarf** (im Stellenplan genehmigte Stellen) und der **Nettopersonalbedarf** (notwendiger Aufbau/Abbau der Mitarbeiterzahl) werden für einen bestimmten Planungszeitraum wie unten stehend berechnet.

Personalbedarfsrechnung

Aktuell bestehende Stellen + neu zu besetzende Stellen − entfallende Stellen + Reservebedarf = Bruttopersonalbedarf	Neubedarf + Ersatzbedarf + Nachholbedarf − Freistellungsbedarf = Nettopersonalbedarf	Zusammenhang von Brutto- und Nettopersonalbedarf: Bruttopersonalbedarf − aktueller Personalbestand − bekannte Zugänge + bekannte Abgänge = Nettopersonalbedarf

---

Planerische Grundbegriffe

Einsatzbedarf ist der Bedarf an Personal, der unmittelbar zur Aufgabenerfüllung notwendig ist.
Reservebedarf ist zusätzlicher Bedarf auf Grund nicht zu vermeidender Ausfälle von Mitarbeitern wegen Urlaub, Krankheit usw.

Ersatzbedarf ergibt sich durch ausscheidende Mitarbeiter (zum Beispiel Ruhestand).
Nachholbedarf bezieht sich auf bisher unbesetzte Stellen, die jedoch im Stellenplan bereits vorgesehen sind.

Neubedarf geht über Ersatz- und Nachholbedarf hinaus, wenn sich eine Vergrößerung des Stellenplanes (Erweiterungsinvestitionen) ergibt.
Freistellungsbedarf zeigt einen Überschuss an Personal an und zieht Personalabbau nach sich.

Personaleinsatzplanung
Der Vorgesetzte hat die Aufgabe, den Personaleinsatz so zu planen, dass die Aufgaben/Aufträge pünktlich fertig werden, die Kapazitäten bestmöglich ausgelastet sind und die Mitarbeiter adäquat zu ihrer Qualifikation zum Einsatz kommen. Dazu müssen einerseits

- die Anforderungen des Arbeitsplatzes (Arbeitsaufgabe, Betriebsmittel, Hilfsmittel, Umgebungseinflüsse) und andererseits
- die Fähigkeiten und Kenntnisse – aber auch die persönlichen Neigungen – der Mitarbeiter auf Grund von Mitarbeitergesprächen und Leistungsbeurteilungen bekannt sein.

Mitarbeiter müssen ständig durch Personalentwicklungsmaßnahmen gefördert werden, um die sich verändernden Arbeitsaufgaben erfüllen zu können.

Ebenso sind die Arbeitsplätze nach den neuesten arbeitswissenschaftlichen Erkenntnissen (Ergonomie) an den Menschen anzupassen. Personaleinsatzplanung befasst sich mit den Räumlichkeiten (wo wird die Arbeit ausgeführt?) und deren Gestaltung, mit der Arbeitsorganisation (wie wird die Arbeit ausgeführt?) bezüglich Gruppenarbeit, Fließfertigung oder den Arbeitsmitteln, der Arbeitszeit und den Umgebungseinflüssen. Der Vorgesetzte muss sich aber auch Gedanken machen über die Strukturierung des Arbeitsfeldes, also zum Beispiel Job Rotation, Job Enlargement oder teilautonome Arbeitsgruppen. Personaleinsatzplanung erfolgt sowohl langfristig über Personalentwicklung als auch kurzfristig zur Abdeckung unvorhergesehener Ausfälle oder von Zusatzaufträgen.

Grundsätze der Schichtplanungsgestaltung
Da Schichtarbeit sowohl psychisch als auch physisch belastet, sollte zwischen den Schichten regelmäßig gewechselt und auf ausreichende Erholungszeiten geachtet werden. Grundlage sind die Bestimmungen des **Arbeitszeitgesetzes** und die tariflich/betrieblich festgelegte Arbeitszeit. Viele Betriebe nutzen die Möglichkeit der **„kapazitätsorientierten variablen Arbeitszeit"** (KAPOVAZ). Dies ist eine ungleiche Verteilung der Arbeitszeit bezogen auf das Beschäftigungsjahr mit den auftretenden Beschäftigungsschwankungen (zum Beispiel mehr Aufträge im Frühjahr als im Sommer). Man darf aber bei der Schichtplanung nicht nur an den Menschen denken (Krankheit, Urlaub), sondern auch an die Anlagen, Maschinen, Vorrichtungen und Prüfmittel. Diese müssen zu den geforderten Zeiten einsatzbereit sein.

2.2.8.2 Aufgaben der Betriebsmittelplanung
Anlagen, Maschinen, Werkzeuge, Vorrichtungen, Prüfmittel, Förder- und Lagermittel müssen für ihre Aufgaben rechtzeitig geplant werden. Langfristig ist die Beschaffung zu überdenken und kurzfristig der optimale Einsatz.

 Ein Betriebsmittelbelegungsplan ordnet Aufträgen Betriebsmittel zu.

Man spricht von einem **Maschinenbelegungsplan** (Scheduling), wenn es sich um die Festlegung der Reihenfolge dreht, anders ausgedrückt – welche Maschinenfolge bei einem Auftrag eingehalten werden muss. Für die Planung der Maschinenbelegung gibt es verschiedene Verfahren. Per EDV kann man mehrere Kombinationen simulieren und die günstigste auswählen. Bei Anwendung von Prioritätsregeln orientiert man sich an der kürzesten Bearbeitungszeit, dem höchsten Deckungsbeitrag, an der Reihenfolge der Aufträge, an den kürzesten Rüstzeiten usw.

Der für Planung verantwortliche Mitarbeiter muss sich folgende Fragen stellen:
- Welches Produkt soll gefertigt werden (Art, Größe, Beschaffenheit)?
- Wie soll gefertigt werden (Verfahren, Abläufe)?
- Womit soll gefertigt werden (Arbeitsmittel, Material, Arbeitskräfte)?
- Welcher Termin ist einzuhalten (Bereitstellung der Materialien, Betriebsmittel und Arbeitskräfte und Fertigstellung des Auftrags)?

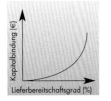

Abb. 2.36: Zusammenhang von Lieferbereitschaft und Kapitalbindung

2.2.8.3 Aufgaben der Materialplanung

Die benötigten Güter müssen in ausreichender Menge zum richtigen Zeitpunkt in der gewünschten Qualität zu niedrigen Kosten zur Verfügung stehen. Der goldene Mittelweg zwischen maximaler Lieferbereitschaft, minimaler Kapitalbindung und minimalen Kosten ist anzustreben. Bei einem sehr hohen Lieferbereitschaftsgrad steigen die Lagerkosten überproportional.

Der qualitative und quantitative Materialbedarf muss unter Berücksichtigung der Materialverluste durch Ausschuss, Abfall oder Nacharbeit geplant werden. Die Daten sind in Stücklisten oder Fertigungsplänen enthalten. Die betriebswirtschaftliche Betrachtung der Vorratsplanung folgt in Abschnitt 2.2.9.3.

Es gibt nicht nur „den einen" Materialbedarf, sondern verschiedene Bedarfsarten, auf die im Kapitel 2.2.9 noch einmal zurückgegriffen wird.

Bedarfsarten und Bestände im Überblick

- Der **Primärbedarf** ist kein Materialbedarf, sondern der Bedarf an verkaufsfähigen Produkten, der von den Kunden am Markt nachgefragt wird. Er wird über vorliegende Kundenaufträge oder Schätzungen bestimmt.
- **Sekundärbedarf** sind Rohstoffe und Teile, die zur Fertigung der Produkte benötigt werden. Die Stückzahl wird Fertigungsplänen oder Stücklisten entnommen.
- **Tertiärbedarf** umfasst die Hilfs- und Betriebsstoffe und Werkzeuge, die bei der Fertigung verbraucht werden. Hier kann der Verbrauch der Maschinen als Richtwert genommen werden.
- **Bruttobedarf** ist die Summe aus Sekundärbedarf und Zusatzbedarf.
- **Zusatzbedarf** ist ein Zuschlag in Prozent oder Stück für Ausschuss, Schwund oder Sonderanfertigungen für einen Auftrag.

- Der **Nettobedarf** wird abhängig vom Fertigungsprogramm ermittelt:
  Sekundärbedarf
  + Zusatzbedarf
  = Bruttobedarf
  – Lagerbestände
  – Bestellbestände
  + Vormerkbestände
  = Nettobedarf

- **Vormerkbestände** sind für andere Aufträge reserviert und dürfen nicht verwendet werden.
- **Bestellbestände** sind bereits beim Lieferanten oder in der Fertigung bestellt und brauchen nicht mehr angefordert zu werden.
- **Lagerbestände** stehen zur Verarbeitung zur Verfügung und müssen ebenfalls nicht mehr bestellt werden.

2.2.9 Produktionsprogrammplanung, Auftragsdisposition und deren Instrumente

2.2.9.1 Die Notwendigkeit von Produktionsprogrammen
Produktionsprogramme werden lang-, mittel- und kurzfristig geplant. Dies wurde bereits in Abschnitt 2.2.4.2 beschrieben. Es ist von Vorteil, ein Produktionsprogramm auf Aufträgen aufzubauen. Es kann sich hier um Kundenaufträge handeln oder Aufträge, die eine Abteilung der anderen erteilt. Auf diese Weise ergeben sich Stückzahlen und Termine für die Planung, Ausführung und Abrechnung. Neben dem traditionellen Kundenauftrag findet man den Vorratsauftrag zur Ergänzung der Bestände, den Ersatzauftrag für den Ausgleich von Ausschuss, den Betriebsauftrag für Instandsetzung, Konstruktion usw. und den Anlagenauftrag für den Kauf oder die Herstellung von neuen Maschinen/Anlagen. Weitere Möglichkeiten sind Einkaufsaufträge, Versandaufträge, Prüfaufträge usw.

Welche Aufträge unterscheidet man hinsichtlich der Produktionsplanung?

Auf der Basis von Aufträgen können die entsprechenden Betriebsmittel und Materialien besorgt und bereitgestellt werden. Auch die Ermittlung der Kapazitäten und Termine bezieht sich auf die Aufträge, ebenso wie die Arbeitsverteilung, deren Aufgabe es ist, Termine einzuhalten, Kapazitäten auszulasten und wirtschaftlich zu produzieren.

Spricht man von Auftragsdisposition, sind damit alle erforderlichen Maßnahmen gemeint, um einen Kundenauftrag oder einen intern ausgelösten Auftrag organisatorisch zu bewältigen.

Was ist mit Auftragsdisposition gemeint?

Jeder Auftrag löst bestimmte Dispositionen aus, wie die Beschaffung von Material, die Planung des Arbeitsablaufs und die Belegung der Betriebsmittel. Außerdem überwacht die Auftragsdisposition die termingerechte Einhaltung der einzelnen Arbeitsschritte, um bei Abweichungen reagieren zu können. Wird ein Auftrag erteilt, benötigt man zuerst die einzuhaltenden Termine und den Materialbedarf. Ist genügend Material vorhanden, wird es bereitgestellt, im anderen Fall ist es zu beschaffen. Neben dem Material müssen noch Informationen, Energie, Betriebsmittel und Personal disponiert werden. Nach Verteilung der Aufgaben wird der Auftrag ausgeführt.

2.2.9.2 Materialdisposition und Bedarfsbestimmung
Die Materialdisposition muss sich mit den verschiedenen Objekten der Materialbeschaffung auseinander setzen. Rohstoffe (vgl. zur Einteilung auch noch einmal Abschnitt 2.1.5.1) werden zu einem Produkt verarbeitet, wobei sie ihre Form oder Substanz verändern können (z. B. Baumstämme). Es kann sich hier auch um Stoffe handeln, die bereits in einen bestimmten Grundzustand gebracht wurden (in Bretter zersägte Baumstämme). Halbzeuge sind bereits bearbeitete Materialien (zum Beispiel Bleche oder Gewebe). Normteile sind üblicherweise auf dem Markt erhältlich (wie Dübel oder Schrauben). Fertigteile werden ohne weitere Veränderung in das Produkt eingebaut (z. B. Motoren oder Sitze in der Automobilindustrie). Hilfsstoffe sind notwendig für die Fertigung des Produkts und gehen in das Erzeugnis ein (wie zum Beispiel Leim oder Löt-

Welche Materialien werden disponiert?

draht). Betriebsstoffe sind für die Fertigung notwendig, gehen aber selbst nicht in das Produkt ein (zum Beispiel Schmiermittel).

 Das in einem Betrieb gewählte Dispositionsverfahren hängt unter anderem von der Art der Fertigung ab.

Welche Dispositions-
verfahren werden
unterschieden?

Bei welchen Fertigungsarten werden sie eingesetzt?

Auftragsgesteuerte Disposition findet man häufig bei Einzelfertigung, da hier die Bestelltermine und Bestellmengen bekannt sind. Bestellmenge und Bedarfsmenge entsprechen sich, wobei ein bestimmter Ausfall oder Ausschuss immer eingerechnet werden muss.

Bei Serien- und Massenfertigung hat man die Wahl zwischen dem plangesteuerten Dispositionsverfahren und der verbrauchsgesteuerten Disposition. Beim plangesteuerten Dispositionsverfahren errechnet man für einen bestimmten Produktionszeitraum den Nettobedarf unter Berücksichtigung des Lagerbestandes. Ein positiver Nettobedarf löst eine Bestellung aus, während ein negativer Nettobedarf vorhanden ist, also für die Produktion zur Verfügung steht.

Zur genauen Berechnung des Nettobedarfs sind folgende Bestände zu berücksichtigen:

	Sekundärbedarf
+	Zusatzbedarf
=	Bruttobedarf
−	Lagerbestand
+	Vormerkbestand
−	Bestellbestand
−	Werkstattbestand (liegt bereits in der Fertigung)
+	Sicherheitsbestand
=	Nettobedarf (positiv oder negativ)

Verbrauchsgesteuerte Disposition orientiert sich an Werten der Vergangenheit und rechnet den wahrscheinlichen Verbrauch in die Zukunft hoch. Dabei findet das **Bestellpunktverfahren** oder das **Bestellrhythmusverfahren** Anwendung:

Wie verändern sich
Bestellmenge und
Bestellzeitpunkte?

- Beim Bestellpunktverfahren (Abb. 2.37) wird bei Entnahmen aus dem Lager überprüft, ob der Meldebestand erreicht oder sogar unterschritten wird. Ist dies der Fall, wird eine bestimmte Menge bestellt. Die Bestellmenge ist immer gleich, die Bestellzeitpunkte variieren.
- Beim Bestellrhythmusverfahren wird im Gegensatz dazu der Bestand in regelmäßigen Abständen überprüft und jeweils die Menge bestellt, die wieder den festgelegten Höchstbestand ergibt. Damit ergeben sich hier variable Bestellmengen und feste Bestellzeitpunkte.
- Eine weitere Möglichkeit ist die Anwendung der **Höchstbestandsstrategie**. Ergibt die Überprüfung des Lagerbestandes, dass Material entnommen wurde, wird die Menge bestellt, die das Lager auf den höchstmöglichen Bestand auffüllt. Als Nachteil zeigt sich hier, dass immer ein sehr hoher Bestand an Materialien vorhanden und die Kapitalbindung entsprechend hoch ist.

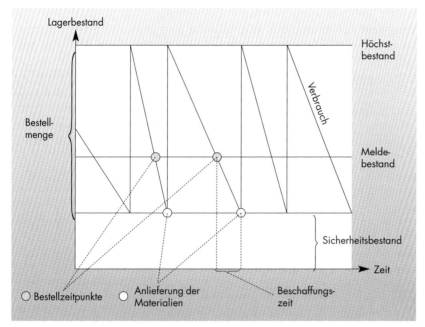

Abb. 2.37: Prinzip des Bestellpunktverfahrens

Zu den Aufgaben der Materialdisposition und der Vorratsplanung zählt auch die Lagerhaltung (Vorratsbeschaffung) bzw. die Bereitstellungsprinzipien wie Einzelbeschaffung, fertigungssynchrone Beschaffung und Fremdlagerung.

Bei der **Einzelbeschaffung** wird eine Bestellung immer dann ausgelöst, wenn das Material gebraucht wird. Es wird fast nichts auf Vorrat gelagert, sodass weder lagerabhängige Kapitalbindungskosten noch Lagerhaltungskosten entstehen. Allerdings müssen hier die Risiken von verspäteten Lieferungen, Fehlmengen und Qualitätsmängeln einkalkuliert werden.

Welche grundsätzlichen Vorgehensweisen gibt es bei der Beschaffung?

Fertigungssynchrone Beschaffung (**just in time**) fordert die Anlieferung des Materials, wenn es in der Produktion gebraucht wird. Hierzu muss der Bedarf frühzeitig bekannt sein, damit der Lieferant planen und pünktlich liefern kann. Qualitätssicherung beim Lieferanten ist hier unumgänglich und Standortentscheidungen spielen wegen der Verkehrsanbindung eine wesentliche Rolle. Dieses Prinzip eignet sich für die Massen- und Großserienfertigung. Just-in-sequence ist eine verfeinerte Form, wobei die Materialien auf dem Beförderungsmittel (Lkw, Eisenbahn) so angeordnet sind, wie sie zum Beispiel am Fließband gebraucht werden. Ein Zulieferer von Autositzen hält genau die Reihenfolge der Autotypen ein, wie sie auf einer Fertigungsstraße produziert werden.

Welche Voraussetzungen fordert Just-in-time-Anlieferung?

Bei Fremdlagerung übernehmen Dienstleistungsunternehmen – so genannte Logistikdienstleister – für Industrieunternehmen die Lagerhaltung. Das Unternehmen spart sich die Investitionskosten für Gebäude und Einrichtungen und die laufenden Betriebskosten. Fremdlagerung ist rentabel, sobald die eben erwähnten Kosten über den Lagerkosten des Dienstleisters liegen. Die Entscheidung für Fremdlagerung hängt von der Regelmäßigkeit der Aufträge ab und von der Häufigkeit von Zusatzaufträgen (Einhaltung von Terminen!).

Wann kann Fremdlagerung vorteilhaft sein?

2.2.9.3 Vorratsplanung nach betriebswirtschaftlichen Gesichtspunkten

Welche zwei Aspekte müssen bei der Vorratsplanung ausgewogen werden?

Materialien sollen möglichst kostengünstig eingekauft und gelagert werden. Dabei spielen der Zeitpunkt des Einkaufs und die Menge eine Rolle. Die optimale Bestellmenge berechnet man als Minimum aus der Summe der Bestell- und Lagerhaltungskosten. Wird der gesamte Bedarf einer Produktionsperiode auf einmal bestellt, sind die Bestellkosten sehr gering, während hohe Lagerungskosten entstehen. Wird dagegen jedes Teil einzeln bestellt, sind die Lagerungkosten sehr niedrig und dafür die Bestellkosten sehr hoch. Die Optimierung besteht darin, die Gesamtkosten der Materialwirtschaft zu minimieren. Wird der Lagerbestand wegen der Forderung nach geringer Kapitalbindung niedrig gehalten, gibt es möglicherweise Probleme bei der Einhaltung von Terminen oder bei hoher Auslastung, wenn Rohstoffe schnell gebraucht werden. Um Lagerhaltungskosten zu senken, kann versucht werden, Bestände zu reduzieren, die Umschlagshäufigkeit zu erhöhen, das Lager zu automatisieren, genormte Lager- und Transportbehälter zu verwenden, das Sortiment zu straffen usw. Zur Verminderung der Bestellkosten können Aufträge zusammengefasst, Mengenrabatt und Skonto ausgehandelt und der Bestellvorgang automatisiert werden. Zu vermeiden sind Mindermengenzuschläge und Eilzuschläge.

Welche Faustformel dient zur Bestimmung der optimalen Bestellmenge?

 Die Berechnung der optimalen Bestellmenge bzw. der optimalen Losgröße bei Eigenfertigung erfolgt mithilfe der Bestellmengenformel nach Andler (Andler'sche Losgrößenformel).

$$x_{opt} = \sqrt{\frac{200 \cdot \text{Gesamtbedarfsmenge} \cdot \text{Bestellkosten je Bestellung}}{\text{Einstandspreis je Mengeneinheit} \cdot (\text{Lagerkostensatz} + \text{Zinssatz})}}$$

Die Zahl 200 in der Formel ist eine Konstante, die sich aus der (mathematischen) Herleitung ergibt. Sie darf nicht verändert werden. Lagerkostensatz und Zinssatz ergeben zusammen den Lagerhaltungskostensatz.

Möchte man die optimale Losgröße bei Eigenfertigung berechnen, ersetzt man die Bestellkosten durch die Rüstkosten und den Einstandspreis durch die Herstellkosten je Stück (ohne Rüstkosten). Abb. 2.38 zeigt die grafische Darstellung der optimalen Bestellmenge/Losgröße.

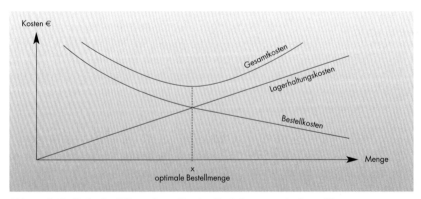

Abb. 2.38: Grafische Ermittlung der optimalen Bestellmenge oder Losgröße

Die **optimale Bestellhäufigkeit** kann man ebenfalls direkt mit einer Formel berechnen oder einfach durch Division der Gesamtbedarfsmenge durch die optimale Bestellmenge ermitteln (wobei die betriebsspezifischen Daten in diesem einfacheren Verfahren dann schon vorab in die Formel für die optimale Bestellmenge eingeflossen sind).

$$\text{optimale Bestellhäufigkeit} = \sqrt{\frac{\text{Gesamtbedarfsmenge} \cdot \text{Einstandspreis je Mengeneinheit} \cdot \text{Lagerhaltungskostensatz}}{200 \cdot \text{Bestellkosten je Bestellung}}}$$

Beispiel

Angenommen, für eine Planungsperiode von 400 Tagen und bei einem Gesamtbedarf von 8.000 Stück ergibt sich eine optimale Bestellmenge von 500 Stück. Dann muss in dieser Planungsperiode 16-mal bestellt werden (8000 : 500 = 16), das bedeutet im Schnitt alle 25 Tage (400 : 16 = 25).

Einen weiteren Ansatzpunkt zur möglichen Kosteneinsparung bietet die Überprüfung des **Sicherheitsbestandes** (= Mindestbestand, eiserner Bestand, Reserve). Er muss ständig vorgehalten werden und dient bei unvorhergesehenen Fällen einer reibungslosen Abwicklung der Produktion. Die Höhe des Sicherheitsbestandes errechnet sich aus dem Durchschnittsverbrauch der Materialien:

Was versteht man unter Sicherheitsbestand?

Sicherheitsbestand
= Durchschn. Verbrauch
· Beschaffungsdauer

oder

Sicherheitsbestand
= Durchschn. Verbrauch in der Beschaffungszeit
+ Sicherheitszuschlag

Weitere nützliche Formeln zur Vorratsplanung

durchschnittlicher Lagerbestand

$$= \frac{\text{Anfangsbestand} + \text{Endbestand}}{2}$$

durchschnittliche Lagerdauer

$$= \frac{360 \text{ Tage}}{\text{Umschlagshäufigkeit}} \quad \text{oder} \quad \frac{\text{Tage pro Periode}}{\text{Umschlagshäufigkeit}}$$

durchschnittlicher Lagerbestand (verfeinert)

$$= \frac{\text{Anfangsbestand} + n \text{ Endbestände}}{1 + n}$$

Lagerkostensatz

$$= \frac{\text{Lagerkosten je Periode (o. Kapitalbindungsk.)}}{\text{durchschnittlicher Wert des Lagerbestands}} \cdot 100$$

Umschlagshäufigkeit

$$= \frac{\text{Verbrauch pro Produktionsperiode}}{\text{durchschnittlicher Lagerbestand}}$$

durchschnittliche Lagerbestand

$$= \frac{\text{optimale Bestellmenge}}{2} + \text{Sicherheitsbestand}$$

Lagerhaltungskostensatz
= Lagerkostensatz + Zinssatz des im Lager gebundenen Vorratskapitals

Wareneinsatz/Rohstoffverbrauch
= Anfangsbestand + Zugänge – Endbestand

2.2.10 Wirtschaftsschutz und betrieblicher Selbstschutz

2.2.10.1 Maßnahmen des Wirtschaftsschutzes
Dem betrieblichen Sicherheitswesen stehen als Formen der Sicherung die Vorbeugung (Summe aller Sicherungsmaßnahmen zur Verhinderung eines möglichen Schadens) und die Abwehr (Summe aller Sicherungsmaßnahmen zur Bekämpfung eines bereits eingetretenen Schadens) zur Verfügung. Durch materielle, personelle und organisatorische Maßnahmen werden personelle Produktionsfaktoren (Betriebsangehörige, Betriebsfremde), materielle (Betriebsmittel, Werkstoffe, Kapital) und immaterielle Produktionsfaktoren (Organisation, Patente, Betriebsklima) geschützt. Bei Wirtschaftsschutz denkt man vorrangig an die Wahrung von Betriebsgeheimnissen. Dies fällt in den Bereich spezieller Betriebsschutz. Der Betriebsschutz gliedert sich in den

- allgemeinen Betriebsschutz (Menschen, Sachwerte), den
- speziellen Betriebsschutz (Betriebsgeheimnisse, Betriebsabläufe) und den
- erweiterten Betriebsschutz (Datenschutz, Umweltschutz, Brandschutz).

 Gesetze regeln den Wirtschaftsschutz nach außen, zum Beispiel durch das Gesetz über den unlauteren Wettbewerb, das Strafrecht oder das Patentrecht. Nach innen muss sich das Unternehmen selbst schützen.

Zum inneren Schutz gehören z. B. die Pförtner, das Werkschutzpersonal oder die Werksfeuerwehr. Einige Aufgaben sind der Schutz des Eigentums vor Beschädigung, die Überwachung des Personenverkehrs, der Schutz der Betriebsgeheimnisse, die Verhinderung von Diebstahl usw.

2.2.10.2 Rechtliche Stellung und Aufgaben des Werkschutzes
Die Aufgaben, Befugnisse und Kompetenzen des Werkschutzes werden gewöhnlich in einer Betriebsvereinbarung festgelegt. Der Werkschutz kann das Hausrecht anwenden, wenn zum Beispiel Unbefugte das Gelände betreten wollen. Weitere Aufgaben werden in der folgenden Aufzählung genannt, die keinen Anspruch auf Vollständigkeit erhebt:

- Verkehrseinrichtungen, Fahrzeugverkehr und Personenverkehr überwachen, sichern, kontrollieren;
- Streifendienst, Begleitschutz,
- Informationen sammeln und auswerten,
- Notdienst,
- Berichtswesen etc.

Allgemein handelt es sich um Ordnungsaufgaben, Aufgaben zur Schadensabwehr, Mitwirkungsaufgaben und Informations- und Meldeaufgaben.

Aufgaben zu Abschnitt 2.2

1. Erläutern Sie den Begriff Stelle.
2. Welche allgemeinen und spezifischen Gestaltungsprinzipien gilt es bei der Schaffung einer Stelle zu beachten?
3. Stellen Sie die Vor- und Nachteile des Einlinien- und des Mehrliniensystems gegenüber.
4. Erläutern Sie die wesentlichen Merkmale einer Stabsstelle.
5. Erläutern Sie, welche Probleme in der Fertigungsprogrammplanung bei reiner Auftragsfertigung – zum Beispiel im Spezialwerkzeugmaschinenbau – auftreten können.
6. Erläutern Sie, wie die Organisationsform eines Unternehmens auf das Führungsverhalten von Vorgesetzten Einfluss nehmen kann.
7. Was spricht für bzw. gegen die Absatzwirtschaft als bestimmenden Faktor bei der Gestaltung des Produktionsprogramms?
8. Auf Grund einer Umstrukturierung im Unternehmen sind Sie zukünftig auch für die Erstellung von Arbeitsplänen zuständig.
   a) Nennen Sie drei Unterlagen, die zur Erstellung eines Arbeitsplanes benötigt werden.
   b) Worüber geben Arbeitspläne Auskunft?
9. Welche Zielsetzungen hat die Arbeitsgestaltung?
10. Beschreiben Sie die drei Bereiche, auf die sich die Arbeitsgestaltung konzentriert.
11. Eine Matrixorganisation (Prinzipdarstellung in Abb. 2.39) schafft die Verbindungen für das Zusammenwirken verschiedener Funktionsträger. Die Bildung der Stellen erfolgt nach den Merkmalen Verrichtung und Objekt.
   a) Beschreiben Sie Vor- und Nachteile der Matrixorganisation.
   b) Erläutern Sie jeweils ein konkretes Beispiel für das Zusammenwirken von Lager und Organisation und für Einkauf und Planung, wie es in der Abbildung zu erkennen ist.
12. Errichtet ein Unternehmen ein neues Bürogebäude, wird viel Wert auf die Ergonomie gelegt.
    a) Erläutern Sie den Begriff Ergonomie.
    b) Was ist die Aufgabe der Ergonomie?
13. Da Ihre Abteilung vergrößert und Personal eingestellt wird, müssen neue Arbeitsplätze geschaffen werden. Sie möchten bei dieser Gelegenheit Ihren Mitarbeitern einige Kriterien erläutern, die bei der Arbeitsplatzgestaltung zu beachten sind. Fertigen Sie dazu eine Checkliste mit sieben Punkten an.
14. In der Produktion werden Rohstoffe benötigt, die oft teuer sind, aber auch Hilfsstoffe, bei denen der Bezugspreis verschiedener Lieferanten nur um geringe Beträge schwankt.
    Erläutern Sie, ob es sinnvoll ist, den Bedarf für alle Roh-, Hilfs- und Betriebsstoffe genau zu ermitteln.
15. Wie errechnen sich der Bruttobedarf und der Nettobedarf?
16. Nennen Sie interne und externe Faktoren, von denen der Personalbedarf in einem Unternehmen abhängt.
17. Erläutern Sie die Bedeutung des Sicherheitsbestandes.

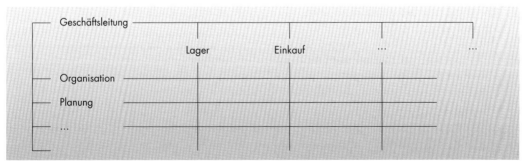

Abb. 2.39

18. Erklären Sie das Bestellpunktverfahren und das Bestellrhythmusverfahren.
19. Im August, September und Oktober ergibt sich für ein Teil ein Sekundärbedarf von 400, 500 und 600 Stück. Berücksichtigt werden müssen 10 % Zusatzbedarf. Der Lagerbestand beläuft sich insgesamt auf 1.000 Stück. Davon sind 200 Stücke reserviert und 100 Stück Mindestbestand. Aus Fertigungsaufträgen werden im September und Oktober jeweils 150 Stück erwartet, aus ausstehenden Bestellungen im August und September jeweils 80 Stück. Das Unternehmen bezieht die Teile einerseits fremd und fertigt sie andererseits selbst.
Berechnen Sie den Nettobedarf der einzelnen Monate.
20. Berechnen Sie aus unten stehenden Angaben
    a) die optimale Bestellmenge
    b) die Bestellhäufigkeit und
    c) in welchem Zeitabstand bestellt werden muss.
    Beschaffungspreis: 40 € pro Stück,
    Kosten je Bestellung: 150 €,
    mengenabhängige Lagerkosten: 8 €/Stück ,
    wertabhängige Lagerkosten: 10 %
    Die Planungsperiode beträgt 320 Tage. Der Gesamtbedarf beläuft sich in diesem Zeitraum auf 12.000 Stück.
21. Sie übernehmen für ihren Kollegen die Urlaubsvertretung im Lager. Zur Einarbeitung beschäftigen Sie sich mit Lagerkennzahlen. Sie suchen sich folgende Daten aus der Lagerkartei:
    Anfangsbestand im Mai: 500 Stück
    Monatsendbestand im Mai: 400 Stück
    Monatsendbestand im Juni: 450 Stück
    Monatsendbestand im Juli: 390 Stück
    Monatsendbestand im August: 360 Stück
    a) Wie hoch ist der durchschnittliche Lagerbestand?
    b) Wie oft wird das Lager umgeschlagen (Umschlagshäufigkeit, wenn sich der bisherige Verbrauch auf 2.520 Stück beläuft?
    c) Wie hoch ist der Sicherheitsbestand?
22. Beschreiben Sie die Aufgaben der Funktionsmanager und der Produktmanager in der abgebildeten Matrixorganisation.

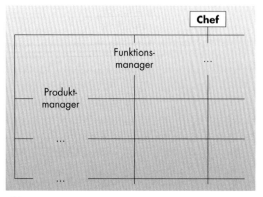

Abb. 2.40

LÖSUNGSVORSCHLÄGE

L1: Eine Stelle setzt sich aus Teilaufgaben zusammen, die vorher durch eine Analyse der Arbeitsvorgänge gewonnen und als logisch zusammenhängend erkannt wurden. Eine Stelle entsteht durch die Übertragung dieses „Aufgabenpaketes" auf einen Aufgabenträger.

L2: Die allgemeinen Gestaltungsprinzipien sind die Zentralisation und die Dezentralisation. Entsprechend der Vorgabe sind Kommunikationsverbindungen zu schaffen. Aufgabe, Kompetenz und Verantwortung müssen sich entsprechen. Die spezifischen Gestaltungsprinzipien ergeben sich aus der Analyse der Aufgabe und den sonstigen Merkmalen bzw. Besonderheiten. Zur Erfüllung spezieller Anforderungen müssen die Voraussetzungen geschaffen werden.

L3: Vorteile des Einliniensystems
Übersichtliche Betriebsstruktur, genaue Regelung der Anweisungsbefugnisse, straffe Führung, klares Verhältnis zwischen den Mitarbeitern und ihren Vorgesetzten, gute Kontrollmöglichkeiten, genaue Trennung der Aufgaben, Kompetenzen und Verantwortungsbereiche

Vorteile des Mehrliniensystems
Vorgesetzte sind Spezialisten, sachkundige Lösung der Führungsaufgaben, kurzer Instanzenweg, schnelle Informationswege, Entscheidungen sind relativ schnell möglich

Nachteile des Einliniensystems
Überforderung der Vorgesetzten durch zu viele Entscheidungen in den verschiedensten Gebieten, langer und schwerfälliger Instanzenweg, Entscheidungen werden nicht zeitnah getroffen, gute Eignung des Systems nur für Kleinbetriebe

Nachteile des Mehrliniensystems
Überschneidungen von Verantwortungsbereichen, unübersichtliche Organisation, Verunsicherung der Mitarbeiter auf Grund mehrerer gleichberechtigter Vorgesetzter, Konkurrenz zwischen den Fachabteilungen, Anweisungen müssen koordiniert werden

L4: Die Inhaber einer Stabsstelle dürfen weder etwas entscheiden noch Anordnungen treffen. Stabsstellen können auf allen Stufen der Unternehmensorganisation angebunden werden (z. B. Stabsstelle Controlling bei der Geschäftsführung oder Stabsstelle Marketing bei der Verkaufsabteilung). Von den Mitarbeitern werden in erster Linie fachspezifische Kenntnisse verlangt.

L5: Die Fertigungsprogrammplanung für einen längeren Zeitraum – manchmal sogar mittelfristig – ist nur sehr schwierig durchzuführen. Da der Kunde seine Wünsche äußert und bei Details mitbestimmt, kann meist nur eine Rahmenplanung gemacht werden.

L6: Durch die Organisationsform (z. B. Einliniensystem oder Matrixorganisation) werden die Aufgabenbereiche - und damit gleichzeitig die Kompetenzen und die Verantwortung - festgelegt. Der Dienstweg ist vorgegeben, wer mit wem zusammenarbeitet und die Informationswege. Werden dem Vorgesetzten nur sehr wenige Kompetenzen eingeräumt, kann er seine Aufgabe bezüglich der Führungsverantwortung nicht erfüllen. Wird er nur unzureichend informiert, ist es für ihn nicht möglich, Entscheidungen zu treffen, da ihm die Grundlage dazu fehlt.

L7: Da sich die Absatzwirtschaft mit dem Markt und dem Kunden beschäftigt, weiß sie am besten, welche Produkte nachgefragt werden.
Durch die Vielfalt der Kundenwünsche kann die Programmbreite und Programmtiefe derart zunehmen, dass die Wirtschaftlichkeit abnimmt.

L8:
a) Konstruktionszeichnungen, Stücklisten, Fertigungsaufträge
b) Kostenstelle, Betriebsmittel, Lohngruppe, Arbeitsgegenstand, Vorgabezeit usw.

L9: Arbeitsplätze ergonomisch einrichten, Arbeitsbedingungen verbessern, Arbeitsablauf optimieren, Gestaltung der Betriebsmittel verbessern, neue Arbeitsverfahren entwickeln

L10: Arbeitsplätze sollen ergonomisch gestaltet und Arbeitsmittel sicher und wirtschaftlich eingesetzt werden.
Die Arbeitsumgebung wird zum Beispiel hinsichtlich Lärm, Beleuchtung und Klima untersucht und verbessert.
Die Arbeitsorganisation soll für den Mitarbeiter so angenehm wie möglich sein, wozu die Arbeitszeit- und Pausenregelung zählt.

L11:
a) Vorteile: Es ist eindeutig geregelt, welche Entscheidungen gemeinsam getroffen werden müssen. Die übergeordnete Stelle schaltet sich nur ein, wenn die Funktionsträger sich nicht einig werden. Die Matrixorganisation zwingt zur Zusammenarbeit.
Nachteile: Es ist keine hierarchische Gliederung erkennbar. Sind die Beteiligten nicht zur Verständigung bereit, verzögern sich Entscheidungen und Weisungen oder kommen gar nicht zu Stande.
b) Muss das Lager auf Grund eines neuen Kunden umorganisiert werden, arbeitet die Organisationsabteilung mit der Lagerabteilung zusammen. Eventuell werden neue Lagerhilfsmittel ge-

braucht oder ein neues Formular/neuer Lieferschein, das/der den Anforderungen des Kunden entspricht.
Im Einkaufsbereich denkt man über eine neue Werbestrategie nach, plant einen Tag der offenen Tür für die Lieferanten oder möchte neue Lieferanten testen. Bei der Planung dieser Aktivitäten arbeiten Planungs- und Einkaufsabteilung zusammen.

L12:
a) Ergonomie ist die Lehre von der Anpassung der Arbeit an den Menschen. Sie beschäftigt sich mit den Erkenntnissen über den menschlichen Organismus, um zum Beispiel den Arbeitsplatz den menschlichen Erfordernissen anzupassen.
b) Die Aufgabe der Ergonomie ist zweigeteilt. Zum einen soll die Arbeit an den Menschen angepasst werden, was hauptsächlich durch die Gestaltung der Arbeit geschieht. Zum anderen wird aber auch der Mensch an die Arbeit angepasst. Dazu gehört die Personalauswahl, Einarbeitungsmöglichkeiten und Arbeitsunterweisungen.

L13: Arbeitsplatten und Sitzgelegenheiten müssen in der Höhe richtig eingestellt werden.
Einseitige Belastungen sind zu vermeiden.
Durch die Beleuchtung darf keine Blendung entstehen.
Die Anzeigeinstrumente sind so zu gestalten, dass sie den allgemeinen Richtlinien entsprechen.
Der Mitarbeiter soll zwischen stehender und sitzender Tätigkeit wechseln können.
Der maximale Greifraum des einzelnen Mitarbeiters muss beachtet werden.
Bei Bildschirmarbeitsplätzen ist auf den richtigen Sehabstand und die Höhe des Bildschirms zu achten.
Der Arbeitsplatz muss den sicherheitstechnischen Vorschriften entsprechen.
Usw.

L14: Dieser Aufwand führt auf jeden Fall zu weit. Die Absatzmengen sind nicht immer genau planbar, da Aufträge storniert werden oder Zusatzaufträge dazukommen. Für relativ billiges Material zahlt sich eine genaue Ermittlung nicht aus. Es ist günstiger, einfach ein paar Kilo oder Liter mehr auf Lager zu haben, als die Zeit eines qualifizierten Mitarbeiters mit der Bedarfsermittlung zu verschwenden. Bei den teuren Gütern ist es sinnvoll, den Bedarf genau zu ermitteln, da sie im Lager sehr viel Kapital binden.

L15:
Sekundärbedarf
+ Zusatzbedarf
= Bruttobedarf
− Lagerbestände
− Bestellbestände
+ Vormerkbestände
= Nettobedarf

L16:
Interne Faktoren: Geplante Investitionen, Anlagentechnik, Fluktuation, Fehlzeiten, geplante Absatzmenge, Auszubildende, Nachwuchskräfte usw.
Externe Faktoren: Kundenaufträge, gesetzliche Vorschriften, Konjunktur, Marktveränderungen, Konkurrenz usw.

L17: Der Sicherheitsbestand dient zur Überbrückung von unvorhergesehenen Fällen. Er ist für den normalen Betriebsablauf nicht notwendig. In der Lagerbuchhaltung wurde zum Beispiel ein Fehler bei der Eingabe gemacht, sodass der tatsächliche Bestand nicht mit dem Sollbestand übereinstimmt. Ein Lieferant liefert später als geplant. Ein Lieferant liefert versehentlich zu wenig oder in falscher Qualität.

L18: Beim Bestellpunktverfahren sind die Bestellzeitpunkte variabel und die Bestellmengen fix. Der Bestellpunkt kennzeichnet die Höhe des Lagerbestandes, bei der bestellt wird.
Das Bestellrhythmusverfahren fordert eine regelmäßige Überprüfung des Bestandes. Die Zeitpunkte dafür sind festgelegt. Da der Bestand dann jedes Mal auf einen festgelegten Höchstbestand aufgefüllt wird, ergeben sich variable Bestellmengen.

L19: Übersicht durch eine Tabelle schaffen:

	August	September	Oktober
Sekundärbedarf	400	500	600
+ 10% Zusatzbedarf	40	50	60
Bruttobedarf	440	550	660
− Zugänge aus Fertigung		150	150
− Zugänge aus Bestellungen	80	80	
Es wird noch benötigt	360	320	510
Auffüllen von der Lagerreserve*	360	320	20
= Nettobedarf	0	0	490

*Lagerbestand	1000
− Reservierung	200
− Mindestbestand	100
= Reserve	700

Auffüllen von der Lagerreserve: 700 − 360 − 320 = 20
Nettobedarf im Oktober: 510 − 20 = 490

L20:
a) Berechnung der mengenabhängigen Lagerkosten in Prozent:

mengenabhängige Lagerkosten =

$\frac{\text{Lagerkosten}}{\text{Warenwert}} \cdot 100 = \frac{8\,€}{40\,€} \cdot 100 = 20\%$

Berechnung der optimalen Bestellmenge

$\sqrt{\frac{200 \cdot 12.000 \cdot 150}{40 \cdot (20+10)}} = 547{,}72 \rightarrow 548$ Stück

b) Berechnung der Bestellhäufigkeit

$\frac{12.000\ \text{Stück}}{548} = 21{,}9 \rightarrow 22\text{-mal}$

Es wird 22-mal bestellt.

c) Berechnung der Bestellabstände

$\frac{320\ \text{Tage}}{22\ \text{mal}} = 14{,}55 \rightarrow 14$ oder 15

Es wird in 14- bzw. 15-tägigem Abstand bestellt.

L21:
a) (500+400+450+390+360) : 5 = 420 Stück
b) Jahresverbrauch : Durchschnittlicher Lagerbestand = 2.520 Stück : 420 Stück = 6-mal
c) Materialverbrauch : Monate = 2.520 Stück : 4 Monate = 630 Stück

oder

Durchschnittlicher Lagerbestand pro Monat · Umschlagshäufigkeit pro Monat
= 420 Stück · (6-mal : 4 Monate) = 630 Stück

L22: Funktionsmanager stehen an der Spitze der Linienorganisationen. Sie haben ein Anweisungsrecht.
Produktmanager (auch Objekt-Projektmanager genannt) koordinieren die Linienstellen auf ihr Produkt oder ihr Projekt.

2.3 Nutzen und Möglichkeiten der Organisationsentwicklung

2.3.1 Veränderungsprozesse in Gang setzen

2.3.1.1 Grundgedanken der Organisationsentwicklung

Wann ist Organisationsentwicklung notwendig?

Ohne regelmäßige Veränderung und Anpassung der Organisationsstrukturen und der internen Prozesse verliert ein Unternehmen den Anschluss am Markt und bleibt hinter der Konkurrenz zurück. Organisationsentwicklung kommt mit vielen Bereichen in Berührung und muss sich unterschiedlichsten Anforderungen stellen. Neue Technologien, internationale Märkte, weltweit agierende Kunden, immer komplexere Aufgabenstellungen, veränderte Denkweisen, der Wandel im Verhalten von Mitarbeitern sowie gesellschaftliche Problemstellungen zeigen ein weites Feld auf, in dem Veränderungen stattfinden.

Wandel von Kosten- und Prozessstrukturen

Da es auch sehr gefährlich sein kann, auf alle Veränderungen sofort zu reagieren, muss planmäßig vorgegangen werden. Die individuellen Verhaltensmuster, Einstellungen und Fähigkeiten der Mitarbeiter müssen sich in einem planmäßigen Wandel vollziehen.

> Bei Veränderungen ist es wichtig, die Stabilität zu erhalten und trotzdem dynamisch zu reagieren. Das Ziel ist eine „lernende Organisation", welche Effektivität und Humanität gleichermaßen verfolgt.

Mitarbeiter/innen werden eingebunden und ihr Potenzial genutzt. Ängste vor Neuerungen müssen genommen und Weiterbildungen und Qualifizierungsmöglichkeiten angeboten werden.

Über Aufbau- und Ablauforganisation wurde bereits weiter vorne gesprochen. Die Aufbauorganisation legt die Organisationseinheiten und ihre Beziehungen zueinander fest. Die Organisation wird dargestellt, z.B. in Form eines Organigramms, und dokumentiert, z.B. in Form von Stellenbeschreibungen. Die Ablauforganisation beschäftigt sich mit den Prozessen zwischen und innerhalb der Organisationseinheiten. Zuerst erfolgt eine Systemanalyse/eine Ist-Aufnahme, anschließend eine Systemgestaltung und zuletzt die Systemeinführung (Implementierung).

> Da es sich sowohl bei der Schaffung der Aufbauorganisation als auch bei der Ablauforganisation nicht um einmalige Vorgänge handelt, wird ein fortlaufender Prozess – die Organisationsentwicklung – in Gang gesetzt.

Weshalb ist es wichtig, Mitarbeiter miteinzubeziehen?

Wird diese Richtung weiter verfolgt, stößt man auf die „lernende Organisation". Eine **lernende Organisation** ist gekennzeichnet durch die Fähigkeiten jedes Einzelnen, seine persönlichen Ziele konsequent zu verfolgen (Personal Mastery). Des Weiteren müssen, um Veränderungen bewirken zu können, bestehende Annahmen – so genannte mentale Modelle – überdacht und kritisch hinterfragt werden. Zur lernenden Organisation gehört auch die „gemeinsame Vision", die von der Geschäftsleitung nach „unten" getragen und entwickelt werden muss, um von den Mitarbeitern akzeptiert zu werden. Weitere Punkte sind das Lernen im Team

– nicht der Einzelne lernt, sondern das Team – und das Systemdenken, womit eine übergreifende Betrachtungsweise von Ursachen, Wirkungen und Abhängigkeiten gemeint ist. Wissen wird beschafft, aktualisiert und weiter entwickelt dokumentiert und aufbereitet, für andere bereitgestellt oder direkt vermittelt, praktisch angewandt und am Ende des Kreislaufs gespeichert oder wieder vergessen. An diesem Punkt beginnt die Wissensverarbeitung von neuem.

Wie funktioniert Wissensverarbeitung?

Gelingt es einem Unternehmen nicht, sich der sich laufend verändernden Umwelt anzupassen und sich wirtschaftlich erfolgreich zu betätigen, spricht man von Adaptionsproblematik. Vor ein paar Jahrzehnten war es noch möglich, auf Grund der Daten der Vergangenheit die Zukunft in etwa vorherzusagen. Dazu ist auf Grund der Globalisierung, der immer schneller laufenden Entwicklung und der vielfältigen Konkurrenz kein Unternehmen mehr in der Lage. Man spricht von reaktivem Lernen, wenn zum Beispiel auf Veränderungen des Marktes durch die Einführung der neu entwickelten Technik reagiert wurde. Das Erneuerungslernen versuchte, bereits zu reagieren, bevor etwas eingetreten war. Mit Prozesslernen wird schließlich bezeichnet, wenn Mitarbeiter lernen zu lernen. Man ist auf dem Weg zur lernenden Organisation. Kennzeichen der Organisationsentwicklung sind:

Was kennzeichnet Organisationsentwicklung?

- Partizipation der Mitarbeiter an der Entscheidungsfindung,
- Führen durch Zielvereinbarung (Management bei Objectives) und kooperativer Führungsstil,
- Teamarbeit, Kommunikation und Koordination,
- permanente Personalentwicklung.

So wie ein planmäßiger Wandel der Einstellungen der Mitarbeiter stattfinden muss, ist dies auf der Ebene der Organisations- und Kommunikationsstrukturen zu vollziehen. Strukturelle Regelungen, wie zum Beispiel die Arbeitszeit, Lohnformen oder der Arbeitsablauf sind anzupassen.

Bezüglich der Arbeitszeit muss der Mittelweg gefunden werden zwischen langen Maschinenlaufzeiten, Verkürzung der individuellen Arbeitszeiten und auch kundenfreundlichen Geschäftsöffnungszeiten. Möglichkeiten dazu bieten Kombinationen aus festen und befristeten Arbeitsverhältnissen, Gleitzeit und Schichtarbeit, Arbeitszeitkonten oder Job-Sharing-Modellen. Durch den hohen Grad der Automatisierung findet der Akkordlohn immer weniger Anwendung. Stattdessen kann ein Prämiensystem eingeführt werden, das z. B. die Kriterien Qualität, Ausschuss, Rüstzeiten oder Stillstandszeiten berücksichtigt. Neue Maschinen fordern veränderte Arbeitsabläufe, durch die soziale Strukturen aufgelöst und neu gebildet werden. Die Selbstbestimmung der Mitarbeiter steigt, was eine verbesserte Kommunikation und Informationsweitergabe notwendig macht, um eine hohe Produktivität zu gewährleisten.

Welche Änderungen zieht Organisationsentwicklung nach sich?

2.3.1.2 Phasen des Organisationszyklus

Sollen Veränderungen in einem Unternehmen erfolgreich vollzogen werden, müssen die Mitarbeiter an der Planung und Durchführung beteiligt werden. Dabei sind Lernprozesse in Gang zu setzen, um die Mitarbeiter auch in Zukunft zu befähigen, Ausnahmen und Problemfälle selbstständig bearbeiten und lösen zu können. Eventuell kann auch ein externer oder interner Berater herangezogen werden.

Zu was müssen Mitarbeiter in der Lage sein?

Der Organisationszyklus läuft in folgenden Phasen ab, die sich ständig wiederholen:

Situationsanalyse
Es findet eine Beschreibung der Ist-Situation statt. Dabei werden die Ressourcen bezüglich Betriebsmittel, Personal und Finanzmittel erfasst. Die Problemstellung muss hier deutlich werden.

Organisationsanalyse
Die gesamte Organisation mit allen Untergliederungen, Verbindungen, eingeschliffenen Verhaltensweisen und sozialen Systemen wird ebenso festgehalten wie die unterschiedlichen Blickrichtungen auf die Problemstellung.

Zielformulierung
Aus den vorher ablaufenden Phasen ergibt sich die grobe Zielplanung, da etwas neu zugeordnet, neu strukturiert oder umorganisiert werden muss. Schließlich soll das Problem gelöst werden.

Lösungsalternativen/Lösungsversuche
Auf Grund der Ressourcen und der verschiedenen Anschauungen werden mehrere Lösungsmöglichkeiten entwickelt und von den Teilnehmern präsentiert.

Bewertung
Zur Bewertung werden Kriterien festgesetzt, wie zum Beispiel Kosten, Zeit, Arbeitsaufwand, Zahl der zu beteiligenden Personen und andere. Es kann auch die Wertanalyse oder Nutzwertanalyse herangezogen werden. Die sich daraus ergebende beste Lösung wird zur Realisierung freigegeben.

Realisierung
Es muss ein ständiger Soll-Ist-Vergleich stattfinden, um Abweichungen sofort zu erkennen und regulierend eingreifen zu können. Die Beschreibung der aktuellen Situation zeigt, ob die Ziele erreicht werden oder der Kreislauf bezüglich eines neuen Problems wieder von vorne begonnen werden muss.

In der Literatur findet man auch noch andere Gliederungen der Phasen des Organisationszyklus, wobei der grundsätzliche Ablauf sich nicht verändert. Ein Beispiel soll hierzu kurz beschrieben werden.

Initiierung
Von Seiten der Geschäftsleitung oder aus einzelnen Abteilungen kann ein Organisationsprozess angestoßen werden. Die Idee dazu kann auch von außen stammen, zum Beispiel von einem Kunden, einem Lieferanten oder der Konkurrenz.

Grobplanung
Das System wird analysiert und die neuen Anforderungen festgelegt. Aus mehreren bewerteten Alternativen kristallisiert sich die für den jetzigen Zeitpunkt optimale Lösung heraus.

Systemplanung
Geplant werden Kosten, Termine, Betriebsmittel, Mitarbeiter und die Verteilung der Aufgaben. Außerdem muss – je nach Komplexität der Veränderung – festgelegt werden, ob eine sofortige Umsetzung erfolgt oder in Stufen oder vorerst nur zur Probe.

Systemrealisierung
Hier beginnt die Umsetzung in die Praxis. Fehlende Organisations- und Betriebsmittel müssen noch beschafft und Mitarbeiter eingewiesen werden. Man spricht auch von Implementierung.

Systemeinführung
Das neue System wird im betrieblichen Ablauf eingesetzt. Die Belegschaft muss darüber vorher informiert worden sein, die Schulungen sind abgeschlossen und alle betroffenen Abteilungen waren beteiligt. Die letzten Mängel sind zu beseitigen.

Systemüberprüfung
Nach Beendigung der Anlaufphase erfolgt ein ständiger Soll-Ist-Vergleich, um die Ordnungsmäßigkeit zu kontrollieren. Bei Abweichungen wird korrigierend eingegriffen.

2.3.1.3 Alternative Vorgehensweisen der Organisationsentwicklung
Hinsichtlich der Vorgehensweisen haben sich eine Reihe von Methoden ausgeprägt, die nachfolgend kurz zusammengestellt und charakterisiert werden.

Top-down-Strategie
Die Organisation ändert sich ausgehend von der Spitze der Hierarchie. Alle darunter liegenden Ebenen orientieren sich an der Richtung, die von oben vorgegeben wird und entwickeln auf dieser Grundlage ihre Planungen.

Man spricht von einem *retrograden Verfahren*, da die schrittweise Durchsetzung von oben nach unten erfolgt.

Bottom-up-Strategie
Veränderungen beginnen an der Basis und pflanzen sich dann bis zur Spitze der Hierarchie fort. Die oberen Hierarchieebenen schaffen aus den Detailplanungen einen integrierten Gesamtplan.

Man bezeichnet dies als *progressives Verfahren*.

Center-out-Strategie
Man findet hier auch den Begriff der *zweiseitigen Strategie*, da als Ausgangspunkt der mittlere Führungsbereich fungiert.

Die Veränderungsprozesse wirken nach oben und nach unten. Meist gehen die Optimierungsvorgänge hier von den Kernprozessen aus, womit die Wertschöpfungskette des Unternehmens gemeint ist.

Multiple-nucleus-Strategie
Bei dieser – auch *Flecken-Strategie* genannten – Vorgehensweise werden die Veränderungsprozesse in möglichst vielen Bereichen und auf verschiedenen Ebenen in Gang gesetzt.

Ein Problem könnte hier in der Koordination liegen, die auf den ersten Blick eine Gesamtstrategie unmöglich macht. Von Vorteil ist allerdings die sich entwickelnde Vielfalt und die Vielzahl der gleichzeitig eingebundenen Mitarbeiter.

Man kann hier ebenfalls von den Kernprozessen ausgehen oder zuerst damit zusammenhängende Dienstleistungsprozesse ändern.

Methode vertikaler Schnitte
Da größere Veränderungen immer die Gefahr in sich bergen, dass sowohl Führungskräfte als auch Mitarbeiter Widerstand leisten, verändert man nicht gleich die gesamte Organisation.

Man testet zuerst auf einem in sich abgeschlossenen Teilbereich, der aber durchgängig zusammenhängt, also einen vertikalen Schnitt von oben nach unten darstellt. Bereiche werden für diesen Zweck reduziert, abgetrennt oder zusammengeführt.

Zukunftswerkstatt
Zur Initiierung von Organisationsentwicklungsprozessen findet man auch die Methode der Zukunftswerkstatt. Damit ist gemeint, dass sich Teilnehmer, die verschiedenen Interessengruppen innerhalb des Betriebs angehören und die von einer Veränderung betroffen sind, zu einem Workshop treffen. Die Dauer kann zwischen einem Tag und einer Woche liegen.

Die Mitarbeiter versuchen durch Kooperation und Kreativität die anstehenden Probleme zu lösen. Zuerst wird die Situation beschrieben und die Probleme werden konkretisiert. Im nächsten Schritt entwickeln die Teilnehmer Zukunftsvisionen unter der Annahme, dass alle Ressourcen unbegrenzt zur Verfügung stehen. Häufig geschieht dies unter Einsatz vom Brainstorming oder anderen Kreativitätstechniken. Schließlich werden die Ideen ausgesucht, die umsetzbar sind. Es erfolgt eine Maßnahmenplanung und die Verteilung der Aufträge an die Mitarbeiter.

Gleichzeitig wird alles in einem Pflichtenheft festgehalten.

2.3.1.4 Erfolgs- und Misserfolgsfaktoren des organisatorischen Wandels

Was zählt zu den Erfolgsfaktoren?

Die Optimierung des organisatorischen Wandels durch Organisationsentwicklung muss die Erfolgsfaktoren analysieren, z. B. die klare Vision, die konkrete Zielvorgabe, das Problemverständnis und den integrativen Ansatz.

 Die Mitarbeiter/innen müssen erkennen, was es zu erreichen gilt (Vision, Blick für das Ganze).

Zielformulierung: Inhalt, Ausmaß, Zeit

Dazu ist das Ziel bezüglich Inhalt, Ausmaß und Zeit genau vorzugeben. Es muss Verständnis dafür geweckt werden, welche Probleme aktuell auftreten und welche im Laufe der Veränderung noch hinzukommen können und zu lösen sind. Eine offene Informationspolitik erreicht, dass sich der Mitarbeiter eingebunden fühlt. Nur so wird er versuchen, seinen Teil dazu beizutragen, in seinem Wirkungsbereich die Optimierung voranzutreiben (Teiloptimierungsversuche) und in Kooperation mit Kollegen das integrative/ganzheitliche Konzept zu verstehen und zu realisieren. Nur wenn sich die gesamte Organisation ändert, wird sich der gewünschte Erfolg einstellen.

Welche Misserfolgsfaktoren können auftreten?

Gleichzeitig ist es wichtig, die Misserfolgsfaktoren zu kennen. Herrscht nur eine unklare Vision der zukünftigen Planungen und Veränderungen, kann es durch Missverständnisse zu Konflikten kommen. Vorgesetzte fürchten, dass sie durch die Veränderungsprozesse an Einfluss und Überblick verlieren. Fehlt sowohl bei ihnen als auch bei den Mitarbeitern das Verständnis für die existierenden Probleme, wird es nicht möglich sein, einen vernünftigen organisatorischen Wandel zu vollziehen. Auch ist es nicht sinnvoll, nur kleine Teilbereiche zu verbessern, da diese von der Qualität des Ganzen abhängen. Ein optimierter Teilbereich kann sich nicht entfalten, wenn es die Umgebung nicht zulässt.

Beispiele für Fehler

Einige Fehler, die man häufig antrifft, sind: Wünsche des Kunden werden nicht berücksichtigt, das Unternehmen wird nicht vom Markt aus gesteuert, der Kundenkontakt beschränkt sich auf die Vertriebsabteilung, es wird keine kundenorientierte Unternehmenskultur angestrebt, die Geschäftsleitung trägt ihre Ideen nicht zur Belegschaft, es fehlen konkrete Zielvorgaben, die Zeitplanung erfolgt unrealistisch, der Informationsfluss ist ungenügend, Mitarbeiter partizipieren nicht am Entscheidungsprozess usw.

2.3.2 Organisationsentwicklung in Tätigkeitsfeldern betrieblicher Abläufe

Die Entwicklung der Organisation wirkt sich aus auf die Prozessgestaltung und die Funktionsausübung. Sowohl der zeitliche als auch der räumliche Ablauf sind davon betroffen. Die Aufbau- und die Ablauforganisation werden in allen Teilen und Elementen von der Veränderung berührt. Alle Arbeitsplätze und Bereiche sind zu untersuchen und bei Bedarf neu zu gestalten. Die Arbeitsabläufe müssen zu diesem Zweck erfasst und dargestellt und die Arbeitspapiere analysiert werden.

Zeitlich und räumlich

Aufbau- und Ablauforganisation

2.3.2.1 Darstellung von Arbeitsabläufen

Arbeitsabläufe können verbal, in Bildern oder in Symbolen dargestellt werden. Die verbale Form beschreibt etwas mit Worten (zum Beispiel eine Unterweisung über das Verhalten in einem Notfall). Bei Bildern ordnet man Modelle zu (räumliche Darstellung) oder Fotos. Symbole verwendet man bei Ablaufdiagrammen oder Netzplänen. Häufig findet man auch Mischformen der Darstellungsmöglichkeiten. Im Folgenden werden die wesentlichen Darstellungsformen vorgestellt.

Flussdiagramm/Programmablaufplan

Ein Programmablaufplan wird als Mittel zur Gestaltung von Abläufen eingesetzt. Man findet dafür auch die Bezeichnung Flussdiagramm. Die zu verwendenden Symbole sind genormt (siehe Abb 2.41a). Der Aufbau läuft von oben nach unten bzw. von links nach rechts. Mit Pfeilspitzen wird eine veränderte Richtung angezeigt (vgl. Abb. 2.41b). Ein Datenflussplan dokumentiert die in das System eingespeisten Daten, die an den Arbeitsabläufen beteiligten Stellen, die verwendeten Datenträger und Programme und die Ergebnisse.

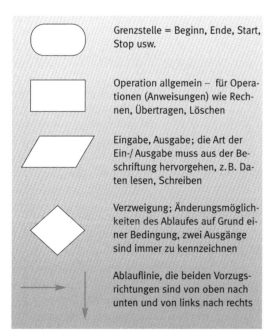

Abb. 2.41a: Symbole für das Flussdiagramm

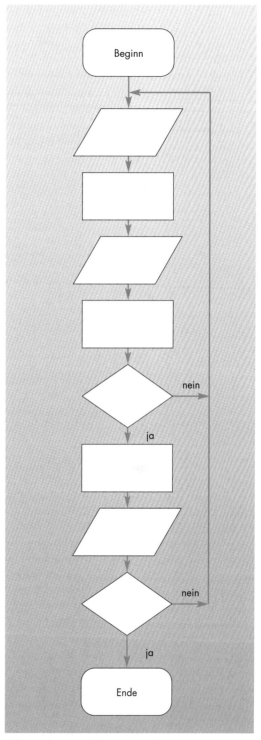

Abb. 2.41b: Beispiel für ein Flussdiagramm

Arbeitsablaufdiagramme

Arbeitsabläufe können tabellarisch oder symbolisch dargestellt werden. Man unterscheidet

Welche zwei Ausprägungen können Ablaufdiagramme haben?

- stellenorientierte Ablaufdiagramme, bei denen den einzelnen Arbeitsgängen die ausführenden Stellen zugeordnet sind, und
- verrichtungsorientierte Ablaufdiagramme, bei denen die Arbeitsgänge durch Symbole den Verrichtungen zugeteilt werden.

Beispiel für eine tabellarisch verbale Ablaufdarstellung

Nr.	Tätigkeit: Warenannahme	Menge	Zeit	Unterbrechung	Bemerkungen
1	Lagermeister überprüft Lieferscheine	2	5 Min.		Hilfsmittel: Bestellscheine
2	Lagermeister zählt Kartons	200	10 Min.		Auf Beschädigung achten
3					
4					
...					

Aufgenommen von

Datum   Unterschrift

Beispiel für ein Blockdiagramm als Ablaufdiagramm

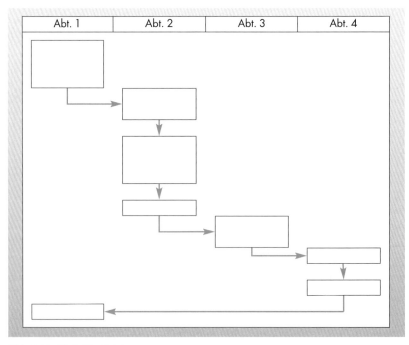

Abb. 2.42: Blockdiagramm

Beispiel für ein verrichtungsorientiertes Ablaufdiagramm mit Funktionssymbolen

Funktionssymbole erhöhen die Übersichtlichkeit der Arbeitsfolgen. Es muss ihnen der entsprechende Arbeitsgang zugeordnet werden. Der Kreis symbolisiert zum Beispiel eine Bearbeitung, der Pfeil steht für Transport, das Quadrat für Kontrolle usw. Die Definition kann unternehmensspezifisch erfolgen.

Nr. der Tätigkeit	Tätigkeit	Symbol	Bemerkung
1		○⇨ □D▽	
2		○⇨ □D▽	
3		○⇨ □D▽	
4		○⇨ □D▽	
5		○⇨ □D▽	
6		○⇨ □D▽	
7		○⇨ □D▽	
8		○⇨ □D▽	

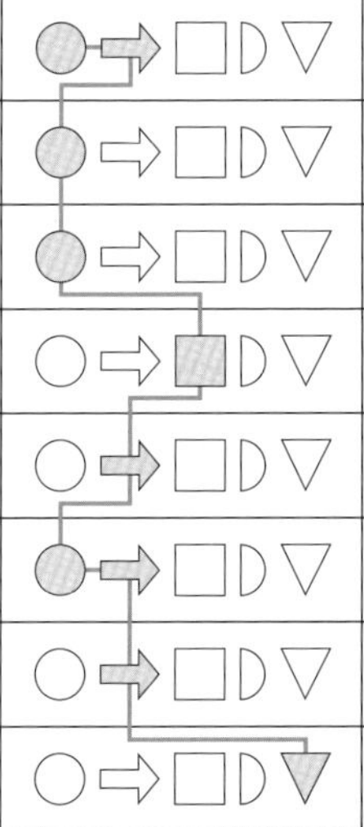

Abb. 2.43: Diagrammbeispiel

Beispiel für ein Stellenorientiertes Ablaufdiagramm

Den einzelnen Arbeitsgängen werden die ausführenden Stellen zugeordnet.

Lfd. Nr.	Arbeitsgang	Abt. 1	Abt. 2	Abt. 3
01	Vorgang 1	●		
02	Vorgang 2		●	
03	Vorgang 3		●	
04	Vorgang 4			●
05	Vorgang 5			●
06	Vorgang 6			●

Abb. 2.44: Grundstruktur des stellenorientierten Ablaufdiagramms

Balkendiagramm

Typische Anwendungen: Schichtplanung, Maschinenbelegung

Ein Balkendiagramm zeigt optisch an, welcher Vorgang oder welche Tätigkeit wann beginnen und enden soll. Häufige Einsatzgebiete sind die Urlaubs- und Schichtplanung oder die Maschinen- und Raumbelegung im regulären Arbeitsprozess, aber auch in der Projektplanung findet es Einsatz. Es ist ein zeitorientiertes Verfahren. Eine einfache Vorform ist zum Beispiel der einfache Schichtplan in folgendem Beispiel:

Beispiel: Schichtplan

Schichtplan: 35. Kalenderwoche 2002   Abteilung: MB & MS

	Montag	Dienstag	Mittwoch	Donnerstag	Freitag
Lukas Müller	Früh	Früh	Normal	Normal	Normal
Udo Thaler	Spät	Spät	Spät	Spät	Spät
Fritz Bildus	Normal	Spät	Spät	Spät	Normal
Max Dreistein	Normal	Normal	Früh	Früh	Früh
Tom Dinkel	Spät	Normal	Normal	Normal	Spät

In der Praxis bleiben die Wochentage auf Dauer fest und die Mitarbeiter auf längere Zeit. Der Plan kann z. B. auf einer Magnettafel oder mit Steckkärtchen realisiert werden. Für die Früh-, Normal- und Spätschicht steht dann eine entsprechend abgezählte Anzahl Kärtchen bereit.

Vorteile: einfach, leicht verständlich

Das Balkendiagramm zeichnet sich durch seine Einfachheit und leichte Verständlichkeit aus. Es wird als rechteckiges Koordinatensystem aufgebaut, in dem die Abszisse (x-Achse) als Zeitmaßstab und die Ordinate (y-Achse) für die Aufzeichnung der Vorgänge oder Stellen in abgestimmter Reihenfolge dienen. Der Zeitverbrauch der einzelnen Arbeitsgänge wird durch die Länge der Balken ausgewiesen. Dadurch kann man die Dauer des Gesamtprojekts und den geplanten Fertigstellungstermin ablesen. Teilaufgaben, die gleichzeitig ausgeführt werden können, werden durch parallel verlaufende Balken gezeigt. Ein Soll-Ist-Vergleich ist jederzeit möglich. Der Nachteil eines Balkendiagramms besteht darin, dass keine Aussage über Abhängigkeiten und Zeitreserven gemacht werden kann. Auch eine Kostenplanung ist nicht möglich.

Elemente des Balkendiagramms sind
- Vorgangsliste,
- horizontale Zeitachse für Zeiteinheiten (Minuten, Stunden, Tage, Wochen, Monate, Jahre),
- ein Balken pro Vorgang, dessen Länge die Dauer und dessen Lage zur Zeitachse die Lage des Vorgangs im Gesamtablauf angibt.

Der einfache Schichtplan im obigen Beispiel weist alle diese Merkmale auf, wobei die Länge der Zeiteinheiten (hier der Schichten) jedoch nicht berücksichtigt wurde. Im Folgenden bilden wir ein umfassenderes Beispiel.

Projekt: .... Vorgangsliste

Nummer	Vorgangsbezeichnung	Dauer in Tagen	Unmittelbarer Vorgänger
1	Einführung	5	—
2	Vorgang 1	2	Einführung
3	Vorgang 2	6	1
4	Vorgang 3	1	2
5	Vorgang 4	4	3
6	Abschluss	2	4

Umsetzung ins Balkendiagramm

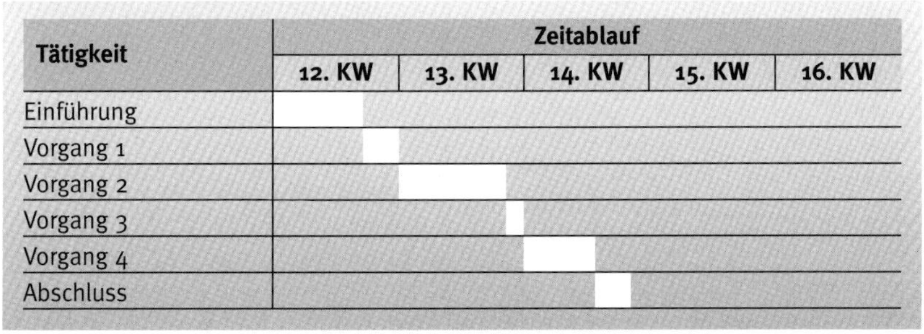

Tätigkeit	Zeitablauf				
	12. KW	13. KW	14. KW	15. KW	16. KW
Einführung					
Vorgang 1					
Vorgang 2					
Vorgang 3					
Vorgang 4					
Abschluss					

Abb. 2.45

Netzplan

Die Netzplantechnik ist ein Verfahren zur Planung, Steuerung und Kontrolle von komplexen Projekten. Der Netzplan bietet die Möglichkeit einer sowohl zeit- als auch funktionsorientierten Darstellung. Er zeigt die einzelnen Tätigkeiten in ihrer Abfolge und in ihren gegenseitigen Abhängigkeiten.

Typische Anwendung: Planung, Steuerung und Kontrolle komplexerer Projekte

Die Netzplantechnik umfasst:
- Erfassung von Daten: Vorgangsliste, Vorgangsdauer, zur Verfügung stehende Betriebsmittel, Termine, Kopplung an andere Projekte usw.
- Strukturanalyse: Feststellen von Anordnungsbeziehungen, denen Beginn oder Ende verschiedener Vorgänge unterliegen.
- Zeitanalyse: Es handelt sich hier um die Auswertung der Strukturanalyse. Es werden Zeitpunkte berechnet, zu denen Kontrollereignisse stattfinden und Vorgänge beginnen oder abgeschlossen sein können/müssen.
- Kapazitätsanalyse: Es kann sich hier nur um eine Beschreibung der Auslastung handeln oder auch um eine optimierende Reihenfolgeplanung bei beschränkten Ressourcen.
- Kostenanalyse: Ebenso wie bei der Kapazitätsanalyse kann der Kostennachweis beschreibend erfolgen. Es ist jedoch auch möglich, eine die Kosten berücksichtigende Planung durchzuführen.

Elemente der Netzplantechnik

Die Netzpläne wurden u.a. entwickelt, da es in der Praxis häufig nicht auf den kontinuierlichen Ablauf ankommt, sondern auf die Einhaltung von Anfangs- und Endterminen.

In den DIN-Normen zur Netzplantechnik findet man im Teil 1 „Begriffe" und im Teil 2 „Darstellungsarten". Erläutert werden u. a. „Formen der Netzplantechnik", „Ablaufelemente" oder „Grafische Darstellung". Drei Methoden der Netzplantechnik sind in der Praxis hauptsächlich zu finden:

Netzplanvarianten

- CPM (Critical Path Methode): Vorgänge werden Pfeilen und Ereignisse Knoten zugeordnet.
- MPM (Metra Potential Methode): Vorgänge werden Knoten zugeordnet, Pfeile stellen Anordnungsbeziehungen dar.
- PERT (Program Evaluation and Review Technique): Ereignisse werden Knoten zugeordnet, Pfeile sind Geschehnisse zwischen den Ereignissen.

Begriff des Vorgangs

Vorgänge sind dabei nicht mehr weiter zerlegbare Geschehen mit definiertem Anfang und Ende, die Zeit und Betriebsmittel beanspruchen. Ereignisse sind definierte Zustände im Projektablauf. Liegt der Schwerpunkt der Planung oder Kontrolle auf Vorgängen, handelt es sich um einen vorgangsorientierten Netzplan. Der ereignisorientierte Netzplan hat seine Schwerpunkte auf den Ereignissen.

sequenzielle und parallele Aktivitäten

Mit einem Netzplan werden verschiedene Ziele verfolgt:
- Strukturierter Überblick über das zu planende Objekt,
- Abbildung der aufeinander folgenden Vorgänge,
- Zeitangaben für alle Arbeitsteile,
- Überblick über die zeitlichen Abhängigkeiten,
- Ermittlung des längsten zeitaufwändigsten Weges,
- Voraussehbarkeit von Störungen, die das Projekt zeitlich gefährden und
- Möglichkeit zur Einleitung rechtzeitiger Gegenmaßnahmen

Von den drei genannten Methoden der Netzplantechnik ist die am einfachsten zu überschauende Vorgehensweise die Vorgangsknotentechnik MPM (Metra Potential Methode). Diese soll hier näher erläutert werden.

Exemplarische Erläuterung der Vorgangsknotentechnik MPM

Im nachfolgenden Beispiel werden diese Abkürzungen und Formeln verwendet:

FAZ = frühester Anfangszeitpunkt
FEZ = frühester Endzeitpunkt
SAZ = spätester Anfangszeitpunkt
SEZ = spätester Endzeitpunkt
GPZ = Gesamtpufferzeit
FPZ = freie Pufferzeit

FAZ + Dauer = FEZ
SEZ − Dauer = SAZ
GPZ = SAZ − FAZ oder SEZ − FEZ
FPZ = FAZ (Nachfolger) − FEZ (Vorgänger)

Vorwärts- und Rückwärtsrechnung

FAZ und FEZ werden in der Vorwärtsrechnung ermittelt, SEZ und SAZ in der Rückwärtsrechnung.

Beispiel: Erstellung eines Netzplans

Dieses Beispiel erläutert Schritt für Schritt die Erstellung eines Netzplans. Das bedeutet, dass nicht gleich von Anfang an mit allen Bezeichnungen gearbeitet wird.

Ein bestimmtes Projekt soll durchgeführt werden. Die hierfür nötigen Vorgänge werden in einer Vorgangsliste festgehalten. Die Dauer der Vorgänge wird notiert. Bei jedem Vorgang gibt man an, welche anderen Vorgänge ihm unmittelbar vorausgehen (von welchen Vorgängen er unmittelbar abhängig ist).

Bezeichnung	Art	Dauer in Tagen	vorausgehender Vorgang
A	Aufstellen und Rüsten der Maschinen	25	–
B	...	8	–
C	...	5	B
D		9	A
E		21	A
F		9	C, D
G		6	E, F
H		15	A
I		2	G
J		1	H, I
K		2	J

Erstellung des Netzplans:

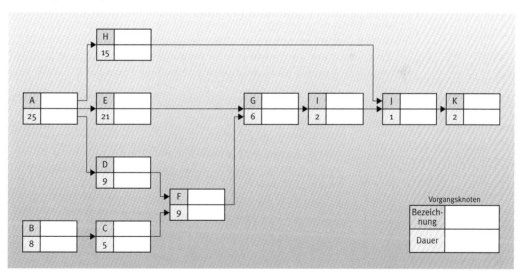

Abb. 2.46

Vorwärtsrechnung:
Berechnung der frühesten Anfangszeitpunkte (FAZ) und Endzeitpunkte (FEZ):
FAZ + Dauer = FEZ

Netzplan mit Eintrag der Termine/Angaben zur Vorgangsdauer:

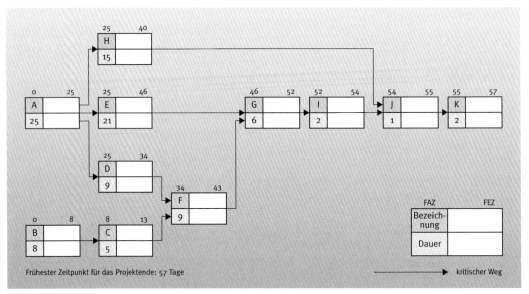

Abb. 2.47

Frühester Zeitpunkt für das Projektende: 57 Tage   kritischer Weg

Als kritischen Weg bezeichnet man die Vorgänge, die dem längsten Weg vom ersten bis zum letzten Vorgangsknoten entsprechen. Verzögert sich auch nur einer dieser Vorgänge, so verzögert sich damit der Endtermin des gesamten Projektes. Man muss versuchen, an diesen Stellen nach Problemlösungen zu suchen wie Überstunden oder Fremdvergabe. In der Praxis hat sich gezeigt, dass im Durchschnitt ungefähr 20 % aller Vorgänge kritisch sind. Auf diese Schwachstellen muss besonderes Augenmerk gerichtet werden.

Rückwärtsrechnung:
Es müssen nicht alle Vorgänge schon am frühestmöglichen Termin begonnen werden. Dies gilt nur für die Vorgänge auf dem kritischen Weg. Man sollte deshalb feststellen, wann die nicht kritischen Vorgänge spätestens begonnen und wann sie spätestens beendet sein müssen, um das Projekt nicht zu gefährden. Möglicherweise können durch leichte Verschiebungen Kapazitäten besser ausgenutzt werden.

Berechnung der spätesten Anfangszeitpunkte (SAZ) und Endzeitpunkte (SEZ):
SAZ = SEZ – Dauer

Kritischer Weg   Das Projekt soll zum Termin 57 fertig sein. Da der letzte Vorgang 2 Tage dauert, müssen alle vorausgehenden Vorgänge spätestens am Termin 55 erledigt sein, entsprechend alle dem Vorgang J vorausgehenden Vorgänge am Termin 54, alle vor I am Termin 52, alle vor G am Termin 46, alle vor F am Termin 37, alle vor C am Termin 32, alle vor D, E und H am Termin 25.

Der Netzplan ergibt nun folgendes Bild:

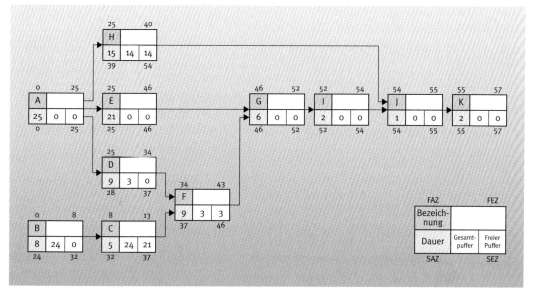

Abb. 2.48

Bei den Vorgängen B, C, D, F und H stimmen die frühesten Anfangszeitpunkte mit den spätesten Anfangszeitpunkten nicht überein. Diese Vorgänge müssen also nicht zwingend an ihrem frühesten Termin begonnen werden. Der Netzplan enthält daher so genannte Pufferzeiten.

Vorgang B kann zum Beispiel auch am Termin 24 beginnen; dadurch ergibt sich ein Puffer von 24 Tagen. Wird der Vorgang B an seinem spätesten Anfangszeitpunkt begonnen, dann ist dieser Vorgang am Termin 32 erledigt. Der Beginn des Vorgangs C verzögert sich entsprechend; sein Puffer fällt damit weg. Das bedeutet, dass die Pufferzeit von 24 Tagen für die Vorgänge B und C insgesamt gilt. Deshalb wird diese Zeitreserve als Gesamtpuffer bezeichnet.

Berechnung des Gesamtpuffers:
Gesamtpuffer = SAZ – FAZ oder SEZ – FEZ
Man vergleiche nun den frühesten Endzeitpunkt des Vorgangs C mit dem frühesten Anfangszeitpunkt des Vorgangs F: Der FEZ von C liegt um 21 Tage vor dem FAZ von F. Hierbei handelt es sich um einen freien Puffer.

Berechnung eines freien Puffers:
Freier Puffer C = FAZ von F – FEZ von C
Ein Vorgang hat einen freien Puffer, wenn sein frühester Endzeitpunkt kleiner ist als der früheste Anfangszeitpunkt des Nachfolgers.

2.3.2.2 *Analyse der Arbeitspapiere*

Da es auch in Zeiten weit reichender Computernutzung noch nicht möglich ist, gänzlich ohne Papier auszukommen, findet man weiterhin Organisationsmittel aus Papier, die einen Arbeitsgegenstand oder einem Arbeitsvorgang begleiten. Erst später werden die schriftlichen Aufzeichnungen per EDV erfasst und ausgewertet. Die Unterlagen werden nach den unternehmensspezifischen Anforderungen erstellt. Im Folgenden sind Beispiele dargestellt, wie derartige Papiere aussehen könnten.

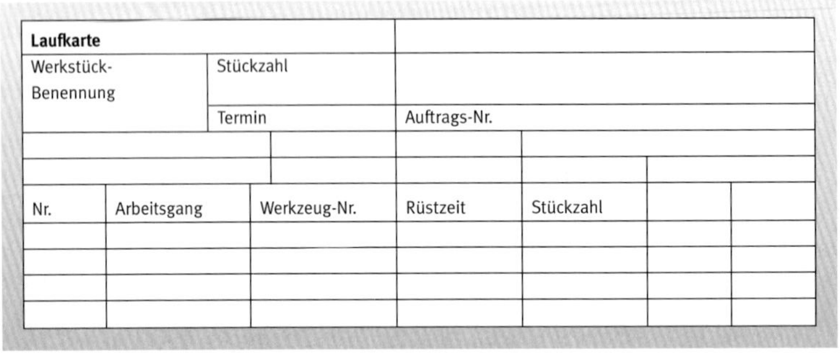
Laufkarte
Werkstück-Benennung
Stückzahl
Termin
Auftrags-Nr.
Nr.
Arbeitsgang
Werkzeug-Nr.
Rüstzeit
Stückzahl

Abb. 2.49: Laufkarte (Werkstückbegleitpapier, Werkstattauftrag). Sie stellt einen mit den Auftragsdaten versehenen Arbeitsplan dar. Zu jedem Zeitpunkt im Fertigungsprozess ist damit der aktuelle Bearbeitungsstand daraus ersichtlich (Anwendung bei der Einzel- und Kleinserienfertigung).

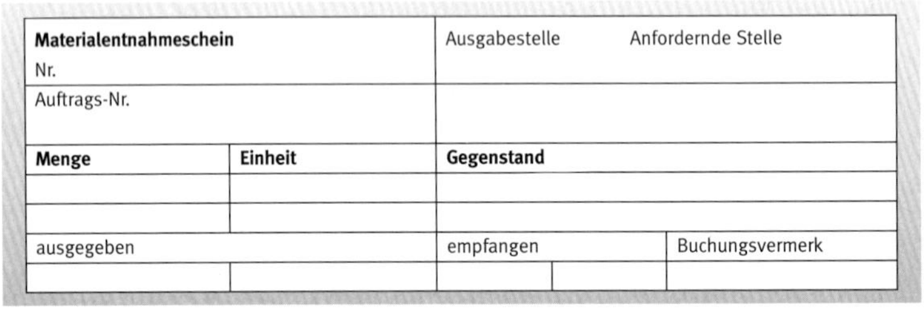
Materialentnahmeschein
Nr.
Auftrags-Nr.
Ausgabestelle
Anfordernde Stelle
Menge
Einheit
Gegenstand
ausgegeben
empfangen
Buchungsvermerk

Abb. 2.50: Materialentnahmeschein: Keine Ware und kein Rohstoff sollte ohne Beleg das Lager verlassen. Der Materialentnahmeschein bezeichnet die Art und Menge des Gutes. Auf seiner Grundlage erfolgt die Buchhaltung.

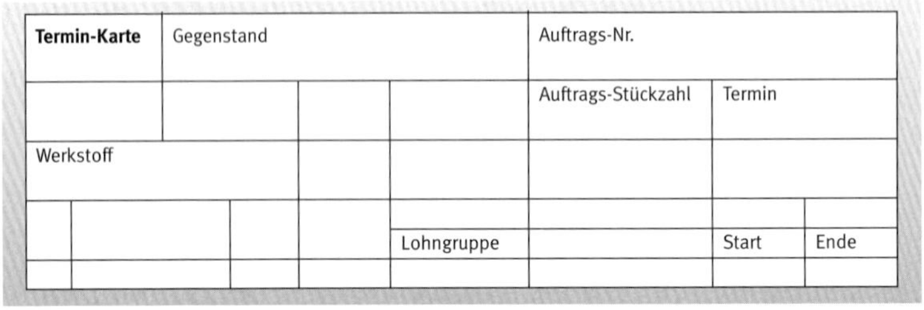
Termin-Karte
Gegenstand
Auftrags-Nr.
Auftrags-Stückzahl
Termin
Werkstoff
Lohngruppe
Start
Ende

Abb. 2.51: Terminkarte: Hier werden die Start- und Endtermine der einzelnen Arbeitsgänge festgehalten. Man findet darauf sowohl die Soll- als auch die Ist-Zeiten. Die Terminkarte dient der Überwachung des Arbeitsfortschritts.

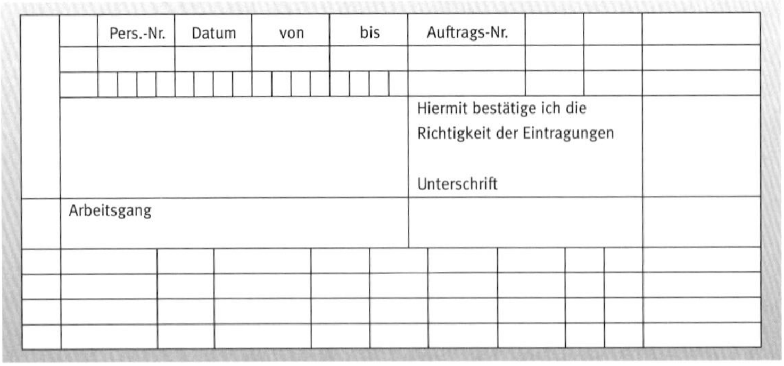
Pers.-Nr.
Datum
von
bis
Auftrags-Nr.
Hiermit bestätige ich die Richtigkeit der Eintragungen
Unterschrift
Arbeitsgang

Abb. 2.52: Lohnschein: Der Lohnschein enthält die einzelnen Arbeitsgänge. Zugleich stellt er die Arbeitsanweisung für den Mitarbeiter dar.

Aufgaben zu Abschnitt 2.3

1. Erläutern Sie Zweck und Aufbau eines Arbeitsplans.
2. Erhält ein Mitarbeiter einen Auftrag, benötigt er vielfältige Informationen. Er muss zum Beispiel wissen, welche Maschinen und Werkzeuge er braucht, welchen Werkstoff er wählen muss, die festgelegten Zeitvorgaben – und die Lohngruppe – interessiert ihn bestimmt auch.
Woher erhält der Mitarbeiter diese Informationen bzw. wo könnte er nachschauen?
3. Beschreiben Sie drei Veränderungsprozesse in der Gesellschaft bzw. im wirtschaftlichen Geschehen, die Unternehmen zur Organisationsentwicklung veranlassen.
4. Beschreiben Sie vier Möglichkeiten, Anregungen für Optimierungsprozesse im Unternehmen von außen zu bekommen.
5. Beschreiben Sie drei Ziele, die mit den Gestaltungsaufgaben in einem Unternehmen verfolgt werden können.
6. Erläutern Sie, worauf bei der Gestaltung von Anzeigegeräten geachtet werden muss.
7. Beschreiben Sie Kriterien, die bei der Beleuchtung eines Arbeitsplatzes zu beachten sind.
8. Sie werden beauftragt, die nächste Urlaubsplanung vorzunehmen. Ihre Mitarbeiter haben folgende Terminwünsche geäußert:

Gruppenleiter Anton	34. bis 37. Woche
Abteilungsleiter Bertold	37. bis 40. Woche
Sachbearbeiterin Cyprius	34. bis 37. Woche
Sachbearbeiter Damian	35. bis 38. Woche
Sachbearbeiterin Egbert	37. bis 40. Woche
Sachbearbeiter Franz	38. bis 39. Woche

(jeweils bis einschl. der letzten Woche)

Zur Aufrechterhaltung des Betriebes sollen Sie einen Urlaubsplan (eventuell mit geänderten Anfangs- und/oder Endzeiten bis einschließlich der 41. Woche) entwerfen, bei dem sichergestellt ist, dass der Gruppenleiter oder der Abteilungsleiter und zwei Sachbearbeiter im Betrieb anwesend sind. Sie werden gebeten zu berücksichtigen, dass Anton, Bertold und Cyprius schulpflichtige Kinder haben, deren Ferien von der 34. bis einschließlich der 39. Woche dauern.

9. Beim Netzplan muss immer die Legende festgelegt werden, nach der gearbeitet wird. Es gibt zum Beispiel auch diese Möglichkeit:

			kritischer Weg
	Vorgangsnummer		
	Vorgangszeichnung		
früh. Beginn	Vorgangsdauer	früh. Ende	
spät. Beginn	Puffer	spät. Ende	

Zeichnen Sie mit dieser Legende einen Netzplan für die in der folgenden Tabelle vorgegebenen Vorgänge.

Vorgangs-nr.	Vorgangs-bez.	Vorgangs-dauer	Vor-gänger	Nach-folger
1	A	3 Tage		2/3/4
2	B	5 Tage	1	5
3	C	7 Tage	1	5
4	D	8 Tage	1	6
5	E	11 Tage	2/3	6
6	F	10 Tage	4/5	

10. Zeichnen Sie einen Netzplan für folgende Vorgänge:

Vorgang	Dauer in Wochen	Vorgänger
1	6	
2	3	
3	10	
4	4	1/2
5	5	1
6	4	5
7	2	3/4/5
8	4	6/7
9	3	7

11. Die im folgenden Schema genannten Teile müssen in der gegebenen Reihenfolge zu den Baugruppen bzw. zum Endprodukt zusammengefügt werden.

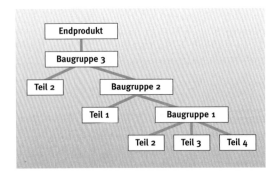

Zur Fertigung werden – unabhängig von der Stückzahl – folgende Zeiten benötigt (T = Teil, BG = Baugruppe)

Endprodukt	T 1	T 2	T 3	T 4
1 Std.	4 Std.	3 Std.	6 Std.	7 Std.
BG 1	BG 2	BG 3		
8 Std.	5 Std.	9 Std.		

Aus Kapazitätsgründen kann Teil 1 erst nach Fertigstellung von Baugruppe 1 produziert werden. Wie viele Stunden werden für dieses Endprodukt benötigt?

12. Erläutern Sie die Vorgänge, die durch die Organisationsentwicklung ausgelöst werden.
13. Skizzieren Sie an einem selbst gewählten Beispiel den Materialfluss durch verschiedene Abteilungen und Stufen der Fertigung.
14. Begründen Sie, warum man nicht in allen Abteilungen gleichzeitig einen Wechsel vollziehen sollte.
15. Stellen Sie das Balkendiagramm dem Netzplan gegenüber.

LÖSUNGSVORSCHLÄGE

L1: Der Arbeitsplan dient der Unterstützung des Mitarbeiters. Er enthält neben dem technischen Fertigungsverfahren auch die Arbeitsgänge in der richtigen Reihenfolge. Ebenso können die notwendigen Betriebsmittel und Vorrichtungen heraus gelesen werden. Weitere Angaben sind: Auftragsnummer, die Bezeichnung des Werkstücks, Stücklistennummer, Menge und Abmessungen, Lohngruppe, Kostenstelle, benötigte Zeit.

L2:. Die Art des Werkstoffs/Materials kann der Stückliste oder der Zeichnung entnommen werden. Die Maschinen und Werkzeuge lassen sich in einer Arbeitsplatzdatei bzw. einer Werkzeugdatei finden. Für die Zeitvorgaben gibt es meist eine Arbeitszeitdatei und für die Lohngruppe eine Arbeitswertdatei.

L3: Technologischer Wandel, individuelle Kundenwünsche, Internationalisierung und Globalisierung, kürzerer Produktlebenszyklus, verkürzte Nutzung von Investitionsgütern

L4: Regelmäßige Gespräche und Befragungen von Kunden und Lieferanten, Studium von Fachzeitschriften, Besichtigung von anderen Unternehmen, Messebesuche, Informationen von Verbänden usw.

L5: Senkung von Kosten durch den Einsatz wieder verwendbarer Verpackungen, Schaffung einer angenehmen Arbeitsumgebung durch die Umsetzung ergonomischer Grundsätze, Verkürzung der Durchlaufzeit durch Umorganisation und optimale Anordnung der Arbeitsgänge, Einhaltung von Terminen durch gegenseitige Information und Kommunikation

L6.: Die Anzeige muss groß genug sein, um aus der gewünschten Entfernung abgelesen werden zu können. Farben sind so zu wählen, dass Wichtiges hervorgehoben wird und die Anzeige lesbar ist (nicht Hellgelb auf Hellorange oder Dunkelblau auf Dunkelrot). Bei der Verwendung von Symbolen sind bekannte Zeichen zu wählen.

L7: Stärke der Beleuchtung, Gleichmäßigkeit der Beleuchtung, Farbe des Lichts, Blendung, Reflexion

L8.: Die Urlaube von Gruppen- und Abteilungsleiter sind in ein Nacheinander zu bringen und einer muss in der überlappend genannten Woche zurückstehen. Auch können nicht beide komplett in den Ferien Urlaub haben. Entsprechend werden die weiteren Kriterien verarbeitet, siehe Balkendiagramm auf der folgenden Seite.

Mitarbeiter	Urlaubswochen							
	34.	35.	36.	37.	38.	39.	40.	41.
Anton								
Bertold								
Cyprius								
Damian								
Egbert								
Franz								

L9: Der Netzplan sieht wie folgt aus:

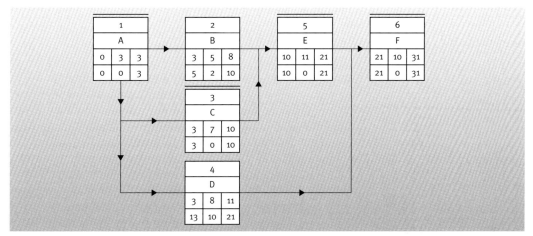

L10:

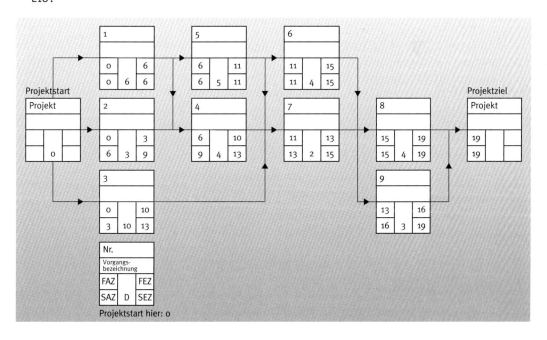

L11: Es bietet sich eine grafische Lösung an, wobei ein Balkendiagramm ausreicht und kein Netzplan benötigt wird. Da die Teile in festgelegter Reihenfolge produziert werden müssen, ist die Lösung nahezu eindeutig. Lediglich die Frage, wann mit der Produktion der Teile 2 und 3 begonnen wird, lässt einen kleinen Spielraum zu.

1. Möglichkeit:

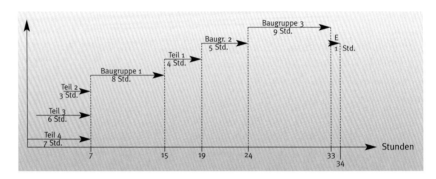

2. Möglichkeit:

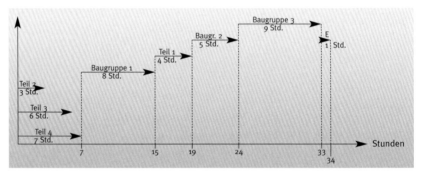

L12: Die Organisationsentwicklung zielt auf die kontinuierliche Verbesserung. Ständiges Beobachten der betrieblichen Vorgänge führt auch zu ständigen Veränderungen, die wiederum Reaktionen veranlassen. Die Organisation soll effektiver, produktiver, wirtschaftlicher und konkurrenzfähiger werden.

L13: Ein einfaches Beispiel sieht wie folgt aus:

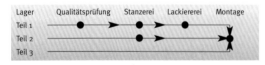

L14: Da sich Mitarbeiter - unabhängig davon, ob es sich um Führungskräfte oder Sachbearbeiter handelt - zuerst an Veränderungen gewöhnen müssen, ist es besser, erst in Teilbereichen zu beginnen. Der Widerstand gegen und das Risiko wegen der Umstellung wird dadurch verringert.

L15:
Balkendiagramm: Die x-Achse stellt die Zeitschiene dar, während auf der y-Achse die Vorgänge abgetragen werden. Die Zeitdauer wird mit der Länge der Balken ausgedrückt. Es wird keine Aussage getroffen über Abhängigkeiten und Zeitreserven. Das Balkendiagramm ist zeitorientiert.
Netzplan: Der Netzplan ist zeit- und funktionsorientiert. Er gibt die Reihenfolge und die Abhängigkeiten der Vorgänge an. Er dient zur Steuerung und Überwachung von komplexen Projekten. Man kann Anfangs- und Endtermine damit berechnen. Man möchte einen strukturierten Überblick gewinnen, die Pufferzeiten ermitteln und den kritischen Weg berechnen.

2.4 Entgeltfindung und kontinuierlicher betrieblicher Verbesserungsprozess

2.4.1 Ergonomische Arbeitsplatzgestaltung

Mit Ergonomie wird die Lehre von der menschlichen Arbeit bezeichnet. Die Arbeitsaufgabe, der Arbeitsplatz und die Umwelt sind den menschlichen Erfordernissen anzupassen. Je bessere Voraussetzungen für den Menschen geschaffen werden, desto zufriedener und motivierter wird er sein und aus diesem Grund eine hohe Leistungsbereitschaft zeigen. Bei der Gestaltung von Arbeitsplätzen kommt es zum Beispiel darauf an, dass die Arbeitsmittel an die menschlichen Körpermaße angepasst werden. Weiterhin muss das Augenmerk auf die Beleuchtung, die Umwelteinflüsse, das Raumklima und die zu verwendenden Farben gerichtet sein.

Mit welchen Bereichen beschäftigt sich die Ergonomie?

2.4.1.1 Anthropometrische Aspekte
Der Arbeitsplatz wird so gestaltet, dass z. B. die Höhe der Arbeitsplatte, Schalter, Pedale und Griffwege den Körpermaßen des jeweiligen Mitarbeiters entsprechen. Weiter gehende Erläuterungen dazu finden sich in „Zusammenarbeit im Betrieb" unter 4.2.3.1 im Abschnitt „Gestaltung des Arbeitsplatzes".

2.4.1.2 Physiologische Aspekte
Das Ziel der Ausrichtung der Arbeitsmethode und der Arbeitsbedingungen an den Menschen ist die Verbesserung des Wirkungsgrades der menschlichen Arbeit. Durch Schaffung günstiger Umgebungseinflüsse (Klima, Licht, Lärm, Lüftung), zum Beispiel Entlastung von schwerer körperlicher Arbeit durch Maschinen, wird ein optimales Arbeitsergebnis angestrebt. Unnötiger Kräfteeinsatz wird vermieden, eine abwechslungsreiche Tätigkeit angeboten und Erholzeiten eingeplant. Die Dauerleistungsgrenze darf nicht überschritten werden, weil der Mitarbeiter sonst ermüdet (siehe „Zusammenarbeit im Betrieb" und darin im Abschnitt 4.2.3.1 die Themen „physiologische Aspekte" und „bewegungstechnische Aspekte").

Wie kann der Wirkungsgrad menschlicher Arbeit verbessert werden?

2.4.1.3 Psychologische Aspekte
Eine angenehme Arbeitsumwelt bzw. ein Arbeitsplatz, an dem sich die Mitarbeiter wohl fühlen, kann durch die Verwendung von bestimmten Farben, die Gestaltung mit Bildern, Vorhängen oder Pflanzen oder auch leise Musik geschaffen werden (siehe „Zusammenarbeit im Betrieb", Abschnitt 4.2.3.1, darin „Aspekte der Arbeitsumgebung"). Durch eine bestimmte Farbauswahl erscheinen Räume heller. Bestimmte Griffe und Hebel an Maschinen sollten mit Signalfarben gekennzeichnet werden, um die Arbeitssicherheit zu erhöhen. Nach DIN 4844 werden Rot mit Kontrastfarbe Weiß, Gelb oder Orange mit Kontrastfarbe Schwarz, Grün und Blau mit Kontrastfarbe Weiß als Sicherheitsfarben verwendet. Verbotsschilder, Gefahrenstellen, Gebote und Rettungswege findet man mit diesen Farben. Ganz kurz soll hier noch auf psychologische Farbwirkungen eingegangen werden. Blau wirkt beruhigend, aber auch kalt. Rot hat eine aufreizende und warme Wirkung. Gelb regt an und erweckt einen sehr warmen Eindruck. Grün wiederum ist beruhigend und kalt bis neutral.

Was ist bei der Verwendung von Farben zu beachten?

2.4.1.4 Informationstechnische Aspekte

Die Gestaltungsmaßnahmen beziehen sich hier auf die vom Mitarbeiter über die Sinnesorgane aufzunehmenden Informationen, also zum Beispiel Hören, Sehen oder auch Fühlen.

Informationsaufnahme über Augen, Ohren und Hände

An jedem Arbeitsplatz und für jeden Arbeitsauftrag sind Informationen notwendig. Meist handelt es sich um optische und akustische Signale (dazu gehören beispielsweise das Lesen von Unterlagen, das Wahrnehmen des Telefonklingelns oder anderer Signaleinrichtungen).

Beim Sehen ist es wichtig, dass die Buchstaben oder das Symbol groß genug sind, das Licht beim Ablesen nicht blendet und die normale Blickrichtung von links nach rechts und von oben nach unten eingehalten wird.

Beispiele

Akustische Signale müssen laut genug sein, damit sie der Mitarbeiter wahrnehmen kann. Ein Warnsignal in einer Halle mit laufenden Maschinen wird überhört, wenn es den Lärm nicht übertönt.

Der Ausschaltknopf an Maschinen sollte immer leichter erreichbar sein als der Einschaltknopf, um in Gefahrensituationen schnell reagieren zu können, ohne erst lange überprüfen zu müssen, welcher Knopf gedrückt werden muss. Der Betriebszustand muss durch Tasten erkannt werden können.

Grüne Warnleuchten haben ebenso wenig Sinn wie unleserliche Anzeigen.

Warngeräte, die sich außerhalb des Blickfeldes befinden, oder ein Faxgerät in einem anderen Stockwerk, über das Terminaufträge zum Arbeitsplatz gelangen sollen, können ihren Zweck nicht erfüllen.

2.4.1.5 Sicherheitstechnische Aspekte

Unfallverhütung

Hierunter fallen alle Maßnahmen, die geeignet sind, Unfälle zu verhindern. Sie reichen vom allgemeinen Gefahrenschutz bis hin zum speziellen Explosionsschutz. Es müssen alle organisatorischen und technischen Maßnahmen zur Erhaltung der Arbeitssicherheit ergriffen werden (siehe auch oben im Abschnitt über „informationstechnische Aspekte". Details sind im Abschnitt 1.4 im Rahmen „Rechtsbewusstes Handeln" nachzulesen.

2.4.1.6 Organisatorische Aspekte

Die Aufgabenstellung und die zeitliche Gestaltung des Mitarbeitereinsatzes werden dem Arbeitsablauf entsprechend organisiert. Arbeits- und Pausenzeiten zählen hier ebenso zu den Kriterien wie Job Rotation oder Job Enlargement.

Humanisierung

Erläuterungen dazu finden sich im Kapitel 4 „Zusammenarbeit im Betrieb" (Abschnitte zu „Humanisierung durch neue Formen der Arbeitsorganisation" sowie „Zeitliche Organisation" in 4.2.3.1).

Gruppenarbeit, teilautonome Arbeitsgruppen, Biorhythmus, Qualifizierungsmaßnahmen und die Fähigkeiten und Wünsche der Mitarbeiter bieten Möglichkeiten, die zu einer besseren Gestaltung der Arbeitsorganisation beachtet werden sollten.

2.4.1.7 Ziele der Arbeitsplatzgestaltung durch Bewegungsanalyse (Systeme vorbestimmter Zeiten)

Zeitstudien dienen der Analyse von Bewegungsabläufen, wobei der durchschnittliche Zeitverbrauch ermittelt wird. Dies geschieht durch Messungen derselben Tätigkeit bei unterschiedlichen Arbeitskräften. Der Zeitbedarf für manuelle Tätigkeiten wird systematisch festgehalten. Zuerst erfasst man die in einem Bewegungsablauf enthaltenen Bewegungselemente, zum Beispiel Hinlangen, Greifen, Loslassen oder Fügen. Anschließend werden Bewegungszeittabellen aufgestellt, in denen den Bewegungselementen Zeiteinheiten zugeordnet werden. Einflussgrößen auf die Zeit beim Bewegungselement „Greifen" sind zum Beispiel die Lagerung der Teile (sortiert oder durcheinander) und die Abmessungen bzw. Formen (klein, flach, glatte Oberfläche). Liegen Teile einzeln auf der Werkbank und besitzen sie eine gut zu greifende Form, muss nicht so viel Zeit zum Greifen aufgewendet werden.

Welchen Zweck verfolgen Zeitstudien?

Durch die Systeme vorbestimmter Zeiten kann der Zeitbedarf für Arbeitsabläufe bestimmt werden, ohne direkt am Arbeitsplatz messen zu müssen.

Durch Zerlegung in die Bewegungselemente ist es möglich, statische Arbeiten zu automatisieren. Diese Systeme finden nur Anwendung bei Arbeitsvorgängen, die vom Menschen beeinflusst werden können, da sie aus den Bewegungen des Menschen entwickelt wurden. Ziel der Arbeitsplatzgestaltung ist es, Bewegungsabläufe zu optimieren, also etwa zu vereinfachen, zu verdichten oder zu bereinigen. Der Freiraum für den Mitarbeiter soll in seinem Arbeitsbereich erhöht werden. Dadurch ist es eventuell möglich, Arbeitszeit, Arbeitsleistung und Freizeit/Pausen individuell zu beeinflussen und den Aufgabenumfang zu erweitern und zu bereichern. Zu den Systemen vorbestimmter Zeiten gehören:

Warum werden Bewegungsabläufe in Bewegungselemente zerlegt?

- **Work-Factor-Verfahren**: Hier sind acht Standardelemente als Grundbewegungen festgelegt, die jeweils noch Unterelemente aufweisen. Es handelt sich dabei um Bewegen, Greifen, Loslassen, Vorrichten, Fügen, Demontieren, Ausführen, geistige Vorgänge. Aus Bewegungszeittabellen kann man unter Berücksichtigung der Einflussgrößen die Zeiten entnehmen. Zusätzlich muss die Beherrschung der Bewegung beachtet werden.

8 Grundbewegungen

- **Method-Time-Measurement-Verfahren**: Auch hier zerlegt man die manuelle Arbeit in Grundbewegungen, die mit Normalzeitwerten verbunden werden. Sie werden unter Berücksichtigung der Grundbewegung und der Einflüsse festgelegt. Die Zeitwerte sind in MTM-Normalzeitwerttabellen festgehalten.

2.4.1.8 Ergebnisse der Arbeitsplatzgestaltung

Bewegungsvereinfachung

Unnötige Bewegungen sollen vermieden und unrationelle verändert werden. Bewegungsabläufe sind zu vereinfachen bzw. zu verkürzen. Belastungen sollen so gering wie möglich ausfallen. Dazu gehört zum Beispiel die Anordnung von Werkzeugen oder benötigten Teilen und die Verwendung von bestimmten Materialien bei Griffen oder Unterlagen.

Bewegungsverdichtung
Unnötige Bewegungen werden vermieden und unproduktives Arbeiten ist so weit wie möglich zu verringern. Ein Einsatz von beiden Händen wird angestrebt (Beidhandarbeit), da der beste Wirkungsgrad erreicht wird, wenn beide Hände Bewegungen gleichzeitig durchführen (siehe Abschnitt 4.2.3.1 über „Bewegungstechnische Aspekte").

Teilmechanisierung

<small>Welche Funktion übernimmt der Mitarbeiter bei Automation?</small>

Tätigkeiten/Bewegungen des Menschen werden durch maschinelle Einrichtungen ausgeführt. Die Bestückung einer Maschine erfolgt zum Beispiel nicht mehr von Hand, sondern durch eine automatische Zuführung. Dieser Einsatz von Werkzeugen und Maschinen kann bis zur vollständigen Automation führen. Eine Arbeitsplatzgestaltung ist allerdings dann in dem Sinne nicht mehr notwendig, da der Mitarbeiter nur noch eine überwachende Funktion ausübt.

Aufgabenerweiterung
In Zusammenhang stehende Teilaufgaben werden zusammengefasst, sodass sich das Arbeitsgebiet des Mitarbeiters vergrößert. Er bohrt und schleift die Teile nicht nur, sondern er schraubt sie auch zu einer Baugruppe zusammen (siehe auch Abschnitt 4.2.3.1 „Humanisierung durch neue Formen der Arbeitsorganisation").

2.4.2 Formen der Entgeltfindung

2.4.2.1 Anforderungsabhängige und leistungsabhängige Entgeltdifferenzierung

Entgelt ist der Preis für den Arbeitseinsatz. Für den Mitarbeiter stellt es Einkommen dar, für den Betrieb Kosten. Eine gerechte Entlohnung soll den Schwierigkeitsgrad der Arbeit und die Leistung des Mitarbeiters berücksichtigen. Bei einer schwierigeren Arbeit muss eine höhere Entlohnung erfolgen. Die höhere Leistung bei gleicher Schwierigkeit muss ebenfalls besser entlohnt werden. Statt der absoluten Lohngerechtigkeit, die es praktisch nicht gibt, muss ein Unternehmen danach streben, eine relative Lohngerechtigkeit zu erreichen. Man spricht von absoluter Lohngerechtigkeit, wenn anhand von Zeitstudien die Beurteilung der Leistung nach objektiven Kriterien und auf dieser Basis eine absolut gerechte Eingruppierung erfolgt. In diesem Fall würden zwei Mitarbeiter, die in der gleichen Zeit die gleiche Stückzahl fertigen, die gleiche Entlohnung erhalten, obwohl der eine zum Beispiel 40 % mehr Ausschuss produziert als der andere.

<small>Wie unterscheiden sich absolute und relative Lohngerechtigkeit?</small>

<small>Welche Bereiche umfasst die relative Lohngerechtigkeit?</small>

Die relative Lohngerechtigkeit gibt für die Entgeltpolitik vier Bereiche vor:
- **Leistungsgerechtigkeit** differenziert bei der Lohnform und basiert auf Zeitstudien und Leistungsbewertungen. Die individuelle Leistung wird entlohnt.
- **Anforderungsgerechtigkeit** differenziert ebenfalls bei der Lohnform und berücksichtigt die Arbeitsanforderungen und die Arbeitsbedingungen. Arbeitsplatzbewertungen und Stellenbeschreibungen sind hier Voraussetzungen. Nicht die Leistung des Mitarbeiters, sondern die Anforderung des Arbeitsplatzes bildet die Basis für die Entlohnung.

- Bei der **Verhaltensgerechtigkeit**, die durch Differenzierung von Lohnform bzw. Lohnsatz realisiert wird, steht die Art und Weise der Aufgabenerfüllung im Mittelpunkt. Die Bewertung des Verhaltens, zum Beispiel bezüglich Pünktlichkeit oder Qualität, ist Voraussetzung.
- Die **soziale Gerechtigkeit**, die sich in Erfolgsbeteiligungen oder betrieblichen Sozialleistungen zeigt, berücksichtigt zum Beispiel die Betriebszugehörigkeit oder den Familienstand.

> Die **Lohnhöhe** sollte grundsätzlich davon abhängen, was zu arbeiten ist (Arbeitsschwierigkeit, notwendige Qualifikationen – nicht durch den Mitarbeiter zu beeinflussen) und wie gearbeitet wird (Ausführung, Qualität, Stückzahl – durch den Mitarbeiter zu beeinflussen). Der Lohn kann sich zusammensetzen aus dem tariflichen Grundlohn (Lohngruppe), einem tariflichen Leistungsanteil (abhängig von der Leistung) und übertariflichen Zulagen (abhängig vom jeweiligen Betrieb).

Was kann die Lohnhöhe beeinflussen?

Zur Bewertung einzelner Arbeitsverrichtungen – als Grundlage für eine anforderungsabhängige Lohn- Differenzierung – wird das „Genfer Schema" verwendet. Es stammt aus dem Jahre 1950, wurde erweitert und enthält folgende Anforderungsarten:

Anforderungsarten	Einzelkriterien
1. Kenntnisse	Denkfähigkeit, Ausbildung, Erfahrung
2. Geschicklichkeit	Körpergewandtheit, Handfertigkeit
3. Verantwortung für	– die eigene Arbeit – die Arbeit anderer – die Sicherheit anderer
4. Geistige Belastung	Aufmerksamkeit, Denktätigkeit
5. Muskelmäßige Belastung	– dynamische Belastung – statische Belastung – einseitige Belastung
6. Umgebungseinflüsse	Klima, Fett, Staub, Nässe, Gase, Öl, Lärm, Erschütterung, Lichtmangel, Schmutz, Dämpfe, Blendung, Erkältungsgefahr, Unfallgefährdung, Schutzbekleidung

Genfer Schema

Führt man eine qualitative Arbeitswertanalyse durch, kann man die summarische oder die analytische Methode verwenden. Kombiniert man dies mit dem Prinzip der Reihung (Verrichtungen werden nach abnehmendem Schwierigkeitsgrad geordnet) und der Stufung (verschiedene Verrichtungen mit dem gleichen Schwierigkeitsgrad werden der gleichen Stufe zugeordnet), ergeben sich vier Grundmethoden der Arbeitsbewertung:

Welche Grundmethoden der Arbeitsbewertung unterscheidet man?

	Analytische Methoden	Summarische Methoden
Reihung	Rangreihenverfahren	Rangfolgeverfahren
Stufung	Stufenwertzahlverfahren	Lohngruppenverfahren

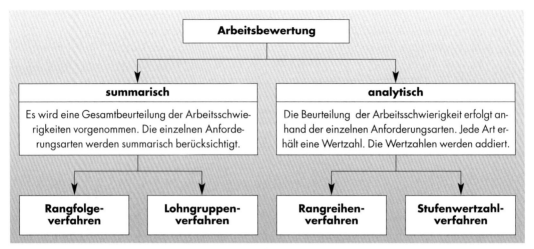

Abb. 2.53: Übersicht über die vier grundlegenden Arbeitsbewertungsverfahren

Rangfolgeverfahren
Zuerst müssen alle Arbeiten aufgelistet werden. Anschließend werden sie nach der Arbeitsschwierigkeit geordnet. Zur Erzeugung einer Rangfolge stellt man sie paarweise gegenüber oder vergleicht sie gegenseitig. Das Rangfolgeverfahren ist einfach anzuwenden, kostengünstig und leicht verständlich. Allerdings kann es nur bei einer geringeren Anzahl von Stellen angewendet werden und die Bewertung ist subjektiv. Außerdem sind die Abstände zwischen den einzelnen Leistungsklassen nicht festgelegt und die Anforderungsarten nicht gewichtet. Das Verfahren ist nicht unbedingt als Grundlage für die Entlohnung geeignet.

Beispiel

Folgende Tätigkeiten werden paarweise miteinander verglichen und daraus wird eine Rangfolge gebildet: Löten, Gasleitungen schweißen, CNC-Fräsen, Getriebe konstruieren, Kleben

Löten	‹ CNC-Fräsen
Gasleitungen schweißen	› Löten
CNC-Fräsen	› Gasleitungen schweißen
Getriebe konstruieren	› CNC-Fräsen
Kleben	‹ Löten

Schwierigkeitsgrad/Rangfolge:
1. Getriebe konstruieren / 2. CNC-Fräsen / 3. Gasleitungen schweißen / 4. Löten / 5. Kleben

Bei einer anderen Darstellung werden die Stellen/Arbeitsvorgänge in eine Tabelle eingetragen und verglichen, was wir hier an einem anderen Fall zeigen:

Stelle	Vergleichsstelle	1	2	3	4	Rangfolge
Betriebsleiter	1		–	–	–	1
Hilfsarbeiter	2	+		+	+	4
Industriemeister	3	+	–		–	2
Facharbeiter	4	+	–	+		3

Man vergleicht die Stellen 1 bis 4 in der Kopfzeile mit der Spalte „Vergleichsstelle". Der Betriebsleiter (1) erhält gegenüber dem Hilfsarbeiter (2), dem Industriemeister (3) und dem Facharbeiter (4) jeweils ein Plus. Der Industriemeister (3) erhält gegenüber dem Betriebsleiter (1) ein Minus, gegenüber dem Hilfsarbeiter (2) ein Plus und gegenüber dem Facharbeiter (4) ein Plus. Aus der Anzahl der (gegeneinander aufzurechnenden) Plus- und Minuszeichen ergibt sich die Rangfolge.

Lohngruppenverfahren
Dieses Verfahren findet man auch unter der Bezeichnung Katalogverfahren. Es werden Lohngruppen gebildet für Arbeiter, kaufmännische und technische Angestellte, die unterschiedliche Schwierigkeitsgrade ausdrücken und in die Verrichtungen eingeordnet werden. Jeder Stufe werden Beispiele zugeordnet, um die Einordnung zu erleichtern. In Tarifverträgen ist dieses Verfahren häufig anzutreffen.

Beispiel

Ausschnitt aus einer Aufstellung von Lohngruppen mit Beispielen

Lohngruppe 9	Industriemeister	Elektromeister, Metallmeister
Lohngruppe 8	Facharbeiter mit meisterlichem Können	Vorarbeiter, Gruppenleiter
Lohngruppe 3	Qualifizierter Angelernter	Berufsfremder mit Erfahrung
Lohngruppe 1	Hilfsarbeiter, Anlernaufgaben einfachster Art	Berufsfremder ohne Erfahrung

Ausschnitt von Lohngruppen mit zugeordneten Lohnschlüsseln

Gruppe	Lohngruppen-Definitionen	Lohnschlüssel
1	Arbeiten einfachster Art, die ohne vorherige Arbeitskenntnisse nach kurzer Anweisung ausgeführt werden können und geringe körperliche Belastungen fordern	75 %
3	Arbeiten einfacher Art, die ohne vorherige Arbeitskenntnisse nach kurzer Anweisung ausgeführt werden können	85 %
5	Arbeiten, die ein Anlernen von 3 Monaten erfordern	95 %
6	Arbeiten, die eine abgeschlossene Anlernausbildung in einem anerkannten Anlernberuf oder eine gleich zu setzende Ausbildung erfordern	100 % = Ecklohn nach Tarif
7	Arbeiten, deren Ausführung ein Können voraussetzt, das erreicht wird durch eine entsprechende ordnungsgemäße Berufslehre (Facharbeiter) oder Fertigkeiten und Kenntnisse erfordert, die dem gleichzusetzen sind	108 %
8	Arbeiten schwieriger Art, deren Ausführung Fertigkeiten und Kenntnisse erfordert, die über jene der Gruppe 7 wegen der notwendigen mehrjährigen Erfahrungen hinausgehen	118 %
10	Arbeiten höchstwertiger Art, die hervorragendes Können mit zusätzlichen theoretischen Kenntnissen, selbstständige Arbeitsausführung und Dispositionsbefugnis im Rahmen des gegebenen Arbeitsauftrages bei besonders hoher Verantwortung erfordern	130 %

Das Lohngruppenverfahren ist – wie das Rangfolgeverfahren – einfach in der Anwendung, nicht zu aufwändig und daher kostengünstig und zudem verständlich.

Ein Nachteil ist die sehr globale Berücksichtigung von unterschiedlichen Anforderungen. Alles muss in das Schema „hineingepresst" werden. Technische Entwicklungen und Besonderheiten in Unternehmen werden nicht berücksichtigt.

Rangreihenverfahren
Alle Verrichtungen werden nach ihrem Schwierigkeitsgrad geordnet. Dabei wird jedoch jede Anforderungsart getrennt betrachtet. Alle Verrichtungen werden bezüglich Können, Verantwortung, Belastung und Umgebungseinflüssen einzeln sortiert. Durch eine Gewichtung wird die unterschiedliche Bedeutung der Anforderungsarten berücksichtigt. Die am niedrigsten bewertete Arbeitsverrichtung erhält 0%, die am höchsten bewertete 100%.

Durch dieses Verfahren wird zwar die Genauigkeit und Objektivität verbessert, es verbleibt aber immer noch ein großer subjektiver Ermessensspielraum, der wiederum durch Arbeitsbeispiele vermindert werden kann.

Außerdem wird die Gewichtung der einzelnen Anforderungsarten dem jeweils Zuständigen überlassen.

Differenzierte Betrachtung der Anforderungsarten

Beispiel

Nicht vollständige Tabelle mit gewichteten Anforderungsarten

	Gewicht	Anforderungsart	Rang	Gewichteter Rang	
Können	7	Arbeitskenntnisse Ausbildung, Erfahrung, Denkfähigkeit	15	105	
	4	Geschicklichkeit Handfertigkeit	13	52	157
Verantwortung	9	Eigene Arbeit Betriebsmittel, Erzeugnisse	21	189	
	5	Arbeit anderer	9	45	
	2	Sicherheit anderer	5	10	244
Belastung	5	Sinne und Nerven Aufmerksamkeit	14	70	
		...			
	3	Muskelmäßig	8	24	94
Umgebungseinflüsse	2	Schmutz	11	22	
		...			
	2	Temperatur	12	24	
	1	Nässe	3	3	
		...			
	3	Schutzkleidung	23	69	
	3	Unfallgefahr	25	75	193
Summe					688

Bei der Anforderungsart „Können" werden die Arbeitskenntnisse mit 7 gewichtet und die Geschicklichkeit mit 4. Die Gewichtung ergibt durch Multiplikation mit dem Rang den gewichteten Rang (7 · 15 = 105, 4 · 13 = 52). Die Zwischensumme 157 ergibt sich aus 105 + 52. „Können" erhält also insgesamt 157 Punkte von hier berechneten 688 Punkten.

Man kann beim Rangreihenverfahren noch die getrennte und die gebundene Gewichtung anwenden. Darauf soll jedoch hier nicht näher eingegangen werden.

Stufenwertzahlverfahren
Für jede Anforderungsart wird eine Punktwertreihe/Wertzahlenreihe festgelegt, die innerhalb eines definierten Spielraums – zum Beispiel von „sehr gut" bis „nicht ausreichend" – Punkte zuordnet. Jede Bewertungsstufe wird durch Arbeitsbeispiele erläutert. Je nach der Dauer der Belastung multipliziert man die Wertzahlen mit einem Stundenfaktor. Mithilfe der Summe der Punkte kann die Einordnung der Anforderung in eine Lohngruppe erfolgen. Als Nachteil kann die Subjektivität der Gewichtung genannt werden und die Unübersichtlichkeit bei größeren Anwendungen. Ein Vorteil ist, dass sich die Gesamtwertzahl leicht in Geldeinheiten ausdrücken lässt.

Einordnung in Lohngruppen

Beispiel

Bewertung der körperlichen Belastung

Anforderungsstufen	Stufenwertzahl	Stundenfaktor				
		1,0	1,1	1,2	1,3	1,4
sehr selten	0	0	0	0	0	0
manchmal	1	1,0	1,1	1,2	1,3	1,4
häufig	2	2,0	2,2	2,4	2,6	2,8
dauernd	3	3,0	3,3	3,6	3,9	4,2
dauernd sehr hoch	4	4,0	4,4	4,8	5,2	5,6

Die Stufenwertzahl wird mit dem Stundenfaktor multipliziert.
Stufenwertzahl 2 * Stundenfaktor 1,3 = 2,6 Punkte
Stufenwertzahl 3 * Stundenfaktor 1,4 = 4,2 Punkte

Anwendung des Stufenwertzahlverfahrens auf „Montieren einer Baugruppe"

Tätigkeiten	Stufenwertzahl	Stundenfaktor	Punkte
Zeichnung lesen	4	1,1	4,4
Teile sortieren	2	1,2	2,4
Löten	1	1,4	1,4
Schrauben	3	1,3	3,9
Summe			12,1

Auch beim Stufenwertzahlverfahren ist, wie beim Rangreihenverfahren, eine getrennte und eine gebundene Gewichtung möglich, auf deren Erläuterung hier verzichtet wird (sie ist in der entsprechenden Fachliteratur zu finden).

Welche Lohnformen unterscheidet man?

2.4.2.2 Lohnformen: Zeitlohn und Leistungslohn (Akkord, Prämie, Zulagen)

Eine leistungsgerechte Entlohnung fordert eine Differenzierung in verschiedene Entlohnungsformen.

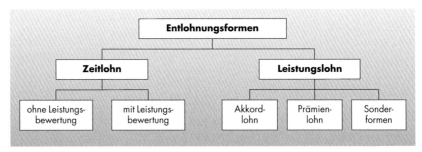

Abb. 2.54: Übersicht über grundlegende Entlohnungsformen

Zeitlohn

 Es wird immer der gleiche Lohnsatz für eine bestimmte Zeiteinheit (z. B. Stunde, Schicht, Monat) bezahlt.

Ohne Leistungsbewertung unterscheidet sich die Lohnhöhe der Mitarbeiter nur nach der Arbeitsanforderung (Lohngruppe), wobei der Arbeitgeber trotzdem eine bestimmte Leistung erwartet.

Lohnhöhe = Lohnsatz (€/Zeiteinheit) · Arbeitszeit in Zeiteinheiten

 Beim Zeitlohn mit Leistungsbewertung erhält der Mitarbeiter zusätzlich eine leistungsabhängige Zulage auf Grund von regelmäßigen Leistungsbeurteilungen.

Es wird dabei der Grad der Aufgabenerfüllung bewertet (qualitative Beurteilung). Die Beurteilungsmerkmale sind meist im Tarifvertrag geregelt.

Lohnhöhe = Lohnsatz (€/Zeiteinheit) · Arbeitszeit in Zeiteinheiten + Leistungszulage

Wo wird Zeitlohn angewendet?

Zeitlohn findet häufig dort Anwendung, wo überwiegend geistige oder schöpferische Tätigkeit vorherrscht, im Verwaltungs- und Dienstleistungsbereich, bei Arbeiten mit hoher Unfallgefährdung und bei nicht eindeutig messbarer Arbeitsleistung (z. B. Hilfsfunktionen). Die Vorteile des Zeitlohns sind die einfache Ermittlung, die feste Kalkulierbarkeit über eine längere Zeit und keine Qualitätsverschlechterung auf Grund von Zeitdruck. Allerdings bestehen keine echten Leistungsanreize, keine Objektivität bei der Leistungsbeurteilung und damit keine besonders hohe Leistungsgerechtigkeit.

Eine Sonderform stellt der **Pensumlohn** dar, der als Zeitlohn mit Leistungszulage für einen bestimmten Zeitraum vereinbart wird. Dabei wird vorausgesetzt, dass der Mitarbeiter ein bestimmtes Arbeitspensum erledigt. In regelmäßigen Abständen muss überprüft werden, ob dieses Pensum tatsächlich geschafft oder sogar übertroffen wurde. Der Arbeitgeber kann über einen längeren Zeitraum mit einer festen Lohnhöhe kalkulieren, die Leistung wird berücksichtigt und die Motivation des Mitarbeiters gefördert. Demgegenüber steht der Aufwand zur Ermittlung des Pensums.

Was kennzeichnet Pensumlohn?

Akkordlohn

Hier besteht ein direkter proportionaler Zusammenhang zwischen der Leistung des Mitarbeiters und der Lohnhöhe. Es werden die Anforderung und die Leistung berücksichtigt.

Man spricht von **Geld- oder Stückakkord**, wenn ein fester Betrag für eine bestimmte Anzahl bezahlt wird. Als Bezugsgröße dient also hier die Stückzahl. Beim Zeitakkord ist die Bezugsbasis die Zeit, die der Mitarbeiter für eine bestimmte Leistung aufbringen muss. Die Berechnung des Lohnes erfolgt über einen Akkordrichtsatz je Stunde oder einen Minutenfaktor.

Wie wird Akkordlohn berechnet?

Der Akkordlohn setzt sich zusammen aus einem tariflich garantierten Mindestlohn und dem Akkordzuschlag.

Der Akkordzuschlag liegt meist zwischen 15 % und 25 % des Mindestlohns. Die Summe aus Mindestlohn und Akkordzuschlag ergibt den Grundlohn, der auch Akkordrichtsatz genannt wird. Der Akkordrichtsatz ist der Lohn bei Normalleistung.

Grundlohn bzw. Akkordrichtsatz = Mindestlohn + Akkordzuschlag

Folgende Formeln finden Anwendung bei Berechnung des Stück- bzw. Geldakkords, bei dem der Mitarbeiter einen bestimmten Geldbetrag pro Stück bekommt.

$$\text{Akkordsatz} = \frac{\text{Akkordrichtsatz}}{\text{Leistungseinheiten bei Normalzeit}}$$

Akkordrichtsatz = Akkordsatz · Leistungsmenge

Bei Berechnung des Zeitakkords, bei dem eine bestimmte Zeit pro Stück vorgegeben ist/gutgeschrieben wird, sind die Formeln für die Berechnung des Akkordlohnes und des Minutenfaktors von Nutzen:

Akkordlohn = Leistungsmenge · Minutenfaktor · Vorgabezeit

$$\text{Minutenfaktor} = \frac{\text{Akkordrichtsatz}}{60}$$

Beispiel zur Ermittlung des Zeitgrads

In einem Betrieb müssen 40 Teile gefertigt werden. Die Vorgabezeit pro Stück beträgt 4,3 Minuten und die Rüstzeit 30 Minuten. Ein Mitarbeiter benötigt dazu 3 h. Welcher Zeitgrad lässt sich berechnen?

$$\text{Zeitgrad} = \frac{\text{Soll-Auftragszeit}}{\text{Ist-Auftragszeit}} \cdot 100 = x\,\%$$

$$\text{Zeitgrad} = \frac{40 \cdot 4{,}3 + 30}{180} \cdot 100 = 112{,}\overline{2}\,\% \approx 112\,\%$$

Da meist aber nicht pro Auftrag, sondern monatlich abgerechnet wird, wird der Zeitgrad für den betreffenden Zeitraum ermittelt.

$$\text{Zeitgrad} = \frac{\text{Summe Vorgabezeiten}}{\text{Summe aufgewendete Zeiten}} \cdot 100 = x\,\%$$

Beispiel zur Arbeitsproduktivität, zum Leistungsgrad und Zeitgrad

Die quantitative Arbeitsleistung wird mit der Arbeitsproduktivität ausgedrückt, die die Leistung bezogen auf eine bestimmte Zeit angibt.

$$\text{Arbeitsproduktivität} = \frac{\text{Ausbringungsmenge}}{\text{Arbeitszeit}}$$

Bei einer Ausbringungsmenge von 30 Stück in 2 Stunden beträgt die Arbeitsproduktivität 15 Stück/Stunde.

$$\text{Arbeitsproduktivität} = \frac{30\ \text{Stück}}{2\ \text{Stunden}} = 15\ \text{Stück pro Stunde}$$

Für die Entlohnung muss der Leistungsgrad ermittelt werden. Er drückt die tatsächliche Leistung in Prozent der Normalleistung aus.

$$\text{Leistungsgrad} = \frac{\text{Ist-Leistung}}{\text{Normal-Leistung}} \cdot 100$$

Bei einer Normalleistung von 15 Stück/Stunde und einer Ist-Leistung von 21 Stück/Stunde errechnet sich ein Leistungsgrad von 140 %.

$$\text{Leistungsgrad} = \frac{21\ \text{Stück/Stunde}}{15\ \text{Stück/Stunde}} \cdot 100 = 140\,\%$$

Rechnet man den Leistungsgrad in einen Zeitgrad um, wird die vorgegebene Soll-Zeit in Prozent der erzielten Ist-Zeit ausgedrückt (siehe auch oben).

$$\text{Zeitgrad} = \frac{\text{Soll-Zeit}}{\text{Ist-Zeit}} \cdot 100$$

Bei der Normalleistung von 15 Stück pro Stunde ergibt sich eine Soll-Zeit von vier Minuten pro Stück. Die Ist-Leistung von 21 Stück pro Stunde entspricht einer Ist-Zeit von 2,857 Minuten pro Stück.

$$\text{Zeitgrad} = \frac{4\ \text{Min./Stück}}{2{,}857\ \text{Min./Stück}} \cdot 100 = 140\,\%$$

Weitere Begriffe
Man spricht von **Akkordfähigkeit**, wenn der Ablauf bekannt und gleichartig, regelmäßig und häufig wiederkehrend und genau und einfach messbar ist.

Akkordreife liegt vor, wenn im Arbeitsablauf keine offensichtlichen Mängel mehr zu finden sind und der Mitarbeiter die Arbeit auf Grund ausreichender Übung beherrscht.

Vor- und Nachteile
Die **Vorteile** des Akkordlohns liegen in der leistungsgerechten Entlohnung, dem hohen Leistungsanreiz für den Mitarbeiter und der daraus resultierenden hohen Arbeitsproduktivität. Eine Leistungskontrolle kann sehr einfach durchgeführt werden.

Als **Nachteil** kann genannt werden, dass nur ein Leistungsmerkmal bewertet wird und zum Beispiel kein Anreiz besteht, die Qualität zu verbessern oder Material zu sparen. Der Aufwand für die Ermittlung der Daten zur Lohnabrechnung ist relativ hoch. Auch kann ein Akkord „davonlaufen", da die Begrenzung nach oben fehlt. Steigt der Anteil unbeeinflussbarer Zeiten, ist der Akkordlohn nicht mehr geeignet.

<small>Auf welche Weise kann sich Akkordlohn negativ auswirken?</small>

Prämienlohn
Anforderungs- und leistungsabhängige Komponenten werden beim Prämienlohn kombiniert. Neben der Mengenprämie, die meist als Grundprämie anzutreffen ist, finden sich
- Qualitätsprämie,
- Sicherheitsprämie (Unfallfreiheit),
- Nutzungsprämie (Optimierung des Maschineneinsatzes),
- Einsparungsprämie (z. B. Energie oder Material) und
- Terminprämie (Termine einhalten oder schneller fertig werden).

<small>Welche Möglichkeiten bieten sich, Prämien zu bezahlen?</small>

 In der Praxis findet man häufig eine Kombination von Prämien.

Zum Beispiel wird die Mengen- mit der Qualitätsprämie oder die Qualitäts- mit der Ersparnisprämie kombiniert. Man bezeichnet dies als **Verbundprämien**. Wichtig ist, dass der Mitarbeiter die Höhe der Leistung bzw. das Arbeitsergebnis beeinflussen kann.

<small>Welche Vorteile zeigt Prämienlohn?</small>

Vor- und Nachteile
Die **Vorteile** des Prämienlohns zeigen sich im breiten Anwendungsbereich und in der guten Anpassungsmöglichkeit. Prämien ermöglichen eine leistungsbezogene Entlohnung und können sich auf mehrere Merkmale beziehen. Es kann eine „Begrenzung nach oben" vorgegeben werden und die Leistungskennzahlen dienen der Planung und Kalkulation.

Als **Nachteile** müssen der Aufwand der Lohnabrechnung oder der nicht immer klar erkennbare Zusammenhang zwischen Lohnhöhe und Leistung angesehen werden, was sich negativ auf das Betriebsklima auswirken kann. Bei Gruppenprämien wird der Mitarbeiter Ärger bekommen, der die Prämie durch seine „schlechte Leistung" schmälert.

Sonderformen

Da die herkömmlichen Leistungslohnsysteme meist nur auf Zeiteinsparung beziehungsweise Steigerung der Stückzahlen ausgerichtet sind, versucht man mit anderen Instrumenten der Leistungsbelohnung die betriebliche Zielsetzung zu berücksichtigen und die Höhe des Entgelts in einem bestimmten Ausmaß an den Unternehmenserfolg (Gewinn oder Vermögenszuwachs) zu koppeln.

Wie können Mitarbeiter belohnt werden?

Die Mitarbeiter/innen werden am Erfolg beteiligt, der am Umsatz, am Gewinn oder an der Wertschöpfung gemessen wird. Sie erhalten einen Erfolgsbonus oder eine Art Dividende, d. h., sie werden nicht mehr entlohnt, sondern belohnt. Auch die regelmäßige Zahlung einer Zulage ist möglich. Das Entgelt könnte sich also wie folgt zusammensetzen:

   Tarifliches/anforderungsabhängiges Grundentgelt
 + tarifliche Leistungszulage (individuell oder kollektiv)
 + außertarifliche/betriebsbedingte Zulage
 + erfolgsabhängiges Zusatzentgelt
 = Bruttolohn

Arten der Erfolgsbeteiligung

Auch der Pensumlohn kann als Sonderform bezeichnet werden (siehe Zeitlohn). Die Erfolgsbeteiligung unterscheidet in Leistungsbeteiligung (z. B. Beteiligung bei Kostenersparnis), Ertragsbeteiligung (z. B. Umsatzbeteiligung) und Gewinnbeteiligung (z. B. Beteiligung am Unternehmensgewinn oder an der Ausschüttung).

2.4.2.3 Auswirkungen von Zeitlohn und Leistungslohn auf Kalkulation, Leistung und Verdienst

Wie wirken sich Zeitlohn und Leistungslohn aus

Die Entscheidung für Zeit- oder Leistungslohn wird im jeweiligen Betrieb nicht nur mit Blick auf die oben jeweils schon genannten Vor- und Nachteile der Formen des Leistungslohns getroffen, sondern auch nach den Auswirkungen, die sich beim Leistungslohn im Vergleich zum Zeitlohn ergeben:

auf Kalkulation?
- Für die Kalkulation ist der Zeitlohn eher ungünstig, da die Kosten pro Stück nicht feststehen. Es müssen dafür Durchschnittswerte gebildet werden, die regelmäßig zu überprüfen sind. Der Leistungslohn je produzierter Einheit steht dagegen über die Vorgabezeit fest, unabhängig davon, wie viel der Mitarbeiter tatsächlich fertigt.

auf Leistung?
- Die Leistung ist beim Zeitlohn nicht direkt vorgegeben. Der Mitarbeiter arbeitet ohne Zeitdruck, weshalb die Qualitätsanforderungen in den meisten Fällen eingehalten werden. Beim Leistungslohn kann der Mitarbeiter mehr verdienen, wenn er mehr leistet. Dies birgt jedoch die Gefahr der Überanstrengung und der Vernachlässigung der Qualitätsvorgaben in sich.

auf Verdienst?
- Der Verdienst steht beim Zeitlohn fest. Der Mitarbeiter trägt praktisch kein Verdienstrisiko. Allerdings besteht auch kein Leistungsanreiz, da der Verdienst durch mehr Leistung nicht gesteigert werden kann. Beim Leistungslohn beeinflusst der Mitarbeiter seinen Verdienst durch eine höhere Leistung. Besteht nach oben keine Begrenzung, überanstrengt sich der Mitarbeiter möglicherweise und die Qualität leidet darunter.

2.4.3 Innovation und kontinuierlicher betrieblicher Verbesserungsprozess (KVP)

2.4.3.1 Innovation in Begleitung stetiger Verbesserung

Strebt ein Unternehmen nicht ständig nach Neuem, wird es den Rückschritt nicht aufhalten können und von der Konkurrenz überholt werden. Stetige Verbesserung ist nur möglich durch innovative Tätigkeiten. Besprechungen und ständiges Nachfragen und infrage stellen der aktuellen Situation helfen dabei, aufkommende Betriebsblindheit zu verhindern. In Qualitätszirkeln oder ähnlichen Veranstaltungen müssen Mitarbeiter dazu angeregt werden, ihren Gedanken und Ideen freien Lauf zu lassen und ihr kreatives Potenzial für den Betrieb zu nutzen. Der Einsatz von Kreativitätstechniken (z. B. Brainstorming, Metaplan-Technik) unterstützt Innovation.

Wie wird Innovation gefördert?

Innovation bedeutet Verbesserung von Produkten und Abläufen. Probleme sind zu lokalisieren, zu analysieren und zu lösen. Im Idealfall findet das in einem ständigen Kreislauf statt.

Durch das Erstellen von Ablaufanalysen wird das räumliche und zeitliche Zusammenwirken von Mensch, Betriebsmittel und Arbeitsgegenstand dargestellt (z. B. grafische Darstellung des Materialflusses, beschreibendes Ablaufdiagramm). In der anschließenden Ursachenanalyse werden alle Störungen und Mängel untersucht. Dabei es wichtig, nicht nur die Störung zu beseitigen, sondern die Ursache zu ergründen und diese zu eliminieren. Hilfreich ist das Arbeiten mit den W-Fragen (wer, womit, warum, woran, was, wie, wo, wie oft, wann).

Wodurch werden Abläufe verbessert?

2.4.3.2 Methoden des kontinuierlichen Verbesserungsprozesses und betriebliches Vorschlagswesen sowie ihre nachhaltigen Wirkungen

Kontinuierlicher Verbesserungsprozess
Es handelt sich hierbei um eine aus dem japanischen Management übernommene Methode, die den Produktionsprozess ständig in kleinen Schritten verbessern soll. Jeder Mitarbeiter soll seinen Arbeitsplatz, seine Tätigkeit und die Arbeitsumgebung mit kritischen Augen betrachten und hinterfragen. Das Ziel ist, sowohl Zeit- als auch Materialverschwendung aufzudecken und zu vermeiden. Tätigkeiten, die nicht direkt der Wertschöpfung dienen, sind auf das Mindestmaß zu reduzieren.

Wie läuft KVP ab?

Man findet dieses Bestreben auch unter der aus dem Japanischen kommenden Bezeichnung **„Kaizen"**, wobei „kai" Wandel bedeutet und „zen" das Gute. Man möchte den Wandel zum Guten – oder frei übersetzt „Ersatz des Guten durch das Bessere". Man denke an das Sprichwort „Das Bessere ist des Guten Feind". Möglichst viele Mitarbeiter sollen an diesem Prozess teilnehmen. Dies kann zum Beispiel durch regelmäßig stattfindende Qualitätszirkel erreicht werden, in denen mithilfe eines Moderators Problemstellen gefunden und Lösungsmöglichkeiten vorgeschlagen werden sollen. Man bezeichnet dies auch als **PDCA-Zyklus**: plan (planen) – do (ausführen) – check (prüfen) – act (anpassen). Die Ideenfindung wird systematisch betrieben und gelenkt.

Qualitätszirkel zur Anregung von Verbesserungen

Wie verläuft die systematische Vorgehensweise?

Praktisch kann das so aussehen, dass für ein bestimmtes Arbeitsgebiet oder einen Tätigkeitsbereich eine Überprüfung bezüglich Verfahren und Ablauf vorbereitet wird. Anschließend wird geprüft, das heißt, alle notwendigen Daten erhoben und Messungen durchgeführt. Nach der Auswertung sind Fehler nach Art und Häufigkeit zu erkennen. Als Nächstes folgt die Suche nach den Fehlerquellen und zu guter Letzt werden Maßnahmen zur Fehlerkorrektur ergriffen. Diese können eine Änderung des Arbeitsablaufs beinhalten oder nur eine Reparatur. Der Erfolg der Maßnahmen muss geprüft und bei Misserfolg der Regelkreis wieder mit der Vorbereitung der Überprüfung begonnen werden.

Durch die vom Unternehmen ständig und gezielt betriebene Ideenfindung unter Partizipation der Mitarbeiter, ist hier ein größerer Erfolg zu erwarten als beim betrieblichen Vorschlagswesen. Dort handelt es sich meist um „Geistesblitze" von Mitarbeitern, die aber nicht ständig dazu angehalten werden, ihre Umgebung und ihre Aufgaben zu hinterfragen.

Zur Verbesserung oder Gestaltung eines Systems kann nicht nur der PDCA-Zyklus eingesetzt werden, sondern auch die Sechs-Stufen-Methode der Systemgestaltung.

Sie beinhaltet im Grunde das Gleiche und ist nur etwas feiner aufgegliedert (siehe folgende Seite).

Betriebliches Vorschlagswesen
Das betriebliche Vorschlagswesen bietet Mitarbeitern die Möglichkeit, Verbesserungsvorschläge einzureichen und bei positiver Bewertung dafür belohnt zu werden. Ein Unternehmen möchte dadurch eine Verbesserung der Leistungen erreichen, wobei Ideenvielfalt genutzt werden soll. Verbesserungsvorschläge, die über den eigenen Arbeitsbereich hinaus reichen, werden höher bewertet.

Zu welchen Themen reichen Mitarbeiter Verbesserungsvorschläge ein?

Dem Mitarbeiter stehen alle Abläufe und Strukturen im Unternehmen zur Verbesserung zur Verfügung. Es kann sich dabei um die Vereinfachung und Steuerung von Betriebsabläufen und Arbeitsverfahren handeln, um Maßnahmen zur Unfallverhütung, um Einsparung von Zeit und Material, um die Gestaltung des Produkts und so weiter. Verbesserungsvorschläge können sich auf Technik, Wirtschaftlichkeit, Organisation oder soziale Sachverhalte beziehen. Ein Verbesserungsvorschlag ist eine Idee, die den Ist-Zustand auf positive Weise ändern möchte. Dabei spielt es keine Rolle, wie weit die Umsetzung bereits durchdacht ist.

Leitende Angestellte können meist nicht am betrieblichen Vorschlagswesen teilnehmen, da von ihnen eine Betätigung in diese Richtung ohnehin erwartet wird. Auch betriebsfremde Personen können zugelassen werden, zum Beispiel Mitarbeiter von Instandsetzungsfirmen. Zur Vereinfachung des Einreichungsprozesses sollte ein Formular verwendet werden, um die Verwaltung zu vereinfachen.

Wie unterscheiden sich KVP und betriebliches Vorschlagswesen in der Wirkung?

Die nachhaltige Wirkung des betrieblichen Vorschlagswesens wird nicht so hoch sein wie beim kontinuierlichen Verbesserungsprozess, da hier die Mitarbeiter zwar zur Mitarbeit aufgefordert werden, aber sich nicht regelmäßig in Gruppen treffen und ein Moderator sich um stetige Entwicklung kümmert.

Sechs-Stufen-Methode der Systemgestaltung

1. Zielsetzung
Ein Arbeitssystem kann verbessert werden, indem Mängel beseitigt oder/und Bedürfnisse bzw. Ziele erfüllt werden. Man trennt wirtschaftliche Ziele (z. B. Kosten senken durch Einsparung von Material oder Verwendung von Mehrwegverpackungen) von nichtwirtschaftlichen Zielen (zum Beispiel einen Arbeitsplatz ergonomisch gestalten = humanes Ziel). Die Verkürzung der Durchlaufzeit ist ein organisatorisches Ziel und die Einhaltung der Terminvorgabe vom Kunden ein Terminziel.

2. Abgrenzung der Aufgabe
Das zu verbessernde Arbeitssystem darf einerseits nicht zu klein sein, muss aber andererseits überschaubar bleiben. Immer, wenn ein Teilbereich abgearbeitet ist, kann die nächste Stufe beschritten werden. Unübersichtlichkeit ist unbedingt zu vermeiden.

3. Suche nach Lösungen
Hier ist Kreativität der Mitarbeiter gefragt. Es darf vorerst keine Einschränkung bei der Ideenfindung gemacht werden bezüglich Budget oder Einsatz von Ressourcen. Vom Brainstorming über Metaplan-Technik bis Morphologie (Zerlegung in Teilprobleme, Suche nach Lösungsmöglichkeiten, Kombination dieser Möglichkeiten der Teilprobleme) können beliebige Kreativitätstechniken eingesetzt werden.

4. Entwicklung von praktikablen Lösungen
Aus den vorgeschlagenen Lösungsmöglichkeiten müssen diejenigen ausgewählt werden, die in die Praxis umgesetzt werden können. Mindestanforderungen sind festzulegen, Überorganisation zu vermeiden, rationelle Gestaltung anzustreben und die Kosten möglichst niedrig zu halten (ökonomisches Prinzip).

5. Auswahl der besten Lösung
Die Lösungsmöglichkeiten müssen möglichst genau dargestellt werden, um eine Entscheidung treffen zu können. Die Kriterien technische Umsetzbarkeit, Wirtschaftlichkeit, Leistungsfähigkeit, Ergonomie und andere sind zu bewerten und zu gewichten. Auf Grund dieses Ergebnisses erfolgt die Auswahl (siehe als Beispiel die Tabelle unten).
Lösung 1 bekommt z. B. bei der technischen Umsetzbarkeit 5 Punkte. Durch die Gewichtung mit 6 erhält man die Zwischensumme 30 usw. Es ist dabei auf K.O.-Kriterien zu achten, die unbedingt erfüllt werden müssen, sonst ist eine Lösung nicht umsetzbar. Ist z. B. die Kapazität zu niedrig, kann die Lösung sonst sehr gut sein, aber trotzdem nicht ausgewählt werden.

6. Umsetzung der Lösung und Kontrolle
In einer festgesetzten Probezeit muss das gesamte „neue" Arbeitssystem auf Herz und Nieren geprüft werden. Werden die Kriterien erfüllt und zeigt sich der erhoffte Erfolg, kann der volle Einsatz in der Praxis erfolgen. Festgestellte Mängel müssen beseitigt oder verbessert werden. Die Beteiligung von möglichst vielen Mitarbeitern, die von der Veränderung betroffen sind, ist früh zu empfehlen (ab Stufe 3). Die Erfolgswahrscheinlichkeit steigt so erheblich.

Kriterien	Gewichtung	Lös. 1	Zw.-Summe	Lös. 2	Zw.-Summe	Lös. 3	Zw.-Summe
Techn. Umsetzbarkeit	6	5	30	4	24	5	30
Wirtschaftlichkeit	5						
Produktivität	...						
Kapazität	...						
Ergonomie	3	3	9	8	24	5	15
Usw.	...						
Summe							

2.4.3.3 Wertanalyse als wesentliches Element im KVP

Wozu dient die Wertanalyse?

Die Wertanalyse wird eingesetzt, um die Kosten von Funktionen – sowohl von Produkten als auch von Vorgängen – zu untersuchen. Es wird zum Beispiel danach gefragt, ob etwas einfacher konstruiert oder ein bestimmtes Material durch ein kostengünstigeres ersetzt werden kann.

Beispiel

Am Beispiel eines DVD-Players kann man Gebrauchs- und Geltungsfunktionen veranschaulichen. Welche Knöpfe sind unbedingt notwendig? Sind runde oder eckige Knöpfe günstiger? Sind die Knöpfe zum Drücken oder zum Drehen? Wo verwendet man Metall oder Kunststoff? Befindet sich das Laufwerk links oder rechts usw.?

Gebrauchsfunktionen beziehen sich auf technische Aufgaben und Geltungsfunktionen auf das Prestige oder Image, wodurch die Verkaufsfähigkeit erhöht wird, da der Kunde auch mit den Augen kauft.

Welche Funktionen kann ein Produkt auf sich vereinen?

Den Gebrauchswert findet man noch einmal unterteilt in den Nutzwert und den Zuverlässigkeitswert. Beim Geltungswert unterscheidet man den Prestigewert, den Geschmackswert und den ästhetischen Wert.

Eine Wertanalyse ist dann sinnvoll, wenn sich ein Team von Fachleuten mit der Problemstellung befasst und systematisch alle Möglichkeiten betrachtet. Nach DIN 69910 besteht eine Wertanalyse aus sechs Grundschritten.

Sechs Grundschritte der Wertanalyse		
1. Grundschritt: **Vorbereitung des Projekts**	**2. Grundschritt:** **Analyse des Objektes**	**3. Grundschritt:** **Bewertung der Funktionen und Beschreibung des Soll-Zustandes**
Die zu untersuchenden Objekte werden ausgewählt. Der Moderator übernimmt den Auftrag, setzt die Ziele und plant den Projektablauf. Alle notwendigen Informationen müssen beschafft werden. Das können Konstruktionszeichnungen, Vorschriften oder auch Gebrauchsanleitungen sein. Die Funktionen des Objekts sind zu ermitteln und zu gliedern (Haupt- oder Nebenfunktionen). Es folgt die Berechnung der Kosten je Funktion. Neben den Ist-Funktionen dürfen die Soll-Funktionen nicht vergessen werden, die zusätzlich gewünscht werden.	Alle Kriterien, die im ersten Grundschritt ermittelt wurden, müssen nun analysiert werden. Die Fragestellungen dabei sind: • Was ist es? • Was tut es? • Um welche Funktionen handelt es sich?	Die Funktionen werden auf ihre Aufgaben hin untersucht und ob sie die Anforderungen erfüllen. Die Ist-Lösung erfüllt die Ist-Funktion, zum Beispiel sind zwei Teile zusammengeschweißt. Die Soll-Funktion fragt „Was soll es tun?", nämlich die Verbindung von zwei Teilen. Die Soll-Lösung stellt die Frage „Wie geht es besser?", zum Beispiel durch Schrauben oder Kleben.

4. Grundschritt: Entwicklung von Lösungen	5. Grundschritt: Prüfung und Bewertung von Lösungen	6. Grundschritt: Auswahl und Realisierung der optimalen Lösung
Die bereits vorhandenen Ideen werden gesammelt und neue entwickelt. Da in dieser Phase keine Kritik zugelassen ist, gibt es auch Vorschläge, die nicht realisierbar oder zu teuer sind. Es muss also anschließend eine Sortierung stattfinden, um Lösungsansätze verdichten zu können.	Die Bewertungskriterien werden festgelegt (z. B. Amortisationsdauer, Qualität, Aktualität, Höhe der Einsparungen, Realisierungskosten usw.). Jedem Kriterium kann ein Gewichtungsfaktor zugeordnet werden, mit dem die Punkte multipliziert werden. Auf Grund der Gesamtpunktzahlen ergibt sich eine Reihenfolge der Lösungsvorschläge (siehe auch fünfte Stufe der Sechs-Stufen-Methode der Systemgestaltung in Abschnitt 2.4.3.2).	Die Umsetzung in die Praxis muss sehr genau geplant werden. Die Realisierung selbst ist ständig zu überwachen. Bei Abweichungen muss steuernd eingegriffen und nach der Ursache geforscht werden. Das Projekt kann abgeschlossen werden, wenn es seine Leistungsfähigkeit unter Beweis gestellt hat. Es unterliegt aber weiterhin dem kontinuierlichen Verbesserungsprozess.

Die **Nutzwertanalyse** ist ein Verfahren zur Feststellung des Nutzwertes von Investitionsobjekten. Wirtschaftliche, soziale, technische und rechtliche Bewertungskriterien quantitativer und qualitativer Art ergeben zusammen den Nutzwert einer Investition, sodass es möglich ist, verschiedene Investitionen in eine Rangordnung zu bringen. Die Vorgehensweise ist ähnlich wie bei der Wertanalyse. Zuerst müssen die Zielkriterien festgelegt werden, anschließend erfolgt die Gewichtung und die Festlegung der einzelnen Teilnutzen jeder Alternative. Durch Addition der Teilnutzen ergibt sich der Nutzwert. Die Entscheidung fällt für die Alternative mit dem höchsten Nutzwert.

Welches Ziel verfolgt die Nutzwertanalyse?

2.4.4 Bewertung von Verbesserungsvorschlägen

2.4.4.1 Bewertungsmaßstäbe
Ein Verbesserungsvorschlag wird dahingehend überprüft, ob er auf Mängel in der Organisation oder im Arbeitsablauf hinweist. Gleichzeitig soll er dazu passende Vorschläge zur Optimierung enthalten. Es muss sich also um eine tatsächliche Verbesserung des Ist-Zustandes bzw. eine sinnvolle Änderung handeln. Es liegt kein Verbesserungsvorschlag vor, wenn der Mitarbeiter auf Grund seiner Tätigkeit sowieso für diesen Bereich verantwortlich ist. Es muss sich um etwas Neuartiges handeln, wobei hier noch zu prüfen ist, ob es sich vielleicht um eine Erfindung handelt, die rechtlich geschützt werden kann.

Was muss ein Verbesserungsvorschlag enthalten?

2.4.4.2 Bewertungsfaktoren
Die Fachabteilung prüft jeden Verbesserungsvorschlag auf wirtschaftlichen, technischen oder sozialen Nutzen. Es werden die positiven und auch die negativen Merkmale in einem Gutachten zusammengestellt. Als Bewertungsfaktoren können dabei zum Beispiel die Wirkung (Verbesserung des Ist-Zustandes), die Originalität, der Arbeitsaufwand und die Realisierungsmöglichkeit in Betracht

Mit welchen Faktoren wird ein Vorschlag bewertet?

kommen. Das Gutachten bildet die Grundlage für die Berechnung des wirtschaftlichen Nutzens. Daraus ergibt sich die Prämie für den Mitarbeiter.

2.4.4.3 Bewertungskriterien von Vorschlägen mit errechenbarem Nutzen

Gesamtersparnis
− Kosten der Realisierung
= Nettoersparnis

Mithilfe von Wirtschaftlichkeitsrechnungen wird die Nettoersparnis durch den Verbesserungsvorschlag ermittelt. Die Nettoersparnis ergibt sich aus der Differenz der Gesamtersparnis zu den Kosten der Realisierung. Dem Mitarbeiter wird ein bestimmter Prozentsatz dieser Ersparnis als Honorar überwiesen. Es kann auch ein Anteil vom Ertrag – z. B. im ersten Jahr nach der Umsetzung – gewährt werden.

2.4.4.4 Bewertungskriterien bei nicht errechenbarem Nutzen

Welche qualitativen Kriterien dienen der Bewertung?

Da es auch Vorschläge gibt, die kostenmäßig nicht bewertet werden können, muss man qualitative Kriterien zu Rate ziehen. Dies betrifft vor allem Möglichkeiten der Arbeitserleichterung und der Qualitätsverbesserung, Verbesserungsvorschläge bezüglich der Arbeitssicherheit oder Hinweise auf eine Intensivierung des Kundenservices. Mithilfe von Tabellen wird über ein Punktesystem die Wertigkeit des Vorschlags berechnet. Daraus ergibt sich die Höhe der Prämie.

Beispiel zur Bewertung von Verbesserungsvorschlägen

	Punkte
1. Stellung des Vorschlagenden	
• ungelernter Arbeitnehmer; Auszubildende	3
• Facharbeiter und Angestellte	2
• Führungskräfte	1
2. Tätigkeitsbereich:	
• fremd	6
• verwandt	3
• eigener	1
3. Brauchbarkeit[1]:	
• überragend	31 bis 100
• groß	11 bis 30
• mittel	bis 10
• klein	4
• Aufzeigen von Mängeln[2]	
4. Ausführungsreife:	
• sofort einsatzfähig	2
• noch nicht einsatzfähig	1
• weitere Ausarbeitungen nötig	0,5

5. Prämienberechnungsformel:
$$P = St \cdot T \cdot (B \cdot 10\ \text{€/Punkt}) \cdot A$$

(Schema in Anlehnung an die Broschüre „Mitarbeiten – Mitdenken!", Bayerisches Staatsministerium für Arbeit und Sozialordnung)

[1] Die Brauchbarkeit ist die wichtigste Rubrik. Ein Punkt in ihr entspricht z.B. 10 €. Die Brauchbarkeit wird vor allem nach dem jährlichen materiellen Nutzen festgestellt. Sollte ein materieller Nutzen nicht feststellbar sein, sondern liegt nur ein ideeller Nutzen vor, ist die Brauchbarkeit zu schätzen.

[2] Es kann sich um einen Fehlerquellenhinweis (FQH) oder um einen Unfallquellenhinweis (UQH) handeln.

In der Formel bedeuten: P = Prämie, St = Stellung des Vorschlagenden, T = Tätigkeitsbereich, B = Brauchbarkeit, A = Ausführungsreife

Eine zweite Möglichkeit ist die Prämierung von Verbesserungsvorschlägen nach einer Faktorenbewertung. Dabei werden zwei Faktoren mithilfe von Faktorenquadraten (**Spahlsches Faktorenquadrat**) zueinander in Beziehung gesetzt. In Abb. 2.55 ist dies beispielhaft für Neuartigkeit und Leistungsaufwand zu sehen. Man ordnet jeweils den Leistungsaufwand und die Neuartigkeit in der fünfstufigen Skala ein und gelangt im Kreuzungspunkt der schräg angeordneten Felder zum betreffenden Faktor. Es handelt sich dabei um ein eher kompliziertes Verfahren.

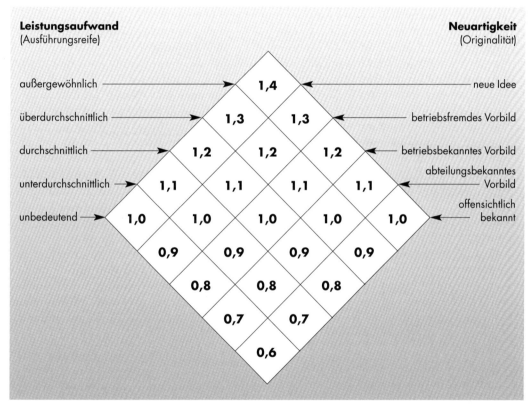

Abb. 2.55: Faktorenbewertung nach „Ausführungsreife" und „Neuartigkeit". Quelle ist ebenfalls die auf S. 230 angegebene Broschüre „Mitarbeiten – Mitdenken".

Weitere Aspekte zum Vorschlagswesen

In einigen Unternehmen werden Anerkennungsprämien bezahlt für das Interesse eines Mitarbeiters an den Abläufen im Betrieb. Der Nutzen der Vorschläge ist meist gering oder sie werden gar nicht umgesetzt.

Prämienarten im Vorschlagswesen

Dauert es etwas länger, bis ein Vorschlag umgesetzt ist, kann eine Vorprämie gewährt werden, wenn sich die Einsparungseffekte bereits absehen lassen. Die Endprämie wird nach der Berechnung des tatsächlichen Nettonutzens überwiesen.

Mitarbeiter, die sehr oft Verbesserungsvorschläge einreichen, erhalten vielfach Sonderprämien.

Aufgaben zu Abschnitt 2.4

1. Beschreiben Sie, warum die Fertigungsplanung von Fragen der Arbeitszeitstudien, Arbeitsablaufstudien und Arbeitswertstudien betroffen ist.
2. Bevor die Gestaltung von Arbeitsvorgängen optimiert werden kann, müssen Arbeitsstudien durchgeführt werden.
   a) Erläutern Sie den Begriff Arbeitsstudien.
   b) Welche Kriterien werden in Arbeitsstudien untersucht?
3. Der Vergleich von Arbeitsplätzen erfolgt mithilfe von Arbeitswertstudien. Erläutern Sie, warum Arbeitsplatzvergleiche durchgeführt werden müssen.
4. Welche Daten müssen erfasst werden, um Arbeitsplätze miteinander vergleichen zu können?
5. Wie wird beim Lohngruppenverfahren der Schwierigkeitsgrad einer Tätigkeit festgelegt?
6. Begründen Sie, warum das Lohngruppenverfahren bei Tarifverträgen bevorzugt wird.
7. Erläutern Sie eine Möglichkeit, wie auch beim Zeitlohn eine erhöhte Leistung berücksichtigt werden kann.
8. Beschreiben Sie den Akkordlohn und seine Einsatzmöglichkeiten.
9. Erläutern Sie die Kennzeichen der Prämienentlohnung.
10. Formulieren Sie drei Gedanken, die bei der Beteiligung von Mitarbeitern am Unternehmensergebnis beachtet werden müssen.
11. Nennen Sie drei Sachverhalte, bei denen der Betriebsrat gemäß BetrVG Mitbestimmungsrechte im betrieblichen Vorschlagswesen hat.
12. Begründen Sie, warum sich Mitarbeiter nicht am betrieblichen Vorschlagswesen beteiligen.
13. Erläutern Sie, warum es sinnvoll ist, bei der Wertanalyse Fachleute aus mehreren Gebieten zurate zu ziehen.
14. Fertigen Sie eine Checkliste mit Kriterien an, die bei der Bewertung von Lösungsvorschlägen verwendet werden kann.
15. Beschreiben Sie jeweils drei Beispiele für Job Enlargement und Job Enrichment.
16. Folgende Angaben stehen Ihnen zur Beantwortung der Fragen zur Verfügung:
    Es werden 180 h pro Monat gearbeitet. 80 % davon werden im Akkord geleistet. Die durchschnittliche Leistung wird mit 115 % gerechnet. Der tarifliche Grundlohn beläuft sich auf 25,00 € pro Stunde. Die im Akkord produzierte Stückzahl ergibt 200 Teile.
    a) Wie hoch ist der Akkordstundenlohn?
    b) Wie hoch ist der monatliche Verdienst, wenn die normalen Stunden (Zeitlohn) mit 105 % berechnet werden?
    c) Wie hoch ist der durchschnittliche Verdienst pro Stunde?
    d) Wie viele Teile werden produziert, wenn durchgehend Akkord gearbeitet wird?

Lösungsvorschläge

L1: Vorgabezeiten müssen in regelmäßigen Abständen überprüft werden, ob sie noch zutreffend sind. Auf Grund dieser Daten wird die Arbeitswertigkeit festgelegt. Ebenso sind die Lohnsysteme zu bestimmen und die optimale Arbeitsgestaltung anzustreben. Da die Fertigungsplanung mit den Vorgabezeiten arbeitet und Arbeitsabläufe möglichst rationell planen möchte, sind die Verbindungsstellen offensichtlich. Die Lohnsysteme beeinflussen die Kosten, die ebenso in der Planung berücksichtigt werden müssen.

L2:
a) Arbeitsstudien untersuchen mit arbeitswissenschaftlichen Methoden Arbeitsvorgänge, um sie optimal einrichten/gestalten zu können.
b) Arbeitsstudien untersuchen den Arbeitsablauf (Zerlegung in Teilvorgänge), die Arbeitszeit zur Festlegung der Normalleistung und den Arbeitswert zur Bestimmung der Arbeitsschwierigkeit.

L3: Alle Arbeitsplätze müssen mit ihren Anforderungen vollständig erfasst und verglichen werden, um die Löhne und Gehälter innerhalb eines Unternehmens gerecht zuordnen zu können. Eine Staffelung der Entlohnung ist ohne einen Vergleich der Arbeitsplätze untereinander nicht möglich.

L4: Der Arbeitsplatz muss genau untersucht und beschrieben werden. Dabei sollten erfasst werden: Ziele, notwendige Tätigkeiten, Arbeitsablauf, Entscheidungsbefugnisse, Verantwortung, organisatorische Daten usw.

L5: Das Anforderungsniveau wird durch eine verbale Beschreibung global definiert.

L6: Das Lohngruppenverfahren orientiert sich an den Fähigkeiten, die die Mitarbeiter durch Ausbildung und Erfahrung erwerben können. Es ist aus diesem Grund leicht nachprüfbar (Zeugnisse, Berufserfahrung) und kann in allen Betrieben angewendet werden.

L7: Eine Leistungsänderung bewirkt nicht direkt eine Änderung der Lohnhöhe beim Zeitlohn. Es ist jedoch möglich, auf Grund regelmäßiger Leistungsbeurteilungen eine Leistungszulage zu zahlen. Man spricht dann von Zeitlohn mit Leistungsbewertung.

L8: Der Akkordlohn ist gekennzeichnet durch einen direkten proportionalen Zusammenhang zwischen Arbeitsleistung und Arbeitslohn. Mithilfe des Zeitgrads wird das Verhältnis der Ist-Zeiten zu den Vorgabezeiten berechnet. Akkordlohn wird dort angewendet, wo Mitarbeiter die Arbeitsabläufe durch ihre persönliche Leistung beeinflussen können. Je mehr Stück pro Stunde sie zum Beispiel fertigen, desto mehr Lohn erhalten sie.

L9: Bei der Prämienentlohnung werden neben der Mengenleistung auch noch eine andere oder mehrere Leistungen berücksichtigt. Dabei kann es sich um die Verbesserung der Qualität handeln, um Einsparung von Material durch weniger Ausschuss, um optimale Ausnutzung der Betriebsmittelkapazitäten u.a.; Lohn und Leistung müssen nicht linear verlaufen. Die Leistungslinie kann degressiv oder in Stufen gestaltet sein.

L10: Kapitalgeber müssen einen höheren Anteil erhalten als Mitarbeiter, da sie ein größeres Risiko tragen.

Die Beteiligung der Mitarbeiter darf nicht in gleicher Höhe erfolgen, sondern es müssen zum Beispiel das Einkommen, die Jahre der Betriebszugehörigkeit, die Position im Unternehmen usw. berücksichtigt werden.
Es muss über die Form entschieden werden, in der der Mitarbeiter die Beteiligung erhält. Sie kann zum Beispiel bar ausbezahlt oder für den Mitarbeiter vermögensbildend angelegt werden. Eine weitere Möglichkeit ist, die Mitarbeiter zu Miteigentümern zu machen, indem ihr Anteil als Kapitalbeteiligung verbucht wird. Der Mitarbeiter könnte das Geld auch dem Unternehmen als Darlehen zur Verfügung stellen.

L11: Organisation des betrieblichen Vorschlagswesen, Bewertungsmaßstäbe, Regelungen zur Zuteilung der Prämien, Formulierungen zur Abgrenzung von Verbesserungsvorschlägen

L12: Der Mitarbeiter ist auf Grund seiner Fähigkeiten dazu nicht in der Lage.
Er möchte sich nicht daran beteiligen, weil er darin keinen Sinn sieht.
Er bringt nicht den Mut dazu auf, da er das Gerede und den Druck der Kollegen fürchtet, wenn wegen des Vorschlags Änderungen vorgenommen werden.

L13: „Vier Augen sehen mehr als zwei Augen." Dies gilt auch für geistige Arbeit. Die Fachleute können ihr Spezialwissen einbringen und sich gegenseitig auf neue Ideen bringen. Insgesamt werden mehr Ideen entwickelt, aus denen dann die besten herausgefiltert werden.

L14: Beispiele sind:
Qualität
Aufwand bei der Realisierung
Höhe der Einsparungen
Zeitdauer der Realisierung
Amortisationsdauer
Konkurrenz
Kundenwünsche
Innovationsgrad
Erfüllung der gewünschten Funktionen

L15: Job Enlargement bedeutet Aufgabenerweiterung. Der Mitarbeiter verrichtet zusammenhängende Arbeitsgänge bzw. Prozesse.
- Ein Mitarbeiter, der bisher Wellen gefräst hat, bekommt die Aufgabe, in diese nun auch zwei Löcher zu bohren.
- Ein Mitarbeiter in der Verpackung bestellt zukünftig die Verpackungsmaterialien, die er benötigt, selbst.
- Ein Mitarbeiter in der Reparaturabteilung verständigt zukünftig die Kunden selbst, dass sie ihre Geräte wieder abholen können.

Job Enrichment bedeutet Aufgabenanreicherung. Eine Stelle erhält zusätzlich Mitspracherechte und Kontrollbefugnisse. Sie erfährt eine qualitätsmäßige Aufwertung.
- Ein Mitarbeiter, der bisher nur Teile gefertigt hat, erhält zusätzlich die Aufgabe der Selbstkontrolle.
- Eine Gruppe ist zukünftig für die Schicht- und Urlaubsplanung selbst verantwortlich.
- Mitarbeiter in der Abteilung für Muster- und Modellanfertigungen entscheiden künftig selbst, welches Material sie von welchem Lieferanten bestellen.

L16:
a) 25 € · 115 % = 28,75 €

b) Akkord: 144 h · 28,75 € = 4.140 €
Normale Stunden: 36 h · 26,25 € = 945 €
4.140 € + 945 € = 5.085 €

c) 5.085 € : 180 h = 28,25 € pro Stunde

200 Teile entsprechen 144 Stunden. Wie vielen Teilen entsprechen 180 Stunden?
(200 Teile: 144 h) · 180 h = 250 Stück
Oder
200 Teile entsprechen 80 %, also entsprechen 100 % 250 Teile.

2.5 Kostenrechnung und Kalkulationsverfahren

2.5.1 Grundlagen des Rechnungswesens

Das Rechnungswesen ist kein eigenständiger Zweig, den man isoliert betrachten kann. Die betriebswirtschaftlichen Vorgänge, wie z.B. der Kauf eines Lkw oder die Freigabe von Erzeugnissen nach der Qualitätskontrolle können nicht ohne Erfassung im Rechnungswesen vonstattengehen. Ebenso kann umgekehrt das Rechnungswesen keine Zahlungseingänge in der Kasse verbuchen oder Ausgangsrechnungen schreiben, ohne dass ein entsprechender geschäftlicher Vorgang zu Grunde liegt. Alle Geschäftsvorfälle müssen schriftlich mithilfe von Belegen dokumentiert werden („Keine Buchung ohne Beleg").

2.5.1.1 Aufgaben des betrieblichen Rechnungswesens

Die Aufgaben, die das Rechnungswesen erfüllen muss, können in vier große Bereiche eingeteilt werden. Es handelt sich hierbei um die Dokumentationsaufgabe, die Kontrollaufgabe, die Dispositionsaufgabe und die Rechenschaftslegungs- und Informationsaufgabe.

Dokumentationsaufgabe
Alle Geschäftsvorfälle werden mithilfe von Belegen zeitlich und sachlich geordnet dokumentiert.

 Geschäftsvorfälle sind Vorgänge, die eine Änderung des Vermögens, der Schulden und/oder des Eigenkapitals verursachen.

Zum **Vermögen** zählen u.a. Grundstücke, Gebäude, Fahrzeuge, Büroeinrichtungen oder die unfertigen Erzeugnisse im Lager. **Schulden** können ein überzogenes Bankkonto, eine noch nicht bezahlte Rechnung an einen Lieferanten oder eine auf ein Grundstück aufgenommene Hypothek sein. Das **Eigenkapital** sind meist die Ersparnisse (kann auch ein Lottogewinn sein), mit denen ein

Unternehmer seinen Betrieb gegründet hat, und das sich im Laufe der Jahre durch erwirtschafteten Gewinn vermehrt hat.

Beispiele für Geschäftsvorfälle:
- Verkauf einer Maschine: Es wird eine Rechnung (Ausgangsrechnung) vom Vertrieb an den Kunden geschrieben. Ein Durchschlag wandert in die Abteilung Rechnungswesen. Außerdem müssen die Bestandteile der Maschine vom Lagerbestand abgezogen werden. Also erhält die Lagerbuchhaltung auch einen Durchschlag der Rechnung oder des dazu ausgestellten Lieferscheins.
- Einkauf von Rohstoffen: Die Rohstoffe werden anhand des Lieferscheins in den Lagerbestand gebucht. Die beigefügte Rechnung (Eingangsrechnung) erhält der Einkauf zur Kontrolle und – nach der Freigabe – die Buchhaltung zur Bezahlung. Nach Begleichung der Schuld erscheint der Betrag auf dem Kontoauszug.

Kontrollaufgabe
Kein Unternehmen kann es sich leisten, ohne regelmäßige Überprüfung der **Wirtschaftlichkeit** und **Rentabilität** zu arbeiten. Auch ist auf die notwendige **Liquidität** (Zahlungsbereitschaft) zu achten, dass z.B. am Monatsende genügend Geld auf den Firmenbankkonten liegt, um die Löhne und Gehälter an die Mitarbeiter überweisen zu können und fällige Steuern an das Finanzamt zu zahlen. Dazu ist es notwendig, die Zahlungseingänge genau zu überwachen. Hier kann durchaus die eine oder andere Mahnung an einen säumigen Kunden notwendig sein. Der Firmeninhaber möchte nie nur das Gesamtergebnis sehen, sondern wie sich im Einzelnen der Verkauf der verschiedenen Erzeugnisse entwickelt und wie der Stand der Dinge in den Niederlassungen aussieht.

Dispositionsaufgabe
Disponieren bedeutet nichts anderes, als für die **Zukunft** zu planen und **Entscheidungen** zu treffen. Genau dies ist aber nur möglich, wenn als Grundlage aufbereitete Zahlen aus dem Rechnungswesen zur Verfügung stehen. Wurde in den letzten drei Jahren nur Verlust eingefahren, fällt die Entscheidung, eine neue Lagerhalle zu bauen, mit Sicherheit schwerer als umgekehrt.

Es müssen Fragen entschieden werden wie
– Kauf oder Leasing von Fahrzeugen,
– Eliminierung eines Produktes aus dem Sortiment,
– Verkauf eines nicht benötigten Grundstücks,
– Zahlung von Prämien,
– Gehaltserhöhungen,
– Gewährung von Rabatten an Kunden
und vieles mehr.

Von großer Bedeutung ist die Kalkulation der Verkaufspreise. Sie hängt ab von der Konjunktur, der Konkurrenz, den im Unternehmen auftretenden Kosten und der Geschäftspolitik. Höhere Preise stehen meist für bessere Qualität.

Rechenschaftslegungs- und Informationsaufgabe
Jedes Unternehmen muss auf Grund gesetzlicher Vorschriften gegenüber bestimmten **Behörden** und **Interessengruppen** Rechenschaft ablegen und über seine Geschäftstätigkeit informieren. Das Finanzamt berechnet Steuern vom erwirtschafteten Gewinn. Aktionäre erhalten einen Jahresbericht mit den entsprechenden Informationen. Aber auch ohne Gesetzesgrundlage ist es manchmal notwendig, Einblick in das Rechnungswesen zu gewähren. Soll bei einer Bank ein Kredit beantragt werden, möchte diese die Bilanzen der letzten Jahre sehen, um einen Eindruck davon zu gewinnen, wie es um die Kreditwürdigkeit steht. Ebenso sind Lieferanten daran interessiert, ob weiterhin eine gute Zusammenarbeit möglich ist. Und die Belegschaft freut sich ganz besonders, wenn der Jahresabschluss positiv ausfällt und die Arbeitsplätze gesichert sind.

Betriebsinterne und externe Aufgaben
Von den Aufgaben des betrieblichen Rechnungswesens betreffen einige nur das Umfeld und andere nur den internen Bereich des Unternehmens.

- Externe Aufgaben: z.B. gegenüber dem Finanzamt, Banken oder Gläubigern
- Interne Aufgaben: z.B. die Disposition, die Ermittlung der Abteilungsergebnisse oder die Kontrolle der Wirtschaftlichkeit

2.5.1.2 Gliederung des betrieblichen Rechnungswesens

Was umfasst das betriebliche Rechnungswesen?

Das betriebliche Rechnungswesen gliedert man auf Grund der verschiedenen Zielsetzungen und der vielfältigen Aufgaben in die **Finanzbuchhaltung**, die **Kosten- und Leistungsrechnung**, die **Statistik** und die **Planungsrechnung**. Die Finanzbuchhaltung umfasst das externe Rechnungswesen, in dem gesetzliche Vorschriften zu beachten und Forderungen von Interessengruppen zu erfüllen sind. Die Kosten- und Leistungsrechnung deckt den Bereich des **internen Rechnungswesens** ab, wobei man auch von interner Erfolgsrechnung spricht. Diese Daten verlassen das Unternehmen nicht und ihre Aufbereitung – z.B. für die Kalkulation der Angebotspreise – ist an keine Vorschriften gebunden. Sowohl die Finanzbuchhaltung als auch die Kosten- und Leistungsrechnung liefern Daten für die betriebliche Statistik. Das Zahlenmaterial bildet die Grundlage für die betriebliche Planung und Steuerung, die sich auf das Umfeld auswirken kann, z.B. in Form einer Investition.

Finanzbuchhaltung/Geschäftsbuchhaltung

Wie kann der Gewinn / Verlust ermittelt werden?

In der Finanzbuchhaltung (Fibu) werden das vorhandene **Vermögen** des Unternehmens, alle **Schulden** und deren **Veränderungen** während eines Geschäftsjahres festgehalten. Durch die Gegenüberstellung von **Erträgen** (Wertezuwachs) und **Aufwendungen** (Werteverzehr) kann der **Gewinn/Verlust** ermittelt werden.

Beispiele für Erträge sind
- die Erlöse aus den Verkäufen der Erzeugnisse,
- Zinserträge von Geldanlagen oder
- Mieterträge von vermieteten Lagerräumen oder Werkswohnungen.

Zu den Aufwendungen gehören
- Lohnzahlungen,
- Zinsaufwendungen für ein überzogenes Bankkonto,
- die Telefonrechnung oder
- die Reisekosten der Chefin.

Was versteht man unter Zeitrechnung?

Durch den Einsatz der **EDV** ist es jederzeit möglich, die aktuelle Situation der im Unternehmen ein- und ausfließenden Geldströme und das bisher erwirtschaftete Ergebnis bzw. den Geschäftsverlauf zu einem beliebigen Zeitpunkt festzustellen. Dies erleichtert wiederum die Planung, da permanent aktuelle Daten vorliegen. Die Finanzbuchhaltung ist eine **Zeitrechnung**, weil sie die während eines Geschäftsjahres stattfindenden Geschäftsvorfälle dokumentiert.

In der Finanzbuchhaltung werden nicht nur Vorgänge erfasst, die mit dem eigentlichen Betriebszweck zu tun haben. Vielmehr werden **alle Geschäftsvorfälle** dokumentiert, die das Unternehmen in irgendeiner Weise berühren. Die

Spende an den örtlichen Bärenverein hat mit dem Betriebszweck nichts zu tun. Trotzdem wird sie gebucht und wirkt sogar steuermindernd. Auch die Mieterträge aus der Lagerhalle, die regelmäßig als Winterquartier an einen Zirkus vermietet wird, erscheinen in der Finanzbuchhaltung, obwohl sie mit dem Betriebszweck absolut keinen Zusammenhang aufweisen. Jetzt wird es auch verständlich, warum die Finanzbuchhaltung als **externes Rechnungswesen** oder **steuerliche Erfolgsrechnung** bezeichnet wird. Durch Gegenüberstellung der Aufwendungen und Erträge ergibt sich der **Unternehmenserfolg**.

Wie gelangt man zum Unternehmenserfolg?

Um den allgemeinen Rechnungslegungszweck der Finanzbuchhaltung erfüllen zu können, müssen zuerst alle Geschäftsvorfälle vollständig erfasst, geordnet und dokumentiert werden. Die Dokumentation der laufenden Geschäftsvorfälle erfolgt zum einen **chronologisch** im **Grundbuch** (Journal) und zum anderen noch einmal nach **systematischen** Gesichtspunkten geordnet im **Hauptbuch** auf T-Konten. Durch diese Art der Dokumentation ist also jeder Geschäftsvorfall mindestens zweimal aufzuzeichnen. Bei Buchungen über EDV erfolgt dies automatisch.

Durch die doppelte Buchführung können auch Aussagen über den positiven oder negativen **Erfolg**, den Geschäftsvorfälle in einer bestimmten Periode bewirken, gemacht werden. Der Erfolg ergibt sich als Gewinn oder Verlust, je nachdem, ob sich das Eigenkapital zum Ende des Geschäftsjahres im Vergleich zu dessen Beginn vermehrt (Gewinn) oder verringert (Verlust) hat. Die doppelte Buchführung stellt so auch die Entstehung des Erfolgs dar.
- Stellt man die Erlöse den Aufwendungen gegenüber und errechnet daraus den Erfolg, spricht man von der **Erfolgsrechnung**.
- Vergleicht man das Eigenkapital zu Beginn und am Ende des Geschäftsjahres, ergibt sich der Erfolg aus dem **Vermögensvergleich**.

Im Grundbuch erhält man durch die zeitliche Sortierung der Geschäftsvorfälle keinen Überblick über die Veränderungen des Vermögens und des Kapitals. Dazu nimmt man das Hauptbuch zu Hilfe. Hier findet man z.B. alle Bankbuchungen oder Verkäufe (Umsatzerlöse) auf Grund der sachlichen Ordnung auf einen Blick. Im Hauptbuch wird auf die einzelnen Sachkonten gebucht. Da das Hauptbuch computergerecht gestaltet ist, orientiert sich die Darstellung an dem jeweils verwendeten Buchführungsprogramm.

Die Eröffnungs- und die Schlussbilanz werden auf Grund ihrer Sonderstellung zum Bilanzbuch zusammengefasst. Außerdem werden noch diverse Nebenbücher geführt, wie z.B. das Warenbuch mit den Warenaus- und den Wareneingängen oder das Geschäftsfreundebuch mit den Kunden (Debitoren) und den Lieferanten (Kreditoren).

Kosten- und Leistungsrechnung

Die Kosten- und Leistungsrechnung (KLR) wird auch als **Betriebsbuchhaltung** bezeichnet. Sie erfasst im Gegensatz zur Finanzbuchhaltung (Fibu) nur diejenigen Vorgänge, die mit dem eigentlichen **Betriebszweck** im Zusammenhang stehen. Hier werden die Kosten ermittelt, die bei der Herstellung eines Erzeugnis-

Wie wird die Betriebsbuchhaltung auch genannt?

ses oder der Erstellung einer Dienstleistung anfallen. Es werden genau die Aufwendungen und Erträge festgehalten, die durch die Erfüllung der eigentlichen betrieblichen Tätigkeit verursacht werden. Die Aufwendungen bezeichnet man zur Unterscheidung von der Fibu als **Kosten** und die Erträge als **Leistungen**. Einerseits werden die Erlöse (Leistungen) aus dem Verkauf der selbst hergestellten Produkte gebucht. Andererseits werden die dazu notwendigen Kosten für die Beschaffung, die Produktion, Verpackung, Vertrieb etc. aufgezeichnet. Nur durch eine genaue Zuordnung ist die Kontrolle der **Wirtschaftlichkeit** für die einzelnen Bereiche möglich. Durch Gegenüberstellung der Kosten und Leistungen ergibt sich der **Betriebserfolg**. Die KLR ist sowohl eine **Stückrechnung** als auch eine **Zeitrechnung**. Ebenso wie die Kosten oder Erlöse pro verkauftem Produkt erfasst werden, gilt dies auch pro Abrechnungszeitraum, z.B. pro Monat oder Quartal (Betriebserfolg!).

Statistik
- sammelt **Daten** aus jedem Bereich des Unternehmens,
- bereitet sie auf,
- wertet sie aus,
- stellt sie in Tabellen zusammen und
- veranschaulicht sie durch grafische Darstellungen.

Es kann sich hier um die Umsatzzahlen der Produkte getrennt nach Niederlassungen handeln, die erwirtschafteten Gewinne pro Monat des letzten Jahres, die Häufigkeit der Anlieferungen von Rohstoffen, die Lagerumschlagszahlen, Personalstatistiken u.v.m. Auf diese Weise kann die **Entwicklung** in den verschiedenen Bereichen gut verfolgt werden (**Zeitvergleich**), um im Bedarfsfall korrigierend eingreifen zu können. Sinkt z.B. der Absatz in einem bestimmten Bundesland, kann dafür speziell eine Werbekampagne gestartet werden. Sehr oft werden die betriebseigenen Daten mit dem **Branchendurchschnitt** verglichen. Anhand dieser Zahlen, die Verbände, Industrie- und Handelskammern oder das Statistische Bundesamt in Wiesbaden herausgeben, kann ein Unternehmen seine eigene Situation auf dem Markt besser einschätzen. Aus den Statistiken werden Unterlagen für die unternehmerische **Planung** und Disposition gewonnen. Bei Grafiken muss immer darauf geachtet werden, dass sie genau beschriftet und bezeichnet werden, um die notwendigen Informationen daraus entnehmen zu können.

Planungsrechnung
Die Planungsrechnung wertet die von der Fibu, KLR und Statistik erfassten und zusammengestellten Daten aus und schließt daraus auf die **zukünftige Entwicklung**. Sie erstellt die Grundlagen für Finanz- und Investitionsentscheidungen. Für die einzelnen betrieblichen Funktionen werden **Teilpläne** erstellt, z.B. Finanzplan, Produktionsplan oder Beschaffungsplan. Diese vorgegebenen **Soll**- oder **Planzahlen** werden im Laufe der nächsten Wochen und Monate permanent mit den tatsächlich erreichten Ergebnissen (**Istzahlen**) verglichen. Auf diese Weise können Abweichungen erkannt, kann nach den Ursachen geforscht und je nach Bedarf korrigierend eingegriffen werden.

- Die Fertigung kann z.B. als Vorgabe erhalten, dass sie im Durchschnitt zu 75 % ausgelastet sein soll.
- Für die Montage könnte die Planvorgabe lauten: Zusammenbau von drei Maschinen pro Tag.

2.5.1.3 Gesetzliche Grundlagen der Finanzbuchhaltung

Buchführungspflicht im Handelsrecht und Steuerrecht
Zu den Aufgaben der Finanzbuchhaltung (Geschäftsbuchführung) zählt die Erfassung aller Geschäftsvorfälle, sowohl der betriebsgewöhnlichen Vorgänge (Lohnzahlungen) als auch der nicht betriebsgewöhnlichen Vorgänge (Spenden). Weiterhin liefert die Fibu das Zahlenmaterial für die KLR, die Statistik und die Planung. Auf dieser Basis werden die Steuererklärungen angefertigt und unternehmerische Entscheidungen getroffen. Eine weitere wichtige Aufgabe ist die **Erstellung des Jahresabschlusses**. Dieser setzt sich aus der **Bilanz** (Abbild des Unternehmens in Zahlen) und der **Gewinn- und Verlustrechnung** zusammen. Die **Buchführungspflicht** und die Aufstellung der Bilanz und der Gewinn- und Verlustrechnung sind gesetzlich verankert. Sowohl im **Handelsrecht** als auch im **Steuerrecht** findet man Vorschriften, die die Buchführungspflicht regeln.

> Woraus setzt sich der Jahresabschluss zusammen?

Die entsprechenden Vorschriften des Handelsrechts finden sich im **Handelsgesetzbuch (HGB)**.
- § 238 Absatz 1 HGB Buchführungspflicht: „Jeder Kaufmann ist verpflichtet, Bücher zu führen und in diesen seine Handelsgeschäfte und die Lage seines Vermögens nach den Grundsätzen ordnungsmäßiger Buchführung ersichtlich zu machen. Die Buchführung muss so beschaffen sein, dass sie einem sachverständigen Dritten innerhalb angemessener Zeit einen Überblick über die Geschäftsvorfälle und über die Lage des Unternehmens vermitteln kann. Die Geschäftsvorfälle müssen sich in ihrer Entstehung und Abwicklung verfolgen lassen ..."
- In den §§ 1 – 7 HGB wird der Begriff Kaufleute definiert.

Das Steuerrecht bestimmt die Buchführungspflicht in § 140 und § 141 der **Abgabenordnung (AO)**.
- § 140 AO Buchführungs- und Aufzeichnungspflichten nach anderen Gesetzen: „Wer nach anderen Gesetzen als den Steuergesetzen Bücher und Aufzeichnungen zu führen hat, die für die Besteuerung von Bedeutung sind, hat die Verpflichtungen, die ihm nach den anderen Gesetzen obliegen, auch für die Besteuerung zu erfüllen."
- § 141 AO Buchführungspflicht bestimmter Steuerpflichtiger: „Gewerbliche Unternehmer ... die nach den Feststellungen der Finanzbehörde für den einzelnen Betrieb
  1. Umsätze ... von mehr als ... (?)Euro im Kalenderjahr oder ...
  4. einen Gewinn aus Gewerbebetrieb von mehr als ... (?)Euro im Wirtschaftsjahr ... gehabt haben, sind auch dann verpflichtet, für diesen Betrieb Bücher zu führen und auf Grund jährlicher Bestandsaufnahmen Abschlüsse zu machen, wenn sich eine Buchführungspflicht nicht aus § 140 ergibt. ..."

Bei den Beträgen ist die aktuelle Gesetzeslage zu beachten!

2.5.1.4 Grundsätze ordnungsgemäßer Buchführung

Inhalte und Quellen der Grundsätze ordnungsgemäßer Buchführung
Die Grundsätze ordnungsgemäßer Buchführung (GoB) sind zum einen
- in gesetzlichen Vorschriften festgehalten und haben sich zum anderen im Laufe der Zeit
- aus der Rechtsprechung ergeben,
- aus Empfehlungen von Verbänden,
- auf Grund von Behördenerlassen (meist Finanzbehörden) und
- aus Verhaltensregeln, die sich in der Praxis bewährt haben.

AUSWAHL DER RECHTSVORSCHRIFTEN, IN DENEN MAN HINWEISE AUF DIE GOB FINDET:

§ 238 HGB Buchführungspflicht:
Dieser Paragraf ist eine Generalklausel, deren Inhalt sich aus verschiedenen Quellen zusammensetzt. Es wird darin u.a. darauf hingewiesen, dass sich
- ein sachverständiger Dritter einen Überblick verschaffen können muss und
- die Geschäftsvorfälle nachvollziehbar sein müssen.

§ 239 HGB Führung der Handelsbücher:
- Verwendung einer lebenden Sprache,
- eindeutige Festlegung der Bedeutung von Abkürzungen oder Symbolen,
- vollständige, richtige, zeitgerechte und geordnete Aufzeichnungen,
- bei Änderungen von Eintragungen muss der ursprüngliche Inhalt noch feststellbar sein,
- die Aufbewahrung von Belegen auf Datenträgern ist zulässig,
- die Aufzeichnungen auf Datenträgern müssen innerhalb einer angemessenen Frist lesbar gemacht werden können.

§ 243 HGB Aufstellungsgrundsatz:
- Der Jahresabschluss muss klar und übersichtlich sein.

§ 244 HGB Sprache. Währungseinheit:
- Der Jahresabschluss ist in deutscher Sprache und in Euro aufzustellen.

§ 245 HGB Unterzeichnung:
- Der Jahresabschluss ist vom Kaufmann unter Angabe des Datums zu unterzeichnen.

§ 146 AO Ordnungsvorschriften für die Buchführung und für Aufzeichnungen:
- Buchungen und Aufzeichnungen sind vollständig, richtig, zeitgerecht und geordnet vorzunehmen.
- Kasseneinnahmen und Kassenausgaben sollen täglich festgehalten werden.

§ 147 AO Ordnungsvorschriften für die Aufbewahrung von Unterlagen:
- Bücher und Aufzeichnungen, Inventare, Jahresabschlüsse, die Eröffnungsbilanz und Buchungsbelege sind zehn Jahre aufzubewahren.
- Handels- oder Geschäftsbriefe sind sechs Jahre aufzubewahren.

Hält sich ein Unternehmen nicht an die einschlägigen Vorschriften, kann das Finanzamt eine Steuerschätzung vornehmen. Außerdem können Geldbußen oder sogar Freiheitsstrafen wegen Steuerverkürzung oder Steuerhinterziehung verhängt werden.

2.5.1.5 Inventur

Gesetzliche Grundlagen
Das Rechnungswesen hat die Aufgabe, ein Unternehmen zahlenmäßig zu erfassen und abzubilden. Alle **Vermögensgegenstände** müssen mit ihren Werten aufgelistet und geordnet werden. Ebenso sind die **Schulden** gegenüber Lieferanten, dem Finanzamt oder Banken in einem Verzeichnis darzustellen. Zu diesem Zweck müssen alle Wirtschaftsgüter und Schulden gezählt und bewertet werden. Dieser Vorgang wird als Inventur bezeichnet.

Welche Vorgänge sind für eine Inventur notwendig?

- Körperliche Gegenstände, wie z.B. die betriebseigenen Fahrzeuge, die Vorräte im Lager und die Kasse werden durch Zählen, Messen, Wiegen oder im Ausnahmefall durch Schätzung erfasst. Man spricht von **körperlicher Inventur**.
- Nicht körperliche Werte, also Verbindlichkeiten (Eingangsrechnungen) und Forderungen (Ausgangsrechnungen) werden durch die Geschäftsbücher (auch per EDV-Buchführung) nachgewiesen. Dies bezeichnet man als **Buchinventur**.

Der Gesetzgeber fordert eine Inventur zu ganz bestimmten **Zeitpunkten**, bei der Gründung eines Handelsgewerbes und zum Schluss eines jeden Geschäftsjahres.

> § 240 HGB Inventar
> (1) Jeder Kaufmann hat zu Beginn seines Handelsgewerbes seine Grundstücke, seine Forderungen und Schulden, den Betrag seines baren Geldes sowie seine sonstigen Vermögensgegenstände genau zu verzeichnen und dabei den Wert der einzelnen Vermögensgegenstände und Schulden anzugeben.
> (2) Er hat ... für den Schluss eines jeden Geschäftsjahres ein solches Inventar aufzustellen. Die Dauer des Geschäftsjahres darf zwölf Monate nicht überschreiten.

Durch die körperliche Bestandsaufnahme können die sich daraus ergebenden **Istzahlen** mit den in der Buchführung festgehaltenen **Sollzahlen (Buchwerte)** verglichen werden. Auf diese Weise werden Differenzen festgestellt. Auf Grund von Zahlendrehern oder falschen Buchungen kann es durchaus vorkommen, dass bei den vielen im Lager aufbewahrten Rohstoffen und Materialien **Mehrbestände** und **Minderbestände** herauskommen. Es ist also einmal mehr und einmal weniger vorhanden, als es der Bestand im Computer anzeigt. Dann ist es Aufgabe der Buchführung, die buchmäßig ermittelten Zahlen mit **Korrekturbuchungen** an die tatsächlich festgestellten Bestände anzupassen.

Verfahren der Inventur

Vollständige körperliche Bestandserfassung
Bei der Inventur werden alle **materiellen Vermögensteile** vollständig durch **Zählen, Messen, Wiegen** oder **Schätzen** erfasst. Das bedeutet, dass alle Vorräte im Lager, die komplette Ausstattung des Betriebes, alle halbfertigen Erzeugnisse und auch alle noch nicht verkauften fertigen Produkte tatsächlich schriftlich festgehalten werden. Bei Schrauben oder sonstigen Kleinteilen schätzt man die Anzahl z.B. nach Volumen oder nach Gewicht. Anschließend werden die Güter in Euro bewertet anhand von Einkaufspreisen oder Herstellungskosten.

Beleg- oder buchmäßige Bestandserfassung
Schulden und **immaterielle** (nicht körperliche) **Vermögensgegenstände** werden von den Geschäftsbüchern und **Belegen** oder sonstigen Unterlagen übernommen. Zur Feststellung von Bankguthaben eignen sich z.B. Kontoauszüge und von Schulden gegenüber Lieferanten (Verbindlichkeiten aus Lieferungen und Leistungen) deren Saldenbestätigungen.

Stichprobeninventur
Da die körperliche Erfassung aller Vermögensgegenstände im Zuge der Inventur meist mit erheblichem Arbeitsaufwand verbunden ist, hat der Gesetzgeber in § 241 HGB (Inventurvereinfachungsverfahren) zur Arbeitserleichterung Regelungen zur **Vereinfachung** der Inventur zugelassen. Mithilfe **anerkannter mathematisch-statistischer Methoden** darf der Bestand der Vermögensgegenstände nach Art, Menge und Wert auf Grund von Stichproben ermittelt werden. Die Voraussetzungen dazu sind:
– Das Verfahren muss den Grundsätzen ordnungsmäßiger Buchführung entsprechen.
– Der Aussagewert muss dem eines auf Grund einer körperlichen Bestandsaufnahme ausgestellten Inventars gleichkommen.
– Es muss sichergestellt sein, dass der auf Grund der Stichprobeninventur festgestellte Bestand dem einer vollständigen körperlichen Bestandserfassung entspricht.

Arten der Inventur

Stichtagsinventur
Hier wird eine körperliche Bestandsaufnahme zum Bilanzstichtag vorgenommen. Diese ist einfach anzuwenden, da – im Gegensatz zur zeitlich ausgeweiteten Inventur – keine Bestandsfortschreibungen notwendig sind. Die Stichtagsinventur ist zwingend vorgeschrieben für Bestände, die einem hohen Schwundrisiko oder Verderb unterliegen, z.B. Treibstoffvorräte in Tanklagern. Dies gilt auch für Bestandsarten, die hohe Werte darstellen, z.B. Gold oder Edelmetalle.

Zeitlich ausgeweitete Inventur
Das Geschäftsjahr der meisten Unternehmen entspricht dem Kalenderjahr. Der Stichtag zur Ermittlung der Bestände fällt also genau auf den 31. Dezember (§ 240 Absatz 2 HGB: „... für den Schluss eines Geschäftsjahres ..."). Bei der zeitlich ausgeweiteten Inventur kann innerhalb einer **Frist von zehn Tagen vor oder nach dem Abschlussstichtag** gezählt werden. Man spricht von zeitnaher Inventur. Es muss allerdings sichergestellt werden, dass die sich in diesem Zeitraum ergebenden **Bestandsveränderungen** anhand von Belegen berücksichtigt werden. Durch **Wertfortschreibung** bzw. **Wertrückrechnung** erhält man den Wert am Stichtag.

Permanente Inventur
Die rechtliche Grundlage dazu bietet § 241 Absatz 2 HGB. Diese Art der Inventur ermöglicht es, den am Abschlussstichtag vorhandenen Bestand der Vermögensgegenstände nach Art, Menge und Wert auch **ohne gleichzeitige körperliche Bestandsaufnahme** festzustellen. Für jede einzelne Warengruppe und das sonstige bewegliche Vermögen sind alle Zu- und Abgänge laufend (permanent) buchmäßig in der **Lagerbuchführung** bzw. im **Bestandsverzeichnis** zu erfassen. Es muss aber trotzdem einmal in jedem Geschäftsjahr zu einem beliebigen Zeitpunkt durch körperliche Bestandsaufnahme geprüft werden, ob der ausgewiesene Buch- bzw. Sollbestand mit dem tatsächlichen Bestand (Istbestand) über-

Beispiel einer Wertfortschreibung

Wert am Tag der Inventur 22.12.	5.600 €
+ Wert der Zugänge/Einkäufe/Anlieferungen vom 22.12. bis 31.12.	3.800 €
− Wert der Abgänge/Verkäufe/Auslieferungen vom 22.12. bis 31.12.	9.200 €
= Wert am Abschlussstichtag 31.12.	200 €

Beispiel einer Wertrückrechnung

Wert am Tag der Inventur 7.1.	330 €
− Wert der Zugänge/Einkäufe/Anlieferungen vom 1.1. bis 7.1.	1.370 €
+ Wert der Abgänge/Verkäufe/Auslieferungen vom 1.1. bis 7.1.	1.520 €
= Wert am Abschlussstichtag 31.12.	480 €

einstimmt. Ein großer Vorteil dabei ist, dass die Zeitpunkte ausgewählt werden können, zu denen ein niedriger Bestand vorliegt. Dadurch wird der Geschäftsablauf praktisch kaum gestört.

Verlegte Inventur
Die rechtliche Grundlage dazu ist in § 241 Absatz 3 HGB nachzulesen. Für die Bestandsaufnahme kann ein Termin ausgewählt werden, der innerhalb von **drei Monaten vor oder zwei Monaten nach dem Stichtag** liegt. Die Vermögensgegenstände werden in einem „Besonderen Inventar" verzeichnet. Anschließend müssen die Bestände unter Berücksichtigung der **Bestandsveränderungen** – ebenso wie bei der zeitlich ausgeweiteten Inventur – durch **Wertfortschreibung** oder **Wertrückrechnung** für den Abschlussstichtag ermittelt werden.

Planung der Inventur
Eine Inventur kann nicht einfach von heute auf morgen durchgeführt werden. Sie ist genau zu planen und für die einzelnen Abteilungen sind **Anweisungen** zu erstellen, damit effektiv gearbeitet werden kann. Empfehlenswert sind Angaben darüber,
– welche Mitarbeiter für die Erfassung der Vermögensgegenstände zuständig sind,
– wann genau diese erfolgen soll und
– an welchen Orten gezählt, gemessen oder gewogen wird.

Es ist ein Unterschied, ob angelieferte Ware in dem Lager vor oder nach der Qualitätskontrolle gezählt wird. Es hat sich bewährt, übersichtliche **Inventurlisten** mit einem EDV-Programm zu entwerfen, auszudrucken und den Mitarbeitern in die Hand zu drücken, damit die Daten geordnet eingetragen werden können.

Was sollte die Planung einer Inventur beinhalten?

Außerdem ist ein direkter Vergleich der Soll- mit den Istwerten möglich, wenn die Sollbestände ebenfalls ausgedruckt werden.

2.5.1.6 Inventar

Von der Inventur zum Inventar
Das Ergebnis der Inventur ist das Inventar. Es handelt sich dabei um ein **Bestandsverzeichnis**, das Auskunft über das **Vermögen**, die **Schulden** und das **Reinvermögen** (Eigenkapital) gibt. Das Reinvermögen ergibt sich aus der Differenz von Vermögen und Schulden. Es handelt sich dabei um den Betrag, den der Unternehmer aus seinem Privatvermögen in das Unternehmen investiert hat.

  Summe der Vermögensteile
- Summe der Schulden
= Reinvermögen (Eigenkapital)

Wofür ist ein Inventar notwendig?

Ein Inventar ist nicht nur zur Eröffnung der Buchführung am 01. Januar des neuen Jahres notwendig, sondern auch zur Ableitung der Jahresabschlussbilanz am 31.12. des alten Jahres. Für das Inventar wird keine Gliederung vorgeschrieben. Allerdings findet man im Handelsgesetzbuch Gliederungsgrundsätze bzw. -vorschriften für die Bilanz. Da die Vermögenswerte und Schulden, die im Inventar verzeichnet werden, in die Bilanz übernommen werden, orientiert man sich in der Praxis auch für die Gliederung des Inventars grundsätzlich an der Gliederung der Bilanz, um die Übernahme der Daten zu erleichtern.

Das Inventar wird in folgender Reihenfolge aufgestellt:
A. Vermögen
B. Schulden
C. Ermittlung des Reinvermögens (Eigenkapital)

Bei etwas genauerer Aufgliederung sieht es dann so aus:

Inventur zum 31. Dezember ...

A. Vermögen
   I. Anlagevermögen
   II. Umlaufvermögen

B. Schulden
   I. Langfristige Verbindlichkeiten
   II. Kurzfristige Verbindlichkeiten

C. Reinvermögen
   Summe des Vermögens
   - Summe der Schulden
   = Reinvermögen (Eigenkapital)

Bestandteile des Inventars

Vermögen
Der erste Teil des Inventars betrifft das Vermögen, das in Anlage- und Umlaufvermögen unterteilt wird. Zum **Anlagevermögen** gehören alle Vermögensgegenstände, die dauernd im Unternehmen eingesetzt werden sollen und der Betriebsbereitschaft dienen, also beispielsweise Betriebsgrundstücke, Maschinen und Büroeinrichtungen. Im Unternehmen nur vorübergehend eingesetzte bzw. gebundene und zum Verbrauch bzw. zur Verarbeitung vorgesehene Vermögensgegenstände werden zum **Umlaufvermögen** gezählt, z.B. Rohstoffe, Waren und Forderungen. Die Ausgangsrechnungen an Kunden bezeichnet man als Forderungen aus Lieferungen und Leistungen. Die Vermögensposten sind nach ihrer **Flüssigkeit (Liquidität)** geordnet. Die Reihenfolge orientiert sich daran, wie schnell etwas unter normalen Umständen zu Geld gemacht werden kann. So müssen Rohstoffe erst zu Erzeugnissen verarbeitet werden, bevor sie in den Verkauf gelangen und eine Rechnung an den Kunden geschrieben werden kann. Meist dauert es anschließend noch einige Wochen, bis der Kunde seine Schuld begleicht und das Geld auf dem Bankkonto gutgeschrieben wird.

> In welche zwei Bereiche wird das Vermögen beim Inventar eingeteilt?

Schulden
Im zweiten Teil des Inventars werden die Schulden des Unternehmens (= Fremdkapital) aufgelistet. Das Fremdkapital lässt sich unterteilen in **langfristiges und kurzfristiges Fremdkapital**. Die langfristigen Schulden werden im Inventar zuerst und die kurzfristigen Schulden zuletzt aufgeführt. Die Anordnung erfolgt auf Grund der **Fristigkeit** der Zahlungen. Die Eingangsrechnungen von Lieferanten oder die Steuerzahlungen an das Finanzamt müssen innerhalb weniger Tage oder Wochen ausgeglichen werden. Ein Darlehen von der Hausbank läuft über mehrere Jahre.

Reinvermögen
Als Differenz aus Vermögensgegenständen und Schulden wird im dritten Teil des Inventars das Reinvermögen (Eigenkapital) ermittelt (Reinvermögen = Vermögen – Schulden). Das **Eigenkapital** lässt sich als der Betrag interpretieren, der übrig bliebe, wenn alle Vermögensgegenstände veräußert und davon die Schulden in Abzug gebracht würden. Vergleicht man das Reinvermögen des Vorjahres mit dem Reinvermögen des laufenden Jahres, kann man feststellen, ob das Unternehmen **Gewinn** oder **Verlust** gemacht hat. Der Unternehmer muss den Verlust mit seinem Eigenkapital auffangen, kann aber auch erwirtschafteten Gewinn für sich in Anspruch nehmen.

Grundsätze zur Aufstellung des Inventars
- Grundsatz der **Nachprüfbarkeit**
  Alle Vermögensgegenstände und Schulden müssen so festgehalten sein, dass ein Fachmann das erstellte Inventar überprüfen kann.
- Grundsatz der **Klarheit**
  Die einzelnen Inventurpositionen müssen durch eine eindeutige Bezeichnung inhaltlich genau erkennbar und von anderen Posten klar abgegrenzt sein.

> Welche Grundsätze gelten zur Aufstellung des Inventars?

KOSTENRECHNUNG UND KALKULATIONSVERFAHREN

- Grundsatz der **Richtigkeit**
  Alle durch die Inventur ermittelten Angaben und Werte müssen sachlich zutreffen und mit den Tatsachen übereinstimmen.
- Grundsatz der **Vollständigkeit**
  Sämtliche Wirtschaftsgüter müssen erfasst und in das Inventar aufgenommen werden.
- Grundsatz der **Einzelerfassung** und **Einzelbewertung**
  Alle Vermögensgegenstände und Schulden sind nach Art, Menge und Beschaffenheit gesondert zu erfassen und zu bewerten und im Inventar getrennt aufzuführen.

Beispiel eines vereinfachten und verkürzten Inventars

Zur Veranschaulichung soll ein nur in den Grundzügen dargestelltes Inventar dienen. Die Gliederung nach A, B und C und die Unterteilung in Anlagevermögen und Umlaufvermögen sowie in langfristige und kurzfristige Verbindlichkeiten sind deutlich zu erkennen. In der ersten Wertespalte werden die Einzelbeträge festgehalten, in der zweiten Wertespalte bildet man die Zwischensummen. Bei einigen Positionen findet man den Zusatz „lt. Verzeichnis Nr. ...". Das ist der Hinweis darauf, dass hier mehrere Vermögensgegenstände zu einer Position zusammengefasst sind. Alle Verzeichnisse mit den ausführlichen Angaben (genaue Bezeichnung, Anzahl, Wert) müssen dem Inventar als Anlage beigefügt sein.

Inventar zum 31.12. ...

		€	€
A. Vermögen			
I. Anlagevermögen			
	1. Grundstücke und Gebäude		
	Grundstücke unbebaut, Marienplatz 9	150.000	
	Grundstücke und Gebäude, Freiburger Str. 21–23	250.000	400.000
	2. Maschinen		
	2 Schleifmaschinen Typ AXB	50.000	
	3 Drehbänke Typ 018	90.000	
	...	...	350.000
	3. Geschäftsausstattung		
	Lt. Verzeichnis 17	270.000	270.000
II. Umlaufvermögen			
	1. Roh-, Hilfs- und Betriebsstoffe		
	Rohstoffe lt. Verzeichnis 3	85.000	
	Hilfsstoffe lt. Verzeichnis 4	12.000	
	...	...	
	...	...	
	...	...	690.000
	2. Forderungen		
	lt. Verzeichnis 47	120.000	120.000

3. Bankguthaben		
Sparkasse Kto. Nr. 12345	35.000	
Deutsche Bank Kto. Nr. 67890	87.000	122.000
4. Kasse	10.000	10.000
Summe des Vermögens		1.962.000

B. Schulden

I. Langfristige Verbindlichkeiten		
1. Darlehen Sparkasse	450.000	
2. Darlehen Deutsche Bank	400.000	850.000
II. Kurzfristige Verbindlichkeiten		
1. Lieferantenverbindlichkeiten		
lt. Aufstellung Nr. 36	120.000	120.000
2. Sonstige Verbindlichkeiten		
lt. Aufstellung Nr. 37	100.000	100.000
Summe der Schulden		1.070.000

C. Ermittlung des Reinvermögens

Summe des Vermögens	1.962.000
Summe der Schulden	1.070.000
Reinvermögen (Eigenkapital)	892.000

Regensburg, den 31. Dezember ....

2.5.1.7 Vom Inventar zur Bilanz

Nach § 242 Absatz 1 HGB hat der Kaufmann eine Bilanz zu erstellen. Diese wird aus dem Inventar entwickelt. Die Bilanz bildet die **Kurzfassung** des Inventars in T-Kontenform.

> § 242 Absatz 1 HGB Pflicht zur Aufstellung
> „Der Kaufmann hat zu Beginn seines Handelsgewerbes und für den Schluss eines jeden Geschäftsjahres einen das Verhältnis seines Vermögens und seiner Schulden darstellenden Abschluss (Eröffnungsbilanz, Bilanz) aufzustellen."

Die Schlussbilanz ist eine **Zeitpunktrechnung**. Sie weist die Höhe des Vermögens, des Eigen- und Fremdkapitals zum Bilanzstichtag aus und soll unter Beachtung der Grundsätze ordnungsmäßiger Buchführung ein den tatsächlichen Verhältnissen entsprechendes Bild der Vermögens- und Finanzlage des Unternehmens bieten. Die **Bilanzgliederung** sollte deshalb auch § 266 HGB entsprechen, die zwar nur für Kapitalgesellschaften verbindlich vorgeschrieben ist, jedoch auch von Personenunternehmen übernommen wird.

Aufgaben der Bilanz
Eine Aufgabe der Bilanz ist es, **Vermögen** (Aktiva) und **Kapital** (Passiva) kurz gefasst gegenüberzustellen. Man kann nahezu auf einen Blick erkennen, woher das Kapital stammt und wo es im Einzelnen angelegt (investiert) worden ist.

Welche Aufgaben hat die Bilanz?

Die beiden Seiten der Bilanz müssen immer die gleiche Summe aufweisen. Da Vermögen immer mit Kapital beschafft werden muss, kann weder vom einen noch vom anderen mehr oder weniger vorhanden sein.

Diese **Bilanzgleichung** kann unterschiedlich ausgedrückt werden:

Vermögen	=	Kapital
Aktiva	=	Passiva
Mittelverwendung	=	Mittelherkunft
Investierung	=	Finanzierung

Folgende Bilanz entspricht nicht der nach HGB geforderten Gliederung. Sie dient nur der Veranschaulichung des grundsätzlichen Aufbaus.

Aktiva	Bilanz		Passiva
Vermögensformen		**Vermögensquellen**	
Vermögens- oder Aktivseite zeigt die Formen des Vermögens		Kapital- oder Passivseite zeigt die Herkunft des Vermögens	
I. Anlagevermögen	400.000	I. Eigenkapital	300.000
II. Umlaufvermögen	50.000	II. Fremdkapital	150.000
Vermögen	450.000	Kapital	450.000
Wo ist das Kapital angelegt?		Woher stammt das Kapital?	

- Die Aktivseite der Bilanz weist die Anlage bzw. Verwendung des Kapitals aus. Sie gibt Auskunft über die Mittelverwendung oder Investierung.
- Die Passivseite der Bilanz gibt Auskunft über die Herkunft der finanziellen Mittel. Sie zeigt die Mittelherkunft oder Finanzierung.

Weitere Aufgaben ergeben sich daraus, dass Gläubiger, Eigentümer und Anteilseigner, die Finanzverwaltung und die Arbeitnehmer aus den unterschiedlichsten Beweggründen (Sicherheit der Geldanlage, Gewinnmöglichkeiten, Steuereinnahmen, Sicherheit des Arbeitsplatzes) an Informationen über das Unternehmen interessiert sind.

2.5.1.8 Bilanz, Bestandskonten und Geschäftsvorfälle

Aufbau der Bilanz
Hier ist eine verkürzte Bilanz in der vom Gesetzgeber geforderten Form (siehe § 266 HGB) mit beispielhaft gewählten Werten zu sehen.

Aktiva		Bilanz der XXX GmbH		Passiva
I. Anlagevermögen			I. Eigenkapital	400.000
1. Grundstücke		350.000	II. Fremdkapital	
2. Gebäude		280.000	1. Hypothekenschulden	300.000

3. Fuhrpark	190.000	2. Darlehensschulden	280.000	
4. Büro- und Geschäftsausstattung	80.000	3. Verbindlichkeiten aus Lieferungen und Leistungen	53.000	
II. Umlaufvermögen				
1. Warenvorräte	60.000			
2. Forderungen aus Lieferungen und Leistungen	45.000			
3. Kasse	3.000			
4. Bank	25.000			
Bilanzsumme	1.033.000	Bilanzsumme	1.033.000	

Auf der **Aktivseite** sind die Positionen nach der Flüssigkeit geordnet (Liquidität). Je schwerer etwas zu Bargeld zu machen ist, desto weiter oben ist es aufgeführt. Auf der **Passivseite** sind die Posten nach der Fristigkeit bzw. Fälligkeit aufgeführt. Je eher etwas bezahlt werden muss, desto weiter unten steht es. Das **Eigenkapital** steht an erster Stelle, weil es dem Unternehmen unter normalen Umständen für unbegrenzte Zeit zur Verfügung steht. Es handelt sich hier sozusagen um die Schulden des Unternehmers bei sich selbst als Privatperson.

An welcher Stelle befindet sich das Eigenkapital?

Aufteilung der Bilanz in Bestandskonten
Diese Bilanz wird nun während des Geschäftsjahres in Konten zerlegt, um die Geschäftsfälle buchen zu können. Das Konto in T-Form macht das System der doppelten Buchführung deutlich: Jeder Geschäftsvorfall ruft eine Veränderung bei mindestens zwei Positionen der Bilanz und somit nach Auflösung der Bilanz auf den eigentlichen Konten hervor.

Die linke Seite des T-Kontos wird traditionell mit Soll überschrieben, die rechte Seite des T-Kontos heißt Haben. „Soll" bedeutet einfach „links" und „Haben" „rechts". Den Sinn der Begriffe muss man hier außer Acht lassen. „Haben" bedeutet also nicht, dass man hier „etwas hat".

Beispiele: Fuhrpark und Verbindlichkeiten werden als T-Konten dargestellt

- Der Fuhrpark steht auf der linken Seite der Bilanz im Anlagevermögen. Es handelt sich um ein Aktivkonto.
- Die Verbindlichkeiten findet man auf der rechten Seite der Bilanz, damit ist es ein Passivkonto.

Soll	Fuhrpark	Haben	Soll	Verbindlichkeiten	Haben

Im nächsten Schritt wird festgelegt, auf welcher Seite der Konten die Anfangs- und Endbestände stehen und wo Veränderungen eingetragen bzw. gebucht werden müssen.

 Zu beachten ist, dass bei Aktivkonten der Anfangsbestand (AB) sowie alle Zugänge (Zu) auf der Sollseite gebucht werden und die Abgänge (Abg) sowie der Endbestand (EB) auf der Habenseite. Bei den Passivkonten ist es genau umgekehrt. Nur „Soll" bleibt immer links und „Haben" immer rechts.

Soll	Aktivkonto	Haben	Soll	Passivkonto	Haben
AB		Abg	Abg		AB
Zu		EB	EB		Zu

> Die Grundregel beim Buchen lautet: **Soll an Haben**
> – Das Konto, das sich im Soll – also links – verändert, steht auch auf der linken Seite des Buchungssatzes.
> – Das Konto, das sich im Haben – also rechts – verändert, steht auch auf der rechten Seite des Buchungssatzes.
> – Das Wörtchen „an" trennt die linke (Soll) von der rechten (Haben) Seite und dient dazu, einen Buchungssatz aussprechen zu können. Es bedeutet nicht, dass vom Sollkonto etwas auf das Habenkonto übertragen wird. Auch hier muss der eigentliche Sinn des Wortes ausgeschaltet werden.

Am **Geschäftsjahresende** werden die Konten abgeschlossen und in die **Schlussbilanz** übertragen. Aus den Zahlen können dann Veränderungen der Werte abgelesen werden, die unter anderem für Gläubiger oder Gesellschafter interessant sein können.

Bestandsbewegungen in der Bilanz

Wie viele Fälle der Bestandsbewegungen treten in der Bilanz auf?

Als Einstieg in das System der doppelten Buchführung mit Bildung von Buchungssätzen kann man die vier Fälle von Bestandsbewegungen betrachten, die in der Bilanz unterschieden werden. Ausgangspunkt ist die oben angeführte Bilanz der XXX GmbH. Jede Veränderung der Vermögens- oder Kapitalwerte ist festzuhalten. Diese Veränderungen können sowohl **Güterbewegungen** als auch **Zahlungsströme** sein. Sie können Veränderungen nur auf der Aktivseite oder nur auf der Passivseite verursachen. Sie können aber auch beide Seiten betreffen.

Aktivtausch
Bei einem Aktivtausch verändern sich zwei oder mehr Aktivkonten. Die Bilanzsumme selbst bleibt gleich, da nur ein Austausch zwischen den Konten stattfindet. Dies ist z.B. der Fall, wenn 500 € vom Bankkonto abgehoben und in die Kasse eingezahlt werden, damit wieder Geld zum Wechseln vorhanden ist.

Das Bankkonto nimmt als Aktivkonto im Haben ab und das Kassenkonto als Aktivkonto im Soll zu.
- Bank   Aktivkonto   Abnahme   Haben
- Kasse   Aktivkonto   Zunahme   Soll

Nach der Regel „Soll an Haben" muss der Buchungssatz lauten:
Kasse 500 an Bank 500

Die Veränderung von Bank und Kasse ist in der folgenden Bilanz eingetragen. Die Bilanzsumme bleibt unverändert.

Aktiva		Bilanz der XXX GmbH	Passiva	
I. Anlagevermögen		I. Eigenkapital	400.000	
1. Grundstücke	350.000	II. Fremdkapital		
2. Gebäude	280.000	1. Hypothekenschulden	300.000	
3. Fuhrpark	190.000	2. Darlehensschulden	280.000	
4. Büro- und Geschäftsausstattung	80.000	3. Verbindlichkeiten aus Lieferungen und		
II. Umlaufvermögen		Leistungen	53.000	
1. Warenvorräte	60.000			
2. Forderungen aus Lieferungen und Leistungen	45.000			
3. Kasse	**3.500**			
4. Bank	**24.500**			
Bilanzsumme	1.033.000	Bilanzsumme	1.033.000	

Passivtausch

Bei einem Passivtausch verändern sich zwei oder mehrere Schuldposten. Die Bilanzsumme bleibt wieder unverändert, da nur ein Austausch stattfindet. Als Beispiel wandelt ein Lieferant kurzfristige Verbindlichkeiten in Höhe von 20.000 € aus Gefälligkeit in langfristige Darlehensschulden um.
Die Verbindlichkeiten aus Lieferungen und Leistungen nehmen als Passivkonto im Soll ab und die Darlehensschulden als Passivkonto im Haben zu.
- Verb. aus L. und L.   Passivkonto   Abnahme   Soll
- Darlehensschulden   Passivkonto   Zunahme   Haben

Was verändert sich bei einem Passivtausch?

Der Buchungssatz lautet:
Verbindlichkeiten aus L. und L. 20.000 an Darlehensschulden 20.000

Aktiva		Bilanz der XXX GmbH	Passiva	
I. Anlagevermögen		I. Eigenkapital	400.000	
1. Grundstücke	350.000	II. Fremdkapital		

2. Gebäude	280.000	1. Hypothekenschulden	300.000
3. Fuhrpark	190.000	2. Darlehensschulden	**300.000**
4. Büro- und Geschäftsausstattung	80.000	3. Verbindlichkeiten aus Lieferungen und	
II. Umlaufvermögen		Leistungen	**33.000**
1. Warenvorräte	60.000		
2. Forderungen aus Lieferungen und Leistungen	45.000		
3. Kasse	3.500		
4. Bank	24.500		
Bilanzsumme	1.033.000	Bilanzsumme	1.033.000

Bilanzverlängerung oder Aktiv-Passiv-Mehrung

Hier wird die Bilanzsumme auf der Aktiv- und auf der Passivseite gleichzeitig erhöht. Dies ist der Fall, wenn z.B. Waren um 380 € auf Rechnung – also auf Ziel – gekauft werden.

Die Waren nehmen als Aktivkonto im Soll zu und die Verbindlichkeiten aus L. und L. nehmen als Passivkonto im Haben zu.

- Verb. aus L. und L.   Passivkonto   Zunahme   Haben
- Waren   Aktivkonto   Zunahme   Soll

Dementsprechend lautet der Buchungssatz:
Waren 380 an Verbindlichkeiten aus L. und L. 380

Aktiva		Bilanz der XXX GmbH	Passiva
I. Anlagevermögen		I. Eigenkapital	400.000
1. Grundstücke	350.000	II. Fremdkapital	
2. Gebäude	280.000	1. Hypothekenschulden	300.000
3. Fuhrpark	190.000	2. Darlehensschulden	300.000
4. Büro- und Geschäftsausstattung	80.000	3. Verbindlichkeiten aus Lieferungen und	
II. Umlaufvermögen		Leistungen	**33.380**
1. Warenvorräte	**60.380**		
2. Forderungen aus Lieferungen und Leistungen	45.000		
3. Kasse	3.500		
4. Bank	24.500		
Bilanzsumme	**1.033.380**	Bilanzsumme	**1.033.380**

Bilanzverkürzung oder Aktiv-Passiv-Minderung

Die Bilanzsumme nimmt auf der Aktiv- und auf der Passivseite in gleicher Weise ab. Dieser Fall tritt auf, wenn z.B. eine Lieferantenrechnung über 2.000 € per Banküberweisung beglichen wird.

Die Verbindlichkeiten aus L. und L. werden als Passivkonto im Soll weniger und das Bankkonto nimmt als Aktivkonto im Haben ab:
- Verb. aus L. und L.   Passivkonto   Abnahme   Soll
- Bank   Aktivkonto   Abnahme   Haben

Der Buchungssatz lautet:
Verbindlichkeiten aus L. und L. 2.000 an Bank 2.000

Aktiva		Bilanz der XXX GmbH		Passiva
I.	Anlagevermögen		I. Eigenkapital	400.000
1.	Grundstücke	350.000	II. Fremdkapital	
2.	Gebäude	280.000	1. Hypothekenschulden	300.000
3.	Fuhrpark	190.000	2. Darlehensschulden	300.000
4.	Büro- und Geschäftsausstattung	80.000	3. Verbindlichkeiten aus Lieferungen und	
II.	Umlaufvermögen		Leistungen	31.380
1.	Warenvorräte	60.380		
2.	Forderungen aus Lieferungen und Leistungen	45.000		
3.	Kasse	3.500		
4.	Bank	**22.500**		
	Bilanzsumme	**1.031.380**	Bilanzsumme	**1.031.380**

Einfacher Buchungssatz
Sind von einem Geschäftsfall nur zwei Konten betroffen, liegt ein **einfacher Buchungssatz** vor. Dies war bei den soeben angeführten Beispielen der Fall.

- Kasse   an   Bank
- Verbindlichkeiten aus L. und L.   an   Darlehensschulden
- Waren   an   Verbindlichkeiten aus L. und L.
- Verbindlichkeiten aus L. und L.   an   Bank

Zusammengesetzter Buchungssatz
Werden **mehr als zwei Konten** von einem Geschäftsfall in Anspruch genommen, liegt ein **zusammengesetzter Buchungssatz** vor.

Wann liegt ein zusammengesetzter Buchungssatz vor?

Ein Kunde bezahlt z.B. seine Rechnung über insgesamt 1.000 € zur Hälfte bar und zur Hälfte per Banküberweisung.

Die Forderungen aus Lieferungen und Leistungen nehmen als Aktivkonto im Haben um 1000 € ab, Kasse und Bank werden als Aktivkonten im Soll mehr.
- Forderungen aus L. und L.   Aktivkonto   Abnahme   Haben
- Kasse   Aktivkonto   Zunahme   Soll
- Bank   Aktivkonto   Zunahme   Soll

Der Buchungssatz lautet:
Kasse   500
Bank   500
           an Forderungen aus L. und L.   1.000

Ein weiteres Beispiel ist die Bezahlung einer Rechnung über 18.000 € eines Lieferanten zu zwei Dritteln von der Sparkasse und zu einem Drittel von der Deutschen Bank. Auf diese Weise wird weder das eine noch das andere Konto überzogen.

Die Verbindlichkeiten aus Lieferungen und Leistungen nehmen als Passivkonto im Soll um 18.000 € ab. Das Konto bei der Sparkasse und bei der Deutschen Bank sind Aktivkonten und nehmen im Haben ab, die Sparkasse um 12.000 € und die Deutsche Bank um 6.000 €.

- Verbindlichkeiten aus L. und L.   Passivkonto   Abnahme   Soll
- Sparkassenkonto   Aktivkonto   Abnahme   Haben
- Konto bei der Dt. Bank   Aktivkonto   Abnahme   Haben

Der Buchungssatz lautet:
Verbindlichkeiten aus L. und L.   18.000
                            an   Sparkasse   12.000 €
                                 Dt. Bank   6.000 €

Sind von einer Bilanz alle Daten bis auf einen Betrag bekannt, kann dieser leicht ermittelt werden, da die Bilanzsummen immer gleich sein müssen. Fehlt also z.B. die Angabe des Eigenkapitals, muss man nur von der Bilanzsumme die Positionen des Fremdkapitals subtrahieren. Die Differenz ergibt den gesuchten Betrag.

Geschäftsvorfälle und deren Belege

Wofür dienen Belege?

Wie bereits bei den Grundsätzen ordnungsmäßiger Buchführung erwähnt wird, muss es für jeden Geschäftsvorfall einen Beleg geben, der die Unterlage für die Buchung bildet – keine Buchung ohne Beleg. Belege dienen der **Dokumentation** und der **Information** über die darauf festgehaltenen Vorgänge. Auch im privaten Bereich hat man ständig mit Belegen zu tun, z.B. mit
- der Telefonrechnung,
- der Quittung über den Einkauf von Briefmarken,
- der Rechnung von der Autowerkstatt über den Kundendienst,
- der Rechnung über die Müllgebühren,
- der Rechnung vom Finanzamt über die Kfz-Steuer,
- dem monatlichen Rentenbescheid der Oma,
- dem Bankauszug über den Zinsertrag von Wertpapieren oder
- der Halbjahresrechnung über den Bezug der Fachzeitschrift „Bären und andere Freunde".

In der betrieblichen Praxis sieht es nicht viel anders aus, nur dass noch sehr viele Belege über Verkäufe hinzukommen. Unternehmen verkaufen ihre Erzeugnisse oder Dienstleistungen meist gegen Rechnung oder Barzahlung (**Quittung**). Außerdem werden **Gutschriften** für mangelhafte Ware (z.B. Kratzer an einer Scheibe) ausgestellt. Es gibt aber auch Gutschriften für besonders treue Kunden. Diese erhalten einen bestimmten Betrag ihrer Einkäufe zurück.

Man unterscheidet
- Fremdbelege: Diese erhält die XXX GmbH von anderen Unternehmen, wie Kontoauszüge, Rechnungen von Spediteuren oder Quittungen für den Versand von Weihnachtspäckchen an Geschäftspartner.
- Eigenbelege: Diese muss das Unternehmen selbst erstellen, wie z.B. Entnahmescheine für die Materialien im Lager, Durchschläge der Rechnungen an die Kunden oder die Gehaltszettel für die Mitarbeiter.

Bevor ein Beleg gebucht wird, muss er auf **rechnerische** und **sachliche Richtigkeit** geprüft werden. Werden auf Grund eines größeren Einkaufs 10% Rabatt vereinbart, muss dies auch auf der Rechnung mit dem richtigen Betrag ausgewiesen werden. Sind Aluminiumgehäuse bestellt worden, dürfen auf dem Beleg keine Tankdeckel stehen.

2.5.1.9 Erfolgskonten

Gewinn oder Verlust
Bisher wurde nur auf Aktiv- und Passivkonten gebucht. Die Geschäftsvorfälle waren **erfolgsneutral**, da sie sich nicht auf Gewinn oder Verlust auswirkten. Jeder Unternehmer möchte aber, dass durch den Absatz der Erzeugnisse Gewinn erzielt wird. Dazu sind **Erfolgskonten** notwendig, die so genannten Aufwands- und Ertragskonten. Nur Buchungen auf diesen Konten wirken sich auf den Erfolg aus. Man bezeichnet sie als **erfolgswirksam**.

Was sind Erfolgskonten?

- Auf den Ertragskonten werden die durch den Verkauf erzielten Umsatzerlöse erfasst. Es handelt sich dabei um Erträge.
- Auf den Aufwandskonten findet man alle Aufwendungen, die durch die Kombination der betrieblichen Produktionsfaktoren entstehen. Es kann sich dabei um Löhne handeln, Aufwendungen für Reparaturen, Zinsaufwendungen, Steuerzahlungen, Frachtkosten, Werbekosten, Reisekosten u.v.m.

Im Gegensatz zu den Bestandskonten, die sehr häufig Zunahmen und Abgänge gleichzeitig aufweisen können, werden die meisten Erfolgskonten bei normalen Geschäftsvorfällen nur auf einer Seite verändert.

- **Aufwandskonten** werden im **Soll** gebucht.
- **Ertragskonten** werden im **Haben** gebucht.

Selbstverständlich gibt es auch Fälle, bei denen in Aufwandskonten im Haben und in Ertragskonten im Soll gebucht wird. Dabei handelt es sich meist um Korrekturbuchungen.

Auswirkung auf das Eigenkapital
Übersteigen die Erträge die Aufwendungen, wird ein Gewinn erzielt. Umgekehrt entsteht ein Verlust. Sowohl Gewinn als auch Verlust wirken sich auf das Eigenkapital aus.
– Durch Gewinn steigt das Eigenkapitel (nimmt als Passivkonto im Haben zu).
– Durch Verlust sinkt das Eigenkapital (nimmt als Passivkonto im Soll ab).

Gewinn- und Verlustkonto (GuV-Konto)

GuV-Konto   Aufwendungen und Erträge wirken sich zwar auf das Eigenkapital aus, werden aber wegen der Übersichtlichkeit nicht einzeln im Eigenkapitalkonto erfasst, sondern auf eigenen Erfolgskonten. Diese Konten werden über das Gewinn- und Verlustkonto abgeschlossen und das GuV-Konto wiederum über das Eigenkapitalkonto.
- Alle Aufwendungen und Erträge werden auf den dafür bestimmten Aufwands- und Ertragskonten gebucht.
- Die Endbestände der Aufwands- und Ertragskonten bucht man in das GuV-Konto.
- Der Endbestand des GuV-Kontos wird auf das Eigenkapitalkonto gebucht.

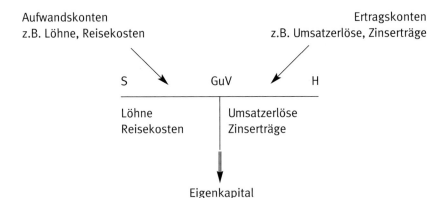

Erfolgswirksame Geschäftsvorfälle
Mithilfe von vier erfolgswirksamen Geschäftsvorfällen kann die Verbuchung auf T-Konten und die Abschlüsse der Erfolgskonten sehr einfach dargestellt werden.

(1) Ein Mieter überweist an die XXX GmbH seine Miete in Höhe von 1.000 €.

Mietertrag   Ertragskonto   Haben
Bank   Aktivkonto   Zunahme   Soll
Der Buchungssatz lautet: Bank 1.000 an Mietertrag 1.000

(2) Die XXX GmbH überweist per Bank die Darlehenszinsen in Höhe von 500 €.

Zinsaufwand   Aufwandskonto   Soll
Bank   Aktivkonto   Abnahme   Haben
Der Buchungssatz lautet: Zinsaufwand 500 an Bank 500

(3) Die Bank schreibt der XXX GmbH Zinsen in Höhe von 2.000 € von einem Festgeldkonto gut.

Zinsertrag   Ertragskonto   Haben
Bank   Aktivkonto   Zunahme   Soll
Der Buchungssatz lautet: Bank 2.000 an Zinsertrag 2.000

(4) Löhne in Höhe von 20.000 € sind per Bank überwiesen worden.

Löhne   Aufwandskonto   Soll
Bank   Aktivkonto   Abnahme   Haben
Der Buchungssatz lautet: Löhne 20.000 an Bank 20.000

Der Übersicht halber werden die Geschäftsfälle auf den Erfolgskonten gebucht und der Abschluss des GuV-Kontos mit der Auswirkung auf das Eigenkapital gezeigt. Das Eigenkapital (EK) weist einen Anfangsbestand von 500.000 € auf. Aufwands- und Ertragskonten weisen keine Anfangsbestände auf, da es sich um keine Bestandskonten handelt, sondern um Erfolgskonten. Sie werden bei Bedarf eröffnet und über das GuV-Konto abgeschlossen.

Soll	Zinsaufwand		Haben		Soll	Mietertrag		Haben
2. Bank	500	GuV	500		GuV	1.000	1. Bank	1.000

Soll	Löhne		Haben		Soll	Zinsertrag		Haben
4. Bank	20.000	GuV	20.000		GuV	2.000	3. Bank	2.000

Soll	GuV		Haben		Soll	Eigenkapital		Haben
Zinsaufwand	500	Mietertrag	1.000		GuV	17.500	AB	500.000
Löhne	20.000	Zinsertrag	2.000		SB	482.500		
		EK	17.500					
	20.500		20.500			500.000		500.000

Im GuV-Konto ergibt sich ein Saldo von 17.500 € auf der Habenseite. Die Aufwendungen sind also größer als die Erträge. Es handelt sich deshalb um einen Verlust. Die 17.500 € werden auf das EK umgebucht.

Nimmt man nochmals das GuV-Konto von soeben und verändert den Mietertrag, sodass sich ein Gewinn ergibt, zeigt sich folgendes Bild.

Soll	GuV		Haben		Soll	Eigenkapital	Haben
Zins-aufwand	500	Miet-ertrag	30.000		SB 511.500	AB GuV	500.000 11.500
Löhne	20.000	Zinsertrag	2.000				
EK	11.500				511.500		511.500
	32.000		32.000				

Es werden jetzt 11.500 € vom GuV-Konto auf das EK umgebucht. Im GuV-Konto ergibt sich der Saldo auf der Sollseite. Deshalb muss er im EK auf der Habenseite erscheinen. Das EK steigt um 11.500 € auf einen neuen Bestand von 511.500 €, der in die Schlussbilanz übertragen wird.

Aus der Bezeichnung „Gewinn- und Verlustkonto" kann man sich merken, dass ein Saldo auf der Sollseite ein Gewinn und auf der Habenseite ein Verlust sein muss. Man sieht es aber auch ganz schnell beim Vergleich der Aufwendungen mit den Erträgen.

Erfolgsneutrale Änderung des Eigenkapitals

Was verbirgt sich hinter einer erfolgsneutralen Änderung des Eigenkapitals?

Von einer erfolgsneutralen Eigenkapitaländerung spricht man, wenn die Änderung durch Erhöhung der **Einlagen** oder durch **Entnahmen** erfolgt. Einlagen in das Unternehmen in Form von Geld (Lottogewinn) oder Sachmitteln (Pkw) aus dem **Privatbereich** des Unternehmers oder von Gesellschaftern sind nicht vom Betrieb erwirtschaftet worden. Deshalb sind sie **erfolgsneutral**. Dies gilt auch umgekehrt. Entnimmt der Chef 1.000 € aus der Kasse für private Zwecke, ist dies kein Aufwand, den der Betrieb verursacht.

Zusammenhang von Bilanz und Gewinn- und Verlustrechnung
Die Bilanz enthält aktive und passive Bestandskonten.

Aktiva	Eröffnungsbilanz 01.01. ...	Passiva
I. Anlagevermögen	I. Eigenkapital ← GuV-Konto	
1. Grundstücke	II. Fremdkapital	
2. Gebäude	1. Hypothekenschulden	
3. Fuhrpark	2. Darlehensschulden	
4. Büro- und Geschäftsausstattung	3. Verbindlichkeiten aus Lieferungen und Leistungen	
II. Umlaufvermögen		
1. Warenvorräte		
2. Forderungen aus Lieferungen und Leistungen		
3. Kasse		
4. Bank		
Bilanzsumme	Bilanzsumme	

Jedes Konto aus der Bilanz wird als eigenes T-Konto geführt.

AKTIVKONTEN

Soll	Bank	Haben	Soll	Eigenkapital	Haben
Anfangsbestand	Abgänge		Abgänge	Anfangsbestand	
Zugänge	Saldo		Saldo	Zugänge	
Summe	Summe		Summe	Summe	

Soll	Fuhrpark	Haben	Soll	Verbindlichkeiten	Haben
Anfangsbestand	Abgänge		Abgänge	Anfangsbestand	
Zugänge	Saldo		Saldo	Zugänge	
Summe	Summe		Summe	Summe	

PASSIVKONTEN

Die Gewinn- und Verlustrechnung enthält Erfolgskonten (Aufwand oder Ertrag).

Soll	**Aufwendungen**	Gewinn- und Verlustrechnung	**Erträge**	**Haben**
Löhne		Umsatzerlöse		
Reparaturaufwand		Mieterträge	Saldo wird in das	
Mietaufwand		Zinserträge	Konto Eigenkapital	
Werbungskosten			übertragen	
Summe		Summe		

Jedes Konto aus der Gewinn- und Verlustrechnung wird als eigenes T-Konto geführt.

AUFWANDSKONTEN werden im Soll gebucht

Soll	Löhne	Haben	Soll	Umsatzerlöse	Haben
Hr. Meier	Saldo		Saldo	Kunde H.	
...				...	
Summe	Summe		Summe	Summe	

Soll	Werbungskosten	Haben	Soll	Zinserträge	Haben
Zeitung	Saldo		Saldo	Sparda	
...				...	
Summe	Summe		Summe	Summe	

ERTRAGSKONTEN werden im Haben gebucht

Während des Jahres (Monats) werden alle Geschäftsfälle verbucht
- Banküberweisungen von Löhnen
- Barzahlung einer Frachtrechnung
- Verkauf einer Fräsmaschine über Buchwert
- Barentnahme vom Bankkonto

Der Buchungssatz lautet: Soll(konto) an Haben(konto)

Zum Jahresabschluss (Monatsabschluss) finden folgende Tätigkeiten statt:
- Abschluss aller Aufwands- und Ertragskonten über das GuV-Konto.
- Abschluss des GuV-Kontos über das Eigenkapitalkonto.
- Abschluss aller Aktiv- und Passivkonten über die Schlussbilanz.

Soll	Aufwendungen	Gewinn- und Verlustrechnung	Erträge	Haben
...		...		Saldo wird in das
...		...		Konto Eigenkapital
	Gewinn	(Verlust)		übertragen
	Summe	Summe		

Aktiva		Schlussbilanz 31.12. ...		Passiva
I. Anlagevermögen		I. Eigenkapital inkl.	←	GuV-Konto
1. Grundstücke		Gewinn (Verlust)		
...		II. Fremdkapital		
II. Umlaufvermögen		...		
...				
Bilanzsumme		Bilanzsumme		

2.5.1.10 Bilanz, GuV, Anhang, Lagebericht

§ 267 HGB

§ 266 HGB gibt Auskunft über die Gliederung der Bilanz und Erleichterungen bei der Aufstellung für kleine Kapitalgesellschaften. Die Größenklassen der Kapitalgesellschaften orientieren sich an der Bilanzsumme, den Umsatzerlösen und der Zahl der Arbeitnehmer (§ 267 HGB). Nach § 267 Absatz 3 HGB gilt eine Aktiengesellschaft stets als große Kapitalgesellschaft, wenn ihre Aktien an einer Börse zugelassen sind.

Bestandteile des Jahresabschlusses
Der Jahresabschluss von Unternehmen setzt sich aus der Bilanz und der GuV-Rechnung zusammen. Je nach Unternehmensform und -größe sind auch ein Anhang und ein Lagebericht zu erstellen. Die Entwicklung und die Lage des Unternehmens sollen dadurch möglichst genau dargestellt werden.

Bilanz
§ 242 HGB, § 266 HGB u.a.
= Zeitpunktrechnung (Vermögen, Eigen- und Fremdkapital zum Bilanzstichtag)
Beachtung der Grundsätze ordnungsmäßiger Buchführung
Darstellung eines den tatsächlichen Verhältnissen entsprechendem Bild der Vermögens- und Finanzlage

Gewinn- und Verlustrechnung
§ 242 Absatz 2 HGB: Gegenüberstellung der Aufwendungen und Erträge
§§ 275 ff. HGB: Gliederung, größenabhängige Erleichterungen, ...
= Zeitraumrechnung (Ursachen des Jahreserfolges)

Anhang
§ 284 HGB ff., § 288 HGB: Größenabhängige Erleichterungen
= gleichwertiger Bestandteil des Jahresabschlusses
= Erläuterung der Positionen der Bilanz und Gewinn- und Verlustrechnung (Bilanzierungs- und Bewertungsmethoden, Beteiligungen an anderen Unternehmen, Verbindlichkeiten mit einer Restlaufzeit von über fünf Jahren usw.)

Lagebericht
§ 289 HGB (enthält u.a. größenabhängige Angaben) u.a.
= kein Bestandteil des Jahresabschlusses
= Darstellung zusätzlicher Informationen über den Geschäftsverlauf im Abschlussjahr und die wirtschaftliche und finanzielle Lage der Gesellschaft am Bilanzstichtag

GuV-Rechnung
Nach § 275 HGB ist die Gewinn- und Verlustrechnung in Staffelform nach dem Gesamtkostenverfahren oder dem Umsatzkostenverfahren aufzustellen. Beim Gesamtkostenverfahren werden die gesamten Kosten einer Periode den Umsatzerlösen und den Bestandserhöhungen gegenübergestellt (Gesamtkostenverfahren nach § 275 Absatz 2 HGB). Beim Umsatzkostenverfahren werden die Umsatzerlöse den dazugehörenden Kosten gegenübergestellt. Es werden nur die Kosten betrachtet, die mit der abgesetzten Leistung in Zusammenhang stehen (Umsatzkostenverfahren nach § 275 Absatz 3 HGB).

> Was besagt § 275 HGB?

Gesamtkostenverfahren nach § 275 Absatz 2 HGB
1. + Umsatzerlöse
2. +/− Erhöhung oder Verminderung des Bestandes an fertigen und unfertigen Erzeugnissen
3. + andere aktivierte Eigenleistungen
4. + sonstige betriebliche Erträge
5. − Materialaufwand
6. − Personalaufwand
7. − Abschreibungen
8. − sonstige betriebliche Aufwendungen
9. + Erträge aus Beteiligungen

10.	+	Erträge aus anderen Wertpapieren und Ausleihungen des Finanzanlagevermögens
11.	+	sonstige Zinsen und ähnliche Erträge
12.	−	Abschreibungen auf Finanzanlagen und auf Wertpapiere des Umlaufvermögens
13.	−	Zinsen und ähnliche Aufwendungen
14.	=	Ergebnis der gewöhnlichen Geschäftstätigkeit
15.	+	außerordentliche Erträge
16.	−	außerordentliche Aufwendungen
17.	=	außerordentliches Ergebnis
18.	−	Steuern vom Einkommen und vom Ertrag
19.	−	sonstige Steuern
20.	=	Jahresüberschuss/Jahresfehlbetrag

Umsatzkostenverfahren nach § 275 Absatz 3 HGB

1.	+	Umsatzerlöse
2.	−	Herstellungskosten der zur Erzielung der Umsatzerlöse erbrachten Leistungen
3.	=	Bruttoergebnis vom Umsatz
4.	−	Vertriebskosten
5.	−	allgemeine Verwaltungskosten
6.	+	sonstige betriebliche Erträge
7.	−	sonstige betriebliche Aufwendungen
8.	+	Erträge aus Beteiligungen
9.	+	Erträge aus anderen Wertpapieren und Ausleihungen des Finanzanlagevermögens
10.	+	sonstige Zinsen und ähnliche Erträge
11.	−	Abschreibungen auf Finanzanlagen und auf Wertpapiere des Umlaufvermögens
12.	−	Zinsen und ähnliche Aufwendungen
13.	=	Ergebnis der gewöhnlichen Geschäftstätigkeit
14.	+	außerordentliche Erträge
15.	−	außerordentliche Aufwendungen
16.	=	außerordentliches Ergebnis
17.	−	Steuern vom Einkommen und vom Ertrag
18.	−	sonstige Steuern
19.	=	Jahresüberschuss/Jahresfehlbetrag

Erfassung von Mehr- und Minderbeständen

Die beiden Verfahren unterscheiden sich in den **Bestandsveränderungen** von fertigen und unfertigen Erzeugnissen. Selten werden in einer Produktionsperiode genauso viele Erzeugnisse gefertigt wie verkauft. Wird mehr produziert als verkauft, entsteht im Lager ein **Mehrbestand**. Umgekehrt, wird mehr verkauft als produziert, müssen die noch benötigten Erzeugnisse dem Lager entnommen werden. Dadurch entsteht dort ein **Minderbestand**. Beim Gesamtkostenverfahren werden den Aufwendungen für die gefertigten Produkte die Umsatzerlöse der tatsächlich verkauften Erzeugnisse gegenübergestellt. Da dies das Ergebnis bei vorliegenden Bestandsveränderungen verfälscht, müssen

Mehrbestände mit den Herstellungskosten als Ertrag angesetzt werden (der Wert wurde geschaffen), während jetzt zum Verkauf benötigte Minderbestände, die in einer früheren Produktionsperiode gefertigt wurden, als Aufwand in der GuV-Rechnung erfasst werden. Ein Beispiel zeigt die Unterschiede in der Gegenüberstellung des Gesamt- und des Umsatzkostenverfahrens.

Beispiel

Es werden im Mai 1.000 Stück zu je 140 € verkauft. Produziert werden in diesem Zeitraum 1.200 Stück zu je 100 €. Die Verwaltungs- und Vertriebskosten je Stück belaufen sich auf 22 €.

Gesamtkostenverfahren

Soll		GuV-Konto	Haben
Volle Herstellkosten		Verkaufserlöse	
1.200 Stück · 100 €	120.000	1.000 Stück · 140 €	140.000
Verw.- und Vertr.kosten		Bestandsmehrung	
1.000 Stück · 22 €	22.000	200 Stück · 100 €	20.000
Gewinn	18.000		
	160.000		**160.000**

Verwaltungs- und Vertriebskosten werden immer auf die verkaufte Menge bezogen.

Umsatzkostenverfahren

Soll		GuV-Konto	Haben
Herstellkosten der verkauften Menge		Verkaufserlöse	
1.000 Stück · 100	100.000	1.000 Stück · 140	140.000
Verw.- und Vertr.kosten			
1.000 Stück · 22	22.000		
Gewinn	18.000		
	140.000		**140.000**

2.5.1.11 Analyse von Bilanz und GuV-Rechnung

Eine Analyse dient der kritischen Beurteilung und der wirtschaftlichen Auswertung der Zahlen der Bilanz und der GuV-Rechnung. So kann die finanzielle Stabilität überprüft werden, indem man z.B. das Verhältnis von Eigenkapital zu

Fremdkapital, die Einhaltung von Zahlungszielen oder die Kassen- und Bankbestände betrachtet. Die Ertragskraft zeigt den Unternehmenserfolg und die Liquiditätsgrade weisen auf eventuelle Zahlungsschwierigkeiten hin. Die Ziele einer Analyse sind beispielsweise:
- Informationen durch Kennzahlen
- Verwendung realitätsnaher Daten
- Überprüfung der getroffenen Entscheidungen
- Vorbereitung von Entscheidungen

Zur Berechnung der notwendigen Kennzahlen stehen diverse Möglichkeiten und Formeln zur Verfügung, die je nach Zielsetzung auszuwählen sind.

Absolute Kennzahlen zeigen absolute Veränderungen an (Einzelzahlen, Summen) und besitzen nur begrenzte Aussagekraft. So sagt ein Gewinn in Höhe von 3.000 € praktisch nichts aus, wenn man nicht weiß, in welchem Zeitraum er erwirtschaftet wurde und wie hoch die Investition dafür war.

Welche Zahlen spielen bei den relativen Kennzahlen eine Rolle?

Relative Kennzahlen setzen Größen zueinander in Beziehung:
- Gliederungszahlen (Verhältnis eines Teils zum Ganzen, z.B. Gewinn in Prozent zu den Selbstkosten, Umsatzanteil eines Produktes am Gesamtumsatz)
- Beziehungszahlen (Verhältnis von qualitativ unterschiedlichen Größen, z.B. Umsatz je Abteilungsleiter)
- Indexzahlen (Verhältnis von qualitativ gleichen Größen zu verschiedenen Zeitpunkten oder verschiedenen Orten, z.B. Entwicklung der Materialpreise)

Berechnet man Kennzahlen nur für ein einziges Geschäftsjahr eines Unternehmens, kann man daraus meist nicht besonders viel erschließen. Für Interpretationen sollten mindestens zwei, besser mehrere Daten aus aufeinanderfolgenden Jahren zur Verfügung stehen, die eine Entwicklung erkennen lassen. Einige Beispiele sollen der Verdeutlichung dienen.

Verfolgt man die Anlageintensität über mehrere Jahre, wird ersichtlich, ob z.B. das Anlagevermögen zunimmt. Daraus kann dann wiederum geschlossen werden, dass der Fixkostenblock größer wird. Weitergehend kann man sagen, dass Unternehmen mit hohem Anlagevermögen (z.B. Fertigungsstraßen) meist nicht sehr flexibel auf Veränderungen des Marktes reagieren können.

$$\text{Anlageintensität} = \frac{\text{Anlagevermögen} \cdot 100}{\text{Gesamtvermögen}}$$

Bei Betrachtung über einen längeren Zeitraum wird festgestellt, ob Vorräte auf- oder abgebaut werden. Das zeigt Auswirkung auf die Kapitalbindung.

$$\text{Vorratshaltung} = \frac{\text{Vorräte} \cdot 100}{\text{Umsatz}}$$

Die Umschlagshäufigkeit gibt die Bindungsdauer des Vermögens an und damit Hinweise auf die Höhe des Kapitalbedarfs. Steigt die Umschlagshäufigkeit, wirkt sich dies positiv aus, da das Umlaufvermögen weniger lange im Lager gebunden ist und deshalb weniger Kosten verursacht.

$$\text{Umschlagshäufigkeit des Umlaufvermögens} = \frac{\text{Umsatz}}{\text{Ø Bestand des UV}}$$

Die Eigenkapitalrentabilität (Unternehmerrentabilität) gibt die Verzinsung des eingesetzten Eigenkapitals im Unternehmen an.

$$\text{Unternehmerrentabilität} = \frac{\text{Gewinn} \cdot 100}{\text{Eigenkapital}}$$

Die Gesamtkapitalrentabilität (Unternehmungsrentabilität) gibt die Verzinsung des eingesetzten Gesamtkapitals im Unternehmen an.

$$\text{Unternehmungsrentabilität} = \frac{(\text{Gewinn} + \text{bezahlte Fremdkapitalzinsen}) \cdot 100}{\text{Gesamtkapital (Eigen- und Fremdkapital)}}$$

Aus der Umsatzrentabilität bzw. Gewinnquote sieht man, wie viel Gewinn pro 100 € Umsatz erzielt wird. Eine Gewinnquote von 11,5 % bedeutet, dass bei 100 € Umsatz 11,50 € Gewinn erzielt werden.

$$\text{Gewinnquote} = \frac{\text{Gewinn} \cdot 100}{\text{Umsatz}}$$

Grenzen der Analyse
Bei einer Analyse von Bilanz und GuV-Rechnung muss sich der Leser darüber im Klaren sein, dass es gewisse Spielräume bei der Erstellung des Jahresabschlusses gibt, die eindeutige Aussagen nicht zulassen. Einige Überlegungen seien hier beispielhaft genannt.

- Sind Verbindlichkeiten aus Lieferungen und Leistungen kurzfristig? Bei langfristiger Zusammenarbeit mit Lieferanten werden sie faktisch langfristig.
- Sind Vorräte kurzfristig? Die Mindestbestände/eisernen Bestände stellen eine langfristige Kapitalbindung dar.
- Bei Personengesellschaften ist das Eigenkapital durchaus kündbar. Scheidet ein Gesellschafter aus einem Unternehmen aus, wird er seinen Anteil zurückverlangen.
- Gewinn wird durch Übervorsicht geschmälert. Ein Hinweis darauf ist vorherrschende Überliquidität. Der Gewinn könnte höher sein, wenn ungenutzte Gelder sinnvoll angelegt würden.

- Die Bilanz ist eine Zeitpunktbetrachtung. Dynamische Entwicklungen sind nicht erkennbar. Man sieht nur die Situation genau am Stichtag des Jahresabschlusses.
- Aus den Daten der Vergangenheit sind keine zukünftigen Entwicklungen erkennbar.
- Kreditspielräume sind nicht aus dem Jahresabschluss ersichtlich.
- Auftragsbestände sind ebenfalls nicht erfasst.
- Voraussichtliche Einnahmen und Ausgaben sind nicht erkennbar.
- Bewertungsvorschriften erlauben Spielräume bei der Höhe des Ansatzes von z.B. halbfertigen bzw. fertigen Erzeugnissen in der Bilanz. Das HGB legt eine Ober- und eine Untergrenze fest (§ 255 HGB). Der Unternehmer kann – je nach Zielsetzung – zwischen diesen beiden Werten wählen und auch jeden Ansatz, der dazwischen liegt.

2.5.1.12 Abschreibung

Bewertungsgrundlagen für das Anlagevermögen

Planmäßige Abschreibungen

Erfassung von Wertminderung

Vermögensgegenstände sind zum Bilanzstichtag zu ihren fortgeführten Anschaffungskosten (Herstellungskosten) zu bewerten (§ 253 HGB). Abnutzbare Anlagegüter werden entsprechend ihrer betriebsgewöhnlichen Nutzungsdauer abgeschrieben. Amtliche AfA-Tabellen (Finanzamt) enthalten die gewöhnliche Nutzungsdauer von fast allen Arten von Anlagegütern.

　　Anschaffungskosten/Herstellungskosten
　– planmäßige Abschreibung
　= fortgeführte Anschaffungskosten/Herstellungskosten

Außerplanmäßige Abschreibungen
sind zu buchen bei außergewöhnlichen Wertminderungen (Schäden, wirtschaftliche Entwertung durch technischen Fortschritt). Gemäß § 253 Absatz 2 HGB besteht Abschreibungspflicht (Strenges Niederstwertprinzip).

　　Anschaffungskosten
　– planmäßige Abschreibung
　– außerplanmäßige Abschreibung
　= Tageswert

Beispiel

Die Anschaffungskosten einer Maschine belaufen sich auf 100.000 €. Der Kauf erfolgt am 15. Juli. Die Nutzungsdauer beträgt zehn Jahre. Es wird linear abgeschrieben. Im vierten Jahr tritt ein Schadensfall auf. Ein Gutachter schätzt den aktuellen Wert der Maschine auf 25.000 € und gibt zwei weitere Jahre als Nutzungsdauer an. Es ergibt sich eine planmäßige Abschreibung von 10.000 €/Jahr.

Anschaffungskosten	100.000 €	
AfA im 1. Jahr	5.000 €	Von Juli bis Dezember
Restwert	95.000 €	
AfA im 2. Jahr	10.000 €	
Restwert	85.000 €	
AfA im 3. Jahr	10.000 €	
Restwert	75.000 €	
AfA im 4. Jahr	10.000 €	Planmäßige AfA
	40.000 €	Außerplanmäßige AfA
Restwert	25.000 €	
AfA im 5. Jahr	12.500 €	Noch zwei Jahre Nutzung!
Restwert	12.500 €	
AfA im 6. Jahr	12.499 €	
Erinnerungswert	1 €	

Begriffe und Aufgaben der Abschreibung
Die Anschaffungskosten sind auf die Jahre der betrieblichen Nutzung zu verteilen. Die Wertminderung wird pro Jahr als Aufwand gebucht und verringert dadurch den zu versteuernden Gewinn.

Abschreibungsursachen (AfA= Absetzung für Abnutzung):
- technische (verbrauchsbedingte) Abschreibung (Abnutzung durch Gebrauch, natürlicher Verschleiß, Substanzverringerung)
- wirtschaftlich bedingte Abschreibung (technischer Fortschritt, Nachfrageverschiebungen, Fehlinvestitionen)
- zeitlich bedingte Abschreibung (Beendigung von Mietverhältnissen, Ablauf von Schutzrechten und Konzessionen)

Abschreibungskreislauf:
Abschreibungen finanzieren Neuinvestitionen über die Verkaufserlöse. Die kalkulatorische Abschreibung fließt in die Kalkulation der Verkaufspreise ein. Das bedeutet, dass mit jedem Euro, den der Kunde zahlt, ein geringer Teil der Abschreibung in das Unternehmen zurückfließt. Die Finanzplanung sollte berücksichtigen, dass nach der Nutzungsdauer die zurückgeflossenen Abschreibungsbeträge zur Verfügung stehen, um z.B. eine Maschine ersetzen zu können.

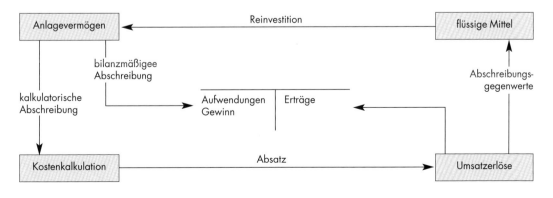

Abschreibungsverfahren

Beachtung der aktuellen Gesetzeslage!

Lineare Abschreibung	**Degressive Abschreibung**
Abschreibungsbetrag = $\dfrac{\text{Anschaffungskosten}}{\text{Nutzungsdauer}}$ Abschreibungssatz in % = $\dfrac{100}{\text{Nutzungsdauer}}$ Handels- und steuerrechtlich erlaubt! • Gleich bleibender Prozentsatz von den Anschaffungs- bzw. Herstellungskosten • Volle Abschreibung am Ende der Nutzungsdauer • Erinnerungswert von 1 €, solange sich das Gut im Betrieb befindet	Der degressive Abschreibungssatz beträgt das Doppelte des linearen Satzes, maximal 20 %. Der degressive Abschreibungssatz beträgt das Dreifache des linearen Satzes, maximal 30 %. Der Wechsel von der degressiven auf die lineare Abschreibung ist erlaubt. • Gleich bleibender Prozentsatz vom jeweiligen Buchwert • fallende AfA-Beträge • Der Restwert wird im letzten Nutzungsjahr abgeschrieben.

Anschaffungkosten/Herstellungskosten – Abschreibung = Buchwert/Restwert/Restbuchwert
AfA = Absetzung für Abnutzung
Es ist monatsgenau abzuschreiben. Wird ein Wirtschaftsgut z.B. im Oktober gekauft, ist die Abschreibung in diesem Jahr für drei Monate zu berechnen.

Leistungsbezogene Abschreibung

Handelsrechtlich erlaubt!
Steuerrechtlich bei beweglichen Anlagegegenständen zulässig, wenn die Abschreibung wirtschaftlich begründet ist!

Beispiel

Bei einem Lkw mit 100.000 € Anschaffungskosten wird die Kilometerleistung auf 800.000 km geschätzt. Daraus ergibt sich ein Abschreibungsbetrag von 0,125 €/km.

$$\frac{100.000\ €}{800.000\ \text{km}} = 0{,}125\ €/\text{km}$$

Fährt der Lkw im ersten Jahr 55.000 km, sind 6.875 € als Abschreibung zu buchen (55.000 km · 0,125 €/km). Sind es im zweiten Jahr 87.000 km, ergibt sich ein Abschreibungsbetrag von 10.875 €. Dies wird so fortgeführt, bis die Anschaffungskosten von 100.000 € erreicht sind.

Arithmetisch-degressive Abschreibung
Der Werteverzehr wird ungleichmäßig auf die Nutzungsjahre verteilt. In den ersten Jahren erfolgt eine höhere Abschreibung als in den letzten. Die jährlichen Abschreibungsbeträge fallen um den gleichen Betrag.

Berechnung des Degressionsbetrages:

$$\text{Degressionsbetrag (€)} = \frac{\text{Anschaffungs- bzw. Herstellungskosten} - \text{Restwert}}{\text{Summe der arithmetischen Reihe der Nutzungsjahre}}$$

Berechnung des jährlichen Abschreibungsbetrages:

Abschreibungsbetrag = Degressionsbetrag · Restnutzungsdauer zum Jahresbeginn

Beispiel ohne Restwert

Die Anschaffungskosten eines LKW belaufen sich auf 52.500 € und die Nutzungsdauer wird auf fünf Jahre geschätzt.

$$\text{Degressionsbetrag} = \frac{52.500}{1+2+3+4+5} = \frac{52.500}{15} = 3.500 \text{ €}$$

3.500 € · 5 Jahre = 17.500 € AfA   3.500 € · 4 Jahre = 14.000 € AfA
3.500 € · 3 Jahre = 10.500 € AfA   3.500 € · 2 Jahre = 7.000 € AfA

Jahr	Abschreibung	Restwert
0	–	52.500 €
1	17.500 €	35.000 €
2	14.000 €	21.000 €
3	10.500 €	10.500 €
4	7.000 €	7.000 €
5	3.500 €	0

Beispiel mit Restwert

Die Anschaffungskosten eines LKW belaufen sich auf 52.500 € und die Nutzungsdauer wird auf fünf Jahre geschätzt. Der Restwert beträgt voraussichtlich 3.000 €.

$$\text{Degressionsbetrag} = \frac{52.500 - 3.000}{1+2+3+4+5} = \frac{49.500}{15} = 3.300 \text{ €}$$

3.300 € · 5 Jahre = 16.500 € AfA   3.300 € · 4 Jahre = 13.200 € AfA
3.300 € · 3 Jahre = 9.900 € AfA   3.300 € · 2 Jahre = 6.600 € AfA

Jahr	Abschreibung	Restwert
0	–	52.500 €
1	16.500 €	36.000 €
2	13.200 €	22.800 €
3	9.900 €	12.900 €
4	6.600 €	6.300 €
5	3.300 €	3.000 €

Geometrisch-degressive Abschreibung
Der Werteverzehr wird ungleichmäßig auf die Nutzungsjahre verteilt. In den ersten Jahren erfolgt eine höhere Abschreibung als in den letzten. Die jährlichen Abschreibungsbeträge werden immer kleiner. Es wird mit dem gleichen Prozentsatz abgeschrieben, jedoch immer vom Restwert bzw. Buchwert.

Berechnung des Abschreibungssatzes in %:

$$\text{Abschreibungssatz in \%} = 100 \cdot \left(1 - \sqrt[n]{\frac{\text{Restwert in €}}{\text{Anschaffungs- bzw. Herstellungskosten}}}\right)$$

Geschätzte Nutzungsdauer = n

Beispiel ohne Restwert

Die Anschaffungskosten einer Maschine belaufen sich auf 80.000 €. Die Nutzungsdauer wird mit acht Jahren angesetzt.
Die lineare Abschreibung beläuft sich auf 12,5 % (100 % : 8 Jahre = 12,5 % pro Jahr).
Die degressive Abschreibung wird mit 20 % angesetzt (12,5 % · 2 = 25 %, max. 20 %).

		Beträge in €			
	AK	80.000			
1. Jahr	AfA	16.000			
	Restwert	64.000			
2. Jahr	AfA	12.800			
	Restwert	51.200	Umstellung auf lineare AfA nach dem		
3. Jahr	AfA	10.240	3. Jahr → noch 5 Restjahre		
	Restwert	40.960	: 5 Restjahre	= 8.192 €	
				lineare AfA/Jahr	
4. Jahr	AfA	8.192		8.192	
	Restwert	32.768		32.768	
5. Jahr	AfA	6.553,60		8.192	
	Restwert	26.214,40		24.576	
6. Jahr	AfA	5.242,88		8.192	
	Restwert	20.971,52		16.384	
7. Jahr	AfA	4.194,30		8.192	
	Restwert	16.777,22		8.192	
8. Jahr	AfA	16.776,22		8.191	
	Erinnerungswert	1 €		1 €	

Die Umstellung von der degressiven auf die lineare Abschreibung erfolgt sinnvollerweise, wenn die folgenden linearen Abschreibungsbeträge gleich oder größer sind als die weiteren degressiven Abschreibungsbeträge.

Beispiel mit Restwert

Die Anschaffungskosten einer Maschine belaufen sich auf 80.000 €. Der Restwert wird auf 5.000 € geschätzt. Die Nutzungsdauer wird mit acht Jahren angesetzt.

$$100 \cdot \left(1 - \sqrt[8]{\frac{5.000}{80.000}}\right) = 29{,}289\ \%$$

29,289 % von 80.000 € = 23.431,20 €
29,289 % von 56.568,80 € = 16.568,44 €

Jahr	Abschreibung in €	Restwert in €
0	–	80.000,00
1	23.431,20	56.568,80
2	16.568,44	40.000,36
3	11.715,71	28.284,65
4	8.284,29	20.000,36
5	5.857,91	14.142,45
6	4.142,18	10.000,27
7	2.928,98	7.071,29
8	2.071,11	5.000,18

Gesetzliche Vorschriften

Irgendwann vor langen Jahren bis 2000

Lineare Abschreibung
Verteilung der Anschaffungs-/Herstellungskosten auf die Nutzungsdauer

Degressive Abschreibung
Das Dreifache des linearen AfA-Satzes, maximal 30 %

2001 bis 2005

Lineare Abschreibung
Verteilung der Anschaffungs-/Herstellungskosten auf die Nutzungsdauer

Degressive Abschreibung
Das Zweifache des linearen AfA-Satzes, maximal 20 %

Beispiel:
Lineare AfA = 5 % (20 Jahre Nutzungsdauer) → degressive AfA = 10 %
Lineare AfA = 12,5 % (8 Jahre Nutzungsdauer) → degressive AfA = 20 %

Es wird monatsgenau abgeschrieben.

Geringwertige Wirtschaftsgüter (GWG): bis 410 € netto

Wahlrecht: GWG können im Jahr der Anschaffung sofort abgeschrieben werden; der Wert kann aber auch auf die Nutzungsdauer verteilt abgeschrieben werden.

Güter bis 60 € netto werden sofort als Aufwand gebucht.

01.01.2006 bis 31.12.2007

Lineare Abschreibung
Verteilung der Anschaffungs-/Herstellungskosten auf die Nutzungsdauer

Degressive Abschreibung
Das Dreifache des linearen AfA-Satzes, maximal 30 %

Beispiel:
Lineare AfA = 5 % (20 Jahre Nutzungsdauer) → degressive AfA = 15 %
Lineare AfA = 12,5 % (8 Jahre Nutzungsdauer) → degressive AfA = 30 %

Es wird monatsgenau abgeschrieben.

Geringwertige Wirtschaftsgüter: bis 410 € netto
Wahlrecht: GWG können im Jahr der Anschaffung sofort abgeschrieben werden; der Wert kann aber auch auf die Nutzungsdauer verteilt abgeschrieben werden

Güter bis 60 € netto werden sofort als Aufwand gebucht.

Ab 2008

Lineare Abschreibung
Verteilung der Anschaffungs-/Herstellungskosten auf die Nutzungsdauer

Wegfall der degressiven Abschreibung

Geringwertige Wirtschaftsgüter (GWG)

Überschusseinkünfte:
GWG bis 410 € können wie bisher sofort als Werbungskosten abgeschrieben oder auf die Nutzungsdauer verteilt werden.

Gewinneinkünfte:
GWG bis 150 € netto werden sofort als Aufwand verbucht.

Güter von mehr als 150 € bis 1.000 € sind in einen jahresbezogenen Sammelposten (Pool) einzustellen und auf fünf Jahre abzuschreiben (20 % pro Jahr).

Sonderabschreibung (§ 7g Absätze 5 und 6 EStG 2008)

Für Investitionen ab dem 01.01.2008:
Im Wirtschaftsjahr der Anschaffung oder Herstellung sowie in den folgenden vier Wirtschaftsjahren können Sonderabschreibungen bis zu insgesamt 20% der AK oder HK bei abnutzbaren beweglichen Wirtschaftsgütern des Anlagevermögens vorgenommen werden. Dies gilt unabhängig davon, ob der Investitionsabzugsbetrag ... in Anspruch genommen wurde oder nicht. Gilt auch bei nicht neuen Wirtschaftsgütern. ...

Voraussetzungen:
– zum Schluss des der Anschaffung oder Herstellung vorangehenden Wirtschaftsjahres müssen die Größenmerkmale ... eingehalten sein,

– im Wirtschaftsjahr der Anschaffung oder Herstellung und im darauf folgenden Wirtschaftsjahr muss die Nutzung ... erfüllt sein.

Ab 2009 bis 31.12.2010

Degressive Abschreibung
Das Zweieinhalbfache des linearen AfA-Satzes, maximal 25 %.

2.5.1.13 Leasing

Leasing ist eine Sonderform der Finanzierung von Anlagevermögen. Investitionsgüter werden vom Hersteller oder von einer speziellen Leasing-Gesellschaft gemietet. Das Thema Leasing wird hier aus Platzgründen nur in den Grundzügen dargestellt. In der Praxis bieten sich sehr viele Leasingformen mit jeweils unterschiedlichen Bedingungen an.

Finanzierung von Anlagevermögen

Finanzierungsleasing ist die Gebrauchsüberlassung von Wirtschaftsgütern gegen Entgelt an Privatpersonen oder Unternehmen. Das Leasingobjekt ist Eigentum des Leasinggebers und wird beim Leasingnehmer nicht bilanziert.

Grundmietzeit

Die unkündbare Grundmietzeit beträgt zwischen 40% und 90% der gewöhnlichen Nutzungsdauer des Wirtschaftgutes. Neben den Leasingraten kann eine Anzahlung und/oder Schlusszahlung vereinbart werden. In den Leasingraten sind üblicherweise die Anschaffungskosten (Abschreibung) enthalten, Finanzierungs- und Gemeinkosten, kalkulatorische Wagnisse und ein Gewinnzuschlag. Nach Vertragsende kann das Leasingobjekt vom Leasingnehmer zurückgegeben, weiter geleast oder gekauft werden. Bei **Vollamortisationsverträgen** beinhalten die Leasingraten während der Grundmietzeit die Gesamtkosten des Leasingobjekts. **Teilamortisationsverträge** berücksichtigen den voraussichtlichen Wert des Leasingobjekts nach Ablauf der Grundmietzeit und die Leasingraten werden nur über den restlichen Teil der Gesamtkosten kalkuliert.

Kalkulation der Leasingraten

Vorteile von Leasing:
- Für das Leasingobjekt muss kein Kaufpreis bezahlt und dafür ein Kredit aufgenommen werden. Die Liquidität wird zu diesem Zeitpunkt nicht belastet.
- Leasingverpflichtungen erscheinen nicht als Verbindlichkeiten in der Bilanz und verschlechtern damit nicht die Bilanzkennzahlen (z.B. Verschuldungsgrad). Leasingraten werden als Aufwendungen in der GuV verbucht.
- Leasingraten sind voll als Betriebsausgaben anzusetzen und vermindern dadurch den steuerpflichtigen Gewinn.
- Durch die begrenzte Vertragslaufzeit wird das Risiko der Überalterung der Leasingobjekte minimiert.
- Sicherheiten müssen häufig nicht gestellt werden.

Nachteile von Leasing:
- Am Leasingobjekt entsteht kein Eigentum und es kann damit nicht als Sicherheit für z.B. Kredite eingesetzt werden.
- Leasingraten sind häufig höher als die Belastungen bei einer Kreditaufnahme.
- Während der Grundmietzeit besteht keine Kündigungsmöglichkeit.
- Durch die regelmäßig anfallenden Leasingraten kann es in umsatzschwachen Zeiten zu Liquiditätsproblemen kommen.

Im Einzelfall müssen die Finanzierungsmöglichkeiten Kreditaufnahme und Leasing gegenübergestellt werden, um das günstigere Angebot herauszufinden. Dabei sind technische, finanzielle und steuerliche Gesichtspunkte zu berücksichtigen. Leasing muss nicht immer teurer sein, da viele Leasinggeber mit günstigen Offerten locken.

Problem
Bei der Anschaffung einer Mohrenkopf-Drehmaschine mit 150.000 € Anschaffungskosten stehen zwei Finanzierungsmöglichkeiten zur Auswahl: 1. Die Hausbank bietet einen Kredit mit einer Laufzeit von sechs Jahren mit einem Nominalzins von 6 %. Zur Vereinfachung werden die Zinsen jährlich vom Kreditbetrag am Anfang des Jahres berechnet und am Jahresende bezahlt. Die Tilgung erfolgt in gleichen Jahresraten. 2. Eine Leasinggesellschaft unterbreitet ein Angebot mit monatlichen Leasingraten in Höhe von 2.900 € in den ersten vier Jahren und in Höhe von monatlich 2.400 € in den folgenden zwei Jahren.

Gesucht
Wie hoch ist jeweils die Gesamtbelastung durch die Kreditaufnahme und das Leasingangebot?

Gelöst
Zunächst werden die Kreditkosten berechnet:

Jahr	1	2	3	4	5	6
Restschuld Jahresanfang	150.000	125.000	100.000	75.000	50.000	25.000
Tilgung	25.000	25.000	25.000	25.000	25.000	25.000
Zinsen	9.000	7.500	6.000	4.500	3.000	1.500
Kapitaldienst	34.000	32.500	31.000	29.500	28.000	26.500

Aus dem Kredit ergibt sich eine Gesamtbelastung von 181.500 € auf sechs Jahre.

Nun berechnen wir im Vergleich die Kosten bei Leasing:
1. bis 4. Jahr   2.900/Monat · 12 Monate =   34.800/Jahr · 4 Jahre =   139.200
5. bis 6. Jahr   2.400/Monat · 12 Monate =   28.800/Jahr · 2 Jahre =   57.600

Gesamtbelastung auf sechs Jahre also   196.800

Im vorliegenden Fall ergibt das Leasingangebot eine höhere Gesamtbelastung als die Kreditaufnahme.

In der Praxis muss immer rechnerisch verglichen werden; daraus, dass dem Leasing eine so große Bedeutung zukommt, lässt sich aber nicht unmittelbar der Rückschluss ziehen, dass es im Gegensatz zu unserem Bespiel meist günstiger wäre zu leasen. Vielmehr spielen für die Entscheidung Kredit oder Leasing oftmals noch weitere betriebswirtschaftliche und rechtliche Aspekte eine Rolle, nicht zuletzt die Verfügbarkeit von entsprechenden Angeboten.

2.5.2 Ziele und Aufgaben der Kostenrechnung
Das betriebliche Rechnungswesen gliedert sich in vier Teilbereiche:
- die Finanzbuchhaltung
- die Kosten- und Leistungsrechnung
- die Statistik und
- die Planungsrechnung

Die Finanzbuchhaltung kümmert sich um Buchhaltung und Bilanzierung, wie wir weiter oben gesehen haben. Zur Kostenrechnung zählen:
- die Kostenartenrechnung
- die Kostenstellenrechnung und
- die Kostenträgerrechnung

und diese Begriffe werden im Folgenden erläutert. Auch die Kalkulation gehört in dieses Umfeld, denn die Ziele und Aufgaben der Kostenrechnung sind:
- die Kostenkontrolle und -überwachung
- die Erstellung der Unterlagen für die Kalkulation, die Preispolitik und Betriebspolitik und
- die Ermittlung des Betriebsgewinns

Eine regelmäßige Kontrolle und Überwachung der Kosten ist in allen Bereichen unumgänglich, um rechtzeitig zu erkennen, wo und wie schnell Kosten steigen.

Vielleicht wird im Einkauf kein so hoher Mengenrabatt mehr gewährt oder in der Produktion wurde eine neue Maschine angeschafft oder der Ausschuss ist angestiegen, weil eine Reihe neuer Mitarbeiter angelernt wird. Soll zum Beispiel ein neues Fahrzeug finanziert werden, besteht die Möglichkeit einer Kreditaufnahme, von Leasing oder Barzahlung. Hier hilft bei der Entscheidung ein Vergleich der Kosten (Fremdkapitalzinsen, Leasingraten, entgangene Zinsen für eine Geldanlage).

Zur Steigerung der Wirtschaftlichkeit muss die Entwicklung der Kosten bekannt sein.

Nur dann können Möglichkeiten der Einsparung ergriffen werden. Meister sollten über die Kosten in ihrer Abteilung informiert werden, damit sie sich über Möglichkeiten der Kostensenkung Gedanken machen können.

Die Kostenrechnung liefert die Grundlage zur Erstellung der Unterlagen für die Kalkulation.

Angebote können nur abgegeben werden, wenn die Kosten der produzierten Güter bekannt sind. Vereinfacht gesagt, wird auf die Selbstkosten noch der Gewinn aufgeschlagen und dieser Preis dem Kunden angeboten. Sollte der Markt auf Grund hoher Konkurrenz den Preis bestimmen, ist es auch sehr wichtig, die Selbstkosten zu kennen, damit man ausrechnen kann, ob überhaupt noch Gewinn übrig bleibt. Möchte ein Kunde einen besonders hohen Preisnachlass, muss über die Auftragsannahme entschieden werden. Eine Vorkalkulation (Kalkulation zur Angebotsabgabe) und Nachkalkulation (nach Abschluss des Auftrags) ist wichtig, um Kostenveränderungen feststellen zu können (siehe Abschnitt 2.5.6).

> Wozu muss ein Unternehmen seine Selbstkosten kennen?

Bei der **Preispolitik** kann ein Unternehmen Hochpreispolitik betreiben oder Niedrigpreispolitik. Bei der Hochpreispolitik stehen der Name bzw. das Image und die Qualität im Vordergrund. Ein anschauliches Beispiel für Niedrigpreispolitik sind bestimmte Lebensmittelketten, die Qualitätsware zu günstigen Preisen bietet, die sie in großen Mengen – und deshalb zu sehr guten Konditionen – beziehen.

Die **Betriebspolitik** orientiert sich an den Zielen der Geschäftsleitung. Hier kann die Entscheidung getroffen werden, eine weitere Niederlassung in Deutschland zu eröffnen oder in das benachbarte Ausland zu gehen. Betriebspolitik kann auch bedeuten, nur mit wenigen Mitarbeitern als Stammpersonal zu arbeiten und größere Aufträge mit Leiharbeitern abzuwickeln.

> Wie unterscheiden sich externes und internes Rechnungswesen?

Der **Gewinn** eines Unternehmens muss nach **steuerrechtlichen Vorschriften** ermittelt werden, da die Finanzbehörden diesen Betrag als Grundlage für die Besteuerung fordern. Dies erfolgt in der Finanzbuchhaltung (man spricht auch vom **externen Rechnungswesen** = für den außen gerichteten Zweck). Dieser Gewinn kann nicht gleichgesetzt werden mit dem **Betriebsgewinn**, den die Kosten- und Leistungsrechnung für interne Zwecke errechnet (man spricht auch vom **internen Rechnungswesen**).

> Was versteht man unter Betriebszweck?

Der Unternehmensgewinn beinhaltet zum Beispiel auch Zinserträge oder Erträge aus Wertpapieranlagen, die mit dem eigentlichen **Betriebszweck** nichts zu tun haben. Der Gewinn in der Kosten- und Leistungsrechnung wiederum enthält verschiedene Korrekturen, die die betriebliche Realität möglichst genau treffen sollen.

Die Abschreibung erfolgt hier zum Beispiel nicht nach den Tabellen des Finanzamts, sondern nach der tatsächlichen Nutzung. Auch wird normalerweise nicht – so wie es steuerrechtlich vorgeschrieben ist – vom Anschaffungswert einer Maschine abgeschrieben, sondern vom Wiederbeschaffungswert, da der Kauf der neuen Maschine in ein paar Jahren finanziert werden muss (siehe Abschnitt 2.5.3). Es handelt sich also um zwei unterschiedliche Blickwinkel, vom Zweck bestimmte Blickwinkel.

2.5.3 Grundbegriffe der Kosten- und Leistungsrechnung

2.5.3.1 Begriffsunterscheidung

In der externen und internen Erfolgsrechnung wird mit unterschiedlichen Begriffen gearbeitet, um eine genaue Abgrenzung durchführen zu können. Da beide Rechnungen unterschiedliche Ziele anstreben, ist es sinnvoll, auch die Begrifflichkeiten eindeutig zu trennen. Folgende Begriffspaare finden sich in der Buchführung (Finanzbuchhaltung) und der Kosten- und Leistungsrechnung:

Begriffsunterscheidung bei externer und interner Erfolgsrechnung

- Einzahlungen und Auszahlungen
- Einnahmen und Ausgaben
- Aufwand und Ertrag
- Kosten und Leistungen
- Betriebseinnahmen und Betriebsausgaben

Begriffe	Kurze Erläuterung
Einzahlungen	Geldzuflüsse in Form liquider Mittel
Auszahlungen	Geldabflüsse in Form liquider Mittel
Einnahmen	Geldzuflüsse einschließlich der Erhöhung der Forderungen
Ausgaben	Geldabflüsse einschl. der Entstehung von Verbindlichkeiten
Aufwand	Einsatz von Gütern und Dienstleistungen einer Geschäftsperiode
Ertrag	Wertmäßig erfasste zugeflossene Ergebnisgüter
Kosten	Ordentlicher, betriebsbedingter wertmäßiger Einsatz von Gütern und Leistungen
Leistungen	Mengen- oder wertmäßige Ausbringung eines Betriebes
Betriebseinnahmen	Betriebsbedingte Geldzuflüsse und auf Grund der betrieblichen Leistung erstellte Ausgangsrechnungen
Betriebsausgaben	Betriebsbedingte Geldabflüsse und Eingangsrechnungen über den betriebsbedingten Bezug von Gütern und Dienstleistungen

Erläuterung der Begriffe mit Beispielen

Einzahlungen liegen vor, wenn Kunden beim Einkauf gleich bar bezahlen oder ihre Rechnungen auf das Bankkonto des Unternehmens überweisen. Ebenso fallen Anzahlungen unter diesen Begriff oder auch eine Steuerrückerstattung.

Einzahlungen

Bei Auszahlungen fließt Geld vom Unternehmen ab, indem es fällige Rechnungen per Bank überweist oder die Reparatur einer Maschine gleich bar bezahlt. Auch eine Spende bei einer jährlichen Sammlung (z. B. des Bärenvereins) fällt unter den Begriff „Auszahlungen".

Auszahlungen

Einnahmen setzen sich aus Einzahlungen und der Erhöhung der Forderungen zusammen. Forderungen nehmen dann zu, wenn Rechnungen auf Grund erbrachter Leistungen oder Lieferungen an Kunden geschrieben und verbucht werden. Eine Rechnung lautet z. B. über eine Transportleistung oder über die Lieferung von 100 Palmen für Wintergärten.

Einnahmen

Ausgaben	Ausgaben setzen sich entsprechend aus Auszahlungen und Entstehung von Verbindlichkeiten zusammen. Das Unternehmen erhält Eingangsrechnungen über den Bezug von Rohstoffen oder den Einkauf von neuen Produktionsmaschinen.
Aufwand	Der Begriff „Aufwand" muss näher betrachtet werden. Es wird grundsätzlich unterschieden zwischen betriebsbedingtem Aufwand und neutralem Aufwand. Der betriebsbedingte Aufwand wird auch Zweckaufwand genannt oder Kosten (ordentlich). Darunter fallen z. B. Löhne und Gehälter, Abschreibungen, Rohstoffverbrauch oder Energieaufwand. Der neutrale Aufwand kann noch einmal dreigeteilt werden in betriebsfremden Aufwand, periodenfremden Aufwand und außerordentlichen Aufwand. Dem betriebsfremden Aufwand kann die Spende an den örtlichen Bärenverein zugeordnet werden. Periodenfremder Aufwand liegt immer dann vor, wenn etwas nachgezahlt werden muss für das vergangene Jahr, z. B. die Steuer an das Finanzamt. Auch Vorauszahlungen für das nächste Jahr fallen darunter. Als Beispiel für einen außerordentlichen Aufwand wäre der Verlust von Rohstoffen im Lager durch einen nicht versicherten Schadensfall zu nennen.
Wann liegt neutraler Aufwand vor?	

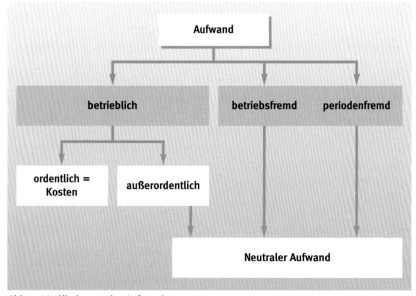

Abb. 2.56: Gliederung des Aufwandes

Beispiele für betriebliche und neutrale Aufwendungen und Erträge

Bei den folgenden Aufwands- und Ertragsarten ist zu unterscheiden, ob es sich um betriebliche oder neutrale Aufwendungen oder Erträge handelt.
a) Lohnzahlungen
b) Verluste aus Wertpapierverkäufen
c) Zinsgutschrift der Bank
d) Gehaltszahlungen

e) Umsatzerlöse für Waren
f) Aufwendungen für Rohstoffe
g) Erträge aus Beteiligungen
h) Überweisung der Kfz-Steuer für den Betriebs-LKW
i) Rückerstattung zu viel entrichteter Betriebssteuern für das vergangene Geschäftsjahr
j) Mehrbestand an fertigen Erzeugnissen zum Jahresabschluss
k) Forderungsausfall durch den Konkurs eines Kunden
l) soziale Abgaben
m) Ertrag aus dem Abgang eines Vermögensgegenstandes

Erläuterung

a) betrieblicher Aufwand
b) neutraler Aufwand
c) neutraler Ertrag
d) betrieblicher Aufwand
e) betrieblicher Ertrag
f) betrieblicher Aufwand
g) neutraler Ertrag

h) betrieblicher Aufwand
i) neutraler Ertrag
j) betrieblicher Ertrag
k) neutraler Aufwand
l) betrieblicher Aufwand
m) neutraler Ertrag

Auch beim Ertrag wird getrennt in betriebsbedingten Ertrag, auch Zweckertrag oder Leistung (ordentlich) genannt und neutralen Ertrag. Die Erstellung der Leistung ist der eigentliche Betriebszweck, z. B. die Produktion von Dosen oder die Erstellung von Möbeln. Es können aber auch selbst erstellte Werkzeuge darunter fallen, die für die Produktion gebraucht werden.

Ertrag

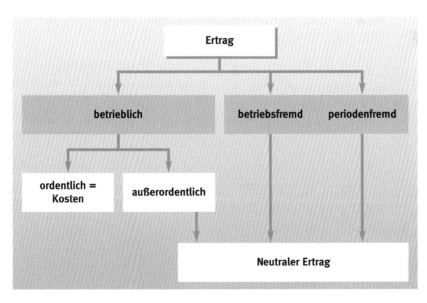

Abb. 2.57: Gliederung des Ertrags

Wann liegt neutraler Ertrag vor?

Beim neutralen Ertrag findet man ebenso wie beim neutralen Aufwand die Unterteilung in betriebsfremd, periodenfremd und außerordentlich. Die Zinsen von Wertpapieren oder die Dividenden von Aktien, die dem Betriebsvermögen angehören, fallen unter betriebsfremden Ertrag. Ein periodenfremder Ertrag kann z. B. eine äußerst seltene Steuerrückerstattung sein, die erst erfolgen kann, wenn das Geschäftsjahr, auf das sie sich bezieht, bereits abgeschlossen ist. Für das laufende Geschäftsjahr ist diese Steuerrückerstattung deshalb periodenfremd. Einen außerordentlichen Ertrag kann man verbuchen, wenn ein Teil des Fuhrparks über dem Buchwert verkauft werden kann. Laut Bilanz beträgt der Wert z. B. 50.000 €, die Rechnung über den Verkauf lautet aber über 70.000 € netto. Daraus ergibt sich ein außerordentlicher Ertrag von 20.000 €.

Kosten

Kosten sind betriebsnotwendiger Güter- und Leistungsverzehr. Darunter fällt der Energieverbrauch, die Abschreibung auf das Produktions- und Verwaltungsgebäude, die Abschreibungen auf den Fuhrpark und die Maschinen, ebenso der Verbrauch von Hilfs-, Roh- und Betriebsstoffen.

Leistungen

Leistungen sind das Ergebnis des Leistungsprozesses und werden erfasst als Umsatzerlöse, aktivierte Eigenleistungen und Bestandserhöhungen.

Betriebseinnahmen

Die Betriebseinnahmen unterscheiden sich von den Einnahmen dadurch, dass sie sich nur auf das betriebsbedingte Geschehen beschränken. Es handelt sich also um betriebsbedingte Geldzuflüsse und um Ausgangsrechnungen auf Grund von betrieblichen Leistungen, z. B. Erstellung und Lieferung eines Gartentores.

Betriebsausgaben

Die Betriebsausgaben unterscheiden sich ebenso von den Ausgaben durch ihre Konzentration auf das betriebsbedingte Geschehen. Ein betriebsbedingter Geldabfluss liegt z. B. vor, wenn ein Transportunternehmer eine Rohstofflieferung bringt und die Fracht bar kassiert.

WICHTIGE BEGRIFFE DER KOSTENRECHNUNG

Grundkosten (= Zweckaufwand)
sind aufwandsgleiche Kosten, die von der Buchführung unverändert in die Kosten- und Leistungsrechnung übernommen werden (z. B. Versicherungen, Gehälter, Werbungskosten).

Zusatzkosten
sind aufwandslose Kosten, die in der normalen Buchführung nicht erfasst werden, jedoch in der Kosten- und Leistungsrechnung Berücksichtigung finden (z. B. kalkulatorischer Unternehmerlohn oder kalkulatorische Eigenkapitalzinsen).

Anderskosten (= aufwandsungleiche Kosten)
findet man als Aufwand in der Buchführung, der in der Kosten- und Leistungsrechnung mit anderen Beträgen erscheint (z. B. kalkulatorische Abschreibung).

Aufwand
ist der Einsatz von Gütern und Dienstleistungen in einem bestimmten Zeitraum.

Man unterscheidet:
- betriebsbedingter Aufwand
  = Zweckaufwand
  = **Kosten** (ordentlich)
  z. B. Abschreibung, Löhne

und
- neutraler Aufwand wie
  - betriebsfremder Aufwand,
    (z. B. Spenden)
  - periodenfremder Aufwand
    (z. B. Gewerbesteuernachzahlung)
  - außerordentlicher Aufwand
    (z. B. Inventurverlust)

Ertrag
= bewertete zugeflossene Ergebnisgüter in einem bestimmten Zeitraum, dazu gehören
- betriebsbedingter Ertrag = Zweckertrag
  = Leistung (ordentlich)
  (z. B. die wertmäßige Güterentstehung oder erbrachte Dienstleistung innerhalb des betrieblichen Leistungsprozesses, in Eigenleistung erstellte Werkzeuge oder Einrichtungen) und
- neutraler Ertrag, dazu gehören
  - betriebsfremder Ertrag (z. B. Zinserträge, Dividenden)
  - periodenfremder Ertrag (z. B. Steuerrückerstattung)
  - außerordentlicher Ertrag (z. B. Verkauf einer Maschine über Buchwert)

Kosten
= ordentlicher, betriebsbedingter wertmäßiger Einsatz von Gütern und Leistungen
(betriebsnotwendiger Güter- und Leistungsverzehr),
z. B. Energieverbrauch, Rohstoffverbrauch, Abschreibung

Leistungen
= mengen- oder wertmäßige Leistung eines Betriebes,
z. B. Umsatzerlöse, Bestandserhöhung von unfertigen Erzeugnissen, aktivierte Eigenleistungen (z. B. Lagereinrichtungen)

2.5.3.2 Neutrales Ergebnis und Betriebsergebnis

Gewinn/Verlust

Am Geschäftsjahresende werden zur Erfolgsermittlung alle Aufwendungen und Erträge gegenübergestellt und als Ergebnis erhält man den Gewinn oder Verlust. Wie vorher erläutert, gibt es betriebsfremde, periodenfremde oder betrieblich außerordentliche Aufwendungen und Erträge, die ebenso im Gesamtergebnis enthalten sind. Sie haben jedoch mit dem eigentlichen Betriebszweck nichts zu tun und verfälschen so das Ergebnis des Betriebes.

> Zur genauen Erfolgskontrolle muss deshalb unterschieden werden in Betriebsergebnis, neutrales Ergebnis und Gesamt- bzw. Unternehmensergebnis. Dies geschieht mithilfe der Abgrenzungsrechnung.

GESAMTERGEBNIS = NEUTRALES ERGEBNIS + BETRIEBSERGEBNIS

Abgrenzungsrechnung

Das neutrale Ergebnis nimmt die betriebsfremden, periodenfremden und betrieblich außerordentlichen Aufwendungen und Erträge auf. Zusätzlich bestehen hier noch Möglichkeiten, Umrechnungen vorzunehmen, z. B. bezüglich der kalkulatorischen Abschreibung oder der kalkulatorischen Zinsen auf das Eigenkapital.

Betriebsbuchhaltung

Die Betriebsbuchhaltung, die sich ausschließlich mit dem Hauptzweck des Unternehmens beschäftigt, stellt der Betriebsleistung die Kosten gegenüber, sodass sich als Ergebnis der Betriebserfolg ergibt.

BETRIEBSLEISTUNG − KOSTEN = BETRIEBSERGEBNIS

Finanzbuchhaltung

Fügt man nun zu dem Betriebsergebnis das neutrale Ergebnis hinzu, erhält man in der Finanzbuchhaltung das Unternehmensergebnis. Alle Aufwendungen und Erträge werden einander gegenübergestellt.

GESAMTERTRAG − GESAMTAUFWAND = UNTERNEHMENSERGEBNIS

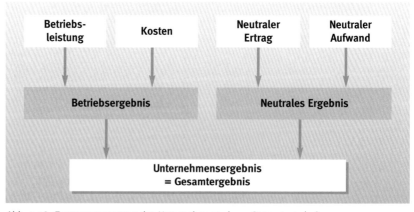

Abb. 2.58: Zusammensetzung des Unternehmens- bzw. Gesamtergebnisses

Beispiel
Bei der Betrachtung von Tabelle 2.1 stellt man fest, dass es sich hier um eine Ergebnisrechnung handelt, die ein Gesamtergebnis darstellt, da auch neutrale Positionen darin zu finden sind.

Kontenbezeichnung	Aufwendungen in €	Erträge in €
Umsatzerlöse		940.000
Mieterträge		35.000
Erträge aus der Rückstellungsauflösung		10.000
Aufwendungen für Roh-, Hilfs- und Betriebsstoffe	690.000	
Löhne und Gehälter	170.000	
Abschreibungen auf Anlagen	40.000	
Verluste aus Wertpapierverkäufen	75.000	
Gewerbesteuer	8.000	
Spenden	2.000	
sonstige Aufwendungen	30.000	
Zwischensummen	1.015.000	985.000
Verlust		30.000
Summen	**1.015.000**	**1.015.000**

Tab. 2.1

Die Aufwendungen übersteigen die Erträge um 30.000 €. Das Gesamtergebnis weist also einen Verlust aus. Als Nächstes erfolgt nun die Aufspaltung in das neutrale Ergebnis und das Betriebsergebnis. Als neutral sind die Mieterträge anzusehen, die Erträge aus Rückstellungsauflösung, der Verlust aus Wertpapierverkäufen und die Spenden (Tabelle 2.2).

Wie nach der Aufgliederung deutlich zu sehen ist, weist das Betriebsergebnis einen Gewinn von 2.000 € aus. Der Verlust resultiert also aus dem neutralen Ergebnis. Um nun noch ein genaueres Ergebnis zu erhalten, können verschiedene Umrechnungen vorgenommen werden. Es wird davon ausgegangen, dass die kalkulatorische Abschreibung mit 30.000 € angesetzt wird und die kalkulatorische Verzinsung des Eigenkapitals mit 6.000 € (siehe dazu Tabelle 2.3).

Die kalkulatorische Abschreibung wird den Abschreibungen auf Anlagen gegenüber gestellt. Die kalkulatorischen Zinsen werden zusätzlich berücksichtigt. Das Betriebsergebnis hat sich durch diesen Schritt von 2.000 € auf 6.000 € verbessert. Durch diese genaue Analyse des Jahresabschlusses kann die Situation eines Betriebes eingeschätzt werden. Als Vorteile ergeben sich, dass die Ertragskraft des Betriebes richtig beurteilt werden kann und die Selbstkosten genauer ermittelt werden können.

Abschreibung im Betriebsergebnis = kalkulatorisch
Abschreibung im Gesamtergebnis = bilanziell

Kontenbezeichnung	Gesamtergebnis Gewinn- und Verlustrechnung		neutrales Ergebnis Abgrenzungen		Betriebsergebnis Kosten- und Leistungsrechnung	
	Aufwendungen	Erträge	Aufwendungen	Erträge	Kosten	Leistungen
Umsatzerlöse		940.000				940.000
Mieterträge		35.000		35.000		
Erträge aus Rückstellungsauflösung		10.000		10.000		
Aufw. für Roh-, Hilfs- u. Betriebsstoffe	690.000				690.000	
Löhne und Gehälter	170.000				170.000	
Abschreibungen auf Anlagen	40.000				40.000	
Verluste aus Wertpapierverkäufen	75.000		75.000			
Gewerbesteuer	8.000				8.000	
Spenden	2.000		2.000			
sonstige Aufwendungen	30.000				30.000	
Zwischensummen	1.015.000	985.000	77.000	45.000	938.000	940.000
Ergebnisse		−30.000		−32.000	+2.000	
Summen	1.015.000	1.015.000	77.000	77.000	940.000	940.000

Tab. 2.2

Kontenbezeichnung	Gesamtergebnis Gewinn- und Verlustrechnung		neutrales Ergebnis				Betriebsergebnis Kosten- und Leistungsrechnung	
			Abgrenzungen		Umrechnungen			
	Aufwendungen	Erträge	Aufwendungen	Erträge	Aufwendungen	verrechn. Kosten	Kosten	Leistungen
Umsatzerlöse		940.000						940.000
Mieterträge		35.000		35.000				
Erträge aus Rückstellungsauflösung		10.000		10.000				
Aufw. für Roh-, Hilfs- und Betriebsstoffe	690.000						690.000	
Löhne u. Gehälter	170.000						170.000	
Abschreibungen	40.000				40.000	30.000	30.000	
Verluste aus Wertpapierverkäufen	75.000		75.000					
Gewerbesteuer	8.000						8.000	
Spenden	2.000		2.000					
sonstige Aufwendungen	30.000						30.000	
kalk. Zinsen	–					6.000	6.000	
Zwischensummen	1.015.000	985.000	77.000	45.000	40.000	36.000	934.000	940.000
Ergebnisse		−30.000		−32.000		−4.000	+6.000	
Summen	1.015.000	1.015.000	77.000	77.000	40.000	40.000	940.000	940.000

Tab. 2.3

Bei den Umrechnungen findet man meist den kalkulatorischen Unternehmerlohn. Dieser soll die Arbeitskraft des Unternehmers in Einzel- und Personengesellschaften berücksichtigen. Da der Unternehmer in diesen Fällen kein Gehalt erhält, sondern vom entnommenen Gewinn lebt, muss seine Leistung kalkulatorisch berücksichtigt werden. Bei Kapitalgesellschaften ist das nicht notwendig, da der Unternehmer meist als Geschäftsführer angestellt ist und somit Gehalt bezieht, das in der Finanzbuchhaltung erfasst wird.

Kalkulation der Arbeitskraft des Unternehmers

Gesamtergebnis =	neutrales Ergebnis		+ Betriebsergebnis
	Abgrenzungsergebnis +	Umrechnungsergebnis	
− 30.000	−32.000	− 4.000	+ 6.000

Tab. 2.4

2.5.4 Teilgebiete der Kostenrechnung

2.5.4.1 Kostenartenrechnung, Kostenstellenrechnung, Kostenträgerrechnung

Kostenartenrechnung: Welche Kosten sind angefallen?
Die bei der Leistungserstellung und Leistungsverwertung entstehenden Kosten sind möglichst genau zu erfassen und voneinander abzugrenzen. Dazu kann man ein Kostenartenverzeichnis aufstellen. Die Hauptgruppen der Kostenarten werden nach Bedarf untergliedert.

Beispiel für Kostenarten

Hauptgruppe: Materialkosten.
Kostenarten: Rohstoffe, Hilfsstoffe, Betriebsstoffe, Handelswaren, Verpackungsmaterial usw.

Hauptgruppe: Löhne
Kostenarten: Fertigungslöhne, freiwillige Zuwendungen, Prämien, Sachbezüge usw.

Kostenstellenrechnung: Wo sind die Kosten angefallen?
Die Kostenarten werden den Bereichen der Leistungserstellung zugeordnet. Die am häufigsten anzutreffenden Kostenstellen sind Material (Einkauf, Lager), Fertigung, Verwaltung und Vertrieb. Das Kostenverursachungsprinzip fordert die genaue Zurechnung der Kosten, zum Beispiel der Fuhrparkkosten zum Lager, zur Fertigung und zum Vertrieb, wenn die Fahrzeuge für alle drei Kostenstellen im Einsatz sind. Ist ein Lkw nur für den Vertrieb tätig, dürfen die Kosten auch nur dieser Abteilung belastet werden. Darauf wird noch näher beim Thema „Betriebsabrechnungsbogen" in Abschnitt 2.5.5.3 eingegangen.

Kostenträgerrechnung: Wofür (Produkt, Auftrag, Leistung) sind die Kosten angefallen?
Die Kosten werden den betrieblichen Leistungen zugerechnet. Ziel ist die Ermittlung der tatsächlich angefallenen Kosten pro Erzeugnis oder Dienstleistung. Diese Zahlen dienen als Grundlage für die Kalkulation.

> *Die Kostenträgerrechnung findet man als Kostenträgerzeitrechnung und als Kostenträgerstückrechnung.*

- In der Kostenträgerzeitrechnung werden alle Kosten, die in einer Abrechnungsperiode aufgetreten sind, auf die einzelnen Kostenträger verteilt, die in diesem Zeitraum gefertigt wurden. Man erhält die Kosten je Erzeugniseinheit. Diese Rechnung ist sehr einfach, wenn nur ein Produkt hergestellt wird.
- In der Kostenträgerstückrechnung werden einzelne Leistungseinheiten/Kostenträger kalkuliert ohne Berücksichtigung des Zeitraums. Man findet hier sehr häufig die Vorkalkulation vor Auftragsausführung und die Nachkalkulation nach Auftragsausführung zur Kostenkontrolle.

2.5.4.2 Erfassung von Kostendaten im Betrieb

Die Erfassung von Kostendaten im Betrieb ist sowohl für die Betriebsabrechnung als auch für die Kalkulation sehr wichtig. Die Betriebsabrechnung hält die Kosten und die Leistungen fest und beobachtet deren Entwicklung. Durch Vergleiche können Kostensteigerungen oder Verlust einfahrende Stellen festgestellt und analysiert werden. Gegenmaßnahmen sind zu planen und einzuleiten. Die Kalkulation ermittelt die Kosten je Erzeugniseinheit. Auf deren Basis werden Verkaufspreise festgesetzt, Aufträge angenommen oder abgelehnt oder das Produktionsprogramm optimiert. Die Kalkulation arbeitet mit

- **Istkosten**: Tatsächlich angefallene Kosten können erst nach Abwicklung eines Auftrags festgestellt werden bzw. am Ende einer Abrechnungsperiode.
- **Normalkosten**: Bereinigte Durchschnittskosten aus den Ist-Kosten der Vergangenheit, da auch nicht regelmäßig anfallende Kosten auftreten, die herausgerechnet werden müssen.
- **Plankosten**: Hochrechnung der Kosten in die Zukunft auf Grund von Schätzungen und den Daten der Vergangenheit

2.5.4.3 Verwendung von Belegen und Datensätzen verschiedener Art

 Da Kosten erfasst, geordnet und verursachungsgerecht zugerechnet werden müssen, ist es notwendig, sie in schriftlicher oder elektronischer Form festzuhalten.

Materialentnahmescheine und Lohnzettel sind Beispiele für schriftliche Unterlagen, die man in fast jedem Betrieb findet. Der **Materialentnahmeschein** enthält zum Beispiel die Art, die Menge, die Qualität, den Verwendungszweck, das Entnahmedatum, eine Kostenstellennummer usw. Auf einem **Lohnzettel** findet man die Personalnummer, die Einsatzzeiten, die Rüstzeiten, Beginn und Ende des Einsatzes, je nach Arbeitsauftrag eine oder mehrere Kostenstellennummern, die Auftragsnummer usw. Daten dieser Art können auch direkt in einen Computer eingegeben und von der zuständigen Stelle verarbeitet und ausgewertet werden. Die Erfassung kann per Hand (Tastatur, Touchscreen) oder maschinell (z. B. Barcode) vorgenommen werden.

Welche Unterlagen dienen zur Erfassung von Kosten und welche Angaben enthalten sie?

2.5.5 Techniken der Betriebsabrechnung

2.5.5.1 Kostenarten und ihre Gliederungsmöglichkeiten

Art der verbrauchten Kostengüter (produktionsfaktorbezogene Einteilung)
Die Ordnung wird nach dem Ursprung der Kosten vollzogen:

- Werkstoffe (Materialkosten, z. B. Rohstoffe, Werkstoffe, Nägel, Leim),
- Arbeit (Personalkosten, z. B. Löhne, Gehälter, Arbeitgeberanteil zur SV),
- Betriebsmittel (Kraftstoff, Wasser, Heizmaterial),
- Fremdleistungen (z. B. Dienstleistungskosten),
- Kapital (Zinsen),
- Abgaben (Steuern, Gebühren).

Produktionsfaktoren

Wichtige betriebliche Funktionen (funktionsbezogene Einteilung)
Gegliedert werden kann z. B. nach Beschaffungs-, Fertigungs-, Vertriebs- und Verwaltungskosten, also nach der typischen Gliederung der betrieblichen Funktionen.

betriebliche Funktionen

Verrechnung auf den Kostenträger (verrechnungsbezogene Einteilung)
Einzelkosten können den Kostenträgern auf Grund von Belegen direkt zugerechnet werden (Material, Löhne).

Verrechnungsart

Gemeinkosten können den einzelnen Kostenträgern nicht direkt zugerechnet werden (Steuern, Miete, kalkulatorische Kosten, Gehälter). Es werden Verrechnungsschlüssel zu Hilfe genommen, z. B. Volumen (m^3), Anlagenwerte, Mitarbeiterzahl. Die Gemeinkosten werden im Betriebsabrechnungsbogen auf die Kostenstellen verteilt (siehe Kapitel 2.5.5.3).

| Erfassungsart | *Art der Kostenerfassung (erfassungsbezogene Einteilung)*
- Grundkosten = aufwandsgleiche Kosten (Löhne, Rohstoffverbrauch)
- Zusatzkosten = aufwandslose Kosten = Teil der kalkulatorischen Kosten, der die Grundkosten übersteigt
  Kleines Beispiel: Die kalkulatorischen Abschreibungen betragen 30.000 €. Bilanzielle Abschreibungen liegen in Höhe von 28.000 € vor (= Grundkosten). Daraus ergeben sich Zusatzkosten in Höhe von 2.000 €.
- Anderskosten = aufwandsverschiedene Kosten (z.B. kalkulatorische Abschreibung von den Wiederbeschaffungskosten, bilanzielle Abschreibung von den Anschaffungskosten) |

| Beschäftigungsbezug | *Verhalten der Kosten bei Beschäftigungsänderungen (beschäftigungsbezogene Einteilung)*
- Fixe Kosten = beschäftigungsunabhängig (z.B. Miete, Gehälter) = zeitabhängig = veränderliche Stückkosten (Je mehr Stück produziert werden, desto geringer wird der Fixkostenanteil pro Stück)
- Sprungfixe Kosten ändern sich bei Änderung der Beschäftigungszahlen (Reicht die Kapazität nicht mehr aus und wird eine neue Maschine gekauft, steigen die fixen Kosten sprungartig an auf Grund der zusätzlichen Abschreibung).
- Variable Kosten = beschäftigungsabhängig (z.B. Fertigungsmaterial, Löhne) = mengenabhängig = konstante Stückkosten (Der Materialverbrauch pro Stück bleibt immer gleich. Der Materialverbrauch pro Monat ist abhängig von der produzierten Menge.) |

Einfache und gemischte Kostenarten
Einfache Kostenarten sind entweder nur fix oder nur variabel. Materialkosten sind variable Kosten, Mietzahlungen sind Fixkosten.

| Mischkosten | Gemischte Kostenarten bestehen aus fixen und variablen Kosten. |

Beispiele

Auf der Telefonrechnung findet man die monatlich gleich bleibende Grundgebühr (fixe Kosten) und die Kosten für das Telefonieren, die von der Zahl der verbrauchten Einheiten abhängig sind (variable Kosten).

Weitere Beispiele sind Energiekosten (Grundgebühr und Verbrauch in Kilowattstunden) oder Instandhaltungskosten (gleich bleibende/fixe Gebühr für eine regelmäßige Wartung und variable Kosten für anfallendes Reparatur-/Verbrauchsmaterial).

2.5.5.2 Kostenartenrechnung als Maschinenstundensatzrechnung

| Maschinenkosten stellen einen großen Teil der Fertigungsgemeinkosten | *Mit Aufteilung in fixe und variable Fertigungsgemeinkosten*
Fertigungsgemeinkosten werden zum großen Teil durch den Einsatz von Maschinen verursacht (z.B. Abschreibung, kalkulatorische Zinsen, Reparaturen). Mit fort- |

schreitender Automatisierung nehmen die Fertigungsgemeinkosten zu und der Anteil der Fertigungslöhne geht zurück. Fertigungslöhne eignen sich deshalb immer weniger zur Berechnung des Fertigungsgemeinkostenzuschlagssatzes.

 Ein Maschinenplatz ist eine Fertigungshauptstelle. Maschinenabhängige Fertigungsgemeinkosten können erfasst und auf eine Maschinenlaufstunde umgerechnet werden. Daraus ergibt sich der Maschinenstundensatz.

> Maschinenplätze werden wie Fertigungshauptstellen kalkuliert

Ein Teil der maschinenabhängigen Fertigungsgemeinkosten ist fix (z. B. kalkulatorische Abschreibung, kalkulatorische Zinsen) und ein Teil variabel (z. B. Betriebsstoffkosten, Energiekosten). Es gibt auch maschinenabhängige Fertigungsgemeinkosten, die zum Teil fix und zum Teil variabel sind, wie es z. B. bei den Energiekosten der Fall ist, bei denen die Grundgebühr fix, der Arbeitspreis aber vom Stromverbrauch, also der Laufzeit, abhängig ist. Die fixen maschinenabhängigen Fertigungsgemeinkosten fallen unabhängig von der Laufzeit der Maschine immer in gleicher Höhe an. Die variablen maschinenabhängigen Fertigungsgemeinkosten verändern sich proportional (auch über- oder unterproportional) zur Laufzeit der Maschine.

> Fixe und variable Maschinenkosten

Kalkulationsbeispiel

In einem Unternehmen werden die maschinenabhängigen Fertigungsgemeinkosten für eine Fertigungsstelle wie folgt ermittelt:

1. Die Maschinenlaufstunden berechnen sich nach folgender Überlegung: In einer 38-stündigen Arbeitswoche läuft die Maschine durchschnittlich 36 Stunden. Die Zeit von 2 Stunden ist erforderlich, um die Maschine umzurüsten und zu reinigen. 49 Wochen im Jahr kann die Maschine voll genutzt werden. Die geplanten monatlichen Maschinenlaufstunden betragen nach diesen Angaben

   $\frac{36 \cdot 49}{12}$ = 147 Maschinenlaufstunden.

2. Anschaffungskosten 160.000 €; Wiederbeschaffungskosten 192.000 €; betriebsgewöhnliche Nutzungsdauer 8 Jahre; lineare Abschreibung. Die Abschreibungen sind fixe Gemeinkosten. Die kalkulatorische Abschreibung wird von den Wiederbeschaffungskosten berechnet.

3. Das investierte Kapital wird mit 6 % kalkulatorisch verzinst. Um zu gleichmäßig hohen Zinsen zu gelangen, legt man für die Zinsberechnung über die gesamte Nutzungsdauer der Maschine die halben Anschaffungskosten zu Grunde. Die kalkulatorischen Zinsen sind fixe Gemeinkosten.

4. Die Energieaufnahme der Maschine einschließlich der Arbeitsplatzbeleuchtung beträgt 25 kWh. Der Preis für 1 kWh wird mit 0,08 € angesetzt. Die monatliche Grundgebühr beträgt 55 € (= fixe Gemeinkosten).

5. Die Maschine beansprucht insgesamt eine Fläche von 12 m². Die kalkulatorische Gebäudeabschreibung beträgt umgerechnet auf 1 m² Nutzungsfläche 110 € je Monat. Die Platzkosten gelten als fixe Gemeinkosten.

6. Die Reparatur- und Wartungskosten werden auf 22.500 € jährlich veranschlagt. Sie gelten zu 40% als fix.

7. Auf Grund von Erfahrungswerten wird mit monatlichen fixen Werkzeugkosten in Höhe von 290 € gerechnet.

8. Die variablen Betriebsstoffkosten betragen 580 € je Monat.

Erläuterung
Berechnung des Maschinenstundensatzes:

Maschinenabhängige Fertigungsgemeinkosten (FGK)	Berechnung	Gesamtbetrag je Monat	fixe FGK	variable FGK
1. Kalkulatorische Abschreibung	$\dfrac{192.000}{8 \cdot 12} =$	2.000	2.000	–
2. Kalkulatorische Zinsen	$\dfrac{160.000 \cdot 6}{2 \cdot 100 \cdot 12} =$	400	400	–
3. Energiekosten	$25 \cdot 0,08 \cdot 147 + 55 =$	349	55	294
4. Platzkosten	$110 \cdot 12 =$	1.320	1.320	–
5. Reparatur/Wartung	$22.500 : 12 =$	1.875	750	1.125
6. Werkzeuge		290	290	–
7. Betriebsstoffkosten		580	–	580
Gemeinkosten gesamt		6.814	4.815	1.999
Variable Gemeinkosten je Laufstunde	$\dfrac{1.999\ \text{€}}{147\ \text{Std.}} =$			13,60

variable Maschinenkosten je Maschinenstunde		13,60 €
+ fixe Maschinenkosten je Maschinenstunde	$\dfrac{4.815\ \text{€}}{147\ \text{Std.}} =$	32,76 €
= Maschinenstundensatz bei geplanter Beschäftigung (147 Std.)		46,36 €

Maschinenstundensatz bei Unter- und Überbeschäftigung
Die tatsächlichen Maschinenlaufstunden in einem bestimmten Zeitraum können von den geplanten Laufstunden abweichen. Die Normalbeschäftigung kann z. B. unterschritten werden durch erhöhte Ausfallzeiten oder durch Nachfragerückgang. Die Normalbeschäftigung kann überschritten werden, z. B. durch erhöhte Nachfrage oder weniger Ausfallzeiten (z. B. weniger Reparaturen) als eingeplant. In beiden Fällen ändert sich der Maschinenstundensatz gegenüber der Normalbeschäftigung. Die Normalbeschäftigung ist die Beschäftigung, von der man im Durchschnitt ausgeht. Sie wird aus den Werten berechnet, die in den vergangenen Monaten ermittelt wurden.

Veränderungen durch Abweichungen von der Normalbeschäftigung bestimmen

> *Die Summe der beschäftigungsunabhängigen Maschinengemeinkosten verändert sich nicht mit der Laufzeit. Die Summe der beschäftigungsabhängigen Gemeinkosten ändert sich hingegen mit der Laufzeit. Bei einer hohen Auslastung fallen höhere, bei einer niedrigeren Auslastung fallen weniger beschäftigungsabhängige Maschinengemeinkosten an.*
> *Zusammengefasst: Liegt die tatsächliche Maschinenlaufzeit unter der Normalbeschäftigung, so erhöht sich der Maschinenstundensatz. Liegt die tatsächliche Maschinenlaufzeit über der Normalbeschäftigung, so verringert sich der Maschinenstundensatz.*

Die Gemeinkosten nach beschäftigungsunabhängig und beschäftigungsabhängig gliedern

Dies kommt zu Stande, weil sich die beschäftigungsabhängigen Kosten im Verhältnis verändern, während sich die unverändert anfallenden Gemeinkosten auf die aktuelle Stundenzahl verteilen.

Kalkulationsbeispiel
Es wird die gleiche Ausgangssituation verwendet wie im letzten Beispiel, jedoch ändert sich die tatsächliche Laufzeit einmal auf 118 Stunden und einmal auf 220 Stunden. Wie hoch ist jeweils der Maschinenstundensatz?

Erläuterung
Die variablen Kosten pro Stunde verändern sich nicht. Die fixen Kosten pro Monat ändern sich ebenfalls nicht. Die fixen Kosten pro Stunde ergeben sich aber zum einen aus

$\frac{4.815\ €}{118\ Std.} = 40{,}81\ €/Std.$ und zum anderen als $\frac{4.815\ €}{220\ Std.} = 21{,}89\ €/Std.$

	variable Maschinenkosten je Maschinenstunde	13,60 €
+	fixe Maschinenkosten je Maschinenstunde =	40,81 €
=	Maschinenstundensatz bei 118 Stunden	54,41 €
	variable Maschinenkosten je Maschinenstunde	13,60 €
+	fixe Maschinenkosten je Maschinenstunde =	21,89 €
=	Maschinenstundensatz bei 220 Stunden	35,49 €

2.5.5.3 Aufbau und Struktur des Betriebsabrechnungsbogens (inhaltliche und rechnerische Zusammenhänge)

Ermittlung der Gemeinkosten im Betriebsabrechnungsbogen

BAB: Aufschlüsselung von Gemeinkosten nach Kostenstellen

Die Gemeinkosten werden nach Kostenstellen differenziert verrechnet. Eine Kostenstellenrechnung wird generell mithilfe des Betriebsabrechnungsbogens (BAB) durchgeführt.

> Im Betriebsabrechnungsbogen werden die Gemeinkosten mit Verteilungsschlüsseln auf die Kostenstellen verteilt und die Gemeinkostenzuschlagssätze ermittelt. Der BAB ist senkrecht nach Kostenarten und waagerecht nach Kostenstellen gegliedert.

Was kann als Verteilungsschlüssel verwendet werden?

Benötigt werden Verteilungs- oder Umlageschlüssel, diese können z. B. aus Gehalts- und Lohnlisten errechnet oder über Grundflächen, investierte Werte oder Anzahl der Mitarbeiter bestimmt werden.

Kalkulationsbeispiel

Die Kostenartenrechnung eines Unternehmens weist für den Monat April folgende Kosten aus:

Fertigungsmaterial	150.000 €
Hilfsstoffe	26.100 €
Betriebsstoffe	5.900 €
Fertigungslöhne	180.000 €
Hilfslöhne	53.200 €
Gehälter	74.500 €
Soziale Abgaben	58.400 €
Abschreibungen	20.000 €
Betriebssteuern	9.000 €
Sonstige betriebliche Aufwendungen	26.000 €

Folgender Betriebsabrechnungsbogen ist mithilfe der bei Abschreibungen und Betriebssteuern eingetragenen Verteilungsschlüssel zu vervollständigen:

Kostenarten	I Material	II Fertigung	III Verwaltung	IV Vertrieb
Hilfsstoffe	600	24.000	–	1.500
Betriebsstoffe	700	4.000	900	300
Hilfslöhne	3.000	48.000	1.000	1.200
Gehälter	5.500	16.000	35.000	18.000
Soziale Abgaben	1.600	24.000	19.000	13.800
Abschreibungen	2	5	2	1
Betriebssteuern	–	3	2	–
Sonstige betriebl. Aufw.	1.600	7.300	11.100	6.000

a) Zu berechnen sind mit Hilfe des BAB die vier Gemeinkostenzuschlagssätze.
b) Gesucht sind die Selbstkosten der Erzeugung für den Abrechnungszeitraum.
c) Wie hoch ist das Betriebsergebnis für den Abrechnungszeitraum, wenn die Umsatzerlöse 695.000 € betragen?

Erläuterung

Betriebsabrechnungsbogen:

Kostenarten	I Material	II Fertigung	III Verwaltung	IV Vertrieb
Hilfsstoffe	600	24.000	–	1.500
Betriebsstoffe	700	4.000	900	300
Hilfslöhne	3.000	48.000	1.000	1.200
Gehälter	5.500	16.000	35.000	18.000
Soziale Abgaben	1.600	24.000	19.000	13.800
Abschreibungen	4.000	10.000	4.000	2.000
Betriebssteuern	–	5.400	3.600	–
Sonstige betriebl. Aufw.	1.600	7.300	11.100	6.000
	17.000 MGK	138.700 FGK	74.600 VwGK	42.800 VtGK
	FM 150.000	FL 180.000	HK 485.700	HK 485.700
a) Zuschlagssatz	11,33 %	77,06 %	15,36 %	8,81 %

Hinweis: Um die Zuschlagsätze berechnen zu können, müssen zunächst die Herstellkosten des Umsatzes (HK) ermittelt werden, deshalb wird zunächst b) und dann erst a) gelöst und in dieser Reihenfolge lässt sich auch der BAB so vervollständigen wie oben abgedruckt.

b) Ermittlung der Selbstkosten:

	Fertigungsmaterial	150.000 €	
+	Materialgemeinkosten	17.000 €	
=	Materialkosten		167.000 €
	Fertigungslöhne	180.000 €	
+	Fertigungsgemeinkosten	138.700 €	
=	Fertigungskosten		318.700 €
	Herstellkosten der Erzeugung		485.700 €
+	Verwaltungsgemeinkosten		74.600 €
+	Vertriebsgemeinkosten		42.800 €
=	Selbstkosten		**603.100 €**

Formeln für Formeln zur Berechnung der Gemeinkostenzuschlagssätze:

MGK Materialgemeinkostenzuschlag $= \dfrac{\text{Materialgemeinkosten}}{\text{Materialeinzelkosten}} \cdot 100$

FGK Fertigungsgemeinkostenzuschlag $= \dfrac{\text{Fertigungsgemeinkosten}}{\text{Fertigungseinzelkosten}} \cdot 100$

VwGK Verwaltungsgemeinkostenzuschlag $= \dfrac{\text{Verwaltungsgemeinkosten}}{\text{Herstellkosten des Umsatzes}} \cdot 100$

VtGK Vertriebsgemeinkostenzuschlag $= \dfrac{\text{Vertriebsgemeinkosten}}{\text{Herstellkosten des Umsatzes}} \cdot 100$

a) *Berechnung der Zuschlagssätze*
Diese Berechnung erfolgt mithilfe der oben genannten Formeln über die Differenzierende Zuschlagskalkulation.

Materialgemeinkostenzuschlag $= \dfrac{17.000\ \text{€} \cdot 100}{150.000\ \text{€}} = 11{,}33\,\%$

Fertigungsgemeinkostenzuschlag $= \dfrac{138.700\ \text{€} \cdot 100}{180.000\ \text{€}} = 77{,}06\,\%$

Verwaltungsgemeinkostenzuschlag $= \dfrac{74.600\ \text{€} \cdot 100}{485.700\ \text{€}} = 15{,}36\,\%$

Vertriebsgemeinkostenzuschlag $= \dfrac{42.800\ \text{€} \cdot 100}{485.700\ \text{€}} = 8{,}81\,\%$

c) *Berechnung des Betriebsergebnisses*
Das Betriebsergebnis ergibt sich als Differenz der Umsatzerlöse minus der in b) errechneten Selbstkosten.

Umsatzerlöse	695.000 €
− Selbstkosten	603.100 €
= Betriebsgewinn	91.900 €

Bei der Ermittlung der Selbstkosten findet man des Öfteren nur einen gemeinsamen Zuschlagssatz für die Verwaltungsgemeinkosten und die Vertriebsgemeinkosten. Da beide Kostenarten die Herstellkosten des Umsatzes bzw. der Erzeugung (ohne Mehr- oder Minderbestand zu berücksichtigen) als Basis haben, ist dies eine erlaubte und vereinfachte Vorgehensweise. Die beiden Prozentsätze werden addiert und der sich ergebende (Gesamt-)Prozentsatz kann auf die (gemeinsame) Basis angewandt werden.

Einfacher Betriebsabrechnungsbogen mit Mehr- und Minderbeständen

Das letzte Beispiel berücksichtigt keine Mengendifferenzen und stellt nur den einfachsten mehrerer Fälle dar.

 Bei der Ermittlung der Herstellkosten des Umsatzes sind bezüglich der Bestände drei Möglichkeiten denkbar und wenn Mengendifferenzen vorhanden sind, müssen diese berücksichtigt werden:

Auch im BAB müssen Mengendifferenzen berücksichtigt werden

1) Die Endbestände der fertigen und unfertigen Erzeugnisse stimmen mit den Anfangsbeständen überein. Die Herstellkosten der Erzeugung entsprechen den Herstellkosten des Umsatzes.
2) Die Endbestände der unfertigen und fertigen Erzeugnisse sind höher als die Anfangsbestände. Es wurden im betrachteten Zeitraum weniger Erzeugnisse verkauft als hergestellt. Die Herstellkosten des Umsatzes sind demzufolge niedriger als die Herstellkosten der Erzeugung. Der Mehrbestand muss von den Herstellkosten der Erzeugung abgezogen werden, da er ja nicht verkauft, sondern auf Lager gelegt wird. Im Lager erhöht sich der Bestand.

Mehrbestand

3) Die Endbestände an unfertigen und fertigen Erzeugnissen sind kleiner als die Anfangsbestände. Im betrachteten Zeitraum wurden mehr Erzeugnisse verkauft als hergestellt, d.h., die Lagerbestände wurden heruntergefahren. Entsprechend sind die Herstellkosten des Umsatzes höher als die Herstellkosten der Erzeugung. Der Minderbestand muss zu den Herstellkosten der Erzeugung dazugerechnet werden, um die Herstellkosten des Umsatzes zu erhalten. Das Kalkulationsschema muss um die Mehr- und Minderbestände ergänzt werden.

Minderbestand

Kalkulationsschema unter Berücksichtigung von Mehr- und Minderbeständen:

Kalkulationsschema

1.   Fertigungsmaterial
2. + Materialgemeinkosten
---
3. = Materialkosten (1 + 2)

4.   Fertigungslöhne
5. + Fertigungsgemeinkosten
---
6. = Fertigungskosten (4 + 5)

7.   Herstellkosten der Erzeugung (3 + 6)
8. + Minderbestand
9. − Mehrbestand
---
10. = Herstellkosten des Umsatzes

11. + Verwaltungsgemeinkosten
12. + Vertriebsgemeinkosten
---
13. = Selbstkosten des Umsatzes

Kalkulationsbeispiel

Die Kostenartenrechnung eines Unternehmens weist für den Monat April folgende Kosten aus:

Fertigungsmaterial	150.000 €
Hilfsstoffe	26.100 €
Betriebsstoffe	5.900 €
Fertigungslöhne	180.000 €
Hilfslöhne	53.200 €
Gehälter	74.500 €
Soziale Abgaben	58.400 €
Abschreibungen	20.000 €
Betriebssteuern	9.000 €
Sonstige betriebliche Aufwendungen	26.000 €

Der Betriebsabrechnungsbogen ist mithilfe der bei Abschreibungen und Betriebssteuern eingetragenen Verteilungsschlüssel zu vervollständigen:

Kostenarten	I Material	II Fertigung	III Verwaltung	IV Vertrieb
Hilfsstoffe	600	24.000	–	1.500
Betriebsstoffe	700	4.000	900	300
Hilfslöhne	3.000	48.000	1.000	1.200
Gehälter	5.500	16.000	35.000	18.000
Soziale Abgaben	1.600	24.000	19.000	13.800
Abschreibungen	2	5	2	1
Betriebssteuern	–	3	2	–
Sonstige betriebl. Aufw.	1.600	7.300	11.100	6.000

Zu berechnen sind
a) die Herstellkosten des Umsatzes, dabei sollen berücksichtigt werden: Minderbestand an unfertigen Erzeugnissen 7.000 €, Mehrbestand an fertigen Erzeugnissen 10.500 €
b) die Gemeinkostenzuschlagssätze und
c) die Selbstkosten des Umsatzes für den Abrechnungszeitraum.
d) Wie hoch ist das Betriebsergebnis für den Abrechnungszeitraum, wenn die Umsatzerlöse 623.000 € betragen?

Erläuterung

Im ersten Schritt wird der BAB nach unten entsprechend verlängert. Die Summen für die Kostenstellen können unmittelbar gebildet und eingetragen werden. Sodann ist als Nächstes a) zu lösen, die hier berechneten Herstellkosten des Umsatzes werden in den BAB übernommen. Mit diesen Werten ist es möglich, Teil b), die Zuschlagssätze zu ermitteln. Diese sind wiederum notwendig, um c) die Selbstkosten des Umsatzes zu bestimmen. Der Betriebsgewinn ergibt sich dann als einfache Differenz.

Betriebsabrechnungsbogen:

Kostenarten	I Material	II Fertigung	III Verwaltung	IV Vertrieb
Hilfsstoffe	600	24.000	–	1.500
Betriebsstoffe	700	4.000	900	300
Hilfslöhne	3.000	48.000	1.000	1.200
Gehälter	5.500	16.000	35.000	18.000
Soziale Abgaben	1.600	24.000	19.000	13.800
Abschreibungen	4.000	10.000	4.000	2.000
Betriebssteuern	–	5.400	3.600	–
Sonstige betriebl. Aufw.	1.600	7.300	11.100	6.000
	17.000 MGK	138.700 FGK	74.600 VwGK	42.800 VtGK
	FM 150.000	FL 180.000	HK d. U. 482.200	HK d.U. 482.200
b) Zuschlagsatz	11,33 %	77,06 %	15,47 %	8,88 %

a) Herstellkosten des Umsatzes:

```
    Fertigungsmaterial          150.000 €
  + Materialgemeinkosten         17.000 €
  ─────────────────────────────────────────
  = Materialkosten                          167.000 €

    Fertigungslöhne             180.000 €
  + Fertigungsgemeinkosten      138.700 €
  ─────────────────────────────────────────
  = Fertigungskosten                        318.700 €

    Herstellkosten der Erzeugung            485.700 €
  + Minderbestand                             7.000 €
  – Mehrbestand                              10.500 €
  ─────────────────────────────────────────
  = Herstellkosten des Umsatzes             482.200 €
```

In diese Berechnung der Herstellkosten des Umsatzes fließen die Mengendifferenzen ein (Minderbestände addieren, Mehrbestände subtrahieren).

b) Berechnung der Zuschlagssätze:

$$\text{Materialgemeinkostenzuschlag} = \frac{17.000\ \text{€} \cdot 100}{150.000\ \text{€}} = 11{,}33\ \%$$

$$\text{Fertigungsgemeinkostenzuschlag} = \frac{138.700\ €\ \cdot\ 100}{180.000\ €} = 77{,}06\ \%$$

$$\text{Verwaltungsgemeinkostenzuschlag} = \frac{74.600\ €\ \cdot\ 100}{482.200\ €} = 15{,}47\ \%$$

$$\text{Vertriebsgemeinkostenzuschlag} = \frac{42.800\ €\ \cdot\ 100}{482.200\ €} = 8{,}88\ \%$$

c) Selbstkostenrechnung:

Fertigungsmaterial	150.000 €	
+ Materialgemeinkosten	17.000 €	
= Materialkosten		167.000 €
Fertigungslöhne	180.000 €	
+ Fertigungsgemeinkosten	138.700 €	
= Fertigungskosten		318.700 €
Herstellkosten der Erzeugung		485.700 €
+ Minderbestand		7.000 €
− Mehrbestand		10.500 €
= Herstellkosten des Umsatzes		482.200 €
+ Verwaltungsgemeinkosten		74.600 €
+ Vertriebsgemeinkosten		42.800 €
= Selbstkosten des Umsatzes		599.600 €

d)

Umsatzerlöse	623.000 €
− Selbstkosten des Umsatzes	599.600 €
= Betriebsgewinn	23.400 €

Anwendung der Gemeinkostenzuschlagssätze auf einzelne Kostenträger

Nutzung der GK-Zuschläge für die Angebotskalkulation

Die im Betriebsabrechnungsbogen ermittelten Gemeinkostenzuschlagssätze lassen sich nicht nur zur Bestimmung der Selbstkosten des Umsatzes heranziehen. Vielmehr werden sie auch in der für Kunden erstellten Angebotskalkulation angewendet.

Die Einzelkosten pro Kostenträger, also das Material und die Löhne, sind bekannt, sodass die Selbstkosten für jedes Produkt ermittelt und dem Kunden unter Einberechnung eines Gewinnzuschlags und weiterer Aufschläge Angebote unterbreitet werden können.

Solche weiteren Aufschläge sind notwendig und üblich, wenn vom Endpreis später wieder Abzüge erfolgen sollen (z. B. Skonto oder Mengenrabatt).

Kalkulationsbeispiel
Unter Verwendung der im vorangegangenen Kalkulationsbeispiel ermittelten Gemeinkostenzuschlagssätze sollen folgende Produkte kalkuliert werden:
- Produkt Olympus: Kosten für Fertigungsmaterial 510 € und Löhne 320 €,
- Produkt Mons: Fertigungsmaterial 820 € und Löhne 470 €.

a) Zu berechnen sind die Selbstkosten.

b) Wie hoch ist der Angebotspreis, wenn 8% Gewinnaufschlag einkalkuliert werden sollen?

Erläuterung

a) Selbstkostenberechnung

		Olympus €	Mons €
	Fertigungsmaterial	510,00	820,00
+	11,33% MGK	57,78	92,91
=	Materialkosten	567,78	912,91
	Fertigungslöhne	320,00	470,00
+	77,06% FGK	246,59	362,18
=	Fertigungskosten	566,59	832,18
	Herstellkosten	1.134,37	1.745,09
+	15,47% VwGK	175,49	269,97
+	8,88% VtGK	100,73	154,96
=	Selbstkosten	1.410,59	2.170,02

b) Angebotspreis

Die Rechnung unter a) wird fortgesetzt:

+	8% Gewinn	112,85	173,60
=	Angebotspreis	1523,44	2343,62

KOSTENRECHNUNG UND KALKULATIONSVERFAHREN

2.5.5.4 Betriebsabrechnungsbogen mit mehreren Fertigungshauptstellen

Betriebe mit einem umfangreicheren Fertigungsprozess haben meist mehrere Fertigungshauptstellen eingerichtet.

Die Fertigungshauptstellen haben jeweils eigene Zuschlagsgrundlagen

 Jede Fertigungshauptstelle ist eine selbstständige Kostenstelle mit einer eigenen Zuschlagsgrundlage. Das Zuschlagskalkulationsschema zur Berechnung der Selbstkosten wird entsprechend erweitert, d.h., die Fertigungseinzelkosten und die Fertigungsgemeinkosten jeder Fertigungshauptstelle werden einzeln einbezogen:

Kalkulationsschema

   Materialeinzelkosten
+ Materialgemeinkosten
+ Fertigungseinzelkosten Fertigungshauptstelle 1
+ Fertigungsgemeinkosten Fertigungshauptstelle 1
+ Fertigungseinzelkosten Fertigungshauptstelle 2
+ Fertigungsgemeinkosten Fertigungshauptstelle 2
+ Fertigungseinzelkosten Fertigungshauptstelle 3
+ Fertigungsgemeinkosten Fertigungshauptstelle 3
  ... usw.

= Herstellkosten der Erzeugung

+ Verwaltungsgemeinkosten
+ Vertriebsgemeinkosten

= Selbstkosten

Bei Auftreten von Mehr- oder Minderbeständen werden diese, wie bereits erläutert, ebenfalls berücksichtigt.

Kalkulationsbeispiel

Die Kostenstellenrechnung eines Unternehmens mit vier Fertigungshauptstellen der technischen Produktion enthält nach der Verteilung der Gemeinkosten folgende Zahlen:

Gemein-kostenarten	Material-stelle	Fertigungshauptstellen				Verwal-tungs-stelle	Ver-triebs-stelle
		Stanzen	Fräsen	Bohren	Feilen		
insges.	8.000	45.000	36.000	27.800	32.300	64.000	18.000
Zuschlags-grundlagen	39.000	32.000	16.000	22.500	38.000	HK d. Ums.	HK d. Ums.

a) Zu ermitteln sind die Selbstkosten des Abrechnungsmonats, wenn ein Minderbestand in Höhe von 12.000 € zu berücksichtigen ist.
b) Zu berechnen sind die Zuschlagssätze für jede Kostenstelle.

Erläuterung

a) Selbstkostenrechnung:

FM	39.000 €	
+ MGK	8.000 €	
= MK		47.000 €
FL Stanzen	32.000 €	
+ FGK Stanzen	45.000 €	77.000 €
FL Fräsen	16.000 €	
+ FGK Fräsen	36.000 €	52.000 €
FL Bohren	22.500 €	
+ FGK Bohren	27.800 €	50.300 €
FL Feilen	38.000 €	
+ FGK Feilen	32.300 €	70.300 €
= HK der Erzeugung		296.600 €
+ Minderbestand		12.000 €
= HK des Umsatzes		308.600 €
+ VwGK		64.000 €
+ VtGK		18.000 €
= SK des Umsatzes		**390.600 €**

b)

MGK-Zuschlag $= \dfrac{8.000\ € \cdot 100}{39.000\ €} = 20{,}51\%$

FGK-Zuschlag Stanzen $= \dfrac{45.000\ € \cdot 100}{32.000\ €} = 140{,}63\%$

FGK-Zuschlag Fräsen $= \dfrac{36.000\ € \cdot 100}{16.000\ €} = 225{,}00\%$

FGK-Zuschlag Bohren $= \dfrac{27.800\ € \cdot 100}{22.500\ €} = 123{,}56\%$

FGK-Zuschlag Feilen $= \dfrac{32.300\ € \cdot 100}{38.000\ €} = 85{,}00\%$

VwGK-Zuschlag $= \dfrac{64.000\ € \cdot 100}{308.600\ €} = 20{,}74\%$

VtGK-Zuschlag $= \dfrac{18.000\ € \cdot 100}{308.600\ €} = 5{,}83\%$

2.5.5.5 Mehrstufiger Betriebsabrechnungsbogen

Ein mehrstufiger Betriebsabrechnungsbogen differenziert die allgemeinen Kosten weiter aus, er enthält neben den Hauptkostenstellen (Material, Fertigung, Verwaltung, Vertrieb) auch allgemeine Kostenstellen.

Differenzierung durch allgemeine Kostenstellen *Von den allgemeinen Kostenstellen werden die Gemeinkosten erfasst, die das Unternehmen insgesamt betreffen und allen Kostenbereichen zuzuordnen sind (z. B. Fuhrpark, Sozialeinrichtungen, Energieversorgung). Die Gemeinkosten der allgemeinen Kostenstellen werden auf alle nachgeordneten Kostenstellen mithilfe von Verteilungsschlüsseln verursachungsgerecht umgelegt.*

Innerhalb der Fertigung werden Fertigungshilfsstellen den Fertigungshauptstellen untergeordnet.

Weitere Differenzierung durch Fertigungshilfsstellen *In Fertigungshilfsstellen werden die Gemeinkosten erfasst, die den Fertigungsbereich insgesamt betreffen und einer Fertigungshauptstelle nicht direkt zugewiesen werden können. Deren Gemeinkosten werden auf die übergeordneten Fertigungshauptstellen abgewälzt.*

Beispiele für Fertigungshilfstellen sind Arbeitsvorbereitung, Konstruktionsbüro, Instandhaltungs-/Reparaturwerkstatt.

Berücksichtigung in Schritten = Mehrstufigkeit *Da die Umlegung der Kosten aus den allgemeinen Kostenstellen und den Fertigungshilfsstellen auf die Hauptkostenstellen in mehreren Schritten erfolgt, heißt ein Betriebsabrechnungsbogen in dieser Form auch mehrstufiger Betriebsabrechnungsbogen.*

Kalkulationsbeispiel

Zur Aufstellung eines BAB werden folgende Zahlen aus dem Kosten- und Leistungsrechnen-Bereich der Ergebnistabelle entnommen:

Gemeinkosten	€	Verteilungsgrundlagen
1. Hilfsstoffaufwand	48.000	Rechnungen
2. Hilfslöhne	235.500	Lohnlisten
3. Soziale Abgaben	195.000	Lohn- und Gehaltslisten
4. Instandhaltung	132.000	Kostenstellen
5. Reisekosten	667.500	Schätzung
6. Büromaterial	165.000	Rechnungen
7. Gehälter	841.500	Gehaltslisten
8. Betriebssteuern	54.000	Beschäftigtenzahl
9. Abschreibungen	227.250	Anlagenkartei

Im gewählten Beispiel sind die Reisekosten sehr hoch, da ein exportlastiges Unternehmen unterstellt wird, in dem die Außendienstmitarbeiter weltweit von Agadir bis Zaire und von Flensburg bis Regensburg unterwegs sind.

Der Betrieb hat nachstehende Kostenstellen eingerichtet:

| Allgemeine Kostenstellen: | I | Fuhrpark |
| | II | Energieversorgung |

Beispiel eines Kostenstellenplans

| Hauptkostenstelle: | III | Materialstelle |

| Hilfskostenstelle: | IV | Fertigungshilfsstelle |

Hauptkostenstellen:	V	Fertigungshauptstelle A
	VI	Fertigungshauptstelle B
	VII	Fertigungshauptstelle C
	VIII	Verwaltungsstelle
	IX	Vertriebsstelle

a) Es ist ein BAB für die 9 Kostenstellen nach folgenden Angaben zu erstellen:

Gem.-kosten-art	\multicolumn{9}{c}{Kostenstellen}
	I	II	III	IV	V	VI	VII	VIII	IX
1.	6.000	7.500	6.000	3.000	7.500	9.000	4.500	1.500	3.000
2.	27.750	24.900	8.700	9.600	57.150	45.900	49.500	-	12.000
3.	10.950	7.800	16.800	11.250	16.350	27.300	32.100	35.550	36.900
4.	1	2	1	5	2	3	4	1	1
5.	3	2	1	2	1	2	2	1	1
6.	3.600	3.300	23.850	3.150	4.650	4.800	6.150	65.400	50.100
7.	51.150	37.350	82.200	52.200	78.300	114.150	134.850	139.800	151.500
8.	2	3	1	2	2	2	3	3	2
9.	23.850	5.850	4.650	3.300	51.150	65.400	49.950	19.800	3.300

b) Die Gemeinkosten der allgemeinen Kostenstelle „Fuhrpark" sind auf die anderen Kostenstellen in folgendem Verhältnis umzulegen:
3 : 2 : 3 : 4 : 2 : 2 : 2 : 2
Anschließend sollen die Gemeinkosten der allgemeinen Kostenstelle „Energieversorgung" auf die restlichen Kostenstellen im Verhältnis verteilt werden:
2 : 3 : 4 : 4 : 4 : 2 : 1

c) Die Gemeinkosten der Fertigungshilfsstelle sind auf die 3 Fertigungshauptstellen im Verhältnis 2 : 2 : 4 zu verteilen.

d) Gesucht sind die Zuschlagssätze für die Gemeinkosten bei folgenden Zuschlagsgrundlagen:
Fertigungsmaterial   450.000 €
Fertigungslöhne A   225.000 €
Fertigungslöhne B   270.000 €
Fertigungslöhne C   300.000 €
Bestandsveränderungen sind nicht zu berücksichtigen.

Erläuterung

a) Betriebsabrechnungsbogen

Gem.-kosten-art	Kostenstellen								
	I	II	III	IV	V	VI	VII	VIII	IX
1.	6.000	7.500	6.000	3.000	7.500	9.000	4.500	1.500	3.000
2.	27.750	24.900	8.700	9.600	57.150	45.900	49.500	-	12.000
3.	10.950	7.800	16.800	11.250	16.350	27.300	32.100	35.550	36.900
4.	6.600	13.200	6.600	33.000	13.200	19.800	26.400	6.600	6.600
5.	133.500	89.000	44.500	89.000	44.500	89.000	89.000	44.500	44.500
6.	3.600	3.300	23.850	3.150	4.650	4.800	6.150	65.400	50.100
7.	51.150	37.350	82.200	52.200	78.300	114.150	134.850	139.800	151.500
8.	5.400	8.100	2.700	5.400	5.400	5.400	8.100	8.100	5.400
9.	23.850	5.850	4.650	3.300	51.150	65.400	49.950	19.800	3.300
	268.800	197.000	196.000	209.900	278.200	380.750	400.550	321.250	313.300
	↳	40.320	26.880	40.320	53.760	26.880	26.880	26.880	26.880
		237.320	222.880	250.220	331.960	407.630	427.430	348.130	340.180
		↳	23.732	35.598	47.464	47.464	47.464	23.732	11.866
			246.612	285.818	379.424	455.094	474.894	371.862	352.046
				↳	71.454,50	71.454,50	142.909		
					450.878,50	526.548,50	617.803		
Zuschlagsgrundlagen			450.000		225.000	270.000	300.000		
Zuschlagssätze			54,8 %		200,39 %	195,02 %	205,93 %	12,05 %	11,4 %

b) und c) Aufteilung allgemeine Kostenstellen und Hilfskostenstellen
Im obigen BAB werden zunächst die Summen für die Kostenstellen I bis IX gebildet. Bevor die Selbstkosten ermittelt werden können, müssen dann die Beträge der allgemeinen Kostenstellen aufgeteilt werden. Dazu sind in der Aufgabenstellung Verhältnisangaben genannt.
Im 1. Schritt erfolgt die geschlüsselte Aufteilung von Kostenstelle I.

Exkurs/Nebenrechnung zum Nachvollziehen
Alle Verhältniszahlen ergeben in der Summe 20. Man dividiert die Summe von Kostenstelle 1 = 268.800 € durch 20 und erhält 13.440. Multipliziert mit 3 ergibt sich 40.320 € , multipliziert mit 2 ergibt sich 26.880 € usw.

Nun werden die Zwischensummen für die Kostenstellen II bis IX gebildet und, von diesen ausgehend, im 2. Schritt die geschlüsselte Aufteilung von Kostenstelle II vorgenommen – in diesem Vorgehen vollzieht sich die Mehrstufigkeit. Sodann werden wieder die Zwischensummen (Kostenstellen III bis IX) gebildet. Danach können die Beträge der Fertigungshilfsstellen verteilt werden. Deren Zurechnung erfolgt natürlich nur zu den Fertigungshauptstellen (Kostenstellen V bis VII). Für Verwaltung und Vertrieb (Kostenstellen VIII und IX) sind die zuvor gebildeten Summen maßgeblich. Die Endsummen der sechs Hauptkostenstellen werden zur Ermittlung der Selbstkosten herangezogen. Erst danach können die Gemeinkostenzuschläge bestimmt werden.

Ermittlung der Selbstkosten:

	Fertigungsmaterial	450.000,00 €	
+	Materialgemeinkosten	246.612,00 €	696.612,00 €
	Fertigungslöhne A	225.000,00 €	
+	Fertigungsgemeinkosten	450.878,50 €	675.878,50 €
	Fertigungslöhne B	270.000,00 €	
+	Fertigungsgemeinkosten	526.548,50 €	796.548,50 €
	Fertigungslöhne C	300.000,00 €	
+	Fertigungsgemeinkosten	617.803,00 €	917.803,00 €
=	Herstellkosten		3.086.842,00 €
+	Verwaltungsgemeinkosten		371.862,00 €
+	Vertriebsgemeinkosten		352.046,00 €
=	Selbstkosten		3.810.750,00 €

Da keine Bestandsveränderungen vorliegen, entsprechen die Herstellkosten der Erzeugung den Herstellkosten des Umsatzes.

d) Berechnung der Zuschlagssätze:

$$\text{Materialgemeinkostenzuschlag} = \frac{246.612\,€ \cdot 100}{450.000\,€} = 54{,}80\,\%$$

$$\text{Fertigungsgemeinkostenzuschlag A} = \frac{450.878{,}50\,€ \cdot 100}{225.000\,€} = 200{,}39\,\%$$

$$\text{Fertigungsgemeinkostenzuschlag B} = \frac{526.548{,}50\,€ \cdot 100}{270.000\,€} = 195{,}02\,\%$$

$$\text{Fertigungsgemeinkostenzuschlag C} = \frac{617.803\,€ \cdot 100}{300.000\,€} = 205{,}93\,\%$$

$$\text{Verwaltungsgemeinkostenzuschlag} = \frac{371.862\,€ \cdot 100}{3.086.842\,€} = 12{,}05\,\%$$

$$\text{Vertriebsgemeinkostenzuschlag} = \frac{352.046\,€ \cdot 100}{3.086.842\,€} = 11{,}40\,\%$$

2.5.5.6 Verrechnung innerbetrieblicher Leistungen

Bei innerbetrieblichem Leistungsaustausch kann eine Verrechnung stattfinden

In zahlreichen Unternehmen gibt es auch Kostenstellen, die Leistungen untereinander austauschen. Eine Kostenstelle gibt an eine andere eine bestimmte Leistung ab und erhält im Gegenzug dazu auch von dieser Kostenstelle eine Leistung. Der Leistungsaustausch kann in der Gesamtkalkulation unberücksichtigt bleiben oder verrechnet werden, wobei die Berechnung je nach Verfahren wiederum nur ungefähr oder sehr genau erfolgen kann. Drei Verfahren zur Verrechnung innerbetrieblicher Leistungen sollen hier vorgestellt werden: das Anbauverfahren, das Stufenleiterverfahren und das Gleichungsverfahren. Genau in dieser Reihenfolge ist auch die Genauigkeit der Verfahren zu sehen.

Zur Verrechnung gibt es Näherungsverfahren und genaue Methoden

Das ungenaueste Verfahren für die Gesamtkalkulation ist das Anbauverfahren, da hier der Leistungsaustausch zwischen den Kostenstellen unberücksichtigt bleibt. Das Stufenleiterverfahren stellt ein Näherungsverfahren dar, bei dem nur die in eine Richtung (im BAB von links nach rechts) abgegebenen Leistungen berücksichtigt werden. Das Gleichungsverfahren berücksichtigt alle Leistungen, die zwischen den Kostenstellen ausgetauscht werden.

Das Gleichungsverfahren stellt also die genaueste der hier genannten Methoden zur innerbetrieblichen Leistungsverrechnung dar.

Anbauverfahren

Keine interne Leistungsverrechnung

Ein eventuell stattfindender Leistungsaustausch zwischen den Kostenstellen bleibt unberücksichtigt. Es werden die primären Gemeinkosten der allgemeinen Kostenstellen und Hilfskostenstellen entsprechend den an die Hauptkostenstellen gelieferten Leistungen verrechnet.

Beispiel

In einem Betrieb liefert ein Kesselhaus Dampf und und eine Reparaturwerkstatt erbringt Instandhaltungsleistungen entsprechend folgender Tabelle:

	Fertigungshilfsstelle I Kesselhaus	Fertigungshilfsstelle II Reparaturwerkstatt	Fertigungshauptstelle A	Fertigungshauptstelle B
primäre Kosten	6.000 €	2.000 €	10.000 €	15.000 €
abgegebene Leistungen	1.800 m³	240 Reparaturstunden	–	–
empfangene Leistungen	40 Std.	200 m³	600 m³ 40 Std.	1.000 m³ 160 Std.

Umlage auf Hauptkostenstellen

Es interessiert bei diesem Verfahren nicht, dass ein Leistungsaustausch zwischen den Hilfsstellen Kesselhaus (Dampf) und Reparaturwerkstatt stattfindet. Daraus ergeben sich Verrechnungspreise für Dampf und Reparaturstunden wie folgt:

Verrechnungspreis für Dampf $= \dfrac{6.000\ €}{1.600\ m^3} = 3{,}75\ €/m^3$

Die 200 m³, die von der Reparaturwerkstatt verbraucht werden, finden keine Berücksichtigung. Es kommen nur die 600 m³ und die 1.000 m³ von den beiden Fertigungshauptstellen in Betracht.

Verrechnungspreis für Reparaturstunden $= \dfrac{2.000\ €}{200\ Std.} = 10\ €/Std.$

Die 40 Stunden, die für die Fertigungshilfsstelle I erbracht wurden, finden keinen Eingang in die Berechnung.

Die Fertigungshauptstelle A wird belastet mit:
600 m³ · 3,75 €/m³   = 2.250 € Dampf
40 Std. · 10 €/Std.   =   400 € Reparaturstunden
Die Fertigungshauptstelle B wird belastet mit:
1.000 m³ · 3,75 €/m³ = 3.750 € Dampf
160 Std. · 10 €/Std. = 1.600 € Reparaturstunden

Das Ergebnis der Kostenverteilung ist hier zu sehen:

	Fertigungs-hilfsstelle I Kesselhaus	Fertigungs-hilfsstelle II Reparaturwerkstatt	Fertigungs-hauptstelle A	Fertigungs-hauptstelle B
primäre Kosten	6.000 €	2.000 €	10.000 €	15.000 €
verrechnete primäre Kosten	– 6.000 €	– 2.000 €		
Umlage Dampf und Reparatur	–	–	2.250 € 400 €	3.750 € 1.600 €
Summe			**12.650 €**	**20.350 €**

Stufenleiterverfahren
Beim Stufenleiterverfahren werden nur die im Betriebsabrechnungsbogen nach „rechts" abgegebenen Leistungen berücksichtigt. Es ist ein Näherungsverfahren, das nur dann genau wäre, wenn alle Kostenstellen nur Leistungen nach „rechts" abgeben würden. Aus diesem Grund sollte an erster Stelle die Kostenstelle stehen, die am wenigsten von anderen empfängt.

Näherungsverfahren

Beispiel/Fortführung

Bezogen auf das begonnene Beispiel bedeutet das:

Kesselhaus $= \dfrac{6.000\ €}{1.800\ m^3} = 3{,}33\ €/m^3$

Reparaturwerkstatt $= \dfrac{2.000\ € + 200\ m^3 \cdot 3{,}33\ €/m^3}{200\ Std.} = 13{,}33\ €/Std.$

nach „rechts" abgegebene Leistung

Die 40 Std., die nach „links" abgegeben werden, gehen nicht in die Rechnung ein.
Die Fertigungshilfsstelle II wird belastet mit:
200 m³ · 3,33 €/m³ = 666,00 € Dampf
Die Fertigungshauptstelle A wird belastet mit:
600 m³ · 3,33 €/m³ = 1.998,00 € Dampf und
40 Std. · 13,33 €/Std. = 533,20 € Reparaturstunden
Die Fertigungshauptstelle B wird belastet mit:
1.000 m³ · 3,33 €/m³ = 3.330,00 € Dampf
160 Std. · 13,33 €/Std. = 2.132,80 € Reparaturstunden

	Fertigungs-hilfsstelle I Kesselhaus	Fertigungs-hilfsstelle II Reparaturwerkstatt	Fertigungs-hauptstelle A	Fertigungs-hauptstelle B
primäre Kosten	6.000 €	2.000 €	10.000 €	15.000 €
Umlage Dampf und Reparatur	—›	666 €		
verrechnete primäre Kosten	–6.000 €	–2.666 €		
Umlage Dampf	—›	—›	1.998,00 €	3.330,00 €
und Reparatur		—›	533,20 €	2.132,80 €
Summe	–	–	**12.531,20 €**	**20.462,80 €**

Eine andere Art der Darstellung:

	Fertigungs-hilfsstelle I Kesselhaus	Fertigungs-hilfsstelle II Reparaturwerkstatt	Fertigungs-hauptstelle A	Fertigungs-hauptstelle B
primäre Kosten	6.000 €	2.000 €	10.000 €	15.000 €
Umlage Dampf	—› m³	200 m³	600 m³	1000 m³
	—› €	666,67 €	2.000 €	3.333,33 €
Zwischensumme		**2.666,67 €**	**12.000 €**	**18.333,33 €**
Umlage		—› Std.	40 Std.	160 Std.
Reparatur	—›	—› €	533,33	2.133,34 €
Summe			**12.533,33 €**	**20.466,67 €**

Nebenrechnungen (Rundungsfehler beachten!):

Umlage Dampf: $\dfrac{6.000\ €}{1.800\ m^3}$ = $3,\overline{3}$ €/m³

Fertigungshilfsstelle II: 200 m³ . $3,\overline{3}$ €/m³ = 666,67 €
Fertigungshauptstelle A: 600 m³ . $3,\overline{3}$ €/m³ = 2.000 €
Fertigungshauptstelle B: 1.000 m³ . $3,\overline{3}$ €/m³ = 3.333,33 €

Umlage Reparatur: $\dfrac{2.666,67\ €}{200\ Std.}$ = 13,33 €/Std.

Fertigungshauptstelle A: 40 Std. · 13,33 €/Std. = 533,33 €
Fertigungshauptstelle B: 160 Std. · 13,33 €/Std. = 2.133,34 €

Gleichungsverfahren
Beim Gleichungsverfahren werden alle Leistungen, die zwischen den Kostenstellen ausgetauscht werden, miteinander verrechnet. Es tritt ein simultanes Problem auf, da in unserem Beispiel die Kosten einer Reparaturstunde abhängig sind von einem Kubikmeter Dampf und umgekehrt.

Exaktes Verfahren

Beispiel/Fortführung

Es muss ein simultanes Gleichungssystem aufgestellt werden, um daraus die beiden unbekannten Werte errechnen zu können. Wir wählen als Variable für dieses Gleichungssystem:

K_1 = Kosten pro m³ Dampf
K_2 = Kosten pro Reparaturstunde

Kosten im Kesselhaus:
6.000 € + 40 · K_2 = 1.800 · K_1

Kosten in der Reparaturwerkstatt:
2.000 € + 200 · K_1 = 240 · K_2

Man kann jetzt z. B. die zweite Gleichung nach K_1 auflösen. Die Rechnung wird der Einfachheit halber ohne Währungsangabe ausgeführt und diese am Ende wieder angefügt:

$$200 \cdot K_1 = 240 \cdot K_2 - 2.000$$

$$K_1 = \frac{240 \cdot K_2}{200} - \frac{2.000}{200}$$

K_1 wird in die erste Gleichung eingesetzt.

$$6.000 + 40 \cdot K_2 = 1.800 \cdot \left(\frac{240 \cdot K_2}{200} - \frac{2.000}{200} \right)$$

$$6.000 + 40 \cdot K_2 = 1.800 \cdot (1{,}2 \cdot K_2 - 10)$$

$$6.000 + 40 \cdot K_2 = 2.160 \cdot K_2 - 18.000$$

$$24.000 = 2.160 \cdot K_2 - 40 \cdot K_2$$

$$24.000 = 2.120 \cdot K_2$$

$$K_2 = \frac{24.000}{21.200} = 11{,}32$$

Das Ergebnis 11,32 € wird eingesetzt in $K_1 = \frac{240 \cdot K_2}{200} - \frac{2.000}{200} = 1{,}2 \cdot K_2 - 10$, das ergibt

$$K_1 = 1{,}2 \cdot 11{,}32 - 10 = 3{,}58$$

Damit ist berechnet:

K_1 = 3,58 € pro m³
K_2 = 11,32 € pro Std.

Die Fertigungshilfsstelle 1 wird belastet mit:
40 Std. · 11,32 €/Std. = 452,80 € Reparaturstunden

Die Fertigungshilfsstelle 2 wird belastet mit:
200 m³ · 3,58 €/m³ = 716,00 € Dampf

Die Fertigungshauptstelle A wird belastet mit:
600 m³ · 3,58 €/m³ = 2.148,00 € Dampf
40 Std. · 11,32 €/Std. = 452,80 € Reparaturstunden

Die Fertigungshauptstelle B wird belastet mit:
1.000 m³ · 3,58 €/m³ = 3.580,00 € Dampf
160 Std. · 11,32 €/Std. = 1.811,20 € Reparaturstunden

Das Ergebnis der Kostenverteilung stellt sich jetzt wie folgt dar:

	Fertigungs-hilfsstelle I Kesselhaus	Fertigungs-hilfsstelle II Reparaturwerkstatt	Fertigungs-hauptstelle A	Fertigungs-hauptstelle B
primäre Kosten	6.000 €	2.000 €	10.000 €	15.000 €
Umlage Dampf und Reparatur	452,80 € —›	716,00 € ‹—		
verrechnete primäre und sekundäre Kosten	– 6.452,80 €	– 2.716,00 €		
Umlage Dampf und Reparatur	—› —›	—› —›	2.148,00 € 452,80 €	3.580,00 € 1.811,20 €
Summe	–	–	**12.600,80 €**	**20.391,20 €**

Die Summe der Gemeinkosten stimmt vor und nach der Umlage überein.
Vor der Umlage: 6.000 € + 2.000 € + 10.000 € + 15.000 € = 33.000 €
Nach der Umlage: 12.600,80 € + 20.391,20 € = 32.992 € (Rundungsfehler)

Ergänzender Kommentar
Die exakte Verrechnung (Gleichungsverfahren) belastet die Fertigungshauptstelle A mit ca. 12.601 €, das ungenaueste Verfahren (Anbau, keine Verrechnung) belastet sie stärker (12.650 €), das Näherungsverfahren (Stufenleiter) weniger stark (12.531 €). Umgekehrt sieht es bei der Fertigungshauptstelle B aus. Man kann diese Zahlenwerte und die daraus zu ersehenden Tendenzen nicht verallgemeinern, denn sie hängen natürlich von der konkreten, betrieblich gegebenen Kostenstruktur ab und können sich in anderen Fällen ganz anders darstellen. Das Beispiel zeigt aber, dass das ungenaue und das Näherungsverfahren in etwa die gleiche „Qualität" haben. Sie führen auf eine in etwa gleich große Ungenauigkeit, jeweils in die andere Richtung. Deshalb haben sie beide ihre Berechtigung gegenüber der exakt mathematischen Berechnung mittels Gleichungsverfahren.

2.5.5.7 Betriebsabrechnungsbogen mit Über- und Unterdeckung

In jedem Unternehmen sollten in regelmäßigen Abständen die Ist-Gemeinkosten mit den Normal-Gemeinkosten verglichen werden, um festzustellen, ob eine Unterdeckung oder eine Überdeckung gegeben ist.

Die Ist-Kosten sind die tatsächlich entstandenen Kosten, die erst festgestellt werden können, wenn ein vorher festgelegter Produktionszeitraum verstrichen ist. Die Normal-Gemeinkosten werden aus den Werten der Vergangenheit als Durchschnitt gebildet und dienen als Vergleichsgröße. Zusätzlich können noch Plan-Gemeinkosten festgelegt sein (zum Beispiel, wenn sich Voraussetzungen geändert haben und kein unmittelbarer Vergleich mit der Vorperiode möglich ist oder, wenn gezielte Kostensenkung angestrebt wird).

Eine Überdeckung liegt dann vor, wenn die Ist-Kosten geringer ausgefallen sind, als die Normal-Gemeinkosten es „vorausgesagt" haben. Umgekehrt ist eine Unterdeckung vorhanden, wenn die Ist-Gemeinkosten die Normal-Gemeinkosten übersteigen. Entsprechendes gilt für den Vergleich zu Plankosten.

IST (angefallene Kosten einer Periode) und NORMAL (= längerfristiger Durchschnitt) sind abzugleichen

Überdeckung

Unterdeckung

 Ganz gleich, ob man eine Über- oder eine Unterdeckung feststellt, es sollte immer Ursachenforschung betrieben werden, um eventuell einen positiven Effekt zu verstärken oder der Ursache von höheren Kosten auf die Schliche zu kommen.

Kalkulationsbeispiel
Für den Monat Juni wurden folgende Zahlen ermittelt:

Fertigungsmaterial	400.000 €
Hilfs- und Betriebsstoffe	38.000 €
Fertigungslöhne	180.000 €
Gehälter	30.000 €
Sozialkosten	18.000 €
Steuern	35.000 €
Sonstige Kosten	56.000 €
Kalk. Abschreibungen	52.000 €

a) Es ist ein einstufiger BAB zu erstellen, bei dem die Gemeinkosten wie folgt zu verteilen sind:

Kostenart	Verteilungs-grundlage	Material-stelle	Ferti-gungs-stelle	Ver-waltungs-stelle	Vertriebs-stelle
Hilfs- und Betriebsstoffe	Mat.-Scheine	8.000	30.000	–	–
Gehälter	Gehaltsliste	6.000	12.000	7.000	5.000
Sozialkosten	Schlüssel	1	2	2	1
Steuern	Schlüssel	2	6	4	2
Sonst. Kosten	Schlüssel	3	8	5	–
Abschreibungen	Schlüssel	2	4	2	2

b) Im zweiten Schritt sind die Gemeinkostenzuschlagssätze zu ermitteln.

c) Es sind die Über- und Unterdeckungen zu bestimmen, wenn mit folgenden Gemeinkostenzuschlagssätzen vorkalkuliert wurde:

MGK-Zuschlag   12 %
FGK-Zuschlag   60 %
VwGK-Zuschlag 7 %
VtGK-Zuschlag 3 %

Erläuterung

a)

Kostenstellen	Summe	Material	Fertigung	Verwaltung	Vertrieb
Hilfs- und Betriebsstoffe	38.000	8.000	30.000	–	–
Gehälter	30.000	6.000	12.000	7.000	5.000
Sozialkosten	18.000	3.000	6.000	6.000	3.000
Steuern	35.000	5.000	15.000	10.000	5.000
Sonst. Kosten	56.000	10.500	28.000	17.500	–
Abschreibungen	52.000	10.400	20.800	10.400	10.400
Summe	229.000	42.900	111.800	50.900	23.400

b/c)

	Ist-Kosten	Zuschläge	Normalkosten	Zuschläge	Über-/Unterdeckung
MEK	400.000		400.000		
MGK	42.900	10,73 %	48.000	12 %	+5.100
FEK	180.000		180.000		
FGK	111.800	62,11 %	108.000	60 %	–3.800
HK	734.700		736.000		
VwGK	50.900	6,93 %	51.520	7 %	+620
VtGK	23.400	3,18 %	22.080	3 %	–1.320
SK	809.000		809.600		+ 600

Ermittlung der Gemeinkostenzuschlagssätze bezogen auf die Ist-Kosten:

Materialgemeinkostenzuschlag
$$= \frac{MGK}{MEK} \cdot 100 = \frac{42.900}{400.000} \cdot 100 = 10,73\%$$

Fertigungsgemeinkostenzuschlag
$$= \frac{FGK}{FEK} \cdot 100 = \frac{111.800}{180.000} \cdot 100 = 62,11\%$$

Verwaltungsgemeinkostenzuschlag
$$= \frac{VwGK}{HK \text{ des Umsatzes}} \cdot 100 = \frac{50.900}{734.700} \cdot 100 = 6,93\%$$

Vertriebsgemeinkostenzuschlag
$$= \frac{VtrGK}{HK \text{ des Umsatzes}} \cdot 100 = \frac{23.400}{734.700} \cdot 100 = 3,18\%$$

Kalkulationsbeispiel

Im Betriebsabrechnungsbogen für August sind bereits die vorläufigen Gemeinkostensummen der Kostenstellen ermittelt worden:

Allgemeine Kostenstelle	20.000 €
Material	40.000 €
Fertigung I	110.000 €
Fertigung II	250.000 €
Fertigungshilfsstelle	10.000 €
Verwaltung	36.000 €
Vertrieb	22.000 €

Weitere Angaben zum Betriebsabrechnungsbogen:

Fertigungsmaterial	100.000 €		
Fertigungslöhne I	120.000 €		
Fertigungslöhne II	240.000 €		
Konto Fertigerzeugnisse:		Mehrbestand:	80.000 €
Konto Unfertige Erzeugnisse:		Minderbestand:	50.000 €

Normalzuschlagssätze in der Reihenfolge der Hauptkostenstellen:
30 % / 110 % / 150 % / 12 % / 8 %.

- Die Kosten der allgemeinen Kostenstelle sind im Verhältnis 1 : 2 : 3 : 2 : 1 : 1 auf die nachfolgenden Kostenstellen umzulegen.
- Die Kosten der Fertigungshilfsstelle sind im Verhältnis 3 : 7 auf die entsprechenden Hauptkostenstellen umzulegen.

Gesucht sind die neuen Ist-Zuschlagssätze. Basis für die Verwaltungs- und Vertriebsgemeinkosten sind die Herstellkosten des Umsatzes.
Es sind die Kostenüber- und -unterdeckungen zu ermitteln.

Erläuterung

Auch wenn die Fertigungshilfsstelle rechts von den Fertigungshauptstellen steht, auf die sie umgelegt werden muss, beginnt die Verteilung immer von links nach rechts.

Kostenstellen	Summen	allg. Kostenstelle	Material	Fertigung I	Fertigung II	Fertigungshilfsstelle	Verwaltung	Vertrieb
vorl. Summen	488.000	20.000	40.000	110.000	250.000	10.000	36.000	22.000
Umlage der allg. Kostenstelle		—>	2.000	4.000	6.000	4.000	2.000	2.000
Zwischensumme			42.000	114.000	261.000	14.000	38.000	24.000
Umlage der Fertigungshilfsstelle				4.200	9.800	‹—		
Endsummen Gemeinkosten			42.000	118.200	270.800		38.000	24.000

	Ist-Kosten €	Zu-schläge	Normal-Kosten €	Zu-schläge	Über-/Unter-deckung €
MEK	100.000		100.000		
MGK	42.000	42%	30.000	30%	−12.000
FEK I	120.000		120.000		
FGK I	118.200	98,5%	132.000	110%	+13.800
FEK II	240.000		240.000		
FGK II	270.800	112,83%	360.000	150%	+89.200
HK der Erzeugung	891.000		982.000		
+ Minderbestand	50.000		50.000		
− Mehrbestand	80.000		80.000		
HK des Umsatzes	861.000		952.000		
VwGK	38.000	4,41%	114.240	12%	+76.240
VtrGK	24.000	2,79%	76.160	8%	+52.160
SK	923.000		1.142.400		+219.400

Ermittlung der Gemeinkostenzuschlagssätze:

Materialgemeinkostenzuschlag

$$= \frac{MGK}{MEK} \cdot 100 = \frac{42.000}{100.000} \cdot 100 = 42\%$$

Fertigungsgemeinkostenzuschlag I

$$= \frac{FGK\ I}{FEK\ I} \cdot 100 = \frac{118.200}{120.000} \cdot 100 = 98,5\%$$

Fertigungsgemeinkostenzuschlag II

$$= \frac{FGK\ II}{FEK\ II} \cdot 100 = \frac{270.800}{240.000} \cdot 100 = 112,83\%$$

Verwaltungsgemeinkostenzuschlag

$$= \frac{VwGK}{HK\ des\ Umsatzes} \cdot 100 = \frac{38.000}{861.000} \cdot 100 = 4,41\%$$

Vertriebsgemeinkostenzuschlag

$$= \frac{VtrGK}{HK\ des\ Umsatzes} \cdot 100 = \frac{24.000}{861.000} \cdot 100 = 2,79\%$$

2.5.5.8 Umlage von Kostenstellen nach dem Kostenverursachungsprinzip

Kostenträger sind Produkte, Aufträge oder Dienstleistungen. Ihnen müssen die gesamten Kosten eines Betriebes zugerechnet werden, um daraus die Angebotspreise zu ermitteln. Im Betriebsabrechnungsbogen werden die Gemeinkosten auf die Kostenstellen verteilt und daraus die Gemeinkostenzuschlagssätze berechnet. Das Ziel ist eine verursachungsgerechte Verteilung der Kosten (**Kostenverursachungsprinzip**) auf die Kostenträger (siehe Abschn. 2.5.5.3). Die allgemeinen Kostenstellen und die Hilfskostenstellen werden ebenfalls verursachungsgerecht auf die Hauptkostenstellen umgelegt (s. auch Absch.2.5.5.3).

Warum werden Kosten möglichst genau auf Kostenträger verrechnet?

Die **Kostenträgerzeitrechnung** verteilt die im BAB errechneten Gemeinkosten mithilfe der Zuschlagsätze auf die Kostenträger. Je Kostenträger werden die gesamten Selbstkosten in einer Abrechnungsperiode ermittelt. Bestandsmehrungen und Bestandsminderungen müssen hier berücksichtigt werden. Subtrahiert man von den Erlösen je Produkt die Selbstkosten, erhält man das Betriebsergebnis pro Produkt (siehe im Abschnitt 2.5.5.3 das Thema „Einfacher Betriebsabrechnungsbogen mit Mehr- und Minderbeständen).

Woraus errechnet sich das Betriebsergebnis je Produkt?

Beispiel: Berechnungsschema mit zwei Produkten

		Produkt 1	Produkt 2
	Fertigungsmaterial		
+	Materialgemeinkosten		
	Materialkosten		
	Fertigungslöhne		
+	Fertigungsgemeinkosten		
	Fertigungskosten		
=	Herstellkosten der Fertigung		
+	Bestandsminderung		
–	Bestandsmehrung		
=	Herstellkosten des Umsatzes		
+	Verwaltungsgemeinkosten		
+	Vertriebsgemeinkosten		
=	Selbstkosten des Auftrags		
	Erlöse		
–	Selbstkosten		
=	Betriebsergebnis		

Mithilfe der **Kostenträgerstückrechnung** werden Angebotspreise in der Vorkalkulation berechnet und die Kosten nach Abschluss der Aufträge in der Nachkalkulation kontrolliert. Es wird entschieden, ob Aufträge angenommen werden und ob zu den Preisen der Konkurrenz angeboten werden kann (siehe auch Deckungsbeitragsrechnung, Abschnitt 2.5.8). Zur Erfüllung dieser Aufgaben müssen die Kosten zuerst den Kostenträgern ohne Einbeziehung eines bestimmten Zeitraums zugeordnet werden (siehe 2.5.6.1 Unterschied zwischen Vor- und Nachkalkulation).

Vorkalkulation zur Angebotsabgabe

Nachkalkulation zur Kontrolle

2.5.6 Zuschlagskalkulation und weitere Kalkulationsverfahren

2.5.6.1 Unterschied zwischen Vor- und Nachkalkulation

Die Differenzkalkulation dient der Überprüfung ausgeführter Aufträge. Ermittelt wird, wie viel Gewinn de facto verbleibt.

Die Differenzkalkulation dient dazu festzustellen, ob die Ist-Werte der Auftragsabwicklung Abweichungen gegenüber der mit Normal-Werten durchgeführten Angebotskalkulation erbracht haben.

Zuerst wird in der Angebotskalkulation auf Grund von Normalzuschlagssätzen für ein Angebot der Zielverkaufspreis vowärts kalkuliert. Der Auftrag wird ausgeführt und bringt die Feststellung, ob tatsächlich andere/höhere Einzelkosten angefallen sind. Auch ermittelte Ist-Zuschlagssätze können von den Normalzuschlagssätzen abweichen.

Wenn auf Grund veränderter Daten nach Auftragsabwicklung eine neue Kalkulation durchgeführt werden muss, bezeichnet man diese als Nachkalkulation. Mit den Ist-Werten wird dabei eine Vorwärtskalkulation bis zu den Selbstkosten aufgestellt. Da der Skonto-Prozentsatz unverändert bleibt, ändert sich auch der Barverkaufspreis nicht. Er wird den Ist-Selbstkosten gegenübergestellt. Die Differenz ergibt den tatsächlichen Gewinn, der in den meisten Fällen niedriger ausfällt.

Beispiel einer Nachkalkulation mit eingesetzten Prozentsätzen:

Schema   Rechenweg

```
    Materialeinzelkosten
  + 30% Materialgemeinkosten
  = Materialkosten

    Fertigungseinzelkosten
  + 80% Fertigungsgemeinkosten
  = Fertigungskosten

    Herstellkosten
  + 15% Verwaltungsgemeinkosten
  + 5% Vertriebsgemeinkosten
  = Selbstkosten
  + Gewinn                                                                                                    ?
  = Barverkaufspreis
  + 2% Skonto
  = Zielverkaufspreis
```

Kalkulationsbeispiel
Ein Unternehmen hat auf Grund von Normalzuschlagssätzen den Zielverkaufspreis für ein Produkt kalkuliert.

Vorkalkulation mit Normalkosten:

	Materialeinzelkosten	300,00 €	
+	30 % Materialgemeinkosten	90,00 €	
=	Materialkosten		390,00 €
	Fertigungseinzelkosten	150,00 €	
+	80 % Fertigungsgemeinkosten	120,00 €	
=	Fertigungskosten		270,00 €
	Herstellkosten		660,00 €
+	15 % Verwaltungsgemeinkosten		99,00 €
+	5 % Vertriebsgemeinkosten		33,00 €
=	Selbstkosten		792,00 €
+	Gewinn 20 %		158,40 €
=	Barverkaufspreis		950,40 €	98 %
+	2 % Skonto		19,40 €	2 %
=	Zielverkaufspreis		969,80 €	100 %

Zu diesem Preis ist ein Auftrag ausgeführt worden; er verursachte tatsächlich folgende Kosten:
Materialeinzelkosten   320 €
Fertigungseinzelkosten 165 €

Alle Ist-Zuschläge stimmen in diesem Falle mit den verwendeten Normal-Zuschlagssätzen überein. Wie hoch ist der effektive Gewinn?

Erläuterung

Nachkalkulation mit Ist-Kosten:

Schema   Rechenweg

	Materialeinzelkosten	320,00 €	
+	30 % Materialgemeinkosten	96,00 €	
=	Materialkosten		416,00 €
	Fertigungseinzelkosten	165,00 €	
+	80 % Fertigungsgemeinkosten	132,00 €	
=	Fertigungskosten		297,00 €

KOSTENRECHNUNG UND KALKULATIONSVERFAHREN

	Herstellkosten	713,00 €
+	15 % Verwaltungsgemeinkosten	106,95 €
+	5 % Vertriebsgemeinkosten	35,65 €
=	Selbstkosten	855,60 €
+	Gewinn 11,08 %	94,80 €
=	Barverkaufspreis	950,40 €
+	2 % Skonto	19,40 €
=	Zielverkaufspreis	969,80 €

In der Vorkalkulation war mit 20 % Gewinn kalkuliert worden (20 % von 792,00 € Selbstkosten ergibt 158,40 € Gewinn).

Durch die gegenüber der Vorkalkulation gestiegenen Ist-Kosten fällt der Gewinn geringer aus. Er beträgt nur noch ungefähr 11,08 %.

$$\frac{94{,}80\ €\cdot 100}{855{,}60\ €} = 11{,}08\,\%$$

Wie gelangt man zu dem neuen Gewinn?
Zuerst werden die veränderten Selbstkosten auf der Basis der ermittelten Material- und Fertigungseinzelkosten errechnet.

Als nächstes Schritt zieht man vom unveränderten Zielverkaufspreis 2 % Skonto ab und erhält den Barverkaufspreis. Man kann ihn jedoch auch der Vorkalkulation entnehmen. Die Differenz zwischen Barverkaufspreis und Selbstkosten ergibt den neuen Gewinn.

Weitere mögliche Fälle

Verlust

a) *Selbstkosten über Barverkaufspreis = Verlust*
Grundsätzlich kann auch der Fall eintreten, dass die ermittelten Selbstkosten den Barverkaufspreis übersteigen. In diesem Fall macht der Betrieb einen Verlust. Diesen bestimmt man, indem man von den Selbstkosten (= der größere Betrag) den Barverkaufspreis (= der kleinere Betrag) subtrahiert und vor die Differenz ein Minuszeichen setzt. Im Grenzfall, der zufällig eintreten könnte, können Selbstkosten und Barverkaufspreis auch identisch sein (Gewinn = plus/minus Null).

höherer Gewinn

b) *Ist-Selbstkosten geringer als Normal-Selbstkosten = höherer Gewinn*
Oben wurde schon gesagt, dass in der Praxis Nachkalkulationen meistens deshalb durchgeführt werden, weil mehr Kosten angefallen sind und der Gewinn geringer ausfällt. Natürlich kann auch das Gegenteil eintreten – die Kosten können geringer sein, als vorkalkuliert wurde, und in der Folge ergibt sich in der Rechnung, wie sie im obigen Beispiel ausgeführt wurde, ein entsprechend höherer Gewinn.

Bewertung halbfertiger Erzeugnisse

Man findet auch noch die **Zwischenkalkulation**, die zur Bewertung halbfertiger Erzeugnisse notwendig ist. Ebenso ist es empfehlenswert, bei Aufträgen über einen längeren Zeitraum Zwischenkontrollen durchzuführen, um Kostenabweichungen rechtzeitig feststellen und korrigieren zu können.

2.5.6.2 Divisionskalkulation

Die Divisionskalkulation findet in Unternehmen Anwendung, die nur ein Produkt herstellen und bei denen eine Differenzierung der Kosten nicht notwendig ist. Dies ist meist bei Massenfertigung der Fall. Es gibt keine Kostenstellen und keine Aufteilung in Einzel- und Gemeinkosten.

Wo findet die Divisionskalkulation Anwendung?

  Die Selbstkosten pro Kostenträger ergeben sich aus der Division der Gesamtkosten eines Zeitabschnitts durch die Produktionsmenge in diesem Zeitraum.

Die **einstufige Divisionskalkulation** kann als summarische oder als differenzierende Divisionskalkulation ausgeführt werden.

Massenfertigung findet man beispielsweise in der Grundstoffindustrie oder bei Ziegeleien. Dosen, Schrauben, Streichhölzer, Blumentöpfe sind Beispiele, bei denen die einstufige Divisionskalkulation Anwendung finden kann.

Unterscheidung: summarische und differenzierende Divisionskalkulation

Summarische Divisionskalkulation
Bei der summarischen Divisionskalkulation werden die Selbstkosten pro Stück errechnet, indem die Gesamtkosten pro Periode durch die hergestellte Stückzahl pro Periode dividiert werden.

Gesamtkosten

$$\text{Selbstkosten pro Stück} = \frac{\text{Gesamtkosten pro Periode}}{\text{Produktionsmenge pro Periode}}$$

Kalkulationsbeispiel
Im Monat Mai betragen die Herstellkosten 130.000 € und die Verwaltungs- und Vertriebskosten 40.000 €. Produziert wurden 2.500 Stück. Wie hoch sind die Selbstkosten pro Stück?

Erläuterung
Die beiden Kostenpositionen werden addiert und die Summe durch die Anzahl dividiert:

$$\text{Selbstkosten je Stück} = \frac{170.000 \text{ €}}{2.500 \text{ Stück}} = 68 \text{ € pro Stück}$$

Differenzierende Divisionskalkulation
Bei der differenzierenden Divisionskalkulation interessiert man sich auch für die Stückkosten einzelner Kostengruppen. Deshalb werden diese Stückkosten für die einzelnen Kostengruppen ermittelt und deren Addition ergibt dann die gesamten Stückkosten. Die Überwachung der Entwicklung der einzelnen Kostenarten ist so viel besser gewährleistet, so kann sich z. B. das Material verteuert haben oder Löhne können gestiegen sein.

Kostengruppen

Kalkulationsbeispiel

Die im letzten Beispiel zu Grunde gelegten Kosten setzen sich wie folgt detaillierter zusammen:

Materialkosten	45.000 €
Personalkosten	37.000 €
sonstige Kosten	48.000 €
Verwaltungs- und Vertriebskosten	40.000 €

Die Ausbringungsmenge von 2.500 Stück bleibt die gleiche. Welche Selbstkosten pro Stück ergeben sich?

Erläuterung

Es ergeben sich folgende Stückkosten pro Kostengruppe/Kostenart:

$$\text{Materialkosten} = \frac{45.000\ €}{2.500\ \text{Stück}} = 18{,}00\ €\ \text{pro Stück}$$

$$\text{Personalkosten} = \frac{37.000\ €}{2.500\ \text{Stück}} = 14{,}80\ €\ \text{pro Stück}$$

$$\text{sonstige Kosten} = \frac{48.000\ €}{2.500\ \text{Stück}} = 19{,}20\ €\ \text{pro Stück}$$

$$\text{Verwaltungs- und Vertriebskosten} = \frac{40.000\ €}{2.500\ \text{Stück}} = 16{,}00\ €\ \text{pro Stück}$$

Nach Addition ergeben sich Stückkosten in Höhe von 68 € pro Stück.

Welche Vorteile bietet die differenzierende Divisionskalkulation?

Die summarische und die differenzierende Divisionskalkulation führen zum gleichen Ergebnis. Die differenzierende Divisionskalkulation hat den Vorteil, dass die Stückkosten jeder Kostengruppe bekannt sind, Abweichungen sofort zugeordnet bzw. lokalisiert werden können und bei negativen Kostenveränderungen Ursachenforschung betrieben werden kann. Nach Aufdecken der Gründe können Gegenmaßnahmen eingeleitet werden. Vielleicht sind die Materialkosten gestiegen oder es hat eine Lohnerhöhung stattgefunden.

> **TIPP:** Komplex gestellte Aufgaben können leichter gelöst werden, wenn man sich zuerst alle Angaben zusammenschreibt, die zu finden sind. Der Überblick wird dadurch erheblich besser und die Fragestellung kann so leichter verstanden werden, da Aufgabenstellungen auch häufig von Zwischenergebnissen ausgehen oder gar rückwärts gerechnet werden muss.
> Bei Aufgaben, die sich über mehrere Fragestellungen hinziehen, sollte immer die Benennung bzw. Bezeichnung mitgeführt werden. Die Angaben/Zwischenergebnisse sind für eine spätere Verwendung so leichter zu finden.

Zweistufige Divisionskalkulation
Die Mengen produzierter und verkaufter Produkte müssen in einer betrachteten Periode nicht gleich sein.

Abweichende Produktions- und Absatzmengen berücksichtigen

> *Bei der zweistufigen Divisionskalkulation werden Lagerbestandsveränderungen an fertigen Erzeugnissen berücksichtigt. Die Kosten werden aufgeteilt in Herstellkosten, Verwaltungskosten und Vertriebskosten. Die Herstellkosten beziehen sich auf die produzierte Menge, die Verwaltungs- und Vertriebskosten auf die abgesetzte Menge.*

Kalkulationsbeispiel
Ein Unternehmen produziert in einem bestimmten Zeitabschnitt von einem Produkt 5.000 Stück. Die Herstellkosten betragen 50.000 €. Von den 5.000 Stück werden 3.000 Stück verkauft. Die Verwaltungs- und Vertriebskosten belaufen sich auf 15.000 €. Wie hoch sind die Stückkosten (Selbstkosten pro Stück)?

Erläuterung

$$\text{Stückkosten} = \frac{50.000\ \text{€}}{5.000\ \text{Stück}} + \frac{15.000\ \text{€}}{3.000\ \text{Stück}} = 15\ \text{€ pro Stück}$$

Die Voraussetzungen für die Anwendung der zweistufigen Divisionskalkulation sind, dass nur eine Erzeugnisart hergestellt wird und die Lagerbestandsveränderungen an unfertigen Erzeugnissen nicht erfasst werden.

Abb. 2.59: Stromerzeugung mit Windrädern – ein Beispiel für Einproduktbetriebe. Die Kostenstruktur führt auf Abgabepreise, die oftmals noch nicht marktfähig sind, und was bekanntermaßen je nach politischem Willen zur Förderung regenerativer Energie durch Preisstützungen ausgeglichen wird (Quelle: GettyImages)

Mehrstufige Divisionskalkulation

Auch Lagerbestände unfertiger Produkte berücksichtigen

Die mehrstufige Divisionskalkulation gliedert die Rechnung weiter auf und lässt zu, dass auch unfertige Produkte einbezogen werden.

> Die mehrstufige Divisionskalkulation berücksichtigt zusätzlich zu den Lagerbestandsveränderungen an Fertigprodukten auch noch Lagerbestandsveränderungen an unfertigen Produkten. Es darf aber auch hier nur eine Erzeugnisart produziert werden. Die Herstellkosten der einzelnen Produktionsstufen und die Verwaltungs- und Vertriebskosten der abgesetzten Menge sind zu erfassen.

Kalkulationsbeispiel
Ein Unternehmen fertigt in zwei Stufen:
- In der 1. Stufe werden 450 unfertige Erzeugnisse hergestellt und 13.500 € Herstellkosten ermittelt.
- In der 2. Stufe werden 380 unfertige Erzeugnisse mit 3.420 € Herstellkosten zu Fertigerzeugnissen weiter verarbeitet. Verkauft werden davon 160 Stück.

Die Verwaltungskosten betragen 1.230 € und die Vertriebskosten 1.330 €.
a) Wie hoch sind die Selbstkosten pro Stück?
b) Wie hoch sind die Herstellkosten pro Stück der fertigen Erzeugnisse?
c) Wie hoch sind die Herstellkosten pro Stück der unfertigen Erzeugnisse?
d) Welchen Wert weisen die Lager(-bestands-)veränderungen der unfertigen und fertigen Erzeugnisse auf?

Erläuterung
a) Die Stückkosten ergeben sich aus folgender allgemeiner Formel:

$$\frac{\text{Herstellkosten Stufe 1}}{\text{Stück Stufe 1}} + \frac{\text{Herstellkosten Stufe 2}}{\text{Stück Stufe 2}} + \frac{\text{Verwaltungs- und Vertriebskosten}}{\text{Absatzmenge}}$$

Setzt man die oben genannten Zahlen ein, kommt man zu folgendem Ergebnis:

$$\frac{13.500\ €}{450\ \text{Stück}} + \frac{3.420\ €}{380\ \text{Stück}} + \frac{1.230 + 1.330\ €}{160\ \text{Stück}} = 55\ € \text{ Selbstkosten pro Stück}$$

b) Herstellkosten der fertigen Erzeugnisse:

$$\frac{13.500\ €}{450\ \text{Stück}} + \frac{3.420\ €}{380\ \text{Stück}} = 39\ € \text{ Herstellkosten pro Stück}$$

c) Herstellkosten der unfertigen Erzeugnisse:

$$\frac{13.500\ €}{450\ \text{Stück}} = 30\ € \text{ Herstellkosten pro Stück}$$

d) Lagerveränderung der fertigen Erzeugnisse:

(380 Stück − 160 Stück) · 39 € = 8.580 €

In dem Beispiel werden von den 380 Stück fertigen Erzeugnissen 160 Stück verkauft. Die Differenz von 220 Stück wird auf Lager gelegt (Bestandsmehrung). Diese Lagerbestandsveränderung muss bewertet werden, und zwar mit den bisher angefallenen Kosten, nämlich den Herstellkosten aus Stufe 1 (30 €) und den Herstellkosten aus Stufe 2 (9 €).

Lagerveränderung der unfertigen Erzeugnisse:

(450 Stück - 380 Stück) · 30 € = 2.100 €

Hier ist die Vorgehensweise genauso wie bei der Lagerveränderung der fertigen Erzeugnisse. Von den 450 Stück aus Stufe 1 werden nur 380 Stück in Stufe 2 weiterverarbeitet. Das bedeutet, 70 Stück unfertige Erzeugnisse werden auf Lager gelegt. Die Bewertung erfolgt nur mit den Herstellkosten aus der Stufe 1 (30 €).

Abb. 2.60: Rohbogenlager in Druckerei bzw. Verlag. Rohbogen haben den Druck schon durchlaufen, sind aber noch nicht zu Druckerzeugnissen aufgebunden – sie stellen ein Halbfertigfabrikat dar, das zwischengelagert und bei Bedarf zu Ende produziert wird (Abdruck mit freundlicher Genehmigung von Stürtz AG, Würzburg)

Stufenkalkulation bei produktionsbedingten Mengendifferenzen

Zweck: Mengendifferenzen, z.B. durch Ausschuss einrechnen

Zwischen einzelnen Fertigungsstufen kann es vorkommen, dass unfertige Erzeugnisse mindere Qualität aufweisen oder z.B. zu Bruch gehen, sodass in der nächsten Produktionsstufe weniger Stück weiterverarbeitet werden können. Diese Kosten, die durch Ausschuss entstehen, müssen aber trotzdem bei der Kalkulation berücksichtigt werden. Würde kein Ausschuss entstehen, könnten die Erzeugnisse verkauft werden.

Kalkulationsbeispiel

In einem Unternehmen tritt zwischen den einzelnen Produktionsstufen Ausschuss auf und gleichzeitig erfolgen Lagerbestandsänderungen, d.h., es werden nicht alle unfertigen Erzeugnisse in der nächsten Stufe weiterverarbeitet. Dies kann z.B. aus Kapazitätsgründen der Fall sein. Welche Stückkosten ergeben sich jeweils pro Produktionsstufe?

Produktionsstufe	Einsatz in Stück	Ausbringung in Stück	Lagerbestandsänderung in Stück	Fertigungskosten €
1. Rohstoffe	–	2.500	–	50.000
2. Vorarbeit	2.500	2.300	+300	27.600
3. Nacharbeit	2.000	1.800	+600	18.000
4. Lackiererei	1.200	usw.		
5. usw.				

Erläuterung

$$\text{Stückkosten Stufe 1 } (k_1) = \frac{\text{Stufenkosten } (K_1)}{\text{Ausbringung 1 } (M_1)} = \frac{50.000 \text{ €}}{2.500 \text{ Stück}} = 20 \text{ €/Stück}$$

Für die Produktionsstufe 2 betragen die Stufenkosten:

$$k_2 = \frac{K_2}{M_2} = \frac{27.600 \text{ €}}{2.300 \text{ Stück}} = 12 \text{ € je Stück}$$

Für den Wert der unfertigen Produkte in Stufe 2 müssen die Kosten der Produktionsstufen 1 und 2 zusammengefasst werden. Der Materialeinsatz für 2.300 Stück betrug 2.500 vorgeformte und unbearbeitete Rohlinge, das sind also 50.000 € : 2.500 Rohlinge = 20 €/Stück.

Je Stück sind das demnach

$$\frac{2.500 \text{ Stück}}{2.300 \text{ Stück}} \cdot 20 \text{ €/Stück} = 21{,}74 \text{ €/Stück}.$$

Die Kosten je Stück für Stufe 1 und Stufe 2 sind deshalb mit 21,74 € + 12,00 € = 33,74 € anzusetzen. Man kann das auch als Quotient ausdrücken:

$$k_{1+2} = \frac{2.500 \text{ Stück} \cdot 20 \text{ €/Stück} + 27.600 \text{ €}}{2.300 \text{ Stück}} = 33{,}74 \text{ € je Stück}$$

Die allgemeingültige Formel lautet:

$$\text{Stückkosten Stufe 1 + 2} = \frac{\text{Materialeinsatz 2} \cdot \text{Stückkosten 1} + \text{Stufenkosten 2}}{\text{Ausbringung 2}}$$

Ähnlich geht man in der nächsten Stufe vor. Es ist zu beachten, dass 300 Stück aus Stufe 2 auf Lager gelegt werden, sodass nur 2.000 Stück nachbearbeitet werden.

$$k_3 = \frac{K_3}{M_3} = \frac{18.000\ \text{€}}{1.800\ \text{Stück}} = 10\ \text{€ Stufenkosten je Stück}$$

Materialeinsatzkosten in Stufe 3 = 2.000 Stück · 33,74 € = 67.480 €, das sind je Stück:

$$\frac{2.000\ \text{Stück}}{1.800\ \text{Stück}} \cdot 33{,}74\ \text{€} = 37{,}49\ \text{€}$$

Die Kosten je Stück für Stufe 1, 2 und 3 betragen also
37,49 € + 10 € = 47,49 €.

Als Quotient ausgedrückt ergibt sich folgende Rechnung:

$$k_{1+2+3} = \frac{2.000\ \text{Stück} \cdot 33{,}74\ \text{€/Stück} + 18.000\ \text{€}}{1.800\ \text{Stück}} = 47{,}49\ \text{€ je Stück}$$

Stückkosten Stufe 1 + 2 + 3 =

$$\frac{\text{Materialeinsatz 3} \cdot \text{Stückkosten (1 + 2)} + \text{Stufenkosten 3}}{\text{Ausbringung 3}}$$

Die Vorgehensweise bei weiteren Produktionsstufen funktioniert ebenso.

TIPP: Eine Aufgabe sollte – je nach Umfang – mindestens zweimal gelesen werden, bevor man anfängt!
Während des Durchlesens ist es bereits möglich, bestimmte Angaben, die auf den ersten Blick auffallen, mit Leuchtstift zu markieren.
Beim Lösen der Aufgabe ist es empfehlenswert, immer der Reihenfolge nach vorzugehen, da Zwischenergebnisse möglicherweise anschließend gebraucht werden.
Saubere Schrift und nachvollziehbare Rechenschritte – nicht auf einem Blatt einmal oben und dann wieder quer oder auf der Seite rechnen – erleichtern nochmaliges Überprüfen.

Einstufige Äquivalenzziffernkalkulation
Die Äquivalenzziffernkalkulation weist Ähnlichkeiten mit der Divisionskalkulation auf, setzt aber kein Ein-Produkt-Unternehmen voraus.

Bei gleichen Ausgangsstoffen Kosten nach eingesetzten Mengen verteilen

Die Äquivalenzziffernkalkulation wird in Mehrproduktunternehmen angewendet, in denen die Produkte bezüglich der Ausgangsstoffe gleichartig sind, aber unterschiedliche Kosten bei der Verarbeitung verursachen.

Ein typisches Beispiel ist die Bierherstellung. Die Grundstoffe sind bei den Biersorten (fast) die gleichen. Es unterscheiden sich im Wesentlichen einzelne Arbeitsschritte voneinander. Die Kosten der ähnlichen Erzeugnisse (Biersorten) stehen in einem bestimmten Verhältnis zueinander, das mithilfe von Äquivalenzziffern ausgedrückt werden kann. Eines der Erzeugnisse erhält – als Vergleichsbasis – die Äquivalenzziffer/Wertzahl 1, den anderen Erzeugnissen wird dann entsprechend ihrem Verhältnis zu dem ersten die jeweilige Wertzahl über oder unter 1 zugeteilt (d. h. durch Rechnung ermittelt).

Kalkulationsbeispiel
a) Wie können Äquivalenzziffern ermittelt werden?
Die Äquivalenzziffern werden z. B. anhand des Materialverbrauchs errechnet:
Produkt A   12 l
Produkt B   9 l
Produkt C   15 l
b) Wie sind im Beispiel a) Kosten von 1000 € mittels Äquivalenzziffern aufzuteilen?

Erläuterung
a) Es gibt drei Lösungsmöglichkeiten. Für Produkt A werden 12 l = 1 gesetzt. Für Produkt B ergibt sich dann 0,75 als Äquivalenzziffer für die 9 l Verbrauch. Die 15 l von Produkt C entsprechen im Vergleich zu 12 l der Äquivalenzziffer 1,25. Das Verhältnis von 12 l zu 9 l zu 15 l wird mithilfe der Äquivalenzziffern ausgedrückt mit 1 : 0,75 : 1,25.
Man hätte auch Produkt B oder Produkt C die Äquivalenzziffer 1 zuordnen können. Dann ergeben sich für die jeweils beiden anderen Produkte zwar andere Äquivalenzziffern, aber die Verhältnisse zueinander ändern sich dadurch nicht.
Setzt man die 9 l von Produkt B gleich 1, so ergibt sich für die 12 l von A die Äquivalenzziffer 1,33 und für die 15 l von C die Äquivalenzziffer 1,67.
Setzt man die 15 l von Produkt C gleich 1, so ergibt sich für die 12 l von A die Äquivalenzziffer 0,8 und für die 9 l von B die Äquivalenzziffer 0,6.
Tipp: Da mit den Äquivalenzziffern weitergerechnet werden soll, wählt am besten eine Variante mit möglichst glatten Zahlen.
b) Verteilt man auf diese Weise Kosten von 1.000 € auf die drei Produkte A, B und C, so kommen auf jede Weise die gleichen Beträge heraus (sie weichen ggf. durch Rundungsfehler voneinander ab).

Die Lösung ist nachfolgend als Tabelle zusammengestellt.

12 l	9 l	15 l
1	0,75	1,25
1,33	1	1,67
0,8	0,6	1
333,33 €	250 €	416,67 €

Darstellung und Durchführung einer Äquivalenzziffernkalkulation
Die einstufige Äquivalenzziffernkalkulation wird am besten übersichtlich in einer Tabelle durchgeführt. Folgende Schritte müssen vollzogen werden:
- Die jeweils angegebene Menge wird mit der jeweiligen Äquivalenzziffer multipliziert. Daraus ergeben sich die Rechnungseinheiten.
- Diese werden addiert.
- Die Gesamtkosten werden in einer Nebenrechnung durch die Summe der Rechnungseinheiten dividiert.
- Dann werden die Rechnungseinheiten wiederum mit dem Preis pro Rechnungseinheit multipliziert. Daraus ergeben sich die Kosten pro Sorte.
- Bei Division der Kosten pro Sorte durch die ursprünglich angegebene Menge ergeben sich die Stückkosten bzw. Kosten je Einheit.

Kalkulationsbeispiel
Der Zeitbedarf bei der Saftherstellung beträgt 5 Minuten pro Liter bei Sorte 1, 10 Minuten pro Liter bei Sorte 2 und bei der dritten Sorte 12,5 Minuten pro Liter. Die Gesamtkosten belaufen sich auf 175.000 €. Wie hoch sind die Kosten je Sorte und je Liter?

Erläuterung
5 Minuten $\triangleq$ 100 % $\triangleq$ 1
10 Minuten $\triangleq$ 200 % $\triangleq$ 2
12,5 Minuten $\triangleq$ 250 % $\triangleq$ 2,5

Sorte	Menge in l	Äquivalenz-ziffern (ÄZ)	Rechnungs-einheiten (RE)	Kosten je Sorte	Kosten je l
Saft 1	250.000	1	250.000	28.400	0,11
Saft 2	170.000	2	340.000	38.624	0,23
Saft 3	380.000	2,5	950.000	107.920	0,28
			1.540.000	174.944	

$$\frac{175.000\ €}{1.540.000\ RE} = 0{,}1136\ €/\text{Rechnungseinheit (RE)}$$

Je genauer man rechnet, desto kleiner sind die Abweichungen durch Rundungsfehler.

Mehrstufige Äquivalenzziffernkalkulation
Stufen- und Äquivalenzziffernkalkulation können kombiniert werden, wie es der betrieblichen Realität (mehrere Produkte und Stufenproduktion) entspricht.

Mehrere Reihen von Äquivalenzziffern für Produktionsstufen *Bei der mehrstufigen Äquivalenzziffernkalkulation werden mehrere Reihen von Äquivalenzziffern für aufeinander folgende Fertigungsstufen gebildet. Bei diesem Verfahren ist es auch möglich, Lagerbestandsveränderungen zu berücksichtigen.*

Kalkulationsbeispiel
Von einem Unternehmen, das drei Erzeugnisse in Massenfabrikation herstellt, liegen folgende Daten vor:

Produktionsstufe	Stufenkosten €	Sorte	Materialeinsatz t	Materialeinsatz €/t	Ausbringung t	Äquivalenzziffer
1	260.000	M	3.000	12,00	2.800	1,0
		A	6.300	30,00	6.000	1,5
		X	4.600	34,00	4.400	2,0
2	340.000	M	2.850	–	2.600	1,0
		A	6.100	–	5.900	1,4
		X	4.400	–	4.200	1,8

Mengendifferenzen zwischen der Ausbringung von Stufe 1 und dem Materialeinsatz in Stufe 2 resultieren aus Lagerbestandsänderungen (Zwischenlager), die mit der Kapazitätsausnutzung zusammenhängen.

Es kann also auch vorkommen, dass Zwischenprodukte aus dem Lager geholt werden, um in Produktionsstufe 2 die Maschinen voll auslasten zu können.

a) Gesucht sind für die 3 Sorten die Herstellkosten (Heko) je t für die Produktionsstufe 1!

b) Ebenfalls zu ermitteln sind mithilfe der Ergebnisse aus a) die Herstellkosten der Sorten einschließlich der Produktionsstufe 2!

Erläuterung

a) Produktionsstufe 1:

Erz.	Materialeinsatz t · €/t = €	Prod. t	ÄZ	RE	Fertigungskosten in €
M	3.000 · 12,00 = 36.000,00	2.800	1,0	2.800	35.339,92
A	6.300 · 30,00 = 189.000,00	6.000	1,5	9.000	113.592,60
X	4.600 · 34,00 = 156.400,00	4.400	2,0	8.800	111.068,32
	381.400,00			20.600	260.000,84

$$\frac{260.000\ \text{€ Feko}}{20.600\ \text{RE}} = 12{,}6214\ \text{€ Feko je RE (Rundungsfehler!)}$$

Daraus ergeben sich die gesuchten Herstellkosten, die zugleich als Materialeinsatzkosten in Stufe 2 einfließen, wie folgt:

```
M  36.000,00 € +  35.339,92 € =  71.339,92 €  Heko: 2.800 t = 25,48 €/t
A 189.000,00 € + 113.592,60 € = 302.592,60 €  Heko: 6.000 t = 50,43 €/t
X 156.400,00 € + 111.068,32 € = 267.468,32 €  Heko: 4.400 t = 60,79 €/t
```

b) Produktionsstufe 2:

Erz.	Materialeinsatz t · €/t = €	Prod. t	ÄZ	RE	Fertigungskosten in €
M	2.850 · 25,48 = 72.618,00	2.600	1,0	2.600	47.991,32
A	6.100 · 50,43 = 307.623,00	5.900	1,4	8.260	152.464,73
X	4.400 · 60,79 = 267.476,00	4.200	1,8	7.560	139.543,99
	647.717,00			18.420	340.000,04

$$\frac{340.000\ \text{€ Feko}}{18.420\ \text{RE}} = 18{,}4582\ \text{€ Feko je RE (Rundungsfehler!)}$$

Dies führt auf folgende Herstellkosten einschließlich Produktionsstufe 2:

```
M  72.618,00 € +  47.991,32 € = 120.609,32 €  Heko: 2.600 t = 46,39 €/t
A 307.623,00 € + 152.464,73 € = 460.087,73 €  Heko: 5.900 t = 77,98 €/t
X 267.476,00 € + 139.543,99 € = 407.019,99 €  Heko: 4.200 t = 96,91 €/t
```

Abb. 2.61: Stahlverarbeitung als typisches Beispiel für Stufenproduktion. Das gewalzte Blech kann End- oder erst Zwischenprodukt sein.

2.5.6.3 Zuschlagskalkulation

Summarische Zuschlagskalkulation

Berücksichtigung von Gemeinkosten, jedoch nur in einem einzigen Zuschlag

Bei den bisher behandelten Kalkulationsverfahren ist nicht zwischen Einzel- und Gemeinkosten unterschieden worden. Sollen Gemeinkosten berücksichtigt werden, braucht man Verfahren, um sie den Einzelkosten auf sinnvolle bzw. erwünschte Weise zuschlagen zu können. Eines dieser Verfahren ist die summarische Zuschlagskalkuation, sie ist ein zwar relativ einfaches, dafür aber ungenaues Verfahren. Es ist keine Kostenstellenrechnung notwendig, nach der Kostenverursachung wird nicht gefragt.

 Wirklich anwendbar ist die summarische Zuschlagskalkulation deshalb nur, wenn sehr wenig Gemeinkosten anfallen. Alle Gemeinkosten werden dann in einem Zuschlag entweder den Einzelkosten Fertigungsmaterial oder Fertigungslohn oder beiden zusammen zugerechnet, d.h., es gibt nur eine Zuschlagsbasis.

Die Zuschlagssätze berechnen sich demnach wie folgt:

$$\frac{\text{Gemeinkosten} \cdot 100}{\text{Fertigungsmaterial}} \text{ oder } \frac{\text{Gemeinkosten} \cdot 100}{\text{Fertigungslöhne}} \text{ oder } \frac{\text{Gemeinkosten} \cdot 100}{\text{Fertigungsmaterial + -löhne}}$$

Machen wir uns die Vorgehensweise an einem Beispiel deutlich.
In einer Abrechnungsperiode fallen folgende Kosten an:
Fertigungsmaterial   120.000 €
Fertigungslöhne   140.000 €
Gemeinkosten   195.000 €

Der Gemeinkostenzuschlag fällt je nach Basis unterschiedlich aus.

Basis	Formel	Zuschlagssatz
Fertigungsmaterial	$\frac{195.000 \cdot 100}{120.000}$	= 162,5 %
oder Fertigungslöhne	$\frac{195.000 \cdot 100}{140.000}$	= 139,29 %
oder Fertigungsmaterial + -löhne	$\frac{195.000 \cdot 100}{260.000}$	= 75 %

Wahl der Basis

Es sollte die Basis gewählt werden, von der die Gemeinkosten am stärksten abhängen.

Dazu muss man sich erst einmal darüber im Klaren sein, welche Gemeinkostenarten in einem Unternehmen auftreten können. Vielfach handelt es sich um folgende Positionen: Hilfsstoffaufwand, Hilfslöhne, soziale Abgaben, Instandhaltung, Reparaturen, Reisekosten, Büromaterial, Gehälter, Betriebssteuern, Abschreibungen, Werbung, Energie, Versicherung.

Kalkulationsbeispiel

Bei der Ermittlung der Selbstkosten eines Erzeugnisses kann man sich die Unterschiede bei der Kalkulation deutlich machen. Für einen H-Alpha-Filter sind 1.800 € Fertigungsmaterial und 3.700 € Fertigungslöhne angefallen. Gesucht sind die Selbstkosten unter Anwendung der oben errechneten Zuschlagssätze.

Erläuterung

Basis Fertigungsmaterial		Zuschlagssatz 162,5 %
Fertigungsmaterial	1.800,00 €	
Fertigungslöhne	3.700,00 €	
= Einzelkosten	5.500,00 €	
+ Gemeinkosten	2.925,00 €	162,5 % von 1.800 €
= Selbstkosten je Stück	8.425,00 €	

Basis Fertigungslöhne		Zuschlagssatz 139,29 %
Fertigungsmaterial	1.800,00 €	
Fertigungslöhne	3.700,00 €	
= Einzelkosten	5.500,00 €	
+ Gemeinkosten	5.153,73 €	139,29 % von 3.700 €
= Selbstkosten je Stück	10.653,73 €	

Basis Fertigungsmaterial + -löhne		Zuschlagssatz 75 %
Fertigungsmaterial	1.800,00 €	
Fertigungslöhne	3.700,00 €	
= Einzelkosten	5.500,00 €	
+ Gemeinkosten	4.125,00 €	75 % von 5.500 €
= Selbstkosten je Stück	9.625,00 €	

Das Beispiel zeigt: Es sind erhebliche Differenzen bei der Zurechnung der Selbstkosten festzustellen. Für das Betriebsergebnis in der Summe spielt dies zwar keine Rolle, da über alle Kalkulationen hinweg die Gesamtsumme der Gemeinkosten verrechnet wird. Aber sobald die Kalkulation zur Grundlage der Angebots- und Preisgestaltung gemacht wird, ergeben sich für die einzelnen Produkte je nach Rechenweise unterschiedliche Preise, was Einfluss auf ihre Verkäuflichkeit haben kann. Losgelöst von der Kostengerechtigkeit (Basis wählen, von der die Gemeinkosten am stärksten abhängen) kann die Wahl der Berechnungsbasis deshalb auch von preispolitischen Überlegungen abhängen.

Unterschiedliche Preise nach Wahl der Basis

Differenzierende Zuschlagskalkulation

Verfeinerung der Zurechnung von Gemeinkosten durch differenzierte, ursächliche Zuschreibung

In vielen Betrieben ist die Zurechnung der Gemeinkosten über nur einen einzigen Zuschlag viel zu ungenau. Bei der differenzierenden Zuschlagskalkulation werden die Gemeinkosten grundsätzlich in die Bereiche Material, Fertigung, Verwaltung und Vertrieb getrennt, wobei Material und Fertigung eventuell noch weiter aufgeteilt werden in Material 1, Material 2 usw. und Fertigung 1, Fertigung 2 usw. Dadurch soll eine sehr genaue Zuordnung ermöglicht werden.

Die Gemeinkosten werden den Einzelkosten zugerechnet, mit denen sie in Zusammenhang stehen. Für die Berechnung des Verwaltungs- und Vertriebsgemeinkostenzuschlagssatzes dienen die Herstellkosten als Basis.

Berechnungsschema

Zur Berechnung der Selbstkosten wird folgendes Schema angewendet:

  Materialeinzelkosten
+ Materialgemeinkosten

= Materialkosten

+ Fertigungseinzelkosten
+ Fertigungsgemeinkosten
+ Sondereinzelkosten der Fertigung

= Fertigungskosten
= Herstellkosten der Erzeugung

+ Minderbestand
− Mehrbestand

= Herstellkosten des Umsatzes

+ Verwaltungsgemeinkosten
+ Vertriebsgemeinkosten
+ Sondereinzelkosten des Vertriebs

= Selbstkosten

Formeln für

Formeln zur Berechnung der Gemeinkostenzuschlagssätze:

MGK Materialgemeinkostenzuschlag $= \dfrac{\text{Materialgemeinkosten}}{\text{Materialeinzelkosten}} \cdot 100$

FGK Fertigungsgemeinkostenzuschlag $= \dfrac{\text{Fertigungsgemeinkosten}}{\text{Fertigungseinzelkosten}} \cdot 100$

VwGK Verwaltungsgemeinkostenzuschlag $= \dfrac{\text{Verwaltungsgemeinkosten}}{\text{Herstellkosten des Umsatzes}} \cdot 100$

VtGK Vertriebsgemeinkostenzuschlag $= \dfrac{\text{Vertriebsgemeinkosten}}{\text{Herstellkosten des Umsatzes}} \cdot 100$

Kalkulationsbeispiel

Gegeben ist ein Betriebsabrechnungsbogen, in dem die Summen der Gemeinkosten bereits ermittelt sind:

Kostenarten	Kosten insgesamt	I Material	II Fertigung	III Verwaltung	IV Vertrieb
insgesamt	152.800 €	15.000 €	110.000 €	18.000 €	9.800 €

Einzelkosten:
Fertigungsmaterial   180.000 €
Fertigungslöhne   55.000 €

Bestandsveränderungen:
Mehrbestand an unfertigen Erzeugnissen   8.000 €
Minderbestand an fertigen Erzeugnissen   3.500 €

Zu berechnen bzw. auszuführen sind
a) die Herstellkosten des Umsatzes,
b) die Ist-Zuschlagssätze,
c) die Gesamtkalkulation.

Erläuterung

a) Berechnung der Herstellkosten des Umsatzes

	Fertigungsmaterial	180.000 €	
+	Materialgemeinkosten	15.000 €	
=	Materialkosten		195.000 €
	Fertigungslöhne	55.000 €	
+	Fertigungsgemeinkosten	110.000 €	
=	Fertigungskosten		165.000 €
	Herstellkosten der Erzeugung		360.000 €
+	Minderbestand		3.500 €
−	Mehrbestand		8.000 €
=	Herstellkosten des Umsatzes		355.500 €

b) Berechnung der Ist-Zuschlagssätze

MGK-Zuschlag $= \dfrac{15.000 \,€ \cdot 100}{180.000 \,€} = 8{,}33\,\%$

FGK-Zuschlag $= \dfrac{110.000\ € \cdot 100}{55.000\ €} = 200{,}00\,\%$

VwGK-Zuschlag $= \dfrac{18.000\ € \cdot 100}{355.500\ €} = 5{,}06\,\%$

VtGK-Zuschlag $= \dfrac{9.800\ € \cdot 100}{355.500\ €} = 2{,}76\,\%$

c) Ausführung der Gesamtkalkulation

	Fertigungsmaterial	180.000 €
+	Materialgemeinkosten	15.000 €
=	**Materialkosten**	**195.000 €**
	Fertigungslöhne	55.000 €
+	Fertigungsgemeinkosten	110.000 €
=	**Fertigungskosten**	**165.000 €**
	Herstellkosten der Erzeugung	360.000 €
+	Minderbestand	3.500 €
−	Mehrbestand	8.000 €
=	**Herstellkosten des Umsatzes**	**355.500 €**
+	Verwaltungsgemeinkosten	18.000 €
+	Vertriebsgemeinkosten	9.800 €
=	**Selbstkosten des Umsatzes**	**383.300 €**

Abb. 2.62: Fließfertigung in der Automobilindustrie – hier fließen zahlreiche Halbfertigprodukte ein (Abdruck mit freundlicher Genehmigung der Ford AG, Köln)

Erweiterte Zuschlagskalkulation (mit Maschinenstundensatz)
Da ein Maschinenplatz als Fertigungshauptstelle erfasst wird, fließt dieser auch in das Schema der Zuschlagskalkulation ein, das dadurch erweitert wird. Bisher wurde gerechnet:

    Fertigungslöhne
+ Fertigungsgemeinkosten
= Fertigungskosten

Maschinenplätze werden ins Schema der Zuschlagskalkulation einbezogen

In erweiterter Form wird gerechnet:

    maschinenabhängige Fertigungskosten
    (Maschinenlaufzeit · Maschinenstundensatz)
+ Fertigungslöhne
+ Rest-Fertigungsgemeinkosten (in Prozent der Fertigungslöhne)
= Fertigungskosten

Kalkulationsbeispiel
Ein Werkstück wird an einer computergesteuerten Fräsmaschine 32 Minuten bearbeitet. Es wird Fertigungsmaterial im Wert von 150 € verbraucht.
Der anteilige Fertigungslohn für die Automaten-Einrichtung beträgt 23 €, für die Nachbearbeitung des Werkstückes 29 €.
Es ist ferner mit Materialgemeinkosten von 35 %, Fertigungsgemeinkosten (= Restgemeinkosten, bezogen auf die Fertigungslöhne) von 130 % und einem Maschinenstundensatz von 110 € zu rechnen.
Gesucht sind die Herstellkosten!

Restfertigungsgemeinkosten beziehen sich auf Fertigungslöhne

Erläuterung

Fertigungsmaterial	150,00 €	
+ Materialgemeinkosten 35 %	52,50 €	
= Materialkosten		202,50 €
Fertigungslöhne 23 € + 29 € =	52,00 €	
+ Restgemeinkosten 130 %	67,60 €	
+ Maschinenkosten 32 min. · 110 € : 60 min. =		58,67 €
= Fertigungskosten		178,27 €
= **Herstellkosten**		**380,77 €**

KOSTENRECHNUNG UND KALKULATIONSVERFAHREN

Schema der Zuschlagskalkulation im Überblick:

  Fertigungsmaterial
+ Materialgemeinkosten
− Schrotterlös
  Fertigungslöhne
+ Restfertigungsgemeinkosten
+ Maschinenkosten
+ Sondereinzelkosten der Fertigung

= Herstellkosten der Erzeugung
+ Minderbestand
− Mehrbestand

= Herstellkosten des Umsatzes
+ Verwaltungsgemeinkosten
+ Vertriebsgemeinkosten
+ Sondereinzelkosten des Vertriebs

= Selbstkosten
+ Gewinnzuschlag
= Barverkaufspreis
+ Kundenskonto
+ Vertreterprovision
= Zielverkaufspreis
+ Kundenrabatt

= Listenverkaufspreis
+ Mehrwertsteuer

= Bruttoverkaufspreis

2.5.7 Zusammenhänge zwischen Erlösen (Umsätzen), Kosten und Beschäftigungsgrad

2.5.7.1 Beschäftigungsgrad, fixe und variable Kosten

Was gibt der Beschäftigungsgrad an?

Der Beschäftigungsgrad (= Kapazitätsausnutzungsgrad) gibt die Auslastung an. Je geringer die Auslastung ist, desto weniger wird gearbeitet. Das kann zum Beispiel an der schlechten Auftragslage liegen. Der Beschäftigungsgrad gibt die tatsächliche Beschäftigung als Prozentsatz der möglichen Beschäftigung (= volle Kapazitätsausnutzung) an. Der Beschäftigungsgrad gibt gleichzeitig die Produktionsmenge (Output) an.

 Als Normalkapazität bezeichnet man die Leistungsfähigkeit eines Betriebes mit den zur Verfügung stehenden Produktionsfaktoren.

Normalkapazität ist gleichzusetzen mit Vollbeschäftigung. Der Kapazitätsausnutzungsgrad ist also – um es noch einmal anders zu formulieren – das Verhältnis zwischen tatsächlicher Beschäftigung und Normalkapazität.

Jeder Betrieb ist bestrebt, Vollbeschäftigung zu erreichen, da hier die Kosten pro Stück am geringsten sind (= kostenoptimaler Beschäftigungsgrad).

Die variablen Kosten sind normalerweise pro Stück immer gleich (Material, Löhne).

Die fixen Kosten verändern sich nicht während eines bestimmten Zeitraums (Miete pro Monat). Deshalb wird der Anteil der Fixkosten pro Stück immer kleiner, je mehr Stück produziert werden. Eine Änderung des Beschäftigungsgrades bewirkt immer eine Änderung der Stückkosten.

geringste Kosten bei Vollbeschäftigung

$$\text{Beschäftigungsgrad in \%} = \frac{\text{tatsächliche Auslastung} \cdot 100}{\text{technische Maximalauslastung (Kapazität)}}$$

oder

$$\text{Beschäftigungsgrad in \%} = \frac{\text{tatsächliche Nutzungszeit} \cdot 100}{\text{verfügbare Nutzungszeit}}$$

Beispiel

Bei einer angenommenen Monatskapazität von 100.000 Stück und einer tatsächlichen Auslastung von 72.000 Stück ergibt sich ein Beschäftigungsgrad von 72 %.

$$\text{Beschäftigungsgrad} = \frac{72.000 \cdot 100}{100.000} = 72\%$$

Gesamtkosten

$K = K_f + K_v$

oder

$K = K_f + k_v \cdot x$

$K = K_f + k_v \cdot x$
K = Gesamtkosten (€/Periode)
K_f = fixe Kosten (€/Periode)
K_v = variable Kosten (€/Periode)
x = Ausbringungsmenge
k_v = variable Kosten pro Stück

Wie setzen sich die Gesamtkosten zusammen?

Durchschnittskosten (Stückkosten)

$k = \dfrac{K}{x}$

k = Durchschnittskosten (€/Stück)
K = Gesamtkosten
x = Ausbringungsmenge (Stück/Periode)

Wie errechnen sich die Durchschnittskosten?

Fixe Kosten

Fixe Kosten (= beschäftigungsunabhängige Kosten = zeitabhängige Kosten) sind Kosten der Betriebsbereitschaft. Sie sind von der Produktionsmenge / vom Beschäftigungsgrad unabhängig, z. B. betriebliche Steuern, Beiträge, Miete, lineare Abschreibung (= jährlich gleich hohe Abschreibung).

Fixe Kosten pro Zeitabschnitt ändern sich nicht, ein einfaches Beispiel ist z. B. Miete pro Monat.

Fixe Kosten pro Stück sinken bei steigender Stückzahl und umgekehrt (= veränderliche Stückkosten).

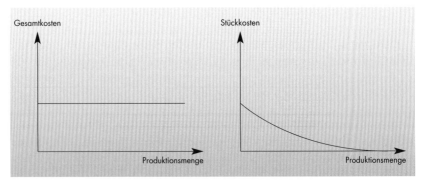

Abb. 2.63: Gegenüberstellung der (fixen) Gesamtkosten und der Stückkosten

Beispiel für fixe Kosten, z. B. Miete pro Monat:

Produktionsmenge	Fixe Gesamtkosten	Fixkostenanteil je Stück
10.000 Stück	95.000,00 €	9,50 €
11.500 Stück	95.000,00 €	8,26 €
22.000 Stück	95.000,00 €	4,32 €
28.500 Stück	95.000,00 €	3,33 €

 Absolut fixe Kosten verändern sich nicht bei Schwankungen der Beschäftigung.

Unabhängig von der produzierten Stückzahl beträgt die Miete der Fertigungshalle z. B. pro Monat 1.000 €.

 Intervallfixe/sprungfixe Kosten bleiben innerhalb eines bestimmten Zeitraums/bestimmter Beschäftigungsintervalle unverändert.

Wann liegen sprungfixe Kosten vor?

Reicht zum Beispiel die Kapazität einer Lagerhalle nicht mehr aus und muss eine zweite Halle angemietet werden, springen die fixen Kosten um die Höhe der Miete für die zweite Halle. Sie verändern sich nun so lange nicht mehr, bis eine dritte Halle gemietet werden muss oder wieder nur die erste ausreicht.

Leerkosten und Nutzkosten

Wie werden Leerkosten und Nutzkosten berechnet?

- Leerkosten sind die Kosten der nicht genutzten Kapazität. Sie ergeben sich aus der Differenz von fixen Kosten und Nutzkosten.
- Nutzkosten sind die Kosten der genutzten Kapazität. Man errechnet sie aus der Multiplikation der fixen Kosten mit dem Beschäftigungsgrad.

Nutzkosten $\boxed{K_N = K_f \cdot b}$ Leerkosten $\boxed{K_L = K_f - K_N}$

K_N = Nutzkosten (€/Periode)
K_L = Leerkosten (€/Periode)
b = Beschäftigungsgrad

Beispiel

Eine Maschine hat eine Kapazität von 10.000 Stunden, wird aber nur 7.000 Stunden eingesetzt. Im betrachteten Zeitraum betragen die Abschreibungen 20.000 €.

Nutzkosten = 20.000 · $\frac{7.000}{10.000}$ = 14.000 €

Leerkosten = 20.000 – 14.000 = 6.000 €

Oder:
7.000 Stunden tatsächliche Auslastung ergeben 70% Beschäftigungsgrad von 10.000 Stunden verfügbarer Kapazität.
Nutzkosten = 70% von 20.000 €   = 14.000 €
Leerkosten = 20.000 € – 14.000 € = 6.000 €

Variable Kosten
Variable/proportionale/veränderliche Kosten sind Einzelkosten.

 Variable Kosten sind beschäftigungsabhängig/mengenabhängig und verändern sich, wenn sich die Produktionsmenge ändert.

Variable Kosten:
– Materialeinzelkosten
– Fertigungseinzelkosten

Variable Kosten pro Stück sind im Normalfall immer gleich (Materialverbrauch) (= konstante Stückkosten).
Variable Kosten pro Zeitabschnitt steigen mit der Produktionsmenge und umgekehrt (1 € pro Stück, 100 € für 100 Stück, 800 € für 800 Stück).

Variable Kosten lassen sich durch den Reagibilitätsgrad R beschreiben:

$$R = \frac{\text{Prozentuale Kostenänderung}}{\text{Prozentuale Beschäftigungsänderung}}$$

 Der Reagibilitätsgrad gibt an, um wie viel sich die Kosten bei einer Veränderung des Beschäftigungsgrades um eine Einheit ändern.

Es gibt drei Fälle:
- Proportionale Kosten (die Kosten steigen im gleichen Verhältnis wie die Stückzahl): R = 1
- Degressive Kosten (die Kosten steigen langsamer als die Stückzahl): hier gilt: 0 < R < 1
- Progressive Kosten (die Kosten steigen schneller als die Stückzahl): R > 1

proportional

degressiv

progressiv

• *Proportionale Kosten*
Sie ändern sich im gleichen Verhältnis zum Beschäftigungsgrad.
Steigt etwa die Produktionsmenge um 10%, so steigen die proportionalen Gesamtkosten auch um 10%. Pro Stück bleiben sie jedoch gleich.
Diese Situation ist in Abb. 2.64a veranschaulicht.

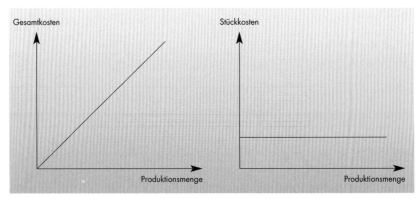

Abb. 2.64a: Verhältnis von Gesamtkosten und Stückkosten bei proportionalen Kosten

Beispiel für proportionale Gesamtkosten:

Produktionsmenge	Proportionale Gesamtkosten	Anteil je Stück
80 Stück	400 €	5 €
120 Stück	600 €	5 €
230 Stück	1.150 €	5 €

• *Degressive (= unterproportionale) Kosten*

Wie verhalten sich degressive Kosten?

Sie steigen langsamer als der Beschäftigungsgrad. Dies kann z. B. bei Rohstoffkosten der Fall sein, wenn der verarbeitende Betrieb bei steigender Produktionsmenge vom Rohstofflieferanten höhere Mengenrabatte wegen größerer Abnahme erhält (Abb. 2.65b).

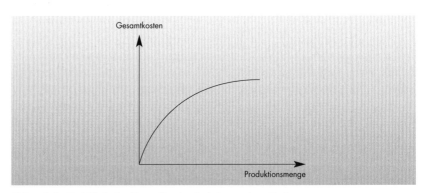

Abb. 2.65b: Verhältnis der Gesamtkosten bei degressiven Kosten

Beispiel für unterproportionale Gesamtkosten

Produktionsmenge	Unterproportionale Gesamtkosten	Anteil je Stück
100 Stück	500 €	5,00 €
200 Stück	900 €	4,50 €
300 Stück	1.100 €	3,67 €

• *Progressive (= überproportionale) Kosten*
Sie steigen schneller als der Beschäftigungsgrad. Ein Beispiel dafür sind Überstundenzuschläge bei Löhnen.

Wann liegen progressive Kosten vor?

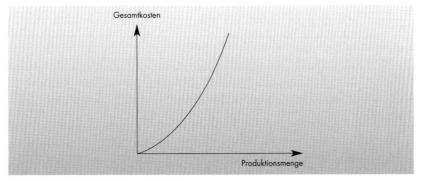

Abb. 2.66: Verlauf der Gesamtkosten bei progressiven Kosten

Beispiel für überproportionale Gesamtkosten:

Produktionsmenge	Überproportionale Gesamtkosten	Anteil je Stück
100 Stück	1.000 €	10,00 €
200 Stück	2.200 €	11,00 €
300 Stück	3.800 €	12,67 €

Zusammenfassendes Beispiel mit fixen und variablen Kosten

In einem Betrieb können bei voller Auslastung in einer Abrechnungsperiode 1.000 Stück hergestellt werden. Die Fixkosten betragen 80.000 € und die variablen Kosten, die pro Stück anfallen, belaufen sich auf 50 €.

Beschäftigungsgrad %	Stückzahl	Fixkosten gesamt €	variable Kosten €	Gesamtkosten fix + variabel €	Kosten pro Stück fix + variabel €/Stück
100	1.000	80.000	50.000	130.000	130,00
90	900	80.000	45.000	125.000	138,89
85	850	80.000	42.500	122.500	144,12
60	600	80.000	30.000	110.000	183,33
40	400	80.000	20.000	100.000	250,00

Variable Kosten gesamt = variable Kosten pro Stück * Stückzahl
Gesamtkosten = Fixkosten gesamt + variable Kosten gesamt
Kosten pro Stück = Gesamtkosten : Stückzahl

Die Stückkosten (variable Kosten + Fixkostenanteil) steigen bei fallender Beschäftigung, da der gleich bleibende Fixkostenblock auf geringere Stückzahlen verteilt werden muss.

Fixkostenanteil pro Stück fällt bei steigender Beschäftigung

2.5.7.2 Grafische Darstellung des Zusammenhangs von Gesamtkosten und Stückkosten

Kostenfunktion

Die Kostenfunktion der Gesamtkostenkurve ergibt sich aus der Summe der fixen und variablen Kosten.

Gesamtkosten = Fixe Kosten + Variable Kosten

oder

$K = K_f + k_v \cdot x$

K = Gesamtkosten
K_f = fixe Gesamtkosten
k_v = variable Kosten pro Stück
x = Ausbringungsmenge

Beispiel einer Kostenfunktion und deren grafische Darstellung

Kostenfunktion $K = 1.000 + 5 x$

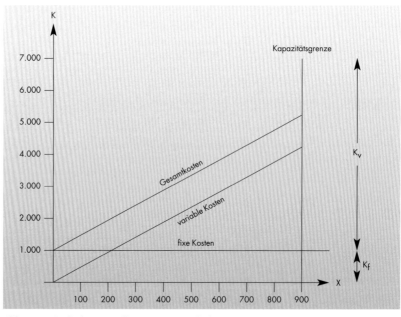

Abb. 2.67: Grafische Darstellung zur Kostenfunktion $K = 1.000 + 5 x$

Die fixen Kosten (1.000 €) verlaufen parallel zur x-Achse, da sie beschäftigungsunabhängig sind. Die variablen Kosten (5 € pro Stück) steigen bei linearen Funktionen in gleichem Ausmaß wie die Stückzahl und beginnen im Nullpunkt (0 Stück = 0 variable Kosten). Die Gesamtkostenkurve (beginnt bei Schnittpunkt der fixen Kosten mit der y-Achse) setzt sich aus den fixen und variablen Kostenkurven zusammen.

Beispiel

Kostenfunktion K = 10 + 5x
Umsatzfunktion U = 20x
Kapazitätsgrenze 50 Stück

x	U	K	K_f	K_v	k	k_v
0	0	10	10	0	0	0
10	200	60	10	50	6	5
20	400	110	10	100	5,50	5
30	600	160	10	150	5,33	5
40	800	210	10	200	5,25	5
50	1000	260	10	250	5,20	5

x = Stückzahl
U = Umsatz
K = Gesamtkosten (fix + variabel)
K_f = gesamte fixe Kosten
K_v = gesamte variable Kosten
k = Gesamtkosten pro Stück
k_v = variable Kosten pro Stück

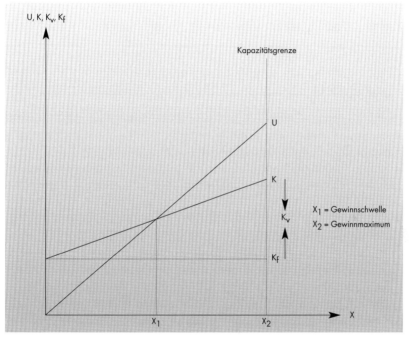

Was kennzeichnet die Gewinnschwelle und das Gewinnmaximum?

Abb. 2.68

Die Gewinnschwelle markiert den Schnittpunkt von Umsatz-/Erlöskurve und Gesamtkostenkurve. An dieser Stelle sind die Kosten genau gedeckt. Sobald ein Stück mehr produziert wird, befindet man sich in der Gewinnzone (siehe 2.5.7.3). Das **Gewinnmaximum** liegt genau dort, wo der Grenzumsatz gleich den Grenzkosten ist (gleiche Steigung der Kurven). Bei linearen Funktionen fällt das Gewinnmaximum mit der Kapazitätsgrenze zusammen. Das **Betriebsoptimum** liegt theoretisch im Unendlichen, wenn die Stückkosten bei steigender Produktion immer kleiner werden. Damit ist das Betriebsoptimum ebenfalls gleich der Kapazitätsgrenze.

Gesamtkosten und Stückkosten

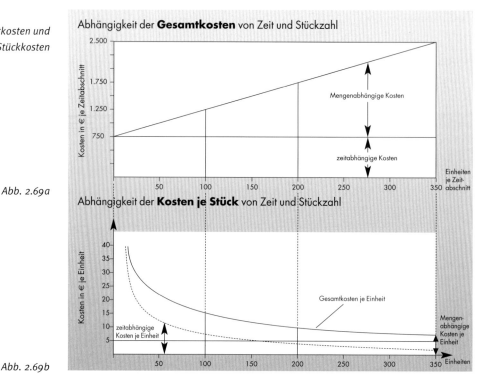

Abb. 2.69a

Abb. 2.69b

Abhängigkeit der Gesamtkosten von Zeit und Menge

Fixe Kosten sind zeitabhängige Kosten. Innerhalb eines bestimmten Zeitraums ändern sie sich nicht (z. B. Miete pro Monat).

Variable Kosten sind mengenabhängige Kosten. Je mehr Stück in einem bestimmten Zeitraum produziert werden, desto höher wird die Summe der variablen Kosten (z. B. Materialverbrauch).

Wie verändern sich mengen- und zeitabhängige Kosten?

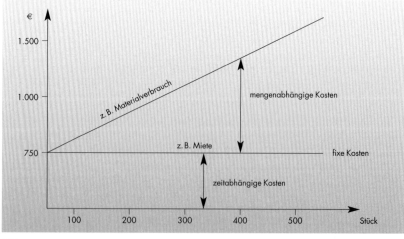

Abb. 2.70

344   Betriebswirtschaftliches Handeln

Bei dem in Abb. 2.70 dargestellten Beispiel betragen die fixen Kosten immer 750 €, unabhängig davon, ob 100 oder 400 Stück gefertigt werden.

Die variablen Kosten, z. B. der Materialverbrauch, ändern sich nicht pro Stück (konstante Stückkosten, siehe nächste Grafik), steigen aber als Summe mit erhöhter Produktion.

Abhängigkeit der Kosten je Stück von Zeit und Menge
Die variablen Kosten pro Stück sind unabhängig von der Produktionsmenge. Sie bleiben pro Stück unverändert.

Der Anteil der Fixkosten pro Stück sinkt mit steigender Produktionsmenge, da die fixen Kosten auf immer mehr Einheiten verteilt werden können.

Die Gesamtkosten je Stück sinken demzufolge mit steigender Produktionsmenge wegen des geringer werdenden Fixkostenanteils.

Wie verändern sich fixe und variable Kosten insgesamt und je Stück?

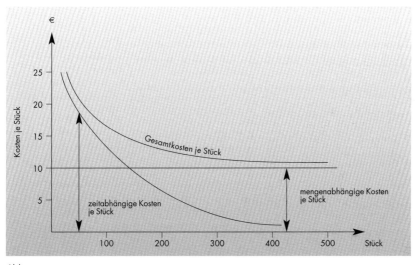

Abb. 2.71

Bei dem in Abb. 2.71 dargestellten Beispiel betragen die variablen Kosten immer 10 € pro Stück, unabhängig von der produzierten Menge (mengenabhängige Kosten pro Stück). Die fixen Kosten pro Stück sinken mit steigender Stückzahl (zeitabhängige Kosten je Stück). Die Gesamtkosten pro Stück setzen sich aus den variablen Kosten pro Stück und den fixen Kosten pro Stück zusammen. Sie nehmen mit steigender Stückzahl ab.

Variable Kosten pro Stück = konstante Stückkosten
Fixe Kosten pro Stück = veränderliche Stückkosten

2.5.7.3 Grafische Darstellung des Zusammenhangs von Erlösen, Kosten und Beschäftigungsgrad (auch verschiedenen Beschäftigungsgraden)

Wir nehmen als Ausgangspunkt wieder die Formel, dass die Gesamtkosten die Summe aus gesamten fixen und gesamten variablen Kosten bilden:

$K = K_f + K_v$

oder

$K = K_f + k_v \cdot x$

Die Erlöskurve ergibt sich aus der Multiplikation des Erlöses pro Stück mit der Stückzahl:

$E = e \cdot x$

 Die Gewinnschwellenmenge (Break-even-point) ist genau der Schnittpunkt von Gesamtkostenkurve und Gesamterlöskurve.

Wie kann die Gewinnschwellenmenge errechnet werden?

Hier deckt der Erlös genau die Kosten. Es wird weder Gewinn noch Verlust erwirtschaftet.
Gleichsetzen von Gesamtkosten- und Gesamterlöskurve:

$e \cdot x = K_f + k_v \cdot x$

Auflösen nach x:

$x = \dfrac{K_f}{e - k_v}$

Die Gewinnschwellenmenge kann auch noch etwas anders formuliert berechnet werden (siehe Abschnitt 2.5.8):

Erlöse pro Stück
− variable Kosten pro Stück
= Deckungsbeitrag pro Stück

$$\text{Break-even-point} = \dfrac{\text{fixe Gesamtkosten}}{\text{Deckungsbeitrag pro Stück}}$$

In Abb. 2.67 sind eingezeichnet:

Kostenkurven

Fixkosten: Sie verlaufen parallel zur x-Achse, da sie beschäftigungsunabhängig sind.

Variable Kosten: Sie sind beschäftigungsabhängig und beginnen am Nullpunkt. Die Summe steigt mit der Stückzahl.

Gesamtkosten: Sie ergeben sich aus der Summe von fixen Kosten und variablen Kosten. Der Anfangspunkt liegt auf dem Schnittpunkt der fixen Kosten mit der y-Achse.

Erlöskurve

Erlöse: Die Kurve beginnt im Nullpunkt und steigt mit der Stückzahl.

Gewinnschwelle

Break-even-point: Die Gewinnschwelle ist der Schnittpunkt der Gesamtkosten mit den Erlösen. Links davon befindet man sich in der Verlustzone, rechts davon in der Gewinnzone.

Erlöse, Gesamtkosten, Gewinn usw. können zusätzlich bei unterschiedlichen Beschäftigungsgraden abgelesen werden.

Zur Verdeutlichung von drei besonderen Punkten zeigt Abb. 2.72b noch einen Ausschnitt aus Abb. 2.72a.

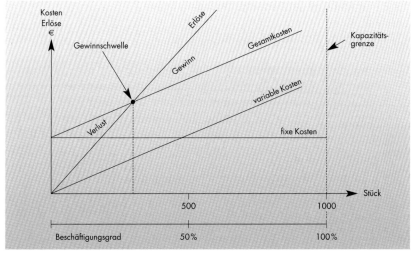

Woraus ergeben sich die Gesamtkosten?

Abb. 2.72a

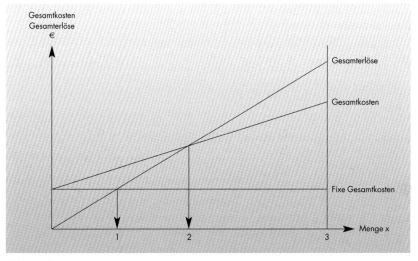

Deckung der Fixkosten = Gewinnschwellenmenge

Kapazitätsgrenze = Gewinnmaximum

Abb. 2.72b

Punkt 1: Wird die Stückzahl beim Punkt 1 produziert, sind nur die fixen Kosten gedeckt (Fixkostendeckungsbeitrag). Berechnet man die Differenz aus Gesamterlös und Gesamtkosten, erhält man einen Verlust in Höhe der variablen Gesamtkosten.

Punkt 2: Bei Produktion der Gewinnschwellenmenge sind genau alle Kosten (fix und variabel) gedeckt. Es wird weder Gewinn noch Verlust eingefahren.

Punkt 3: Punkt 3 kennzeichnet die Kapazitätsgrenze und damit gleichzeitig das Gewinnmaximum. Bei proportionalen Kurvenverläufen wird das Gewinnmaximum immer bei der größten Kapazitätsausnutzung erreicht.

2.5.8 Grundzüge der Deckungsbeitragsrechnung

2.5.8.1 Struktur der Deckungsbeitragsrechnung

Wozu dient der Deckungsbeitrag?

Die Deckungsbeitragsrechnung wird zum Beispiel dann zu Hilfe genommen, wenn es um die Entscheidung geht, einen Zusatzauftrag anzunehmen oder abzulehnen. Auf Grund der Vollkostenrechnung kann dies nicht beurteilt werden.

Was sind Grenzkosten?

Die Höhe der fixen und der variablen Kosten müssen bekannt sein. Die variablen Kosten sind gleich den Grenzkosten bei linearen Funktionen. Als Grenzkosten bezeichnet man den Kostenzuwachs, den die Erhöhung der Produktionsmenge um ein Stück verursacht. Die fixen Kosten sollen durch den Deckungsbeitrag abgedeckt werden, der sich aus der Differenz zwischen Erlösen und Grenzkosten errechnet.

$$\begin{array}{c}\text{Erlöse}\\ -\text{ variable Kosten}\\ \hline =\text{ Deckungsbeitrag}\end{array} \quad = \quad \begin{array}{c}\text{Erlöse}\\ -\text{ Grenzkosten}\\ \hline =\text{ Deckungsbeitrag}\end{array}$$

Wie errechnet sich die Gewinnschwelle?

Zur Deckung der fixen Kosten müssen so viele Produkte verkauft werden, bis die Summe der Deckungsbeiträge dieser Produkte genauso hoch ist wie die fixen Kosten. Dieser Punkt wird als Gewinnschwellenmenge oder Break-even-point bezeichnet.

$$\frac{\text{Fixe Gesamtkosten}}{\text{Deckungsbeitrag pro Stück}} = \text{Gewinnschwelle}$$

Diese Rechnung zur Deckung der Fixkosten geht vom Kostentragfähigkeitsprinzip aus. Es geht nicht darum, welche Kosten die Kostenträger tragen müssen (Kostenverursachungsprinzip), sondern welche Kosten sie tatsächlich tragen können.

> *Der Erlös abzüglich der variablen Kosten je Stück ergibt den Deckungsbeitrag je Stück. Ist der Erlös höher als die variablen Kosten, verbleibt ein positiver Betriebserfolg. Ist der Erlös niedriger als die variablen Kosten, ergibt sich ein negativer Betriebserfolg.*

kurzfristige Preisuntergrenze

Sind Preis und variable Kosten gleich hoch, liegt die kurzfristige Preisuntergrenze vor. Der Auftrag deckt genau die von ihm verursachten Kosten. Er trägt nicht zur Deckung der Fixkosten bei.

langfristige Preisuntergrenze

Sind Preis und Selbstkosten (fixe + variable Kosten) gleich hoch, spricht man von der langfristigen Preisuntergrenze. Das Unternehmen fährt zwar keinen Gewinn ein, kann aber alle Kosten decken.

2.5.8.2 Die Vorgehensweise der Deckungsbeitragsrechnung

Deckungsbeitragsrechnung als Stückrechnung
Der Deckungsbeitrag wird errechnet aus der Differenz zwischen den Umsatzerlösen und den variablen Kosten:

Grunddefinition:
Erlös abzüglich
variable Kosten

Umsatzerlös je Stück	
− konstante Stückkosten (variable Kosten)	
= Deckungsbeitrag je Stück	

Der Deckungsbeitrag dient zur Deckung der fixen Kosten (er „deckt" die fixen Kosten). Die variablen Kosten stellen die kurzfristige Preisuntergrenze dar. Denn liegt der Stückpreis, zu dem ein Auftrag ausgeführt werden kann, noch unterhalb der variablen Kosten (konstante Stückkosten), bedeutet dies einen Verlust und der Auftrag sollte nicht angenommen werden. Im Fall Stückpreis gleich variable Kosten bleibt keine Deckung für die Fixkosten übrig.

Erste Anwendung:
Entscheidungshilfe für
Auftragsannahme
(„was bleibt übrig?")

> *Erst, wenn der zu erzielende Stückpreis über den variablen Kosten liegt, decken die zusätzlichen Erlöse die zusätzlichen Kosten. Nur dann sollte der Auftrag angenommen werden, aber nur, wenn keine zusätzlichen Kapazitäten geschaffen werden müssen.*

Die langfristige Preisuntergrenze liegt in Höhe der Selbstkosten, d.h. dort, wo alle fixen und variablen Kosten gedeckt sind.

Kalkulationsbeispiel
Ein Unternehmen fertigt von einem Produkt 800 Stück pro Monat. Fixe Kosten = 160.000 € pro Monat, variable Kosten = 1.200 € je Stück. Wie hoch ist der Deckungsbeitrag je Stück bei einem Verkaufspreis von 1.450 €?

Erläuterung

Umsatzerlös je Stück	1.450 €
− konstante Stückkosten	1.200 €
= Deckungsbeitrag je Stück	250 €

Berechnet man die fixen Kosten pro Stück, kann man feststellen, ob bzw. wie viel Gewinn erwirtschaftet wird.
160.000 € fixe Kosten : 800 Stück = 200 €/Stück

konstante
Stückkosten
= variable Kosten
pro Stück

Deckungsbeitrag je Stück	250 €
− fixe Kosten pro Stück	200 €
= Gewinn pro Stück	50 €

Gesamtgewinn = 50 €/Stück · 800 Stück = 40.000 €
Dieser Gewinn wird aber nur erzielt, wenn 800 Stück verkauft werden. Bei einer Veränderung der Stückzahl ändert sich auch der Gewinn.

Deckungsbeitragsrechnung als Periodenrechnung im Ein-Produkt-Unternehmen

In einem Ein-Produkt-Unternehmen werden die fixen Kosten in einer Summe vom gesamten Deckungsbeitrag subtrahiert, um den Betriebserfolg zu ermitteln.

Weiter gehende Anwendung: Gewinnschwelle / Break-even-point ermitteln

Zur Ermittlung der Gewinnschwelle (Break-even-point) dividiert man die fixen Kosten eines Zeitabschnitts durch den Deckungsbeitrag pro Produkt. Das Ergebnis kennzeichnet die Ausbringungsmenge, bei der die Summe der erwirtschafteten Stückdeckungsbeiträge ausreicht, um die fixen Kosten zu decken. Mit jedem weiteren verkauften Stück entsteht Gewinn.

```
  Erlöse des Abrechnungszeitraums
− variable Kosten des Zeitraums
= Deckungsbeitrag des Zeitraums
− fixe Kosten des Zeitraums
= Betriebserfolg des Zeitraums
```

$$\text{Gewinnschwellenmenge} = \frac{\text{fixe Kosten}}{\text{Stückdeckungsbeitrag}}$$

Kalkulationsbeispiel

Bei einer Produktion von 400 Stück, Gesamtkosten in Höhe von 60.000 €, darunter fixe Kosten in Höhe von 25.000 €, ergab sich in einem Unternehmen ein Verlust von 3.000 €.
Gesucht ist die Gewinnschwelle.

Erläuterung

K_f = 25.000 €
K_v = 60.000 € − 25.000 € = 35.000 €

Hinweis: konstante Stückkosten = variable Kosten pro Stück

$$\text{konstante Stückkosten} = \frac{35.000\ \text{€}}{400\ \text{Stück}} = 87{,}50\ \text{€/Stück}$$

$$\text{Verkaufspreis} = \frac{60.000\ \text{€} - 3.000\ \text{€}}{400\ \text{Stück}} = 142{,}50\ \text{€/Stück}$$

$$
\begin{aligned}
142{,}50\ \text{€/Stück} \cdot x &= 25.000\ \text{€} + 87{,}50\ \text{€/Stück} \cdot x \\
55\ \text{€/Stück} \cdot x &= 25.000\ \text{€} \\
x &= 454{,}55\ \text{Stück} \\
x &= 455\ \text{Stück}
\end{aligned}
$$

Bei einer Produktion von 455 Stück wird die Gewinnschwelle erreicht.
Eine andere Lösungsmöglichkeit sieht so aus:

variable Kosten pro Stück = $\dfrac{35.000\ €}{400\ Stück}$ = 87,50 €/Stück

Erlös pro Stück = $\dfrac{60.000\ € - 3.000\ €}{400\ Stück}$ = 142,50 €/Stück

Erlöse pro Stück	142,50 €
− variable Kosten pro Stück	87,50 €
= Deckungsbeitrag pro Stück	55,00 €

$\dfrac{\text{fixe Kosten}}{\text{Deckungsbeitrag je Stück}}$ = $\dfrac{25.000\ €}{55,00\ €/Stück}$ = 454,55 Stück

Der Break-even-point liegt bei 455 Stück.

Grafische Darstellung der Gewinnschwelle
Die allgemeine grafische Darstellung der Gewinnschwelle zeigt folgende Abbildung:

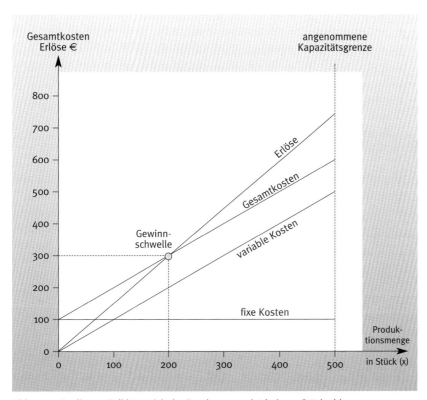

Abb. 2.73: In diesem Fall lässt sich der Break-even-point bei 200 Stück ablesen.

Auswirkungen von Beschäftigungs-, Kosten- und Preisänderungen

Typischermaßen liegen die fixen Kosten in einem Unternehmen längerfristig fest, während sich die Beschäftigungslage (mehr oder weniger Produktion ist möglich), die Kosten bei der laufenden Produktion oder die Situation am Markt (Absatzpreise) kurzfristiger ändern können. Diese kurzfristigen Änderungen wirken sich unmittelbar auf den Deckungsbeitrag aus:

Beobachtung des Deckungsbeitrags = Kenntnis wirtschaftlicher Auswirkungen von Veränderungen

- Weniger Produktion lässt den Deckungsbeitrag sinken.
  Grund: Die fixen Kosten können auf weniger Stück verteilt werden.
- Höhere Stückkosten lassen den Deckungsbeitrag sinken.
  Grund: Es bleibt weniger Deckung pro Stück übrig.
- Ein niedrigerer erzielbarer Preis lässt den Deckungsbeitrag sinken.
  Grund: Es steht weniger Erlös zur Verfügung, um die Kosten zu decken.

Diese logisch erschließbaren Zusammenhänge sollen im folgenden Beispiel konkret rechnerisch nachvollzogen und veranschaulicht werden.

Beispiel

In der Ausgangssituation betragen die Fixkosten 220.000 € in einer Abrechnungsperiode. Verkauft werden 3.900 Taukappen zum Nettopreis von 90 €/Stück, die variable Kosten von 25 €/Stück verursachen.

Nettoerlöse	3.900 Taukappen · 90 €	351.000 €
− variable Kosten	3.900 Taukappen · 25 €	97.500 €
= Deckungsbeitrag gesamt	3.900 Taukappen · 65 €	253.500 €
− fixe Kosten		220.000 €
= Gewinn		33.500 €

1) Der Umsatz wird auf 3.300 Taukappen in einer Abrechnungsperiode geändert.

Nettoerlöse	3.300 Taukappen · 90 €	297.000 €
− variable Kosten	3.300 Taukappen · 25 €	82.500 €
= Deckungsbeitrag gesamt	3.300 Taukappen · 65 €	214.500 €
− fixe Kosten		220.000 €
= Verlust		5.500 €

Wo liegt der Punkt, wo die Fixkosten genau gedeckt sind?

$$\frac{\text{fixe Kosten}}{\text{Deckungsbeitrag pro Stück}} = \frac{220.000\ \text{€}}{65\ \text{€/Stück}} = 3.385\ \text{Taukappen}$$

Der Break-even-point (Gewinnschwelle) liegt bei 3.385 Taukappen.

2a) Nehmen wir wieder unsere Ausgangssituation und ändern diesmal den Stückpreis. Der Nettopreis der Taukappen steigt auf 110 €, die variablen Kosten bleiben gleich.

Nettoerlöse	3.900 Taukappen · 110 €	429.000 €
− variable Kosten	3.900 Taukappen · 25 €	97.500 €
= Deckungsbeitrag gesamt	3.900 Taukappen · 85 €	331.500 €
− fixe Kosten		220.000 €
= Gewinn		111.500 €

Das Bild hat sich erfreulich verändert, da der Deckungsbeitrag gestiegen ist.

2b) Doch sehen wir uns gleich den umgekehrten Fall an. Der Nettopreis sinkt auf 75 €.

Nettoerlöse	3.900 Taukappen · 75 €	292.500 €
− variable Kosten	3.900 Taukappen · 25 €	97.500 €
= Deckungsbeitrag gesamt	3.900 Taukappen · 50 €	195.000 €
− fixe Kosten		220.000 €
= Verlust		25.000 €

Bei gleich bleibenden variablen Kosten pro Taukappe sinkt der Deckungsbeitrag mit dem Verkaufspreis.

3) Als Nächstes ändern wir die variablen Kosten. Zuerst steigen sie auf 34 € je Taukappe.

Nettoerlöse	3.900 Taukappen · 90 €	351.000 €
− variable Kosten	3.900 Taukappen · 34 €	132.600 €
= Deckungsbeitrag gesamt	3.900 Taukappen · 56 €	218.400 €
− fixe Kosten		220.000 €
= Verlust		1.600 €

Man könnte das Beispiel fortsetzen und auch Kombinationen bilden aus Änderungen des Stückpreises und der Verkaufszahlen oder aus Änderungen der variablen Kosten pro Stück und der gesamten Fixkosten etc. Solche „gemischten" Veränderungen entsprechen der betrieblichen Alltagsrealität und in der Praxis dient die Deckungsbeitragsrechnung dazu, den betrieblichen Erfolg zu überwachen und Kriterien für Entscheidungen zu liefern, die im Hinblick auf notwendige Verbesserungen zu treffen sind. Dazu muss sie allerdings noch weiter verfeinert werden, was Gegenstand der nachfolgenden Kapitel ist.

2.5.8.3 Deckungsbeitragsrechnung als Periodenrechnung im Mehr-Produkt-Unternehmen

Einzelbetrachtung versus Gesamtbetrachtung

Eliminierung eines Produktes aus dem Sortiment
In einem Mehr-Produkt-Unternehmen kann sich die Frage ergeben, ob ein Erzeugnis auf Grund seines negativen Ergebnisses aus dem Sortiment genommen werden soll. Das ist nur dann sinnvoll, wenn sich dadurch das Gesamtergebnis verbessert.

Beispiel

Ein Unternehmen stellt drei verschiedene Erzeugnisse her, für die die Vollkostenrechnung folgende Zahlen liefert:

Selbstkosten- und Ergebnisrechnung als Vollkostenrechnung	Erzeugnis PHI	Erzeugnis LAN	Erzeugnis TROP	Kostenträger insgesamt
Fertigungsmaterial	45.000	30.000	37.500	112.500
+ 10 % Material-GK	4.500	3.000	3.750	11.250
= Materialkosten	49.500	33.000	41.250	123.750
Fertigungslöhne	67.500	30.000	37.500	135.000
+ 100 % Fertigungs-GK	67.500	30.000	37.500	135.000
= Fertigungskosten	135.000	60.000	75.000	270.000
Herstellkosten	184.500	93.000	116.250	393.750
+ 20 % VwGK + VtGK	36.900	18.600	23.250	78.750
= Selbstkosten	221.400	111.600	139.500	472.500
Umsatzerlöse	251.400	134.100	132.000	517.500
− Selbstkosten	221.400	111.600	139.500	472.500
= **Betriebsergebnis**	**30.000**	**22.500**	**−7.500**	**45.000**

Die Einzelkosten betragen insgesamt:
Fertigungsmaterial	112.500 €
+ Fertigungslöhne	135.000 €
= Einzelkosten insgesamt	247.500 €

Die Gemeinkosten betragen insgesamt:
Materialgemeinkosten	11.250 €
+ Fertigungsgemeinkosten	135.000 €
+ Verwaltungs- und Vertriebsgemeinkosten	78.750 €
= Gemeinkosten insgesamt	225.000 €

Auf Basis dieser Zahlen (Vollkostenrechnung) könnte die Geschäftsleitung die Entscheidung treffen, die Produktion des Erzeugnisses TROP einzustellen, weil es einen Verlust von 7.500 € verursacht. Die Kosten würden sich um 139.500 € verringern, die Erlöse aber nur um 132.000 €, sodass das Betriebsergebnis um 7.500 € steigen würde. Die auf Grund der Vollkostenrechnung getroffene Entscheidung ist aber nur dann richtig, wenn alle Kosten variabel sind bzw., wenn alle dem Produkt TROP zuzurechnenden Kosten auch tatsächlich eingespart werden können.

 Die Vollkostenrechnung macht jedoch keine Aussage darüber, wie sich die Kosten bei Veränderung der Produktionsmenge verhalten. Man kann deshalb Entscheidungen besser auf der Basis der einstufigen Deckungsbeitragsrechnung treffen (Teilkostenrechnung).

Wechselwirkungen einbeziehen/veränderte Produktionsmengen beachten

Die Deckungsbeitragsrechnung unterteilt die Kostenarten in variable und fixe Kosten. Die fixen Kosten werden in einer Summe vom gesamten Deckungsbeitrag subtrahiert.

Beispiel/Fortführung

Annahme: Die Gemeinkosten in Höhe von 225.000 € sind zu 90 % fix, die Einzelkosten in Höhe von 247.500 € variabel. Damit ergibt sich folgende Betriebsergebnisrechnung, die vergleichsweise bei Ausscheiden und bei Nicht-Ausscheiden des Erzeugnisses TROP durchgeführt wird:

1. *Das Erzeugnis TROP scheidet aus der Produktion aus.*

Ergebnisrechnung	Erzeugnis PHI	Erzeugnis LAN	insgesamt
Umsatzerlöse	251.400	134.100	385.500
– variable Kosten	123.390	65.160	188.550
= Deckungsbeitrag	128.010	68.940	196.950
– fixe Kosten			202.500
= **Betriebsverlust**			**–5.550**

Berechnung der variablen Kosten
Die Gemeinkosten sind in Höhe von 10 % variabel, die Einzelkosten sind zu 100 % variabel.

Erzeugnis PHI:
Materialgemeinkosten   4.500 €
Fertigungsgemeinkosten   67.500 €
Verwaltungs- und Vertriebsgemeinkosten   36.900 €
                                           108.900 €
10 % von 108.900 €   = 10.890 €

Fertigungsmaterial	45.000 €
Fertigungslöhne	67.500 €
	112.500 €

100 % von 112.500 €   = 112.500 €

Die variablen Kosten betragen 123.390 € (10.890 € + 112.500 €).

Bei Erzeugnis LAN ist genauso zu verfahren.

Materialgemeinkosten	3.000 €
Fertigungsgemeinkosten	30.000 €
Verwaltungs- und Vertriebsgemeinkosten	18.600 €
	51.600 €

10 % von 51.600 €   =   5.160 €

Fertigungsmaterial	30.000 €
Fertigungslöhne	30.000 €
	60.000 €

100 % von 60.000 €   = 60.000 €

Die variablen Kosten betragen 65.160 € (5.160 € + 60.000 €).

Die Gesamtkosten der Abrechnungsperiode können also nur um die variablen Kosten des Erzeugnisses TROP (= 75.000 € Einzelkosten + 6.450 € Gemeinkosten) verringert werden. Die fixen Kosten (90 % von 225.000 € = 202.500 €) bleiben auch bei Ausscheiden des Produktes TROP in voller Höhe bestehen. Die Erzeugnisse PHI und LAN haben allein die fixen Gesamtkosten zu tragen.

Berechnung der variablen Kosten von TROP:

Materialgemeinkosten	3.750 €
Fertigungsgemeinkosten	37.500 €
Verwaltungs- und Vertriebsgemeinkosten	23.250 €
	64.500 €

10 % von 64.500 €   =   6.450 €

Fertigungsmaterial	37.500 €
Fertigungslöhne	37.500 €
	75.000 €

100 % von 75.000 €   = 75.000 €

Die variablen Kosten betragen 81.450 € (6.450 € + 75.000 €).

2. Das Erzeugnis TROP scheidet nicht aus der Produktion aus.

Ergebnisrechnung	Erzeugnis PHI	Erzeugnis LAN	Erzeugnis TROP	insgesamt
Umsatzerlöse	251.400	134.100	132.000	517.500
− variable Kosten	123.390	65.160	81.450	270.000
= Deckungsbeitrag	128.010	68.940	50.550	247.500
− fixe Kosten				202.500
= **Betriebsgewinn**				**45.000**

Die Umsatzerlöse von Erzeugnis TROP liegen um 50.550 € über den variablen Kosten dieser Erzeugnisart. Dieser Mehrbetrag kann für die Deckung der fixen Gesamtkosten mit herangezogen werden. Das Unternehmen schreibt also ohne das Erzeugnis TROP einen Verlust und mit dem Erzeugnis TROP einen Gewinn.

Zusatzbemerkung
In der Praxis wird natürlich nicht für die Beibehaltung des in sich ja unrentablen Produkts entschieden, weil der Betriebsgewinn unter der Erwartung liegt. Vielmehr müssen Maßnahmen abgewogen werden, die Ertragssituation zu verbessern oder das Produkt aufgeben und den Fixkostenblock zu reduzieren (sofern möglich) oder ein neues Produkt zu lancieren. Derartige Entscheidungen, die nur längerfristig zu treffen sind, führen weit über das Thema Kalkulation und Kostenrechnung hinaus. Die Deckungsbeitragsrechnung liefert Entscheidungsgrundlagen. Im Beispiel bewahrt sie davor, eine rechnerisch falsche kurzfristige Entscheidung zu treffen (nämlich durch die bloße Produktaufgabe das Betriebsergebnis zu verschlechtern anstatt es zu verbessern).

DB-Rechnung bietet immer nur Entscheidungshilfe, ist aber keine alleinige Entscheidungsgrundlage

Kalkulationsbeispiel
In einem Unternehmen werden vier Erzeugnisse WUNI, XARE, YBS und ZENTI in zwei Produktionsstufen 1 und 2 hergestellt. Die Erzeugnisarten WUNI und XARE durchlaufen beide Produktionsstufen, die Erzeugnisarten YBS und ZENTI durchlaufen nur die erste Produktionsstufe.
Die fixen Kosten betragen insgesamt 756.000 € je Rechnungsperiode und lassen sich wie folgt aufteilen:
Fixe Kosten der ersten Produktionsstufe   502.000 €
Fixe Kosten der zweiten Produktionsstufe   242.250 €

Für die Betriebsergebnisrechnung liegen die folgenden Angaben vor:

	WUNI	XARE	YBS	ZENTI
Verkaufspreis je Stück in €	110	190	160	180
Produktions- und Absatzmenge in Stück	3.000	2.600	2.400	2.200
Konstante Stückkosten in €	60	110	80	90

Zu berechnen sind die Deckungsbeiträge sowie der Betriebserfolg.

Erläuterung

Ergebnisrechnung	WUNI	XARE	YBS	ZENTI	Insgesamt
Verkaufserlöse	330.000	494.000	384.000	396.000	1.604.000
− variable Kosten	180.000	286.000	192.000	198.000	856.000
= Deckungsbeitrag	150.000	208.000	192.000	198.000	748.000
− fixe Kosten d. 2. Stufe	242.250		−	−	242.250
	115.750		192.000	198.000	505.750
− fixe Kosten d. 1. Stufe	502.000				502.000
= Betriebsgewinn der Rechnungsperiode					3.750

Standardfrage: Bei wie viel Umsatz sind Fixkosten gedeckt?

Berechnung des Gesamterfolgs in Abhängigkeit von Produktgruppen
Mithilfe der Deckungsbeitragsrechnung kann auch die in unterschiedlichen Zusammenhängen interessierende Frage beantwortet werden, wie viel Umsatz insgesamt erzielt werden muss, um die Fixkosten zu decken.

Beispiel

Ein Unternehmen fertigt sechs Produkte, von denen die in der Tabelle genannten Zahlen bekannt sind.

Produkte	AUF	STEH	LEI	TERN	STEI	GEN
Verkaufspreis	22,00	32,00	16,00	26,00	12,00	15,00
prop. Kosten pro Stück	18,50	20,50	13,20	21,60	11,30	14,90
erwarteter Absatz in Stück	225.000	56.000	150.000	18.000	112.500	300.000

Die gesamten Fixkosten betragen 2.620.000 €. Wie viele Produkte müssen verkauft werden, damit die Fixkosten gedeckt sind, oder anders gefragt, wie viel Umsatz ist zur Deckung der Fixkosten notwendig?

Produkte	AUF	STEH	LEI	TERN	STEI	GEN
Umsatz (Absatz · Preis)	4.950.000	1.792.000	2.400.000	468.000	1.350.000	4.500.000
Stückdeckungsbeitrag (Preis ./. variable Kosten)	3,50	11,50	2,80	4,40	0,70	0,10
erwarteter Gesamtdeckungsbeitrag (Stückdeckungsbeitrag · Absatz)	787.500	644.000	420.000	79.200	78.750	30.000

gesamter Umsatz: 15.460.000 €
Summe der Deckungsbeiträge: 2.039.450 €

An dieser Stelle offenbart sich, dass der erwartete Umsatz (Deckungsbeiträge) nicht ausreicht, um die Fixkosten zu decken. Um die Lücke zu ermitteln, gehen wir wie folgt vor:

Wie hoch ist der Deckungsbeitrag pro 1 € Umsatz?

$$\frac{2.039.450\ €}{15.460.000\ €} = 0{,}1319\ €\ \text{Deckungsbeitrag pro 1 € Umsatz}$$

Der einfache Rechenansatz zur Lösung lautet:

Umsatz · 0,1319 € = 2.620.000 € fixe Kosten

$$\text{Umsatz} = \frac{2.620.000\ €}{0{,}1319\ €\ \text{pro 1 €}} = 19.863.532\ €$$

Es muss ein Gesamtumsatz von 19.863.532 € erzielt werden, damit alle Fixkosten in Höhe von 2.620.000 € gedeckt sind.

Kalkulationsbeispiel

Produkte	AUF	WIE	DER	SE	HEN
Verkaufspreis	2,60	4,50	1,00	6,50	3,80
proportionale Kosten pro Stück	2,20	2,00	0,60	4,00	3,70
erwarteter Absatz in Stück	750	600	900	430	240

Die gesamten Fixkosten betragen 730.000 €.

Wie viel Umsatz ist zur Deckung der Fixkosten notwendig?

Erläuterung

Produkte	AUF	WIE	DER	SE	HEN
Umsatz (Absatz · Preis)	1.950	2.700	900	2.795	912
Stückdeckungsbeitrag (Preis abzgl. variable Kosten)	0,40	2,50	0,40	2,50	0,10
erwarteter Gesamtdeckungsbeitrag (Stückdeckungsbeitrag · Absatz)	300	1.500	360	1.075	24

gesamter Umsatz: 9.257 €
Summe der Deckungsbeiträge: 3.259 €

$$\frac{3.259\ €}{9.257\ €} = 0{,}3521\ €\ \text{Deckungsbeitrag pro 1 € Umsatz}$$

$$\frac{730.000\ €}{0{,}3521\ €\ /\ 1\ €} = 2.073.274{,}60\ €$$

Es muss ein Gesamtumsatz von 2.073.275 € erzielt werden.

2.5.8.4 Deckungsbeitragsrechnung in Engpasssituationen

Es kann in jedem Unternehmen nur bis zur Kapazitätsgrenze produziert werden.

 Bei Auftreten von Kapazitätsengpässen muss nach der besten Ausnutzung gesucht werden.

Wann liegt ein Engpass vor?

Wenn beispielsweise eine Maschine ausfällt oder nur für eine nicht für das gesamte Produktionsprogramm hinreichende Stundenzahl zur Verfügung steht, sollten die Produkte mit dem höchsten Deckungsbeitrag bevorzugt auf dieser Maschine produziert werden. Dabei liegt die Obergrenze für dieses deckungsbeste Produkt natürlich bei der maximalen Verkaufserwartung.

Beispiel

Ein Unternehmen stellt vier Sorten von Glasfiltern her: einen Rotfilter, einen Gelbfilter, einen Graufilter und einen Grünfilter. Beispielsweise erzielt der Rotfilter einen Nettoverkaufserlös von 18 € und verursacht variable Kosten von 12 €. An Deckungsbeiträgen ergibt sich:

Rotfilter	6,00 €
Gelbfilter	4,50 €
Graufilter	4,05 €
Grünfilter	7,50 €

Jährlich absetzbar sind:

Filter	Stückzahl	Gesamtdeckungsbeitrag
Rot	22.500	135.000
Gelb	31.000	139.500
Grau	42.000	170.100
Grün	11.000	82.500
		527.100

Alle Filter durchlaufen dieselbe Schleifmaschine. Die Maschine bildet mit 2.500 Produktionsstunden im Jahr einen betrieblichen Engpass. Die einzelnen Filter beanspruchen die Maschine unterschiedlich lange.

Pro Jahr können wahlweise geschliffen werden:

Filter	Stück
Rot	60.000
Gelb	85.000
Grau	90.000
Grün	45.000

Die Frage ist nun, mit welcher Kombination bei der Filterproduktion der höchste Deckungsbeitrag erzielt wird.

Filter	Produktions-menge pro Jahr	Produktions-stunden pro Jahr	Produktions-mengen pro/je Stunde	Rangfolge bei Ausbringungs-menge
Rot	60.000	2.500	24	3
Gelb	85.000	2.500	34	2
Grau	90.000	2.500	36	1
Grün	45.000	2.500	18	4

$$\frac{\text{Produktionsmenge/Jahr}}{\text{Produktionsstunden/Jahr}} = \text{Produktionsmenge pro/je Stunde}$$

Es muss nun der relative Deckungsbeitrag (Deckungsbeitrag von jeder Filtersorte pro Stunde) bestimmt werden. Der stückbezogene Deckungsbeitrag wird als absoluter Deckungsbeitrag bezeichnet.

absoluter und relativer Deckungsbeitrag

Filter	Produktions-menge je Stunde	absoluter Deckungsbeitrag je Filter	relativer Deckungsbeitrag je Stunde	Rangfolge bei relativem Deckungsbeitrag
Rot	24	6,00	144,00	3
Gelb	34	4,50	153,00	1
Grau	36	4,05	145,80	2
Grün	18	7,50	135,00	4

$$\text{Produktionsmenge je Stunde} \cdot \text{absoluter Deckungsbeitrag je Filter} = \text{relativer Deckungsbeitrag je Stunde}$$

Da jährlich nur 2.500 Stunden an der Schleifmaschine gearbeitet werden kann, müssen in erster Linie die Filter hergestellt werden, die den höchsten relativen Deckungsbeitrag haben.

Auf dem Markt lassen sich 31.000 Gelbfilter verkaufen. Ihre Herstellung beansprucht 912 Stunden der Maschine (31.000 Filter: 34 Filter/Std.). Der Graufilter benötigt 1.167 Stunden (42.000 Filter: 36 Filter/Std.). Das bedeutet, von den 2.500 zur Verfügung stehenden Stunden bleiben nur noch 421 Stunden übrig (2.500 Std. − 912 Std. − 1.167 Std.). Vom Rotfilter können in dieser Zeit 10.104 Stück gefertigt werden (421 Std. · 24 Filter/Std.). Der Grünfilter wird überhaupt nicht mehr hergestellt.

Berücksichtigung der absetzbaren Menge

Das optimale Produktionsprogramm sieht jetzt so aus:

Filter	Produktionsmenge pro Jahr	Produktionsmenge pro Stunde	Maschinenstunden je Sorte
Gelb	31.000	34	912
Grau	42.000	36	1.167
Rot	10.104	24	421
			2.500

$$\frac{\text{Produktionsmenge pro Jahr}}{\text{Produktionsmenge je Stunde}} = \text{Maschinenstunden je Sorte}$$

KOSTENRECHNUNG UND KALKULATIONSVERFAHREN

Als Gesamtdeckungsbeitrag ergibt sich:

Filter	Produktionsmenge pro Jahr	absoluter Deckungsbeitrag	je Gesamtdeckungsbeitrag
Gelb	31.000	4,50	139.500
Grau	42.000	4,05	170.100
Rot	10.104	6,00	60.624
			370.224

Produktionsmenge pro Jahr · absoluter Deckungsbeitrag = Gesamtdeckungsbeitrag

Aussagen können nur so gut sein wie der Dateninput – Marktdaten müssen stimmen und z.B. Wechselwirkungen einkalkulieren

Zusatzbemerkung

Eine solchermaßen abgeleitete Entscheidung setzt natürlich voraus, dass die in die Rechnung einbezogenen Marktdaten wirklich zutreffend sind. Dazu beispielhaft zwei Gedanken, die diese grundsätzliche Bemerkung erläutern.

Erstens: Im obigen Beispiel muss insbesondere gewährleistet sein, dass die als absetzbar angenommenen Mengen unabhängig voneinander sind. Wenn sich die Filter beispielsweise zu einem bestimmten Prozentsatz nur im Paket absetzen lassen (Großhändler möchten alle vier Farben en bloc beziehen oder Endkunden evtl. nur dann einen Filter dieser Firma kaufen, wenn sie wissen, dass sie später auch noch jede andere Farbe aus dieser Produktlinie hinzuerwerben können), verkompliziert sich das Bild. Dann kann man bewusst auf Kunden verzichten, aber die Rechnung ergibt möglicherweise eine andere Verteilung zwischen den drei „rentablen" Farben. Oder der Grünfilter darf doch nicht ganz aufgegeben werden, sondern das Optimum muss unter der Randbedingung der Produktion der nachfrageseitig minimal notwendigen Stückzahl von Grünfiltern ermittelt werden. Vielleicht lässt sich ein Grünfilter auch als preiswerte Handelsware beziehen und mitvermarkten.

Zweitens: Sofern Grünfilter nicht nur für dieses Unternehmen, sondern in der Branche überhaupt am unrentabelsten herzustellen und abzusetzen sind, kann ihr Verkaufspreis möglicherweise erhöht und damit der Deckungsbeitrag verbessert werden. Auch das verändert die Rechnung.

Wir wollen – wie schon in anderen Kapiteln – verdeutlichen: Die Deckungsbeitragsrechnung ist immer nur Hilfsmittel und nie alleiniges Entscheidungsinstrument. Sie kann nur so gut sein wie die Daten, von denen sie ausgeht.

Kalkulationsbeispiel

Ein Weinhersteller führt in seinem Produktionsprogramm vier Sorten Bärenweine (eine Hausmarkenbezeichnung) mit unterschiedlichen Geschmacksrichtungen.

Die Sorte „Edis Traum" erbringt bei einem Nettoverkaufserlös von 9 € und variablen Kosten von 6 € einen Deckungsbeitrag von 3 € je Flasche. „Waldhonig" erzielt einen Deckungsbeitrag von 2,20 €, „Bienenwiese" kommt je Flasche auf 2,05 €, und der Deckungsbeitrag bei „Urlaubsberg" beträgt 3,70 €.

Marktuntersuchungen haben ergeben, dass jährlich absetzbar sind:

	Flaschen	Gesamtdeckungsbeitrag
„Edis Traum"	45.000	135.000 €
„Waldhonig"	63.000	138.600 €
„Bienenwiese"	85.500	175.275 €
„Urlaubsberg"	22.500	83.250 €
		532.125 €

Alle Flaschen müssen dieselbe Abfüllanlage durchlaufen.

Diese Anlage bildet mit 1.200 Produktionsstunden im Jahr einen betrieblichen Engpass. Die Durchlaufmengen der einzelnen Sorten sind auf Grund unterschiedlicher Flaschengrößen und -inhalte nicht gleich.

So können im Jahr wahlweise

120.000 Flaschen	„Edis Traum"	oder
168.000 Flaschen	„Waldhonig"	oder
180.000 Flaschen	„Bienenwiese"	oder
90.000 Flaschen	„Urlaubsberg"	

abgefüllt werden.

Welche Produkte sollen bei Fertigungsengpässen hergestellt werden, um den höchsten Gesamtdeckungsbeitrag zu erzielen?

Erläuterung

Sorten	Produktionsmenge je Jahr	:	Maschinenstunden je Jahr	=	Produktionsmengen je Stunde
„Edis Traum"	120.000 Flaschen	:	1.200 Stunden	=	100 Flaschen
„Waldhonig"	168.000 Flaschen	:	1.200 Stunden	=	140 Flaschen
„Bienenwiese"	180.000 Flaschen	:	1.200 Stunden	=	150 Flaschen
„Urlaubsberg"	90.000 Flaschen	:	1.200 Stunden	=	75 Flaschen

Die Angaben über die Produktionsmengen je Jahr und je Sorte machen es möglich, die Fertigungsmengen auf eine Stunde der Abfüllanlage umzurechnen.

„Bienenwiese" hat damit je Stunde die höchste Ausbringungsmenge, gefolgt von „Waldhonig", „Edis Traum" und „Urlaubsberg".
Mit diesen Angaben kann jetzt ein relativer Deckungsbeitrag bestimmt werden. Wie im Beispiel schon erläutert: Er ist der Beitrag, den jede Sorte in derselben Zeiteinheit, z. B. in einer Maschinenstunde, leistet.
Der ebenfalls bereits bekannte stückbezogene Deckungsbeitrag wird im Gegensatz dazu als absoluter Deckungsbeitrag bezeichnet.

Sorten	Produktionsmengen je Stunde	absoluter DB = DB je Flasche	=	relativer DB = DB je Stunde
„Edis Traum"	100 Flaschen	3,00 €	=	300,00 €
„Waldhonig"	140 Flaschen	2,20 €	=	308,00 €
„Bienenwiese"	150 Flaschen	2,05 €	=	307,50 €
„Urlaubsberg"	75 Flaschen	3,70 €	=	277,50 €

Die Zahl der jährlichen Produktionsstunden der Abfüllanlage ist auf 1.200 Stunden begrenzt. Daher muss das Produktionsprogramm die Sorten bevorzugt aufnehmen, die den höchsten relativen Deckungsbeitrag aufweisen.

Daraus ergibt sich die Rangfolge:
1. „Waldhonig"   2. „Bienenwiese"   3. „Edis Traum"   4. „Urlaubsberg"

Nach der Marktsituation lassen sich 63.000 Flaschen „Waldhonig" absetzen. Für diese Produktionsmenge werden 450 Maschinenstunden benötigt (63.000 Flaschen : 140 Flaschen je Stunde).
Nach entsprechender Berechnung erfordert die Abfüllung von 85.500 Flaschen „Bienenwiese" 570 Maschinenstunden.
Von den insgesamt zur Verfügung stehenden 1.200 Maschinenstunden bleiben nur noch 180 Stunden übrig.
An dritter Rangfolge steht „Edis Traum". Da von dieser Sorte 100 Flaschen pro Stunde abgefüllt werden können, ergibt sich für 180 Maschinenstunden eine Ausbringungsmenge von 18.000 Flaschen „Edis Traum". Mehr kann davon nicht hergestellt werden.
„Urlaubsberg" fällt aus dem Produktionsprogramm heraus.

Sorten	Produktionsmengen je Jahr	:	Produktionsmengen je Stunde	=	Maschinenstunden je Sorte
„Waldhonig"	63.000 Flaschen	:	140 Flaschen	=	450 M.-Std.
„Bienenwiese"	85.500 Flaschen	:	150 Flaschen	=	570 M.-Std.
„Edis Traum"	18.000 Flaschen	:	100 Flaschen	=	180 M.-Std.
					1.200 M.-Std.

Es ergibt sich folgender Gesamtdeckungsbeitrag:

Sorten	Produktionsmengen	·	absoluter Deckungsbeitrag	=	Gesamtdeckungsbeitrag
„Waldhonig"	63.000 Flaschen	·	2,20 €	=	138.600 €
„Bienenwiese"	85.500 Flaschen	·	2,05 €	=	175.275 €
„Edis Traum"	18.000 Flaschen	·	3,00 €	=	54.000 €
					367.875 €

2.5.8.5 Mehrstufige Deckungsbeitragsrechnung

Die mehrstufige Deckungsbeitragsrechnung, auch Fixkostendeckungsrechnung genannt, ist eine Erweiterung der einstufigen Deckungsbeitragsrechnung.

Aufsplittung der Gesamtkosten nach Kostenarten in Stufen

Nach wie vor werden nur die direkten Erzeugniskosten auf die Leistungseinheiten verrechnet.

Direkte Erzeugniskosten sind solche Kosten, die direkt durch die Herstellung einer Erzeugniseinheit verursacht werden, d.h., es handelt sich um die variablen Fertigungskosten.

Anschließend wird dann nicht mehr nur mit einem einzigen Fixkostenblock gerechnet, sondern die Fixkosten werden in mehreren Stufen verrechnet.

Die Fixkkosten werden Gruppen von Erzeugnissen, Kostenstellen und Kostenbereichen zugeordnet, soweit dies möglich ist. Die Fixkosten, die sich nicht mehr zuordnen lassen, heißen Fixkostenrest. Dieser Rest setzt sich aus den unternehmensbezogenen Fixkosten zusammen. Er muss von allen Erzeugnissen getragen werden.

Ein komplettes Schema für die mehrstufige Deckungsbeitragsrechnung sieht folgendermaßen aus:

Basisschema der mehrstufigen DB-Rechnung

  Bruttoerlös
- Erlösschmälerungen
= Nettoerlös
- variable Fertigungskosten
= Zwischenergebnis
- variable Vertriebskosten
= Bruttoergebnis

- Erzeugnisfixkosten
= Deckungsbeitrag I

- Erzeugnisgruppenfixkosten
= Deckungsbeitrag II

- Kostenstellenfixkosten
= Deckungsbeitrag III

- Bereichsfixkosten
= Deckungsbeitrag IV

- Unternehmensfixkosten
= Deckungsbeitrag V
= Nettoergebnis

Hinweis:
Dieses Schema wird in den einzelnen Unternehmen unterschiedlich „mit Leben" gefüllt – Kostenstellen und Bereiche hängen naturgemäß von der Organisationsstruktur ab. Das Schema wird ferner je nach der Unternehmenspolitik, die auch im internen Rechnungswesen zum Ausdruck kommt, abgewandelt oder weiter differenziert. Z. B. kann das Bruttoergebnis schon als Deckungsbeitrag I bezeichnet werden (wodurch das Nettoergebnis den DB VI darstellen würde). Das Prinzip bleibt überall gleich: Deckungsbeiträge in Stufen zu errechnen, denen eine entsprechend sachhaltig gestufte „Ursächlichkeit" zu Grunde liegt.

Kalkulationsbeispiel
In einem Unternehmen werden 8 Erzeugnisarten herstellt. Die Angaben über die Bruttoerlöse, die Erlösschmälerungen und die variablen Vertriebskosten sind der nachfolgenden Tabelle zu entnehmen:

Erzeugnisart	Bruttoerlös	Erlös-schmälerungen	Variable Fertigungskosten	Variable Vertriebskosten
RECH	45.375	2.250	22.500	9.000
NEN I	53.625	2.625	26.250	9.750
KOEN	71.250	3.000	26.625	8.625
NEN II	53.250	2.625	14.625	9.375
IST	34.500	1.500	11.625	8.625
FAN	38.625	1.875	12.000	9.750
TAS	28.500	1.125	10.875	4.875
TISCH	42.750	1.875	21.750	7.500

An Entwicklungskosten sind für jede Erzeugnisart 2.625 € angefallen.
Die Kosten jeweils für Spezialwerkzeuge betrugen für die Erzeugnisarten:
RECH   =   1.125 €   IST   =   1.500 €
NEN I   =   1.875 €   FAN   =   2.250 €
KOEN   =   7.875 €   TAS   =   1.125 €
NEN II =   5.250 €   TISCH =   1.875 €

Die fixen Kosten der Spezialmaschinen betrugen
- für Maschine Zenta (für die Produktion der Erzeugnisarten RECH und NEN I erforderlich) 6.000 €,
- für Maschine HUBI (für die Erzeugnisarten KOEN und NEN II erforderlich) 20.625 €,
- für Maschine Fritz (für Erzeugnisarten IST und FAN erforderlich) 8.625 € und
- für Maschine Lilli (für Erzeugnisarten TAS und TISCH erforderlich) 6.750 €.

Die Produktion der Erzeugnisarten RECH bis NEN II erfolgt in der Kostenstelle I. In dieser Kostenstelle sind 6.375 € fixe Kosten angefallen.

Die Produktion der Erzeugnisarten IST und FAN erfolgt in der Kostenstelle II. In dieser Kostenstelle sind fixe Kosten in Höhe von 3.750 € angefallen.

In der Kostenstelle III, in der die Erzeugnisarten TAS und TISCH hergestellt werden, sind fixe Kosten in Höhe von 1.875 € angefallen.
Die Kostenstellen I und II gehören zum Kostenbereich I und II. In diesem Bereich sind fixe Kosten in Höhe von 19.875 € angefallen.
Die Kostenstelle III gehört zum Kostenbereich III. In diesem Bereich sind fixe Kosten in Höhe von 750 € angefallen.
An fixen Kosten für die Unternehmensleitung und für die Betriebsüberwachung sind 9.000 € angefallen.

Zu ermitteln sind die Nettoerlöse, das Bruttoergebnis, die Deckungsbeiträge I – IV und das Nettoergebnis als Deckungsbeitrag V!

Erläuterung
(Alle Zahlenangaben in der Tabelle in €)

	RECH	NEN I	KOEN	NEN II	IST	FAN	TAS	TISCH
Bruttoerlöse	45.375	53.625	71.250	53.250	34.500	38.625	28.500	42.750
− Erlösschmälerungen	2.250	2.625	3.000	2.625	1.500	1.875	1.125	1.875
= Nettoerlöse	43.125	51.000	68.250	50.625	33.000	36.750	27.375	40.875
− Variable Fertigungskost.	22.500	26.250	26.625	14.625	11.625	12.000	10.875	21.750
= Zwischenergebnis	20.625	24.750	41.625	36.000	21.375	24.750	16.500	19.125
− Variable Vertriebskosten	9.000	9.750	8.625	9.375	8.625	9.750	4.875	7.500
= Bruttoergebnis	11.625	15.000	33.000	26.625	12.750	15.000	11.625	11.625
− Erzeugnisfixkosten								
a) Entwicklungskosten	2.625	2.625	2.625	2.625	2.625	2.625	2.625	2.625
b) Spezialwerkzeuge	1.125	1.875	7.875	5.250	1.500	2.250	1.125	1.875
= DB I	7.875	10.500	22.500	18.750	8.625	10.125	7.875	7.125
	18.375		41.250		18.750		15.000	
− Erzeugnisgruppenfixkost.	6.000		20.625		8.625		6.750	
= DB II	12.375		20.625		10.125		8.250	
			33.000					
− Kostenstellenfixkosten			6.375		3.750		1.875	
= DB III			26.625		6.375		6.375	
					33.000			
− Bereichsfixkosten					19.875		750	
= DB IV					13.125		5.625	
					18.750			
− Unternehmensfixkosten					9.000			
= DB V = Nettoergebnis					9.750			

KOSTENRECHNUNG UND KALKULATIONSVERFAHREN

2.5.9 Kostenvergleichsrechnung und Verfahren der Wirtschaftlichkeitsrechnung

2.5.9.1 Grundlagen und Zweck der Kostenvergleichsrechnung

Wozu dient die Kostenvergleichsrechnung?

Die Kostenvergleichsrechnung zählt zu den statischen Investitionsrechnungen. So können Investitionsobjekte (z. B. zwei Maschinen) auf ihre Vorteilhaftigkeit hin überprüft werden, indem man die Kosten gegenüber stellt, die sie verursachen. Die Maschine mit den geringeren Kosten ist die günstigere Investition.

Welche Kosten werden u. a. verglichen?

Beim Kostenvergleich müssen meist folgende Kosten berücksichtigt werden: Materialkosten, Personalkosten, Kapitalkosten, sonstige Kosten (zum Beispiel Instandhaltung, Energie, Werkzeuge).

Weitere Anwendungsgebiete der Kostenvergleichsrechnung sind die Auswahl von Arbeitsverfahren, der Wareneinkauf, der Ersatz eines Materials durch ein anderes, der Bezug von Fremdleistungen, der Einsatz von unterschiedlichen Werkzeugen oder auch die komplette Veränderung eines Arbeitsprozesses.

> Setzt man die Kosten von zwei Alternativen zueinander ins Verhältnis, erhält man die relative Wirtschaftlichkeit.

relative Wirtschaftlichkeit

$$\frac{\text{Kosten Alternative A}}{\text{Kosten Alternative B}} = \text{relative Wirtschaftlichkeit}$$

2.5.9.2 Gesamtkostenvergleich und die Berechnung der Grenzstückzahl an Beispielen

Gesamtkostenvergleich

fixe Gesamtkosten + var. Gesamtkosten = Gesamtkosten

Stehen zwei oder mehr Maschinen zur Fertigung eines bestimmten Produktes zur Auswahl, kann man die Gesamtkosten pro Jahr für eine geplante Produktionsmenge vergleichen. Wie bereits mehrmals erwähnt, setzen sich die Gesamtkosten aus den gesamten Fixkosten und den gesamten variablen Kosten zusammen.

$K = K_f + k_v \cdot x$

Beispiel

Für den Vergleich zweier Maschinen stehen folgende Angaben zur Verfügung:
Maschine Terra verursacht 25.000 € Fixkosten pro Jahr und 3 € variable Kosten pro Stück.
Maschine Globus verursacht 28.000 € Fixkosten pro Jahr und 2,80 € variable Kosten pro Stück.
Geplant ist eine Fertigungsmenge von 90.000 Stück.

Gesamtkosten für Maschine Terra:
25.000 € + 90.000 Stück · 3 € = 295.000 €
Gesamtkosten für Maschine Globus:
28.000 € + 90.000 Stück · 2,80 € = 280.000 €
Globus ist bei dieser Fertigungsmenge kostengünstiger als Terra.

Geht man von den gleichen Daten aus und ändert die geplante Fertigungsmenge auf 12.000 Stück, erhält man folgendes Ergebnis:

Gesamtkosten für Maschine Terra:
25.000 € + 12.000 Stück · 3 €   = 61.000 €

Gesamtkosten für Maschine Globus:
28.000 € + 12.000 Stück · 2,80 €   = 61.600 €

Bei nur 12.000 Stück ist also Terra etwas günstiger.
Ergänzende Bemerkung: Es ist klar, dass die Maschine mit den geringeren variablen Kosten bei großen Stückzahlen ab einer bestimmten Menge die vorteilhaftere ist. Sie können nachrechnen, dass das in diesem Fall bei 15.000 Stück der Fall ist, bei dieser Produktionsmenge ergeben sich für beide Fälle 70.000 € Kosten.

Manchmal reicht es nicht, nur die Kosten miteinander zu vergleichen. Ist auch der Ertrag zu berücksichtigen, da zum Beispiel durch den Einsatz einer anderen Maschine die Qualität erhöht werden kann und damit auch der Ertrag, errechnet man die absolute Wirtschaftlichkeit.

Berücksichtigung von Kosten und Ertrag

$$\frac{\text{Ertrag}}{\text{Kosten}} = \text{absolute Wirtschaftlichkeit}$$

absolute Wirtschaftlichkeit

Beispiel (Fortführung)

Ergänzend zum letzten Beispiel ist zusätzlich der Ertrag pro Stück angegeben.

Wird das Produkt auf der Maschine Terra gefertigt, können dafür 3,50 € Verkaufserlöse pro Stück erzielt werden. Wird hingegen Maschine Globus eingesetzt, verbessert sich die Verarbeitung in der Art, dass der Kunde bereit ist, 3,80 € pro Stück zu zahlen.

Geplante Fertigungsmenge:	90.000 Stück	
Gesamtkosten Maschine Terra:	295.000 €	
Gesamtkosten Maschine Globus:	280.000 €	
Gesamterlös Maschine Terra:	90.000 Stück · 3,50 €	= 315.000 €
Gesamterlös Maschine Globus:	90.000 Stück · 3,80 €	= 342.000 €

$$\text{absolute Wirtschaftlichkeit Terra} = \frac{315.000\ \text{€}}{295.000\ \text{€}} = 1{,}07$$

$$\text{absolute Wirtschaftlichkeit Globus} = \frac{342.000\ \text{€}}{280.000\ \text{€}} = 1{,}22$$

Betrachten wir auch die Situation bei der kleineren Menge:

Geplante Fertigungsmenge:	12.000 Stück	
Gesamtkosten Maschine Terra:	61.000 €	
Gesamtkosten Maschine Globus:	61.600 €	
Gesamterlös Maschine Terra:	12.000 Stück · 3,50 €	= 42.000 €
Gesamterlös Maschine Globus:	12.000 Stück · 3,80 €	= 45.600 €

$$\text{absolute Wirtschaftlichkeit Terra} = \frac{42.000\ €}{61.000\ €} = 0{,}69$$

$$\text{absolute Wirtschaftlichkeit Globus} \quad \frac{45.600\ €}{61.600\ €} = 0{,}74$$

Erfolgt die Entscheidung auf Grund der absoluten Wirtschaftlichkeit, ist in beiden Fällen der Maschine Globus der Vorzug zu geben. Man sieht aber auch, dass die kleinere Stückzahl nur eine geringere Wirtschaftlichkeit hat.

Berechnung der Grenzstückzahl

Grenzstückzahl = kritische Stückzahl

 Bei Berechnung der Grenzstückzahl vergleicht man Maschinen mit unterschiedlicher Leistung oder verschiedene Fertigungsverfahren.

Die erste Maschine fertigt 12 Stück pro Stunde, die zweite 15 Stück pro Stunde. Die Angabe kann auch lauten, dass die erste Maschine für ein Stück 3 Minuten benötigt, die zweite Maschine 3,8 Minuten.

Welche Kostensituation liegt bei der kritischen Stückzahl vor?

Zur Auswahl der kostengünstigsten Maschine müssen die Rüstkosten und die sonstigen variablen Kosten berücksichtigt werden. Die Maschine mit den höheren Rüstkosten kommt erst infrage, wenn eine bestimmte kritische Stückzahl erreicht ist. Das ist der Fall, wenn die Kostenersparnis bei den variablen Kosten gegenüber den höheren Rüstkosten überwiegt.

Beispiel

Für welches Erzeugnis wird am günstigsten welche Maschine eingesetzt?

Es sollen gefertigt werden von:
Erzeugnis TOP   40 Stück
Erzeugnis FIT   60 Stück
Erzeugnis COOL 40 Stück

	erste Maschine	zweite Maschine
Rüstzeit pro Erzeugnisserie	60 Minuten	80 Minuten
Einsatzzeit bei TOP	8 Min.	4 Min.
Einsatzzeit bei FIT	14 Min.	8 Min.
Einsatzzeit bei COOL	16 Min.	9 Min.
Kosten pro Minute	0,50 €	0,80 €

	erste Maschine			zweite Maschine			Preisdifferenzen	
	Min.	€	€	Min.	€	€	€	
Rüstkosten	60 ·	0,50 =	30 €	80 ·	0,80 =	64 €	34 €	Grenzstückzahl = Differenz fixe Kosten : Differenz variable Kosten
Variable Kosten								
TOP	8 ·	0,50 =	4 €	4 ·	0,80 =	3,20	0,80 €	
FIT	14 ·	0,50 =	7 €	8 ·	0,80 =	6,40	0,60 €	
COOL	16 ·	0,50 =	8 €	9 ·	0,80 =	7,20	0,80 €	

Die kritische Stückzahl errechnet sich aus: $\dfrac{\text{Differenz fixe Gesamtkosten}}{\text{Differenz variable Kosten pro Stück}}$

Produkt TOP 34 : 0,80 = 42,5, also 43 Stück
Produkt FIT 34 : 0,60 = 56,67, also 57 Stück
Produkt COOL 34 : 0,80 = 42,5, also 43 Stück

Die zweite Maschine wird nur für Erzeugnis FIT eingesetzt, da hier der Auftrag die kritische Stückzahl überschreitet. Rüstkosten sind fixe Kosten.

Die grafische Ermittlung der Grenzstückzahl ist in Abb. 2.74 zu sehen.

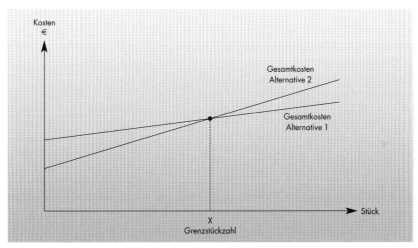

Abb. 2.74: Grafische Ermittlung der Grenzstückzahl

2.5.9.3 Wirtschaftlichkeitsrechnung bei Investitionsentscheidungen

Kapitalrücklaufzeit
Je früher das in eine Anlage investierte Kapital in ein Unternehmen zurückfließt desto geringer ist das Risiko. Dieses Kapital kann auch wieder schneller für andere Investitionen verwendet werden. Die Kapitalrücklaufzeit lässt sich mit folgender Formel berechnen:

Was sagt die Kapitalrücklaufzeit aus?

$$\text{Kapitalrücklaufzeit} = \dfrac{\text{Kapitalinvestition}}{\text{Kostenersparnis/Jahr} + \text{Abschreibung/Jahr}}$$

> **Beispiel**
>
> Eine neue Maschine verursacht Anschaffungskosten in Höhe von 100.000 €. Sie erwirtschaftet eine Ersparnis pro Jahr von 15.000 € und wird linear auf 5 Jahre abgeschrieben. Als Kapitalrücklaufzeit ergeben sich knapp drei Jahre:
>
> $$\text{Kapitalrücklaufzeit} = \frac{100.000\ €}{15.000\ € + 20.000\ €} = 2{,}86 \text{ Jahre}$$

Break-even-point

<small>Welche Kostensituation beschreibt der Break-even-point?</small>

 Der Break-even-point ist die Menge, bei der Kosten und Erlöse gleich sind. Man spricht auch von der Gewinnschwellenmenge.

Je niedriger die fixen Kosten einer Investition sind, desto früher wird die Gewinnschwellenmenge erreicht. Die genauen Ausführungen dazu finden sich in Abschnitt 2.5.8.

ROI (Return on Investment)

<small>Welches Ergebnis liefert der ROI?</small>

Bei diesem Kennzahlensystem geht man davon aus, dass man den Gewinn nicht als absolute Größe maximieren soll, sondern als relative Größe, nämlich den Gewinn je eingesetzter Kapitaleinheit (prozentuale Rendite).

Der ROI gliedert sich in
- die Umsatzrentabilität (Gewinn : Umsatz · 100) und
- den Kapitalumschlag (Umsatz : Gesamtkapital).

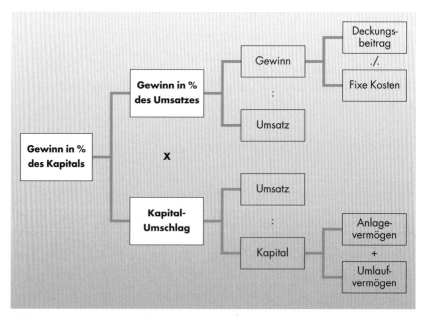

Abb. 2.75: Vereinfachte Darstellung des Return on Investment

Diese Kennzahlen werden u.a. in einem Unternehmen geplant und von Zeit zu Zeit überprüft. Durch den Vergleich der Soll-Zahlen mit den Ist-Zahlen stellt der ROI ein Kontrollinstrument dar.

Beispiel

Wie hoch ist der ROI bei einem Gewinn von 5000 €, einem investierten Kapital von 100.000 € und einem Umsatz von 130.000 €?

$$\frac{5.000}{130.000} \cdot \frac{130.000}{100.000} \cdot 100 = 5\,\%$$

Es ergibt sich ein ROI von 5%.

Wie verändert sich der ROI, wenn der Umsatz nur noch 115.000 € beträgt, aber das investierte Kapital nur 80.000 €?

$$\frac{5.000}{115.000} \cdot \frac{115.000}{80.000} \cdot 100 = 6{,}25\,\%$$

Rentabilität

Zur Berechnung der Rentabilität einer Investition setzt man den erzielten Gewinn ins Verhältnis zum investierten Kapital.

$$\text{Rentabilität} = \frac{\text{Gewinn}}{\text{investiertes Kapital}} \cdot 100$$

Welche Daten sind zur Berechnung der Rentabilität notwendig?

2.5.10 Zweck und Ergebnis betrieblicher Budgets

2.5.10.1 Aufstellung von Budgets

Ein Budget (= die zur Verfügung stehenden Finanzmittel) gibt den Spielraum für einen bestimmten Zeitabschnitt an, innerhalb dem der Vorgesetzte oder Abteilungsleiter z. B. Investitionen tätigen kann. Ein Budget kann auch aufgegliedert sein in einen Personalanteil, einen Materialanteil, einen Investitionsanteil usw. Je kürzer ein Planungszeitraum ist, desto mehr Details müssen bekannt sein und berücksichtigt werden. Das Budget orientiert sich an den Zahlen der Vergangenheit und berücksichtigt die Planungen für die Zukunft.

Wozu werden Budgets aufgestellt?

2.5.10.2 Maßnahmen zur Budgetkontrolle und Budgeteinhaltung

Das Budget wird kontrolliert, indem die Ist-Zahlen mit den Kontrollmaßstäben (Planzahlen) verglichen werden. Werden Abweichungen festgestellt, müssen die Gründe dafür analysiert und es muss korrigierend eingegriffen werden. Die Ursachen für Abweichungen können im Bereich der Verbrauchsabweichungen (erhöhter Ausschuss, Verwendung anderer Materialien) oder der Beschäftigungsabweichungen (schlechtere Auftragslage) liegen.

Zur Berechnung der Verbrauchs- und Beschäftigungsabweichungen kann die **Plankostenrechnung** eingesetzt werden. Damit wird die Kostenentwicklung bei den Produkten und Kostenstellen beobachtet. Das Budget bildet die Grundlage für die Plankostenrechnung. Die starre Plankostenrechnung liefert als Ergebnis nur die Gesamtabweichung (= Summe aus Verbrauchs- und Beschäftigungsabweichung). Die flexible Plankostenrechnung zeigt dagegen die einzelnen Abweichungen.

Welche Gründe können Abweichungen vom Budget haben?

2.5.10.3 Plankostenrechnung

Starre Plankostenrechnung

Hauptanwendung: Plan-Ist-Vergleich

Mit der Plankostenrechnung wird das Ziel verfolgt, Plan-Gemeinkosten und Ist-Gemeinkosten vergleichen zu können. Bei der starren Plankostenrechnung wird die Beschäftigungsabweichung als Hilfsgröße für die Rechnung herangezogen.

Zu Beginn einer Abrechnungsperiode legt ein Unternehmen die Plan-Beschäftigung fest. Daraus lassen sich die Einzelkosten ableiten. Für die Gemeinkosten wird pro Kostenstelle eine Bezugsgröße festgelegt (z. B. Fertigungsstunden). Nach Ablauf der Abrechnungsperiode werden die Ist-Zahlen mit den Plan-Zahlen verglichen und die Abweichung wird errechnet.

$$\text{Plan-Kostensatz} = \frac{\text{gesamte Gemeinkosten}}{\text{Planbeschäftigung}}$$

verrechnete Plan-Gemeinkosten = Ist-Beschäftigung · Plan-Kostensatz

Gesamtabweichung = Ist-Gemeinkosten − verrechnete Plan-Gemeinkosten

keine Auflösung in fixe und variable Kosten

Die starre Plan-Kostenrechnung hat den Vorteil, dass die Kosten nicht aufgelöst werden müssen in fixe und variable Bestandteile. Als Nachteil muss allerdings gesehen werden, dass eine exakte Kostenkontrolle nicht möglich ist, da die Abweichungen einzelner Kostenarten bei Änderungen der Beschäftigung nicht erfasst werden.

Kalkulationsbeispiel

In einem Unternehmen beträgt die Plan-Beschäftigung 6.750 Stunden. Die Plan-Kosten belaufen sich auf 54.000 €. Die Ist-Beschäftigung liegt bei 6.187,5 Stunden und tatsächlich sind Kosten in Höhe von 47.250 € angefallen. Welche Abweichung ergibt sich?

Erläuterung

Plan-Kostensatz $= \dfrac{54.000\ €}{6.750\ \text{Stunden}} = 8\ €$ pro Stunde

verrechnete Plan-Gemeinkosten = 6.187,5 Stunden · 8 €/Std. = 49.500 €

Abweichung = 47.250 € − 49.500 € = −2.250 €

Die Ist-Kosten sind geringer ausgefallen als die verrechneten Plan-Gemeinkosten, d. h., im Unternehmen bleiben zusätzlich zu den Verkaufserlösen 2.250 € übrig. (Das Vorzeichen muss richtig interpretiert werden. Definiert man anders und substrahiert Ist von Plan, stellt sich die Minderung mit einem Plus dar.)

Flexible Plankostenrechnung
Die flexible Plankostenrechnung verfolgt das Ziel, zu ermitteln, in welcher Höhe Kostenabweichungen zum einen auf eine veränderte Beschäftigung zurückgehen und zum anderen darauf, dass Kosten „aus dem Ruder gelaufen" sind.

Aufklärung von Abweichungen

 Pro Kostenstelle werden die Plan-Kosten für eine erwartete Plan-Beschäftigung vorgegeben. Während der Abrechnungsperiode soll eine Anpassung an die jeweilige Ist-Beschäftigung erfolgen, sodass unbedingt die Kosten in fixe und variable Bestandteile getrennt werden müssen.

Folgende Formeln finden bei der flexiblen Plan-Kostenrechnung Anwendung:

- Errechnung des proportionalen Plan-Kostenverrechnungssatzes

$$= \frac{\text{proportionale Kosten}}{\text{Plan-Beschäftigung}}$$

Auflösung in fixe und variable Kosten

- Errechnung des fixen Plan-Kostenverrechnungssatzes

$$= \frac{\text{fixe Kosten}}{\text{Plan-Beschäftiung}}$$

- Errechnung des Plan-Kostenverrechnungssatzes bei Plan-Beschäftigung
 = proportionaler Plan-Kostenverrechnungssatz + fixer Plan-Kostenverrechnungssatz

- Ermittlung der verrechneten Plan-Kosten
 = Plan-Kostenverrechnungssatz · Ist-Beschäftigung

- Ermittlung der Gesamtabweichung
 = Ist-Kosten − verrechnete Plan-Kosten

- Ermittlung der Soll-Kosten
 = fixe Plan-Kosten + proportionaler Plan-Kostenverrechnungssatz · Ist-Beschäftigung

- Ermittlung der Verbrauchsabweichung
 = Ist-Kosten − Soll-Kosten

- Ermittlung der Beschäftigungsabweichung
 = Soll-Kosten − verrechnete Plan-Kosten

Hinweis:
Die Abweichungen können auch mit der umgekehrten Differenz errechnet werden. Man muss sie nur richtig interpretieren. Die Beschäftigungsabweichung kann z. B. auch errechnet werden, indem man von den verrechneten Plan-Kosten die Soll-Kosten subtrahiert.

Kalkulationsbeispiel

In einem Unternehmen ergeben sich in einer Rechnungslegungsperiode folgende Werte:

Plan-Beschäftigung	6.750 Std.		
Plan-Kosten	54.000 €	davon fix: 16.875 €	davon variabel: 37.125 €
Ist-Beschäftigung	6.187,5 Std.		
Ist-Kosten	47.250 €		

Zu berechnen sind die Verbrauchsabweichung, die Beschäftigungsabweichung und die Gesamtabweichung.

Erläuterung

- Plankosten 54.000 €
- fixe Kosten 16.875 €
- proportionale Kosten 37.125 €
- proportionaler Plan-Kostenverrechnungssatz

$$\frac{37.125\ €}{6.750\ \text{Stunden}} = 5{,}50\ €/\text{Stunde}$$

- fixer Plan-Kostenverrechnungssatz

$$\frac{16.875\ €}{6.750\ \text{Stunden}} = 2{,}50\ €/\text{Stunde}$$

- Plan-Kostenverrechnungssatz
  5,50 €/Std. + 2,50 €/Std. = 8 €/Std.
- verrechnete Plan-Kosten
  8 €/Std. · 6.187,5 Stunden = 49.500 €
- Gesamtabweichung
  47.250 € − 49.500 € = −2.250 €
- Soll-Kosten
  16.875 € + 5,50 €/Std. · 6.187,5 Std. = 50.906,25 €
- Verbrauchsabweichung
  47.250 € − 50.906,25 € = − 3.656,25 €
- Beschäftigungsabweichung
  50.906,25 € − 49.500 € = +1.406,25 €

Verbrauchsabweichungen treten auf, wenn sich geplante und tatsächlich verbrauchte Mengen an Kostengütern unterscheiden. Beschäftigungsabweichung nach unten bedeutet, dass zu wenig fixe Kosten verrechnet wurden. Beschäftigungsabweichung nach oben bedeutet demzufolge, dass zu viele fixe Kosten verrechnet wurden.

Aufgaben zu Abschnitt 2.5

1. Berechnen Sie die Gewinnschwellenmenge aus folgenden Angaben:
   Listenverkaufspreis 103 €, Skonto 3 %, Rabatt 10 %
   Benötigte Rohstoffe 33 €, Lohnkosten 15 €, sonstige Materialien 10 € (davon 25 % fix), Verwaltungskosten 15 € (davon 40 % variabel), Fixkosten pro Monat 5000 €

2. Folgende Daten sind bekannt:
   Der Umsatz pro Jahr beträgt 4.000.000 €. Das eingesetzte Kapital beläuft sich auf 1.000.000 €. Es wurden 200.000 € Gewinn erwirtschaftet.
   Wie hoch sind die Kapitalrentabilität, der Kapitalumschlag und die Umsatzrentabilität?

3. Bei der Herstellung von Steckern werden die Einzelkosten von drei Sorten getrennt erfasst. Die Gemeinkosten in Höhe von 767.200 € werden nicht auf die Sorten aufgeteilt, sondern ihnen mithilfe von Äquivalenzziffern zugerechnet.
   a) Gesucht sind die Stückkosten jeder Sorte.
   b) Zu berechnen sind die Selbstkosten jeder Sorte.

Sorte	Produktionsmenge	Fertigungsmaterial	Fertigungslöhne	Äquivalenzziffer	Gemeinkosten
A	120.000	160.000	116.000	1,0	
LI	200.000	200.000	360.000	1,6	767.200
CE	180.000	190.000	386.000	0,6	

4. In der folgenden Tabelle sind die Zahlen in den leeren Feldern zu ergänzen:

Beschäftigungsgrad in %	65	100	130
Zeit in Std.		700	
Gesamtkosten in €		30.030	
gesamte variable Kosten			
gesamte fixe Kosten		8.995	
Gesamtkosten in €/h			
variable Kosten in €/h			
fixe Kosten in €/h			

5. Ein Unternehmen stellt drei Typen von Fernrohren her. Folgende Werte sind bekannt:

Typen	Materialeinzelkosten	Fertigungseinzelkosten	Netto-Umsatzerlöse
Refraktor	99.000 €	82.000 €	498.000 €
Reflektor	115.000 €	116.000 €	495.000 €
Cassegrain	165.000 €	118.000 €	670.000 €

Das Unternehmen kalkuliert zurzeit mit folgenden Normalgemeinkostensätzen:
Materialgemeinkosten 16 %
Fertigungsgemeinkosten 180 %
Verwaltungsgemeinkosten 14 %
Vertriebsgemeinkosten 10 %

a) Auf der Basis der Vollkostenrechnung soll ein Kostenträgerblatt aufgestellt werden.
b) Die im Kostenträgerblatt ausgewiesenen Gemeinkosten sind hier als fix zu betrachten. Bei Einstellung der Produktion des Reflektors würden sie sich um 34.000 € verringern. Ist es unter diesen Voraussetzungen sinnvoll, die Erzeugung vom Typ Reflektor einzustellen?

6. Ein Unternehmen erhält eine Anfrage, ob eine Windbeutelform- und -füllmaschine für einen Zielverkaufspreis von 11.000 € geliefert werden kann. Daraufhin werden folgende Kosten vorkalkuliert:
Materialkosten 2073,60 €
Materialgemeinkostenzuschlagssatz 8 %

Fertigungslöhne   Fertigungsgemeinkostenzuschlagssätze
20 Stunden zu je 51,20 € (Kneteinrichtung)   150 %
 8 Stunden zu je 64,00 € (Formenschale)   250 %
10 Stunden zu je 70,40 € (Füllanlage)   200 %
 4 Stunden zu je 68,00 € (Schließmechanismus) 120 %
Selbstkosten: 10.232,32 €

a) Mit welchem Wert (insgesamt und je Tonne) wurden die benötigten 1.920 kg Material angesetzt?
b) Wie viel % beträgt der Gemeinkostenzuschlagssatz für Verwaltungs- und Vertriebsgemeinkosten?
c) Kann die Maschine zu 11.000 € angeboten werden, wenn 4 % Skonto gewährt und mindestens 8 % Gewinn erwirtschaftet werden sollen? Wie hoch ist dann der Gewinnzuschlag?
d) Welchen Zielverkaufspreis müsste das Unternehmen mindestens verlangen, wenn es seine Konditionen durchsetzen will?
e) Zu welchem Nettopreis je Tonne müsste das Material eingekauft werden, wenn die Maschine zu 11.000 € angeboten werden soll? (Die Fertigungskosten, die übrigen Normal-Gemeinkostensätze sowie Skonto und Gewinnzuschlagsatz bleiben unverändert.)

7. In einem Unternehmen, das *ein* Produkt produziert, entstanden im Monat Juni folgende Kosten:
Herstellkosten   1.041.000 €
Verwaltungskosten   107.000 €
Vertriebskosten   40.000 €

a) Wie hoch sind die Herstellkosten und die Selbstkosten für eine Produktionseinheit bei einer Produktion von 67.000 Stück, wenn die gesamte Produktion verkauft wird?
b) Zu berechnen sind die Selbstkosten für eine Produktionseinheit, wenn von der produzierten Menge 3.200 Stück auf Lager gehen, wobei die Verwaltungskosten
   1. der verkauften Menge zugerechnet werden,
   2. im Verhältnis 3 : 2 den Herstellkosten und Vertriebskosten zugerechnet werden,
   3. in voller Höhe den Herstellkosten zugerechnet werden?
   Wie ist in allen drei Fällen der Bestand zu bewerten?

8. Im Produktionsbereich wurden im letzten Monat die Produkte WUS und CHEL hergestellt. Es ist zu prüfen, welches Produkt den höheren Deckungsbeitrag erwirtschaftet hat.

Mai:	WUS	CHEL
Produktionsmenge	1.800 Stück	2.800 Stück
Nettoerlös	65 €/Stück	51 €/Stück
Fertigungslöhne variabel (FL)	24.000 €	36.000 €
Fertigungsmaterial (MK)	33.000 €	28.000 €
Variable Gemeinkosten	je 60 % von FL und MK	je 50 % von FL und MK

a) Wie hoch ist der Deckungsbeitrag der Erzeugnisse WUS und CHEL je Stück?
b) Welche Bedeutung hat der Deckungsbeitrag?

9. In einem Unternehmen für Porzellanfärberei werden in der Fertigungshauptkostenstelle „Lackiererei" die Gemeinkosten in maschinenabhängige und -unabhängige Kosten aufgeteilt.
Für den Monat Januar lassen sich die maschinenabhängigen Gemeinkosten für die beiden Spritzmaschinen nach den Angaben aus der Tabelle errechnen:

	Blau	Weiß-Rot
Anschaffungskosten	135.000 €	240.000 €
Nutzungsdauer (Jahre)	10	10
Abschreibungsmethode	Linear	Linear
Kalkulatorische Zinsen (Durchschnittswert-Methode)	8 %	8 %
Energieaufnahme	15 kW/h	25 kW/h
Strompreis je kW/h	0,10 €	0,10 €
Grundgebühr (Stromzähler) monatlich	60 €	80 €
Instandhaltungskosten/Jahr	7.600 €	11.500 €
Stand- und Arbeitsfläche	20 m²	25 m²
Platzkosten je m² (monatlich)	48 €	48 €
Werkzeugkosten je Monat	320 €	400 €
Betriebsstoffkosten je Monat	190 €	280 €
Bezugsgröße: Laufstunden je Monat	**120 h**	**140 h**

Die maschinenunabhängigen Fertigungsgemeinkosten werden für den Monat Januar für die gesamte Kostenstelle in folgender Höhe ermittelt:
Hilfslöhne   16.000 €
Soziale Aufwendungen   9.500 €
Allgemeine Betriebskosten 6.500 €

Für die maschinenunabhängigen Fertigungsgemeinkosten werden die Fertigungslöhne als Bezugsgröße gewählt. Sie betrugen 20.000 €.

a) Wie hoch sind die Maschinenstundensätze für die beiden Spritzmaschinen?
b) Wie hoch ist der Zuschlagssatz für die maschinenunabhängigen Gemeinkosten?
c) Es ist ein Auftrag von 3.000 Tellern zu kalkulieren, der auf der Spritzmaschine Blau gefertigt wird und für den folgende weitere Angaben gelten:

MEK	1.200 €
FEK	960 €
SEF	400 €
Maschinenstunden	45 Stunden
MGK	6 %
VwGK	10 %
VtGK	5 %

Wie hoch sind die Selbstkosten je Teller?

10. In einem Unternehmen werden für die nächste Periode folgende Einzel- und Gemeinkosten geplant:

Kostenstelle	Gemeinkosten (€)		Bezugsgrößen
	variabel	fix	
Materialstelle	8.000	8.000	Materialeinzelkosten
Fertigung I	15.360	30.720	Maschinenstunden
Fertigung II	3.840	2.560	Akkordstunden
Verwaltung	1.552	8.272	Herstellkosten
Vertrieb	3.104	2.790	Herstellkosten

Die Einzelkostenplanung ergibt:
MEK   80.000 €
FEK I   16.000 €
FEK II   32.000 €

Im Fertigungsbereich wird folgende Beschäftigung geplant:
Fertigung I   480 Maschinenstunden
Fertigung II   160 Akkordstunden

Es wird kalkuliert mit:
Gewinn   12 %
Kundenskonto   2 %
Kundenrabatt   5 %

a) Gesucht sind die variablen Herstell- und Gesamtkosten pro Stück für ein Produkt, das folgende Plandaten aufweist:

Materialeinzelkosten	19,20 €
Fertigungseinzelkosten I	3,20 €
Fertigungseinzelkosten II	6,40 €
Maschinenminuten in Fertigung I	12,00 Minuten
Akkordminuten in Fertigung II	6,00 Minuten
Sondereinzelkosten der Fertigung	0,80 €
Sondereinzelkosten des Vertriebs	1,30 €

b) Wie hoch sind die vollen Selbstkosten und der Listenverkaufspreis?
c) Soll ein Zusatzauftrag angenommen werden, wenn der Kunde 56 € pro Stück bietet und ausreichende Kapazitäten vorhanden sind?
d) Wo liegen die kurzfristige und die langfristige Preisuntergrenze?

11. Eine Spedition will die Auftragskosten je Abteilung mithilfe der Äquivalenzziffernrechnung ermitteln. In der Auftragsabwicklung ist der Arbeitsaufwand sehr unterschiedlich. Folgende Zahlen wurden ermittelt:

Aufträge in den Abteilungen je Mitarbeiter und Arbeitstag (bei voller Auslastung)
Fernverkehr national   42   Luftfracht Import   23
Seefracht   29   Italienverkehre   34
Luftfracht Export   18   Export Malta   28

Die Äquivalenzziffern sind auf der Basis Fernverkehr national = 1,0 zu ermitteln.

12. Ein Unternehmen stellt Bärenfutter für Wildparks in 400-g-Paketen her. Im zurückliegenden Monat wurden 200.000 Bärenfutter-Packungen erzeugt, außerdem 6 t noch nicht abgepacktes Bärenfutter. Abgesetzt wurden 196.000 Packungen.

Folgende Kosten fielen im Bereich der Herstellung an:

Bärenfutter   270.240 €   sonstige Fertigungskosten   61.120 €
Personalkosten (Fertigung)   74.440 €   Verwaltungskosten   24.800 €
Abschreibungen   55.200 €   Vertriebskosten   25.784 €
Verpackungskosten (Fertigung) 13.152 €

a) Zu berechnen sind die Herstellkosten je 100 g unverpacktem Bärenfutter.
b) Wie hoch sind die Herstellkosten je 400-g-Paket?
c) Wie hoch sind die Selbstkosten je 400-g-Paket?
   (Die Verwaltungs- und Vertriebskosten sind komplett auf die abgesetzte Menge umzurechnen.)
d) Wie hoch ist der Wert der Bestandserhöhung, mit dem die 6 t Bärenfutter auf dem Konto Unfertige Erzeugnisse aktiviert werden müssen?
e) Wie hoch ist der Wert der Bestandserhöhung auf dem Konto Fertige Erzeugnisse für die nicht verkauften Packungen Bärenfutter?
f) Wie hoch ist der Reingewinn aus der Bärenfutterproduktion bei einem Verkaufspreis von 2,50 € je 400-g-Paket? Dabei ist die Bestandserhöhung an fertigen und unfertigen Erzeugnissen zu berücksichtigen.

13. In der Kostenstelle „Stanzen" eines Unternehmens wurden für den Monat Januar bei einer Beschäftigung von 1.800 Std. (das entspricht einer Fertigungsmenge von 9.000 Stück) die folgenden Plankosten kalkuliert:

Kostenart	Gesamtkosten	fixe Kosten	variable Kosten
Hilfsstoffe	6.400	–	6.400
Betriebsstoffe	1.600	480	1.120
Fertigungslöhne	44.000	–	44.000
Hilfslöhne	8.000	4.000	4.000
Gehälter	8.800	8.800	–
Sozialabgaben	12.000	2.400	9.600
sonstige Gemeinkosten	40.000	9.600	30.400
Summe	**120.800**	**25.280**	**95.520**

Die Arbeitszeit je Stück beträgt in der „Stanzerei" 15 Minuten. Bei einer Fertigung von 9.000 Einheiten wurde für 23.400 € Fertigungsmaterial verbraucht.
Die Planbeschäftigung für den Monat Februar wurde mit 1.880 Std./Monat bei Fertigung von 9.400 Stück monatlich festgesetzt.
Die bereits ermittelten Plankostenverrechnungssätze für die weiteren Kostenstellen betragen:
Bohren   21,80 €
Schleifen   7,80 €

Mit folgenden Gemeinkosten-Zuschlagssätzen ist zu kalkulieren:
Materialgemeinkosten   10 %
Verwaltungsgemeinkosten   10 %
Vertriebsgemeinkosten   15 %

Für den Monat Februar wurden bei einer Fertigung von 9.200 Stück Ist-Kosten von 165.600 € für die Stanzerei ermittelt.

a) Gesucht sind die Plankostenverrechnungssätze für Februar in der Stanzerei für das Fertigungsmaterial je Einheit und die Fertigungskosten je Einheit.
b) Wie hoch sind die Planselbstkosten je Einheit im Monat Februar?
c) Wie hoch sind die Sollkosten in der Stanzerei für Februar?
d) Zu berechnen sind für die Stanzerei die Beschäftigungsabweichung, die Verbrauchsabweichung und die Gesamtabweichung des Monats Februar.
e) Was könnten mögliche Ursachen für eine Beschäftigungsabweichung oder eine Verbrauchsabweichung sein?

14. Ein Unternehmen stellt drei Produkte her. Es wird unterschieden in Ausfertigung Stabil, Labil und Indifferent. Die Herstellung von Labil und Indifferent erfolgt in zwei Produktionsstufen.
Die Betriebsabrechnung ergibt, dass Indifferent ein negatives Betriebsergebnis erwirtschaftet.

Die Kostenrechnung liefert folgende Zahlen für die Abrechnungsperiode:

	Stabil	Labil	Indifferent
Produktions- und Absatzmenge	4.100.000	3.800.000	1.800.000
Verkaufspreis/Stück	20,00	24,00	35,00
Variable Kosten/Stück	8,80	11,20	28,00

Der Fixkostenblock von 88.000.000 € wird aufgeteilt in erzeugnisfixe Kosten
Stabil   28.000.000 €
Labil   19.000.000 €
Indifferent   8.900.000 €

Labil und Indifferent verursachen in der zweiten Produktionsstufe erzeugnisgruppenfixe Kosten von 20.000.000 €. Die unternehmensfixen Kosten betragen 12.100.000 €.

a) Für die drei Produkte sind die Deckungsbeiträge I, II und III zu bestimmen.
b) Es ist das Betriebsergebnis der Abrechnungsperiode zu ermitteln.
c) Es ist das Betriebsergebnis der Abrechnungsperiode unter der Annahme zu ermitteln, dass die Produktion von Indifferent eingestellt wird.

15. Ein Unternehmen stellt den Flugmodellmotor Kaschper her. Für die letzte Abrechnungsperiode liegen die folgenden Daten vor:

Umsatzerlöse	3.000.000,00 €
Gesamte Fixkosten	1.800.000,00 €
Stückgewinn	100,00 €
Produktion = Absatz	10.000 Stück
Kapazität	12.000 Stück

    a) Wie hoch ist die Gewinnschwellenmenge?
    b) Das Unternehmen möchte sein bisheriges Betriebsergebnis verdoppeln. Da der Markt keine Preissteigerung zulässt, soll dies durch eine Erhöhung der abgesetzten Menge ereicht werden. Wie hoch ist die notwendige Umsatzsteigerung in € und in Prozenten?
    c) Die Qualität des hergestellten Flugmodellmotors könnte bei Verwendung eines anderen Rohstoffes verbessert werden. Dadurch erhöhen sich die variablen Stückkosten um 10 %. Um welchen Prozentsatz muss der Betrieb den Stückpreis erhöhen, damit bei unverändertem Absatz trotz der angestrebten Qualitätsverbesserung das zuletzt erzielte Betriebsergebnis gehalten werden kann?

16. Ein Unternehmen überprüft, ob es zum Preis der Konkurrenz anbieten kann, die 100 Stück zu 3.520 € verkauft.

    Materialkosten:
Werkstoffkosten	346,00 €	
MGK	2,6 %	
Schrottverkaufserlös	0,5 %	von den Werkstoffkosten (einschl. MGK)
eigene Fertigteile	328,00 €	
fremde Fertigteile	714,00 €	
darauf MGK	2,6 %	(nur fremde Fertigteile)

    Fertigungskosten:
Löhne für Einzelteilefertigung	382,00 €	
Zuschlag für Ausschuss	1,5 %	der Löhne
FGK	147,4 %	
Montagekosten	672,00 €	
VwGK	19,0 %	
VtGK	5,5 %	
Verpackung und Fracht	106,00 €	
Provision	316,00 €	

    Kann zum Preise der Konkurrenz angeboten werden?
    Wie hoch wäre der Gewinn bzw. der Verlust in € für diesen Auftrag?

17. Ein Unternehmen stellt drei Produkte her, die auf der gleichen Fertigungsstraße produziert werden. Es gelten folgende Daten:

Produkt	TUR 01	BI 02	NE 03
Preis pro Stück	16 €	20 €	26 €
Variable Kosten pro Stück	8 €	10 €	14 €
Bisher hergestellte und abgesetzte Menge pro Monat	4.200	6.200	4.400
Inanspruchnahme der Fertigungsstraße in Minuten/Stück	4	2	5

Kapazität der Fertigungsstraße 64.000 Minuten pro Abrechnungszeitraum. Fixkosten 30.000 €.

a) Gesucht ist der Zeitbedarf für die Herstellung der bisher hergestellten und abgesetzten Mengen der drei Produkte!
b) Wie hoch ist das Betriebsergebnis?
c) Ein Unternehmen will monatlich 250 Stück von NE 03 abnehmen, ist allerdings nur bereit, einen Verkaufspreis von 20 € pro Stück zu akzeptieren. Lohnt sich die Annahme dieses Zusatzauftrages?

18. Erläutern Sie anhand von Beispielen einen neutralen Erfolg und einen Betriebserfolg.

19. Die Geschäftsbuchführung eines Unternehmens schließt die Abrechnungsperiode mit folgenden Aufwendungen und Erträgen ab (in Tausend €):

	T €
Umsatzerlöse für eigene Erzeugnisse	1.600
Umsatzerlöse für Waren	230
Minderbestand an fertigen Erzeugnissen	12
Mieterträge	8
Erträge aus dem Abgang von Vermögensgegenständen	26
Zinserträge	16
Aufwendungen für Rohstoffe	380
Aufwendungen für Waren	160
Löhne	460
Gehälter	260
Soziale Abgaben	130
Abschreibungen auf Sachanlagen	110
Mieten/Pachten	20
Büromaterial	3
Versicherungen	32
Betriebliche Steuern	42
Zinsaufwendungen	24

Aus der Kosten- und Leistungsrechnung liegen folgende Angaben vor:

Kalkulatorische Abschreibungen auf Sachanlagen	100
Kalkulatorische Zinsen	50
Kalkulatorischer Unternehmerlohn	12

Erstellen Sie aus diesen Angaben die Ergebnistabelle,
und ermitteln Sie die Ergebnisse
- der Geschäftsbuchführung (Gesamtergebnis),
- des Abgrenzungsbereichs und
- der Kosten- und Leistungsrechnung.

20. Erläutern Sie den Begriff Selbstkosten.

LÖSUNGSVORSCHLÄGE

L1:
Benötigte Formeln:
  Erlöse
– variable Kosten
= Deckungsbeitrag pro Stück

Fixkosten : Deckungsbeitrag pro Stück = Gewinnschwellenmenge

variable Kosten:
33 € Rohstoffe + 15 € Lohnkosten + 7,50 € sonstige Materialien + 6 € Verwaltungskosten = 61,50 €

	103,00 €	
– Rabatt	10,30 €	(10 %)
	92,70 €	
– Skonto	2,78 €	(3 %)
Erlös	89,92 €	

Erlös	89,92 €
– variable Kosten	61,50 €
= Deckungsbeitrag pro Stück	28,42 €

5.000 € : 28,42 € = 175,93 = 176 Stück

L2:
Kapitalrentabilität = (Gewinn : Kapital) · 100 = (200.000 : 1.000.000) · 100 = 20 %
Kapitalumschlag = Umsatz : Kapital = 4.000.000 : 1.000.000 = 4
Umsatzrentabilität = (Gewinn : Umsatz) · 100 = (200.000 : 4.000.000) · 100 = 5 %
Eine Umsatzrentabilität von 5 % bedeutet, dass von 100 € Umsatz 5 € Gewinn verbleiben.

L3:
a)

Sorte	Menge	Äquivalenz-ziffer	Rechen-einheiten	GK je Sorte	GK/Stück	EK/Stück	Selbst-kosten/Stück
A	120.000	1,0	120.000	168 000 €	1,40 €	2,30 €	3,70 €
LI	200.000	1,6	320.000	448 000 €	2,24 €	2,80 €	5,04 €
CE	180.000	0,6	108 000	151 200 €	0,84 €	3,20 €	4,04 €
			548 000				

Nebenrechnung: 767.200 € : 548.000 Recheneinheiten = 1,40 € /RE
1,40 € /RE multipliziert mit den Recheneinheiten pro Sorte ergibt die GK je Sorte.
GK je Sorte dividiert durch Menge ergibt GK pro Stück.
GK pro Stück + EK pro Stück = Selbstkosten pro Stück = Stückkosten.
EK pro Stück = (Fertigungsmaterial + Fertigungslöhne) : Produktionsmenge

b) Sorte Selbstkosten/Sorte
    A   444.000 €   (3,70 € pro Stück multipliziert mit 120.000 Stück)
    LI   1.008 000 €   (5,04 € pro Stück multipliziert mit 200.000 Stück)
    CE 727 200 €   (4,04 € pro Stück multipliziert mit 180.000 Stück)

L4:

Beschäftigungsgrad in %	65	100	130
Zeit in Std.	455	700	910
Gesamtkosten in €	22.667,75	30.030	36.340,50
gesamte variable Kosten	13.672,75	21.035	27.345,50
gesamte fixe Kosten	8.995	8.995	8.995
Gesamtkosten in € /h	49,82	42,90	39,93
variable Kosten in € /h	30,05	30,05	30,05
fixe Kosten in € /h	19,77	12,85	9,88

Zu beachten ist: Gesamte fixe Kosten sind immer gleich, unabhängig von der Beschäftigung. Variable Kosten pro Einheit (hier pro Stunde) verändern sich nicht.
Zuerst ist die Mittelspalte auszurechnen und dann überträgt man sinnvollerweise die gesamten fixen Kosten und die variablen Kosten in € /Std. in die anderen Spalten. Variable Kosten pro Stunde multipliziert mit den jeweiligen Stunden ergeben die gesamten variablen Kosten. Gesamte variable Kosten addiert mit den gesamten fixen Kosten ergeben die Gesamtkosten.

L5:
a) Kostenträgerblatt

	Kostenträger insgesamt	Refraktor	Kostenträger Reflektor	Cassegrain
MEK	379.000	99.000	115.000	165.000
MGK 16%	60.640	15.840	18.400	26.400
Materialkosten	439.640	114.840	133.400	191.400
FEK	316.000	82.000	116.000	118.000
FGK 180%	568.800	147.600	208.800	212.400
Fertigungskosten	884.800	229.600	324.800	330.400
Herstellungskosten	1.324.440	344.440	458.200	521.800
VwGK 14%	185.421,60	48.221,60	64.148,00	73.052,00
VtGK 10%	132.444,00	34.444,00	45.820,00	52.180,00
Selbstkosten	1.642.305,60	427.105,60	568.168,00	647.032,00
Nettoumsatzerlöse	1.663.000,00	498.000,00	495.000,00	670.000,00
Umsatzergebnis	+20.694,40	+70.894,40	−73.168,00	+22.968,00

b)
Lösung A:
Reflektor verursacht
	MGK	18.400,00 €	
	FGK	208.800,00 €	
	VwGK	64.148,00 €	
	VtGK	45.820,00 €	
=	fixe Kosten	337.168,00 €	
−		34.000,00 €	Fixkostenersparnis
=	fixe Kosten	303.168,00 €	fallen weiter an
−	Umsatzergebnis	73.168,00 €	entfällt für den Reflektor
=	Verlust	230.000,00 €	vorläufig
−	Umsatzergebnis	20.694,40 €	für Refraktor und Cassegrain
=	Verlust	209.305,60 €	bei Einstellung von Reflektor

Lösung B:
  303.168,00 fixe Kosten
− 70.894,40 Erlös Refraktor
− 22.968,00 Erlös Cassegrain
  209.305,60 Verlust

Lösung C:

	Refraktor	Cassegrain
Nettoverkaufserlöse	498.000 €	670.000 €
− variable Kosten	181.000 €	283.000 €
= Deckungsbeitrag	317.000 €	387.000 €
− fixe Kosten		913.305,60 € (947.305,60 − 34.000,00)
= Verlust		209.305,60 €

variable Kosten: Materialeinzelkosten und Fertigungseinzelkosten
fixe Kosten: Material- und Fertigungsgemeinkosten, Verwaltungs- und Vertriebsgemeinkosten

L6:
a) 108 % = 2.073,60 €
100 % = x

$x = \dfrac{100 \cdot 2\,073{,}60}{108} = 1\,920$ € MEK gesamt

1.920 € : 1,920 t = 1.000 €/t

b)
FM	1.920,00 €	
+ 8 % MGK	153,60 €	
Materialkosten		2.073,60 €
FL I 20 · 51,20 €	1.024,00 €	
+ 150 % FGK	1.536,00 €	
Fertigungskosten (Kneten)		2.560,00 €
FL II 8 · 64,00 €	512,00 €	
+ 250 % FGK	1.280,00 €	
Fertigungskosten (Formen)		1.792,00 €
FL III 10 · 70,40 €	704,00 €	
+ 200 % FGK	1.408,00 €	
Fertigungskosten (Füllen)		2.112,00 €
FL IV 4 · 68,00 €	272,00 €	
+ 120 % FGK	326,40 €	
Fertigungskosten (Schließen)	598,40 €	
Fertigungskosten gesamt		7.062,40 €
Herstellkosten		9.136,00 €
+ VwVtGK 12 %		1.096,32 €
Selbstkosten		10.232,32 €

Nebenrechnung:
10.232,32 € − 9.136,00 € = 1.096,32 €
9.136,00 € = 100 %
1.096,32 € = x %

$x = \dfrac{1.096{,}32 \cdot 100}{9.136} = 12\,\%$

c) Selbstkosten   10 232,32 €
  + Gewinn ca. 3,2 %   327,68 €   ↓
    Barverkaufspreis   10 560,00 €   = 96 %
  + 4 % Skonto   440,00 €   ↑
    Zielverkaufspreis   11.000,00 €   = 100 %

$$\frac{327{,}68 \cdot 100}{10.232{,}32} = 3{,}2\,\%$$

Die Maschine kann nicht um 11.000 € angeboten werden, da nur ein Gewinn von ca. 3,2 % bleibt.

d) Selbstkosten   10.232,32 €
  + Gewinn 8 %   818,59 €
    Barverkaufspreis   11.050,91 €   = 96 %
  + 4 % Skonto   460,45 €
    Zielverkaufspreis   11.511,36 €   = 100 %

e) Zielverkaufspreis   11.000,00 €
  − Skonto 4 %   440,00 €
    Barverkaufspreis   10.560,00 €   = 108 %
  − Gewinn 8 %   782,22 €
    Selbstkosten   9.777,78 €   = 112 %
  − 12 % VwVtGK   1.047,62 €
    Herstellkosten   8.730,16 €
  − Fertigungskosten   7.062,40 €
    Materialkosten   1.667,76 €   = 108 %
  − MGK 8 %   123,54 €
    Fertigungsmaterial   1.544,22 €   für 1.920 kg, also 804,28 €/t

L7:
a) HK   1.041.000 € : 67.000 Stück = 15,54 €/Stück
   VwGK 107.000 €
   VtrGK 40.000 €
   SK   1.188.000 € : 67.000 Stück = 17,73 €/Stück

b) 1. $\dfrac{1.041.000}{67.000} + \dfrac{107.000 + 40.000}{63.800}$ = 15,54 + 2,30 = 17,84 €/Stück

   Wert des Bestandes: 3.200 Stück · 15,54 €   = 49.728 €

   2. $\dfrac{1.041.000 + 64.200}{67.000} + \dfrac{40.000 + 42.800}{63.800}$ = 16,50 + 1,30 = 17,80 €/Stück

   Wert des Bestandes: 3.200 Stück · 16,50 €   = 52.800 €

   3. $\dfrac{1.041.000 + 107.000}{67.000} + \dfrac{40.000}{63.800}$ = 17,13 + 0,63 = 17,76 €/Stück

   Wert des Bestandes: 3.200 Stück · 17,13 €   = 54.816 €

L8:
a)

	WUS	CHEL
Erlös	65 € /Stück	51 € /Stück
− variable Kosten		
· Löhne	13,33 € /Stück	12,86 € /Stück
· Material	18,33 € /Stück	10,00 € /Stück
· variable Gemeinkosten	19,00 € /Stück	11,43 € /Stück
= Deckungsbeitrag	14,34 € /Stück	16,71 € /Stück

b) Der Deckungsbeitrag dient zur Deckung der fixen Kosten.
Über dem Break-even-point entspricht der DB dem Gewinn.

L9:
a)

	Blau Kosten je Monat (€)	Weiß-Rot Kosten je Monat (€)
Abschreibung	1.125,00	2 000,00
Zinsen	450,00	800,00
Energie	180,00	350,00
Grundgebühr	60,00	80,00
Instandhaltung	633,33	958,33
Platzkosten	960,00	1 200,00
Werkzeugkosten	320,00	400,00
Betriebsstoffkosten	190,00	280,00
Summe	3.918,33	6.068,33
Laufstunden	120,00 h	140,00 h
Maschinenstundensatz	32,65 €/h	43,35 €/h

b) FGK-Zuschlag = $\frac{FGK}{FEK} \cdot 100 = \frac{32.000}{20.000} \cdot 100 = 160\ \%$

c)
```
MEK           1.200,00 €
MGK 6 %          72,00 €
FEK             960,00 €
FGK 160 %     1.536,00 €
Maschinenk.   1.469,25 €   (45 Std · 32,65 €)
SEF             400,00 €
HK            5.637,25 €
VwGK 10 %       563,73 €
VtGK 5 %        281,86 €
SK            6.482,84 €   : 3.000 = 2,16 €/Teller
```

L10:
a) und b)

	Vollkosten (€)	Zuschläge	Teilkosten (€)	Zuschläge
MEK	80.000		80.000	
MGK	16.000	20 %	8.000	10,00 %
FEK I	16.000		16.000	
FGK I	46.080	96 €/h	15.360	32,00 €/h
FEK II	32.000		32.000	
FGK II	6.400	40 €/h	3.840	24,00 €/h
HK	196.480		155.200	
VwGK	9.824	5 %	1.552	1,00 %
VtGK	5.894	3 %	3.104	2,00 %
SK	212.198		159.856	
Fixkosten			52.342	32,74 %
	212.198		212.198	

	Vollkosten (€)		Teilkosten (€)	
MEK	19,20		19,20	
MGK	3,84	20 %	1,92	10 %
FEK I	3,20		3,20	
FGK I	19,20		6,40	
FEK II	6,40		6,40	
FGK II	4,00		2,40	
SEF	0,80		0,80	
HK	56,64		40,32	
VwGK	2,83	5 %	0,40	1 %
VtGK	1,70	3 %	0,81	2 %
SEVt	1,30		1,30	
SK	62,47		42,83	
Gewinn 12 %	7,50			
BVP	69,97			
Kundenskonto 2 %	1,43			
ZVP	71,40			
Kundenrabatt 5 %	3,76			
LVP	75,16			

FGK I Vollkosten: 60 min. : 12 min./Stück   = 5 Stück/Std., 96 € : 5 Stück   = 19,20 €/Stück
FGK II Vollkosten: 60 min. : 6 min./Stück   = 10 Stück/Std., 40 € : 10 Stück = 4 €/Stück
FGK I Teilkosten: 32 € : 5 Stück   = 6,40 €/Stück
FGK II Teilkosten: 24 € : 10 Stück   = 2,40 €/Stück

c) Deckungsbeitrag = Erlös – variable Kosten = 56,00 – 42,83 = 13,17 €
   Der Deckungsbeitrag des Zusatzauftrages ist positiv. Der Auftrag kann angenommen werden.
d) Kurzfristige Preisuntergrenze: 42,83 € variable Kosten
   Langfristige Preisuntergrenze: 62,47 € Selbstkosten (fix und variabel)

L11:
Fernverkehr national 42 : 42 = 1,0
Seefracht   42 : 29 = 1,45
Luftfracht Export 42 : 18 = 2,33
Luftfracht Import 42 : 23 = 1,83
Italienverkehre   42 : 34 = 1,24
Export Malta   42 : 28 = 1,5

In den Abteilungen mit geringerer Auftragszahl pro Tag bei voller Auslastung sind die Aufträge arbeitsintensiver, deshalb müssen sie auch höher bewertet werden.

L12:
a) 200.000 Packungen zu 400 g = 80.000.000 g
   + 6 t unverpacktes Pulver = 6.000.000 g
                                86 000.000 g

      Herstellkosten   474.152 € (alle Kosten ohne Vw und Vtr)
   − Verpackungskosten   13.152 € (unverpackt !)
                                 461.000 €

   $\frac{461.000}{860.000}$ = 0,536 € HK je 100 g unverpacktes Bärenfutter

b) $\frac{13.152}{200.000}$ = 0,066 € Verpackungskosten je Packung

   0,536 € · 4   = 2,144 € HK für 400 g unverpacktes Bärenfutter
   2,144 + 0,066 = 2,21 € HK je 400-g-Paket

c) 24.800 €
   25.784 €
   50.584 € Verwaltungs- und Vertriebskosten
   50.584 € : 196.000 Packungen = 0,258 Vw/Vtr. je verkaufte Packung

     2,21 € HK   je 400-g-Packung
   + 0,258 € Vw/Vtr.   je 400-g-Packung
     2,468 € SK   je 400-g-Packung

d) 6.000.000 g · $\frac{0,536}{100}$ = 32.160 € HK für 6 t

e) 4.000 Pakete · 2,21 € HK/Paket = 8.840 € HK für 4.000 Pakete

f)   Umsatzerlöse 196.000 Pakete · 2,50 € = 490.000 €
   + Bestandserhöhung unfertige Erzeugnisse 32.160 €
   + Bestandserhöhung fertige Erzeugnisse   8.840 €
   = Gesamtleistung   531.000 €
   − Selbstkosten   524.736 €
   = Reingewinn   6.264 €

   = 196.000 Packungen zu 0,032 € Stückgewinn (6.264 € : 196.000 Packungen)

L13:
a) Plankostenverrechnungssätze in der Stanzerei für
1. Fertigungsmaterial je Stück

Plankosten für Fertigungsmaterial gesamt:

$$\frac{23.400 \cdot 9.400}{9.000} = 24.440 \text{ €}$$

Plankosten für Fertigungsmaterial je Stück:

$$\frac{24.440}{9.400} = 2,60 \text{ €}$$

2. Fertigungskosten je Stück

fixe Plankosten Stanzerei	25.280,00 €
variable Plankosten Stanzerei = $\frac{95.520 \cdot 1.880}{1.800}$	= 99.765,33 €
	125.045,33 €

$$\frac{125.045,33}{1.880} = 66,5135 \text{ €/Std.}$$

$$\frac{66,5135}{4 \text{ Stück/Std.}} = 16,6284 \text{ €/Stück}$$

b) Plankalkulation für ein Stück:

Fertigungsmaterial	2,60 €	
10 % MGK	0,26 €	
Planmaterialkosten		2,86 €
Planfertigungskosten		
– Stanzerei	16,6284 €	
– Bohren	21,80 €	
– Schleifen	7,80 €	
Planfertigungskosten		46,23 €
Planherstellkosten		49,09 €
10 % Verwaltungsgemeinkosten		4,91 €
15 % Vertriebsgemeinkosten		7,36 €
Planselbstkosten		61,36 €

c) Soll-Kosten = $\frac{\text{var. Plankosten} - \text{Ist-Beschäftigung}}{\text{Planbeschäftigung}}$ + Fixkosten

Soll-Kosten = $\frac{99.765,33 \cdot 9.200}{9.400}$ + 25.280 = 122.922,65 €

d) Errechnung der Abweichungen:
   Beschäftigungsabweichung
   verrechnete Plankosten – Sollkosten
   (9.200 · 16,6284) – 122.922,65   = 30.058,63 €

   Verbrauchsabweichung
   Sollkosten – Ist-Kosten
   122.922,65 – 165.600   = – 42.677,35 €

   Gesamtabweichung
   verrechnete Plankosten – Ist-Kosten
   152.981,28 – 165.600   = –12.618,72 €

e) Ursachen für Abweichungen
   Verbrauchsabweichungen: z. B. hoher Ausschuss, unnötiger Leerlauf, schlechte Organisation der Produktion, Lieferengpässe, Maschinenschaden etc.
   Beschäftigungsabweichungen: z. B. Fehleinschätzung der Beschäftigung, unvorhergesehene Veränderungen im Fixkostenbereich, z. B. Erhöhung der AfA für Anlagegüter (siehe Fixkosten im Plankosten-Verrechnungssatz)

L14:

	Stabil	Labil	Indifferent
Verkaufspreis/Stück	20,00 €	24,00 €	35,00 €
– K variabel/Stück	8,80 €	11,20 €	28,00 €
= db/Stück	11,20 €	12,80 €	7,00 €
· Absatzmenge	4.100.000 Stück	3.800.000 Stück	1.800.000 Stück
= Deckungsbeitrag I	45.920.000 €	48.640.000 €	12.600.000 €
– Erzeugnisfixe Kosten	28.000.000 €	19.000.000 €	8.900.000 €
= Deckungsbeitrag II	17.920.000 €	29.640.000 €	3.700.000 €
– Erzeugnisgruppenfixe Kosten		–20.000.000 €	
= Deckungsbeitrag III	17.920.000 €		13.340.000 €
– Unternehmensfixe Kosten		12.100.000 €	
= Betriebsergebnis		19.160.000 €	

a) Deckungsbeiträge I
   Stabil   45.920.000 €
   Labil   48.640.000 €
   Indifferent   12.600.000 €

   Deckungsbeiträge II
   Stabil   17.920.000 €
   Labil   29.640.000 €
   Indifferent   3.700.000 €

   Deckungsbeiträge III
   Stabil   17.920.000 €
   Labil + Indifferent 13.340.000 €

b) Betriebsergebnis = 19.160.000 €

c) Das Betriebsergebnis vermindert sich auf 15.460.000 € , weil der Deckungsbeitrag II von 3.700.000 € für Erzeugnis Indifferent entfällt.

L15:
a)
$$m = \frac{K_f}{db}$$

$db = p - k_v$
$E = p \cdot m$

$$P = \frac{E}{m} = \frac{3.000.000}{10.000} = 300,00 \text{ €}$$

$g = p - k$ Gewinn = Preis − Kosten
$100 = 300 - k$
$k = 200 \text{ €}$

$$k_f = \frac{K_f}{m} = \frac{1.800.000}{10.000}$$

$k_f = 180 \text{ €}$ $k_v = k - k_f$
$k_v = 200 - 180$ $k_v = 20 \text{ €}$
$db = 300 - 20$
$db = 280 \text{ €}$

$$m = \frac{1.800.000}{280} = 6.428,57 = 6.429 \text{ Stück}$$

b) $g = 100$
   $G = 100 \cdot 10.000 = 1.000.000 \text{ €}$ bisheriges Betriebsergebnis
         $1.000.000 \cdot 2 = 2.000.000 \text{ €}$ neues Betriebsergebnis

$$\text{zusätzliche Menge} = \frac{\text{zusätzlicher Gewinn}}{280} = \frac{1.000.000}{280} = 3.571,43 = 3.572 \text{ Stück}$$

erforderliche Umsatzsteigerung in € :
   $3.572 \text{ Stück} \cdot 300,00 \text{ €} = 1.071.600,00 \text{ €}$

Umsatzsteigerung in %:

$3.000.000,00 \text{ €} = 100 \%$

$$1.071.600,00 = x = 35,72 \% = \frac{1.071\,600 \cdot 100}{3.000.000}$$

c) k_v alt   20,00
   k_v neu   20,00
             2,00 + 10 % Erhöhung
             22,00

p   302,00
kv   22,00 ↑
db   280,00 → muss gleich bleiben, da Absatz unverändert
Preiserhöhung: 300,00 = 100 %
                    2 = x %

$$\rightarrow \frac{2 \cdot 100}{300} = 0,67 \%$$

L16:
Materialkosten:

Werkstoffkosten	346,00
MGK 2,6 %	9,00
	355,00
./. Schrotterlös 0,5 %	1,78
	353,22
eigene Fertigteile	328,00
fremde Fertigteile	714,00
MGK 2,6 %	18,56
	1.413,78
Fertigungslöhne Einzelfertigung	382,00
+ 1,5 % Ausschuss	5,73
FGK 147,4 % auf 387,73	571,51
Montagekosten	672,00
Herstellkosten	3.045,02
VwGK 19 %	578,55
VtGK 5,5 %	167,48
Selbstkosten	3.791,05
Verpackung + Fracht	106,00
Provision	316,00
Selbstkosten frei Haus Käufer	4.213,05
./. Konkurrenzpreis	3.520,00
Verlust	693,05

L17:
a)

Produkt	Zeitbedarf in Min./Stück	Hergestellte und abgesetzte Menge	Zeitbedarf insgesamt in Minuten
TUR 01	4	4.200	16.800 Min.
BI 02	2	6.200	12.400 Min.
NE 03	5	4.400	22.000 Min.
			51.200 Min.

b)

DB_{01}	= 4.200 · 8 €	=	33.600 €
DB_{02}	= 6.200 · 10 €	=	62.000 €
DB_{03}	= 4.400 · 12 €	=	52.800 €
DB insgesamt			148.400 €
– K_f			30.000 €
Betriebsgewinn			118.400 €

c) Zusätzlicher Deckungsbeitrag: 250 · 6 € = 1.500 €
Der Jahresgewinn erhöht sich um 1.500 € auf 119.900 €. Die Annahme eines Zusatzauftrages lohnt bei freistehenden Kapazitäten, wenn der Stückdeckungsbeitrag > 0 ist, weil sich dann der Gesamtgewinn – bei unveränderten Fixkosten – erhöht.

L18:
Neutraler Erfolg entsteht aus neutralen Aufwendungen und neutralen Erträgen. Diese haben mit dem Betriebszweck nichts zu tun. Es handelt sich um betriebsfremde, periodenfremde oder außergewöhnliche Aufwendungen oder Erträge. Dazu zählen Spenden, Mieterträge, Zinserträge, Gewinne oder Verluste aus Wertpapierverkäufen usw.

Der Betriebserfolg setzt sich aus den Zweckerträgen und Zweckaufwendungen, also den Kosten und Leistungen zusammen. Nur was für die Erstellung der betrieblichen Leistungen benötigt wird und der daraus erzielte Erlös darf hier verrechnet werden. Beispiele dafür sind Löhne, Abschreibungen auf Maschinen, Werbungskosten, Energie, Umsatzerlöse usw.

L19:

Kontenbezeichnung	Gesamtergebnis Gewinn- und Verlustrechnung		neutrales Ergebnis				Betriebsergebnis Kosten- und Leistungsrechnung	
			Abgrenzungen		Umrechnungen			
	Aufwendungen	Erträge	Aufwendungen	Erträge	Aufwendungen	verrechn. Kosten	Kosten	Leistungen
Umsatzerlöse für eigene Erzeugnisse		1.600						1.600
Umsatzerlöse für Waren		230						230
Minderbestand an fertigen Erzeugnissen	12						12	
Mieterträge		8		8				
Erträge aus dem Abgang v. Vermögensgegenständen		26		26				
Zinserträge		16		16				
Aufwendungen für Rohstoffe	380						380	
Aufwendungen für Waren	160						160	
Löhne	460						460	
Gehälter	260						260	
Soziale Abgaben	130						130	
Abschreibungen auf Sachanlagen	110				110	100	100	
Mieten/Pachten	20						20	
Büromaterial	3						3	
Versicherungen	32						32	
Betriebliche Steuern	42						42	
Zinsaufwendungen	24				24	50	50	
Kalk. Unternehmerlohn						12	12	
Zwischensummen	1.633	1.880	0	50	134	162	1.661	1.830
Ergebnisse	+247		+50		+28		+169	
Summen	1.880	1.880	50	50	162	162	1.830	1.830

Abstimmung der Ergebnisse:

Gesamtergebnis der Unternehmung: Unternehmensgewinn   in Tausend €

Ergebnis aus unternehmensbezogenen Abgrenzungen	+50
Ergebnis aus kostenrechnerischen Korrekturen	+28
Abgrenzungsergebnis	+ 78
+ Betriebsgewinn	+169
Gesamtgewinn der Unternehmung	247

Mieterträge sind neutral, da es nicht Betriebszweck des Unternehmens ist zu vermieten, sondern zu produzieren. Die Erträge aus dem Abgang von Vermögensgegenständen sind ebenfalls neutral, da es ebenso nicht Betriebszweck ist, Vermögensgegenstände zu verkaufen, sondern mit diesen zu produzieren. Zinserträge sind neutral, da die Zinsen nicht vom Betrieb erwirtschaftet werden, sondern von der Bank als Gutschrift für eine Geldanlage erfolgen.

Bei den kostenrechnerischen Korrekturen müssen die kalkulatorischen Abschreibungen auf Sachanlagen und die kalkulatorischen Zinsen berücksichtigt werden, da sie andere Werte aufweisen als die Abschreibung und die Zinsaufwendungen in der Geschäftsbuchhaltung. Der kalkulatorische Unternehmerlohn ist zusätzlich zu rechnen. Ihm steht kein Aufwand in der Geschäftsbuchhaltung gegenüber.

L20:
Selbstkosten sind die Summe aller Kosten für die Herstellung des Kostenträgers inklusive seinem Verkauf.

Materialkosten
+ Fertigungskosten
= Herstellkosten
+ Verwaltungsgemeinkosten
+ Vertriebsgemeinkosten
= Selbstkosten

2.6 Statische Investitionsrechenverfahren

Statische Investitionsrechenverfahren legen Aufwendungen und Erträge bzw. Kosten und Leistungen eines Investitionsprojektes und deren Auswertung zu Grunde, um die Vorteilhaftigkeit einer Investition zu ermitteln. Die statischen Verfahren beziehen sich nur auf **eine Nutzungsperiode**, wobei häufig eine **fiktive Durchschnittsperiode** gebildet und analysiert wird. Ändern sich Wirtschaftsgrößen im Zeitablauf, findet dies keine Berücksichtigung, wie es bei den dynamischen Investitionsrechenverfahren der Fall ist. Der zeitliche Anfall von Zahlungen wird außer Acht gelassen. Es werden vier statische Investitionsrechenverfahren unterschieden, die wir in je einem Abschnitt behandeln werden: Kostenvergleichsrechnung, Gewinnvergleichsrechnung, Rentabilitätsvergleichsrechnung und Amortisationsvergleichsrechnung.

Betrachtung einer Nutzungsperiode

2.6.1 Kostenvergleichsrechnung

Diese stellt die Kosten alternativer Investitionsmöglichkeiten gegenüber und wählt das kostengünstigste Projekt aus. Von zwei Projekten ist das mit den geringeren durchschnittlichen Jahreskosten bzw. mit den geringeren durchschnittlichen Kosten je Leistungseinheit die wirtschaftlichere Alternative.

Vergleich der Kosten von Projekten

Die Kosten differenziert man in
- Kapitalkosten (Abschreibung, Zinsen) und
- Betriebskosten (Personal-, Material-, Instandhaltungskosten usw.).

Berechnung der Abschreibung
Die kalkulatorische Abschreibung ist vom Wiederbeschaffungswert vorzunehmen. Zur Vereinfachung wird davon ausgegangen, dass der Wiederbeschaffungswert dem Anschaffungswert entspricht.

Verbleibt kein Restwert, errechnet sich die Abschreibung aus:	Muss ein Restwert (Liquidationserlös, Resterlös) berücksichtigt werden, rechnet man:
$$\text{Abschreibung} = \frac{\text{Anschaffungswert}}{\text{Nutzungsdauer}} = \frac{AW}{n}$$	$$\text{Abschreibung} = \frac{\text{Anschaffungswert} - \text{Restwert}}{\text{Nutzungsdauer}} = \frac{AW - RW}{n}$$

Berechnung der Zinsen
Sie sind vom durchschnittlich gebundenen Kapital zu berechnen. Da das zum Zeitpunkt t_0 investierte Kapital über die Nutzungsjahre zurückfließt, ist durchschnittlich nur das halbe Kapital gebunden. Zur Ermittlung der Zinsen wird das durchschnittlich gebundene Kapital mit dem Zinssatz multipliziert.

Es ist kein Restwert zu berücksichtigen.	Es verbleibt ein Restwert. Da der Restwert am Ende der Nutzungsdauer zurückfließt, ist er während der gesamten Laufzeit gebunden.
$\varnothing$ gebundenes Kapital $= \dfrac{AW}{2}$	$\varnothing$ gebundenes Kapital $= \dfrac{AW - RW}{2} + RW$ oder $\dfrac{AW + RW}{2}$
Zinsen $= \dfrac{AW \cdot i}{2}$	Zinsen $= \dfrac{AW + RW}{2} \cdot i$

Problem

Darius Dengler erhält zwei Angebote über Gummibärchen-Formmaschinen.

	Angebot 1: „Der heiße Schwung"	Angebot 2: „Die flotte Linie"
Anschaffungskosten	320.000 €	360.000 €
Nutzungsdauer	5 Jahre	5 Jahre
Formleistung	160.000 t pro Jahr	160.000 t pro Jahr
Kalkulationszinssatz	12 %	12 %
Variable Kosten	5,30 € pro Tonne	5,10 € pro Tonne
Sonstige fixe Kosten	50.000 € pro Jahr	48.000 € pro Jahr

Gesucht

Wie hoch sind die Kosten der beiden Maschinen?
Für welche Maschine sollte sich Darius Dengler auf Grund des Kostenvergleichs entscheiden?

Gelöst

Da die variablen und die sonstigen fixen Kosten bereits angegeben sind, müssen noch die Abschreibung und die kalkulatorischen Zinsen ermittelt werden.

	Angebot 1: „Der heiße Schwung"	Angebot 2: „Die flotte Linie"
Abschreibung	$\dfrac{320.000\ €}{5\ \text{Jahre}} = 64.000\ €$	$\dfrac{360.000\ €}{5\ \text{Jahre}} = 72.000\ €$
	Angebot 1: „Der heiße Schwung"	Angebot 2: „Die flotte Linie"
Zinsen	$\dfrac{320.000\ €}{2} \cdot 0{,}12 = 19.200\ €$	$\dfrac{360.000\ €}{2} \cdot 0{,}12 = 21.600\ €$

Ermittlung der Gesamtkosten pro Jahr:

	Angebot 1: „Der heiße Schwung"	Angebot 2: „Die flotte Linie"
Abschreibung	64.000 €	72.000 €
Zinsen	19.200 €	21.600 €
Sonstige fixe Kosten	50.000 €	48.000 €
Summe fixe Kosten	133.200 €	141.600 €
Variable Kosten	160.000 t · 5,30 €/t = 848.000 €	160.000 t · 5,10 €/t = 816.000 €
Gesamtkosten	981.200 €	957.600 €

Die Gesamtkosten von Angebot 1 übersteigen Angebot 2 um 23.600 €. Darius Dengler sollte sich für „Die flotte Linie" entscheiden.

Berechnung der kritischen Menge
Die kritische Menge gibt die Leistung an, bei der beide Maschinen die gleichen Kosten verursachen. Muss eine höhere Leistung erbracht werden, sollte die Wahl auf die Maschine mit den höheren Fixkosten und den geringeren variablen Kosten fallen, da die höheren fixen Kosten durch die Ersparnis bei den variablen Kosten ausgeglichen werden. Je mehr Leistung erbracht wird, desto höher ist die Ersparnis durch die geringeren variablen Kosten.

Die kritische Menge errechnet man aus der Gleichsetzung der Kostenfunktionen:

$$\text{Fixe Kosten}_{\text{Maschine 1}} + \text{variable Kosten/Leistungseinheit}_{\text{Maschine 1}} \cdot x$$
$$= \text{Fixe Kosten}_{\text{Maschine 2}} + \text{variable Kosten/Leistungseinheit}_{\text{Maschine 2}} \cdot x$$

$$K_{fix1} + k_{var1} \cdot x = K_{fix2} + k_{var2} \cdot x$$

Unter Verwendung der Daten der Gummibärchen-Formmaschinen errechnet sich eine kritische Menge von 42.000 Tonnen:
133.200 + 5,30 x = 141.600 + 5,10 x
0,20 x = 8.400
x = 42.000 Tonnen

Wir zeigen noch den Weg, zunächst die Gleichung nach x aufzulösen, weil man so eine direkte Fomel für die kritische Menge erhält:

$$x = \frac{\text{Differenz fixe Gesamtkosten}}{\text{Differenz variable Kosten / Leistungseinheit}} = \frac{K_{fix2} - K_{fix1}}{k_{var1} - k_{var2}}$$

$$x = \frac{141.600 - 133.200}{5,30 - 5,10} = \frac{8.400}{0,20} = 42.000 \text{ Tonnen}$$

Müssen beispielsweise 43.000 Tonnen Gummibärchen geformt werden, ergeben sich bei den zwei Maschinen folgende Kosten:

	Angebot 1: „Der heiße Schwung"	Angebot 2: „Die flotte Linie"
Summe der fixen Kosten	133.200 €	141.600 €
Variable Kosten	43.000 t · 5,30 €/t = 227.900 €	43.000 t · 5,10 €/t = 219.300 €
Gesamtkosten	361.100 €	360.900 €

Die Gesamtkosten der „Flotten Linie" sind um 200 € geringer als bei Maschine 1. Die höheren fixen Kosten von Maschine 2 werden durch die Ersparnis bei den variablen Kosten aufgefangen.

Werden nur Aufträge in Höhe von 39.000 Tonnen erteilt, sieht die Rechnung wie folgt aus:

	Angebot 1: „Der heiße Schwung"	Angebot 2: „Die flotte Linie"
Summe der fixen Kosten	133.200 €	141.600 €
Variable Kosten	39.000 t · 5,30 €/t = 206.700 €	39.000 t · 5,10 €/t = 198.900 €
Gesamtkosten	339.900 €	340.500 €

Liegt die geforderte Leistung unter der kritischen Menge, ist die Maschine mit den geringeren Fixkosten günstiger.

Berücksichtigung eines Restwertes

Problem

Darius Dengler geht davon aus, dass durch den Verkauf der Gummibärchen-Formmaschinen nach Ablauf der Nutzungsdauer ein Resterlös erzielt werden kann. Die restlichen Angaben bleiben unverändert.

	Angebot 1: „Der heiße Schwung"	Angebot 2: „Die flotte Linie"
Anschaffungskosten	320.000 €	360.000 €
Restwert	15.000 €	22.000 €
Nutzungsdauer	5 Jahre	5 Jahre
Formleistung	160.000 t pro Jahr	160.000 t pro Jahr
Kalkulationszinssatz	12 %	12 %
Variable Kosten	5,30 € pro Tonne	5,10 € pro Tonne
Sonstige fixe Kosten	50.000 € pro Jahr	48.000 € pro Jahr

Gesucht
a) Wie hoch sind die Kosten der beiden Maschinen?
b) Für welche Maschine sollte sich Darius Dengler auf Grund des Kostenvergleichs entscheiden?
c) Bei wie viel Tonnen liegt die kritische Auslastung?

Gelöst

a) Sowohl bei der Berechnung der Abschreibungen als auch bei der Ermittlung der Zinsen muss der Restwert berücksichtigt werden.

	Angebot 1: „Der heiße Schwung"	Angebot 2: „Die flotte Linie"
Abschreibung	$\dfrac{AW - RW}{n}$	$\dfrac{AW - RW}{n}$
Abschreibung	$\dfrac{320.000\ € - 15.000\ €}{5\ \text{Jahre}} = 61.000\ €$	$\dfrac{360.000\ € - 22.000\ €}{5\ \text{Jahre}} = 67.600\ €$
Durchschnittlich gebundenes Kapital	$\dfrac{AW + RW}{2}$	$\dfrac{AW + RW}{2}$
Durchschnittlich gebundenes Kapital	$\dfrac{320.000\ € - 15.000\ €}{2} = 167.500\ €$	$\dfrac{360.000\ € - 22.000\ €}{2} = 191.000\ €$
Zinsen	$\dfrac{AW + RW}{2} \cdot i$	$\dfrac{AW + RW}{2} \cdot i$
Zinsen	$167.500\ € \cdot 0{,}12 = 20.100\ €$	$191.000\ € \cdot 0{,}12 = 22.920\ €$

Ermittlung der Gesamtkosten pro Jahr:

	Angebot 1: „Der heiße Schwung"	Angebot 2: „Die flotte Linie"
Abschreibung	61.000 €	67.600 €
Zinsen	20.100 €	22.920 €
Sonstige fixe Kosten	50.000 €	48.000 €
Summe der fixen Kosten	131.100 €	138.520 €
Variable Kosten	160.000 t · 5,30 €/t = 848.000 €	160.000 t · 5,10 €/t = 816.000 €
Gesamtkosten	979.100 €	954.520 €

b) „Die flotte Linie" ist um 24.580 € günstiger als „Der heiße Schwung". Deshalb sollte sich Darius Dengler für Angebot 2 entscheiden.

c) Die kritische Auslastung liegt bei 37.100 Tonnen.

$$x = \frac{\text{Differenz fixe Gesamtkosten}}{\text{Differenz variable Kosten/Leistungseinheit}} = \frac{K_{fix2} - K_{fix1}}{k_{var1} - k_{var2}} = \frac{138.520 - 131.100}{5{,}30 - 5{,}10} = 37.100\ t$$

Kostenvergleich pro Leistungseinheit
Ein Vergleich der Gesamtkosten ist nur sinnvoll, wenn beide Maschinen die gleiche Leistung erbringen. Liegt diese Voraussetzung nicht vor, muss ein Kostenvergleich pro Leistungseinheit vorgenommen werden.

Problem
Nach genauem Studium der Angebote entdeckt Darius Dengler, dass „Der heiße Schwung" eine Formleistung von 220.000 Tonnen pro Jahr erbringen kann. Es ist von folgenden Daten auszugehen:

	Angebot 1: „Der heiße Schwung"	Angebot 2: „Die flotte Linie"
Anschaffungskosten	320.000 €	360.000 €
Restwert	15.000 €	22.000 €
Nutzungsdauer	5 Jahre	5 Jahre
Formleistung	220.000 t pro Jahr	160.000 t pro Jahr
Kalkulationszinssatz	12 %	12 %
Variable Kosten	5,30 € pro Tonne	5,10 € pro Tonne
Sonstige fixe Kosten	50.000 € pro Jahr	48.000 € pro Jahr

Gesucht

Wie hoch sind die fixen, die variablen und die Gesamtkosten pro Tonne bei den betrachteten Gummibärchen-Formmaschinen?

Gelöst

	Angebot 1: „Der heiße Schwung"	Angebot 2: „Die flotte Linie"
Abschreibung pro t	61.000 € : 220.000 t = 0,2773 €/t	67.600 € : 160.000 t = 0,4225 €/t
Zinsen pro t	20.100 € : 220.000 t = 0,0914 €/t	22.920 € : 160.000 t = 0,1433 €/t
Sonst. fixe Kosten pro t	50.000 € : 220.000 t = 0,2273 €/t	48.000 € : 160.000 t = 0,3000 €/t
Summe der fixen Kosten pro t	0,596 €/t	0,8658 €/t
Variable Kosten pro t	5,30 €/t	5,10 €/t
Gesamtkosten pro t	5,896 €/t	5,9658 €/t

Die fixen Kosten pro Tonne können schneller errechnet werden, wenn die Summe der fixen Kosten durch die Leistung dividiert wird.

Summe der fixen Kosten	131.100 €	138.520 €
Summe der fixen Kosten pro t	131.100 € : 220.000 t = 0,596 €/t	138.520 € : 160.000 t = 0,8658 €/t
Variable Kosten pro t	5,30 €/t	5,10 €/t
Gesamtkosten pro t	5,896 €/t	5,9658 €/t

Wird „Der heiße Schwung" mit 220.000 Tonnen ausgelastet, während mit „Der flotten Linie" nur 160.000 Tonnen geformt werden können, sind die Kosten pro Tonne von Maschine 1 geringer als von Maschine 2. Die fixen Kosten verteilen sich auf eine größere Leistungsmenge.

2.6.2 Gewinnvergleichsrechnung

Erlöse – Kosten = Gewinn

Die Gewinnvergleichsrechnung baut unmittelbar auf der Kostenvergleichsrechnung auf, da sich der Gewinn aus der Differenz zwischen den Erlösen und den Kosten ergibt.

Sie macht dann Sinn, wenn sich Investitionen nicht nur hinsichtlich der Kosten unterscheiden, sondern wenn auch unterschiedliche Erlöse zu erwarten sind. Nicht nur Investitionsprojekte können hier bezüglich der erwarteten Gewinne verglichen werden, sondern es ist auch möglich, ein einzelnes Projekt zu beurteilen. Ein Projekt ist naturgemäß vorteilhaft, wenn der Gewinn größer (oder mindestens gleich Null) ist. Wir erläutern dies näher, indem wir das Beispiel aus Abschnitt 2.6.1 fortführen.

Problem
Darius Dengler hat die Kosten der beiden Formmaschinen bei einer Leistung von 160.000 t festgehalten. Ein Restwert wird nicht berücksichtigt.

	Angebot 1: „Der heiße Schwung"	Angebot 2: „Die flotte Linie"
Abschreibung	64.000 €	72.000 €
Zinsen	19.200 €	21.600 €
Sonstige fixe Kosten	50.000 €	48.000 €
Summe der fixen Kosten	133.200 €	141.600 €
variable Kosten	160.000 t · 5,30 €/t = 848.000 €	160.000 t · 5,10 €/t = 816.000 €
Gesamtkosten	981.200 €	957.600 €

Darius Dengler schätzt den Erlös pro Tonne bei der Maschine „Der heiße Schwung" auf 8,40 € pro Tonne und bei „Der flotten Linie" auf 8,45 € pro Tonne. Der Preisunterschied rührt von der Vielfalt der Farbmischungen her.

Gesucht
Wie hoch ist bei einer Leistung von 160.000 Tonnen der jährliche Gewinn je Maschine?

Gelöst

	Angebot 1	Angebot 2
Erlöse	160.000 t · 8,40 €/t = 1.344.000 €	160.000 t · 8,45 €/t = 1.352.000 €
– Fixe Kosten	133.200 €	141.600 €
– Variable Kosten	848.000 €	816.000 €
= Gewinn	362.800 €	394.400 €

Bei einer Formmenge von 160.000 t pro Jahr liegt der Gewinn bei Maschine 2 um 31.600 € höher als bei Maschine 1.

Berechnung der kritischen Menge
Darius Dengler stellt sich die Frage, bei welcher jährlichen Formleistung in Tonnen beide Maschinen den gleichen Gewinn bzw. Verlust erwirtschaften. Dafür setzt man die Gewinnfunktionen gleich:

Gewinn = Erlöse · x − (fixe Gesamtkosten + variable Kosten pro Stück · x)

Gewinn$_{Maschine1}$ = 8,40 x − (133.200 + 5,30 x)
Gewinn$_{Maschine2}$ = 8,45 x − (141.600 + 5,10 x)
Also:
8,40 x − (133.200 + 5,30 x) = 8,45 x − (141.600 + 5,10 x)
8,40 x − 133.200 − 5,30 x = 8,45 x − 141.600 − 5,10 x
8,40 x + 8.400 − 5,30 x = 8,45 x − 5,10 x
3,10 x + 8.400 = 3,35 x
8.400 = 0,25 x
x = 33.600 t

Übersteigt die jährliche Auftragsmenge 33.600 t, ist Maschine 2 der Vorzug zu geben. Die höheren Fixkosten werden durch die größere Differenz aus Erlös/Stück und variablen Kosten/Stück kompensiert.

$$x = \frac{\text{Differenz fixe Gesamtkosten } K_{fix2} - K_{fix1}}{(\text{Erlös/Stück} - \text{var. Kosten/Stück})_2 - (\text{Erlös/Stück} - \text{var. Kosten/Stück})_1}$$

$$x = \frac{141.600 - 133.200}{3,35 - 3,10} = \frac{8.400}{0,25} = 33.600 \text{ Tonnen}$$

Erhält Darius Dengler Aufträge über 35.000 t, ergibt sich aus der Gegenüberstellung, dass Maschine 2 auf Grund des geringeren Verlustes bevorzugt werden sollte.

	Angebot 1	Angebot 2
Erlöse	35.000 t · 8,40 €/t = 294.000 €	35.000 t · 8,45 €/t = 295.750 €
− Fixe Kosten	133.200 €	141.600 €
− Variable Kosten	35.000 t · 5,30 €/t = 185.500 €	35.000 t · 5,10 €/t = 178.500 €
= Gewinn/Verlust	− 24.700 €	− 24.350 €

Müssen Aufträge über 30.000 t erfüllt werden, kann mit Maschine 1 der geringere Verlust erzielt werden, wie der Vergleich zeigt.

	Angebot 1	Angebot 2
Erlöse	30.000 t · 8,40 €/t = 252.000 €	30.000 t · 8,45 €/t = 253.500 €
− Fixe Kosten	133.200 €	141.600 €
− Variable Kosten	30.000 t · 5,30 €/t = 159.000 €	30.000 t · 5,10 €/t = 153.000 €
= Gewinn/Verlust	− 40.200 €	− 41.100 €

Berechnung der Gewinnschwelle
Hier stellt sich Darius Dengler die Frage, ab welcher Menge kein Verlust erwirtschaftet wird. Dazu muss der Deckungsbeitrag ermittelt werden. Der Deckungsbeitrag dient zur Deckung der fixen Kosten.

	„Der heiße Schwung"	„Die flotte Linie"
Erlöse pro Einheit	8,40 €	8,45 €
– variable Kosten pro Einheit	5,30 €	5,10 €
= Deckungsbeitrag pro Einheit	3,10 €	3,35 €

Im nächsten Schritt berechnet man, wie viele Tonnen geformt werden müssen, also wie viele Deckungsbeiträge pro Tonne notwendig sind, um die fixen Kosten zu decken. Allgemein gilt:

$$\text{Gewinnschwelle (Break-even-Point)} = \frac{\text{Fixe Gesamtkosten}}{\text{Deckungsbeitrag pro Einheit}}$$

Angebot 1: „Der heiße Schwung":
133.200 € : 3,10 €/Tonne = 42.967,74 → 42.968 Tonnen

Angebot 2: „Die flotte Linie":
141.600 € : 3,35 €/Tonne = 42.268,66 → 42.269 Tonnen

Die Überprüfung zeigt, dass bei den ermittelten Tonnen gerade kein Verlust mehr erwirtschaftet wird. Maschine 2 erreicht die Gewinnzone früher – bei einer geringeren Menge – als Maschine 1.

	Angebot 1 „Der heiße Schwung"	Angebot 2 „Die flotte Linie"
Erlöse	42.968 t · 8,40 €/t = 360.931,20 €	42.269 t · 8,45 €/t = 357.173,05 €
– Fixe Kosten	133.200 €	141.600 €
– Variable Kosten	42.968 t · 5,30 €/t = 227.730,40 €	42.269 t · 5,10 €/t = 215.571,90 €
= Gewinn/Verlust	+ 0,80 €	+ 1,15 €

2.6.3 Rentabilitätsvergleichsrechnung

Es ist nicht immer sinnvoll, den absoluten Gewinn von Projekten miteinander zu vergleichen, wenn das eingesetzte Kapital erheblich voneinander abweicht. Anschaulich gesprochen: Ein Gewinn von 1.000 € bei einem Kapitaleinsatz von 100.000 € ist weniger rentabel als ein Gewinn von 500 € bei einem Kapitaleinsatz von 30.000 €. Als Vergleichsgröße wird in solchen Fällen der relative Gewinn verwendet, also der absolute Gewinn im Verhältnis zum eingesetzten Kapital. Man verwendet in diesem Zusammenhang auch die Bezeichnung Return-on-Investment (ROI).

absoluter und relativer Gewinn

$$\text{(Kapital-)Rentabilität (bzw. ROI)} = \frac{\text{Gewinn} \cdot 100}{\text{durchschnittlich eingesetztes Kapital}}$$

Eine Schwierigkeit ergibt sich aus der unterschiedlichen Definition von Gewinn und durchschnittlich gebundenem Kapital. Je nach Interpretation kann das zu abweichenden Ergebnissen führen. Als Kapitaleinsatz kann beispielsweise auch der jeweilige Restwert pro Jahr verwendet werden.

Meist wird von der Geschäftsführung eine Mindestrentabilität für Investitionen festgesetzt.

- Betrachtet man eine Einzelinvestition, erfüllt diese das Rentabilitätskriterium, wenn ihre Rentabilität die vorgegebene Rentabilität nicht unterschreitet.
- Vergleicht man mehrere Investitionsobjekte miteinander, wird das mit der höheren Rentabilität bevorzugt.
- **Rationalisierungsinvestition** Muss eine Maschine ersetzt werden, wird die neue Maschine ausgewählt, deren Kostenersparnis (Minderkosten) die Rentabilität des eingesetzten Kapitals erreicht. Für Rationalisierungsinvestitionen gilt deshalb:

$$\text{Rentabilität} = \frac{\text{Minderkosten}}{\text{durchschnittlich gebundenes Kapital}} \cdot 100$$

Zur Berechnung des durchschnittlich gebundenen Kapitals werden – wie oben bei der Kostenvergleichsrechnung schon gezeigt – folgende Formeln verwendet:

Es ist kein Restwert zu berücksichtigen:

$$\text{Durchschnittlich gebundenes Kapital} = \frac{AW}{2}$$

Restwert fließt am Ende der Nutzungsdauer zurück. Er ist während der Laufzeit gebunden.

Es verbleibt ein Restwert:

$$\text{Durchschnittlich gebundenes Kapital} = \frac{AW - RW}{2} + RW = \frac{AW + RW}{2}$$

Problematisch ist auch die Festlegung des Gewinns. In einigen Fällen werden die kalkulatorischen Zinsen und die kalkulatorischen Abschreibungen berücksichtigt und addiert. Häufig wird die Einbeziehung der Zinsen jedoch auch abgelehnt. Begründet wird dies damit, dass bei Verwendung des Gewinns aus der Gewinnvergleichsrechnung die Rendite des durchschnittlich gebundenen Gesamtkapitals errechnet werden kann, und zwar über die Verzinsung des Fremdkapitals und die kalkulatorische Verzinsung des Eigenkapitals hinaus.

Problem

In Fortführung des oben herangezogenen Beispiels: Darius Dengler möchte die Rentabilität der Gummibärchen-Formmaschinen ermitteln und geht von den bekannten Daten aus:

	Angebot 1: „Der heiße Schwung"	Angebot 2: „Die flotte Linie"
Anschaffungskosten	320.000 €	360.000 €
Gewinn	362.800 €	394.400 €

Gesucht
Wie hoch ist jeweils die Rentabilität bei den beiden Maschinen?

Gelöst

	Angebot 1	Angebot 2
Anschaffungskosten	320.000 €	360.000 €
Durchschnittlich gebundenes Kapital	$\frac{320.000\ €}{2} = 160.000\ €$	$\frac{360.000\ €}{2} = 180.000\ €$
Gewinn	362.800 €	394.400 €
Rentabilität	$\frac{362.800 \cdot 100}{160.000} = 226{,}75\ \%$	$\frac{394.400 \cdot 100}{180.000} = 219{,}11\ \%$

Rentabilität = $\frac{\text{Gewinn} \cdot 100}{\text{ø geb. Kapital}}$

Die Rentabilität von Maschine 1 liegt über der von Maschine 2. Mit Rentabilitäten in diesem Größenbereich kann Darius Dengler übrigens mehr als zufrieden sein (was natürlich an dem bewusst überspitzt gewählten Beispiel liegt).

2.6.4 Amortisationsvergleichsrechnung

Die Amortisationsvergleichsrechnung beantwortet die Frage, in welchem Zeitraum sich eine Investition amortisiert (bezahlt macht).

 Unter Amortisationszeit/Wiedergewinnungszeit versteht man den Zeitraum, in dem der Kapitaleinsatz durch Einnahmenüberschüsse wiedergewonnen wird.

Die statische Amortisationsrechnung wird auch Pay-off-, Pay-out- oder Payback-Methode genannt.

In der Praxis legt der Inhaber oder die Geschäftsleitung eines Unternehmens für Investitionen eine maximal zulässige Amortisationszeit fest, die anschließend mit der tatsächlichen Amortisationszeit der Projekte verglichen wird.

- Eine Einzelinvestition ist vorteilhaft, wenn die eingesetzten Mittel innerhalb der vorgegebenen Amortisationszeit wiedergewonnen werden. — Einzelinvestition
- Stehen mehrere Projekte zur Auswahl, ist das mit der kürzesten Amortisationszeit am vorteilhaftesten, solange es die vorgegebene Amortisationszeit nicht überschreitet. — Projektauswahl
- Soll eine Maschine ersetzt werden, wird der Zeitpunkt ausgewählt, ab dem sich die neue Maschine über ihre jährlichen Minderkosten innerhalb der vorgegebenen Amortisationszeit bezahlt macht. — Ersatzinvestition

Die Amortisationszeit kann mithilfe der
- Durchschnittsrechnung bei Vorliegen bzw. Berechnung konstanter Jahresbeträge und der
- Kumulationsrechnung bei schwankenden Jahresbeträgen ermittelt werden.

Durchschnittsrechnung
Zur Ermittlung der Amortisationszeit greift man auf die folgenden Formeln zurück, die danach differenziert sind, ob ein Restwert zu berücksichtigen ist oder nicht und ob kalkulatorische Zinsen einbezogen werden sollen oder nicht. Der durchschnittliche jährliche Gewinn ist darin abgekürzt mit „Ø Gewinn".

Berechnung ohne Restwert

$$\text{Amortisationszeit} = \frac{\text{Anschaffungswert}}{\text{Ø Gewinn + Abschreibung}}$$

unter zusätzlicher Berücksichtigung der kalkulatorischen Zinsen:

$$\text{Amortisationszeit} = \frac{\text{Anschaffungswert}}{\text{Ø Gewinn + Abschreibung + kalk. Z.}}$$

Berechnung mit Restwert

$$\text{Amortisationszeit} = \frac{\text{Anschaffungswert − Restwert}}{\text{Ø Gewinn + Abschreibung}}$$

unter zusätzlicher Berücksichtigung der kalkulatorischen Zinsen:

$$\text{Amortisationszeit} = \frac{\text{Anschaffungswert − Restwert}}{\text{Ø Gewinn + Abschreibung + kalk. Z.}}$$

Die kalkulatorische Abschreibung wird zum durchschnittlichen jährlichen Gewinn addiert, da sie über die Umsatzerlöse wieder in das Unternehmen zurückfließt. Dem stehen keine Ausgaben (Geldmittelabflüsse) gegenüber. Die gleiche Überlegung kann bei den kalkulatorischen Zinsen angestellt werden. Je nach Vorgabe der Geschäftsleitung finden sich in der Praxis beide Möglichkeiten zur Berechnung der Amortisationszeit.

Amortisationszeit bei einer Rationalisierungsinvestition (Ersatzproblem)

$$\text{Amortisationszeit} = \frac{\text{Anschaffungswert}}{\text{durchschnittliche jährliche Minderauszahlungen}}$$

Problem
Lina Moser stehen zwei Schleifen-Flechtmaschinen zur Auswahl, von denen sie nachstehende Daten zusammengestellt hat:

	Maschine 1: „Bunte Vielfalt"	Maschine 2: „Der elegante Dreh"
Anschaffungswert	60.000 €	66.000 €
Nutzungsdauer	5 Jahre	5 Jahre
Zinssatz	8 %	8 %
Durchschnittlicher Gewinn	6.500 €	7.800 €

Gesucht
a) Wie lange ist die Amortisationszeit ohne Berücksichtigung der Zinsen?
b) Wie lange ist die Amortisationszeit mit Berücksichtigung der Zinsen?

Gelöst
Zuerst müssen die Abschreibungen und die Zinsen berechnet werden, was wir als weitere „Zeilen" zu obiger Tabelle zusammenstellen:

	Maschine 1	Maschine 2
Abschreibung	60.000 € : 5 Jahre = 12.000 €	66.000 € : 5 Jahre = 13.200 €
Zinsen	(60.000 € : 2) · 8 % = 2.400 €	(66.000 € : 2) · 8 % = 2.640 €

a) Amortisationszeit ohne Berücksichtigung der Zinsen

$$\frac{\text{Anschaffungswert „Bunte Vielfalt"}}{\text{Durchschnittl. jährlicher Gewinn + Abschreibung}} = \frac{60.000}{6.500 + 12.000} = 3{,}24 \text{ Jahre}$$

$$\frac{\text{Anschaffungswert „Der elegante Dreh"}}{\text{Durchschnittl. jährlicher Gewinn + Abschreibung}} = \frac{66.000}{7.800 + 13.200} = 3{,}14 \text{ Jahre}$$

„Der elegante Dreh" amortisiert sich also etwas schneller als die „Bunte Vielfalt", genauer gesagt: um 1,2 Monate:

3,24 Jahre – 3,14 Jahre = 0,1 Jahre · 12 Monate = 1,2 Monate

b) Amortisationszeit mit Berücksichtigung der Zinsen

$$\frac{\text{Anschaffungswert „Bunte Vielfalt"}}{\text{Ø jährlicher Gewinn + Abschreibung + kalk. Zinsen}} = \frac{60.000}{6.500 + 12.000 + 2.400} = 2{,}87 \text{ Jahre}$$

$$\frac{\text{Anschaffungswert „Der elegante Dreh"}}{\text{Ø jährlicher Gewinn + Abschreibung + kalk. Zinsen}} = \frac{66.000}{7.800 + 13.200 + 2.640} = 2{,}79 \text{ Jahre}$$

Auch unter Berücksichtigung der Zinsen amortisiert sich „Der elegante Dreh" etwas schneller.

Kumulationsrechnung
Bei der Kumulationsrechnung können unterschiedlich hohe Rückflüsse während der Amortisationszeit berücksichtigt werden. Die Einnahmenüberschüsse werden bis zu dem Jahr kumuliert (aufaddiert), in dem die Nettoeinzahlungen inklusive Restwert der Anschaffungsauszahlung entsprechen.

Problem

Herr Munzel plant ein Investitionsobjekt mit einer Anschaffungsauszahlung von 88.000 €. Er geht von einer Nutzungsdauer von sechs Jahren aus. Die Einnahmenüberschüsse werden wie folgt prognostiziert:

1. Jahr 35.000 €   2. Jahr 28.000 €   3. Jahr 25.000 €
4. Jahr 18.000 €   5. Jahr 15.000 €   6. Jahr 10.000 €

Gesucht
Welche Amortisationszeit ergibt sich nach der Kumulationsrechnung?

Gelöst

Die Investition amortisiert sich nach dem dritten Jahr. Die kumulierten Einnahmenüberschüsse entsprechen der Anschaffungsauszahlung.

Jahre	Einnahmenüberschüsse	Kumulierte Einnahmenüberschüsse
1	35.000 €	35.000 €
2	28.000 €	63.000 €
3	25.000 €	88.000 € ←
4	18.000 €	106.000 €
5	15.000 €	121.000 €
6	10.000 €	131.000 €

Musterklausur für „Betriebswirtschaftliches Handeln"

1. Sie übernehmen eine neue Stelle in der Fertigung, da ihr Vorgänger in den Ruhestand gegangen ist und Sie dafür bekannt sind, sich gerne neuen Anforderungen zu stellen. Bald stellen Sie fest, dass hier der Schwerpunkt auf der Terminplanung liegt. Es soll ein schneller Materialdurchlauf gewährleistet sein und eine hohe Auslastung der Maschinenkapazitäten.
   a) Erläutern Sie den Begriff Kapazitätsauslastung. (4 Punkte)
   b) Beschreiben Sie, aus welchen Vorgängen sich die Durchlaufzeit zusammensetzen kann. (3 Punkte)
   c) Begründen Sie, warum die Durchlaufzeit möglichst kurz und die Maschinenauslastung möglichst hoch sein soll. (6 Punkte)
   d) Beschreiben Sie eine betriebliche Situation, in der die beiden genannten Ziele nicht gleichzeitig verfolgt werden können. (4 Punkte)

2. Für das Schleifen einer Scheibe mit einer einfachen Haltevorrichtung ist eine Vorgabezeit von 5 min pro Stück erforderlich.
   Der Akkordrichtsatz beträgt 14,40 €, die Fertigungsgemeinkosten betragen 160 %, die Haltevorrichtung kostet 108 €.
   Durch den Einsatz einer Spezialvorrichtung, die 1.500 € kostet, kann die Vorgabezeit auf 2 min reduziert werden. Durch Anwendung einer anderen Lohngruppe ergibt sich ein Akkordrichtsatz von 10,50 €, die Fertigungsgemeinkosten betragen 180 %.
   Es ist eine Losgröße von 6.000 Stück vorgesehen.
   a) Gesucht sind die Kosten pro Stück für beide Verfahren. (10 Punkte)
   b) Zu berechnen ist die Grenzstückzahl. (6 Punkte)

3. Sie werden beauftragt, eine Präsentation vor ihren Mitarbeitern über das Thema „Organisationssysteme" zu halten. Als Vorbereitung überlegen Sie sich folgenden Aufbau eines Unternehmens:
   Das Unternehmen vertreibt durch Reisende mehrere Erzeugnisgruppen. Es handelt sich dabei um Brunnenfiguren in verschiedenen Ausfertigungen, Solarleuchten unterschiedlicher Qualität und Gartenschläuche gestaffelt nach Preisklassen. Das Unternehmen stellt selbst nichts her, sondern importiert diese Waren aus Europa.
   Folgende Abteilungen sollen in die Organisation eingebunden werden: Marktforschung, Lager, Einkauf, Personal, Organisation, Verkauf, Rechnungswesen, Warenprüfung und Verkaufsförderung. Der Vorstandsvorsitzende wird noch von drei Vorstandsmitgliedern unterstützt, die gleichwertige Aufgaben bekommen sollen.

   Entwerfen Sie anhand dieser Angaben ein Beispiel für eine Linienorganisation. (14 Punkte)

4. Beschreiben Sie Vor- und Nachteile der summarischen und analytischen Verfahren der Arbeitsbewertung. (16 Punkte)

5. Unternehmen schließen sich zusammen, um sich besser im Wettbewerb behaupten zu können, sich weltweite Standorte zu sichern und durch das Zusammenlegen von betrieblichen Funktionen wirtschaftlicher arbeiten zu können. Dies hat auch Auswirkungen auf die Volkswirtschaft.

   Beschreiben Sie je vier denkbare Vorteile und Nachteile von Unternehmenszusammenschlüssen für die Volkswirtschaft. (8 Punkte)

6. In Ihrer Abteilung sind Spezialisten im Einsatz, die die Arbeitsprozesse auf ihre Zerlegbarkeit hin untersuchen. Das Ziel ist eine höhere Effektivität. In diesem Zusammenhang wird auch von Artteilung gesprochen.
   a) Erläutern Sie den Begriff Artteilung. (2 Punkte)
   b) Beschreiben Sie vier mögliche Auswirkungen der Artteilung. (8 Punkte)

7. Jedes Unternehmen unterliegt einem ständigen Wandel. Werden die Prozesse nicht permanent an die neueste Technik angepasst, geht der Anschluss zur Konkurrenz verloren. Mitarbeiter dürfen dabei auch nicht stehen bleiben, sondern müssen den kontinuierlichen Verbesserungsprozess mittragen.

   Beschreiben Sie fünf mögliche Gründe für die Abwehrhaltung von Mitarbeitern gegenüber Veränderungsprozessen. (10 Punkte)

8. Der Mensch ist der wichtigste Produktionsfaktor in einem Unternehmen. Bietet man ihm eine Umgebung, in der er sich wohl fühlt, und eine Aufgabe, die er gerne erfüllt, wird er motiviert eine hohe Leistung zeigen. Als Vorgesetzter gehört es zu Ihren Aufgaben, sich um die genannten Voraussetzungen zu kümmern.
   a) Erläutern Sie den „Wirkungsgrad menschlicher Arbeit". (4 Punkte)
   b) Nennen Sie fünf Möglichkeiten, wie der Wirkungsgrad verbessert werden kann. (5 Punkte)

LÖSUNGSVORSCHLÄGE

Lösung zu 1.:

a) Die Kapazitätsauslastung – auch Beschäftigungsgrad genannt – gibt an, in welchem Ausmaß eine Maschine ausgelastet ist. Berechnet werden kann die Kapazitätsauslastung zum Beispiel, indem man die tatsächlich geleisteten Stunden ins Verhältnis setzt zu den technisch möglichen Stunden.

Beispiel:
(800 h : 1.000 h) · 100 = 80 %

b) Die Durchlaufzeit kann sich je nach Situation zusammensetzen aus Lagerzeiten, Transportzeiten, Bearbeitungszeiten, Wartezeiten und Prüfzeiten.

c) Eine kurze Durchlaufzeit bedeutet niedrige Zinskosten und Lagerkosten. Die Werkstücke/Produkte binden nicht so lange Kapital, da der Kunde seine Bestellung eher erhält und damit auch früher bezahlt. Außerdem wird Lagerplatz nicht unnötig belegt, der Kosten verursacht, wie zum Beispiel Abschreibung, Versicherung, Energie, Verwaltung usw.
Eine hohe Maschinenauslastung bedeutet, dass der Fixkostenanteil bei den Produkten geringer ist als umgekehrt. Das hat wiederum zur Folge, dass der Gewinnanteil höher ausfällt und der Fixkostenblock schneller gedeckt wird.

d) Kann eine ältere Maschine nicht mehr voll ausgelastet werden, da sonst größere Schäden auftreten würden, verlängert sich die Durchlaufzeit.
Oder
Wird die Durchlaufzeit auf Grund der schlechten Auftragslage verlängert, um Kurzarbeit zu vermeiden, sind die Maschinen nicht mehr voll ausgelastet.

Lösung zu 2.:

a) einfache Haltevorrichtung:

k_f = 108,00 € : 6 000 Stück
 = 0,018 € /Stück
k_v = 1,20 € /Stück   FLK   bei 5 min/Stück
 1,92 € /Stück   FGK 160 %   12 Stück pro Std.
k = 3,138 € /Stück

Spezialvorrichtung:
k_f = 1 500,00 € : 6 000 Stück
 = 0,25 € /Stück
k_v = 0,35 € /Stück   FLK   bei 2 min/Stück
 0,63 € /Stück   FGK 180 %   30 Stück pro Std.
k = 1,23 € /Stück

b)

	einfache Haltevorrichtung	Spezialvorrichtung
k_f	108,00 €	1.500,00 €
k_v	3,12 €/Stück	0,98 €/Stück

$$\text{Grenzstückzahl} = \frac{K_{f2} - K_{f1}}{k_{v1} - k_{v2}} = \frac{1500\ € - 108\ €}{3{,}12\ €/\text{Stück} - 0{,}98\ €/\text{Stück}} = \frac{1.392}{2{,}14} = 650{,}47 = 651\ \text{Stück}$$

Die Grenzmenge beträgt 651 Stück.

Lösung zu 3.:
Auch andere Lösungen, die die gestellten Bedingungen erfüllen, sind als richtig zu bewerten.

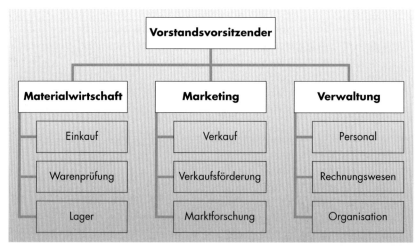

Abb. 2.70

Lösung zu 4.:
Summarische Verfahren: Rangfolgeverfahren, Lohngruppenverfahren
Analytische Verfahren: Rangreihenverfahren, Stufenwertzahlverfahren

Rangfolgeverfahren
Vorteile: Verursacht geringe Kosten, ist einfach anzuwenden und zu verstehen
Nachteile: Subjektive Bewertung, Anforderungsarten sind nicht gewichtet, die Abstände zwischen den Rängen sind nicht bekannt

Lohngruppenverfahren
Vorteile: Einfache Anwendung, geringe Kosten, leicht zu verstehen
Nachteile: Technische Neuerungen und individuelle Situationen werden nicht berücksichtigt, es besteht die Gefahr des Schubladendenkens/der Schematisierung

Rangreihenverfahren
Vorteile: Genauer und objektiver als die summarischen Verfahren
Nachteile: Gewichtung der Anforderungsarten hängt von der subjektiven Meinung des Verantwortlichen ab, relativ großer Ermessensspielraum

Stufenwertzahlverfahren
Vorteile: weist größte Objektivität unter den vorgestellten Verfahren auf, die Summe der Wertzahlen kann leicht in Geldeinheiten umgerechnet werden
Nachteile: Es besteht die Gefahr der Unübersichtlichkeit

Lösung zu 5.:
Vorteile
Güter werden billiger, wenn die Unternehmen ihre durch den Zusammenschluss eingesparten Kosten an den Verbraucher weitergeben.
Durch die Stärkung der Unternehmen auf Grund der Zusammenschlüsse wird das Wirtschaftswachstum gesichert und dadurch auch die Einnahmen von Bund, Ländern und Gemeinden. Damit können diese weiterhin ihre gemeinwirtschaftlichen Aufgaben erfüllen.
Durch die Bereinigung der Sortimente gewinnt der Verbraucher eine größere Übersichtlichkeit über den Markt.
Da die Unternehmen durch Rationalisierungsmaßnahmen ihre Leistungsfähigkeit steigern können und mehr Güter produzieren, ist eine bessere Versorgung der Verbraucher gewährleistet.

Nachteile
Durch die Verhinderung von Wettbewerb auf Grund der Zusammenschlüsse können die Preise überhöht werden, da keine Konkurrenz mehr da ist, die die Preissteigerung verhindert.
Durch die Stilllegung unwirtschaftlich arbeitender Betriebsteile kann es in bestimmten Gegenden zu erhöhter Arbeitslosigkeit kommen.
Durch die Beschränkung des Sortiments (Sortimentsbereinigung) wird die Angebotsvielfalt eingeschränkt.
Mächtige Wirtschaftsbosse könnten ihren Einfluss nutzen, um ihn auf der politischen Bühne in negativer Weise für eigene Zwecke einzusetzen.

Lösung zu 6.:
a) Artteilung liegt vor, wenn ein Arbeitsprozess in einzelne Ablaufschritte zerlegt wird und jeder Mitarbeiter in ständiger Wiederholung denselben Arbeitsgang ausführt. Man spricht auch von Spezialisierung.

b) Durch Artteilung kann der größte Rationalisierungseffekt und die größte Produktivitätssteigerung erreicht werden. Durch die Spezialisierung auf Teilprozesse und einzelne Arbeitsgänge wird ein höherer Wirkungsgrad erreicht. Der Mechanisierungsgrad kann gesteigert werden, da Maschinen Vorgänge übernehmen können. Mitarbeiter müssen nicht mehr so lange angelernt werden und erreichen einen höheren Grad an Geschicklichkeit. Die Arbeit wird monotoner.

Lösung zu 7.:
Die Visionen der Geschäftsleitung werden den Mitarbeitern nur unzureichend näher gebracht. Die Ziele und Vorteile sind für den Einzelnen nicht greifbar.
Die betroffenen Mitarbeiter nehmen an Entscheidungsprozessen nicht teil. Sie werden vor vollendete Tatsachen gestellt.
Der Schwerpunkt liegt auf der Umsetzung der Technik, damit diese ohne Mängel funktioniert. Der Mitarbeiter wird dabei zu wenig beachtet.
Statt den Mitarbeiter zu informieren und die Ursache seines Widerstands zu beseitigen, wird nur der Widerstand selbst bekämpft.
Durch eine unrealistische Zeitplanung werden die Mitarbeiter unter Druck gesetzt und glauben nicht an den Erfolg der Veränderung.

Lösung zu 8.:
a) Der Wirkungsgrad drückt das Verhältnis aus vom Arbeitsergebnis zur Beanspruchung. Hat der Mitarbeiter einen Arbeitsplatz, an dem er Lärm oder Hitze ausgesetzt ist, wird er nicht so viel leisten wie in angenehmer Arbeitsumgebung. Der Wirkungsgrad ist bei Lärm und Hitze geringer.

b)
Ausreichende Erholungspausen
Einsatz von Maschinen zur Verringerung der Kraftanstrengung
Vermeidung statischer Muskelarbeit
Körperbewegungen nach der optimalen Kraftrichtung ausrichten
Negative Umwelteinflüsse verringern
Arbeitsplatz ergonomisch einrichten
Wechsel der Arbeitsaufgabe zur Vermeidung monotoner Tätigkeiten

Qualifikationsbereich 3

Anwendung von Methoden der Information, Kommunikation und Planung

3.1	Prozess- und Produktionsdaten mit EDV-Systemen erfassen, aufbereiten, analysieren und bewerten	420
3.2	Bewertung und Anwendung von Planungstechniken und Analysemethoden	438
3.3	Anwenden von Präsentationstechniken	470
3.4	Erstellen von technischen Unterlagen (Entwürfe, Statistiken, Tabellen, Diagramme)	492
3.5	Anwenden von Projektmanagementmethoden	508
3.6	Auswählen und Anwenden von Informations- und Kommunikationsformen sowie Einsatz von Informations- und Kommunikationsmitteln	526

3.1 Prozess- und Produktionsdaten mit EDV-Systemen erfassen, aufbereiten, analysieren und bewerten

3.1.1 Beschreibung eines Prozesses

3.1.1.1 Beispiel für einen Prozess

In jedem Unternehmen finden die unterschiedlichsten Prozesse statt, die per EDV erfasst, dokumentiert und gesteuert – auch optimiert – werden können. Beispiele für derartige Prozesse sind

Was ist mit Prozess im Unternehmen gemeint?

- die Abwicklung des Einkaufs in Abstimmung mit der Materialwirtschaft,
- die Fertigung mit Terminabstimmung, Qualitätssicherung und Anstreben optimaler Kapazitätsauslastung,
- die Montage von Bauteilen oder
- die Verpackung des Produktes mit Versand an den Kunden.

Das Rohmaterial in einem Hochofen unterliegt ebenso einem Prozess bzw. vielfältigen Prozessen wie die Automobilherstellung oder die Produktion von Lebensmitteln. Meist wird ein Prozess von einem **Arbeitsplan** begleitet, der das technische Fertigungsverfahren (Fertigungsablauf), den Arbeitsplatz (Kostenstelle, Maschine), Betriebsmittel, Hilfsmittel, Werkzeuge, Lohngruppen, Rüstzeiten, Vorgabezeiten usw. enthält.

Womit wird der geplante Prozessablauf in der Regel vorgegeben?

3.1.1.2 Dokumentation von Prozessen

Prozesse werden, wie oben erwähnt, mit Unterstützung von Arbeitsplänen dokumentiert, in denen der Arbeitsablauf und die Arbeitssysteme zur Aufgabendurchführung beschrieben sind. Ein Arbeitsplan teilt sich in

Welche Hauptangaben umfasst ein Arbeitsplan?

- Kopfdaten (z.B. Sachnummer, Benennung, Ausgabennummer, Art des Arbeitsplans, Losgröße, Transport, Verpackung),
- Materialdaten (z.B. Sachnummer, Bezeichnung, Menge) und
- Fertigungsdaten (z.B. Verfahren, Arbeitsplatz, Vorgabezeiten, Betriebsmitteldaten). Die Grundlagen für den Arbeitsplan sind Zeichnungen, Stücklisten, Arbeitsplatzbeschreibungen, Maschinenangaben, Auftragsmengen, Endtermine usw.

Welche Daten gehören zur Dokumentation?

 Zur Dokumentation sind die Ein- und Ausgabedaten (wie Abmessungen, Qualitätsanforderungen, Stückzahl, Toleranzen usw.) und die Prozessablaufdaten (z.B. Rüstzeit, Drehzahl von Maschinen, Zeit je Stück usw.) wichtig.

In welchen Schritten kann sich eine Dokumentation vollziehen?

Die Schritte einer Dokumentation können sein:

- Eingabe von allgemeinen Daten in den Arbeitsplan (Arbeitsplannummer, Kennzeichnung ...),
- Erfassen der auftragsspezifischen Daten im Arbeitsplan (Stückzahl, Qualität und Abmessungen des zu fertigenden Erzeugnisses),
- Planung des Ablaufs (Material, Betriebsmittel, Mitarbeiter),
- Festlegung des wirtschaftlichen Fertigungsablaufs (Auslastung der Kapazitäten unter Berücksichtigung von z.B. Urlaub oder Ausfällen wegen Krankheit),

- Bestimmung der Soll-Daten,
- Aufnahme der Ist-Daten nach Erledigung des Auftrags,
- Soll-Ist-Vergleich,
- Festhalten von Korrekturmaßnahmen.

Eine Dokumentation kann aus mehreren Gründen sinnvoll sein. Allein schon das Interesse des Betriebes reicht als Begründung aus, um durch Analyse der Daten Störfaktoren ausschalten zu können zur Erhöhung der Wirtschaftlichkeit. Einen sehr wichtigen Grund bietet auch das Produkthaftungsgesetz (siehe Abschnitt 1.6.2.2). Unter Umständen kann der Hersteller eines Produktes auf Grund seiner Dokumentationen beweisen, dass er alles Erdenkliche getan hat, um Fehler auszuschließen. Häufig verlangen auch Kunden eine Dokumentation, um die Qualität des Lieferanten zu sichern.

3.1.2 Rahmenbedingungen von Prozessen

Prozesse müssen unter dem Gesichtspunkt der Umsetzung auf elektronische Datenverarbeitung analysiert werden. Man entwickelt nacheinander ein Aufgabenmodell, ein Prozessmodell, ein Funktionsmodell und ein Datenmodell:

- **Aufgabenmodell:** Zur Abbildung von Geschäftsprozessen ist die Zerlegung der Gesamtaufgabe des Planungs- und Steuerungsprozesses in seine Teilaufgaben notwendig. Die Zerlegung führt zur Identifikation von Kernaufgaben und übergreifenden Querschnittsaufgaben. Kernaufgaben bewirken einen Arbeitsfortschritt im Produktionsprozess. Querschnittsaufgaben bewirken eine Integration und Optimierung der Kernaufgaben nach verschiedenen Kriterien.

  In welchen Schritten gelangt man von der Aufgabe eines Prozesses zu seiner Abbildung mittels Daten?

- **Prozessmodell:** In einem Prozessmodell werden Aufgaben und Arbeitsschritte zu Prozessen (Abläufen) angeordnet. Durch die Gestaltung der Geschäftsprozesse werden im Unternehmen die auszuführenden Aufgaben und ihre zeit-logische Verknüpfung festgelegt. Die Dimension „Zeit" ist abzubilden, da die zu modellierenden Aufgaben in der Regel in einer zeitlichen Reihenfolge auszuführen oder parallel zu bearbeiten sind und sich die zu modellierenden Zustände und damit die auszuführenden Aufgaben über die Zeit verändern.

- **Funktionsmodell:** Mit Funktionen werden im Zusammenhang mit EDV-Systemen kleinere Programmbausteine bezeichnet, die inhaltlich genau definierte Vorgänge umfassen. Es handelt sich damit um Verarbeitungsregeln, die Eingabedaten in bestimmte Ausgabedaten transformieren. Eine solche Funktion wird zur Unterstützung bei der Bearbeitung einer oder mehrerer (Teil-)Aufgaben eingesetzt.

- **Datenmodell:** Die für die Prozessabläufe erforderlichen Informationen sind durch Daten zu repräsentieren. Die Strukturierung von Informationsobjekten in einem Datenmodell beinhaltet die Entwicklung der Objektstruktur, die Beschreibung der Objekte, die Zuordnung von Attributen zu den Objekten und die Beschreibung der Attribute.

Die Betriebsdatenerfassung umfasst alle Maßnahmen, die erforderlich sind, um Betriebsdaten am Ort ihrer Entstehung (z. B. Dreherei) in möglichst maschinell verarbeitbarer Form zu erfassen und am Ort ihrer Verarbeitung (z. B. Lohnbüro) bereitzustellen. Dazu werden die Betriebsdaten erfasst und in einer Datenbank

Was umfasst die Betriebsdatenerfassung?

Was zählt alles zu den Betriebsdaten?

abgespeichert. Als **Betriebsdaten** bezeichnet man Daten, die im Laufe des Produktionsprozesses anfallen oder verwendet werden, wie z. B. produzierte Mengen, benötigte Zeiten, Zustände von Fertigungsanlagen, Lagerbewegungen usw. Sie stellen sich häufig ändernde Zustände und Ereignisse dar und gehören daher zu den **Bewegungsdaten** (siehe Abschnitt 3.1.3).

3.1.3 Daten eines Prozesses

3.1.3.1 Daten erfassen

Welche Aufgabe hat die Betriebsdatenerfassung im Einzelnen?

Die Aufgabe der Betriebsdatenerfassung (BDE) besteht darin, die im Rahmen der betrieblichen Prozesse anfallenden technischen und organisatorischen Daten in möglichst maschinell verarbeitbarer Form am Ort ihrer Entstehung zu erfassen und an den Ort ihrer Verarbeitung zu bringen. Die BDE beinhaltet eine Vielzahl von Daten, die unterschiedliche Funktionen erfüllen.

Welche Arten von Betriebsdaten lassen sich unterscheiden?

Arten von Betriebsdaten

- Auftragsdaten: Start- und Endtermine, Liege-, Transport-, Bearbeitungs-, Kontroll-, Unterbrechungszeiten, Bearbeitungszustände, produzierte Mengen, Personaleinsatz (Mitarbeiter, Qualifikation, Zeit), Materialeinsatz (Art, Menge)
- Personaldaten: An- und Abwesenheit, zeitliche Zuordnung von Mitarbeitern zu Betriebsmitteln und Fertigungsaufträgen, Art der Tätigkeit (Einrichten, Rüsten, Bearbeiten)
- Maschinen- und Betriebsmitteldaten: Stillstands- und Laufzeiten, Nutzungsgrade, Einhaltung von Taktzeiten, Störungen und deren Ursachen, gefertigte Stückzahlen
- Werkzeug- und Vorrichtungsdaten: Ort und Zeit des Einsatzes, Entnahme, Defekte
- Lager- und Materialdaten: Zugänge, Bestände, Verbrauch von Roh-, Hilfs- und Betriebsstoffen sowie von Teilen, Reservierungen
- Qualitätsdaten: Prüf- und Messwerte (Temperatur, Druck, Spannung), Daten aus Qualitätsanalysen

---

Welche Eingabenarten für Betriebsdaten lassen sich unterscheiden?

Dort, wo im Produktionsprozess Betriebsdaten anfallen, werden Betriebsdatenerfassungsstationen als Terminal eingerichtet. Diese sind häufig mit Leseeinrichtungen versehen, dienen aber hauptsächlich dazu, Eingaben machen zu können. Diese können manuell, halb- oder vollautomatisch erfolgen. Manuell werden die Daten durch Messung oder Beobachtung ermittelt oder von einem Bildschirm abgelesen und anschließend von Hand eingegeben. Erfolgt die Datenerfassung halbautomatisch, werden einige Daten automatisch übernommen (z. B. Koppelung von Erfassungsgerät und Maschine) und der Mitarbeiter gibt ergänzende Informationen ein. Bei der automatischen Erfassung übernimmt die Betriebsdatenerfassungsstation alle Daten direkt von der Maschine.

Womit können Daten automatisch erfasst werden?

Daten können erfasst werden mithilfe von Aktoren (to act = ausführen), z. B. Abnehmer, Taster, Laserstrahl, elektronische Bauelemente u. a. oder Sensoren, zum Beispiel berührungssensitive Flächen, Druckprüfer, Thermometer u. a. Die Eingabe kann auch mittels Spracherfassung ablaufen.

3.1.3.2 Daten verarbeiten
Die an den Terminals erfassten Daten werden an einen Leitrechner übermittelt und abgespeichert. Vor der Speicherung erfolgt häufig noch eine Verarbeitung der Daten, wie z. B. Durchführung von Kontrollen, Datenverdichtung, Verknüpfung mit bereits vorhandenen Daten. Die Datenverarbeitung umfasst die Eingabe von Daten, ihre Verarbeitung und Ausgabe zur Informationsgewinnung. Unter Verarbeitung wird dabei das Ordnen, Aufbereiten, Umformen und Berechnen verstanden. Sind die vielfältigen Daten im Produktionsprozess erfasst und an den richtigen Ort übertragen worden, so werden sie dort verarbeitet. Dabei wird zwischen Realtime- (Echtzeit-) Verarbeitung und Batch-(Stapel-) Verarbeitung unterschieden.

Unter direkter/unmittelbarer Verarbeitung von Daten kann man auch verstehen, dass z. B. eine Maschine bei Erreichen einer bestimmten Temperatur automatisch abgeschaltet wird, weil dies ein Sensor (Bimetall) am Schalter bewirkt. Von indirekter Verarbeitung spricht man, wenn die Temperatur z. B. von einem Programm erfasst wird und dieses dann die Abschaltung durch einen Schalter veranlasst.

> Was umfasst die Verarbeitung von Daten?
>
> Welche zwei zeitlichen Varianten der Verarbeitung gibt es?
>
> Wie unterscheiden sich direkte und indirekte Verarbeitung?

3.1.3.3 Daten visualisieren
Zur Darstellung und Visualisierung der erfassten und verarbeiteten Daten bieten sich verschiedene Möglichkeiten an, z. B. als Text, in Form von Grafiken, als Ablaufdarstellungen oder als mathematische Formeln. Beispiele dazu sind in den Abschnitten 3.2.2.2 und 3.4.4 zu finden.

3.1.4 Betriebssysteme zur Prozessverarbeitung
Das Betriebssystem ist die Software eines Computers, die das Arbeiten mit dem Rechner ermöglicht, steuert, kontrolliert und überwacht. Es stellt die Geräte, Datenstrukturen (Dateien) und Programme für den Anwender zur Verfügung. Ohne Betriebssystem kann die Hardware nicht genutzt werden. Die wichtigsten Komponenten bzw. Einsatzmöglichkeiten eines Betriebssystems sind: Ressourcenverwaltung, Prozessverwaltung, Ein- und Ausgabesteuerung, Gerätesteuerung, Protokollierung, Benutzeroberfläche, Sicherheitssystem.

Das Betriebssystem steuert, verwaltet und überwacht das EDV-System. Es nimmt z. B. Befehle über die Tastatur entgegen und führt sie aus. Man kann sagen, es vermittelt zwischen den Anwenderprogrammen und den Teilen der Anlage (z. B. Drucker oder Scanner oder Barcode-Leser).

> Was ist ein Betriebssystem?
>
> Welches sind seine wichtigsten Komponenten?
>
> Was bewirkt es?

3.1.5 Einteilung von Betriebssystemen und ihre Anwendungsgebiete
Man teilt Betriebssysteme vom Grundsatz her in
- Single-User-Betriebssysteme (Einzelbenutzersysteme),
- Multi-User-Betriebssysteme (Mehrbenutzersysteme),
- Multi-Tasking-Betriebssysteme (Mehraufgabensysteme) und
- Echtzeitbetriebssysteme

ein. Darüber hinaus erfolgt die Unterscheidung nach der konkreten Software bzw. dem jeweiligen Hersteller. Auf der folgenden Doppelseite wird ein kompakter Überblick über die drei grundsätzlichen Kategorien und die hauptsächlichen verbreiteten Betriebssysteme gegeben.

Kategorien der Betriebssysteme

Single-User-Betriebssystem

Das System kann nur einen Anwender bedienen. Erst, wenn dieser seine Arbeit beendet hat, kann der nächste starten. Der Einprogrammbetrieb (Single Programming Mode, Single Tasking) ist nur noch bei älteren EDV-Anlagen anzutreffen (dominierende Betriebsart bei 8- und 16-Bit-Mikrorechnern). Einzelne Benutzeraufträge werden von der Zentraleinheit nacheinander bearbeitet. Im Arbeitsspeicher befindet sich nur ein Programm, das für den gesamten Ablauf alle Betriebsmittel zugeteilt bekommt.

Multi-User-Betriebssystem (Mehrplatzsystem)

Es verwaltet eine Vielzahl von Arbeitsstationen im Netz und sorgt dafür, dass der Datenverkehr zwischen den Datenstationen und dem Server ordnungsgemäß abgewickelt wird. Die Systemkapazitäten müssen auf alle Benutzer aufgeteilt werden (Zeitscheibenverfahren). Es muss aber auch dafür gesorgt werden, dass sich Benutzer nicht in die Quere kommen. Das bedeutet, dass die Datenbestände, die gerade von jemandem bearbeitet werden, vor dem Zugriff aller anderen geschützt werden. Bei einem Multi-User-System handelt es sich um ein Rechnersystem, das gleichzeitig von mehreren Anwendern mit voneinander unabhängigen Aufgaben und Programmen benutzt wird.

Multi-Tasking-Betriebssystem

Es ermöglicht den gleichzeitigen Ablauf mehrerer Programme und erhöht so die Leistungsfähigkeit. Muss die CPU (Central Processing Unit) auf die Eingabe des Benutzers oder auf die Rückmeldung von langsamen Eingabegeräten warten, wird diese Zwischenzeit auf wartende Tasks verwendet. Dies läuft aber nur scheinbar gleichzeitig ab, da der Prozessor dennoch nur eine Operation gleichzeitig ausführen kann. Die Tasks werden in kleine Zeiteinheiten (Zeitscheiben) aufgespalten und kommen nacheinander zur Ausführung. Es können Prioritäten gesetzt werden. Man unterscheidet

- Prioritätsverteilung: ein Prozess erhält entsprechend Bevorzugung mehr Rechenzeit und
- Zeitverteilung: jeder Prozess erhält gleich lange Zeitintervalle für die Bearbeitung

Echtzeitbetriebssystem

Man stellt sich dies am besten mit einem Computerspiel vor, bei dem es eine real ablaufende Spielzeit gibt, in der Spieler ihre Aktionen ausführen. Computer und Spieler agieren gleichzeitig. Eingesetzte Grafikkarten müssen dabei 3-D-fähig sein.

Einzelne Betriebssysteme

Unix

Durch die Formulierung von UNIX in der Programmiersprache C ist das System praktisch von Hardware unabhängig, sofern ein Compiler (einfach ausgedrückt: Übersetzer zur Programmerstellung) zur Verfügung steht. Die PC-Varianten von UNIX sind echte 32-Bit-Systeme, die Multi-Tasking und Mehrbenutzerbetrieb erlauben. Neben hierarchischer Datenverarbeitung ist der Zugriffsschutzmechanismus zum Schutz von Dateien ein weiteres Merkmal (durch Passwortvergabe realisiert).

In Betrieben, in denen mehrere Benutzer mit denselben Daten zum gleichen Zeitpunkt mit gleichen oder unterschiedlichen Programmen arbeiten müssen, muss ein Mehrplatzrechner eingesetzt werden. Zum Betrieb des Rechners wird ein Multi-User-Betriebssystem benötigt. Das Betriebssystem regelt die Rechnerzuteilung an die einzelnen Anwenderprogramme. Die Arbeitsplätze sind mit Terminals ausgestattet, die mit dem Zentralrechner verbunden sind. Ein Terminal besteht also nur aus Bildschirm und Tastatur. UNIX ist in der Lage, das soeben beschriebene Mehrplatzsystem zu unterstützen (Multi-User-Betrieb). UNIX wird sowohl auf PCs als auch auf Großrechnern eingesetzt. Der Vorteil besteht unter anderem darin, dass allen Anwendern dieselbe Hard- und Software zur Verfügung steht. Auch ist vernetzte Datenverarbeitung innerhalb eines Betriebs möglich. Allerdings besteht bei einem so offen gestalteten System die Gefahr, dass Daten von nicht Zugriffsberechtigten gelesen oder sogar verändert werden können. Das wird dadurch verhindert, dass sich jeder Benutzer korrekt anmelden muss, bevor er auf Daten zugreifen kann (Zugriffsberechtigungssystem).

UNIX zeichnet sich durch sein hoch entwickeltes Sicherungssystem für Daten und die Möglichkeit aus, Benutzern eigene Datenbestände zuzuweisen (Multi-User-Betrieb). Besondere Eigenschaft ist auch die Portabilität: das System kann leicht von Prozessortypen eines Herstellers auf die eines anderen übertragen werden. Weitere Eigenschaft ist die Anpassungsfähigkeit, was wiederum bedeutet, dass Ergänzungen nach den Wünschen der Benutzer relativ einfach realisiert werden können.
Kennzeichen von UNIX:
- geeignet für 16- und 32-Bit-Prozessoren
- geeignet für Rechner jeder Größenklasse
- Multi-Using
- Multi-Tasking
- Netzwerkbetrieb
- hierarchische Dateiverwaltung
- Zugriffsschutz durch Passwortvergabe

MS-DOS

MS-DOS (Microsoft® Disc Operating System) war früher das am weitesten verbreitete Betriebssystem für PCs. Es ist ein Einzelplatz- und ein Single-User-System mit Single-Tasking. Es kann also nur ein Programm abwickeln, ein neues Programm kann nur dann gestartet werden, wenn das aktuelle Programm beendet wird. MS-DOS kann von Festplatten und Diskettenlaufwerken bzw. CDs abgerufen werden. Es unterstützt sowohl den Betrieb der Zentraleinheit wie auch von Peripheriegeräten.

MS-DOS besteht aus Programmen zur Steuerung des Ablaufs von Programmen (Steuerprogramme) und zur direkten Ausführung von Arbeiten (Arbeitsprogramme). Steuerprogramme werden aufgerufen, indem deren Dateiname eingegeben wird. Ausführbare Programme müssen als Dateiergänzung (Extension) ein bestimmtes Kürzel haben, das, durch einen Punkt getrennt, an den Dateinamen angefügt wird (z. B. Systemprogramm .sys oder .ini, Anwendungsprogramme .exe oder .com. Zu den Arbeitsprogrammen zählen Befehle für das Kopieren (copy), Drucken (print) oder Löschen (delete) von Dateien. Ein Nachteil von MS-DOS liegt darin, dass es über die Eingabe von Kommandos, die der englischen Ausdrucksweise entstammen, gesteuert wird. MS-DOS ist auch in neueren Versionen auf Single-Using-Betrieb und Single-Tasking-Betrieb beschränkt geblieben. Das Angebot von Anwendungsprogrammen, die unter MS-DOS laufen, ist hoch. Ein Großteil von DOS-Programmen läuft auch noch unter Windows 2000.
Kennzeichen von MS-DOS:
- automatische Abarbeitung von Befehlsfolgen durch Batchfiles (Stapeldateien, um eine Befehlsfolge mittels einer Abkürzung aufzurufen)
- hierarchisches System der Dateiverwaltung
- direkte Weitergabe von Ausgabedaten eines Programms als Eingabedaten an ein anderes Programm (Fachbegriff: Piping)
- Befehlszeileneingabe ohne Maus

OS/2

OS/2 (Operating System 2 der Firma IBM) unterstützt den parallelen Ablauf mehrerer Programme. Das Multi-Tasking wird realisiert, indem den einzelnen Programmteilen in stetigem Wechsel und blitzschneller Abfolge „Zeitscheiben" zur Benutzung des Rechners zur Verfügung gestellt werden. Dadurch kann zeitlich ineinander greifend gearbeitet werden (bessere Auslastung als bei MS-DOS). Besondere Eigenschaft von OS/2 ist die dynamische Speicherplatzzuteilung. Das bedeutet, dass im Arbeitsspeicher solche Programmteile, die in einem bestimmten Zeitraum nicht benötigt werden, gegen solche ausgetauscht werden, die gerade verstärkt genutzt werden. OS/2 wurde speziell für neue Computergenerationen entwickelt. Es ermöglicht das Arbeiten mit neuen Technologien und zugleich kann die Programmvielfalt der MS-DOS-Welt weiter zu „alten Bedingungen" genutzt werden.

Wesentliche Neuerung von OS/2 ist ein Memory Management-Protected Mode, der erheblich höhere Arbeitsspeicherkapazitäten (> 16 MByte) verwalten kann. Multi-Tasking, Multi-Using, Mehrprozessorbetrieb, grafische Benutzeroberfläche und Programmierschnittstellen sind in OS/2 und OS/2 Wharp integriert. Auch sind Standardisierungskonzepte im Programmpaket enthalten. So entspricht die Benutzeroberfläche dem SAA-Konzept. Diese System Application Architecture bietet eine anwendungsorientierte Systemarchitektur zur Mensch-Maschine-Kommunikation. Dazu zählen die für viele Programme gültigen Standards, z. B. Platzierung der Menüzeile am oberen Bildschirmrand.

Kennzeichen von OS/2:
- Multi-Tasking
- Multi-Using
- Mehrprozessorbetrieb
- Grafische Benutzeroberfläche
- Programmierschnittstellen

Microsoft® Windows

Microsoft® Windows war zunächst eine grafische Benutzeroberfläche für IBM-kompatible PCs auf dem Betriebssystem DOS, stellte eine Betriebssystem-Erweiterung für MS-DOS dar und diente als Arbeitsumgebung für speziell dafür entwickelte Windows-Programme. DOS-Programme können von Windows aus aufgerufen und bearbeitet werden. Windows zeichnet sich durch eine einheitliche Steuerung über Symbole, Menüs und grafische Dialogfelder aus. Die Bedienung erfolgt überwiegend mit einer Maus. Dadurch entfällt die zuvor manuelle Eingabe von Befehlen. Der Begriff Windows resultiert aus der Verwendung von Fenstern für die Darstellung der Arbeitsoberfläche.

Windows ist multi-Tasking-fähig und bietet vereinfachten Datenaustausch zwischen verschiedenen Anwendungsprogrammen über die Zwischenablage. Durch Verbesserung des Systems und mit steigender Hardwareanpassung wurde die Kombination von Bild und Ton möglich. So kann man heute am PC Musik hören und Filme anschauen. Filme lassen sich mit einer Fernsehbuchse an der Grafikkarte direkt auf der Festplatte aufnehmen.

Interessant ist auch noch die Möglichkeit zur Veranstaltung von Videokonferenzen. Mithilfe geeigneter Zusatzgeräte können mehrere Personen direkt über Bild und Ton kommunizieren. Die Daten werden meist über das öffentliche Telefonnetz ausgetauscht. Bei weltweiten Kontakten kann eine Videokonferenz bedeutend billiger kommen als ständiges Reisen von einem Geschäftspartner zum anderen.

Windows 98®

1998 wurde von Microsoft als Nachfolger von Windows 95 ein neues Betriebssystem für den Softwaremarkt freigegeben. Gründe dafür waren u. a. neue Prozessorgenerationen und der Einsatz der Multimedia-Komponenten. In dem vom Grundsatz her sehr ähnlichen, sich nicht wesentlich unterscheidenden Windows 98 wurde Wert auf verbesserte Stabilität und die Integration aller bisherigen Windows-95-Update gelegt, also inklusive der FAT32-Unterstützung. Damit können Festplattenlaufwerke mit mehr als 2 Gigabyte eingerichtet werden. Auch werden mehrere Grafikkarten und Monitore unterstützt.

Der Internet Explorer® ist Bestandteil des Betriebssystems und wird standardmäßig installiert (er bietet die Darstellung von Internetseiten und JPEG-Grafiken).

Inhalte aus dem Internet, Dateien auf der Festplatte und Ordner mit Symbolen werden in gleich gestalteten Fenstern dargestellt. Der Nachfolger ist Windows ME mit verbesserten Eigenschaften bei der Stabilität. Kennzeichen von Windows 98:
- 32-Bit-Verarbeitung
- höhere Speicherverwaltungen
- grafikorientierte Oberfläche
- „Plug and Play" oder „Drag and Drop"
- Multi-Tasking

Windows NT®

Die Version Windows NT 4.0 (seit 1996 im Vertrieb) bietet neben voller Multitasking-Fähigkeit den Einsatz in Computer-Netzwerken. So gibt es Windows NT sowohl für Server als auch für Clients (Workstations, Arbeitsplatzrechner).

Auch kann die Benutzeroberfläche mit schnelleren Antwortzeiten reagieren und der deutlich erweiterte Adressspielraum beträgt 4 Gigabyte. Die Hardwareanforderungen von Windows NT waren für damalige Zeiten hoch, sodass es sich nicht so schnell durchsetzen konnte. Auch fehlte es an geeigneten 32-Bit-Programmen. Windows NT ist ein professionelles Netzwerk-Betriebssystem. Es kann durch seinen modularen Aufbau auf eine breite Palette von Rechnerplattformen installiert werden.

Es ist ein leistungsfähiges Betriebssystem für einen anspruchsvollen Arbeitsplatz, aber vor allem für den Server-Betrieb. Zusätzlich bietet es Sicherheitsfunktionen, die den Zugriff regeln, sowohl lokal als auch im Netzwerk. Schwierigkeiten gibt es manchmal bei der Unterstützung von Hardwaregeräten (Videokarte, Scanner). Kennzeichen von Windows NT:
- Volle Multi-Tasking-Fähigkeit
- Einsatz in Computernetzwerken
- Schnellere Antwortzeiten
- Erweiterter Adressspielraum von 4 Gigabyte

Windows 2000®

Windows 2000 ist der Nachfolger von Windows NT. Es wurde weniger für Privatanwender entwickelt, sondern ist gedacht für professionellen Einsatz. Es zeigt eine verbesserte Oberfläche und unterstützt moderne Hardware. Auch wurde die Netzwerkunterstützung verbessert und die Sicherheitsstandards erhöht. Der Speicherbedarf ist auf 64 MByte gestiegen. Zusätzlich integriert wurde der Internet Explorer 5.0 mit 128-Bit-Verschlüsselung. Außerdem bietet Windows 2000 USB-Unterstützung und neue Power-Management-Unterstützung, was sich vor allem für Notebooks als interessant erweist. Kennzeichen von Windows 2000:
- verbesserte Oberfläche
- moderne Hardwareunterstützung
- Plug and Play
- integrierter Internet Explorer 5.0
- USB-Unterstützung (USB (universeller serieller Bus) ist ein Schnittstellensystem für den PC zum Anschluss von Peripheriegeräten. Am USB ist es möglich, alle Peripheriegeräte untereinander frei zu verbinden.)
- Power-Management-Unterstützung (Beim Ausschalten wird die momentane Arbeitssituation auf die Festplatte als Image geschrieben oder im Arbeitsspeicher gehalten, sodass beim nächsten Einschalten genau an der gleichen Stelle weitergearbeitet werden kann.)

Windows XP®

Dieses PC-Betriebssystem wurde im Oktober 2001 eingeführt. Es arbeitet ohne „MS-DOS-Unterbau".

Es bietet:
- verbesserte Stabilität
- Internet Explorer 6.0
- verbesserte grafische Oberfläche
- verbesserte Netzwerksicherheit

Linux

Anfang der 90er-Jahre schuf Linus Torvalds mit gleich gesinnten Programmierern ein Betriebssystem, von dem der Quellcode für jeden frei verfügbar ist. Es basiert auf UNIX und jeder Interessierte kann den Code modifizieren und seine eigenen Vorstellungen einbringen. Torvalds bzw. sein Nachfolger überprüfen die Veränderungen und geben sie gegebenenfalls wieder frei. Das Copyright bleibt beim Programmierer. Das „Original-Linux" kann also immer getestet bezogen werden. Dieses System wird als **Open-Source-Konzept** bezeichnet.

Eine weitere Besonderheit, die durch die freie Verfügbarkeit des Quellcodes entstanden ist, sind die Portierungen auf andere Rechensysteme. Es werden nicht nur INTEL 80X86-Prozessoren unterstützt, sondern auch die Prozessorenreihen PowerPC oder Motorola, wie sie im Apple Macintosh oder Commodore Amiga verwendet werden. Linux ist ein sehr anpassungsfähiges System, das von amerikanischen Behörden eingesetzt wird, um Kosten zu senken und die Geschwindigkeit der Rechner zu erhöhen. Das Betriebssystem kann Dateien und Programme von immenser Größe verwalten. Mit dem entsprechenden Prozessor können Dateien von einer Größe von mehreren Terabytes verarbeitet werden. Zusätzlich hat es eine hoch entwickelte Fensteroberfläche.

Linux bietet als freie Software Anwendungsprogramme wie Webbrowser, E-Mail-Programme, Textverarbeitungssystem, Grafikprogramme usw., außerdem Netzwerkunterstützung und eine ganze Menge Programmiersprachen (C, C++, Pascal, Basic, Perl, Java, Fortran usw.). Linux spielt noch nicht so eine große Rolle, wobei es aber bereits als ernsthafter Konkurrent zu Microsoft® gesehen wird. Kennzeichen von Linux: Sehr stabil, Open-Source-Konzept, kostenlos, Multi-Tasking, virtueller Speicher (diesen Speicher können Programme benutzen, die mehr RAM-Speicher benötigen, als zur Verfügung steht), Multi-User.

3.1.6 Einteilung von Software

Vom Grundsatz her unterscheidet man zwei Programm- bzw. Softwarearten:

Welche Arten von Software können generell unterschieden werden?

- **Standardprogramme**: Hierzu zählen Programme, die durch einen festen Leistungsumfang gekennzeichnet sind und die auf Grund ihrer allgemeinen Ausrichtung möglichst viele Anwender ansprechen sollen. Bei den Einsatzmöglichkeiten der Standard-Software handelt es sich häufig um Standard-Anwendungen, wie z. B.

Welche Programme umfasst die typische Standardsoftware?

  - Textverarbeitung (Produkte sind z. B. Word, Wordperfekt, Wordstar)
  - Tabellenkalkulation (Produkte sind z. B. Excel, Lotus 1-2-3, Multiplan),
  - Datenbankverwaltung (Produkte sind z. B. Access, dBASE, RBase),
  - Grafik (konkrete Produkte sind z. B. Chart, Harvard Graphics), ferner
  - integrierte Pakete wie z. B. die Produkte Microsoft Office, Lotus 1-2-3, Open Access.

  Da Standard-Software in hohen Stückzahlen produziert und verkauft wird, sind die Preise relativ gering.

- **Individualsoftware**: Hier handelt es sich um speziell auf den einzelnen Kunden zugeschnittene Software, die meist nach den Wünschen des Anwenders entwickelt wird. Eine solche Individual-Software kommt häufig auch nur bei einem einzigen Anwender zum Einsatz. Ein typisches Beispiel für den Einsatz von Individual-Software ist der Bereich der Betriebsdatenerfassung. Die Kosten für die Erstellung einer Individual-Software sind entsprechend hoch. Größere Unternehmen haben ihre eigenen Programmierabteilungen, deren Aufgabe es ist, die Problemlösungen in einer Programmiersprache zu entwickeln und zu pflegen.

Branchensoftware: Auf dem PC-Markt gibt es inzwischen auch in größeren Stückzahlen produzierte branchenspezifische Programme. Beispiele sind Programme für den Autopilot eines Flugzeugs, die Hochrechnung von Wahlergebnissen, die Buchführung der Kreditinstitute oder die Heiz- und Nebenkostenabrechnungen der Hausverwaltungen.

3.1.6.1 Einsatzmöglichkeiten von Programmiersprachen

Programmiert wird in der Regel in Programmiersprachen, aber eine EDV-Anlage kann nur mit Befehlen arbeiten, die in einem Maschinencode geschrieben sind. Deshalb müssen alle Programme, die in irgendeiner Programmiersprache geschrieben wurden, zuerst in die Maschinensprache übersetzt werden.

Was ist ein Übersetzungsprogramm?

> *Der Übersetzung von Codes einer Programmiersprache in Maschinensprache dienen Übersetzungsprogramme.*

Darauf kommen wir am Ende dieses Abschnitts zurück. Eine Programmiersprache dient zum Formulieren von Computerprogrammen. Man unterscheidet fünf Generationen von Programmiersprachen:

Welche Generationen der Programmiersprachen unterscheidet man?

1. Generation: Maschinensprachen,
2. Generation: maschinenorientierte Sprachen,
3. Generation: problemorientierte Sprachen,
4. Generation: datenorientierte Sprachen,
5. Generation: wissensorientierte Sprachen.

Der Ausdruck „Generation" darf nicht wörtlich genommen werden, weil eine neue Generation die alte nicht automatisch ablöst und durchaus alle Generationen gleichzeitig je nach Einsatzgebiet zu finden sind.

1. und 2. Generation: Maschinensprache und maschinenorientierte Sprachen
Jede Rechenanlage hat eine interne Sprache, die so genannte „Maschinensprache". Diese gilt aber nur für Rechenanlage dieses bestimmten Typs. Maschinensprachen sind für die Anwendungsprogrammierung nicht geeignet, da sie schwer lesbar und wenig übersichtlich sind. Außerdem sind sie fehleranfällig und sehr zeit- und kostenaufwändig bei der Erstellung bzw. Änderung.

Was ist Maschinensprache?

Auch maschinenorientierte Sprachen (Assembler) gelten nur für bestimmte Typen von Rechnern. Hier werden allerdings die Befehle z. B. durch mnemotechnische Bezeichnungen abgekürzt. Mnemotechnisch bedeutet gedächtnisstützend und hat einen sinnvollen Bezug zur Tätigkeit.

Was sind Assembler?

Beispiele

Die Befehle „ADD", „SUB", „MULT" und „DIFF" sprechen für sich. Speicheradressen können symbolisch geschrieben und müssen nicht absolut ausgedrückt werden. PDAT steht z. B. für die Adresse eines Speicherplatzes mit dem aktuellen Tagesdatum.

Assembler-Sprachen verwendet man für die Programmierung von Systemsoftware, von Anwendungssoftware für Klein- und Mikrocomputer und für die Programmierung von Programmen, bei denen auf kurze Verarbeitungszeiten bzw. geringen Speicherplatzbedarf Wert gelegt wird.

Wofür verwendet man (auch heute noch) Assembler?

3. Generation: Problemorientierte/funktionsorientierte Sprachen
Man bezeichnet die problemorientierten Sprachen auch als **„höhere Programmiersprachen"**. Sie sind weit gehend unabhängig von einer bestimmten Computeranlage. Dafür sind sie auf einen bestimmten Anwendungsbereich spezialisiert. Einige problemorientierte Sprachen werden in der Übersicht auf der folgenden Seite kurz erläutert.

Was sind höhere Programmiersprachen?

4. Generation: Datenorientierte Sprachen
Datenorientierte Sprachen (vierte Generation = 4 GL = 4th Generation Language) entwickelten sich aus den Abfragesprachen für Datenbankverwaltungssysteme und führten zum Begriff **„Endbenutzersprachen"**. Darunter sind Sprachen zu verstehen, in denen Mitarbeiter auch ohne EDV-Kenntnisse, also z. B. Sachbearbeiter in den Fachabteilungen, ihre Probleme direkt formulieren können, ohne die Hilfe von Programmierern in Anspruch nehmen zu müssen.

Was sind Endbenutzersprachen?

Die bekannteste Abfragesprache ist SQL (Structured Query Language) für (relationale) Datenbanken.

Welches ist die bekannteste Abfragesprache?

Inzwischen sind Abfragesprachen so erweitert worden, dass sie auch für die Programmierung komplexer Verarbeitungsfunktionen einsetzbar sind.

Ausgewählte höhere Programmiersprachen

C und C++
Für das Betriebssystem UNIX wurde C als assemblernahe Sprache entwickelt. C ist mit PASCAL verwandt bezüglich der Unterstützung der strukturierten Programmierung.
C++ ist eine Weiterentwicklung von C mit Verbesserung der Typsicherheit und Unterstützung der Datenabstraktion bezüglich des Konzeptes der abstrakten Datentypen.

FORTRAN (Formula Translation)
Die erste höhere Programmiersprache war FORTRAN (ab 1954 bei IBM). Sie findet hauptsächlich Anwendung im mathematisch-technischen Bereich. Standardisierte Versionen sind FORTRAN66 und FORTRAN77.

COBOL (Common Business Oriented Language)
COBOL ist die gebräuchlichste Sprache für Anwendungsprogramme im kommerziellen Bereich. Der Einsatzschwerpunkt liegt auf Dateiverarbeitung. Spracherweiterungen und -verbesserungen betreibt die Arbeitsgemeinschaft CODASYL (Conference of Data Systems Languages), der sowohl EDV-Hersteller als auch EDV-Anwender angehören. COBOL ist die Programmiersprache mit der strengsten Normung.

PASCAL
Die Sprache greift auf ALGOL zurück, dem bereits das Blockkonzept zu Grunde lag. PASCAL ist zur weit verbreiteten Sprache für EDV-Ausbildung im Hochschulbetrieb geworden. In der betrieblichen Praxis hat sie keine große Bedeutung.

PL/1 (Programming Language Number One)
IBM kombinierte die Sprachen FORTRAN und COBOL und führte 1965 PL/1 ein, um damit sowohl den mathematisch-technischen als auch den kommerziell-administrativen Anwendungsbereich abdecken zu können. Die Sprache ist relativ kompliziert und benötigt gute Programmierer (deshalb keine so weite Verbreitung).

BASIC (Beginners all Purpose Symbolic Instruction Code)
BASIC ist eine ziemlich leicht zu erlernende Sprache, die sich an FORTRAN anlehnt. Das größte Einsatzgebiet sind Mikrocomputer.
BASIC gibt es in vielen, gegenüber dem ursprünglichen Leistungsumfang erweiterten Fassungen, z.B. als MBASIC von Microsoft sowie als QBASIC für Mikrocomputer.
Etwas aktueller ist VISUAL BASIC, bei dem es sich um eine Erweiterung für moderne Benutzeroberflächen handelt. Der VISUAL BASIC-Code setzt sich aus einer Vielzahl von abgeschlossenen Teilprogrammen zusammen, die direkt mit Namen aufgerufen werden können. Auf diese Weise lässt sich die Gesamtlösung einer Anwendung darstellen.

Ausgewählte wissensorientierte Sprachen

LISP
Diese Sprache basiert auf der Arbeit mit rekursiven Prozeduren und arbeitet ausschließlich mit Listen, wobei es keine Rolle spielt, ob es sich um Programme, Daten oder Texte handelt.

LOGO
LOGO ist eine vereinfachte Version von LISP. Sie ist als stufenweises Lernkonzept aufgebaut und in Verbindung mit der so genannten „Schildkröten-Grafik" vor allem für Schüler gedacht.

PROLOG
PROLOG ist eine nichtprozedurale Sprache. Sie benutzt zur Ablaufsteuerung fast keine Sprachmittel, sondern setzt die Programme aus Folgen bedingter Regeln zusammen, die sequenziell abgearbeitet werden in Verbindung mit gegebenen Fakten (Backtracking-Algorithmus, FUZZY-Logik). Auf dieser Arbeitsweise beruht die Deduktionseigenschaft der Sprache. Deshalb ist sie für Expertensysteme geeignet. Deduktion bedeutet die logische Ableitung von speziellen Aussagen aus allgemeinen Aussagen mithilfe bestimmter Regeln.

5. Generation: Wissensorientierte Sprachen
Die wissensorientierten Sprachen sind geeignet für die Entwicklung von Expertensystemen. Hauptsächlich werden hier zwei nichtprozedurale Sprachen verwendet, nämlich LISP (List Processing Language) und PROLOG (Programming in Logic). Auch zu einigen dieser Sprachen finden sich in der nebenstehenden Übersicht kurze Erläuterungen.

3.1.6.2 Compiler und Interpreter

Übersetzungsprogramme werden, wie eingangs von Abschnitt 3.1.6.1 schon gesagt, dazu eingesetzt, um Programme, die nicht in der Maschinensprache geschrieben sind, vor der Ausführung in die Maschinensprache umzuwandeln. Sie sind ein Bestandteil der Systemsoftware.

Das Wort „Assembler" wird in doppelter Bedeutung verwendet, da man sowohl Übersetzungsprogramme für maschinenorientierte Programmiersprachen Assembler nennt als auch die maschinenorientierten Programmiersprachen.

Welche Doppelbedeutung hat der Begriff Assembler?

Compiler und Interpreter sind Übersetzungsprogramme für höhere Programmiersprachen. Bevor ein Compiler das Quellprogramm (source program) in das Ziel- oder Objektprogramm (object program) umwandelt, macht er eine Fehleranalyse. Ein Compiler kann aber nur Syntaxfehler finden, d.h. z.B. eine nicht geschlossene Klammer. Syntaxfehler werden auch grammatikalische Fehler genannt. Es gibt ferner Semantikfehler bzw. logische Fehler, z.B. eine falsche Sprungadresse, die der Compiler jedoch nicht findet. Erst, wenn das Quellprogramm komplett in das Objektprogramm umgewandelt ist, kann das Programm gestartet werden.

Welche Programmfehler lassen sich unterscheiden?

Wird ein Interpreter als Übersetzungsprogramm verwendet, werden die Befehle sofort ausgeführt, da der Interpreter jeden Befehl einzeln in die Maschinensprache übersetzt. Es entsteht demzufolge kein Objektprogramm. Der Programmtest wird durch einen Interpreter zwar schneller, jedoch sind die Programmausführungszeiten länger als bei kompilierten Programmen. Interpreter findet man vor allem bei Klein- und Mikrocomputern.

Was unterscheidet Compiler und Interpreter?

3.1.7 Interpretation von Diagrammen

In den bisherigen Unterabschnitten von Abschnitt 3.1 haben wir uns mit der Erfassung und Verarbeitung von Daten befasst. Wir wenden uns jetzt noch kurz der Ausgabe und Interpretation zu. Daten werden als einzelne Kennziffern oder als Listen ausgegeben, heutzutage aber auch vielfach als Diagramm.

Beispiel

Ein anschauliches Beispiel ist die kontinuierliche Messung mehrerer Größen, darunter z.B. der Temperatur, der Umsetzung der Messergebnisse in Kurven und deren übereinander gelegte Darstellung in einem gemeinsamen Bild. Weiter gehend könnten die Ergebnisse auch gleich durch Umrechnung auf einen Index vergleichbar gemacht worden sein.

3.1.7.1 Basis des Diagramms

Welche Ausgangsbasis ist für die Erstellung eines Diagramms unabdingbar?

Ein Diagramm kann erst erstellt werden, wenn als Basis die Zahlen zu dem Sachverhalt vorhanden sind, den man darstellen möchte. Außerdem muss auf einen sinnvollen Zusammenhang zwischen den Daten und dem Ziel der Darstellung geachtet werden. Möchte man die Gewinnentwicklung aufzeigen, braucht man dazu nicht die Umsatzzahlen. Soll der Umsatz pro Außendienstmitarbeiter pro Monat dargestellt werden, hat es wenig Sinn, in einem Diagramm den Zeitraum von fünf Jahren unterzubringen. Die Datenerhebung muss sich also an der zutreffenden Aussage bzw. gewünschten Interpretation orientieren. Je nach „Absicht" kann sogar eine Entwicklung positiv oder negativ dargestellt werden. Man kann hier z. B. auf der x-Achse die Jahreszahlen von links nach rechts zunehmend abtragen – oder auch umgekehrt.

3.1.7.2 Rahmenbedingungen zum Zahlenmaterial

Wie wählt man die Dimensionierung eines Diagramms?

Die darzustellenden Daten müssen so bearbeitet werden, dass sie „zueinander passen". Werden zum Beispiel von einem Rohstoff mehrere tausend Kilogramm verbraucht und von einem anderen Rohstoff nur wenige zehn Kilogramm, können diese Größenverhältnisse in direktem Vergleich nicht übersichtlich dargestellt werden. Hier bietet sich unter anderem eine prozentuale Darstellung an. Es ist also sorgfältig auf die Wahl der Dimensionierung zu achten. Auch kann nicht einfach jede Art von Diagramm für jede Darstellung verwendet werden. Möchte man einen Trend aufzeigen, ist dazu ein Kuchendiagramm gänzlich ungeeignet. Auch ist ein 3D-Diagramm nur in seltenen Fällen brauchbar. Je einfacher die Darstellung ist, desto leichter und schneller erkennt der Betrachter den Kern der Aussage (siehe auch Kapitel 3.2.2.2 und 3.4.4).

3.1.7.3 Interpretation in Abhängigkeit vom Prozess

Was ist zum Interpretieren von Diagrammen hilfreich?

Zum völligen Verständnis einer Darstellung gehört auch das Wissen um die Hintergründe. Der Betrachter sollte deshalb immer darüber informiert werden, um welche Inhalte es speziell geht und worauf das Augenmerk gelegt werden muss. Werden z. B. Abweichungen von einem Prozessverlauf dargestellt, werden diese viel genauer betrachtet, wenn sie nur selten auftreten. Handelt es sich bei den Abweichungen um Standardsituationen, werden sie wohl auf andere Art und Weise interpretiert werden. Eine größere Übersichtlichkeit kann u. a. durch Kumulieren (Aufaddieren von Werten) oder die Ermittlung statistischer Maßzahlen (siehe Abschnitt 5.4.2.1) erreicht werden.

Beispiel für Kumulieren von Werten

Möchte man zum Beispiel die Ausfälle von 20 gleichartigen Maschinen, die im Dreischichtbetrieb eingesetzt werden, miteinander vergleichen, ist es wahrscheinlich übersichtlicher, die Ausfälle pro Maschine in den Schichten zu addieren (kumulieren, siehe Tabelle). Man kann dann die 20 Maschinen direkt miteinander vergleichen (siehe Abb. 3.1). Stellt man gleichzeitig noch den Dreischichtbetrieb dar, wird die Grafik unübersichtlich, siehe Abb. 3.2. Hier sollte man bereits mehrere Diagramme verwenden, was wir hier aber nur prinzipiell andeuten und nicht mehr im Einzelnen ausführen.

	1. Schicht	2. Schicht	3. Schicht	Summe (kumulierte Werte)
Maschine 1	3	0	1	4
Maschine 2	2	1	0	3
Maschine 3	0	0	1	1
Maschine 4	4	1	2	7

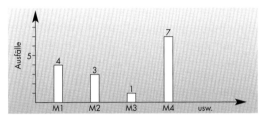

Abb. 3.1: Diagramm mit den kumulierten Werten

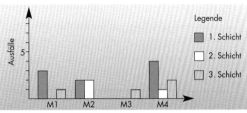

Abb. 3.2: Ausfälle der Maschinen mit gleichzeitiger Darstellung der drei Schichten: Man sieht deutlich, dass die Übersicht verloren geht.

Beispiel für die Bildung von Mittelwerten

Soll die Produktivität von fünf Maschinen dargestellt werden, zeichnet man über einen gewissen Zeitraum die Stückzahlen pro Stunde auf und berechnet anschließend den Mittelwert.

	1. Stunde	2. Stunde	3. Stunde	4. Stunde	5. Stunde	6. Stunde	7. Stunde
M 1	120	135	118	132	137	117	131
M 2	119	122	123	140	138	115	116
M 3	125	128	116	130	118	132	120
M 4	120	120	130	128	134	118	128
M 5	137	135	125	118	120	124	123

Auswertung

	Mittelwert der produzierten Stückzahl pro Stunde
Maschine 1	127,14 → 127 Stück
Maschine 2	124,71 → 124 Stück
Maschine 3	124,14 → 124 Stück
Maschine 4	125,43 → 125 Stück
Maschine 5	126 Stück

Und dann wählt man einen geeigneten Maßstab zur Betonung der Differenzen, z. B.:

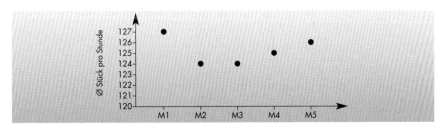

Abb. 3.3: Darstellung der Mittelwerte als Punkte im Koordinatensystem mit sinnvollem Maßstab

AUFGABEN ZU ABSCHNITT 3.1

1. Sie erhalten den Auftrag für eine Präsentation mit dem Thema „Vergleich von Standardsoftware mit Individualsoftware". Im Verlaufe Ihrer Vorbereitung sammeln Sie Vorteile und Nachteile.
   a) Beschreiben Sie drei Vorteile von Standardsoftware gegenüber Individualsoftware.
   b) Beschreiben Sie einen Nachteil von Standardsoftware gegenüber Individualsoftware.
2. Seit einiger Zeit werden in Ihrem Unternehmen Briefe nicht mehr mit Schreibmaschinen, sondern mit dem PC erstellt. Beschreiben Sie drei Vorteile, die diese Umstellung mit sich bringt.
3. Erläutern Sie den Begriff „Produktionsplanung und -steuerung mit PPS".
   (Hinweis: Zusatzthema über den im betreffenden Abschnitt behandelten Stoff hinaus)
4. Nennen Sie drei Aufgaben, zu welchem Zweck Daten im Materiallager erfasst werden.
5. In einem Unternehmen treten die unterschiedlichsten Daten auf, die es zur Weiterverarbeitung zu erfassen gilt.
   a) Nennen Sie vier Datenarten, die anfallen können.
   b) Nennen Sie drei Möglichkeiten, Daten zu erfassen.
   c) Zählen Sie vier (physikalische) Größen auf, in denen Daten gemessen werden können.
6. Erläutern Sie je einen Vor- und Nachteil von Individualsoftware gegenüber Standardsoftware.
7. Sie wollen zur Verbesserung der Kommunikation die Abläufe in Ihrem Büro rationeller gestalten. Beschreiben Sie die Tätigkeit, die Sie zu diesem Zweck als Erstes erledigen müssen.
8. Beschreiben Sie eine Voraussetzung, unter der an maschinellen Arbeitsplätzen eine automatische Betriebsdatenerfassung möglich ist.
   (Hinweis: Zusatzthema über den im betreffenden Abschnitt behandelten Stoff hinaus)
9. Beschreiben Sie „CAD" und „CAP" und nennen Sie jeweils drei Aufgaben.
   (Hinweis: Zusatzthema über den im betreffenden Abschnitt behandelten Stoff hinaus)
10. Viele Unternehmen greifen gerne auf Standardsoftware zurück, weil es auch hier inzwischen sehr gute Angebote gibt.
    a) Nennen Sie fünf Kriterien für die Auswahl von Standardsoftware.
    b) Wählen Sie drei der fünf genannten Kriterien aus und erläutern Sie diese.
    (Hinweis: Zusatzthema über den im betreffenden Abschnitt behandelten Stoff hinaus)
11. Erläutern Sie CAM, CAQ und CIM.
    (Hinweis: Zusatzthema über den im betreffenden Abschnitt behandelten Stoff hinaus)
12. Beschreiben Sie die Schritte, die ein Unternehmen bei der Auswahl von Standardsoftware nacheinander durchläuft.
    (Hinweis: Zusatzthema über den im betreffenden Abschnitt behandelten Stoff hinaus)
13. Nennen Sie zwei Beispiele für branchenneutrale Software (auch als horizontale Standardsoftware bezeichnet).
14. Erläutern Sie drei Aufgaben der Betriebsdatenerfassung.
15. Beschreiben Sie die zentrale Rolle der Betriebsdatenerfassung innerhalb eines PPS-Systems.
16. Erläutern Sie vier Anforderungen an qualitativ hochwertige Software.
    (Hinweis: Zusatzthema über den im betreffenden Abschnitt behandelten Stoff hinaus)
17. Erläutern Sie das Statistische Streubild-Verfahren.
18. Erstellen Sie aus folgenden Werten ein Streupunktdiagramm:

Monat	Stunden	Kosten in €
Mai	25	1.000
Juni	30	1.050
Juli	35	1.100
August	32	1.020
September	34	1.120

LÖSUNGSVORSCHLÄGE

L1:
a)
- Da Standardsoftware von vielen Anwendern benutzt werden kann und deshalb in großer

Stückzahl verkauft wird, ist sie preiswerter als Individualsoftware.
- Anpassung an neue Hardware und Systemsoftware wird vom Hersteller übernommen.
- Neue Versionen – Updates – können relativ kostengünstig bezogen werden.

b) Durch den vom Hersteller vorgegebenen Leistungsumfang ist es nicht möglich, Sonderwünsche zu berücksichtigen.

L2:
- Schreibfehler können wesentlich leichter korrigiert werden als bei Schreibmaschinen.
- Rechtschreibfehler werden über ein integriertes Rechtschreibprogramm leichter gefunden.
- Briefe können für andere Zwecke leicht verändert werden und ein Textbausteinsystem kann genutzt werden.
- Serienbrieffunktion, d. h. Automatisierung des Versands gleicher oder ähnlicher Briefe an mehrere Adressaten mit Adressdatenbank.
- Briefe können ganz allgemein in beliebiger Anzahl über einen Drucker hergestellt werden.

L3:
Es handelt sich um EDV-gestützte Produktionsplanungs- und -steuerungssysteme. Damit sollen Ziele wie hohe Termintreue, hohe Kapazitätsauslastung, hohe Planungssicherheit, niedrige Bestände und kurze Durchlaufzeit erreicht werden.
Die Produktionsplanung umfasst die Funktionen
- Produktionsprogrammplanung (Mengen und Termine für die Enderzeugnisse),
- Mengenplanung und Termin- und Kapazitätsplanung.

In der Produktionssteuerung werden im Rahmen der Auftragsveranlassung die Fertigungsaufträge auf Machbarkeit überprüft und freigegeben.

Die Auftragsüberwachung befasst sich mit der terminlichen und mengenmäßigen Verfolgung der Fertigungsaufträge.

L4: Bestandsermittlung, Disposition, Bestellrechnung, Teilebedarfsrechnung

L5:
a) Daten können z. B. sein: produzierte Stückzahl, Urlaubstage, Maschinenkapazität, Werbungskosten, Löhne und Gehälter, Überstunden usw.
b) Typische Erfassungsgeräte sind Scanner, Magnetkarten, Tastatur, Zähler, Sensor
c) Erhoben/gemessen/gezählt werden Maße, Mengen, Zeiten, Beträge in Euro, Geschwindigkeiten usw.

L6: Vorteil: Eigene Programmierer oder Lieferanten der Individualsoftware passen das Programm genau an die betrieblichen Gegebenheiten an.
Nachteil: Da das Programm ausschließlich an ein Unternehmen angepasst wird, sind die Kosten dafür sehr hoch.

L7: Zuerst muss eine Checkliste als Überblick über die insgesamt anfallenden Arbeiten erstellt werden.

L8: Die Arbeitsplätze sind mit Sensoren oder Zählern zu versehen, die die erfassten Daten online an ein EDV-System weitergeben.

L9:
CAD: Computer aided design bedeutet computergestütztes Konstruieren. Die Software bietet bereits verschiedene Möglichkeiten an, aus denen der Anwender wählen kann. Aus festen Bausteinen und freier Gestaltung kombiniert der Benutzer sein Ziel. Er entwirft Einzelteile, Baugruppen und ganze Erzeugnisse.
Aufgaben:
- technische Berechnungen
- Darstellen von Grafiken auf dem Bildschirm
- Speichern von Zeichnungsdaten
- Berücksichtigung von Normen und Typungen
- Zeichnungsausgabe über Drucker/Plotter
- Erstellung und Verwaltung von Stücklisten

CAP (computer aided planning): Vor Beginn der industriellen Fertigung muss die Produktionsdurchführung detailliert geplant werden, die Fertigungstechnologie, die Fertigungsverfahren, die Arbeitsgangreihenfolge, der Arbeitszeitbedarf, die Maschinensteuerung usw.

Das Ergebnis dieser Planung wird im Arbeitsplan und in den Maschinenprogrammen festgehalten, sodass bei der Fertigung immer wieder auf diese Unterlagen zugegriffen werden kann. Auch dienen sie der Dokumentation.
Aufgaben:
- Erstellung von Arbeitsplänen und Prüfplänen
- Erstellung von Programmen zur Maschinensteuerung und von Testprogrammen für Prüfmaschinen
- Durchführung der Planungsarbeiten im Dialog Anwender-Computer
- Erstellung der entsprechenden Unterlagen

L10:
a) Voraussetzungen für Hardware und Software, Systembetrieb, Systemdokumentation, Systemfunktionen, Leistungsfähigkeit des Anbieters, Lieferzeiten und Preise

b) Auch wenn nur drei verlangt werden – hier werden alle fünf Kriterien erläutert:
- Voraussetzungen für Hardware und Software: Austauschbarkeit peripherer Geräte, Mindestkonfiguration, optimale Konfiguration, welche Betriebssysteme sind einsetzbar
- Systembetrieb: Dialoggestaltung, Bedienerfreundlichkeit, Betriebssicherheit, überschaubarer Ablauf
- Systemdokumentation: Übersichtlichkeit des Handbuchs, Lernprogramme, Hilfefunktionen, Fehlermeldungen und Korrekturmöglichkeiten.
Systemfunktionen: Anpassungsfähigkeit an die Wünsche des Anwenders, Ausbaufähigkeit, Portabilität, Austauschbarkeit der Verarbeitungsmodule
- Leistungsfähigkeit des Anbieters: Umsatzentwicklung, Niederlassungen, Erfahrungen, Marktposition, Schwerpunkt der Geschäftstätigkeit, Schulungen
- Lieferzeiten und Preise: Verhandlungsmöglichkeiten, Kosten für Wartungen, Kosten für Schulungen, Miete, Zeitraum für Installation

L11:
CAM (computer aided manufacturing): computerunterstützte Fertigung durch CNC-Maschinen und Industrieroboter. Mit CAM können viele Funktionen der Fertigung automatisiert werden. Dazu zählen u. a. die Werkstückbearbeitung, die Maschinenbe- und -entstückung, die Teile- und Baugruppenmontage, der Transport und die Fertigungszwischenlagerung.
Es werden Daten benötigt über die Konstruktionsmerkmale, den Bedarf an Material, Betriebsmitteln und Personal, den Arbeitsablauf, die Termine, die Maschinenbelegung und die Fertigungsmenge.

CAQ (computer aided quality): Im Rahmen der Qualitätskontrolle werden CAQ-Systeme entwickelt. CAQ-Systeme helfen bei Prüfplanung, bei Prüfprogrammierung und Qualitätsanalyse. Im Mensch-Maschine-Dialog oder automatisch werden die Arbeiten durchgeführt und die entsprechenden Unterlagen erstellt.

CIM (computer integrated manufacturing) bedeutet computerintegrierte Fertigung. In dieser höchsten Automationsstufe sind alle Fertigungs- und Materialbereiche untereinander sowie mit der Verwaltung durch ein einheitliches Computersystem verbunden, dem eine zentrale Datenbank angeschlossen ist. Jeder berechtigte Benutzer kann die von ihm benötigten Daten aus der Datenbank abrufen und verwerten.
CIM umfasst ein Informationsnetz, das die durchgängige Nutzung von einmal gewonnenen Datenbeständen ohne erneute Erfassung zulässt.

Angestrebte Ziele sind: Senkung der Kosten durch kürzere Rüstzeiten der Anlagen, durch kürzere Durchlaufzeiten der Produkte, durch bessere Kapazitätsauslastung und durch geringere Kapitalbindung (z. B. auf Grund niedrigerer Lagerbestände).

L12:
- Ist-Aufnahme: Beschreibung des Einsatzgebietes der Software (Menge und Art der Daten, Datenfluss, Ablauf- und Aufbauorganisation)
- Schwachstellenanalyse: Möglichkeiten der Verbesserung der derzeitigen Situation, Erfassung der Mängel

- Soll-Zustand: Art und Weise der Erfüllung der Anforderungen, Erfassung von Sonderwünschen
- Ausschreibung: Einholung von Angeboten (Kriterien in der Ausschreibung: Kurzvorstellung des Betriebes, Soll-Konzept, Zusatzbedingungen), detaillierter Vergleich und Analyse, Entscheidung fällt durch Abwägen technischer und betriebswirtschaftlicher Kriterien
- Vertragsverhandlungen: Interessen des Anwenders in die Standardverträge einbringen, detaillierte Preisverhandlungen (Installation, Anpassungen, Schulungen, Nebenkosten)
- Installationsphase: Eine Zusammenarbeit zwischen Anbieter und Anwender, Einplanung eines Zeitpuffers für unvorhergesehene Schwierigkeiten.

L13: Programme für Finanzbuchhaltung und für Lohn- und Gehaltsabrechnung sind weit gehend unabhängig von Unternehmen und Branchen. Eventuell sind gesetzliche Bestimmungen (Abgabenordnung, Einkommensteuerrichtlinien) zu berücksichtigen.
Weitere Beispiele sind Textverarbeitung und Tabellenkalkulation.

L14: Die Aufgaben der Betriebsdatenerfassung (BDE) sind, alle Daten zu erfassen, zu speichern und auf dem neuesten Stand zu halten, die für die Produktionsplanung und -steuerung von Bedeutung sind. Die Betriebsdatenerfassung steuert die Erfassung und Weitergabe aller auftrags-, betriebsmittel- und personalbezogenen Daten. Sie liefert Daten, die als Grundlage dienen für z. B. die Überwachung des Arbeitsfortschrittes, die Kalkulation der Erzeugnisse, die Lohnabrechnung, die Ermittlung der Auslastungsgrade, die Ermittlung der Fehltage oder die mengenmäßige Buchung der Lagerbewegungen.
Die BDE muss kurzfristig, fehlerfrei und vollständig erfolgen.

L15: Aufgabe der BDE ist es, die Fertigung zu überwachen. Im Rahmen der BDE werden alle Daten erfasst, die bei der Fertigungsüberwachung anfallen (Ist-Daten). Das sind z. B. alle gefertigten Mengen und alle verbrauchten Arbeitszeiten der Aufträge und Mitarbeiter, alle Stillstands- und Ausfallzeiten der Betriebsmittel, alle im Fertigungsprozess eingesetzten Werkzeuge und Materialien.
Diese Daten werden in den Planungs- und Steuerungsprozess zurückgemeldet und mit den Soll-Daten verglichen.
Bei Abweichungen zwischen Ist und Soll werden durch das System Sicherungsmaßnahmen ergriffen bzw. veranlasst. Innerhalb eines PPS spielt deshalb die BDE die Rolle der Ist-Datenerfassung.

L16:
- Zuverlässigkeit: korrekte Verarbeitung der Eingaben
- Leichte Bedienbarkeit: die Software muss sich dem Benutzer anpassen und nicht umgekehrt
- Wartungsfreundlichkeit: schnelle Erkennung und Behebung von Fehlern
- Robustheit: keine negativen Auswirkungen bei Hardware-, Übertragungs- oder Bedienungsfehlern
- Portabilität: Software muss mit geringen Anpassungen auch auf anderen Computersystemen lauffähig sein

L17:
Aus Werten der Vergangenheit bildet man Paare aus Kostenwerten und den dazugehörigen Beschäftigungen. Diese Wertepaare werden in ein Diagramm eingetragen. Anschließend zeichnet man eine Ausgleichsgerade ein, wobei sich die positiven und negativen Abweichungen ergänzen sollen. Extremwerte bleiben unberücksichtigt. Die Gerade schneidet die Y-Achse in Höhe der fixen Kosten.

L18:

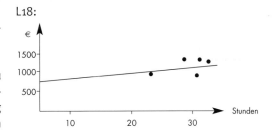

3.2 Bewertung und Anwendung von Planungstechniken und Analysemethoden

3.2.1 Persönliche und sachliche Voraussetzungen zum optimalen Arbeiten

Auf dem Weg zum optimalen Arbeiten ist es unbedingte Voraussetzung, den persönlichen Arbeitsstil zu erkennen und die bestmöglichen sachlichen Bedingungen zu schaffen.

Was gehört zu den persönlichen ...

Zur (ersten) Analyse des persönlichen Arbeitsstils kann man sich folgende Fragen stellen:
- Ist mein Schreibtisch unaufgeräumt oder ordentlich?
- Halte ich die Mittagspause ein oder arbeite ich durch?
- Nehme ich Akten/Unterlagen mit nach Hause?
- Bin ich im Urlaub erreichbar?
- Lasse ich mir die Post nachsenden?
- Strebe ich Perfektionismus an?
- usw.

... und was zu den sachlichen Bedingungen für optimales Arbeiten?

Zu den sachlichen Bedingungen zählen z. B. die Organisation des Unternehmens (schwerfällig, lange Dienstwege, viele Konferenzen ohne wirkliches Ergebnis...), der Führungsstil des Vorgesetzten (entscheidet alles selbst, lässt keine andere Meinung zu, delegiert Aufgaben mit dazu passender Verantwortung und Kompetenz, arbeitet mit Zielvereinbarungen...) und die Mitarbeiter (schieben Arbeit ab, lassen in der Urlaubszeit alles liegen, führen oft „Gespräche ohne betrieblichen Inhalt", sind hilfsbereit, geben Informationen rechtzeitig weiter...).

Auf die Einrichtung und Veränderung betrieblicher Strukturen wird ausführlich im Kapitel 4 über die Zusammenarbeit im Betrieb eingegangen und auch in Kapitel 2 wird im Rahmen der Organisationslehre darauf eingegangen. In diesem vorliegenden Abschnitt 3.2 werden Planungs- und Arbeitstechniken behandelt, die den persönlichen Arbeitsstil unterstützen und teils auch Methoden liefern, die in der Teamarbeit genutzt werden können.

3.2.1.1 Individueller Umgang mit der Zeit (Zeitplanung)

Welche Faktoren können die Zeitplanung beeinflussen?

Jeder versucht, sich seine Zeit so gut wie möglich einzuteilen. Es nehmen jedoch zahlreiche Faktoren darauf Einfluss, derer man sich bewusst sein muss, um darauf reagieren zu können.

Beispiele

Systematischer Zeitplanung stehen entgegen: Mangelnde Information, keine zielgerichtete Tätigkeit, falsche Prioritätensetzung, spontanes Arbeiten, unangenehme Dinge verschieben, Zeitaufwand für Tätigkeiten falsch einschätzen, alles selbst machen, Verzettelung, Perfektion.

Um zum systematischen Arbeiten zu kommen, nutzt man Checklisten, fixiert Termine schriftlich, berücksichtigt Zeitpuffer, delegiert, trifft Vorkehrungen gegen Störungen, sorgt für Konzentration, nutzt Hilfsmittel, bereitet Besprechungen vor und nach, verfolgt geplante Tagesziele etc.

Für professionelle Zeitplanung braucht man Überblick, wählt methodisches Vorgehen und setzt zur Planung Formulare ein.

Der Vorteil liegt im planmäßigen, durchdachten Vorgehen, aber man muss die Gefahr der Bürokratisierung beachten.

 Terminmanagement ist Teil des umfassenderen Zeitmanagements.

Es bezieht sich auf zwei Ebenen:
- Bei der **persönlichen Terminplanung** geht es um die persönliche Arbeits- und Zeiteinteilung. Je eigenverantwortlicher ein Arbeitsplatz ausgestaltet ist, umso wichtiger wird sie. Der Meister oder Techniker, zu dessen Aufgabe die Entwicklung von Konzepten gehört und der Führungsverantwortung für eine bestimmte Zahl von Mitarbeitern hat, kommt nicht um eine persönliche Terminplanung umhin. Er muss zum Beispiel planen, wann er neben der Tagesroutine an den Konzepten arbeitet und wann er Mitarbeitergespräche führt. Der Chef oder der Manager nimmt für seine Zeitplanung die Zuarbeit seines Sekretariats in Anspruchs. Dahinter steht: Mit Zeit muss möglichst wirtschaftlich umgegangen werden.
- Bei der **betrieblichen Terminplanung** geht es um die zeitliche Disposition der betrieblichen Abläufe. Durchlaufzeiten von Aufträgen müssen optimiert oder die Dauer von Projektphasen festgelegt werden.

> Wodurch unterscheiden sich persönliche und betriebliche Zeitplanung?

Persönliches Zeitmanagement
Es gibt eine Vielzahl von Ansätzen des persönlichen Zeitmanagements, zu der man auch umfassende Fachliteratur findet. Zwei Gesichtspunkte werden in den meisten dieser Ansätze weit gehend berücksichtigt: Es gilt, Aufgaben nicht nur nach Dringlichkeit, sondern auch und gerade nach Wichtigkeit zu unterscheiden. Und eine Terminplanung erfolgt zyklisch.

> Was bedeutet wichtig und was dringlich und warum unterscheidet man es?

 Wichtiges ist von Unwichtigem zu trennen und Dringendes von der Routine.

Aus Terminen ergeben sich neue Termine, die wiederum zu kontrollieren sind, neue Zielsetzungen müssen eingearbeitet werden und dafür sind wieder Termine zu setzen. Dies kann als Kreislaufmodell dargestellt werden (Abb. 3.4).

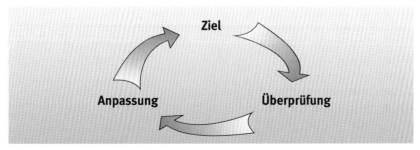

Abb. 3.4: Kreislaufmodell der Terminplanung

| Welche Schritte bilden den Kreislauf der Terminplanung? | • Als Erstes erfolgt die Zielsetzung. Auf Grund dieser wird eine lang-, mittel- und kurzfristige Planung erstellt, die nach und nach verwirklicht bzw. erledigt wird.
• In regelmäßigen Zeitabständen erfolgt eine Kontrolle – der bereits bekannte Soll-Ist-Vergleich.
• Auf Grund des Ergebnisses erfolgt eine neue Zielsetzung, die wiederum in eine lang-, mittel- und kurzfristige Planung einmünden kann. |

Aus welchen Gründen können Termine entstehen? Sie erwachsen aus Besprechungen, ergeben sich auf Reisen, sind gezielte und ggf. regelmäßige Verabredungen, sind selbst gesetzt zur Erledigung von Aufgaben – bis hin zu nicht zu vernachlässigenden Dingen wie Geburtstagen, Jubiläen o.Ä. Jede langfristige Planung wird irgendwann zur mittelfristigen und letztendlich zur kurzfristigen.

   Je näher Termine rücken, desto genauer muss geplant werden.

3.2.1.2 Persönliche Arbeitsmethodik (z.B. Checklisten)

Man kann sich zur Verbesserung der persönlichen Arbeitsmethodik einiger Hilfsmittel bedienen bzw. sich bestimmte Arbeitsweisen angewöhnen, die die Effektivität wirksam verbessern.

| Wofür nutzt man Checklisten? | So sind **Checklisten** sehr hilfreich bei der Abwicklung von Standardsituationen. Bei bestimmten Aufträgen oder Arbeitsvorgängen müssen immer wieder bestimmte Tätigkeiten erfolgen, die man auf einer Checkliste abhaken kann, um sicher zu sein, nichts zu vergessen. Beispiele dafür sind Formulare für die telefonische Auftragsannahme von Kunden, eine Checkliste für auszuführende Arbeiten beim Monatsabschluss oder Vorbereitungen für eine Konferenz oder auch für die Planung der Inventur. |
| Welche Verfahren lassen sich sinnvoll in die Termin-/Zeitplanung einbinden? | Weitere sehr nützliche Möglichkeiten der Arbeitsmethodik, die jeder individuell an seinen Arbeitsbereich anpassen und umsetzen kann, finden sich im folgenden Überblick. |

Prinzipien und Verfahren der Arbeitsmethodik

• Eisenhower-Prinzip

Aktivitäten werden nach Dringlichkeit und Wichtigkeit in vier Kategorien eingeteilt, wobei Wichtigkeit vor Dringlichkeit gilt. Wichtige und dringende Aufgaben sind selbst zu erledigen. Wichtige, aber nicht extrem dringende Aufgaben sollten bereits geplant werden oder sogar delegiert werden. Aufgaben von geringer Wichtigkeit, die aber dringend zu erledigen sind, können delegiert oder nachrangig bearbeitet werden. Aufgaben mit geringer Dringlichkeit und Wichtigkeit sollten vernachlässigt werden (nicht beantworten, ablegen, E-Mail löschen).

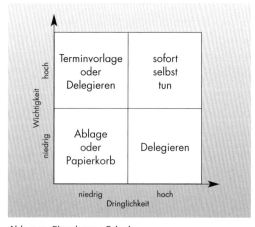

Abb. 3.5: Eisenhower-Prinzip

- Pareto-Analyse

Wichtige Aufgaben beanspruchen im Normalfall einen kleinen Anteil innerhalb einer Gesamtaufgabe. So erzielt man oft bei 20 % der strategisch eingesetzten Zeit und Energie 80 % des Ergebnisses. Diese Regel wird auch 80:20-Regel genannt. Man achtet darauf, die 20 % der wichtigen Zeit effektiv zu gestalten und verwendet weniger Mühe auf den großen Rest.

- ABC-Analyse

Die Aufgaben werden in sehr wichtige, wichtige und weniger wichtige eingeteilt. Etwa 15 % aller Aufgaben (A-Aufgaben) tragen zu 65 % zur Zielerreichung bei. 20 % tragen zu 20 % (B-Aufgaben) dazu bei und 65 % zu 15 % (C-Aufgaben). A-Aufgaben können nicht delegiert, B-Aufgaben können ganz oder teilweise delegiert werden, C-Aufgaben erledigt die Führungskraft nicht selbst.

- Nein-Sagen

Ein gewisser Egoismus schafft Zeitreserven. Man darf sich nicht an den Wünschen und Erwartungshaltungen anderer orientieren. Im konkreten Fall gilt es abzuwägen, was passiert, wenn man „Nein" sagt.

- Vier Entlastungsfragen

Bei Routinearbeiten fragt man meist nicht mehr nach. Mit folgenden Fragen kann man verblüffende Wirkungen erzielen: Warum gerade ich? Warum gerade jetzt? Warum so? Warum überhaupt?

- Alpenmethode

Man vollzieht folgende Planungsschritte:
Aufgaben zusammenstellen
Länge der Tätigkeiten schätzen
Pufferzeiten für (unweigerlich Eintretendes) Unvorhergesehenes reservieren
Entscheidungen für Prioritäten treffen
Notizen in ein Planungsinstrument übertragen (Nachkontrolle)

- Sechs Informationskanäle

Man entscheidet umgehend, in welchen Kanal man etwas gibt, das neu hereingekommen ist:
Kanal 1: Lesen und Vernichten
Kanal 2: Weiterleiten (weil sofort erkennbar)
Kanal 3: Lesen und Delegieren
Kanal 4: Kurz lesen und Wiedervorlage
Kanal 5: Laufende Vorgänge (sofort erkennbar)
Kanal 6: Sofort selbst erledigen

- Drei-Körbe-System (Informationsfluss-System)

Der Schreibtisch hat drei Körbe: den Eingangskorb, den Ausgangskorb und den Papierkorb. Bei diesem System wird jeder Vorgang nur einmal in die Hand genommen und auf dem Schreibtisch liegt nur der Vorgang, an dem gerade gearbeitet wird.

- Schreibtischmanagement

Auf dem Schreibtisch sollte alles seinen festen Platz haben und der Durchlauf der Arbeit immer nach dem gleichen Prinzip ablaufen (z. B. Drei-Körbe-System).

- Telefonmanagement

Wann telefoniere ich? Wie plane ich das Telefonat? Wen will ich anrufen? Sind die Unterlagen für das Telefonat vorbereitet und griffbereit? Welche Nacharbeit gibt es, wann erledige ich sie? Wann schirme ich mich vor Telefonaten ab?

- Terminplanung

Ziele sind vorgegeben oder man setzt sie sich selbst. Daraus resultieren Aufgaben, die wiederum zu ordnen sind nach Wichtigkeit und Dringlichkeit. A- und B-Aufgaben erledigt man selbst und Routineaufgaben sind zu rationalisieren oder zu delegieren. Man sollte immer schriftlich planen und nicht den ganzen Tag verplanen. Auch der Bio-Rhythmus spielt eine Rolle. Jeder kennt seine Zeiten, in denen er am besten arbeiten kann.

3.2.1.3 Systematische Kontrolle im Arbeitsbereich

Warum ist Kontrolle unabdingbar?

Ohne Kontrolle werden Fehler spät, zu spät oder gar nicht entdeckt. Ein vorgegebener Qualitätsstandard kann auf diese Weise nicht gehalten werden. Kontrolle ist deshalb unumgänglich. Ausführliche Erläuterungen zu den Arten der Kontrolle stehen in Abschnitt 4.5.3 Arbeitskontrolle. Da Vorgesetzte häufig die Methode „Management by Objectives" (Führung durch Zielvereinbarung) einsetzen, darf Kontrolle keinesfalls unterlassen werden, da es auf dem Weg zum Ziel mit Sicherheit immer Unzulänglichkeiten und Verbesserungsmöglichkeiten gibt. Bezüglich der Motivation der Mitarbeiter ist die Selbstkontrolle am besten geeignet. Sie lässt sich jedoch nicht immer realisieren. Dies ist von der Komplexität des Aufgabengebietes und der Qualifikation der Mitarbeiter anhängig.

Der Ablauf der betrieblichen Kontrolle kann als Regelkreis betrachtet werden.

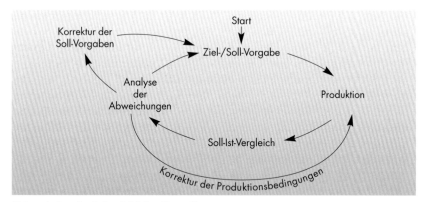

Abb. 3.6: Regelkreis betrieblicher Kontrolle

Wie vollzieht sich der Regelkreis kontinuierlicher Kontrolle?

Die Ist-Werte werden mit der Zielvorgabe verglichen. Treten Abweichungen auf, müssen diese analysiert werden, um anschließend entweder die Soll-Werte zu korrigieren oder die Produktionsbedingungen zu ändern.

Ein Gedanke, den man keinesfalls außer Acht lassen darf, ist, dass auch positive Veränderungen nur durch Kontrollen entdeckt werden. Ein Vorgesetzter kann seine Mitarbeiter nur loben, wenn er auch nachsieht, wie sie ihre Aufgaben ausführen. Das wiederum kann sich positiv auf die Entlohnung auswirken.

3.2.1.4 Gestaltung des eigenen Arbeitsplatzes (Zweckmäßigkeit, Ergonomie)

Dieses Thema wird in aller Ausführlichkeit in Abschnitt 4.2.3.1 behandelt.

3.2.1.5 Technische Hilfen (Ablagesysteme, PC-Technik)

Welche Planungshilfsmittel gibt es für die Terminplanung?

Planungshilfsmittel für die **Terminplanung** sind sehr nützlich, wenn Termine nicht nur vereinbart, sondern auch überprüft und überwacht werden müssen. Dazu bieten sich verschiedene Hilfsmittel an. Vom Jahresplaner über den Monats- und Wochenplaner bis zum Tagesplaner stehen vielfältige Formblätter zur Auswahl. Ebenso finden Terminkalender, Terminmappen oder Planungstafeln

Verwendung. Die gängige PC-Software umfasst auch Terminfunktionen bis hin zu Terminplanungsprogrammen.

Planungstafeln, wie sie jeder sicher aus eigener Anschauung kennt, gibt es in vielerlei Ausführungen, z. B. mit Einsteckstreifen, Haftmagneten oder löschbaren Beschriftungen. Sie zeigen in übersichtlicher Weise u. a. den Fortschritt eines Projekts oder den Urlaubsplan für das kommende Jahr.

Die Möglichkeiten der **Ablagesysteme** „per Hand oder mit PC" sind so vielfältig, dass hier nur ein kleiner Überblick gegeben werden kann. Man unterscheidet:

- Einzelakten und Sammelakten: Legt zum Beispiel ein Bildungswerk pro Teilnehmer eine eigene Akte an, spricht man von Einzelakten. Werden alle Unterlagen der Teilnehmer eines Kurses in einer Akte gesammelt, spricht man von Sammelakten.

> Welche Hilfsmittel gibt es für die zum systematischen Arbeiten so wichtige Ablage?

- Loseblattablage und geheftete Ablage: Die Loseblattablage bietet den Vorteil, dass die Schriftstücke nicht gelocht werden müssen und die Ablage relativ schnell geht. Der Nachteil sind „fliegende Blätter", wo Schriftstücke verloren gehen können und die chronologische Reihenfolge bei der Ablage schwieriger einzuhalten ist. Bei gefüllten Ordnern ist der Mitarbeiter einige Zeit mit Suchen beschäftigt. Bei der gehefteten Ablage sind die Vor- und Nachteile der Loseblattablage ins Gegenteil verkehrt.

> Wie lassen sich geheftete Ablage und Loseblatt abwägen?

- Die Registraturarten nach DIN 821 unterscheiden in die liegende Ablage, die stehende Ablage und die hängende Ablage. Die stehende Ablage wird noch einmal unterteilt in Ordnerregistratur, laterale Sammlerregistratur, vertikale Sammlerregistratur. Die hängende Ablage wird unterteilt in laterale Hängeablage und vertikale Hängeablage. Lateral bedeutet, dass die Schriftgutbehälter von vorne abgelegt werden. Bei der vertikalen Ablage werden sie von oben abgelegt.

> Was versteht man unter Registratur?

- Mikrofilm: Die Mikroverfilmung ist immer dann empfehlenswert, wenn an Arbeitsplätzen große Datenmengen ständig zur Verfügung stehen sollen. Die Mikrografie ist außerdem geeignet für abgeschlossene Vorgänge, da nachträglich keine Änderungen oder Ergänzungen mehr möglich sind.
Die Wirtschaftlichkeit des Mikrofilms steigt mit der Länge der Aufbewahrungsfrist der Unterlagen.
Den Vorteilen ist gegenüberzustellen, dass eine entsprechende technische Ausrüstung erforderlich ist und eine nachträgliche Verfilmung möglicherweise teurer kommt als die Aufbewahrung der Originale.

> Welche Rolle spielt Mikroverfilmung?

- Optoelektronische Speichermedien: Daten können sehr Raum sparend gespeichert werden auf folgenden Datenträgern: CD-ROM (Compact Disk Read Only Memory), WORM (Write Once Read Multiple), CD-R (Compact Disk Recordable), CD-RW (Compact Disk Rewritable), DVD (Digital Versatile Disk = vielseitige digitale Platte), MOD (Magneto-optical Disk).

> Welche elektronischen Ablageformen gibt es mittlerweile?

- Elektromagnetische Speicherung: Hier kommen als Datenträger Mikrodisketten, Magnetbänder (Streamer) und Magnetplatten (Festplatten, Wechselplatten) infrage. Welcher Datenträger als Ablagemöglichkeit gewählt wird, hängt von bestimmten Kriterien ab, wozu die Zugriffshäufigkeit, gesetzliche Vorschriften, der Zeitaufwand und auch die Art einer eventuellen späteren Bearbeitung zählen.

Der Vollständigkeit halber seien auch noch die Ordnungsmittel erwähnt, die dazu dienen, die Übersicht in Ablagesystemen zu erhöhen. Ordnungsmittel kennzeichnen Ordner oder Mappen oder Sammler von außen. Verwendung finden Reiter, Inhaltsschilder, Sichtleisten, Farben, Trennblätter usw.

3.2.2 Methoden der Problemlösung und Entscheidungsfindung

3.2.2.1 Formen betrieblicher Probleme und ihre unterschiedlichen Auswirkungen

Warum ergeben sich im Betriebsgeschehen zwangsläufig Störfaktoren?

Ein Betriebsgeschehen verläuft selten über längere Phasen „glatt", vielmehr haben Unternehmen – kurz und sehr allgemein gesagt – regelmäßig mit allen erdenklichen Problemen zu kämpfen.

Beispiele für betriebliche Probleme

Externe (überwiegend vom Marktgeschehen her): Die Nachfrage geht zurück, die Kunden ändern ihre Wünsche bezüglich der Produktausführung und/oder der Qualität, ein neuer Konkurrent tritt auf den Markt, die Konjunktur liegt allgemein am Boden u. a.

Intern (überwiegend von den Mitarbeitern her): Es kann zu Problemen kommen, wenn Mitarbeiter bei der Einführung neuer Techniken nicht bereit sind dazuzulernen, wenn ein Wechsel des Vorgesetzten stattfindet, wenn eine Lohnerhöhung nicht zur Zufriedenheit ausfällt (was sie fast nie tut), wenn Rationalisierungsmaßnahmen durchgeführt werden, wenn durch eine Fusion Mitarbeiter an einen anderen Standort versetzt werden sollen und vieles mehr.

Welche Probleme müssen betrieblich gelöst werden?

Auswirkungen, die sich aus diesen Problemfeldern ergeben können, sind zum Beispiel unzufriedene Mitarbeiter, Termindruck, Beschwerden, unklare Zielsetzungen, zu viel oder zu wenig Kontrolle u.a.

Vorschläge zur Lösung solcher Schwierigkeiten fallen nicht unter die persönlichen Arbeitstechniken und werden deshalb auch nicht hier behandelt. Man findet sie vielmehr im Kapitel „Zusammenarbeit im Betrieb", z. B. in Abschnitt 4.1.2.5 (Einflussmöglichkeiten auf das Verhalten des Mitarbeiters), 4.2.2.2 (Voraussetzungen für Arbeitsmotivation und Zufriedenheit), 4.5.1.1 (Kriterien für einen effizienten Einsatz der Mitarbeiter), 4.5.4 (Anerkennung und Kritik).

3.2.2.2 Ziel, Formen und Inhalte der Situationsbeschreibung

Ausgangspunkt der Problemlösung ist die Situationsbeschreibung – welche Hilfsmittel gibt es dafür?

Das Ziel von Problemlösungen und Entscheidungsfindungen ist immer eine Verbesserung und eine damit verbundene Kosteneinsparung. Die Verbesserung kann sich auf ein Produkt selbst beziehen (Funktionalität, Material, Design...) oder einen Arbeitsablauf (Durchlaufzeit, Stückzahlen, Kapazitätsauslastung, Zwischenlager, Bestellvorgang ...). Zur Erreichung des Ziels/der Ziele muss die Situation (Produkt oder Arbeitsablauf) genau erfasst und beschrieben werden, um eine detaillierte Analyse zu ermöglichen.

Die Hilfsmittel zur Situationsbeschreibung sind vielfältig und werden je nach Fragestellung ausgewählt, hier wird eine kurze Übersicht gegeben.

Verfahren zur Situationsbeschreibung (Auswahl)

- *Soll-Ist-Analyse*

Die Ist-Analyse beschreibt den aktuellen Zustand und die Soll-Analyse gibt vor, wie es zukünftig aussehen soll. Für die Gegenüberstellung kann die Form einer Tabelle gewählt werden.

Kriterien	Ist	Soll
Arbeitszeit	Ein-Schicht-Betrieb	Zwei-Schicht-Betrieb
Mitarbeiter	5 Mitarbeiter pro Schicht	4 Mitarbeiter pro Schicht
Produktivität	280 Stück/Stunde	320 Stück/Stunde
usw.	usw.	usw.

- *Flussdiagramm*

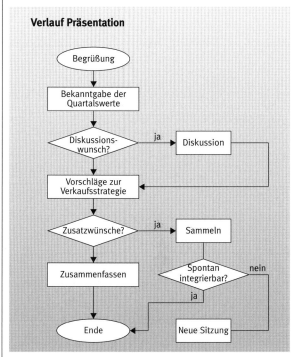

Ein Prozess, ein Ablauf oder Verhaltensregeln werden mit Symbolen dargestellt, die sich aus der DIN 66 001 ergeben. Der Ablauf wird als Ganzes abgebildet und der optimale Weg dargestellt. Mögliche Störgrößen werden sichtbar und können analysiert werden.

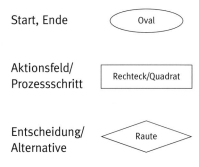

Abb. 3.7: Flussdiagramm

- *Stärken-Schwächen-Analyse*

Bei einer Analyse auf Unternehmensebene interessiert vor allem, welche Vor- und Nachteile das betreffende Unternehmen im Vergleich zu den Hauptkonkurrenten hat. Folgende Kriterien können hierbei berücksichtigt werden: Produkteigenschaften, Produktionssituation (Kapazität, Kosten, Qualität, Flexibilität u.a.), Marke(n) (Bekanntheit, Image u.a.), Distributionssituation (Vertriebssystem, Anzahl der Verkaufsstellen, Bedeutung der Verkaufsstellen u.a.), Innovationsfähigkeit (Forschung und Entwicklung, marktreife Produktideen u.a.), finanzielles Potenzial.

Die Stärken-Schwächen-Analyse erfolgt häufig mithilfe eines Polaritätenprofils. Dabei wird für die als relevant erachteten Kriterien die Position des eigenen Unternehmens und die der Hauptkonkurrenten auf entsprechenden Ratingskalen dargestellt, siehe das Beispiel in Abb. 3.8.

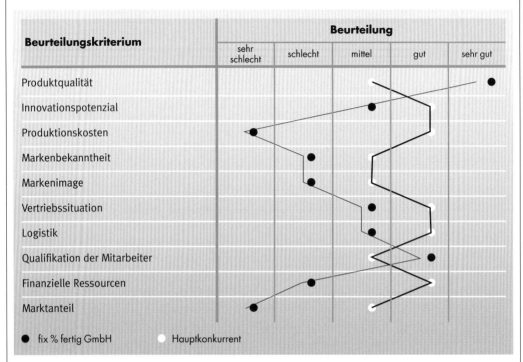

Abb. 3.8: Beispiel Polaritätenprofil (fiktives Unternehmen fix & fertig GmbH) – dem Profil kann entnommen werden, dass die tritt & fit GmbH lediglich bei der Produktqualität und bei der Qualifikation der Mitarbeiter Vorteile gegenüber dem Hauptkonkurrenten hat. Bei allen anderen Beurteilungskriterien ist sie in einer schwächeren Position.

- *Baumstruktur-Diagramm*

Diese Art von Diagramm kennt (fast) jeder. Hier werden Daten und Informationen im Hinblick auf ihre logische Zusammengehörigkeit betrachtet. Es erfolgt eine Strukturierung in Form einer Baumstruktur mit übergeordneten Segmenten.

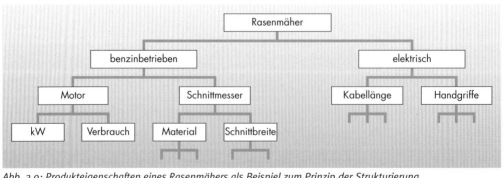

Abb. 3.9: Produkteigenschaften eines Rasenmähers als Beispiel zum Prinzip der Strukturierung

• *Mindmap*
Diese Methode (auch Netzbild-Methode genannt) hilft zum Sammeln und Strukturieren von Ideen und zum Darstellen von Zusammenhängen. Man geht hier von Anfang an geordnet vor:
- Das Thema/Problem wird in die Mitte eines großen Blattes Papier (oder z.B. bei der Abteilungsbesprechung auf ein Flipchart) geschrieben und man entwickelt es „als Baum".
- Von der Mitte gehen „Äste" in alle Richtungen mit Gedanken der Teilnehmer/innen aus. Daraus wachsen „Zweige" für untergeordnete Ideen, und auch „Blätter" können noch angeschlossen werden. Man muss dabei nicht nur mit Begriffen arbeiten, es dürfen auch Bilder sein.
- Am Schluss kann man eine Ordnung herstellen oder Prioritäten bilden, indem man die Äste nummeriert, Symbole ergänzt oder Legenden darunter schreibt (z.B. wer welche Aufgaben übernimmt, Termine usw.).

Praktische Tipps:
- Die Verwendung von Farben zum Aufzeigen von Zusammenhängen ist empfehlenswert.
- Nutzt man die Mindmap nicht individuell, sondern in einer kleinen Gruppe, können die Teilnehmer gleichzeitig Aspekte notieren. In einer größeren Gruppe übernimmt dies besser der Moderator.

Abb. 3.10 verdeutlicht das Vorgehen, Abb. 3.11 gibt ein zwar alltägliches, aber gut zu verstehendes Beispiel dieser wichtigen und entsprechend weit verbreiteten Methode.

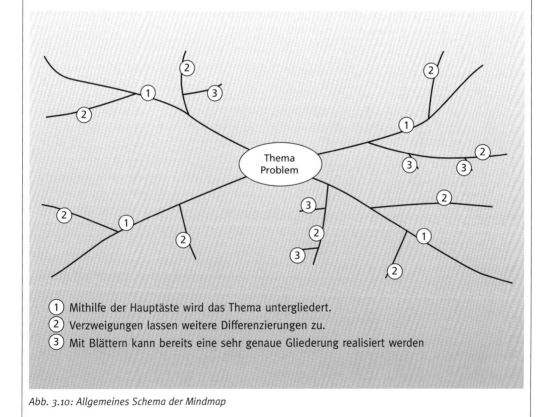

Abb. 3.10: Allgemeines Schema der Mindmap

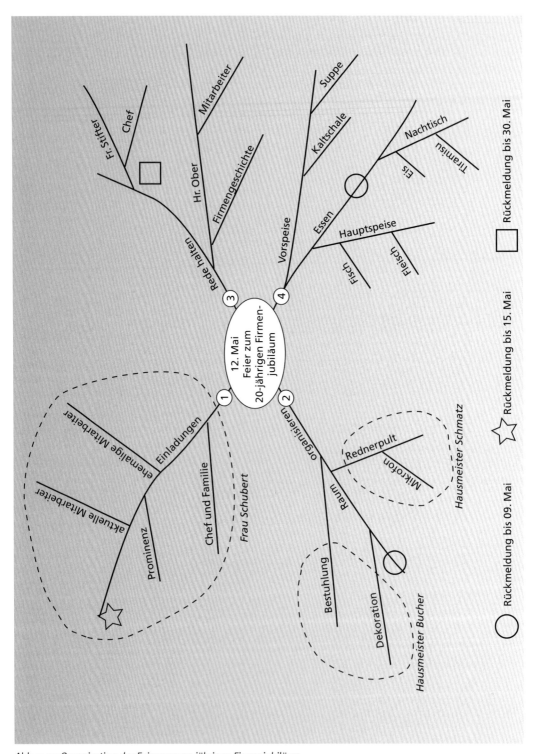

Abb. 3.11: Organisation der Feier zum 20-jährigen Firmenjubiläum

• *SWOT-Analyse*
Häufig werden die Chancen-Risiken-Analyse (externe Faktoren) und die Stärken-Schwächen-Analyse (interne Faktoren) miteinander verknüpft. Man spricht dann von einer SWOT-Analyse (Strengths-Weaknesses, Opportunities-Threats). Die Darstellung erfolgt z.B. in einer Matrix, siehe Abb. 3.12. (beispielhaft für das fiktive Unternehmen der fix & fertig GmbH ausgefüllt).

	Chancen	Risiken
Stärken	Chancen / Stärken	Chancen / Stärken
Schwächen	Chancen / Stärken	Chancen / Stärken

Abb. 3.12a: Matrix für eine SWOT-Analyse

	Chancen	Risiken
Stärken	Trend zur Verwendung von Convenience-Produkten, verstärktes Preisbewusstsein / f & f bietet qualitativ hochwertige Produkte zu günstigen Preisen	Gesundheitsaspekt bei der Ernähr. wird zunehmend wichtiger, Dosensuppen gelten als ungesund / Rohstoffe der f & f stammen aus kontrolliertem biologischem Anbau
Schwächen	Markt für Dosensuppen wächst relativ stark / f & f geringer Marktanteil	Absatzchancen von Dosensuppen werden durch neue innovative Fertigprodukte bedroht / f & f hat nur ein mittleres Innovationspotenzial und die Marke hat ein angestaubtes Image

Abb. 31.12b: Beispiel für eine ausgefüllte Matrix

• *Kosten-Nutzen-Aufstellung*
Die Gegenüberstellung der Kosten einer Veränderung/Verbesserung mit der geschätzten Ersparnis/dem Nutzen erleichtert die Entscheidung, ob die Maßnahme tatsächlich realisiert werden soll. Es spielen jedoch meist noch andere Faktoren eine Rolle, z.B. Kundenwünsche, Konkurrenz, Lieferanten u.a.

	Kosten	Nutzen/Ersparnis
Verwendung von ...-Material statt ...-Material	...	...
Umbau der Maschine	...	... (mehr Stück pro Stunde)
Schulung von 2 Mitarbeitern	...	... (Einsparung eines Mitarbeiters)
usw.	usw.	usw.

3.2.2.3 Ziel, Formen und Inhalt der Problemanalyse

Das Ziel liegt auf der Hand: Probleme sollen erkannt, sie müssen analysiert und dann gelöst werden. In der Regel zerlegt man ein Problem in kleinere Teilprobleme, um diese systematisch beschreiben, mögliche Lösungen finden und zugleich die Nachteile dieser Lösungen aufzeigen zu können.

Welches hauptsächliche Instrument zur Problemanalyse wird eingesetzt?

Durch ein Problem-Analyse-Schema ist eine klare Struktur vorgegeben. Man kann ein solches Schema in Team- oder Abteilungsbesprechungen als Technik einsetzen. Die Teilnehmer werden dadurch veranlasst, zahlreiche Informationen zu liefern (womit das im Unternehmen bestehende Erfahrungswissen „hereingeholt" wird, so wie dies das moderne Wissensmanagement fordert). Man muss die Ergebnisse natürlich schriftlich festhalten, wofür große Flächen zum Beschriften zur Verfügung stehen sollten. Meist wird mit vier Spalten gearbeitet, siehe Abb. 3.13 (Beispiel).

Problem-Analyse-Schema

Geldzu- und -abfluss auf den Bankkonten hat sich erheblich verschoben

Auswirkungen des Problems	Mögliche Ursachen	Mögliche Lösungen	Nachteile der Lösung
eingehende Rechnungen werden z. T. nicht mehr innerhalb der vereinbarten Zahlungsziele beglichen	seit einem halben Jahr arbeitet hier ein neuer Abteilungsleiter	Schulung	dauert Monate
		Versetzen	es muss sich ein Neuer einarbeiten
		Kündigen	
		Gespräche führen	dauert zu lange, bringt keine Änderung der Methodik
Mahnungen vom Finanzamt und der Krankenkasse	Einführung einer neuen Software	Schulung der Mitarbeiter	stehen dann nicht zur Verfügung
		Bezahlung per Hand	alles muss nachgebucht werden
Kontokorrentkredit wird öfter in Anspruch genommen	es findet keine Ausgaben-/Einnahmenplanung statt	Team bilden	kostet Zeit und Geld
		Formular verwenden	inflexibel

Abb. 3.13: Beispielhaft ausgefülltes Muster eines Problem-Analyse-Schemas

Auch die Problemanalyse bedient sich verschiedener Methoden und Hilfsmittel. Dazu gehören das Ishikawa-/Fischgräten-Diagramm (problemorientiert) und die ABC-Analyse (wertorientiert).

Ishikawa-/Fischgräten-Diagramm
Diese Methode findet man auch noch unter der Bezeichnung Tannenbaum. Hier kann auf die systematische Suche und die Erfassung der Ursachen eines Problems eingegangen werden. Das Problem ist bekannt. Die klassischen Ursachenkategorien sind Mensch, Maschine, Methode und Material – bei Bedarf zu ergänzen um Mitwelt, Messbarkeit und Management. Man kann aber auch andere Ursachenkategorien nehmen, die passend zum Problem formuliert werden müssen. Die Problemursachen werden ausfindig gemacht und eingetragen. Zum Abschluss kann eine Gewichtung der Ursachen erfolgen.

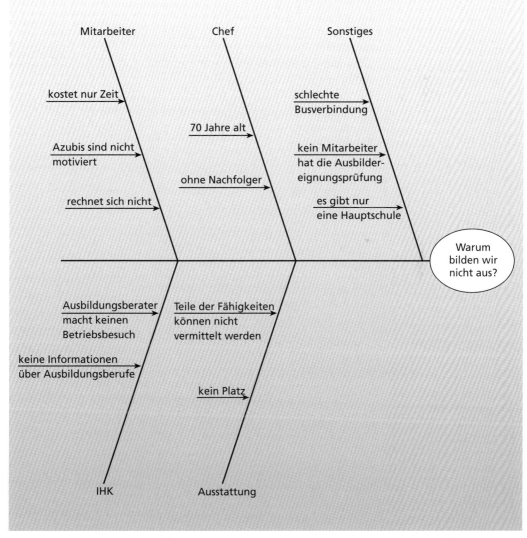

Abb. 3.14: Beispiel für ein Ishikawa-/Fischgräten-Diagramm – Analyse, warum der Betrieb zurzeit nicht ausbildet

ABC-Analyse

Was ist eine ABC-Analyse

Bei der ABC-Analyse teilt man Artikel (Rohstoffe, Halbfertigerzeugnisse oder Enderzeugnisse) nach ihrer Werthäufigkeit in A-Teile (80 % des Einkaufswertes, der Herstellkosten oder des Umsatzes), B-Teile (15 %) oder C-Teile (5 %). Werden z. B. mit 20 % der eingekauften Rohstoffe (mit verschiedenen Artikelnummern) bereits 80 % des Einkaufsvolumens getätigt, lohnt es sich, mit den Lieferanten dieser 20 % bezüglich der Preise in Verhandlungen einzutreten. Man erzielt so bei vergleichsweise geringem Aufwand eine große Wirkung. Analoges gilt für die Reduzierung der Herstellkosten, indem man die Untersuchungen zur Rationalisierung in der Produktion auf diejenigen Halbfertigerzeugnisse beschränkt, die 80 % der Herstellkosten verursachen. Die Prozentwerte dienen nur der Orientierung. Es können sich – je nach Branche und Einsatzgebiet – auch andere Zahlen ergeben.

Worauf kann das Verfahren der ABC-Analyse angewendet werden?

Mithilfe der ABC-Analyse können nicht nur Güter nach A, B und C eingeteilt werden, sondern z. B. auch Tätigkeiten an einem Arbeitsplatz, Stell- und Liegeplätze in einem Lager (Boden, Regal, Gitterbox) oder Lieferanten.

Die in der folgenden Tabelle angegebenen Werte dienen nur der Orientierung, da sie sich – wie soeben erwähnt – auch verschieben können (siehe anschließendes Beispiel).

	Wertanteil	Mengenanteil
A-Teile	70 – 80 %	5 – 10 %
B-Teile	10 – 15 %	10 – 30 %
C-Teile	5 – 10 %	30 – 75 %

Welche typischen Ziele verfolgt man mit einer ABC-Analyse?

Ziele der ABC-Analyse (für Güter, sinngemäß auf die anderen Anwendungen übertragbar):
- Trennung der wichtigen Güter von den unwichtigen,
- Feststellen der Schwerpunkte für Rationalisierungen,
- Vermeidung unwirtschaftlicher Vorgänge,
- Erhöhung der Wirtschaftlichkeit.

Beispiel

In einem Betrieb werden sechs verschiedene Rohstoffe benötigt. Folgende Zahlen liegen dazu vor:

Rohstoffe	Verbrauchsmenge in kg	Wert pro kg in Euro
Rohstoff A	1.000	4
Rohstoff B	600	9
Rohstoff C	200	38
Rohstoff D	800	5
Rohstoff E	300	52
Rohstoff F	700	2

Möchte man die ABC-Analyse komplett mit grafischer Darstellung durchführen, berechnet man den prozentualen Anteil der einzelnen Rohstoffe am Gesamtwert und den prozentualen Anteil der einzelnen Rohstoffe an der Gesamtverbrauchsmenge.

Rohstoff	Menge in kg	%-Anteil Menge	Wert in €	%-Anteil Wert	A, B oder C
A	1.000	27,78	4.000	10,53	B
B	600	16,67	5.400	14,21	B
C	200	5,56	7.600	20,00	A
D	800	22,22	4.000	10,53	B
E	300	8,33	15.600	41,05	A
F	700	19,44	1.400	3,68	C
	3.600	100 %	38.000	100 %	

Ermittlung des Wertes in €:
1.000 kg · 4 €/kg = 4.000 €,   600 kg · 9 €/kg = 5.400 €

Ermittlung des %-Anteils Menge:

$$\frac{1.000 \cdot 100}{3.600} = 27,78\%, \qquad \frac{600 \cdot 100}{3.600} = 16,67\% \text{ usw.}$$

Ermittlung des %-Anteils Wert:

$$\frac{4.000 \cdot 100}{38.000} = 10,53\%, \qquad \frac{5.400 \cdot 100}{38.000} = 14,21\% \text{ usw.}$$

Die Zuordnung von A, B oder C in der letzten Spalte kann nicht immer zweifelsfrei erfolgen. Rohstoff B hätte man ebenso zu einem A-Gut machen können. Man muss auch die „Abstände der Ergebnisse zueinander" in Betracht ziehen („der Abstand von 20 % zu 14,21 % ist größer als von 14,21 % zu 10,53 %").

Zur Vorbereitung der grafischen Darstellung erstellt man eine Tabelle mit Sortierung nach Reihenfolge und kumulierten Zahlen.

Rohstoff	%-Anteil Wert	% Kumuliert
E	41,05	41,05
C	20,00	61,05
B	14,21	75,26
A	10,53	85,79
D	10,53	96,32
F	3,68	100,00

In Abb. 3.15 sind die %-Werte von Menge (kg) und Wert (€) eingetragen. Die Punkte kann man zur Verdeutlichung miteinander verbinden.
Sowohl auf der x-Achse als auch auf der y-Achse werden die Prozent-Werte des nächsten in der Reihenfolge stehenden Rohstoffes dazu gezählt. Beide Achsen enden bei 100 %.

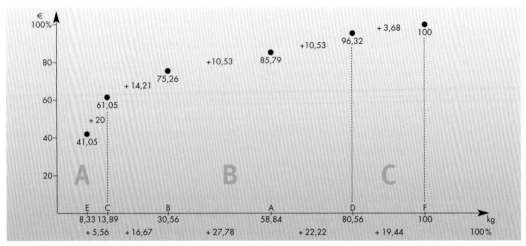

Abb. 3.15: Grafische Darstellung des Ergebnisses der ABC-Analyse

Es soll hier noch eine zweite Möglichkeit zur Vorbereitung einer grafischen Darstellung vorgestellt werden. Man erstellt eine Tabelle, in der die Anteile der A-, B- und C-Güter bezüglich der Materialpositionen errechnet werden.

A-, B- oder C-Gut	Materialpositionen	%-Anteil der Positionen	%-Anteil Wert
A	2	33,33	61,05
B	3	50,00	35,27
C	1	16,67	3,68
	6	100,00	100,00

$$\frac{2 \cdot 100}{6} = 33,33\%, \quad \frac{3 \cdot 100}{6} = 50\%, \quad \frac{1 \cdot 100}{6} = 16,67\%$$

Daraus folgt Abb. 3.16.

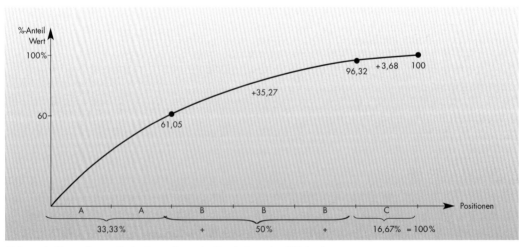

Abb. 3.16: Alternative grafische Darstellung der Ergebnisse der ABC-Analyse

3.2.2.4 Ziel und Methoden der Ideenfindung

Ziel der Ideenfindung ist, die unter den gegebenen Umständen beste Lösung für ein Problem zu finden. Im Vordergrund steht dabei auch immer die Frage, wie das angestrebte Ergebnis mit möglichst geringem Aufwand erreicht werden kann. Die Wirtschaftlichkeit darf neben den technischen Möglichkeiten nie außer Acht gelassen werden.

Welche beiden Hauptkriterien spielen bei der Ideenfindung eine Rolle?

Als Möglichkeiten der Ideenfindung bieten sich
- intuitive Methoden (z. B. Brainstorming, Brainwriting, Delphi-Methode) und
- systematische/analytische (z. B. Wertanalyse, Morphologischer Kasten) Methoden an (siehe auch Abschnitt 4.5.8.2).

Welche grundsätzlichen Verfahren gibt es?

Brainstorming

Mit der Technik Brainstorming versucht man möglichst schnell möglichst viele Ideen zu finden. Die Kreativität wird gefördert und alle Teilnehmer werden in die Gruppe integriert. Wichtig ist in jedem Fall, dass alle Ideen positiv aufgenommen und auch vorerst absurde Ideen eingebracht werden können. Der Sinn liegt in der Trennung von ungebremster Ideenentwicklung und dem Anstoß einer Kettenreaktion, denn möglicherweise fällt jemandem zu etwas unsinnig Anmutendem etwas Vernünftiges ein. Deshalb ist Kritik in der Sammelphase nicht erlaubt, sondern diese Phase kommt später.

Wann eignet sich primär ein Brainstorming?

Welche Grundregel ist besonders wichtig?

Das Brainstorming wird mündlich durchgeführt – wobei die Ideen auf Tafel, Whiteboard, Flipchart oder – das ist das Beste – auf Karten notiert werden, weil sie dann später besser weiterverarbeitet werden können (nicht zu verwechseln mit dem Brainwriting, siehe nächster Abschnitt).

> *Die Regeln für eine Brainstorming-Sitzung lauten ganz kurz:*
> *keine Kritik, freier Lauf für die Ideen, Quantität vor Qualität, Stichworte reichen, pro Idee eine Karte verwenden, deutlich schreiben, Ideen von anderen aufnehmen und weiterentwickeln.*

Nachdem alle Ideen aufgeschrieben wurden, befestigt der Moderator die Karten an einer Pinnwand.

Wie ist der weitere Ablauf nach der Phase des Sammelns?

- Er kann jetzt beginnen, die Ideen zu gruppieren. Gemeinsam werden alle Karten geordnet.
- Als Nächstes folgt die Bewertung. Erst jetzt wird Unsinniges oder Unrealistisches aussortiert. Damit jedes Gruppenmitglied alle Inhalte kennt, wird jede Idee besprochen.
- Es folgen Strukturierung und inhaltliche Aufbereitung der interessanten Themenfelder, meist in Gruppenarbeit.
- Als Letztes werden die Ergebnisse in Aktionen umformuliert und präsentiert.

Brainwriting-Methode 635

Bei dieser Methode findet die Ideensammlung in schriftlicher Form statt. Sechs Gruppenmitglieder schreiben jeweils drei Ideen auf, und diese werden anschließend von den anderen fünf Teilnehmern weiterentwickelt. Dazu werden sechs Formulare ausgegeben. Auf jedem der verwendeten Formulare sollte das Problem kurz geschildert werden. Nachdem jeder der sechs Teilnehmer seine

Wofür eignet sich primär Brainwriting?

Wie ist der grundsätzliche Ablauf?

drei Vorschläge aufgeschrieben hat, werden die Unterlagen in einer vorher festgelegten Reihenfolge fünfmal weitergegeben. Jeder soll jeweils drei Ideen ergänzen, eventuell in Verbindung mit den bereits aufgeführten Gedanken. Insgesamt liegen also am Schluss 108 Lösungsideen vor und am Schluss hat jeder wieder sein eigenes Blatt Papier und kann sehen, wie seine eigenen Ideen eventuell weiterentwickelt wurden. Schließlich werden alle Lösungsvorschläge der ganzen Gruppe vorgestellt. Je nach Planung kann dann einfach nur abgestimmt oder bereits an einem Konzept zur Umsetzung weitergearbeitet werden. Der Vorteil dieser Methode ist, dass jeder Teilnehmer gezwungen wird, dasselbe Problem auch einmal von einer anderen Seite zu betrachten. Die gegenseitige Inspiration spielt hier eine große Rolle.

Worin liegt einer der Vorteile der Methode?

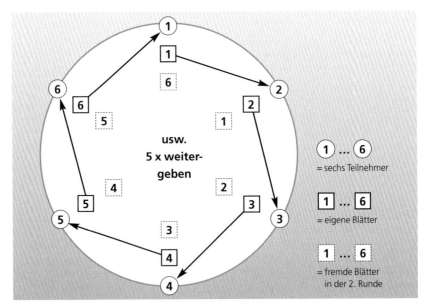

Abb. 3.17: Prinzip ist zyklischer Tausch (beim 6. Mal erhält jeder sein Blatt ergänzt zurück)

Delphi-Methode

Herrschen unterschiedliche Meinungen in einer Gruppe über Lösungsmöglichkeiten vor und können diese nicht auf einen Nenner gebracht werden, kann man die Delphi-Methode anwenden. Dies erfolgt meist in vier Schritten:

Wann kommt die Delphi-Methode zum Einsatz?

1. Erste Expertenbefragung: Zu der Gruppe werden Experten eingeladen, die ihre Meinung äußern und mitdiskutieren.

In welchen Schritten vollzieht sie sich?

2. Erste Ergebnisauswertung: Man versucht aus der Expertenbefragung ein übereinstimmendes Ergebnis zu erhalten. Dazu kann der Mittelwert durch Aussondern von Extremmeinungen gebildet werden.
3. Zweite Expertenbefragung: Die Experten werden ein zweites Mal auf Grundlage des ermittelten Ergebnisses befragt und geben wiederum ihre Meinung dazu ab.
4. Zweite Ergebnisauswertung: Ziel ist es auch hier wieder, ein übereinstimmendes Ergebnis zu erhalten. Sollte es hier noch nicht zu einer Einigung kommen, kann eine zweite Doppelrunde gestartet werden.

Wertanalyse
Die Wertanalyse ist ein Verfahren zur Verbesserung der Ergebnisse in den einzelnen Bereichen eines Unternehmens.

 Man bezeichnet sie auch als Funktionswertanalyse, da sie den geplanten und vom Kunden erwarteten Nutzen eines Produktes mit möglichst wenig Kosten umsetzen soll.

Damit kehrt sich die Fragestellung der klassischen Kalkulation um. Diese fragt danach, was ein Produkt kosten wird, während die Wertanalyse von der Fragestellung ausgeht, was (in umkämpften Märkten) ein Produkt kosten darf. Dann geht es darum, das Produkt zu diesen Kosten zu produzieren, wobei jede einzelne Funktion des Produkts auf Notwendigkeit aus Kundensicht überprüft und jeweils ermittelt wird, ob diese nicht billiger realisiert werden kann. Ergänzend sei angemerkt, dass der dahinter liegende betriebswirtschaftliche Ansatz auch „Target Costing" genannt wird.

Die Wertanalyse wird in fünf Phasen durchgeführt:

- Ermittlung des Ist-Zustandes: Beschreibung des Erzeugnisses und seiner Funktionen, Ermittlung der Kosten.
- Prüfung des Ist-Zustandes: Erfüllt das Erzeugnis die von ihm erwarteten Funktionen gemäß der Funktionsbeschreibung? Sind die Kosten angemessen?
- Ermittlung von Lösungen: Hier werden Kreativitätstechniken angewendet, um die Mitwirkenden zu Innovationen anzuregen.
- Prüfung von Lösungen: Sind die Vorschläge technisch durchführbar? Entsteht aus den Lösungen ein wirtschaftlicher Vorteil?
- Auswahl des Lösungsvorschlags: Die möglichen Lösungen werden bewertet und unter Einbeziehung diverser Kriterien untersucht (siehe Abschnitte 3.2.2.5 und 3.2.4). Der beste Lösungsvorschlag wird der Geschäftsleitung präsentiert, die über die Einführung entscheidet.

Beispiel: Gestaltung einer Christbaumkugel

Betrachtet werden in diesem Beispiel Material, Design und Aufhänger. Dazu gibt es jeweils Alternativen, die bewertet und zu denen die Kosten ermittelt werden. Das Ergebnis sieht möglicherweise wie folgt aus:

Material	Bewertung	Kosten	Design	Bewertung	Kosten	Aufhänger	Bewertung	Kosten
Kunststoff	5	...	durchsichtig	3	...	Stoffband	5	...
Glas	2	...	glitzernd	7	...	Metallhaken	1	...
Metall	1	...	bemalt	4	...	Schnur	2	...
Summe								

In den Spalten „Bewertung" kann – wenn nötig – noch eine Gewichtung vorgenommen werden.

Morphologischer Kasten/Morphologische Matrix

Was wird beim Einsatz einer morphologischen Methode vor allem angestrebt?

Der Name leitet sich vom Begriff ab – Morphologie bedeutet die Lehre von den Gestalten oder Formen. Es sollen alle denkbaren Lösungsmöglichkeiten eines Problems erfasst werden durch die Zerlegung in seine Problemelemente. Für diese Problemelemente werden möglichst alle Ausprägungen ermittelt. Durch geeignete Kombinationen versucht man anschließend das Gesamtproblem optimal zu lösen. Nach der Definition der Aufgabe müssen die Merkmale und die Ausprägungen ermittelt werden. Diese trägt man in einen morphologischen Kasten ein, und zwar die Kategorien, Merkmale und Einflussgrößen senkrecht und die Ausprägungen waagerecht. Nach dem Ausfüllen folgt die Auswertung durch Verknüpfungen. Und als letzter Schritt wird die interessanteste Lösung ausgewählt. Das Vorgehen wird am besten an einem einfachen Beispiel veranschaulicht.

Beispiel: Konstruktion eines Fernsehsessels

Merkmal \ Ausprägung	❶	❷	❸	❹
Material	Leder	Leinen	Baumwolle	Polyester
Farbe	schwarz	braun	rot	weiß
Kabelanbringung	Kopfteil	Fußteil	Armlehne	Rückenlehne
bewegliche Teile	Kopfteil	Fußteil	drehbar	Rückenlehne
Halterung Fernbedienung	linke Armlehne	rechte Armlehne	Zusatzrohr	über dem Kopfteil

Sie sehen schon: Selbst diese wenigen Merkmale und wenigen Ausprägungen führen auf eine große Zahl von Kombinationsmöglichkeiten. Für die ernsthafte Produktgestaltung stellt man in der Praxis nicht nur noch mehr Kategorien zusammen, sondern man geht natürlich auch weiter ins Details, was hier nur beispielhaft zum Material noch kurz angedeutet werden mag:

	Leder	Leinen	Baumwolle	Polyester
Kopfteil	Kunstleder	feinmaschig	gekämmt	glatt
Fußteil	Nappaleder	grobmaschig	gesponnen	mit Noppen
Armlehne	Wildleder	...	...	...
Rückenlehne	...	...	...	...

3.2.2.5 Ziel, Formen und Inhalt der Entscheidungsfindung
Eine Entscheidungsfindung zielt darauf ab, bei der Auswahl aus mehreren Alternativen diejenige zu finden, die sich als die Beste erweisen wird. Es soll ein eindeutiges Ergebnis zu Stande kommen.

Die Inhalte der Entscheidung sind die technische Umsetzbarkeit, das Verhältnis von Kosten und Nutzen (Wirtschaftlichkeit), mögliche auftretende Risiken und die Verfolgung von Muss- beziehungsweise Wunschzielen.

Welche Kriterien fliessen in die Entscheidung ein?

Die Entscheidungsfindung kann zum Beispiel unterstützt werden durch eine Nutzwertanalyse, die Gegenüberstellung von Muss- und Wunschzielen und das Abwägen der Risiken.

Nutzwertanalyse
Die Nutzwertanalyse ist zur Variantenbewertung und Entscheidungsfindung bei Planungsprozessen gut einsetzbar, denn sie bietet die Möglichkeit, mehrdimensionale Ziele zu berücksichtigen und den Zielerreichungsgrad zu quantifizieren. Die Entscheidungsfindung wird somit transparenter und objektiver.

Welche Vorteile bietet die Nutzwertanalyse?

In dem Beispiel „Spannvorrichtung" in Abb. 3.18 auf der folgenden Seite wird die Variantenbewertung anhand einer einfachen Nutzwertanalyse vorgenommen (aus: Ott/Scheib, Qualitäts- und Projektmanagement).

Prinzipiell erfolgt die Nutzwertanalyse in vier Schritten:
1. Bewertungskriterien festlegen: Die Kriterien bzw. Zielaspekte der Variantenbewertung werden in der Regel im Projektteam entschieden. Im oben genannten Beispiel wurden fünf Bewertungskriterien bzw. Zielaspekte (Spanndauer, Vorrichtungsgröße, Bedienungskomfort, Spannkraftkontrolle und Verschleiß) festgelegt.
2. Gewichtungsfaktoren bestimmen: Da die Bewertungskriterien die Zielerfüllung der Varianten unterschiedlich stark beeinflussen, müssen sie mit einem „Gewichtungsfaktor" versehen werden. Bezogen auf das Beispiel ist in der in Abb. 3.18 dargestellten Matrix „Spannvorrichtung" z.B. der Verschleiß viermal so wichtig wie die Spanndauer oder Spannkraftkontrolle.
Die Gewichtungsfaktoren werden in der Regel mit der Methode des „Paarweisen Vergleichs" bestimmt. Dabei werden jeweils zwei Kriterien miteinander verglichen und entsprechend ihrer Bedeutung für die Zielerfüllung gewichtet.
3. Variantennutzwerte bestimmen: Die einzelnen Varianten werden zunächst nach den festgelegten Kriterien (absolut) „benotet" (z.B. 1= sehr gut; 6 = ungenügend). Anschließend werden alle Einzelnoten mit dem Gewichtungsfaktor multipliziert und variantenweise addiert. Die Summe der gewichteten Noten ist ein Maß für den Zielerfüllungsgrad der jeweiligen Variante (Variantennutzwert bzw. Teilnutzwert).
4. Hauptnutzwert (bzw. Hauptvariante) ermitteln: Durch Rangreihenbildung aller Variantennutzwerte ist leicht die Hauptvariante zu ermitteln. Im oben genannten Beispiel bildet Variante 3 die niedrigste (= beste) gewichtete Notensumme. Demnach steht Variante 3 auf Rangplatz I (= Hauptvariante), Variante 2 auf Rangplatz II und Variante 1 auf Rangplatz III.

Ablauf der Nutzwertanalyse

Bewertungs-kriterium	Gewichtungs-faktor	Variante 1 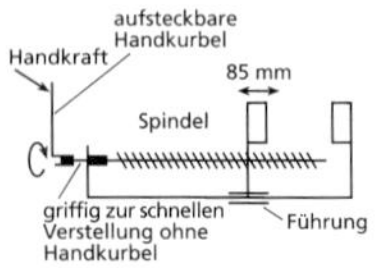		Variante 2 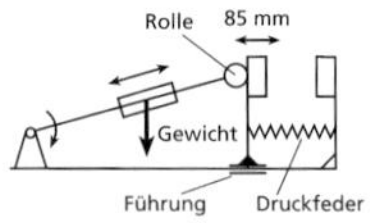		Variante 3 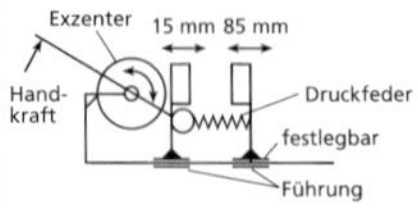	
		Bewertung absolut	gewichtet	Bewertung absolut	gewichtet	Bewertung absolut	gewichtet
Spann-dauer	2	3	6	2	4	1	2
Vorrichtungs-größe	6	6	36	6	36	2	12
Bedienungs-komfort	2	5	10	3	6	1	2
Spannkraft-kontrolle	2	3	6	3	6	1	2
Verschleiß	8	4	32	2	16	3	24
Summe der gewichteten Noten (Variantennutzwert)			90		68		42
			Rang-platz III		Rang-platz II		Rang-platz I

Abb. 3.18: Beispiel Spannvorrichtung (aus: Ott/Scheib, Projekt- und Qualitätsmanagement. Cornelsen, Berlin, 2002)

Zielkriterien	Spanndauer	Vorrichtungs-größe	Bedienungs-komfort	Spannkraft-kontrolle	Verschleiß	Gewichtungsfaktor
Spanndauer		0	1	1	0	2
Vorrichtungs-größe	2		2	2	0	6
Bedienungs-komfort	1	0		1	0	2
Spannkraft-kontrolle	1	0	1		0	2
Verschleiß	2	2	2	2		8

Legende:
Kriterium A: waagerecht
Kriterium B: senkrecht

0 = Kriterium A ist weniger wichtig als Kriterium B
1 = Kriterium A und B sind gleich wichtig
2 = Kriterium A ist wichtiger als Kriterium B

Abb. 3.19: Paarweiser Vergleich der Bewertungskriterien einer Spannvorrichtung

Formulierung von Muss- und Wunschzielen
Die SMART-Formel hilft bei der Zielformulierung und der Zieldefinition:

- S → **Specific**: Ziele müssen eindeutig (operational) formuliert sein! Nur dann ist zielorientiertes Arbeiten möglich. Ein operationales Ziel enthält immer eine Inhalts- und eine Verhaltenskomponente.
- M → **Measurable**: Die Zielerreichung muss messbar sein (quantitative Festlegung eines Zieles). Dies gilt unmittelbar für Bereiche mit harten Kriterien (Messbarkeit in der Technik, Kennzahlen in der Wirtschaft). Aber auch in Bereichen mit weichen Kriterien ist es sinnvoll, klar festzulegen, wann ein Kriterium erfüllt ist bzw. in welchem Ausmaß es erfüllt ist.
- A → **Attainable**: Ziele müssen erreichbar sein! In einer so genannten „Feasibility-Studie" wird die Realisierbarkeit der Ziele geprüft, um sie gegebenenfalls an die gegebenen Möglichkeiten anzupassen.
- R → **Realistic**: Ziele müssen wirklichkeitsnah sein! Wirklichkeitsnähe bedeutet, dass sich die Ziele an vorhandenen Rahmenbedingungen orientieren (Anschaulich kommt dies im Ausspruch „Mit Kanonen auf Spatzen schießen" zum Ausdruck).
- T → **Time bound**: Ziele müssen an Zeitvorgaben gebunden sein! Neben der Operationalisierung ist die Festlegung zeitlicher Zielmarken wesentliches Element der Zieldefinition. Ohne Zeitbezug verharren Ziele meistens auf der Ebene von „Absichtserklärungen".

> Welche Anforderungen müssen Ziele erfüllen?

Risikoanalyse
Darüber hinaus kann die Durchführung einer Risikoanalyse sinnvoll sein. Grundsätzlich wird zwischen Planungs-, Umsetzungs- und Umfeldrisiken unterschieden und es werden die Risiken, die ein Lösungsweg birgt, abgeschätzt. Ziel ist es einerseits, eine Lösungsvariante adäquat einzuschätzen und zu beurteilen, und andererseits, weitere wichtige Rahmenbedingungen zur Realisierung der Varianten zu ermitteln. Risikoanalysen sind meist mit einem erheblichen Aufwand verbunden und sollten nur durchgeführt werden, wenn sich Kosten und Nutzen die Waage halten.

> Welche Risikoarten unterscheidet man?

Zur Ermittlung und Beurteilung von Risiken gibt es verschiedene Verfahren. Beispielhaft wird im Folgenden die Fehlermöglichkeits- und -einflussanalyse (FMEA = Failure Mode Effect Analysis) kurz dargestellt und an einem Beispiel der Produktgestaltung (Kaffeemaschine) illustriert (Abb. 3.20). Die FMEA vollzieht sich in folgenden sechs Schritten:

1. Einflussfaktoren bestimmen: Erstellung einer Liste aller Faktoren (inhaltlicher und organisatorischer Art), die das Projekt beeinflussen.
2. Art und Wahrscheinlichkeit des Fehlverhaltens spezifizieren: Für jede Fehlerart die Eintrittswahrscheinlichkeit schätzen.
3. Wechselwirkungen untersuchen: Wechselwirkungen der Fehler ermitteln.
4. Auswirkungen untersuchen und klassifizieren: Auswirkungen des Fehlverhaltens auf die Planung und Durchführung des Projektes ermitteln und gewichten (Worst-Case-Betrachtung).
5. Möglichkeiten zur Entdeckung des Fehlverhaltens ermitteln.
6. Möglichkeiten zur Vermeidung und/oder Korrektur des Fehlverhaltens ermitteln.

> Welche Schritte durchläuft die FMEA?

FMEA am Beispiel „Kaffee kochen mit einer Kaffeemaschine"

Nr.	① Einflussfaktoren	② Art des Fehlverhaltens	Wahrscheinlichkeit d. F. v.[1]	③ Wechselwirkung mit[2]	④ Auswirkung	Bedeutung der Auswirkung[3]	⑤ Möglichkeiten des Entdeckens	⑥ Möglichkeiten des Vermeidens/der Korrektur
1	Mensch	Kein Wasser eingefüllt	3		Heizplatte wird zu heiß → Brand	10	Wasserbehälter kontrollieren	Thermofühler an Heizplatte, der abschaltet
2	Mensch	Kein Kaffee eingefüllt	3		nur Wasser wird erhitzt	1	Kaffeefilter kontrollieren	Sichtfenster auf Kaffeefilter
3	Mensch	Kaffeemaschine nicht angeschaltet	3		Kein Kaffee	1		Signallampe
4	Mensch	Kein Filter eingelegt	1	2	Kaffepulver im Kaffee	2	Kaffeefilter kontrollieren	
5	Maschine	Wasser wird nicht erhitzt	3	1	Kalter Kaffee	2		Thermofühler an Kanne
6								

Zu 1) 1 = unwahrscheinlich
2 = einmal im Jahr
3 = einmal im Monat
4 = einmal im Woche
5 = einmal pro Tag

Zu 2) bezogen auf die Nr.

Zu 3) 10 = Lebensgefahr
9 = Schwere Körperverletzungen
...
2 = Schaden im Eurobereich
1 = Schaden im Centbereich

Abb. 3.20: Beispiel einer FMEA

3.2.3 Strategische Planung, Strukturplanung, operative Planung

3.2.3.1 Ist-Zustands-Analyse und Einflussfaktoren
Planung ist nur möglich, wenn die Daten des Ist-Zustands vorliegen. Das gilt für den technischen Bereich und für den wirtschaftlichen Bereich. Aus den Ist-Daten können als Grundlage für die Planung Kennzahlen errechnet werden, die Vergleichbarkeit ermöglichen. Weitere zu berücksichtigende Faktoren sind Sicherheit, Umweltschutz, gemeinwirtschaftlicher Nutzen u. a. Alle Daten werden von den Fachabteilungen oder beauftragten Instituten gesammelt, ausgewählt, verdichtet, aufbereitet und den Verantwortlichen präsentiert.

Worauf baut jede Planung auf?

> *Planung läuft darauf hinaus, eine getroffene Entscheidung möglichst optimal zu realisieren. Die Daten des Ist-Zustandes dienen als Entscheidungsgrundlage.*

Daten unterliegen einer permanenten Kontrolle und eventuellen Korrektur.

3.2.3.2 Planungsebene (kurzfristig, mittelfristig, langfristig)
Für jedes Projekt empfiehlt sich eine Strukturplanung. Die Gestaltung der Projektstruktur kann nach dem Aufbau (Aufbaustruktur), nach dem Ablauf (Ablaufstruktur) oder auch nach anderen Gesichtspunkten erfolgen (siehe Abschnitte 2.2.2.3 und 3.5.6.1). Wesentliche Aufgaben des Strukturplanes sind:
- überschaubare Darstellung des Projekts in seiner Gesamtheit,
- Bildung von Teilaufgaben, um Arbeitsteilung zu ermöglichen,
- Darstellung der Zusammenhänge zwischen den Teilaufgaben, um Synergien aufzudecken.

Welche zeitlichen Planungsphasen lassen sich unterscheiden?

Des Weiteren besitzt der Strukturplan eine „Backbone-Funktion", denn er ist die Basis für alle nachfolgenden Planungs-, Steuerungs- und Kontrollaufgaben. Die zeitliche Planung sowohl von Projekten als auch von Unternehmensbereichen (und natürlich vom gesamten Unternehmen) ist dreistufig aufgebaut. Nach der Fristigkeit unterscheidet man langfristige Planung (strategische Planung), mittelfristige Planung (operative Planung) und kurzfristige Planung (taktische Planung).

- **Strategische Planung**: Hier wird festgelegt, in welcher Art und Weise für die Gesamtlaufzeit eines Projekts oder im Unternehmen z. B. in den nächsten 10 Jahren in den verschiedenen Unternehmensbereichen gehandelt werden soll. Dabei lässt sich eine relativ große Ungenauigkeit nicht vermeiden. Je näher die Zeiträume rücken, desto genauer muss geplant werden – also operativ und taktisch. Durch eine weit vorausschauende Unternehmensplanung soll der Handlungsspielraum der Unternehmung gesichert werden. Probleme können rechtzeitig erkannt und daraus Konsequenzen gezogen werden. Beispiele für eine strategische Planung sind die Einführung einer neuen Produktlinie, die Verlagerung eines Betriebsteils ins Ausland oder die Fusion mit einem anderen Unternehmen.

Welche Planungsarten lassen sich unterscheiden?

- **Operative Planung**: Hier liegt der Schwerpunkt auf der Planung des praktischen Handelns. Man spricht auch von Ausführungsplanung. Die vorläufig aufgestellten Pläne für die einzelnen Bereiche müssen koordiniert und zu einem Gesamtplan zusammengefasst werden. Im Unternehmen plant man häufig über einen Zeitraum von fünf Jahren (und in Projekten die Abschnitte zwischen den Meilensteinen, siehe Abschnitt 3.4). Für die nächsten drei Jahre sind relativ genaue Marktprognosen möglich, für das vierte und fünfte Jahr muss man erwartete Trends prognostizieren.

- **Taktische Planung:** Hier erfolgt eine sehr detaillierte Planung. Das operative Programm wird vollzogen. Es werden hier z. B. monatliche Herstell-und Absatzmengen ermittelt. Die einzelnen Funktionsbereiche müssen sich untereinander abstimmen. Ändern sich die Marktverhältnisse, müssen die neuen Gegebenheiten berücksichtigt werden.

3.2.3.3 Fristen- und Terminplanung (Vorwärts- und Rückwärtsterminierung)
Methoden für die Vorwärts-und Rückwärtsterminierung sind u. a. das Balkendiagramm und der Netzplan. Beide Verfahren sind ausführlich in Abschnitt 2.3.2.1 zu finden. In diesem Zusammenhang sind folgende Fragen zu klären:

- Wann muss begonnen werden, damit etwas zu einem gegebenen Termin fertig ist?
- Zu welchem Termin wird etwas fertig, wenn es heute/nächste Woche/... begonnen wird?
- Wie groß ist der zeitliche Puffer zwischen Start-und Endtermin?
- Welche Konsequenzen zieht es nach sich, wenn sich ein Vorgang verschiebt?

3.2.4 Planungstechniken und Analysemethoden

Zu den Voraussetzungen erfolgreicher Planung gehören die Sammlung aller notwendigen Informationen, die zweckgerichtete Auswahl und die verständliche Aufbereitung. Unter Planungsprinzipien versteht man die systematische Betrachtungsweise von Problemen. Man unterscheidet das Top-down-Prinzip und das Bottom-up-Prinzip. Beide Methoden sind in Abschnitt 2.3.1.3 erklärt. In der Praxis findet man häufig Mischformen. Wird sowohl retrograd („von oben nach unten") als auch progressiv („von unten nach oben") geplant, spricht man vom Gegenstromverfahren. Die Führungskräfte der oberen Ebene stellen einen vorläufigen Rahmenplan auf, aus dem die vorläufigen Teilpläne abgeleitet werden. Anschließend wird ausgehend von der unteren Ebene bis zur oberen Ebene eine Überprüfung der Planungsvorgaben vorgenommen.

3.2.4.1 Methode der Systemgestaltung
Systeme werden gestaltet zur Erfüllung von Aufgaben. Das Arbeitssystem mit den sieben Systemelementen wird in Abschnitt 4.2.2.1 beschrieben. Themen der Systemgestaltung sind das Vorgehen bei der Umsetzung der Ziele und die eingesetzten Mittel und Methoden. Eine Methode der Systemgestaltung ist die 6-Stufen-Methode (z. B. nach REFA).

3.2.4.2 6-Stufen-Methode nach REFA
Stufe 1: Auf Grund festgestellter Mängel oder Vorgaben der Geschäftsleitung werden Ziele formuliert, die die Situation verbessern sollen (z. B. teilweise Fremdvergabe von Aufträgen zur verbesserten Erfüllung von Kundenwünschen).

Stufe 2: Die Aufgaben werden auf Grund der Ziele konkretisiert (z. B. Einrichtung der Projektgruppe zur Einholung von Angeboten und zur Überprüfung der Qualität, Termine setzen).
Stufe 3: Hier ist die Kreativität der Mitglieder der Projektgruppe gefragt. Mögliche Vorschläge wären auch der Einsatz von Zeitarbeitsfirmen, Überstunden oder zeitweise Umstellung von 2-Schicht- auf 3-Schicht-Betrieb.
Stufe 4: Zur Beurteilung der Lösungsmöglichkeiten müssen alle relevanten Daten gesammelt werden (Kosten, Qualität, Stückzahl, Transportwege ...).
Stufe 5: Vorgebrachte Lösungen werden nach technischen, wirtschaftlichen, humanen und rechtlichen Gesichtspunkten bewertet und die beste ausgewählt. Da neben Kosten noch andere Kriterien berücksichtigt werden müssen, ist die kostengünstigste Alternative meist nicht die beste.
Stufe 6: Die optimale Lösung wird realisiert und permanent kontrolliert. Die Überprüfung der Ist-mit den Soll-Werten zeigt den Grad der Zielerreichung. Bei zu großen Abweichungen wird regulierend eingegriffen.

Abb. 3.22 (folgende Seite) zeigt diese Stufen in einem Flussdiagramm.

3.2.4.3 Weitere Methoden

Die **Wertanalyse** wurde bereits in Abschnitt 3.2.2.4 behandelt. Hier muss noch etwas ergänzt werden. Eine Wertanalyse wird auch häufig durchgeführt, um die Funktionen eines Erzeugnisses zu überprüfen. Man findet folgende Funktionsarten:

Welche Funktionsarten lassen sich bei der Wertanalyse unterscheiden?

Abb. 3.21: Funktionsarten

Nähere Beschreibung in einer Tabelle zur Vorbereitung einer Bewertung

Produkt	Gebrauchsfunktion		Geltungsfunktion	
	Hauptfunktion	Nebenfunktion	Hauptfunktion	Nebenfunktion
Aktenmappe	Aufnahme von Unterlagen	Schreibunterlage	Träger wirkt als Diplomat	Ausgestattet mit Taschenrechner
usw.				

Diese Einteilung der Funktionen kann auch als Reihenfolge geschehen: 1., 2., 3., 4. Rangstufe usw., je nach Wichtigkeit und Dringlichkeit.

Ursachenanalyse (Ishikawa) und Nutzwertanalyse werden in Abschnitt 3.2.2.3 und Nutzwertanalyse in Abschnitt 3.2.2.5 behandelt. Die Erstellung eines Netzplans wird in Abschnitt 2.3.2.1 erläutert.

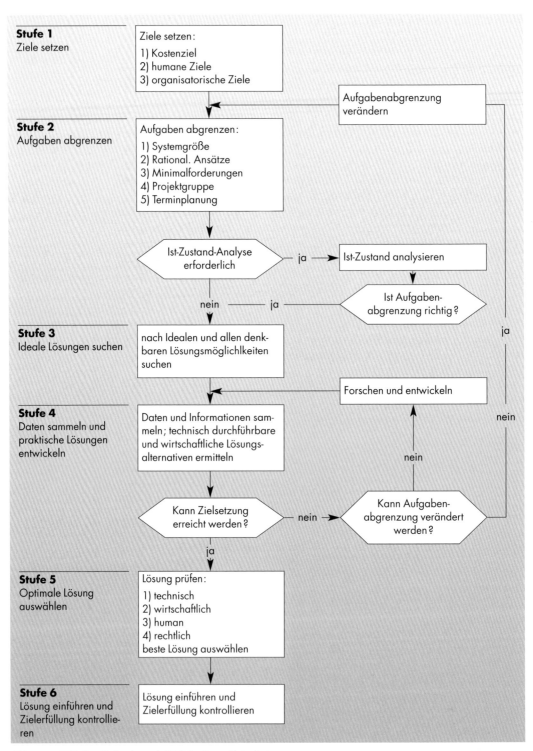

Abb. 3.22: 6-Stufen-Methode nach REFA in einem Flussdiagramm

Aufgaben zu Abschnitt 3.2

1. Beschreiben Sie die Vorgehensweise bei der Planung einer Besprechung.
2. Was geschieht bei einer Nutzwertanalyse (Ziel und Vorgehen)?
3. In Ihrer Abteilung ist der Ausschuss in letzter Zeit deutlich angestiegen.
   Erstellen Sie zu dieser Problematik ein Fischgräten-Diagramm (Ishikawa-Diagramm).
4. Erläutern Sie, welche Konsequenzen es für die Zeitplanung haben kann, wenn in einem Netzplan ein Vorgang einen Puffer von 4 aufweist.
5. Ein Kollege von Ihnen macht regelmäßig Überstunden. Sie unterhalten sich mit ihm über sein persönliches Zeitmanagement. Dabei erzählt er Ihnen, wie Teile seines Arbeitstages aussehen. In der offiziellen Frühstückspause sieht er meistens die Post durch. In der Mittagspause führt er häufig Gespräche über zu lösende Probleme mit Kollegen. Das Telefon läutet praktisch den ganzen Tag und reißt ihn immer wieder aus der Arbeit.
   Schlagen Sie Ihrem Kollegen mögliche Verbesserungen vor.
6. Sie werden beauftragt, eine Mitarbeiterschulung für eine persönliche effektivere Zeitnutzung vorzubereiten und durchzuführen.
   a) Nennen Sie vier Bereiche, aus denen Störungen der effektiven Zeitverwendung resultieren können.
   b) Nennen Sie mindestens zwei Beispiele, warum eine Zeitplanung in Stufen, das heißt in Tages-, Wochen-, Monats-und auch Jahreszeiträumen und in schriftlicher Form stattfinden sollte.
   c) Begründen Sie mit zwei Beispielen, warum es notwendig ist, störungsfreie Zeiten einzuplanen.
7. In der Abteilung, in der sie tätig sind, sind weitere 57 Mitarbeiter beschäftigt. Es haben sich wiederholt Schwachstellen in der Organisation gezeigt. Erstellen Sie ein Flussdiagramm, das diese Problematik und eine Lösungsmöglichkeit zeigt.
8. Auf Grund einer anstehenden Zertifizierung überlegen Sie sich, wie die Zeitplanung besser erfolgen könnte.
   a) Nennen Sie drei Organisationsmittel, die bei der Terminplanung helfen können.
   b) Sie sollen für die Mitarbeiter einer Abteilung alle im folgenden Jahr geplanten Lehrgänge/Schulungen übersichtlich darstellen. Nennen Sie ein dafür geeignetes Hilfsmittel.
9. Erläutern Sie, wofür das Ishikawa-Diagramm eingesetzt werden kann.
10. Erläutern Sie zwei Vorteile, die die grafische Darstellung von Sachverhalten bieten kann.
11. Erläutern Sie ein Gantt-Diagramm.
12. Erläutern Sie die Vorteile, die der Einsatz der Netzplantechnik bietet.
13. Erläutern Sie die „Strategische Planung" und die „Operative Planung".
14. Erläutern Sie Brainstorming als Methode der Ideenfindung.
15. Beschreiben Sie ganz allgemein den Begriff Planung.

Lösungsvorschläge

L1: Zuerst wird der ungefähre Besprechungstermin festgelegt. Dann werden die Teilnehmer bestimmt und die Einladungen verschickt. Nach Bearbeitung der Teilnehmerzusagen müssen eventuell Besprechungsunterlagen an die Teilnehmer versendet werden. Zur Vorbereitung des Tagungsraums zählt zum Beispiel die Überprüfung der Medien und die Aufstellung von Tischen und Stühlen, auch die Vorbereitung von Schreibunterlagen und Getränken. Nach der Besprechung ist ein Ergebnisprotokoll zu erstellen und wiederum an die Teilnehmer zu senden.

L2: Bei der Nutzwertanalyse vergleicht man mehrere Alternativen miteinander. Die dafür infrage kommenden Beurteilungskriterien werden je nach ihrer Bedeutung gewichtet. Anschließend bewertet man sie für jede Alternative. Die Summe der gewichteten Beurteilungskriterien pro Alternative ergibt eine Kennzahl. Aus dem Vergleich der Kennzahlen ergibt sich die beste Alternative.

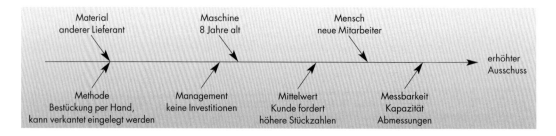

L3: Lösung im Schaubild oben – die hier aufgeführten Ursachen sind natürlich nicht zwingend, sondern auch andere Lösungen sind möglich!

L4: Dieser Vorgang kann, ohne dass es sich auf den Endtermin auswirkt, 4 Zeiteinheiten länger dauern als geplant oder 4 Zeiteinheiten nach dem frühesten Anfangszeitpunkt (FAZ) beginnen.

L5: Pausen sollten unbedingt eingehalten werden, da sie der Erholung dienen und die Leistungsfähigkeit anschließend wieder höher ist. Dies gilt sowohl für die Frühstückspause als auch für die Mittagspause. Er könnte „Offizielle Telefonzeiten" einrichten, z.B. von 10:00 Uhr bis 11:00 Uhr und von 14:00 Uhr bis 15:00 Uhr. Damit sind die laufenden Störungen beseitigt.

L6:
a) Mitarbeiter, Kunden, Organisation, persönlicher Bereich, Vorgesetzter
b) Die Planung in Zeithorizonten dient der besseren Zielerreichung, dem Zeitgewinn für wichtige Aufgaben, der Bewahrung des Überblicks und der Vermeidung beziehungsweise dem Abbau von Stress. Die schriftliche Planung bietet folgende Vorteile:
- erhöhte Konzentration auf die Tätigkeit,
- Entlastung des Gedächtnisses,
- Kontrolle,
- Planung von Pufferzeiten,
- Dokumentation,
- Bewahrung des Überblicks.

c) In störungsfreien Zeiten kann man sich auf die wichtigsten Aufgaben konzentrieren. Es treten keine Leistungsverluste durch Unterbrechungen ein, weil man sich nicht erneut eindenken muss.

L7: Hier sind einige exemplarische Fragestellungen bzw. denkbare Schwachpunkte zu Grunde gelegt und daraus ist das folgende Flussdiagramm entwickelt worden. Je nach konkreter Situation, die Sie unterstellen, sind auch andere Lösungen entsprechend möglich!

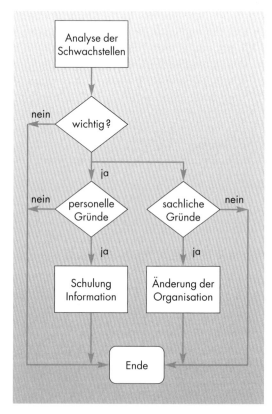

L8:
a) tägliche Prioritätenliste, Terminplaner, Wochenarbeitsplan
b) Planungstafeln mit Kalendarium

L9: Tritt in einem Bereich ein Problem auf, können mithilfe des Ursache-Wirkungs-Diagramms (Ishikawa- Technik, Fischgrät-Analyse) alle möglichen zu diesem Problem führenden Ursachen grafisch strukturiert dargestellt werden. Durch Zerlegung der Ursachen kann der Einfluss einzelner Größen auf das Problem bewertet werden. Die Zerlegung erfolgt nach möglichen bekannten Ursachen und ist in die Form einer Baumverzweigung strukturiert.
Allerdings führt die hohe Komplexität von Problemen rasch zu unübersichtlichen Diagrammen. Auch gehen Wechselwirkungen zwischen Einflüssen verloren.

L10: Durch die Visualisierung werden Zusammenhänge besser erkannt und verstanden. Der Ist-Zustand wird dem Soll-Zustand gegenübergestellt und kann deshalb besser kontrolliert werden. Die systematische Form der Dokumentation erleichtert die Übertragung auf andere Situationen.

L11: Es handelt sich um ein Balkendiagramm. Man kann daraus die Gesamtdauer eines Projektes und den Endtermin ablesen, ebenso wie die Dauer einzelner Vorgänge.

L12: Alle Vorgänge müssen vor der Umsetzung in einem Netzplan systematisch durchdacht werden. Man erhält einen Überblick über die Struktur des Projektes. Alle Termine werden errechnet (frühester Anfangszeitpunkt, spätester Anfangszeitpunkt, frühester Endzeitpunkt, spätester Endzeitpunkt). Die Planung der Ressourcen wird durch die genaue Kenntnis des Einsatzes erleichtert. Allgemeine Funktionen sind Planung, Steuerung und Kontrolle. Sobald sich Änderungen ergeben, kann umgeplant beziehungsweise steuernd eingegriffen werden.

L13: Strategische Planung bedeutet langfristige Planung. Nur die groben Umrisse des betrieblichen Handelns werden für die Zukunft abgesteckt. Durch strategische Planung/Führung soll die Existenz des Betriebes langfristig gesichert werden. Es dreht sich dabei auch um Vorgehensweisen und Verhaltensweisen, wie ein Unternehmen konkurrenz- und marktfähig erhalten werden kann.
Operative Planung ist eine kurzfristige Planung. Hier geht es darum, mit welchen konkreten Maßnahmen die gesetzten Ziele erreicht werden können. Hierzu zählt zum Beispiel auch die Auslastung der Kapazitäten.

L14: Brainstorming ist eine Gruppensitzung unter Beteiligung von fünf bis acht Personen, die durch Diskussion mit fantasievollen Einfällen kreative Leistungen erbringen sollen. Sie werden dabei ermutigt, spontan und ungehemmt eine große Anzahl von Ideen zu produzieren. Es kommen hier eher Problemstellungen infrage, die wenig komplex und klar definierbar sind. Einige Regeln sind zwingend einzuhalten:
- Die Teilnehmer können und sollen ihrer Fantasie freien Lauf lassen. Jede Anregung ist willkommen. Ideen sollen originell und neuartig sein.
- Die Menge der Ideen geht vor Güte der Ideen! Es sollen möglichst viele Ideen erzeugt werden. Auf die Qualität kommt es zunächst nicht an.
- Es gibt keinerlei Urheberrechte. Die Ideen anderer Teilnehmer können und sollen aufgegriffen und weiterentwickelt werden.
- Kritik oder Wertungen sind während des Brainstormings streng verboten.

L15: Es handelt sich dabei um systematisches, zukunftsbezogenes Durchdenken und Festlegen von Zielen, Maßnahmen, Mitteln und Wegen zur zukünftigen Zielerreichung. Die unternehmerischen Ziele werden erreicht, indem die Maßnahmen so gestaltet werden, dass sie unter den zu erwartenden Bedingungen die beste Zielerreichung ermöglichen. Ein Grundproblem der Planung ist die Vorhersage. Informationen veralten schnell und Prognosen sind unsicher. Betriebliche Ziele müssen den veränderten Gegebenheiten relativ rasch angepasst werden.

3.3 Anwenden von Präsentationstechniken

Grundlagen der Präsentationstechniken sind Gegenstand der Meisterprüfung und werden in der Praxis fast überall benötigt. Das vorliegende Kompendium kann allerdings, allein aus Platzgründen, nur eine Einführung bieten. Wer regelmäßig im Beruf präsentieren muss und sich deshalb vertieft in dieses Thema einarbeiten möchte, kann aufbauend auf diesen Abschnitt das von den gleichen Verfassern stammende weiterführende, aber doch kompakt gehaltene Buch „Präsentieren und Moderieren" benutzen (es enthält auch 13 für Rollenspiele vorbereitete Übungsaufgaben).

3.3.1 Ziel und Gegenstand einer Präsentation

3.3.1.1 Präsentation als Methode der Darstellung von Informationen in logischer und konzentrierter Form

Welche typischen Präsentationsanlässe gibt es im Betrieb?

Es gibt kaum noch ein Unternehmen, in dem Präsentationen nicht mehr oder weniger zum Arbeitsalltag gehören.

Im kleinen Produktionsbetrieb mit wenig Verwaltung sind es vielleicht wenige Anlässe im Jahr, intern oder vor Kunden etwas zu präsentieren. Deutlich häufiger gefragt ist der Gruppenleiter in einem Projekt oder der als Teamleiter tätige Meister. Diese müssen praktisch täglich etwas vor unterschiedlichen Teilnehmern präsentieren. Es gilt, den Mitarbeitern eine neue Technik vorzustellen, über eine Veränderung in der Organisation (z. B. Fusion oder neues Schichtsystem) zu informieren, Kunden zu überzeugen, der Geschäftsleitung den Projektfortschritt darzulegen und vieles mehr.

Welchen Zweck können Präsentationen verfolgen?

Aufbereitete Informationen sollen in aller Kürze und in verständlicher Form präsentiert werden. Präsentieren gehört zu den wichtigen Methodenkompetenzen, die neben Fach- und Sozialkompetenz erworben und trainiert werden müssen.

3.3.1.2 Zielgerichtete Information, Motivation und Überzeugung durch Anwendung von Methoden der Rhetorik und der Moderation

Mit einer Präsentation sollen Wissen, Können, Wünsche und Ziele vermittelt werden. Beim Zuhörer soll Verständnis geweckt und ein guter Eindruck hinterlassen werden. In Anlehnung an das Marketing kann die AIDA-Formel auch für Präsentationen verwendet werden:

Wie lässt sich die aus dem Verkauf bekannte AIDA-Formel übertragen?

Attention: Der Präsentierende möchte die Aufmerksamkeit der Zuhörer gewinnen und sie positiv einstimmen.

Interest: Interesse kann durch aktuelle Bezüge und anschauliche Darstellungen geweckt werden.

Desire: Im Zuhörer soll der Wunsch geweckt werden, etwas haben zu wollen, an etwas teilzunehmen oder an einer Sache mitzuarbeiten.

Action: Der Präsentierende möchte, dass der Zuhörer etwas tut oder sich innerlich bewegt. An dieser Stelle sind Appelle angebracht.

Erscheinungsbild und Körpersprache gehören zusammen. Ein Zuhörer lässt sich leichter überzeugen, wenn das äußere Erscheinungsbild des Präsentierenden positiv auf ihn wirkt. Deshalb sollte auf angemessene Kleidung und gepflegtes Äußeres geachtet werden.

Welche äußeren Voraussetzungen sollte der Präsentierende beachten?

Zur Rhetorik zählt auch die Körpersprache. Eine offene Körperhaltung ist den Händen in den Hosentaschen vorzuziehen. Freundlichkeit wird durch Mimik und Gestik ausgedrückt, wobei ein aufgesetztes Lächeln sehr schnell erkannt wird.

Was ist zu Körperhaltung und Ansprache der Zuhörer zu beachten?

Ebenfalls wichtig ist der Kontakt zu den Zuhörerinnen und Zuhörern, indem man den Blickkontakt zu ihnen sucht, alle Teilnehmer beachtet und die Zuhörer direkt anspricht.

Einwände

Die Überzeugung des Zuhörers erfordert auch den Umgang mit Einwänden. Da die Zuhörerschaft mit Argumenten überzeugt werden soll, gilt es, Einwände zu entkräften. Dabei kommt es nicht nur auf sachliche Argumentation, sondern auch auf Fingerspitzengefühl an. Psychologen, die die betreffende Theorie vertreten, machen geltend, dass das nur gelingen kann, wenn Resonanz hergestellt ist. Das Einbeziehen von Gruppeninteresse kann sich darin niederschlagen, dass Einwände als Anregungen aufgenommen und in die Präsentation eingebaut werden.

Wie lässt sich Einwänden überzeugend begegnen?

Der Umgang mit objektiven Einwänden ist relativ einfach, da es sich um sachlich begründete Argumente handelt, die sich mit dem entsprechenden Fachwissen in den meisten Fällen ausräumen lassen. Etwas schwieriger wird es bei den subjektiven Einwänden. Sie sind nur vorgeschoben, und die Realität wird verschleiert. Man muss versuchen, der Sache auf den Grund zu gehen. Mit der richtigen Fragetechnik kann man sein Gegenüber dazu bringen, die Probleme sachorientiert zu erörtern. Man verwendet dazu einfach die W-Fragen: wer, wann, warum, was, wozu und wie.

Eine weitere Möglichkeit ist die so genannte Vorwegmethode. Der Präsentierende denkt sich bei der Vorbereitung in die Situation seines Gegenübers hinein und überlegt sich Argumente gegen seine Darstellung. Nun kann er sich wiederum dazu Gegenargumente überlegen, die er dann während der Präsentation bereits einbaut, bevor es zu Einwänden kommt.

Was versteht man unter der Vorwegmethode?

Sachliche Argumente lassen sich durch Zeichnungen und Skizzen visualisieren und dabei akzentuieren. Sie lenken die Aufmerksamkeit des Publikums auf sich und fordern die Konzentration. Das kann helfen, Zuhörer besser zu überzeugen, aber die Grenze zur Manipulation ist dabei nicht weit.

Auf welche Weise hilft Visualisierung?

Als Letztes sei hier noch die Vorteile-Nachteile-Übersicht erwähnt, in der bereits die meisten Gegenargumente aufgelistet sind. Hier muss der Präsentierende allerdings darauf achten, dass seine Vorteile auf alle Fälle schlagkräftiger sind und überwiegen. Außerdem sollte er sich einige Zusatzpunkte zur Entkräftung der negativen Seiten überlegen, die er nachträglich einschieben kann. Man nimmt so dem Gegner den Wind aus den Segeln.

3.3.2 Voraussetzungen für eine erfolgreiche Präsentation

3.3.2.1 Rhetorisch-methodische Bedingungen

Vortragsweise und Wortwahl

Weshalb soll sich der Präsentierende bezüglich der Wortwahl an sein Publikum anpassen?

Die Argumentation soll den Eindruck der Zuhörer festigen und für Logik und Sachlichkeit sorgen. Abhängig vom Zuhörerkreis und vom Vorwissen fällt die Argumentationskette etwas ausführlicher oder abgekürzt aus. Sie muss in erster Linie den Nutzen in den Vordergrund stellen. Der Präsentierende tut gut daran, sich über sein Publikum zu informieren (Bildungsniveau, soziale Stellung, Herkunft, Vorgeschichte), um sich in Vortragsweise und Wortwahl möglichst darauf einzustellen. Die Verwendung vieler Fremdwörter macht nicht immer Sinn. Verschachtelte Sätze lassen sich schlecht verfolgen und das Sprechtempo muss nicht auf einen Rekord abzielen.

Techniken und Angewohnheiten

Gehört zur Präsentation eine Diskussion?

Präsentationen laufen in den meisten Fällen ohne Diskussionen ab. Man kann aber geplante kurze Diskussionsphasen als Technik verwenden, um die soeben verwendeten Argumente zu verstärken. Im Regelfall findet nach der Präsentation eine Diskussion statt, um das Gehörte noch einmal zu vertiefen und das Wesentliche zu betonen.

Welche negativen Angewohnheiten sollte man vermeiden?

Spricht man von Angewohnheiten, sind meist negative Dinge damit gemeint. Dazu zählen zum Beispiel das ständige Aus- und Einschalten eines Kugelschreibers, die regelmäßige Wiederholung von bestimmten Füllwörtern (ich glaube, ..., ähhhhh..., eigentlich...), das hektische Wechseln der Präsentationsfolien, der starre Blick in die Ferne über das Publikum hinweg oder das Hin- und Herschwenken des Mikrofons, sodass nur noch Wortfetzen beim Publikum ankommen.

Schwierigkeiten bei improvisierten Präsentationen

Welche Probleme können bei Improvisationen auftreten ...

Wird jemand in die Lage versetzt, eine spontane Präsentation durchführen zu müssen (Krankheit des Kollegen, überraschender Kundenbesuch), tut er gut daran, bestimmte Punkte auf alle Fälle anzusprechen und zu erfassen (Thema, Mitarbeiter, Zwischenergebnisse, Schwierigkeiten und mögliche Ursachen, aktueller Stand, Ziele). Ein roter Faden muss trotz alledem erkennbar sein. Vorbereitete Folien und Handouts gibt es in diesem Fall nicht, sodass an einem

... und was kann man dagegen tun?

Flipchart oder einer Pinnwand improvisiert werden muss. Für Geübte stellt dies ein weniger großes Problem dar. Zum „Festhalten" dient der „übliche" Ablauf einer Präsentation (Kapitel 3.3.4).

Persönliche Probleme können Lampenfieber, versagende Stimme und negative Reaktionen des Publikums sein.

3.3.2.2 Moderations-methodische Bedingungen

Aufgaben und Verhalten eines Moderators
Der Moderator/die Moderatorin ist Dienstleister/in. Er/sie muss sich als Leiter oder Führer einer Gruppe (im gruppendynamischen Sinn) verstehen.

Der Moderator ist Methodenspezialist, aber kein Experte auf inhaltlichem Gebiet des zu behandelnden Themas. Er muss die Gruppe steuern und die Arbeitsfähigkeit erhalten.

Er/sie kümmert sich um den Gruppenprozess und die Methodik der Moderation und ist verantwortlich für die Atmosphäre in der Gruppe und deren Wirken. Ein Moderator bringt keine eigene Meinung zum Thema ein, selbst wenn er gute fachliche Kenntnisse besitzt. An ihn gestellte Fachfragen gibt er an die Gruppe weiter.

Der Moderator darf die Beiträge der Teilnehmer weder kommentieren noch bewerten. Der Moderator kann als Katalysator bezeichnet werden, er öffnet die Gruppe für das Thema und stellt eigene Meinungen und Ziele zurück. Er hat immer eine fragende Haltung und hört aufmerksam zu. Er fasst zusammen und visualisiert.

Welche Aufgaben übernimmt ein Moderator?

Visualisierung als Ergänzung der Rede
Hilfreiche Fragen bei der Auswahl der Methoden der Visualisierung sind:
- Was will ich darstellen?
- Wozu soll die Darstellung dienen?
- Wen will ich informieren?

Auf den Unterlagen, die zur Präsentation eingesetzt werden, können mithilfe der Visualisierung Aussagen anschaulich und verständlich dargestellt werden. Zusammenhänge werden klar und Kernaussagen treten hervor. Komplexe Zusammenhänge werden auf einen Blick erkennbar. Der Aufwand, um etwas zu erklären, wird deutlich geringer. Bilder bleiben im Gedächtnis besser haften als Worte. Außerdem wird das Interesse des Zuhörers durch die Visualisierung geweckt.

Weshalb soll das gesprochene Wort zusätzlich visualisiert werden?

Der Mensch behält ca.
- 10 % von dem, was er liest,
- 20 % von dem, was er hört,
- 30 % von dem, was er sieht,
- 50 % von dem, was er sieht und hört,
- 70 % von dem, was er selbst sagt/erklärt,
- 90 % von dem, was er selbst tut/anwendet.

Checkliste für die Gestaltung der Visualisierung

Texte	Überschriften, Beschriftungen, kurze Sätze, Stichworte, verständliche Ausdrücke, richtige Rechtschreibung
Überschriften	klare Bezeichnung, Schlagwort
Farben	max. drei Farben sowie schwarz und weiß; helle Farben sind zu schlecht erkennbar; Schrift sollte schwarz oder dunkelblau sein; einheitlicher Farbeneinsatz
Schrift	Größe und Schriftart sinnvoll wählen, Groß- und Kleinbuchstaben
Layout	Einheitlichkeit (z. B. Firmenlogo); das Wichtigste in der Mitte; bekannte Symbole; Übersichtlichkeit

Wovon hängt die Wahl des Mediums ab?

Bausteine für eine Visualisierung (übliche Medien in der betrieblichen Praxis)
Die wirkungsvolle Präsentation eines Ergebnisses aus intensivem Arbeitseinsatz fordert einen durchdachten Medieneinsatz. Als Medium verstehen wir hier den Träger einer bestimmten Botschaft. Die Auswahl ist unter anderem abhängig von der Anzahl der Personen, den räumlichen Gegebenheiten, der Vorbereitungszeit und dem Budget.

▶ Packpapier und Pinnwand

Wozu eignen sich Pinnwände?

Als Pinnwände werden Weichfaserplatten verwendet, die fest an der Wand montiert oder transportabel sind. Mithilfe von Stecknadeln oder Pins befestigt man Packpapierbögen, die beschriftet werden können, oder man greift zum Moderationskoffer und befestigt die Gedanken auf Kärtchen, die die Form von Rechtecken, Kreisen oder Ovalen haben.

Man kann eine Präsentation auf einer Pinnwand bereits fertig vorbereiten oder begleitend entwickeln. Der Einsatz ist wiederum nur für kleinere Gruppen geeignet.

Ein Brainstorming (s. Abschnitt 3.2.2.4) kann damit in optimaler Weise durchgeführt werden, weil die Gedanken zuerst ungeordnet an die Pinnwand geheftet und anschließend ohne Probleme sortiert und bewertet werden können.

▶ Flipchart-Bögen und Ständer
Ein Flipchart ist dafür geeignet, die Hauptpunkte der Präsentation zu sammeln. Die Vorbereitungszeit ist sehr gering und technische Pannen sind fast nicht möglich. Man sollte darauf achten, dass die beschriebenen Flipchartblätter so aufgehängt werden können, dass sie im Blickfeld bleiben. Man hat sonst das gleiche Problem wie bei Folien: Man muss vor- und zurückblättern.

Das Flipchart ist nur bei relativ kleinen Gruppen einsetzbar, damit es auch von allen gesehen werden kann. Große und deutliche Schrift ist Voraussetzung und auch die Wahl des richtigen Stiftes.

Eine Überschrift ist wieder Pflicht, und bei der Verwendung von Farben sollte man konsequent für Aufzählungen oder Hervorhebungen die gleiche Farbe verwenden.

Welche Nachteile zeigt der Einsatz von Flipcharts?

Ein kleiner Nachteil beim Einsatz von Flipcharts ist, dass der Präsentator während der Beschriftung dem Publikum den Rücken zuwendet. Bei unleserlicher Handschrift sollte man lieber darauf verzichten. Als Gedächtnisstützen kann man am Blattrand Bleistiftnotizen anbringen, die vom Publikum nicht erkennbar sind.

Flipcharts sind für Gruppenarbeit geeignet, für spontanes Entwickeln von Ideen, aber auch für vorbereitete Darstellungen, die durch Umschlagen bzw. Aufhängen der Seiten präsentiert werden. Ergänzungen können leicht angebracht werden und farbliche Darstellung ist möglich. Zu finden sind Flipcharts fast überall, nur das Papier geht manchmal aus. Deshalb der Praxistipp: Sorgen Sie vor, legen Sie Reserven bereit.

Ein Tisch-Flipchart ist eine kleinere Variante des Flipcharts. Anwendung findet es bei einer Präsentation im sehr kleinen Kreis. Die Anwendung funktioniert genauso wie bei der großen Ausführung, nur dass der Transport leichter zu bewerkstelligen ist. Es ist hier auch möglich, im Sitzen zu präsentieren.

▶ Kurzfilme, Videos und Dias
Auch hier ist wieder hohe Qualität und perfekte Technik zu fordern. Da der Raum verdunkelt werden muss, sollte man wissen, wo sich hierzu die Knöpfe befinden. Von Ausnahmen abgesehen, die noch angesprochen werden, sollte die Präsentation von Dias oder Kurzfilmen kleine Glanzpunkte oder Knalleffekte setzen. Das Publikum muss beeindruckt werden.

Wann setzt man Videos und Dias vor allem ein?

Der Übergang von der normalen Präsentation zum Film oder der Diavorführung und auch der umgekehrte Vorgang müssen genau geplant werden.

Die Zuhörer dürfen nicht hineingeworfen und wieder herausgerissen werden. Der Effekt, den man mit der Vorführung erreichen wollte, verschwindet sonst schlagartig. Eine andere Situation ist gegeben, wenn die Sichtung von Bild- oder Videomaterial der eigentliche Gegenstand der Präsentation ist (zum Beispiel werden in einem Qualitätszirkel unterschiedliche Bearbeitungsverfahren aus der Produktion vergleichend vorgeführt). Das betreffende Medium ist dann das normale Arbeitsmittel.

Warum sind abrupte Übergänge zu vermeiden?

▶ Präsentation mit Overheadprojektor oder Computer
Je nach Gruppengröße und Inhalt der Präsentation kann man entsprechend viel Technik einsetzen. Statt Folien auszudrucken und auf dem Overheadprojektor zu präsentieren, verwendet man direkt den PC zur Präsentation. Es wird nichts mehr aufgedeckt oder übereinander gelegt, sondern die Stichpunkte oder Grafiken werden per Knopfdruck eingeblendet. Das Umblättern wird per Mausklick erledigt.

Der PC kann an einen LCD-Projektor (Liquid Cristal Display) angeschlossen werden und man legt diesen auf einen Overheadprojektor. Hier ist auf gute Qualität und hohe Lichtstärke des Projektors zu achten, da sonst alles grau in grau erscheint.

Auf welche Arten kann ein PC zur Präsentation eingesetzt werden?

Ein Gerät weniger braucht man bei der Benutzung eines Beamers. Der PC wird an den Beamer angeschlossen, und damit man nicht nur hoffen kann, dass sich die beiden vertragen, müssen schon bei der Vorbereitung der Präsentation die Kompatibilität und die Anschlussweise geklärt werden. Es reicht nicht aus, dies erst unmittelbar vor der Veranstaltung zu tun! Geeignet sind diese Techniken auch für den Einsatz bei großen Gruppen. Man sollte als Präsentierender hier allerdings darauf achten, dass man den Kontakt zur Zielgruppe nicht verliert.

Trotz aller technischer Perfektion sollte im Mittelpunkt immer noch der Präsentierende stehen.

3.3.2.3 Gestaltungselemente

Text

Jeder Chart, jede Folie, jedes Flipchart-Blatt und jede Pinnwand sollten grundsätzlich mit einer Überschrift versehen werden. Der Titel muss interessant klingen und neugierig machen. Denkbar ist die Verbindung zu aktuellen Sprüchen, mit Zahlen spielen, Fragen stellen, das Wörtchen „wie" verwenden oder bekannte Formulierungen zitieren.

Zum Einsatz von Text lassen sich einige Stichpunkte nennen:

Worauf ist bei Gestaltung von Text Wert zu legen?

- Druckschrift statt Handschrift verwenden,
- von links nach rechts anordnen,
- Groß- und Kleinbuchstaben benutzen,
- kurze Sätze bilden,
- auf jeden Fall mit Überschriften und mit Zwischenüberschriften arbeiten,
- für optische Blöcke sorgen,
- nur Wesentliches nennen,
- Farben verwenden und den
- Text eventuell durch Skizzen erläutern.

Wird auf einer Folie Schreibmaschinenschrift verwendet, ist sie nicht lesbar und damit unbrauchbar. Die Schriftgröße muss je nach Medium entsprechend gestaltet werden. Auch die Größe der Gruppe spielt eine Rolle. Folgende Beispiele machen deutlich, warum man die eben erwähnten Tipps befolgen sollte.

Beispiele für ungeeignete Textgestaltung

Schreibschrift ist viel schwerer
zu lesen als schlichte Druckschrift

NICHT IN GROSSBUCHSTABEN SCHREIBEN
das wirkt zu unübersichtlich

weder zu groß
noch zu klein schreiben

Buchstaben nicht auseinander ziehen
sondern normal in Blöcken schreiben

Freie Grafik und Symbole

Welche Ziele werden durch den Einsatz von Symbolen und Grafiken angestrebt?

Unter Grafik können alle zeichnerischen Elemente gefasst werden, die der Auflockerung, Illustration oder Symbolisierung dienen. Zu den einfachen Formen der freien Grafik zählen Ovale, Kreise, Rechtecke, Streifen, Wolken, Linien, Punkte, Muster, Umrahmungen, Pfeile und so weiter. Es ist von Vorteil, wenn eine innere Ordnung erkennbar ist und verbale Aussagen mit bildhaften Darstellungen verknüpft werden. Übersicht kann man schaffen durch die Verwendung von Farben, durch die Anordnung und durch Gestaltung von Symbolen oder Text. Beispiele für Grafiken zeigt Abbildung 3.23.

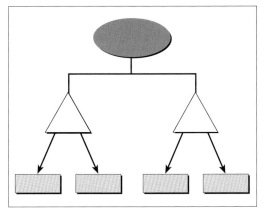
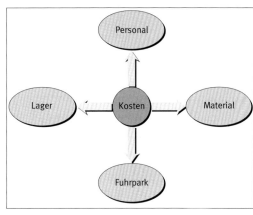

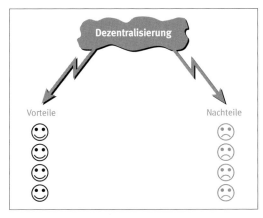

Beispiele für Diagramme

Abb. 3.23a: Anordnung: In der Skizze links oben wird die Hierarchie betont, in der Skizze rechts oben sind die Kosten „rundum" zu verteilen.

Abb. 3.23b: Symbole: Sie dienen entweder der Differenzierung, Vergleichbares erhält gleiche Symbole (z.B. Hierarchiestufen). Oder Symbole drücken etwas aus, wie die „Smileys" bei den Vor- und Nachteilen links.

Abb. 3.23c: Farben: Sie dienen der Differenzierung oder bieten Signale (Vorteile schwarz, Nachteile grau).

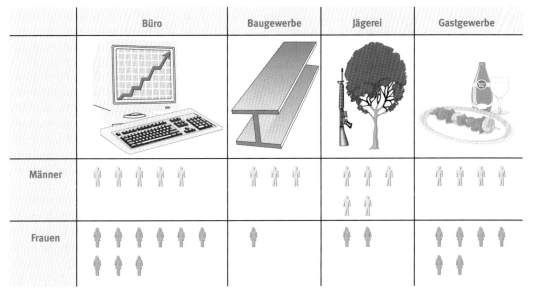

Abb. 3.23d: Chart/Folien mit kombinierten Grafik-Elementen – je nach Einsatzzweck müssten der Gültigkeitsbereich (z.B. Deutschland, eine Region), eine Legende und ggf. auch noch Zahlenwerte ergänzt werden.

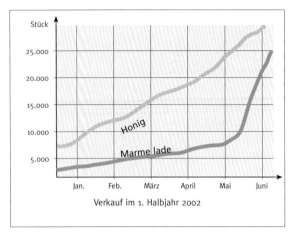

Abb. 3.24: Kurvendiagramm

Kurvendiagramm
Ein Kurvendiagramm wird verwendet zur
- Veranschaulichung von Zahlen,
- zur Darstellung von Abhängigkeiten zwischen Größen (z. B. von der Zeit),
- zum Aufzeigen von Entwicklungsverläufen und Zusammenhängen und
- als vergleichende Darstellung.

Auf der Abszisse wird die unabhängige Größe abgetragen, auf der Ordinate die abhängige. Das Diagramm braucht eine Überschrift, wichtig ist eine passende, sinnvoll die Gestaltung durch Farbe oder Schraffur bei mehreren Kurven.

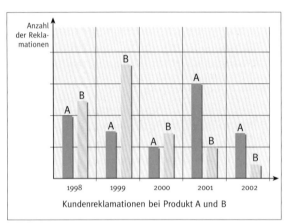

Abb. 3.25: Säulendiagramm

Säulen- und Balkendiagramm
Sie dienen zum Vergleich von Rangfolgen oder von Zeitreihen.
Gegenübergestellt werden können zwei oder mehrere Größen.
Sehr anschaulich visualisieren lassen sich eine Momentaufnahme oder die Gegenüberstellung von Größen oder Werten.
Bei der Gestaltung ist auf sorgfältige Achseneinteilung und geeignete Strichstärke zu achten.
Die Zahlen können als
- Absolutzahlen,
- Prozentwerte oder
- Bezugswerte

angegeben werden. Werte können direkt eingegeben oder aus der Achseneinteilung abgelesen werden.
Es ist auch eine Plus-Minus- oder eine zwei- und dreidimensionale Darstellung möglich.

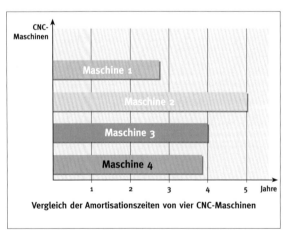

Abb. 3.26: Balkendiagramm

Kreis-/Tortendiagramm
Größenverhältnisse werden im Gesamtüberblick dargestellt. Auch kann eine Gesamtheit mit ihren Anteilen übersichtlich präsentiert werden.
Es wird keine Entwicklung aufgezeigt, sondern nur der momentane Stand. Man sollte darauf achten, dass die Gesamtmenge 100 % entspricht oder Abweichungen deutlich hervorheben.
Eine klare optische Trennung durch Farbe oder Schraffur und Lesbarkeit sind Voraussetzungen für den Erfolg dieser Diagramme.

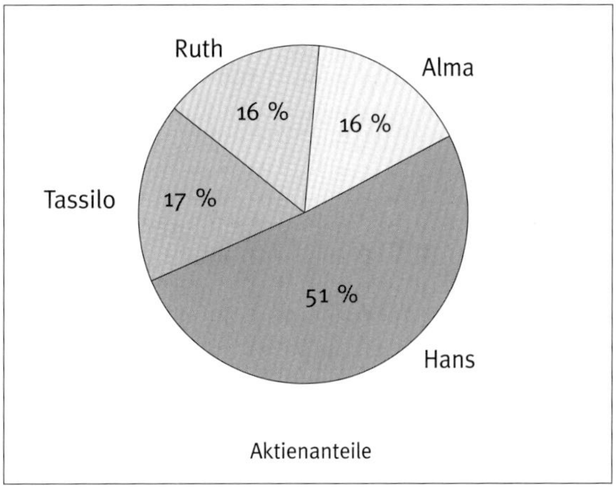

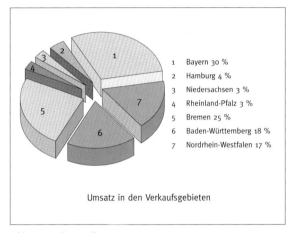

Abb. 3.27: Kreisdiagramm

Abb. 3.28: Tortendiagramm

Organigramm/Aufbaudiagramm
Hier werden keine genormten Symbole verwendet, sondern einfach Rechtecke, Quadrate, Kreise, Linien und Pfeile. Strukturen und Abhängigkeiten werden verdeutlicht und Hierarchien abgebildet. Durch Linien werden die Beziehungen hergestellt.

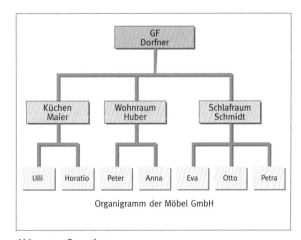

Abb. 3.29: Organigramm

ANWENDEN VON PRÄSENTATIONSTECHNIKEN

3.3.2.4 Frage- und Antworttechniken

Einen guten Moderator zeichnet aus, dass er auch ein guter Kommunikator ist. Dazu gehört der Einsatz der richtigen Frageform in der geeigneten Situation.

Von den Fragen des Moderators bzw. Teamleiters hängt im wesentlichen Maße der Erfolg der Arbeitssitzung ab.

Er/sie kann damit
- die nötigen Informationen herausarbeiten,
- den Ablauf strukturieren,
- unterstützend eingreifen,
- alle Teilnehmer einbeziehen und
- schwierige Situationen umschiffen.

Fragearten

▶ Offene Fragen
Es handelt sich hierbei um die so genannten W-Fragen (wer, was, wie, welche, wozu…). Die Antwort auf eine W-Frage kann vom Teilnehmer frei formuliert werden. Dadurch kommen eigene Lösungsvorschläge zu Tage.
Beispiele:
Welche Gründe sprechen für diesen Vorschlag? Wo liegen die Ursachen dieses Problems? Wie werden wir jetzt weitermachen? Wann werden wir damit so weit sein?)

▶ Geschlossene Fragen
Die Antwort auf eine geschlossene Frage kann ein Wort oder auch nur eine Geste sein. Diese Frageform nützt wenig bei der inhaltlichen Arbeit. Sie werden aber für den Ablauf benötigt, zum Beispiel bei der Frage „Wer übernimmt den nächsten Schritt?" (ebenfalls eine W-Frage, aber keine offene!). Geschlossene Fragen wird der Moderator auch dann anwenden, wenn er ein Gespräch straff führen möchte, es ihm auf eine klare Antwort ankommt oder er Zustimmung einholen will.
Beispiel:
Sind Sie einverstanden, wenn wir diese Punkte nun nach und nach behandeln?

▶ Alternativfrage
Zwischen zwei Alternativen soll eine Entscheidung fallen. Dadurch kann es aber passieren, dass sich aus den Teilnehmern zwei Gruppen bilden. Sollte dies geschehen, muss der Moderator wieder geschickt zur eigentlichen Zielfindung überleiten.
Beispiel:
Sollen wir dies gleich im Detail formulieren oder nur grobe Stichpunkte für später festhalten?

▶ Rhetorische Frage
Sie beantworten sich von selbst. Eine Gegenmeinung kann dazu erst gar nicht aufkommen. In einer Moderation ist diese Frage sehr ungünstig, da dadurch die Offenheit eingeschränkt wird.
Beispiel:
„Wollen wir heute die ganze Nacht durcharbeiten?" – wenn es nicht ernst gemeint ist.

▶ Suggestivfrage
Der Teilnehmer soll durch Manipulation der geäußerten Meinung zustimmen. Also ist diese Frageart für die Moderation nicht geeignet.
Beispiel:
Sie sind doch sicherlich auch der Meinung, dass… Sicher haben Sie inzwischen auch schon von der allgemein bekannten Tatsache gehört…

▶ Gegenfrage
Durch eine Frage wird jemand aufgefordert, etwas zu tun oder sich zu äußern. Möchte sich jemand vor der Antwort drücken, kann er die Frage mit einer Frage beantworten. Im Wiederholungsfall kann dies provozierend wirken.
Frage: Wann machen wir endlich eine Pause?
Gegenfrage: Warum? Haben Sie Hunger?

▶ Zurückgegebene Frage
Da es nicht Aufgabe eines Moderators ist, auf inhaltliche Fragen zu antworten, muss er die Frage an die Gruppe zurückgeben.
Frage an den Moderator: „Wie viele Lösungsvorschläge sollen wir überhaupt erarbeiten?"
Zurückgegebene Frage des Moderators: „Wie viele Lösungsvorschläge sehen denn die anderen als vernünftig an?"

3.3.3 Vorbereitung einer Präsentation

3.3.3.1 Thema und Ziel der Präsentation (Informieren, Motivieren, Überzeugen)

Der Zuhörer muss an der Formulierung der Zielvorstellung erkennen können, was man mit der Präsentation erreichen möchte. Die Erfolgsaussichten sind umso größer, je mehr man sich an der Zielgruppe orientiert. Die Bedürfnisse und Interessen der Zuhörer müssen integriert werden. Je mehr der Präsentierende direkt oder indirekt über seine Zuhörer spricht, desto mehr wird er sie in seinen Bann ziehen. So ist es am leichtesten möglich, andere für seine Ideen zu begeistern. Zwei Zielbereiche können bei der Präsentation verfolgt werden:

- Zum einen handelt es sich um sachliche Präsentationsziele. Die Zuhörer sollen den Nutzen erkennen, der im Inhalt der Präsentation steckt. Außerdem sollen sie das Vorgetragene akzeptieren und sich schließlich dafür entscheiden.
- Zum anderen handelt es sich um persönliche Präsentationsziele. Der Präsentator möchte Anerkennung als Fachmann/-frau und Bestätigung als Mensch finden. Der berühmte Funke soll vom Publikum überspringen. Eine gelungene Präsentation setzt sich zusammen aus einer klaren Zielvorgabe, dazu passenden schlagkräftigen Argumenten und erzählenden, auflockernden Aspekten. Man darf nie das Ziel aus den Augen verlieren, das bei den meisten Präsentationen im Vordergrund steht, nämlich den Zuhörer zu überzeugen.

Eine Präsentation ist nur dann erfolgreich, wenn das Publikum den Zweck erkennt und klare Zielsetzungen vorhanden sind. Das Ergebnis muss im Gedächtnis der Zuhörer haften bleiben. Unabhängig davon, ob es sich um eine Überzeugungspräsentation oder eine Informationspräsentation handelt, sollte eine bestimmte Reihenfolge der Inhalte eingehalten werden. Das nachfolgende Beispiel zeigt den Ablauf anhand des Themas „Erhöhung der Produktivität".

Schritt	Kerninhalt	Beispiel: Produktivität
Einleitung	Schlagzeile	Die Konkurrenz macht es vor.
Ist-Zustand	Situationsbeschreibung	10 Stück pro Stunde, Ausschuss, Zustand des Maschinenparks
Analyse	negative Betrachtung	Entwicklung der Ausschussquote, Reparaturanfälligkeit der Maschinen
Idealvorstellung	Zielrichtung	Erhöhung der Produktion zur Erhaltung der Konkurrenzfähigkeit
Verbesserung	Vorschlag	Terminplan für den Ersatz der alten Maschinen durch neue Technik, Schulung der Mitarbeiter, Kosten
Vorteile der Verbesserung	positive Betrachtung	Konkurrenzfähigkeit, Erhaltung der Arbeitsplätze, Erweiterung der Verantwortungsbereiche
Maßnahmen	Festlegung der Schritte	Welcher Mitarbeiter kümmert sich um welchen Punkt der Umsetzung bis zu welchem Zeitpunkt?
Rückblick/Zusammenfassung	Schlagzeile	Die Stufen zum Erfolg

3.3.3.2 Zielgruppe und deren Zusammensetzung

Eine Präsentation kann nur erfolgreich sein, wenn sie auf den Teilnehmerkreis zugeschnitten ist. Dazu muss das Publikum aber vorher analysiert werden. Auf einen kurzen Nenner gebracht, muss sich der Präsentierende fragen:

Welche Informationen sind über die Zielgruppe einzuholen?

- Wie viele Personen nehmen teil (und wenn es eine Rolle für den Inhalt spielt: wie viele Personen welchen Alters)?
- Was erwarten die Zuhörer?
- Welche Einstellungen bringen sie mit?
- Welches Vorwissen haben sie (und wenn es eine Rolle spielt: welchen Bildungsstand haben sie)?

Bei kleineren Gruppen kann es von Nutzen sein, die Namen und die Abteilungszugehörigkeit zu kennen, um gezielter auf Fragen reagieren zu können. Zudem macht es einen positiven Eindruck, wenn man die Namen der Teilnehmenden weiß. Wichtig ist weiterhin die Einordnung des Einzelnen in der Unternehmenshierarchie, um daraus auf die Verantwortlichkeiten und die Entscheidungskompetenzen schließen zu können. Es ist von großem Vorteil, bei der Vorbereitung der Präsentation die Einstellungen, Ansichten und Ziele des Publikums in Erfahrung zu bringen. Denn im weniger günstigen Fall muss man sich verstärkt auf Gegenargumente einstellen.

Wann ist es wichtig, die Interessen der Zuhörer zu berücksichtigen?

Die Informationen über den beruflichen Hintergrund der Teilnehmer und ihr Vorwissen über das Thema sind entscheidend für die Ausführlichkeit der Präsentation in den verschiedenen Punkten. Die Berücksichtigung der Interessen der Zuhörer ist enorm wichtig, denn davon hängt es ab, ob das Publikum gelangweilt abschaltet oder aufmerksam und gespannt den Ausführungen folgt. Jeder, der am Erfolg seiner Präsentation interessiert ist, muss sich also ganz konkret fragen, ob er Geschäftsführer, Abteilungsleiter, Mitarbeiter oder ein gemischtes Publikum vor sich sitzen hat. Die Kunst der Präsentation besteht darin, mit allen Hilfsmitteln jeden Teilnehmer in seinen Bann zu ziehen.

3.3.3.3 Inhaltliche Vorbereitung

Oft stehen mehr Informationen zur Verfügung, als man braucht. Also muss man
- aus dem Gesammelten zuerst auswählen,
- dann gewichten sowie
- einteilen und im letzten Schritt
- die Inhalte für die Präsentation visualisieren.

Sammeln von Informationen

Eine Präsentation speist sich fast immer auf zwei Gleisen:

Fachinformation

1. Die wesentlichen Botschaften stammen aus dem Arbeitsbereich des Präsentierenden und darüber verfügt er/sie aus den Unterlagen vom Arbeitsplatz: Beispielsweise ist über die Geschäftsentwicklung, veränderte Organisationsmodelle oder Produkte zu berichten.

Zusatzinformation

2. Für Hintergründe, Anreicherungen, Beispiele, Anekdoten, Ideen für Visualisierungen muss man aber meist Material suchen. Im eigenen Unternehmen kann sich das Archiv als wahre Fundgrube herausstellen. Fakten, aktuelle Entwicklungen, Vergleiche etc. findet man oft bei Fachverbänden oder einschlägigen Organisationen.

Natürlich bietet es sich an, aus drei oder vier Fachbüchern das Wichtigste zusammenzusuchen und sich gleichzeitig einen Überblick zu verschaffen. Tageszeitungen und Fachzeitschriften sind geeignet, wenn man einen aktuellen Bezug braucht.

Auch die Nachfrage bei Arbeitskollegen brachte schon die eine oder andere gute Idee. Eine Recherche im Internet liefert meist so viele Informationen, dass man sofort wieder selektieren muss, es sei denn, es handelt sich um ein spezielles Thema. Zur Auflockerung der Präsentation schadet es nie, wenn man eine passende Anekdote zum Besten gibt oder mit Zitaten zur Erheiterung beitragen kann.

Welche Informationsquellen kann man nutzen?

Auswählen der Informationen

Da für die Präsentation immer nur eine bestimmte Zeit zur Verfügung steht, kann man dem Publikum nicht alle Informationen bieten, über die man selbst verfügt. Abhängig von den Zuhörern greift man zu den aussagekräftigsten und beschränkt sich auf das Wesentliche.

Wesentliches auswählen unter Beachtung der Redezeit

Der Präsentierende muss sein Ziel klar vor Augen haben, das er erreichen möchte. Dazu passend und unter Berücksichtigung der möglichen stehenden Redezeit wird er/sie die Inhalte auswählen. Soll das Publikum von etwas überzeugt werden, stehen naturgemäß die schlagenden Argumente im Vordergrund. Geht es darum, die Zuhörerschaft auf den neuesten technischen Stand zu bringen, kann man den Teil, der bei „Adam und Eva" anfängt, weglassen und sich auf die Entwicklung der letzten Zeit und auf die Innovationen beschränken.

Gewichten der Informationen

Je nach Zielgruppe geht es, wie schon angesprochen, um Überzeugungsarbeit: Präsentation von etwas Neuem, Verschaffen eines Überblicks, Würdigung einer Leistung oder Darstellung des Ergebnisses langer Arbeit. Die Informationen sind nun so zu gewichten, dass zwar ein rundes Bild bei der Präsentation entsteht, das Ziel aber besonders hervorgehoben wird. Notwendige Hintergrundinformationen sind dabei ebenso zu berücksichtigen wie aktuelle Schlagzeilen.

Betonung des Zieles

Einteilung der Informationen/Präsentationsstrategie

Eine Möglichkeit ist der Aufbau vom Allgemeinen hin zum Speziellen. Man spricht zum Beispiel zuerst allgemein von den Auswirkungen der Änderung des Produkthaftungsgesetzes auf die Unternehmen und kommt dann auf die Folgen für die eigene Abteilung zu sprechen.

Welche Strategien stehen für den Aufbau von Präsentationen zur Auswahl?

Eine weitere Möglichkeit ist das Vorarbeiten von den Auswirkungen zu den Ursachen. Bezogen auf das Thema Personalentwicklung könnte man z.B. den Mangel an Führungskräftenachwuchs zurückführen auf eine unzureichende Ausbildung, keine Förderung von Mitarbeitern durch Aufzeigen von Aufstiegsmöglichkeiten und das fehlende Angebot von sozialen Leistungen.

Man kann auch mit Problemen anfangen und zu Lösungen überleiten. Kunden beschweren sich beispielsweise über die Service- und Reparaturabteilung (nicht durchgehend jemand erreichbar, Reparaturen dauern oft wochenlang). Vorgestellt wird als Lösung Gleitzeit anbieten und den Einsatz von Subunternehmen für Reparaturarbeiten (Outsourcing).

3.3.3.4 Organisation der Präsentation

Ort, Raum, Medien

Der Ort kann – je nach Anzahl der Teilnehmer – ein Besprechungsraum im Unternehmen selbst sein oder ein Konferenzraum in einem Hotel. Fällt die Wahl auf ein Hotel, sollte es geografisch so gelegen sein, dass nicht ein Teilnehmer zu Fuß gehen kann und ein anderer einen ganzen Tag zur Anreise benötigt.

Aufstellung der Tische

Ob in U-Form oder parlamentarisch **bestuhlt** wird (siehe Abb. 3.30a und b), hängt von der Größe der Gruppe ab und ob z. B. nach der Präsentation eine Diskussion folgen soll. Möchte der Präsentierende mit Tischvorlagen bzw. Handouts arbeiten oder handelt es sich um eine längere Präsentation, müssen Tische aufgestellt werden, um den Zuhörern zu ermöglichen, sich Notizen zu machen oder auch ein Getränk abzustellen.

Vorbereitung zur Vermeidung von Pannen

Mit der **Technik** muss man sich vorab vertraut machen (Klimaanlage ein-/abschalten, Herunterlassen von Jalousien, Aus- und Einschalten von Licht. Auch ist bei der Aufstellung von Tafel, Tageslichtprojektor oder Flipchart zu überprüfen, ob alle Teilnehmer freie Sicht darauf haben. Man sollte sich vorher informieren, wer für die Ausstattung des Raumes zuständig ist, falls man eine Ersatzbirne oder ein Verlängerungskabel braucht oder eine Mikrofonanlage bedient werden muss.

Zeitpunkt, Zeitraum, Pausen

Zeitplanung

Zeitdruck wirkt sich negativ auf die Aufmerksamkeit der Teilnehmer aus. Der Zeitpunkt ist also so zu wählen, dass keine anschließenden Termine stattfinden. Der Zeitraum, der für die Präsentation vorgesehen ist, darf nicht zu lange sein, da die Aufmerksamkeit des Publikums durch Ermüdung nachlässt. Um dies zu vermeiden, sind ausreichend Pausen zur Entspannung und Gelegenheit zur körperlichen Betätigung einzuplanen. Das vorgesehene Ende sollte nicht wesentlich überschritten werden.

Tischvorlage und Handouts

Welches Ziel verfolgen Tischvorlagen?

Eine **Tischvorlage** hat der Zuhörer während der Präsentation vor sich. Ein **Handout** kann den Zweck einer Tischvorlage erfüllen oder aber auch erst nach der Präsentation verteilt werden, um dem Zuhörer eine Zusammenfassung oder zusätzliche Informationen mit nach Hause zu geben. Beide Möglichkeiten haben Vor- und Nachteile.

Grundsätzlich wird jeder Zuhörer zuerst einmal in der Tischvorlage blättern, sodass sich der Präsentierende darauf einstellen muss und nicht sogleich mit seinem Vortrag beginnt. Es ist auch etwas schwierig zu erreichen, dass die Teilnehmer zur gleichen Zeit die richtige Seite in der Tischvorlage betrachten. Man kann damit wichtige Punkte hervorheben, Zusatzinformationen bieten, Hintergrundwissen vermitteln und Analysen zur genaueren Betrachtung beilegen.

Im Handout wirkt die Präsentation nach. Die Inhalte müssen so gestaltet sein, dass der Teilnehmer auch noch Wochen nach der Präsentation etwas damit anfangen kann. Was für die gesamte Präsentation gilt, trifft auch auf das Handout zu: Die bloßen Fakten sollten visualisiert werden – als Grafik, mit Symbolen, als Tabelle, in der Gegenüberstellung.

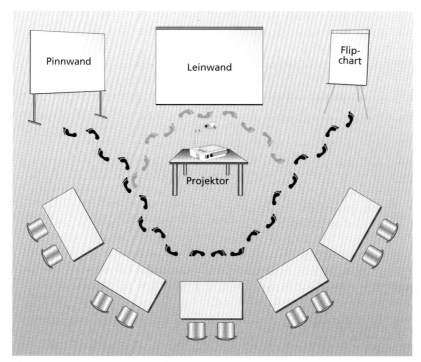

Abb. 3.30a: Bestuhlung in U-Form / im Halbkreis

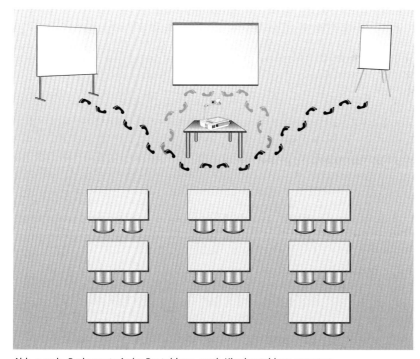

Abb. 3.30b: Parlamentarische Bestuhlung, auch Kinobestuhlung genannt

Persönliche Vorbereitung

Welche Punkte umfasst die persönliche Vorbereitung?

Die Vorbereitung einer Präsentation nimmt mehr Zeit in Anspruch als die Präsentation selbst. Dabei ist darauf zu achten, dass der Inhalt leicht verständlich dargestellt wird, außerdem so praxisnah wie möglich und zugleich durchaus amüsant. Es darf auch ein bisschen spannend sein und auf gar keinen Fall langatmig. Der Präsentierende sollte immer bedenken, dass das, was er sagt, noch lange nicht von jedem Zuhörer gehört und verstanden wird. Das Verstehen impliziert noch nicht das Einverstandensein. Auf diesen Tatsachen muss eine Präsentation aufgebaut werden. Weiterhin sind zu beachten:

- Kleidung und Sprache des Präsentierenden müssen sich dem Teilnehmerkreis anpassen.
- Der Blickkontakt zu den Teilnehmern ist ebenso wichtig wie deutliche Aussprache. Möchte ein Zuhörer Fragen stellen, sollte ihm dies gewährt werden.
- Auch eine sehr gute Präsentation muss einmal zu Ende sein. Es zählt durchaus zu den Tugenden, den gegebenen Zeitrahmen einzuhalten.

→ *Eine Präsentation ist mehr als ein Vortrag. Bei beidem spielen Stimme, Sprache, Haltung und Gestik eine große Rolle. Jedoch reicht dies für eine Präsentation nicht aus. Das gesprochene Wort muss sichtbar werden.*

Bilder lassen sich leichter einprägen als Gehörtes. Deshalb muss sich jeder Präsentierende intensiv damit beschäftigen, auf welche Weise er seine Unterlagen gestaltet und welche Medien zum Einsatz kommen.

Wie kann ein Stichwort-Manuskript gestaltet sein?

Ein **Stichwort-Manuskript** verleiht Sicherheit, bietet den roten Faden und entlastet den Präsentierenden. Im Idealfall sind die Stichworte überflüssig. Trotzdem sollte das Manuskript gut lesbar auf dem Tisch liegen. Da jeder Mensch ein anderes System hat, sich Stichpunkte zu machen, sollen hier nur die beiden grundsätzlichen Möglichkeiten genannt werden:

- Ausformuliert: Bei der Verwendung von DIN-A4-Seiten können diese die komplett ausformulierte Präsentation enthalten. Das verleitet jedoch zum Ablesen, und das Publikum verliert mit der Zeit die Aufmerksamkeit.
- Stichwortartig: Sowohl auf DIN-A4-Seiten als auch auf Karten im DIN-A5-Format kann man sich eine übersichtliche Strukturierung mit Zeitangaben, Stichworten, Beispielen und Visualisierungsmöglichkeiten machen.

Es wird empfohlen, das Begrüßungswort und den Schlusssatz voll auszuformulieren. Mit dem Ersteren wird der Einstieg erleichtert und das Lampenfieber etwas gesenkt. Mit dem Letzteren möchte man den Zuhörern noch einmal etwas mit auf den Weg geben und nachwirken lassen.

Bei der Erstellung eines Stichwortmanuskripts sollte übersichtlich und großzügig vorgegangen werden. Wichtig ist die einseitige Beschriftung und Durchnummerierung der Seiten. Es dient als Leitfaden und legt damit die Reihenfolge fest. Es unterstützt den Vortragenden durch Hinweise auf Medieneinsatz und Zeitangaben. Auch kann man mithilfe von Farben Wichtiges von weniger Wichtigem trennen, um eventuell abkürzen zu können, wenn sich z. B. zwischendurch eine lebhafte Diskussion ergibt.

Unvorhergesehene Tatsachen
Für etwaige Störungsfälle sollte man immer einen Zeitpuffer einplanen. Die Birne des Projektors fällt aus, das Mikrofon versagt seinen Dienst, Teilnehmer kommen zu spät wegen Verkehrsstau, ein Windstoß fegt die Unterlagen vom Tisch und sortiert nach seinen Vorstellungen, ein Gast schüttet seinem Nachbarn ein Glas Orangensaft über die Hose und vieles mehr. Man kann an diesen Beispielen, die gar nicht so weit hergeholt sind, gut erkennen, wie wichtig es ist, einige Minuten mehr in der Zeitplanung zu berücksichtigen.

Zeitpuffer einplanen

Checkliste Vorbereitung

- Anlass der Präsentation
- Formulierung des vorrangigen Zieles
- Formulierung von Unterzielen
- Art der Veranstaltung: Verkaufsgespräch, Tagung, abteilungsbezogen, unternehmensbezogen
- Teilnehmer/Zuhörer
- Dauer der Präsentation
- Finden eine oder mehrere Präsentationen statt?
- technische Ausstattung
- Formulierung des Themas
- Sammlung von Informationen
- Auswählen, Sortieren und Gewichten der Informationen
- Argumentationsaufbau
- Erstellen von Visualisierungen
- Medieneinsatz
- Formulierung Eingangs- und Schlusssatz
- Erstellung des Manuskripts
- Sprechprobe
- Vorbereitung für anschließende Frage- und Diskussionsrunde
- unangenehme Fragen überlegen und Antworten dazu ausarbeiten
- Überprüfung der Räumlichkeit vor dem Start

3.3.4 Durchführung einer Präsentation

3.3.4.1 Eröffnung der Präsentation (Outfit, Ambiente, Aktualität)

Auch bei der Präsentation zählt der erste Eindruck. Bereits nach 30 Sekunden entscheiden die Zuhörer, ob sie den Präsentierenden für kompetent halten. Fällt er/sie hier durch, muss viel Mühe aufgewendet werden, das später wieder wettzumachen – wenn es überhaupt noch gelingt. Die Einleitung ist also einer der wichtigsten Teile der Präsentation. Das Publikum ist neugierig und möchte wissen, wer spricht und worum es im Einzelnen geht.

Wie sollte der Beginn einer Präsentation ablaufen?

Durch Blickkontakte fühlen sich die Zuhörer bereits angesprochen. Bringt man das Publikum in den ersten Sekunden zum Lächeln oder zum Lachen, hat man schon viel gewonnen. Der Funke springt über. Referenten, die von Anfang an überzeugen, werden seltener mit kritischen Fragen konfrontiert. Ein unsicher wirkender Vortragender wird sich immer wieder verteidigen müssen.

In der Eröffnung sollte gleich Organisatorisches geklärt werden, z. B. bei längeren Präsentationen die Pausen oder die Möglichkeit zur Einnahme eines Imbisses. Auch sollte dem Publikum die Dauer der Präsentation genannt werden.

Wie kann der Präsentierende die Aufmerksamkeit seiner Zuhörerschaft erregen? Er kann eine rhetorische Frage stellen, die er selbst sofort beantwortet. Auch kann man einen ungewohnten Bezug zum Thema herstellen. Man kann Neugierde wecken, auf Gemeinsamkeiten hinweisen, eine Anekdote oder ein Zitat verwenden oder eine ungewöhnliche Frage ans Publikum stellen.

> **Beispiel**

	Die Einleitung einer Präsentation könnte man zusammengefasst wie folgt gliedern:
Begrüßung	Meine sehr verehrten Damen und Herren, (... und dann zum Beispiel: was sagen Sie zu diesem prachtvollen Sommertag? Dazu passend kann ich Ihnen heute hervorragende Ergebnisse präsentieren. ...) Der Referent stellt sich danach kurz selbst vor, es sei denn, er ist bekannt oder dies ist bereits vom Veranstalter geschehen.
Einführung	Aktuelles Ereignis, Zitat, interessante Aussage, ungewöhnliche Fragestellung usw.
Thema	Umreißen des Themas, Erläuterung der Bedeutung, Definition, persönlicher Bezug des Referenten
Orientierung	Inhaltsübersicht, Zeitplan, Diskussionsablauf

3.3.4.2 Hauptteil der Präsentation

> *Es ist zu empfehlen, den Hauptteil mit der Grobgliederung der Präsentation zu beginnen, da der Zuhörer damit einen Überblick über die Struktur und die zeitlichen Abläufe bekommt.*

Welches Verhalten des Präsentierenden ist empfehlenswert?

Der Präsentator sollte seine Stimme gezielt einsetzen und kurze und verständliche Sätze bilden. Bei wichtigen Aussagen sind Pausen angebracht, um dem Zuhörer das Nachdenken zu ermöglichen. Der Blickkontakt zu den Teilnehmern zeigt, ob sie noch bei der Sache sind. Die Verwendung von Medien soll nicht künstlich wirken, sondern unterstreichen oder als Zusammenfassung dienen.

Vergleiche oder das Herstellen von Ähnlichkeiten verstärken Argumente. Wichtige Formulierungen sollte man wiederholen, um sie im Gedächtnis der Zuhörer einzuprägen – nicht unbedingt wörtlich, sondern sprachlich abgewandelt. Auch Abwechslung ist wichtig, was man mit den zur Verfügung stehenden Hilfsmitteln leicht erreichen kann. Es darf nur nicht gekünstelt wirken.

> *Unterhalten sich Teilnehmer in störender Weise, sollte man versuchen, sie durch Blickkontakt zurückzugewinnen.*

Wie geht man mit störenden Teilnehmern um?

Sollte ein Teilnehmer versuchen, den Vortragenden mit Killerphrasen aus dem Konzept zu bringen (z. B. „Das wissen wir doch alle, dass das so nicht machbar ist"), so kann man auf ein persönliches Gespräch in der Pause verweisen. Da es sich um keinen sachlichen Beitrag handelt, sollte man nicht direkt darauf eingehen. Entwickelt sich allmählich Unruhe oder verlassen sogar Teilnehmer den Raum, ist das Vorziehen einer Pause angebracht („Ich glaube, wir sollten jetzt einmal 5 Minuten Pause machen").

Sollte eine technische Panne auftreten, spricht man sie kurz an, behebt den Schaden und fährt in der Präsentation fort. Allerdings sollte man für diese Fälle die entsprechenden Ersatzteile bereithalten, z. B. Glühbirnen oder Ersatzrollen für den Tageslichtprojektor.

3.3.4.3 Abschluss (Zusammenfassung/Feed-back)
Der Abschluss der Präsentation, die letzten Aussagen wirken stärker auf den Zuhörer als die vorhergehenden Ausführungen. Der Vortragende spricht noch einmal die wesentlichen Inhalte an und richtet einen Appell an seine Zuhörer, wodurch er sogar Entscheidungen herbeiführen kann.

Als krönender Abschluss einer Präsentation ist es zu sehen, wenn gemeinsam mit dem Publikum eine Liste zukünftiger Aktivitäten aufgestellt wird.

Das Ende der Präsentation muss deutlich erkennbar sein, da es möglicherweise zur Diskussion überleitet. Der Schlusssatz sollte mit ähnlichen Stilmitteln arbeiten wie die Eröffnung. Er bleibt länger als alles Übrige im Gedächtnis der Zuhörer haften. Ein gekonnter Abschluss zeigt noch einmal die gesamte Persönlichkeit des Präsentierenden und seine Kompetenz als Fachmann/-frau.

Für die gezielte **Nachbereitung** kann man mittels Fragebogen eine Fremdeinschätzung (Teilnehmer-Feedback) ermitteln. Diese muss man kritisch lesen und damit rechnen, dass Teilnehmer nicht ehrlich sind oder absichtlich Unsinn ankreuzen. Die Befragung sollte in zeitlicher Nähe zur Präsentation durchgeführt werden, um das Geschehene noch „frisch" erfassen zu können. Ein Fragebogen sollte immer individuell passend zur jeweiligen Präsentation gestaltet werden (gezielte Rückmeldung), aber im Wesentlichen fragt man stets nach dem Aufbau, den Beispielen, den Medien, der Verständlichkeit und der Leitung der Diskussion. Am Ende eines Fragebogens muss sich der Ausfüllende darüber äußern können (Ich-Botschaften), welchen Nutzen ihm die Veranstaltung gebracht und ob diese seinen Erwartungen entsprochen hat. Zu den „Güte"-Kriterien eines Feed-backs gehört ein verständlicher logischer Aufbau des Fragebogens, umfassende Fragen zu den Inhalten der Präsentation und auch zu deren Aufbau (Rhetorik, Visualisierung, Medieneinsatz, Abschlussdiskussion…).

3.3.5 Nachbereitung einer Präsentation
Die aus einer Präsentation gewonnenen Erfahrungen können für die berufliche und persönliche Entwicklung verwertet werden. Sollten die Zuhörer eher zurückhaltend oder sogar abgeschreckt reagiert haben, ergeben sich möglicherweise Konsequenzen in der Sache, zu der die Präsentation stattfand (Reaktionen und Wünsche der Teilnehmer – siehe Teilnehmer-Feed-back in Kapitel 3.3.4.3). Sofern die Präsentation ein weiteres Mal vor einem anderen Kreis vorgetragen werden soll, muss daran dringend etwas verbessert werden. Beispielsweise bei einer Präsentation vor Kunden muss es beim nächsten Mal natürlich besser laufen. Jede Präsentation bringt einen Gewinn an Souveränität. Es stellt sich nicht nur Übungseffekt ein, sondern jedes Mal erfährt man etwas über sich selbst, seine Wirkung auf andere Menschen, die eigenen Reaktionen in unvorhergesehenen Situationen und Schwächen in der Reaktion auf unsachliche Fragen. Für die Selbsteinschätzung bietet sich eine Checkliste an. Man kann sich noch einmal bewusst machen, ob alles gut abgelaufen ist, ob man unsicher war und wo die Zuhörer positiv reagiert haben. Auch hier kann man sich aus eigener Erfahrung mehrere Kriterien zusammenstellen.

Als Ergänzung der Teilnehmerunterlagen kann ein Protokoll (Ergebnisse, neue Ziele, Maßnahmen, Termine, Teilnehmerliste) oder etwas Zusammenfassendes (Grafik) angefertigt und den Zuhörern zur Verfügung gestellt werden.

Was spricht für die Bedeutung des Abschlusses einer Präsentation?

Worauf ist bei der Gestaltung eines Fragebogens zu achten?

Wozu dient die Nachbereitung?

sach- und inhaltsbezogen

kommunikationsbezogen

Aufgaben zu Abschnitt 3.3

1. Beschreiben Sie die Gliederung einer Präsentation.
2. Erläutern Sie, warum man bei einer Präsentation unterschiedliche Medien und eventuell Hilfsmittel (z. B. Modelle) einsetzen sollte.
3. Gestalten Sie ein maßstabsgerechtes Kreisdiagramm aus folgenden Angaben:
   Ausfälle von Maschine A in Stunden: 600
   Ausfälle von Maschine B in Stunden: 300
   Ausfälle von Maschine C in Stunden: 150
   Ausfälle von Maschine D in Stunden: 75
   Ausfälle von Maschine E in Stunden: 75
4. Nennen Sie drei Bestandteile der Eröffnung einer Präsentation.
5. Beschreiben Sie den Einsatz und die Wirkung von Farben bei Präsentationen *(dies wird im Abschnitt 3.3 nur knapp behandelt, die Lösung dieser Aufträge trägt Details nach)*.
6. Eine Präsentation vor Kunden dient meist dazu, ein Produkt verkaufen zu wollen. Dazu muss man die Motive des Gegenübers kennen. Beschreiben Sie Primärmotive (gefühlsbetonte Motive) und Sekundärmotive (vernunftbetonte Motive) des Kunden *(auch dies ist eine Ergänzung des Stoffes)*.
7. Erläutern Sie, wie Sie eine Diskussion am Ende einer Präsentation gestalten.
8. Begründen Sie, warum man Einwände als Referent bei einer Präsentation begrüßen sollte.
9. Beschreiben Sie zwei Möglichkeiten, wie Sie darauf reagieren können, wenn sich Teilnehmer an einer Präsentation miteinander unterhalten.
10. Nennen Sie drei Vorteile, wenn Sie bei der Präsentation mit Folien Farben verwenden.
11. Nennen Sie drei Inhalte, die in einem Teilnehmer-Feed-back abgefragt werden sollten („Güte-Kriterien").
12. Nennen Sie die Phasen bei der Anwendung der Synektik-Methode *(stoffliche Erweiterung des Abschnittes)*.
13. Erläutern Sie die Aufgaben eines Moderators.

Lösungsvorschläge

L1: Begrüßung mit allgemeinem Einstieg, persönliche Einleitung mit Bezug auf den Referenten, sachliche Einleitung mit Bezug auf das Thema, Hauptteil mit eigentlicher Präsentation und Argumentation, Abschluss mit Lösungen und Handlungsaufforderung oder Diskussion.

L2: Durch den Wechsel der Medien bleibt der Zuhörer aufmerksam und kann sich auch über einen längeren Zeitraum konzentrieren. Das Interesse bleibt geweckt und die Aufnahmebereitschaft für Informationen.

L3: Zur Berechnung bieten sich mehrere Möglichkeiten an. Man kann z.B. die Gesamtstundenzahl als 100% ansetzen oder mit 360 Grad (wenn als Hilfsmittel ein entsprechendes Werkzeug zur Verfügung steht).

600 Std.   50%   180°
300 Std.   25%   90°
150 Std.   12,5%   45°
75 Std.   6,25%   22,5°

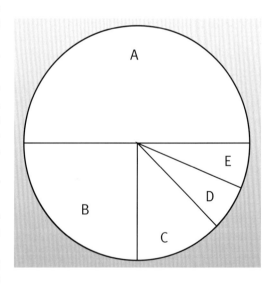

L4: Vorstellung des Referenten, Bekanntgabe bzw. Erläuterung des Themas, Hinweis auf das Ziel der Präsentation, Informationen über den Zeitplan mit Pausen und voraussichtlichem Ende.

L5: Farben unterstützen die Präsentation visuell. Wichtiges kann hervorgehoben und Zusammenhänge verdeutlicht werden. Unterstützt werden die Auffälligkeit, die Lesbarkeit, die Klarheit und die Merkfähigkeit. Farben werden nach gängiger Lehrmeinung mit folgenden Eigenschaften verbunden:
Gelb: Kommunikativ, kreativ, Bewegung, leicht
Orange: Gesellig, Partizipation, Macht und Wissen
Rot: Leidenschaft, aktivierend, Spannung, dynamisch, belebend
Blau: Konzentration, seriös, Wahrheit, kalt
Grün: Gleichgewicht, neutral, beruhigend, Sicherung
Weiß: Schlichtheit, Klarheit, neu
Farben sollen immer verdeutlichen und nicht als Ausschüttung dienen.

L6:
Primärmotive: Wunsch nach Bequemlichkeit, Neugierde, Spieltrieb, Streben nach Geltung (Prestige, Stellung, Anerkennung, Beliebtheit), Freude bereiten
Sekundärmotive: Zeitersparnis, Zweckmäßigkeit, Streben nach Sicherheit und Gesundheit
Ein guter Verkäufer wird immer versuchen, die gefühlsbetonten Motive des Kunden anzusprechen.

L7: Der Referent formuliert noch einmal das Ziel für zukünftiges Handeln unter Angabe der Gründe. Anschließend haben die Zuhörer Gelegenheit, Fragen zu stellen, zu diskutieren und Unstimmigkeiten aufzudecken. Die vorgebrachten Ideen und Argumente werden auf einem Flipchart, einer Pinnwand oder auch auf Folie festgehalten. Kristallisiert sich eine eindeutige Lösung heraus, kann sofort eine Entscheidung herbeigeführt werden. Ist dies nicht der Fall, muss das weitere Vorgehen geklärt und eventuell ein neues Treffen vereinbart werden.

L8: Einwände kann man für die nachfolgende Diskussion festhalten. Sie sind auch Grundlage für eine Gesprächsführung, damit die Teilnehmer eingebunden werden. Man erkennt so die Hemmnisse bei den Zuhörern.

L9: Der Referent hört auf zu sprechen, bis es die Teilnehmer bemerken und sich ihm wieder zuwenden. Der Referent spricht die Teilnehmer an und bittet sie um Aufmerksamkeit. Der Referent wendet sich mit einer Frage direkt an die Teilnehmer, um die Aufmerksamkeit wiederzugewinnen.

L10: Wichtiges wird hervorgehoben. Die Lesbarkeit wird gesteigert. Farben dienen der Verdeutlichung. Die Zuhörer können sich die farbig betonten Kriterien besser merken.

L11:
- Präsentation bezüglich Ablauf, Gestaltung, Form, Visualisierung usw.
- Inhalt der Präsentation bezüglich Aufbau, fachlicher Richtigkeit, Zielsetzung usw.
- Referent bezüglich Auftreten, Sprache, Verständlichkeit usw.
- Umfeld bezüglich Organisation der Verpflegung in den Pausen, eingesetzter Technik, Lautstärke des Mikrofons usw.

L12:
- Erläuterung des Problems
- Analyse des Problems und Erklärung von Experten
- Festhalten der spontanen Reaktionen
- Schriftliches Festhalten des Problems
- Übereinstimmung des Teams über das Problem
- Suche nach Analogien
- Untersuchung möglicher Lösungen

L13: Leitung der Gruppe, zur Lösungsfindung anregen, alle Gruppenmitglieder beteiligen, erarbeitete Lösungen dokumentieren, in regelmäßigen Abständen Zusammenfassungen machen, Störungen beseitigen usw.

3.4 Erstellen von technischen Unterlagen (Entwürfe, Statistiken, Tabellen, Diagramme)

3.4.1 Technische Unterlagen

3.4.1.1 Berichte, Unterlagen bzw. Dokumentationen
Technische Unterlagen wenden sich mit ihren Informationen an verschiedene Adressaten (technische Kommunikation). Es können dies Kunden, Monteure, Bediener von Maschinen oder Wartungspersonal sein.

Was umfasst die technische Produktdokumentation?

 Die interne technische Produktdokumentation hält alle Informationen fest von der Entwicklung bis zur Entsorgung. Meist wird die Dokumentation gleichzeitig dazu verwendet, rechtlichen Anforderungen zu genügen (Produkthaftung, Umwelthaftung).

Die Gestaltung und der Aufbau der Unterlagen sollten einigen Grundsätzen folgen: Leicht verständlich, sachlich richtig, benutzerfreundlich, übersichtliche und logische Gliederung, praktisches Layout, Verwendung von Bildern, Tabellen und Piktogrammen.

Bedienungsanleitungen/Betriebsanleitungen/Gebrauchsanweisungen

Welche Informationen muss eine Bedienungs-/Betriebsanleitung enthalten?

Ein Maschinenhersteller muss für jede Maschine eine Bedienungsanleitung (Benutzerhandbuch, Dokumentation) erstellen. Diese enthält:
- Beschreibung der Maschine und der Funktionseinheiten (unterstützt durch Fotos und Zeichnungen),
- Anleitung zum Aufstellen und zur Inbetriebnahme,
- Anleitung zur Durchführung der einzelnen Fertigungsschritte,
- Anweisung zur Instandhaltung, Wartung und Pflege,
- Hinweise zur Beseitigung von Betriebsstörungen,

Beispiel: Anrufbeantworter

Wenn Nachrichten eingegangen sind, blinkt das Nachrichtenlämpchen. Die Tasten haben folgende Funktionen:

Abb. 3.31: Bedienungszeichnung Anrufbeantworter

- Abspielen – Spielt die Nachrichten ab, wobei die neuesten Nachrichten zuerst abgespielt werden. Durch Drücken der Taste Abspielen während des Abspielens einer Nachricht wird diese unterbrochen; zum Fortfahren drücken Sie einfach erneut auf die Taste Abspielen.
- Löschen – Löscht die aktuelle Nachricht; wenn keine Nachrichten abgespielt werden, können Sie alle Nachrichten löschen, indem sie zuerst Löschen und anschließend die Eingabe-Taste drücken.
- Wiedergabe – Gibt die aktuelle Nachricht wieder.
- Überspringen – Überspringt die aktuelle Nachricht und spielt die nächste ab.

Montageanleitungen
Neben den erforderlichen Zeichnungen muss eine Montageanleitung alle Anweisungen zur Durchführung der Montage enthalten. Dies reicht von der Reihenfolge des Zusammenbaus über erforderliche Hilfsmittel und Werkzeuge, eventuell Mess- und Prüfmittel bis zu Vorgabezeiten.

Wartungsanleitungen
Durch regelmäßige und sachgemäße Wartung soll der ordnungsgemäße Zustand einer Maschine erhalten werden. Dazu ist ein Zeitplan für die Teile der Maschine aufzustellen (z.B. nach 100, 500 oder 1.000 Betriebsstunden). Zur Wartung gehören Reinigen, Schmieren und Nachjustieren. Für das Nachstellen muss gemessen und geprüft werden. Die Abweichung wird anschließend beseitigt.

Reparaturanleitungen
Mögliche Fehler werden beschrieben und genaue Hinweise zur Behebung bzw. Reparatur gegeben. Ziel ist die Herstellung des Soll-Zustandes.

Beispiel: Fehlermeldungen und Problemlösung bei einem Fax		
Meldung am Display	Bedeutung	Lösung
Tintendüse fehlerhaft	Tintendüsen sind verstopft	Reinigen Sie die Druckerpatrone.
Sendefehler	Beim Senden eines Faxes ist ein Fehler aufgetreten.	Senden Sie es noch einmal, versuchen Sie es mit ECM oder verwenden Sie eine geringere Auflösung.
Dokument prüfen	Problem mit dem Dokument in der automatischen Dokumentenzufuhr.	Ziehen Sie das Dokument heraus und legen Sie es noch einmal ein.
ANS zu kurz	Die Ansage muss mindestens 2 Sekunden lang sein.	Zeichnen Sie eine längere Nachricht auf.
Kein Fax	Der Anrufer hat im FAX-Modus aufgehängt, ohne ein Fax zu senden.	Kein Problem.
usw.	usw.	usw.

Eine strenge Trennung von Bedienungs-, Montage-, Wartungs- und Reparaturanleitungen ist nicht sinnvoll. Ein sachgerechter Betrieb von Maschinen und Anlagen setzt Wartung und Instandhaltung voraus. Die Montage kommt noch vor der Inbetriebnahme und der Maschinenbediener muss auch kleine Reparaturen selbst durchführen können.

3.4.1.2 Verschiedene Arten der Stücklisten und deren Einsatzgebiete
Eine Stückliste beinhaltet alle Rohstoffe, Baugruppen und Teile, die für ein Erzeugnis benötigt werden. Es kann sowohl die Menge (Quantität) als auch die Qualität der Materialien herausgelesen werden. Eine Gesamtstückliste enthält alle notwendigen Stoffe und Teile. Sie wird nach Bedarf aufgegliedert z.B. in eine Einkaufsstückliste, die nur die fremd zu beschaffenden Teile aufführt, eine Konstruktionsstückliste (enthält technische Daten, ist meist eine Struktur- oder Baukastenstückliste) oder eine Bereitstellungsstückliste, die dem Lageristen

angibt, welche Materialien er aus dem Lager holen und bereitstellen muss. Man findet auch den Begriff Dispositionsstückliste für die Aufteilung in Eigenfertigung und Fremdbezug. Im Allgemeinen unterscheidet man

- Mengenstücklisten,
- Strukturlisten,
- Baukastenlisten und
- Variantenstücklisten, denen die oben genannten Stücklisten zugeordnet werden. Praktische Beispiele folgen in Abschnitt 3.4.1.3.

Mengenstücklisten

<small>Was geben die Stücklisten im Einzelnen an?</small>

Sie geben die Mengen der Teile (T) an, die für Produkte (E = Erzeugnis) oder Baugruppen (G) gebraucht werden. Eine Reihenfolge oder Gruppierung ist nicht angegeben. Multipliziert man die Zahl der fertigen Erzeugnisse mit den einzelnen Teilen, erhält man den Sekundärbedarf.

Strukturstücklisten

Ihre Gliederung folgt fertigungstechnischen Merkmalen. Man kann bei mehrstufiger Fertigung daraus entnehmen, welche Teile zu welchem Zeitpunkt / auf welcher Stufe verwendet werden. Gleiche Teile können selbstverständlich auch auf mehreren Fertigungsstufen verarbeitet werden.

Baukastenstücklisten

Diese Stücklisten erfassen Zwischenerzeugnisse bzw. Baugruppen, die nur bis zur nächsten Stufe dargestellt werden. Erst bei Vorliegen aller Baukastenstücklisten kann man das fertige Erzeugnis erkennen.

Variantenstücklisten

Wird bei der Grundausführung eines Erzeugnisses etwas verändert bzw. hinzugefügt, spricht man von Varianten. In einer Stückliste können mehrere Produkte, die nur wenige Unterschiede aufweisen, gleichzeitig erfasst werden.

Teileverwendungsnachweise

Hier liegt die Umkehrung der Stückliste vor. Ein Teileverwendungsnachweis gibt an, welche Teile und Baugruppen in welches Erzeugnis eingebaut werden.

Analytische und synthetische Bedarfsauflösung

<small>Wie unterscheiden sich Stückliste und Teileverwendungsnachweis?</small>

Stücklisten zerlegen die Produkte analytisch. Sie zeigen, aus welchen Teilen oder Baugruppen sich Erzeugnisse zusammensetzen. Teileverwendungsnachweise zeigen eine synthetische Gliederung, da sie aussagen, in welchen Produkten die Teile oder Baugruppen zu finden sind.

3.4.1.3 Erstellung von Stücklisten für einfache Baugruppen

Mengenstückliste

Aus einer Erzeugnisstruktur liest man die Mengen ab und erfasst sie in einer Mengenstückliste, die meist als Tabelle gestaltet ist. Die Zahlen links von der Erzeugnisstruktur geben die Fertigungsebenen an.

Beispiel: einfache Mengenstückliste

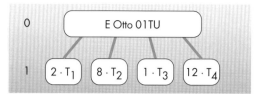

Abb. 3.32: Einfache Verwendungsstruktur

Erzeugnis E Otto 01TU

Bezeichnung	Menge
T_1	2
T_2	8
T_3	1
T_4	12

Beispiel: etwas aufwändigere Mengenstückliste

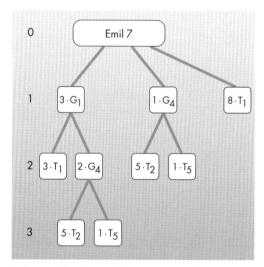

Abb. 3.33: Komplexere Verwendungsstruktur

Baugruppen werden nicht erfasst, weil sich diese wieder aus Teilen zusammensetzen.

Erzeugnis Emil 7

Bezeichnung	Menge
T1	17
T2	35
T5	7

Nebenrechnung zur Ermittlung der Menge der Teile:

$T_1 : 3\,T_1 \cdot 3\,G_1 + 8\,T_1 \quad = 17$
$T_2 : 5\,T_2 \cdot 2\,G_4 \cdot 3\,G_1 + 5\,T_2 \cdot 1\,G_4 = 35$
$T_5 : 1\,T_5 \cdot 2\,G_4 \cdot 3\,G_1 + 1\,T_5 \cdot 1\,G_4 = 7$

Soll nun der Sekundärbedarf der Teile berechnet werden, wenn der Primärbedarf für „Emil 7" 15 Stück beträgt, multipliziert man die ermittelte Menge der Teile pro Erzeugnis mit der vom Kunden gewünschten Anzahl.

Bez.	Menge	Primärbedarf 15 Stück	Sekundärbedarf in Stück
T1	17	15	255
T2	35	15	525
T5	7	15	105

Strukturstückliste

Da eine Strukturstückliste zu erkennen gibt, auf welcher Fertigungsebene welche Teile in welcher Anzahl gebraucht werden, müssen die Ebenen dargestellt werden. Man findet hier die Angabe der Ebenennummern oder/und das Arbeiten mit Einrücken nach Zahl der Ebene.

Beispiel: Erstellung einer Strukturstückliste

Diese erfolgt aus oben verwendeter Erzeugnisstruktur, siehe noch einmal Abb. 3.32.
Jeder „Ast" wird von links nach rechts komplett abgearbeitet.

Strukturstückliste zu Emil 7

Ebene	Bezeichnung	Menge
1	G_1	3
2	T_1	3
2	G_4	2
3	T_2	5
3	T_5	1
1	G_4	1
2	T_2	5
2	T_5	1
1	T_1	8

Zur Verdeutlichung können die Ebenen auch „eingerückt" geschrieben werden:

Strukturstückliste zu Emil 7

Ebene	Ebene	Ebene	Bezeichnung	Menge
1			G_1	3
	2		T_1	3
	2		G_4	2
		3	T_2	5
		3	T_5	1
1			G_4	1
	2		T_2	5
	2		T_5	1
1			T_1	8

Beispiel: Entwicklung der Erzeugnisstruktur

Diese wird aus einer Strukturstückliste entwickelt.

Strukturstückliste zu Cippo

Ebene	Bezeichnung	Menge
1	T_5	3
1	G_3	2
2	T_3	3
2	G_1	1
3	T_2	5
3	T_4	2
1	T_8	4

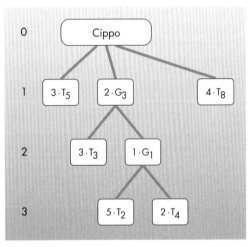

Abb. 3.34: Erzeugnisstruktur

Baukastenstückliste
Die Fertigungsstufen werden einzeln betrachtet. Die einzelnen „Baukästen" sind umrahmt.

Fortführung Beispiel

Die Baukastenstückliste setzt sich in diesem Beispiel aus drei „Baukästen" zusammen, siehe folgende Abb. 3.34.

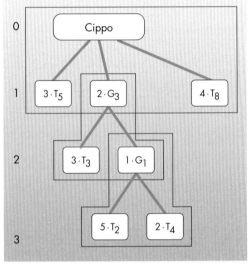

Abb. 3.35: Veranschaulichung der „Baukästen"

Erzeugnis Cippo

Bezeichnung	Menge
T_5	3
G_3	2
T_8	1

Baugruppe G3

Bezeichnung	Menge
T_3	3
G_1	1

Baugruppe G1

Bezeichnung	Menge
T_2	5
T_4	2

Beispiel: Teileverwendungsnachweise

Betrachtet man die Stücklisten für die drei Erzeugnisse „Rom", „Paris" und „Wald", stellt man fest, dass die Teile T_1, T_4, T_5 und T_8 gebraucht werden.

Stücklisten

Produkt Rom		Produkt Paris		Produkt Wald	
Bezeichnung	Menge	Bezeichnung	Menge	Bezeichnung	Menge
T_1	3	T_4	2	T_1	5
T_5	1	T_8	2	T_5	3
T_8	2				

Erstellt man aus den Stücklisten die Teileverwendungsnachweise, kann man wiederum daraus ersehen, für welche Produkte die einzelnen Teile benötigt werden.

Teileverwendungsnachweise

T_1		T_4		T_5		T_8	
Bez.	Menge	Bez.	Menge	Bez.	Menge	Bez.	Menge
Rom	3	Paris	2	Rom	1	Rom	2
Wald	5			Wald	3	Paris	2

3.4.1.4 Tabellenbuch, Normteilkataloge, Normen, berufsspezifische Richtlinien

In zahlreichen Erzeugnissen werden Normteile verwendet. Hersteller geben eigene Normteilkataloge heraus, die als Hilfsmittel für die Konstruktion und die Erstellung von Stücklisten eingesetzt werden können. Auf Grund von Normen ist es heute möglich, Bauteile von Lieferanten weltweit zu beziehen. Umgekehrt können selbstverständlich auch Produkte auf internationaler Ebene vertrieben werden. Normung garantiert gleich bleibende Qualität und Sicherheitsstandards und unproblematischen Austausch von Teilen. Außerdem können Fertigungslinien rationeller gestaltet werden. Berufsspezifische Richtlinien sind zusätzlich zu beachten.

Welche Vorteile bietet die Normung?

Eine große Fülle hilfreicher Informationen findet man in den so genannten Tabellenbüchern u.a. zu folgenden Themen:
- Bemaßungsregeln,
- Toleranzen und Passungen,
- Symbole für gefährliche Arbeitsstoffe,
- Werkstoffprüfung,
- Gewinde,
- Wälzlager,
- Zahnräder,
- Schleifen, Honen,
- Schaltpläne,
- Fluidik-Berechnungen.

3.4.2 Entwürfe

3.4.2.1 Teilzeichnungen bzw. Entwürfe im Hinblick auf die fertigungs- und vermaßungstechnische Herstellbarkeit

Welche Normen liegen technischen Zeichnungen zu Grunde?

Technische Zeichnungen werden nach festgelegten Normen erstellt und sind deshalb für Mitarbeiter in der Konstruktion, Fertigung oder Montage und für Kunden und Lieferanten allgemein verständlich. Die ehemals nationale Normung, in Deutschland DIN, befindet sich zurzeit in einem sich beschleunigenden Prozess der Internationalisierung. So findet man zu einem großen Teil bereits europäische Normen (EN) oder internationale Normen (ISO).

In den Tabellenbüchern und im Standardwerk „Hoischen" über Technisches Zeichnen finden sich zahlreiche Erläuterungen bezüglich der technischen Kommunikation, u. a. geometrische Grundkonstruktionen, Beschriftungsregeln, Normzahlen, Maßstäbe, Linienarten, Projektionsmethoden, Darstellungen in Zeichnungen, Systeme der Maßeintragung und vieles mehr. Da die Erläuterung der genannten Punkte an dieser Stelle zu weit führen würde, wird die Benutzung dieser weiterführenden Literatur empfohlen.

Bevor eine Zeichnung angefertigt wird, erstellt man meist eine Skizze. In vielen Fällen ist eine Zeichnung nicht ausreichend, da es sich um komplexe Produkte oder Maschinen handelt. Nach DIN unterscheidet man bei Zeichnungen folgende Begriffe:

Welche wesentlichen Zeichnungsarten werden nach DIN unterschieden?

- Skizze: Meist nicht maßstäblich, in der Hauptsache freihändig erstellt.
- Technische Skizze: Enthält alle für technische Zwecke erforderlichen Angaben.
- Entwurf: Endgültige Ausführung steht noch nicht fest.
- Einzelteilzeichnung: Technische Zeichnung eines Teils, das nicht weiter zerlegt werden kann; die Zuordnung zu anderen Teilen wird nicht gezeigt.
- Gruppenzeichnung: Räumliche Lage und Form der zu einer Gruppe gehörenden Teile werden maßstäblich in einer technischen Zeichnung dargestellt.
- Hauptzeichnung: Technische Zeichnung eines Erzeugnisses in seiner obersten Strukturstufe
- Konstruktionszeichnung: Technische Zeichnung eines Teils im geplanten Endzustand

3.4.2.2 Skizzieren von Einzelteilen aus Gesamtzeichnungen

Welche Maßstäbe werden benutzt?

In einem Tabellenbuch sind z. B. Verkleinerungsmaßstäbe und Vergrößerungsmaßstäbe zu finden. Einzelteile werden häufig vergrößert aus einer Zeichnung entnommen, um Details besser erkennen zu können.

Verkleinerungsmaßstäbe				Vergrößerungsmaßstäbe		
1 : 2	1 : 20	1 : 200	1 : 2.000	2 : 1	5 : 1	10 : 1
1 : 5	1 : 50	1 : 500	1 : 5.000	20 : 1	50 : 1	
1 : 10	1 : 100	1 : 1.000	1 : 10.000			

Einzelteile werden auch in verschiedenen Ansichten dargestellt.

Maximal sind sechs Möglichkeiten gegeben, nämlich zwei Seitenansichten, Vorder- und Rückansicht, Draufsicht und Untersicht, benutzt werden so viele, wie notwendig sind, um den Gegenstand eindeutig zu erkennen.

Welche Teileansichten sind möglich?

Nach Umfang und Lage des Schnittes unterscheidet man **Vollschnitt** (Zeichnung der hinteren Hälfte, die vordere Werkstückhälfte denkt man sich herausgeschnitten), **Halbschnitt** (ein Viertel des Werkstückes denkt man sich herausgeschnitten) und **Teilschnitt** (man sieht nur einen Teil des Werkstückes).

Welche Schnittarten gibt es?

Bei den Systemen der Maßeintragung spricht man von funktionsbezogener, fertigungsbezogener und prüfbezogener Maßeintragung (siehe Abschnitt 3.4.2.3). Auch Maßlinien, Maßhilfslinien, Maßzahlen und Hinweislinien werden im Tabellenbuch bzw. im „Hoischen" beschrieben.

Mithilfe von EDV-Programmen ist es inzwischen relativ leicht, Zeichnungen anzufertigen. Die Software wird unter dem Begriff CAD (computer aided design = Computer unterstütztes Zeichnen) zusammengefasst.

Was ist CAD?

3.4.2.3 Fertigungs- und funktionsgerechtes Skizzieren von Einzelteilen
Werkzeuge, Vorrichtungen, Hilfsmittel und Ersatzteile sollen funktionsgerecht und fertigungsgerecht skizziert werden.
- Funktionsgerecht: Maßauswahl, Maßeintragung und Tolerierung der Maße geschehen im Hinblick auf das Zusammenwirken des Werkstückes mit anderen Bauteilen. Fertigungs- und Prüfbedingungen werden nicht berücksichtigt.
- Fertigungsgerecht: Die Maße für die Fertigung werden aus den Maßen der funktionsbezogenen Maßeintragung berechnet. Das anzuwendende Fertigungsverfahren wird berücksichtigt.

Wie unterscheiden sich funktions- und fertigungsgerechte Darstellung?

Auch hier sei wieder auf ein Tabellenbuch oder den „Hoischen" verwiesen.

3.4.2.4 Perspektivische Entwürfe
Man unterscheidet u. a.
- Isometrische Projektion,
- Dimetrische Projektion,
- Kavalier-Projektion,
- Kabinett-Projektion.

Die Kenntnis dieser Projektionen wird hier im Wesentlichen aus dem Fach Technisches Zeichnen oder Technische Kommunikation der Berufsausbildung vorausgesetzt, aber in den Aufgaben sind Übungs- und Wiederholungsmöglichkeiten zu finden.

3.4.3 Statistiken und Tabellen

3.4.3.1 Anwendungsgebiete der Statistiken und Tabellen
Die **Statistik** befasst sich mit der zahlenmäßigen Erfassung von Vorgängen, z. B. Entwicklung von Gewinn und Umsatz in den letzten fünf Jahren, Häufigkeit des Auftretens bestimmter Fehler in der Produktion, Krankheitstage der Mitarbeiter von Januar bis Dezember oder – um auch ein Beispiel aus dem Alltag aufzugreifen – die Häufigkeit von Lottozahlen.

Womit befasst sich Statistik?

Welche beiden Arten der Statistik werden unterschieden?

- Die **beschreibende Statistik** stellt auf Grund erfasster Daten Vorgänge und Zustände dar. Dazu können Tabellen, Grafiken, Verhältniszahlen, Streuungsmaße usw. verwendet werden (mit denen z. B. Rabattstaffeln, Umsätze der Außendienstmitarbeiter, Zinsentwicklung, Stückzahlen in der Produktion, Ausschussquoten usw. angegeben werden).
- Die **analytische Statistik** schließt auf der Basis aufgezeichneter Daten auf allgemeine Gesetzmäßigkeiten. Hier liegt die Wahrscheinlichkeitsrechnung zu Grunde. Man schließt z. B. aus den Ergebnissen einer repräsentativen Stichprobe auf die gesamte Menge (= Grundgesamtheit). Beispiele für eine praktische Anwendung sind die Qualitätskontrolle, Hochrechnungen bei Wahlen oder Ernteausfälle nach einem heißen Sommer.

Dem Thema Statistik ist ein eigenes (Teil-)Kapitel gewidmet. In Abschnitt 5.4 dreht es sich um die „Anwendung von statistischen Verfahren und Durchführen von einfachen statistischen Berechnungen sowie ihre grafische Darstellung".

Welche beiden grundsätzlichen Arten von Tabellen gibt es?

Tabellen

In Tabellen werden Werte in ein dafür passend gestaltetes Schema eingetragen. Tabellen müssen keine Zahlen enthalten, sondern auch nicht-quantitative Informationen können übersichtlich in Tabellen dargestellt werden. Beispiele hierzu finden sich zur Genüge in einem Tabellenbuch. In der Statistik betrachtet man aber naturgemäß Tabellen mit Zahleninformationen.

Beispiel für eine Tabelle ohne Zahlen (aus dem Bereich der Kunststoffe)

Kennbuchstaben für besondere Eigenschaften

Zeichen	Besondere Eigenschaften
C	Chloriert
D	Dichte
E	Verschäumt
usw.	usw.

Beispiel für eine Tabelle mit Zahlenwerten (aus dem Bereich der Normteile)

Zylindrische Schrauben-Druckfedern

d	D_m	D_d max.	D_h min.	F_n in N
	2,5	2,0	3,1	1,00
0,2	2	1,5	2,6	1,24
	1,6	1,1	2,1	1,50
	6,3	5,3	7,5	6,6
0,5	4	3,1	5,0	9,3
	2,5	1,7	3,4	10,4
usw.	usw.	usw.	usw.	usw.

Tabellen werden zwar dem jeweiligen Inhalt angepasst, es gibt aber ein allgemeines Grundschema, in dem alle Elemente enthalten sind, wie z. B. Vorspalte, Kopf, Zeilen und Spalten, siehe Beispiel in Abb. 3.36.

Überschrift

Kopf zur Vorspalte / Vorspalte zum Kopf		Tabellenkopf		
		1	2	2
Vorspalte	1	Tabellenfeld		
	2			
	3			→ Zeile
	...		↓ Spalte	

Welche Gestaltungselemente können bei Tabellen verwendet werden?

Abb. 3.36: Grundsätzlicher Tabellenaufbau

3.4.3.2 Erstellung Technischer Tabellen und Statistiken

Da in jedem Tabellenbuch Beispiele für jede Art von Tabellen zu finden sind, soll hier nur ein kurzer Überblick mit einigen Beispielen erfolgen und noch einmal auf Abschnitt 5.4 verwiesen werden.

Beispiel

Erfasst man Maßabweichungen bei Bauteilen in einer Strichliste, kann diese anschließend grafisch umgesetzt werden. Dabei kann sich eine Normalverteilung ergeben (Gauß'sche Glocke).

Maßabweichung in mm	Strichliste	Häufigkeit
0,01	II	2
0,015	IIII	4
0,02	IIIIII	6
0,025	IIII	4
0,03	II	2

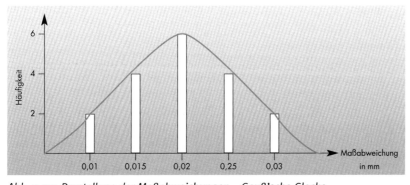

Abb. 3.37: Darstellung der Maßabweichungen – Gauß'sche Glocke

> **Beispiel**
>
> Vier Maschinen sind gleichzeitig im Einsatz. Sie produzieren unterschiedliche Ausschussquoten. Diese sollen in einer Tabelle erfasst und der prozentuale Anteil jeder Maschine bestimmt werden.
>
> | | Ausschuss in Stück | Anteil in % |
> |------------|--------------------|-------------|
> | Maschine A | 5 | 19,23 |
> | Maschine B | 3 | 11,54 |
> | Maschine C | 11 | 42,31 |
> | Maschine D | 7 | 26,92 |
> | Summe | 26 | 100,00 |

3.4.4 Diagramme

3.4.4.1 Diagramme und Nomogramme

 Was zeigen Diagramme?

Diagramme stellen statistisches Zahlenmaterial grafisch dar. Die Anschaulichkeit, Übersichtlichkeit und Einprägsamkeit wird gegenüber den reinen Zahlen deutlich höher.

Das Thema Diagramme ist in Abschnitt 3.3.2.3 mit Beispielen erläutert.

 Was geben Nomogramme an?

Nomogramme stellen funktionale Zusammenhänge (z. B. Formeln) grafisch dar.

Welche beiden Grundformen von Nomogrammen gibt es?

Mehrere veränderliche Größen können hier erfasst werden. Die Lösung einer Aufgabe kann aus der Darstellung abgelesen werden. Man unterscheidet Leitertafeln und Netztafeln.

Leitertafeln
Unbekannte Größen lassen sich mithilfe von Leitertafeln aus zwei oder mehreren bekannten Größen zeichnerisch ermitteln. Leitertafeln (Fluchtlinientafeln) erinnern von der Darstellung her an Leitern. Zum Ablesen des Ergebnisses ist ein Lineal hilfreich.

> **Beispiel: Ermittlung von Volumina von Zylindern**
>
> Auf der „linken Leiter" ist der Durchmesser passend abgestuft in Zentimetern abgetragen. Die „rechte Leiter" zeigt die Höhe in Zentimetern in entsprechender Teilung. Auf der „mittleren Leiter" kann man das Ergebnis in Kubikzentimetern ablesen, wenn man mit einem Lineal die gegebenen Daten auf der linken und der rechten Leiter verbindet.

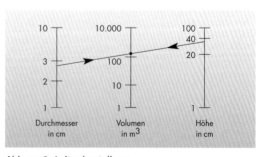

Abb. 3.38: Leiterdarstellung

Netztafeln
Netztafeln sind Schaubilder, die einen Lösungsraum (Netz) zwischen senkrecht aufeinander stehenden Geraden (Koordinatensystem) bilden (spannen).

Beispiel eines Drehzahldiagramms

Man kann für verschiedene Durchmesser von Werkstücken und Schnittgeschwindigkeiten die auf der Maschine einzustellende Drehzahl herauslesen. Der Teilungsmaßstab auf der x- und der y-Achse ist nicht gleichmäßig, sondern eine logarithmische Teilung. Die „Netzlinien" zeigen die Drehzahl an.

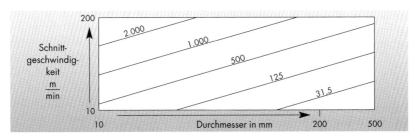

Abb. 3.39: Prinzip einer Netztafel am Beispiel Drehzahl

3.4.4.2 Arten der Diagramme
Nicht jedes Diagramm ist für die Darstellung bestimmter Sachverhalte geeignet. In Abschnitt 3.3.2.3 werden verschiedene Arten von Diagrammen vorgestellt. Hier soll nur ein Beispiel gezeigt werden, wie man es nicht machen sollte.

Gegenbeispiel

Die Stückzahl wurde in den letzten vier Monaten immer mehr gesteigert. Zuerst wurden 200 Stück produziert, dann 600, dann 1.100 und im letzten Monat schließlich 1.700. Die Entwicklung wurde anhand eines Kreisdiagramms visualisiert, siehe Abb. 3.41. Man sieht zwar die Zahlen, die Entwicklung ist jedoch nicht klar erkennbar. In diesem Fall wäre ein Säulen- oder Liniendiagramm besser geeignet, siehe Abb. 3.42.

SO NICHT: SONDERN VERLÄUFE BESSER SO

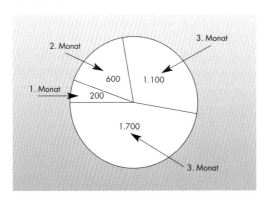 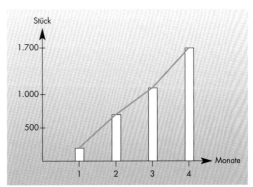

Abb. 3.40: Kreisdiagramm   Abb. 3.41: Säulen-/Liniendiagramm

Aufgaben zu Abschnitt 3.4

1. Erläutern Sie, was man unter „Technischer Dokumentation" versteht.
2. Zeichnen Sie Vorderansicht, Seitenansicht von links und Draufsicht im Maßstab 1:1.

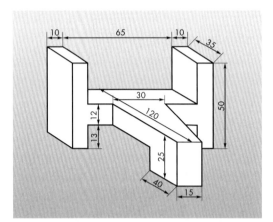

3. Ermitteln Sie mithilfe des folgenden Nomogramms die übertragbare Nennleistung P_{R1}, wenn die Riemengeschwindigkeit $v = 20$ m/s nicht überschritten werden darf und ein Riemen mit Riementype 10 zur Verfügung steht.

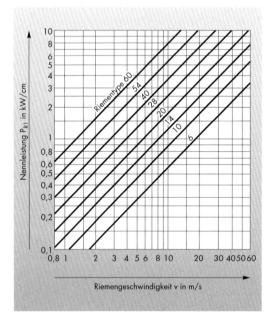

4. Zeichnen Sie den Körper in isometrischer Darstellung. Es sind keine Schrägen vorhanden.

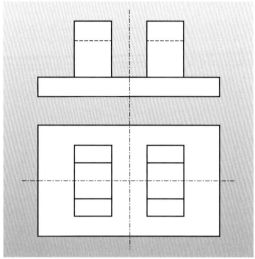

5. Vom Erzeugnis „Holterdifix" werden im nächsten Monat 2.300 Stück als Primärbedarf benötigt. Man rechnet mit einem Zusatzbedarf von 100 Stück. Bei der Produktion selbst fällt kein Zusatzbedarf an. Ermitteln Sie den Nettobedarf für „Holterdifix" und die Teile und Baugruppen, wobei vorhandene Lagerbestände zu berücksichtigen sind. „Holterdifix" weist folgende Erzeugnisstruktur auf:

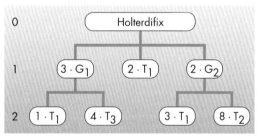

Lagerbestände:

Artikel	Verfügbarer Bestand
Holterdifix	400
G1	2.500
G2	800
T1	18.000
T2	21.500
T3	13.800

6. Zeichnen Sie die Seitenansicht von links.

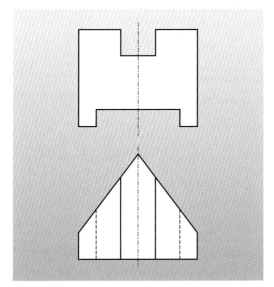

7. Stücklisten enthalten nicht nur die Menge der benötigten Teile für die Baugruppen bzw. Erzeugnisse, sondern noch viele Zusatzangaben, die für den Einkäufer, Monteur oder Meister in der Fertigung wichtig sind. Nennen Sie fünf solcher Zusatzangaben.
8. Geben Sie die Nummer des Bildes an, in dem die Draufsicht des räumlich dargestellten Körpers richtig gezeichnet ist.

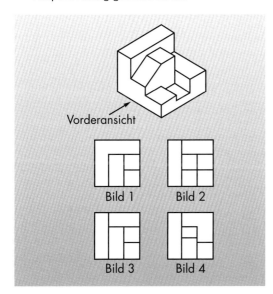

9. Zeichnen Sie die Vorderansicht, Seitenansicht und Draufsicht des dargestellten Körpers.

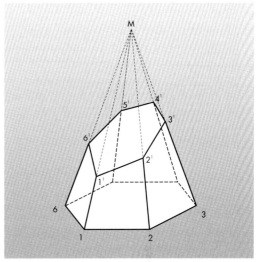

10. Nennen Sie jeweils vier Bestandteile folgender Kapitel von Betriebsanleitungen:
    - Transport und Lagerung
    - Inbetriebnahme und Montage
    - Instandhaltung und Wartung
    - Technische Unterlagen
11. Beschreiben Sie den Aufbau einer Leitertafel.
12. Beschreiben Sie die Darstellung von Schnittflächen in Zeichnungen.
13. Beschreiben Sie, wofür dieses Sinnbild steht.

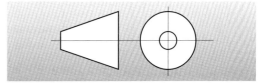

14. Beschreiben Sie drei Anwendungsmögichkeiten für ein Kurvendiagramm.

Hinweis:
In den Meisterprüfungen werden auch noch Kenntnisse zum fertigungs- und normgerechten Zeichnungslesen und teilweise zum Zeichnen verlangt. Dies kann im Rahmen des vorliegenden Buches nicht wiederholt werden, greifen Sie bei Bedarf bitte auf ein entsprechendes Arbeitsbuch zum Thema zurück (Literaturliste).

LÖSUNGSVORSCHLÄGE

L1: Einerseits handelt es sich dabei um die betriebsinterne Dokumentation des Herstellers und andererseits um die betriebsexterne Dokumentation für den Anwender. Betriebsextern bezieht sie sich auf die Nutzung der Produkte und den Vertrieb.
Die technische Dokumentation für die Nutzung des Produktes wird auch als Betriebsanleitung oder Gebrauchsanleitung bezeichnet. Zu den Bestandteilen gehören Herstellerangaben, bestimmungsgemäße Verwendung, Angaben über Transport, Installation und Montage, Hinweise zur Inbetriebnahme, Verwendung, Handhabung und Instandhaltung, umweltgerechte Entsorgung usw.
Die technische Dokumentation für den Vertrieb kann aus Datenblättern, Prospekten, Katalogen oder Produktinformationen bestehen.

L2: Siehe folgende Abbildung:

L3: Der Schnittpunkt von Geschwindigkeit und Riementyp ergibt die Nennleistung
$P_{R1} = 1{,}75$ kW/cm

L4:

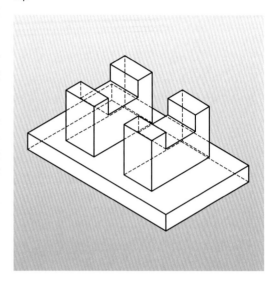

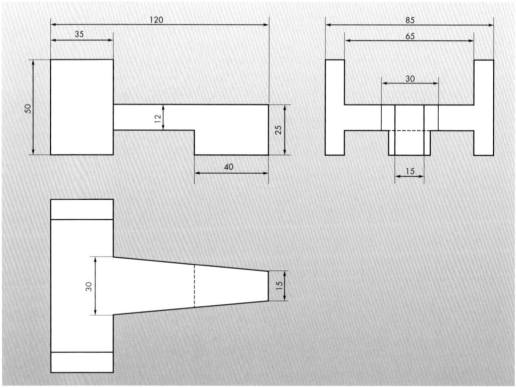

L5:

Artikel	Bruttobedarf	Verfügbarer Lagerbestand	Nettobedarf
Holterdifix	2.400 (2.300 + 100)	400	2.000
G1	6.000 (3 · 2.000)	2.500	3.500
G2	4.000 (2 · 2.000)	800	3.200
T1	17.100	18.000	– 900 (bzw. 0)
T2	25.600 (8 · 3200 G2)	21.500	4100
T3	14.000 (4 · 3500 G1)	13.800	200

Nebenrechnungen zu T1:
(1 · 3500 G1)
+ (2 · 2000 Holterdifix)
+ (3 · 3200 G2) = 17100

L6:

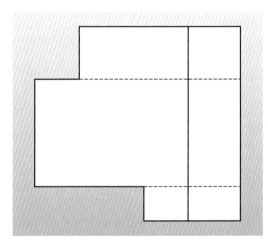

L7:
- Positionsnummer: Kennzeichnung des Teils
- Einheit: z. B. Liter, Kilogramm, Stück
- Benennung: erfolgt häufig nach der Funktion
- Sachnummer/Norm-Kurzbezeichnung: z. B. für Schrauben oder unlegierte Baustähle (z. B. S355JR)
- Bemerkungen: z. B. Angaben über Werkstoff
- Gewicht

L8: Bild Nr. 2 gibt die korrekte Draufsicht wieder.

L9: Siehe die Zeichnungen in der rechts nebenstehenden Spalte, die Seitenansicht = obere Zeichnung, die Vorderansicht und die Draufsicht auf einer Tafel = untere Zeichnung

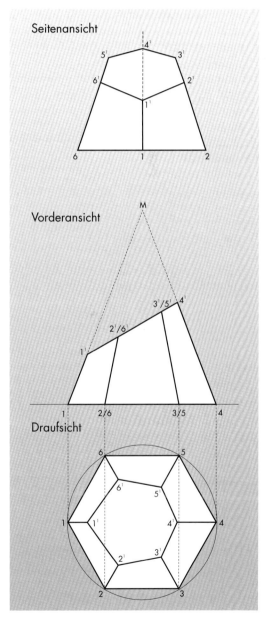

L10:
- Transport und Lagerung: Abmessungen, Gewicht, Schwerpunkt, Befestigungspunkte, Transportmittel, Vermeidung von Transportschäden, Lagerbedingungen
- Inbetriebnahme und Montage: Platzbedarf, Umgebungsbedingungen, Einstellungen, Füllstände, Stabilität, Standfestigkeit, Spannungsprüfung
- Instandhaltung und Wartung: Schaltpläne, Diagramme, Schmiermittel, Servicewerkstätten, Austausch von Verschleißteilen, Funktionsprüfung, Ersatzteilliste
- Technische Unterlagen: Funktionsdiagramme, Kalibrierprotokolle, Aufstellungspläne, Stromlaufpläne, Blockschaltpläne, Verbindungspläne, Anschlusspläne

L11: Es handelt sich um eine Rechentafel mit Geraden, auf denen Werte abgetragen sind, z.B. Umdrehungen pro Minute, Schnittgeschwindigkeit usw. Verbindet man die Geraden mit einem Lineal, kann man in den jeweiligen Schnittpunkten die Ergebnisse ablesen.

L12: Schnittflächen können innerhalb des Bildes in die Zeichenebene geklappt werden und sind in schmalen Volllinien darzustellen.

L13:
Dieses Sinnbild findet man im Schriftfeld von Zeichnungen, wenn nach der Projektionsmethode 1 gezeichnet wird, die in Deutschland und den meisten europäischen Ländern Anwendung findet.

L14:
Ein Kurvendiagramm wird verwendet zur
- Veranschaulichung von Zahlen,
- zur Darstellung von Abhängigkeiten zwischen Größen
- zum Verdeutlichen von Entwicklungsverläufen
- als vergleichende Darstellung.

3.5 Anwenden von Projektmanagementmethoden

3.5.1 Nutzen und Anwendung von Projektmanagement

Ziele des Projektmanagements
Projekte sind gegenüber täglichen Arbeitsaufgaben schwieriger zu steuern. Das Risiko liegt in der Komplexität und in der Vernetztheit der Einflussfaktoren. Häufig müssen auch sich widersprechende Ziele gleichzeitig verfolgt werden, z.B. maximale Qualität mit minimalen Kosten.

 Projektmanagement erfüllt im Rahmen der Zielsetzung die Aufgabe, in jeder Projektphase die durchzuführenden Aufgaben zu planen und die Durchführung zu steuern und zu überwachen.

Im Einzelnen werden im Wesentlichen folgende Zielsetzungen angestrebt:
- Verbesserung der (fachübergreifenden) Projektarbeit durch Synergieeffekte,
- Reduzierung der Projektrisiken durch strukturiertes und systematisches Vorgehen,
- Verbesserung der Arbeitseffektivität durch Transparenz und Koordination,
- Gestaltung überschaubarer Projektaufgaben durch Gliederung und Dezentralisierung,
- Einhaltung der Projektziele in Bezug auf Ergebnis, Termine, Kosten und Qualität,
- störungsfreie Umsetzung der Projektplanung durch Projektsteuerungen und Projektcontrolling.

Mit anderen Worten kann man sagen: die Ziele von Projektmanagement sind die Erkennung des Problems, die Zielorientierung zur Verbesserung und die Transparenz aller Vorgänge und Ursachen.

Grundformen der Projektorganisation
Unter Projektorganisation versteht man zum einen die Strukturierung von Projekten und zum anderen die Gestaltung von Arbeitssystemen zur Durchführung von Projekten.

Man unterscheidet die Projektablauf- und die Projektaufbauorganisation:
- Projektablauforganisation orientiert sich an den Prozessen. Ein Projekt kann folgende Phasen/Prozesse durchlaufen: Auslösung des Projekts, Planung, Gestaltung, Kontrolle, Abschluss, Controlling
- Die Aufbauorganisation beschreibt die Einbindung des Projekts in die Unternehmensstruktur.

Welche beiden Aspekte der Organisation werden bei Projekten unterschieden?

Bezüglich des Projektleiters, der nach wie vor der Unternehmensleitung untersteht, ergeben sich drei Arten von Verantwortlichkeiten hinsichtlich der Einbindung der Projektteammitglieder in die Organisation:

Wie kann der Projektleiter eingebunden werden?

- Reines bzw. autonomes Projektmanagement / totale Projektorganisation / Task Force: Für die Dauer des Projektes wird eine eigene Abteilung aus Mitgliedern verschiedener Unternehmensbereiche geschaffen, die gleichberechtigt neben den anderen Abteilungen steht (Abb. 3.42). Vorteile ergeben sich vor allem durch die eindeutige Projektstruktur. Nachteile können sein: höhere Gemeinkosten, mangelnde Flexibilität und häufig Wiedereingliederungsprobleme für die Mitglieder des Projektteams am Ende des Projekts

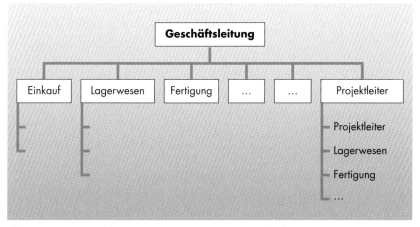

Abb. 3.42: Reines Projektmanagement mit einer eigenen Abteilung

- Matrix-Projektmanagement/begrenzte Projektorganisation: Die Mitglieder des Projektteams werden aus verschiedenen Abteilungen des Unternehmens zusammengefasst, ohne dass sie ihre Linienfunktion aufgeben. Diese Form der Organisation ist problematisch, da sich leicht Konflikte zwischen Projekt- und Linienaufgaben (Anforderungen des Alltagsgeschäfts) und den damit verbundenen Kompetenzabgrenzungen ergeben können. Mögliche Vorteile liegen in einer engen Kooperation von „Projekt und Linie" und damit in einer zu erwartenden höheren Akzeptanz und leichteren Implementierung der Projektergebnisse in das Unternehmen (Abb. 3.43).
- Stabsstellen-Projektmanagement/Einflussprojektmanagement: Dieses Projektmanagement hat gegenüber den beiden genannten Formen nur die Funktion der Entscheidungsvorbereitung und ist selbst keine „feste Instanz". Das Projektteam nutzt Ressourcen der Linienfunktion, besitzt aber keine Weisungsbefugnis. Vorteile liegen in einem flexiblen Personaleinsatz

und einer guten Nutzung der Kapazitäten. Nachteilig ist die fehlende Weisungs- und Entscheidungsbefugnis des Projektstabes (Abb. 3.44).

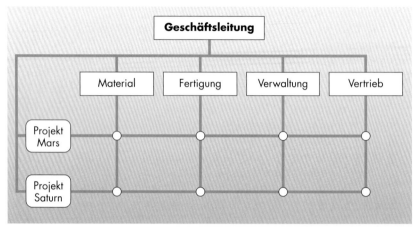

Abb. 3.43: Matrix-Projektmanagement

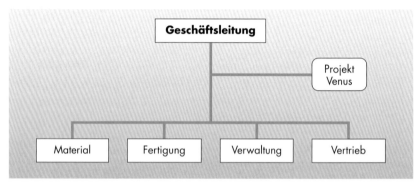

Abb. 3.44: Projekt als Stabstelle

Wovon hängt die Wahl der Organisationsform eines Projektes ab? Welche Organisationsform letztendlich gewählt wird, hängt neben Projektart und -größe auch von der Projektbedeutung für das Unternehmen ab. Es werden deshalb auch an spezielle Strukturen angepasste Mischformen eingesetzt.

Abläufe in der Projektdurchführung
Während der Projektdurchführung wird der entwickelte Plan umgesetzt und **Welche Schleife wird bei der Projektdurchführung ständig durchlaufen?** überwacht. Es wird ständig überprüft, wie der Prozess geplant war und nun tatsächlich durchgeführt wird. Sind die Abweichungen zu groß, müssen Änderungen in der Prozessplanung vorgenommen werden.

Innerhalb eines Projektes können Aufgaben gleichzeitig (simultan) erledigt werden, wenn sie unabhängig voneinander sind und sich nicht gegenseitig Ressourcen wegnehmen. Andere Aufgaben sind an eine sequenzielle (der Reihe nach) Abarbeitung gebunden, da sie zwingend nacheinander folgen müssen und nach Abschluss des einen Schrittes erst wieder die Voraussetzungen für den folgenden Schritt geschaffen werden müssen.

3.5.1.1 Merkmale eines Projektes

Bei einem Projekt handelt es sich um ein Vorhaben, das im Wesentlichen durch Einmaligkeit der Bedingungen in ihrer Gesamtheit gekennzeichnet ist. Die Merkmale eines Projektes sind in DIN 69901 festgehalten:

- Zielvorgabe,
- zeitliche, finanzielle, personelle oder andere Begrenzung,
- Abgrenzung gegenüber anderen Vorhaben,
- projektspezifische Organisation,
- Einmaligkeit,
- Komplexität,
- Risiko wegen der Einmaligkeit/Sonderaufgabe.

Was kennzeichnet ein Projekt und wo sind die Merkmale verbindlich definiert?

Ein Projekt unterscheidet sich von eher routinemäßigen Aufgaben durch seine Einmaligkeit und Begrenztheit. Projekte kommen deshalb immer dann zum Einsatz, wenn neue oder einmalige Aufgaben zu lösen sind.

Wofür kommen Projekte auf Grund ihrer Merkmale primär zum Einsatz?

Die Begrenztheit ergibt sich aus den definierten Vorgaben von Zielen sowie aus zeitlichen, finanziellen und personellen Ressourcen. Sie stellen objektive Merkmale dar, mit deren Hilfe Projekte von anderen Arbeitsaufgaben, bei denen meist eine detaillierte Beschreibung dieser Vorgaben fehlt, abgegrenzt werden können.

Ein weiteres Merkmal ist die **Komplexität**, denn das dem Projekt zu Grunde liegende Problem ist in der Regel vielschichtig.

3.5.1.2 Projektbestimmung durch Zielvorgaben

Die Ziele eines Projektes können eingeteilt werden in

- Sachziel/Qualitätsziel: Das Sachziel ist das vorrangige Ziel eines jeden Projektes. Sach- und Qualitätsziel bedingen sich wechselseitig, da das Sachziel nur mit einem gewissen Gütestandard erreicht werden kann.
- Kostenziel: Kostenziele erfassen alle Sach- und Managementkosten eines Projektes. Sie werden entweder über eine Projektkalkulation hochgerechnet oder umgekehrt als Projektetat vorgegeben.
- Terminziel: Terminziele sind wie Kostenziele auf die Durchführung bezogen und direkt durch Sachziele bedingt.

Welche Ziele werden bei Projekten grundsätzlich unterschieden?

Bei der Formulierung der Ziele ist unbedingt darauf zu achten, dass Zielinhalt, Zielausmaß und Zielzeit festgelegt werden.

Beispiel

- Zielinhalt: Die Stückzahl in der Produktion muss zur Erfüllung der Kundenwünsche erhöht werden.
- Zielausmaß: Die Steigerung soll 20% betragen.
- Zielzeit: Die Steigerung um 20% soll in vier Monaten geschafft sein.

Operationalisierung der Ziele bedeutet, dass sie so genau und eindeutig formuliert sind, dass jeder Mitarbeiter dazu in der Lage ist, für sich konkrete Aufträge und Maßnahmen daraus abzuleiten. Ziele müssen erreichbar, durchsetzbar und überprüfbar sein. Sie können auf Grund ihrer Bedeutung in eine gewisse Reihenfolge zueinander gebracht werden (Prioritäten).

3.5.2 Vorgehensweise bei der Abwicklung eines Projektes

3.5.2.1 Schrittfolgen im Problemlösungszyklus

In welchen Schritten vollzieht sich beim Projekt die Problemlösung?

1. Stufe: Situationsanalyse
Die Ist-Situation wird erfasst, beschrieben und analysiert. In einer Dokumentation werden die Ergebnisse festgehalten. Es muss deutlich werden, um welches Problem es sich handelt. Die Situation muss so weit „zerlegt" werden, dass eine ausreichend große Transparenz entsteht.

2. Stufe: Zielsetzung
Auf Grund des ermittelten und präzisierten Problems und seiner Ursachen kann die Zielformulierung erfolgen. Geschäftsleitung und Projektleitung sollten dies gemeinsam tun. Sie sollten sich dabei immer auf Zahlen, Daten und Fakten (ZDF-Regel) beziehen.

3. Stufe: Konzeptentwurf
Lösungsmöglichkeiten werden gesucht, geordnet und präzisiert. Die Vorschläge/Lösungsalternativen sollten genau auf das Ziel abgestimmt sein und eine Beschreibung zu dessen Erreichung enthalten. Die Beseitigung der Störfaktoren des Ist-Zustandes darf dabei nicht unerwähnt bleiben.

4. Stufe: Bewertung
Hier werden die Lösungsalternativen bewertet. Aus einer Gegenüberstellung ergibt sich die beste Alternative. Einige Techniken und Methoden dazu sind in Abschnitt 3.2.2 beschrieben.

5. Stufe: Entscheidung
Hier erfolgen Planung und Umsetzung/Realisierung der besten Lösungsalternative (konkret Grob- und Feinplanung, Bestimmung der Beteiligten und Verteilung von Aufgaben und Kompetenzen).

3.5.2.2 Strukturierungsphasen eines Projektes

In welchen Phasen erfolgt die Strukturierung?

1. Phase Definition – Problemanalyse, Zielerklärung, Wirtschaftlichkeit
Mit dem Auftraggeber/der Geschäftsführung sind die Ziele zu klären und auf Durchführbarkeit und Wirtschaftlichkeit zu überprüfen. Das Problem wird möglichst fein aufgegliedert. Es müssen alle relevanten Informationen beschafft werden. Durch Gegenüberstellung des Ist-Zustandes mit dem Soll-Zustand ergibt sich das angestrebte Ziel. Dieses ist bezüglich Zielinhalt, Zielausmaß und Zielzeit genau zu formulieren. Die Wirtschaftlichkeit bezieht sich auf das Kostenziel (s. auch Abschnitte 3.5.1.2 Kostenziel und 3.5.2.1 Situationsanalyse).

2. Phase: Planung: Lastenhefte, Feinplanung, Klärung der Verantwortung
Der zeitliche Ablauf muss geplant werden (Feinplanung) und die Tätigkeiten sind mit den entsprechenden Kompetenzen und Verantwortlichkeiten zu verteilen. Die Festlegung der Projektziele wird auch als Pflichtenheft bzw. Lastenheft (Dieser Begriff wird in erster Linie für Anforderungen an Betriebsmittel verwendet.) bezeichnet. Im Pflichtenheft findet man u. a. die Zielvorgaben, die Verteilung der Aufgaben, Zeitvorgaben und durchzuführende Kontrollen.

3. Phase: Realisierung – Aktualisieren der Planung, Steuerung bei Abweichungen, Projektverfolgung
In dieser Phase wird das Geplante umgesetzt und der Projektfortschritt permanent überprüft. Ergeben sich Abweichungen, kann einerseits die Planung korrigiert, andererseits steuernd in den Ablauf eingegriffen werden. Diese Maßnahmen sollen dazu beitragen, dass das Projekt zum geplanten Termin umgesetzt werden kann.

4. Phase: Abschluss – Projektabschlussbericht, Auflösung des Projektes, Wiedereingliederung der Projektmitglieder
Es erfolgt die Abnahme des Projektergebnisses durch den Auftraggeber/die Geschäftsleitung. Ein ausführlicher Abschlussbericht dokumentiert die Umsetzung des Projektes und legt die Ergebnisse dar. Er dient meist auch der Visualisierung und Präsentation. Nicht zu verwechseln sind Abschlussbericht und eigentliche Dokumentation, die während des Projektes ständig erfolgt. Man findet darin alles von der Ist-Analyse über die Lösungsalternativen und Zwischenberichte bis zu den Testergebnissen. Das Projekt wird mit der Abschlusssitzung offiziell aufgelöst und die Projektmitglieder wandern zurück in ihre Abteilungen.

3.5.3 Aufbau eines Projektauftrages

Die Formulierung eines Projektauftrages dient der unmissverständlichen Festlegung des Zieles und der Aufgaben. Die Ergebnisse, die erwartet werden, müssen messbar/nachprüfbar/abprüfbar sein, da sonst ein Erfolg nicht konkret festgestellt werden kann. Die Inhalte des Projektauftrags bestehen meist aus: Projektleiter, Ziel, Aufgabenstellung, erwartete Ergebnisse (objektiv nachprüfbar), Budget, zur Verfügung stehende Ressourcen und natürlich der Termin der Fertigstellung. Es ist dabei auf eine eindeutige und präzise Formulierung zu achten.

Was enthält der Projektauftrag im Einzelnen?

3.5.4 Der richtige Umgang mit Konflikten als wichtige Voraussetzung für den Projekterfolg (Konfliktmanagement)

Projektarbeit ist Teamarbeit und ein wichtiges Instrument des Teammanagements ist das Konfliktmanagement. Dieses Thema wird auch an mehreren Stellen im Kapitel 4 über „Zusammenarbeit im Betrieb" angesprochen, z. B. im Abschnitt 4.6.5 Betriebliche Probleme und soziale Konflikte.

Bei der Durchführung eines Projektes sind Konflikte nicht nur hinderlich, sondern sie können sich sogar sehr negativ auswirken. Die Beteiligten kümmern sich mehr um die Konflikte als um die zu lösenden Probleme. Dadurch kann das Projekt zum Stillstand kommen. Durch die Verschlechterung des Betriebsklimas können persönliche Abneigungen auftreten. Der Streit wirkt sich eventuell nach außen hin aus und das Projekt steht in einem schlechten Licht da. Natürlich kann hier im gegebenen Rahmen dieses Abschnitts Konfliktmanagement nich umfassend behandelt werden, aber wesentliche Aspekte sollen zusammengefasst werden.

Konfliktentstehung

Welche unterschiedlichen Ursachen können Konflikte haben?

Konflikte können unterschiedliche Ursachen haben. Die am Projekt beteiligten Personen streben z. B. neben den vorgegebenen Zielen ihre eigenen/persönlichen Ziele an (Zielkonflikte). Eine weitere Konfliktursache ist, wenn am Projekt selbst etwas geändert werden soll (von außen vorgegeben oder von Mitgliedern der Projektgruppe angestrebt) und dies nicht von allen akzeptiert wird. Weitere Gründe sind ein ungeeigneter Projektleiter (autoritäres Auftreten, mangelndes Fachwissen, keine Kooperation und Kommunikation) oder Mitarbeiter ohne Teamfähigkeit und/oder sogar mit Konkurrenzdenken. Auch sollte die Projektgruppe nicht aus zu unterschiedlichen Personen zusammengesetzt sein (Stellung in der Hierarchie in einem Unternehmen, Altersunterschiede).

Konfliktwahrnehmung

Wie werden Konflikte wahrgenommen?

Konflikte werden von jeder Person anders wahrgenommen. Eine sachliche Beurteilung ist meist schwierig. Anzeichen für Konflikte können mangelnde Kommunikation sein, das Beharren auf unterschiedlichen Zielen, die Schlechterfüllung von Aufgaben, Abwesenheit oder Unpünktlichkeit der Mitglieder bei Projekttreffen oder allgemeines Desinteresse.

Konfliktanalyse

Welche Aspekte sind bei der Analyse eines Konflikts zu beachten?

Bei der Analyse von Konflikten sind folgende Punkte festzuhalten: Gründe, Beteiligte, Ziele, Meinungen und Standpunkte, Möglichkeiten für Kompromisse, Konfliktarten, Entwicklungsstand des Konflikts, bisher unternommene Lösungsanstrengungen. Aus der Analyse ergeben sich Möglichkeiten der Konfliktbewältigung.

Konflikthandhabung/Konfliktmanagement

Grundsätzlich stehen drei Möglichkeiten zum Umgang mit Konflikten zur Verfügung.

Welche grundsätzlichen Möglichkeiten der Konfliktbewältigung bieten sich an?

- Durch den Abbau von Spannungen wird der Konflikt beseitigt. Ein offenes Wort ist dabei sehr hilfreich, da es sich oft um unnötige Spannungen handelt, die durch Missverständnisse entstanden sind.
- Die zweite Möglichkeit ist die gemeinsame Suche nach einer Lösung, mit der alle einverstanden sind – der Konflikt wird „ausgetragen".
- Als Drittes kann ein externer Konfliktvermittler eingeschaltet werden, der jedoch von allen als neutral akzeptiert werden muss.
Konfliktmanagement hat dafür zu sorgen, dass Konflikte nicht eskalieren, sondern bewältigt werden.

3.5.5 Projektplanung auf der Basis eines Projektauftrages

3.5.5.1 Systematische, zielorientierte Planung und Steuerung

Da es sich bei einem Projekt nicht um einen statischen, gleichförmigen Prozess handelt, muss es ständig an Veränderungen angepasst werden. Der Ist-Zustand wird permanent mit dem Soll-Zustand verglichen, Abweichungen festgestellt und analysiert und bei Bedarf muss die Planung angepasst und steuernd eingegriffen werden. Die Planung stützt sich auf den Projektauftrag, der Aufgaben, Ziele und so weiter enthält (siehe Abschnitt 3.5.3).

Grob- und Feinplanung

3.5.5.2 Bestandteile eines Projektplanungsprozesses

Projektstrukturplan (PSP)
Wesentliche Aufgaben des Projektstrukturplanes sind:
- überschaubare Darstellung des Projektes
- Bildung von Teilaufgaben zur Ermöglichung von Arbeitsteilung
- Darstellung der Zusammenhänge zwischen den Teilaufgaben zum Aufdecken von Synergien

Welche Aufgaben hat der Projektstrukturplan?

Der Projektstrukturplan übernimmt für die Projektplanung und Projektdurchführung eine so genannte „Backbone-Funktion", denn er ist die Basis für alle nachfolgenden Planungs-, Steuerungs- und Controllingaufgaben. Der Projektstrukturplan umfasst den Terminplan, den Kapazitätenplan (Ressourcenplan), den Kostenplan und den Qualitätsplan.

Was versteht man unter „Back-bone-Funktion"?

Voraussetzungen für die Erstellung des Projektstrukturplans ist eine genaue Festlegung der Gesamtaufgabe und der Rahmenbedingungen des Projektes.

Die Gesamtaufgabe wird in den Teilaufgaben beziehungsweise Arbeitspakete zerlegt. Das Arbeitspaket ist das kleinste Element der Projektstruktur. Es beschreibt eine in sich abgeschlossene Aufgabe, die zu überprüfbaren Arbeitsergebnissen führt und einem Projektmitarbeiter verantwortlich zugeteilt wird. Der Projektstrukturplan kann nach verschiedenen Gesichtspunkten aufgebaut werden: funktionsorientiert, objektorientiert oder in Mischformen.

Was ist ein Arbeitspaket?

Funktionsorientierte Projektstrukturpläne bauen auf den durchzuführenden Arbeitsaufgaben auf. Die Gesamtaufgabe des Projekts wird nach einzelnen Verrichtungen bzw. Tätigkeiten gegliedert und strukturiert.

Was kennzeichnet den funktionsorientierten PSP?

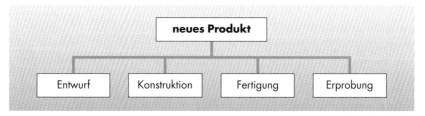

Abb. 3.45: Beispiel eines funktionsorientierten Projektstrukturplanes

Objektorientierte Projektstrukturpläne (auch aufbau- oder erzeugnisorientierte Projektstrukturpläne) stellen das Produkt eines Projektes in den Vordergrund.

Was steht bei objektorientierten PSP im Vordergrund?

Der Begriff Produkt ist dabei in einem weiteren Sinn zu verstehen. Der Grundgedanke lässt sich auf beliebige Vorhaben anwenden, die im Zuge eines Projekts realisiert werden sollen. Das Erzeugnis wird in seine Bestandteile zerlegt, die als einzelne Arbeitspakete betrachtet werden.

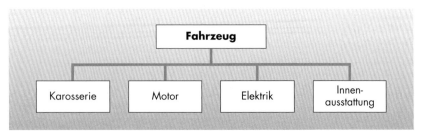

Abb. 3.46: Beispiel eines objektorientierten Projektstrukturplanes

Welches Ziel verfolgt man mit Mischformen des PSP?

Mischformen vereinen die objekt- und die funktionsorientierten Projektstrukturformen. Man möchte damit eine größere Praxisnähe bei der Projektentwicklung und Projektdurchführung erreichen. Häufig fallen im Rahmen der Projektrealisierung zusätzliche Aufgaben an, die nicht direkt dem Projektziel zugeordnet werden können. Im objektorientierten Strukturplan können diese Zusatzaufgaben nicht erfasst werden. Durch die Kombination von objekt- und funktionsorientierten Ansätzen kann im Rahmen der Aktionsplanung auf die Besonderheiten eingegangen werden. Bei den Mischformen ist die Grobgliederung des Projekts häufig objektorientiert, während in den „Feinstrukturen" die funktionsorientierte Unterteilung überwiegt.

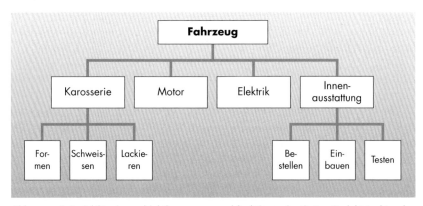

Abb. 3.47: Beispiel für einen objektbezogenen und funktionsorientierten Projektstrukturplan

Projektablaufplan (PAP)

Was wird durch den Projektablaufplan vorgegeben?

Welche Darstellungsweise bietet sich an?

Der Projektablaufplan gibt an, in welcher logischen Reihenfolge die Arbeitspakete auszuführen sind. Ein Ablaufplan enthält die Projektaufgabe/Projektvorgänge mit den vorausgehenden und den nachfolgenden Projektvorgängen. Dies kann zum Beispiel mit einem Netzplan dargestellt werden. Es bieten sich jedoch auch Arbeitsablaufdiagramme, Flusspläne oder Gantt-Diagramme/Balkendiagramme an.

Projektterminplan
Die Basis jeder Terminplanung für ein Projekt sind die einzelnen Projektaufgaben oder Arbeitspakete. Der Projektablaufplan wird zu Grunde gelegt. Die Durchführungsdauer der Arbeitsaufgaben wird ermittelt und die Termine für den Beginn und das Ende der Aufgaben berechnet. Zusätzlich sind Meilensteine festzulegen, an denen der Projektverlauf überprüft und eventuell korrigiert werden kann.

Was meint man mit Meilensteinen?

Die Zeitplanerstellung für ein Projekt erfolgt regelmäßig in drei Schritten:
- Ermittlung der Vorgangsdauer: Durchführungszeit, Zeitreserven, Zeitplanung unter Einrechnung von Risiken und Verzögerungen (Puffer)
- Terminplanung: Den festgelegten Vorgangszeiten werden konkrete Termine im Projektkalender zugewiesen. Die Tage (Arbeitstage) werden nummeriert. Meist werden dazu entsprechende EDV-Programme verwendet. Aus der Vorwärts- und Rückwärtsrechnung ergeben sich Pufferzeiten bzw. der kritische Pfad (Netzplan!).
- Meilensteinplanung: Meilensteine sind „Schlüsselereignisse oder Ereignisse von besonderer Bedeutung", die Grundlage für weitergehende Projektentscheidungen sind. Sie sind Instrumente des Controlling. Der Stand des Projektes wird überprüft, dokumentiert und es wird über den weiteren Verlauf entschieden. Bei der Festlegung von Meilensteinen sind deshalb Zeitpunkte zu wählen, die am Ende möglichst vieler oder wichtiger Vorgänge stehen.

In welchen Schritten wird der Projektterminplan erstellt?

sequenzielle und parallele Aktivitäten

Kapazitätenplan
Bei der Planung der Kapazitäten wird geklärt, wie viele und welche Personen und Betriebsmittel benötigt werden. Bei der Planung der Betriebsmittel legt man fest, welche gebraucht, wie viele davon benötigt werden und wie lange sie im Einsatz sind.

Welche Ressourcen werden mittels Kapazitätsplan geplant?

Der Bedarf an Betriebsmitteln kann unter verschiedenen Gesichtspunkten zusammengestellt werden. Zum einen unterstützt die inhaltliche Zusammenstellung nach einzelnen Arbeitspaketen die Arbeitsvorbereitung der Arbeitspakete. Zum anderen dient die zeitliche Zusammenstellung nach dem Projektverlauf der Beschaffung der Betriebsmittel/Einsatzmittel.

Der Personalbedarf besitzt im Rahmen der Ressourcenplanung einen besonderen Stellenwert, denn die Zahl der Mitarbeiter und ihre spezifischen Kompetenzen für das Projekt sind in dieser Planungsphase nur noch in begrenztem Umfang veränderbar. Es ist ratsam, von Anfang an zusätzliche Personalkapazitäten einzuplanen. Neben der Planung des quantitativen Personalbedarfs müssen die Mitarbeiter den einzelnen Arbeitspaketen zugeordnet werden. Qualifikationen und Kompetenzen müssen übereinstimmen. Stellt man fest, dass Anforderungs- und Kompetenzprofile nicht genau übereinstimmen, können nach Bedarf Weiterbildungsmaßnahmen für Mitarbeiter durchgeführt werden.

Warum hat die Personalplanung einen hohen Stellenwert?

Projektgesamtkosten
Kosten- und Finanzplanung unterscheiden sich dadurch, dass die Kostenplanung auf die benötigten Mittel fokussiert ist, während die Finanzplanung die vorhandenen Mittel betrachtet. Ziel der Kostenplanung ist demnach das Erfassen aller Kosten, die im Rahmen der Projektdurchführung verursacht werden.

Was unterscheidet Kosten- und Finanzplanung?

Ziel der Finanzplanung ist es, die vorhandenen Mittel auf die einzelnen Projektphasen zu verteilen.

Gesamtkosten

Die Kosten- oder Finanzplanung wird parallel zur Einsatzmittel-/Betriebsmittelplanung und Personalplanung durchgeführt. Erste **Kalkulationen** werden allerdings bereits zu Beginn der Planungsphase vorgenommen, um das ungefähre Finanzvolumen des Projektes abzuschätzen. Basis dieser Schätzungen sind z. B. Erfahrungswerte oder betriebswirtschaftliche Kenngrößen vergleichbarer Projekte. Mit fortschreitender Projektplanung lassen sich die anfallenden Kosten detailliert prognostizieren. Dann ist eine Kostenplanung pro Arbeitspaket möglich. Die Kostenrechnung vollzieht sich im Prinzip in fünf Schritten:

In welchen Schritten vollzieht sich die Kostenrechnung?

- Aufstellung aller Kostenarten: Ressourcen, Personal, Material, Feststellen sog. „Kostentreiber"
- Ermitteln von Kenngrößen je Kostenart: Hier wird analysiert, welche Faktoren die jeweilige Kostenart bestimmen. Bei den Personalkosten sind das z. B. Arbeitsstunden, bei Maschinen und Geräten Einsatzstunden oder bei Materialien eine Verbrauchseinheit.

Teilkosten

- Ermittlung der Basiswerte zu den Kenngrößen: Basiswerte sind die kleinste Verrechnungseinheit, z. B. Lohnstundensätze, Maschinenstundensätze oder Verbrauchspreise pro Verbrauchseinheit.
- Ermittlung der Kosten je Arbeitspaket: Die Kosten je Arbeitspaket werden durch Multiplikation der Kenngrößen mit den Basiswerten ermittelt.
- Darstellung der Kosten nach Arbeitspaketen und Kenngrößen im zeitlichen Verlauf: Eine Dokumentation und Aufbereitung der ermittelten Werte ist für die spätere Durchführung des Projektes von großer Bedeutung. Der zeitliche Verlauf der Kosten ist Grundlage für das Projektcontrolling.

 Sind die Projektkosten ermittelt, müssen sie mit der Finanzplanung abgeglichen werden. Ausgehend vom vorgegebenen Finanzvolumen werden die verfügbaren Gelder den Arbeitsaufgaben zugewiesen.

Wie werden abweichende Kosten- und Finanzplanung in Einklang gebracht?

Meist tritt hier eine Diskrepanz zwischen den benötigten und den vorhandenen Finanzmitteln auf, die durch Modifikationen in der Personal-, Einsatzmittel- und Kostenplanung beseitigt werden muss.

Qualitätsplan
Ein bestimmter Qualitätsstandard kann von der Geschäftsleitung, den Kunden oder vom Markt gefordert werden.

 Der Qualitätsplan legt fest, welche Qualitätsanforderungen gestellt werden und wie sie gemessen werden können.

Welche Aufgabe hat die Qualitätsplanung?

Aufgabe der **Qualitätsplanung** ist es, die Anforderungen an eine Leistung zu identifizieren, auszuwählen, zu gewichten und diese unter Berücksichtigung der Realisierungsmöglichkeiten zu konkretisieren und umzusetzen.

Definiert man die Aufgaben der Qualitätsplanung etwas genauer, finden sich folgende wesentliche Punkte:

- Bestimmung der qualitativen Eigenschaften des Produktes / der Leistung mit den erlaubten Abweichungen
- sachliche und zeitliche Planung der Überprüfung der Qualität, Festlegung des Prüfortes (z. B. am Arbeitsplatz selbst oder an einem speziellen Prüfplatz)
- Bestimmung der Methoden der Qualitätsprüfung, der zu verwendenden Formulare und der einzusetzenden Messmittel
- Planung der Auswertung und Dokumentation der Ergebnisse der Prüfungen
- Mitwirkung bei der Entwicklung des Projektes

Was umfasst die Qualitätsplanung im Einzelnen?

3.5.6 Funktion einer Projektsteuerung

Unter Projektsteuerung versteht man die Realisierung und Sicherung der Abwicklung des Projekts gemäß dem Projektauftrag und Projektplan. Dabei ist es wichtig, die Projektvorgaben einzuhalten, wie z. B. die Termine, das Budget und den Mitarbeitereinsatz.

Was versteht man unter Projektsteuerung?

3.5.6.1 Erfassung des IST-Zustandes

Der Ist-Zustand muss erfasst werden, um Abweichungen erkennen, untersuchen und – wenn nötig – beheben zu können (siehe Abschnitt 3.5.2.1). Es ist besonders darauf zu achten, den tatsächlichen Ist-Zustand zu erkennen und festzuhalten, da er teilweise nicht offensichtlich ist. Wird er unvollständig dokumentiert oder absichtlich verfälscht, entstehen daraus Gefahren für den weiteren Verlauf des Projektes.

3.5.6.2 Analyse und Interpretation von IST-SOLL-Abweichungen

Abweichungen vom Plan treten in drei Zieldimensionen auf:
- Verfehlung des **Sachziels**: Es wird erkannt, dass das inhaltliche Ziel des Projektes oder eines Arbeitspaketes nicht in der gewünschten Weise zu realisieren ist. Gründe hierfür können z. B. fehlendes Know-how und damit verbundene Qualitätsverluste sein.
- Verfehlung des **Terminziels**: Das gesetzte Sachziel kann nicht in der gewünschten Zeit realisiert werden. Die Ursachen hierfür liegen zum Beispiel in einer geringeren Arbeitsleistung oder in fehlenden Ressourcen.
- Verfehlung des **Kostenziels**: Aktuelle Ausgaben übersteigen den für den Zeitraum geplanten Etat. Ursachen liegen unter anderem in einer Ressourcenerhöhung (z. B. Überstunden) oder Verteuerung der Ressourcen (z. B. Preissteigerungen).

Welche Arten von Abweichung vom Soll kann die Ist-Erfassung erbringen?

Den Abweichungen können folgende Ursachen zu Grunde liegen: Unterschätzung des Projektes, unzureichende Erfahrung, Änderung von Prioritäten, Arbeitspakete werden fehlerhaft erledigt usw.

3.5.6.3 Einleitung von Korrekturmaßnahmen

Korrekturmaßnahmen sind wegen gegenseitigen Abhängigkeiten von Sach-, Kosten- und Terminzielen schwierig zu planen, denn durch die Veränderung eines Projektziels werden auch die beiden anderen Zieldimensionen beeinflusst. Im Controlling sollte daher der Projektstatus in allen drei Zieldimensionen beschrieben werden, um den Spielraum der regulierenden Maßnahmen festlegen zu können.

Was ist bei Korrekturmaßnahmen besonders zu beachten?

Beispiele für Lösungsmöglichkeiten bei Zielabweichungen:

Wie kann bei Zielabweichungen reagiert werden?

- Abweichung vom Sachziel: Eine Möglichkeit ist der Einkauf von Know-how. Dadurch kommen zusätzliche Erfahrungen und Ideen ins Spiel, es entstehen jedoch auch zusätzliche Kosten. Die Lösung kann auch in ein späteres Arbeitspaket verlagert werden. Man gewinnt Zeit und entspannt die Situation, aber durch die Verschiebung treten zu einem späteren Zeitpunkt Terminengpässe auf.
- Abweichung vom Terminziel: Man kann die Arbeitszeiten erhöhen oder mehr Mitarbeiter in das Projektteam aufnehmen. Die terminliche Situation entspannt sich durch mehr Kapazität. Es entstehen jedoch zusätzliche Personalkosten und an der Belastungsgrenze kann die Qualität gemindert sein.
- Abweichung vom Kostenziel: Kosten können durch Reduzierung der Mitarbeiterzahl gesenkt werden. Die Arbeitsbelastung für die verbleibenden Mitarbeiter steigt ebenso wie die Bearbeitungsdauer.

3.5.7 Projektabschluss durch Projektleitung

3.5.7.1 Überprüfen der Abnahmebedingungen aus der Qualitätsplanung

Bei Überprüfung des Erreichten sollten diese Fragen beantwortet werden

Wie bestimmt man am Projektende den Grad der Zielerreichung?

Fragen zur Sachebene
- Welche geplanten Projektziele wurden wirklich erreicht?
- An welchen Stellen gab es Probleme oder Unsicherheiten?
- Welcher Art waren die Probleme, und was waren die Gründe dafür?
- Was hat zu einer optimalen Umsetzung gefehlt?
- Waren die Planungsannahmen gerechtfertigt?
- Hat sich der gewählte Lösungsweg im Nachhinein als richtig erwiesen?

Fragen zur Beziehungsebene
- Wo lagen die Stärken und Schwächen in der Gruppe?
- Wie haben wir als Team zusammengearbeitet?
- Welche neuen Erfahrungen haben wir durch das Projekt gewonnen?
- Was würden wir beim nächsten Projekt anders oder besser machen?

Wann gilt ein Projekt wirklich als (erfolgreich) beendet?

Ein Projekt ist erst dann beendet, wenn die Überprüfung des Ergebnisses gezeigt hat, dass sich dieses innerhalb der im Qualitätsplan erlaubten Abweichungen befindet (siehe Abschnitt 3.5.5.2 Qualitätsplan). Dabei ist im Einzelnen zu betrachten, ob das Projektziel voll erreicht und die Ressourcen, Termine, Kosten eingehalten wurden und ob die geforderte Qualität vorliegt. Die Ergebnisse werden vor der Geschäftsleitung oder dem Auftraggeber präsentiert.

3.5.7.2 Erstellen eines Abschlussberichts

Projektabschluss heißt, die im Rahmen der Planung, Durchführung und Datenerhebung gewonnenen Erkenntnisse zu dokumentieren und die Projektstrukturen aufzulösen (siehe Abschnitt 3.5.2.2 Abschluss). Ziel der Projektdokumentation ist es, einerseits die Projektergebnisse in einem Bericht darzulegen und andererseits, die gewonnenen Projekterfahrungen für nachfolgende Projekte zu sichern. Die Projektdokumentation ist Teil eines umfassenderen Informationsmanagements. Dieses umfasst alle Aufgaben, die nötig sind, um die Projektbeteiligten mit projektspezifischen Informationen zu versorgen. Dabei gilt es von Beginn an, die richtigen Informationen zur richtigen Zeit den richtigen Personen zur Verfügung zu stellen. Die Abschlussdokumentation muss den Verlauf des Projektes widerspiegeln und baut auf der Projektstruktur auf.

Welche Arbeiten bilden den Projektabschluss?

Welchen Stellenwert hat die Projektdokumentation?

Wesentliche Punkte im Projektabschlussbericht sind das Projektziel, die Aufgabenstellung, die Organisation, die Leistungsbeschreibung, die Problemstellungen, die Projektleitung, die Gesamtkosten und die Abnahmebedingungen. Außerdem sollten alle Erfahrungen und Erkenntnisse dokumentiert werden, die während des Projektes gewonnen wurden, um sie für nachfolgende Projekte nutzen zu können.

3.5.7.3 Führen einer Abschlusssitzung mit dem Auftraggeber

Am Ende des Projekts werden die Ergebnisse vor der Geschäftsleitung/dem Auftraggeber präsentiert. Ausgehend von der Ausgangslage werden der Projektverlauf und die Projektergebnisse geschildert. In Abschnitt 3.3 finden sich ausführliche Hinweise für Präsentationen.

Wie werden GL oder Auftraggeber am Ende informiert?

3.5.7.4 Einholung von Feed-back von den Projektteammitgliedern

Der Projektleiter kann aus dem Feed-back der Teammitglieder Hinweise für künftige Projekte gewinnen. Informationen werden ausgetauscht, neue Verfahrensweisen angeregt und konstruktive Kritik geübt (siehe Abschnitt 3.3.4.3 Teilnehmer-Feed-back). Der Projektleiter sollte es außerdem nicht versäumen, den Mitarbeitern seinen Dank auszusprechen und ihre Leistung zu würdigen.

Wie schließt der Leiter ein Projekt mit dem Team ab?

3.5.7.5 Projektauflösung

Bei fast keinem Projekt kann darauf verzichtet werden, weitere Zuständigkeiten für die Zeit nach dem Projektabschluss zu regeln. Bei größeren Projekten und insbesondere bei solchen, in denen Mitarbeiter beschäftigt wurden, werden im Rahmen der Projektauflösung die Projektstrukturen in die Linienorganisation zurückgeführt. Dabei wird auch die künftige Verwendung der angeschafften Betriebsmittel und die Nutzung der Projektergebnisse geklärt. In jener Situation werden ferner zukünftige Aufgabengebiete der Projektmitarbeiter festgelegt. Oft führen erfolgreiche Projekte zu einer Verbesserung der beruflichen Situation der Teammitglieder, da sie neben neuem Fachwissen vor allem überfachliche Kompetenzen erworben haben.

Was ist für die Zeit nach dem Projekt zu regeln?

Die auszuführenden Aufgaben bei der Projektauflösung sind meist die Auszeichnung von erfolgreichen Mitarbeitern, die Vermittlung der Mitarbeiter in ein neues Projekt oder an den alten Arbeitsplatz, die Archivierung der Unterlagen, die Rückgabe der Sachmittel und die Durchführung einer Abschlussveranstaltung - wenn möglich in einem festlichen Rahmen.

Was kann der Projektabschluss für die MItarbeiterführung bedeuten?

AUFGABEN ZU ABSCHNITT 3.5

1. Berechnen Sie die Auftragszeit für 300 Stück eines Erzeugnisses mit folgenden Daten:
Rüstgrundzeit: 15 Minuten, Rüstverteilzeitzuschlag: 5 %
Beeinflussbare Tätigkeitszeit: 10 Minuten, unbeeinflussbare Tätigkeitszeit: 5 Minuten
Verteilzeitzuschlag: 8 % (persönlich und sachlich)

2. Erläutern Sie den Zweck der Projektsteuerung im Rahmen des Projektmanagements.

3. In Ihrer Abteilung soll Qualitätsprüfung eingeführt werden. Dazu wird eine Projektgruppe unter Ihrer Leitung gebildet. Die Geschäftsleitung gibt das Ziel vor, ab Juli diesen Jahres die Überprüfung der Qualität komplett in der Abteilung auszuführen. Nennen Sie fünf Bestandteile eines Projektauftrags und ordnen Sie nach der geschilderten Situation jeweils ein Beispiel zu.

4. In Ihrer Projektgruppe wird zur Lösungsfindung häufig die Methode „Brainstorming" eingesetzt. Auf diese Weise wurden für ein Problem drei Lösungsmöglichkeiten gefunden. Entwerfen Sie eine allgemeine Tabelle für eine Nutzwertanalyse, um die beste Lösungsalternative herauszufiltern.

5. Bei einem Projekt verzögert sich ein Arbeitspaket um vier Tage. Erläutern Sie die Auswirkungen, wenn die zu erfüllende Aufgabe auf dem kritischen Pfad bzw. nicht auf dem kritischen Pfad des Projektes liegt.

6. Berechnen Sie den Zeitbedarf für einen Auftrag aus folgenden Daten:
t_r = 50 Min. pro Auftrag
t_g = 3,5 Min./Stück bei 980 Stück
Verteilzeit = 25 %
Zusätzliche Zeiten = 8 %

7. Erläutern Sie je zwei Nachteile des Einfluss-Projektmanagements und des reinen Projektmanagements.

8. Berechnen Sie die Auftragsmenge in Stück aus folgenden Angaben:

Belegungszeit	420 Minuten
Betriebsmittelrüstzeit	15 Minuten
Betriebsmittelzeit je Einheit	3 Minuten

9. Nennen Sie acht Kriterien, die ein Projektleiter erfüllen sollte.

10. Im Verlaufe eines Projektes werden regelmäßig die Soll-Zahlen mit den Ist-Zahlen verglichen. Überprüft werden die Termine und die Kosten. Erstellen Sie eine Tabelle mit vier Kostenarten eines Projektes und der Möglichkeit einer absoluten und relativen Abweichungsanalyse.

11. Bei der Projektsteuerung sind als Zielsetzungen Qualität, Kosten und Termine zu beachten. Beschreiben Sie die Problematik, die sich bezüglich der Zielerreichung dieser Kriterien ergibt.

12. Sie übernehmen eine neue Abteilung. Zu Informationszwecken werden Ihnen die Daten der letzten 3 Monate zur Verfügung gestellt:

	Gesamtkosten in Euro	Produzierte Stückzahl
Juni	80.000	5.000
Juli	78.500	4.000
August	84.500	8.000

Pro Stück wird ein Erlös von 5 € erzielt. Die variablen Kosten betragen pro Stück 1,50 €.
a) Berechnen Sie die Auslastung pro Monat in Prozent, wenn die Kapazitätsgrenze bei 11.000 Stück liegt.
b) Stellen Sie die Kostenfunktionen für jeden Monat auf.
c) Ermitteln Sie die Gewinnschwelle.
d) Ermitteln Sie, bei welchem Beschäftigungsgrad die Gewinnschwelle erreicht wird. Interpretieren Sie das Ergebnis.

13. Die Geschäftsleitung plant die Umstellung von Zweischichtbetrieb auf Dreischichtbetrieb. Dies soll in Form eines Projektes realisiert werden. Da Sie der zuständige Projektleiter sind, überlegen Sie sich, was Sie dabei berücksichtigen müssen. Nennen Sie dazu fünf Punkte der Projektarbeit.

14. Zwei Aufträge sind auszuführen. Bei Auftrag A sind 2.000 Stück zu fertigen mit 5 Min./Stück, bei Auftrag B 1.500 Stück mit 6 Min./Stück.
a) Berechnen Sie den Zeitbedarf unter Berücksichtigung eines Störungsfaktors 1,2.
b) Ermitteln Sie den Personalbedarf einer Auftragsperiode von 30 Tagen zu 6,5 Std./Tag.

15. Nennen Sie vier Bereiche/Aufgaben während eines Projektes, bei denen mit Unterstützung von Software gearbeitet werden kann.
16. Ein Mitarbeiter hat im letzten Monat 160 Std. gearbeitet, davon 70% im Akkord. Die Durchschnittsleistung beträgt 130%. Der tarifliche Grundlohn beläuft sich auf 15 €/Stunde.
    a) Ermitteln Sie den Akkord-Stundenlohn.
    b) Berechnen Sie den Monatsverdienst. Normale Arbeitsstunden werden mit 100% vergütet.
    c) Ermitteln Sie den Durchschnittsverdienst pro Stunde.
17. Bei einem Mitarbeiter betrugen die Vorgabeminuten auf den Lohnscheinen 9.000 Min. für abgearbeitete Aufträge. Er war 142 Std. anwesend.
    a) Berechnen Sie den Zeitgrad.
    b) Berechnen Sie den Leistungsgrad.
    c) Ermitteln Sie den Monatslohn bei einem Stundensatz von 18 €/Stunde, wenn der Akkordrichtsatz 15% über dem Stundenlohn liegt.
    d) Berechnen Sie den durchschnittlichen Lohn pro Stunde.

LÖSUNGSVORSCHLÄGE

L1:
Beeinflussbare und unbeeinflussbare Tätigkeitszeit:
10 Min. + 5 Min.   = 15 Min.
15 Min. + 8% (1,2 Min.)   = 16,2 Min.
300 Stück · 16,2 Min.   = 4.860 Min.

Rüstgrundzeit:
15 Min. + 5% (0,75 Min.) = 15,75 Min.

Auftragszeit für 300 Stück:
4.860 Min. + 15,75 Min.
= 4.875,75 Min., also 4876 Min.

L2: Unter Projektsteuerung versteht man die laufende Überwachung des Fortschritts des Projekts bezüglich der Zielgrößen Leistung (Qualität und Quantität), Kosten/Ressourceneinsatz und Termineinhaltung. Weichen die Ist-Daten von den Plandaten/Soll-Daten ab, sind gegebenenfalls Korrekturmaßnahmen einzuleiten, um die Erreichung der Projektziele zu gewährleisten.

L3:
Aufgabenstellung:	Einführung der Qualitätsprüfung
Zielsetzung:	Vollständige Überprüfung der Qualität in der Abteilung
Kosten:	ca. ... €
Termin:	Ab Juli diesen Jahres
Projektleitung:	Meister ...

L4: Siehe unten stehende Tabelle.

L5:
- Liegt die Aufgabe auf dem kritischen Pfad, wirkt sich dies direkt auf die Gesamtdauer aus. Auch diese verlängert sich um vier Tage.
- Liegt die Aufgabe nicht auf dem kritischen Pfad und die Pufferzeit beträgt wenigstens vier Tage, verzögert sich das Projekt nicht.

Tabelle zur Lösung von Aufgabe 4

Kriterium	Gewichtung	Alternative 1		Alternative 2		Alternative 3	
		Wertung	Wertung · Gewichtung	Wertung	Wertung · Gewichtung	Wertung	Wertung · Gewichtung
Kosten	4	...	...				
Lieferzeit	2	...					
Kompatibilit.	6						
Usw.	...	...					
Summe		...					

Lösung zu Aufgabe 10

Kostenart	Soll-Werte (€)	Ist-Werte (€)	Abweichung Absolut (in €)	in %
Material	55.000	58.500	3.500	– 6,36
Personal				
Betriebsmittel				
Miete				
Reisekosten	12.000	8.300	3.700	+ 30,83
Telefonkosten				
Usw.				

L6:
3,5 Min. + 25 % (0,875) = 4,375 Min./Stück
4,375 Min./Stück · 980 Stück = 4.287,5 Min.
4.287,5 Min. + 50 Min. = 4.337,5 Min.
4.337,5 Min. + 8 % (347) = 4684,5 Min.
= 78,075 Stunden

L7:
- Nachteile des Einfluss-Projektmanagements: Unstimmigkeiten zwischen dem Linienvorgesetzten und dem Projektleiter, Doppelbelastung der Teammitglieder, keine Identifizierung mit dem Projekt, Gefahr der Verzögerung des Projekts
- Nachteile des reinen Projektmanagements: Freistellung der Teammitglieder, Konkurrenz zwischen Linie und Projektteam, schwierige Wiedereingliederung nach Beendigung des Projektes, nur Freistellung von „nicht so guten" Mitarbeitern für das Projekt

L8:
420 Min. – 15 Min. = 405 Min.
405 Min.: 3 Min./Stück = 135 Stück

L9: Betriebliche Fachkenntnisse und kaufmännische Kenntnisse, Berufserfahrung, Kooperationsbereitschaft, Selbstständigkeit, Kommunikationsbereitschaft, Entscheidungsfreudigkeit, Kenntnisse der Projektmanagementmethoden, analytisches Denken, Ausdauer, unternehmensinterne Kenntnisse

L10: Lösung siehe oben stehende Tabelle.

L11: Die Zielbeziehungen werden auch als „magisches Dreieck" bezeichnet, da sie in optimaler Weise nie gleichzeitig erreicht werden können. Wird gespart, kann darunter die Qualität leiden. Bemüht man sich um die Einhaltung der Termine, kann dies zu erhöhten Kosten führen.

L12:
a)
Juni 5.000 Stück: 11.000 Stück · 100 = 45,45 %
Juli 4.000 Stück: 11.000 Stück · 100 = 36,36 %
Aug 8.000 Stück: 11.000 Stück · 100 = 72,72 %

b)
Gesamtkosten = fixe Kosten + variable Kosten
Fixe Kosten = Gesamtkosten – variable Kosten
80.000 € – 1,50 € · 5.000 Stück
= 72.500 € fixe Kosten

Kostenfunktion: $K_{ges} = K_{fix} + k_{var} \cdot$ Stück
Juni 80.000 €
= 72.500 € + 1,50 €/Stück · 5.000 Stück
Juli 78.500 €
= 72.500 € + 1,50 €/Stück · 4.000 Stück
Aug 84.500 €
= 72.500 € + 1,50 €/Stück · 8.000 Stück

c)
Erlös pro Stück   5,00 €
– variable Kosten pro Stück   1,50 €
= Deckungsbeitrag pro Stück   3,50 €

Gewinnschwelle
= Fixkosten : Deckungsbeitrag je Stück
= 72.500 € : 3,50 €/Stück = 20.714,29 Stück
= 20.715 Stück

d)
20.715 Stück :
11.000 Stück (Kapazitätsgrenze) · 100 = 188,32 %
Da die Gewinnschwelle bei 20.715 Stück liegt, die Kapazitätsgrenze aber nur 11.000 Stück beträgt, kann der Betrieb nicht in die Gewinnzone gelangen. Unter diesen Bedingungen wird nur Verlust eingefahren.

L13:
- Aufstellung eines Projektstrukturplanes
- Einteilung in Arbeitspakete
- Terminplanung und Setzen von Meilensteinen
- Planung der Ressourcen (Kapazität der Mitarbeiter und der Betriebsmittel, Materialeinsatz)
- Planung der Gesamtkosten des Projektes (eine genaue Aufgliederung der Kosten folgt Schritt für Schritt)

L14:
a)
2.000 Stück · 5 Min./Stück = 10.000 Minuten
1.500 Stück · 6 Min./Stück = 9.000 Minuten
Gesamt: 19.000 Minuten · 1,2
= 22.800 Minuten = 380 Stunden

b)
380 Std. : 30 Tage = 12,67 Std./Tag : 6,5 Std./Tag
= 1,95 Personen = 2 Mitarbeiter

L15:
- Dokumentation mit Textverarbeitungsprogrammen
- Kommunikation mit E-Mail
- Kalkulation mit Tabellenkalkulationsprogrammen
- Präsentationen mit entsprechenden Programmen
- Erstellung der Terminplanung, Einsatz von Netzplänen und Balkendiagrammen

L16:
a) 15 €/Std. + 130 % = 19,50 €/Stunde
b) 70 % von 160 Stunden
= 112 Stunden im Akkord
112 Std. · 19,50 €/Std. = 2.184 €
48 Std. · 15 €/Std. = 720 €
Monatsverdienst: 2.184 € + 720 € = 2.904 €
c) 2.904 € pro Monat : 160 Std. = 18,15 €/Std.

L17:
a) 9.000 Minuten = 150 Stunden Akkordarbeit wurden in 142 tatsächlichen Stunden erledigt.

$$\text{Zeitgrad} = \frac{\text{Soll-Zeit}}{\text{Ist-Zeit}} \cdot 100$$

$$\frac{150 \text{ Std.}}{142 \text{ Std.}} \cdot 100 = 105,63 \%$$

b)
$$\text{Leistungsgrad} = \frac{\text{Ist-Leistung}}{\text{Normleistung}} \cdot 100$$

$$\frac{142 \text{ Std.}}{150 \text{ Std.}} \cdot 100 = 94,67 \%$$

c) 18 € + 15 % = 20,70 €/Std.
20,70 €/Std. · 150 Stunden = 3.105 €/Monat

d)
3.105 € : 142 Std. = 21,87 €/Std.

3.6 Auswählen und Anwenden von Informations- und Kommunikationsformen sowie Einsatz von Informations- und Kommunikationsmitteln

3.6.1 Aufgaben der Informationsverarbeitung

Die **Einsatzgebiete** der elektronischen Datenverarbeitung im kaufmännischen und im gewerblich-technischen Bereich sind bekannt. Datenverarbeitung wird eingesetzt, um Vorgänge zu vereinfachen und Abläufe zu unterstützen. Computer sind geeignet zum Ausführen von Routinearbeiten, also sich ständig wiederholenden Tätigkeiten. Ergebnisse liegen schneller vor und der Informationsfluss wird gesichert. Es tritt aber auch erhöhter Datenanfall auf.

Beispiele für die Einsatzmöglichkeiten der EDV

Welche (erwünschten) Auswirkungen hat EDV?

Nur zur Veranschaulichung wird die folgende, nicht strukturierte Aufzählung genannt: Lohn- und Gehaltsabrechnung, Banküberweisungen, Platzreservierungen, Steuerung von Fertigungsprozessen (PPS), permanente Inventur, automatische Bestellungen, am Computer konstruierte Teile können direkt auf Fräsmaschinen hergestellt werden, Serienbriefe, Tabellenkalkulation, Erstellung von Präsentationen, Übernahme von gesundheitsgefährdenden Tätigkeiten durch computergesteuerte Maschinen, Landung auf dem Mars und Auswertung von Bodenproben usw.

Automatisierung	Rationalisierung	Beschleunigung/Intensivierung
Zur Erhaltung der internationalen Wettbewerbsfähigkeit ist es notwendig, Kosten zu sparen. Eine Möglichkeit ist Automatisierung. Der Produktionsfaktor Mensch wird durch Maschinen ersetzt, die in kürzerer Zeit bessere Qualität mit weniger Ausschuss in höherer Stückzahl liefern. Computer steuern die Vorgänge in den Produktionsanlagen. Die Arbeitsproduktivität ist deutlich größer als bei Handarbeit. In bestimmten Bereichen kann EDV auch korrigierend eingreifen (steigende Temperatur, zu hohe Drehzahl). Automatisierung kann sich nachteilig auf den Mitarbeiter auswirken, da er nur noch eintönige, überwachende Tätigkeiten ausführt (siehe Abschnitt 4.2.2.1).	Rationalisierung ist die wirtschaftliche Gestaltung des Aufbaus und der Abläufe im Unternehmen. Dazu zählen alle Maßnahmen, die die Wirtschaftlichkeit steigern. Verbunden ist dies entweder mit einer Senkung der Kosten und/oder einer Leistungssteigerung. Rationalisierung ist nicht auf den Fertigungsbereich beschränkt. Auch im Einkauf, der Verwaltung oder im Personalwesen können Abläufe rationeller gestaltet werden. Im Fertigungsbereich führt Rationalisierung zu Automatisierung. Im Materialbereich kann durch Normung und Typung oder die Anwendung der ABC-Analyse bzw. Wertanalyse rationalisiert werden.	Die steigende Informationsflut zwingt dazu, sorgfältig die tatsächlich benötigten Informationen auszuwählen. Informationen kommen ins Unternehmen und müssen aufbereitet und aufbewahrt werden. Informationen verlassen das Unternehmen auch wieder zielsicher an den richtigen Empfänger. Informationen werden im Unternehmen erzeugt und an Empfänger im Unternehmen selbst weitergegeben. Überlegt man sich den Ablauf, ergibt sich folgende Reihenfolge: • Informationsbedarf festellen, • Informationen beschaffen, speichern und verarbeiten • Informationen an den Empfänger übermitteln, bei dem die Ausgabe erfolgt.

3.6.1.1 Hardware: Komponenten und Aufbau eines Computersystems

Hardware ist die Bezeichnung für die Gesamtheit aller physisch greifbaren Komponenten eines Computersystems.

 Die gesamte Hardware-Struktur wird auch Konfiguration genannt.

Zu den Hardware-Komponenten zählen Zentraleinheit, Eingabegerät, Speichermedien, Ausgabegerät, Dialoggerät, Verbindungseinrichtungen, im Einzelnen:

- Zentraleinheit: Sie wird auch CPU (Central Processing Unit) genannt und besteht aus dem Arbeitsspeicher, dem Steuerwerk (Leitwerk) und dem Rechenwerk.
- Eingabegeräte: Mithilfe von Eingabegeräten werden Daten in den Arbeitsspeicher eingegeben. Dazu kann ein Belegleser, ein Direkteingabegerät (z. B. Sensor), ein Lochkartenleser, ein Lochstreifenleser oder ein Scanner benutzt werden.
- Speichermedien: Es handelt sich um Datenträger, die Informationen aufnehmen, aufbewahren und wiedergeben, wie z. B. eine Diskette, eine Festplatte, ein Magnetband oder eine optische Speicherplatte (CD-ROM).
- Ausgabegerät: Diese Geräte geben verarbeitete Daten nach außen ab, dazu zählen Drucker, Mikrofilmgeräte, Plotter oder Bildschirme.
- Dialoggerät: Bei einem Dialog findet wechselseitiger Informationsaustausch statt. Der Mitarbeiter gibt Informationen in den Computer ein und dieser antwortet direkt. Dialoggeräte sind Tastatur und Bildschirm, Telexterminals oder Kassenterminals. Auch das Schalterterminal bei Banken zählt dazu.
- Verbindungseinrichtungen: Hier gibt es Kanäle als Verbindungen bei Großrechnern zur Übertragung von Daten zwischen dem Arbeitsspeicher und den Peripheriegeräten. Die Übertragungsleitungen führen über Schnittstellen zum Beispiel zu einem Drucker. Busleitungen sind Verbindungseinrichtungen zwischen digitalen Schaltwerken eines Zentralprozessors.

Was zählt alles zur Hardware?

Beurteilungs- und Klassifizierungsmöglichkeiten von Hardware

Man unterscheidet Kleinrechner (Personal Computer, Organizer), mittlere Datentechnik, Großrechner beziehungsweise Großrechenanlagen und Superrechner.

Zur Beurteilung der Leistungsfähigkeit und Güte einer EDV-Anlage können folgende Kriterien in Betracht kommen: Größe des Hauptspeichers, Größe der Festplatte, CPU-Takt, Grafikkarte, Bildschirm (Größe, Flimmern), Preis

---

Wie lassen sich Computer einteilen und nach welchen Kriterien bewerten?

3.6.1.2 Arbeitsplatzinformatik (Software)

Betrachtet werden im Folgenden kurz
- die Grundlagen von grafischen Oberflächen,
- die Dateihandhabung mit einer grafischen Oberfläche,
- Problemstellungen mit dem Tabellenkalkulationsprogramm und
- das Arbeiten mit Dateiverwaltungsprogrammen.

Dies sind neben Textverarbeitung grundlegende und allgemeine Anwendungen von PCs, auf die spezielle Anwendungen aufbauen.

Grafische Benutzeroberfläche
Bei einer grafischen Benutzeroberfläche muss der Anwender keine kryptischen Befehle oder Kommandos zum Aufruf oder zur Steuerung eines Programms eingeben. Auf dem Bildschirm sind die grafischen Symbole (Piktogramme, Icons) mit unterschiedlichen Funktionen angeordnet, die mit einer Maus angesteuert werden können. Der Anwender muss einzelne Befehle und Parameter nicht erlernen.

Dateihandhabung mit einer grafischen Oberfläche
Dateien können mit der Maus von einem Ordner in den anderen verschoben werden, indem man sie am Bildschirm verschiebt. Programme werden geöffnet, indem man auf das entsprechende Symbol klickt.

In den jeweiligen Programmen gibt es Icons für die Befehle „Kopieren, Löschen, Öffnen, Speichern, Drucken" usw.

Problemstellungen mit einem Tabellenkalkulationsprogramm lösen und grafisch darstellen
In Tabellenkalkulationsprogrammen werden mathematische Formeln, deren Kombinationen oder logische Bedingungen/Verknüpfungen verarbeitet. Es können auch Texte eingegeben und das Zahlenmaterial grafisch aufbereitet werden. Erstellt man zum Beispiel eine Tabelle mit den Umsätzen der letzten sechs Monate, kann man die Daten z. B. als Säulendiagramm oder Kurvendiagramm darstellen. Funktionen können in andere Felder kopiert werden. Auch ist es möglich, die Felder zu markieren, die in die Berechnung einbezogen werden sollen.

Arbeiten mit Datenverwaltungsprogrammen
Für einfache Anwendungen reicht es aus, Daten einfach als Dateien abzuspeichern. Für umfangreichere Anwendungen ist dies nicht zweckmäßig oder auch gar nicht mehr zu handhaben. Wenn es um große Datenbestände geht und wenn daraus bestimmte Daten bzw. Datenkombinationen herausgesucht werden sollen, müssen die Daten in einem Datenbanksystem (kurz: Datenbank) organisiert werden.

 Eine Datenbank ist ein Programm/eine Software, was zum einen für die Speicherung der Datenbestände (= Datenbasis) sorgt und zum anderen geeignete Zugriffsmöglichkeiten bietet (= Datenbankoberfläche).

Kennzeichen einer Datenbank ist dabei, dass die Daten nur einmal an einer Stelle gespeichert werden, dass man sie aber nach unterschiedlichen und auch miteinander kombinierbaren Kriterien wieder auffinden kann.

Die damit mögliche umfassende Information muss aus Schutzgründen aber auch einschränkbar sein. Datenbanken werden deshalb so programmiert, dass Mitarbeiter nur mit einer Zugangsberechtigung auf bestimmte Daten zugreifen können. Drei Formen von Datenbanken finden heute überwiegend Anwendung:
- hierarchische,
- netzwerkorientierte und
- relationale Datenstrukturen.

Die Abbildungen 3.48 – 3.50 auf der gegenüberliegenden Seite zeigen die Grundprinzipien.

Diese Grundstrukturen unterscheiden sich zum einen im Programmieraufwand und damit in den Kosten für die Erstellung der betreffenden Datenbank. Zum anderen lassen sie unterschiedliche Suchkriterien zu.

Datenbanken werden längst nicht mehr nur eingesetzt, um Daten im engeren Sinn zu speichern, zu verarbeiten und wieder recherchierbar zu machen. Vielmehr können alle Informationsträger, die sich digitalisieren lassen (zum Beispiel also Texte, Bilder, Töne) in Datenbanken abgelegt werden. Das wird beispielsweise schon lange auch in produzierenden Unternehmen genutzt, wo Konstruktionszeichnungen und – ggf. daraus abgeleitete – Fertigungsdaten in Datenbanken abgelegt werden (vgl. dazu auch Kapitel 16 über Computer Integrated Manufacturing).

Typische Beispiele für Einsatzgebiete von Datenbanken sind die Erfassung von Kunden- und Lieferantendaten, Auftragsdaten, Ersatzteillisten, Archive von Bibliotheken u. a.

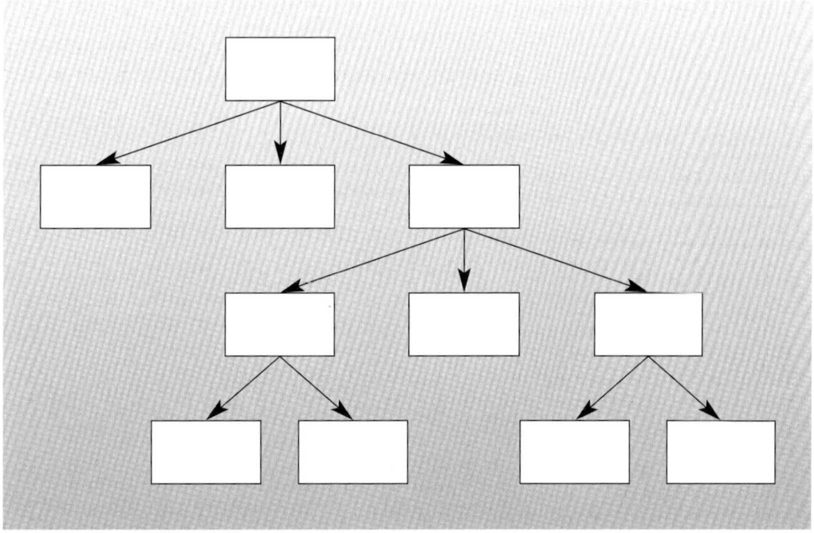

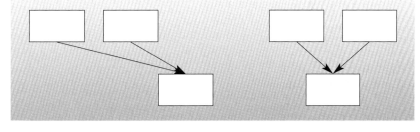

Abb. 3.48: Hierarchische Datenstruktur: Die Struktur gleicht einem Baum, wobei allerdings keine Querverbindungen möglich sind.

Abb. 3.49: Netzwerkorientierte Datenstruktur: Diese Struktur sieht genauso aus wie die hierarchische. Es sind nur mehrere Vorgänger erlaubt.

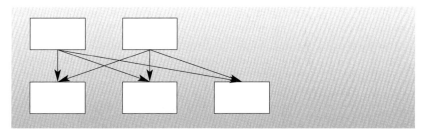

Abb. 3.50: Relationale Datenstruktur: Sie ist ebenso aufgebaut wie die hierarchische, nur dass hier mehrere Vorgänger und Nachfolger erlaubt sind.

3.6.1.3 Datensicherung, Daten- und Informationsschutz

Anwendung von Sicherheitskonzepten

Daten werden gesammelt, aufbereitet, ausgewertet, präsentiert und schließlich abgelegt. Vollzieht sich dieser Prozess auf Papier, so bedeutet die Sicherung von Dokumenten, dass von wichtigen Unterlagen Duplikate angefertigt werden. Ferner ist die sichere Aufbewahrung von Dokumenten zu regeln, durch die sie vor Schaden und Missbrauch bewahrt werden. Sie sind also beispielsweise in verschließbaren Schränken unterzubringen, bis hin zum feuerfesten Panzerschrank oder zum Banktresor. Ferner muss es Regelungen geben, dass Duplikate beispielsweise an unterschiedlichen Orten zu verwahren sind.

Eine völlig neue Qualität hat die Datensicherung durch die elektronischen Speichersysteme erfahren. Deshalb muss der Datensicherung besondere Aufmerksamkeit gewidmet werden, um alle Vorkehrungen und Maßnahmen zu treffen, die Daten vor Folgendem zu schützen:

Wovor soll Datensicherung vor allem schützen?

- Verlust,
- Diebstahl oder
- Verfälschung.

Um die Maßnahmen zur Sicherung von Daten optimal auswählen zu können, ist es notwendig, zuerst mögliche oder sogar schon bestehende Fehlerquellen zu identifizieren. Dazu zählen der Mensch selbst, der bereits bei der Eingabe von Daten Fehler machen kann, die Datenträger, die vielfältigen Übertragungswege von Daten, der Rechner selbst und die gesamte Peripherie. Datensicherungsmaßnahmen können sich auf drei Bereiche erstrecken:

Auf welche Bereiche ist Datensicherung auszulegen?

- die Hardware,
- die Software und
- die Organisation an sich.

Hardwaremäßige Techniken

Die hardwaremäßige Datensicherung hängt von der Qualität der Geräte einer Datenverarbeitungsanlage und von den verwendeten Datenträgern ab.

Wie lässt sich technischer Datenverlust vermeiden?

Beim Einsatz von Spiegelplatten, auch **Mirroring** genannt, werden die Daten sofort auf eine zweite Festplatte kopiert. Die Wahrscheinlichkeit, dass zwei Festplatten gleichzeitig zerstört werden, ist gering, sodass eine relativ gute Datensicherheit gewährleistet wird. Eine weitere Möglichkeit bieten **Raid-Systeme** (Redundant Array of Independent Disks). Daten werden auf mehrere Festplatten verteilt, sodass sie rekonstruiert werden können, wenn ein Laufwerk ausfällt. Je mehr Festplatten zu diesem Zweck eingesetzt werden, desto höher wird die Datensicherheit und auch die Zugriffsgeschwindigkeit.

Wie kann man Schaden durch Umfeldeinflüsse verhindern?

Eine weitere hardwaremäßige Technik zur Datensicherung stellen **Klimaanlagen** dar, da die Hardware vor Überhitzung geschützt wird. Magnetisch gespeicherte Daten gehen bei zu großer Wärmeeinwirkung verloren. Deshalb sollte man z. B. auch keine Disketten oder andere Datenträger auf der Fensterbank oder im Sommer im Auto liegen lassen.

Auch der Einbau von **Alarmanlagen** kann helfen, Daten vor Diebstahl, Vernichtung oder Veränderung zu schützen. Da Wirtschaftsspionage erhebliche Kosten bzw. Verluste verursacht, kann man der Konkurrenz manchmal schon durch einfache Alarmanlagen ein Schnippchen schlagen.

Wie vermeidet man, dass Unbefugte in Systeme und Netze eindringen?

Immer wieder liest man, dass Hacker in Computersysteme von Unternehmen oder Behörden eingedrungen sind und Daten verändert oder gestohlen haben. Um dies zu verhindern, können **Firewalls** installiert werden, die ein Schutzsystem gegen einen Zugriff von außen aufbauen. Dadurch kann ein nicht autorisierter Zugriff über die Telefonleitung verhindert werden.

Streng genommen sind die Firewalls dem softwareseitigen Schutz zuzurechnen, aber als Mechanismus im Hintergrund werden sie vom Benutzer als fester Bestandteil des Systems wahrgenommen und die Differenzierung ist in der Praxis nicht wichtig.

Softwaremäßige Techniken

Der Mensch wurde bereits als Fehlerquelle erwähnt. Programme können unmittelbar bei der Eingabe von Daten Fehler entdecken und sie automatisch korrigieren oder den Fehler anzeigen und dem Mitarbeiter die Möglichkeit gewähren, die falsche Eingabe zu verbessern. Ein etwas umständliches Verfahren stellt die Dateneingabe von zwei Mitarbeitern gleichzeitig dar. Die Daten werden anschließend maschinell verglichen und Abweichungen angezeigt. Bei wenigen und wichtigen Eingaben mag dies gerechtfertigt sein, sonst aber müssen andere Maßnahmen zum Einsatz kommen. Eine mögliche Maßnahme sind Prüfverfahren. Dabei wird z.B. mit Quersummen gearbeitet oder ein Prüfbit angefügt.

Wie reduziert man Eingabefehler durch den Menschen?

Organisatorische Maßnahmen

Eines der Ziele organisatorischer Maßnahmen ist immer zu ermöglichen, einen zerstörten Datenbestand rekonstruieren zu können. Dazu bietet sich in erster Linie ein gebräuchliches Kopierverfahren an, das auch Generationenprinzip genannt wird. Alle Bewegungsdaten, die zu einer Veränderung des Datenbestandes geführt haben, werden gesichert. Voraussetzung zur Rekonstruierung ist allerdings eine regelmäßige konsequente Datensicherung und eine eindeutige Bezeichnung der Datenträger. Das Generationenprinzip, auch Großvater-Vater-Sohn-Prinzip genannt, sieht in der grafischen Darstellung wie folgt aus:

Wie lassen sich zerstörte Datenbestände rekonstruieren?

	aktueller Arbeitsspeicher		erstes Sicherungsmedium		zweites Sicherungsmedium
GESTERN, z.B. Dienstag		Übertragen Daten Dienstag →	archiviert Dienstag	Übertragen Daten Montag →	archiviert Montag
HEUTE, z.B. Mittwoch	Arbeitsstand Dienstag wird überschrieben	Übertragen Daten Mittwoch →	archiviert Mittwoch	Übertragen Daten Dienstag →	archiviert Dienstag
MORGEN, z.B. Donnerstag	Arbeitsstand Mittwoch wird überschrieben	Übertragen Daten Donnerstag →	archiviert Donnerstag	Übertragen Daten Mittwoch →	archiviert Mittwoch

Die jeweils an einem Tag erstellten Daten werden zum Beispiel abends auf ein erstes Sicherungsmedium übertragen. Die dort verwahrten Daten wurden zuvor auf ein zweites Sicherungsmedium gegeben. So sind immer neben den laufenden Daten zwei frühere Generationen verfügbar. Die Sicherungsrhythmen können nach Bedarf kürzer gewählt werden, sie dürfen aber nicht zu kurz sein, damit nicht beispielsweise fehlerfreie Daten durch fehlerhafte überspielt werden, bevor deren Fehlerhaftigkeit bemerkt werden kann.

Abb. 3.51: Generationenprinzip

Handelt es sich um geringe Datenmengen, die auf einem kleinen, preiswerten Datenträger (Diskette, ZIP-Diskette) Platz finden, wird die Sicherung keine großen Probleme aufwerfen. Anders sieht es aus, wenn Festplatten mit mehreren Gigabytes gesichert werden müssen. Aber ausgerechnet hier ist streng darauf zu achten, dass die Datensicherheit gewährleistet ist, da bedeutend mehr Daten verloren gehen können und der Schaden beträchtlich sein kann.

Wie lässt sich Manipulation an Datenbeständen verfolgen?

Zu den weiteren Zielen organisatorischer Sicherungsmaßnahmen gehört, Eingriffe bzw. Arbeiten an Datenbeständen nachvollziehbar zu halten. Dies kann durch die Vergabe von Benutzerkennungen gewährleistet werden. Gleichzeitig kann man dadurch regeln, welcher Mitarbeiter welche Daten bearbeiten darf.

Wie kann man Zugriffsberechtigungen regeln?

So ist es z. B. nicht sinnvoll bzw. sogar verboten, dass alle Mitarbeiter auf die Daten der Lohnbuchhaltung zugreifen können. Neben der Benutzerkennung können auch noch Passwörter vergeben werden. Sie werden vom Mitarbeiter in regelmäßigen Abständen selbst geändert und sollten nicht auf einem Zettel hinten am Bildschirm kleben. Passwörter werden günstigerweise aus Kombinationen von Zahlen und Buchstaben gebildet. So kann die Gefahr der Entschlüsselung gering gehalten werden.

Was ist bei Auswahl und Instruktion von Mitarbeitern zu beachten?

Unter die organisatorischen Maßnahmen fallen auch Mitarbeiterausweise, sodass nur bestimmte Personen Räume betreten dürfen, in denen spezielle Daten gelagert werden. Bis zur Perfektion ausbaubar ist dies mit Hologrammen und dem Fingerabdruck der Personen o. Ä. Im Vorfeld kann bereits bei der Auswahl der Mitarbeiter die Datensicherheit unterstützt werden. Kommunikative Persönlichkeiten mit Hang zur Selbstdarstellung sind mit Sicherheit nicht für den Umgang mit sensiblen Daten geeignet, aber auch labile Personen mit wenig ausgeprägtem Selbstbewusstsein können bereits beim Einstellungsverfahren ausgesiebt werden.

Was sich auch als sehr nützlich erwiesen hat, sind Verfahrensanweisungen. Ein Mitarbeiter kann nur dann richtig handeln, wenn er die entsprechenden Informationen hat.

> Jedes Unternehmen sollte deshalb darauf achten, dass jeder Mitarbeiter genaue Instruktionen für den Umgang mit Daten erhält, diese auch verstanden hat und in regelmäßigen Abständen darauf hingewiesen wird.

Was versteht man unter der Verschlüsselung von Daten?

Die letzte hier genannte Möglichkeit ist die Codierung oder Verschlüsselung von Daten. Nur der Mitarbeiter, der sich im Besitz des Codes befindet, kann die Daten verwenden. Codes können zwar geknackt werden, doch die Möglichkeit sinkt rapide mit der steigenden Zahl der Kombinationsmöglichkeiten.

Bei Zugrundelegung der Leistung eines normalen PC dauert die Entschlüsselung eines Passwortes mit vier Zeichen aus einem Zeichenvorrat von 26 Zeichen ca. 7 Minuten. Werden aus diesen 26 Zeichen sechs verwendet, dauert es bereits 92 Tage, um das Passwort zu entschlüsseln. Wird ein Zeichenvorrat von 256 Zeichen verwendet und ist das Passwort fünf Zeichen lang, dauert es 89 Tage bis zur Entschlüsselung, und werden aus dem gleichen Zeichenvorrat sechs Zeichen verwendet, dauert es bereits über 2.200 Jahre ... Hier lässt sich also leicht Sicherheit einbauen.

Die Bedeutung von Viren und deren Antimaßnahmen

Ein **Computervirus** ist eine Programmsequenz, die sich, wenn sie in ein anderes Programm eingepflanzt wird, vervielfältigt. Das Virus veranlasst das Wirtsprogramm zur weiteren Verbreitung seines Codes. Viren enthalten neben den Routinen zur eigenen Vervielfältigung/Reproduktion meist Programmteile, die eine vorgegebene Wirkung auslösen. In den schlimmsten Fällen werden Daten verändert oder Dateien gelöscht. Eine besondere Form der Viren sind „Würmer" und „Trojanische Pferde". Würmer befallen keine Wirtsprogramme, sondern vermehren sich im Speicher durch Selbstvervielfältigung. Das kann soweit führen, dass das System durch Speichermangel zusammenbricht. Trojanische Pferde sind Programme, die auf das Ausspionieren von Daten spezialisiert sind, z. B. die Zugangsdaten für Online-Dienste. Der Begriff **Spam** hat sich für alle Arten unerwünschter Werbenachrichten durchgesetzt. Spammer sind Personen, die andere mit solchen Werbesendungen belästigen.

Zu den Antivirenprogrammen zählen **Virenscanner**. Diese arbeiten mit Virensignaturen. Das sind charakteristische Codesequenzen über Viren, die in einer Art Datenbank gespeichert sind. Der Scanner sucht ständig nach Übereinstimmungen mit diesen Signaturen. Eine andere Möglichkeit bieten **Prüfsummenprogramme**, die verhindern, dass eine durch Viren veränderte Programmdatei ausgeführt wird. Ein Virus-Shield versucht wiederum Viren zu entdecken, indem ungewöhnliche oder unerlaubte Schreibzugriffe auf die Festplatte verhindert werden. **Viren-Cleaner** versuchen, Viren aus einer befallenen Programmdatei zu entfernen, was jedoch wegen der Vielzahl und Mutanten oft nicht möglich ist.

Filter, die Spams schon vor dem Eintreffen in die Mailbox ausfiltern und löschen, hängen sich zwischen das Internet/den Mailserver und das Mailprogramm und versuchen unerwünschte Mails zu finden, was natürlich nicht vollständig gelingt. Moderne E-Mail-Programme verfügen über konfigurierbare Posteingangsfilter, die man als **Spam-Filter** nutzen kann.

Gesetzliche Bestimmungen bezüglich Software-Lizenzen

Man erwirbt Software meist nicht käuflich, sondern erhält das **Benutzungsrecht**, das nicht an den Datenträger gebunden ist. Der Erwerber einer kommerziellen Benutzerlizenz darf diese nicht an einen Dritten weitergegeben. Es darf keine Software genutzt werden, für die nicht die entsprechende Lizenz vorliegt.

Beispiel

Sind zum Beispiel in einer Abteilung drei PCs vorhanden und alle arbeiten mit dem gleichen Programm, müssen entweder drei Lizenzen oder drei Software-Pakete vorliegen. Es besteht aber die Möglichkeit, die gleiche Lizenz auf dem Rechner im Büro und zu anderer Zeit auf dem Laptop zu nutzen. Eine Lizenz darf aber nicht gleichzeitig von mehreren Personen verwendet werden.

Bei **Freeware** ist die Software lizenzfrei nutzbar. Handelt es sich um **Shareware**, kann die Software gegebenenfalls unter gewissen Einschränkungen eine bestimmte Zeit getestet und dann erworben werden. Dann ist aber eine kostenpflichtige Lizenzierung erforderlich.

3.6.1.4 Organisationsstrukturen in der Informatik

Welche Hauptaufgaben hat die Organisation der EDV im Betrieb?

Zur reibungslosen Abwicklung der Vorgänge in einem Unternehmen zählt auch die Organisation der **Verwaltung der Daten**. Es muss festgelegt sein, wo und in welchem Verzeichnis und unter welcher Bezeichnung Daten gespeichert werden. Nur so ist auch eine vernünftige Datensicherung möglich. Bei entsprechender Betriebsgröße gibt es meist einen eigenen EDV-Betreuer. Zur optimalen Nutzung der eingesetzten Hard- und Software ist eine regelmäßige **Mitarbeiterschulung** unumgänglich.

Im Rahmen einer **Hotline** zur Betreuung von Anwendern durch einen PC-Benutzerservice findet man vielfältige Angebote (per Telefon, Fax oder Internet):
- Einweisung und Schulungen für Installation und Bedienung, Verwaltungsprogramme (Jahreswechsel), Sicherungsprogramme, Dialogprogramme (Daten ändern, anzeigen, suchen)
- Fehlerbeseitigung bei Hardware-Störungen, Reorganisation von Datenbanken, Rücksichern von Daten, Hilfe bei Bedienungsfehlern
- Programmpflege bei Änderung gesetzlicher Vorschriften, der Bedienung, des Betriebssystems oder der Hardware

Welche Aufgabe hat die EDV nach außen (z.B. gegenüber Kunden)?

Support kann man mit „Unterstützung" übersetzen. Dies kann sich auf die gesetzliche Gewährleistung beziehen oder zusätzliche Garantieleistungen. Außerdem bieten viele Hersteller kostenlosen Support über Telefon oder Internet-Seiten an. Dabei werden Updates angeboten und Antworten auf FAQs (frequently asked questions) gegeben.

> Wesentlich ist auch die Organisation am Arbeitsplatz, vor allem die Ergonomie von Arbeitsplatz, Hardware und Software.

Die Ergonomie am Arbeitsplatz wird in Abschnitt 4.2.3.1 behandelt, auf die beiden anderen gehen wir im Folgenden ein.

3.6.1.5 Hardware-Ergonomie und Software-Ergonomie

Hardware-Ergonomie

Aus welchen beiden Gründen ist Hardware-Ergonomie wichtig?

Nicht nur, weil gesetzliche Vorschriften bestehen, sondern zur Gewährleistung einer optimalen Arbeitsleistung ist unbedingt auf die Hardware-Ergonomie zu achten. Der Arbeitsplatz ist so zu gestalten, dass die Mitarbeiterinnen und Mitarbeiter auf Dauer nicht ermüden und keine körperlichen Schäden davontragen. Die zu beachtende Checkliste umfasst u. a.:

Was sind wesentliche Kriterien?

- Qualität des Bildschirms (flimmerfrei, strahlungsarm),
- Position des Bildschirms,
- Tisch (passende Höhe, hinreichend Ablagefläche),
- Stuhl (richtige Höhe, rückenfreundlich),
- Konzepthalter,
- Beleuchtung (blendungsfrei, geeignete Lichtstärke).

Wo erhält man verbindliche Information?

Nähere Informationen (mit bildlichenr Darstellungen optimaler Arbeitsplätze) erhält man bei der zuständigen Berufsgenossenschaft. Eine Optimierung dieser Ausstattungsbedingungen sorgt für richtige Armhaltung zur Tastatur, richtigen Augenabstand zum Bildschirm und richtige Kopfdrehung und -neigung.

Software-Ergonomie
Ebenso wichtig wie die Hardware-Ergonomie ist die Software-Ergonomie:
- Auch hier soll dafür Sorge getragen werden, dass die Mitarbeiter vernünftige Arbeitsbedingungen vorfinden, aber
- dies geht zugleich damit einher, dass die Software effektiv und effizient genutzt werden kann und optimale Arbeitsergebnisse erzielt werden.

Aus welchen Gründen ist Software-Ergonomie gleichermaßen bedeutsam?

Gegenüber der Hardware ist es bei Software noch schwieriger, die Ergonomie zu beurteilen, weil einige Dinge nur subjektiv bestimmt werden können und von der Vorbildung und dem Interesse der Mitarbeiter abhängen. Möchte ein Unternehmen die „richtige" Software finden, muss es die Einsatzgebiete genau beschreiben. Trotz eines gewissen Anteils von Subjektivität können auch für Software Kriterien festgelegt werden, um die möglichst optimale Form zu finden.

> *Software ist dann ergonomisch, wenn sie ohne Probleme eingesetzt und von den Nutzern effizient verwendet werden kann.*

Als Nutzer sind Anwender, Programmierer, Mitarbeiter im Rechenzentrum und Empfänger der Ergebnisse aus den Daten anzusehen. Wichtige Kriterien sind:

Wie lautet eine Grunddefinition für Software-Ergonomie?

- Aufgabenangemessenheit: Software soll die Arbeitsaufgabe des Anwenders unterstützen, ohne ihn mit Zusatzinformationen oder Funktionen unnötig zu belasten. Anwender dürfen nicht mehr Zeit brauchen, um das System verstehen und benutzen zu können, als die eigentliche Aufgabe auszuführen.
- Selbstbeschreibungsfähigkeit: Ein Dialog wird als selbstbeschreibungsfähig bezeichnet, wenn die einzelnen Dialogschritte unmittelbar verständlich sind und der Benutzer auf Verlangen vom Dialogschritt entsprechende Erläuterungen erhalten kann, indem er auf die Hilfe-Funktion klickt.

Welche Kriterien umfasst Software-Ergonomie im Einzelnen?

- Steuerbarkeit: Im günstigsten Fall sollte der Benutzer die Geschwindigkeit des Ablaufs, die Auswahl und Reihenfolge der Arbeitsschritte sowie Art und Umfang von Ein- und Ausgaben beeinflussen können.
- Erwartungskonformität: Befehle und Funktionen sollten immer an der gleichen Stelle zu finden sein – egal, auf welcher Maske man sich befindet (z. B. Anweisung zum Drucken immer links oben, die Zeichenleiste immer unten).
- Fehlerrobustheit: Bei Bemerken eines Eingabefehlers sollte der Benutzer ihn mit möglichst geringem Aufwand rückgängig machen können, am besten mit einem einfachen Klick auf einen „Rückgängig-Button".
- Benutzerfreundlichkeit: Der Begriff bezieht sich auf die Schnittstelle zwischen Programm und Benutzer. Entsprechend sind die Benutzeroberfläche und die Dialoggestaltung zu beachten. Bezüglich der Benutzeroberfläche sind die Kriterien Benutzersteuerung, Menüvorgaben, Kommandoeingaben, Maskeninhalte, Einheitlichkeit der Systemmerkmale und Hilfeangebote zu untersuchen. Forderungen, die an Anwendungsprogramme gestellt werden sollten, sind im folgenden Kasten zusammengefasst.

> *Die Benutzerfreundlichkeit muss immer vor der Programmierökonomie stehen.*

Kriterien zur Benutzerfreundlichkeit von Anwendersoftware

...hinsichtlich Einfachheit:
- verständliche Dialogsprache
- übersichtliche Funktionen
- einheitliche Belegung der Tasten
- verständlicher Maskenaufbau

...hinsichtlich Flexibilität:
- Möglichkeiten der Unterbrechung des Dialogs
- Anpassung des Dialogs an den Benutzer
- Abfrage von Zwischenergebnissen

...hinsichtlich Verlässlichkeit:
- gleiches Systemverhalten bei gleichen Aufgaben
- kurze Antwortzeiten

...hinsichtlich Auskunftsbereitschaft:
- Hilfefunktionen stehen jederzeit zur Verfügung
- Fehler und Korrekturhilfen werden in Klartext gemeldet
- Der Computer gibt Auskunft über den Systemzustand

...hinsichtlich Maskengestaltung:
- übersichtliche Strukturierung
- maximale Nutzung des Maskeninhalts zu 50 %
- eventuell Umwandlung von Zahleneingaben in grafische Darstellungen

---

- **Antwortzeitverhalten:** Die Antwortzeit ist die Zeit, die vom Abschicken eines Bildschirminhaltes bis zur Antwortanzeige vergeht. Sie sollte möglichst kurz gehalten werden, denn davon ist die Produktivität der Arbeit und die Motivation des Benutzers abhängig.

Was umfasst leichte Pflegbarkeit von Software?

- **Pflegeleichtheit:** Software muss immer wieder verändert werden, deshalb ist Pflegeleichtheit sehr wichtig. Fehler werden beseitigt, Verfahren verbessert und immer mehr Aufgaben gelöst. Der Anwender möchte seine Wünsche realisiert sehen und es ist immer möglich, die Benutzerfreundlichkeit noch zu verbessern. Voraussetzungen sind ein übersichtlicher Programmaufbau und eine strukturierte Programmierung. Änderungen können dann mit einem relativ kleinen Aufwand durchgeführt werden. Außerdem sollte eine verständliche Dokumentation zur Hand sein. Umfragen haben ergeben, dass weit mehr als die Hälfte der Mitarbeiter in Programmierabteilungen mit der Änderung bereits laufender Programme beschäftigt ist. Die Forderung nach Pflegeleichtheit von Software ist also durchaus vernünftig. Ein Hilfsmittel dazu ist CASE (Computer Aided Software Engineering). Diese computergestützte Programmentwicklung wird verwendet zur Organisation und Programmierung von Anwendungsprogrammen und zur Übernahme bereits benutzter Programme in ein CASE-System.

Warum ist ein stabiler/kontinuierlicher Betrieb wichtig?

- **Stabilität:** Mitarbeiter, deren Aufgabenausführung vom Dialog mit dem Computer abhängt, sind auf die ständige Dienstbereitschaft des Systems angewiesen. Ausfälle zwingen sie zur Unterbrechung ihrer Arbeit. Es kommt zu Verzögerungen und es entstehen häufig auch Mehrkosten, z. B. durch Überstunden. Außerdem kann es sehr lästig sein, wenn das Programm ständig abstürzt, was der Motivation nicht gerade Aufschub gibt. Es kann sich sogar eine Abneigung gegen den Computer entwickeln.

- Portabilität: Portabilität bedeutet ganz allgemein, dass sich Software möglichst einfach von einem System auf ein anderes übertragen lässt. Man unterscheidet Hardware-, Betriebssystem-, Benutzeroberflächen- und Datenbankportabilität.

  Was meint Portabilität von Software und welche Arten unterscheidet man?

  Hardwareportabilität lässt es zu, dass Programme von einem Rechner auf einen anderen Rechner ohne Schwierigkeiten übertragen werden können. Zwischen Großrechnerprogrammen und Personalcomputerprogrammen ist dies beispielsweise meist nicht der Fall.

  Betriebssystemportabilität fordert, dass Anwendungsprogramme auf verschiedenen Betriebssystemen laufen. Meist treten aber hier Schwierigkeiten auf. DOS-Programme laufen nicht unbedingt unter dem Betriebssystem OS/2 oder unter Windows.

  Die Benutzeroberflächen-Portabilität beinhaltet die Benutzung von Anwendungsprogrammen unter unterschiedlichen Benutzeroberflächen wie z. B. Windows oder KDE (Linux). Hier treten Probleme relativ selten auf.

  Hinter Datenbank-Portabilität steckt die Nutzung unterschiedlicher Datenbanksysteme durch ein Anwendungssystem. Diese Art von Portabilität wird von den Unternehmen immer mehr gefordert.

- Fehlerbehandlung: Oberstes Ziel ist es, Fehlereingaben von Benutzern zu minimieren. Da sich dies nie ganz vermeiden lässt, sollte die Aufklärung der Fehler so einfach wie möglich formuliert werden. Grundsätzlich treten drei Arten von Fehlern auf: Bei Wahrnehmungsfehlern hat der Benutzer die richtigen Informationen nicht oder die Informationen nicht im richtigen Ausmaß erkannt. Ist z. B. der Überschreib-Modus in einem Textprogramm eingestellt und tippt der Anwender weiter, ohne dass er auf den Bildschirm sieht, macht er Fehler bei der Eingabe. Kognitive Fehler oder Verständnisfehler treten dann auf, wenn das System den Benutzer in seiner Erinnerungsleistung oder Problemlösungsfähigkeit überfordert. Besonders kommandoorientierte Dialoge sind fehleranfällig, wenn der Anwender die Syntax der Eingabesprache vergisst. Noch schwieriger wird es, wenn die Eingabesprache nicht konsequent formuliert ist. Einmal muss man z. B. Klammern setzen und einmal nicht. Die dritte Form von Fehlern sind motorische Fehler, wenn Benutzer bei der Koordination von Augen und Händen überfordert werden. Unter Zeitdruck ist dies häufig der Fall. Außerdem kommt es auf die Übung an.

  Welche Fehler können auftreten?

- Fehlerkorrektur: Da immer wieder Fehler auftreten, sollte die Software dazu in der Lage sein, den Anwender zu unterstützen, den Fehler zu korrigieren. Sechs verschiedene Techniken sind möglich.

  1. Die Software kann den Dialog abbrechen, d. h., der Benutzer kann nichts mehr machen, bis er auf eine bestimmte Art und Weise reagiert hat. So kann ein Fenster mit der Fehlermeldung erscheinen und den Benutzer dazu auffordern, das O.K.-Feld zu drücken. Erst dann sind weitere Eingaben möglich.
  2. Eine Warnung des Benutzers erfolgt meist dann, wenn er etwas Gefährliches wie das Löschen von Daten tun möchte. Auf Grund der Warnung kann er seinen Entschluss noch einmal rückgängig machen.
  3. Es kann vorkommen, dass der Computer nicht reagiert, wenn der Benutzer etwas machen möchte, was in dem aktuellen Menü gar nicht vorgesehen ist. Wenn kein Dokument geöffnet ist, kann auch nicht gedruckt werden.

  Wie kann Software den Benutzer bei Fehlern unterstützen?

4. Die Selbstkorrektur verbessert falsch eingetippte Wörter, bei denen z. B. Buchstaben vertauscht wurden. Möglich ist dies durch eine automatisch eingeschaltete Rechtschreibkorrektur.
5. Die Initiierung eines Klärungsdialogs lässt sich am schwersten realisieren, da der Computer auf alle möglichen Ursachen eingehen und reagieren muss. Diese Art von Fehlerkorrektur findet man z. B. bei Tutorensystemen.
6. Auch das Lernen aus Fehlern ist möglich, sowohl für den Benutzer als auch für den Computer. Die Software kann dem Benutzer zeigen, welche Eingaben möglich sind. Umgekehrt versucht der Computer die Eingabe des Benutzers als korrekt zu erkennen und die von ihm beabsichtigte Handlung „vorauszusehen".

Was bieten Hilfesysteme?

- Hilfesysteme: Hilfesysteme sind zum Teil abhängig vom Kontext, d. h., die Reaktion des Computers auf eine Hilfeanforderung des Benutzers hängt davon ab, woran der Anwender gerade arbeitet. So kann z. B. die dritte Maus-Taste bei PCs für Hilfe reserviert sein. Es werden die Informationen passend zu dem Feld angezeigt, auf dem der Cursor gerade steht. Das Hilfe-System kann Beispiele anbieten, wie diese Felder auszufüllen sind. Ein aktives Hilfesystem meldet sich automatisch, wenn z. B. eine Eingabe auch über ein kürzeres Kommando möglich ist. Das passive Hilfe-System reagiert nur dann, wenn es vom Benutzer aufgerufen wird.

Was bieten Tutorensysteme?

- Tutorensysteme: Tutorensysteme werden hauptsächlich für rechnerunterstütztes Lernen entwickelt und bringen dem Benutzer Lernstoff, z. B. zur Bedienung des betreffenden Anwenderprogramms, in dialogorientierter Form näher. Dabei kann durch Steuerung über falsche und richtige Antworten auf die besonderen Fähigkeiten des Lernenden eingegangen werden, indem Aufgaben zur Wiederholung angeboten oder einfach übersprungen werden. Auch das Lerntempo kann individuell bestimmt werden. Auf noch weiter reichende Lernprogramme wird hier nicht näher eingegangen.

3.6.2 Betriebliche Kommunikation und Information

Inwiefern setzt Kommunikation die Verwendung von Informationsmitteln voraus?

Die Grundlage für Kommunikation ist das Wollen des Mitarbeiters. Fachwissen und Sachkompetenz alleine reichen nicht aus. Ohne Kommunikation werden keine Informationen ausgetauscht und die Arbeit wird nicht effektiv durchgeführt. Kommunikationsfähigkeit ist besonders in Mitarbeitergesprächen sehr wichtig, worauf in Abschnitt 4.6.1 hingewiesen wird. Soziale und kommunikative Kompetenz sind im Arbeitsleben unerlässlich.

 Kommunikations- und Informationstechniken dienen der Produktion, Verarbeitung und Speicherung von Informationen.

Welche Kommunikationsmittel gibt es?

Dies kann erfolgen durch: Persönliches Gespräch oder Telefongespräch, schriftliche Kommunikation, E-Mail, Fax, Videokonferenzen u. v. m.

3.6.2.1 Notwendigkeit optimaler betrieblicher Kommunikation

Wie bereits angesprochen, hängt die Leistungsfähigkeit eines Unternehmens neben der fachlichen Qualifikation der Mitarbeiter auch von deren Fähigkeit und Bereitschaft, miteinander zu kommunizieren, ab. Nur durch Kommunikation ist Koordination möglich. Eine optimale Aufgabenerfüllung fordert optimale Kommunikation.

- Die **Ziele** betrieblicher Kommunikation sind dabei im Einzelnen: Versorgung aller Stellen und Mitarbeiter mit den notwendigen Informationen, Verkürzung der Informationswege, Beschleunigung der Informationsweiterleitung, auftretende Störungen erkennen und beseitigen. *(Welche allgemeinen Ziele verfolgt Kommunikation im Betrieb?)*
- Die **Wege** betrieblicher Kommunikation hängen dabei von den Kommunikationsstrukturen ab. Informationen laufen in der Hierarchie von oben nach unten, von unten nach oben, auf der gleichen Ebene von Abteilung zu Abteilung (Querinformation) und quer durch den ganzen Betrieb als informelle Informationen in den informellen Gruppen. Mitarbeiter können sich nur dann mit dem Unternehmen identifizieren, wenn sie mit ausreichenden Informationen versorgt werden, um Zusammenhänge und den Sinn von Anordnungen zu verstehen. *(Welche Wege kann Kommunikation nehmen?)*

3.6.2.2 Formen der Kommunikation

Verbale Kommunikation geschieht mit Sprache. In der betrieblichen Umgebung ist der sachliche, gefühlsneutrale Stil zu empfehlen. Personalgespräche bilden dabei eine Ausnahme. Bei der Weitergabe von Informationen muss darauf geachtet werden, wer der Empfänger ist und welcher Sachverhalt vermittelt werden soll. Außerdem ist auf eine klare und unmissverständliche Ausdrucksweise zu achten. *(Welcher Kommunikationsstil ist empfehlenswert?)*

   Nach dem bekannten Kommunikationsforscher Paul Watzlawick gilt: „Man kann nicht Nichtkommunizieren." *(Welche Rolle spielt Körpersprache?)*

Durch Gesten, Körperhaltung und Mimik werden unvermeidbar Botschaften vermittelt. Zum großen Teil läuft dies unbewusst ab. Geballte Fäuste oder nervöses Spielen mit den Fingern deuten auf eine unangenehme Situation hin. Es kommt auch häufig vor, dass das Gesagte nicht mit dem übereinstimmt, was die Körpersprache ausdrückt.

3.6.2.3 Schriftliche Kommunikation

Zu den Formen schriftlicher betrieblicher Kommunikation zählen zum Beispiel der Bericht, Rundschreiben, der Aushang, das Protokoll, die Aktennotiz, einfache Briefe (hausinterne Briefe) und Gesprächsnotizen. Einige sollen näher umrissen werden: *(Welche Formen schriftlicher Kommunikation werden im Betrieb genutzt?)*

- Ein Protokoll gibt die wichtigsten Punkte einer Sitzung wieder mit Ort, Datum und Teilnehmern. Anträge und Beschlüsse sollten wörtlich festgehalten werden. Eine persönliche Wertung darf nicht einfließen.
- Gesprächsnotizen und Aktennotizen sind mit Namen, Datum, Ort und Thema zu versehen. Sie halten in Kurzform das Wesentliche fest. *(Einsatz von Formularen)*
- Eine interne Mitteilung/Hausbrief soll sachlich, aber höflich verfasst werden. Meist geht es um Wünsche oder Änderungen.
- Ein Bericht enthält entweder nur das Ergebnis oder beschreibt auch ausführlich die Details der Sachverhalte. Er enthält umfassende Informationen und dient der Rechenschaft (Rechenschaftsbericht).

Was ist ihnen gemeinsam?	Allen gemeinsam ist, dass man das Wesentliche kurz und prägnant ausdrückt. Auf jedem Schriftstück sind Absender und Empfänger (bei mehreren Empfängern der Verteiler) anzugeben, meist auch Betreff, Datum und evtl. Anlagen.
Was ist generell bei der Formulierung von Texten zu beachten?	➡ *Von großer Wichtigkeit ist, bei der Formulierung von Texten Verständlichkeit, Klarheit, Anschaulichkeit und Prägnanz zu beachten.*
Wie und wodurch ergänzt man Texte zur besseren Verständlichkeit?	Der Leser muss beim ersten Lesen begreifen, worum es geht. Dazu eignen sich kurze Sätze. Fachbegriffe sollten erklärt werden. Fließtext ist schwierig zu lesen als untergliederter Text mit Überschriften und Absätzen. Auf eine logische Reihenfolge ist zu achten. Die Gestaltung von Grafiken, die zur Veranschaulichung in vielen Fällen hilfreich sind, wird in Abschnitt 3.3.2.3 beschrieben.

Damit die schriftlichen Kommunikationsmittel die Empfänger erreichen, kann zum Beispiel die Hauspost eingesetzt werden, ein Fax, elektronische Post bzw. E-Mail oder Notebooks in Verbindung mit einer Übertragungsmöglichkeit (Intra- oder Internet-Anbindung).

3.6.2.4 Mündlicher Vortrag

Welcher Grundanforderung müssen mündliche Äußerungen genügen?	Eine Rede muss ziel- und adressatengerecht für die betreffenden Anlässe verfasst werden. Dies gilt auch für Kurzvorträge, Präsentationen, Fachvorträge oder Referate. Die Vorbereitung, der Aufbau, die Verwendung der Stilmittel und die Darbietung werden im Abschnitt 3.3 ausführlich dargelegt. Die Vorgehensweise unterscheidet sich praktisch nicht von der Vorbereitung und dem Abschluss/der Nachbereitung von Präsentationen. Kriterien sind z.B. Ziel und Gegenstand, Motivation und Rhetorik, Visualisierung, Zielgruppe, Stoffsammlung, Einleitung – Hauptteil – Schluss und Auswertung.

3.6.2.5 Adressatengerechte Darstellung und Visualisierung von Ergebnissen aus Einzel- und Gruppenarbeiten

Was gilt für die Darbietung von Arbeitsergebnissen eines Teams?	➡ *Wesentliche Aufgabe ist hierbei das Auswählen und Verdichten von Informationen.*

Für die Zielgruppe müssen Informationen zweck- und zielgerichtet aufbereitet werden. Es werden nur die Daten verwendet, die tatsächlich notwendig sind. Dabei muss darauf geachtet werden, dass das Wesentliche erfasst wird, die Informationen verständlich bleiben, die Aussage erhalten bleibt und Grafiken übersichtlich gestaltet sind. Im Einzelnen kommt es dabei auf Folgendes an:

- **Verdeutlichung abstrakter Inhalte**: Abstrakte Inhalte können durch Schaubilder, Diagramme und Verwendung von Farben und Formen veranschaulicht werden. Der Verantwortliche muss passende Medien auswählen und den Wissensstand der Zuhörer einbeziehen. Beispiele erleichtern und verdeutlichen Erläuterungen. Vielleicht können auch Modelle verwendet werden.
- Hilfreich sind in jedem Fall **Gestaltungselemente der Visualisierung**, dies wird in Abschnitt 3.3.2.3 beschrieben.
- Ein möglicher **Medieneinsatz** muss gezielt erfolgen. Auf eine Auswahl von Medien wird in Abschnitt 3.3.2.2 eingegangen.

AUFGABEN ZU ABSCHNITT 3.6

1. Zur Vermeidung fehlerhafter Dateneingaben können verschiedene Kontrollmechanismen angewendet werden. Beschreiben Sie hierzu drei Möglichkeiten.
2. Erläutern Sie den Begriff Firewall.
3. Nennen Sie drei Kriterien, die bei einem ergonomischen Computerarbeitsplatz erfüllt werden sollten.
4. Ein Lkw-Fahrer bewirbt sich in Ihrem Betrieb. Über ihn sind im Verkehrszentralregister Angaben gespeichert. Begründen Sie, ob diese Informationen an den möglichen zukünftigen Arbeitgeber weitergegeben werden dürfen.
5. Erläutern Sie die Bezeichnung „Offline-Verarbeitung".
6. Erläutern Sie den Unterschied zwischen Datenschutz und Datensicherheit.
7. Nennen Sie fünf Gründe für den EDV-Einsatz in Industrieunternehmen.
8. Erläutern Sie Gefahrenquellen, die bei Informationsverarbeitung bestehen. Nennen Sie Möglichkeiten, ihnen zu begegnen.
9. Nennen Sie fünf Ziele, die mit EDV-Einsatz in einem Industrieunternehmen verfolgt werden.
10. Beschreiben Sie, wie Passwörter formuliert sein sollten.
11. Beschreiben Sie, wie sich in sinnvoller Weise die in einer relationalen Datenbank in mehreren Tabellen erfassten Daten in Listen auswerten lassen.
12. Erläutern Sie die Forderungen, die ein Datensicherungsverfahren erfüllen soll.
13. Nennen Sie jeweils ein Beispiel, mit welchen Standardprogrammen Sie folgende Aufgaben am PC lösen können:
    a) Erstellung eines Betriebsabrechnungsbogens
    b) Erfassung aller Kundendaten
    c) Erstellung eines Geschäftsbriefes
14. Bei guter Standardsoftware findet man ausführliche Hilfefunktionen. Erläutern Sie deren Zweck und geben Sie Beispiele für den Inhalt von Hilfetexten.
15. Beschreiben Sie, was man unter einer Prüfziffer versteht.

Hinweis: Die folgenden Aufgaben dienen teils der Vertiefung des Stoffs und erweitern deshalb die Darstellung der betreffenden Abschnitte.

16. Sie verwenden als Datenspeicher Disketten und Magnetbänder. Nennen Sie die jeweilige Art des Zugriffs.
17. Was verbirgt sich im Bundesdatenschutzgesetz hinter den Begriffen Zugangskontrolle, Speicherkontrolle, Zugriffskontrolle, Transportkontrolle und Organisationskontrolle?
18. Wählen Sie bei im Folgenden beschriebenen Vorgängen aus, wo eine missbräuchliche Übermittlung personenbezogener Daten laut Bundesdatenschutzgesetz vorliegt. Missbräuchlich ist die Weitergabe von...
    a) ...Informationen über persönliche Verhältnisse eines Käufers durch eine Auskunftei
    b) ...Informationen aus dem Schuldnerverzeichnis durch das Amtsgericht
    c) ...Fehlzeiten wegen Krankheit durch den Arbeitgeber an einen anderen Arbeitgeber
    d) ...Informationen über die Kreditwürdigkeit eines Bankkunden durch die Schufa
19. Erläutern Sie die Bedeutung der elektronischen Datenverarbeitung für die Material- und Fertigungswirtschaft!
20. In einem mittelständischen Betrieb findet es die Geschäftsleitung wieder einmal an der Zeit, die bestehende EDV-Anlage zu modernisieren und zu erweitern. Für 17 Verwaltungsangestellte stehen 13 PCs zur Verfügung, die noch unter MS-DOS laufen und vernetzt sind. Nach der Umstrukturierung soll jeder Mitarbeiter an seinem eigenen PC arbeiten können. Man ist auf der Suche nach einer Firma, die die notwendige Hard- und Software-Installation vornimmt. Als Software werden in dem Unternehmen ein Textverarbeitungs-, ein Lohn- und Gehaltsabrechnungs- und ein Buchhaltungsprogramm benötigt.
    a) Wie sehen die ersten Schritte zur Beschaffung von Hardware aus?
    b) Welche Überlegungen sind bei der Auswahl von Anwendungssoftware anzustellen?
    c) Die Geschäftsleitung möchte von Ihnen informiert werden, welche Möglichkeiten es gibt, sich vor Datenverlust zu schützen.

d) Das Unternehmen möchte auch im Bereich des E-Commerce tätig werden. Worauf sollten Sie die Geschäftsleitung hinweisen?
21. Überlegen Sie, welche Schritte bei der Erstellung eines Programms z. B. zur Erfassung des Wareneingangs mithilfe einer EDV-Anlage notwendig sind.
22. Begründen Sie, warum man vor einem Vortrag an die Zuhörer eine Tischvorlage (Handout) verteilen sollte.
23. Beim Verfassen einer schriftlichen Arbeit ist es empfehlenswert, bestimmte Arbeitsschritte einzuhalten. Beschreiben Sie die Vorgehensweise.
24. Nennen Sie drei Kriterien, anhand derer man externe Datenträger unterscheidet.

LÖSUNGSVORSCHLÄGE

L1: Durch die Plausibilitätskontrolle wird ein Wertebereich auf seine Zulässigkeit geprüft, zum Beispiel kann ein Kalenderdatum nicht über den 31. Tag eines Monats hinausgehen. Es gibt auch keinen 13. oder 14. Monat. Eine weitere Möglichkeit bietet die Prüfziffernkontrolle. Die Prüfziffer wird auf Grund mathematischer Vorgaben errechnet. Weiterhin ist die Kontrolle des Formats möglich. Felder können definiert werden als numerische Felder oder Textfelder. Hierzu gehört auch die Eingabelänge.

L2: Eine Firewall ist ein Rechner oder Programm, mit dem verhindert werden soll, dass unautorisierte Personen in ein Computersystem eindringen und/oder gefährliche Daten übertragen werden. Es handelt sich um eine Art digitalen Schutzwall, mit dem Einzel-PCs und Netzwerke vor Gefahren aus dem Internet geschützt werden. Meist kann man Sicherheitsstufen einstellen. Der Datenverkehr vom und zum Internet wird überwacht. Insbesondere Ports werden vor unberechtigten Zugriffen geschützt. Das sind Stellen bzw. Anschlussstellen. Bei guten Firewalls ist es möglich, mit genauen Regeln zu arbeiten, um bestimmte Aktivitäten zuzulassen oder einzelne Ports freizugeben. Empfehlenswert ist eine Koppelung mit einem Antivirenprogramm.

L3:
- flimmerfreier und strahlungsarmer Monitor
- höhenverstellbarer Schreibtisch
- Bürodrehstuhl (fünf Ausleger, Rückenlehne)
- Monitor mit heller Hintergrundfarbe und schwarzer Schrift

L4: Diese Daten dürfen laut Bundesdatenschutzgesetz nicht an einen zukünftigen Arbeitgeber weitergegeben werden, da es sich um personenbezogene Daten handelt.

L5: Anfallende Daten werden nicht sofort zum Zeitpunkt ihrer Entstehung verarbeitet, sondern gesammelt und zu einem späteren Zeitpunkt verwendet und aufbereitet.

L6: Das Bundesdatenschutzgesetz regelt den Datenschutz. Dieser bezieht sich auf die Privatsphäre des Menschen. Personenbezogene Daten sollen nicht in irgendeiner Weise missbraucht werden können.
Die Datensicherung ist zuständig für die Sicherung vor Verlust, Verfälschung oder Zerstörung.

L7:
- Einsparung von Kosten und Zeit
- Produktverbesserung
- Erhöhung der Produktqualität
- Verbesserung des Servicegrades
- Einhaltung von Terminen
- Bereitstellung von Entscheidungshilfen
- Transparenz
- grafische Aufbereitung von Informationen
- Beschleunigung und gleichzeitige Verbesserung der betrieblichen Abläufe

L8:
- Eingabefehler und Fehlbedienung durch den Menschen (Verhinderung durch Plausibilitätsprüfungen und Erstellen von Verbänden)
- Stromausfall oder Ausfall von Hardware (Vermeidung von Schäden durch Sicherungsduplikate und die Organisation des Wiederanlaufs)
- absichtliche Zerstörung (Auswahl der Mitarbeiter, Zugangskontrollen, bauliche Maßnahmen)

- Computerkriminalität (Kontroll- und Berechtigungssysteme, verbinden, Firewall)
- höhere Gewalt durch Feuer oder Wasser (Überspannungsschutz, Feuerlöscher, regelmäßige Unterweisungen der Mitarbeiter)

L9:
- verbesserter Informationsfluss
- Unterstützung der Entscheidungs-, Planungs- und Kontrollaufgaben
- Qualitätsverbesserung
- Integration betrieblicher Funktionsbereiche (CIM-Konzept)
- Zeitersparnis
- Effizienzsteigerung
- Kostensenkung

L10: Geheimhaltung steht an oberster Stelle. Das Passwort sollte also nicht schriftlich niedergelegt werden. Es ist in unregelmäßigen Abständen zu ändern und sollte sich aus Buchstaben und Zahlen gemischt zusammensetzen. Es ist auch sehr unvernünftig, Namen oder Geburtsdaten aus der näheren Umgebung zu verwenden.

L11: Zwischen den einzelnen Daten müssen Beziehungen hergestellt werden.

L12:
- Regelmäßigkeit
- eventuell automatischer Ablauf
- Regelung der Zuständigkeiten und deren Überprüfung in unregelmäßigen Abständen
- Im Ernstfall soll das Einspielen der gespeicherten Daten auch wirklich funktionieren.

L13:
a) Tabellenkalkulationsprogramm (z. B. Excel)
b) Datenbankprogramm (z. B. Access)
c) Textverarbeitungsprogramm (z. B. Word)

L14:
Zweck von Hilfefunktionen:
- Führung des Anwenders
- Einarbeitung des Benutzers durch Selbststudium
- Hinweise auf falsche Bedienung usw.

Inhalt von Hilfetexten:
- Erläuterungen des Anwendungsgebietes
- Anweisungen zur technischen Bedienung (Funktionstasten)
- Beispiele für Feldinhalte: Beschreibungen von Fehlern und gleichzeitige Hinweise zur Berichtigung

L15: Eine Prüfziffer kann auf Grund verschiedener Verfahren aus den Daten ermittelt oder errechnet werden, die übertragen werden sollen. Prüfziffern dienen dazu, übertragene Zeichen auf Fehler hin zu untersuchen. Sie gehören nicht zu den übertragenen Daten selbst, sondern dienen ausschließlich der Fehlererkennung.

L16:
Disketten: Direkter Zugriff
Magnetband: Sequenzieller Zugriff

L17:
- Zugangskontrolle: Das BDSG fordert Maßnahmen, die geeignet sind, Unbefugten den Zugang zu Datenverarbeitungsanlagen, mit denen personenbezogene Daten verarbeitet werden, zu verwehren.
- Speicherkontrolle: Die unbefugte Eingabe in den Speicher sowie die unbefugte Kenntnisnahme, Veränderung oder Löschung gespeicherter personenbezogener Daten ist zu verhindern.
- Zugriffskontrolle: Es ist zu gewährleisten, dass die zur Benutzung eines Datenverarbeitungssystems Berechtigten durch selbsttätige Einrichtungen ausschließlich auf die ihrer Zugriffsberechtigung unterliegenden personenbezogenen Daten zugreifen können.
- Transportkontrolle: Es ist zu gewährleisten, dass bei der Übermittlung personenbezogener Daten sowie beim Transport entsprechender Datenträger diese nicht unbefugt gelesen, verändert oder gelöscht werden können.
- Organisationskontrolle: Die innerbetriebliche Organisation ist so zu gestalten, dass sie den besonderen Anforderungen des Datenschutzes gerecht wird.

L18: Eine unzulässige Übermittlung personenbezogener Daten liegt vor bei c), der Weitergabe von Fehlzeiten wegen Krankheit durch den Arbeitgeber an einen anderen Arbeitgeber.

L19: Die EDV bietet Unterstützung in folgenden Bereichen:
- Waren werden zeitlich passend nachbestellt, (nicht zu spät, um Produktionsunterbrechungen zu vermeiden und nicht zu früh, um überhöhte Lagerbestände zu vermeiden)
- Ermittlung von optimalem Produktionsprogramm und verfügbarer Kapazität
- Einlagerung von Roh-, Hilfs- und Betriebsstoffen oder Waren an den dafür geeigneten Lagerplätzen (Gewicht, Volumen)
- rechtzeitiges Abholen aus dem Lager und Vorbereiten für die Fertigung
- Einlagerungs- und, Materialentnahmescheine, Inventurlisten, Bestandsführung
- Zahlen als Grundlage für die Erstellung von Rechnungen

L20:
a) Es muss ein Anforderungskatalog bezüglich Ausstattung der PCs erstellt werden, um Angebote einholen zu können. Nach der Analyse und dem Vergleich der Angebote sollten nochmalige Preisverhandlungen stattfinden und die Lieferung schließlich vereinbart werden.
b) Die neue Software sollte mit der alten Software kompatibel sein, sodass ein reibungsloser Austausch der Daten gewährleistet ist. Damit alles ohne Probleme abläuft, ist es wünschenswert, Fachpersonal zur Installation der Software und der Datenübernahme zur Verfügung zu haben. Da es sich äußerst ungünstig auswirken kann, wenn die eigenen Mitarbeiter vor vollendete Tatsachen gestellt werden, ist es empfehlenswert, sie vor Einführung der Software schulen zu lassen. Weiterhin ist besonderes Augenmerk darauf zu legen, dass der Datenaustausch zwischen den einzelnen Komponenten möglich ist, z.B. die Übernahme von Daten aus der Buchhaltungssoftware in das Textverarbeitungsprogramm. Nicht zu vergessen: netzwerkfähig.

c) Hardwaremäßige Sicherung: Daten werden auf zweite Festplatte kopiert, Alarmanlagen. Firewalls
Softwaremäßige Sicherung:
– Erkennung und Korrektur von Datenfehlern
– doppelte Eingabe
– Prüfverfahren
organisatorische Sicherung:
– Generationenprinzip
– Benutzerkennung
– Passwörter
– Mitarbeiterausweise
– Mitarbeiterauswahl
– Backups
– Codierung
– Verschlüsselung
d) Einige Punkte wie Logistik, Service, Inkasso sind genau zu regeln, bevor man im E-Commerce aktiv tätig wird. Außerdem ist auf sehr hohen Kundenservice zu achten (Kunden springen sonst sehr schnell wieder ab).

L21:
– Ist-Aufnahme mit Problemanalyse
– Skizzierung des Lösungswegs
– Erstellung des Programmablaufplans
– Schreiben des Programms (Codierung)
– Übersetzung in den Maschinencode
– formeller und logischer Programmtest
– Programm-Enddokumentation

L22: Die Zuhörer erhalten einen Überblick und müssen nicht mitschreiben. Sie bekommen etwas, was sie mit nach Hause nehmen können. Sie werden dadurch an den Vortrag und die Inhalte erinnert.

L23:
• Erfassung des Themas
• Formulierung der Fragestellung
• Sammlung von Informationen
• Ordnen der Unterlagen
• Gliederung erstellen
• Erfassung in „Reinschrift"
• Endkontrolle

L24: Kapazität, Sicherheit, Zugriffszeit

Musterklausur für „Anwendung von Methoden der Information, Kommunikation und Planung"

1. Es liegen Ihnen von den letzten sechs Monaten folgende Umsatzzahlen vor:

   Januar   2.300.000 €
   Februar   2.800.000 €
   März   3.280.000 €
   April   3.680.000 €
   Mai   4.030.000 €
   Juni   4.280.000 €

   a) Der Betriebsrat bittet Sie, die positive Entwicklung grafisch darzustellen, da er die Unterlage als Grundlage für die Bitte um Lohnerhöhungen gegenüber der Geschäftsleitung verwenden möchte. (6 Punkte)
   b) Die Geschäftsleitung sieht die Entwicklung nicht so positiv und bittet Sie wiederum, den Verlauf der Entwicklung des Umsatzes negativ darzustellen. (10 Punkte)

2. Erläutern Sie, wozu Programmiersprachen dienen. (8 Punkte)

3. Grafiken dienen der Visualisierung von Prüf-, Mess- oder sonstigen Daten. (Man kann immer wieder feststellen, dass „ein Bild mehr sagt als tausend Worte".)

   a) Nennen Sie fünf Kriterien, die bei der Erstellung von Grafiken beachtet werden sollten. (5 Punkte)
   b) Erstellen Sie zwei unterschiedliche Grafiken auf der Grundlage selbst gewählter Beispiele und Daten. (8 Punkte)

4. Die Vorgehensweise bei der Ausführung von Kundenaufträgen soll mithilfe eines Flussdiagramms verständlich dargestellt werden. Folgender Ablauf ist zu erfassen:
   Es wird überprüft, ob der Kundenauftrag in gleicher Weise oder ähnlich bereits einmal ausgeführt wurde. Ist dies der Fall, wird die gesicherte Datei von der abgelegten CD-ROM aufgerufen. Nun wird geschätzt, wie viele Änderungen vorzunehmen sind. Muss mehr als 70 % geändert werden, wird eine neue Datei erstellt. Ist dies nicht der Fall, wird Datensatz für Datensatz aufgerufen und verglichen. Sind die Darstellungen identisch, wird gespeichert. Müssen Änderungen vorgenommen werden, wird der betreffende Datensatz vor dem Speichern geändert. Nach Bearbeitung aller Datensätze erhält die Datei eine neue Auftragsnummer, unter der sie gespeichert wird. (18 Punkte)

5. In Unternehmen findet man kaum noch Einzelarbeitsplätze ohne Anbindung an ein Netzwerk. Beschreiben Sie vier Vorteile vernetzter PCs. (12 Punkte)

6. In der Werkstatt sollen zwei Aufträge ausgeführt werden. Folgende Daten sind bekannt:

Auftrag A: t_r = 45 Min.
t_a = 4 Min./Stück bei 3.000 Stück
Auftrag B: t_r = 130 Min.
t_a = 12 Min./Stück bei 4.500 Stück

Eingeplant werden müssen 8 % Urlaub und 4 % Ausfälle. Es stehen zur Erledigung der Aufträge 18 Arbeitstage zur Verfügung mit je 8 Stunden.

Berechnen Sie die Zahl der Mitarbeiter, die zur Erfüllung der Aufträge A und B eingesetzt werden müssen. (12 Punkte)

7. In dem Unternehmen, für das Sie tätig sind, werden angestrebte Ziele häufig in Form von Projekten umgesetzt.

   a) Beschreiben Sie den Zielbildungsprozess in einem Projekt. (4 Punkte)
   b) Erklären Sie den Begriff „Kick-off-Meeting" in diesem Zusammenhang. (4 Punkte)
   c) Skizzieren Sie drei Ziele eines „Kick-off-Meetings". (9 Punkte)
   d) Nennen Sie die Mitarbeiter, die auf Grund ihrer Funktionen an einem „Kick-off-Meeting" teilnehmen sollten. (4 Punkte)

LÖSUNGSVORSCHLÄGE

Lösung zu 1.:

a) Die positive Umsatzentwicklung wird in einem Stabdiagramm dargestellt, (angemessene Form für die chronologische Entwicklung einer Größe):

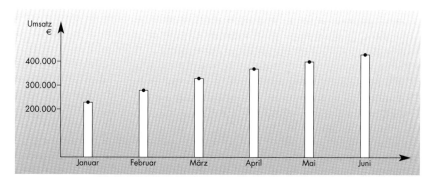

b) Als Grundlage für eine negative Entwicklung können die Zuwächse betrachtet werden:

	€
Zuwachs von Januar auf Februar	500.000
Zuwachs von Februar auf März	480.000
Zuwachs von März auf April	400.000
Zuwachs von April auf Mai	350.000
Zuwachs von Mai auf Juni	250.000

Diese werden als Punkte eingetragen und mindestens zur Linie, ggf. zur Kurve verbunden. Dies betont optisch die (in diesem Fall negative) Tendenz.

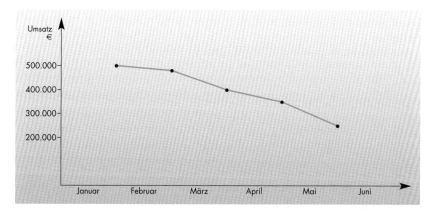

Lösung zu 2.:

Programmiersprachen werden zur Entwicklung von Computerprogrammen eingesetzt. Ein Programmierer erstellt Algorithmen unter Einhaltung bestimmter Regeln, die die Programmiersprache vorgibt. Die Programmiersprache besteht aus unterschiedlichen Befehlen, die verschiedene Funktionen ausführen.

Die Programmbefehle müssen in bestimmter Weise verwendet werden (Syntaxregeln) und werden über Parameter gesteuert (z. B. chkdsk zum Überprüfen eines Datenträgers und Anzeigen eines Statusberichtes, bei Angabe des Parameters „i" in Form von chkdsk/i werden Fehler auf dem Datenträger behoben)

Lösung zu 3.:
a) Lesbarkeit, Bezeichnungen, sinnfällige Überschrift, Farben für Übersichtlichkeit und Differenzierung, Einfachheit, Gleichmäßigkeit, Übersichtlichkeit
b) Es bieten sich z. B. an:
- Kreisdiagramm für Marktanteile von Produkten,
- Säulendiagramm für die Entwicklung des Gewinns,
- Balkendiagramm für die Auslastung von Maschinen,
- Kurvendiagramm für das Ansteigen der Stückzahlen

(Das vorliegende Kompendium enthält Beispiele, sodass auf ein weiteres verzichtet wird – Leser/innen sollten eines konkret ausarbeiten!)

Lösung zu 4.:
Siehe Flussdiagramm auf der gegenüber liegenden Seite!

Lösung zu 5.:
- Vereinfachte Datensicherung (nicht jeder Einzelne sichert seine Daten)
- Effektiver Einsatz von Hardware-Ressourcen, z. B. Nutzung von Druckern von mehreren Anwendern
- Firewall und Virenwächter nur an einer Stelle nötig
- Daten müssen nur einmal erfasst werden und können dann von allen Berechtigten verwendet werden
- Intranet (Dokumenten- und Ressourcenverwaltung, Kalender)

Lösung zu 6.:

Auftrag A:
45 Min. + (4 Min./Stück · 3000 Stück) = 12.045 Min.

Auftrag B:
130 Min. + (12 Min./Stück · 4500 Stück) = 54.130 Min.

Summe:
12.045 Min. + 54.130 Min. = 66.175 Min. für A und B = 1.102,92 Stunden

Planungsfaktor:
8 % + 4 % = 12 %, dies entspricht einem Planungsfaktor von 0,88.
18 Tage · 8 Stunden · 0,88 = 126,72 Stunden

1102,92 Stunden : 126,72 Stunden = 8,7 Mitarbeiter

Es werden also entweder 9 Mitarbeiter benötigt oder 8 Mitarbeiter müssen entsprechend Überstunden machen, damit die Aufträge rechtzeitig fertig werden.

Flussdiagramm zur Lösung von Aufgabe 4

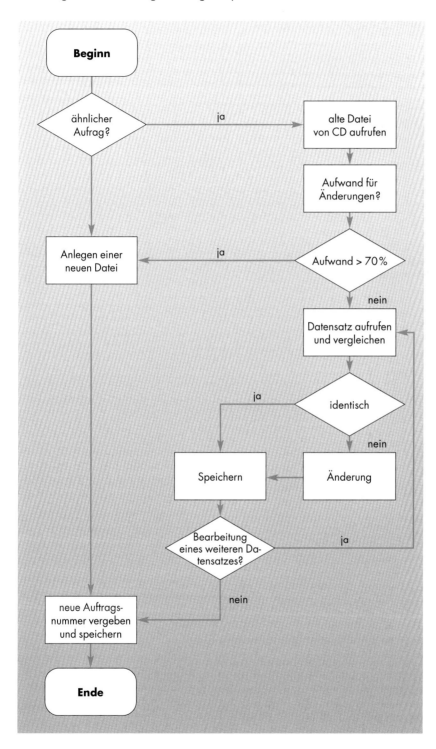

Lösung zu Aufgabe 7.:

a) Die Definition des Zieles erfolgt in einer Diskussion und Abstimmung zwischen der Geschäftsleitung/Auftraggeber und dem Projektleiter. Je nach Komplexität des Projektes läuft dieser Prozess in mehreren Stufen ab, da die Grobgliederung anschließend noch genauer spezifiziert werden muss.

b) Ein „Kick-off-Meeting" ist die erste Sitzung des Projektteams nach Erteilung des Projektauftrags. Es handelt sich noch nicht um eine Arbeitssitzung, sondern sie dient dem Kennenlernen der Projektmitglieder und der Information über die Inhalte und Ziele des Projektes.

c)
- Alle Teammitglieder werden mit Informationen über den Projektauftrag auf den gleichen Wissensstand gebracht und lernen die Rahmenbedingungen kennen.
- Die Projektrollen werden verteilt (fachliche und organisatorische Zuständigkeiten, EDV, Datenschutz).
- Die Projektmitglieder stellen sich gegenseitig vor, beschreiben ihre bisherigen Aufgaben und ihre Erwartungen.
- Einige Regelungen müssen festgelegt werden, z. B. über die Protokollführung, die Art der Einbringung von Vorschlägen, die Kommunikationsmöglichkeiten u. a.

d) Projektleiter, Projektmitglieder, Auftraggeber, Betriebsrat

Qualifikationsbereich 4

Zusammenarbeit im Betrieb

4.1	Berufliche Entwicklung des Einzelnen	552
4.2	Einfluss des Arbeitsumfeldes auf das Sozialverhalten und das Betriebsklima und Massnahmen zur Verbesserung	565
4.3	Einflüsse der Gruppenstruktur auf Gruppenverhalten und Zusammenarbeit sowie Entwicklung von Gruppenprozessen	583
4.4	eigenes und fremdes Führungsverhalten und Umsetzen von Führungsgrundsätzen	590
4.5	Anwenden von Führungsmethoden und -techniken	602
4.6	Förderung von Kommunikation, Kooperation und Konfliktlösung	624

4.1 Berufliche Entwicklung des Einzelnen

4.1.1 Zusammenhang von Lebenslauf, beruflicher Entwicklung und Persönlichkeitsentwicklung

Vor welchem Hintergrund sollte man die Persönlichkeit beurteilen?

Wer Mitarbeiter führt, muss sich auf ihre Persönlichkeit einstellen. Er/sie muss mit persönlichen Schwächen einerseits rechnen und kann andererseits auf die besonderen, individuellen Fähigkeiten bauen, die jede Mitarbeiterin, jeder Mitarbeiter mitbringt. Um das Verhalten seiner Mitarbeiter verstehen und Kompetenzen weiterentwickeln zu können, muss man sich vergegenwärtigen, dass Persönlichkeitsentwicklung und berufliche Entwicklung untrennbar miteinander verbunden sind und sich gegenseitig beeinflussen. Der Lebenslauf, bereits von Kindheit an gerechnet, und der berufliche Werdegang, prägen die einzelnen Persönlichkeiten. Ein Mensch, der sich frei entfalten kann und gefördert wird durch das Elternhaus, die Lehrer, die Ausbilder und die Vorgesetzten, wird zu einer anderen Persönlichkeit heranreifen als jemand, der sich alles hart erarbeiten muss oder sogar ständig vor seiner Umgebung auf der Hut sein und sich alles erkämpfen muss. Persönliches Selbstwertgefühl entsteht daraus, dass man selbst mit seiner eigenen Leistung zufrieden ist und dass die Erfolge aus der Arbeit durch andere Anerkennung finden.

Entwicklung von Kompetenzen

 Vorgesetzte und Führungskräfte müssen beachten: Die Wertschätzung durch andere Personen spielt eine große Rolle für die persönliche Entwicklung.

Was ist bei der Einschätzung Jugendlicher mit heranzuziehen?

Der Lebenslauf gibt wichtige Hinweise auf die Persönlichkeitsentwicklung und deshalb ist es bei Jugendlichen in der Ausbildung wichtig, auch ihre häuslichen Umstände zu kennen und einbeziehen zu können. Wie sich herausragende Fähigkeiten entwickeln und wodurch sie gefördert wurden und werden, lässt sich anhand der Biografien prominenter Persönlichkeiten veranschaulichen. Es würde den Rahmen dieses Buches sprengen, hier einzelne Beispiele zu nennen. Suchen Sie sich selbst für Sie interessante Beispiele von Prominenten heraus oder werten Sie Informationen aus, die über den Gründer Ihres Unternehmens oder über Führungskräfte allgemein zugänglich sind.

4.1.2 Entwicklung des Sozialverhaltens und Einflussmöglichkeiten auf Einstellungen und Verhalten von Mitarbeitern

4.1.2.1 Bereiche und Phasen menschlicher Entwicklung und ihr Einfluss auf die Entwicklung des Sozialverhaltens

Da zu den Aufgaben von Meistern bzw. Führungskräften allgemein neben der Produktion und der Organisation auch die Menschenführung gehört, ist es notwendig, Kenntnisse über die Entwicklung des Menschen, seiner individuellen Eigenschaften und die Ursachen seines aktuellen Verhaltens zu besitzen. Entwicklung ist ein fortlaufender Prozess der Änderungen von physischen (körperlichen), psychischen (seelischen-geistigen) und verhaltensmäßigen Merkmalen des Menschen. Die Tabelle in Abb. 4.1 gibt eine Übersicht mit groben Angaben zur Entwicklung des Menschen vom Kindesalter bis zum Erwachsenen.

	Pubertät = 13 – 18 Jahre	Heranwachsender = 18 – 21 Jahre	Erwachsener
körperlicher Bereich	Längenwuchs, Geschlechtsreife, allmähliche Proportionierung	innere Organe entwickeln sich fertig	Höhepunkt der muskulären Leistungsfähigkeit bis zum ~ 40 Lebensjahr, danach beginnen auch die Sinnesorgane nachzulassen
emotionaler Bereich	schwankendes Selbstwertgefühl, Streben nach Werten, Selbstbeobachtung	wachsendes Selbstvertrauen, zunehmende innere Stabilität	Sicherheit durch das Bewusstsein der eigenen Leistung
Sozialverhalten	teilweise Einsamkeitsbedürfnis, Lösung vom Elternhaus, ungeduldig, Geltungsbedürfnis, intolerant	Suche nach Gemeinschaft, Bildung des eigenen Rollenverhaltens, Freundschaft und Liebe gewinnen an Bedeutung	Wunsch nach festen sozialen Bindungen, Familie, Freunde und Beruf sind am wichtigsten
Konzentration und Gedächtnis	zuerst unregelmäßige Sicherheit und Ausdauer	volle Einsatzfähigkeit	Lerntempo lässt nach und Kurzzeitgedächtnis, Rückgriff auf Erlerntes im Langzeitgedächtnis
Wertorientierung	Kritik, Zweifel, wechselnde Leitbilder	Selbstkritik, Entwicklung eigener Maßstäbe und Lebensziele	feste Maßstäbe und eigene Erfahrungen
Motivation	schwankend, eigenes Anspruchsniveau wird gebildet	wird bestimmt durch Wechsel zwischen Hoffnung auf Erfolg und Angst vor Versagen	Niveau und Richtung der Motivation sind ausschlaggebend
Denken	kritisch, Streben nach Wahrheit	sachlich	erfahrungsbestimmt

Abb. 4.1: Entwicklungsübersicht mit Richtwerten

Manche Menschen entwickeln sich schneller oder langsamer als in der Tabelle angegeben. Wachstum und Reifung sind prinzipiell bei jedem anders. Auch spielen die sozialen Einflüsse wie Familie, Schule, Ausbildung und die Umgebung eine große Rolle. Einfluss auf die Entwicklung nehmen
- die Anlage,
- die Umwelt und
- das Individuum selbst.

Unter **Anlage** versteht man die physischen und psychischen Merkmale, die einen biologischen Ursprung haben. So ist die Augenfarbe genetisch festgelegt und kann durch die Umwelt nicht verändert werden. Im Gegensatz dazu wird die Körpergröße von der Ernährung mitbestimmt und die Höhe der Intelligenz ist bis zu einem gewissen Grad von der Förderung im Elternhaus abhängig.

Die Umwelt teilt sich in zwei Kategorien: die biologische Umwelt, dazu gehören z. B. Klima, Nahrung, Umweltbelastungen und die sozial-kulturelle Umwelt, wozu u. a. die Erziehung zählt, aber auch soziale Verhältnisse und die kulturellen Einflüsse, etwa durch Massenmedien oder Lektüre. Das **Individuum** kann ab einem gewissen Alter über sein Leben selbst entscheiden, zum Beispiel über seine Ernährung oder seine Freizeitbeschäftigungen.

Von der **Umwelt** werden die körperliche Konstitution und Temperamentsmerkmale kaum beeinflusst. Intelligenz und Konzentrationsfähigkeit können demgegenüber durch die Umwelt bereits stärker geprägt werden. Wenig beeinflussbar sind wiederum Interessen, Gesinnungen und religiöse Überzeugungen.

Wie lässt sich das Verhältnis Anlage und Umwelt verstehen?

Die wissenschaftlichen Meinungen klaffen auseinander, wenn es um die Beantwortung der Frage geht, ob bei der Persönlichkeitsentwicklung mehr die genetischen Anlagen oder mehr die Umwelt eine Rolle spielen bzw. spielt. Die Vererbungs- oder Anlagentheorie („pädagogischer Pessimismus") geht davon aus, dass der Mensch von seinen Anlagen bestimmt ist und die Umwelt nur einen sehr geringen Einfluss hat. Die Umwelt- oder Milieutheorie („pädagogischer Optimismus") behauptet, dass der Mensch ein Produkt seiner Erziehung und der Umwelt ist. Die Wechselwirkungstheorie, auch Konvergenz- oder Interaktionstheorie genannt, der die meisten Wissenschaftler zustimmen, nimmt an, dass die Entwicklung des Menschen sowohl von den Anlagen als auch von der Umwelt beeinflusst wird.

Nimmt man einen anderen Standpunkt ein, lässt sich sagen, dass sich der Mensch in den Bereichen Kognition, Psychomotorik und Affektion entwickelt:

Nach welchen Bereichen lassen sich Fähigkeiten und Fertigkeiten grundsätzlich unterscheiden?

- **Kognitiver** Bereich: Kreativität, Erfahrung, Intelligenz, Organisation, geplantes Handeln, Kommunikation,
- **psychomotorischer** Bereich: Grob- und Feinmotorik, Geschicklichkeit, Schnelligkeit, fachliches Können,
- **affektiver** Bereich: Offenheit, Emotionen, Interessen, Motivation, Wertvorstellungen.

In jedem Bereich müssen Führungskräfte bedenken: Wer sich mit dem Entwicklungsprozess des Einzelnen beschäftigt, kann den aktuellen Entwicklungsstand seiner Mitarbeiter besser einschätzen und sie gezielt unterstützen. Er kann seinen Führungsstil den Verhaltensweisen der Mitarbeiter anpassen und so zu einem guten Betriebsklima beitragen.

4.1.2.2 Zusammenhang von Anlagen und Umwelteinflüssen und ihre Bedeutung für die menschliche Entwicklung

Entwicklung vollzieht sich unter Zusammenwirken von Wachstum, Reifung und Lernen. Reifung ist ein rein biologischer Vorgang, wozu z. B. das Gehen und das Sprechen zählen. Lernen findet ein Leben lang statt. Es ist ein Prozess der Verhaltensänderung auf der Basis von Erfahrungen und Übung. Man unterscheidet verschiedene Arten von Lernen, die zum einen unterschiedliche Qualität aufweisen und sich zum anderen auf unterschiedliche Weise in eine Ordnung („Hierarchie") bringen lassen. Die folgende Anordnung ist nicht zwingend:

- Lernen durch **Einsicht** (kognitives Lernen)
  Beispiel: Ein Mitarbeiter versteht, warum er die Werkstücke nicht ohne Handschuhe anfassen darf, weil er sich sonst die Finger verbrennt.

> Welche Lernarten gibt es?

- Lernen durch **Nachahmung** (Imitationslernen, Modelllernen):
  Beispiel: Ein Industriemeister kann eine Vorbildfunktion ausüben. Mitarbeiter oder Auszubildende übernehmen neue Verhaltensweisen, ohne sie lange üben zu müssen. Das Vorbild ist umso wirkungsvoller, je höheres Ansehen es besitzt, je mehr sozialen Einfluss es hat und je größer das Vertrauensverhältnis zwischen Vorbild und Lernendem ist.
- Lernen durch **Übung**: Durch Üben gehen Verhaltensweisen im Laufe der Zeit in Fleisch und Blut über.
  Beispiele: In Betrieben kann man das Verhalten in Gefahrensituationen üben, sodass im Ernstfall keine Panik ausbricht. Ein Autofahrer denkt nicht mehr bewusst daran, wann er in welchen Gang schalten muss.
- Lernen durch **Verstärkung** (operante Konditionierung): Werden Mitarbeiter für ein bestimmtes zufälliges Verhalten gelobt („bekräftigt"), tritt eine Verstärkung des gezeigten Verhaltens ein. Umgekehrt wird ein Verhalten, das negative Konsequenzen nach sich zieht, so nicht mehr oder seltener ausgeübt.
  Beispiele: Prämien oder Beförderungen sind mögliche Führungsinstrumente auf Verstärkerbasis.
- Lernen durch **bedingte Reaktion** (klassische Konditionierung): ein Reiz und eine Reaktion werden miteinander verbunden, der Verstand wird nicht eingeschaltet. Bestimmte Ängste oder Emotionen werden so gelernt. Erfolgt auf eine gewünschte Reaktion eine Verstärkung, werden zwei Arten des Lernens miteinander verbunden: das Lernen durch bedingte Reaktion und das Lernen durch Verstärkung.
- Lernen durch **Versuch und Irrtum**: Vorhandene Kenntnisse und Erfahrungen werden angewendet, um eine bestimmte Aufgabe zu lösen. Wird schließlich der richtige Lösungsweg gefunden und als Lernerfolg im Gehirn gespeichert, ist dies eine sehr effektive Art zu lernen.

Heinrich Roth hat das Lernen ganz allgemein in sechs Stufen geteilt:
1. Motivation: Der Mensch erkennt, dass er nicht untätig sein darf.
2. Lernschwierigkeit: Hier wird das Problem erkannt.
3. Lösung: Sie kann zum Beispiel durch Schulungen gefunden werden.
4. Die neuen Kenntnisse anwenden.
5. Üben: Dadurch werden die neu erworbenen Kenntnisse gesichert.
6. Praxis: Das ergänzte Wissen ist jederzeit abrufbar und einsetzbar.

> Wie lässt sich der Ablauf eines Lernprozesses grundsätzlich beschreiben?

4.1.2.3 Entwicklungsfördernde und entwicklungshemmende Umwelteinflüsse sowie persönliche Einstellungen und Haltungen

Die körperliche, persönliche und soziale Entwicklung kann durch bestimmte Faktoren gefördert oder gehemmt werden. Im persönlichen und sozialen Bereich spielen Eltern, Lehrer und Ausbilder eine entsprechend große Rolle.

Beispiele

Welche Umwelteinflüsse sind bei der Persönlichkeitsentwicklung konkret zu berücksichtigen?

Entwicklungsfördernde Einflüsse: ausgewogene Ernährung, soziale Zuwendung, ein breites Lernangebot, Förderung von Interessen und Fähigkeiten, Förderung von Selbstständigkeit, Vermittlung von Erfolgserlebnissen, Lob und Anerkennung, Unterstützung bei Misserfolgen, stabile soziale Bindungen.

Entwicklungshemmende Einflüsse: Krankheit, Überbehütung, Überforderung, Alkoholmissbrauch der Mutter, Erziehung mit Strafen, Überforderung, Unterforderung, Alkoholkonsum, Drogenkonsum, gestörte familiäre Bindungen.

Das Verhalten und die persönlichen Einstellungen von Mitarbeitern sind durch solche Entwicklungsfaktoren geprägt, sie schlagen sich wiederum in Bedürfnissen und Erwartungen nieder, die an den Betrieb bzw. an den Vorgesetzten gestellt werden. Als Vorgesetzer müssen Sie die Haltungen Ihrer Mitarbeiter/innen verstehen und den persönlichen Entwicklungshintergrund berücksichtigen.

Beispiele

Jemand, der sich immer entschuldigt, erscheint möglicherweise übertrieben höflich oder auch unterwürfig, möchte aber vielleicht einfach alles richtig machen.

Ein anderer, der zur Verharmlosung neigt, ist wahrscheinlich witzig, arbeitet mit Ironie und versucht abzulenken.

Ein Dritter schmeichelt sich ein, um sich dadurch Vorteile zu verschaffen.

Wieder ein anderer lügt und verwendet Ausreden, um für ihn unangenehme Situationen zu vermeiden.

4.1.2.4 Phasen des Lernprozesses im Hinblick auf das soziale Lernen und die Bedeutung von Automatisierung und Habitualisierung

Entwicklung vollzieht sich durch Lernen und Lernen entsteht aus der Wechselbeziehung zwischen Mensch und Umwelt mit dem Ergebnis, dass sich das Verhalten ändert. Bezüglich des **sozialen Lernens** können folgende Phasen unterschieden werden:

In welchen Phasen verläuft soziales Lernen?

1. Der Mensch erlebt eine Schwierigkeit, weil er mit seinen bisherigen Erfahrungen und psychischen Einstellungen eine neue Situation nicht bewältigen kann.
2. Das Problem wird erkannt und eingegrenzt. Das Ziel ist die Lösung.
3. In der ersten Verarbeitungsstufe werden Lösungsmöglichkeiten entwickelt.
4. In der zweiten Verarbeitungsstufe werden die möglichen Konsequenzen der Lösungswege überdacht.

5. In der Realisationsstufe wird die vermeintlich beste Lösungsmöglichkeit versucht. Die Beurteilung erfolgt nach sich daraus ergebenden Konsequenzen. Ist die Lösung nicht gut, beginnt der Lernprozess wieder bei Stufe 1.

Ist der Mensch mit der ausgewählten Lösung zufrieden, ist der Konflikt beziehungsweise die Schwierigkeit gelöst. Die Wechselwirkung mit der Umwelt ist im Wesentlichen ein sozialer Vorgang. Der Lernprozess ist also sozial bedingt. Beim sozialen Lernen steht die Gruppe im Vordergrund. Das Mitglied, das am meisten zum Wohle der Gruppe beiträgt, erhält die höchste Wertschätzung. Die **Lernorte sozialen Lernens** verändern/erweitern sich im Laufe der Entwicklung:

- In der **Familie** werden erste Rollen gelernt und Normen übernommen.
- Der **Kindergarten** strebt die Entwicklung der gesamten Persönlichkeit an.
- Die **Schule** zielt neben der Wissensvermittlung auf die Persönlichkeitsbildung ab und dient auch der Vorbereitung auf das Berufsleben.
- Letztendlich ist es der **Betrieb**, in dem berufliche Kompetenzen, Fachwissen und Können vermittelt werden.

Welche Orte sozialen Lernens gibt es?

In diesen Institutionen vollzieht sich die **Sozialisation**. Darunter verstehen wir den sozialen Eingliederungsprozess. Dies ist ein Vorgang der Prägung, bei dem Werte, Normen und soziale Rollen vermittelt werden:

- **Werte** sind Orientierungen, die in der Gesellschaft als erstrebenswert angesehen werden. Ein typisches Beispiel ist Gerechtigkeit, ein weiteres Bildung.
- **Normen** sind Einstellungen und Verhaltensmuster, die sich aus den gesellschaftlichen Werten entwickeln, bis hin zu verinnerlichten Regeln. Ein einfaches, typisches Beispiel ist, dass man bei einer roten Ampel stehen bleibt.
- **Rollen** sind die Erwartungen, die an eine Person in einer bestimmten Position gestellt werden. In der Schule müssen Jugendliche die Rolle des Schülers ausfüllen, und das ist eine andere als im Freundeskreis (Peer-group) in der Freizeit. Im Betrieb werden an die Person des Meisters andere Erwartungen gestellt als an dieselbe Person in der Familie oder im Verein.

Was wird durch die Sozialisation besonders geprägt?

Zu den primären Sozialisationsinstanzen zählen die Familie und der Freundeskreis. Kindergarten, Schule, das berufliche Umfeld, aber zum Beispiel auch Interessenvertretungsgruppen oder politische Parteien sind sekundäre Sozialisationsinstanzen.

Zahlreiche Verhaltensäußerungen werden so gelernt, dass sie automatisch ablaufen. Insbesondere Lernen durch Verstärkung und durch Üben sind geeignet, als Ergebnis eine **Automatisierung** von Verhaltensabläufen herbeizuführen. Solches Lernen ist für den Alltag und für viele technische Verrichtungen hilfreich – wir treten beim Autofahren automatisch auf die Bremse, wenn wir eine rote Ampel sehen, und ohne nachzudenken sogar parallel auf die Kupplung. Auch andere Normen werden auf diese Weise vermittelt, denn in den erzieherischen Institutionen wird bekräftigt, was den Wertvorstellungen entspricht, und sanktioniert, was ihnen zuwiderläuft. Wenn wir ein bestimmtes Verhalten als Merkmal unserer Persönlichkeit übernehmen und es kennzeichnend für unsere innere Haltung wird, spricht man – weiter gehend – von **Habitualisierung** (Habitus = Gewohnheit). Um Automatisierung zu erreichen, muss ausreichend wiederholt werden, bis der Lernvorgang abgeschlossen ist. Dies gilt sowohl für motorische als auch für kognitive Fertigkeiten. Dieses Wissen ist lange bekannt, es steckt in dem Spruch: „Übung macht den Meister".

Was unterscheidet automatisiertes Verhalten vom Habitus?

4.1.2.5 Einflussmöglichkeiten auf die Einstellungen und das Verhalten von Mitarbeitern

Wodurch kann ein Vorgesetzter grundsätzlich auf das Verhalten einwirken?

Vorgesetzte haben unterschiedliche Möglichkeiten, zur Einstellungsveränderung von Mitarbeitern beizutragen und Verhaltensänderungen zu bewirken. Im unmittelbaren täglichen Führungsprozess lässt sich das soziale Lernen bei Mitarbeitern fördern, wenn positives Verhalten bekräftigt wird. Manchmal sind auch Sanktionen nötig, um mehr oder weniger Zwang zur Durchsetzung bestimmter Forderungen auszuüben. Vorbildliches Verhalten ist selbstverständlich. Bei den Auszubildenden ist die Berufsausbildung fachlich und pädagogisch qualifiziert durchzuführen.

Längerfristig können bei den Mitarbeitern vorhandene Begabungen gefördert werden, um den gestiegenen Anforderungen des Berufs gerecht zu werden. Zu den Einflussmöglichkeiten zählt ebenso eine menschengerechte Arbeitsplatz- und Betriebsgestaltung. Dadurch sollen auch die Gesundheit bewahrt und die Arbeitszufriedenheit erhöht werden.

Welche Bedeutung haben Personalentwicklungs- und Führungskonzepte?

Entscheidende Bedeutung kommen dem Personalentwicklungskonzept und dem Führungskonzept zu, die im jeweiligen Betrieb bestehen (siehe Abschnitt 4.4/4.5). Im Rahmen der Personalentwicklung wird beispielsweise der eignungsgerechte Mitarbeitereinsatz beachtet, der die beruflichen Wünsche berücksichtigt und Überforderung und Unterforderung vermeidet. Kernbestandteil des Führungskonzepts ist der Führungsstil, worauf in diesem Kapitel noch ausführlich eingegangen wird. Grundsätzlich gilt, dass der Führungsstil der Situation und der Person angemessen sein muss, und es gilt als anerkannt, dass durch Delegation der Handlungsspielraum des Mitarbeiters erweitert und die Motivation erhöht werden kann. Bei der Lösung von Problemen sollten das Wissen und das kreative Potenzial der Mitarbeiter durch Partizipation genutzt werden.

> *Jeder Vorgesetzte muss sich immer wieder vergegenwärtigen, dass die Entwicklung nie abgeschlossen ist und sich jeder Mensch körperlich, geistig, emotional, motivational und sozial ständig weiterentwickelt. Darauf lässt sich in bestimmten Grenzen Einfluss nehmen.*

Wie lassen sich einzelne Entwicklungsbereiche fördern?

Hinsichtlich der körperlichen Entwicklung gilt es vor allem, Beeinträchtigungen zu vermeiden, wie sie beispielsweise durch einseitige Belastung zu Stande kommen können. Die geistige Entwicklung kann durch Aufgabenstellungen, die Denkfähigkeit und Kreativität verlangen, gefördert werden. Zur emotionalen Entwicklung zählt unter anderem das Selbstwertgefühl, das durch positive Rückmeldungen zu den Arbeitsergebnissen gestärkt werden kann. Die Leistungsmotivation hängt vielfach von Rahmenbedingungen (Gehaltsentwicklung, Aufstiegsmöglichkeiten) ab. Zur motivationalen Entwicklung gehören auch Ausdauer, Ordnungssinn, Pünktlichkeit und Zuverlässigkeit. Kooperationsfähigkeit, Hilfsbereitschaft, Toleranz, der Wille sich durchzusetzen und die Fähigkeit, Konflikte zu lösen, sind Stichpunkte, die zur sozialen Entwicklung gehören.

4.1.3 Psychologische und soziologische Aspekte bestimmter Gruppen

4.1.3.1 Integration jugendlicher Mitarbeiter

Jugendliche Mitarbeiter sind 15- bis 18-Jährige, die sich als Auszubildende, als Anzulernende oder als jugendliche Facharbeiter im Betrieb befinden. Die Rechte der Jugendlichen sind in mehreren Gesetzen verankert, herauszuheben ist das Jugendarbeitsschutzgesetz (Arbeitszeit, Ruhepausen, Urlaub, Beschäftigungsverbote, gesundheitliche Betreuung). Gesetzlich vorgesehen ist die Bildung von Vertretungen Jugendlicher und Auszubildender (Jugendvertretung). Für Details wird auch auf den Prüfungsteil „Ausbildung der Ausbilder" verwiesen (vgl. Härtl, Die Ausbildereignungsprüfung in Frage und Antwort).

Die körperliche und die persönliche Entwicklung ist bei Jugendlichen noch nicht abgeschlossen und gerade der Übergang zum Erwachsenen stellt eine besonders schwierige Lebensphase dar. Hinzu kommt, dass der Wechsel von der Schule in den Beruf eine Umstellung des Zeit- und Lebensrhythmus bedeutet und die Jugendlichen auf zuvor ungewohnte Anforderungen der im Betrieb tätigen Erwachsenen treffen. Die Jugendlichen müssen erst in ihre Berufsrolle hineinwachsen. Dabei kann es schnell zu einer Überforderung kommen, weil Jugendliche als Erwachsene behandelt werden möchten. Bei Anlerntätigkeiten besteht im Gegensatz zu einer Ausbildung auch die Gefahr, dass durch inhaltsarme Tätigkeiten sehr schnell Frustration entsteht.

Warum muss man Jugendliche angemessen fördern?

 Meister sollten bei der Führung von Jugendlichen immer eine Reihe besonderer Kriterien im Auge behalten.

Gefordert sind vor allem
- Verständnis für die Umstellung von der Schule auf den Beruf zu zeigen,
- mit Verständnis auf entwicklungsbedingte Besonderheiten (Labilität, Neigung zum Widerspruch, Ungeduld) zu reagieren,
- Probleme der Jugendlichen ernst zu nehmen und Hilfe anzubieten,
- als Vorbild zu wirken,
- Interessen zu fördern,
- Verantwortung zu übertragen,
- Selbstvertrauen zu stärken,
- klare Ziele vorzugeben und zu motivieren,
- die Ausbildung zu planen,
- die Integration in Gruppen zu fördern.

Wodurch kann man jugendliche Mitarbeiter gezielt fördern?

Kooperation

4.1.3.2 Zusammenarbeit von Männern und Frauen in Betrieb

Das Grundgesetz regelt die Gleichberechtigung von Männern und Frauen. Dennoch werden Frauen immer noch im Beruf benachteiligt. Dies äußert sich zum Beispiel in schlechterer Bezahlung bei gleicher Qualifikation und in der Unterrepräsentation in Führungspositionen. Auch in der Weiterbildung werden Männer häufig bevorzugt. Solche Aspekte der Benachteiligung sind durch wissenschaftliche Untersuchungen nachgewiesen.

Zwar gibt es durchaus körperliche Unterschiede und abweichende Verhaltensmuster. So sind Frauen im Mittel etwas kleiner als Männer und verfügen

Was ist bei der Förderung von Frauen am Arbeitsplatz zu beachten?

über eine geringere Körperkraft, dafür haben sie aber meist eine bessere Feinmotorik, sind belastbar und haben ein höheres Einfühlungsvermögen. Sie legen mehr Wert auf Höflichkeit und gute Umgangsformen und wünschen sich eine angenehme Arbeitsumgebung. Diese Unterschiede dürfen keinesfalls zu Vorurteilen und Klischees verführen. Nicht übersehen werden darf auch die Doppelbelastung von Berufstätigkeit und Haushalt, die eher selten bei Männern, dafür aber bei vielen Frauen gegeben ist.

 Meister (seltener Meisterinnen) sollten sich der noch immer bestehenden Vorurteile bewusst sein und sie bei sich selbst gar nicht erst aufkommen lassen.

Welche Rahmenbedingungen dienen der Förderung von Frauen?

Unterstützt werden Frauen in ihrer Berufstätigkeit durch Regelungen zur gleitenden Arbeitszeit, das Mutterschutzgesetz, Teilzeitarbeit und die Unterstützung bei der Wiedereingliederung in das Berufsleben. Arbeitsgruppen sollten gemischt aus Männern und Frauen zusammengestellt werden, um unterschiedliche Eigenschaften positiv zu nutzen, und es führt erfahrungsgemäß auch dazu, dass der Umgang miteinander meist höflicher ist als in reinen Männer- bzw. Frauengruppen.

Es ist selbstverständlich, dass ein Meister im Umgang mit weiblichen Mitarbeitern folgende Hinweise beachtet: Weder Bevorzugung noch Benachteiligung, Gleichbehandlung bezüglich Kontrollen und Beurteilungen, taktvoller und höflicher Umgang, Wahrung der gebotenen Distanz.

4.1.3.3 Stellung älterer Mitarbeiter

Es ist für jeden Meister zu empfehlen, sich gezielt um die so genannten „älteren Mitarbeiter" zu kümmern, da sie mit ihrer Erfahrung und Urteilskraft sehr viel zum betrieblichen Erfolg beitragen können. Sie müssen jedoch richtig eingesetzt werden, da den Leistungskomponenten, die sich mit zunehmendem Alter positiv entwickeln auch solche gegenüberstehen die einen negativen Verlauf nehmen. Wann in diesem Zusammenhang jemand als „älter" gilt, hängt unter anderem von der Konjunktur, dem Betrieb und der Tätigkeit ab, die die betreffende Person ausübt.

Welche Eigenschaften älterer Mitarbeiter lassen sich gezielt berücksichtigen?

Man kann davon ausgehen, dass sich psychomotorische Fähigkeiten verringern: Tendenziell nehmen die Muskelkraft und die Beweglichkeit ab, ebenso die Widerstandsfähigkeit bei Dauerbelastung, das Reaktionsvermögen und die Funktion des Kurzzeitgedächtnisses. Kognitive Fähigkeiten verändern sich kaum: Unabhängig vom Alter sind Wissensumfang, Aufmerksamkeit, sprachliche Kenntnisse und die Widerstandsfähigkeit bei gewöhnlichen physischen und psychischen Anforderungen. Im affektiven und sozialen Bereich haben ältere Mitarbeiter sehr viele Vorteile gegenüber Jüngeren zu bieten, zum Beispiel Arbeits- und Berufserfahrung, Urteilsfähigkeit, Selbstständigkeit, Verantwortungsbewusstsein, Sorgfalt, Gesprächsfähigkeit, Zuverlässigkeit, Streben nach Sicherheit und der allgemeine Leistungswille.

Deshalb bedeutet „richtiger" Einsatz: Tätigkeiten, die unter erschwerten Umweltbedingungen oder unter Zeitdruck ausgeübt werden müssen, sollten zunehmend vermieden werden. Man sollte auch daran denken, dass das Hörvermögen und das Nahsehvermögen abnehmen. Schicht- und Nachtarbeit kann sich ungünstiger auswirken als bei jüngeren Mitarbeitern. Im Gegensatz dazu kann die so genannte ältere Generation bei Tätigkeiten eingesetzt werden, die Genauigkeit, Zuverlässigkeit und Sorgfalt erfordern. Weitere günstige Arbeitsbereiche sind dort, wo das Denken in Zusammenhängen gefragt ist, Erfahrung, die Beherrschung von Kniffen und soziale Verantwortung.

 Der Meister darf ältere Mitarbeiter nicht als Randgruppe betrachten. Sie leisten nicht weniger als andere.

Sie sollten so weit wie möglich auf ihrem Arbeitsplatz bleiben können. Veränderungen müssen gemeinsam geplant und besprochen werden. Günstig wirkt sich die Zusammenarbeit mit jüngeren Mitarbeitern aus, da Dynamik und Wissen ausgetauscht werden können.

4.1.3.4 Integration körperlich behinderter Mitarbeiter

Das Schwerbehindertengesetz sagt aus, wer behindert ist: „Behinderung im Sinne des Gesetzes ist die Auswirkung einer nicht nur vorübergehenden Funktionsbeeinträchtigung, die auf einem regelwidrigen körperlichen, geistigen oder seelischen Zustand beruht. Regelwidrig ist der Zustand, der von dem für das Lebensalter typischen abweicht. Als nicht vorübergehend gilt der Zeitraum von mehr als sechs Monaten." Personen mit einer Behinderung von mehr als 50 Prozent sind schwerbehindert. Personen mit einer Behinderung von 30 bis 50 Prozent können unter bestimmten Umständen einem Schwerbehinderten gleichgestellt werden.

Wer wird als Behinderter eingestuft?

SGB IX

Behinderungen können ererbt sein, vorgeburtliche oder geburtliche Ursachen haben oder durch eine Krankheit oder einen Unfall bedingt sein. Der Meister muss sein Verhalten danach ausrichten, ob er psychisch Kranke, geistig Behinderte, Körperbehinderte oder Sinnesbehinderte (Gehörlose, Blinde) in seiner Abteilung hat.

Welche Ursachen können Behinderungen haben?

Rehabilitationsfälle stellen eine Sondergruppe der Behinderten dar, da hier die Gesundheit wiederhergestellt werden soll bzw. kann.

 Behinderte unterliegen einem besonderen Kündigungsschutz, haben Anspruch auf Zusatzurlaub und sind von Mehrarbeit freigestellt.

Vorgesetzte müssen überprüfen, ob die entsprechenden Arbeitsplätze behindertengerecht ausgestattet sind. Sie müssen die Fähigkeiten und Kenntnisse behinderter Arbeitnehmer berücksichtigen, die Arbeitsschutzvorschriften beachten und deren Einhaltung kontrollieren. Eine Überforderung ist zu vermeiden (ebenso eine Unterforderung) und der betroffene Mitarbeiter sollte möglichst bei der Gestaltung seines Arbeitsplatzes mitwirken können. Vorurteile sind zu vermeiden und die Eingliederung zu fördern. Besonderen Wert sollte auf die Stärkung des Selbstwertgefühls gelegt werden. Vorgesetzte/Meister haben die Pflicht, alle gleich zu behandeln, soweit es irgendwie möglich ist. Sie sollen Hilfe anbieten, aber nicht aufdrängen.

Was können Vorgesetze zur Förderung behinderter Mitarbeiter tun?

4.1.3.5 Integration ausländischer Mitarbeiter

Unterschiede in den Lebensgewohnheiten, der Kultur, der Mentalität, der Einstellung zur Arbeit und nicht zuletzt Sprachprobleme sind immer wieder Ursachen für Schwierigkeiten bei der Eingliederung ausländischer Mitarbeiter. Vorgesetzte müssen diesen Hintergrund verstehen, sollten aber versuchen, möglichst keine Unterschiede zwischen deutschen und ausländischen Mitarbeitern zu machen. Missverständnisse auf Grund von gravierenden Sprachproblemen sollten mithilfe eines Dolmetschers ausgeräumt werden, um erst einmal eine Basis für die Zusammenarbeit zu schaffen. Eventuell kann einem Ausländer, ebenso wie man es bei Auszubildenden macht, ein Pate zur Seite gestellt werden.

Was sollten Vorgesetzte bei der Integration ausländischer Mitarbeiter unbedingt beachten?

Vorgesetzte müssen darauf achten, die Gruppe der ausländischen Mitarbeiter nicht als Sonderfall zu behandeln.

Das gilt in beide Richtungen – ausländische Mitarbeiter dürfen nicht ausgegrenzt oder gar benachteiligt werden, umgekehrt dürfen sie auch keine Vorteile genießen, durch die sich andere Mitarbeiter zurückgesetzt fühlen könnten. Eine Ausgrenzung wird am besten verhindert, wenn es keine eigene Gruppe ausländischer Mitarbeiter gibt, sondern diese in andere Gruppen integriert werden. Bei Erläuterungen und Unterweisungen muss der Meister sich dann stets vergewissern, dass auch wirklich alles von allen verstanden wurde.

AUFGABEN ZU ABSCHNITT 4.1

1. Bei einigen älteren Mitarbeitern in Ihrer Abteilung stellen Sie Veränderungen im Verhalten fest, seit bekannt ist, dass die EDV Einzug halten soll. Einige scheinen sich darauf zu freuen, andere wiederum schimpfen über „elektrische Spielereien". Erläutern Sie, welche Gründe das haben könnte und welche Möglichkeiten es für Sie gibt, darauf zu reagieren.
2. Erläutern Sie zwei Arten des Lernens und beschreiben Sie je zwei Beispiele aus dem konkreten betrieblichen Geschehen.
3. Beschreiben Sie die Einflussgrößen auf die Entwicklung des Menschen.
4. Erläutern Sie die Aussage: „Der Betrieb bzw. die Arbeitsgruppe ist eine sekundäre Sozialisationsinstanz."
5. Nennen Sie Beispiele für die Entwicklung des Menschen im geistigen, emotionalen, motivationalen und sozialen Bereich.
6. Nennen Sie Gründe dafür, warum ein Meister über den Entwicklungsprozess des Menschen Bescheid wissen sollte.
7. Welche Merkmale und Verhaltensweisen kann man feststellen, wenn man sich mit der emotionalen und der sozialen Entwicklung von Jugendlichen beschäftigt?
8. Welche Möglichkeiten stehen einem Meister zur Verfügung, um die Persönlichkeitsentwicklung seiner Mitarbeiter zu fördern?
9. Zeigen Sie an drei Beispielen, warum Frauen im Berufsleben immer noch benachteiligt werden.
10. Wie kann der Meister einen Jugendlichen beim Übergang vom schulischen Leben zum Berufsleben unterstützen?
11. Beschreiben Sie Einsatzgebiete für ältere Arbeitnehmer, in denen sie bessere Leistungen erbringen als jüngere Mitarbeiter.
12. Welche Fehler sollte der Meister beim Einsatz von älteren Mitarbeitern nicht machen?
13. Worauf ist bei der Führung ausländischer Mitarbeiter zu achten?
14. Erarbeiten Sie Hinweise für die Führung behinderter Mitarbeiter.

15. Beschreiben Sie, welche Überlegungen der Meister anstellen muss, wenn er mehrere Jugendliche unterschiedlichen Alters als Auszubildende bekommt.
16. Erläutern Sie, warum es häufig zu Konflikten kommt, wenn jugendliche Mitarbeiter auf die so genannte ältere Generation treffen. Beschreiben Sie auch Möglichkeiten, wie der Meister diese verhindern kann.

LÖSUNGSVORSCHLÄGE

L1: Die eine Gruppe der Mitarbeiter hat wahrscheinlich noch nie mit Computern zu tun gehabt und ist deshalb skeptisch oder fürchtet sich sogar davor. Die andere Gruppe könnte sich zu Hause bereits damit beschäftigt haben und ist froh, dass es auch im Betrieb etwas moderner wird. Der Meister kann die Mitarbeiter, die mit der EDV nichts zu tun haben wollen, stärker in die Vorbereitungen einbinden und Treffen veranstalten, auf denen Präsentationen zum aktuellen Thema stattfinden. Der Vorgesetzte muss versuchen, ihnen die Angst vor dem Neuen zu nehmen. Außerdem bieten sich Schulungen an, in denen speziell auf die neue Hard- und Software eingegangen wird. Die anderen Mitarbeiter, die bereits Erfahrungen gesammelt haben, können mit Aufgaben zur Vorbereitung und mit Vorträgen im Betrieb beauftragt werden. Durch das Sammeln von Ideen und Vorschlägen partizipieren sie, werden zur Kooperation motiviert und können sich in sozialer Verantwortung üben.

L2: Lernen durch Nachahmung geschieht, indem jemand einen anderen (Vorbild) beobachtet und seine Verhaltensweisen übernimmt. Diese Art des Lernens geschieht umso häufiger, je höheres soziales Ansehen das Vorbild besitzt oder wenn das Nachahmen belohnt wird.
Beispiel: Der Auszubildende ahmt den Ausbilder in der Sprechweise nach, weil sich dieser intensiv um ihn kümmert und seine Erfolge anerkennt.
Beispiel: Der neue Mitarbeiter übernimmt die Arbeitsweise des Meisters, weil dieser hohes soziales Ansehen besitzt und er dafür gelobt wird.

Lernen durch Übung geschieht durch Wiederholung von bestimmten Situationen oder Arbeitsweisen. Bestimmte Handlungen werden so lange trainiert, bis sie in „Fleisch und Blut" übergegangen sind.
Beispiel: Der Auszubildende übt nach einer Unterweisung das Montieren von Steckern. Auch an den darauf folgenden Tagen wird er vom Ausbilder dazu angehalten, bis die Arbeitsschritte mechanisch geschehen.
Beispiel: In der Berufsschule wird das Tippen auf der Computertastatur einmal in der Woche geübt, bis die Schüler nicht mehr auf die Tasten schauen müssen.

Weitere Möglichkeiten: Lernen durch Einsicht, Lernen durch Versuch und Irrtum, Lernen durch bedingte Reaktion, Lernen durch Verstärkung

L3: Die Einflussgrößen sind die Umwelt, die Anlage und das Individuum selbst. Die Umwelt ist einmal die biologische Umwelt (Klima, Nahrung, Licht, Wohnung) und die sozial-kulturelle Umwelt (Eltern, Lehrer, Vorgesetzte, soziale Schicht, Bücher, Spielzeug, politische Verhältnisse). Die Anlage umfasst alle physischen und psychischen Merkmale, die vererbt sind. Das Individuum selbst schließlich nimmt Einfluss durch die Selbstbestimmung, die im Laufe der Zeit zunimmt. Man kann eine bestimmte Ausbildung oder einen Beruf wählen und sich für Fortbildung entscheiden oder nicht.

L4: Unter Sozialisation versteht man einen Prozess, bei dem einem Menschen bestimmte Werte und Normen beigebracht werden. Dies ist notwendig, damit er sich in die Gesellschaft oder eine bestimmte Gruppe einfügt. Primäre Sozialisationsinstanzen sind die Familien oder der Freundeskreis. Die Arbeitsgruppe oder die berufliche Umgebung ist eine sekundäre Sozialisationsinstanz, in der bestimmte Regeln gelten und ind der jeder eine bestimmte Rolle übernimmt.

L5: Geistige Entwicklung: logisches Denken, räumliches Vorstellungsvermögen, Flexibilität; emotionale Entwicklung: Selbstwertgefühl, Frus-

trationstoleranz; motivationale Entwicklung: Ausdauer, Gewissenhaftigkeit, Pünktlichkeit, Selbstständigkeit, Zuverlässigkeit, Verantwortungsbewusstsein;
soziale Entwicklung: Kooperationsfähigkeit, Kritikfähigkeit, Rücksichtnahme, Hilfsbereitschaft, Toleranz, Durchsetzungswille

L6: Er kennt die Kriterien, die die Entwicklung beeinflussen und kann dadurch besser einschätzen, warum sich Mitarbeiter auf eine bestimmte Art und Weise verhalten. Er kann dann besser reagieren und sie gezielt unterstützen. Er kann seinen Führungsstil gezielt anpassen und dadurch die Arbeitszufriedenheit und die Motivation fördern sowie das Betriebsklima positiv beeinflussen.

L7: Soziale Entwicklung: Jugendliche neigen oft zu Aggressivität. Sie sind auf der Suche nach Selbstständigkeit, haben aber noch keine eigene Rolle gefunden. Antisoziales Verhalten kann im Vordergrund stehen.
Emotionale Entwicklung: Jugendliche weisen meist eine labile Stimmung auf und sind verletzlich. Sie wenden sich mehr nach innen und suchen sich Ideale.

L8: Er kann sich um die Ausbildung und um die Fort- und Weiterbildung kümmern. Bei der Arbeitsplatzgestaltung sind die körperlichen und psychischen Voraussetzungen der Mitarbeiter zu berücksichtigen. Durch das Eingehen auf Wünsche und Interessen der Mitarbeiter ist ein eignungsgerechter Einsatz möglich, der Überforderung und Unterforderung vermeidet. Der Meister kann durch Übertragung von Verantwortung die Selbstständigkeit fördern usw.

L9: Frauen verdienen (statistisch nachgewiesen) in gleichen Positionen häufig weniger. In Führungspositionen sind sie selten zu finden, auch wenn sie die gleiche Qualifikation nachweisen können. Trotz einer abgeschlossenen Berufsausbildung werden Frauen häufig an Plätzen für Ungelernte eingesetzt. Sie nehmen weniger oft an Weiterbildungsmaßnahmen teil.

L10: Er sollte Gespräche mit dem Jugendlichen führen und ihn ernst nehmen. Er kann ihm einen Paten zur Seite stellen, an den er sich jederzeit wenden kann und der einige Monate oder bis zum Ende der Ausbildungszeit sein fester Ansprechpartner ist. Bei der Übertragung von Aufgaben ist auf die körperliche und geistige Entwicklung besonderes Augenmerk zu legen, damit der Jugendliche weder überfordert noch unterfordert wird. Der Meister soll Vorbild sein und seinen Führungsstil der Situation anpassen. Außerdem darf man nicht vergessen, dass der Jugendliche ernst genommen werden will und muss.

L11: Da mit dem Alter die Urteilskraft und die Arbeits- und Berufserfahrung zunehmen, sind komplexe Aufgaben, die neue Lösungen erfordern, für ältere Mitarbeiter durchaus geeignet. Sie können auf Grund ihrer Gesprächsfähigkeit und ihrer Ausgeglichenheit im sozialen Bereich eingesetzt werden, z. B. bei Vermittlungsgesprächen oder beim Schlichten von Streit. Sie sind auch als Gruppenführer geeignet, da sie selbstständig arbeiten können und meist die Fähigkeit zu dispositivem Denken besitzen.

L12: Einen jüngeren Vorgesetzten einfach vor die Nase setzen, für schwere körperliche Arbeit einteilen, von Weiterbildungsmaßnahmen ausschließen, an einer neuen Technik nicht teilhaben lassen, als „altes Eisen" bezeichnen, unter Zeitdruck stellen …

L13: Mit dem Namen ansprechen, keine „Babysprache" verwenden, keine Benachteiligung oder Bevorzugung auf Grund der Nationalität, Rücksicht nehmen auf andere Bräuche, Toleranz üben gegenüber fremden Kulturen, Sprachkurse und Schulungen zur Integration anbieten.

L14: Stelle die Leistungsmöglichkeiten fest und nicht das, was der behinderte Mitarbeiter nicht kann.
Passe den Arbeitsplatz an die Leistungen an oder suche einen besser geeigneten Arbeitsplatz.
Nehme auf die Behinderung Rücksicht, bemitleide den Mitarbeiter jedoch nicht.

Baue Vorurteile bei den anderen Mitarbeitern ab und kümmere dich um die soziale Eingliederung. Informiere dich über die Behinderung und die Auswirkungen.

L15: Er muss sich den unterschiedlichen Entwicklungsstand klarmachen, ihre geistige Entwicklung berücksichtigen, sich über die Herkunft und die Vorbildung informieren und versuchen, sich in die Lage der Jugendlichen zu versetzen. Das Sozialverhalten unterscheidet sich je nach Entwicklungsstand. Darauf ist angemessen zu reagieren. Der eine ist möglicherweise sehr empfindsam, ein anderer nörgelt nur ständig herum. Der Meister muss seinen Führungsstil den jeweiligen Personen und Situationen individuell anpassen.

L16: Die Jugendlichen bringen Schwung bzw. Unruhe in die Abteilung der älteren Mitarbeiter. Diese fühlen sich gestört und reagieren abweisend. Sie werden nur von ihrer normalen Arbeit abgehalten und müssen sich zusätzlich um das „junge Gemüse" kümmern. Außerdem wird oft behauptet, dass die Jugend von heute nichts tauge und frech sei.

Der Meister muss versuchen, die Mitarbeiter von der Notwendigkeit der Ausbildung zu überzeugen. Er kann sie darauf hinweisen, dass auch sie selbst einmal ausgebildet wurden. Er kann auch einen der älteren Mitarbeiter mit der wichtigen Aufgabe der Betreuung der Auszubildenden betrauen. Er muss sich aber regelmäßig darum kümmern und kontrollieren.

4.2 Einfluss des Arbeitsumfeldes auf das Sozialverhalten und das Betriebsklima und Massnahmen zur Verbesserung

4.2.1 Unternehmensphilosophie und Unternehmenskultur

Die Unternehmensphilosophie legt die Ziele und Grundsätze des Handelns eines Unternehmens fest. Dieses Handeln findet gegenüber Kunden und Lieferanten, gegenüber Mitarbeitern und Geschäftspartnern statt. Die Philosophie gibt die Richtung der Unternehmenspolitik an.

Die Unternehmenspolitik wiederum verfolgt konkrete Ziele – typisch sind zahlenmäßig-wirtschaftliche (z. B. Umsatzsteigerung) oder allgemeine wirtschaftliche (z. B. Erschließung eines neuen Absatzgebietes). Die Unternehmensphilosophie hat hinsichtlich der Mitarbeiter zum Ziel, ihr Verhalten so zu beeinflussen, dass die Unternehmensziele mit möglichst wenig Mitteleinsatz oder mit möglichst bestem Ergebnis erreicht werden (ökonomisches Prinzip). Es herrschen ein gewisser Geist im Unternehmen und ein Wertesystem. Dabei muss das innere Bild dem äußeren Bild entsprechen. Die Unternehmensphilosophie geht von der Geschäftsleitung aus und bestimmt das Leitbild, die Zielsetzungen und die Strategien.

Wer bestimmt die Unternehmensphilosophie?

Die Unternehmensphilosophie findet ihren Ausdruck in der Unternehmenskultur als dem Teil, den Mitarbeiter und Außenstehende wahrnehmen. Dazu gehören u. a. Verhaltensweisen (zum Beispiel, wie die Kunden behandelt werden), und besonderes Engagement (zum Beispiel ein Aktivitätsschwerpunkt auf Ausbildung), aber auch alles, was den Zusammenhalt der Belegschaft fördert (zum Beispiel die Weihnachtsfeier oder sich einmal im Monat zum Stammtisch zu treffen, was über Geselligkeit hinausreicht, wenn es mit einem Vortrag verbunden wird).

Wie setzt sich die Unternehmensphilosophie in die Unternehmenskultur um?

Welche Rolle spielen Vorgesetzte bei der Umsetzung der Unternehmenskultur?

Vorgesetzte stellen mit ihrem Verhalten einen entscheidenden Teil der Unternehmenskultur dar und prägen sie. Von ihnen hängt es ab, ob das, was nach dem „Papier" gewollt wird, auch wirklich „gelebt" wird.

 Die in einem Betrieb herrschenden Werte haben sich im Laufe der Zeit entwickelt und können nicht von einem Tag auf den anderen verändert werden.

Dies müssen Meister berücksichtigen, um Veränderungen umzusetzen.

4.2.2 Auswirkungen industrieller Arbeit auf Einstellung und Verhalten der arbeitenden Menschen

4.2.2.1 Auswirkungen von Arbeitsbedingungen und -anforderungen auf Arbeitsmotivation und Arbeitsleistung

Durch fortschreitende Mechanisierung und Automatisierung verändern sich Arbeitsverfahren, Arbeitsmethoden und Arbeitsbedingungen. Daraus folgt zwingend, dass sich auch die Arbeitsanforderungen anpassen müssen. Die Entwicklung geht in zwei Richtungen. Auf der einen Seite nehmen die Aufgaben zum Überwachen, Leiten und Planen zu, ebenso wie die Verantwortung und die geistige Belastung. Auf der anderen Seite wird das Bedienen von Maschinen im Normalfall einfacher, auch körperliche Beanspruchungen und Belastungen durch Umwelteinflüsse nehmen ab. Die konkreten Arbeitsanforderungen leiten sich aus den Arbeitsaufgaben und den Arbeitsbedingungen im Arbeitssystem ab. Industrielle Fertigung ist gekennzeichnet durch

In welche Richtung gehen die großen Trends der Entwicklung von Qualifikation?

Woraus leiten sich Arbeitsanforderungen im Einzelnen ab?

- Standardisierung (wiederholt auftretende Tätigkeiten werden genau beschrieben, sodass sie immer gleichartig ablaufen),
- Arbeitszerlegung (Arbeitsvorgänge werden in immer kleinere Teilprozesse aufgespalten, sodass sich Weiteres standardisieren lässt),
- Wiederholungsfrequenz der Tätigkeiten (gleichartige Arbeitsprozesse pro Zeiteinheit nehmen mit dem Grad der Arbeitszerlegung zu) und
- Komplexität der Anforderungen (die Komplexität einer Tätigkeit nimmt bei steigender Arbeitszerlegung ab, sodass Mitarbeiter nicht mehr besonders qualifiziert sein müssen).

Weiterhin hängen die Anforderungen der Arbeitsplätze ab
- vom mengenbezogenen Fertigungsverfahren (z. B. Einzelfertigung, Serienfertigung, Massenfertigung),
- von Einzelarbeit oder Gruppenarbeit und
- vom ablaufbezogenen Fertigungsverfahren (z. B. Fließfertigung, Werkstattfertigung) und der Arbeitsteilung (Artteilung oder Mengenteilung).

Bei **Einzelfertigung**, ein Beispiel ist der Sondermaschinenbau, wird nach Kundenauftrag gefertigt. Hier kennt der Mitarbeiter das fertige Produkt und muss vielseitig einsetzbar sein. Bei **Serienfertigung**, wenn eines oder mehrere Produkte nach Einheiten zerlegt hergestellt werden, kann das Problem auftreten, dass der Zusammenhang für den Mitarbeiter verloren geht und er nur auf sein Einzelteil fixiert ist. Bei der **Massenfertigung**, wenn gleiche Produkte in sehr großen Mengen produziert werden, kann sich dies noch extremer auswirken.

Einzelarbeit ist meist so organisiert, dass eine bestimmte Arbeitsaufgabe von einem Mitarbeiter ausgeführt wird. Dieser hat, im Gegensatz zur Gruppenarbeit, keine Möglichkeit, sich mit Kollegen auszutauschen und gemeinsam zu einem besseren Ergebnis zu gelangen. Bei der **Gruppenarbeit** arbeiten gleichzeitig mehrere Mitarbeiter am gleichen Gegenstand. Es kann Kooperation, Kommunikation und Informationsaustausch stattfinden. Gleichzeitig wird in einer Gruppe soziales Verhalten gefordert und gefördert.

Welche Arbeitsformen lassen sich unterscheiden?

Bei der **Fließfertigung** sind die Betriebsmittel und Arbeitsplätze nach dem Fertigungsablauf angeordnet. Die Durchlauf- und die Transportzeiten sind sehr gering, demgegenüber steht geringe Flexibilität und Anfälligkeit für Störungen. Die Mitarbeiter sind meist an einen bestimmten Arbeitstakt gebunden und es können psychologische Probleme auftreten. Bei der **Werkstattfertigung** sind alle Betriebsmittel und Arbeitsplätze, an denen gleichartige Arbeit verrichtet wird, räumlich zusammengefasst. Es liegt hier ein anpassungsfähiger Fertigungsablauf vor. Transportzeiten und Zwischenläger lassen sich nicht vermeiden. Die Mitarbeiter müssen zum Teil hohe Qualifikationen aufweisen und haben Spielräume zur Disposition.

Mengenteilung liegt vor, wenn eine Arbeit so verteilt wird, dass jeder Mitarbeiter am gesamten Arbeitsablauf eine Teilmenge ausführt. Sind 1.000 Schrauben von zwei Mitarbeitern zu fertigen, führt jeder für 500 Schrauben alle notwendigen Arbeitsgänge aus. Demgegenüber spricht man von **Artteilung**, wenn Mitarbeiter von einem zusammenhängenden Arbeitsvorgang nur Teilabläufe ausführen. Artteilung ist nicht anderes als Spezialisierung. Ein Mitarbeiter bohrt, der zweite dreht und der dritte schleift. Die Mitarbeiter sind hier geübter, aber die Aufgabe ist begrenzt. Es können auch Hilfskräfte ohne besondere Vorkenntnisse eingesetzt werden. Der Arbeitsplatz kann an die jeweilige Aufgabe genau angepasst werden. Es besteht die Gefahr der Monotonie.

Die Technologie durchläuft die Stufen Mechanisierung, Teilautomation und Automation. Bei der **Mechanisierung** werden dem Mitarbeiter körperliche Arbeiten erleichtert. Er benötigt meist qualifizierte technische Fertigkeiten. Die **Teilautomation** übernimmt die Steuerung von Produktionsabläufen. Der Mitarbeiter greift nur noch wenig ein und muss hauptsächlich kontrollieren. Durch die Einschränkung der Flexibilität kann sich Monotonie entwickeln. Die **Automation** umfasst die Bedienung, Steuerung und Kontrolle des Fertigungsablaufes. Der Mitarbeiter übt nur noch eine überwachende Funktion aus. Er benötigt aber eine hohe Qualifikation, da er im Störfall eingreifen können muss. Hohe Verantwortung ist verbunden mit monotoner Tätigkeit.

In Industriebetrieben findet man drei Arten von Arbeitssystemen: soziale Systeme (Mensch-Mensch), technische Systeme (Maschinensysteme), soziotechnische Systeme (Mensch-Maschine).

Was versteht man unter einem Arbeitssystem?

Ein Arbeitssystem in einem Industriebetrieb kann mit sieben Systemelementen beschrieben werden. Die **Arbeitsaufgabe** beschreibt den Zweck des Arbeitssystems, z.B. einen Motor zusammenbauen oder einen Brief schreiben. Die **Eingabe (Input)** setzt sich aus den benötigten Arbeitsgegenständen, den Informationen, Energie und Mitarbeitern zusammen. Es kann sich hier um Teile des Motors handeln und um die Zutaten, um einen Brief anzufertigen. Der Mensch

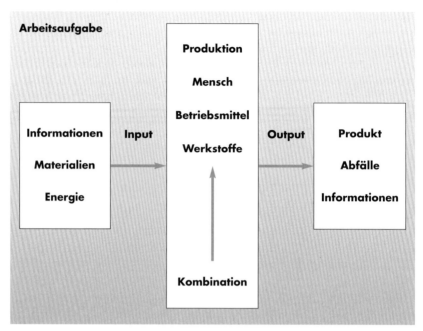

Abb. 4.2: Arbeitssystem

verändert den Input zum Output, in den genannten Beispielen der Mechaniker oder die Sekretärin. **Betriebsmittel** stellen, ebenso wie der **Mensch** Kapazitäten dar, um den Output zu produzieren (Bohrmaschine, Lötkolben, Schreibmaschine, Computer). Das fünfte Systemelement ist der **Arbeitsablauf**, also das räumliche und zeitliche Zusammenwirken von Mensch und Betriebsmittel. Der **Output (Ausgabe)** besteht aus unfertigen oder fertigen Teilen und Informationen, wie zum Beispiel der Motor oder der fertige Brief. **Umwelteinflüsse** bilden das siebte Systemelement. Es können die Geräusche sein, das Betriebsklima, der Lohn oder die Temperatur.

Welche Verfahren zur wirtschaftlichen Optimierung der Arbeitsleistung gibt es?

Die Auswirkungen der Arbeitsorganisation auf die Arbeitsleistung unter dem Blickwinkel der Wirtschaftlichkeit wird in Bewegungs- und Zeitstudien untersucht. Zeitstudien nach REFA zielen darauf, Auftragszeiten für eine Verrichtung zu optimieren. Man zergliedert die Auftragszeit in Rüstzeiten und Ausführungszeiten, die weiter unterteilt werden und u. a. Erholungszeiten enthalten. Es werden Vorgabezeiten abgeleitet und daraus Leistungsgrade ermittelt. MTM-Verfahren (MTM bedeutet Methods-Time-Measurement = Methoden-Zeit-Messung) gehen weiter und kombinieren Zeitmessung und Bewegungsbeobachtung.

Wechselwirkungen

Die Arbeitsleistung lässt sich aber nicht nicht ausschließlich durch Vorgabewerte beeinflussen oder sogar optimieren. Beispielsweise sind die an solchen Vorgabewerten orientierten Prämien (oder auch Sanktionen) nur einer von möglichen motivationalen Anreizen. Beeinflusst werden Arbeitsmotivation und Arbeitszufriedenheit auch vom bereits besprochenen Mechanisierungsgrad der Arbeit, von der Arbeitszeit und ihrer Gestaltung, vom Lohn generell, von konkreten Arbeitsbedingungen, von der Gestaltung des Arbeitsplatzes, von der Stellung im Betrieb, von den Formen der Arbeitsorganisation und so weiter.

4.2.2.2 Voraussetzungen für Arbeitsmotivation und Arbeitszufriedenheit

Unterschiedliche Arbeitsleistungen und unterschiedliches Arbeitsverhalten von Mitarbeitern resultiert dabei nicht nur aus diesen unterschiedlichen Bedingungen industrieller Arbeit. Vielmehr spielt die psychologische Leistungsbereitschaft, die so genannte Leistungsmotivation, eine Rolle. Bestimmte Wünsche sind Motive für das Arbeitsverhalten. Motive sind auf Ziele gerichtet, die man erreichen möchte. Ist das Ziel erreicht, entfällt (zunächst) der Grund zum Handeln, da das Motiv bzw. das Bedürfnis erfüllt ist. Nach einer bestimmten Zeit tritt wieder ein Mangelzustand auf, der den Menschen erneut zum Handeln bewegt. Der Zustand des Mangels und der Bedürfnisbefriedigung wechseln sich regelmäßig ab.

Was sind Motive?

Primäre Bedürfnisse sind dem Menschen angeboren und verbunden mit körperlichen Vorgängen, typische Beispiele sind Hunger und Durst. Sekundäre Bedürfnisse sind anerzogen oder erlernt. Sie unterscheiden sich je nach Herkunft und Gesellschaft. Leistungsstreben und Streben nach sozialer Anerkennung zählen zum Beispiel dazu.

Die ersteren sind Bedürfnisse, bei denen der Beruf nur das Mittel zum Zweck ist (in erster Linie Geld oder auch wirtschaftliche und soziale Sicherheit). Zu den zweiten zählen Bedürfnisse, die durch den Beruf unmittelbar erfüllt werden (typische Beispiele sind Machtstreben, Kontaktbedürfnis oder Selbstverwirklichung, die in der Psychologie als Grundmotive untersucht werden).

 Die Gründe für menschliches Tun lassen sich grundsätzlich in extrinsische Arbeitsmotive und intrinsische Arbeitsmotive unterteilen.

Eine verfeinerte und in Stufen gebrachte Einteilung stammt von Maslow.

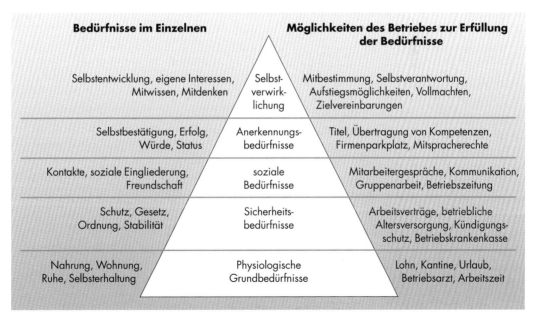

Abb. 4.3: Bedürfnispyramide nach Maslow

Wie lassen sich Motive nach Stufen gliedern?

Maslow teilt die Bedürfnisse in fünf Stufen ein, die gleichzeitig die Hierarchie darstellen (Abb. 4.3). Die so genannten niederen Bedürfnisse bilden die Basis dieser Pyramide. Für den Menschen ist das jeweils niedrigere Bedürfnis solange wichtig, bis es erfüllt ist. Dann wirkt es nicht länger als Motiv. Die nächsthöhere Stufe kann nur erreicht werden, wenn die darunter liegende befriedigt ist. Führt ein Verhalten zum beabsichtigten Ergebnis, bleibt der Mitarbeiter weiter motiviert. Ist dies nicht der Fall, entsteht Frustration. Diese führt zu Spannungen und Konflikten in der betrieblichen Zusammenarbeit.

Die Zwei-Faktoren-Theorie nach Herzberg unterscheidet zwei Gruppen von Einflussgrößen für das Entstehen von Arbeitszufriedenheit bzw. Arbeitsunzufriedenheit. Es handelt sich um

Was versteht man unter Motivatoren, was unter Hygienefaktoren?

- Motivatoren (Entfaltungsbedürfnisse: Mitarbeiter möchten sich persönlich entfalten) und um
- Hygienefaktoren (Entlastungsbedürfnisse: Mitarbeiter möchten vermeiden, was sie belastet).

Die ersteren führen zur Arbeitszufriedenheit, bei den zweiten handelt es sich um alle Faktoren, die bei negativer Ausprägung zur Arbeitsunzufriedenheit führen.

> *Motivatoren führen zu einer positiven Arbeitseinstellung. Beim Fehlen von Hygienefaktoren entsteht Arbeitsunzufriedenheit.*

Erfolgserlebnisse, Anerkennung, Verantwortung, Entfaltungsmöglichkeiten und Aufstiegschancen zählt Herzberg zu den Motivatoren. Führungsverhalten, Arbeitsumgebung, Entlohnung und Unternehmensphilosophie stehen auf der Seite der Hygienefaktoren.

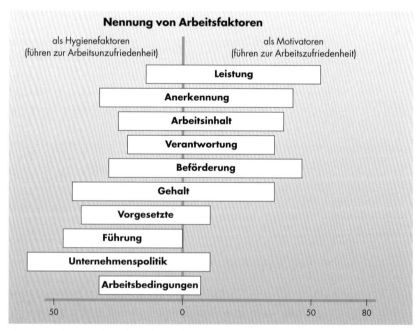

Abb. 4.4: 2-Faktoren-Theorie nach Herzberg

Man spricht allgemein von Motivation, wenn aus dem Zusammenwirken verschiedener Motive ein bestimmtes Verhalten entsteht.

Wie kommt Motivation zu Stande?

Die **innere Motivation** ist unabhängig von der Arbeitssituation. Sie ist auf die Bedürfnisse des Einzelnen zurückzuführen (Abwechslung, Handlungsspielraum, Möglichkeit der eigenen Entfaltung). Man spricht von **äußerer Motivation**, wenn äußere Anreize das Arbeitsverhalten bestimmen (Anerkennung, Zusatzleistungen, Betriebsklima, Lohnanreiz). Motivation entsteht aus dem Streben nach Befriedigung von Bedürfnissen.

Wie lässt sich Motivation entwickeln?

Bezüglich der Arbeitsmotivation muss sich jeder Vorgesetzte und Meister die Frage stellen: Was motiviert meine Mitarbeiter? Er/sie ist immer dann erfolgreich, wenn die betrieblichen Ziele mit den persönlichen Zielen des Mitarbeiters übereinstimmen.

 Unter Arbeitsmotivation ist eine Vorgehensweise zu verstehen, wodurch das Verhalten von Mitarbeitern in eine bestimmte Zielrichtung beeinflusst werden soll.

4.2.3 Gestaltung und Harmonisierung der Arbeitsorganisation sowie betriebliche Sozialmaßnahmen

4.2.3.1 Arbeitsstrukturierung und neue Formen der Arbeitsorganisation im Hinblick auf Arbeitsmotivation und Arbeitsleistung der Mitarbeiter

Die Arbeitsorganisation umfasst die sinnvolle Gliederung und Gestaltung des Arbeitsablaufs nach inhaltlichen und zeitlichen Gesichtspunkten und nach Aufgaben. Die Zufriedenheit der Mitarbeiter und, damit einhergehend, die Arbeitsleistung sollen dadurch gesteigert werden. Im Folgenden werden die wichtigsten Bereiche angesprochen, die in diesem Zusammenhang von Bedeutung sind.

Übergreifende Grundsätze

Humanisierung der Arbeitswelt bedeutet menschengerechte Arbeitsgestaltung: Der Mensch soll mit seinen individuellen Bedürfnissen und seinen sozialen Beziehungen im Mittelpunkt stehen. Arbeitsplätze, Arbeitsbedingungen, Arbeitssituation und Arbeitsinhalte sollen möglichst nach arbeitswissenschaftlichen Erkenntnissen gestaltet werden. Technische und wirtschaftliche Bedingungen und Möglichkeiten bilden dabei die Grenzen. Menschengerechte Arbeit muss ausführbar, erträglich, zumutbar und zufrieden stellend sein. Der Grad der Wirtschaftlichkeit wird mehr oder weniger von der Geschäftsleitung vorgegeben. Auf alle Fälle muss der Ertrag größer sein als der Aufwand. Eine am Menschen orientierte Arbeitsgestaltung führt aber meistens zu höherer Wirtschaftlichkeit.

Was bedeutet Humanisierung der Arbeitswelt?

Wie hängt sie mit Motivation zusammen?

Humanisierung von Fließbandarbeit

Physische und psychische Belastungen sollen reduziert werden. Kurzpausen, die Möglichkeit der Veränderung des Arbeitstempos bezogen auf den Tagesrhythmus, die Erweiterung des Arbeitsgebietes durch Zusammenfassung von Takten und das Durchwechseln der Arbeitsplätze wirken sich positiv aus.

Welche Humanisierungsmaßnahmen sind bei Fließbandarbeit üblich?

Humanisierung durch neue Formen der Arbeitsorganisation

Man findet hier hauptsächlich vier Bereiche:

Welche Formen der Arbeitsorganisation wurden unter dem Blickwinkel der Humanisierung allgemein entwickelt?

- **Job rotation** (Arbeits-und Aufgabenwechsel): Die Mitarbeiter wechseln untereinander die Arbeitsplätze bzw. die Arbeitsaufgaben, an denen ungefähr das gleiche Qualitätsniveau herrscht. Vermieden oder verringert werden sollen einseitige Belastungen und Monotonie. Die Mitarbeiter bewahren sich eine gewisse Flexibilität und sind vielseitiger einsetzbar. Mögliche Nachteile sind, dass dies zu höheren Lohnkosten führen kann und dass Probleme bei der Zuordnung der Verantwortung oder Schwierigkeiten bei der Identifikation mit einem Arbeitsplatz auftreten.

- **Job enlargement** (Arbeits- und Aufgabenerweiterung): Der Arbeitsumfang erweitert sich durch gleichartige Arbeitsaufgaben mengenmäßig (quantitativ). Es handelt sich hier um eine horizontale Aufgabenvergrößerung, da die zusammengefassten Tätigkeiten gleich anspruchsvoll sind. Ein Mitarbeiter wechselt nicht mehr die Arbeitsplätze, sondern an seinem Arbeitsplatz wird die Zahl der Handgriffe erhöht. Auch hier sollen die körperliche Belastung und Monotonie vermieden beziehungsweise verringert werden. Der Mitarbeiter kann sich besser mit seiner Aufgabe identifizieren und ist deshalb motivierter, was sich auf die Qualität der Arbeit auswirkt. Mögliche Nachteile: Höhere Lohnkosten und die mehrfache Bereitstellung von Werkzeugen und von Material können die Folge sein.

- **Job enrichment** (Arbeitsbereicherung, Arbeits- und Aufgabenvertiefung): Man spricht hier von vertikaler Aufgabenbereicherung, da der Arbeitsumfang qualitativ zunimmt. Über- und untergeordnete Tätigkeiten werden miteinander verbunden. Es wird nicht mehr nur ausgeführt, sondern auch geplant, entschieden und kontrolliert. Die Identifizierung mit dem Produkt ist möglich, Selbstständigkeit wird gefördert ebenso wie die Kooperation in der Gruppe, Fehlzeiten verringern sich und die Arbeitsqualität steigt. Mögliche Nachteile: Auch hier kann es zu höheren Lohnkosten kommen und zu einer kostenintensiveren Gestaltung des Arbeitsplatzes.

- Einrichtung **(teil-)autonomer Arbeitsgruppen**: Es handelt sich hier um Gruppen, die die Arbeitseinteilung, den Arbeitsablauf, die Urlaubs- und Schichtplanung, die Materialbestellung und die Qualitätskontrolle selbst steuern. Das Ausmaß der Autonomie hängt davon ab, in welchen Bereichen die Gruppe selbstständige Entscheidungen treffen darf. Das Unternehmen gibt das Ziel und die Grenzen vor. Die Mitarbeiter sind qualifizierter und vielseitig einsetzbar. Der Produktionsprozess wird flexibler und die Vorgesetzten werden von Aufgaben der Organisation entlastet. Die Einarbeitung von neuen Mitarbeitern wird von der Gruppe übernommen. Mögliche Nachteile: Da hierarchische Strukturen aufgelöst werden, kann es sein, dass bestimmte Führungskräfte nicht damit zurechtkommen. Auch kann sich Gruppenzwang auf manche Mitarbeiter negativ auswirken.

Weitere Formen

Es gibt noch mehr Möglichkeiten der Arbeitsorganisation, zum Beispiel Problemlösegruppen, Werkstattgruppen oder Lernstattgruppen. **Problemlösegruppen** beschäftigen sich mit bestimmten Aufgaben und sollen Lösungen und

Verbesserungen finden (Qualitätszirkel, Wertanalyse). Mithilfe von **Werkstattgruppen** möchte man die Arbeitsorganisation verbessern. Man versucht, die Nachteile der Fließfertigung zu vermeiden, die sich in hohen Fixkosten, Monotonie, höheren Fehlzeiten und einer geringeren Qualifikation äußern. Bei den Werkstattgruppen unterscheidet man noch einmal in Fertigungsinseln (Bündelung von Arbeitsvorgängen, autonome Arbeitsgruppe), Boxenfertigung (Zusammenfassung von Fertigungs- oder Montagearbeiten, ähnliche Organisation wie bei der Fertigungsinsel) und Sternfertigung (Aufbau wie Fertigungsinsel oder Boxenfertigung, sternförmige Anordnung der Werkzeuge und Maschinen). **Lernstattgruppen** werden der Personalentwicklung zugeordnet und stellen den Mitarbeiter in den Mittelpunkt. Man möchte zum Zwecke der Höherqualifizierung bestimmte Eigenschaften fördern, zum Beispiel die Fähigkeit zur Problemlösung und zur Kommunikation.

Was soll mit Werkstattgruppen erreicht werden und welchen Zweck verfolgen Lernstattgruppen?

Gestaltung des Arbeitsplatzes
Die Gestaltung des Arbeitsplatzes wirkt sich ebenfalls auf die Arbeitsmotivation und die Arbeitsleistung aus. Die Ergonomie ist hierbei ein wichtiges Kriterium. Sie beschäftigt sich mit der menschlichen Arbeit und betrachtet die Anpassung der Arbeit an den Menschen und die Anpassung des Menschen an die Arbeit. Arbeitsaufgabe und Arbeitsbedingungen werden mit den Eigenschaften und Fähigkeiten des Mitarbeiters verglichen. Sind Abweichungen erkennbar, kann entweder der Arbeitsplatz durch entsprechende Gestaltung und Umstrukturierung und/oder der Mitarbeiter durch Qualifizierung und Unterweisungen angepasst werden.

Die wichtigsten Teilaufgaben der ergonomischen Arbeitsplatzgestaltung sind die anthropometrische Arbeitsgestaltung (Anthropometrie = Lehre von der Ermittlung und Anwendung der Körpermaße des Menschen), die physiologische, die bewegungstechnische, die sicherheitstechnische Arbeitsgestaltung und die Gestaltung der Arbeitsumgebung.

Was versteht man unter ergonomischer Arbeitsplatzgestaltung?

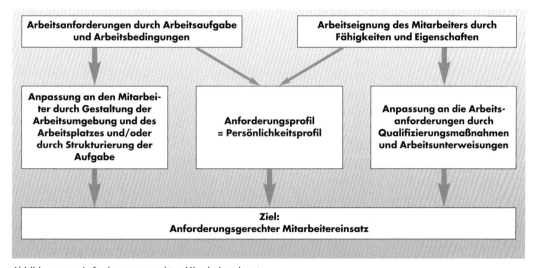

Abbildung 4.5: Anforderungsgerechter Mitarbeitereinsatz

Anthropometrische Aspekte
Die Arbeitsgestaltung muss sich den Abmessungen des menschlichen Körpers anpassen. Es ist auf Abmessungen und Raumbedarf zu achten, auf Bewegungsfreiheit, Arbeitsflächen, Sitzgelegenheiten und Greifräume (Abb. 4.6).

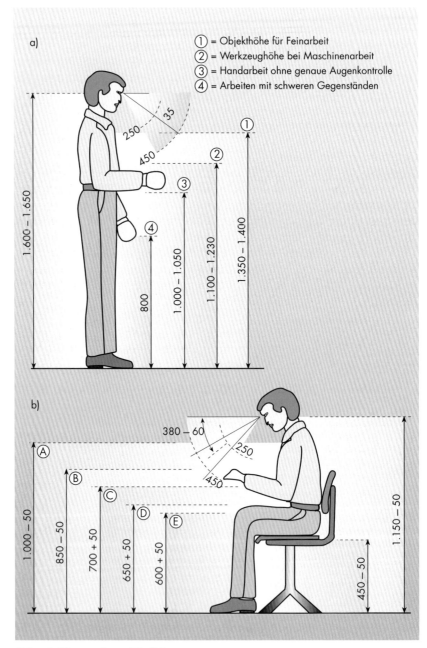

Abb. 4.6: Körpermaße und Greifräume
a) Arbeitshöhe bei stehender Haltung und b) Arbeitshöhe bei sitzender Haltung

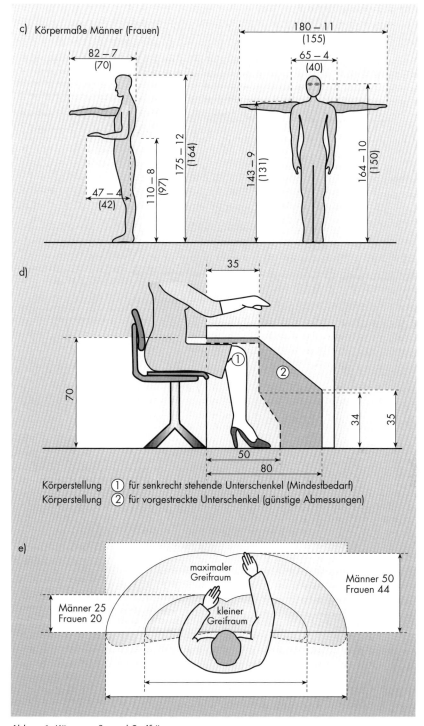

Abb. 4.6: Körpermaße und Greifräume
c) Intervalle der Körpermaße in cm – d) Wirkraum der Beine – e) Greifraum in Arbeitshöhe

Physiologische Aspekte

Die physiologische Arbeitsgestaltung berücksichtigt Arbeitsschwere, Intensität und Dauer. Der Wirkungsgrad menschlicher Arbeit soll verbessert werden. Dies kann zum Beispiel durch Verringerung der Kraftanstrengung, Vermeidung statischer Muskelarbeit oder passende Erholungspausen erreicht werden (Abb. 4.7).

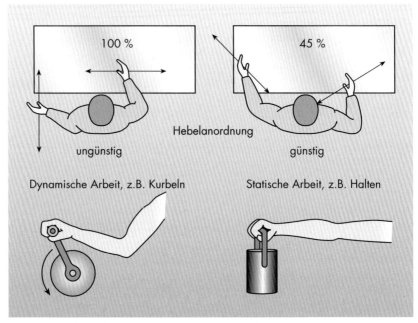

Abb. 4.7: *Hebelanordnung, Arten menschlicher Muskelarbeit*

Abb. 4.8: *Parallelbewegungen und Symmetrie*

Bewegungstechnische Aspekte

Wie lässt sich Handarbeit ergonomisch verbessern?

Bei der bewegungstechnischen Arbeitsgestaltung beschäftigt man sich mit solchen Arbeitsabläufen, die vorwiegend per Hand ausgeführt werden. Man geht von Systemen vorbestimmter Zeiten aus (nach REFA oder MTM, vgl. Abschnitt 2.4.1.7), die den Arbeitsablauf bis in die Einzelheiten zerlegen. Man kann bei der Bewegungsvereinfachung (Abbau von Belastungen) oder der Bewegungsverdichtung (Vermeidung unnötiger Bewegungen) ansetzen. Einige Bewegungselemente sind Hinlangen und Bringen, Greifen und Fügen. Man erreicht den besten Wirkungsgrad, wenn beide Hände ihre Bewegungen gleichzeitig durchführen. Der Körper kommt dagegen aus dem Gleichgewicht, wenn Bewegungen parallel in der gleichen Richtung ausgeführt werden. Arbeitsvorgänge werden optimiert, indem sie immer weniger Bewegungselemente aufweisen (Abb. 4.8).

Sicherheitstechnische Aspekte
Zur sicherheitstechnischen Arbeitsplatzgestaltung gehören alle Maßnahmen, die der Unfallverhütung und der Verhinderung von Krankheiten bzw. Berufskrankheiten dienen. Es gibt hierzu eine Reihe von Vorschriften und Rechtsnormen, die es zu beachten gilt (Gewerbeordnung, Unfallverhütungsvorschriften, Arbeitssicherheitsgesetz, vgl. Kapitel 1 über „Rechtsbewusstes Handeln"). Unterforderung und Überforderung sind zu vermeiden. Die Arbeitsbelastung des Menschen setzt sich aus der Arbeitsschwere, der Arbeitsumgebung und der Dauer der Arbeit zusammen.

Aspekte der Arbeitsumgebung
Die Gestaltungsmaßnahmen bezüglich der Arbeitsumgebung können sich auf das **Klima**, Lärm, Licht und Farbe beziehen. Das **Klima** setzt sich zusammen aus der Raumtemperatur, der Luftfeuchtigkeit und der Luftbewegung. Diese physikalischen Größen wirken sich auf das Wohlbefinden und die Leistungsfähigkeit der Mitarbeiter aus. Bei steigenden Temperaturen kommt es zu Reizbarkeit, Konzentrationsmangel, Leistungsabfall und einer erhöhten Belastung von Herz und Kreislauf. Auch **Lärm** wirkt sich negativ auf die geistige und körperliche Leistungsfähigkeit aus. Je nach Lärmstufe kommt es zu nervösen Störungen, Leistungsabfall, Schwerhörigkeit oder sogar Nervenschädigung.

Was zählt zur Arbeitsumgebung?

Warum muss die Arbeitsumgebung immer wieder verbessert werden?

Die richtige **Beleuchtung** hängt von der Arbeitsaufgabe ab. Die Beleuchtung muss umso besser sein, desto schwieriger die Sehaufgabe ist. Bei mangelhafter Beleuchtung steigt die Ermüdung, sinkt die Leistung und erhöht sich die Ausschussquote. Innerhalb eines Raumes dürfen aus sicherheitstechnischen Gründen nur Lampen mit gleicher Lichtfarbe verwendet werden. Der Raum muss gleichmäßig ausgeleuchtet werden, Blendung ist zu vermeiden und Lampen sind abzuschirmen.

Die **Farbgestaltung** zählt zur psychologischen Arbeitsplatzgestaltung. Signalfarben und Sicherheitsfarben sind auch nur für diese Zwecke zu verwenden. Helle Farben wirken freundlich und aufheiternd. In Räumen, in denen konzentriert gearbeitet wird, ist die Verwendung unauffälliger Farben zu empfehlen. Hier noch einige Beispiele für die Wirkung von Farben: Blau wirkt beruhigend und kalt, Grün wirkt sehr beruhigend und Orange anregend und warm.

Zeitliche Organisation
Zur ergonomischen Arbeitsgestaltung zählt auch die zeitliche Organisation der Arbeit. Vorgesetzte müssen sich zum Beispiel damit befassen, ob eine seit Jahren bestehende Pausenregelung noch vernünftig ist, ob sie Maßnahmen zur Erleichterung der Nacht- und Schichtarbeit ergreifen können oder ob eine Anpassung der Arbeitszeit an den biologischen Tagesrhythmus möglich ist. Bei ungünstigem Arbeitseinsatz können Schlafstörungen, Appetitlosigkeit oder Kreislaufbeschwerden auftreten.

Inwiefern wirkt sich die zeitliche Arbeitsorganisation auf die Leistung aus?

Teilzeitarbeitsformen gewinnen zunehmend an Bedeutung. Auch sei auf gleitende Arbeitszeit, Jobsharing, Altersteilzeit und Arbeitskonten verwiesen.

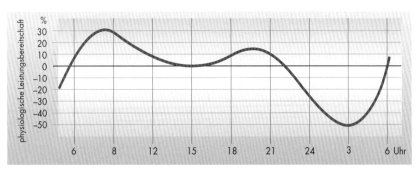

Abbildung 4.9: Biorhythmus (0 = durchschnittliche Leistung / Normalleistung)

Entlohnungssysteme und Sozialleistungen unter Motivationsgesichtspunkten

Welche Entlohnungsformen lassen sich differenzieren?

Lohn ist das vereinbarte Entgelt, das ein Mitarbeiter für die von ihm geleistete Arbeit erhält. Leistungsunterschiede sollten sich auch in der Bezahlung auswirken. Als Bezugsgröße geht man von der Normalleistung aus. Der Lohn kann sich aus drei Komponenten zusammensetzen:
- tariflicher Grundlohn,
- Leistungsentgelt und
- Zusatzentgelt (z. B. übertarifliche Zulagen, die von den betrieblichen Gegebenheiten abhängen).

Beim **Zeitlohn** wird nach der Arbeitszeit bezahlt, zum Beispiel fester Monatslohn. **Akkordlohn** bietet den Anreiz zu höherer Mengenleistung, birgt jedoch die Gefahr in sich, dass die Qualität abnimmt. **Prämienlohn** ist flexibel einsetzbar in Form einer Nutzungsprämie, einer Qualitätsprämie oder einer Ersparnisprämie. **Freiwillige Sozialleistungen** sind ebenso eine Möglichkeit, Mitarbeiter zu motivieren. Dies kann in Form von Weihnachtsgeldern, Pensionszahlungen oder Sachleistungen geschehen. Außerdem können Sozialeinrichtungen, wie zum Beispiel eine Kantine oder ein firmeneigener Kindergarten zur Verfügung gestellt werden. Auch Erfolgsbeteiligungen als Leistungsanreiz sind denkbar. Ausführlichere Informationen dazu sind im Kapitel betriebswirtschaftliches Handeln zu finden.

4.2.3.2 Soziale Maßnahmen des Betriebes und Auswirkungen auf die Arbeitsmotivation und die Arbeitsleistung der Mitarbeiter

Der Arbeitgeber darf nicht nur unmittelbar wirtschaftliche Ziele verfolgen. Durch freiwillige soziale Maßnahmen, wie z. B. die Gewährung von Geldleistungen oder Sachmitteln, kann er seine Mitarbeiter motivieren und deren Leistung steigern. Er erhofft sich davon eine Verbesserung des Betriebsklimas, die Bindung der Mitarbeiter an das Unternehmen, eine Erhöhung der Produktivität und als Nebeneffekt Steuervorteile. Der Arbeitgeber kann zur Motivation seiner Mitarbeiter aus vielen Möglichkeiten auswählen: Fahrtkostenzuschuss, betriebliche Altersversorgung, Gratifikationen, Aktien, Geschenke zu Geburtstagen oder Jubiläen, Haustrunk, Rabatte für die Belegschaft, Werkswohnungen, Dienstwagen, Betriebsarzt, private Telefonate, Titel, arbeitsfreie Tage und so weiter.

Was erwarten sich Arbeitgeber von sozialen Leistungen?

Es gibt auch Unternehmen, die ein so genanntes **Cafeteria-System** anbieten. Hier erhält jeder Mitarbeiter ein bestimmtes Budget, mit dem er aus den Leistungen des Betriebes auswählen kann. Ein Mitarbeiter möchte lieber freie Tage in Anspruch nehmen, ein anderer wählt den Dienstwagen. Allerdings muss die betriebliche Sozialpolitik bezahlbar bleiben.

4.2.4 Unterschiedliche Erscheinungsformen sozialen Verhaltens und ihre Auswirkungen auf das Betriebsklima

4.2.4.1 Konflikte

Jeder Mensch kommuniziert, auch wenn er nichts sagt. Die Interaktion kann verbal und nonverbal stattfinden. Je nach Stimmungslage und Tagesform reagiert man auf die gleiche Situation anders. Auch Sympathie und Antipathie spielen eine Rolle. Davon darf sich kein Vorgesetzter leiten lassen.

Wie können Vorgesetzte vermeiden, sich von Sympathie oder Antipathie leiten zu lassen?

Als Meister muss man darauf achten, sich möglichst objektiv zu verhalten. Bevorzugung und Vorurteile sind zu vermeiden. Es sollte größter Wert auf Kooperation und Kommunikation gelegt werden.

Nicht nur, wenn sich Mitarbeiter vom Vorgesetzten falsch behandelt fühlen, sondern allgemein aus gegensätzlichen Interessen und Konkurrenzsituationen, kann es immer wieder zu betrieblichen Spannungen und Konflikten kommen. Sie sind Störungen der Arbeit und müssen abgebaut werden (darauf wird in Abschnitt 4.6.5 ausführlicher eingegangen). Bei der Konfliktlösung ist auf sachliches Verhalten zu achten und ggf. sind Dritte zur Streitschlichtung heranzuziehen (Mediator). Besonders schwierig wird es, wenn Mitarbeiter gemobbt werden oder jemand alkoholsüchtig ist. In solchen Fällen muss die Personalabteilung herangezogen werden, um professionelle Unterstützung zu bieten.

Sozialverhalten

4.2.4.2 Betriebsklima

Das Betriebsklima ist das Bild, wie der Betrieb von den Mitarbeitern gesehen und empfunden wird. Dazu zählen die Organisation, der Führungsstil, der Umgang miteinander, Anerkennung, Gruppenverhalten und die Möglichkeiten der Selbstverwirklichung und Partizipation. Das Betriebsklima wirkt auf die Einstellung der Mitarbeiter, auf ihr Verhalten, ihre Motivation, Fehlzeiten und das persönliche Engagement.

Ein schlechtes Betriebsklima kann also der Grund dafür sein, wenn man in einem Betrieb hohe Fluktuation antrifft, aggressive Mitarbeiter, erhöhte Konfliktbereitschaft und in der Folge ein Betriebsergebnis, das von Monat zu Monat schlechter wird. Die Möglichkeiten, die ein Vorsetzter bzw. ein Meister hat, hier entgegenzuwirken, sind vielfältig:

Wodurch können Vorgesetzte unmittelbar zum guten Betriebsklima beitragen?

- gute Beziehungen zu seinen Mitarbeitern pflegen,
- gute Leistungen anerkennen und loben,
- Informationen klar und eindeutig weitergeben,
- kooperativen Führungsstil praktizieren.

Dazu gehört es Ruhe, Verständnis und Verantwortungsbewusstsein auszustrahlen. Entscheidungen sind sachlich zu treffen und Mitarbeiter gerecht zu behandeln. Außerdem sollte ein Vorgesetzter schwierigen Situationen nicht aus dem Weg gehen und hinter seinen Mitarbeitern stehen.

AUFGABEN ZU ABSCHNITT 4.2

1. Welche Faktoren tragen wesentlich zur Arbeitszufriedenheit bei?
2. Beschreiben Sie an drei selbst gewählten Beispielen, wie Sie Ihre Mitarbeiter an den betrieblichen Entscheidungsprozessen teilnehmen lassen können.
3. Erläutern Sie Beispiele, wie sich eine bestimmte Unternehmensphilosophie und Unternehmenskultur äußern können.
4. Stellen Sie die Auswirkungen von Massenfertigung und von Einzelfertigung auf das Sozialverhalten und die Motivation gegenüber.
5. Jeder Betrieb stellt ein System dar. Wie unterscheiden sich soziale Systeme, technische Systeme und soziotechnische Systeme?
6. Vergleichen Sie die Artteilung und die Mengenteilung bezüglich der Kriterien Flexibilität, Qualifikation der Mitarbeiter, Motivation der Mitarbeiter, Belastung, Einarbeitungszeit und Möglichkeit zur Leistungsentfaltung.
7. Jeder Mitarbeiter hat, bezogen auf das Berufsleben, bestimmte Bedürfnisse, die er erfüllen möchte. Werden Ziele nicht erreicht und Erwartungen nicht erfüllt, entsteht Frustration. Beschreiben Sie mögliche Reaktionen von frustrierten Mitarbeitern. Machen Sie Vorschläge, wie ein Meister darauf reagieren kann.
8. Maslow unterscheidet verschiedene Arten von Bedürfnissen. Er stellt die Reihenfolge als Pyramide dar. Erläutern Sie, was damit ausgedrückt werden soll.
9. Stellen Sie Möglichkeiten dar, wie ein Meister die Arbeitsmotivation der Mitarbeiter beeinflussen kann.
10. Unterscheiden Sie Motivatoren und Hygienefaktoren.
11. Legen Sie Schwerpunkte für eine menschengerechte Arbeitsgestaltung fest.
12. Beschreiben Sie das methodische Vorgehen bei der Gestaltung komplexer Abläufe in Unternehmen in allgemeiner Form.
13. Erläutern Sie die besondere Bedeutung der Arbeitsgestaltung.
14. Erklären Sie die Bewertungskriterien Zufriedenheit, Zumutbarkeit, Erträglichkeit und Ausführbarkeit der Arbeitsanforderungen.
15. Erläutern Sie mögliche Vorgehensweisen, wie ein Vorgesetzter die Ursachen von Konflikten zwischen Gruppen herausfinden kann.
16. Beschreiben Sie Möglichkeiten zur Vermeidung monotoner Tätigkeiten und zum Abbau von Spannungen zwischen Arbeitsgruppen.
17. Nennen Sie Ansätze, wie sich ein Meister etwas Entlastung im Arbeitsleben verschaffen kann.

LÖSUNGSVORSCHLÄGE

L1: Es handelt sich hier um die so genannten Motivatoren, zum Beispiel die Übertragung von Verantwortung, die Anerkennung durch den Vorgesetzten und die Kollegen, die Selbstbestätigung durch den eigenen Erfolg, die Aufstiegsmöglichkeiten im Betrieb und so weiter.
Zur Arbeitszufriedenheit tragen aber auch bei: ein ergonomisch gestalteter Arbeitsplatz, die Möglichkeit der Mitbestimmung, eine gut gestaltete Informationspolitik. Nicht vergessen sollte man die Möglichkeiten der Kommunikation.

L2: Die Beteiligung von Mitarbeitern wird Partizipation genannt. Es werden zum Beispiel Büroräume neu eingerichtet und die Mitarbeiter dürfen sich bis zu einer Budgetgrenze Möbel selbst aussuchen. In der Produktion muss ein neuer Schichtplan erstellt werden, den die Mitarbeiter selbst entwerfen können. Vor Weihnachten soll eine Werbekampagne gestartet werden, in die die Mitarbeiter ihre Ideen einbringen dürfen.

L3: Jeden Monat wird der Mitarbeiter des Monats gewählt. Übererfüllt ein Mitarbeiter seine Aufgabe, erhält er eine Prämie. Der Chef geht einmal in der Woche durch alle Räume und spricht mit seinen Mitarbeitern. Die Mitarbeiter erhalten alle ein T-Shirt mit dem Firmenlogo. Das Thema Umweltschutz wird im Unternehmen groß geschrieben und deshalb beteiligt man sich an entsprechenden Veranstaltungen in der Umgebung.

L4: Bei der Massenfertigung weiß der Mitarbeiter häufig nicht mehr, wofür das Teil bestimmt ist, das er herstellt. Zusammenarbeit mit anderen ist meist nicht notwendig, da die Arbeitsschritte entsprechend klein sind. Kommunikation findet also fast nicht statt und Motivation ist nicht vorhanden. Der Mitarbeiter verlernt, sich mit anderen abzustimmen und in einer Gruppe zu arbeiten.
Bei der Einzelfertigung ist genau das Gegenteil der Fall, da komplexe Aufgaben in Gruppen zu lösen sind. Der Mitarbeiter kann sich mit dem Produkt identifizieren und teilt sich seine Arbeit mit Kollegen ein. Soziales Verhalten wird durch die Gruppe gefördert.

L5: In sozialen Systemen stehen nur Menschen miteinander in Beziehung. Die Beeinflussung geschieht nur vom Menschen aus. Einfache Beispiele: Gespräche, Vorträge, Versammlungen.
Technische Systeme werden auch Maschinensysteme genannt. Ist ein Prozess einmal gestartet, kann er nicht mehr beeinflusst werden. Als Beispiel kann die Automatenfertigung dienen.
Bei soziotechnischen Systemen spricht man von Mensch-Maschine-Systemen. Menschen arbeiten mit Maschinen. Man spricht auch von Arbeitssystemen. Dazu zählen Maschinenarbeitsplätze, Arbeiten an einem Fließband oder die Tätigkeit eines Buchhalters am Computer.

L6: Artteilung bedeutet Spezialisierung, da jeder Mitarbeiter nur einen Arbeitsvorgang einer Aufgabe ausführt, wie zum Beispiel Bohren, Stanzen oder Lackieren. Bei der Mengenteilung ist das Aufgabengebiet umfangreicher, da jeder Mitarbeiter den kompletten Arbeitsablauf an einer Teilmenge vollzieht.
Die Flexibilität der Produktion ist meist bei der Artteilung niedrig und bei der Mengenteilung hoch. Betrachtet man die Gefahr der einseitigen Belastung, ist sie bei Artteilung höher als bei der Mengenteilung. Die Qualifikation der Mitarbeiter und die Einarbeitungszeit sind bei Artteilung meist niedrig und kurz, bei Mengenteilung höher und länger. Die Artteilung bietet im Gegensatz zur Mengenteilung wenige Möglichkeiten zur Leistungsentfaltung, deshalb ist auch die Motivation der Mitarbeiter bei der Artteilung geringer.

L7: Der Mitarbeiter akzeptiert die Situation und versucht Schwierigkeiten zu meistern. Es ist aber auch möglich, dass er aggressiv wird und seinen Ärger an den Kollegen auslässt. Eine weitere Möglichkeit ist die Verdrängung, wobei das Problem geleugnet oder verniedlicht wird. Der Meister kann Mitarbeiter auf jeden Fall unterstützen, wenn er mit ihnen darüber spricht. Allein schon die Möglichkeit, über etwas zu sprechen, baut Spannungen ab. Bei aggressivem Verhalten bietet sich ein Kritikgespräch an, bei dem neue Ziele vereinbart werden und der Vorgesetzte sein Vertrauen ausspricht. Hilfestellung kann auch sein, wenn der Meister Einzelaufgaben vergibt und sich regelmäßig um den Fortschritt kümmert.

L8: An unterster Stelle stehen die Grundbedürfnisse, dann folgen die Sicherheitsbedürfnisse, die sozialen Bedürfnisse und die Anerkennungsbedürfnisse, bis schließlich die Stufe der Selbstverwirklichung erreicht ist. Maslow ist der Meinung, dass der Mensch erst dann zu Erfüllung des nächsten Bedürfnisses bereit ist, wenn das vorhergehende Bedürfnis erfüllt ist. Niemand strebt beispielsweise nach Selbstverwirklichung, wenn seine sozialen Bedürfnisse und das Bedürfnis nach Anerkennung noch nicht befriedigt sind.

L9: Die Arbeitsmotivation setzt sich aus der inneren Motivation und der äußeren Motivation zusammen. Die innere Motivation ist vom einzelnen Menschen abhängig und kann nicht beeinflusst werden. Die äußere Motivation ergibt sich durch äußere Anreize, wie zum Beispiel Lohn, Anerkennung, Betriebsklima oder Zusatzleistungen. Auf diesen Bereich beschränken sich die Möglichkeiten des Meisters. Mit einem entsprechenden Beurteilungssystem können zum Beispiel Lohnanreize geschaffen werden. Der Meister selbst kann durch sein Führungsverhalten und die Anerkennung der Leistungen zur Motivation beitragen.

L10: Motivatoren tragen zur Arbeitszufriedenheit bei. Dazu zählen unter anderem Erfolgserlebnisse, der Arbeitsinhalt, die Selbstbestätigung, Aufstiegsmöglichkeiten usw.
Hygienefaktoren können Unzufriedenheit mit der Arbeit auslösen. Der Mitarbeiter wird unzufrieden, wenn sie fehlen. Dies kann zum Beispiel der Fall sein, wenn die Betriebsorganisation unzureichend ist oder das Führungsverhalten nichts mit Führung zu tun hat. Auch schlechte Arbeitsbedingungen zählen dazu.

L11: Arbeitsumgebung: Licht, Lärm, Temperatur, Farben, Luftfeuchtigkeit
Arbeitsplätze, Betriebsmittel und Werkzeuge: Berücksichtigung anthropometrischer, arbeitsphysiologischer, bewegungstechnischer, informationstechnischer und sicherheitstechnischer Bedingungen
Arbeitsorganisation: Pausen, Arbeitszeit, Schichtarbeit, Strukturierung der Arbeit

L12: Zuerst muss die Istsituation analysiert werden. Dabei sind Schwerpunkte festzulegen und die Ergebnisse aufzubereiten und darzustellen. Anschließend wird die Sollsituation entwickelt, das heißt, die Ziele festgelegt und die Aufgaben abgegrenzt. Die Ziele werden zusätzlich gewichtet und die Aufgaben verteilt.
Als Nächstes untersucht man mehrere Lösungsansätze, bewertet die Varianten und wählt die beste Möglichkeit aus.
Die ausgewählte Lösung wird im Detail ausgearbeitet. Dabei müssen unter anderem die Betriebsmittel und das Personal geplant werden. Auch ist ein Zeitplan zur Realisierung aufzustellen.
Im nächsten Schritt erfolgt die Umsetzung in die Praxis. Es erfolgt ein Probelauf, bei dem die Istdaten mit den Solldaten verglichen werden. Falls Abweichungen auftreten, werden Korrekturmaßnahmen ergriffen.
Als Letztes wird das Arbeitssystem offiziell eingesetzt, die Abschlussdokumentation erstellt und eine letzte Kontrolle durchgeführt.
Selbstverständlich ist es notwendig, auch in Zukunft das System zu überwachen.

L13: Durch die Arbeitsgestaltung können zwei Ziele, die jedes Unternehmen parallel anstreben sollte, in die Praxis umgesetzt werden, nämlich Wirtschaftlichkeit und Humanität. Unter Wirtschaftlichkeit versteht man einen möglichst hohen Wirkungsgrad der Arbeitssysteme und Humanität ist die menschengerechte Gestaltung der Arbeitsorganisation.

L14: Die Zufriedenheit am Arbeitsplatz ist dann erreicht, wenn sich der Mitarbeiter subjektiv wohlfühlt. Dies hängt zum einen von der Einstellung des Mitarbeiters selbst ab, und zum anderen von der Aufgabe und den Bedingungen am Arbeitsplatz.
Zumutbar ist eine Arbeit dann, wenn sie als erträglich angesehen wird und als sozial angemessen.
Man spricht von Erträglichkeit (langfristig) einer Beschäftigung, wenn sie ein Mitarbeiter mit entsprechender Eignung ohne Schäden auf Dauer ausüben kann.
Eine Arbeit ist dann ausführbar (kurzfristig), wenn sie unter Berücksichtigung der biologischen Voraussetzungen des Mitarbeiters und der physischen Leistungsmöglichkeiten ohne Gefährdung durchgeführt werden kann.

L15: Der Vorgesetzte führt Einzelgespräche mit den Mitarbeitern, was meist sehr zeitaufwändig ist, aber eine relativ objektive Meinungsbildung zulässt. Die Gespräche nur mit den Gruppenführern nehmen zwar nicht so viel Zeit in Anspruch, sind dafür aber nicht so objektiv. Bei einem Gespräch mit der ganzen Gruppe kommt es vor, dass einige Mitarbeiter gar nicht zu Wort kommen, weil sie von den Wortführern unterdrückt werden. Der Meister kann sie dann persönlich zur Meinungsäußerung auffordern. Es ist auch möglich, eine schriftliche Befragung durchzuführen. Das Problem dabei ist die Erstellung des Fragebogens.

L16: Monotone Tätigkeiten können durch Job rotation, Job enlargement, Job enrichment und durch Bildung teilautonomer Arbeitsgruppen abgebaut werden.

Dem Abbau von Spannungen zwischen Arbeitsgruppen dienen Einzelgespräche und Gruppengespräche. An alle werden die gleichen Informationen ausgegeben. Eventuell werden einzelne Personen innerhalb von Abteilungen umgesetzt. Eine weitere Möglichkeit ist die Rotation der Mitarbeiter zwischen den Gruppen.

L17: Der Meister kann sich einen Zeitplan aufstellen und nach Zeitfressern suchen.

Er kann eine oder zwei Stunden pro Tag festlegen, in denen er nicht gestört werden darf.
Er sollte alle Aufgaben, die zu delegieren sind (Handlungsverantwortung), auch wirklich auf Mitarbeiter übertragen.
Die Arbeitseinsätze sind konkret zu planen und nicht einfach abzuschätzen.
Er kann auch versuchen, mit anderen Stellen zusammenzuarbeiten, um bestimmte Aufgaben zu teilen.

4.3 Einflüsse der Gruppenstruktur auf Gruppenverhalten und Zusammenarbeit sowie Entwicklung von Gruppenprozessen

4.3.1 Wirkungen von Gruppen und Beziehungen auf das Sozialverhalten und Einflussmöglichkeiten des Meisters

4.3.1.1 Entstehen formeller und informeller Beziehungen und Gruppen innerhalb und außerhalb des Betriebes

Gruppen bilden sich auf Grund menschlicher Bedürfnisse oder vorgegebener Aufgaben.

 Allgemein besteht eine Gruppe aus mehreren Personen, die die gleichen Interessen und Ziele verfolgen.

Es herrscht gegenseitige Kommunikation (Übermittlung von Informationen, verbale und nonverbale Kommunikation) und Interaktion (gegenseitige Beeinflussung) und es werden Normen entwickelt. Jedes Mitglied übernimmt eine Rolle und gehört der Gruppe eine bestimmte Zeit lang an.
Man unterscheidet zwischen
- primären und sekundären Gruppen und
- formellen und informellen Gruppen.

Welche Arten von Gruppen lassen sich grundsätzlich unterscheiden?

In Primärgruppen herrscht direkter Kontakt (z. B. Familie), alle Mitglieder handeln gemeinsam und unterstützen sich gegenseitig. In Sekundärgruppen (z. B. Abteilung) bestehen keine besonderen Gemeinsamkeiten und keine intensiven Kontakte.

Formelle Gruppen werden bewusst organisiert und geplant und haben eine bestimmte Aufgabe zu erfüllen, z. B. die Projektgruppe in einem Betrieb. Informelle Gruppen bilden sich spontan und ungeplant. Ausschlaggebend sind unter anderem gemeinsame Bedürfnisse (z. B. Fahrgemeinschaften) oder auch einfach Sympathie.

In einem Unternehmen werden die **formellen Gruppen** durch die Organisationstruktur bestimmt. Facharbeiter werden einem Meister zugeordnet und haben mit ihm gemeinsam Aufgaben zu lösen. Die Betriebsleitung stellt die Gruppen zusammen und die Mitglieder können nicht selbst bestimmen, ob und wie lange sie dabei sein möchten. Formelle Gruppen werden auf Grund von be-

Wie werden formelle Gruppen gebildet?

trieblichen Erfordernissen und unternehmerischen Zielsetzungen gebildet, wobei Verhaltensnormen und Rollen weit gehend festgelegt sind.

Wie bilden sich informelle Gruppen?

Informelle Gruppen bilden sich – auch innerhalb des Unternehmens – ohne äußeren Einfluss. Die Gruppenzugehörigkeit ist freiwillig. Die Mitglieder haben gemeinsame Bedürfnisse und Ziele und die Gruppenrollen und Normen bilden sich erst im Laufe der Zeit. Es handelt sich also um freiwillige Gruppen. Informelle Gruppen können sich innerhalb von formellen Gruppen bilden oder sich durch verschiedene formelle Gruppen hindurchziehen. Mitarbeiter, die im Betrieb häufiger Kontakt miteinander haben, können – trotz möglicherweise weit auseinander liegender Arbeitsplätze – ein Wir-Gefühl entwickeln. Auch die gleiche Ausbildung, Nationalität, Betriebszugehörigkeit oder der gemeinsame Weg, die Mitgliedschaft in Vereinen oder Kinder, die in die gleiche Klasse gehen, fördern die Bildung informeller Gruppen. Möchte ein Meister wissen, wo sich informelle Gruppen gebildet haben, kann er ein **Soziogramm** aufstellen. Dieses sagt aus, wer mit wem Kontakt hat oder nicht bzw. Kontakt haben möchte. Indikatoren für informelle Gruppen sind häufige Kontaktaufnahmen, spontane Hilfestellungen, die Sitzordnung beim Essen oder auch die Kontakthäufigkeit außerhalb der Arbeitszeit.

Wichtige Begriffe zu Gruppen

- Gruppengröße: Die Größe ist abhängig von der Aufgabe, der vorgegebenen Zeit, den Arbeitsbedingungen und der Persönlichkeit der einzelnen Gruppenmitglieder. Ein Meister kann bei Fließbandarbeit eine größere Gruppe führen, als dies der Fall ist, wenn es um die Lösung eines komplexen Problems geht. Dies wird als **Leitungsspanne** bezeichnet. Sobald sich in einer Gruppe Untergruppen bilden, hat sie die ideale Größe überschritten.

Was versteht man unter Leitungsspanne?

- Gruppendynamik: Meinungen und Entscheidungen bilden sich durch Aktionen und Reaktionen. Schwächere werden gefördert und andere wiederum gebremst. Die Mitglieder empfinden ein Wir-Gefühl und die Gruppe kann nach außen hin Druck ausüben.
- Gruppendruck: Weichen Gruppenmitglieder von den Gruppennormen ab, tanzen sie sozusagen aus der Reihe, wird Druck auf sie ausgeübt, um sie wieder zu einem konformen Verhalten zu bewegen.
- Gruppenrollen: Jedes Mitglied einer Gruppe übernimmt eine bestimmte Rolle, die es entweder selbst gewählt hat, oder die ihm mehr oder weniger zugeteilt wurde. Der Meister muss seine Verhaltensweisen der jeweiligen Rolle des Gruppenmitglieds anpassen. Ein Drückeberger muss gefordert werden. Man darf sich von ihm nicht ausnutzen lassen. Der Problembeladene braucht Unterstützung und Ermutigung. Der Neuling kann schneller integriert werden, wenn man sich am Anfang mehr um ihn kümmert. Dem Frechen müssen Grenzen gesetzt werden. Es gibt noch viele weitere Gruppenrollen, mit denen sich der Vorgesetzte auseinander setzen muss, zum Beispiel der Tüchtigste, der Beliebteste, der Clown, der Sündenbock, der Außenseiter und andere.

Was versteht man unter Gruppenrolle?

- Gruppenführer: Meist wird derjenige Gruppenführer, der die Persönlichkeitsmerkmale zur Erreichung der Gruppenziele aufweist. Dazu zählen Intelligenz, Wissen und Können, soziale und kommunikative Kompetenz, ein bestimm-

ter Status, Zuverlässigkeit, Selbstvertrauen, Überzeugungskraft, Ausdauer, Durchsetzungsfähigkeit und anderes.
- Rollendifferenzierung: Darunter versteht man die Aufgaben- und Rollenverteilung, die im Laufe der Zeit durch Kommunikation und Interaktion auf Grund der Fähigkeiten und Interessen stattfindet.
- Status: Jede Rolle ist mit einem bestimmten Ansehen verbunden. Dieses Ansehen bestimmt den Status, das heißt, den Rang in der Gruppenhierarchie.
- Statussymbol: Mit einem Status kann ein bestimmtes Privileg verbunden sein, zum Beispiel eine Telefonleitung nach außen, ein eigener Dienstwagen oder ein Abzeichen am Arbeitsmantel.
- Intrarollenkonflikt: Es handelt sich um einen Konflikt innerhalb einer Rolle. Die Unternehmensleitung verlangt zum Beispiel vom Meister, dass eine bestimmte Arbeit noch heute erledigt wird. Die Mitarbeiter erwarten von ihm, dass keine Überstunden anfallen. Es entsteht hier ein Konflikt innerhalb der Rolle des Meisters auf Grund der an ihn gerichteten Erwartungen.
- Interrollenkonflikt: Hier entsteht ein Konflikt zwischen mehreren Rollen, die eine Person ausübt. Die Familie erwartet vom Meister, dass am Samstag ein Ausflug in den Zoo gemacht wird. Der Geschäftsführer möchte jedoch, dass am Samstag die Vorbereitungen für den neuen Auftrag getroffen werden, der am Montag anläuft.

Was versteht man unter Rollenkonflikt?

Team
Das Team ist eine spezielle Gruppe, deren gemeinsames Ziel die Erledigung einer bestimmten Arbeit ist. Teamarbeit ist also eine spezielle Form der Gruppenarbeit. Man möchte eine zusätzliche Leistungssteigerung durch eine bewusste Intensivierung der Gruppenprozesse erreichen.

Was unterscheidet Gruppe und Team?

4.3.1.2 Bedeutung zwischenmenschlicher Beziehungen für den Einzelnen, für die Zusammenarbeit im Betrieb und für das Betriebsklima

Jeder Mensch, also auch jeder Mitarbeiter, ist von Kindheit an Mitglied verschiedener sozialer Gruppen und damit einer Vielzahl von Einflüssen ausgesetzt. Es bilden sich Wertorientierungen und Einstellungen sowie ein bestimmtes Verhalten innerhalb und außerhalb des Betriebes.

Ein einfaches Beispiel veranschaulicht die Auswirkungen früherer Erfahrungen in einer Gruppe: Stammt jemand aus einer Familie, in der Meinungsverschiedenheiten mit Aggressivität beantwortet werden, wird es auch bei Konflikten mit Vorgesetzten oder Kollegen nicht ruhig und sachlich zugehen.

Auch heutige außerbetriebliche Kontakte können sich sowohl positiv als auch negativ auf das Mitarbeiterverhalten im Betrieb auswirken. Die Aktivität in einem Sportverein fördert zum Beispiel die Gesundheit und ist ein guter Ausgleich zum Berufsleben. Engagement für den Umweltschutz oder soziales Interesse kann im Berufsleben weitergeführt werden. Negativ dagegen können regelmäßige Stammtischrunden sein, bei denen der Alkoholkonsum an erster Stelle steht.

Informelle Gruppen im Betrieb können sowohl für die Mitarbeiter als auch für den Betrieb positive Konsequenzen haben. Die Gruppe bietet Gemeinschaft, Geborgenheit, Achtung und Anerkennung und stärkt das Selbstbewusstsein.

Wie können sich (außerbetriebliche) Gruppen im Betrieb auswirken?

Welche Auswirkungen können informelle Gruppen im Betrieb haben?

Außerdem kann eine Gruppe ihre Ziele besser durchsetzen als eine einzelne Person. Der Betrieb profitiert von enger Zusammenarbeit und gegenseitiger Hilfe. Die Kommunikation und der Informationsaustausch funktionieren reibungslos, Fehlzeiten und Fluktuation verringern sich und das Betriebsklima wird positiv beeinflusst. Negative Aspekte sind die Manipulation von Mitarbeitern, die von einer Gruppe abhängig sind, und auftretende Konzentrationsverluste bei häufigen privaten Kontakten und daraus entstehende Konflikte mit den Vorgesetzten. Außerdem kann es zu Rivalitäten zwischen Gruppen kommen oder zur Festlegung einer Leistungsobergrenze vom Gruppenführer.

4.3.1.3 Einfluss von Gruppen auf Einstellungen und Verhalten Einzelner

Welche Auswirkungen kann Gruppendruck haben?

In einer Gruppe bilden sich im Laufe der Zeit bestimmte Richtlinien für das Verhalten heraus, also Normen. Dies geschieht durch die ständige Kommunikation und Interaktion. Bei diesen Normen kann es sich um Meinungen, Verhaltensweisen oder Einstellungen zu bestimmten Fragen handeln. Im Betrieb kann dies zum Beispiel das Betragen gegenüber Vorgesetzten sein.

Die Normen dienen der Orientierung, was innerhalb einer Gruppe üblich ist und akzeptiert wird. Verhält sich ein Gruppenmitglied wie gewünscht, wird dieses Verhalten konform genannt. Nichtkonformes Verhalten wird mit negativen Sanktionen belegt. Dies kann von Appellen über Drohungen bis zu Strafen reichen. Lässt sich ein Gruppenmitglied durch den Konformitätsdruck nicht einschüchtern, kann es zur Isolierung oder sogar zum Ausschluss kommen.

4.3.1.4 Einflussmöglichkeiten von Führungskräften auf informelle Strukturen und Teamgeist

Wie kann der Vorgesetzte informelle Gruppen positiv einbinden?

Vorgesetzte können informelle Gruppen im Betrieb durch organisatorische Maßnahmen fördern. Da hier die sozialen Bedürfnisse der Mitarbeiter besser erfüllt werden als in formellen Gruppen und dadurch die Leistungsfähigkeit steigt, sollte Wert darauf gelegt werden, bereits **bestehende informelle Strukturen nicht zu zerstören**. Eine Maßnahme ist die Verbesserung der Kommunikationsmöglichkeiten. Es muss jedoch darauf geachtet werden, dass dies nicht negativ ausgenutzt wird.

Das **Entstehen informeller Gruppen** wird durch die Zusammenstellung kleiner Arbeitsgruppen gefördert, was Mitarbeiter bevorzugen, da hier der Zusammenhalt größer ist als bei großen Teams. Die Gruppenziele müssen dann aber so gesteuert werden, dass sie mit den Betriebszielen übereinstimmen. Der Vorgesetzte kann einigen Personen eine gemeinsame Aufgabe übertragen, dabei darf er die notwendigen Informationen, Kompetenzen und Verantwortungsspielräume nicht vergessen. Besonders positiv wird von Mitarbeitern aufgenommen, wenn sie an Entscheidungen beteiligt werden (Partizipation). Die Identifikation und der Gruppenzusammenhalt steigen. Voraussetzung sind entsprechende Sachkompetenz, Zuverlässigkeit und Verantwortungsbewusstsein.

Wie kann man Störungen begegnen?

Treten **Störungen durch informelle Gruppen** auf, kann der Vorgesetzte, je nach Möglichkeiten, Arbeitsplätze räumlich trennen, Einzelaufgaben übertragen, mit den Gruppenführern sprechen, einzelne Mitglieder versetzen oder, als letzte Konsequenz bei erfolglosen Ermahnungen und Abmahnungen (und nur im Rahmen der arbeitsrechtlichen Möglichkeiten) sogar entlassen.

Gewissen Einfluss kann der Meister bereits bei der **Zusammenstellung von Arbeitsgruppen** ausüben. Einerseits muss der Betriebszweck erfüllt werden, andererseits müssen die Wünsche der Mitarbeiter berücksichtigt werden.

Die Gruppenmitglieder sollen sich fachlich ergänzen und menschlich zusammenpassen.

Sie sollten sich möglichst freiwillig der Gruppe anschließen auf Grund bereits bestehender informeller Kontakte. Der informelle Gruppenführer kann offiziell mit Führungsaufgaben betraut werden. Die Gruppe darf nicht zu groß sein und die einzelnen Aufgaben und Kompetenzen müssen klar gegeneinander abgegrenzt werden. Außerdem sollte der Meister Eigeninitiative der Gruppe nicht nur zulassen, sondern sogar fördern.

Worauf ist bei der Zusammenstellung von Gruppen zu achten?

4.3.2 Selbstregulierung teilautonomer Arbeitsgruppen

Eine Gruppe kann sich nur dann selbst steuern und regulieren, wenn ihr eine gemeinsame Verantwortung übertragen wird. Die Aufgabe muss für die Gruppenmitglieder überschaubar sein und einen Zusammenhang aufweisen.

Teilautonome Arbeitsgruppen erhalten einen in sich geschlossenen Aufgabenbereich mit eigener Verantwortung.

Welches Konzept wird mit teilautonomen Arbeitsgruppen verfolgt?

Je nach Umfang der Autonomie kann die Gruppe über viele Punkte selbst entscheiden, zum Beispiel qualitative und quantitative Ziele, Arbeitszeit, Urlaubsplan, Schichtplan, Produktionsmethode, interne Aufgabenverteilung, Neueinstellungen, Vertretung nach außen usw. Voraussetzung dafür ist, dass die Mitarbeiter entsprechend kompetent sind. Sie brauchen Fachkompetenz (funktionsbezogene Kenntnisse und Fertigkeiten), Methodenkompetenz (Probleme erkennen und bearbeiten und Lösungen wirksam umsetzen), Sozialkompetenz (Teamgeist, Fähigkeit und Bereitschaft zum kollegialen Umgang) und Mitwirkungskompetenz (aktive Teilnahme an Prozessen mit eventuellen Vorüberlegungen und Vorschlägen zur Verbesserung).

Bei der Einführung teilautonomer Arbeitsgruppen kommt auf den Meister zuerst mehr Arbeitsaufwand zu. Er muss den Mitarbeitern als Moderator und Koordinator zur Verfügung stehen. Er muss ihnen bei den Aufgaben helfen, die sie in Zukunft selbst bewältigen sollen. Auch bei der Bildung der Gruppe und dem Gruppenverhalten muss er sie unterstützen.

Welche Rolle spielt der Meister in der teilautonomen Arbeitsgruppe?

Sobald sich die Arbeitsgruppe etabliert hat, bleibt dem Meister mehr Zeit für organisatorische und verwaltende Aufgaben. Er beschränkt sich auf die dispositiven Aufgaben Planen, Lenken und Kontrollieren. Die eigentliche Verantwortung liegt dann immer noch bei ihm.

Diese Art von Arbeitsgruppen bieten den Mitarbeitern eine höhere Arbeitszufriedenheit, weniger Monotonie, die Möglichkeit zur Höherqualifizierung und sogar bessere Verdienstmöglichkeiten durch mehrfache Qualifizierung. Das Unternehmen profitiert von einer flexibleren Produktion, steigender Produktivität, geringeren Fehlzeiten, erhöhter Qualität und mitdenkenden Mitarbeitern.

Aufgaben zu Abschnitt 4.3

1. Beschreiben Sie, wodurch eine Gruppe gekennzeichnet ist.
2. Erläutern Sie, welche Konsequenzen es für einen Mitarbeiter haben kann, wenn er Gruppennormen nicht einhält.
3. Beschreiben Sie zwei negative Auswirkungen außerbetrieblicher Kontakte auf das Verhalten der Mitarbeiter im Betrieb.
4. Erläutern Sie, aus welchen Motiven heraus Menschen Gruppen bilden.
5. Stellen Sie an drei Kriterien die Unterschiede von Gruppe und Team dar.
6. Beschreiben Sie, warum Gruppenarbeit im Allgemeinen positiv für den Einzelnen gesehen wird.
7. Erläutern Sie an je einem Beispiel den Intrarollenkonflikt und den Interrollenkonflikt.
8. Erklären Sie, wovon es abhängig ist, ob eine Gruppe zusammenhält oder nicht.
9. Erläutern Sie, was man unter aufgabenorientierten Bedürfnissen in einer Gruppe versteht.
10. Zeigen Sie an zwei selbst gewählten Beispielen, wo sich bei Gruppenarbeit Leistungsvorteile zeigen.
11. Worauf begründen sich informelle Beziehungen in einer Hierarchie?
12. Nennen Sie drei Unterschiede in der Bildung formeller und informeller Gruppen.
13. Beschreiben Sie drei negative Auswirkungen einer informellen Gruppe im Betrieb und erläutern Sie je eine Maßnahme, die Sie als Meister dagegen ergreifen können.
14. Welche Kriterien müssen Sie beachten, wenn Sie als Meister einer Gruppe eine Aufgabe übertragen?

Lösungsvorschläge

L1: Eine Gruppe setzt sich aus mehreren Personen mit gleichen Interessen und Zielen zusammen. Mitglieder beeinflussen sich durch Kommunikation und Interaktion. Sie haben gemeinsame Normen entwickelt und die einzelnen Rollen geklärt. Sie fühlen sich zusammengehörig und sind für einen bestimmten Zeitraum zusammen.

L2: Die Nichteinhaltung von Normen wird nonkonformes Verhalten genannt. Es wird in den meisten Fällen von der Gruppe nicht akzeptiert und negativ sanktioniert. Dadurch soll das Mitglied zu dem von ihm erwarteten Verhalten bewegt werden. Dies geschieht durch Appelle, Drohungen oder sogar Strafmaßnahmen. Widersetzt sich der Mitarbeiter diesem Konformitätsdruck, muss er damit rechnen, dass er isoliert oder ausgeschlossen wird.

L3: Das Engagement in einer extremen politischen Partei kann zu Streitigkeiten im Betrieb führen, wenn der Mitarbeiter versucht, seine Kollegen von seiner Einstellung zu überzeugen.
Werden bei einem Mitarbeiter zu Hause Streitereien „mit der Faust" ausgetragen, wird er dies auch im Betrieb versuchen, wobei es zu massiven Konflikten kommen kann.

L4: Gleiche Tätigkeit, Kinder gehen in die gleiche Klasse, durch Zusammenarbeit lässt sich ein Problem leichter lösen, „vier Augen sehen mehr als zwei", Mitgliedschaft im gleichen Verein, gemeinsame Arbeitswege, Nachbarschaft usw.

L5: Im Team werden die Gruppenprozesse intensiviert, um die Leistung zusätzlich zu steigern. Jeder kommuniziert mit jedem und hat eine bestimmte Aufgabe. Das gesamte Team identifiziert sich mit dem Ziel. Die menschlichen Beziehungen oder die durch die Aufgabe hervorgerufenen Verbindungen sind stärker als in einer normalen Gruppe. Im Team besteht Bereitschaft zu enger Kooperation. Da die einzelnen Mitarbeiter Mitglieder des Teams bleiben wollen, besteht ein starker Zusammenhalt.

L6: In der Gruppe fühlt sich der Einzelne sicher und erfüllt eine Rolle bzw. Aufgabe. Er erlebt ein Wir-Gefühl und findet Rückhalt bei persönlichen oder betrieblichen Problemen. Die Gruppe befriedigt Bedürfnisse. Komplexe Aufgaben können durch gegenseitige Hilfestellung leichter gelöst werden. Die Mitglieder lernen voneinander und spornen sich gegenseitig an. Wissen wird ausgetauscht und die Gruppendynamik motiviert.

L7: Der Intrarollenkonflikt findet innerhalb einer Rolle statt. Einerseits muss sich der Betriebsrat um die Probleme und Anliegen der Mitarbeiter kümmern, die Schwierigkeiten mit der Geschäftsführung haben. Andererseits darf er die Unternehmensziele nicht aus den Augen verlieren, da sonst Arbeitsplätze gefährdet sind.
Der Interrollenkonflikt spielt sich zwischen mehreren Rollen ab. Der Meister ist für die Überwachung des neuen Auftrags am Samstag eingeteilt. Gleichzeitig ist er Vorsitzender des örtlichen Bärenvereins und soll die Ausstellung am Samstag eröffnen und leiten.

L8: Der Zusammenhalt ist abhängig von der Stärke der Sympathie bzw. Abneigung und der Bedeutung der Gruppe für den Einzelnen. Werden die Bedürfnisse durch die Gruppe erfüllt, halten die Mitglieder zusammen. Je mehr Vorteile sie bietet, desto attraktiver stellt sie sich dar. Ein weiteres Kriterium ist die Größe der Gruppe, je kleiner sie ist, desto besser ist der Zusammenhalt. Auch die Häufigkeit der Kontakte und der Kommunikation spielt eine Rolle.

L9: Die Bedürfnisse, die sich aus der Aufgabe ergeben, ergeben sich damit auch aus den Zielen der Gruppe, da die Aufgabe erfüllt werden soll. Zum Gruppenführer wird meist der gewählt, der die besten Voraussetzungen dafür mitbringt, die Gruppe zum Ziel zu führen. Unter aufgabenorientierten Bedürfnissen versteht man also die Festlegung von Teilzielen, die Planung und Koordination der einzelnen Tätigkeiten, die Motivation der Mitglieder und die Vertretung der Gruppe nach außen.

L10: Bei der Suche nach einem Fehler in einer elektrischen Anlage ist es von Vorteil, wenn sich Fachleute gegenseitig unterstützen, weil sie ihre unterschiedlichen Erfahrungen einbringen können.
Bei der Montage eines größeren Erzeugnisses, bei der gebohrt, geschliffen, gefräst und geschweißt werden muss, können die Aufgaben so verteilt werden, dass jeder das erledigen kann, was er am besten beherrscht.

L11: Beispiele sind Fahrgemeinschaft, gemeinsame Pausen, gemeinsame Bekannte, gleiche Freundin, Kinder im gleichen Alter, Ärger mit dem Vorgesetzten, Mitglied in der Gewerkschaft.

L12: Formelle Gruppen werden vom Vorgesetzten zusammengestellt, sie werden entsprechend den betrieblichen Zielsetzungen gebildet, die Mitglieder können den Zeitraum ihrer Mitwirkung nicht bestimmen und die Normen und Rollen sind weit gehend von außen bestimmt.
Bei den informellen Gruppen basiert die Zugehörigkeit auf freiwilliger Entscheidung, die Zielsetzung beruht auf gemeinsamen Bedürfnissen und Interessen und die Normen, und Rollen bilden sich erst im Laufe der Zeit.

L13: Durch die Vielzahl der informellen Kontakte nehmen die Konzentration und die Leistung ab. Durch Rivalitäten kann es zu Störungen der Zusammenarbeit kommen. Es wird Druck auf andere Mitglieder ausgeübt und eine bestimmte Leistungsobergrenze festgelegt.
Der Meister kann Arbeitsplätze räumlich trennen, damit private Kommunikation nur noch in den Pausen stattfinden kann. Zur Vermeidung von Konkurrenz kann mehreren Mitarbeitern oder Gruppen eine gemeinsame Aufgabe übertragen werden. Die für die Festlegung der Leistungsobergrenze verantwortlichen Personen können ermahnt, versetzt oder sogar entlassen werden.

L14: Es genügt nicht, nur die Aufgabe zu delegieren. Untrennbar damit verbunden sind die Verantwortung und die Kompetenz. Die Gruppe braucht einen bestimmten Spielraum, um die Tätigkeiten optimal verteilen zu können. Es sind auch eigene Entscheidungsbefugnisse notwendig, um zum Beispiel etwas bestellen oder eine Reihenfolge von Arbeiten festlegen zu können. Da die Erfüllung einer Aufgabe nicht ohne Informationen möglich ist, sollte es der Gruppe ermöglicht werden, sich diese selbstständig zu organisieren.

4.4 EIGENES UND FREMDES FÜHRUNGSVERHALTEN UND UMSETZEN VON FÜHRUNGSGRUNDSÄTZEN

4.4.1 Zusammenhänge der Führung im Verantwortungsbereich von Meistern

4.4.1.1 Führung und Grundsätze zielorientierten Führens

> Welchen Anforderungsbereichen muss der Meister als Führungskraft grundsätzlich gerecht werden?

(Industrie-)Meister sind heute hauptsächlich in vier Bereichen tätig:
- Sie planen, organisieren und disponieren im sachlichen und im personellen Bereich.
- Sie setzen die Mitarbeiter ein, erteilen ihnen Weisungen, delegieren und unterweisen sie.
- Sie überwachen und kontrollieren ihre Mitarbeiter.
- Zu guter Letzt müssen sie auch informieren und beurteilen.

Bestimmte fachliche und persönliche Voraussetzungen sind dafür unumgänglich. Zu den fachlichen Voraussetzungen zählt gutes Fachwissen und breites Grundlagenwissen, außerdem ein gewisses Maß an Berufserfahrung und die Bereitschaft sich ständig fortzubilden. Außerdem muss der Meister die relevanten gesetzlichen, tariflichen und betrieblichen Bestimmungen kennen. Selbstverständlich zählen dazu auch die Sicherheitsvorschriften. Bei den persönlichen Voraussetzungen kann man nennen: Verantwortungsbereitschaft, Anpassungsfähigkeit, Selbstkontrolle, Initiative, Belastbarkeit und so weiter.

> Welches sind die hauptsächlichen Management-by-Techniken für zielorientierte Führung?

Je nach der vorherrschenden Philosophie in einem Unternehmen, können auch die so genannen **„Management-by-Techniken"** angewendet werden:
- Management by Objectives gibt bestimmte Ziele vor. Dies kann eine Stückzahl sein, ein Termin oder ein Betrag, der eingespart werden muss.
- Management by Delegation ist die Führung durch Übertragung von Verantwortung (Harzburger Modell). Es ist darauf zu achten, nicht nur die Verantwortung zu übertragen, sondern auch die entsprechenden Kompetenzen.
- Management by Exceptions verlangt das Eingreifen des Vorgesetzten nur in Ausnahmefällen. Die Mitarbeiter bzw. die Abteilungen besitzen weit gehende Selbstständigkeit.
- Management by Results bedeutet, dass der Erfolg am erreichten Ergebnis gemessen wird.

> Welche Organisationsprinzipien müssen für zielorientierte Führung erfüllt sein?

Um zielorientiert führen zu können, müssen **Organisationsprinzipien** beachtet werden. Es muss eine eindeutige Über- und Unterstellung vorhanden sein. Jeder muss wissen, wer ihm Weisungen erteilen darf und wer von ihm Weisungen empfängt. Die Verantwortung muss sowohl in horizontaler als auch in vertikaler Richtung abgegrenzt werden. Der Verantwortungsbereich muss überschaubar sein, da sonst Überforderung auftreten kann und sich die Mitarbeiter vom Meister vernachlässigt fühlen. Außerdem sind die Kompetenzen sinnvoll zuzuordnen. Nicht jeder Mitarbeiter möchte die gleiche Verantwortung tragen.

Sowohl bei der Zielvereinbarung als auch bei der Zielvorgabe müssen drei Aspekte vorhanden sein:
- Zielinhalt,
- Zielausmaß und
- Zielzeit.

> **Beispiele**

Zielinhalt kann zum Beispiel die Steigerung der Stückzahl in der Produktion sein. Das Zielausmaß könnte den Zahlenwert einer Steigerungen angeben, etwa, dass man von jetzt 1.000 Stück pro Tag auf 1.300 Stück pro Tag kommen möchte. Die Zielzeit legt fest, dass die Steigerung beispielsweise innerhalb von sechs Monaten erreicht werden soll.

4.4.1.2 Zusammenhänge zwischen sachlichen und persönlichen Aspekten im Führungsgeschehen

Die fachliche Kompetenz alleine reicht längst nicht mehr für die Bewältigung moderner Führungsaufgaben aus. Die soziale Kompetenz hat in den letzten Jahrzehnten immer mehr an Bedeutung gewonnen. In der Berufswelt ergaben sich Veränderungen, die durch den Fortschritt in der Produktivität und einer höheren Qualifikation der Mitarbeiter ausgelöst wurden. Die Einstellungen und Erwartungen veränderten sich bezüglich der Mitbestimmung und des Anspruchs, dass Mitarbeiter auf breiter Basis Verantwortung tragen und an Entscheidungen teilnehmen. Der „moderne" Vorgesetzte sieht sich zwei Zielsetzungen gegenüber:

- der wirtschaftlichen Zielsetzung und
- der sozialen Zielsetzung.

Welche beiden Zielebenen müssen durch Führung in Einklang gebracht werden?

Nur unter Beachtung beider Richtungen kann er die Mitarbeiter auf die Unternehmensziele einstimmen, sie motivieren und ihnen die Selbstverwirklichung ermöglichen. Von der fachlichen und sozialen Kompetenz wurde bereits gesprochen. Je höher jemand in der Hierarchie eines Unternehmens aufsteigt, desto mehr verschiebt sich der Schwerpunkt hin zu den Führungsaufgaben.

> *Der Industriemeister ist ebenso wie der angestellte Meister in kleineren Betrieben Vermittler zwischen der Unternehmensführung bzw. dem Inhaber und den Mitarbeitern.*

Er muss aber auch begreifen, dass er nicht mehr der allwissende Vorgesetzte ist, sondern auch Vertrauen in die Kompetenz seiner Mitarbeiter setzen muss. Sowohl Sach- als auch Führungsprobleme dürfen nicht ungelöst bleiben.

Der Führungserfolg ist abhängig von den Rahmenbedingungen. Diese sind die Mitarbeiter, die Zielsetzung, die Gruppe, die Führungssituation und der Führende selbst. Führung bzw. der Führungserfolg ist also nicht allein vom Vorgesetzten abhängig.

4.4.1.3 Führungsstile und ihre Auswirkungen auf die Führungsleistung

Beobachtbares Führungsverhalten tritt in unterschiedlichen Ausprägungen auf. Es gibt das Führen durch Befehl und Gehorsam, wobei auf Begründungen und Mitdenken des Mitarbeiters kein Wert gelegt wird. Das Führen durch Erfolg und unter Berufung auf Erfahrung (die meist mit dem Alter einhergeht) wird oft als Besserwisserei ausgelegt. Auch hier ist die Partizipation der Mitarbeiter nicht gewünscht. Beim Führen als Kollege geht der Vorgesetzte davon aus, dass die Mitarbeiter im Einvernehmen mit ihm an der gleichen Zielsetzung arbeiten. Hier

Worin kann sich individuelles Führungsverhalten unterscheiden?

besteht die Gefahr, dass die Führungsverantwortung abgegeben wird, ebenso wie die Führungsentscheidungen. Das Führen durch Zusammenarbeit gibt dem Mitarbeiter die Gelegenheit, sich am Betriebsgeschehen zu beteiligen. Der Vorgesetzte soll hier rechtzeitig informieren, zu Verbesserungsvorschlägen ermutigen und die Arbeitsergebnisse mit den Beteiligten gemeinsam besprechen, aber auch kritisieren.

Welche grundlegenden Führungsstile lassen sich unterscheiden?

Aus diesem Führungsverhalten lassen sich, je nach Schwerpunkten und modellhaft, verschiedene Führungsstile ableiten:

- Beim **autoritären Führungsstil** werden die Entscheidungen nur vom Vorgesetzten getroffen. Mitarbeiter werden zur Unselbstständigkeit und zum Anpassertum erzogen.
- Der **kooperative Führungsstil** bezieht den Mitarbeiter in die Vorbereitung der Entscheidung mit ein. Die fachliche und die persönliche Autorität stehen im Vordergrund.
  Ein vergleichende Übersicht dieser beiden Stile bietet Abb. 4.10.
- Beim Gleichgültigkeitsstil (**Laissez-faire-Führungsstil**) kann nicht von Führung gesprochen werden, sondern eigentlich von Nicht-Führung. Der Vorgesetzte greift in den Betriebsablauf nicht ein. Die Mitarbeiter sind sich selbst überlassen. Der Meister tritt nur dann in Erscheinung, wenn er dazu aufgefordert wird. Muss er doch einmal handeln, zur Vermeidung von betrieblichen Problemen, reagiert er häufig autoritär.

Worin unterscheiden sich autoritärer und kooperativer Führungsstil?

Autoritärer Führungsstil	Kooperativer Führungsstil
Der Vorgesetzte bestimmt, wie etwas gemacht wird.	Der Mitarbeiter stimmt sich mit dem Vorgesetzten ab.
Befehl wird erteilt.	Auftrag wird besprochen.
Mitarbeiter ist Produktionsfaktor.	Mitarbeiter ist Partner.
Mitarbeiter gehorcht und erfüllt seine Pflicht.	Der Mitarbeiter denkt mit und kooperiert.
Vorgesetzter ist Chef und hat Amtsautorität.	Vorgesetzter ist Partner und hat persönliche und Fachautorität.
Zielvorgabe	Zielvereinbarung
Vorgesetzter weiß und kann alles.	Vorgesetzter delegiert und legt Wert auf Mitbestimmung.
Pessimismus	Optimismus
Fremdkontrolle	Selbstkontrolle
Person wird kritisiert.	Sache wird kritisiert.
Unterordnung	Gleichordnung
Misstrauen	Vertrauen
Unselbstständige Mitarbeiter	Selbstständige Mitarbeiter
Schnelle Entscheidungen, evtl. Fehlentscheidungen	Durchdachte Entscheidungen

Abb. 4.10 Vergleich des kooperativen mit dem autoritären Führungsstil

Es gibt noch einige Sonderformen von Führungsstilen. Dazu zählt der patriarchalische Führungsstil, bei dem der Vorgesetzte eine Art Vaterrolle übernimmt. Die Mitarbeiter sind auf ihn fixiert, sind jedoch von seinem Wohlwollen abhängig. Im Grunde ist auch dieser Führungsstil autoritär.

Welche Sonderformen des Führungsstils gibt es noch?

Führt ein Vorgesetzter durch Begeisterung, spricht man von einem charismatischen Führungsstil. Die Mitarbeiter werden für die Ziele begeistert und Kritik wird gar nicht erst in Betracht gezogen. Auch hier ist die Grundstruktur autoritär angelegt.

Der Kumpelstil beinhaltet das Führen aus falsch verstandener Kollegialität. Dieses Verhalten führt in den meisten Fällen zu Konflikten, da der Vorgesetzte seine Rolle nicht wahrnimmt und deshalb klare Anweisungen fehlen.

Wie kann man darstellen, dass Führungsstile selten in der „Reinform" praktiziert werden?

Ein Führungsstil sollte jedoch nicht eindimensional betrachtet werden. Eine mehrdimensionale Sichtweise zeigt das Verhaltensgitter (Managerial Grid).

(Hinweis: Diese Darstellungsform wurde von R. R. Blake und J. S. Mouton entwickelt und unter der Bezeichnung Managerial Grid auch für Seminare und Trainings geschützt). Das Gitter stellt eine Kombination aus der Orientierung an den Personen und den Aufgaben dar.

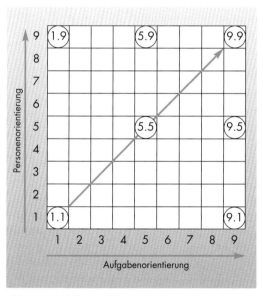

- Das Feld 1.1 kennzeichnet den Gleichgültigkeitsstil. Es herrscht weder Leistungsdruck noch kümmert sich der Meister um seine Mitarbeiter.
- Das Feld 1.9 betont die Interessen der Mitarbeiter, es besteht aber kein Leistungsdruck. Hier kann man den Kumpelstil zuordnen.
- Das Feld 9.1 steht für den autoritären Führungsstil. Das Betriebsziel wird durch Leistungsdruck erreicht. Die Mitarbeiter interessieren den Vorgesetzten nicht.
- Das Feld 9.9 ist praktisch nicht erreichbar, da die Bedürfnisse der Mitarbeiter und die Erreichung der betrieblichen Ziele gleichwertig nebeneinander stehen.

Abb. 4.11: Verhaltensgitter

Der kooperative Führungsstil strebt zwar das Feld 9.9 an, in der Praxis ist dies aber auf Dauer nicht konsequent durchsetzbar. Hierbei spielen die betriebliche Situation und die unterschiedlichen Mitarbeiter eine große Rolle.

Kooperative Führung sollte sich im Rechteck 99 – 95 – 55 – 59 vollziehen.

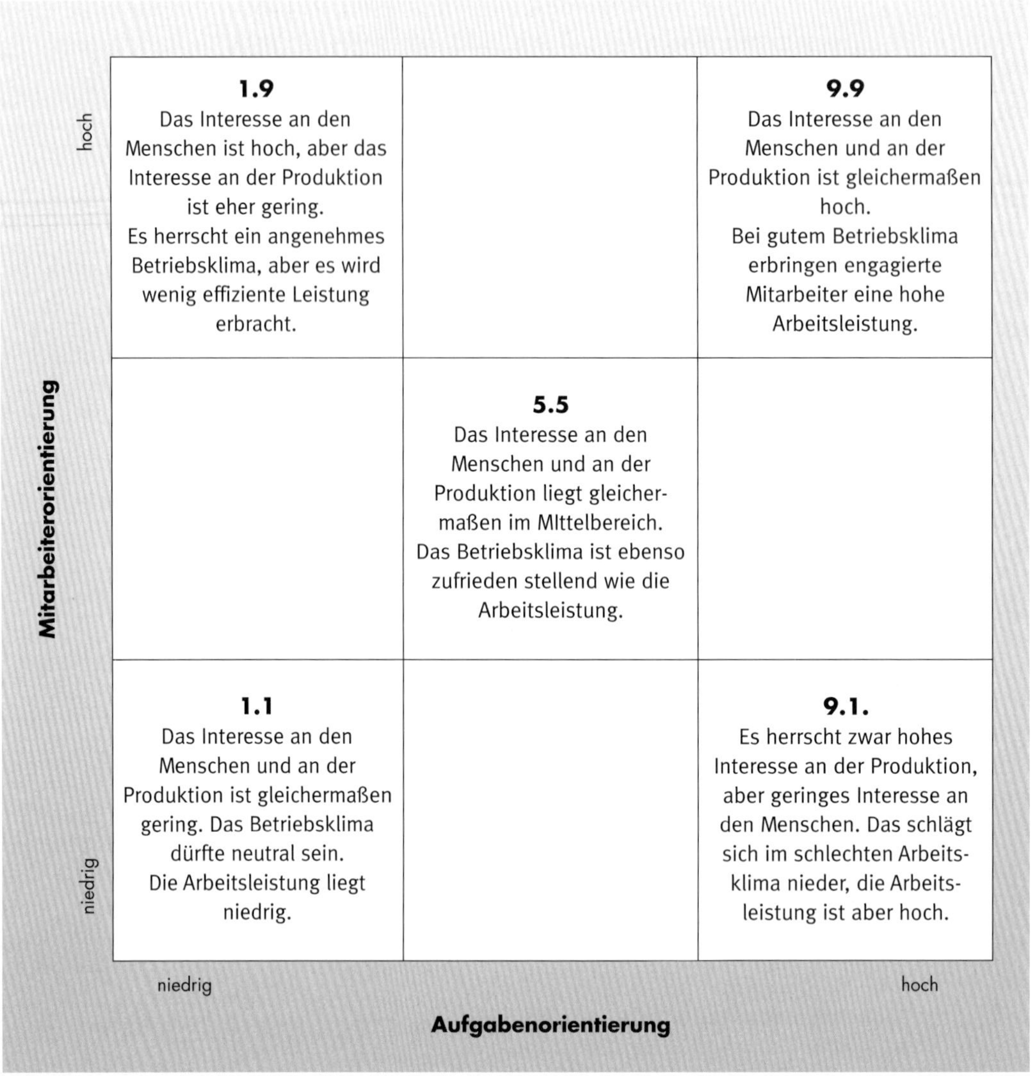

1.9 Das Interesse an den Menschen ist hoch, aber das Interesse an der Produktion ist eher gering. Es herrscht ein angenehmes Betriebsklima, aber es wird wenig effiziente Leistung erbracht.		**9.9** Das Interesse an den Menschen und an der Produktion ist gleichermaßen hoch. Bei gutem Betriebsklima erbringen engagierte Mitarbeiter eine hohe Arbeitsleistung.
	5.5 Das Interesse an den Menschen und an der Produktion liegt gleichermaßen im MIttelbereich. Das Betriebsklima ist ebenso zufrieden stellend wie die Arbeitsleistung.	
1.1 Das Interesse an den Menschen und an der Produktion ist gleichermaßen gering. Das Betriebsklima dürfte neutral sein. Die Arbeitsleistung liegt niedrig.		**9.1.** Es herrscht zwar hohes Interesse an der Produktion, aber geringes Interesse an den Menschen. Das schlägt sich im schlechten Arbeitsklima nieder, die Arbeitsleistung ist aber hoch.

Y-Achse: **Mitarbeiterorientierung** (niedrig – hoch)
X-Achse: **Aufgabenorientierung** (niedrig – hoch)

Abb. 4.12: Charakterisierung der extremen und der mittleren Positionen im Managerial Grid

Was macht die Aufgaben- und was die Personenorientierung als Führungsdimension aus?

Die Aufgabenorientierung bezieht sich auf die Betriebsziele: Ziele werden gesetzt, Probleme analysiert, Entscheidungen getroffen, Arbeitsabläufe organisiert, Aufgaben delegiert, Ergebnisse kontrolliert.

Die Personenorientierung befasst sich mit den Mitarbeitern und den Gruppen. Der Vorgesetzte strebt ein gutes Betriebsklima an, unter anderem auch dadurch, dass die Mitarbeiter ihren Beitrag zur Erreichung der Ziele leisten:

- er motiviert, unterweist, informiert und berät,
- fördert den Zusammenhalt,
- ist Vorbild,
- beurteilt und
- berücksichtigt persönliche Belange so weit wie möglich.

4.4.1.4 Grundsätze kooperativen Führungsverhaltens und dessen Vorteile

In einem modernen Betrieb gilt heute Führen durch Zusammenarbeit, also der kooperative Führungsstil, als angemessen. Dazu gehören die gemeinsame Besprechung der Ziele und die Kontrolle der Zieleinhaltung durch die Mitarbeiter selbst. Mitarbeiter erwarten einen eigenen Handlungsspielraum und damit vom Vorgesetzten, dass er Verantwortung überträgt, das heißt, delegiert.

Warum ist Delegation für kooperativen Führungsstil konsequent?

Delegation ist dauerhafte Übertragung von Aufgaben mit Kompetenzen und Verantwortung auf Mitarbeiter zur selbstständigen Erledigung.

Was versteht man unter Delegation?

Fehlt Delegation, werden Vorgesetzte überlastet und Mitarbeiter demotiviert und gleichgültig. Mitarbeiter, die selbst entscheiden können und Verantwortung tragen, zeigen mehr Initiative und Selbstvertrauen. Sie können sich mit dem Unternehmen besser identifizieren. Sie interessieren sich für den Arbeitsablauf und seine Verbesserung und damit auch für die Ergebnisse. Sie sehen andere weniger als Konkurrenten, sondern kommunizieren und tauschen Informationen aus. Dies kommt wiederum dem Vorgesetzten zugute, weil er bessere Unterlagen erhält, auf die er seine Entscheidungen stützen kann.

Alles ist delegierbar, was auf einer nachgeordneten betrieblichen Ebene besser entschieden werden kann.

Was ist delegierbar ...

Das betrifft Handlungsverantwortung (Verantwortung für Sachaufgaben).

und was nicht?

Nicht delegierbar ist dagegen die Führungsverantwortung.

Dazu zählen die Zielsetzung und Planung, die Abgrenzung der Kompetenzen, Besetzung von Stellen, Kontrolle der Mitarbeiter, Anerkennung und Kritik, Informieren und Beurteilen. Der Vorgesetzte muss sich unbedingt vor Augen halten, dass er bei der Delegation nicht nur die Aufgabe überträgt, sondern auch die Kompetenz und die Verantwortung.

Was kennzeichnet kooperativen Führungsstil ganz konkret in der Praxis?

Kooperatives Führungsverhalten ist gekennzeichnet durch Ehrlichkeit des Vorgesetzten, Unvoreingenommenheit, Höflichkeit, Vertrauen, Absprache von Neuerungen, Einhaltung von Mitwirkungs- und Mitbestimmungsrechten und situationsgerechter Anwendung von den dem Vorgesetzten zur Verfügung stehenden Führungsmitteln. Die kooperativen Führungsmittel teilen sich auf in

- Verständigungsmittel (Unterweisung, Arbeitskontrolle, Beurteilung, Delegieren, Besprechungen, Anerkennung, Kritik, Information usw.) und
- Druckmittel (Tadel, Androhung von Sanktionen, Abmahnung, Durchsetzung der angedrohten Maßnahmen).

Welche grundsätzlichen Führungsmittel stehen bei kooperativer Führung zur Verfügung?

4.4.1.5 Einflussfaktoren und Auswirkungen für situatives Führen

Der situative Führungsstil hängt davon ab, wie Vorgesetzter und Mitarbeiter zueinander stehen, welche Macht der Vorgesetzte ausüben kann und wie komplex die jeweilige Aufgabe ist.

Das Führungsverhalten sollte der Situation angemessen sein.

Welche Situationsfaktoren beeinflussen die Wahl des Führungsstils?

In bestimmten Situationen, zum Beispiel unter extrem ungünstigen Bedingungen, muss der autoritäre Führungsstil angewendet werden. In einer normalen Situation wird eher der kooperative Meister gefragt sein.

Auch wenn ein Vorgesetzter zu einem bestimmten Führungsstil tendiert, muss er sich den Einflussfaktoren anpassen. Es handelt sich hierbei um
- externe Einflussfaktoren (Märkte, Konkurrenten, Flexibilität),
- interne Einflussfaktoren (Unternehmensphilosophie, Automatisierung, Qualifikation der Mitarbeiter),
- gesellschaftliche Einflussfaktoren (Wertewandel, Mitbestimmung),
- organisatorische Einflussfaktoren (Befugnisse, komplexe Aufgaben) und
- mitarbeiterbezogene Einflussfaktoren (Unselbstständigkeit, Selbstverwirklichung, Erfahrungen, Ausnahmesituation).

Der „richtige" Führungsstil hängt also ab vom einzelnen Mitarbeiter, der Aufgabe, der aktuellen Situation und den Möglichkeiten des Vorgesetzten. Sind Mitarbeiter motiviert und qualifiziert, sollte der delegative Führungsstil Anwendung finden. Der kooperative bis hin zum autoritären Führungsstil sollte im umgekehrten Fall benutzt werden.

4.4.2 Position, Anforderungen und Verantwortung des Meisters

Die Tätigkeitsfelder von Meistern lassen sich grundsätzlich in das Führen von Menschen, in unmittelbar produktions- bzw. leistungsorientierte Aufgaben und in Planen, Vorbereiten und Organisieren untergliedern. Der Meister ist für die terminliche Disposition, die Qualität der Produkte bzw. der Dienstleistung, den Maschineneinsatz und den Personaleinsatz verantwortlich. In diesem Gesamtkomplex gewinnen Fragen der Personalführung zunehmend an Bedeutung. Die Durchsetzungskraft wird gleichermaßen vom Fachkönnen und der sozialen Kompetenz bestimmt. Je nach Betrieb und dessen Größe besetzt der Meister eine Nahtstelle zwischen Inhaber, Geschäftsleitung oder Abteilungsleitungen einerseits und seinen Mitarbeitern andererseits. Er befindet sich immer im Spannungsfeld zwischen den Interessen der Arbeitgeber und Arbeitnehmer. Einerseits ist er an Weisungen gebunden, andererseits erteilt er selbst Weisungen an seine Mitarbeiter. Dies wiederum kann zu einem Rollenkonflikt führen, der bereits an früherer Stelle in diesem Kapitel angesprochen wurde. Zusätzlich können noch Konflikte mit dem Betriebsrat auftreten.

In welchem Spannungsfeld steht der Meister in seiner betrieblichen Stellung?

Der Meister ist für die Erreichung der Ziele zuständig, die seinen Verantwortungsbereich betreffen. Seine Aufgaben und seine Kompetenzen sind in der Regel umso größer, je kleiner der Betrieb ist. Daraus ergeben sich

Welche Anforderungen stellt die betriebliche Funktion des Meisters und welche Arten von Kompetenz fordert sie?

- **fachliche Anforderungen** – sie umfassen Fachwissen (permanente Fortbildung), breites Grundlagenwissen, Berufserfahrung, Qualitätssicherung, menschengerechte Arbeitsgestaltung, Arbeitssicherungsmaßnahmen, Sicherung des Produktionsablaufs, Kooperation mit anderen Stellen;
- **persönliche Voraussetzungen und Führungskompetenz** – dazu gehören Belastbarkeit, Selbstkontrolle, Verantwortungsbereitschaft, Auffassungsgabe, Menschenkenntnis, Informationsbereitschaft, Förderung des Gruppenzusammenhalts, Aussprechen von Anerkennung und Kritik, Motivation der Mitarbeiter, Mitwirkung bei der Personalauswahl, Konfliktlösung, Delegationsbereitschaft.

Zeigt ein Meister **falsches Führungsverhalten,** kann dies vielfältige Auswirkungen haben: Zunahme der Fehlzeiten, Anstieg der Kosten, Rückgang der Produktion, Verschlechterung der Qualität, geringere Motivation der Mitarbeiter und Unzufriedenheit, schlechtes Betriebsklima, Zunahme der Beschwerden, innere Kündigung der Mitarbeiter, gestörte Zusammenarbeit und weiteres.

4.4.3 Möglichkeiten zur Entwicklung von Autorität

4.4.3.1 Formen von Autorität und ihre Auswirkungen
Unter Autorität versteht man allgemein das Ansehen und die Achtung, die ein Vorgesetzter bei seinen Mitarbeitern genießt. Dazu kommt noch seine Durchsetzungsfähigkeit. Man unterscheidet die **Amtsautorität** (auch verliehene oder berufliche oder funktionale oder betriebliche Autorität genannt) und die **erworbene Autorität**, die sich aufspaltet in die fachliche und die persönliche Autorität.

Welche grundlegenden Formen von Autorität lassen sich unterscheiden?

Die betriebliche Autorität begründet sich auf der Stellung oder der ausgeübten Tätigkeit im Betrieb.

Damit besitzt jeder Vorgesetzte automatisch Autorität. Wenn er sich jedoch gegenüber seinen Mitarbeitern nur darauf stützt, wird er nicht lange erfolgreich sein. Die Vorbildfunktion wird von der persönlichen und der fachlichen Autorität betont. Die fachliche Autorität begründet sich im Wissen und in meisterlichem Können, die persönliche Autorität in der Reife, der Wesensart und den Verhaltensweisen. Nur daraus entsteht eine echte Autorität.

Warum reicht Amtsautorität nicht aus, um die Rolle des Meisters auszufüllen?

Eng verbunden mit der Persönlichkeit und der Autorität ist **Verantwortung**. Der Meister muss für die persönlichen und sachlichen Folgen einer Entscheidung geradestehen. Vorgesetzte zeigen eine deutliche Führungsschwäche, wenn sie versuchen, Misserfolge auf Mitarbeiter abzuwälzen und gute Ergebnisse nur sich selbst zuzuschreiben. Dies führt zu einem Verlust der Autorität und der Glaubwürdigkeit. Allerdings muss der Meister darauf achten, dass er zu seiner Verantwortung auch die notwendigen Kompetenzen erhalten hat.

Aufgabe, Kompetenz und Verantwortung bilden eine Einheit, deren Teile genau aufeinander abgestimmt sein müssen.

4.4.3.2 Fach-, Methoden- und Sozialkompetenz und Einfluss von Persönlichkeitsmerkmalen
Von einem „guten" Meister werden Fachkompetenz, Methodenkompetenz und Sozialkompetenz erwartet (siehe oben). Kompetenz und Qualifikation gehören zu den Schlüsselbegriffen in der Personalführung und der Zusammenarbeit im Betrieb. Je nach Situation kommt den Kompetenzfeldern eine unterschiedliche Bedeutung zu. Dies ist abhängig von der Aufgabe, den beteiligten Personen und dem Umfeld.

Was versteht man unter Schlüsselqualifikationen?

Qualifikationen aus den Bereichen Methodenkompetenz und Sozialkompetenz werden auch als Schlüsselqualifikationen bezeichnet.

Im Einzelnen können hier genannt werden: Flexibilität, Kommunikationsfähigkeit, Kooperationsfähigkeit, Kreativität, die Fähigkeit zur Problemlösung, Teamfähigkeit, Toleranz, Verantwortungsbewusstsein, Konfliktfähigkeit.

Was macht die Persönlichkeit einer Führungskraft aus?

Unter Persönlichkeit versteht man die Summe der Eigenschaften und der Verhaltensmuster, die sowohl gegenüber Vorgesetzten als auch gegenüber Mitarbeitern gezeigt werden.

Für erfolgreiches Führen sind mindestens notwendig: Selbstvertrauen, Glaubwürdigkeit, Führungswille, Aufgeschlossenheit, Kontaktfreudigkeit, Gerechtigkeit, Delegationsbereitschaft, persönliche Reife, Anwendung von Anerkennung und Kritik, Erkennen von Konflikten und deren Lösung.

4.4.3.3 Möglichkeiten der eigenen Persönlichkeitsentwicklung

Wie lässt sich die Persönlichkeit weiter entwickeln?

Verhalten hängt stark von der Persönlichkeit ab und damit auch von der Fachkompetenz, der Methodenkompetenz und der sozialen Kompetenz. Jede Führungskraft muss regelmäßig ihre Wertvorstellungen überdenken. Dazu gibt es die Möglichkeiten der Selbstanalyse oder der Fremdanalyse, z. B. durch Befragung der Mitarbeiter, Coaching oder den Besuch von Seminaren, die darauf abgestimmt sind. Als Instrument werden bei professioneller Vorgehensweise Videoaufnahmen genutzt. In formellen und informellen Gruppen hilft die Erstellung von Soziogrammen beim Erkennen der Positionen der Gruppenmitglieder.

Konkretes Verhalten lässt sich trainieren. Seine Körperhaltung und die Rhetorik lassen sich gegebenenfalls alleine vor einem Spiegel erproben, man kann im Freundeskreis um Feed-back bitten oder entsprechende Seminare besuchen. Erfährt man mehr über sich selbst, kann man entsprechende Maßnahmen treffen, um sein Verhalten zu ändern/verbessern.

Immer besteht eine Interaktion zwischen Vorgesetzten und ihren Mitarbeitern. Da der Vorgesetzte gegenüber den Mitarbeitern seine Autorität aufbauen muss, sollte er auch, um seine eigene Persönlichkeit zu entwickeln, folgende Fragen analysieren: Wie bin ich? Wie verhalte ich mich? Wie wirke ich? Wie ist der Mitarbeiter/die Mitarbeiterin? Wie verhält er/sie sich? Wie wirkt der Mitarbeiter?

4.4.3.4 Erwartungen an den Meister

Erwartungen an den Meister bestehen von Seiten des Unternehmens und von Seiten der Mitarbeiter. Von ihm/ihr wird beiderseits glaubwürdiges und berechenbares Führungsverhalten erwartet. Gefordert sind sowohl fachliche Entscheidungen als auch die Fähigkeit zu führen. Während fachliche Entscheidungen zum Teil auch auf Mitarbeiter übertragen werden können, hängt es von der Führung ab, wie erfolgreich Mitarbeiter letztendlich sind. Der Meister übernimmt die Mittlerrolle zwischen Betriebsleitung und Mitarbeiter und dabei nehmen die Schlüsselqualifikationen einen immer höheren Stellenwert ein.

Wie kann der Meister den sich wandelnden Anforderungen an seine Rolle gerecht werden?

Der Meister muss sich darüber im Klaren sein, dass seine Mitarbeiter immer höhere Qualifikationen aufweisen, einen größeren Handlungsspielraum benötigen und eine größere Verantwortung tragen. Daraufhin benötigt er/sie selbst verstärkt Führungsqualitäten, organisatorische Fähigkeiten und persönliche Autorität.

Aufgaben zu Abschnitt 4.4

1. Erläutern Sie je ein Beispiel, wie der Meister die Kenntnis von den Anlagen des Menschen, das Wissen über die menschliche Entwicklung und die Wichtigkeit des Selbstwertgefühls in seinem Führungsstil berücksichtigen kann.
2. Erläutern Sie, worauf sich die persönliche Autorität gründet.
3. Welche Vorteile hat es, wenn die Mitarbeiter in betriebliche Entscheidungen eingebunden werden?
4. Beschreiben Sie die Bereiche, in denen ein (Industrie-)Meister hauptsächlich tätig ist.
5. Man unterscheidet beim Begriff der Organisation die formelle/formale Organisation, die vom Betriebszweck bestimmt und von außen vorgegeben wird (Abteilung, Arbeitsgruppe) und die informelle/informale Organisation, die auf Grund von Interessen und Sympathien von den Mitarbeitern selbst geschaffen und aufrechterhalten wird.
Erläutern Sie die Organisationsprinzipien, die ein Meister bei der formalen Organisation beachten sollte.
6. Stellen Sie Faktoren dar, die die Bedingungen des Führens beeinflussen.
7. Unterscheiden Sie zwischen delegierbaren und nicht delegierbaren Aufgaben.
8. Formulieren Sie fünf Leitsätze für das Führungsverhalten von Vorgesetzten.
9. Erläutern Sie, wodurch sich partnerschaftliches Führungsverhalten auszeichnet.
10. Welche Einflussfaktoren wirken auf den Führungsstil? Nennen Sie dazu bitte je zwei Beispiele.
11. Die Führungsaufgaben des Meisters stehen gleichrangig neben seinen Fachaufgaben. Nennen Sie fünf Fachaufgaben und fünf Führungsaufgaben.
12. Begründen Sie, warum ein Meister bereit sein muss, zu delegieren und zu kommunizieren.
13. Wie setzt sich die erworbene Autorität zusammen?
14. Erläutern Sie den Begriff Schlüsselqualifikationen.
15. Beschreiben Sie die Managementtechnik „Management by Objectives" mit ihren Voraussetzungen und Vorteilen.

Lösungsvorschläge

L1: Erkennt der Meister bei seinen Mitarbeitern besondere Begabungen, zum Beispiel eine Vorliebe für feinmechanische Arbeiten, die Fähigkeit des logischen Denkens oder ein Organisationstalent, so kann er versuchen, diese Mitarbeiter verstärkt mit solchen Aufgaben zu betrauen. Dies fördert ihre Anlagen und motiviert sie zu weiteren Leistungen.
Da sich der Mensch in verschiedenen Bereichen entwickelt, kann sich der Meister zum Beispiel um die Aus- und Weiterbildung kümmern. Er schickt seine Mitarbeiter auf Schulungen und regt sie auch dazu an, privat Seminare und Kurse zu besuchen.
Die soziale Entwicklung kann durch Verstärkung der Zusammenarbeit oder Bildung von Gruppen gefördert werden.
Das Selbstwertgefühl von Mitarbeitern kann der Vorgesetzte stärken, indem er ihnen aufmerksam zuhört, ihnen seine Wertschätzung und Anerkennung zeigt, sie um ihre Zusammenarbeit bittet und ihnen Aufgaben, Verantwortung und Kompetenzen delegiert.

L2: Die persönliche Autorität geht von Verhaltensweisen, vom Wesen und von der Reife des Vorgesetzten aus, die sich Mitarbeiter wünschen. Der Meister ist Vorbild durch seine Persönlichkeit und dadurch, wie er sich durchsetzt, wie er mit Mitarbeitern und seinerseits mit Vorgesetzten umgeht und wie er sich einsetzt. Er schafft ein Vertrauensverhältnis, weil er hinter seinem Team steht. Es handelt sich hier um eine echte Autorität, die ein gutes Betriebsklima langfristig sichern kann.

L3: Die Mitarbeiter werden vom Meister informiert und können ihre Ideen und Vorschläge einbringen. Gemeinsam wird nach der besten Lösung gesucht.

Dadurch ist es den Mitarbeitern leichter möglich, sich mit der Aufgabe bzw. dem Betrieb zu identifizieren. Mitarbeiter werden nicht vor vollendete Tatsachen gestellt. Dies fördert das Ansehen des Meisters und verbessert das Wir-Gefühl in der Abteilung. Außerdem wird das Wissen und Können der Mitarbeiter zum Vorteil des Betriebes genutzt.

L4: Der (Industrie-)Meister muss sich um die Produktion und die Organisation sowie um den Bereich der Menschenführung kümmern, der zunehmend an Bedeutung gewinnt.
Er muss sowohl im sachlichen als auch im personellen Bereich planen, organisieren und disponieren. Er unterweist seine Mitarbeiter, erteilt ihnen Weisungen und delegiert ihnen Aufgaben, Kompetenz und Verantwortung. Er muss überwachen und kontrollieren, wobei er seinen Führungsstil der jeweiligen Situation anpassen muss. Schließlich ist er noch für die Information seiner Mitarbeiter auf Grund der betrieblichen Zielsetzungen zuständig sowie für ihre Beurteilungen.

L5: Jeder Mitarbeiter soll durch eindeutige Über- und Unterordnung wissen, wer wem Weisungen erteilen darf. Dies dient der Vermeidung von Kompetenzproblemen.
Die Verantwortung muss sowohl zwischen gleichgestellten Mitarbeitern (horizontal) als auch zwischen Vorgesetzten und Mitarbeitern (vertikal) eindeutig abgegrenzt sein.
Die Verantwortungsbereiche müssen bezüglich der zu erfüllenden Aufgaben, der Schwierigkeit und der Gefährlichkeit überschaubar sein.
Auch sollte die Zuordnung der Verantwortungsbereiche sinnvoll sein, das heißt, welcher Mitarbeiter am besten für eine Tätigkeit geeignet und motiviert ist.

L6: Als Faktoren könnte man grundsätzlich die Gesellschaft, die Technik und die Wirtschaft nennen. Die Gesellschaft zeigt ein anderes Autoritätsverständnis als vor 20 Jahren. Es herrscht das Bedürfnis nach sinnvollen Arbeitsinhalten. Mitarbeiter stellen gewisse Ansprüche, wollen am Entscheidungsprozess teilnehmen und legen mehr Wert auf Freizeit. Die zunehmende Automatisierung führte zu einem deutlichen Produktionszuwachs und zu Spezialisierungen. Die körperlichen Belastungen wurden weniger und die nervlichen und geistigen Belastungen nahmen zu. Im Wirtschaftsbereich sind Unternehmen durch Globalisierung und Internationalisierung miteinander verflochten, die Ansprüche an die Qualität steigen und ein neu hinzugekommener Punkt ist die Umweltproblematik. Der Meister hat nun die Aufgabe, in diesem Dreieck seine wirtschaftlichen und sozialen Aufgaben zu erfüllen.

L7: Handlungsverantwortung ist delegierbar, Führungsverantwortung nicht. Es kann alles delegiert werden, was auf einer untergeordneten Ebene fachlich besser entschieden werden kann, weil dort die Spezialisten sitzen. Alle Aufgaben, die die Führungsverantwortung des Meisters unmittelbar betreffen, wie zum Beispiel die Besetzung von Stellen, die Abgrenzung von Kompetenzen, die Kontrolle von Mitarbeitern oder die Erteilung von Weisungen, kann nicht delegiert werden.

L8: Der Vorgesetzte muss den Wunsch seiner Mitarbeiter nach persönlicher Beurteilung und Aussprache erfüllen.
Der Vorgesetzte bespricht die Ziele mit seinen Mitarbeitern, erklärt die Zusammenhänge und begründet seine Entscheidungen.
Der Vorgesetzte muss sich ständig weiterbilden, damit er den technischen, wirtschaftlichen und gesellschaftlichen Veränderungen gerecht wird.
Der Vorgesetzte muss sich vorbildlich verhalten und sich fachlich ständig neu qualifizieren, da er für die Einsatzbereitschaft und die Motivation der Mitarbeiter verantwortlich ist.
Der Vorgesetzte lässt seine Mitarbeiter an den Entscheidungsprozessen partizipieren, wobei er ihre jeweiligen Sachkenntnisse und Meinungen berücksichtigt.

L9: Der Vorgesetzte ist ehrlich und offen zu seinen Mitarbeitern.

Es herrscht ein Vertrauensverhältnis zwischen den Mitarbeitern und ihren Vorgesetzten. Die Mitarbeiter werden gerecht behandelt. Es wird höflich und unvoreingenommen miteinander umgegangen.
Die Mitarbeiter werden zu Verbesserungsvorschlägen angeregt. Veränderungen und Neuerungen werden mit den Mitarbeitern abgesprochen. Die Mitwirkungs- und Mitbestimmungsrechte werden eingehalten.

L10:
Externe Faktoren: Markt, Gesetzgebung, Konjunktur;
gesellschaftliche Faktoren: Wertewandel, erhöhte Freizeit, autoritärer Führungstil ist nicht gewünscht;
interne Faktoren: Unternehmenskultur, Automatisierung, Gruppenarbeit;
organisatorische Faktoren: Hierarchiestufen, Ablauforganisation, komplexe Aufgaben;
mitarbeiterbezogene Faktoren: Bildung, selbstständiges Arbeiten, Selbstverwirklichung

L11: Fachaufgaben: Sicherung des Produktionsablaufs, Einhaltung der Stückzahl und der Qualität, Instandhaltung der Betriebsmittel, Qualitätssicherung, Arbeitssicherungsmaßnahmen
Führungsaufgaben: Personalauswahl, Unterweisungen, Erteilung von Anweisungen, Information der Mitarbeiter, Förderung der Mitarbeiter, Beurteilung

L12: Zum einen entlastet sich der Meister selbst, wenn er Handlungsverantwortung delegiert und Fachaufgaben von Mitarbeitern erledigt werden, die auf dem Gebiet Spezialisten sind.
Zum anderen führt er seine Mitarbeiter zu selbstständiger Arbeit, was wiederum ihr Selbstvertrauen stärkt und die Motivation steigert. Insgesamt wird damit eine höhere Produktivität erreicht.
Ohne Kommunikation ist Zusammenarbeit im Betrieb nicht möglich. Es müssen Informationen ausgetauscht, Arbeitspläne besprochen, Schichtpläne festgelegt und Zielvereinbarungen getroffen werden usw. Kommuniziert der Meister nicht mit seinen Mitarbeitern, könnte es sein, dass sie glauben, er hätte kein Interesse an dem, was sie tun. Die Folge wäre dann nachlassender Leistungswille.

L13: Die erworbene Autorität ist die Summe aus der fachlichen Autorität und der persönlichen Autorität. Die fachliche Autorität bezieht sich auf das Können, die Ausbildung und die Erfahrung. Die persönliche Autorität hängt vom Verhalten ab und vom Umgang mit Vorgesetzten und Mitarbeitern.

L14: Als Schlüsselqualifikationen werden Qualifikationen aus den Bereichen der Methodenkompetenz und der Sozialkompetenz bezeichnet.
Dazu zählen Flexibilität, Kreativität, Konfliktfähigkeit, Kooperationsbereitschaft, Selbstständigkeit, Verantwortungsbewusstsein, Teamfähigkeit, Toleranz usw.

L15: Das Gesamtziel oder mehrere Gesamtziele werden von der Betriebsleitung festgelegt. Daraus leiten sich die Teilziele für die einzelnen Abteilungen ab. Die Vorgesetzten informieren ihre Mitarbeiter jeweils über diese Teilziele. Die Mitarbeiter und die Gruppen legen die Wege zur Erreichung dieser Ziele fest. Es erfolgt eine gemeinsame Kontrolle der Zielerreichung.
Als Voraussetzungen für ein solches Vorgehen sind Mitarbeiter notwendig, die fachlich und persönlich für diese Art der Führung qualifiziert sind.
Alle Vorgesetzten müssen Verantwortung und Kompetenzen delegieren. Es muss sich um eindeutige und messbare Ziele handeln. Dazu ist auch ein funktionierendes Kontrollsystem notwendig. Die Vorteile sind meist eine wirkungsvollere Planung, motivierte Mitarbeiter, weniger Fehlentscheidungen auf Grund der Fachkenntnisse der Mitarbeiter und die Nutzung der Kreativität.

4.5 Anwenden von Führungsmethoden und -techniken

4.5.1 Mitarbeitereinsatz, Delegation und Berücksichtigung von Handlungsspielräumen

4.5.1.1 Kriterien für einen effizienten Einsatz der Mitarbeiter
Damit ein Vorgesetzter Mitarbeiter effizient einsetzen kann, muss er wissen, was die Mitarbeiter motiviert und woraus sich die menschliche Leistung zusammensetzt. Motivation wurde in vorangegangenen Kapiteln behandelt. Bereits bekannt ist auch, dass das Produktionsergebnis durch die betrieblichen Rahmenbedingungen (Automatisierung, Betriebsmittel), die Organisation und die Qualifikation der Mitarbeiter bestimmt wird.

Welche Kriterien müssen beim Mitarbeitereinsatz beachtet werden?

Eine bestimmte Arbeitsleistung kann nur dann erbracht werden, wenn der Mensch die entsprechende Leistung bieten kann. Die menschliche Leistung setzt sich aus
- dem Leistungsangebot (menschliche Seite der Leistung, Leistungsgrad) und
- der Leistungsanforderung (sachliche Seite der Leistung, Arbeitsbewertung)

zusammen. Das Leistungsangebot besteht wiederum aus den zwei Komponenten
- Leistungsfähigkeit und
- Leistungsbereitschaft.

In der Übersicht in Abb. 4.13 ist dies in Einzelaspekte aufgeschlüsselt und diese Faktoren müssen bei der Leistungsanforderung berücksichtigt werden.

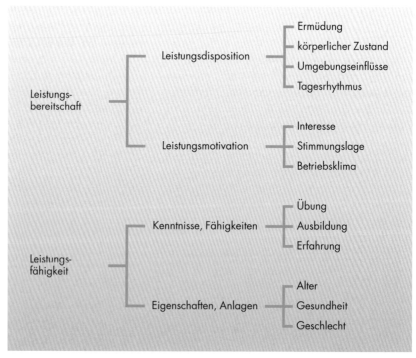

Abb. 4.13: Komponenten des Leistungsangebots

> **Beispiele**

Der biologische Tagesrhythmus verläuft in Form einer Kurve (vgl. noch einmal Abb. 4.9), die sich im Laufe eines Tages ändert. Der Idealfall liegt vor, wenn Mitarbeiter bezogen auf ihren persönlichen Biorhythmus eingesetzt werden können. Das Leistungsangebot wird auch durch Ermüdung beeinträchtigt. Rechtzeitige Erholungspausen bzw. Kurzpausen wirken dem entgegen. Auch bei monotoner Arbeit entsteht Müdigkeit, die durch Abwechslung vermieden werden kann.

Neben der Beachtung solcher Punkte muss der Meister den Einsatz seiner Mitarbeiter planen und sie dabei entsprechend ihrer Qualifikation einsetzen. Dadurch vermeidet er Überforderung und Unterforderung und beugt Fehlzeiten und Fluktuation vor. Zu diesem Zweck muss er die Aufträge kennen, die Anforderungen der Arbeitsplätze und die Eignung der Mitarbeiter.

Welche Faktoren sind bei der Einsatzplanung aufeinander abzustimmen?

4.5.1.2 Ziele und Grundsätze der Aufgabendelegation

Da über Delegation bereits gesprochen wurde, soll hier nur noch ergänzt werden, welche Voraussetzungen Mitarbeiter und Vorgesetzte dafür mitbringen müssen, welche Fehler sich vermeiden lassen und was bei der Informationsweitergabe beachtet werden muss:

Was ist in der Praxis bei der Delegation zu beachten?

- Voraussetzungen und Aufgaben des Mitarbeiters: Freude an der Verantwortung, Wille zum selbstständigen Handeln, eine der Arbeit angemessene Qualifikation, für seine Arbeit geradestehen, Fehler eingestehen können, an den Betriebszielen ausgerichtetes Handeln.
- Voraussetzungen und Aufgaben des Vorgesetzten: Klare Abgrenzung des Verantwortungsbereichs, Auswahl des richtigen Mitarbeiters, Qualifikation des Mitarbeiters durch Weiterbildung sichern, ausreichende Informationen liefern, Kontrolle, sachliche Kritik, den Mitarbeiter selbstständig arbeiten lassen, nur in wichtigen Fällen eingreifen.
- Fehler des Vorgesetzten bei der Delegation: er/sie macht alles selbst, Einschränkung der Befugnisse des Mitarbeiters, er/sie akzeptiert keine Fehler, delegiert nur unangenehme Aufgaben, liefert keine Informationen, delegiert an ungeeignete Mitarbeiter.
- Fehler des Mitarbeiters bei der Delegation: der Mitarbeiter gibt Entscheidungen zurück, er hat Angst vor Verantwortung, er ist nicht interessiert und unsicher, er traut es sich nicht zu.

> *Delegation kann nur dann funktionieren, wenn genaue Anweisungen erteilt werden.*

In der Praxis sollte eine Arbeitsanweisung schriftlich festgehalten werden und Erläuterungen über die Arbeitsmethode enthalten sowie darüber, was wie getan werden muss. Auf der folgenden Seite ist dazu ein Fragenkatalog abgedruckt. In vielen Fällen werden nicht nur Aufgaben auf Dauer delegiert, sondern kleine Anliegen kurzfristig übertragen. Man wird dann nichts Schriftliches aufsetzen, aber den Auftrag dennoch nach diesen klaren Regeln erteilen.

Fragenkatalog für die Delegation	
Art und Inhalt:	Was soll getan werden?
Einsatz des geeigneten Mitarbeiters:	Wer soll es tun?
Terminvorgaben:	Wann soll es getan werden?
Arbeitsmethode, Arbeitsausführung:	Wie soll es getan werden?
Betriebsmittel und Hilfsmittel:	Womit soll es getan werden?
Arbeitsplatz:	Wo soll es getan werden?
Begründung:	Warum soll es gemacht werden?

4.5.1.3 Handlungsspielräume für den effizienten Aufgabenvollzug

Ein Meister wird immer versuchen, das Potenzial seiner Mitarbeiter zu nutzen. Er wird die auf Zielvorgaben beruhende Aufgabenbeschreibung bzw. das Anforderungsprofil mit den Persönlichkeitsprofilen der Mitarbeiter vergleichen. Der Meister kann dann den Mitarbeiter auswählen, der am besten dafür geeignet ist. Er muss so reagieren können, wie es seiner Meinung nach am effizientesten ist. „Er kombiniert die Produktionsfaktoren nach bestem Wissen und Gewissen."

Handlungsspielräume entstehen auch durch die Partizipation der Mitarbeiter. Voraussetzung für die Beteiligung ist jedoch, dass ihre Meinung gehört und akzeptiert wird. Dadurch wird die Selbstachtung gesteigert und der Leistungswille gefördert.

4.5.2 Qualifizierungsbedarf und Qualifizierungsmaßnahmen

4.5.2.1 Aufgaben der Führungskraft hinsichtlich der Qualifizierung der Mitarbeiter

> Mit welchen Verfahren lassen sich Arbeitsanforderungen systematisch ermitteln?

Das Feststellen von Qualifizierungsbedarf nimmt den Ausgangspunkt in einer Anforderungsermittlung. Sie beschreibt und analysiert Arbeitssysteme und quantifiziert Anforderungen an den Menschen. Ihre unmittelbaren Ziele sind eine anforderungsabhängige Entlohnung sowie die Schaffung von Unterlagen zur Arbeitsgestaltung und für die Personalorganisation. Dazu gehören Personalbedarfsplanung und Personaleinsatz in quantitativer und qualitativer Hinsicht.

Man unterscheidet bei der Arbeitsbewertung zwei Verfahren, die **summarische Arbeitsbewertung** und die **analytische Arbeitsbewertung**. Bei der summarischen Arbeitsbewertung wird die Arbeitsschwierigkeit als Ganzes beurteilt, wie es beim Lohngruppenverfahren der Fall ist. Die analytische Arbeitsbewertung trennt die Arbeitsschwierigkeit in mehrere Anforderungsarten. Nach dem Genfer Schema werden vier Gruppen von Anforderungsarten unterschieden:

- Geistige Anforderungen: Fachkenntnisse, Aufmerksamkeit, Denkfähigkeit,
- körperliche Anforderungen: Geschicklichkeit, Muskelbelastung,
- Verantwortung: für Betriebsmittel und Produkte, für den Arbeitsablauf, für die Sicherheit der anderen
- Arbeitsbedingungen (Umgebungseinflüsse): Temperatur, Dämpfe, Nässe, Arbeiten im Freien, Lärm.

Damit Mitarbeiter anforderungsgerecht eingesetzt werden können, ist es Aufgabe der qualitativen Personalplanung, die Anforderungen der aktuellen oder geplanten Arbeitsplätze mit den vorhandenen oder erforderlichen Mitarbeitern abzustimmen. Es soll schließlich die richtige Person am richtigen Platz arbeiten. Dazu werden **Anforderungsprofile** erstellt, aus denen die Höhe der einzelnen Anforderungen ersichtlich ist. Auch hier kann man vier Hauptgruppen unterscheiden, die sich noch feiner unterteilen lassen:

Wie lassen sich Arbeitsanforderungen kategorisieren?

- Körperliche Anforderungen: Körperkraft, Körperbeherrschung (Geschicklichkeit, Steuerung der Bewegungen), Körperbeschaffenheit (Alter, Größe), Widerstandsfähigkeit (gegen Umgebungseinflüsse),
- geistige Anforderungen: Begabung (Denkfähigkeit, Selbstständigkeit), Wissen (Ausbildung, Fachwissen), besondere geistige Fähigkeiten (Sprachen, technisches Verständnis, Organisationstalent),
- willentliche Anforderungen: Arbeitsbereitschaft, Arbeitseinsatz, Arbeitsverhalten, Arbeitssorgfalt,
- nervliche Anforderungen: Reaktionsfähigkeit, Selbstkontrolle, nervliche Widerstandsfähigkeit (Stress).

Es liegt nun im Aufgabenbereich der Führungskraft, das Anforderungsprofil des Arbeitssystems und das Persönlichkeitsprofil des Mitarbeiters zu vergleichen.

Ziel ist es, bei Abweichungen den Mitarbeiter entsprechend zu qualifizieren, damit ein anforderungsgerechter Mitarbeitereinsatz gegeben ist.

Welchem grundlegenden Ziel dient Qualifizierung?

Arbeitssystem		Mitarbeiter
Anforderungsermittlung		Mitarbeiterbeurteilung
Anforderungsprofil		Persönlichkeitsprofil
z. B. von 0 – 10		z. B. von 0 – 10
8	Fachkenntnisse	6
5	Reaktionsfähigkeit	5
6	Sorgfalt	7
4	Körperkraft	5
2	Geschicklichkeit	4
4	Ausdauer	8
...	Aktivität	...
...	Verantwortung	...
...	Konzentration	...

Abb. 4.14: Anforderungsprofil und Persönlichkeitsprofil

4.5.2.2 Qualifizierungsbedarf

Der Qualifizierungsbedarf von Mitarbeitern ergibt sich aus dem Vergleich des Soll- mit dem Istzustand der gegenwärtigen Situation und der zukünftig zu bewältigenden Aufgaben. Die benötigten Qualifikationen müssen im Hinblick auf die fachliche, methodische und soziale Kompetenz bedacht werden. Die Gegenüberstellung der Anforderungsprofile und der Persönlichkeitsprofile ergibt den Qualifikationsbedarf. Der Vorgesetzte darf dabei das Entwicklungspotenzial der Mitarbeiter und ihre Entwicklungsbedürfnisse nicht außer Acht lassen.

Woraus ergibt sich der Qualifizierungsbedarf?

Eine Checkliste zur Erfassung des Weiterbildungsbedarfs könnte folgende Kriterien aufweisen:

- aktuelle Arbeitsplatzanforderungen
- zukünftige Arbeitsplatzanforderungen (z. B. neue Maschinen, neue Fertigungsverfahren)
- Qualifikationsdefizite (Vergleich der aktuellen mit den zukünftigen Anforderungen)
- Qualifizierungsmaßnahmen (Lässt sich das Defizit mit Qualifizierung ausgleichen?)
- Art der Qualifizierung (intern, extern, Lehrgang, Zeitaufwand, Kosten)
- Zeitpunkt der Qualifizierungsmaßnahmen (Wann muss der Mitarbeiter qualifiziert sein?)

Zu einer gezielten Mitarbeiterförderung gehören die Ausbildung, die Weiterbildung und die Fortbildung. Unter Ausbildung fallen Schulungsmaßnahmen, durch die dem Mitarbeiter ein bestimmtes Grundwissen vermittelt wird. Mit Weiterbildung wird das erworbene Grundwissen den jeweils neuesten Anforderungen angepasst. Die Fortbildung umfasst Maßnahmen, mit deren Hilfe der Mitarbeiter auf höhere Anforderungen vorbereitet wird.

4.5.2.3 Ziele und Arten betrieblicher Qualifizierungsmaßnahmen

Der Betrieb möchte sich durch die Qualifizierung seiner Mitarbeiter technisch und organisatorisch an den Markt anpassen beziehungsweise den Anschluss nicht verlieren. Geschäftsausweitungen oder Produktionsumstellungen lassen sich so leichter bewältigen. Außerdem können die Fluktuation, die Flexibilität und die Mobilität positiv beeinflusst werden.

Welche Formen der betrieblichen Qualifizierung lassen sich grundsätzlich unterscheiden?

Im betrieblichen Bereich sind viele Möglichkeiten der Qualifizierung anzutreffen. Dazu zählen

- Ausbildung am Arbeitsplatz (training on the job),
- Arbeitsunterweisung,
- Qualifizierung als Nebeneffekt von Job rotation,
- Seminare (intern und extern),
- Vorlesungen, programmierte Lehrgänge,
- Sonderaufgaben in Projektgruppen und die Ausbildung außerhalb des Arbeitsplatzes.

Ergebnisanalyse nach der Qualifizierung

Zu nennen ist auch die Lernstatt (vgl. Abschnitt 4.2.3.1) als Sonderfall eines Qualitätszirkels. Während der Qualitätszirkel eher Sachprobleme lösen soll und z. B. vom Meister geleitet wird, steht bei der von Moderatoren gesteuerten Lernstatt der Aspekt der Qualifizierung weit oben.

4.5.2.4 Notwendigkeit von Arbeitsunterweisungen

Für die Vermittlung von praktischen Fertigkeiten bietet sich die Arbeitsunterweisung an. Als Methode in der Ausbildung vorgesehen (siehe „Die Ausbildereignungsprüfung in Frage und Antwort", Cornelsen Verlag), eignet sie sich auch allgemein zur Unterweisung von Mitarbeitern.

Welche Aufgabe erfüllen Arbeitsunterweisungen?

Man kann die Vier-Stufen-Methode oder die Sechs-Stufen-Methode anwenden. Die Vier-Stufen-Methode umfasst die systematische Aufbereitung durch Vorbereiten, Vormachen, nachmachen lassen und üben lassen.

Durch sorgfältig geplante und durchgeführte Arbeitsunterweisungen werden die betrieblichen Anlernzeiten verkürzt. Die Leistungsbereitschaft wird gefördert und die Leistung gesteigert. Der Ausschuss verringert sich und Fehler werden vermieden.

4.5.3 Arbeitskontrolle

4.5.3.1 Notwendigkeit und Formen effektiver Arbeitskontrolle

Mit Kontrollen werden die Ergebnisse überprüft, die als Arbeitsauftrag erteilt oder als Zielvereinbarung getroffen wurden.

 Kontrolle ist eine Führungsaufgabe, die der Meister nicht delegieren kann.

Er muss sich ständig vor Augen halten, dass nicht die Person kontrolliert wird, sondern das Arbeitsergebnis und die fachliche Leistung. Mit Kontrollen sollen die Menge, die Qualität und die Wirtschaftlichkeit sichergestellt werden. Fehler können vermieden oder verbessert werden. Kontrollen dienen auch der Durchsetzung von betrieblichen Normen und als Grundlage für Anerkennung und Kritik. Ohne Kontrolle ist eine gerechte Mitarbeiterführung nicht möglich. Da sich niemand gerne kontrollieren lassen möchte, ist es wichtig, dass der Vorgesetzte als Partner auftritt. Durch Kontrolle soll die Leistung des Mitarbeiters verbessert und die Selbstständigkeit gefördert werden.

Welche Ziele verfolgen Kontrollen?

Die Kontrollverfahren unterscheiden sich nach der Art der Durchführung, nach der Häufigkeit und nach dem Gegenstand.

Durchführung von Kontrollen

Möglich sind Selbstkontrolle durch den Mitarbeiter oder Fremdkontrolle durch den Vorgesetzten oder durch anonyme Stellen.

Welche Formen von Kontrollen gibt es?

Die Selbstkontrolle fördert die Selbstständigkeit und die Eigenverantwortlichkeit. Sie wirkt motivierend und entspricht dem kooperativen Führungsstil. Die Fremdkontrolle weist hohe Sicherheit auf, wirkt überwachend und negativ auf die Motivation.

Häufigkeit von Kontrollen

Es gibt die Vollkontrolle und die Stichprobenkontrolle. Die Vollkontrolle fordert hohen Aufwand, bietet volle Sicherheit, wirkt demotivierend, aber dafür sind Fehler sofort korrigierbar. Die Stichprobenkontrollen setzen Vertrauen in den Mitarbeiter und entsprechen dem Delegationsprinzip.

ANWENDEN VON FÜHRUNGSMETHODEN UND -TECHNIKEN

Gegenstand der Kontrolle
Es lassen sich Tätigkeitskontrolle oder Ergebniskontrolle unterscheiden. Die Tätigkeitskontrolle umfasst den gesamten Arbeitsablauf. Sie ist zwar zeitaufwändig, bietet aber dafür eine ständige Korrekturmöglichkeit. Die Ergebniskontrolle fördert und stärkt die Selbstständigkeit, Fehler können aber nicht mehr oder nur sehr schwer korrigiert werden.

Kontrolle und Qualitätsmanagement
Ist ein Betrieb nach DIN ISO hinsichtlich der Qualität zertifiziert, dann ist er darauf festgelegt, auch bestimmte Kontrollen durchzuführen – von dieser Seite her können also auch Anforderungen an das Kontrollsystem entstehen.

4.5.3.2 Angemessenes Kontrollverhalten von Führungskräften

> Was leitet sich aus dem kooperativen Führungsstil für Kontrollen ab?

Der Gedanke der Partizipation und der kooperative Führungsstil fordern die Selbstkontrolle und die Ergebniskontrolle. Aber nicht nur der Typus der Kontrolle spielt eine wichtige Rolle, sondern ebenso die Art und Weise der Durchführung durch den Vorgesetzten. Es wirkt sich nicht besonders günstig aus, wenn sich der Meister anschleicht und dem Mitarbeiter plötzlich ins Ohr flüstert: „Welchen Mist machen Sie denn hier wieder?" Er sollte offen auftreten, sich sachlich verhalten, höflich bleiben, den Mitarbeiter den Fehler möglichst selbst finden lassen, Hilfe zur Verbesserung geben und das Ergebnis mit dem Mitarbeiter besprechen.

4.5.4 Anerkennung und Kritik

4.5.4.1 Grundsätze und Formen
Der Meister kann **Bestätigung** geben oder eine **Anerkennung** aussprechen. Beides dient zur Verstärkung eines positiven Verhaltens und führt zu einem besseren Betriebsklima. Ein gutes Ergebnis wird kurz bestätigt, entweder durch eine sachliche Bestätigung (Geste, Sprache) oder eine soziale Bestätigung (persönliches Gespräch).

> Warum sollte der Meister immer wieder Anerkennung aussprechen?

> Der Vorgesetzte sollte eine Anerkennung aussprechen, wenn ein Ergebnis nur unter Schwierigkeiten zu erreichen war oder das Ziel übertroffen wurde.

Eine Anerkennung erfolgt immer mit Begründung. Das Ziel einer Anerkennung ist die Motivation des Mitarbeiters, die Stärkung des Selbstwertgefühls, die Verbesserung der Leistungsbereitschaft, die Erleichterung der Identifizierung mit dem Betrieb und die Vermittlung von Erfolgserlebnissen.

Der Meister kann sich durch Korrektur oder Kritik beanstandend äußern. Die **Korrektur** wird bei kleineren Fehlern oder Abweichungen angewendet. Das Arbeitsergebnis an sich ist zufrieden stellend. **Kritik** ist dann angebracht, wenn das Ziel weit verfehlt wird oder ein falsches Arbeitsverhalten vorliegt.

> Was unterscheidet Korrektur und Kritik?

> Mit Korrektur und Kritik sollen das Arbeitsverhalten und das Arbeitsergebnis verbessert werden, es soll nicht abgerechnet werden.

Vorgesetzte empfinden das Aussprechen von Kritik häufig als unangenehm. Er/sie sollte sich jedoch vor Augen halten, dass nur dadurch die Leistung und das Verhalten besser werden kann, zukünftige Fehler vermieden werden und sich dadurch auch das Arbeitsklima positiv verändert.

Warum darf Kritik nicht als unangenehm empfunden werden?

4.5.4.2 Grundsätze für Anerkennungs- und Kritikgespräche

Eine Anerkennung kann durchaus vor einer Gruppe ausgesprochen werden. Dabei ist aber darauf zu achten, dass sich andere nicht zurückgesetzt fühlen. Man kann neben der Leistung auch sachbezogen die Person loben. Einige Vorgesetzte begehen den Fehler und verstecken hinter einer Anerkennung die Kritik an den Leistungen von anderen Mitarbeitern. Außerdem muss der richtige Zeitpunkt gewählt werden, nicht zwischen Tür und Angel und nicht ein halbes Jahr später. Eine Anerkennung darf auch nicht jeden Tag und wegen jeder Kleinigkeit ausgesprochen werden, weil der Meister sonst unglaubwürdig wird.

Was darf in der Gruppe angesprochen werden und was nicht?

 Die Kritik sollte im Gegensatz zur Anerkennung nur unter vier Augen stattfinden.

Sie darf nicht persönlich, sondern nur sachbezogen sein, nicht übertrieben, sondern angemessen. Sie darf nicht verletzen und nicht entmutigen. Sie darf auch nicht pauschal ausgesprochen werden. Ein bitterer Nachgeschmack ist zu vermeiden.

Ein Kritikgespräch könnte wie folgt ablaufen:
- Der Meister schafft durch die Begrüßung und persönliche Worte eine positive Atmosphäre.
- Der Kritikpunkt wird ruhig und sachlich erläutert, wobei nur die Leistung kritisiert wird, nicht die Person.
- Der Mitarbeiter kann Stellung nehmen und sein Verhalten bzw. seine Gründe erläutern.
- Der Vorgesetzte erläutert mögliche negative Konsequenzen, aber er droht nicht.
- Gemeinsam werden Wege zur zukünftigen Vermeidung der Fehler gesucht und Absprachen getroffen. Der Vorgesetzte bietet dafür seine Hilfe an.
- Der Meister gibt zu erkennen, dass nach wie vor eine Vertrauensbasis gegeben ist und er glaubt, dass der Mitarbeiter seine Leistung verbessern wird.
- Wünschenswert ist ein positiver Gesprächsabschluss, bei dem der Vorgesetzte dem Mitarbeiter klar macht, dass er ihm nichts nachträgt.

4.5.5 Mitarbeiterbeurteilung und Arbeitszeugnis

4.5.5.1 Zweck von Beurteilungen und Zeugnissen

Die Mitarbeiterbeurteilung ist für den Meister ein wichtiges Führungsinstrument und kann als Grundlage für die Mitarbeiterförderung verwendet werden. Eine Beurteilung bezieht sich immer auf einen längeren Zeitraum. Im Gegensatz dazu

Welchem Zweck dienen Beurteilungen?

stellt eine Arbeitskontrolle eine Einzelbeobachtung dar. Beurteilen bedeutet, dass die Leistung eines Mitarbeiters eingeschätzt und mithilfe eines Vergleichsmaßstabs eingestuft werden muss. Der Vorgesetzte sollte seine Kenntnisse aus Einzelkontrollen, Mitarbeitergesprächen, Leistungsvergleichen und Beobachtungen gewinnen.

Ziele der Mitarbeiterbeurteilung sind die leistungsgerechte Lohnfindung, die Feststellung einer bestimmten Eignung und die gezielte Förderung der Mitarbeiter. Beurteilungen zeigen die Notwendigkeit oder den Erfolg von Weiterbildungsmaßnahmen. Sie „zwingen" den Vorgesetzten dazu, sich mit seinen Mitarbeitern zu beschäftigen. Sie können eine Grundlage dafür sein, wenn der Mitarbeiter Beratung und Selbstorientierung sucht. Und schließlich werden Arbeitszeugnisse ausgestellt anhand der Aussagen in den Beurteilungen.

Welche Zeugnisformen gibt es?

Alle Arbeitnehmer haben einen Rechtsanspruch auf ein Zeugnis, wenn das Arbeitsverhältnis endet. Ein einfaches Arbeitszeugnis gibt Auskunft über die Dauer des Arbeitsverhältnisses und die ausgeübte Tätigkeit. Auf Verlangen muss der Arbeitgeber ein qualifiziertes Zeugnis ausstellen, das eine Beurteilung der Leistung und des Sozialverhaltens enthält. Es besteht auch ein Anspruch auf ein Zwischenzeugnis, wenn ein wichtiger Grund vorliegt, zum Beispiel der Wechsel eines Vorgesetzten.

4.5.5.2 Beurteilungsformen, -verfahren und -merkmale

Der Meister muss bei der Mitarbeiterbeurteilung folgende Punkte beachten:
- Der Mitarbeiter sollte das Beurteilungssystem kennen.
- Beurteilt werden die Arbeitsleistung, das Arbeitsverhalten und das Sozialverhalten.
- Beurteilen muss der zuständige Vorgesetzte.
- Die Beurteilung darf sich nur auf den Arbeitsbereich beziehen, der Vorgesetzte muss seine eigenen Beobachtungen machen und Vorurteile vermeiden.
- Die Beurteilung ist schriftlich durchzuführen, und mit dem Mitarbeiter zu besprechen.

Zwei Arten von Mitarbeiterbeurteilungen sind möglich, nämlich
- die regelmäßige Beurteilung in gleich bleibenden zeitlichen Abständen und
- die anlassbedingte Beurteilung auf Grund einer Beförderung, Fortbildung oder bei Ausscheiden des Mitarbeiters.

Wie verläuft eine Beurteilung?

Jeder Vorgesetzte sollte bei einer Beurteilung die gleiche Vorgehensweise anwenden. Zuerst müssen die Arbeitsanforderungen mithilfe der Stellenbeschreibungen und Anforderungsprofile analysiert werden. Leistungen und Verhalten des Mitarbeiters sind gezielt zu beobachten. Die Beobachtungen sind schriftlich festzuhalten. Anschließend werden sie mit den Anforderungen verglichen. Die Beurteilung erfolgt anhand festgelegter Beurteilungskriterien und Bewertungsmaßstäbe. Den Abschluss bildet das Beurteilungsgespräch mit dem Mitarbeiter.

 Als wertvolles Hilfsmittel bei der Beurteilung haben sich Beurteilungsbögen erwiesen.

Sie sollten folgende Merkmale aufweisen, um aussagefähig zu sein: vollständig, eindeutig, Erfassung der gesamten Leistungspersönlichkeit des Mitarbeiters, einfach aufgebaut, der Aufwand soll im Verhältnis zum Nutzen stehen. Der Vorgesetzte muss sich mit den Beurteilungsbögen befassen, damit er sie richtig anwendet.

Welchen Kriterien müssen Beurteilungsbögen genügen?

Beispiele für Beurteilungskriterien sind:
- Arbeitsstil: Arbeitsplanung, Arbeitstempo, Aufmerksamkeit, Ausdauer, Belastbarkeit, Einsatzbereitschaft, Initiative, Kostenbewusstsein, Pünktlichkeit, Materialbehandlung, Arbeitsgüte
- Fachkönnen: Fachkenntnisse, Fertigkeiten
- geistige Fähigkeiten: Selbstständigkeit, Ausdrucksvermögen, Dispositionsvermögen, Kreativität, Verhandlungsgeschick, Auffassungsgabe, Organisationsvermögen
- Zusammenarbeit: Einordnung in eine Gruppe, Kontaktvermögen, Umgangsformen, Einweisung neuer Mitarbeiter, Verhalten gegenüber Mitarbeitern, Verhalten gegenüber Vorgesetzten
- Führungsqualitäten: Delegationsvermögen, Entscheidungsfähigkeit, Zielsetzung, Gerechtigkeitssinn, persönliche Integrität, Repräsentation, Selbstbeherrschung, Vertrauenswürdigkeit.

Als anschauliche Beispiele seien hier abgebildet: ein Beurteilungsbogen für gewerbliche Arbeitnehmer (Abb. 4.15), ein Beurteilungsbogen für Auszubildende (Abb. 4.16a) und ein Beurteilungsbogen für die Probezeit (Abb. 4.16b).

XYZ Unternehmensgruppe

Beurteilung
Name:
Abteilung:

☐ Jahresbeurteilung
☐ nach der Probezeit
☐ nach der Umgruppierung

Beurteilungsstufen

Merkmale der Beurteilung	A nicht hinreichend	B entspricht im Allgemeinen den Anforderungen	C entspricht im vollen Umfang den Anforderungen	D übertrifft die Anforderungen erheblich	E übertrifft die Anforderungen in hohem Maße
1. Arbeitsquantität (Arbeitsergebnis, Zeitnutzung)	0	6	12	18	24
2. Arbeitsqualität (Fehlerquote, Güte)	0	6	12	18	24
3. Arbeitseinsatz (Initiative, Belastbarkeit)	0	4	8	12	16
4. Arbeitssorgfalt (Zuverlässigkeit, Umgang Arbeitsmittel)	0	4	8	12	16
5. Zusammenarbeit (Teamfähigkeit, Informationsaustausch)	0	4	8	12	16

Abb. 4.15: Beurteilungsbogen

Beurteilungsbogen für Auszubildende

Name:
Abteilung: von: bis:

Erlernte und ausgeführte Tätigkeiten:

Standardisierte Beurteilung	sehr gut 1	gut 2	befriedigend 3	ausreichend 4	mangelhaft 5
Erworbene Fachkenntnisse					
Geistige Fähigkeiten (Auffassungsgabe, Durchdenken, Gestalten, Darstellen)					
Arbeitsstil: – Sorgfalt – Arbeitstempo					
Einsatzbereitschaft: – Fleiß – Eigeninitiative					
Umgangsformen					
Teamfähigkeit					
Sprachgebrauch					

Ergänzende Bemerkungen

Würden Sie diese Auszubildende/diesen Auszubildenden als spätere/n Mitarbeiter/in in eine freie Stelle Ihrer Abteilung übernehmen?
☐ Ja   ☐ Nein   (Unzutreffendes streichen), kurze Begründung:

Datum:

....
(Ausbildungsbeauftrage/r der Abteilung)   (Ausbildungsleiter/in)

Diese Beurteilung wurde in einem Gespräch erläutert und mir ausgehändigt:

....
(Auszubildende/r)

Abb 4.16a: Beurteilungsbogen für Auszubildende

Probezeitbeurteilung

Von: Personalabteilung
An: Herr/Frau .... am: ....
Bitte zurück bis spätestens: ....

Herr/Frau: ....
tätig als: ....
Pers.-Nr.: ....   Tarifgruppe: ....   Probezeit-Ende am: ....

1. Beurteilung der Leistung / Zutreffendes bitte ankreuzen:

☐ Die Leistungen entsprechen bereits den Anforderungen nach Einarbeitungszeit
☐ Die Anforderungen innerhalb einer Einarbeitungszeit werden erfüllt:
  ☐ voll
  ☐ im Allg.
  ☐ nur teilw.
☐ Der Mitarbeiter ist für die Tätigkeit ungeeignet
☐ Kommt der Mitarbeiter bei Nicht-Eignung für einen anderen Arbeitsplatz in Frage?

Arbeitsquantität

Arbeitsqualität

Einsatzbereitschaft

Weitere Anmerkungen zur Beurteilung:

2. Entscheidung:
☐ Der Mitarbeiter/die Mitarbeiterin soll unter Berücksichtigung obiger Leistungsbeurteilung ohne Vorbehalt weiter beschäftigt werden.
☐ Der Mitarbeiter/die Mitarbeiterin soll vor Ablauf von 6 Monaten nochmals bewertet werden.*)
  Grund: ....
☐ Das Arbeitsverhältnis soll innerhalb der Probezeit fristgerecht gekündigt werden.
  Grund: ....

Ort/Datum: ....   Vorgesetzter: ....
Ort/Datum: ....   Abt./Betr.-Ltr. ....
Ort/Datum: ....   Mitarbeiter: ....

*) Bitte beachten: Nach KSchG besteht ab 6 Monaten Kündigungsschutz und bei Weiterbeschäftigung darüber hinaus können nicht noch später Zweifel an der Eignung geltend gemacht werden.

Abb. 4.16b: Beurteilungsbogen für die Probezeit/Einarbeitungszeit.

4.5.5.3 Beurteilungsfehler

Welche Beurteilungsfehler gibt es?

Damit eine Beurteilung aussagefähig ist und ordnungsgemäß verläuft, muss sich der Meister mögliche Beurteilungsfehler bewusst machen. Dazu zählt zum Beispiel, dass er einen Sachverhalt nicht selbst prüft, sondern sich auf die Meinungen anderer verlässt. Auch kommt es vor, dass der erste Eindruck überbewertet wird im Gegensatz zu später beobachteten Verhaltensweisen. Weitere Fehler sind die zu starke Betonung von Einzelbeobachtungen und Urteile unter Zeitdruck. Beim **Halo-Effekt** werden Einzelfälle verallgemeinert und von einer Eigenschaft auf andere Merkmale geschlossen. Der Vorgesetzte lässt sich von bestehenden Vorurteilen leiten und von seinen eigenen Vorlieben und Abneigungen (**Kontrastfehler**). Sollte sich der Meister vor Konflikten scheuen, wird er der Tendenz zur Milde oder zur Mitte unterliegen. Es passiert auch häufig, dass nur der letzte Eindruck zählt.

Der Meister muss versuchen, sich diese Mechanismen bewusst zu machen und dagegenzusteuern. Objektive Leistungskriterien helfen dabei.

Er/sie muss auf eine entspannte Atmosphäre und eine wertneutrale Beobachtung achten. Außerdem sollte man selbstkritisch zu sich selbst sein und sich korrigieren, wenn man einen derartigen Fehler festgestellt hat.

Auswirkungen einer falschen Beurteilung liegen auf der Hand – sie schlagen sich meist unmittelbar durch sinkende Motivation des/der falsch Beurteilten nieder. Weiter gehend kann es dazu kommen, dass der/die Betreffende durch negative Äußerungen auch Kolleginnen und Kollegen negativ beeinflusst.

4.5.5.4 Beurteilungsgespräche

Im Anschluss an jede Beurteilung muss das Beurteilungsgespräch folgen. Es darf jedoch nicht zu einem Kritikgespräch ausarten. Die Leistung des Mitarbeiters soll vielmehr gewürdigt und in positiver und negativer Hinsicht durchgesprochen werden. Es wird also die gesamte Leistung behandelt.

Mögliche Phasen eines Beurteilungsgesprächs

- Eröffnung: Begrüßung und Erläuterung des Gesprächsanlasses im positiven Sinne
- Besprechung positiver Kriterien: Hervorhebung der Verbesserungen gegenüber der letzten Beurteilung
- Besprechung negativer Kriterien: Kritik nur an der Sache, nie an der Person, Beanstandungen möglichst positiv formulieren
- Stellungnahme des Mitarbeiters: Einwände schriftlich festhalten, weil sie nur so überprüft werden können
- Gemeinsame Diskussion: den Mitarbeiter selbst eine Lösung finden lassen und Unterstützung zusagen
- Abschluss: Einwände werden bearbeitet, Beurteilung wird gegebenenfalls korrigiert, positiver Gesprächsabschluss, Vertrauen ausdrücken

Jeder Meister muss wissen, dass Mitarbeiter einen Anspruch auf die Beurteilung ihrer Leistungen haben. Bei der Einführung von Beurteilungssystemen hat der Betriebsrat ein Mitspracherecht. Tarifverträge enthalten zum Teil bereits konkrete Formulierungen zur Leistungsbeurteilung. Der Mitarbeiter darf ein Mitglied des Betriebsrats zum Beurteilungsgespräch hinzuziehen. Die Ergebnisse der Beurteilung sind dem Mitarbeiter mitzuteilen.

4.5.5.5 Entwurf für ein qualifiziertes Arbeitszeugnis

Bei der Zeugniserstellung ist die Wahrheitspflicht oberster Grundsatz. Das ist leichter gesagt als getan. Das Zeugnis soll die Arbeitnehmer objektiv bewerten. Die Aussagen sollen für den beurteilten Arbeitnehmer verständlich sein und das Zeugnis dient als Entscheidungsgrundlage bei der Personalauswahl.

> *Einerseits ist das Arbeitszeugnis der Wahrheit entsprechend zu formulieren, andererseits soll es mit Wohlwollen ausgestellt werden, um dem Arbeitnehmer nicht weiteres Fortkommen zu erschweren.*

Wie verbindet man im Arbeitszeugnis Wahrheitspflicht und Verbot negativer Formulierungen?

Es haben sich deshalb einige **Formulierungen und Stilmittel** entwickelt, die versuchen, allen Anforderungen gerecht zu werden. Dazu zählen
- Passiv-Formulierungen (also „Frau Sowieso wurde versetzt" und nicht „Frau Sowieso übernahm die Position..." oder
- Auslassungen (Beispiel: bei einem Außendienstmitarbeiter fehlt der Hinweis auf seine Kommunikationsfähigkeit, wenn diese nicht besonders gut war).

Eine Gesamtbeurteilung kann mit folgenden Formulierungen gestaffelt abgegeben werden: „Wir waren mit ihren Leistungen stets sehr zufrieden. Wir waren mit ihren Leistungen sehr zufrieden. Wir waren mit ihren Leistungen immer zufrieden. Wir waren mit ihren Leistungen im Großen und Ganzen zufrieden."

Ein qualifiziertes Arbeitszeugnis kann aus fünf Blöcken aufgebaut werden:

- **Eingangssatz**: Titel, Vorname, Name, Geburtsdatum, Bezeichnungen der Tätigkeiten, Dauer des Arbeitsverhältnisses
- **Positions- und Aufgabenbeschreibung**: Einordnung in der Hierarchie, Stellvertretung, Hauptaufgaben, Sonderaufgaben, Projekte, Unternehmen, Branche, Ausschüsse, Vollmachten, Budgetverantwortung
- **Leistungsbeurteilung**:
  – Arbeitsbereitschaft (Motivation: Engagement, Initiative, Pflichtbewusstsein, Zielstrebigkeit, Energie, Interesse, Mehrarbeit),
  – Arbeitsbefähigung (Können: Belastbarkeit, Ausdauer, Optimismus, Flexibilität, Konzentration, Kreativität, Urteilsvermögen, Denkvermögen),
  – Fachwissen (Weiterbildung: Inhalt, Umfang, Aktualität, Eigeninitiative, Zertifikate),
  – Arbeitsweise (Arbeitsstil: Selbstständigkeit, Sorgfalt, Methodik, Systematik, Planung, Zielerreichung),
  – Arbeitserfolg (Ergebnisse: Qualität, Quantität, Verwertbarkeit, Tempo, Umsatz, Termintreue); bei Vorgesetzten finden sich hier noch die Führungsumstände und die Führungsleistung (Mitarbeiterzahlen, Arbeits-

atmosphäre, Betriebsklima, Mitarbeiterzufriedenheit, Art der Mitarbeiter). Der letzte Satz in diesem Block soll eine zusammenfassende Leistungsbeurteilung beinhalten.
- **Beurteilung des Sozialverhaltens**: Vorbildfunktion, Verhalten zu Mitarbeitern und Vorgesetzten, Informationsverhalten, Hilfsbereitschaft, Kontaktfähigkeit, soziale Kompetenz, Vertrauenswürdigkeit, Durchsetzungsvermögen, Teamfähigkeit, Überzeugungskraft
- **Schlusssatz**: Beendigungsformel eventuell mit Begründung, Dank und Bedauern, Empfehlung, Verständnis, Zusage der Wiedereinstellung, Zukunftswünsche, Erfolgswünsche, Datum und Unterschriften

Arbeitszeugnis

Beispiel für ein einfaches Zeugnis

Frau Hermine Fischeimer, geb. am 01. April 1960 in Düsseldorf, trat am 01. Nov. 1999 in unser Unternehmen ein. Bis zu ihrem Austritt am 28. Feb. 2009 war sie als Industriemeisterin in der Montage beschäftigt.
Lindau, den 28. Februar 2009
(Unterschrift)

Beispiel für ein qualifiziertes Zeugnis

Frau Hermine Fischeimer, geb. am 01. April 1960 in Düsseldorf, trat am 01. November 1999 in unser Unternehmen ein.
Frau Fischeimer war als Industriemeisterin in der Montage eingesetzt. Zu ihren Aufgaben gehörte die Entgegennahme und Qualitätssicherung der Materialien, die Überprüfung der Montagepläne, die Planung des Mitarbeitereinsatzes und die gesamte Auftragsabwicklung mit dem Kunden.
Frau Fischeimer ist eine sehr fähige, tüchtige und einsatzbereite Industriemeisterin. Auf Grund ihres großen Wissens, ihrer Flexibilität und Motivation wurde sie von den Kunden als kompetente Gesprächspartnerin geschätzt. Wir waren mit ihren Leistungen stets sehr zufrieden.
Auch ihr Verhalten gegenüber Vorgesetzten und Kollegen waren immer einwandfrei.
Frau Fischeimer wird eine Abteilungsleiterposition bei der Firma ... aufnehmen. Wir bedauern ihr Ausscheiden zum 28. Februar 2009 außerordentlich und danken ihr für ihre qualifizierte Mitarbeit.
Wir wünschen Frau Fischeimer auf ihrem weiteren Berufs-und Lebensweg alles Gute und weiterhin viel Erfolg.
Lindau, den 28. Februar 2009
(Unterschrift)

Die beiden Beispiele sind nur Formulierungsmuster. Denn es versteht sich von selbst, dass ein Zeugnis auf Geschäftspapier nach den für Geschäftsbriefe geltenden Standards (inbesondere DIN 5008) und optisch gut gegliedert geschrieben wird. Es muss rechtsverbindlich unterschrieben werden.

4.5.6 Personelle Maßnahmen

4.5.6.1 Zusammenarbeit mit anderen betrieblichen Stellen bei personellen Maßnahmen

Die Überlegung, wer alles im Betrieb mit Personalarbeit zu tun hat, führt zu dem Ergebnis, dass hier einige Stellen infrage kommen: die Unternehmensleitung, die Personalabteilung, der Betriebsrat, der direkte und der indirekte Vorgesetzte, ggf. der Betriebsarzt und noch weitere. Bei Personalentwicklungsmaßnahmen, Planungen der Nachfolge, Versetzungen, Disziplinarmaßnahmen und Kündigungen sollte sich der Meister überlegen, wen er sinnvollerweise einschaltet und informiert. Da Zusammenarbeit bekanntermaßen zu einem besseren Ergebnis führt, sollte dieser Grundsatz auch bei personellen Maßnahmen eingehalten werden. Man kann auf diese Weise meistens vermeiden, dass Entscheidungen getroffen werden, die auf der Unkenntnis der tatsächlichen Lage basieren. Auf jeden Fall müssen Rechtsvorschriften beachtet werden – der Meister darf nur im Rahmen seiner Vollmacht handeln und muss sich für das darüber hinausreichende an die nächsthöhere Ebene wenden. Das für zahlreiche personelle Maßnahmen bestehende Mitspracherecht des Betriebsrats ist zu beachten (vgl. Kapitel 1).

Mit welchen Stellen muss oder soll der Meister bei personellen Maßnahmen kooperieren?

4.5.6.2 Angemessene personelle Maßnahmen

Die Maßnahmen, mit denen ein Meister zu tun haben kann, können die Personaleinstellung, den Personaleinsatz, den Personalabbau und die Personalentwicklung betreffen. Es kann sich sowohl um positive als auch um negative Maßnahmen handeln.
Dazu gehören:
- Gespräche (Kritikgespräche, Fördergespräch, Lob und Ermahnung),
- Lohnanpassungen und disziplinarische Maßnahmen (Abmahnung, Lohnerhöhungen und Lohnkürzungen),
- Versetzungen und Beförderungen, Kündigung, Neueinstellungen,
- Leistungsbeurteilungen,
- Personalentwicklung (Weiterbildungsmaßnahmen, personelle Veränderungen bei Rationalisierungsmaßnahmen), Zusammensetzung teilautonomer Arbeitsgruppen, Integration neuer Techniken und entsprechende Schulung der Mitarbeiter,
- Änderungen der Arbeitszeit.

Welche Mittel stehen für personelle Maßnahmen zur Verfügung?

Diese Liste ist nicht erschöpfend und setzt sich im Einzelfall unterschiedlich zusammen. Auf die notwendigen Kompetenzen, die wichtigsten dieser Maßnahmen angemessen durchführen zu können, wurde teilweise schon eingegangen und einige werden in den folgenden Abschnitten noch behandelt.

4.5.6.3 Planungsmittel für personelle Maßnahmen

Dem Meister stehen Planungsmittel der verschiedensten Art zur Verfügung. Dazu zählen regelmäßige Personalgespräche, Stellenbeschreibungen und Personalbeurteilungssysteme. Je nach Art der Maßnahme bieten sich Betriebsvereinbarungen, Urlaubspläne, Netzpläne, Arbeitseinsatzpläne, Verträge und Abmahnungen an.

4.5.7 Einführung neuer Mitarbeiter

4.5.7.1 Methodische Mitarbeitereinführung

Warum ist Einarbeitung aus betrieblicher Sicht so wichtig?

Kommen neue Mitarbeiter/innen, sollen sie so rasch wie möglich eingearbeitet werden, damit der Betrieb ohne jede weitere Störung weiterlaufen kann. Dies ist umso schneller der Fall, je gründlicher die Einweisung erfolgt und je früher ein neuer Mitarbeiter in die Arbeitsgruppe integriert wird. Wichtig ist in jedem Fall auch die Aufklärung über spezifische Unfallgefahren. Der Meister muss sich Zeit für den/die Neue nehmen und als gutes Beispiel vorangehen. Man kann auch einen Paten zur Seite stellen, der sich in den ersten Wochen mit um die Einarbeitung kümmert. Mithilfe einer Checkliste kann man sicherstellen, nichts zu vergessen.

Wesentliche Punkte einer Einarbeitung

- Vorbereiten: An welchem Arbeitsplatz wird der Neue eingesetzt? Ist der Arbeitsplatz vorbereitet? Sind die übrigen Mitarbeiter informiert? Wann genau kommt der/die Neue?
- Begrüßung: Unterhaltung über den bisherigen Werdegang, die Interessen und Ziele des neuen Mitarbeiters, den Betrieb und die Abteilungen beschreiben, die Arbeitsaufgabe erläutern
- Informieren: Arbeitsvorschriften, Sicherheitsvorschriften, Arbeitsregeln, Unterlagen aushändigen, Arbeitszeiten bekannt geben und ggf. erläutern, wie die Schichtpläne erstellt werden, Urlaubsregelungen ansprechen
- Vorstellen: mit dem Vorgesetzten und den Mitarbeitern bekannt machen, in der Regel rundgehen
- Einweisung im Betrieb: Materialausgabe, Waschräume, Sanitätseinrichtungen, Feuerlöscher, Kantine
- Einweisungen am Arbeitsplatz: je nach Umfang über einen gewissen Zeitraum und in Schritten, einzelne Unterweisungen eventuell mit der Vier-Stufen-Methode oder der Sechs-Stufen-Methode vornehmen
- Interesse zeigen: nach ein paar Tagen und Wochen regelmäßig nachfragen und auch den Mitarbeiter zu Fragen ermutigen

---

4.5.7.2 Grundsätze und Methoden für eine situationsbezogene Einweisung

Jeder neue Mitarbeiter, aber auch ein intern umgesetzter Mitarbeiter, muss an seinem neuen Arbeitsplatz dazulernen. Der Meister muss deshalb die Bereitschaft zum Lernen fördern. Methodisches Vorgehen bringt entscheidende Vorteile. Der Betrieb profitiert von kürzeren Einarbeitungszeiten, weniger Fehlern und geringerer Fluktuation. Der Vorgesetzte hat weniger Ärger, muss weniger kontrollieren und ist weniger belastet, weil ihm mehr Zeit bleibt. Für die Mitarbeiter zeigen sich schnell Anfangserfolge und sie können bald volle Leistung bringen. Vor jeder Unterweisung muss der Meister das Ziel der Unterweisung klären, den Umfang und den Grad, das heißt welches Anforderungsniveau vom Mitarbeiter gefordert wird. Von der Möglichkeit der Vier-Stufen-Methode wurde bereits gesprochen, da sie auch im Teil „die Ausbildung der Ausbilder" gelehrt wird.

4.5.8 Motivations- und Kreativitätsförderung

4.5.8.1 Zusammenhang von Motivation, Kreativität und Leistungsbereitschaft

Die vielfältigen Möglichkeiten der Motivation der Mitarbeiter wurden bereits in einem früheren Abschnitt angesprochen. Ein Motiv ist ein Beweggrund, das das menschliche Verhalten auslöst. Motive gehen auf nicht erfüllte Bedürfnisse zurück (das typische Grundmotiv ist Hunger, Beispiel eines grundlegenden, im Betrieb wirksamen Motivs ist das Streben nach Macht). Dieses Mangelempfinden treibt den Menschen an.

Bietet man den Mitarbeitern verschiedene Möglichkeiten an, ihre Bedürfnisse zu erfüllen, wird sich die Leistungsbereitschaft erhöhen. Dazu muss der Vorgesetzte jedoch wissen, was seine Mitarbeiter motiviert. Ist ein Bedürfnis erst einmal erfüllt, kann damit das Verhalten nicht mehr gesteuert werden. Die konkrete Leistungsmotivation ist vom jeweiligen Anspruchsniveau des Einzelnen und von der Situation abhängig. Fängt beispielsweise ein Tag gut an, so erwartet der Mitarbeiter, dass es so weitergeht. Sein Anspruchsniveau ist an diesem Tag höher als an einem solchen, an dem sein Auto nicht angesprungen und er zu spät zur Arbeit gekommen ist. Motivierte Mitarbeiter wenden sich leichter schwierigeren Aufgaben zu. Allerdings muss ein Erfolg möglich sein, sonst kann es zu Frustration kommen (angemessenes Erwartungsniveau).

Lässt es ein Vorgesetzter zu, dass seine Mitarbeiter ihre Kreativität in den Betriebsablauf einbringen dürfen, wird sich auch dadurch die Leistungsbereitschaft steigern. Das bietet außerdem den Vorteil, dass die versteckten Potenziale der Einzelnen sichtbar werden und dem Ergebnis zugute kommen. Das wirkt sich natürlich wieder umgekehrt positiv auf die Mitarbeiter aus.

Welche Vorteile bietet es, Kreativität bei Mitarbeitern zuzulassen?

4.5.8.2 Kreativitätsfördernde Techniken

Die motivierende Wirkung kreativer Entfaltungsmöglichkeiten ist nur die eine Bedeutung von Kreativität im Betrieb. Kreativität der Mitarbeiter ist natürlich auch unerlässlich, damit sich das Unternehmen ständig weiterentwickeln kann. Es gäbe keine Entwicklungsmethoden ohne Kreativität und deshalb ist breite Kreativitätsförderung sehr wichtig.

Den meisten macht es Freude, kreativ tätig zu sein, es muss ihnen nur Gelegenheit dazu gegeben werden. Eine Möglichkeit dazu ist das betriebliche Vorschlagswesen. Hier können Mitarbeiter ihre Ideen einbringen und Verbesserungen formulieren. Die Vorteile sind einerseits Kosteneinsparungen und andererseits Erfolgserlebnisse für den Einzelnen. Man kann auch mit Qualitätszirkeln oder Workshops arbeiten.

Wo und auf welche Weise lässt sich das kreative Potenzial von Mitarbeitern einbeziehen?

Für den Meister ist es hilfreich bzw. unerlässlich, wesentliche Kreativitätstechniken zu beherrschen, dazu gehören das Brainstorming, die Methode 635, die Metaplan-Technik, Mindmaps oder der morphologische Kasten. Die Darstellung im Einzelnen sprengt den Rahmen des vorliegenden Prüfungskompendiums, noch etwas näher wird in Kapitel 3 darauf eingegangen und ferner auf die einschlägige Literatur verwiesen (der Band Härtl/Kemmerer, „Präsentation und Moderation", beschreibt zahlreiche Kreativitätstechniken und führt in beide in der Meisterprüfung verlangten Bereiche der Präsentation und Moderation ein).

4.5.9 Fluktuation und Fehlzeiten

4.5.9.1 Arten, Ursachen und Folgen

In welchen Fällen wird Fluktuation zu einem Problem?

Fluktuation ist ein natürlicher Prozess: Mitarbeiter gehen in den Ruhestand, eine Frau geht in den Mutterschutz, jemand zieht in eine andere Stadt, ein Mitarbeiter kündigt, ein anderer wird intern versetzt. Man spricht jedoch meistens von Fluktuation, wenn man die Austritte aus einem Betrieb meint. Fluktuation kann gemessen werden an der Anzahl der Austritte bezogen auf den durchschnittlichen Personalstand. Sie wird dann zum Problem, wenn sie deutlich steigt. Das Gleiche gilt für Fehlzeiten. Hier wird unterschieden zwischen unentschuldigtem Fehlen und häufigem entschuldigtem Fehlen. Bei unentschuldigtem Fehlen muss der Vorgesetzte auf arbeitsrechtliche und disziplinarische Maßnahmen für den Wiederholungsfall hinweisen.

Welche Gründe können Fehlzeiten haben?

Die Ursachen für Fehlzeiten und steigende Fluktuation sind ähnlich und können vielfältiger Natur sein: Angefangen vom persönlichen Bereich (Kinder, Partnerschaftsprobleme, Umzug) über gesundheitliche Beeinträchtigungen bis zur Alkoholsucht. Im betrieblichen Bereich können neue Techniken und Rationalisierung Fluktuation auslösen, das Betriebsklima schief liegen, aber auch schlechte Entlohnung, Streit mit Mitarbeitern, falsches Führungsverhalten, ungünstige Arbeitsbedingungen, Überforderung oder Unterforderung können Gründe sein. Speziell bei gestiegenen Fehlzeiten muss man auch die erhöhten psychischen Belastungen am Arbeitsplatz und die gesetzlichen Möglichkeiten der Arbeitnehmer in Betracht ziehen.

Welche Auswirkungen haben Fehlzeiten für den Betrieb?

Die Auswirkungen im Betrieb sind fast ausnahmslos negativ. Die Qualität sinkt, die Arbeitsbelastung der noch anwesenden Mitarbeiter steigt, die Kontrolltätigkeiten der Vorgesetzten nehmen zu, das Betriebsklima verschlechtert sich, die Motivation der Mitarbeiter sinkt und die Kosten steigen.

Bezogen auf die Fehlzeiten darf man nicht vergessen, dass auch der Urlaub eine Fehlzeit verursacht, deren Ausgleich rechtzeitig und sorgfältig geplant werden muss. Von Vorteil ist die Beteiligung der Gruppe an der Urlaubsplanung.

4.5.9.2 Einflussmöglichkeiten

Wie kann Führung Fluktuations- und Fehlzeitproblemen entgegenwirken?

Der Meister kann durch Führungsmethoden und -verhalten das Betriebsklima positiv beeinflussen. Damit trägt er zur Verringerung von Fluktuation und Fehlzeiten bei. Der Betrieb kann sich überlegen, wie er durch neue Anreize die Arbeitszufriedenheit erhöhen kann. Weitere Möglichkeiten sind: flexible Arbeitszeitmodelle einführen, gezielte Förderung der Mitarbeiter, durchdachtes Zusammenstellen von Arbeitsgruppen, Delegation, Kooperation, Partizipation der Mitarbeiter, Kommunikation verbessern, Gespräche führen und vieles mehr.

4.5.9.3 Fehlzeitengespräch

Der Vorgesetzte muss nach den Gründen der Fehlzeiten fragen. Es ist zu klären, ob die Ursachen im privaten oder betrieblichen Bereich liegen. Sollten sie betrieblich bedingt sein (Lärm, Über- oder Unterforderung, Konflikte, Mobbing), kann der Meister versuchen, Abhilfe zu schaffen. Eine noch wenig verbreitete Möglichkeit sind Gesundheitszirkel. Die Ursachen der Fehlzeiten werden von den Mitarbeitern selbst analysiert und Vorschläge zur Lösung entwickelt.

Aufgaben zu Abschnitt 4.5

1. Da bekannt ist, dass Fluktuation und Fehlzeiten Kosten verursachen, kann der Meister versuchen, positiven Einfluss ausüben. Nennen Sie einige Möglichkeiten.
2. Beschreiben Sie, von welchen Kriterien die Qualität des Arbeitsergebnisses abhängt.
3. Erläutern Sie, wovon die menschliche Arbeitsleistung abhängig ist.
4. Durch die Arbeitsbewertung werden die Anforderungen an einem Arbeitsplatz ermittelt. Unterscheiden Sie vom Grad der Genauigkeit her die summarische und die analytische Arbeitsbewertung.
5. Welche Informationen benötigt ein Unternehmen, um die Personalentwicklung zielgerichtet organisieren zu können?
6. Begründen Sie, warum ein Unternehmen nicht ohne Kontrolle auskommt.
7. Sie kennen einen Meister, der gerne gerade dann kontrolliert, wenn sich der Mitarbeiter nicht an seinem Arbeitsplatz befindet. Auch „schleicht" er sich oftmals an, schaut dem Mitarbeiter unbemerkt eine Weile zu, und fragt unvermittelt so oder so ähnlich: „Was machen Sie denn da schon wieder?"
Erläutern Sie, was von diesen Verhaltensweisen zu halten ist und wie es besser gemacht werden könnte.
8. Beurteilen Sie, was von folgender Situation zu halten ist:
Ein Mitarbeiter erledigt im Februar eine ihm übertragene Aufgabe mit besonderem Erfolg. Ein gutes halbes Jahr später trifft ihn der Meister auf dem Gang, als der Mitarbeiter gerade mit Kollegen unterwegs ist in die Kantine. Er sagt: „Dieses Problem damals, Sie wissen schon, haben Sie gut gelöst. Ihr Kollege, ich glaube, Meier heißt er, hätte es bestimmt nicht gewusst. Wenn Sie so weitermachen, werden Sie diese Jungs hier bald unter sich haben."
9. Beschreiben Sie, wie eine optimale Mitarbeiterbeurteilung vonstatten gehen sollte.
10. Beschreiben Sie den möglichen Ablauf eines Beurteilungsgesprächs.
11. Versuchen Sie zu beurteilen, ob folgende Formulierungen aus Zeugnissen eher positiv oder eher negativ gemeint sind und was damit gesagt werden soll:
    a) Er hat die ihm übertragenen Arbeiten stets zu unserer vollen Zufriedenheit erledigt.
    b) Er hat die ihm übertragenen Arbeiten zu unserer Zufriedenheit erledigt.
    c) Er hat sich bemüht, die ihm übertragenen Arbeiten zu unserer Zufriedenheit zu erledigen.
    d) Er war tüchtig und wusste seine Fähigkeiten entsprechend unter Beweis zu stellen.
    e) Er brachte für seine Arbeit viel Verständnis auf.
12. Erläutern Sie, was ein Meister wissen muss und tun kann, um seine Mitarbeiter zu motivieren.
13. Stellen Sie Regeln für einen motivierenden Führungsstil auf.
14. Erklären Sie, was man unter Kreativität versteht.
15. Formulieren Sie Gründe, die für externe Qualifizierungsmaßnahmen sprechen.
16. Begründen Sie, warum die Beurteilung von Verhalten schwieriger ist als die Beurteilung von Leistungen.
17. Stellen Sie zwei Kontrollarten mit ihren Vor- und Nachteilen dar.

Lösungsvorschläge

L1: Kooperativer Führungsstil, Entscheidungsfähigkeit, Vertrauen zeigen, Delegation, gerechte Verteilung der Arbeit, Weitergabe von Informationen, Führen durch Zielvereinbarungen, anforderungsgerechter Mitarbeitereinsatz, Lob, Kommunikation, Kooperation, Hilfestellung bei schwierigen Aufgaben

L2: Das Arbeitsergebnis wird bestimmt durch die betrieblichen Rahmenbedingungen (Technik, Automatisierung, Betriebsmittel, technische Einrichtungen), die Organisation der Arbeit (Art und Umfang der Aufgaben) und die Qualifikation der Mitarbeiter.

L3: Die menschliche Arbeitsleistung wird von zwei Seiten beeinflusst.
Dies ist einmal der Mitarbeiter selbst durch sein Können (Qualifikationen, Erfahrungen) und sein Wollen, bis zu welchem Grad er seine Fähigkeiten einbringen möchte.
Die zweite Seite sind die Leistungsanforderungen, die sich aus den Zielen im Unternehmen ergeben. Sie sind inhaltlicher Natur (Qualität, Kosten) und zeitlicher Natur (Termin, Arbeitszeit).

L4: Bei der summarischen Arbeitsbewertung wird die Arbeitsschwierigkeit im Ganzen bewertet. Hier wird fast nur die erforderliche Ausbildung berücksichtigt.
Bei der analytischen Arbeitsbewertung erfolgt dagegen die Beurteilung der Schwierigkeit getrennt nach mehreren Anforderungsarten. Diese Vorgehensweise ist genauer.
Sehr oft werden hier die Anforderungen nach dem Genfer Schema verwendet: Können, Verantwortung, Belastung, Umgebungseinflüsse.

L5: Die Informationen setzen sich zusammen aus dem Qualifikationsbedarf des Unternehmens, dem Entwicklungspotenzial der Mitarbeiter und deren Entwicklungsbedürfnissen. Dazu ist es notwendig, die zukünftigen Aufgaben zu kennen, die Anforderungen daraus abzuleiten und auf dieser Grundlage die Qualifikation der Mitarbeiter zu bestimmen.

L6: Jeder, der nicht perfekt ist, muss zur Zielerreichung kontrolliert werden.
Da es bereits aus „Manche mögen's heiß" bekannt ist, dass Nobody perfekt ist (oder fachlich: die Nullfehlerquote wird angestrebt, aber Fehler kommen dennoch vor), müssen – je nach Art der Aufgabe – die Stückzahlen, Qualität, Termineinhaltung oder Freundlichkeit des Personal gegenüber den Kunden kontrolliert werden.
Dadurch wird vermieden, dass sich Fehler einschleichen, die Wirtschaftlichkeit sinkt und sich Mitarbeiter nicht an die Vorgaben halten. Dem kommt noch besondere Bedeutung zu, wenn im Rahmen einer Qualitätszertifizierung bestimmte Vorgaben zwingend gefordert werden.

L7: Dieser Meister tut alles, um sich bei seinen Mitarbeitern unbeliebt zu machen. Er erreicht mit hoher Wahrscheinlichkeit genau das Gegenteil von dem, was eine Kontrolle bewirken soll.
Bei einer Kontrolle soll der Meister offen auftreten, sich sachlich verhalten, höflich bleiben und den Fehler möglichst vom Mitarbeiter selbst finden lassen. Außerdem soll er ihn bei der Verbesserung unterstützen und das Ergebnis besprechen.

L8: Dieser Meister beachtet keine einzige Regel, die für das Aussprechen einer Anerkennung gilt. Seine Fehler: Sein Lob erfolgt nicht zeitnah, gleichzeitig wird ein Kollege kritisiert (und das öffentlich) und die anderen Mitarbeiter werden zurückgesetzt. Außerdem entspricht die Sprache nicht dem Niveau eines Meisters.

L9: Bei einer Beurteilung muss der Meister die Leistungen eines Mitarbeiters einschätzen und im Vergleich zu anderen oder mithilfe eines Vergleichsmaßstabes einstufen. Dazu ist es notwendig, nicht eine einzelne Tätigkeit zu beobachten, sondern sich viele Einzelurteile zu bilden. Das bedeutet für den Meister, er muss sich eine Grundlage aufbauen aus vielen Einzelkontrollen, Gesprächen, Leistungsvergleichen und Beobachtungen.
Am Schluss darf das Beurteilungsgespräch nicht vergessen werden.

L10: Das Beurteilungsgespräch wird mit der Begrüßung eröffnet und mit positiven Bemerkungen eingeleitet.
Es folgt die Besprechung der positiv beurteilten Kriterien. Dabei sollten die Verbesserungen gegenüber dem letzten Mal betont werden.
Anschließend müssen auch die negativen Dinge angesprochen werden, wobei sich die Kritik immer auf die Leistungen beziehen muss, nicht auf die Person. Trotz Kritik sollte der Meister auch in dieser Phase auf möglichst positive Formulierungen achten. Um die erkannten Mängel zu beseitigen, werden gemeinsam Möglichkeiten besprochen. Dabei können auch konkrete Hinweise auf Weiterbildungsmöglichkeiten hilfreich sein.

Dem Mitarbeiter muss schließlich noch Zeit gegeben werden, sich zur Beurteilung äußern zu können.
Dieses ist schriftlich festzuhalten. Der Abschluss des Gesprächs erfolgt wieder in positiver Stimmung mit dem Hinweis, dass eventuelle Einwände überdacht werden.

L11:
a) gut
b) befriedigend
c) völlig ungenügend
d) ein unangenehmer und undurchsichtiger Mitarbeiter
e) wenig oder keine Leistung

L12: Er muss die Bedürfnisse und die Ziele des Mitarbeiters kennen. Dies erfährt er durch Beobachtung und im Gespräch. Je besser er die Bedürfnisse des Mitarbeiters kennt, desto eher kann er sie mit den Betriebszielen abstimmen. Er muss dann die Befriedigung des Bedürfnisses als Ziel festlegen. Anschließend erklärt er dem Mitarbeiter, welches Verhalten ihn an dieses Ziel bringt. Im Idealfall werden die Ziele des Betriebes und die Bedürfnisse des Mitarbeiters gleichzeitig erfüllt.

L13:
- Spreche mit den Mitarbeitern in einem höflichen Ton.
- Launen haben im Umgang mit Mitarbeitern nichts zu suchen.
- Die gesetzten Ziele müssen erreichbar sein.
- Vorschläge von Mitarbeitern sind zu bearbeiten.
- Eine Beurteilung soll so objektiv wie möglich erfolgen.
- Man verwende eine klare und verständliche Sprache.
- Auf die Weiterbildung der Mitarbeiter ist großer Wert zu legen.
- Beförderungen erfolgen nur bei entsprechender Leistung.

L14: Kreativität ist die Fähigkeit, neue Lösungen zu finden, originale Denkergebnisse zu gestalten, Probleme neu zu formulieren und bei Lösungen vorgegebene Wege zu verlassen.

L15: Die Qualifizierung wird von dafür ausgebildeten Spezialisten durchgeführt.
Da Abstand zur täglichen Arbeit besteht, herrscht eine angenehme Lernatmosphäre und es gibt keine störenden Einflüsse, was eine hohe Effizienz verspricht.
Mitarbeiter unterschiedlicher Firmen können ihre Erfahrungen austauschen.
Der eigene Betriebsablauf wird nicht dadurch gestört, dass Mitarbeiter stundenweise von der Arbeit abberufen werden und in einem Schulungsraum sitzen.

L16: Verhalten kann man nicht „messen oder wiegen". Es gibt dafür keinen allgemein gültigen Maßstab. Formulierungen über das Verhalten sind möglicherweise nicht eindeutig und führen zu Missverständnissen. Leistungsanforderungen sollen demgegenüber auf eine Weise formuliert sein, dass man die später erbrachten Leistungen mindestens beurteilen und möglichst messen kann.

L17: Bei der Selbstkontrolle kontrollieren sich die Mitarbeiter selbst, was eine hohe Motivation zur Folge hat, da hier die Qualifikation der Mitarbeiter eine Rolle spielt. Es kann aber auch vorkommen, dass Korrekturen zu spät erfolgen.
Bei der Fremdkontrolle kontrollieren der Vorgesetzte, eine eigene Kontrollabteilung oder Kontrollgeräte. Es wird zwar ein hoher Sicherheitsgrad erreicht, die Mitarbeiter werden aber möglicherweise demotiviert, da sie den Eindruck haben, man vertraue ihnen nicht.
Weitere Kontrollarten: Vollkontrolle, Stichprobenkontrolle, Ergebniskontrolle

4.6 Förderung von Kommunikation, Kooperation und Konfliktlösung

4.6.1 Mitarbeitergespräch

4.6.1.1 Arten von Mitarbeitergesprächen
Es gibt keine einheitliche Gliederung, sondern man unterscheidet Mitarbeitergespräche nach dem wesentlichen Zweck und teilweise auch nach dem Kriterium einmalig oder wiederkehrend.

Das einfachste Gespräch ist das, in dem der Mitarbeiter über etwas Neues informiert wird, was ihn betrifft. Über diese bloße Information hinaus kann man wie folgt gliedern:
- Einstellungsgespräch, Kündigungsgespräch,
- Rückmeldegespräche (z. B. ein an einen Anlass gebundenes) Kritikgespräch oder ein (regelmäßig stattfindendes) Beurteilungsgespräch,
- Zielvereinbarungsgespräche, Delegationsgespräche, Motivationsgespräche,
- Konfliktgespräche,
- Gruppengespräche.

Soweit Mitarbeitergespräche Konflikte betreffen, wird an dieser Stelle darauf verwiesen, dass das Thema Konfliktmanagement als solches im Abschnitt 3.5.4 innerhalb des Projektmanagements behandelt wird. Im Kapitel 3.6 wird im Zusammenhang mit Kommunikation das Thema Redefertigkeit vertieft, das bei Gesprächen natürlich auch eine Rolle spielt.

4.6.1.2 Vorbereitungen und Rahmenbedingungen für Gespräche

Was gehört zur systematischen Gesprächsvorbereitung?

Jedes Gespräch bedarf einer gewissen Vorbereitung. Informationen müssen eingeholt, Termine geplant und Teilnehmende eingeladen werden. Eine kleine Checkliste ist dafür wieder sehr hilfreich. Folgendes sollte man berücksichtigen:
- Information des/der Mitarbeiter/s über den Termin und das Thema,
- Einplanung von genügend Zeit,
- Schaffung der Bedingungen für eine entspannte Gesprächsatmosphäre (Raum und Ausstattung, ggf. Getränke),
- Festlegung der Ziele,
- Planung des Gesprächsverlaufs,
- mögliche Widerstände vorab überlegen, Gegenargumente sammeln,
- Überprüfung der ggf. notwendigen Medien,
- Protokoll anfertigen usw.

 Sehr wichtig für einen erfolgreichen Gesprächsverlauf sind die Argumente bzw. die Argumentationstechniken, die verwendet werden.

Man unterscheidet

Welche Arten von Argumenten lassen sich unterscheiden?

- Sachargumente (Daten, Fakten, Belege),
- Plausibilitätsargumente (wie allgemein bekannt ist..., die Erfahrung zeigt...),
- moralische Argumente (die Gerechtigkeit verlangt...),
- taktische Argumente (ich stimme Ihnen zu, aber...) und
- emotionale Argumente (genießen Sie es ganz einfach, wenn Sie...).

Argumentationstechniken gibt es viele (und man findet dazu einschlägige Literatur). Hier seien nur ein paar griffige, sinnfällige Techniken kurz genannt:

Bei der „Salamitaktik" werden die Argumente des Gegenüber Zug um Zug zerpflückt. Bei der Bumerang-Technik wird aus dem gleichen Argument, dem man zustimmen kann, die gegensätzliche Schlussfolgerung gezogen.

Eine weitere Technik besteht darin, Widersprüche aufzudecken und falsche Folgerungen zu disqualifizieren.

Gespräche werden durch Fragen gelenkt und der Vorgesetzte sollte sich darüber im Klaren sein, welche Fragetechniken er anwenden möchte.

Es gibt offene Fragen, die vom Mitarbeiter verlangen, dass er sich zu einem bestimmten Thema äußert. Geschlossene Fragen lassen sich nur mit Ja oder Nein beantworten. Wiederholende Fragen sind dazu da, dem anderen zu zeigen, dass man ihn versteht (Sie glauben also, dass …). Richtungsweisende Fragen steuern die Gedanken des Mitarbeiters in eine bestimmte Richtung (Was halten Sie davon, wenn …).

Welche Fragearten gibt es?

4.6.1.3 Ziel- und adressatenorientierte Einstellungen und Verhaltensweisen

Das grundlegende Kommunikationsmodell besagt: Bei der Kommunikation werden Mitteilungen und Informationen ausgetauscht. Es sind mindestens zwei Partner notwendig, die jeweils Sender und Empfänger sind. Informationen laufen über Ohren und Augen. Man gibt auch vieles weiter, was gar nicht gesagt wird (nonverbale Kommunikation). Damit Sender und Empfänger nicht aneinander vorbeireden, müssen sie die gleiche Sprache sprechen. Die Botschaften werden entschlüsselt.

Wie beschreibt man das grundlegende Kommunikationsmodell?

In der Praxis wissen wir, dass (fast) jede Kommunikation auch zu Missverständnissen führt. Die Psychologie hat dies breit untersucht und stellt eine Reihe von Modellen zur Verfügung, mit der sich Missverständnisse im Gespräch vermeiden und bessere Verständigung erzielen lassen (eines der ausführlichen Modelle ist die Transaktionsanalyse).

Auf einen sehr kurzen Nenner gebracht, haben aus psychologischer Sicht solche Gespräche die besseren Erfolgschancen, bei denen sich der Vorgesetzte unter Einhaltung gewisser Grundsätze und Verhaltensweisen darum bemüht, das Gespräch **ziel- und adressatenorientiert** zu führen.

In die Alltagssprache übersetzt bedeutet dies: Er muss sich in sein Gegenüber hineindenken, muss Geduld mitbringen und Hilfsbereitschaft zeigen. Er muss sich auch Kritik anhören und darf über Widerspruch nicht gekränkt sein. Ein aufgelockerter Ton fördert das Vertrauen. Selbstsicherheit, Kontaktbereitschaft und Verantwortungsbereitschaft sind eine Selbstverständlichkeit.

Wie kommuniziert man in der Praxis ziel- und adressatengerecht?

Auch Konfliktbereitschaft und Toleranz gehören zu einem Meister. Er muss sich auf seinen Gesprächspartner einstellen und zuhören können. Nur so findet er die Beweggründe für ein bestimmtes Verhalten heraus und kann darauf reagieren.

Bei allem sind neben der gesprochenen Antwort immer auch die Mimik und die Körpersprache wichtig.

4.6.2 Betriebliche Besprechungen

4.6.2.1 Arten, Anlässe und Ziele von betrieblichen Besprechungen

Während Mitarbeitergespräche eine personelle Maßnahme darstellen, dienen Besprechungen, egal ob im Zweierkreis oder erweitert, der betrieblichen Organisation im weiteren Sinn.

Es gibt so genannte Routinebesprechungen, die zum Beispiel einfach einmal in der Woche stattfinden (eine andere Bezeichnung dafür ist Jour-fixe). In Sachbesprechungen werden Informationen ausgetauscht und Neues besprochen. Daneben gibt es noch Problemlösungsbesprechungen, die auf Grund von bereits bekannten oder aktuell aufgetretenen Problemen einberufen werden. In Entscheidungsbesprechungen werden mehrere Themen behandelt, wobei am Schluss ein konkretes Ergebnis festgehalten werden soll. Bei Ideenfindungsbesprechungen sollen möglichst viele kreative Vorschläge gemacht werden, um Probleme zu lösen. Koordinationsbesprechungen sind meist dazu da, abteilungsübergreifende Fragen zu klären.

Informationsbesprechungen beruft der Meister ein, um Informationen weiterzugeben. Zu diesem Thema sollte etwas mehr gesagt werden. Die betrieblichen Informationen, die der Meister weitergeben muss oder sollte, setzen sich aus dem zusammen

Was sollte eine umfassende Information von Mitarbeitern umfasssen?

- was der Mitarbeiter wissen muss (Termine, Stückzahl, Arbeitsanweisung),
- was er wissen soll (Zusammenhänge zu seiner Arbeit, relevante betriebswirtschaftliche Daten, Entwicklungstendenzen im Betrieb) und
- was er wissen möchte (personelle Hinweise, betriebliche Änderungen, Einführung von neuen Techniken).

Nur rechtzeitige und vollständige Information ist wirksam. Bei Beantwortung der W-Fragen (wer, was, wie, wann, wo, womit, warum) stellt der Industriemeister sicher, dass er nichts übersehen hat.

4.6.2.2 Vorbereitungen und Rahmenbedingungen von Besprechungen

Eine erfolgreiche Besprechung findet wahrscheinlich dann statt, wenn ein klares Ziel und eine eindeutige Problemstellung gegeben sind, die Teilnehmer informiert sind, der Ablauf klar ist, die Gruppe motiviert wird und der Besprechungsleiter sich auf seine Aufgabe konzentriert.

 Für die Vorbereitung und Durchführung betrieblicher Besprechungen gelten die gleichen Regeln wie für die Mitarbeitergespräche.

Bei Arbeitsbesprechungen sollte verstärkt beachtet werden, dass sie so rationell wie möglich ablaufen und nicht mit anderen Terminen in Konflikt kommen. Der Besprechungsraum sollte einen ungestörten Ablauf ermöglichen, man sollte entspannt sitzen können. Je nach den Gepflogenheiten des Betriebs ist für Erfrischungen zu sorgen.

Auch hier empfiehlt sich wieder die Verwendung einer Checkliste für die Vorbereitung und für die Nachbereitung (Zeitpunkt, Besprechungsraum, Themen, Teilnehmer, Informationsmaterial, Medien, Protokoll, Verteiler, an wen das Protokoll gehen soll, usw.).

4.6.3 Zusammenarbeit und Verhaltensregeln im Unternehmen

Zusammenarbeit ist nur möglich, wenn bestimmte Verhaltensregeln von allen eingehalten werden.

Wesentliche Dinge sind in den meisten Unternehmen in der Arbeitsordnung niedergelegt, die Bestandteil des Arbeitsvertrags ist. Dazu können eine Hausordnung, Regelungen zur Arbeitszeit, Bestimmungen zu Überstunden, die Reiseordnung, Sicherheitsbestimmungen, Unterschriftenregelungen etc. gehören. Mitarbeiter sind also verpflichtet, sich daran zu halten.

Welche unterschiedlichen Regelungen sind im Betrieb zu beachten?

Auf übergeordneter Ebene gehören Betriebsvereinbarungen, berufsgenossenschaftliche Bestimmungen, Tarifvereinbarungen, Arbeits- und weitere Gesetze zu den Verhaltensvorgaben.

Vorschriften und Regeln werden am ersten befolgt, wenn man sie begründet und sie nachvollziehbar sind.

Der Meister muss als Vorbild wirken (schon wieder), neue Mitarbeiter mit den Verhaltensregeln vertraut machen und bei Verstößen die Mitarbeiter erneut unterweisen, belehren und ermahnen. Wo dies nicht ausreicht, ergreift er disziplinarische Maßnahmen (Abmahnung, Kündigung) unter Beachtung seines Handlungsspielraums. Das heißt: Er informiert auch die Personalabteilung oder zieht sie hinzu und achtet darauf, dass die Rechte des Betriebsrats gewahrt bleiben.

Wie kann ein Meister auf das Einhalten von Regeln hinwirken?

4.6.4 Bildung und Lenkung betrieblicher Arbeitsgruppen

4.6.4.1 Arten und Zusammensetzung

Kooperatives Führen in Arbeitsgruppen ist nur möglich mit Kommunikation, Partizipation und Delegation. Zusätzlich sollte die Gruppe unter Beachtung bestimmter Kriterien sinnvoll zusammengesetzt werden. Die personenbezogenen Kriterien berücksichtigen Kontakt und Sympathie. Daraus entsteht Zusammenarbeit und damit Leistung.

Die Meister muss auf die Qualifikation der einzelnen Mitarbeiter achten, ihre bereits bestehenden persönlichen Kontakte, die Altersstruktur, aber auch die Dienstaltersstruktur, die Herkunft, die Persönlichkeit und Reife und das Anpassungsvermögen.

Nach welchen Kriterien setzt man am besten Arbeitsgruppen zusammen?

Sachbezogene Kriterien sind die Gruppengröße, die Art und Schwere der Arbeit, die Organisation, die Verteilung der Kompetenzen und die Einordnung der Gruppe in die Betriebsstruktur. Sollte es dem Vorgesetzten gelingen, bei der Zusammenstellung einer neuen Arbeitsgruppe informelle Strukturen zu berücksichtigen, wird er mit den Ergebnissen zufrieden sein.

4.6.4.2 Sozialverhalten der Gruppenmitglieder

Jeder Mitarbeiter ist Mitglied verschiedener Gruppen im privaten und beruflichen Bereich. In einer Arbeitsgruppe entwickelt sich durch unterschiedliche Fähigkeiten und Verhaltensweisen eine bestimmte Rangordnung. Ebenso entstehen Gruppennormen. Bei einem abweichenden Verhalten spürt der Mitarbeiter sofort die Reaktion der Gruppe. Das Sozialverhalten der Einzelnen resultiert wesentlich aus den Persönlichkeitsmerkmalen. Weitere Merkmale des Sozialverhaltens sind Hilfsbereitschaft, Kollegialität und Rücksichtnahme, Solidarität und Kommunikationsverhalten. Sollte einer dieser Punkte nicht erfüllt sein, muss der Meister nach der Ursache fragen und versuchen, das Problem zu lösen.

Was macht positives Sozialverhalten in der Gruppe aus?

4.6.4.3 Unterschiedliche Rollen und Rollenverhalten der Führungskraft

Je nach ihren unterschiedlichen Fähigkeiten nehmen die Mitglieder in der Gruppe unterschiedliche Rollen ein. Die Psychologie ordnet hier unterschiedlich, eines der üblichen und für die Praxis gut tauglichen Modelle unterscheidet vier grundlegende Rollen:

Gruppenrollen

Welche grundlegenden Rollen in der Gruppe gibt es?

- Der Sammler kümmert sich bevorzugt um bestehende Informationen, besorgt sie, strukturiert sie usw.
- Der Kreative entwickelt bevorzugt eigene Ideen und ist, was Neues angeht, der Motor der Gruppe.
- Der Macher treibt die Dinge voran, drängt auf Ergebnisse und Vereinbarungen, behält aber das realistisch Machbare im Blick.
- Der Kontrolleur überdenkt, prüft und hinterfragt – er sorgt dafür, dass nichts voreilig und unbedacht geschieht.

Je nachdem, ob diese Rollen vertreten sind, wie sie zusammenarbeiten und mit welcher Selbstständigkeit die Gruppe agiert, übernimmt der Meister (als Gruppenleiter) seinerseits verschiedene Rollen und Aufgaben. Er kann Moderator sein und Berater (Coach), ebenso Supervisor und Trainer. Er wählt die Mitarbeiter aus, vereinbart Ziele und koordiniert. Sollte ein personeller Engpass auftreten, springt er persönlich ein.

Welche Rolle fällt dem Meister zu?

4.6.4.4 Gruppendynamische Prozesse und Teamentwicklung

Mit Gruppendynamik bezeichnet man die wechselseitigen Einflüsse und Beziehungen zwischen Mitgliedern von Gruppen. Um sie in Erfahrung zu bringen, kann die Methode des Soziogramms herangezogen werden. Bei der einfachen Form fragt der Gruppenleiter die Mitglieder, mit wem sie beispielsweise eine bestimmte Arbeit sehr gern zusammen erledigen möchten und mit wem sie diese Arbeit unter keinen Umständen zusammen erledigen würden. Es kann sich auch um eine andere Fragestellung handeln, aber stets geht es darum, Vorlieben und Abneigungen gegenüber den anderen Gruppenmitgliedern (anonym) auf einen Zettel zu schreiben. Der Auswertende zeichnet dann für jedes Mitglied einen Kreis und trägt die positiven und negativen Wahlen als Pfeile ein. Beliebte Gruppenmitglieder vereinigen viele positive Wahlen auf sich, unbeliebte Gruppenmitglieder werden selten bis gar nicht gewählt.

Wie lässt sich die Gruppenstruktur herausfinden?

Es kann sich beispielsweise als Ergebnis zeigen, dass sich der Einfluss einer informellen Gruppe derartig verstärkt, dass es in der formellen Gruppe zu Schwierigkeiten kommt. Diese Prozesse muss der Vorgesetzte im Hinterkopf behalten, wenn er ein Team zusammenstellen möchte. Er sollte sich informieren, mit wem welcher Mitarbeiter zusammen arbeiten und an welchem Arbeitsplatz er eingesetzt werden will.

Außerdem sollte er wissen, welche Phasen die Bildung einer Gruppe typischermaßen durchläuft. Man unterscheidet hier die Orientierungsphase, die Profilierungsphase und die Stabilisierungsphase.

Welche Phasen durchläuft eine Gruppe von der Gründung bis zur vollen Arbeitsfähigkeit?

In der **Orientierungsphase** wird Kontakt aufgenommen, man lernt sich gegenseitig kennen, die Gruppenmitglieder reagieren aufeinander und sie nehmen je nach Sympathie Beziehungen auf. In der **Profilierungsphase** bilden sich die Rollen, Positionen und Funktionen. Hier kann es durch Rivalitäten zu Spannungen kommen. In der **Stabilisierungsphase** bauen sich die Spannungen ab und die Gruppenmitglieder kommunizieren und kooperieren.

Wichtig zu wissen ist ferner, dass dieser Phasenprozess erneut durchlaufen wird, wenn eines oder mehrere Gruppenmitglieder ausgetauscht werden. Ein solcher Austausch wirft eine stabil arbeitende Gruppe in jedem Fall immer etwas zurück und sollte deshalb nicht leichtfertig vorgenommen werden.

Eine starke Gruppe ist meist gekennzeichnet durch einen starken Vorgesetzten, der die gruppendynamischen Prozesse versteht und nutzt.

4.6.5 Betriebliche Probleme und soziale Konflikte

4.6.5.1 Arten und Ursachen

Wenn Menschen zusammentreffen, können grundsätzlich Konflikte auftreten. Sie gehen in der Regel auf Spannungen wegen offener oder verborgener Gegensätze zurück. Bestehen die Spannungen innerhalb einer Person, spricht man vom Intrarollenkonflikt, bestehen die Spannungen zwischen Personen, vom Interrollenkonflikt. Dies wurde in Abschnitt 4.3.1 bereits kurz erläutert.

Konflikte haben selten eine einzige Ursache. Man kann die Ursachen grob nach Kategorien ordnen. Vielfach sind Leistungsunterschiede in der Gruppe oder dem Team der Auslöser. Ein Mitarbeiter oder eine Gruppe möchte besser oder schneller sein oder mehr Vorteile erlangen. Es kann um Rangfragen gehen, es können Werteunterschiede vorliegen, unterschiedliche Verfahrensauffassungen zu Tage treten oder Intoleranz bestehen. Auch fehlende Führung, schlechte Organisation, mangelnde Information oder spannungsgebende Führung tragen zu Konflikten bei.

Welche Ursachen können Konflikte haben?

Der Konflikt an sich ist noch nicht schädlich, das ist erst der Fall, wenn er eskaliert. Dies geht in Stufen vor sich. Manifest, d. h. sichtbar und störend, wird er auf jeden Fall auf der Stufe, wo sich der ursprünglich sachliche Streit auf die Beziehungsebene verlagert. Der Tonfall wird aggressiver und die Kompromissbereitschaft lässt nach.

Wann werden Konflikte zum Problem?

4.6.5.2 Möglichkeiten zur Verhinderung bzw. Lösung von Konflikten

Konfliktlösung müsste an den jeweiligen Ursachen ansetzen, aber diese lassen sich bei echten Interessenkonflikten selten beseitigen. Insofern bedeutet das Lösen von Konflikten in der Regel das Hinarbeiten auf Kompromisse, was ein Meister nur leisten kann, wenn die beteiligten Personen das auch wollen oder dazu bereit sind.

Prävention und Intervention

Dazu bietet sich das Konfliktgespräch an. Hier können Missverständnisse ausgeräumt, Vorurteile abgebaut, eigene Ansprüche angemeldet und die Erwartungen des Gegenüber erfahren werden. Bei Beachtung einiger Grundsätze sollte es möglich sein, jeden Konflikt zu lösen. Wichtig sind dabei die gegenseitige Achtung, das gegenseitige Vertrauen, Verständnis für die Situation, Höflichkeit und Zuhören und Kompromissbereitschaft. Konflikte werden nicht mit

Welches wesentliche Mittel steht dem Meister bei Konflikten zur Verfügung?

der Faust gelöst. Auf versteckte Anspielungen und Ironie ist zu verzichten. Der Meister übernimmt bei gemeinsamen Konfliktgesprächen die Rolle des Moderators und versucht gleichzeitig zu vermitteln.

4.6.5.3 Behandeln von Beschwerden

Die Beschwerde wird oft als „Kritik von unten nach oben" bezeichnet. Allerdings muss bei der Beschwerde erst der Wahrheitsgehalt geprüft werden. Der Meister erhält Anhaltspunkte für die Stimmung der Mitarbeiter und das Betriebsklima, für die Einschätzung seines eigenen Verhaltens und für die Situation der einzelnen Mitarbeiter.

Wie sollte man mit Beschwerden umgehen?

Er sollte folgende Regeln einhalten. Die Beschwerde ist anzuhören und zu prüfen (Sachverhalt, Zusammenhänge, Ursachen, Anhörung der Beteiligten). Anschließend kann vielleicht gehandelt werden (Ursachen abstellen, Lösungen suchen), dann folgt die Beobachtung, ob sich eine Änderung ergeben hat und ob der Beschwerdegrund nicht mehr besteht.

Bei ungerechtfertigten Beschwerden muss der Vorgesetzte die tatsächlichen Gründe für die Beschwerde suchen, damit kein „Zündstoff" weiter schwelt.

Da es durchaus auch Beschwerden gibt, die gerechtfertigt sind, aber trotzdem keine Abhilfe möglich ist, muss dafür beim Mitarbeiter durch entsprechende Information Verständnis geweckt werden.

4.6.6 Moderationstechnik

Meister sind immer wieder in der Rolle als Moderator gefordert und deshalb gut beraten, sich mit der Moderationstechnik etwas ausführlicher vertraut zu machen. Das übersteigt den Rahmen eines solchen Prüfungskompendiums, weshalb auf die Fachliteratur verwiesen wird (z. B. Härtl/Kemmerer „Präsentation und Moderation"). Moderation wird oft in einem Zug mit Präsentation genannt. Als Kurzformel lässt sich sagen: Präsentation zielt auf Information (und wird in diesem Kompendium in Abschnitt 3.3 behandelt), Moderation zielt auf Problemlösung (mit einer Gruppe) und wird deshalb hier innerhalb des Abschnitts über Kommunikation und Kooperation behandelt. Einige Techniken sind identisch (vgl. den Abschnitt 3.3.2).

Was unterscheidet Präsentation und Moderation?

Man wählt die Moderation, wenn es ein Problem zu lösen gilt und die Lösung am besten in einer geeigneten Gruppe erarbeitet wird. Ausgangspunkt ist also eine Problemstellung, am Ende soll ein Maßnahmenkatalog für die Problemlösung stehen. Damit ist die Moderation eine breit geeignete Methode zur Entwicklung von Maßnahmen im Betrieb.

4.6.6.1 Aufgaben des Moderators

Der Moderator ist ein Methodenspezialist. Er ist kein Experte auf inhaltlichem Gebiet, er muss die Gruppe steuern und die Arbeitsfähigkeit erhalten. Er darf die Beiträge der Teilnehmer weder kommentieren noch bewerten. Er fasst zusammen und visualisiert. Er fertigt auch das Protokoll an.

Welche Hauptaufgaben nimmt der Moderator wahr?

Bei der Vorbereitung einer Moderation muss er die Teilnehmer informieren, sich um den Zustand der Räumlichkeiten kümmern, Einladungen verschicken und die Tagesordnung vorbereiten. Er kümmert sich um die Hilfsmittel und die Medien.

4.6.6.2 Stellung und Rolle des Moderators

Der Moderator übernimmt die neutrale Position und greift nur steuernd in das Geschehen ein. Er kümmert sich um den Gruppenprozess und wirkt als Katalysator. Er öffnet die Gruppe für das Thema, hat immer eine fragende Haltung und hört aufmerksam zu. Er braucht Einfühlungsvermögen und muss Gruppensituationen erkennen. Er muss Motivieren und Aktivieren beherrschen. Er muss darauf achten, dass er nicht ergebnisorientiert arbeitet, sondern es der Gruppe überlässt, Ziele und Ergebnisse zu formulieren.

4.6.6.3 Methoden/Techniken

Der Ablauf einer Moderation lässt sich in sechs grundlegende Phasen einteilen.

Phasen einer Moderation

- Einstieg: Begrüßung, Vorstellungsrunde, Nennen der Erwartungen
- Sammlung von Themen: Sammeln, Ordnen, Gewichten
- Auswählen eines Themas: Entscheidungen fällen, Festlegen der Reihenfolge
- Bearbeiten des Themas: Festlegung der Arbeitsschritte, Sammlung von Informationen, Analyse und Lösung des Problems
- Planung der Maßnahmen: Beschreibung der Maßnahmen, Festlegung der Verantwortlichen, Terminplanung
- Abschluss der Moderation: Vergleich des Ergebnisses mit der Zielsetzung, Würdigung der Arbeitsweise

---

Zu den Techniken sollen beispielhaft kurz die Metaplan®-Technik, die Fragetechnik und die Visualisierung erwähnt werden.

Metaplan-Technik
Dazu benötigt man Pinnwände, verschiedene Karten, Klebestifte, Stecknadeln und Filzstifte. Eine Arbeitssitzung verläuft in folgenden Schritten:
1. Aufgabenstellung: Die Teilnehmer werden vom Moderator möglichst ausführlich über das Problem informiert.
2. Beschriftung der Karten: Lösungsmöglichkeiten oder Ideen werden in Stichworten oder kurzen Sätzen von den Teilnehmern auf die Karten geschrieben.
3. Blockbildung: Alle Karten werden sortiert und zu Themen zusammengefasst. Man bildet Überschriften an den Pinnwänden und hängt die Karten dazu.
4. Kartenstrukturierung: Hier werden die Karten pro Thema strukturiert. Gleiche Karten steckt man zusammen bzw. sortiert identische Formulierungen aus, und zu anderen Karten lässt man einen Abstand. Mit Linien können Zusammenhänge hergestellt werden.
5. Ableitung des Ergebnisses / der Ergebnisse: Der Moderator erarbeitet gemeinsam mit den Teilnehmern mögliche Alternativen, Schwerpunkte oder eine bestimmte Reihenfolge. Dieses wird schriftlich auf den Pinnwänden festgehalten. Um sie zu dokumentieren, können diese dann einfach mit einer Digitalkamera fotografiert werden, um an jeden Teilnehmer verteilt zu werden.

Fragentechnik
Einen guten Moderator zeichnet aus, dass er auch ein guter Kommunikator ist. Dazu gehört der Einsatz der richtigen Frageform in der geeigneten Situation.

- Offene Frage: Es handelt sich hier um die so genannten W-Fragen (wer, was, wie, welche, wozu...). Die Antwort kann vom Teilnehmer frei formuliert werden. Dadurch kommen eigene Lösungsvorschläge zu Tage.
  Beispiele: Welche Gründe sprechen für diesen Vorschlag? Wo liegen die Ursachen dieses Problems? Wie werden wir jetzt weitermachen? Wann werden wir so weit sein?
- Geschlossene Frage: Die Antwort auf eine geschlossene Frage kann ein Wort oder auch nur eine Geste sein. Diese Frageform nützt wenig bei der inhaltlichen Arbeit.
  Beispiele: Wer übernimmt den nächsten Schritt? Wie spät ist es? Wo liegen die Karten für die Pinnwand?
  Geschlossene Fragen wird der Moderator dann anwenden, wenn er ein Gespräch straff führen möchte oder Zustimmung einholen will.
  Beispiel: Sind Sie einverstanden, diese Punkte nach und nach zu behandeln?
- Alternativfrage: Zwischen zwei Alternativen soll eine Entscheidung fallen. Dadurch kann es aber passieren, dass sich aus den Teilnehmern zwei Gruppen bilden. Sollte dies geschehen, muss der Moderator wieder geschickt zur eigentlichen Zielfindung überleiten.
  Beispiel: Sollen wir dies gleich im Detail formulieren oder nur grobe Stichpunkte für später festhalten?
- Rhetorische Frage: Diese Art von Fragen beantwortet sich von selbst. Eine Gegenmeinung kann dazu erst gar nicht aufkommen. In einer Moderation ist diese Frage sehr ungünstig, da dadurch die Offenheit eingeschränkt wird.
  Beispiel: Wollen wir heute die ganze Nacht durcharbeiten?
- Suggestivfrage: Der Teilnehmer soll durch Manipulation der geäußerten Meinung zustimmen. Also ist diese Frageart für die Moderation nicht geeignet.
  Beispiel: Sie sind doch sicherlich auch der Meinung, dass ...
- Gegenfrage: Durch eine Frage wird jemand aufgefordert, etwas zu tun oder sich zu äußern. Möchte sich jemand vor der Antwort drücken, kann er die Frage mit einer Frage beantworten. Im Wiederholungsfall kann dies provozierend wirken.
  Beipiel: Frage: Wann machen wir endlich eine Pause? Gegenfrage: Warum? Haben Sie Hunger?
- Zurückgegebene Frage: Da es nicht Aufgabe eines Moderators ist, auf inhaltliche Fragen zu antworten, muss er sie an die Gruppe zurückgeben.
  Beispiel: Frage an den Moderator: Wie viele Lösungsvorschläge sollen wir überhaupt erarbeiten?
  Zurückgegebene Frage des Moderators: Wie viele Lösungsvorschläge sehen denn die anderen als vernünftig an?

Visualisierung
Sie bezieht sich auf Text, Symbole, Grafiken, Diagramme, die Blattaufteilung, Formen und Farben, Tabellen und Listen und Bilder. Man muss von Fall zu Fall entscheiden, welche Darstellungsart wofür am besten ist.

Aufgaben zu Abschnitt 4.6

1. Erläutern Sie zwei Formen von Kommunikation und beschreiben Sie an je einem Beispiel, warum Kommunikation scheitern kann.
2. Beschreiben Sie ein Modell, mit dem Kommunikation erklärt werden kann.
3. Formulieren Sie Fragen, die sich der Schreiber eines Textes stellen sollte, wenn er möchte, dass er ohne Rückfrage verstanden wird.
4. Erläutern Sie die Ziele, die ein Meister mit einem Motivationsgespräch verfolgt.
5. Beschreiben Sie, in welchen allgemeinen Schritten Besprechungen ablaufen sollten.
6. Nennen Sie Kriterien, nach denen Arbeitsgruppen zusammengesetzt werden sollten.
7. Formulieren Sie Stichpunkte einer Checkliste für einen Meister, der die Situation einer Arbeitsgruppe analysieren möchte.
8. Erläutern Sie die Orientierungs- und die Stabilisierungsphase bei der Gruppenbildung.
9. Beschreiben Sie, warum ein Konflikt nicht immer etwas Negatives sein muss.
10. Erläutern Sie Ursachen für betriebliche Probleme und soziale Konflikte.
11. Erklären Sie, welche Möglichkeiten ein Meister hat, wenn sich ein Mitarbeiter gerechtfertigt beschwert, es aber nicht möglich ist, den Grund der Beschwerde zu entfernen.
12. Beschreiben Sie drei verschiedene Möglichkeiten, die einem Moderator zur Verfügung stehen, wenn ein Gruppenmitglied sich mit etwas anderem beschäftigt.
13. Erläutern Sie eine Vorgehensweise, die der Moderator nutzen kann, damit sich bisher unbekannte Gruppenmitglieder kennen lernen.
14. Als Meister wollen Sie sich auf ein Gespräch mit den Jugendlichen im Betrieb über Umweltschutz vorbereiten. Nennen Sie vier Punkte, die Sie dabei beachten müssen.
15. Nennen Sie die Bereiche, in denen der Meister nachforschen sollte, wenn er die Gründe für ein schlechtes Betriebsklima herausfinden möchte.
16. Erläutern Sie, wie Sie sinnvoll und zweckmäßig bei der Planung und Durchführung einer Besprechung vorgehen.

Lösungsvorschläge

L1: Unter Kommunikation versteht man Übermittlung von Informationen. Man kann die verbale Kommunikation (miteinander sprechen) und die nonverbale Kommunikation (Mimik und Gestik) unterscheiden. Verbale Kommunikation kann scheitern, wenn ein Mitarbeiter nicht zuhört, sich während des Gesprächs mit etwas anderem beschäftigt oder der Sprache nicht genügend mächtig ist. Es kann aber auch am Sender liegen, wenn sich dieser nicht auf sein Gegenüber einstellt oder zu viele Fachbegriffe benutzt. Nonverbale Kommunikation ist zum Scheitern verurteilt, wenn eine Gestik unterschiedlich interpretiert wird.

L2: Ein Sender steht durch einen Übertragungskanal mit dem Empfänger in Verbindung. Durch die Nachricht kann beim Empfänger eine Reaktion ausgelöst werden. Erfolgt eine Rückmeldung an den Sender, spricht man von Kommunikation.
Sender → Übertragungskanal → Empfänger
(Empfänger) ← Rückmeldung ← (Sender)

L3: Warum schreibe ich (Zweck)? Was schreibe ich (Inhalt)? Wem schreibe ich (Empfänger der Nachricht)? Wie schreibe ich (sprachliche Mittel)?

L4: Er möchte Kontakt aufnehmen, Vertrauen schaffen, eine gelockerte Atmosphäre erzeugen. Dadurch kann er auf ein Problem vorbereiten und das Selbstwertgefühl seines Mitarbeiters stärken. Er kann gemeinsam mit seinem Mitarbeiter nach Problemlösungen suchen und Maßnahmen besprechen. Schließlich möchte er ihn motivieren und konkrete Ziele festlegen.

L5: Definition des Problems, Formulierung des Ziels, Analyse der Ursachen, Sammeln und Bewerten der Lösungsansätze, Entscheidung für eine Lösung, Maßnahmenplan aufstellen

L6: Qualifikation, Sympathie, Altersstruktur, Persönlichkeiten, Anpassungswille, Gruppengröße, Verteilung der Kompetenzen, Art der Aufgabe, Einordnung der Gruppe in das Unternehmen

L7: Grad der Hilfsbereitschaft, Identifikation der Gruppenmitglieder mit Betriebszielen, Betriebsklima, Gruppenzusammenhalt, Kollegialität, Rücksichtnahme, Kommunikation, Kooperation, Gruppenrollen, Solidarität, Gruppennormen, informelle Verbindungen

L8: Orientierungsphase: Die Gruppenmitglieder nehmen miteinander Kontakt auf und lernen sich kennen. Sie reagieren gegenseitig auf ihr Verhalten und nehmen je nach Sympathie Beziehungen zueinander auf. Stabilisierungsphase: Hier verschwinden die Spannungen. Es kommt zu Kommunikation und Kooperation, die sich positiv für die Mitglieder und den Betrieb auswirkt.

L9: Gäbe es keine Unterschiede in den Meinungen und Auffassungen und keine Konkurrenz bei Vorschlägen oder Ideen, würde sich nichts bewegen. Konflikte können, wenn man richtig damit umgeht, Quelle von Innovationen und Kreativität sein. Außerdem können Missverständnisse ausgeräumt und Unklarheiten beseitigt werden.

L10: Wird der Mitarbeiter nur als Produktionsfaktor angesehen, werden seine Bedürfnisse nicht berücksichtigt. Er wird nicht motiviert und soll wie eine Maschine arbeiten. Das führt zwangsläufig zu Konflikten. Eine andere Ursache könnte die Organisation eines Betriebes sein (alles bis ins Kleinste geregelt, kein Handlungsspielraum). Dadurch kommt es immer wieder vor, dass Mitarbeiter ihre Kompetenzen überschreiten und dadurch Schwierigkeiten bekommen. Ungünstig sind auch unklare Machtverhältnisse (wie zum Beispiel eine Doppelzuständigkeit)

L11: Der Mitarbeiter muss so gut wie möglich über die Gründe informiert werden, warum es nicht möglich ist, Abhilfe zu schaffen. Der Meister kann dann noch versuchen, Verständnis für die Situation zu wecken.

L12: Der Moderator kann die Person direkt ansprechen und das Problem beim Namen nennen. Er kann sich auch mehrfach mit Fragen zum Thema an den Mitarbeiter wenden. Er kann die Moderation unterbrechen und noch einmal die Regeln nennen.

L13: Er kann die Methode des Steckbriefs anwenden. Dabei gibt es die Möglichkeit, dass jeder für sich selbst einen Steckbrief erstellt und ihn bei der anschließenden Vorstellungsrunde erläutert. Eine andere Möglichkeit ist das gegenseitige Interview. Zwei Mitarbeiter befragen sich gegenseitig und erstellen jeweils den Steckbrief des anderen. Anschließend werden die Ergebnisse im Plenum wieder vorgestellt.

L14: Die Methodik bei Jugendlichen muss anders sein als bei Erwachsenen. Lange Vorträge wirken abschreckend. Zu empfehlen ist die Vorbereitung mit Fragen, weil sich die Jugendlichen sofort beteiligen können. Der Meister muss versuchen, seine Gesprächspartner davon zu überzeugen, dass Umweltschutz notwendig ist, und vorher Argumente sammeln. Er kann auch darüber berichten, in welcher Form der Umweltschutz bisher im Unternehmen realisiert wird. Er sollte Vereinbarungen treffen, die er regelmäßig überprüfen muss. Außerdem kann er jeden mit einer bestimmten Aufgabe betrauen und die Verantwortung dafür übertragen. Die Vereinbarung eines nächsten Gesprächstermins ist zu empfehlen.

L15: Ursachen im persönlichen Bereich der Mitarbeiter, Ursachen im Arbeitsbereich, Ursachen im zwischenmenschlichen Bereich, Ursachen im Betrieb, Ursachen in der Organisation

L16: In der Planung müssen Ziele und Tagesordnung festgelegt, der Termin bestimmt und der Raum reserviert werden. Einladungen sind rechtzeitig zu verschicken. Alle Hilfsmittel sind vorzubereiten und evtl. ein Protokollant zu ernennen. Die Durchführung beginnt mit Begrüßung und Vorstellen der Teilnehmer. Der Zeitablauf wird festgelegt und die Themen vorgestellt. Dann werden Ideen gesammelt, darüber diskutiert und – wenn möglich – eine Entscheidung getroffen. Auf Basis dieser Entscheidung werden die Ziele und der Maßnahmenplan festgelegt. Als Letztes bedankt sich der Moderator für die Teilnahme.

Musterklausur für „Zusammenarbeit im Betrieb"

1. Nennen Sie fünf Persönlichkeitsmerkmale eines Gruppenführers und begründen Sie, warum ein Industriemeister diese Merkmale haben sollte. (15 Punkte)

2. Erläutern Sie vier Möglichkeiten, die Sie als Industriemeister haben, entwicklungsfördernde Einflüsse auf ihre Auszubildenden bzw. Mitarbeiter auszuüben. (8 Punkte)

3. Beschreiben Sie die Auswirkungen der Automatisierung bezüglich der Aufgaben und der Anforderungen auf die Mitarbeiter. (10 Punkte)

4. Nennen Sie die drei Kriterien, die bei Zielvereinbarungen beachtet werden müssen. Formulieren Sie konkrete Zielvereinbarungen zum Thema „Ausfälle in der Produktion" und „Senkung von Kosten in der Montage". (15 Punkte)

5. Erläutern Sie die vertikale Aufgabenbereicherung (job enrichment) an einem praktischen Beispiel. (10 Punkte)

6. Formulieren Sie vier Leitsätze für das Führungsverhalten des Industriemeisters. (20 Punkte)

7. Ein Mitarbeiter kommt aufgebracht zu Ihnen und beschwert sich über einen Kollegen, der sich angeblich immer nur die angenehmen Arbeiten aussucht. Beschreiben Sie die grundsätzlichen Regeln für den Umgang mit Beschwerden. (16 Punkte)

8. Nennen Sie sechs Zielsetzungen, die ein Unternehmen mit einer Leistungsbeurteilung verfolgt. (6 Punkte)

LÖSUNGSVORSCHLÄGE

Lösung zu 1.:
Intelligenz, Fachwissen, Kontaktfähigkeit, Einfühlungsvermögen, Kooperationsfähigkeit, Konfliktlösungsfähigkeit, Ansehen, Beliebtheit, Verantwortungsgefühl, Zuverlässigkeit, Aktivität, Leistungsmotivation, Selbstvertrauen, Ausdauer, Überzeugungskraft, Durchsetzungsfähigkeit usw.
Ein Meister sollte zum Beispiel Fachwissen haben, damit er auch durch fachliche Autorität überzeugen kann. Mithilfe der Fähigkeit, Konflikte zu lösen, sorgt er für ein gutes Betriebsklima. Mit seiner Überzeugungskraft kann er den Mitarbeitern die Betriebsziele vermitteln und begründen, warum auch der einzelne Mitarbeiter diese Ziele zu seinen eigenen erklären sollte. Durchsetzungsfähigkeit hilft ihm, wenn zum Beispiel aus Zeitdruck schnelle Entscheidungen getroffen werden müssen. Verantwortungsgefühl für die Erfüllung der Aufgabe und die gleichzeitige Orientierung am Mitarbeiter unterstützt ihn dabei, den kooperativen bzw. der Situation angemessenen Führungsstil zu finden usw.

Lösung zu 2.:
Der Industriemeister sollte Vorschläge seiner Auszubildenden bzw. seiner Mitarbeiter ernst nehmen, damit sie motiviert sind, sich auch weiterhin über Verbesserungen Gedanken zu machen. Fähigkeiten und Fertigkeiten können durch Schulungen gezielt gefördert werden, damit optimaler Mitarbeitereinsatz gewährleistet ist. Durch die Erweiterung des Handlungsspielraums (Delegation) wird das selbstständige Denken und Handeln geübt. Durch eine menschengerechte Arbeitsplatzgestaltung wird die körperliche und psychische Gesundheit erhalten und die Arbeitszufriedenheit erhöht usw.

Lösung zu 3.:
Bezogen auf die Anforderungen werden von den Mitarbeitern meist mehr Kenntnisse und Verantwortung verlangt. Die geistige Belastung steigt, da das Bedienen moderner Maschinen komplizierter ist und Ausfälle entsprechend mehr Kosten verursachen. Die körperliche Belastung und die negativen Umwelteinflüsse werden im Normalfall weniger, wobei auch feinmanuelles Geschick nicht mehr im Vordergrund steht.
Die Aufgaben haben sich durch Automatisierung mehr zum Überwachen, Leiten und Planen hin verschoben. Maschinen müssen nicht mehr vielfältig bedient werden. Dazu genügt meist ein einzelner Vorgang und alle anderen Arbeitsschritte laufen automatisch ab. Ebenso sind Transportvorgänge automatisiert, sodass der Mitarbeiter in diesem Bereich von körperlicher Arbeit befreit ist.

Lösung zu 4.:
Die drei Kriterien sind der Zielinhalt, das Zielausmaß und die Zielzeit.
Ausfälle in der Produktion, z.B.: Zielinhalt: Die Ausfälle in der Produktion müssen verringert werden. Zielausmaß: Die Ausfälle dürfen maximal nur noch drei

Prozent betragen. Zielzeit: Die Verringerung soll innerhalb eines halben Jahres stattfinden.

Senkung von Kosten in der Montage, z.B.: Zielinhalt: Die Kosten in der Montage müssen gesenkt werden. Zielausmaß: Die Kosten dürfen EUR 65.000,– nicht überschreiten. Zielzeit: Die Kostensenkung soll innerhalb eines Jahres realisiert werden.

Lösung zu 5.:
Der Arbeitsumfang wird qualitativ bereichert. Sowohl über- als auch untergeordnete Tätigkeiten kommen zur normalen Arbeitsaufgabe dazu, zum Beispiel Planung, Beschaffung, Ausführung, Entscheidung, Kontrolle. Praktisches Beispiel: Bisher drehte ein Mitarbeiter Metallwellen auf ein bestimmtes Maß ab. Jetzt muss er die Zahl der Wellen anhand der Arbeitsaufträge selbst bestellen und aus dem Lager abholen. Außerdem überprüft er die fertigen Wellen auf Maßgenauigkeit und verfasst ein Prüfprotokoll. Bei Abweichungen korrigiert er entsprechend und hält die Vorgänge für die Qualitätskontrolle fest. Als Letztes verpackt er die Wellen transportsicher und legt sie auf Paletten ab.

Lösung zu 6.:
z.B.
Der Industriemeister soll die zu erreichenden Ziele mit seinen Mitarbeitern besprechen, ihnen die Zusammenhänge erklären und sie, so weit möglich, an Entscheidungen teilnehmen lassen (Partizipation). Seine eigenen Entscheidungen soll er begründen.
Der Industriemeister soll Aufgaben, Verantwortung und Kompetenzen an seine Mitarbeiter delegieren, damit er dadurch ihre Initiative und ihr Verantwortungsgefühl fördert. Die Mitarbeiter können sich dadurch mit der Aufgabe identifizieren und sind motiviert.
Der Industriemeister muss unter Beachtung seiner Fürsorgepflicht die Arbeitsplätze und Arbeitsmittel so weit wie möglich ergonomisch gestalten. Dazu zählt auch die Berücksichtigung der Wünsche der Mitarbeiter bei der Einteilung der Arbeitszeiten und der Urlaubszeit.
Der Industriemeister muss sich seiner Verantwortung als Führungskraft bewusst sein und sich als Vorbild verhalten. Er muss sich ständig neu qualifizieren und durch Einsatzbereitschaft und positive Einstellung zum Unternehmen die Mitarbeiter motivieren,
usw.

Lösung zu 7.:
z.B.
Der Industriemeister muss sich den Mitarbeiter ruhig anhören, jede Beschwerde ernst nehmen und sein Gegenüber ausreden lassen. Er darf keine sofortige Stellungnahme dazu abgeben.
Dann muss der Meister den Sachverhalt prüfen und die Zusammenhänge klären. Er muss der Ursache der Beschwerde auf den Grund gehen und auch andere Beteiligte anhören.

Im nächsten Schritt sollte der Industriemeister versuchen, die Ursachen der Beschwerde abzustellen oder nach Lösungen zu suchen. Die betroffenen Mitarbeiter sind darüber zu informieren beziehungsweise zur Mithilfe aufzufordern. Schließlich muss der Industriemeister die Situation weiterhin beobachten und sich versichern, dass der Beschwerdegrund beseitigt ist. Zusätzlich sollte er sich persönlich davon überzeugen, ob auch der Beschwerdeführer zufrieden gestellt ist.

Lösung zu 8.:
z.B.
- Leistungsgerechte Entlohnung und Begründung von Leistungszulagen
- Stärken und Schwächen des Mitarbeiters feststellen und ihm auf dieser Basis Entwicklungsmöglichkeiten anbieten
- Feststellen des Bedarfs von Schulungsmaßnahmen
- Grundlage erstellen für ein aussagefähiges Zeugnis
- Der Vorgesetzte muss sich bei der Beurteilung mit dem Mitarbeiter auseinander setzen
- Grundlage schaffen für personelle Auswahlentscheidungen usw.

Qualifikationsbereich 5

Berücksichtigung naturwissenschaftlicher und technischer Gesetzmässigkeiten

	Einführung und Überblick	640
	Repetitorium naturwissenschaftlicher Grundbegriffe	641
5.1	Auswirkungen naturwissenschaftlicher und technischer Gesetzmässigkeiten	647
5.2	Verwenden unterschiedlicher Energieformen im Betrieb – Beachten von Auswirkungen auf Mensch und Umwelt	692
5.3	Berechnen betriebs- und fertigungstechnischer Grössen bei Belastungen und Bewegungen	716
5.4	Anwendung statistischer Verfahren und einfache statistische Berechnungen sowie ihre grafische Darstellung	729

Einführung und Überblick

Handeln in technischen und gewerblichen Berufen ist ohne naturwissenschaftliche Grundkenntnisse undenkbar. Das vorliegende Kapitel 5 stellt Grundlagen zusammen, die erstens im Rahmen der fachübergreifenden Basisqualifikationen in der Prüfung erwartet werden und auf die angehende Meister/innen zweitens in den fachspezifischen Qualifikationen entsprechend aufsetzen können. Das Kapitel schlägt somit eine Brücke zwischen den Vorkenntnissen aus Schule und Berufsschule auf der einen Seite und dem Erwerb fachspezifischer Kompetenz auf der anderen Seite.

Schon aus Platzgründen ist es notwendig, die Darstellung gestrafft zu halten, aber auch für den Lernprozess ist es sinnvoll, das notwendige Wissen strukturiert darzubieten. Wir lassen uns dazu im weiteren Sinn von der system- und prozesstechnischen Betrachtung von Arbeitsprozessen leiten (siehe Abschnitt 4.2.2.1). Das System nimmt Werkstoffe, Energie und Information auf und gibt diese auch ab, wobei der Arbeitsprozess einen Ausgangszustand in einen (erwünschten) Endzustand verändert. Die Einwirkungen, um die es im vorliegenden Kapitel geht, sind dabei vor allem physikalische oder chemische Vorgänge. Das Kapitel ist wie folgt gegliedert:

- Abschnitt 5.1 hat überwiegend das Verhalten von **Werkstoffen und Materialien** bei den elementaren Prozessabläufen im Blick:
  - aus der Chemie die Auswirkungen von Oxidation/Reduktion sowie die Rolle von Säuren, Basen und Salzen,
  - aus der Physik die Auswirkungen der Temperatur und von Bewegung und
  - die Nutzung der Physik bei Antrieb und Steuerung.
- Abschnitt 5.2 befasst sich mit **Energie** einschließlich der Kraftmaschinen und der Energieverteilung im Betrieb.
- Abschnitt 5.3 führt – im spiralförmigen Aufbau der Kenntnisse – das Verhalten von **Werkstoffen** fort und betrachtet den Aspekt der **Festigkeit** sowohl werkstoffkundlich (z. B. Stahl) als auch physikalisch (Bauteile).
- Abschnitt 5.4 greift aus dem Thema **Information** den Aspekt der **Statistik** heraus, was u. a. eine Grundlage für die Qualitätssicherung darstellt. Ansonsten wird das Thema Information ausführlich in Kapitel 3 behandelt.

Naturwissenschaftliche und technische Gesetzmäßigkeiten haben immer Auswirkungen auf Materialien, Maschinen und Prozesse sowie auf Mensch und Umwelt. Diese übergreifende Sicht wird in diesem Kapitel gewahrt und steht ebenfalls im Einklang mit dem systemtechnischen Ansatz. Denn dieser erfordert, alle Aspekte mitzudenken, die Einfluss auf das System nehmen. Insofern werden beispielsweise immer wieder auch **Umweltaspekte** in den folgenden Ausführungen mit angesprochen.

Hinweis
Da die Autoren dieses Kompendiums keine einheitlichen Vorkenntnisse bei den Leserinnen und Lesern erwarten können, ist dem ersten Abschnitt ein kleines Repetitorium wesentlicher physikalischer und vor allem chemischer Begriffe vorangestellt, die im Weiteren vorausgesetzt bzw. benutzt werden.

Repetitorium naturwissenschaftlicher Grundbegriffe

Chemie ist die Lehre von den Stoffen und den Stoffumwandlungen.
☐ Beispiele für chemische Vorgänge: Rosten von Eisen, Verbrennen von Kohle, Gärung von Trauben zu Wein, Verzinken, Verkupfern

Physik ist die Lehre von den Zuständen und den Zustandsänderungen der Stoffe und deren Messung. Jede abgeschlossene Menge von chemischen Stoffen ist ein physikalischer Körper.
☐ Beispiele für physikalische Vorgänge: Erhitzen, Beschleunigen, Verdichten, Dehnen, Lösen

Stoffe weisen qualitative Merkmale (z. B. Farbe, Glanz, Geruch, Härte, Sprödigkeit) und quantitative Merkmale (Dichte, Siedepunkt, Schmelzpunkt, Löslichkeit) auf.

Heterogene Gemenge sind Substanzen, die durch Betrachten mit bloßem Auge oder mit dem Mikroskop sofort als zusammengesetzt erkennbar sind. Alle drei Aggregatzustände (fest, flüssig, gasförmig) können beteiligt sein. Als Trennmethoden stehen zur Verfügung: Auslesen von Hand, Herauslösen, Filtrieren, Zentrifugieren.

Homogene Gemenge sind Substanzen, die auch unter stärkster mikroskopischer Vergrößerung einheitlich aussehen, aber trotzdem zusammengesetzt sind. Homogene Gemenge sind entweder
- fest (z. B. Messing aus Kupfer und Zink, Trennung auf einfache Weise nicht möglich),
- flüssig (z. B. Alkohol und Wasser, Trennung durch Destillieren) oder
- gasförmig (Luft aus Stickstoff, Sauerstoff, Kohlendioxid, Edelgase u. a., Trennung durch Kondensieren und anschließendes Destillieren).

Lösung = ein Gemenge mit Mischeigenschaften, Lösestoff = der zu lösende Stoff, Lösungsmittel = Flüssigkeit, in der ein Stoff gelöst wird.
Das Lösen ist ein physikalischer Vorgang.

Reinstoffe sind das letzte Ergebnis aller möglichen Versuche der Gemengetrennung, z. B. Wasser, Sauerstoff. Sie zeichnen sich durch bestimmte, in Zahlen fassbare physikalische Eigenschaften aus, z. B. Dichte, Schmelzpunkt, Löslichkeit, el. Widerstand.

Verbindungen sind Reinstoffe, die sich mit bestimmten Methoden unter Stoffänderung in andere

Zustandsveränderungen bezeichnen die Übergänge zwischen den Aggregatzuständen, d. h. den Wechsel von festem Stoff zu Flüssigkeit oder unmittelbar zu Dampf oder den Übergang von Flüssigkeit zu Dampf (und die umgekehrten Verläufe). Damit zusammenhängende Begriffe zeigt Abb. 5.1

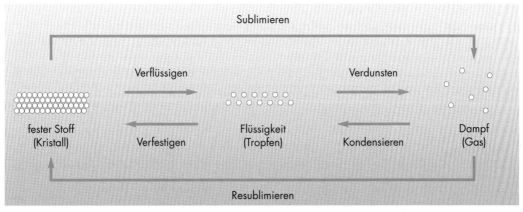

Abb. 5.1: Begriffe bei der Zustandsveränderung

Reinstoffe zerlegen lassen. Bei der Zerlegung von Wasser durch Gleichstrom bilden sich Wasserstoff und Sauerstoff im Volumenverhältnis 2 : 1. Die neu entstandenen Reinstoffe haben neue, nicht aus den Eigenschaften des ursprünglichen Reinstoffs ableitbare Eigenschaften. Ein bloßes Vermengen der neu erhaltenen Reinstoffe liefert meistens den ursprünglichen Reinstoff nicht zurück.

Elemente sind das letzte Ergebnis der chemischen Zerlegung von Verbindungen. Sie lassen sich nicht mehr mit Methoden, die dem Chemiker zur Verfügung stehen, in weitere Stoffe zerlegen, z. B. Wasserstoff, Sauerstoff, Stickstoff.

Die **Analyse** ist die chemische Zerlegung. Eine Verbindung wird in zwei oder mehr Reinstoffe zerlegt.
Wasser → Wasserstoff + Sauerstoff
Quecksilberoxid → Quecksilber + Sauerstoff
Chlorwasserstoff → Chlor + Wasserstoff

Bei der **Synthese** entsteht aus zwei Reinstoffen eine Verbindung.
Eisen + Schwefel → Eisensulfid
Wasserstoff + Sauerstoff → Wasser (-Dampf)

Ein **Atom** ist das kleinste auf chemischem Wege nicht mehr weiter zerlegbare Masseteilchen eines Elements. Der Atomkern trägt eine bestimmte Anzahl positiver elektrischer Ladungen, deren Träger die Protonen sind. Die Atomhülle ist der Aufenthaltsraum der negativ elektrisch geladenen Elektronen. Der Gesamtbetrag der elektrischen Ladung im Atomkern ist genauso groß wie in der Atomhülle. Da Atome elektrisch neutral sind, gibt ihre Ordnungszahl nicht nur die Anzahl der Protonen an, sondern auch die Zahl der Elektronen.

Beispiele für Atome:

Wasserstoff (H)
Ordnungszahl = 1

Uran (U)
Ordnungszahl = 92

Innerhalb eines Elements kann es Atome mit verschiedener Masse, aber gleicher Anzahl von Protonen und Elektronen geben. Die Unterschiedlichkeit dieser Atome ist durch die verschiedene Zahl von Neutronen bedingt.
Man bezeichnet solche Atome des gleichen Elements, die sich in der Atommasse unterscheiden, als **Isotope**.
Neutronen sind elektrisch neutral und besitzen annähernd die Masse eines Protons. Bei der Symbolschreibweise für Isotope bezeichnet die untere Zahl jeweils die Ordnungszahl – oder die Protonenzahl –, darüber setzt man die Massenzahl. Aus der Differenz von Massen- und Ordnungszahl bestimmt man die Neutronenzahl.

Beispiele für Wasserstoffisotope:

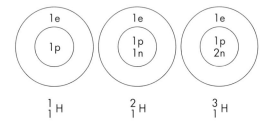

$^1_1 H \qquad ^2_1 H \qquad ^3_1 H$

Schalenaufbau der Elektronenhülle (Bohr'sches Atommodell)
Für die chemischen Eigenschaften sind die Elektronen verantwortlich. Es gibt sieben Schalen, die – vom Kern aus gezählt – die Schalennummern $n = 1$ bis $n = 7$ erhalten.
Jede Schale kann nur eine bestimmte Höchstzahl an Elektronen aufnehmen, maximal $2 \cdot n^2$.
Die jeweils äußerste Schale kann jedoch höchstens acht Elektronen – so genannte Außenelektronen (= Valenzelektronen) – aufnehmen.
Die Auffüllung der Schalen mit Elektronen beginnt bei der ersten Schale.

1. Schale $\quad 2 \cdot 1^2 \quad = \quad 2$
2. Schale $\quad 2 \cdot 2^2 \quad = \quad 8$
3. Schale $\quad 2 \cdot 3^2 \quad = \quad 18$
4. Schale $\quad 2 \cdot 4^2 \quad = \quad 32$
5. Schale $\quad 2 \cdot 5^2 \quad = \quad 50$
6. Schale $\quad 2 \cdot 6^2 \quad = \quad 72$
7. Schale $\quad 2 \cdot 7^2 \quad = \quad 98$

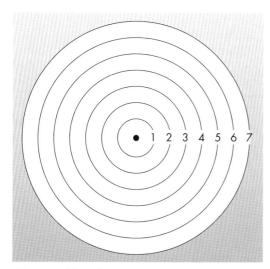

Abb. 5.2: Zählung der Schalen von innen nach außen

Da nur die Elektronen der Außenschale für chemische Reaktionen wichtig sind, hat man eine abkürzende Schreibweise eingeführt, bei der die Einzelelektronen durch einen Punkt neben dem Elementsymbol angedeutet werden. Je zwei Elektronen der Außenschale können zu einem Strich zusammengefasst werden, siehe das Beispiel in Abb. 5.3.

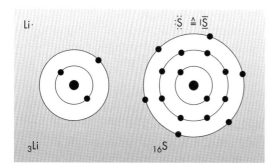

Abb. 5.3: Beispiele für die Darstellung der Elektronen: Lithium und Schwefel

Periodensystem der Elemente (PSE)
Die Ordnungszahl entspricht der Kernladungszahl oder der Protonenzahl. Die Elemente sind nach steigender Kernladungszahl geordnet. Die Perioden bilden die waagerechte Einteilung. Die Gruppen bilden die senkrechten Reihen. In den acht Hauptgruppen sind Elemente mit gleicher Außenelektronenzahl angeordnet. Innerhalb einer Gruppe verhalten sich die Elemente ähnlich. Innerhalb einer Periode ändern sich die Eigenschaften der Elemente regelmäßig. Links im PSE – mit wenigen Außenelektronen – stehen Metalle. Rechts im PSE – mit vielen Außenelektronen – stehen Nichtmetalle. In der Mitte zwischen Metallen und Nichtmetallen stehen Silizium und Germanium – so genannte Halbmetalle. Elemente mit voll besetzter Außenschale gehen keine chemischen Reaktionen ein (Gruppe VIII, Edelgase). Je weiter die Elemente im PSE horizontal voneinander entfernt sind, desto größere Reaktionsfreudigkeit zeigen sie.

Moleküle sind fest gefügte Verbände aus mehreren Atomen. Ein Molekül einer Verbindung ist das kleinste, abtrennbare Masseteilchen der Verbindung, das noch deren chemische Eigenschaften besitzt, z. B. O_2, H_2 oder N_2.

Absolute Atommasse = wirkliche Atommasse
z. B. Magnesiumatom: $4 \cdot 10^{-23}$ g
Kohlenstoffatom: $2 \cdot 10^{-23}$ g

Relative Atommasse
Sie gibt das Verhältnis an, in dem die Atommassen der Elemente zu einem Zwölftel der Masse des Kohlenstoffatoms stehen. Die relative Atommasse entspricht der Anzahl von Protonen und Neutronen.
z. B. relative Atommasse von Kohlenstoff (enthält sechs Protonen und sechs Neutronen):

$$\frac{2 \cdot 10^{-23} \text{ g}}{\frac{1}{12} \cdot 2 \cdot 10^{-23} \text{ g}} = \frac{2 \cdot 10^{-23} \text{ g} \cdot 12}{2 \cdot 10^{-23} \text{ g}} = 12 \text{ (u)}$$

u = unit = Einheit

Die **relative Molekülmasse** ist die Summe der relativen Atommassen aller in einem Molekül enthaltenen Atome. Wasser enthält z. B. zwei Atome Wasserstoff (ein Proton, kein Neutron) und ein Atom Sauerstoff (8 Protonen, 8 Neutronen). Die relative Atommasse von H = 1 u. Die relative Atommasse von O = 16 u. Daraus ergibt sich die relative Atommasse für Wasser von 18 u ($2 \cdot 1$ u + $1 \cdot 16$ u).

Ein **Mol** ist die Menge eines Stoffes, deren Masse in Gramm zahlenmäßig der Formelmasse oder Molekülmasse entspricht. Ein Mol eines Stoffes enthält $6{,}023 \cdot 10^{23}$ Moleküle (Avogadro'sche Konstante, Avogadro-Zahl). Ein Mol Wasser besitzt z. B. die Masse 18 g (18g/mol; 18 u!).

Die Menge eines Elements, die $6{,}023 \cdot 1.023$ Atome enthält, nennt man ein **Grammatom** dieses Elements (Atommasse in Gramm).
Beispiel: Lässt man Silber (Ag) mit Jod (J) reagieren, so bindet ein Grammatom Silber (107,9 g) ein Grammatom Jod (126,9 g). In einem Grammatom Silber müssen ebenso viele Atome sein wie in einem Grammatom Jod.

Ag	+	J	=	AgJ
1 Grammatom		1 Grammatom		1 Mol
Silber		Jod		Silberjodid
107,9 g		126,9 g		234,8 g
$6{,}023 \cdot 10^{23}$		$6{,}023 \cdot 10^{23}$		$6{,}023 \cdot 10^{23}$
Atome		Atome		Moleküle

Jedes Mol eines Gases enthält $6{,}02205 \cdot 10^{23}$ Teichen (**Avogadrokonstante**). Bei Normalbedingungen (101,325 kPa = 1013 mbar, 273,15 Kelvin = 0 °C) nimmt jedes Mol eines Gases 22,4 l ein. Gleiche Stoffmengen verschiedener Gase besitzen bei gleichen Drücken und gleichen Temperaturen das gleiche Volumen.

Gesetz von der Erhaltung der Masse
Bei allen chemischen Reaktionen ist die gesamte Masse der Reaktionsprodukte stets die gleiche wie die gesamte Masse der Ausgangsstoffe.

Metalle
Der Charakter eines Metalls wird hauptsächlich davon bestimmt, wie leicht es sich oxidieren, das heißt, in positiv geladene Ionen überführen lässt. Metalle, die sich leicht oxidieren lassen, werden als unedle Metalle bezeichnet (Natrium, Aluminium, Eisen). Metalle, die sich schwer oxidieren lassen, werden als edle Metalle bezeichnet (Kupfer, Silber, Gold).
Die saubere Oberfläche von Metallen zeigt einen charakteristischen Glanz (Metallglanz).

Metalle sind gute Leiter für den elektrischen Strom und für die Wärme. Bei Zimmertemperatur sind sie undurchsichtige Feststoffe, auch in ziemlich dünnen Schichten. Eine Ausnahme bildet Quecksilber (Hg), welches eine undurchsichtige, metallisch glänzende Flüssigkeit ist. Auch Quecksilber ist ein guter elektrischer Leiter.
Unedle Metalle unterliegen der Korrosion. Sie zersetzen sich unter der Einwirkung von Luft und Wasser oder Salzlösungen.
Edelmetalle sind ziemlich korrosionsbeständig/chemisch resistent.
Man unterscheidet die Metalle auch bezüglich ihrer Härte (Hart- bzw. Weichmetalle) oder nach ihrer Schmelztemperatur (hoch- bzw. niedrigschmelzende Metalle). Bei einer Dichte von 4,5 g/cm³ scheidet man die Leichtmetalle (z. B. Aluminium, Magnesium) von den Schwermetallen (z. B. Chrom, Eisen, Nickel, Kupfer, Zink).

Nichtmetalle
Nichtmetalle weisen die charakteristischen Metalleigenschaften nicht auf. Sie sind bei Zimmertemperatur extrem schlechte elektrische Leiter, leiten die Wärme schlechter und zeigen keinen Metallglanz. In dünnen Schichten sind sie mehr oder weniger durchscheinend. Bei Zimmertemperatur lassen sich die Nichtmetalle in folgende Gruppen aufteilen:
- gasförmige nichtmetallische Elemente
    - Edelgase
    - Wasserstoff
    - Sauerstoff
    - Stickstoff
    - Chlor
- flüssige nichtmetallische Elemente (Brom)
- feste nichtmetallische Elemente
    - Kohlenstoff
    - Phosphor
    - Schwefel
    - Jod

Halbmetalle
Es handelt sich dabei um Feststoffe (bei Zimmertemperatur), die in der Regel metallischen Glanz aufweisen und in verhältnismäßig dünnen Schichten lichtundurchlässig sind. Es sind schlechte

Leiter für den elektrischen Strom. Bei Anregung durch Licht oder Wärme nimmt die Leitfähigkeit zu, im Gegensatz zu den Metallen, welche bei höheren Temperaturen den Strom schlechter leiten. Silizium und Germanium dienen als Halbleiter für Transistoren.

Atombindung (Elektronenpaarbindung)

Als Atombindung bezeichnet man die Bildung eines gemeinsamen Elektronenpaares. Die beiden an einem gemeinsamen Elektronenpaar beteiligten Atome eines Elements sind elektrisch neutral. Atombindungen treten nur zwischen Atomen mit mehr oder weniger elektronegativem Charakter auf, also zwischen Nichtmetallatomen. Zwischen Atomen zweier Nichtmetalle, die sich in ihrem elektronegativen Charakter erheblich voneinander unterscheiden, kann es keine reine Atombindung mehr geben. Das Atom des stärker elektronegativen Elements zieht das gemeinsame Elektronenpaar stärker an als das Atom des schwächer elektronegativen Elements. Dadurch entsteht eine polarisierte Atombindung.

Ein Molekül, das zwei entgegengesetzt elektrisch geladene Seiten hat, wird als Dipolmolekül bezeichnet. Ein sehr wichtiges Dipolmolekül ist das Molekül des Wassers. Der Dipolcharakter kommt dadurch zu Stande, dass das Molekül gewinkelt ist. Wäre es gestreckt, so würden die Schwerpunkte in den negativen und positiven Ladungen des Moleküls im Sauerstoffatom liegen.

Vereinfachte Elektronenformel für

Cl_2: Cl-Cl (einwertig), siehe Abb. 5.4
H_2O: H-O-H (H ist einwertig, O ist zweiwertig)
CO_2: O=C=O (O ist zweiwertig, C ist vierwertig)

Die Wertigkeit gibt die Anzahl der Elektronenpaare an.

Ionenbindung

Treffen zwei Atome zusammen, von denen das eine sehr viel und das andere sehr wenig Außenelektronen hat, so können beide Atome zu einer Edelgaskonfiguration gelangen, indem das eine Atom seine Außenelektronen an das andere Atom abgibt, das damit seine Außenschale auffüllt.
Beispiel: Natriumatom und Chloratom (Abb. 5.5)

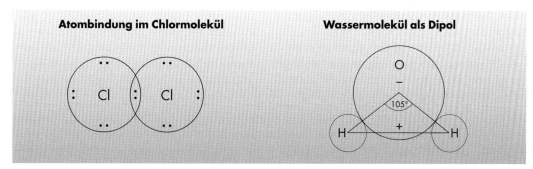

Abb. 5.4: Beispiel zur Atombindung

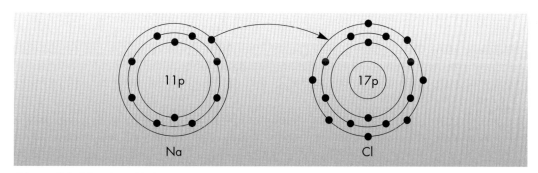

Abb. 5.5: Beispiel zur Ionenbindung

In beiden Fällen stimmt nun die Anzahl der negativ geladenen Elektronen nicht mehr mit der Anzahl der im Kern enthaltenen positiv geladenen Protonen (Kernladungszahl) überein. Aus dem ungeladenen Natriumatom ist ein einfach positiv geladenes Natriumion geworden (einfache Wertigkeit), aus dem ungeladenen Chloratom ein einfach negativ geladenes Ion, das als Chloridion bezeichnet wird. Mit dem Elektron ist auch eine negative Ladung vom Natrium zum Chlor übergegangen.

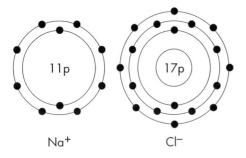

Atome gehen durch Abgabe von Elektronen in positiv geladene Ionen und durch Aufnahme von Elektronen in negativ geladene Ionen über. **Ionen** sind die elektrisch geladenen Teilchen, die durch Abgabe oder Aufnahme von Elektronen aus Atomen hervorgehen. Die Zahl der aufgenommenen Elektronen muss gleich der Zahl der abgegebenen Elektronen sein.

Eine Ionenbindung liegt vor, wenn die Atome zweier Elemente unter Abgabe bzw. Aufnahme von Elektronen Edelgaskonfiguration erlangt haben und dann in Form von Ionen vorliegen.

 Eine Ionenbindung ist nur möglich zwischen einem elektropositiven Element und einem elektronegativen Element.

Elektropositiv sind die Metalle, deren Atome nur wenig Außenelektronen haben. Elektronegativ sind die Nichtmetalle, deren Atome viele Außenelektronen haben. Elektropositive Metalle bilden leicht positive Ionen. Elektronegative Nichtmetalle bilden leicht negative Ionen.

 Die Ionenbindung ist für Salze charakteristisch.

Die meisten anorganischen Verbindungen haben Ionenbindung (Kristallgitter, Ionengitter). Verbindungen, die auf Ionenbindung beruhen, haben relativ hohe Schmelz- und Siedepunkte.

Metallbindung
Metalle und deren Legierungen kristallisieren in Form von Metallgittern. In einem **Metallgitter** sind die Gitterpunkte durch positiv geladene Metallionen besetzt, die in diesem Falle häufig auch als Atomrümpfe bezeichnet werden. Je nach der Art des Kristallgitters ist jedes Metallion von acht oder von zwölf Nachbarn umgeben. Die abgespaltenen Valenzelektronen (Außenelektronen) bewegen sich zwischen den Metallionen und bewirken deren Zusammenhalt. Diese mehr oder weniger frei beweglichen Elektronen werden oft als **Elektronengas** bezeichnet. Sie sind die Träger der elektrischen Leitfähigkeit der Metalle. Der Zusammenhalt zwischen den gleichsinnig geladenen Metallionen lässt sich dadurch erklären, dass die Valenzelektronen zwischen benachbarten Atomrümpfen gemeinsame Elektronenpaare bilden, die ständig ihren Platz wechseln. Daraus folgt, dass diese Bindungen auf alle Nachbaratome gleichermaßen wirken, wodurch sie wesentlich weniger fest sind als die gerichteten Bindungen im Atomgitter. Die Metalle, deren Atome nur ein Valenzelektron besitzen (I. Hauptgruppe) und daher auch nur an einem gemeinsamen Elektronenpaar teilnehmen können, haben sehr niedrige Schmelzpunkte.

Werden Fremdatome (z. B. Kohlenstoffatome) eingelagert, können die Gleitebenen eines Metallgitters blockiert werden. Ein Teil der Atome kann aber auch durch Fremdatome ersetzt werden. In beiden Fällen handelt es sich um Legierungen.

5.1 Auswirkungen naturwissenschaftlicher und technischer Gesetzmässigkeiten

5.1.1 Auswirkungen von Oxidations- und Reduktionsvorgängen in Arbeitsprozessen

5.1.1.1 Luft, Sauerstoff, Wasserstoff

Luft

Die atmosphärische Luft mit einer Gesamtmenge von $5 \cdot 10^{15}$ t ist ein Gemisch aus

Woraus setzt sich die Luft zusammen?

Stickstoff	78,09 Volumenprozent	=	75,51	Massenprozent
Sauerstoff	20,95 Volumenprozent	=	23,15	Massenprozent
Argon	0,93 Volumenprozent	=	1,28	Massenprozent
Kohlendioxid	0,03 Volumenprozent	=	0,046	Massenprozent.

Ferner treten auf H_2O (maximal bis 4 Volumenprozent), Neon (Ne), Helium (He), Methan (CH_4), Krypton (Kr), Stickoxide, Xenon (Xe) und Spuren weiterer Stoffe. Flüssige Luft wird nach dem Linde-Verfahren hergestellt. Luft wird komprimiert und die dabei frei werdende Wärme abgeführt. Bei nachfolgender Expansion tritt Abkühlung ein. Durch mehrfache Wiederholung unter Anwendung von Vorkühlung erfolgt bei etwa minus 190 °C Verflüssigung. Es entsteht eine hellblaue Flüssigkeit, die allmählich verdampft.

Sauerstoff

Sauerstoff ist das häufigste Element in der Erdkruste (46,6 Massenprozent). Freier Sauerstoff findet sich in Luft und Meerwasser. Der meiste Sauerstoff ist in Form von Wasser, Silikaten, Quarz usw. sowie in Organismen gebunden. Man unterscheidet Disauerstoff (gewöhnlicher Sauerstoff, O_2) und Trisauerstoff (Ozon, O_3).

Worin ist Sauerstoff primär gebunden?

Die Herstellung von Disauerstoff O_2 kann erfolgen
- technisch aus Luft durch fraktionierte Kondensation und Destillation (Linde-Verfahren),
- durch Erhitzen sauerstoffreicher Salze, z. B. von Chloraten
  ($2\ KClO_3\ \rightarrow\ 2\ KCl + 3\ O_2$)
- durch Erhitzen von Nitraten ($2\ KNO_3\ \rightarrow\ 2\ KNO_2 + O_2$), von Permanganaten, von Peroxiden,
- durch katalytische Zersetzung von Wasserstoffperoxid
  ($2\ H_2O_2\ \rightarrow\ 2\ H_2O + O_2$),
- durch Elektrolyse von Hydroxid- oder Sulfatlösungen,
- aus Alkaliperoxiden durch Kohlendioxid (Atemgeräte):
  $2\ Na_2O_2 + 2\ CO_2\ \rightarrow\ 2\ Na_2CO_3 + O_2$

Wie lässt sich Sauerstoff herstellen?

Physikalische Eigenschaften: farb-, geruch- und geschmackloses Gas, in Wasser mäßig löslich

Welche physikalischen Eigenschaften hat Sauerstoff?

Welche chemischen Eigenschaften hat Sauerstoff?	*Chemische Eigenschaften:* verhältnismäßig reaktionsträge bei gewöhnlicher Temperatur, sehr reaktionsfähig bei höherer Temperatur. Die chemische Vereinigung mit Sauerstoff heißt **Oxidation**. Langsame/stille Oxidation sind das Rosten des Eisens, die Verwesung organischer Stoffe oder der Abbau von Nahrungsmitteln im Organismus. Schnelle, unter Flammenerscheinung verlaufende Oxidationen nennt man Verbrennungen. (Es gibt auch Verbrennungen ohne Sauerstoff, z.B. brennt Wasserstoff in Chlorgas weiter.) *Verwendung:* Schweißen, Schneiden von Metallen, Atemgeräte, metallurgische Prozesse mit sauerstoffangereicherter Luft

Trisauerstoff (Ozon) bildet sich in Sauerstoff oder Luft durch Funkenüberschlag, stille elektrische Entladungen oder durch Einwirkung ultravioletter Strahlen. Es handelt sich um ein hellblaues, beim Erhitzen explodierendes Gas mit „elektrischem" Geruch. Es wird verwendet zur Desinfektion von Trinkwasser und Krankenhausluft.

Wasserstoff

Wie kommt Wasserstoff auf der Erde vor?	Auf der Erde kommt Wasserstoff fast nur chemisch gebunden vor (Wasser, Organismen, Erdöl, Kohle, einige Mineralien). In freier Form findet man Wasserstoff – zum Teil ionisiert – in den höchsten Stratosphärenschichten. Es ist das häufigste Element im Weltall.
Wie lässt sich Wasserstoff herstellen?	Herstellung von elementarem Wasserstoff H_2: • aus verdünnten Säuren und Metallen, z.B. $Zn + 2\ HCl \rightarrow ZnCl_2 + H_2$, • aus verdünnten Laugen, • durch Reduktion von Wasser mit sehr unedlen Metallen, z.B. $2\ Na + 2\ H_2O \rightarrow 2\ NaOH + H_2$, • technisch durch Reduktion von Wasserdampf mit Koks oder Kohle bei Temperaturen über 1.000 °C ($H_2O + C \rightarrow CO + H_2$), • durch Elektrolyse verdünnter Alkalilauge oder Schwefelsäure, • durch katalytische Reaktion zwischen Erdgas oder gasförmigen Erdölprodukten und Wasserdampf
Welche physikalischen Eigenschaften hat Wasserstoff?	*Physikalische Eigenschaften:* farb-, geruch- und geschmackloses Gas, zirka 14-mal leichter als Luft und damit leichtester Stoff überhaupt, Schmelzpunkt bei –259,5 °C, Siedepunkt bei –252,8 °C, in Wasser sehr wenig löslich, in manchen Metallen leicht löslich (z.B. Platin, Palladium) *Chemische Eigenschaften:* sehr beständig bei gewöhnlicher Temperatur, brennbar an der Luft und in Chlorgas ($2\ H_2 + O_2 \rightarrow 2\ H_2O$ bzw. $H_2 + Cl_2 \rightarrow 2\ HCl$); Gemische mit Luft, Sauerstoff oder Chlor sind explosiv (Knallgas bzw. Chlorknallglas); Wasserstoff vereinigt sich auch mit anderen Nichtmetallen beim Erhitzen (z.B. $H_2 + S \rightarrow H_2S$); Wasserstoff reduziert in der Hitze viele Metalloxide (z.B. $WO_3 + 3\ H_2 \rightarrow W + 3\ H_2O$ = technische Herstellung von Wolfram). Hydrierung ist die Anlagerung von Wasserstoff, das Gegenteil ist die Dehydrierung.
Wofür wird Wasserstoff bevorzugt verwendet?	*Verwendung:* für Synthesen und Hydrierungen, zur Erzeugung hoher Temperaturen, als Bestandteil von Leuchtgas und Wassergas

5.1.1.2 Oxidation und Reduktion

Oxidation

Die Verbrennung ist eine Vereinigung mit Sauerstoff. Die Vereinigung eines Elements mit Sauerstoff ist eine Oxidation. Bei der Oxidation von Elementen entstehen deren Oxide. Oxide sind binäre Verbindungen des Sauerstoffs mit anderen Elementen.

Wie ist die Oxidation definiert?

> **Beispiele**
>
> $2\,Mg + O_2 \rightarrow 2\,MgO$ Magnesiumoxid
> $S + O_2 \rightarrow SO_2$ Schwefeldioxid

> *Neben dem Sauerstoff können auch Verbindungen, die leicht Sauerstoff abgeben, eine Oxidation bewirken. Solche Verbindungen bezeichnet man als Oxidationsmittel.*

Was sind Oxidationsmittel?

Bekannte Oxidationsmittel sind Wasserstoffperoxid H_2O_2, Kaliumchlorat $KClO_3$, Kaliumpermanganat $KMnO_4$, Kupfer (II)-oxid CuO, Fluor, Chlor und natürlich Sauerstoff selbst.

Welches sind bekannte Oxidationsmittel?

Reduktion

Eine Reduktion ist der Entzug von Sauerstoff aus einem Oxid. Das Element, um dessen Oxid es sich handelt, wird dabei in den elementaren Zustand zurückgeführt (reduziert). Die Reduktion ist die Umkehrung der Oxidation.

Wie ist die Reduktion definiert?

Meist ist zur Reduktion eines Oxids ein Reduktionsmittel notwendig, das heißt, ein Stoff, der den Sauerstoff aufnimmt. Reduktionsmittel sind Kohlenstoff, Kohlenmonoxid CO, Wasserstoff sowie alle unedlen Metalle, wie Natrium, Magnesium und Aluminium.

Welches sind bekannte Reduktionsmittel?

> **Beispiele**
>
> $Fe_2O_3 + 3\,C \rightarrow 2\,Fe + 3\,CO$ (im Hochofen)
> $Fe_2O_3 + 3\,CO \rightarrow 2\,Fe + 3\,CO_2$ (im Hochofen)
> $Fe_2O_3 + 2\,Al \rightarrow Al_2O_3 + 2\,Fe$
> $CuO + H_2 \rightarrow Cu + H_2O$
>
> Diese Reaktionen laufen nur bei hohen Temperaturen ab.

Aus diesen Beispielen sieht man, dass bei der Reduktion ein anderer Stoff (das Reduktionsmittel) oxidiert wird.

Bei den einander entgegengesetzten Oxidations- und Reduktionsreaktionen handelt es sich um die beiden Seiten eines einheitlichen Prozesses, der als Redoxreaktion bezeichnet wird. Bei einer Redoxreaktion (s. Abb. 5.6) wird
- ein Stoff, das Reduktionsmittel, oxidiert und
- ein Stoff, das Oxidationsmittel, reduziert.

Was ist eine Redoxreaktion?

Wie läuft die Redoxreaktion typisch ab?	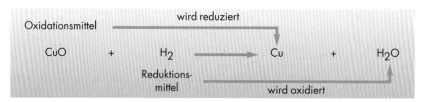

Abb. 5.6: Exemplarischer Ablauf einer Redoxreaktion

Wie stabil sind Oxide edler Metalle?	Oxide edler Metalle benötigen kein Reduktionsmittel und zerfallen beim Erhitzen.

Beispiele

$$2\ HgO \rightarrow 2\ Hg + O_2$$
$$2\ Ag_2O \rightarrow 4\ Ag + O_2$$

Redoxreaktion

Welche Rolle spielen die Elektronen bei der Redoxreaktion?	Die Oxidation ist eine Abgabe von Elektronen. Die Reduktion ist eine Aufnahme von Elektronen. Der Abgabe von Elektronen muss stets eine Aufnahme von Elektronen gegenüberstehen. Deshalb sind Oxidation und Reduktion zwei Seiten eines Prozesses – der Redoxreaktion.

Beispiel

Bei der Oxidation von Magnesium gibt das Magnesiumatom seine beiden Valenzelektronen an ein Sauerstoffatom ab.

$$\cdot Mg \cdot\ +\ \cdot \ddot{O} \cdot\ \rightarrow\ Mg^{2+} + \left[:\ddot{O}:\right]^{2-}$$

Welche Teilvorgänge laufen bei der Redoxreaktion im Einzelnen ab?	Folgende Teilvorgänge laufen dabei ab: Mg → Mg^{2+} + 2e$^-$ (Elektronenabgabe, Oxidation) O + 2e$^-$ → O^{2-} (Elektronenaufnahme, Reduktion) Die abgegebenen Elektronen können auch auf der linken Seite der Gleichung abgezogen werden: Mg – 2e$^-$ → Mg^{2+} (Elektronenabgabe, Oxidation) O + 2e$^-$ → O^{2-} (Elektronenaufnahme, Reduktion) Hier liegt eine Oxidation im Sinne einer Vereinigung mit Sauerstoff, aber keine Reduktion im Sinne eines Entzugs von Sauerstoff vor. Der Sauerstoff wird hier selbst reduziert und wirkt gegenüber dem Magnesium als Oxidationsmittel. Das Magnesium wird oxidiert und wirkt gegenüber dem Sauerstoff als Reduktionsmittel.

Daraus ergibt sich ganz allgemein:

Welche Stoffe sind allgemein Oxidations-, welche sind Reduktionsmittel?	*Oxidationsmittel sind Stoffe, die Elektronen aufnehmen und dabei reduziert werden.* *Reduktionsmittel sind Stoffe, die Elektronen abgeben und dabei oxidiert werden.*

Zur Aufnahme von Elektronen neigen – neben dem Sauerstoff – die Elemente, deren Atome nur wenige Elektronen zur Achterschale fehlen. Daher sind die Elemente der VII. Hauptgruppe (Halogene) starke Oxidationsmittel. Zur Abgabe von Elektronen neigen die Elemente, deren Atome wenige Außenelektronen besitzen, durch deren Abgabe die darunter liegende Achterschale zur Außenschale wird. Die Elemente der I. Hauptgruppe (Alkalimetalle) sowie der Wasserstoff sind starke Reduktionsmittel.

Welche Stoffe sind starke Oxidationsmittel?

Beispiel

$\cdot Na \ + \ \cdot \ddot{\underset{..}{Cl}}: \ \rightarrow \ Na^+ + \left[:\ddot{\underset{..}{Cl}}: \right]^-$

Na $\rightarrow$ Na$^+$ – e$^-$ (Elektronenabgabe, Oxidation)
Cl + e$^-$ $\rightarrow$ Cl$^-$ (Elektronenaufnahme, Reduktion)
Das Reduktionsmittel Natrium wird oxidiert. Das Oxidationsmittel Chlor wird reduziert.

Beispiel

Fe$_2$O$_3$ + 2 Al $\rightarrow$ Al$_2$O$_3$ + 2 Fe
2 Fe$_3^+$ + 6e$^-$ $\rightarrow$ 2 Fe (Elektronenaufnahme, Reduktion)
2 Al $\rightarrow$ 2 Al^{3+} + 6e$^-$ (Elektronenabgabe, Oxidation)

Zwischen Oxidationsmittel und Reduktionsmittel besteht folgende Beziehung:

Welche Beziehung besteht zwischen Oxidations- und Reduktionsmittel?

Oxidationsmittel + Elektronen  Reduktionsmittel

Ein Oxidationsmittel geht durch Reduktion (Aufnahme von Elektronen) in ein Reduktionsmittel über. Ein Reduktionsmittel geht durch Oxidation (Abgabe von Elektronen) in ein Oxidationsmittel über.

 Die Frage, ob ein Stoff als Oxidationsmittel oder als Reduktionsmittel wirkt, kann nur in Bezug auf einen bestimmten Reaktionspartner beantwortet werden.

Beispiele

Verbrennung von Natriummetall in elementarem Chlor: 2 Na + Cl$_2$ $\rightarrow$ 2NaCl
Oxidation: 2 Na – 2e$^-$ $\rightarrow$ 2 Na$^+$ (Oxidationsgleichung)
Reduktion: Cl$_2$ + 2e$^-$ $\rightarrow$ 2 Cl$^-$ (Reduktionsgleichung)
                2 Na + Cl$_2$ $\rightarrow$ 2 Na+ + 2 Cl$^-$ (Redoxgleichung)

Reaktion von metallischem Aluminium mit elementarem Schwefel:

Oxidationsgleichung: $Al - 3e^- \rightarrow Al^{3+}$
Reduktionsgleichung: $S + 2e^- \rightarrow S^{2-}$

Diese Gleichungen lassen sich nicht in dieser Form zur Redoxgleichung addieren, da die Summe der Elektronen nicht Null ergibt. Die Gleichungen müssen zuerst multipliziert werden.

Oxidationsgleichung: $2\,Al - 6e^- \rightarrow 2\,Al^{3+}$
Reduktionsgleichung: $3\,S + 6e^- \rightarrow 3\,S^{2-}$
Redoxgleichung: $2\,Al + 3\,S \rightarrow 2\,Al^{3+} + 3\,S^{2-}$

Oxidationszahl

Was gibt die Oxidationszahl an?

Die Oxidationszahl gibt an, wie viele Elektronen aufgenommen oder abgegeben wurden bzw. welche Ladung ein Element in einer bestimmten Verbindung tragen würde, wenn alle am Aufbau dieser Verbindung beteiligten Elemente in Form von Ionen vorlägen. Für alle Ionen ist die Oxidationszahl gleich der Ionen-Wertigkeit. Sollen die Oxidationszahlen für die am Aufbau eines Moleküls beteiligten Elemente angegeben werden, muss man sich das Molekül in Ionen aufgespalten vorstellen. Werden innerhalb eines Moleküls alle gemeinsamen Elektronenpaare den Atomen zugeordnet, von denen sie stärker angezogen werden, so ergeben sich für alle Atome bestimmte positive oder negative Oxidationszahlen. Bei jeder chemischen Verbindung ist die Summe der Oxidationszahlen, mit denen die beteiligten Elemente auftreten, gleich Null.

Beispiele

H_2O: $2(+1) + (-2) = 0$
Al_2O_3: $2(+3) + 3(-2) = 0$

Welche Regeln helfen, Oxidationszahlen zu bestimmen?

Das Auffinden der Oxidationszahlen der einzelnen Atome von zusammengesetzten oder komplexen Ionen ist an einige Regeln geknüpft:

- Jede Verbindung sollte aus einwertigen Ionen aufgebaut sein.
- Bei Elektronenpaarbindungen werden die bindenden Elektronenpaare ganz zum elektronegativeren Partner gerechnet.
- Bei gleichen Bindungspartnern wird das bindende Elektronenpaar aufgeteilt.
- Die Oxidationszahl von einatomigen Ionen ist gleich ihrer elektrischen Ladung (= Ionenladungszahl).
- Die Oxidationszahl von Atomen im elementaren Zustand ist Null.

Beispiele

$KMnO_4$	K: +1	O_4: −8	Mn: +7
$CaSO_4$	Ca: +2	O_4: −8	S: +6
Na_2SO_3	Na_2: +2	O_3: −6	S: +4
PO_4^{3-}	O_4: −8	P: +5	
CrO_4^-	O_4: −8	Cr: +7	

Exotherme und endotherme Reaktion

Alle chemischen Reaktionen sind mit Energieumsetzungen verbunden. Es kann Elektroenergie, Lichtenergie oder Wärmeenergie aufgenommen oder abgegeben werden. Bei den mit Umsetzung von Wärmeenergie verbundenen Reaktionen ist zu unterscheiden zwischen

- exothermen Reaktionen (Wärme wird an die Umgebung abgegeben) und
- endothermen Reaktionen (Wärme wird aus der Umgebung aufgenommen).

Welche Energievorgänge können bei chemischen Reaktionen ablaufen?

Beispiele

Die Verbrennung von Kohlenstoff zu Kohlendioxid ist eine exotherme Reaktion:
$C + O_2 \rightarrow CO_2 + \text{Energie}$
Die Umsetzung von glühendem Koks mit Wasserdampf ist eine endotherme Reaktion:
$C + 2 H_2O + \text{Energie} \rightarrow CO_2 + 2 H_2$

Bei jeder Gleichgewichtsreaktion verläuft eine der Teilreaktionen (Hinreaktion, Rückreaktion) exotherm und die andere endotherm. Eine Temperaturerhöhung begünstigt die endotherme Reaktion. Eine Temperaturerniedrigung begünstigt die exotherme Reaktion.

Beispiel: Ammoniak-Gleichgewicht

$$N_2 + 3H_2 \underset{\text{endotherm}}{\overset{\text{exotherm}}{\rightleftharpoons}} 2 NH_3 + \text{Energie}$$

Durch zwei Faktoren kann erreicht werden, dass sich ein chemisches Gleichgewicht beschleunigt einstellt: durch Temperaturerhöhung und durch Katalysatoren.

Wie lässt sich das Einstellen eines chemischen Gleichgewichts beschleunigen?

Chemische Reaktionen verlaufen bei höheren Temperaturen schneller als bei niedrigen Temperaturen. Je höher die Temperatur ist, umso schneller wird der Gleichgewichtszustand erreicht. Katalysatoren sind Stoffe, die die Geschwindigkeit einer chemischen Reaktion erhöhen und dadurch bewirken, dass sich das chemische Gleichgewicht schneller einstellt. Die Katalysatoren werden dabei nicht verbraucht.

Was sind Katalysatoren?

5.1.1.3 *Maßnahmen zur Reduzierung bzw. Optimierung von Einflüssen durch chemische Reaktionen*

Oxidation und Reduktion in Arbeitsprozessen

- Oxidation: Wärme wird technisch durch Verbrennung von festen, flüssigen oder gasförmigen Stoffen erzeugt. Kohlenstoff C, Wasserstoff H_2 und Schwefel S sind die brennbaren Bestandteile aller Brennstoffe. Die Verbrennung ist eine Oxidation. Es wird Wärme frei. Bei einer vollkommenen Verbrennung

In welchem Verhältnis stehen Oxidation und Verbrennung?

wird die chemische Energie komplett umgesetzt. Bei einer unvollkommenen Verbrennung entstehen Brenngase, die bei einer weiteren Verbrennung wieder Wärme freisetzen (z. B. Brenngas CO zu CO_2). Rauchgas ist das Verbrennungsprodukt bei festen Brennstoffen. Abgas ist das Verbrennungsprodukt bei flüssigen und gasförmigen Brennstoffen oder bei motorischer Verbrennung (Automotoren, Heizungsanlagen). Eine feine Vermischung des Brennstoffes mit Sauerstoff ist gewünscht beim Gasschmelzschweißen (Acetylen-Sauerstoff-Flamme). Das Mischungsverhältnis beeinflusst die Qualität einer Schweißnaht. Bei der Verbrennung von Schwefel entsteht Schwefeldioxid SO_2, das zusammen mit kondensiertem Wasserdampf schweflige Säure bildet und Metalle angreift (Korrosion).

In welchem Prozess wird Reduktion technologisch genutzt?

- Reduktion: In Schmelzöfen zur Metallgewinnung sind die Ofengase durch knappe Luftzufuhr bei der Verbrennung sauerstoffarm und wirken deshalb reduzierend. So wird z. B. Roheisen durch die Reduktion oxidierender Eisenerze mit Koks hergestellt.

Indirekte Reduktion mit CO:
$$3\ Fe_2O_3 + CO \rightarrow 2\ Fe_3O_4 + CO_2$$
$$Fe_3O_4 + CO \rightarrow 3\ FeO + CO_2$$
$$FeO + CO \rightarrow Fe + CO_2$$

Direkte Reduktion mit C:
$$Fe_3O_4 + 4\ C \rightarrow 3\ Fe + 4\ CO$$
$$FeO + C \rightarrow Fe + CO$$

Korrosion

Was versteht man allgemein unter Korrosion?

Korrosion ist die Zerstörung von Werkstoffen durch chemische oder elektrochemische Reaktion. Einige Korrosionsarten sind z. B. die gleichmäßige Flächenkorrosion, die Mulden- und Lochkorrosion, die Kontaktkorrosion, die Spaltkorrosion oder die Spannungsriss- und Schwingungsrisskorrosion.

- Bei der chemischen Reaktion sind es in erster Linie der Sauerstoff und mit Wasser sauer reagierende Verbrennungsgase wie Kohlendioxid, Schwefeldioxid und Stickstoffoxide, die gegenüber den Werkstoffen, vor allem gegenüber unedlen Metallen als Reaktionspartner auftreten.

Was ist elektrochemische Korrosion?

- Bei der elektrochemischen Korrosion liegt das Prinzip der elektrochemischen Zelle vor. Berühren sich verschiedene Metalle leitend und kommt als Elektrolyt z. B. salzhaltiges Wasser dazu, fließen Elektronen vom unedlen Partner weg, der dabei oxidativ zerstört wird. Solche Rostvorgänge beginnen z. B. an verschraubten, vernieteten oder verschweißten Stellen.

Abb. 5.7 zeigt die elektrolytische Korrosion an einer Berührungsstelle eines edleren mit einem unedleren Metall.

Wo wird elektrochemische Korrosion technologisch genutzt?

Ein galvanisches Element ist ein chemisches System, bei dem die Energie nicht in Wärmeenergie, sondern in elektrische Energie umgewandelt wird. Es besteht aus einer Anode (unedleres Metall, gibt Elektronen ab und wird dabei aufgelöst), einer Kathode (edleres Metall, bleibt unverändert, Wasserstoff wird freigesetzt) und einem Elektrolyten (Ionen in wässriger Lösung).

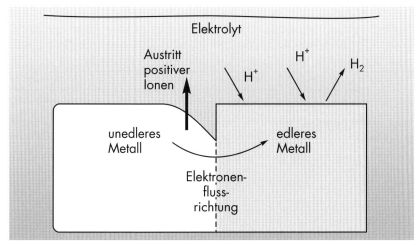

Abb. 5.7: Prinzip der elektrochemischen Zelle

Schutzmaßnahmen zur Vermeidung von Korrosion
Beim aktiven Korrosionsschutz wird entweder das angegriffene Metall oder das angreifende Medium verändert, z. B. durch die Verwendung von Legierungen. Man kann auch die Reaktionsbedingungen ändern, zum Beispiel Druck und/oder Temperatur. Eine Sonderform ist die Verwendung sog. Opferanoden. Man baut Teile aus einem unedleren Metall ein, das die Korrosion auf sich zieht und so das edlere Metall schützt.

Wie geht man bei aktivem Korrosionsschutz vor?

Beim passiven Korrosionsschutz trennt man das zu schützende Teil von der aggressiven Umgebung, z. B. durch Schutzanstriche. Einige Stoffe sind zur Selbstpassivierung im Stande, z. B. Kupfer. Die sich bildende Oxidschicht (Patina) schützt das darunter liegende Metall.

Wie geht man bei passivem Korrosionsschutz vor?

Einige ausgewählte Maßnahmen zum Schutz vor Korrosion sind:
- Auswahl geeigneter Werkstoffe,
- Konstruktion ohne Zwischenräume oder Anbringen von Isolierzwischenschichten,
- Aufbringen von Schutzschichten, z. B. Klarlack oder Ölfarben,
- chemische Oberflächenbehandlung: Phosphatieren, Brünieren, Chromatieren,
- metallische Überzüge, z. B. Feuerverzinken.

5.1.2 Wasser, Säuren, Basen und Salze sowie deren industrielle Nutzung

5.1.2.1 Wasser

Allgemeines zu Wasser
Die Moleküle (H_2O) des Wassers sind infolge Wasserstoffbrückenbindung assoziiert. Reines Wasser ist geruch- und geschmacklos. Unter normalem Luftdruck siedet es bei 100 °C. Bei 0 °C erstarrt es unter Ausdehnung um 1/11 seines Volumens zu Eis. Seine größte Dichte (1 kg/dm^3) liegt bei + 4 °C. Es besitzt nur eine sehr geringe elektrische Leitfähigkeit.

Welche Eigenschaften hat Wasser?

Welche Verunreinigungen enthält normales Wasser?	Natürliches Wasser ist stets verunreinigt. Regenwasser und Schnee enthalten Staub, Sauerstoff, Stickstoff, Kohlendioxid und Spuren von Ammoniumnitrat. Quell-, Fluss- und Grundwasser enthalten 0,01 bis 0,2 % gelöste Stoffe, z. B. Kalzium- und Magnesiumsalze (siehe Wasserhärte). Im Meerwasser sind ca. 3,5 % Salze gelöst (30 % im Toten Meer). Große Wasserflächen wirken ausgleichend auf das Klima. Etwa 70 % der Erdoberfläche sind mit Wasser bzw. Eis bedeckt.

Wasser als Lösungsmittel

Was spielt sich bei der Lösung von Stoffen in Wasser ab?	In Wasser lösen sich viele Gase, Flüssigkeiten und feste Stoffe. Die meisten chemischen Reaktionen laufen in wässrigen Lösungen ab. Die zu lösenden Stoffe zerfallen in Ionen. Viele technische Arbeitsabläufe – z. B. die Trinkwassergewinnung – nutzen diese Vorgänge. Salze weisen hohe Bindungskräfte im Ionengitter auf. Dennoch lösen sie sich in Wasser. Die Erklärung liefert die Anziehung der Wassermoleküle und der Ionen an der Salzoberfläche. Kationen binden das Wasserteilchen am Sauerstoffende, Anionen am Wasserstoffende. Bei diesem Vorgang wird etwas Energie frei, die dann ein Ion im Salzgefüge lockern und lösen kann. Sofort wird das Ion unter erneuter Energiefreisetzung von weiteren Wassermolekülen umhüllt – es wird hydratisiert. In dieser Hydrathülle ist es dann im Wasser frei beweglich. Ganz allgemein kann man sagen, dass ein Salz dann in Wasser leicht löslich ist, wenn die frei werdende Hydratationsenergie größer ist als die Gitterenergie.

Wasserhärte

Was sind Härtebildner?	Je mehr „Härtebildner" Ca_2^+-Ionen und Mg_2^+-Ionen natürliches Wasser aus Erdboden und Gestein aufgenommen hat (kalkhaltige Böden), desto härter ist es. Wasser, das aus Urgesteinen oder anderen wenig verwitterten Silikaten entspringt, ist „weich". Auch Regenwasser oder das Kondenswasser industrieller Anlagen ist weich.

Die Wasserhärte gibt den Gehalt an gelösten Kalzium- und Magnesiumsalzen an.

Welche beiden Größen für Wasserhärte gab/gibt es?	Die Wasserhärte wurde früher in deutschen Härtegraden °dH gemessen und wird heute nach SI-Standard in Millimol pro Liter (mmol/l) angegeben: 1 °dH entspricht 10 mg gelöstes Kalziumoxid/Liter Wasser entspricht 0,178 mmol/l

Härtebereich	Gesamthärte in mmol/l	Gesamthärte in °dH
1 weich	bis 1,3	bis 7,3
2 mittel	1,3 – 2,5	7,3 – 14
3 hart	2,5 – 3,8	14 – 21,3
4 sehr hart	über 3,8	über 21,3

Welche negativen Folgen hat hartes Wasser für Kessel?	In Dampfkesseln setzt sich fester, harter Kesselstein ab, in erster Linie Kalziumcarbonat und Kalziumsulfat. Da dieser die Wärme schlecht leitet, tritt Überhitzung der Kesselwände ein, die dadurch schneller korrodieren. Löst sich der Stein von den überhitzten Stellen, kommt das Wasser mit der glühendem Kesselwand in Berührung und verdampft explosionsartig.

Hartes Wasser erfordert erheblichen Mehrverbrauch an Seife, da diese von den Härtebildnern als unlösliche Kalk- bzw. Magnesiumseife ausfällt und keine Waschwirkung mehr hat. Die Kalkseife setzt sich auf der Faser ab, vergilbt und verschmiert die Wäsche. Erst wenn alle Härtebildner ausgefällt worden sind, schäumt das Wasser mit Seife und entfaltet Waschwirkung. Die temporäre Härte (Carbonathärte) verschwindet beim Erhitzen, die permanente Härte (Nichtcarbonathärte) bleibt bestehen (abhängig vom Gehalt entsprechender Ionen).

Welche Folgen hat hartes Wasser für Waschvorgänge?

Wasserenthärtung
Zur Enthärtung werden Ca_2^+ und Mg_2^+ entfernt. Möglichkeiten sind:
- Durch Erhitzen: Hier wird nur die Carbonathärte beseitigt.
- Durch Ionenaustauscher (Natriumaustauscher): Das Wasser durchläuft ein Gefäß, das mit Ionenaustauscher-Kunstharzen gefüllt ist. Dabei werden die Härtebildner gegen Na^+-Ionen ausgetauscht.
- Durch Zusatz Niederschlag bildender Chemikalien, z.B. Soda. Die Niederschläge fängt man in Klärbecken auf.
- Durch Zusatz von Komplexbildnern oder löslichen Ionenaustausch-Chemikalien: Hier fällt kein Niederschlag aus, sondern die Härtebildner werden komplex oder nach Art der Ionenaustauscher gebunden. Dadurch werden sie unwirksam gegenüber Seife.

Welche Möglichkeiten der Wasserenthärtung gibt es?

Wasserverschmutzung, Wasseraufbereitung und industrielle Nutzung
Normales Wasser ist durch seine Verunreinigungen für viele Zwecke nicht geeignet. Salze, Feststoffe (Schwebstoffe) und Mikroorganismen müssen für unterschiedliche Verwendungszwecke bis zu einem gewissen Grad entfernt werden. Dazu bieten sich diverse Möglichkeiten an:
- Entkeimung: Durch Einblasen von Chlorgas (Chlorieren) oder ozonreichem Sauerstoff (Ozonieren); durch Filtration über Kies, der mit einem Bakterienrasen bedeckt ist.
- Enteisenung: durch Versprühen und Verdüsen unter Zuführung von viel Luft; das ausfallende braune Hydroxid wird durch Kiesfiltration entfernt.
- Entsäuerung zum Beispiel von überschüssiger Kohlensäure, die Rohrleitungen angreift: durch Filtration über Marmorkalk
- Desodorierung: Entfernung unangenehmer Geruchs- und Geschmacksstoffe durch Filtration über Aktivkohle
- Bestrahlung mit UV-Licht: Zerstörung von Krankheitserregern

Wie lässt sich Wasser grundsätzlich reinigen?

Trinkwasser ist aufbereitetes natürliches Wasser. Es soll klar, farb- und geruchlos, möglichst keimarm und frei von Kolibakterien sein. Auch soll es wegen des Geschmacks eine gewisse Wasserhärte aufweisen, die gleichzeitig der Austrocknung des Körpers entgegenwirkt.

Was zeichnet Trinkwasser aus?

Technisch verwendetes Wasser (Brauchwasser) findet man z.B. als:
- Waschwasser in Wäschereien,
- Kesselspeisewasser in Dampfkraftwerken,
- Kühlwasser in Kühlkreisläufen,
- Prozesswasser in verfahrenstechnischen Anlagen,
- Badewasser in Schwimmbädern.

Wofür nutzt man Brauchwasser?

5.1.2.2 Säuren, Basen, Salze

Säuren

Wie entstehen Säuren?

Löst man Nichtmetalloxide in Wasser, bilden sich Säuren. Nichtmetalloxide sind also Säureanhydride.

> Nichtmetalloxid (Säureanhydrid) + Wasser → Säure

Beispiel

SO_2 + H_2O → H_2SO_3
Schwefeldioxid + Wasser → schweflige Säure

Welche Säuren sind nicht von Oxiden abgeleitet?

Es gibt auch Säuren, die sich nicht von Oxiden ableiten lassen. Dazu gehören vor allem die Halogenwasserstoffsäuren.

Beispiele

Chlorwasserstoffsäure HCl (Salzsäure)
Fluorwasserstoffsäure HF (Flusssäure)

Welche Säuren sind von Metallen abgeleitet?

Auch von Metallen lassen sich Säuren ableiten, so weit diese Metalle Oxide mit saurem oder mit amphoterem Charakter bilden. Säure bildend sind allgemein die Metalloxide, in denen das Metall 5-, 6- oder 7-wertig ist. „Amphoter" (griechisch) bedeutet „beides", das heißt, der Stoff kann je nach dem Charakter des Reaktionspartners sowohl als Base als auch als Säure reagieren.

Charakteristischer Bestandteil aller Säuren ist der dissoziationsfähige Wasserstoff. Säuren sind Stoffe, die Protonen abgeben. Reagiert eine Säure mit Wasser, so wird ein Proton an das Wasser abgegeben.

Beispiel

$HCl + H_2O \rightarrow H_3O^+ + Cl^-$

Diese Säuren sind potenzielle Elektrolyte (Strom leitend). Wasserfreie (also 100-%ige) Schwefelsäure ist eine Flüssigkeit, die keine Ionen enthält und daher auch keine elektrische Leitfähigkeit hat. Erst beim Mischen mit Wasser entstehen Wasserstoffionen und Säurerestionen (Dissoziation). Der Grad der Dissoziation gibt an, ob es sich um eine starke oder schwache Säure handelt.

Was ist Dissoziation?

Bei allen Säuren, die mehrere Wasserstoffatome im Molekül besitzen (so genannte mehrwertige Säuren) erfolgt die Dissoziation in mehreren Stufen.

Beispiel: Phosphorsäure

$H_3PO_4 \rightarrow H^+ + H_2PO_4^-$
$H_2PO_4^- \rightarrow H^+ + HPO_4^{2-}$
$HPO_4^{2-} \rightarrow H^+ + PO_4^{3-}$

Die Wasserstoffionen rufen die typischen Eigenschaften der Säuren hervor. Hierauf beruht auch der Nachweis von Säuren mit Indikatoren. Säuren färben Lackmus rot (siehe Indikatoren).

Wie weist man Säuren nach?

Basen

Basen sind Stoffe, die mit Säuren Salze bilden können. Die Basen sind für die Säuren die Grundlage (Basis) der Salzbildung. Alle Metalle können Basen (Metallhydroxide) bilden. Die wässrigen Lösungen von Basen werden als Laugen bezeichnet.

Was sind Basen, was sind Laugen?

Beispiele

Natriumhydroxid (Ätznatron) NaOH; wässrige Lösung: Natronlauge
Kaliumhydroxid (Ätzkali) KOH; wässrige Lösung: Kalilauge

Basen können aus Metalloxiden und Wasser entstehen. Die Metalloxide lassen sich daher als Basenanhydride auffassen.

Wie entstehen Basen?

Metalloxid (Basenanhydrid) + Wasser → Base (Metallhydroxid)

Beispiel

CaO + H_2O → $Ca(OH)_2$
Kalziumoxid (gebrannter Kalk) + Wasser → Kalziumhydroxid (gelöschter Kalk)

Sehr unedle Metalle setzen sich mit Wasser direkt zu Basen um.
Unedles Metall + Wasser → Base (Metallhydroxid) + Wasserstoff

Wie reagieren sehr unedle Metalle?

Beispiel

$2\,Na + 2\,H_2O \rightarrow 2\,NaOH + H_2$

Charakteristischer Bestandteil aller Basen ist die dissoziationsfähige Hydroxidgruppe „–OH". Basen sind chemische Verbindungen, die in der Schmelze oder in wässrigen Lösungen in positive Metallionen und negative Hydroxidionen OH^- dissoziieren. Laugen leiten den elektrischen Strom. Der Grad der Dissoziation gibt an, ob es sich um eine starke oder schwache Base handelt:

Was ist der charakteristische Bestandteil einer Base?

$MeOH \rightleftarrows Me^+ + OH^-$

Beispiele

$NaOH \rightleftarrows Na^+ + OH^-$
$Ca(OH)_2 \rightleftarrows Ca^{2+} + 2\,OH^-$

Die Dissoziationsgleichungen werden mit Doppelpfeilen geschrieben, da es sich um Gleichgewichtsvorgänge handelt.

Was ruft die typischen Eigenschaften einer Base hervor?

 Die typischen Eigenschaften der Basen und der Laugen werden von den Hydroxidionen OH⁻ hervorgerufen. Hierauf beruht auch der Nachweis von Laugen mithilfe von Indikatoren. Laugen färben Lackmus blau (siehe Indikatoren).

Salze und Neutralisation

Werden äquivalente Mengen einer starken Säure und einer starken Lauge miteinander gemischt, reagiert die entstehende Lösung weder sauer noch basisch, sondern neutral. Eine derartige Reaktion wird als Neutralisation bezeichnet. Die **Neutralisation** ist eine Reaktion zwischen einer Säure und einer Base, bei der ein Salz und Wasser entstehen.

Was versteht man unter Neutralisation?

Base (Metallhydroxid) + Säure → Salz + Wasser

Beispiele

$2\ KOH + H_2SO_4 \rightarrow K_2SO_4 + 2\ H_2O$
$NaOH + HCl \rightarrow NaCl + H_2O$ (NaCl = Kochsalz)

Weitere Arten der Salzbildung sind:
- Metalloxid (Basenanhydrid) + Säure → Salz + Wasser
  zum Beispiel: $CuO + H_2SO_4 \rightarrow CuSO_4 + H_2O$
- Metall + Säure → Salz + Wasserstoff
  zum Beispiel:
  $Zn + 2\ HCl \rightarrow ZnCl_2 + H_2$
  $Fe + H_2SO_4 \rightarrow FeSO_4 + H_2$
- Base + Nichtmetalloxid (Säureanhydrid) → Salz + Wasser
  zum Beispiel: $Ca(OH)_2 + CO_2 \rightarrow CaCO_3 + H_2O$
- Metall + Nichtmetall → Salz
  zum Beispiel: $2\ Na + Cl_2 \rightarrow 2\ NaCl$

Woraus bestehen Salze?

 Nach ihrer allgemeinen Zusammensetzung kann man sagen: Salze bestehen aus Metall und Säurerest.

Salze sind Verbindungen, die in der Schmelze und in wässrigen Lösungen in positive Metallionen (oder Ammoniumionen) und negative Säurerestionen dissoziieren.

Beispiele

$K_2CO_3 \rightleftharpoons 2\ K^+ + CO_3^{2-}$
$Al_2(SO_4)_3 \rightleftharpoons 2\ Al^{3+} + 3\ SO_4^{2-}$
$NH_4Cl \rightleftharpoons NH_4^+ + Cl^-$

Wichtige Salze

Säure	Name der Salze	Beispiel
Salzsäure	Chloride	NaCl (Natriumchlorid = Kochsalz)
Schwefelsäure	Sulfate	$CaSO_4$ (Calciumsulfat = Gips)
Kohlensäure	Carbonate	$CaCO_3$ (Calciumcarbonat = Kalkstein)
Phosphorsäure	Phosphate	$Ca_3(PO_4)_2$ (Calciumphosphat)
Salpetersäure	Nitrate	KNO_3 (Kaliumnitrat = Salpeter)

Indikatoren und pH-Wert

Der pH-Wert ist der negative dekadische Logarithmus der Konzentration der Wasserstoffionen. Er ist ein Maß für den schwach sauren oder schwach basischen Charakter von wässrigen Lösungen. Lösungen mit pH-Wert ‹ 7 reagieren sauer, Lösungen mit pH-Wert = 7 neutral und Lösungen mit pH-Wert › 7 reagieren basisch. Wichtig ist die Kenntnis der Konzentration, weil z. B. die aus der Säure-Base-Reihe bekannte starke Schwefelsäure bei sehr großer Verdünnung nicht mehr sauer schmecken und einen pH-Wert nahe 7 zeigen würde.

Wie ist der pH-Wert definiert, was gibt er an?

Der pH-Wert von Lösungen kann elektrochemisch oder durch Indikatoren bestimmt werden. Indikatoren sind Farbstoffe, die in einem bestimmten pH-Bereich ihre Farbe verändern:

Bezeichnung	Farbe bei niedrigerem pH-Wert	pH-Bereich des Farbumschlages	Farbe bei höherem pH-Wert
Phenolphtalein	farblos	8,2 – 10,0	rot
Bromthymolblau	gelb	6,0 – 7,6	blau
Lackmus	rot	5,0 – 8,0	blau

Schutzmaßnahmen für Mensch und Umwelt

Die Gefährlichkeit von Säuren und Basen ist abhängig von der Freisetzung von H^+- bzw. OH^--Ionen. Da die menschliche Haut nie ganz trocken ist, werden bei Kontakt die gefährlichen Ionen freigesetzt. Konzentrierte sauerstoffhaltige Säuren (z. B. H_2SO_4 Schwefelsäure) wirken als starke Oxidationsmittel. Es muss also darauf geachtet werden, welche Materialien damit in Verbindung kommen und eventuell zerstört werden können.

Säuren und Laugen sind Gifte. Deshalb sind stets die Sicherheitsvorschriften bzw. die Unfallverhütungsvorschriften zu beachten und die Mitarbeiter in regelmäßigen Abständen darauf hinzuweisen.

Worauf ist beim Umgang mit Säuren und Laugen immer und sorgfältig zu achten?

Beim Umgang mit diesen Stoffen ist grundsätzlich darauf zu achten, dass Schutzausrüstung (Schutzbrille, Handschuhe) getragen wird, Behälter richtig und leserlich beschriftet sind, stets die Konzentrationen angegeben werden und eine sichere Aufbewahrung erfolgt. Säuren wirken ätzend, greifen die Haut an und sollten nicht in die Augen gebracht werden. Bei Kontakt ist sofortige und intensive Reinigung vorzunehmen. Sie zerfressen auch Textilien und zerstören unedle Metalle (Korrosion). Eine mögliche Schutzmaßnahme ist Einfetten.

In welcher Reihenfolge mischt man Säuren/Laugen mit Wasser?

 Beim Verdünnen einer Säure beziehungsweise Lauge durch Wasser soll immer in das Wasser hineingeschüttet werden.

Beim Verdünnen wird sehr viel Wärme freigesetzt. Die beteiligten Stoffe reagieren durch Spritzen, da ein lokaler Wärmestrom entsteht. Alte Schulweisheit: „Gieß' nie Wasser in die Säure, sonst geschieht das Ungeheure."

Die Umweltgesetze (z. B. Bundesimmissionsschutzgesetz) fordern eine Vermeidung bzw. möglichst umweltverträgliche Entsorgung gefährlicher/schädlicher Stoffe. Diese treten in fester, flüssiger oder gasförmiger Form in Produktionsrückständen auf. Schweflige Säure führt zu saurem Regen. Der Einbau von Filtern bzw. Reinigungsanlagen sind Möglichkeiten, dies zu verhindern. Durch den natürlichen Wasserkreislauf „Verdunsten – Regnen – Verdunsten" können Schäden sehr häufig nicht lokal begrenzt werden.

Industrielle Nutzung von Säuren, Basen und Salzen

Säuren, Basen und Salze werden auf vielfältige Weise in der Industrie genutzt. Säuren und Basen dienen z. B. als Beizmittel (Vorbehandlung von Oberflächen vor dem Feuerverzinken oder als Haftgrund für Anstriche), zur Schädlingsbekämpfung und zur Reinigung verschiedener Metalle (Bildung einer Oxidschicht). Ist es notwendig, organische Stoffe zu entfernen, kann man heiße konzentrierte Salpetersäure verwenden, die diese zerstört. Mischt man konzentrierte Salpetersäure HNO_3 und konzentrierte Salzsäure HCl (Verhältnis 1:3), erhält man Königswasser, das besonders stark oxidierend wirkt und sogar Gold auflöst. Salzschmelzen werden zur Härtesteigerung von Stahl als Abschreckmittel verwendet.

Wozu werden Säuren und Basen in erster Linie technologisch genutzt?

5.1.3 Auswirkungen des Temperatureinflusses auf Material und Fertigungsprozess

Wie kommt Wärme zu Stande?

Was ist die Wärmemenge?

5.1.3.1 Wärmemenge, Allgemeine Gasgleichung, Temperatureinflüsse

Jeder Stoff besteht aus Molekülen bzw. Atomen. Je wärmer ein Stoff ist, desto größer ist die Intensität der Bewegung der Teilchen (Brown'sche Molekularbewegung) und desto mehr Platz benötigen sie. Soll die Temperatur eines Körpers erhöht oder gesenkt werden, muss eine bestimmte Wärmemenge zu- bzw. abgeführt werden. Es besteht eine proportionale Beziehung zwischen der Wärmemenge und der Temperaturänderung.

Berechnung der Wärmemenge

Verwendete Formelzeichen:

ΔQ = Wärmemenge (Einheit: Joule J)
ΔT = Temperaturänderung
C_W = Proportionalitätsfaktor
m = Masse
c = spezifische Wärmekapazität

$\Delta Q = C_W \cdot \Delta T$ (Proportionalität)
$C_W = c \cdot m$

$$c = \frac{C_W}{m}$$

daraus folgt: $\Delta Q = m \cdot c \cdot \Delta T$

Wärme und Temperatur: Führt man zwei verschiedenen Körpern die gleiche Wärmemenge zu, steigen die Temperaturen in den Materialien unterschiedlich schnell.

Gase (Gasvolumen) dehnen sich bei einer Temperaturerhöhung aus. Eingeschlossene Gase haben bereits von sich aus einen absoluten Druck. Er entsteht durch die Zusammenstöße der beweglichen Moleküle.

Mit welchen beiden Grundgesetzen werden Gase berechnet und wie lauten sie?

> Gesetz von Boyle-Mariotte: $V_1 \cdot p_1 = V_2 \cdot p_2$, T = const

Das Produkt aus Volumen und Druck ist in einem abgeschlossenen Gas immer konstant. Eine konstante Temperatur lässt sich immer dann erreichen, wenn man die Zustandsänderung so langsam durchführt, dass eine auftretende Temperaturänderung sofort durch die Außentemperatur ausgeglichen werden kann.

> Gesetze von Gay-Lussac
> (Hier muss mit absoluten Temperaturen, d.h. in Kelvin-Einheiten!, gerechnet werden.)
>
> Volumengesetz: $\dfrac{V_2}{V_1} = \dfrac{T_2}{T_1}$ bei p = const
>
> Druckgesetz: $\dfrac{P_2}{P_1} = \dfrac{T_2}{T_1}$ bei V = const

Verbindet man die Gesetze von Gay-Lussac mit Boyle-Mariotte erhält man die allgemeine Gasgleichung. Man wendet sie immer dann an, wenn sich beim Wechsel des Gaszustandes alle drei Größen des Gases gleichzeitig ändern.

Wie fügen sich die beiden Grundgesetze zur allgemeinen Gasgleichung zusammen?

> Allgemeine Gasgleichung: $\dfrac{V_1 \cdot p_1}{T_1} = \dfrac{V_2 \cdot p_2}{T_2}$

Konzequenzen des Temperaturverhaltens bei technischen Prozessen

Verändern sich Materialien auf Grund unterschiedlicher Temperaturen, muss dies bei der Herstellung und auch bei der Funktionsfähigkeit der Erzeugnisse berücksichtigt werden. Roh-, Hilfs- und Betriebsstoffe, aber auch Maschinen, Werkzeuge, Messmittel und die Produktionsverfahren sind im Hinblick auf Temperatureinflüsse entsprechend auszuwählen. Dazu nachfolgend einige wenige Beispiele.

Beispiele

- Materialien ziehen sich beim Abkühlen zusammen. Dieses „Schwinden" muss im Vorfeld berechnet werden, um geforderte Maße einhalten zu können.
- Kann sich ein fester Körper bei Temperaturänderungen nicht ausdehnen bzw. zusammenziehen, kann es zu Wärmespannungen kommen, die Beschädigungen

Beispiel für die Auswirkung von Temperatur in technischen Prozessen

hervorrufen. Man muss z.B. Dehnungsfugen oder Ausdehnungsbögen einbauen.
- Werden Materialien dicht miteinander verbunden, kann dieser Zustand nur erhalten werden, wenn die Stoffe die gleiche Wärmeausdehnung aufweisen (z.B. Stahl und Beton).
- Die unterschiedliche Längenausdehnung von z.B. Metallen (Bimetall) kann man zum Öffnen/Schließen von Schaltkreisen nutzen (Überhitzungsschutz).

Ausnahme: Wasser

Was versteht man unter Anomalie des Wassers?

Mit der Anomalie des Wassers wird bezeichnet, dass Wasser bei 4 °C seine größte Dichte hat. Gefriert es, dehnt es sich aus (mit Wasser gefüllte Flaschen platzen im Gefrierfach).

5.1.3.2 Maß- und Zustandsveränderungen

Messverfahren

Temperatur beschreibt den Wärmezustand eines Körpers. Sie wird mithilfe von Thermometern gemessen. Es gibt mehrere Einheiten:

Welche Gradskalen gibt es?
- Grad-Celsius-Skala: 0 °C beim Gefrierpunkt von Wasser, 100 °C beim Siedepunkt von Wasser,
- Kelvin-Skala: Beginn im absoluten Nullpunkt (−273,15 °C), an dem keine Molekularbewegung mehr stattfindet,
- Fahrenheit-Skala: Nullpunkt bei −18 °C, dem Siedepunkt von Wasser entsprechen 180 °F. Umrechnung: 0 °Celsius entsprechen 32 °Fahrenheit. Das Verhältnis von Celsius zu Fahrenheit ist 5:9.

Die Änderung der Länge von Körpern wird z.B. mit einem Meterstab oder einem Messschieber festgestellt. Da auch die Raumausdehnung eine Längenausdehnung in verschiedene Richtungen darstellt, können dafür diese Messmittel verwendet werden.

Die Ausdehnung von Gasen (Druck steigt in einem Behälter), kann mit Manometern (Plattenfeder- oder Röhrenfedermanometer) gemessen werden.

Längen- und Volumenänderung

Die Volumenvergrößerung fester Stoffe ist bei Erwärmung nur sehr gering. Bei lang gestreckten festen Körpern wird die Wärmedehnung in der Längsrichtung als Längsausdehnung bezeichnet.

Wie ist der Längenausdehnungskoeffizient definiert?

 Die in m gemessene Längenänderung eines Stabes von einem Meter Länge bei 0 °C nach Erwärmung um 1 K = 1 °C bezeichnet man als Längenausdehnungskoeffizienten α.

Längenzunahme nach Erwärmung: $\Delta l = l_0 \cdot \alpha \cdot T$

Länge nach Erwärmung: $l = l_0 (1 + \alpha \cdot T)$

Relative Längenänderung: $\dfrac{\Delta l}{l_0} = \alpha \cdot T$

(l in m, α in 1/K = 1/°C und T in °C)

Beispiele für Längenausdehnungskoeffizienten

Stahl: $\alpha = 1{,}2 \cdot 10^{-5}$ 1/K, Aluminium: $\alpha = 2{,}37 \cdot 10^{-5}$ 1/K, Zink: $\alpha = 2{,}9 \cdot 10^{-5}$ 1/K

Die Zunahme des Volumens eines festen Körpers ergibt sich aus der Längenzunahme, die in Richtung der Länge, Breite und Höhe erfolgt. Die in m³ gemessene Volumenänderung eines Körpers von 1 m³ Rauminhalt bei 0 °C nach Erwärmung um 1 K = 1 °C wird berechnet mit dem Dreifachen des Längenausdehnungskoeffizienten α:

Wie gelangt man zur Bestimmung von Volumenausdehnung?

Volumenzunahme nach Erwärmung: $\Delta V = V_0 \cdot 3\alpha \cdot T$
Volumen nach Erwärmung: $V = V_0 (1 + 3\alpha \cdot T)$
Relative Volumenänderung: $\dfrac{\Delta V}{V_0} = 3\alpha \cdot T$

(V in m³, α in 1/K = 1/°C und T in °C)

Aggregatzustand

Die Raumausdehnung bei Flüssigkeiten ist größer als bei festen Körpern. Bei Gasen ist sie noch höher.

Es gibt die vier bekannten Aggregatzustände: fest, flüssig, gasförmig, Plasma. Führt man einem festen Stoff Wärme zu, geht er im Schmelzpunkt in den flüssigen Zustand über. Im Siedepunkt erfolgt der Übergang vom flüssigen in den gasförmigen Zustand. Die Plasmaphase kann durch eine Erhöhung der Temperatur um mehrere Tausend Grad Celsius erreicht werden. Elektronen und Ionen können sich in diesem Zustand unabhängig voneinander bewegen.

Welche sind die vier Aggregatzustände?

Schwindet das Volumen eines Stoffes bei Abnahme der Temperatur (**Schwindung**), muss das Schwindmaß berücksichtigt werden (siehe Beispiele in 5.1.3.1). Dies ist vor allem in Gießereien der Fall. Auch auf Wärmespannung wurde in den Beispielen von Abschnitt 5.1.3.1 schon kurz eingegangen.

5.1.3.3 Wärmeleitung, -strahlung, -strömung, -verluste, -dämmung

Bei der Wärmeübertragung unterscheidet man die
- Wärmeleitung,
- Wärmeströmung und
- Wärmestrahlung,

Welche Formen der Wämeübertragung unterscheidet man?

zur Erläuterung siehe die Übersicht auf der folgenden Seite. Wärmeenergie kann ohne zusätzlichen Energieaufwand nur von einem Körper mit höherer Temperatur auf einen Körper mit niedrigerer Temperatur übertragen werden.

Wärmeverluste und Wärmedämmung

Da Gase schlechte Wärmeleiter sind, werden häufig Stoffe mit Hohlräumen (Ziegel, Glaswollmatten) zur Wärmedämmung verwendet, damit die Wärmeverluste eingeschränkt werden. Wie effektiv eine Wärmedämmung ist, hängt von Dämmmaterial und der Dicke der Dämmschicht ab. Schlechte Wärmeleiter sind als Isolatoren geeignet, z. B. Polystyrol. Die Isolierung kann auch dazu dienen, dass sich ein Stoff (z. B. Gebäude im Sommer) nicht so aufheizen kann.

Womit reagiert man technisch, um Wärmeübertragung (in die eine oder andere Richtung) zu minimieren?

Die Wärmeübertragungsarten

Wärmeleitung

Stoffe unterscheiden sich in der Wärmeleitfähigkeit sehr stark. Metalle, z.B. Kupfer, haben eine sehr gute Leitfähigkeit, Wasser ist ein schlechter Wärmeleiter. Gase besitzen ebenfalls eine schlechte Leitfähigkeit. Die Übertragung der Wärmemenge erfolgt durch direkte Berührung benachbarter Teilchen, z.B. von Molekülen in festen Körpern, Flüssigkeiten, Gasen oder Dämpfen. Ein guter Wärmeleiter erwärmt sich schnell und gibt die Wärme auch schnell wieder ab (z.B. Lötkolben). Die Wärmeleitfähigkeit eines Stoffes wird durch die Größe λ ausgedrückt (siehe Tabellenbuch).

Wärmestrahlung

Die Energie wird von einem Stoff zum anderen übertragen, ohne dass dazu Materie notwendig ist (berührungsfreie Wärmeübertragung). Die Strahlung der Sonne zur Erde ist dafür ein typisches Beispiel. Die Atmosphäre dazwischen bleibt kalt. Die Wärmeübertragung geschieht in Form von elektromagnetischer Strahlung. Thermische Energie wird von festen Körpern oder Gasen ausgesandt, trifft auf Körper auf, die diese Energie absorbieren und in Wärme umwandeln. Dunkle Flächen strahlen bei gleicher Temperatur mehr Wärme aus als helle Flächen.

Wärmeströmung (Konvektion)

Die Wärmeströmung geschieht an den Begrenzungen von Flüssigkeiten oder Gasen. Die stofflichen Teilchen müssen dabei ihre Lage zueinander verändern. Die Übertragung der Wärme erfolgt von Teilchen zu Teilchen. An den Grenzflächen der Flüssigkeiten bzw. der Gase werden die unterschiedlichen Temperaturbereiche ausgeglichen.

Brennwert und Heizwert

Wird ein Stoff verbrannt, muss ein Teil der Energie dafür aufgebracht werden, das im Brennstoff enthaltene oder beim Verbrennungsprozess entstehende Wasser zu verdampfen.

Wie ist der Brennwert definiert?

Der Brennwert H_o (oberer Heizwert) ist die gesamte spezifische Verbrennungswärme, die ein Stoff bei seiner Verbrennung abgibt. Zieht man die Verdampfungswärme des Wassers ab, erhält man den Heizwert H_u (unterer Heizwert). Die Maßeinheit für den Brennwert/Heizwert von festen und flüssigen Körpern ist kJ/kg. Bei Gasen wird die Einheit kJ/m³ verwendet.

> Die Verbrennungswärme einer bestimmten Menge m eines Stoffes wird berechnet mit: $Q = m \cdot H$

5.1.4 Bewegungsvorgänge bei mechanischen Bauteilen

Bewegung an Maschinen

Durch die Festlegung bestimmter Bewegungsarten in der Fertigung kann man Verschleiß reduzieren und Geräusch- und andere Störfaktoren minimieren. Außerdem wird dadurch die Lebensdauer von mechanischen Bauteilen beeinflusst. Bewegliche Teile unterliegen einer bestimmten Reibung. Das kann zu Materialverschleiß, Unwucht und Materialermüdung führen.

5.1.4.1 Bewegungsarten, Beschleunigung, Verzögerung

Welche Grundformen von Bewegung sind zu unterscheiden?

Man unterscheidet zwischen geradlinigen und kreisförmigen Bewegungen. Bei der geradlinigen Bewegung (Translation) bleibt die Richtung konstant. Beispiele für kreisförmige Bewegungen (Rotation) findet man sehr häufig in der maschinellen Fertigung, z.B. Zahnräder oder Riemenscheiben. Ein rollender Ball weist beide Bewegungsarten auf.

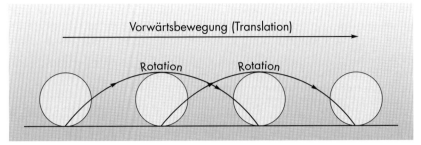

Abb. 5.8: Translations- und Rotationsbewegung beim rollenden Ball

 Mit Geschwindigkeit bezeichnet man den in einer Zeiteinheit zurückgelegten Weg. Die Drehzahl bei Drehbewegungen wird in Umdrehungen pro Minute angegeben.

<small>Wie ist Geschwindigkeit definiert?</small>

Ändert sich die Geschwindigkeit pro Zeiteinheit oder die Richtung, spricht man von Beschleunigung. Nimmt die Geschwindigkeit ab, spricht man von negativer Beschleunigung oder Verzögerung.

<small>Was meint Beschleunigung?</small>

Bei einer gleichförmigen Bewegung ist die Geschwindigkeit konstant, bei einer ungleichförmigen Bewegung ändert der Körper seine Geschwindigkeit. Das Thema wird ausführlicher in Abschnitt 5.3.2 weiter behandelt.

5.1.4.2 Kräfte und Reibung

Eine Kraft kann einen Körper verformen oder seinen Bewegungszustand ändern. Die Kraft ist eine abgeleitete Größe, ihre Einheit 1 Newton (1 N). Die Kraft 1 N kann die Masse von 1 kg um 1 m/s in 1 s beschleunigen.

<small>Was kann eine Kraft bei einem Körper bewirken?</small>

 Soll ein Körper mit Masse m beschleunigt werden mit der Beschleunigung a, ist dafür eine Kraft F aufzuwenden. Hierfür gilt: $F = m \cdot a$

Kraftvektoren: Zur vollständigen Beschreibung einer Kraftgröße ist neben dem Kraftbetrag auch noch die Angabe des Kraftangriffspunkts und der Kraftrichtung notwendig. Die Kraftgröße ist ein Vektor.

<small>Was ist ein Vektor?</small>

Kraftübertragung: Überträgt man eine Kraft durch eine Stange oder durch ein Seil, so wird lediglich der Angriffspunkt verlagert, Betrag und Richtung bleiben gleich. Bei der Übertragung durch eine feste Rolle mit Seil wird der Angriffspunkt verlagert, die Richtung umgekehrt und der Betrag bleibt gleich.

<small>Was ist bloße Kraftübertragung?</small>

Gleichgewicht von Kräften: Zwei entgegengesetzt gerichtete Kräfte mit gleichen Beträgen sind im Gleichgewicht. Wird ein Körper gleichförmig gehoben, gesenkt oder unbewegt gehalten, so ist die aufwärts gerichtete Kraft mit der Gewichtskraft im Gleichgewicht.

<small>Wann herrscht Kräftegleichgewicht?</small>

Mehrere Kräfte mit gemeinsamem Angriffspunkt

Bei der Zusammensetzung zweier gleich (entgegengesetzt) gerichteter Kräfte mit demselben Angriffspunkt ist der Betrag der resultierenden Kraft (sie ist das „Resultat" der angreifenden Kräfte) gleich der Summe (Differenz) der Teilkräfte.

<small>Was ist eine resultierende Kraft?</small>

Wie ermittelt man resultierende Kräfte?

Bei den gleich gerichteten Kräften ist die Richtung der resultierenden Kraft gleich der Richtung der Teilkräfte. Bei den entgegengesetzten Kräften ist die Richtung der resultierenden Kraft gleich der Richtung der größeren Teilkraft. Bei der Zusammensetzung zweier Kräfte mit demselben Angriffspunkt, aber mit verschiedenen Richtungen lassen sich Betrag und Richtung der resultierenden Kraft durch den Diagonalpfeil im Kräfteparallelogramm darstellen, der vom Angriffspunkt ausgeht (alle drei Fälle sind in Abb. 5.9 veranschaulicht).

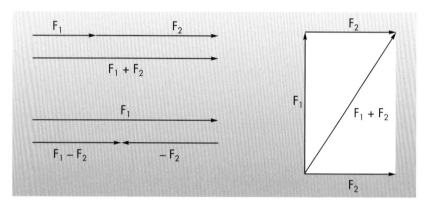

Abb. 5.9: Die drei Möglichkeiten des Wirkens zweier Kräfte

Kräftepolygon

Greifen mehr als zwei Kräfte in verschiedenen Richtungen an einem Angriffspunkt an, setzt man die Kräftevektoren unter Beibehaltung ihrer Richtungen aneinander und erhält ein Kräftepolygon. Die resultierende Kraft zeigt vom Angriffspunkt bis zur Spitze der letzten Kraftkomponente. Diese Art der Bestimmung resultierender Kräfte nennt man in der Technik einen Kräfteplan.

Was ist ein Kräfteplan?

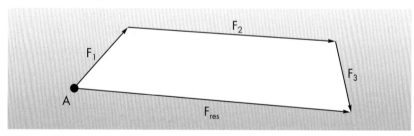

Abb. 5.10: Kräftepolygon

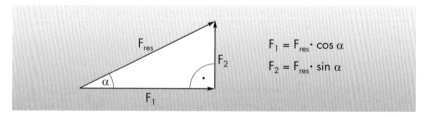

$F_1 = F_{res} \cdot \cos \alpha$
$F_2 = F_{res} \cdot \sin \alpha$

Abb. 5.11: Zusammenhang von Teilkräften und resultierender Kraft

Schiefe Ebene

Statt einen schweren Körper senkrecht hochzuheben, kann man ihn auf einer geneigten Unterlage (schiefe Ebene) hochziehen. Dadurch wird der Kraftaufwand verringert, der Verschiebungsweg aber länger. Eine schiefe Ebene kann geometrisch als Dreieck dargestellt werden und ist durch die Bahnlänge l, die Höhe h und die Basislänge b bzw. durch den Neigungswinkel α gekennzeichnet. Die Gewichtskraft F_G eines auf der schiefen Ebene befindlichen Körpers ist die resultierende Kraft aus der Hangabtriebskraft F_H und der Normalkraft F_N. Die Beträge der Kraftkomponenten erhält man aus den Formeln:

Hangabtriebskraft: $F_H = F_G \cdot \sin \alpha$
Normalkraft: $F_N = F_G \cdot \cos \alpha$

Die Normalkraft F_N ist die Kraft, mit der der Körper senkrecht auf die Unterlage gedrückt wird. F_H ist parallel zum Hang.

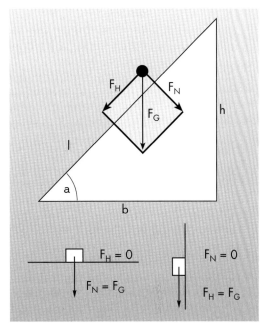

Abb. 5.12: Kräfte bei der schiefen Ebene

Flaschenzug

Auch ein Flaschenzug ist eine Möglichkeit, die Kraftbeträge beim Heben von Lasten zu verringern. Er besteht aus einer Anzahl von n festen und n losen Rollen, die über ein Seil miteinander verbunden sind. Bei der dargestellten Anordnung gilt für die Zugkraft F_Z:

$$F_Z = \frac{F_G}{2n}$$

Hooke'sches Gesetz

Lässt man eine Kraft am freien Ende einer elastischen Schraubenfeder wirken, und zwar in Richtung der Federachse, stellt man durch Messungen fest, dass der Federauszug s proportional zur Größe der Kraft F ist. Mit der Federkonstante D als Proportionalitätsfaktor ergibt sich daraus

$F = D \cdot s$

Die Federkonstante D ist ein Maß für die Härte einer Feder. Sie hat die Einheit 1 N/m. Das Hooke'sche Gesetz gilt nur für den elastischen Bereich der Feder, ebenso auch für andere elastische Körper, z.B. Gummibänder oder Stahldrähte.

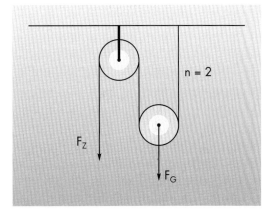

Abb. 5.13: Prinzip des Flaschenzugs

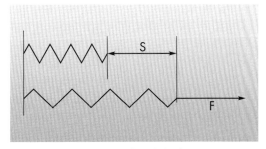

Abb. 5.14: Auslenkung durch Federkraft

Reibung

Welche drei Arten von Reibung sind zu unterscheiden?

Man unterscheidet verschiedene Arten der Reibung:
- Haftreibung: Sie tritt auf, wenn ein Körper ruht und eine Kraft ihn zu bewegen versucht. Erst nach Überwindung des Haftreibungswiderstands fängt der Körper an, sich zu bewegen. Dieser Widerstand ist bedeutend größer als der Reibungswiderstand, der dann noch während der Bewegung – beim Gleiten oder Rollen – zu überwinden ist.
- Gleitreibung: Sie tritt auf, wenn man einen Körper auf der Unterlage gleitend verschiebt (z. B. einen Schlitten).
- Rollreibung: Sie tritt auf, wenn die Last auf rollenden Rädern fortbewegt wird (z. B. bei Wagen).

Die Reibungskraft F_R ist die Widerstandskraft, die sich der Verschiebung eines Körpers auf seiner Unterlage entgegensetzt.

Wovon hängt die Größe der Reibung ab? F_R hängt von der Beschaffenheit der Oberfläche des Körpers und der Unterlage ab, jedoch nicht von der Größe der reibenden Flächen.

Der Körper gleitet mit konstanter Geschwindigkeit, wenn die Zugkraft der Reibungskraft entspricht. Die Reibungskraft ist proportional zur Normalkraft, der Proportionalitätsfaktor ist μ. Reibungskraft: $F_R = \mu \cdot F_N$

Beispiele von Reibungszahlen:

	Gleitreibungszahl	Haftreibungszahl
Stahl auf Stahl	0,100	0,150
Stahl auf Eis	0,014	0,027
Holz auf Holz	0,5	0,58

Rollreibungszahlen – Stahlkugel auf Stahl: 0,0001
Holz auf Holz: 0,02

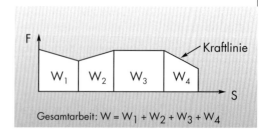

Abb. 5.15: Zusammenhang der Kräfte mit Reibung

5.1.4.3 Arbeit und Energie
Arbeit wird immer dann verrichtet, wenn ein Körper unter dem Einfluss einer Kraft entlang der Wirkungslinie dieser Kraft verschoben wird.

Mechanische Arbeit
ist Kraft mal Weg, also $W = F \cdot s$
mit den Einheiten J bzw. Nm = N · m.
Mechanische Arbeit lässt sich grafisch in einem Kraft-Weg-Diagramm darstellen (Abb. 5.16). Die Fläche unterhalb der Kraftlinie entspricht der verrichteten mechanischen Arbeit. Hier wird eine Kraft gezeigt, die über bestimmte Strecken konstant bzw. veränderlich ist.

Gesamtarbeit: $W = W_1 + W_2 + W_3 + W_4$

Abb. 5.16: Kraft-Weg-Diagramm

Es darf bei der Berechnung der mechanischen Arbeit nur die zum Weg parallel gerichtete Kraftkomponente (Wirkkomponente) eingesetzt werden.

Welche Kraft trägt zur Arbeit längs einer Strecke bei?

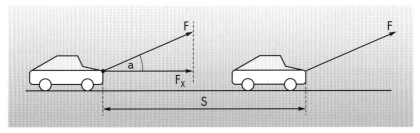

Abb. 5.17: Berücksichtigung der waagerechten Kraftkomponente

Sind zur Berechnung der mechanischen Arbeit zur Fortbewegung des Wagens F, α und s gegeben, muss F_x ermittelt werden, da diese Kraft parallel zum Weg wirkt: $W = F_x \cdot s = F \cdot \cos \alpha \cdot s$.

Energie ist die Fähigkeit, Arbeit zu verrichten. Lässt man mechanische Arbeit auf ein System wirken, z. B. durch Heben, wird die Energie des Systems um den Betrag der zugeführten Arbeit größer. Ein in die Höhe gezogener Betonklotz kann anschließend, wenn er wieder herunterfällt, mechanische Arbeit verrichten. Er kann zum Beispiel Schrott zusammenpressen.

Was versteht man grundsätzlich unter Energie?

Die verschiedenen Energiearten (z. B. chemische Energie, elektrische Energie, mechanische Energie, Wärmeenergie) können von einer Art in die andere umgewandelt werden, wobei sich an den Beträgen nichts ändert (Energieäquivalenz). Man ordnet den Energiearten zur Unterscheidung Energieeinheiten zu:

Welche Energiearten gibt es?

- Elektrische Energie: Ws, kWs (Wattsekunde, Kilowattstunde),
- Mechanische Energie: Nm, J (Newtonmeter, Joule),
- Wärmeenergie: J (Joule).

Energieäquivalenz/Energiesatz: 1 J = 1 Nm = 1 Ws

Beschleunigungsarbeit

Wird ein Körper ohne Reibung auf einer horizontalen Bahn beschleunigt, gilt für die Beschleunigungsarbeit:

Mechanische Arbeit $W = F \cdot s$

Beschleunigung bei einer gleichmäßig beschleunigten Bewegung $a = \dfrac{v^2}{2 \cdot s}$

Daraus folgt: Beschleunigungsarbeit

$$W = F \cdot s = m \cdot a \cdot s = m \cdot \frac{v^2}{2 \cdot s} \cdot s = \frac{m}{2} \cdot v^2 = \frac{1}{2} m \cdot v^2$$

Wird ein Körper von einer bestimmten Geschwindigkeit auf eine andere Geschwindigkeit beschleunigt, muss für v die Differenz der Geschwindigkeiten eingesetzt werden. Am Ende des Bewegungsvorganges hat sich die Energie des beschleunigten Körpers um den Betrag der Beschleunigungsarbeit erhöht. Diese Energie bezeichnet man als Bewegungsenergie oder als kinetische Energie.

Wann tritt Beschleunigungsarbeit auf?

$W_{kin} = \dfrac{1}{2} \cdot m \cdot v^2$ Einheiten: $kg \cdot \dfrac{m^2}{s^2} = \dfrac{kg \cdot m}{s^2} \cdot m = Nm$

Hubarbeit

Hubarbeit wird verrichtet, wenn ein Körper senkrecht um die Höhe h mit konstanter Geschwindigkeit hochgehoben wird. Die Zugkraft F hat denselben Betrag wie die Gewichtskraft F_G.

 Der Körper besitzt die Energie der Lage, auch potenzielle Energie genannt.

Hubarbeit: $\quad W_h = F \cdot h$
Potenzielle Energie: $\quad W_{pot} = F_G \cdot h = m \cdot g \cdot h$

Reibungsarbeit

Dient eine konstante Zugkraft dazu, einen horizontal bewegten Körper auf konstanter Geschwindigkeit zu halten, ist der Betrag der Zugkraft gleich dem Betrag der Reibungskraft. Die Zugkraft verrichtet Reibungsarbeit. Die Reibungszahl μ ist abhängig davon einzusetzen, ob es sich um Gleit-, Roll- oder Haftreibung handelt.

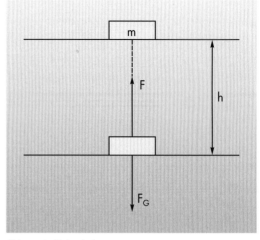

Abb. 5.18: Hubarbeit

Berechnung der Reibungsarbeit:
$$W = F_R \cdot s = m \cdot g \cdot \mu \cdot s$$

Beispiel

Ein Körper mit der Masse 75 kg soll 40 m weit mit konstanter Geschwindigkeit auf horizontaler Bahn gezogen werden, wobei die Reibungszahl 0,25 beträgt (Lösungen nebenstehend).

Wird an einem Körper Reibungsarbeit verrichtet, sinkt sein mechanisches Arbeitsvermögen. Dabei bildet sich Wärmeenergie (innere Energie). Diese gehört nicht zu den mechanischen Energiearten.

Lösung des Beispiels:

$W = 75 \text{ kg} \cdot 9{,}81 \, \dfrac{m}{s^2} \cdot 0{,}25 \cdot 40 \text{ m}$

$\quad = 7358 \text{ J} = 7{,}4 \text{ kJ}$

Spannarbeit

Zur Dehnung eines elastischen Körpers (Feder) ist eine Kraft erforderlich, die der Entfernung s des nicht befestigten Federanfangs von der Ruhelage proportional ist. Für die Spannarbeit – auch Federarbeit genannt – dieser Kraft gilt:

$W = \dfrac{1}{2} \cdot D \cdot s^2$ (D = Federkonstante)

Die Federarbeit ergibt sich aus dem Flächeninhalt des Federdiagramms, Abb. 5.19.

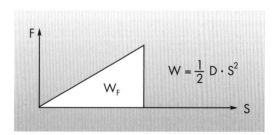

Abb. 5.19: Federdiagramm

5.1.4.4 Leistung und Wirkungsgrad

Leistung

 Die in einer Zeiteinheit verrichtete Arbeit heißt Leistung. Bei konstanter Arbeit ist die Leistung der Zeit umgekehrt proportional und bei konstanter Zeit ist die Arbeit der Leistung proportional.

Wie ist Leistung definiert?

$$\text{Leistung: } P = \frac{W}{t} \quad \text{Einheiten: } \frac{1\,J}{1\,s} = 1\,\frac{J}{s} = 1\,W\;(\text{Watt})$$

Entsprechend den verschiedenen Arten der Arbeit gibt es in der Mechanik eine Hubleistung, eine Beschleunigungsleistung, eine Reibungsleistung, eine Spannleistung und eine Verformungsleistung. Setzt man $W = F \cdot s$ in die Formel für die Leistung ein, so erhält man die erweiterte Formel

Welche Leistungsarten treten auf?

$$P = \frac{F \cdot s}{t} = F \cdot \frac{s}{t} = F \cdot v$$

Daraus lässt sich die Leistung bei gleichförmigen Bewegungen mit der konstanten Geschwindigkeit v berechnen.

Drehleistung: $P = F_u \cdot v_u$

(F_u = Kraft am Umfang in N, v_u = Umfangsgeschwindigkeit in m/s)

Die elektrische Leistung wird unter Punkt 5.1.5 behandelt.

Wirkungsgrad

Eine Maschine ist ein System, in dem Energien umgewandelt werden. In einer Elektropumpe wird z. B. elektrische Energie (aufgewandte Energie) in mechanische Energie (Nutzenergie) und durch die Reibung auch in Wärmeenergie (Verluste) umgewandelt. Allgemein wird die Größe, die die Effizienz einer Maschine beschreibt, wie folgt angegeben:

Was ist ein Wirkungsgrad?

$$\text{Wirkungsgrad } \eta = \frac{P_{ab}}{P_{zu}}, \; \eta < 1$$

P_{ab} ist die der Maschine entnommene (abgegebene) Nutzleistung. P_{zu} ist die der Maschine zugeführte Leistung.

5.1.4.5 Drehmoment

Jeder feste Körper mit einer Drehachse, an dem Kräfte angreifen, heißt Hebel. Sehr oft haben die Hebel die Formen einer geraden oder abgewinkelten Stange oder einer Scheibe oder Walze. Liegt der Angriffspunkt der Kraft F nicht auf der Drehachse, so erzeugt die Kraft eine Drehwirkung (im oder gegen den Uhrzeigersinn). Die Größe dieser Drehwirkung nennt man Drehmoment M.

Was ist ein Hebel?

Wie ist Drehmoment definiert?

Ist l der Abstand des Angriffspunkts der Kraft vom Drehpunkt, und sind die Richtungen von F und l senkrecht zueinander, so gilt: $M = F \cdot l$

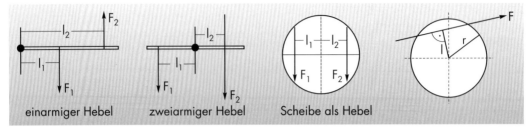

Abb. 5.20: Hebelwirkung und Drehmoment

Wann ist ein Hebel im Gleichgewicht? Greifen mehrere Kräfte am Hebel an, so ruft jede Kraft ein Drehmoment hervor. Ein Hebel befindet sich im Gleichgewicht, wenn die Summe aller im Uhrzeigersinn (rechts drehend, negatives Vorzeichen) wirkenden Drehmomente gleich der Summe aller gegen den Uhrzeigersinn (links drehend, positives Vorzeichen) wirkenden Drehmomente ist: $\Sigma M_{links} = \Sigma M_{rechts}$

5.1.5 Optimierung der Arbeitsprozesse durch Einsatz von Antriebs- und Steuerungstechnik

5.1.5.1 Hydraulik

Kolbenkräfte

Die Gesetze der Hydromechanik/der Hydraulik betreffen den Ruhezustand der Flüssigkeiten (statischer Zustand) und den Bewegungszustand der Flüssigkeiten (dynamischer Zustand). Pressdruck wird erzeugt, wenn z. B. ein Kolben eine Flüssigkeit in einen geschlossenen Raum drückt. Die Reaktionskraft des Kolbens ist genauso groß wie die Presskraft, die von innen auf den Kolben drückt. Der hydrostatische Druck p errechnet sich aus dem Quotienten von Presskraft F und drückender Fläche A.

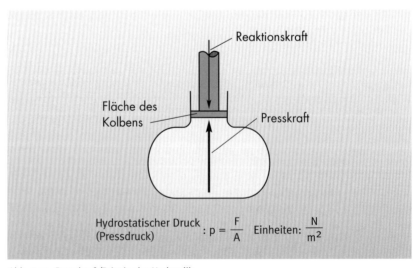

Hydrostatischer Druck (Pressdruck) : $p = \dfrac{F}{A}$ Einheiten: $\dfrac{N}{m^2}$

Abb. 5.21: Presskraft/Prinzip der Hydraulik

Verwendung der Einheiten Pascal und bar:

$1 \frac{N}{m^2} = 1$ Pa (Pascal), 1 bar $= 10^5 \frac{N}{m^2} = 10^5$ Pa

Formuliert man die Gleichung des Pressdrucks um, erhält man die Formel für die Druckkraft auf Flächen:

Druckkraft auf Flächen $F = p \cdot A$, Einheiten: $\frac{N}{m^2} \cdot m^2 = N$

Beispiel

Die durch einen bestimmten Druck erzeugte Druckkraft ist direkt proportional zur Kolbenfläche. Dieses Prinzip findet z. B. Anwendung bei der hydraulischen Kraftübersetzung (Hebebühnen, Bremseinrichtungen). Abb. 5.22 zeigt das Prinzip einer hydraulischen Hebebühne.

Was ist das Prinzip bei Hebebühnen oder Bremseinrichtungen?

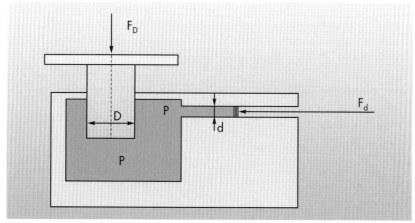

Abb. 5.22: Prinzip der hydraulischen Hebebühne

Der Druck p wirkt auf beide Kolben.

$$p = \frac{F_D}{A_D} = \frac{F_d}{A_d} = \frac{F_D}{\frac{\pi}{4} \cdot D^2} = \frac{F_d}{\frac{\pi}{4} \cdot d^2} \rightarrow \frac{F_D}{D^2} = \frac{F_d}{d^2}$$

Erzeugte Kolbenkraft (ohne Verluste): $F_D = F_d \cdot \frac{D^2}{d^2} \rightarrow \frac{F_D}{F_d} = \frac{D^2}{d^2}$

Die Kräfte verhalten sich wie die Quadrate der zugehörigen Kolbendurchmesser. Da bei Hydraulikflüssigkeiten angenommen werden kann, dass sie sich nicht zusammenpressen lassen (Inkompressibilität), muss das von dem einen Kolben verdrängte Volumen von dem zweiten Kolben freigegeben werden.

$V_d = \frac{\pi}{4} \cdot d^2 \cdot s_d$ und $V_D = \frac{\pi}{4} \cdot D^2 \cdot s_D$

$\Rightarrow \frac{\pi}{4} \cdot d^2 \cdot s_d = \frac{\pi}{4} \cdot D^2 \cdot s_D \Rightarrow \frac{D^2}{d^2} = \frac{s_d}{s_D}$

Die Kolbenwege verhalten sich umgekehrt wie die Quadrate der Kolbendurchmesser.

Kolbenweg $\quad s_D = s_d \cdot \dfrac{d^2}{D^2} \rightarrow \dfrac{s_D}{s_d} = \dfrac{d^2}{D^2}$

Kolbengeschwindigkeit

Die Kolbengeschwindigkeiten verhalten sich umgekehrt wie die Quadrate der Kolbendurchmesser. Die Kolbenwege s_D und s_d werden in jeweils gleichen Zeiten zurückgelegt.

$s = v \cdot t$
$v_D \cdot t = v_d \cdot t \cdot \dfrac{d^2}{D^2}$

Kolbengeschwindigkeit $\quad v_D = v_d \cdot \dfrac{d^2}{D^2} \rightarrow \dfrac{v_D}{v_d} = \dfrac{d^2}{D^2}$

Was ist ein hydrodynamischer Vorgang?

Strömt eine Flüssigkeit durch eine sich verjüngende Rohrleitung, spricht man von einem **hydrodynamischen Vorgang** (Hydrodynamik). Mit Volumenstrom bezeichnet man das pro Zeiteinheit durch eine Rohrleitung strömende Volumen einer Flüssigkeit. Die Berechnung erfolgt über das Produkt aus der Strömungsgeschwindigkeit und dem Strömungsquerschnitt.

Die Kolbengeschwindigkeit berechnet man aus dem Volumenstrom und der Querschnittfläche. Die Menge an Flüssigkeit, die durch ein Rohr mit einem bestimmten Querschnitt strömt, muss auch durch ein Rohr mit einem davon verschiedenen Querschnitt fließen.

$\mathring{V} = v_1 \cdot A_1 = v_2 \cdot A_2$
$\mathring{V}$ = Volumenstrom
v = Geschwindigkeit, A = Querschnittsfläche

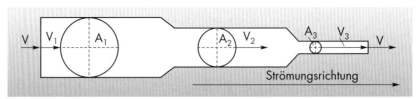

Abb. 5.23: Volumenstrom

Wie lautet die Durchflutungsgleichung?

Volumenstrom: $\quad \mathring{V} = \dfrac{V}{t} \quad$ Einheiten: $\dfrac{m^3}{s}$

Volumenstrom (Durchflutungsgleichung): $\quad \mathring{V} = v_1 \cdot A_1 = v_2 \cdot A_2 = ... = \text{const}$

In einer geschlossenen Rohrleitung ist der Volumenstrom bei inkompressiblen Flüssigkeiten konstant. Die Durchflussgleichung wird auch als **Kontinuitätsgleichung** bezeichnet.

Wie berechnet man die Leistungsübertragung bei Hydrauliksystemen?

Hydraulische Leistung

Aus folgenden Gleichungen kann man die Leistungsübertragung in Hydrauliksystemen bei strömenden Flüssigkeiten ableiten:

$p = \dfrac{W}{t} \quad W = p \cdot V \quad \mathring{V} = \dfrac{V}{t}$

Hydraulische Leistung $\quad P = p \cdot \mathring{V} \quad$ Einheiten: $\dfrac{N}{m^2} \cdot \dfrac{m^3}{s} = \dfrac{Nm}{s} = \dfrac{Ws}{s} = W$

5.1.5.2 Pneumatik

Gasförmige Fluide lassen sich sehr stark zusammenpressen / sind sehr stark kompressibel. Das Volumen verändert sich in Abhängigkeit vom Druck und von der Temperatur. Im luftleeren Raum (Vakuum) ist der Druck Null. Bezieht man Druckangaben auf den Druck Null im Vakuum, spricht man vom absoluten Druck p_{abs} (Absolutdruck). Bezieht man Druckangaben auf den herrschenden Luftdruck/Atmosphärendruck p_{amb}, werden diese als Überdrücke p_e bezeichnet. Überdrücke können sowohl positiv als auch negativ (Unterdruck) sein.

Über-/Unterdruck p_e = Absolutdruck p_{abs} − Atmosphärendruck p_{amb}

In welchem Verhältnis stehen Über-/Unterdruck und absoluter Druck?

Der Druck in der uns umgebenden Atmosphäre ist je nach Wetterlage mal größer und mal kleiner (Barometer steigt oder fällt). Man bezeichnet dies als Schwankungsbreite des Luftdrucks. In der Technik wird als Bezugsdruck der so genannte Normalluftdruck verwendet. Er liegt bei p_n = 1,01325 bar = 1013,25 hPa = 1,01325 · 10^5 Pa.

Was verwendet man technisch als Bezugsdruck?

Für alle Gasgesetze gilt: Temperaturen und Drücke dürfen nur als absolute Größen eingesetzt werden.

Weitere Erläuterungen siehe Abschnitt 5.1.3.1 (Allgemeine Gasgleichung).

Berechnung des Luftverbrauchs V_2 in m^3 bei pneumatischen Anlagen
(Index 1 bezieht sich auf die Vorratsluft, Index 2 auf die Brauchluft)

$$V_2 = V_1 \cdot \frac{p_1}{p_2} \cdot \frac{T_2}{T_1}$$

Wie berechnet man den Luftverbrauch bei pneumatischen Anlagen?

Bringt man die Berechnung in eine andere Form, sieht die Formel so aus:

$$V = \frac{\Delta p \cdot V_{Behälter}}{p_{Atmosphäre}}$$

Δp = $p_1 - p_2$ (Gefäßdruck am Anfang abzügl. Gefäßdruck am Ende in Pa)
$V_{Behälter}$ = Behältervolumen in m^3
$p_{Atmosphäre}$ = Atmosphärendruck 10^5 Pa bzw. 1 bar

5.1.5.3 Elektrotechnik

Elektrische Spannung kann erzeugt werden durch Wärme, chemische Prozesse, Krafteinwirkung, Magnetismus und Licht. Mithilfe einer elektrischen Spannung können auch umgekehrt Ladungen getrennt und zwischen ihnen kann ein elektrisches Feld aufgebaut werden. Elektrischer Strom kann im Wesentlichen Folgendes bewirken:

Auf welche Weise lässt sich Elektrizität erzeugen?

- Umwandlung von elektrischer Energie in Wärmeenergie (Wärmewirkung),
- Trennung von positiven und negativen Ionen durch Elektrolyse (Chemische Wirkung),
- Ausübung von Druck oder Zug bei Kristallen, z. B. Anregung eines Schwingquarzes (Kraftwirkung),
- Erzeugung eines magnetischen Feldes,
- Umwandlung von elektrischer Energie in Licht (Strahlung im sichtbaren Bereich).

Elektrischer Stromkreis

Was gehört mindestens zu einem elektrischen Stromkreis?

Abb. 5.24 zeigt einen einfachen elektrischen Stromkreis bzw. ein Schaltbild (hier eine Gleichstromquelle mit Plus- und Minuspol). Der Minuspol ist der Ort des Elektronenüberschusses, der Pluspol der Ort des Elektronenmangels. Die Elektronen fließen vom Minuspol zum Pluspol. Die technische Stromrichtung ist von Plus (+) nach Minus (-) gerichtet, da zum Zeitpunkt dieser Festlegung der Elektronenfluss noch nicht bekannt war.

Mit Hilfe eines Strommessers/Amperemeters (A) wird der fließende Strom gemessen. Strom kann nur fließen, wenn der Stromkreis geschlossen ist. Ein elektrischer Stromkreis besteht aus einer Stromquelle, einem Verbraucher (R) und der Hin- und Rückleitung.

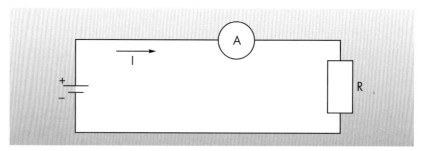

Abb. 5.24: Elementarer Stromkreis, bestehend aus Spannungsquelle (hier Gleichstrom und Widerstand) sowie zusätzlich einem Strommesser (Amperemeter)

Welche beiden grundsätzlichen Stromarten gibt es?

Neben dem Gleichstrom gibt es noch den Wechselstrom. Überlagern sich beide, entsteht ein Mischstrom. Drehstrom wird durch Überlagerung dreier Wechselströme erzeugt (Dreiphasen-Wechselstrom).

Gleichstrom   Wechselstrom   Mischstrom

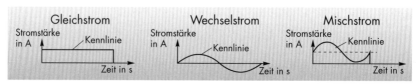

Abb. 5.25: Kennlinien der Stromarten

Elementare Größen, Einheiten und Formeln

W = erforderliche Arbeit für Elektronenfluss / (Nm oder J)

Q = Ladungsmenge /As (Amperesekunde)

I = Stromstärke / A (Ampere A)

U = Spannung / V (Volt)

R = Widerstand / Ω (Ohm)

Stomstärke $I = \dfrac{Q}{t}$

Ladung $Q = I \cdot t$

Spanung $U = \dfrac{W}{Q}$

Ohmsches Gesetz (nach den drei Basisgrößen)

$I = \dfrac{U}{R}$ $U = R \cdot I$ $R = \dfrac{U}{I}$

Fließen Elektronen durch einen elektrischen Leiter, müssen sie einen Widerstand überwinden. Der Widerstand ist abhängig von der Querschnittsfläche des Leiters, der Länge und der Materialart. Der spezifische elektrische Widerstand ρ gibt an, ob es sich um einen gut oder schlecht leitenden Werkstoff handelt. Verdoppelt man die Länge des Leiters, verdoppelt sich der elektrische Widerstand. Verdoppelt man die Querschnittsfläche, halbiert sich der elektrische Widerstand (Platz für die Elektronen).

Welche Rolle spielt der Widerstand im Stromkreis?

$$\text{Leiterwiderstand } R = \rho \cdot \frac{l}{A} \quad \text{spezifischer Widerstand } \rho = \frac{R \cdot A}{l} \quad \text{in } \frac{\Omega \cdot mm^2}{m}$$

Wie berechnet man den Leiterwiderstand?

Der spezifische elektrische Widerstand und damit der Widerstand ist abhängig von der Temperatur des Werkstoffes. Eisen (Fe) weist z. B. bei 20 °C einen spezifischen elektrischen Widerstand auf von 0,1 $\Omega \cdot mm^2/m$. Man entnimmt benötigte Werte am besten einem Tabellenbuch.

Was ist der spezifische Widerstand?

Elektrische Schaltungsarten

Sind mehrere Widerstände in einem Stromkreis angeordnet, unterscheidet man die Parallelschaltung und die Reihenschaltung (Serienschaltung).

Welche grundsätzlichen Schaltungsarten gibt es?

Reihenschaltungen

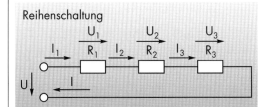

Abb. 5.26: Schaltbild Reihenschaltung

Spannungen und Widerstände addieren sich. Die Stromstärke, die maximal entnommen werden kann, entspricht der einer einzelnen Spannungsquelle.
Durch jeden der Einzelwiderstände fließt der Gesamtstrom. In Formeln:

Gesamtstrom $\quad I = I_1 = I_2 = I_3 = ...$
Gesamtspannung $\quad U = U_1 + U_2 + U_3 + ...$
Gesamtwiderstand $\quad R = R_1 + R_2 + R_3 + ...$

Eine Erklärung/Ableitung bieten die Kirchhoff'schen Gesetze, siehe nächste Seite.

Parallelschaltungen

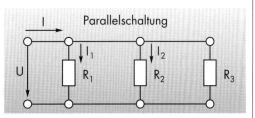

Abb. 5.27: Schaltbild Parallelschaltung

Der Gesamtwiderstand ergibt sich aus den Kehrwerten der Widerstände. Je mehr Wege dem Strom durch parallele Widerstände zur Verfügung stehen, desto kleiner wird der Gesamtwiderstand. Die Leitwerte addieren sich.

Gesamtstrom $\quad I = I_1 + I_2 + I_3 + ...$
Gesamtspannung $\quad U = U_1 = U_2 = U_3 = ...$
Gesamtwiderstand $\quad \frac{1}{R} = \frac{1}{R_1} + \frac{1}{R_2} + \frac{1}{R_3} + ...$

Man nennt $G = \frac{1}{R}$ auch Leitwert, damit gilt

$G = G_1 + G_2 + G_3 + ...$

Spezialfall zweier Widerstände: $R = \frac{R_1 \cdot R_2}{R_1 + R_2}$

Kirchhoff'sche Gesetze

Welche Aussage treffen die Kirchhoff'schen Gesetze?

1. Kirchhoff'sches Gesetz (Knotenregel): In jedem Punkt des Leitersystems ist die Summe der ankommenden Ströme gleich der Summe der abfließenden Ströme. Die Hauptstromstärke I ist gleich der Summe der Zweigstromstärken.
2. Kirchhoff'sches Gesetz (Maschenregel): In jedem beliebigen herausgegriffenen, in sich geschlossenen Teil des Leitersystems sowie auch für das System als Ganzes ist die Summe aller Teilspannungen gleich der Summe der in diesem Teil enthaltenen Spannungen. Zweigstromstärken verhalten sich wie die Kehrwerte der Zweigwiderstände.

Elektrische Leistung

Elektrische Arbeit und elektrische Energie haben die gleiche Einheit wie mechanische Energie, nämlich Nm.

Elektrische Arbeit: $W = U \cdot Q$ mit Einheit für W: Nm = J

Da Leistung auf Zeit bezogene Arbeit bzw. Energie ist und $Q = I \cdot t$, ergibt sich:

Elektrische Leistung: $P = \dfrac{W}{t} = \dfrac{U \cdot Q}{t} = \dfrac{U \cdot I \cdot t}{t} = U \cdot I$ mit Einheit VA = W

(1 W bzw. 1 Watt ist definiert als 1 VA).

Wie berechnet sich elektrische Leistung aus Spannung und Stromstärke?

Auf Grund des Ohm'schen Gesetzes ist es möglich, die Stromstärke durch I = U/R oder die Spannung durch $R \cdot I$ zu ersetzen:

$$\text{Elektrische Leistung } P = U \cdot I = \dfrac{U^2}{R} = R \cdot I^2, \text{ Einheit ist Watt (W)}$$

Ergänzende Bemerkung

Welche Einheit wird in der Elektrotechnik für die Arbeit verwendet?

Man erhält hieraus auch wieder Arbeit $W = P \cdot t$, und dies dann mit der Einheit Wattsekunde (Ws). Dies ist eine andere Einheit für die elektrische Arbeit, es gilt 1 Ws = 1 Nm. Man rechnet oft in der größeren Einheit Kilowattstunde, was sich leicht umrechnen lässt (1 kWh = 3.600.000 Ws).

Sicherungen

Welchem Zweck dienen Sicherungen?

Bei Einhaltung der Betriebsspannung von Geräten und der Verwendung ausreichender Leitungsquerschnitte soll verhindert werden, dass in einem Stromkreis mehr Strom fließt, als für den dieser ausgelegt ist. Auch durch den Einbau von Sicherungen kann Überhitzung vermieden werden. Sobald der Strom einen Grenzwert überschreitet, unterbrechen Sicherungen den Stromfluss.

Welche beiden Grundformen von Sicherungen gibt es?

Bei Schmelzsicherungen schmilzt bei einer bestimmten Stromstärke ein dünner, geschützt eingebetteter Draht und unterbricht den Stromkreis. Anschließend muss eine neue Sicherung eingesetzt werden.

Übersteigt bei einem Sicherungsautomaten der Strom einen bestimmten Grenzwert, betätigt ein Elektromagnet einen Schalter und unterbricht den Stromkreis. Tritt nur kurz ein schwacher Überstrom auf, passiert nichts, da die Abschaltung erst nach einiger Zeit durch die allmähliche Erwärmung eines Bimetallschalters erfolgt. Nach Beseitigung der Störung kann der Stromkreis durch den Schalter wieder geschlossen werden.

Messen elektrischer Größen

Das Amperemeter (A) ist ein Gerät zur Messung des Stroms. Es muss in Reihe zum Verbraucher und zur Stromquelle geschaltet werden.
Das Voltmeter (V) ist ein Gerät zur Messung der Spannung. Es muss parallel zum Verbraucher und zur Stromquelle geschaltet werden.

Welche elektrischen Größen sind unmittelbar messbar?

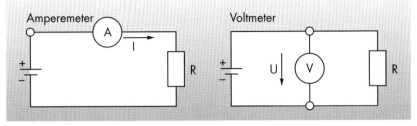

Abb. 5.28: Schaltweise von Ampere- und von Voltmeter

Die Leistung kann indirekt gemessen werden, da Spannung und Strom messbar sind. Anschließend wird die Leistung nach der bekannten Formel bestimmt:
Elektrische Leistung $P = U \cdot I$ mit Einheiten: $V \cdot A = W$

Wie misst man Leistung?

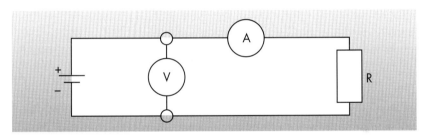

Abb. 5.29: Gleichzeitige Schaltung von Ampere- und Voltmeter zur Leistungsmessung

Leistung kann aber auch direkt gemessen werden, mit einer so genannten Widerstandsmessbrücke. Auf diese Methode wird jedoch hier nicht näher eingegangen.

 Elektrische Messgeräte können ferner nichtelektrische Größen messen. Der Messwertaufnehmer (Sensor) wandelt diese Größen in elektrische Größen um.

Welche Bedeutung kommt elektrischen Messungen für die Messtechnik im Allmeinen zu?

Insofern kann die elektrische Messtechnik als Grundlage von (nichtmechanischer) Messtechnik allgemein aufgefasst werden.

Beispiele

Wärmeenergie wird z. B. mit einem Thermoelement gemessen, Druck mit einem Piezokristall, Lichtintensität mit einem Fotoelement oder Temperatur mit temperaturabhängigen Widerständen.

Fehler an elektrischen Anlagen und Schutzmassnahmen

Warum sind Schutzmaßnahmen bei elektrischen Anlagen von so hoher Wichtigkeit?

Jeder Mitarbeiter muss sich bewusst sein, dass von elektrischen Anlagen Gefahren ausgehen. Sicherheitsbestimmungen sind unbedingt einzuhalten.

Bei Wartung und Reparatur darf nur Fachpersonal eingesetzt werden. Kommt man mit unter Spannung stehenden Teilen in Berührung, fließen Ströme als Fremdströme durch den menschlichen Körper. Die Auswirkung hängt von der Stromstärke und der Dauer des Kontaktes ab.

Die Fehlerarten an elektrischen Geräten können sein (nach DIN VDE):
- Kurzschluss,
- Leiterschluss,
- Körperschluss,
- Erdschluss,
- Isolationsfehler (chemische, thermische oder mechanische Beschädigung, Durchschläge wegen Überspannung, Alterserscheinungen).

Welches sind die wesentlichsten Schutzmaßnahmen?

Schutzmaßnahmen gegen Berührung unter Spannung stehender Betriebsmittel sind u.a.:
- Gegen direktes Berühren: Isolierung, Umhüllung, Abdeckung, Aufbau von Hindernissen, Abstandshalter, FI-Schutzschalter (Fehlerstrom-Schutzschalter, der bei abweichend hohem Stromfluss, z.B. durch Körperschluss, den Stromkreis automatisch unterbricht).
- Gegen indirektes Berühren: Schutzisolierung (Grundisolierung plus zusätzliche Isolierung), Trenntransformatoren.
- Gegen direktes und indirektes Berühren: Schutzkleinspannung, Überstromschutzorgane (Leitungsschutzschalter = Sicherungsautomat oder auch Schmelzsicherungen)

Für elektrische Geräte gibt es die Schutzklassen 0, I, II und III. Sie können mit Prüfzeichen versehen werden (Einzelheiten findet man am besten in einem Tabellenbuch).

Beispiel:
Das allgemeines VDE-Zeichen

Aufgaben zu Abschnitt 5.1

1. In einer Mitarbeiterschulung werden Ihnen folgende Aufgaben gestellt:
   a) Wie groß ist die Masse – also die atomare Masseneinheit u – eines Atoms, das aus acht Protonen, zehn Neutronen und acht Elektronen aufgebaut ist?
   b) Wie heißt dieses Element?
   c) Notieren Sie das Elementsymbol mit Ordnungszahl und Massenzahl.
2. Lösen Sie folgende Aufgaben:
   a) Notieren Sie das Symbol für das Argon-Isotop mit der Massenzahl 40 und der Protonenzahl 18 (Argon: Ar).
   b) Skizzieren Sie den Schalenaufbau seiner Elektronenhülle.
   c) Zeigen Sie mögliche Kurzschreibweisen, die nur die Außenelektronen berücksichtigen.
   d) Führen Sie die Aufgaben a) bis c) für das Kalium (K) durch mit der Massenzahl 40 und der Protonenzahl 19.
3. Wählen Sie aus folgenden Begriffen denjenigen aus, der für die Stellung eines Elements im Periodensystem der Elemente verantwortlich ist: Massenzahl, Außenelektronenzahl, Atombau, Ordnungszahl, Protonenzahl, Elektronenzahl, Neutronenzahl.
4. Nennen Sie die Gemeinsamkeit, die Atome der Elemente besitzen, die in derselben Periode stehen.
5. Erläutern Sie, warum Edelgase beim Schweißen und als Schutzgase in Glühlampen verwendet werden.
6. Erläutern und skizzieren Sie mithilfe des Atommodells und in der Kurzschreibweise den Elektronenübergang vom Kalium zum Sauerstoff und damit die Bildung von Kalium- und Oxidionen.
7. Ihnen liegen folgende chemische Verbindungen vor:
   a) NaOH   d) HCl
   b) H_2SO_4 e) H_2CO_3
   c) $Ca(OH)_2$
   Nennen Sie davon jeweils den Namen / die gängige Bezeichnung.
8. Lösen Sie folgende Aufgaben zum Thema Säuren und Basen:
   a) Formulieren Sie Protolysengleichungen für die Salpetersäure in der Reaktion mit den Basen Wasser, Ammoniak und Hydroxidionen.
   b) Benennen Sie alle entstehenden Teilchen und begründen Sie, ob es sich um eine neu entstandene Säure oder Base handelt.
   c) Erläutern Sie, ob diese drei Protolysen überhaupt ablaufen. Bedenken Sie, dass sich bei Säure-Base-Reaktionen bevorzugt schwächere Säuren und schwächere Basen bilden.
   d) Ist bei allen Teilchen in den Gleichungen ein typisch amphoterer Stoff zu erkennen? Beschreiben Sie, um welchen es sich handelt und warum er so bezeichnet wird.
9. Erläutern Sie, ob ein gutes Reduktionsmittel eine Substanz ist, die leicht oxidiert oder leicht reduziert werden kann.
10. Erläutern Sie, warum ein Zinküberzug Eisen besser vor Korrosion schützt als ein Überzug aus dem edleren Zinn oder ein Lackanstrich.
11. Erläutern Sie den Unterschied zwischen einer sauer und einer basisch reagierenden Lösung.
12. Erklären Sie folgende Begriffe:
    a) Säure
    b) Saure Lösung
    c) Base
    d) Lauge
13. Erläutern Sie, was man unter „Neutralisation" versteht.
14. Nennen Sie drei Möglichkeiten, um Oxidationsvorgänge zu beschleunigen.
15. Beschreiben Sie,
    a) aus welchen Teilen sich ein Salz zusammensetzt,
    b) wie es sich bildet.
16. Wählen Sie drei Halbleiter aus und nennen Sie jeweils die Zuordnung der Hauptgruppe und der Periode.
17. Erläutern Sie den Begriff „Wasserhärte" und welche Salze dabei eine Rolle spielen.
18. Skizzieren Sie den natürlichen Wasserkreislauf.
19. Nennen Sie technische Bereiche, in denen Brauchwasser verwendet wird.

20. Erläutern Sie, durch welche Maßnahmen die Wasserhärte reguliert wird.
21. Beschreiben Sie, warum bei Trinkwasser eine gewisse Wasserhärte vorhanden sein muss.
22. Erklären Sie den Begriff „Oxidation".
23. Erläutern Sie, was ein Oxidationsmittel ist.
24. Beschreiben Sie zwei Bindungsarten von chemischen Elementen.
25. Erläutern Sie, warum Metalle elektrische Leitfähigkeit besitzen.
26. Erklären Sie, warum sich der elektrische Widerstand eines Metalls erhöht, wenn man es erwärmt.
27. Nennen Sie drei Möglichkeiten, wie an der Oberfläche von Metallen Oxidationsvorgänge verhindert werden können.
28. Beschreiben Sie, wodurch die temporäre und die permanente Härte von Wasser zu Stande kommen.
29. Die Materie wird eingeteilt in Gemische und reine Stoffe. Die reinen Stoffe gliedert man wiederum in Verbindungen und Grundstoffe.
a) Stellen Sie den Zusammenhang grafisch dar.
b) Beschreiben Sie, was man unter einem Grundstoff versteht und welches der kleinste Bestandteil der Grundstoffe ist.
c) Erläutern Sie, wodurch eine chemische Verbindung entsteht.
d) Wie wird der kleinste Bestandteil von Verbindungen genannt?
30. Erläutern Sie, welche Informationen die folgende Angabe enthält:
„Silizium steht im Periodensystem in der 4. Hauptgruppe und der 3. Periode."
31. In einem Versuch im firmeneigenen Labor werden folgende Stoffe oxidiert:
Kohlenstoff, Schwefel, Stickstoff, Wasserstoff
Geben Sie je eine chemische Formel der Reaktionsprodukte an.
32. In einer Werkstatt eines Betriebes wird Salzsäure als Flussmittel beim Löten eingesetzt. Wird Kupfer gelötet, ergibt sich folgende Reaktionsgleichung:
$CuO + 2HCl \rightarrow CuCl_2 + H_2O$
Nennen Sie die Stoffgruppe, zu der $CuCl_2$ und zu der CuO gehört.

33. Es liegt Ihnen folgende chemische Reaktion vor:
$$2KClO_3 \xrightarrow{\text{Erwärmung}} 2KCl + 3O_2$$
a) Handelt es sich bei vorliegender chemischer Reaktion um eine Reduktion oder um eine Oxidation?
b) Welche Eigenschaften haben Oxidationsmittel gemeinsam?
c) Liegt bei dem genannten Prozess eine exotherme oder eine endotherme Reaktion vor?
34. Durch Parallelschaltung der Widerstände R_1 und R_2 erhält man einen Gesamtwiderstand/Ersatzwiderstand von 157 Ω. R_1 ist 2,5-mal größer als R_2. Berechnen Sie die Größe der Widerstände R_1 und R_2.
35. Bei Heizkörpern in einem Betriebsbüro wird die Energiezufuhr abhängig von der Temperatur geschaltet. Im Frühjahr und im Herbst stellt sich ein stationärer Zustand ein, in dem die Heizung 90 s lang eingeschaltet und dann wieder 15 s lang ausgeschaltet ist. Durch verschiedene Messungen wurde eine mittlere Leistungsaufnahme von P_M = 2000 W festgehalten. Betriebsspannung ist 230 V.
a) Stellen Sie I = f(t) grafisch dar.
b) Berechnen Sie die Heizleistung P_{Nenn} des Heizkörpers.
36. Folgende Abbildung des Aufbaus eines Atoms ist gegeben:

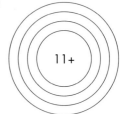

a) Wie viele Elektronen befinden sich auf der M-Schale und der L-Schale?
b) Welche Bezeichnung trägt diese Darstellung eines Atommodells?
c) Welche Elektronen bilden die Verbindung von Atomen und wie werden diese Elektronen bezeichnet?
37. Ihnen liegt eine pH-Wert-Skala von 0 bis 14 vor. Ordnen Sie folgenden Begriffen Zahlenwerte aus dieser Skala zu:

a) Stark sauer
b) Stark basisch
c) Neutral
d) Schwach sauer

38. Beschreiben Sie zwei Möglichkeiten zur Verringerung der Wasserhärte.

39. Ein elektrischer Widerstand soll nicht zu stark erwärmt werden. Deshalb soll bei $R = 15\ \Omega$ maximal eine Stromstärke $I = 75$ mA fließen. Berechnen Sie, welche Spannung U maximal an diesem Widerstand anliegen darf.

40. Monteure mit Einsatz im Ausland bekommen von der Firma Tauchsieder mit auf die Reise. Sie haben eine Heizleistung von 1.000 W an der Nennspannung $U_n = 220$ V. Berechnen Sie den Widerstand der Heizspirale und die Stromstärke, die hier fließt.

41. Ermitteln Sie den Widerstand von vier parallel liegenden Widerständen, von denen folgende Ohm-Zahlen bekannt sind:
$R_1 = 20\ \Omega$, $R_2 = 40\ \Omega$, $R_3 = 60\ \Omega$, $R_4 = 80\ \Omega$

42. In dem unten abgebildeten Stromkreis wird zu dem Widerstand R_3 noch ein vierter Widerstand R_4 parallel geschaltet.

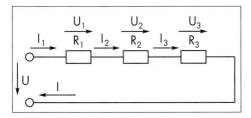

a) Zeichnen Sie den neuen Stromkreis.
b) Berechnen Sie den resultierenden Widerstand, wenn folgende Daten bekannt sind:
$R_1 = 2\ \Omega$, $R_2 = 3\ \Omega$, $R_3 = 4\ \Omega$, $R_4 = 5\ \Omega$
c) Ermitteln Sie die Spannung an jedem Widerstand und die Ströme, wenn die Gesamtspannung $U_{ges} = 6$ V beträgt.

43. Berechnen Sie die Länge eines Wolframdrahtes bei folgenden bekannten Daten:
Widerstand $R = 60\ \Omega$
Durchmesser des Drahtes $d = 0{,}25$ mm
spez. el. Widerstand $\rho = 0{,}0549\ \Omega mm^2/m$

44. Legen Sie Aufgabe 43 (Wolframdraht) zu Grunde und berechnen Sie die übertragene Leistung, wenn ein Strom von 5 A fließt.

45. Sie erhalten für Ihre Werkstatt einen neuen Elektromotor mit Nennleistung $P_n = 32$ kW. Durch Messen stellen Sie eine Leistungsaufnahme aus dem Netz von $P_{zu} = 43{,}5$ kW fest. Ermitteln Sie den Wirkungsgrad des Motors.

46. In einem Speditionslager werden regelmäßig Gitterboxpaletten mit Masse $m = 350$ kg im 1. Stock aus- und eingelagert. Der Lagermeister transportiert sie in einem Aufzug. Die kurzzeitige Beschleunigung bei der Beförderung beträgt $a = 3{,}5$ m/s². Berechnen Sie die Belastung, der der Boden des Aufzugs während der Beschleunigungsphase
a) nach oben und
b) nach unten ausgesetzt ist.

47. Der Geldtresor des Chefs hat ein Gewicht $F_G = 950$ N. Die Reibungszahlen zwischen dem Parkettboden und dem Tresor betragen $\mu_0 = 0{,}2$ und $\mu = 0{,}15$. Ermitteln Sie die
a) Haftreibungskraft und die
b) Gleitreibungskraft.

48. In der folgenden Abbildung sehen Sie einen Behälter mit Überdruck.

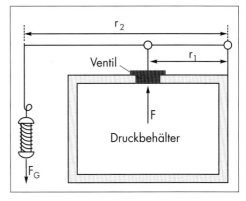

Auf das Überdruckventil wirkt die Kraft $F = 300$ N. Weiterhin sind $r_1 = 13$ cm und $F_G = 55$ N bekannt. Berechnen Sie, in welchem Abstand r_2 die Gewichtskraft F_G wirken muss.

49. An einem Punkt greifen die Kräfte $F_1 = 200$ N und $F_2 = 120$ N an. Dazwischen liegt ein Winkel $\alpha = 45°$. Ermitteln Sie durch Zeichnen die Resultierende F_r. Verwenden Sie den Kräftemaßstab 1 cm entspricht 40 N.

50. Jemand zieht einen Leiterwagen zur Horizontalen/Waagerechten unter $\alpha = 30°$ mit einer Handkraft $F_H = 450$ N. In 18 Min. wird der Weg s = 1.000 m zurückgelegt. Berechnen Sie
a) die Kraftkomponente,
b) die mechanische Arbeit,
c) die mechanische Leistung.

51. Eine Konstruktion an einem Arbeitsplatz zum Verschieben von Werkstücken erzeugt zur Überwindung der Gleitreibungskraft bei einem Leistungsaufwand von 22 kW eine Kraft zum Verschieben von 10 kN. Berechnen Sie die Geschwindigkeit der Verschiebung v.

52. Für einen Auftrag muss ein Eisenring mit dem Durchmesser $d_1 = 29,95$ mm bei $\vartheta_1 = 22$ °C auf eine Welle mit einem Durchmesser von 30,00 mm aufgesetzt werden. Zur Durchführung dieser Aufgabe soll der Ring durch Erwärmung auf Durchmesser $d_2 = 30,01$ mm geweitet werden. Berechnen Sie die erforderliche Temperatur ϑ_2 bei einem Längenausdehnungskoeffizienten von $\alpha = 1,2 \cdot 10^{-5}$ K.

53. Von links oben nach rechts unten ist eine Kraft F = 300 N unter Winkel $\alpha = 38°$ gegen die Senkrechte geneigt. Berechnen Sie die Horizontal- und die Vertikalkomponente.

54. Ihre Auszubildenden erhalten die Aufgabe, eine kleine Wippschaukel (zweiseitiger Hebel) zu konstruieren. Vorgegeben wird:
Links vom Drehpunkt greift im Abstand $l_1 = $ 80 cm die Kraft $F_1 = 50$ N, rechts greift im Abstand $l_2 = 40$ cm die Kraft $F_2 = 70$ N. Berechnen Sie die Kraft, die im Abstand $l_3 = 60$ cm rechts vom Drehpunkt angreifen muss, damit die Wippschaukel im Gleichgewicht ist.

55. Berechnen Sie Größe und Richtung der Kräfte in folgender Abbildung in den Auflagepunkten F_A und F_B.

LÖSUNGSVORSCHLÄGE

L1:
a) 18 u
b) Sauerstoff
c) $^{18}_{8}O$

L2:
a) $^{40}_{18}Ar$
b) 1. Schale: 2e / 2. Sch.: 8e / 3. Sch.: 8e
c) $:\ddot{A}r:$ $\overline{|Ar|}$
d) $^{40}_{19}K$
1. Sch: 2e/ 2. Sch.: 8e/ 3. Sch.: 8e/ 4. Sch.: 1e
$\cdot$ K

L3: Protonenzahl, Elektronenzahl, Ordnungszahl

L4: Die Atome besitzen die gleiche Zahl an Elektronenschalen.

L5: Edelgase reagieren nicht mit anderen Stoffen.

L6: Zwei K-Ionen geben jeweils das eine Außenelektron der vierten Schale ab. Ein Sauerstoffatom mit sechs Außenelektronen in der zweiten Schale nimmt diese beiden Elektronen auf.

$2\,K\cdot + \overline{|O|} \rightarrow 2\,K^+ + |\overline{O}|^{2-} \rightarrow K_2O$

L7:
a) Natronlauge
b) Schwefelsäure
c) Kalziumlauge, Kalkwasser, Kalklauge
d) Salzsäure
e) Kohlensäure

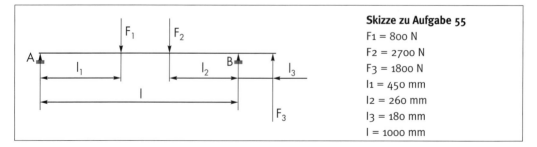

Skizze zu Aufgabe 55
F1 = 800 N
F2 = 2700 N
F3 = 1800 N
l1 = 450 mm
l2 = 260 mm
l3 = 180 mm
l = 1000 mm

L8:
a) $HNO_3 + H_2O \rightarrow H_3O^+ + NO_3^-$
$HNO_3 + NH_3 \rightarrow NH_4^+ + NO_3^-$
$HNO_3 + OH^- \rightarrow H_2O + NO_3^-$
b) Nitration als Anion = Base
Hydroniumion, Ammoniumion, Wasser = Säuren, da sie durch Protonenaufnahme aus den Basen entstanden sind (dieses Proton kann grundsätzlich wieder abgegeben werden).
c) Die drei Protolysen laufen ab, da sie zu schwächeren Säuren/Basen gegenüber den Ausgangsstoffen führen.
d) Wasser kann sowohl ein Proton aufnehmen als auch eines abgeben.
$H_2O + H^+ \rightarrow H_3O^+$
$H_2O + Base \rightarrow HBase^+ + OH^-$

L9: Reduktionsmittel geben Elektronen ab und werden dabei oxidiert. Die Substanz wird also leicht oxidiert.

L10: Eisen wird so lange nicht durch Oxidation zerstört, solange Zink vorhanden ist, da das unedle Metall bei Korrosionsvorgängen die Elektronen liefert. Ein Lackanstrich oder Zinn schützt das Eisen, solange der Überzug intakt ist. Wird diese Schutzschicht mechanisch beschädigt, wirken Korrosionseinflüsse nur auf das Eisen.

L11: Eine sauer reagierende Lösung enthält H^+-Ionen, Lackmus färbt sich rot.
Eine basisch reagierende Lösung enthält OH^--Ionen, Lackmus färbt sich blau.

L12:
a) Säuren sind Protonenspender, das heißt, es handelt sich um Stoffe, die in wässriger Lösung Protonen (H^+) abgeben können.
b) Es handelt sich um eine saure Lösung, wenn sie H^+-Ionen enthält.
c) Basen sind Protonenfänger, das heißt, es handelt sich um Stoffe, die in wässriger Lösung Protonen (H^+) aufnehmen können.
d) Es handelt sich um eine Lauge, wenn sie OH^--Ionen enthält.

L13: Mischt man äquivalente (gleichwertige) Mengen einer starken Säure und einer starken Lauge miteinander, reagiert die entstehende Lösung weder sauer noch basisch, sondern neutral. Eine solche Reaktion bezeichnet man als Neutralisation. Eine Säure und eine Base reagieren miteinander und es entsteht ein Salz und Wasser.
Base + Säure $\rightarrow$ Salz + Wasser
Bei der Neutralisation vereinigen sich Wasserstoffionen und Hydroxidionen zu Wassermolekülen. Die Säurerestionen und die Metallionen bleiben bei der Neutralisation unverändert. Man erhält die allgemeine Ionengleichung der Neutralisation, wenn man die Säurerestionen und die Metallionen auf beiden Seiten der Ionengleichung weglässt.
Beispiel: Neutralisation von Kalziumhydroxid mit Salpetersäure:

$Ca^{2+} + 2\,OH^- + 2\,H^+ + 2\,NO_3^-$
$\rightarrow Ca^{2+} + 2\,NO_3^- + 2\,H_2O$

Daraus ergibt sich die allgemeine Ionengleichung der Neutralisation:
$H^+ + OH^- \rightarrow H_2O$

L14:
- Zuführung zusätzlicher Luft, z. B. durch Blasebalg oder Bunsenbrenner
- Zuführung von reinem Sauerstoff
- durch Oxidationsmittel
- Zuführung vorgewärmter Luft

L15:
a) Salze bestehen aus Metall und Säurerest. Man kann auch sagen, Salze bestehen aus negativ geladenen Säurerestionen und positiv geladenen Basenrestionen. Betrachtet man Salze vom Standpunkt der Ionentheorie, handelt es sich um Verbindungen, die in der Schmelze und in wässrigen Lösungen in positive Metallionen (oder Ammoniumionen) und negative Säurerestionen dissoziieren.
Beispiele:
$K_2CO_3 \rightleftharpoons 2\,K^+ + CO_3^{2-}$
$NH_4Cl \rightleftharpoons NH_4^+ + Cl^-$

b) Salze entstehen durch Reaktion einer Säure mit einer Base oder einer Säure mit einem Metall.

Beispiele:
Base (Metallhydroxid) + Säure → Salz + Wasser
$2\ KOH + H_2SO_4 → K_2SO_4 + 2\ H_2O$
Metalloxid (Basenanhydrid) + Säure → Salz + Wasser
$CuO + H_2SO_4 → CuSO_4 + H_2O$
Metall + Säure → Salz + Wasserstoff
$Zn + 2\ HCl → ZnCl_2 + H_2$
Base + Nichtmetalloxid (Säureanhydrid) → Salz + Wasser
$Ca(OH)_2 + CO_2 → CaCO_3 + H_2O$
Metall + Nichtmetall → Salz
$2\ Na + Cl_2 → 2\ NaCl$

L16:
Zum Beispiel
Ge (Germanium)   4. Hauptgruppe   4. Periode
Sb (Antimon)   5. Hauptgruppe   5. Periode
Si (Silizium)   4. Hauptgruppe   3. Periode

L17: Wasser (Trink- und Brauchwasser) ist umso härter, je höher der Gehalt an gelösten Kalzium- und Magnesiumsalzen ist.

L18: Siehe Abbildungen unten

L19: Kühlwasser, Waschwasser, Prozesswasser (Verfahrenstechnische Anlagen), Kesselspeisewasser (Dampfkraftwerke)

L20: Die Wasserhärte wird durch Zugabe von Salzen oder durch Entsalzung reguliert.

L21:
- Bei Trinkwasser muss eine gewisse Härte wegen des Geschmacks eingehalten werden.
- Der Körper trocknet aus, wenn keine Mineralien zugeführt werden.

L22: Oxidation ist eine Elektronenabgabe. Dies geschieht entweder an einen anderen Stoff oder an eine Anode.

L23: Ein Oxidationsmittel ist ein Stoff, der anderen Stoffen Elektronen wegnimmt. Er sorgt dafür, dass diese anderen Stoffe oxidiert werden. Nicht nur Sauerstoff ist ein Oxidationsmittel, es können auch andere Stoffe Elektronen aufnehmen.

L24:
- Atombindung: Die Bindungspartner stellen sich ihre Außenelektronen gegenseitig zur Verfügung, damit sie im Durchschnitt volle Schalen erreichen. Bei gleichen Partnern spricht man von einer unpolaren Atombindung.

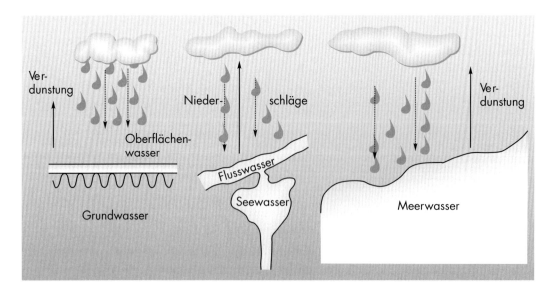

Je größer der Unterschied der Elektronegativität bei verschiedenen Partnern ist, desto größer ist die polare Atombindung. Es verbindet sich ein Nichtmetall mit einem Nichtmetall.
- Ionenbindung: Ein Element zieht die Außenelektronen des anderen Elements ganz zu sich herüber (Dipol). Ein Metall verbindet sich mit einem Nichtmetall.
- Metallbindung: Die Atomrümpfe sind von einer Elektronenwolke (Elektronengas) umgeben, die als Kitt wirkt. Die Elektronenwolke bildet sich aus den Außenelektronen. Ein Metall verbindet sich mit einem Metall.

L25: Die elektrische Leitfähigkeit ergibt sich aus den frei beweglichen Elektronen (Elektronengas).

L26: Bewegung der positiven Atomrümpfe (Gitterbausteine) nimmt bei Erhöhung der Temperatur zu. Dadurch wird die gerichtete Bewegung der Elektronen/des Stromes zusätzlich behindert.

L27: Galvanisieren; Entzug von Sauerstoff; Aufbringen einer Lackschicht; Aufbringen einer Kunststoffschicht

L28: Temporäre Härte: Calciumhydrogencarbonat, Magnesiumhydrogencarbonat
Permanente Härte: Calciumsulfat bzw. -chlorid, Magnesiumsulfat bzw. -chlorid

L29:
a)

b) Grundstoffe – auch Elemente genannt – sind Stoffe, die sich mithilfe chemischer Methoden nicht weiter zerlegen lassen. Das Atom ist der kleinste Bestandteil.

c) Durch die Synthese reiner Stoffe entsteht eine chemische Verbindung.
d) Moleküle sind die kleinsten Bestandteile von Verbindungen.

L30: Valenzelektronenzahl von Aluminium = 4. Aluminium besitzt drei mit Elektronen besetzte Schalen.

L31:
Kohlenstoff: CO, CO_2
Schwefel: SO, SO_2
Stickstoff: NO, NO_2
Wasserstoff: H_2O

L32
Kupferchlorid $CuCl_2$ gehört zu den Salzen.
Kupferoxid CuO zählt zu den Metalloxiden.

L33
a) Reduktion
b) Sie können Sauerstoff leicht abgeben.
c) endotherm

L34: (Rechnung ohne Einheiten, da alles in Ω)

$$\frac{1}{R_1} + \frac{1}{R_2} = \frac{1}{157} \quad \text{oder} \quad \frac{R_1 + R_2}{R_1 \cdot R_2} = \frac{1}{157}$$

$R_1 = 2{,}5 \cdot R_2$

Gleichung 2 wird in Gleichung 1 eingesetzt:

$$\frac{1}{2{,}5 \cdot R_2} + \frac{1}{R_2} = \frac{1 + 2{,}5}{2{,}5 \cdot R_2} = \frac{1}{157}$$

$R_2 = \dfrac{157 \cdot 3{,}5}{2{,}5} = 220$

$R_1 = 2{,}5 \cdot R_2 = 2{,}5 \cdot 220 = 550$

Lösungsformulierung mit Einheiten:
$R_1 = 220\ \Omega$ und $R_2 = 550\ \Omega$

L35: Grafische Darstellung: siehe nächste Seite

Es ergibt sich als Funktionsdarstellung:

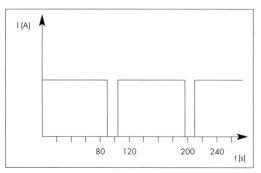

b) Berechnung der Nennleistung:

$$\frac{P_{Nenn}}{P_m} = \frac{t_{ein} + t_{aus}}{t_{ein}}$$

$$P_{Nenn} = 2.000\,W \cdot \frac{90\,s + 15\,s}{90\,s}$$

$P_{Nenn} = 2.333\,W$

L36:
a) Auf der L-Schale befinden sich 8 Elektronen, auf der M-Schale 1 Elektron.
b) Bohrsches Atommodell
c) Außenelektronen dienen der Bildung von Verbindungen. Es handelt sich um Valenzelektronen.

L37:
a) Stark sauer   pH 0 bis pH 1
b) Stark basisch   pH 13 bis pH 14
c) Neutral   pH 7
d) Schwach sauer   pH 4 bis pH 5

L38: Einsatz von Chemikalien, die Niederschläge bilden; Einsatz von Ionenaustauschern; Entfernung der Härte durch Erhitzen

L39:
$U = R \cdot I = 15\,\Omega \cdot 0{,}075\,A = 1{,}05\,V = 1.050\,mV$

L40:
$P = \frac{U^2}{R} \Rightarrow R = \frac{U^2}{P} = \frac{(220\,V)^2}{1000\,W} = 48{,}4\,\Omega$

$P = U \cdot I \Rightarrow I = \frac{P}{U} = \frac{1000\,W}{220\,V} = 4{,}54\,A$

L41:
$$\frac{1}{R_{ges}} = \frac{1}{R_1} + \frac{1}{R_2} + \frac{1}{R_3} + \frac{1}{R_4}$$

$$\frac{1}{R_{ges}} = \frac{1}{20\,\Omega} + \frac{1}{40\,\Omega} + \frac{1}{60\,\Omega} + \frac{1}{80\,\Omega}$$

$$\frac{1}{R_{ges}} = 0{,}104\,\frac{1}{\Omega} \Rightarrow R_{ges} = 9{,}6\,\Omega$$

L42:
a)
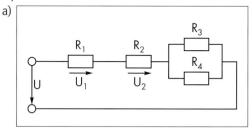

b) $R_{ges} = R_1 + R_2 + R_{34}$

$$R_{34} = \frac{R_3 \cdot R_4}{R_3 + R_4} = \frac{4\,\Omega \cdot 5\,\Omega}{4\,\Omega + 5\,\Omega} = 2{,}22\,\Omega$$

$R_{ges} = 2\,\Omega + 3\,\Omega + 2{,}22\,\Omega = 7{,}22\,\Omega$

c) $U_{ges} = I_{ges} \cdot R_{ges} \Rightarrow I_{ges} = \frac{U_{ges}}{R_{ges}} = \frac{6\,V}{7{,}22\,\Omega} =$
$I_{ges} = 0{,}831\,A = 831\,mA$
$U_1 = I_{ges} \cdot R_1 = 831\,mA \cdot 2\,\Omega = 1{,}66\,V$
$U_2 = I_{ges} \cdot R_2 = 831\,mA \cdot 3\,\Omega = 2{,}49\,V$
$U_3 = U_4 = I_{ges} \cdot R_{34} = 1{,}84\,V$
$U_3 = U_{ges} - U_1 - U_2$

$$I_3 = \frac{U_{34}}{R_3} = \frac{1{,}84\,V}{4\,\Omega} = 461\,mA$$

$$I_4 = \frac{U_{34}}{R_4} = \frac{1{,}84\,V}{5\,\Omega} = 369\,mA$$

L43:
$$R = \rho \cdot \frac{l}{A} \Rightarrow l = \frac{R \cdot A}{\rho} = \frac{R \cdot \pi \cdot d^2}{\rho \cdot 4}$$

$$l = \frac{60\,\Omega}{0{,}0549\,\Omega\,mm^2/m} \cdot \frac{\pi \cdot (0{,}25\,mm)^2}{4}$$

$l = 53{,}65\,m$

L44:
$P = R \cdot I^2 = 60\,\Omega \cdot (5\,A)^2 = 1.500\,W$

L45:
$$\eta = \frac{P_n}{P_{zu}} = \frac{32 \text{ kW}}{43,5 \text{ kW}} = 0,736, \text{ entspricht } 73,6\%$$

L46:
a) nach oben
$F_{ges} = F_G + m \cdot a = m \cdot g + m \cdot a = m(g+a)$
$F_{ges} = 350 \text{ kg} (13,31 \frac{m}{s^2}) = 4.658,5 \text{ N}$

b) nach unten
$F_{ges} = F_G - m \cdot a = m \cdot g - m \cdot a = m(g-a)$
$F_{ges} = 350 \text{ kg} (9,81 \frac{m}{s^2} - 3,5 \frac{m}{s^2})$
$= 350 \text{ kg} (6,31 \frac{m}{s^2}) = 2.208,5 \text{ N}$

L47:
a) $F_{RO} = \mu_0 \cdot F_N = \mu_0 \cdot F_G = 0,2 \cdot 950 \text{ N}$
$F_{RO} = 190 \text{ N}$

b) $F_{RO} = \mu \cdot F_N = \mu \cdot F_G = 0,15 \cdot 950 \text{ N}$
$F_{RO} = 142,5 \text{ N}$

L48:
$F_g \cdot r_2 = F \cdot r_1$
$\Rightarrow r_2 = \frac{F \cdot r_1}{F_G} = \frac{300 \text{ N} \cdot 0,13 \text{ m}}{55 \text{ N}} = 0,71 \text{ m}$

L49: Lösung zeichnerisch im Maßstab

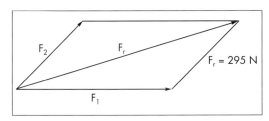

Zur Kontrolle: $F_r = 295 \text{ N}$

L50: Skizze zu den Kraftverhältnissen

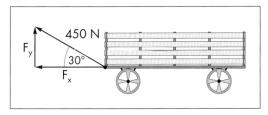

a) $F_x = F_H \cdot \cos \alpha = 450 \text{ N} \cdot \cos 30°$
$= 450 \text{ N} \cdot 0,866 = 389,7 \text{ N}$
b) $W = F_x \cdot s = 389,7 \text{ N} \cdot 1.000 \text{ m} = 389.700 \text{ Nm}$
c) $P = \frac{W}{t} = \frac{389.700 \text{ Nm}}{18 \cdot 60 \text{ s}} = 360,83 \text{ W}$

L51:
$$P = F \cdot v \Rightarrow v = \frac{P}{F} = \frac{22.000 \text{ W}}{10.000 \text{ N}}$$
$$v = 2,2 \frac{W}{N} = 2,2 \frac{\frac{Ws}{s}}{N} = 2,2 \frac{\frac{Nm}{s}}{N} = 2,2 \frac{m}{s}$$

L52:
$\Delta l = l_1 \cdot \alpha \cdot \Delta \vartheta$
$\Delta l = d_2 - d_1 = 30,01 \text{ mm} - 29,95 \text{ mm} = 0,06 \text{ mm}$
$l_1 = 29,95 \text{ mm}$

$\Rightarrow \Delta \vartheta = \frac{\Delta l}{l_1 \cdot \alpha} = \frac{0,06 \text{ mm}}{29,95 \text{ mm} \cdot 1,2 \cdot 10^{-5} \frac{1}{K}}$
$\Delta \vartheta = 167 \text{ K}$
$\vartheta_2 = \vartheta_1 + \Delta \vartheta = 189 \text{ °C}$

L53: Siehe Zeichnung unten
$F_y = F \cdot \cos \alpha = 300 \text{ N} \cdot \cos 38° = 236,4 \text{ N}$
$F_x = F \cdot \sin \alpha = 300 \text{ N} \cdot \cos 38° = 184,7 \text{ N}$

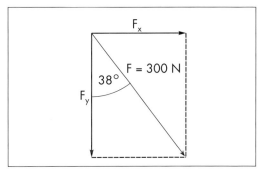

L 54: Siehe Zeichnung nächste Seite
Hebelgesetz/Drehmomentsatz: $M_1 = M_2 + M_3$
$\Rightarrow F_1 \cdot l_1 = F_2 \cdot l_2 + F_3 \cdot l_3$
$\Rightarrow F_3 \cdot l_3 = F_1 \cdot l_1 - F_2 \cdot l_2$
$\Rightarrow F_3 = \frac{F_1 \cdot l_1 - F_2 \cdot l_2}{l_3}$
$= \frac{50 \text{ N} \cdot 0,8 \text{ m} - 70 \text{ N} \cdot 0,4 \text{ m}}{0,6 \text{ m}} = 20 \text{ N}$

$F_3 = 20 \text{ N}$ für Gleichgewicht

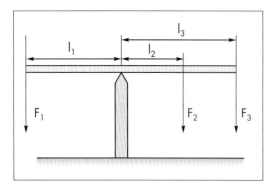

L55:
Drehpunkt in A: Wie groß ist F_B?
F_B und F_3 stehen auf der gleichen Seite.

$F_B \cdot l + F_3 (l_3 + l) = F_1 \cdot l_1 + F_2 (l - l_2)$

$F_B \cdot l = F_1 \cdot l_1 + F_2 (l - l_2) - F_3 (l_3 + l)$

$F_B = \dfrac{F_1 \cdot l_1 + F_2 (l - l_2) - F_3 (l_3 + l)}{l}$

$F_B = \dfrac{800\,N \cdot 0{,}45\,m + 2700\,N \cdot 0{,}74\,m - 1800\,N \cdot 1{,}18\,m}{1\,m}$

$F_B = \dfrac{360\,Nm \cdot 1998\,Nm - 2124\,Nm}{1\,m} = 234\,N$

Drehpunkt in B: Wie groß ist F_A?
Alle Kräfte wirken in die gleiche Richtung.

$F_A \cdot l = F_1 \cdot (l - l_1) + F_2 \cdot l_2 + F_3 \cdot l_3$

$F_A = \dfrac{F_1 \cdot (l - l_1) + F_2 \cdot l_2 + F_3 \cdot l_3}{l}$

$F_A = \dfrac{800\,N \cdot 0{,}55\,m + 2700\,N \cdot 0{,}26\,m + 1800\,N \cdot 0{,}18\,m}{1\,m}$

$F_A = \dfrac{440\,Nm + 702\,Nm + 324\,Nm}{1\,m} = 1466\,N$

5.2 Verwenden unterschiedlicher Energieformen im Betrieb – Beachten von Auswirkungen auf Mensch und Umwelt

5.2.1 Energieumwandlung in Kraftmaschinen

Energie kann im Betrieb
- unmittelbar benötigt werden, beispielsweise um sie Verfahrensprozessen zuzuführen, oder
- dazu dienen, Kraftmaschinen zu speisen, die ihrerseits mechanische Energie erzeugen und diese zur Verwertung an Arbeitsmaschinen weitergeben. Kraftmaschinen wandeln verschiedene Arten von Energie in mechanische Energie um. Meist wird eine Drehbewegung für Antriebszwecke erzeugt.

Beispiele

Kraftmaschine	Arbeitsmaschine	Arbeitsmedium/Energieträger
Verbrennungsmotor	Propeller	Kraftstoff-Luft-Gemisch
Elektromotor	Fahrzeuge	Elektrischer Strom
Dampfturbine	Pumpen	Wasserdampf
Gasturbine	Kältemaschinen	Brenngase und Sauerstoff

Man unterscheidet je nach Energieträger zum Beispiel Windkraftmaschinen, Wasserkraftmaschinen, Elektromotoren oder Wärmekraftmaschinen. Statt Kraftmaschine findet man oft die Bezeichnung Motor, z. B. Elektromotor, Dieselmotor, Verbrennungsmotor oder Rotationskolbenmotor.

Zu den natürlichen/regenerativen Energien zählen Wasserkraft, Windkraft, Sonneneinstrahlung, Gezeitenströmung, Erdwärme. Energieträger sind Erdgas, Erdöl, Kohle und strahlungsaktive Stoffe.

Die Beschreibung, was unter Energie zu verstehen ist, und die Erläuterung von kinetischer Energie, potenzieller Energie und Wärmeenergie ist in Abschnitt 5.1.4.3 zu finden. Elektrische Energie wird in Abschnitt 5.1.5.3 erläutert. Der Wirkungsgrad findet sich in Abschnitt 5.1.4.4.

Die spezifische Wärmekapazität c gibt die Wärmemenge an, die man benötigt, um 1 kg eines festen oder flüssigen Stoffes um die Temperaturdifferenz 1 K zu erwärmen.

Was gibt die spezifische Wärmekapazität an?

Umgekehrt wird bei der Verbrennung von Kraftstoffen Wärmeenergie frei:

Wärmeenergie: $Q = c \cdot m \cdot \Delta T$, c = spezifische Wärmekapazität, Einheit: $\frac{kJ}{kg \cdot K}$

 Allgemeiner Energieerhaltungssatz: In einem abgeschlossenen System bleibt die Summe der Energien erhalten.

Was besagt der Energieerhaltungssatz?

Abgeschlossene Systeme sind Systeme von Körpern, die keine Energie nach außen abgeben und denen keine Energie von außen zugeführt wird.

Was ist ein abgeschlossenes System?

Es gilt jedoch auch, dass die Summe der Energien am Ende eines technischen Vorgangs genauso groß ist wie die Summe der Energien zu Beginn unter Berücksichtigung der während des Vorgangs zugeführten und abgeführten Energien.

 Energieerhaltungssatz: $W_{Ende} = W_{Anfang} + W_{zu} - W_{ab}$

5.2.2 Wirkungsweise von Dampferzeugungsanlagen und nachgeschalteter Anlagen

5.2.2.1 Physikalische Grundlagen der Dampferzeugung

Die Wirkungsgrade, die sich mit Dampfmaschinen realisieren lassen, liegen bei etwa 20 %. Wasser wird zum Kochen gebracht und der dabei entstehende Dampf erzeugt Druck in einem Kessel. Der Druck kann durch die Dampfleitungsrohre zum Zylinder entweichen, in dem ein Kolben bewegt werden soll.

Wie hoch ist der Wirkungsgrad von Dampfmaschinen?

 Die Wärmemenge, die erforderlich ist, um 1 kg Wasser zum Sieden zu bringen, wird als Enthalpie (h' mit der Einheit kJ/kg) bezeichnet.

Wie ist Enthalpie definiert?

Das siedende Wasser wandelt sich um zu Dampf. Zur Umwandlung des gesamten siedenden Wassers zu Dampf muss die Verdampfungswärme r mit der Einheit kJ/kg aufgewendet werden.

Wärmemenge zur Verdampfung

Man benötigt h' = 417 kJ/kg, um 1 kg Wasser von 0° C zum Sieden zu bringen.
Man benötigt r = 2257 kJ/kg, um das siedende Wasser vollständig zu verdampfen.
Wärmemenge bis zur vollständigen Verdampfung des Wassers: h' + r = 2674 kJ/kg

Berechnung der Wärmemenge beim Verdampfen
bei einem Umgebungsdruck von 10^5 Pa: $Q = m \cdot r$

Was versteht man unter kritischem Druck?

Zu jedem Druck gehört eine bestimmte Siedetemperatur. Deshalb steuert man bei Heiz- oder Trocknungsanlagen die Temperatur über ein Sicherheitsventil, das den Druck überwacht.

Der so genannte kritische Druck beträgt p_k = 221,3 bar: Wasser geht ohne Zufuhr von Verdampfungswärme direkt in überhitzten Dampf über.

Was ist Nassdampf, Sattdampf und Heißdampf?

Nassdampf liegt vor, wenn der Dampf noch Wasserteilchen enthält. Beim **Sattdampf** ist die Flüssigkeit völlig verdampft. Sobald wieder Wärme entzogen wird, beginnt die Kondensation. Industrieanlagen verwenden Sattdampf für Heizzwecke. Die Wärmeabgabe erfolgt beim Berühren mit der Heizfläche (Kondensieren). Auf dem Weg zur Heizfläche muss Sattdampf mit leicht erhöhtem Druck und leicht überhitzt (120 bis 150 °C) geführt werden, damit er nicht schon vorher kondensiert (Niederdruckdampf). Wird Sattdampf bei gleich bleibendem Druck Wärme zugeführt, entsteht überhitzter Dampf, auch **Heißdampf** genannt. Die enthaltene Energie ist wesentlich höher als bei Nassdampf.

Wird elektrische Energie aus Wärmeenergie erzeugt, spricht man von einem Wärmekraftwerk. Die zugeführte Primärenergie (Kohle, Gas, Heizöl, nukleare Brennstoffe) wird in einem Dampferzeuger durch Verbrennung in Wärmeenergie umgewandelt.

Wärmeenergie kann in der Praxis nicht vollständig in mechanische oder elektrische Energie umgewandelt werden.

Der Wirkungsgrad einer Wärmekraftmaschine errechnet sich aus (T in Kelvin):

Wie errechnet sich der Wirkungsgrad von Wärmekraftmaschinen?

$$\eta = \frac{\text{Dampfeintrittstemperatur} - \text{Dampfaustrittstemperatur}}{\text{Dampfeintrittstemperatur}}$$

Die Wirkungsgrade liegen bei ca. 40%. Die Restwärme muss zur Erhaltung des notwendigen Temperaturgefälles als Abwärme abgeführt werden.

5.2.2.2 Verbrennungsvorgang

Wärmequellen sind Körper, in denen durch Umwandlungen von Energie Wärmeenergie entsteht. Sehr oft entstehen Wärmequellen dadurch, dass chemische Energie durch Verbrennung von Stoffen in Wärmeenergie umgewandelt wird. Die Verbrennung ist ein chemischer Vorgang (Verbindung eines brennbaren Stoffes mit Sauerstoff unter Wärmeentwicklung, siehe Abschnitt 5.1.1.1) Es müssen verschiedene **Voraussetzungen** erfüllt sein, um eine Verbrennung in Gang zu setzen.

Welche Voraussetzungen bestehen für eine Verbrennung?

- Man braucht Stoffe, die sich chemisch mit Sauerstoff verbinden lassen (feste, flüssige oder gasförmige Brennstoffe, z. B. Kohle, Holz, Benzin, Erdgas, Öl u. a.).
- Der zur Verbrennung benötigte Sauerstoff muss ausreichend in der umgebenden Luft vorhanden oder im Stoff selbst gebunden sein.
- Jede Verbrennung beginnt erst bei einer bestimmten, von der Art des Stoffes abhängigen Entzündungstemperatur.

Die einzelnen brennbaren Stoffe wandeln bei ihrer Verbrennung ganz unterschiedliche Beträge in Wärmeenergie (Verbrennungswärme) um.

In der Technik bezeichnet man die bei der Verbrennung von 1 kg Brennstoff entstehende Verbrennungswärme als Heizwert (H) des Brennstoffs (siehe Kapitel 5.1.3.3).

Wie ist Verbrennungswärme definiert?

Bei Verbrennungskraftmaschinen wird ein schnell verbrennendes Kraftstoff-Luft-Gemisch verwendet, dessen Ausdehnung zur Erzeugung mechanischer Energie genutzt wird. Gebräuchliche Verbrennungsgasmotoren sind Kolbenmaschinen (siehe Kapitel 5.2.5) und Gasturbinen. Die in den strömenden heißen Gasen enthaltene Wärmeenergie wird durch Gasturbinen in mechanische Energie umgewandelt. Der Wirkungsgrad dieser Strömungskraftmaschinen ist hoch. Es werden flüssige oder gasförmige Brennstoffe verwendet. Bei den Gasturbinen unterscheidet man ortsfeste Gasturbinen (bestehend aus Turbine, Brennkammer und Luftverdichter) und Abgasturbinen mit Ladeluftverdichter (Verdichter vergrößert die Luftfüllung im Zylinder).

Welche beiden Arten von Verbrennungsgasmotoren werden unterschieden?

5.2.2.3 Feuerungen

Zur Befeuerung werden Einrichtungen verwendet, die Brennstoffe (fest, flüssig oder gasförmig) nutzen. Die entstehende Wärmemenge ist vom Heizwert abhängig (s. Abschnitt 5.1.3.3). Feuerungsanlagen für feste Brennstoffe sind mit einem Rost ausgestattet, der mechanisch mit den Brennstoffen beschickt wird. Bei Öl- und Gasfeuerungen wird der Brennstoff mit einer Düse fein verteilt in den Brennraum gedrückt. Atmosphärische Brenner werden bei Gasfeuerungen eingesetzt. Der für die Verbrennung notwendige Zug durch den Kamin kann durch Unterwindgebläse oder Saugzuganlagen verstärkt werden. Man unterscheidet
- liegende Verbrennung mit Rostanlagen für stückige Festbrennstoffe und
- schwebende Verbrennung, z. B. von Kohlenstaub, Öl und Gas,

Welche grundlegenden Arten von Feuerungen gibt es?

Beispiele für Feuerungsarten

Rostanlagen, Planrost im Flammrohr, Kohlenstaubfeuerung, Schmelzfeuerung, Wirbelschichtfeuerung

5.2.2.4 Strahltriebwerke (Gasturbine)

Beim Gasturbinenkraftwerk treibt ein heißer Gasstrahl die Schaufelräder auf der Turbinenwelle. Erzeugt wird dieser Gasstrahl in einer Brennkammer, die vom Prinzip her genauso funktioniert wie das Strahltriebwerk eines Düsenflugzeugs. Der wesentlichste Unterschied besteht darin, dass das Düsenflugzeug mobil ist und den Schub nutzt, der durch den Rückstoß des Gasstrahls entsteht, während die Gasturbine fest montiert ist und die Energie des Gasstrahls auf die Schaufelräder der Turbinenwelle lenkt.

Welches Grundprinzip liegt der Gasturbine zu Grunde?

Der Gasstrahl von Gasturbinen erreicht Temperaturen von über 1.000 Grad. Der Wirkungsgrad könnte also im Vergleich zur Umgebungstemperatur sehr hoch sein. In der Praxis schrumpft er allerdings, weil die Abgastemperatur mit etwa 500 Grad ebenfalls sehr hoch liegt. Noch erheblichere Abstriche am tatsächlichen Wirkungsgrad bewirkt der hohe Energiebedarf für den Verdichter, der große Mengen Luft ansaugen und komprimieren muss, die dann zusammen mit dem Brennstoff in die Brennkammer gepresst werden. Der größte Teil der erzeugten Leistung wird für den Antrieb des Verdichters benötigt.

Die Gasturbine hat ihren Namen von dem heißen Gasstrahl, der aus der Brennkammer entweicht und die Turbinenräder in Drehung versetzt. Als Brennstoff muss aber nicht unbedingt Gas verwendet werden. So dient bei Düsenflugzeugen Kerosin als Brennstoff für die Strahltriebwerke – ein Erdölprodukt, das von seiner Güte her nur eine Stufe über dem Dieselöl liegt und früher als Petroleum bekannt war. Die Stromwirtschaft betreibt dagegen ihre Gasturbinenkraftwerke meistens mit Erdgas oder Heizöl.

Welche Vorteile haben Gasturbinenkraftwerke?

Im Unterschied zu Dampfkraftwerken sind Gasturbinenkraftwerke innerhalb weniger Minuten verfügbar. Auch brauchen sie weder Kühltürme noch aufwändige Anlagen zur Rauchgasreinigung, sie lassen sich relativ schnell errichten und sind billiger als Dampfkraftwerke vergleichbarer Leistung. Die Stromerzeugungskosten liegen dagegen höher als bei Dampfkraftwerken. Sie werden deshalb meist nicht als Grundlastkraftwerke betrieben, sondern für die Abdeckung von Bedarfsspitzen eingesetzt.

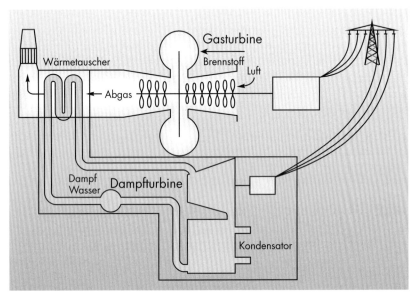

Abb. 5.30: Schema eines Gas- und Dampfturbinenprozesses

 Besonders effektiv ist die Kombination von Gas- und Dampfturbinenkraftwerk.

Wie lassen sich Gasturbinen und Dampfkraftwerke kombinieren?

Der Wirkungsgrad von Gasturbinenkraftwerken erhöht sich beträchtlich, wenn man die heißen Abgase nicht ungenutzt verpuffen lässt, sondern für den Betrieb eines Dampfkraftwerks verwendet. Bei einem solchen Kombi-Kraftwerk erhitzen die Abgase einen Dampfkessel. In der Regel erreicht die nachgeschaltete Dampfturbine nochmals die Hälfte der Leistung der Gasturbine. Derartige Gas- und Dampfturbinenkraftwerke werden auch als **GuD-Kraftwerke** bezeichnet. Sie lassen sich wirtschaftlich im Dauerbetrieb einsetzen.

Man kann die heißen, sauerstoffreichen Abgase der Gasturbine aber auch als vorgewärmte Verbrennungsluft für ein Dampfkraftwerk verwenden, was Energie für dessen Vorwärmung spart. Bei einem solchen Kombi-Kraftwerk können beide Teile auch unabhängig voneinander betrieben werden, allerdings mit geringerem Wirkungsgrad. Als Brennstoffe werden dann sowohl Erdgas als auch Kohle benötigt, wobei der größere Teil des Brennstoffbedarfs auf die Kohle entfällt.

5.2.2.5 Dampferzeuger
Wasser wird im Dampferzeuger durch heiße Feuergase auf Siedetemperatur erwärmt und verdampft. Der entstehende Sattdampf sammelt sich im Dampfraum über dem siedenden Wasser. Die Siedetemperatur hängt vom Druckzustand ab. Der eingeschlossene Dampf hat Überdruck und damit Druckenergie.
Vorgänge bei der Dampferzeugung:
- Wassererwärmung auf Siedetemperatur im Wasservorwärmer,
- Verdampfung im Kessel und
- Erwärmung über Siedetemperatur im Überhitzer.

Der erzeugte Sattdampf durchströmt meist die beheizten Rohre eines Überhitzers, wo er bei gleich bleibendem Druck über Siedetemperatur erwärmt und als überhitzter Dampf oder Heißdampf entnommen wird.

Welche Vorgänge laufen bei der Dampferzeugung ab?

5.2.2.6 Dampfturbine
Eine Dampfturbine arbeitet als Kreislaufprozess, da der Dampf nach Austritt aus der Turbine in einem Kondensator zur Flüssigkeit kondensiert und wieder in den Dampferzeuger zurückgepumpt wird.

 Der Dampf, der im Dampferzeuger unter Druck steht, besitzt potenzielle Energie. Er strömt unter Minderung des Drucks durch Düsen. Dabei wird die potenzielle Energie des Dampfes in kinetische Energie umgewandelt.

Welche Energieumwandlungsprozesse laufen in der Dampfturbine ab?

Der Dampf strömt auf die Schaufeln des Laufrades. Die Schaufeln stellen gekrümmte Kanäle mit konstanter Kanalweite dar, in denen die hindurchströmende Dampfmasse abgelenkt wird. Der Druckzustand des Dampfes ist vor und hinter dem Laufrad gleich groß. Damit die Umfangsgeschwindigkeit nicht zu groß und die Energie so gut wie möglich ausgenutzt wird, ist es notwendig, das Wärmegefälle zwischen den Düsen und dem Kondensator auf mehrere Stufen bzw. auf mehrere Turbinengehäuse zu verteilen. Mit fallendem Druck nimmt das Volumen des Dampfes zu. Deshalb müssen die Querschnitte der Schaufeln auch entsprechend zunehmen (Hoch-, Mittel- und Niederdruckbereich).

Wie wird daraus Bewegung erzeugt?

5.2.2.7 Dampferzeugerhilfsanlagen
Im **Überhitzer** wird der Dampf durch Rauchgase nachgetrocknet und bei konstantem Druck auf Temperaturen erwärmt, die über dem Siedepunkt liegen. Speisewasser muss in **Vorwärmern/Economisern** vorgewärmt werden, ebenso wie in Luftvorwärmern die Verbrennungsluft durch Rauchgase vorgewärmt wird. Im Zuge der **Wasseraufbereitung** wird das Speisewasser chemisch aufbereitet, damit die Bildung von Kesselstein in den Rohren verhindert wird.

5.2.3 Wärmeerzeugung durch Kernspaltung

5.2.3.1 Geschichte der Kernspaltung

1932 beschossen zwei englische Forscher Lithiumkerne mit künstlich beschleunigten Protonen. Sie fanden heraus, dass ein Treffer den Lithiumkern in genau zwei Heliumkerne aufspaltet, die mit großer Geschwindigkeit auseinander fliegen. Sie erkannten nicht, dass hier eigentlich eine Kernspaltung vorliegt. Einige Jahre später stieß man wieder auf die Kernspaltung. Otto Hahn und Fritz Straßmann beschossen Urankerne mit Neutronen. Uran ist das in der Rangfolge des Periodensystems an letzter Stelle stehende, in der Natur vorkommende Element.

Was bewirkt der Beschuss von Urankernen mit Neutronen?

Ziel der Forscher war es, durch Kernbeschuss Atomkerne mit einer höheren Ordnungszahl als Uran zu erzeugen, also ein neues Element künstlich herzustellen. Die betroffenen Urankerne spalteten sich in Barium (mit der Kernladungszahl $Z = 56$) und Krypton ($Z = 36$) oder in Strontium ($Z = 38$) und Xenon ($Z = 54$) oder in Brom ($Z = 35$) und Lanthan ($Z = 57$).

Die Summe der Ordnungszahlen der jeweiligen Paare beträgt stets 92, dies ist die Ordnungszahl von Uran. Nachdem bei Kernumwandlungen bisher nur kleinste Teilchen im Kern stecken geblieben waren oder wieder abgesplittert wurden, lag hier erstmals eine Spaltung eines Kerns in zwei etwa gleich große Teile vor. Außerdem wurde bei einer solchen Spaltung festgestellt, dass die Bruchstücke mit einer sehr großen Geschwindigkeit auseinander fliegen, dass sie also eine große kinetische Energie haben müssen.

5.2.3.2 Kernspaltung durch Neutronenbeschuss

Wann spricht man von einer Kernspaltung?

 Verläuft eine Kernreaktion so, dass ein Kern als Folge eines Teilchenbeschusses in zwei mittelschwere Kerne zerbricht, spricht man von einer Kernspaltung.

Welche Folgen hat eine Kernspaltung?

Folgen bei der Kernspaltung:
- Die beiden atomaren Spaltstücke haben eine außerordentlich hohe kinetische Energie. Allerdings werden die Bruchstücke sehr bald durch die umgebende Materie gebremst, sodass ihre kinetische Energie dabei in Wärmeenergie übergeht. Bei einer Kernspaltung von Uran wird rund $2,5 \cdot 10^6$-mal so viel Energie frei wie bei der Verbrennung der gleichen Menge Steinkohle. Diese hohe Energie wird aber nur bei der Spaltung von „schweren" Kernen frei, also bei Kernen mit hoher Ordnungszahl. Die zahlreichen Protonen in diesen Kernen sind alle positiv geladen und würden sich sofort abstoßen, wenn nicht die Bindungskräfte des Kerns entgegenwirken würden. Diese Kernbindungskräfte werden jedoch immer weniger wirksam, je mehr Protonen im Kern sind. Dringt nun ein atomares Geschoss in den Kern ein, so stellt man sich vor, dass der Kern dadurch eine etwas längliche Gestalt annehmen wird, sich irgendwo einschnüren und an dieser Stelle schließlich auseinander brechen wird, wobei jetzt die abstoßenden elektrischen Kräfte voll wirksam sind.
- Neben den Bruchstücken des Kerns werden noch einige Neutronen frei.

- Die Kernspaltung wird von einer Gamma-Strahlung (γ-Strahlung) begleitet.
- Die Bruchstücke sind instabil und zerfallen in kurzer Zeit in mehreren Schritten meist unter Aussendung von Beta-Strahlung (β-Strahlung) in stabile Endkerne.

5.2.3.3 Kernspaltung bei Uran

Das natürliche Uran besteht aus einem Gemisch der Isotopen

$${}^{238}_{92}U \text{ und } {}^{235}_{92}U$$

im Mengenverhältnis 140 : 1. Während sich das Isotop

$${}^{238}_{92}U$$

beim Einfangen eines Neutrons im Allgemeinen in ein künstliches Element

$${}^{239}_{93}Np \text{ (Neptunium)}$$

umwandelt, tritt beim Isotop

$${}^{235}_{92}U$$

durch einen Treffer eine Kernspaltung auf. Die Reaktionen haben folgende Umwandlungsgleichungen:

$${}^{238}_{92}U + {}^{1}_{0}n \rightarrow {}^{239}_{92}U \rightarrow {}^{239}_{93}Np + {}^{0}_{-1}e$$

$${}^{235}_{92}U + {}^{1}_{0}n \rightarrow {}^{236}_{92}U \rightarrow {}^{89}_{36}Kr + {}^{144}_{56}Ba + {}^{1}_{0}n + {}^{1}_{0}n + {}^{1}_{0}n$$

Wie lautet die Umwandlungsgleichung der Spaltung von Urankernen?

Die entstehenden Elemente sind um einen minimalen Betrag leichter als das Ursprungselement Uran. Diese „verlorene" Masse wird nach der Einstein'schen Formel $E = m \cdot c^2$ in Energie umgewandelt.

Wie berechnet man die frei werdende Energie?

Die Kernspaltung des

$${}^{235}_{92}U$$

erfolgt durch langsame Neutronen, während die Kernumwandlung des

$${}^{238}_{92}U$$

durch schnellere Neutronen eingeleitet wird. Der Bruch des Kerns ist bis zu einem gewissen Grad zufällig, deshalb können noch Bruchstücke anderer Art auftreten. Urankerne sind nicht die einzigen, die sich spalten lassen. Grundsätzlich wurden mit schnellen energiereichen Neutronen, Deuteronen und α-Teilchen alle „schweren" Atomkerne bis herunter zur Ordnungszahl 73 schon gespalten. Mit langsamen Neutronen kann man auch die Kerne des Elements Plutonium spalten.

5.2.3.4 Kettenreaktion

Zur praktischen Ausnutzung der bei der Kernspaltung entstehenden großen Energie soll die Spaltung nicht auf wenige Kerne beschränkt bleiben, sondern es müssen in kurzer Zeit sehr viele Spaltungsprozesse erfolgen.

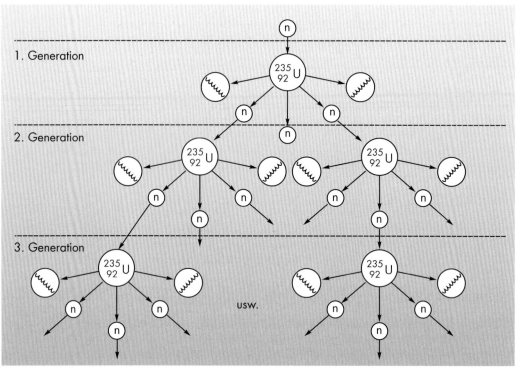

Abb. 5.31: Prinzip der Kettenreaktion

Wie verläuft eine Kettenreaktion?

Dies kann man dadurch erreichen, dass man dafür sorgt, dass die pro Spaltung ausgeschleuderten zwei oder drei Neutronen ebenfalls wieder weitere Kerne spalten können. In diesem Fall entsteht eine Kettenreaktion von Spaltprozessen, wie sie in der Abb. 5.31 schematisch dargestellt ist. Da nach dieser Darstellung jedes größere Uranlager schon explodiert sein müsste, sind für das Zustandekommen einer Kettenreaktion zusätzliche Bedingungen notwendig:

- Das spaltbare Material $^{235}_{92}U$ muss einen genügend großen Reinheitsgrad haben. Die freien Neutronen werden sonst sehr schnell von den Atomen anderer Elemente absorbiert.
- Es muss eine Mindestmasse spaltbaren Materials – die so genannte kritische Masse – vorhanden sein. Das Material soll außerdem eine möglichst kleine Oberfläche aufweisen. Damit ist gewährleistet, dass die freien Neutronen eine genügend große Anzahl von Atomkernen treffen. Eine Kettenreaktion kann in Gang gebracht werden, indem man zwei „unterkritische" Massen zusammengefügt, sodass die kritische Masse plötzlich überschritten wird.
- Da langsame Neutronen sich länger im Bereich der Uran-Atomkerne aufhalten als schnelle Neutronen, ist die Wahrscheinlichkeit größer, dass sie in einen Kern eindringen und dessen Spaltung herbeiführen. Man bremst deshalb die ausgeschleuderten schnellen Neutronen in einem „Moderator" ab. Der Moderator enthält ein Element mit geringem Atomgewicht, sodass die schnellen Neutronen durch den häufigen Zusammenstoß mit den leichten Atomkernen einen großen Teil ihrer kinetischen Energie verlieren.

5.2.3.5 Funktionsweise eines Kernreaktors und Reaktortypen

Geräte, in denen man durch gesteuerte Spaltung von Atomkernen Energie gewinnen kann, nennt man Kernreaktoren. Jeder Kernreaktor enthält vier Grundelemente: den Reaktorbrennstoff, den Moderator, die Steuereinrichtung und die Kühlvorrichtung.

- Das spaltbare Material heißt Reaktorbrennstoff. Reines Uran U 238 ist als Reaktorbrennstoff ungeeignet, reines Uran U 235 wäre zwar als Brennstoff geeignet, die Reaktion ist jedoch schwer steuerbar. Am besten eignet sich das natürlich vorkommende Uran in der Mischung aus den Isotopen U 238 und U 235 oder das so genannte angereicherte Uran. Dieser Stoff ist ebenfalls eine Mischung aus Uranisotopen, wobei das Isotop U 235 in einem stärkeren Prozentsatz vertreten ist als bei dem natürlichen Uran. Außerdem lassen sich auch Plutonium 239 und Uran 233 gut als Brennstoffe verwenden. Der Brennstoff wird in Form von Stäben oder Platten in den Reaktor eingeführt. *(Welches ist der bestgeeignete Reaktorbrennstoff?)*

- Zur Verlangsamung der bei der Kernspaltung entstehenden schnellen Neutronen sind so genannte Moderatoren notwendig, weil bevorzugt die langsamen Neutronen bei U 235-Kernen wieder eine Spaltung hervorrufen. In den Reaktoren verwendet man dazu vor allem normales oder schweres Wasser sowie Graphit. *(Was ist bei der Kernspaltung ein Moderator?)*

- Die Steuereinrichtung reguliert die Kettenreaktion. Diese Regulierung geschieht durch mehr oder weniger tiefes Einschieben von Stäben aus Borstahl oder Cadmium in den Reaktor. Je näher diese Stäbe dem Brennstoff kommen, desto mehr Neutronen werden von ihnen eingefangen. Bei drohender Gefahr fallen diese Stäbe ganz in den Reaktor hinein, sodass die Kettenreaktion erlischt. *(Wie reguliert man eine Kettenreaktion?)*

- Zur Ableitung der in den Brennstoffelementen entstehenden Wärme und zum Transport der Energie nach außen ist ein Kühlmittel notwendig. Dies kann ein Gas sein (Luft, CO_2, Helium, Stickstoff), eine Flüssigkeit (z. B. Wasser) oder ein flüssiges Metall (Natrium, Kalium, Wismut). *(Welche Funktion hat das Kühlmittel?)*

Siedewasserreaktor

Diese Reaktoren bestehen nur aus einem Kreislauf, in dem die Turbinen unmittelbar mit radioaktivem Dampf versorgt werden. Hier wird das Prinzip der Dampfmaschine angewendet. Wasser durchströmt den Reaktorkern und wird dabei zum Sieden gebracht. Der Dampf strömt über eine Turbine, die einen Generator antreibt, der elektrischen Strom erzeugt. Anschließend schlägt sich der Dampf in den Kondensatoren nieder.

Druckwasserreaktor

Hier gibt es einen Primär- und einen Sekundärbereich, auf deren Trennung streng zu achten ist. Im Primärkreislauf entsteht durch Spaltung von Uran Wärmeenergie, die an das umgebende Wasser abgegeben wird, das um das Druckgefäß zirkuliert. Dies wird als Kühlung des Reaktors bezeichnet. Über einen Austauscher gibt das radioaktive heiße Wasser seine Wärme an den Sekundärkreislauf ab und erzeugt Sattdampf. Dieser wird zum Betrieb von Dampfturbinen mit anschließender Kondensation verwendet. Über eine Umwälzpumpe wird das Kondensat zum Wärmetauscher zurückbefördert.

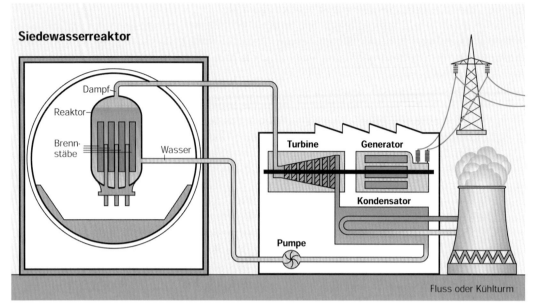

Abb. 5.32: Prinzip des Siedewasserreaktors

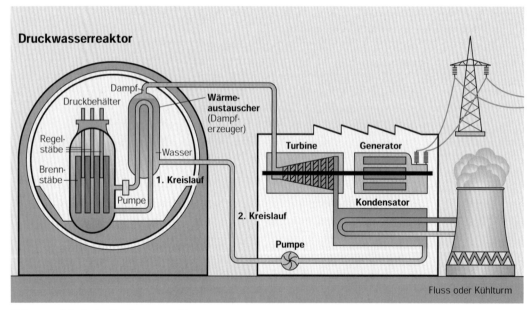

Abb. 5.33: Prinzip des Druckwasserreaktors

Schneller Brüter
In den Brüter-Reaktoren werden neben der Kernspaltung gleichzeitig andere spaltfähige Brennstoffe erzeugt. Die für die Kernspaltung nicht mehr benötigten Neutronen werden zu weiteren Kernumwandlungen herangezogen. Sie führen zum Beispiel U 238 in Plutonium oder Thorium in U 233 über.

5.2.4 Alternative Anlagen zur Energieerzeugung

5.2.4.1 Solarenergie

Die Energie der Sonne kann durch den Einsatz von Solarzellen genutzt werden, bei denen die Sonnenstrahlen direkt in elektrischen Strom umgewandelt werden.

 Diese Wirkungsweise beruht auf dem Prinzip, dass Lichteinstrahlung in einem Festkörper positive und negative Ladungsträger freisetzt und dadurch elektrischer Strom fließt (Fotoeffekt).

Welches Prinzip liegt der Solarzelle zu Grunde?

Wird Sonneneinstrahlung unter Ausnutzung des Fotoeffekts (fotovoltaischer Effekt) in elektrische Energie umgewandelt, entsteht Gleichstrom. Dieser wird mit einem Wechselrichter in Wechselstrom umgewandelt und ins Stromnetz eingespeist. In Akkumulatoren kann überschüssiger Strom gespeichert werden. Die Anlagen zur Umwandlung der Energie bezeichnet man als Fotovoltaik-Anlagen. Die Solarkonstante drückt aus, wie viel im optimalen Fall von der Sonnenenergie genutzt werden könnte. Sie beträgt bei optimalen Bedingungen 1,36 kW/m².

Was ist die Solarkonstante?

 Die Solarkonstante gibt die Energiemenge an, die bei mittlerer Entfernung von der Erde zur Sonne auf eine senkrecht zu den Sonnenstrahlen ausgerichtete Fläche einstrahlt.

Bei **thermischen Solaranlagen** wird ein Sonnenkollektor eingebaut, der von Rohren durchzogen wird, durch die Wasser fließt. Die Oberfläche des Kollektors/Absorbers sollte schwarz oder so beschichtet sein, dass er möglichst viel Energie aufnimmt und die Wärme an das Wasser weitergibt. Das Wasser wird in einen Speicherbehälter gepumpt, von dem aus das kalte Wasser wiederum zum Kollektor fließt. Das warme Wasser in den Rohrschlangen erwärmt das Wasser, das die Rohrschlangen im Wasserspeicher umgibt. Der Wasserspeicher arbeitet nach dem Prinzip der Wärmeschichtung. Warmes Wasser steigt nach oben, kaltes Wasser sinkt zu Boden.

Was ist eine thermische Solaranlage?

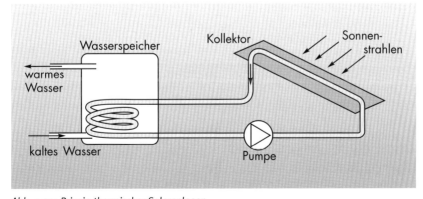

Abb. 5.34: Prinzip thermischer Solaranlagen

5.2.4.2 Windkraftenergie

Wie funktionieren Windräder vom Prinzip her?

Windkraftanlagen arbeiten äußerst umweltfreundlich. Mit Windrädern, die nach den Gesetzen der Aerodynamik gebaut sind, können relativ hohe Wirkungsgrade erreicht werden. Wind entspringt genau genommen der Sonneneinstrahlung und wird von der Erdrotation beeinflusst. Durch die Erwärmung der Erdoberfläche entstehen Gebiete mit Hochdruck und Tiefdruck. Der Druckausgleich erfolgt über Luftströmungen. Ein Windrad überträgt die kinetische Energie des Windes von den Rotorblättern auf eine Antriebswelle. Die Antriebswelle kann horizontal oder vertikal eingebaut werden. Durch die Drehbewegung der Rotorblätter wird ein Generator angetrieben, wodurch Strom erzeugt wird.

Wie hängen Windgeschwindigkeit und Windradleistung rechnerisch zusammen?

Die Leistung steigt mit der dritten Potenz der Strömungsgeschwindigkeit. Verdoppelt sich die Windgeschwindigkeit, erhält man die achtfache Windleistung.

Welche Standortvoraussetzungen gibt es?

Bei der Wahl des Standortes von Windkraftanlagen ist darauf zu achten, dass im Jahresdurchschnitt mindestens eine Windgeschwindigkeit von 4 m pro Sekunde gemessen wird, da es nur dann sinnvoll ist, die Windenergie zur Erzeugung von Elektrizität zu nutzen. Ein Nachteil ist, dass man einen sehr hohen Materialaufwand betreiben muss und große Landflächen zum Aufstellen gebraucht werden.

5.2.4.3 Wasserkraftwerke

Fließt Wasser von einem höher gelegenen Ort nach unten, wird seine potenzielle Energie in kinetische Energie umgewandelt. Wasserkraftwerke wandeln wiederum die kinetische Energie des Wassers in Rotationsenergie in Turbinen um, die Generatoren antreiben, wodurch elektrische Energie erzeugt wird.

Welche drei Grundformen von Wasserkraftwerken werden unterschieden?

Man unterscheidet Laufwasserkraftwerke, Speicherkraftwerke und Gezeitenkraftwerke:

- **Laufwasserkraftwerke** werden in natürliche Flussläufe gebaut. Unter Berücksichtigung von Hochwasser und Niedrigwasser wird das Kraftwerk für einen mittleren Wasserstand ausgelegt. Ein Stauwerk reguliert die Wassermenge. Wichtig dabei ist, dass den Fischen ein Durchkommen ermöglicht wird (Fischpassagen) und vorhandener Schifffahrtsbetrieb gewährleistet wird.
- **Speicherkraftwerke** werden dort gebaut, wo der Zulauf von Wasser relativ wenig ist. Auch muss an dieser Stelle ein großes Gefälle vorhanden sein. Das Wasser wird in einer Talsperre gespeichert. Durch Rohre fließt es das Gefälle hinab und wird dort auf die Turbinenschaufeln geleitet. In den Zeiten, in denen das Kraftwerk nicht ausgelastet ist, wird das Wasser mit der erzeugten Energie wieder nach oben gepumpt. Diese Art von Kraftwerk ist geeignet zum Einsatz in Spitzenzeiten des Stromverbrauchs.
- **Gezeitenkraftwerke** nutzen die Energie der Wassermassen, die sich aus dem Höhenunterschied bei Ebbe und Flut des Meeres ergeben. Wird der Mündungsarm eines Flusses durch einen Staudamm vom Meer getrennt und baut man Turbinen in diesen Staudamm ein, können diese in zwei Richtungen arbeiten – wenn die Flut kommt und wenn sie wieder verschwindet.

5.2.4.4 Brennstoffzellen

Fahrzeuge können – neben Benzin und Diesel – auch mit einer Brennstoffzelle angetrieben werden. In einer Brennstoffzelle verbrennen Wasserstoff und Sauerstoff. Es wird dabei nicht Wärme, sondern direkt elektrische Energie erzeugt. Es gibt verschiedene Arten von Brennstoffzellen, die nicht für jeden Zweck geeignet sind.

Welchen Output liefern Brennstoffzellen?

Für Fahrzeuge kann man Protonen leitende Brennstoffzellen verwenden, da deren Betriebstemperatur zwischen 20 °C und 100 °C liegt. Andere Arten benötigen Temperaturen von über 600 °C oder sogar 1000 °C, sodass sie nur in bestimmten Bereichen (z. B. Kraftwerke) eingesetzt werden können.

5.2.5 Verbrennungskraftmaschinen

5.2.5.1 Ottomotor

Bei Dampfmaschinen wird die Wärmeenergie in einer besonderen Verbrennungsanlage gewonnen. Anschließend wird sie in einer Kesselanlage dem Wasser zugeleitet und durch den entstehenden Wasserdampf in den Zylinder geführt, wo die Umwandlung in mechanische Arbeit erfolgt. Bei dieser mehrmaligen Übertragung der Wärmeenergie treten hohe Verluste auf.

Erfolgt die Verbrennung eines flüssigen oder gasförmigen Stoffes direkt im Zylinder, werden die durch den Umweg über den Wasserdampf verursachten Wärmeverluste vermieden.

Beim Ottomotor wird Benzin durch einen Vergaser fein vernebelt, dabei mit Luft vermischt in den Zylinder gesaugt und dort entzündet. Durch den Druck der Verbrennungsgase bewegt sich der Kolben im Zylinder. Über den Kurbelbetrieb wird die Hin- und Herbewegung des Kolbens in Drehbewegung umgewandelt.

Wie sieht das Grundprinzip des Verbrennungsmotors aus?

 Nach der Art der Gemischbildung unterscheidet man Vergaser-Ottomotoren, Einspritz-Ottomotoren und Gas-Ottomotoren.

Welche Arten werden unterschieden?

Die Brennstoffenergie des Benzins wird nur zu etwa einem Viertel in Nutzenergie umgewandelt. Energieverluste entstehen durch Wärmeabgabe und Reibungs- und Strahlungsverluste.

Welchen Wirkungsgrad haben Ottomotoren?

- 30 % Wärmeabgabe durch Auspuffgase
- 25 % Nutzenergie
- 5 % Reibungs- und Strahlungsverluste
- 34 % Wärmeabgabe in das Kühlwasser

Abb. 5.35: Energie-Verlust-Diagramm eines Ottomotors

Wodurch unterscheidet sich der Dieselmotor vom Ottomotor?

Eine Weiterentwicklung des Ottomotors ist der im Jahre 1893 von dem deutschen Ingenieur Rudolf Diesel gebaute **Dieselmotor**. Hier wird als Brennstoff leichtes Heizöl verwendet, das sich aber schwer in gasförmigen Zustand bringen lässt. Das fein zerstäubte Öl füllt den Zylinder in Form von Nebeltröpfchen. Beim 4-Takt-Dieselmotor (siehe Abschnitt 5.2.5.3 Viertakt- und Zweitaktverfahren) wird im 1. Takt Luft in den Zylinder gesaugt. Diese wird im 2. Takt rasch auf Druckwerte von etwa 40 bar verdichtet, wobei sie sich auf Temperaturen zwischen 500 °C und 700 °C erhitzt. Nun wird das fein zerstäubte Rohöl durch eine Düse in den Zylinder gespritzt, wo es sich in der heißen komprimierten Luft entzündet und verbrennt. Dabei steigt die Temperatur im Zylinder noch weiter an. Durch den als Folge davon auch noch größer werdenden Druck der Gase wird im 3. Takt der Kolben nach außen gestoßen (Arbeitstakt). Im 4. Takt werden die Verbrennungsgase aus dem Zylinder abgeführt.

Welchen Wirkungsgrad haben Dieselmotoren?

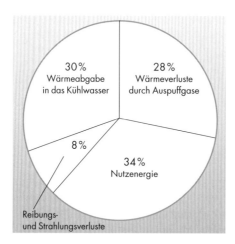

Der Dieselmotor benötigt keine Zündvorrichtung, damit entfällt die Erzeugung der Hochspannung für den Zündfunken und die Regulierung des Zündzeitpunkts. Wegen der hohen Drücke und Temperaturen muss das Gehäuse des Motors allerdings stabiler gebaut werden als das des Ottomotors. Der Wirkungsgrad des Dieselmotors ist höher.

Abb. 5.36: Energie-Verlust-Diagramm eines Dieselmotors

5.2.5.2 Viertakt- und Zweitaktverfahren

Die Arbeitsweise eines **Viertakt-Motors** wird schematisch in Abb. 5.37 veranschaulicht. Die Abbildung lässt die vier Abschnitte, die so genannten Takte, erkennen, in die man die Arbeitsweise zerlegen kann. Darunter ist nur ein Takt, in dem mechanische Arbeit verrichtet wird. Davon muss erstens die Reibungsarbeit der übrigen Takte verrichtet werden, zweitens der Rest als Nutzarbeit des Motors zur Verfügung stehen.

Welche Takte gibt es beim Viertaktmotor?

Man kann bei der Zeichnung auch erkennen, wie die geradlinige Hin- und Herbewegung des Kolbens in eine Drehbewegung der Kurbelwelle umgewandelt wird. Da innerhalb der vier Takte, also bei zwei Umdrehungen der Kurbelwelle, immer nur ein Arbeitstakt vorliegt, läuft der Motor stoßweise.

Warum laufen Motoren nur stoßweise?

Dies kann man dadurch reduzieren, dass man die Kolben von mehreren Zylindern auf die gleiche Kurbelwelle einwirken lässt. Die überwiegende Zahl der gängigen Automotoren ist beispielsweise mit vier Zylindern ausgestattet. Die Verbrennungszeitpunkte müssen dann so reguliert werden, dass die Arbeitstakte in gleichmäßigen Abständen aufeinander folgen.

Wie dämpft man dies ab?

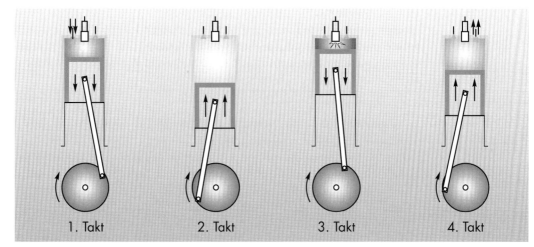

Abb. 5.37: Schema der vier Takte des Viertaktmotors

Verhältnisse im Zylinder	Temperatur	Volumen	Druck
1. Takt: Ansaugen	Niedrig	Groß	Niedrig
2. Takt: Verdichten	Hoch	Klein	Hoch
3. Takt: Arbeiten	Sehr hoch	Klein	Sehr hoch
4. Takt: Ausstoßen	Hoch	Groß	Niedrig

Zweitaktverfahren

Hier ist jeder 2. Takt ein Arbeitstakt. Das vorverdichtete Gas-Luft-Gemisch strömt im 1. Takt in den Brennraum und drückt gleichzeitig die Abgase hinaus. Der Überströmkanal (Gaseinlass) und der Auslasskanal für die Abgase werden bei der Aufwärtsbewegung des Kolbens nacheinander verschlossen. Durch den unter dem Kolben entstehenden Unterdruck wird das Gas-Luft-Gemisch in das Kurbelgehäuse gesaugt, sobald der Einlasskanal wieder freigegeben wird. Im 2. Takt entzündet sich das Gemisch, bevor der Kolben den oberen Totpunkt erreicht hat. Dadurch wird der Kolben wieder nach unten gedrückt. Auslasskanal und Überströmkanal werden nacheinander freigegeben. Unter dem Kolben wird der Einlasskanal verschlossen und das Gemisch vorverdichtet. Im Zylinder ist das einströmende Gasgemisch nicht von den Verbrennungsgasen getrennt. Zweitaktmotoren haben deshalb einen niedrigeren Wirkungsgrad und einen im Vergleich höheren Kraftstoffverbrauch als Viertaktmotoren.

Welche Taktfolge hat der Zweitaktmotor?

Wie ist sein Wirkungsgrad?

5.2.5.3 Kreiskolbenmotor

Kreiskolbenmotoren werden nach ihrem Erfinder Felix Wankel auch Wankel-Motoren genannt. Die Kolben führen eine Rotationsbewegung aus. Betrachtet man den Querschnitt des Kolbens, sieht man ein Dreieck mit nach außen gewölbten Seiten (Läufer). Im Inneren befindet sich ein Innenzahnkranz, auf dem ein kleines Zahnrad läuft. Dieses ist zusammen mit einem Exzenter in der Mitte des Läufers auf der Motorwelle befestigt. Der Vorteil dieser Konstruktion ist, dass Verluste durch Reibung und Laufunruhen vermieden werden. Man braucht keine Ventile und nur wenige bewegliche Teile.

Welche Vorteile hat der Kreiskolben- (= Wankel-)Motor?

5.2.5.4 Kraftstoffe

Die Brennstoffe für Motoren bezeichnet man als Kraftstoff. Es gibt feste, flüssige und gasförmige Kraftstoffe. Heute werden nur flüssige und gasförmige Kraftstoffe verwendet. Früher machte man Versuche mit Kohlenstaub als festem Kraftstoff.

Zu den gasförmigen Kraftstoffen zählen der Wasserstoff, aber auch andere Brenngase und deren Mischungen. Mit weit über 95 % werden jedoch flüssige Kraftstoffe eingesetzt. Kraftstoffe werden aus Erdöl oder Erdgas hergestellt. Sie bestehen also aus Kohlenwasserstoffverbindungen.

Was gibt die Cetanzahl CT an?

Die Zündwilligkeit wird durch die Cetanzahl CT ausgedrückt. Man kann daran die Neigung des Kraftstoff-Luftgemisches zur Selbstzündung erkennen. Otto-Kraftstoffe sollen eine geringe Zündwilligkeit aufweisen, was gleichzeitig hoher Klopffestigkeit entspricht. Bei Diesel-Kraftstoffen ist es umgekehrt. Sie sollen eine hohe Zündwilligkeit besitzen, was einen kürzeren Zündverzug bedeutet. Je zündwilliger der Kraftstoff, also je kleiner der Zündverzug, desto höher ist die Cetanzahl. Daraus folgt, dass die eingespritzte Kraftstoffmenge während des Zündverzugs umso kleiner ist, desto höher die Cetanzahl und desto sanfter entsprechend auch der Druckanstieg während der Verbrennung erfolgt.

Was gibt die Oktanzahl OZ an?

> *Die Oktanzahl (OZ) ist ein Maß für die Klopffestigkeit bei Otto-Kraftstoffen. Der Kraftstoff ist umso klopffester, desto höher die Oktanzahl ist.*

Cetanzahl und Oktanzahl verhalten sich entgegengesetzt. Je größer die Oktanzahl ist, desto kleiner ist die Cetanzahl und umgekehrt.

Kraftstoffart	ROZ-Wert	MOZ-Wert	
Super plus unverbleit	98	88	MOZ = Motor-OZ: *Hochgeschwindigkeitsklopfen*
Super unverbleit	95	86	ROZ = Research-OZ:
Normal unverbleit	90	82	*Beschleunigungsklopfen*

5.2.6 Energiearten und deren Verteilung im Betrieb

5.2.6.1 Versorgungs- und Verteilungssysteme der verschiedenen Energien

Man unterscheidet zwischen mechanischer, thermischer, chemischer und elektrischer Energie. Die Versorgung in einem Betrieb mit diesen Energien erfolgt vor allem über Wasser, Druckluft, Dampf, Wärme und Strom. Dazu sind entsprechende Leitungen bzw. Rohrleitungen zu verlegen und die dazu notwendigen Behälter, Apparaturen und Messstellen zu montieren.

Welche Infrastruktur braucht ein Betrieb zur Energie- und Wasserversorgung?

Brauchwasser wird meist aus Flüssen oder Seen entnommen und Trinkwasser aus einer öffentlichen Wasserversorgung. Ist der Anschluss an eine öffentliche Wasserversorgung nicht möglich, wird die Wasserversorgung in Gebäuden mithilfe von Druckluft sichergestellt. Druckluft wird oft auch bei der Brauchwasserversorgung eingesetzt.

Die Erwärmung des Wassers kann direkt über Öl, Gas, Kohle oder Strom erfolgen oder indirekt über Dampf, Heißwasser oder Solartechnik. Warmwasser zum Heizen wird in betriebseigenen Heizanlagen erzeugt oder die Versorgung erfolgt aus Heizkraftwerken oder aus der Fernwärme. Heizanlagen können als Schwerkraftheizungen (Heizwasser zirkuliert durch das unterschiedliche spezifische Gewicht von kaltem und warmem Wasser) oder als Pumpenheizungen betrieben werden.

Druckluft wird in Kompressoren/Verdichtern erzeugt. Durch die Verkleinerung des Volumens wird der Druck des Gases erhöht. Druckluft wird verwendet zum Antrieb von Maschinen, in pneumatischen Steuerungen oder als Reinigungsmittel.

Feuerungsstellen werden mit Gas (Erdgas oder Flüssiggas) oder Heizöl betrieben. Die dabei entstehende Wärme wird für unterschiedliche Zwecke verwendet (Heizen, Antrieb von Maschinen u.a.).

5.2.6.2 Notwendige Maßnahmen zur Wartung und vorbeugende Instandhaltung von Maschinen und Anlagen

Maschinen und Anlagen sind sachgerecht zu betreiben, zu warten und in Stand zu halten. Nur dadurch kann ein möglichst störungsfreier Ablauf gewährleistet werden, der die Voraussetzung für die Einhaltung von Terminen und Lieferfristen ist.

Warum sind Instandhaltung und Wartung in jedem Betrieb sehr wichtig?

Zur Beseitigung von Störungen müssen diese erst einmal erkannt werden. Dazu ist laufende Überwachung notwendig (Anlagenüberwachung, Maschinen- und Prozessfähigkeitsuntersuchung – siehe Abschnitt 5.4.3). Eine regelmäßige Instandhaltung kann von eigenem Fachpersonal oder externen Dienstleistern vorgenommen werden, um Störungen bereits im Vorfeld so weit wie möglich zu vermeiden. Neben der Instandhaltung müssen Maschinen und Anlagen auch gewartet werden, d.h. geschmiert, gereinigt und bei Bedarf neu eingestellt.

auch: Energieversorgungsgeräte

Den Personen, die diese Aufgaben wahrnehmen, müssen Bedienungs-, Montage-, Wartungs- und Reparaturanleitungen zur Verfügung gestellt werden. Außerdem unterstützt eine genaue Dokumentation vorgenommener Einstellungen an der Anlage oder durchgeführter Reparaturen die Fehleranalyse und trägt zum Verbesserungsprozess bei.

Nach DIN festgelegte Begriffe zu Wartung und Instandhaltung

Wartung	Bewahrung des Soll-Zustandes
Inspektion	Feststellen und Beurteilen des Ist-Zustandes
Instandsetzung	Wiederherstellen des Soll-Zustandes
Vorbeugende Instandhaltung	Ersatzteilhaltung sowie Planung von Wartung, Inspektion und Instandsetzung

---

5.2.6.3 Energieverbrauch, Energieverluste und Energieeinsparmöglichkeiten

Bereits bei der Anschaffung von Anlagen, Maschinen und Geräten ist auf den Wirkungsgrad zu achten, also auf das Verhältnis zwischen Energieaufnahme und Leistungserbringung. Ein hoher Wirkungsgrad kann nur erhalten bleiben, wenn Wartung und Instandsetzung in optimaler Weise durchgeführt werden.

In welchen Phasen kann besonders auf rationelle Energieverwendung geachtet werden?

Welche Quellen für Energieverluste gibt es?	Energieverluste haben viele Quellen: Wärmeverlust durch schlechte Isolierung, unerwünschte Kondensation bei Dampf, Druck- und Substanzverlust durch Leckagen (undichte Leitungen), prozessbedingte Verschwendung, sorgloser Umgang mit Energie.
Was regelt die Wärmeschutzverordnung?	*Die Wärmeschutzverordnung bestimmt, dass bestimmte Abgastemperaturen und Abgasverluste nicht überschritten werden dürfen (siehe auch Bundesimmissionsschutzverordnung).*
Welche Einsparpotenziale gibt es?	Betrachtet man die Quellen der Energieverluste, stellt man fest, dass es viele Möglichkeiten der Energieeinsparung gibt: ordnungsgemäße Wärmedämmung, Beseitigung von Leckagen oder Einsatz besserer Materialien. Daneben gibt es weitere Gelegenheiten zur Reduzierung des Energieverbrauchs, z.B. Nachtabsenkung von Heizungsanlagen, Einbau Wasser sparender Armaturen, Verwendung von Zeitschaltuhren, Bewegungsmeldern und/oder Energiesparlampen für Beleuchtung, Einbau von Stopptasten oder Durchflussbegrenzern bei Spülungen, Einsatz regenerativer Energien (Solarkollektoren, Wärmepumpe zur Wärmegewinnung aus Luft, Wasser oder Erdwärme oder zur Wärmerückgewinnung aus Abwasser, Kühlwasser oder Lüftung) usw. Großes Einsparpotenzial findet man oft bei Bewässerungsanlagen, Badeeinrichtungen und Dusch- und Toilettenanlagen. Auch sollten „Energie fressende" ältere Anlagen schnell durch neue Technik ersetzt werden, weil sich die Anschaffungskosten durch die höhere Leistung und die Energieeinsparung meist sehr bald amortisieren.

Ökobilanz

Wie ist der Begriff Ökobilanz umrissen?	Ökobilanz ist der Oberbegriff für die bilanzierende und beurteilende Betrachtung eines ökologisch relevanten Systems. Gegenstand sind vor allem Produkte, Produktionsprozesse und ganze Unternehmen. Dabei kann es sowohl um den Ausweis der absoluten Höhe der Umgebungseinwirkungen als auch um die vergleichende Betrachtung alternativer Vorgänge mit Einwirkung durch Produkte, Systeme, Verfahren oder Verhaltensweisen gehen. Ziel ist jeweils die Identifizierung von Schwachpunkten, die Verbesserung der Umwelteigenschaften der betreffenden Objekte und allgemein die Begründung von ökologisch basierten Handlungsempfehlungen.
Was wird in der Ökobilanz eines Produkts erfasst?	Die bekannteste Form einer Ökobilanz bezieht sich direkt auf Produkte. Zum einen werden hier die Stoffe und die Energieströme zur Herstellung erfasst, bezogen auf die gesamte Produktlebensdauer, zum anderen der dabei entstehende Output an Luft- oder Wasserverschmutzung. Am einfachsten ist die Input-/Output-Analyse darzustellen. Man zerlegt die Produktionsprozesse und erfasst im Detail die einfließenden und ausfließenden Ströme.

5.2.6.4 *Schutzmaßnahmen entsprechend den Sicherheitsvorschriften für Energieversorgungsanlagen und Energieträger*

Bezüglich Energieversorgungsanlagen und Energieträgern gibt es eine Reihe von Gesetzen, Auflagen und Vorschriften, die Regelungen für den Arbeitschutz, die Arbeitssicherheit und den Umweltschutz enthalten (siehe Kapitel „Rechtsbewusstes Handeln", besonders Abschnitt 1.4 und 1.5).

AUFGABEN ZU ABSCHNITT 5.2

1. Berechnen Sie die Nutzleistung eines Motors, der ein Fahrzeug mit der Kraft von 800 N in 1,00 min entlang einer Strecke von 200 m beschleunigt.
   Zusatzfrage: Welche kinetische Energie hat das Fahrzeug?
2. Mithilfe einer losen Rolle wird eine Last von F_G = 0,60 kN eine Strecke von 0,70 m hochgehoben. Der Vorgang dauert insgesamt 10 s.
   a) Berechnen Sie die potenzielle Arbeit der Last gegenüber der Ausgangslage.
   b) Berechnen Sie die Kraft, mit der man am Seil ziehen muss, wenn die Maschine einen Wirkungsgrad von 0,95 hat.
   c) Welche Nutzleistung hat die Maschine aufgebracht?
3. Erläutern Sie, was man unter einer Kettenreaktion versteht.
4. Beschreiben Sie, wie sich die Spaltung von U 235 als Kettenreaktion fortsetzen kann.
5. Erklären Sie, warum ein Reaktor im Allgemeinen einen Moderator benötigt.
6. Beschreiben Sie, was man unter einem schnellen Reaktor versteht.
7. Erläutern Sie die Eigenschaften, die ein Material haben muss, damit es in einem Reaktor als Moderator verwendet werden kann.
8. Erläutern Sie die Funktionsweise des Dampfturbinenantriebs.
9. Erklären Sie den Begriff „Primärenergie".
10. Beschreiben Sie, worin sich Wärmekraftwerke unterscheiden.
11. Erläutern Sie den wichtigsten Grundsatz bezüglich der Technik, wenn ein Kernkraftwerk betrieben wird.
12. Erklären Sie das Prinzip der Kernspaltung.
13. Erörtern Sie den Energieausstoß von Wasserkraftwerken, Erdölverbrennung und Kernkraftwerken. Gehen Sie dabei auf die Problematik beziehungsweise Vorzüge ein.
14. Erläutern Sie die Funktionsweise von Pumpspeicherkraftwerken.
15. Bei der Errichtung von Laufwasserkraftwerken müssen Bedingungen bei der Bauweise erfüllt werden. Nennen Sie die zwei wichtigsten baulichen Voraussetzungen.
16. Erläutern Sie, warum Wasserkraftwerke einen hohen Wirkungsgrad aufweisen.
17. Beschreiben Sie, worin sich ein Solarkollektor von einer Solarzelle unterscheidet.
18. Erklären Sie den Begriff „Solarkonstante".
19. Nennen Sie drei Nachteile von Gasturbinen.
20. Beschreiben Sie drei Vorteile des Einsatzes von Verbrennungsmotoren.
21. Erläutern Sie den wichtigsten Unterschied von Ottoverfahren und Dieselverfahren.
22. Beschreiben Sie drei Möglichkeiten der Energieeinsparung.
23. Die Lokomotive einer Hafenbahn hat eine Masse von m = 35.000 kg und weist eine konstante Anfahrbeschleunigung von a = 1,6 m/s^2 auf.
    a) Berechnen Sie die Beschleunigungskraft F_a bei Vernachlässigung der Reibung.
    b) Berechnen Sie, nach wie vielen Sekunden die Geschwindigkeit v = 70 km/h erreicht wird.
    c) Ermitteln Sie die bis zu diesem Zeitpunkt zurückgelegte Strecke.
24. Berechnen Sie den Überdruck, der in einer Gasflasche bei Erwärmung auf 60 °C entsteht, wenn bei 18 °C ein Überdruck von 85 bar bei einem Umgebungsdruck von 960 mbar angezeigt wird.
25. Berechnen Sie, welche Temperaturerhöhung notwendig ist, um ein 20 °C warmes Gas bei konstantem Druck auf das doppelte Volumen auszudehnen.
26. Der Oldtimer Ihres Kollegen benötigt bei gleich bleibender Geschwindigkeit eine Antriebskraft von 600 N.
    Berechnen Sie die Strecke, die der Oldtimer mit einem Liter Kraftstoff zurück legt, wenn die Verbrennungswärme zu 38 % in mechanische Arbeit umgewandelt wird.
    Kraftstoffdichte p = 0,7 g/cm^3, spezifische Verbrennungswärme H = 42.000 kJ/kg
27. Der Leiter des Fuhrparks möchte von Ihnen wissen, wie viele Liter Treibstoff der eingesetzte Lkw auf 100 km braucht, wenn eine durchschnittliche Antriebskraft von 1400 N wirksam ist.
    (weiter nächste Seite)

Der Dieselmotor hat einen Wirkungsgrad von 29 %.

Brennwert von Dieselkraftstoff: $32 \cdot 10^6$ J/kg

Dichte von Dieselkraftstoff: $0,8 \frac{kg}{dm^3}$

28. In Ihrem Betrieb werden elektrische Heißwasserbereiter und Gasdurchlauferhitzer hergestellt. Für die Erstellung der Gebrauchsanleitungen müssen Sie einige Daten zur Verfügung stellen.
    a) Ein elektrischer Heißwasserbereiter nimmt eine elektrische Leistung von 7 kW auf. Berechnen Sie, wie viele Liter Wasser mit einer Temperatur von 900 °C in einer Minute bereitgestellt werden können, wenn das Wasser eine Anfangstemperatur von 130 °C hat (Wirkungsgrad $\eta = 85\,\%$).
    b) Ein Gasdurchlauferhitzer soll bei gleichen Temperaturverhältnissen die gleiche Wassermenge erwärmen. Berechnen Sie, wie viele Liter Gas pro Minute verbrannt werden müssen. Der Heizwert des Gases beträgt 25 MJ/m³. Der Wirkungsgrad wird mit 65 % angegeben. $c_{Wasser} = 4{,}19$ kJ/kgK

29. Ein elektrischer Boiler fasst 120 l Wasser. Berechnen Sie den Verbrauch von elektrischer Energie bei einem Wirkungsgrad von 80 %, wenn die 120 l Wasser von 14 °C auf 85 °C erwärmt werden sollen. Ermitteln Sie zusätzlich die Dauer des Aufheizvorgangs bei einer Leistung des Boilers von 8.000 W.

30. Ein Güterzug besitzt Masse m = 750.000 kg. Berechnen Sie die kinetische Energie bei einer Geschwindigkeit von v = 60 km/h.

31. Ermitteln Sie, wie hoch der Güterzug aus der letzten Aufgabe angehoben werden müsste, damit seine potenzielle Energie der Geschwindigkeitsenergie entspricht.

32. Im betriebseigenen Wasserwerk fördert eine Wasserpumpe durch eine Rohrleitung pro Minute 3,5 m³ Wasser (= 3.500 kg) in einen Wasserbehälter. Der Wasserbehälter liegt 40 m senkrecht über der Pumpe. Der Elektromotor des Pumpenantriebs gibt an die Pumpe eine Leistung von 32 kW ab. Berechnen Sie den Gesamtwirkungsgrad von Pumpe und Rohrleitung.

LÖSUNGSVORSCHLÄGE

L1: $P_N = (F \cdot s) : t = (800\,N \cdot 200\,m) : 60\,s$
$P_N = 2{,}67$ kW

Zusatzfrage: $W_{kin} = P \cdot t = 2{,}67$ kW $\cdot$ 60 s
$E_k = 160.000$ J $= 1{,}6 \cdot 10^5$ J

L2
a) $W_p = F_G \cdot h = 0{,}60$ N $\cdot$ 0,70 m
$W_p = 420$ J

b) $\eta = W_P : W_A \quad W_A = W_P : \eta = 420\,J : 0{,}95$
$W_A = F \cdot h$
$W_A = 442$ J
$\Rightarrow F = \dfrac{W_A}{h \cdot 2}$

$F = 316$ N

Hinweis: Wegen der losen Rolle muss durch 2 geteilt werden.

c) $P_N = W_p : t = 44{,}2$ J $: 10$ s
$P_N = 44{,}2$ W

L3: Eine Kettenreaktion ist ein Vorgang, der selbstständig weiter abläuft, wenn er einmal eingeleitet ist. Zu seiner Aufrechterhaltung muss er die Stoffe und mindestens die Energie liefern, die zu seiner Einleitung erforderlich sind.

L4: Zur Spaltung von U 235 sind Neutronen erforderlich. Je Spaltung entstehen neben den Spaltkernen im Durchschnitt 2,5 Neutronen, die wieder neue Spaltungen einleiten können.

L5: Die Spaltung von U 235 wird hauptsächlich von thermischen Neutronen mit einem hohen Wirkungsquerschnitt bis zu 10^{-25} m² hervorgerufen. Zur Verlangsamung der bei der Spaltung entstehenden schnellen Neutronen benutzt man einen Moderator. Ohne Moderator würden bei einem gewöhnlichen Reaktor, dessen Brennelemente neben U 235 noch sehr viel U 238 enthalten, die Neutronen von U 238 absorbiert. U 238 weist für Neutronen mittlerer Energie mehrere Resonanzabsorptionsstellen auf.

L6: In einem so genannten schnellen Reaktor wird in der Produktionszone auf einen Moderator verzichtet. Man nutzt das Einfangen von schnellen Neutronen durch U 238 zur Produktion von Plutonium.

L7: Damit ein Neutron beim Zusammenstoß mit einem Kern des Moderators einen deutlichen Bruchteil seiner Energie abgibt, muss nach den Gesetzen des elastischen Stoßes der Kern eine möglichst kleine Atommasse haben. Die Neutronen dürfen vom Kern nicht absorbiert werden. Daraus folgt, dass der Wirkungsquerschnitt für das Einfangen der Neutronen möglichst klein sein muss. Der Moderator soll bei Reaktortemperatur fest oder flüssig sein, damit die Wahrscheinlichkeit eines Stoßes zwischen den Neutronen und den Moderatorkernen groß wird. Wäre der Moderator ein Gas, müsste hoher Druck angewendet werden. Außerdem muss die Beschaffung des Moderators in dem notwendigen Reinheitsgrad wirtschaftlich möglich sein.

L8: Der überhitzte Dampf (etwa 250 bar und zwischen 500 und 550 °C) wird in die Turbine eingeleitet und dehnt sich aus. Man sagt auch, er entspannt sich. Strömungsgeschwindigkeit und Dampfvolumen steigen stark an. Der Dampf strömt über ein System gekrümmter Schaufeln von Laufrädern und Leiträdern. Durch die Beaufschlagung des Dampfs drehen sich die Laufräder. Die Druckbereiche der Turbine werden nacheinander vom Dampf durchströmt.

L9: Unter Primärenergie versteht man die Energie in den natürlich vorkommenden Energieträgern, wie zum Beispiel Erdöl, Erdgas, Kohle, Wind und Wasser.

L10: Wärmekraftwerke unterscheiden sich durch den zum Einsatz kommenden Primärenergieträger. Darauf basieren dann die verschiedenen verwendeten Technologien. Zur Verbrennung der Primärenergie mit dem Ziel der Erzeugung von Wärme werden zum Beispiel Öltanks, Brenner, Reaktoren, Bekohlungs- und Entaschungsanlagen und Kohlemühlen gebraucht.

L11: Ein Kernkraftwerk unterscheidet sich in der Hauptsache von anderen Kraftwerken in den Sicherheitsbestimmungen. Diese schlagen sich in einigen technischen Besonderheiten nieder.
Beispiel: In einem Leichtwasserreaktor oder einem Siedewasserreaktor kann der im Reaktor erzeugte Dampf nicht vom Turbinenbetrieb getrennt werden. Deshalb muss die Turbine in den Primärbereich eingebaut werden.

L12: Die Kernspaltung ist ein spontaner Kernzerfall oder häufiger eine induzierte Kernreaktion, bei der ein schwerer Atomkern unter Einwirkung des Stoßes durch ein Teilchen – meist ein Neutron – in zwei oder drei Bruchstücke unter Freisetzung von Energie zerlegt wird. Die weitaus häufiger vorkommende Kernspaltung in zwei Bruchstücke bezeichnet man als binäre Kernspaltung, die Spaltung in drei Bruchstücke als ternäre Spaltung bzw. Dreifachspaltung.

L13: Kernkraftwerke bieten die höchste Energieausbeute. Kernbrennstoffe liefern ungefähr 2 Millionen Mal mehr Energie als fossile (nicht regenerative) Primärenergieträger. Die Problematik liegt unter anderem in der Endlagerung der abgebrannten Brennelemente. Das ist mit ein Grund, weshalb nicht der gesamte Bedarf an Elektroenergie allein durch Atomkraftwerke erzeugt wird.
Die günstigste Energieausbeute nach der Kernkraft bietet das Erdöl. Großtechnische Anlagen setzen Erdöl ohne Probleme ein. Rauchgasfilteranlagen halten die bei der Verbrennung entstehenden Schadstoffe weit gehend zurück.
Wasserkraftwerke wandeln die Bewegungsenergie des Wassers in eine Drehbewegung um und erzeugen auf diese Weise elektrischen Strom. Der weltweit und auch sehr häufig vorkommende Primärenergieträger Wasser kann sehr effektiv genutzt werden.

L14: In Schwachlastzeiten treiben Pumpspeicherkraftwerke mit der von ihnen erzeugten elektrischen Energie eine Pumpe an, die Wasser aus dem Unterwasser in das Oberwasser pumpt. Treten anschließend wieder Lastspitzen auf, steht die im Oberwasser gespeicherte Energie zusätzlich zur Verfügung.

L15: Schleusen zur Sicherstellung der Schifffahrt Möglichkeiten für Fische zur Überwindung des Kraftwerks (Fischpassagen)

L16: Bei Wasserkraftwerken sind die Energieverluste durch Wärmeabstrahlung relativ klein. Daraus ergibt sich ein hoher Wirkungsgrad.

L17: Solarkollektoren wandeln Strahlungsenergie in Wärmeenergie um. Die Wärmeenergie kann unter Einsatz von Wärmetauschern direkt genutzt werden. Als Wärmetauscher können z. B. Rohrschlangen verwendet werden.
Solarzellen sind Halbleiterfotoelemente, in denen Strahlungsenergie unmittelbar in elektrische Energie umgewandelt wird. Die Solarzelle dient zum Beispiel der Energieversorgung für meteorologische Beobachtungsstationen oder für Fälle, in denen eine andere Zuführung von Energie unmöglich oder unwirtschaftlich ist. Häufig werden dabei zahlreiche Solarzellen zu Sonnenbatterien bzw. Solarbatterien kombiniert.

L18: Die Solarkonstante ist das Maß für die extraterrestrische Sonnenstrahlungsintensität, also diejenige Energiemenge, die eine über der Erdatmosphäre liegende, senkrecht zu den einfallenden Sonnenstrahlen gerichtete Flächeneinheit in der Zeiteinheit von der Sonne empfängt. Sie wird auf den mittleren Abstand von Sonne und Erde bezogen und beträgt 2,0 cal cm^2 min^{-1} = 1,395 · 10^3 W m^{-2} = 1,395 kW/m^2.

L19: Hoher Kraftstoffverbrauch; schlechtes Beschleunigungsvermögen; teure Herstellung

L20:
- Verbrennungsmotoren sind ständig betriebsbereit. Die Instandhaltungsaufwendungen sind sehr gering.
- Kraftstoff lässt sich recht einfach bevorraten.
- Verbrennungsmotoren haben ein geringes Leistungsgewicht, was sich besonders bei Kraftfahrzeugen als großer Vorteil erweist.

L21:
Dieselverfahren: Selbstzündung
Ottoverfahren: Fremdzündung durch eine Zündanlage

L22: Durch Wärmedämmung von Wänden und Decken wird nicht so viel Wärme nach außen abgegeben.
Durch die Abdichtung von auftretenden Leckagen wird die Abgabe von Energie verhindert.
Der Einbau von Bewegungsmeldern spart Energie, da z. B. Licht nur dann brennt, wenn es tatsächlich benötigt wird.
Durch Nachtabsenkung wird der Energieverbrauch verringert, da zu bestimmten Tageszeiten volle Leistung nicht notwendig ist.

L23:
a) $F_a = m \cdot a = 35.000 \text{ kg} \cdot 1{,}6 \text{ m/s}^2 = 56.000 \text{ N}$
b) Vorsicht bei der Einheit für die Geschwindigkeit – diese muss in m/s umgerechnet werden:

$$a = \frac{\Delta v}{\Delta t} \Rightarrow \Delta t = \frac{\Delta v}{\Delta a}$$

$$\Delta t = \frac{70 \text{ km/h}}{1{,}6 \text{ m/s}^2} = \frac{70.000 \text{ m} \cdot \text{s}^2}{3.600 \text{ s} \cdot 1{,}6 \text{ m}}$$

$$\Delta t = 12{,}2 \text{ s}$$

c)
$$v_m = \frac{v_e + v_0}{2} = \frac{70 \text{ km}}{2 \text{ h}} = 35 \frac{\text{km}}{\text{h}}$$

$$v_m = \frac{s}{t} \Rightarrow s = v_m \cdot t = \frac{35 \text{ km} \cdot 12{,}2 \text{ s}}{3.600 \text{ s}}$$

$$s = 118{,}6 \text{ m}$$

L24: T = absolute Temperatur, V = konstant

$$\Rightarrow \frac{p_1}{T_1} = \frac{p_2}{T_2} \Rightarrow p_2 = \frac{T_2 \cdot p_1}{T_1}$$

$$p_2 = \frac{333{,}15 \text{ K} \cdot 85 \text{ bar}}{291{,}15 \text{ K}} = 97{,}26 \text{ bar}$$

L25: p = konstant

$$\Rightarrow \frac{V_1}{T_1} = \frac{V_2}{T_2} \text{ und } V_2 = 2 \cdot V_1$$

$$\Rightarrow T_2 = \frac{V_2 \cdot T_1}{V_1} = \frac{2 \cdot V_1 \cdot T_1}{V_2} = 2 \cdot T_1$$

$\Delta T = T_2 - T_1 = 2 \cdot T_1 - T_1 = T_1$
$\Delta T = 293{,}15$ K ($T_2 = 586$ K)

L26:
$Q = m \cdot H_o; \quad \rho = \dfrac{m}{V} \Rightarrow m = \rho \cdot V$

$\Rightarrow m = 0{,}7 \dfrac{kg}{dm^3} \cdot 1 \, dm^3 = 0{,}7$ kg

$Q = 0{,}7 \, kg \cdot 4.200 \dfrac{kJ}{kg} = 29.400$ kJ

$W_{mech} = \eta \cdot Q = 0{,}38 \cdot 29.400 \, kJ = 11.172$ kJ

$W = F \cdot s \Rightarrow s = \dfrac{W}{F} = \dfrac{11.172 \cdot 10^3 \, J}{600 \, N}$

$s = 18.620 \, m = 18{,}62$ km

L27:
$W = F \cdot s = 1.400 \, N \cdot 100 \cdot 10^3 \, m = 140$ MJ

$W = \eta \cdot Q \Rightarrow Q = \dfrac{W}{\eta} = \dfrac{140 \, MJ}{0{,}29} = 482{,}8$ MJ

$Q = m \cdot H_o \Rightarrow m = \dfrac{Q}{H_o}$

$m = \dfrac{482{,}8 \, MJ}{32 \cdot 10^6 \, \frac{J}{kg}} = 15{,}08$ kg

$\rho = \dfrac{m}{V} \Rightarrow V = \dfrac{m}{s} = \dfrac{15{,}08 \, kg}{0{,}8 \, \frac{kg}{dm^3}} = 18{,}86$ l

L28: a)
$Q = m \cdot c \cdot \Delta \partial \quad c_{Wasser} = 4{,}19 \, \dfrac{kJ}{kg \, K}$

Heizleistung: $P = \dfrac{W}{t}$

$\Rightarrow W = P \cdot t = 7 \, kW \cdot 60 \, s = 420$ kJ
$Q = \eta \cdot W = 0{,}85 \cdot 420 \, kJ = 357$ kJ
$m = \dfrac{Q}{c \cdot \Delta \partial} = \dfrac{357 \, kJ \cdot kg \, K}{4{,}19 \cdot 77 \, K} = 1{,}11$ l

b)
$Q = 357$ kJ
$Q_{ges} = V \cdot H_u$
$Q = \eta \cdot Q_{ges} \Rightarrow Q_{ges} = \dfrac{Q}{\eta}$
$Q_{ges} = \dfrac{357 \, kJ}{0{,}65} = 549{,}2$ kJ

$V = \dfrac{Q_{ges}}{H_u} = \dfrac{549{,}2 \, kJ \cdot m^3}{25 \, MJ} = 21{,}97 \, dm^3 = 21{,}97$ l

L29:
$Q = m \cdot c \cdot \Delta \partial = 120 \, kg \cdot 4{,}19 \, \dfrac{kJ}{kg \, K} \cdot 71 \, K$
$Q = 35{,}7$ MJ
$Q = \eta \cdot W \Rightarrow W = \dfrac{Q}{\eta}$

$W = \dfrac{35{,}7 \, MJ}{0{,}8} = 44.624 \, kJ = 44.624$ kWs

Das ist der Heizvorgang für 1 Sekunde.

$\Rightarrow W_{1Std} = \dfrac{W_{1s}}{3.600 \, s} = 12{,}4$ kWh

$P = \dfrac{W}{t} \Rightarrow t = \dfrac{W}{P} = \dfrac{12{,}4 \, kWh}{8.000 \, W} = 1{,}55$ Std. = 93 Min.

L30:
$W_{kin} = \dfrac{1}{2} \cdot m \cdot v^2 = \dfrac{1}{2} \cdot 750.000 \, kg \cdot \left(\dfrac{60}{3{,}6} \dfrac{m}{s}\right)$

$W_{kin} = 375.000 \, kg \cdot 277{,}8 \, \dfrac{m^2}{s^2} = 104.166.667$ Nm

$W_{kin} = 104.166.667 \, J = 104{,}2$ MJ

L31:
$W_{kin} = W_{pot} = m \cdot g \cdot h$

$\Rightarrow h = \dfrac{W_{kin}}{m \cdot g} = \dfrac{104.166.667 \, Nm}{750.000 \, kg \cdot 9{,}81 \, \frac{m}{s^2}}$

$h = 14{,}16$ m

$\dfrac{Nm}{kg \, \frac{m}{s^2}} = \dfrac{\frac{kg \cdot m}{s^2} \cdot m}{kg \, \frac{m}{s^2}} = m$

L32:
$\eta = \dfrac{P_{ab}}{P_{zu}}$

$P_{ab} = \dfrac{W_{pot}}{t} = \dfrac{m \cdot g \cdot h}{t} = \dfrac{3.500 \, kg \cdot 9{,}81 \, \frac{m}{s^2} \cdot 40 \, m}{60 \, s}$

$P_{ab} = 22.890$ W

$\eta = \dfrac{22{,}890 \, kW}{32 \, kW} = 0{,}7153 \mathrel{\hat{=}} 71{,}53 \, \%$

5.3 Berechnen betriebs- und fertigungstechnischer Grössen bei Belastungen und Bewegungen

5.3.1 Beanspruchung von betriebs- und fertigungstechnischen Größen und deren Berechnungen

5.3.1.1 Mechanische Spannung

In der Festigkeitslehre wird das Verhalten fester Körper unter dem Einfluss von äußeren Kräften untersucht.

Wie ist Festigkeit definiert?

 Festigkeit ist der Widerstand eines Werkstoffes gegen Verformung und Zerstörung.

Welche Arten von Beanspruchung können auf Körper wirken?

Werden die Kräfte, die auf ein Bauteil wirken, zu groß, verformt es sich oder wird zerstört. Die vorhandene Spannung war zu groß. Körper werden beansprucht durch Zug, Druck, Scherung, Knickung, Biegung und Torsion (Verdrehung). Man unterscheidet die Normalspannung (Kraftrichtung senkrecht zur beanspruchten Fläche, Formelzeichen σ) und die Schubspannung (Kraftrichtung parallel zur beanspruchten Fläche, Formelzeichen τ).

Wie errechnet sich mechanische Spannung?

 Wirkt eine Kraft auf einen Werkstoff, muss jedes Flächenteilchen eines Querschnitts einen Anteil der Kraft F übertragen (innere Kräfte). Die mechanische Spannung eines Bauteils errechnet sich aus der Division der zu übertragenden Kraft durch die Größe der Querschnittsfläche.

$$\text{Spannung} = \frac{\text{innere Kraft}}{\text{Querschnittsfläche}} \quad \text{Einheit:} \frac{N}{mm^2}$$

5.3.1.2 Hooke'sches Gesetz

Bis zu einer bestimmten Grenze wächst bei technischen Werkstoffen mit zunehmender Spannung die Dehnung im gleichen Verhältnis.

Was ist das Elastizitätsmodul?

 Der Quotient aus der Spannung und der Dehnung wird als Elastizitätsmodul E bezeichnet. Dieser Zusammenhang wird Hooke'sches Gesetz genannt.

$$E = \frac{\sigma}{\varepsilon} \qquad E = \text{Elastizitätsmodul in N/mm}^2,\ \sigma = \text{Spannung in N/mm}^2$$
$$\varepsilon = \text{Dehnung (dimensionslos)}$$

Durch Zug wird ein Körper gedehnt. Die Dehnung ε ergibt sich aus der Längenänderung Δl bezogen auf die Ausgangslänge l:

$$\varepsilon = \frac{\Delta l}{l}$$

Dehnt man einen Prüfstab langsam mit der fortlaufenden Zugkraft F, verlängert sich der Stab um den Betrag $\Delta 1$. Es ergibt sich ein Spannungs-Dehnungs-Diagramm (siehe Abb. 5.38). Die Spannung $\sigma = F/A_0$ bezieht sich auf den ursprünglichen Querschnitt A_0.

Gehärtetes Metall besteht aus einer „harten Außenschicht und einem weichen Kern". Wird die Streckgrenze (Fließgrenze) R_e durch Dehnung erreicht, bricht hier die harte Außenschicht und es erfolgt eine Dehnung ohne Spannungszuwachs. Anschließend wird der weiche Kern weiter gedehnt. Das Hooke'sche Gesetz gilt nur bis zur Streckgrenze. Wird über die Streckgrenze hinaus gedehnt, kommt zur elastischen eine bleibende Dehnung hinzu.

Was ist die Streckgrenze?

Der höchste Punkt der Kurve wird als Zugfestigkeit R_m bezeichnet. Die Berechnung der Zugfestigkeit erfolgt durch Division der Höchstzugkraft F_m durch den Anfangsquerschnitt A_0. $R_m = \dfrac{F_m}{A_0}$

Was ist die Zugfestigkeit?

Charakteristische Punkte im Spannungs-Dehnungs-Diagramm mit Bezeichnung der Grenzspannungen

- **Proportionalitätsgrenze**: Die Zugspannung ist bis zu diesem Punkt proportional zur Dehnung.
  σ_p in N/mm²

- **Elastizitätsgrenze**: Bis hierher verhält sich der Werkstoff elastisch. Wird er vom Zug entlastet, nimmt er wieder seine ursprüngliche Länge ein.
  σ_e in N/mm²

- **Streckgrenze**: Wird von der Elastizitätsgrenze aus weiter bis zur Streckgrenze belastet, „streckt" sich der Werkstoff. Nach der Entlastung ist eine bleibende Dehnung festzustellen. Der Werkstoff hat sich verformt. Er kehrt nicht mehr zu seiner Ausgangslänge zurück.
  R_e in N/mm²

- **Zugfestigkeit**: Ab der Streckgrenze dehnt sich der Werkstoff sehr stark, obwohl die Belastung nicht gesteigert wird. Man sagt, der Werkstoff „fließt" (Streckgrenze = Fließgrenze). Wird der Punkt R_m erreicht, bricht der Werkstoff (Bruchspannung).
  R_m in N/mm²

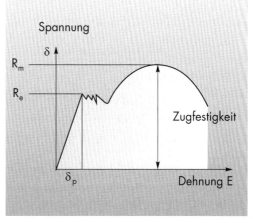

Abb. 5.38: Spannungs-Dehnungs-Diagramm für einen gehärteten Stahl

Ein Bauteil darf in keinem Fall bis zur Bruchfestigkeit R_m belastet werden. Zur Vermeidung des Fließens muss auch von der Fließgrenze noch ein ausreichender Abstand bewahrt werden.

Bei der Festlegung der Dimension von Bauteilen gilt der Grundsatz:
$\sigma_{zul} < R_e < R_m$

5.3.1.3 Zugspannung

Was ist die Zugspannung?

Die Zugspannung σ ergibt sich aus der auf eine Angriffsfläche A wirkende Kraft F mit der Einheit Pa (N/m²):

$$\sigma = \frac{F}{A}$$

Was versteht man unter der Proportionalitätsgrenze?

Der Punkt, bis zu dem das Elastizitätsmodul konstant ist, also Spannung und Dehnung proportional zueinander sind, wird als Proportionalitätsgrenze bezeichnet. Erfolgt die Dehnung bis zum Reißen, kann das Absinken der Spannungskurve damit erklärt werden, dass sich an dem gedehnten Körper vor dem Abriss eine Einschnürung bildet. Diese wird rechnerisch nicht berücksichtigt. Legte man den Querschnitt der Einschnürung der Berechnung zu Grunde, sänke die Kurve nicht. Als Bruchdehnung wird die äußerste mögliche Dehnung bezeichnet. Einige Materialien haben keine eindeutige Fließgrenze. Sie wird in diesen Fällen als die Spannung festgelegt, bei der die bleibende Dehnung 0,2 % beträgt. Sie wird als 0,2 %-Dehngrenze $R_{p\,0,2}$ bezeichnet.

Was wird in der Sicherheitszahl ausgedrückt?

   In die Abmessungen von Bauteilen ist ein gewisser Sicherheitsspielraum einzurechnen, der durch eine Sicherheitszahl ausgedrückt wird. Das ist auch abhängig vom Belastungsfall, wobei man ruhende, wechselnde und schwellende Belastung unterscheidet.

Wie ermittelt man die Zerreißspannung?

Die Grenzspannungen für Werkstoffe werden zum Beispiel auf Zerreißmaschinen ermittelt. Sind diese Werte bekannt, wird die zulässige Spannung mithilfe eines Sicherheitswertes, der so genannten Sicherheit ν, berechnet. Man erhält die zulässige Spannung, indem man die Grenzspannung R_m oder R_e durch die gewählte Sicherheitszahl ν dividiert. Die Sicherheitszahl wird gewählt nach der Genauigkeit des Fertigungsprozesses, der Zusammensetzung des Werkstoffs, der Wichtigkeit für Leben und Gesundheit oder der Genauigkeit, wie die Belastungsgrenzen ermittelt wurden. Je schwerwiegender die Folgen eines Bauteilebruchs sein können, desto höher wird die Sicherheit gewählt.

$$\text{zulässige Spannungen:} \quad \underset{\text{Zugfestigkeit}}{\frac{R_m}{\nu}} \quad \text{oder} \quad \underset{\text{Streckgrenze}}{\frac{R_e}{\nu}}$$

5.3.1.4 Druckspannung, Flächenpressung

Nicht nur Zugkräfte führen zu relativen Längenänderungen bei festen Körpern, sondern auch Druckkräfte. Das Elastizitätsmodul E ist bei vielen Materialien für die Druckspannung und für die Zugspannung gleich. Auf Beton – oder auch Knochen – trifft dies nicht zu.

Wie ist Druck definiert?

   Wirkt auf eine Fläche A senkrecht eine flächig verteilte Kraft F, wird das Verhältnis zwischen F und A als Druck p bezeichnet.

$$p = \frac{F}{A} \qquad \text{Einheiten:} \; \frac{N}{m^2} = Pa \; (Pascal)$$

Wie die Formel zeigt, ist Druck nur ein Sonderfall von Spannung. Das Verhältnis von Druckänderung und relativer Volumenänderung wird **Kompressionsmodul** genannt.

Was ist der Kompressionsmodul?

 Der Druck wird in der Festigkeitslehre als Flächenpressung σ_p (Druckspannung an den Berührungsflächen zweier Bauteile) bezeichnet. Statt von Zugfestigkeit wird im Zusammenhang mit Druck von Druckfestigkeit gesprochen.

Was versteht man unter Flächenpressung?

Dies ist zum Beispiel wichtig bei der Belastbarkeit von Säulen oder Mauern. Wirkt eine Kraft in einem bestimmten Winkel auf eine Fläche, lässt sich die Flächenpressung ermitteln aus: $F_N = F \cdot \sin \alpha$

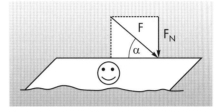

Abb. 5.39: Normalkraft bei Druckspannung

Die Druckspannung ist ebenso wie die Zugspannung eine Normalspannung. Die Kraft F wirkt senkrecht zur beanspruchten Fläche A. Beim Druck wirken die Kräfte F gegeneinander. Auch hier gilt, dass die vorhandene Spannung kleiner sein muss (oder höchstens gleich) als die zulässige Spannung. Wird dies durch Berechnungen nachgewiesen, wird dies als Spannungsnachweis bezeichnet.

Was ist mit Normalspannung gemeint?

Handelt es sich bei den sich pressenden Teilen um unterschiedliche Werkstoffe, ist bei der Dimensionierung der Pressfläche vom Werkstoff mit der kleinsten zulässigen Flächenpressung auszugehen.

5.3.1.5 Scherspannung
Bei der Scherung wirken Kräfte in unterschiedliche Richtungen (Querkräfte). Dabei kann es im jeweiligen Körper zu Winkelveränderungen kommen. Die Scherspannung (Abscherspannung) wird auch Schubspannung genannt.

Wie ist die Scherspannung definiert?

$$\tau = \frac{F}{A} \quad \text{Einheiten: } \frac{N}{m^2}$$

Statt dem Buchstaben A findet man auch S für Scherquerschnitt. Der Scherquerschnitt ist der Querschnitt, der im Zerstörungsfall durchtrennt wird.

5.3.1.6 Torsion
Hat ein Körper eine feste Drehachse, kann er nur um diese Drehachse gedreht und nicht insgesamt verschoben werden. Nach dem Hebelgesetz ist die Drehwirkung der angreifenden Kraft F umso größer, je größer der Abstand l der Wirkungslinie dieser Kraft von der Drehachse ist. Das Produkt aus dem Abstand und dem Betrag der Kraft wird Drehmoment M genannt.

Wie errechnet sich das Drehmoment?

$M = F \cdot l$ Einheit: Nm

Als Torsion wird die Drehspannung (Verdrillung) bezeichnet, die bei jeder drehenden Welle auftritt, die ein Drehmoment zu übertragen hat.

Was versteht man unter einer Torsion?

5.3.2 Kreisförmige und geradlinige Bewegungsabläufe

5.3.2.1 Geschwindigkeit

Wie lautet die grundlegende Definition für Geschwindigkeit?

Die Geschwindigkeit ergibt sich aus dem Verhältnis von Wegänderung Δs und Zeitänderung Δt.

$$v = \frac{\Delta s}{\Delta t}$$

Was gilt für die gleichförmige, geradlinige Bewegung?

Bewegt sich ein Körper gleichförmig und geradlinig, legt er innerhalb gleicher Zeitabschnitte auf einer geradlinigen Bahn jeweils gleich lange Strecken zurück. Man berechnet die konstante Geschwindigkeit v aus der Division der Strecke s durch die benötigte Zeit t. Die Geschwindigkeit wird ausgedrückt in Meter pro Sekunde (m/s) oder Kilometer pro Stunde (km/h). Für die Umrechnung gilt:
1 m/s = 3,6 km/h

Zurückgelegte Strecke und benötigte Zeit können grafisch in einem Weg-Zeit-Diagramm dargestellt werden (Abb. 5.40). Aus Geschwindigkeit und Zeit ergibt sich ein Geschwindigkeits-Zeit-Diagramm. Die zurückgelegte Wegstrecke Δs ist die sich im Diagramm ergebende Fläche (Abb. 5.41).

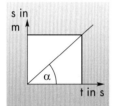
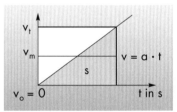

Abb. 5.40: s-t-Diagramm (gleichförmig)   Abb. 5.41: v-t-Diagramm (gleichförmig))   Abb. 5.42: v-t-Diagramm (gleichmäßig beschleunigt)

5.3.2.2 Beschleunigung

Liegt eine ungleichförmige geradlinige Bewegung vor, errechnet sich die Durchschnittsgeschwindigkeit aus der Gesamtstrecke und der dafür benötigten Gesamtzeit. Der Körper wird während des Bewegungszeitraums beschleunigt oder verzögert (Abbremsen!). Dies kann gleichmäßig (Abb. 5.42) oder ungleichmäßig (Abb. 5.43) erfolgen.

Wie kann Beschleunigung oder Verzögerung erfolgen?

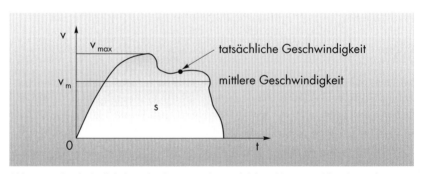

Abb. 5.43: Geschwindigkeits-Zeit-Diagramm der ungleichmäßigen Beschleunigung bzw. Verzögerung

Beschleunigung a bzw. Verzögerung a' errechnet man aus dem Quotienten der Geschwindigkeitsdifferenz Δv und dem Zeitintervall Δt = t (= benötigte Zeit t).

> Beschleunigung $a = \frac{\Delta v}{t}$ Einheit: $\frac{m}{s^2} = m$

Wie errechnet sich die Beschleunigung?

Zur Berechnung des zurückgelegten Weges einer ungleichförmig geradlinigen (aber gleichmäßig beschleunigten) Bewegung mit $v_0 = 0$ (die Anfangsgeschwindigkeit beträgt 0) verwendet man folgende Formel (mit v_t als der zum Zeitpunkt t erreichten Geschwindigkeit):

$$s = \frac{v_t \cdot t}{2} \quad \text{oder} \quad s = \frac{a}{2} \cdot t^2$$

[Der Quotient 2 ergibt sich bei der Berechnung der mittleren Geschwindigkeit aus $v_{mittel} = (v_0 + v_t)/2$ und es wird $v = a \cdot t$ eingesetzt.]

Beispiel: Bremsweg

Möchte man den Bremsweg eines Fahrzeuges errechnen, hat man folgende Möglichkeit:

$\frac{m \cdot v^2}{2} = R \cdot s$ mit R = Bremskraft und Bremsarbeit = kinetische Energie

$R = G \cdot \mu = m \cdot g \cdot \mu$ weil $R = F_N \cdot \mu$ und auf ebener Straße $F_N = G$ gilt
(die Fallbeschleunigung g wird im nächsten Abschnitt noch näher erläutert).
Man setzt die zweite Formel für R in die obige ein und erhält

$$s = \frac{v^2}{2 \cdot g \cdot \mu} = \frac{v^2}{2\,a}$$

Darin wurde zusammengefasst Verzögerung $a = g \cdot \mu$; man kann die Bremskraft aber auch – als entgegengesetzte Kraft – mit einem negativen Vorzeichen versehen (in diesem Fall gilt kinetische Energie + negative Bremsarbeit = 0), dann ergibt sich der Bremsweg als negative Strecke:

$$s = \frac{-v}{2 \cdot a}$$

Wie kann man den Bremsweg eines Fahrzeuges bestimmen?

Das Beispiel führt auf folgende allgemeine Erkenntnis:

Der Bremsweg steigt mit dem Quadrat der Geschwindigkeit.

Welches Verhältnis haben Bremsweg und Geschwindigkeit?

5.3.2.3 Fallbeschleunigung
Ein frei fallender Gegenstand vergrößert ständig seine Geschwindigkeit in Richtung Erde. Man spricht von einem freien Fall und von der Fallbeschleunigung oder Erdbeschleunigung. Bei sehr hohen Geschwindigkeiten erfolgt eine Abbremsung durch den Luftwiderstand. So erreicht ein Fallschirmspringer eine maximale Fallgeschwindigkeit von ca. 220 km/h.

Was ist die Fallbeschleunigung?

Die Fallbeschleunigung ist eine Naturvariable mit Formelzeichen g.

Wovon hängt die Fallbeschleunigug ab?	Sie hängt davon ab, an welchem Ort (z. B. Neuseeland oder Bayern) man auf der Erde steht und liegt zwischen 9,78 m/s² und 9,83 m/s².
Welchen Wert verwendet man in der Physik?	In unseren Gegenden liegt die durch die Gravitation verursachte Fallbeschleunigung ungefähr bei 9,81 m/s². In der Physik ist die Normalfallbeschleunigung auf g_n = 9,80665 m/s² festgelegt.

  Ein freier Fall ist ein Bewegungsvorgang mit gleichmäßiger Beschleunigung. Die Gesetze des freien Falls gelten nur im Vakuum.

Welche Formeln gelten für den freien Fall?	Mit den Formelzeichen Fallhöhe h, Fallzeit t, Fallgeschwindigkeit v, Fallbeschleunigung g berechnet man:

Fallhöhe $\qquad h = \dfrac{v_t \cdot t}{2} = \dfrac{v_t^2}{2g}$ in m, bei $v_0 = 0$

Endgeschwindigkeit beim freien Fall $\qquad v_t = \sqrt{2 \cdot g \cdot h}$ in m/s bei $v_0 = 0$

Falldauer $\qquad t = \dfrac{v_t}{g}$ oder $t = \dfrac{2 \cdot h}{v_t}$

Wie berechnet man prinzipiell einen senkrechten Wurf?	Der senkrechte Wurf nach oben ist eine dem freien Fall genau entgegengesetzte Bewegung mit $v_0 > 0$ und $v_t = 0$ (der Körper wird mit einer Anfangsgeschwindigkeit v_0 nach oben geworfen und die Geschwindigkeit nimmt durch die Fallbeschleunigung solange ab, bis $v_t = 0$ erreicht ist; danach fällt der Körper).

5.3.2.4 Umfangsgeschwindigkeit und Winkelgeschwindigkeit

Wie ist die Umfangsgeschwindigkeit definiert?	*Man bezeichnet mit Umfangsgeschwindigkeit eine konstante Geschwindigkeit v_u, mit der ein auf dem Kreisumfang gelegener Punkt eine bestimmte Strecke s in einem Zeitintervall t zurücklegt.*

$$v_u = \dfrac{s}{t}$$

Die Umfangsgeschwindigkeit kann auch aus der (unten definierten) Winkelgeschwindigkeit ω und dem Radius r errechnet werden. Es gilt
$\qquad v_u = \omega \cdot r$
Ist die Drehfrequenz n (in Einheit 1/min) bekannt, kann man die Umlaufgeschwindigkeit/Umfangsgeschwindigkeit (in m/min) wie folgt als Produkt von Umfang mal Drehfrequenz berechnen:
$\qquad v_u = d \cdot \pi \cdot n$

Abb. 5.44 zeigt die grafische Darstellung einer Kreisbewegung über der Zeit t; die Amplitude entspricht dabei dem Radius r.

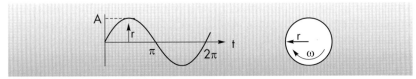

Abb. 5.44: Grafische Darstellung der Kreisbewegung

Technische Anwendung: Schnittgeschwindigkeit

Man spricht von Schnittgeschwindigkeit, wenn damit bei Werkzeugmaschinen die Umfanggeschwindigkeit gemeint ist, mit der die Schneide eines Werkzeugs in den Werkstoff eindringt (als Einheit m/s).

Was versteht man unter Schnittgeschwindigkeit?

Winkelgeschwindigkeit

   Die Winkelgeschwindigkeit ω gibt die Änderung des Drehwinkels Δ eines Körpers pro Zeiteinheit Δt an, Einheit ist 1/s.
$$\omega = \frac{\Delta\varphi}{\Delta t}$$

Wie ist Winkelgeschwindigkeit definiert?

Ist die Drehzahl n bekannt und liegt eine gleichförmige Kreisbewegung vor, errechnet sich die Winkelgeschwindigkeit aus $\omega = 2 \cdot \pi \cdot n$.

Umfangsgeschwindigkeit $v_u = \omega \cdot r$

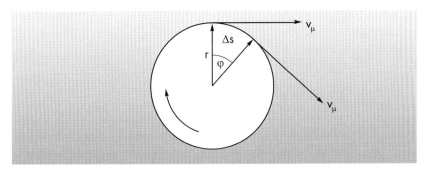

Abb. 5.45: Grafische Darstellung der Winkelgeschwindigkeit.

Drehzahl

Die Drehzahl (Drehfrequenz) n gibt die Zahl der Umdrehungen N in dem Zeitraum Δt an, wobei man in der Technik vielfach in Minuten rechnet:

Was gibt die Drehzahl an?

Drehzahl $n = \frac{N}{\Delta t}$ in $\min^{-1}$ $n = \frac{i}{\Delta t}$

Man kann aber natürlich auch in Sekunden rechnen und verwendet dann den in der Physik üblichen Begriff Umdrehungsfrequenz für n. In jedem Fall berechnet man den Quotienten der tatsächlichen Anzahl von Umdrehungen pro entsprechender Zeiteinheit.

Aufgaben zu Abschnitt 5.3

1. Folgende Größen wurden von zwei verschiedenen Bewegungen gemessen:
   1. Bewegung

s in m	1,0	1,5	2,0	2,5	3,0	3,5
t in s	1,9	3,1	3,9	5,0	5,9	7,0

   2. Bewegung

s in m	1,0	1,5	2,0	2,5	3,0	3,5
t in s	0,49	0,75	1,11	1,25	1,52	1,74

   a) Zeigen Sie, dass beide Bewegungen gleichförmig sind.
   b) Berechnen Sie die Geschwindigkeiten der beiden Bewegungen.
   c) Zeichnen Sie das Weg-Zeit-Diagramm für beide Bewegungen in ein Achsensystem ein.
   d) Woran ist im gemeinsamen Diagramm die schnellere Bewegung zu erkennen?
2. Die schnelle Schnecke Susi kriecht mit konstanter Geschwindigkeit in 1,2 min. 80 cm weit. Wie groß ist die Geschwindigkeit in m/s?
3. Die Lichtgeschwindigkeit beträgt gerundet $3,00 \cdot 10^5$ km/s. Berechnen Sie, wie lange das Licht vom Mond zur Erde benötigt. Die Entfernung ist $3,84 \cdot 10^5$ km.
4. Ein Fahrzeug wird gleichmäßig beschleunigt und erreicht aus dem Stand in 20 s die Endgeschwindigkeit von 40 km/h. Berechnen Sie die Beschleunigung und die mittlere Geschwindigkeit.
5. Berechnen Sie die Verzögerung eines Körpers, der in 9,0 s von der Geschwindigkeit 15 m/s zum Stillstand kommt.
6. Berechnen Sie, wie schnell ein Auto nach 15 s wäre, wenn es vom Stand aus mit der Beschleunigung $a = 5,0$ m/s^2 losfahren würde.
7. Ein Körper bewegt sich vom Stand aus gleichmäßig beschleunigt mit 1,2 m/s^2. Berechnen Sie, wie weit er nach 6,5 s gekommen ist und welche Geschwindigkeit er dabei erreicht hat.
8. Ein Wagen mit der Masse 0,8 kg und so kleinen Rädern, dass ihre Rotationsenergie nicht berücksichtigt zu werden braucht, rollt bei vernachlässigbarer Reibung durch eine Schleifenbahn ABC (r = 0,3 m), s. die Abbildung unten auf dieser Seite.
   Berechnen Sie
   a) wie groß die Geschwindigkeit in B mindestens sein muss, damit der Wagen die Bahn nicht verlässt.
   b) wie groß für diesen Grenzfall die Ausgangshöhe h des Punktes A sein muss.
   c) die kinetische Energie des Wagens in B.
   d) die Geschwindigkeit des Wagens in C.
9. Auf einer Schiffschaukel erreicht Max Meier gerade noch einen vollen Überschlag. Schaukel und Max Meier haben zusammen eine Masse von 120 kg. Berechnen Sie die Beanspruchung der Aufhängung beim Durchgang
   a) durch den Punkt, der sich mit der Aufhängung in gleicher Höhe befindet.
   b) durch den tiefsten Bahnpunkt.

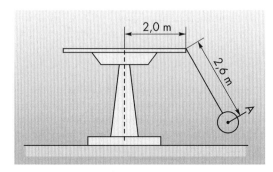

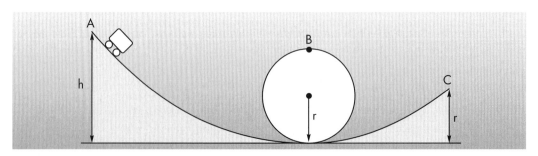

10. In einer Kolbenpumpe überträgt die Schubstange eine Kraft F = 11,3 kN. Berechnen Sie die Druckspannung in N/mm², die in ihr herrscht, wenn die Stange einen Querschnitt von 30 mm · 30 mm hat.
11. Ermitteln Sie die Sicherheit gegen Bruch v_B bei R_m = 900 N/mm² u. σ_{Zvorh} = 425 N/mm².
12. Für einen Aufzug wird ein Seil verwendet, das aus 36 Einzeldrähten mit dem Durchmesser d = 0,7 mm besteht. Berechnen Sie die Zugkraft, die übertragen werden kann, wenn vom Seilhersteller eine zulässige Spannung von σ_{Zzul} = 200 N/mm² angegeben wird.
13. Bei der Spindel einer kleinen Hebebühne wird ein Trapezgewinde Tr 36 · 6 verwendet. Für den Bolzen ist in der Gewindetabelle ein Kerndurchmesser (kleinster Durchmesser) von d_3 = 29 mm herauszulesen. Berechnen Sie die größte Last, die gehoben werden kann, wenn σ_{Zzul} = 80 N/mm² beträgt.
14. Eine Rakete mit m = 1.500 kg wird während eines Teils ihres Fluges von v_1 = 800 km/h auf v_2 = 1.200 km/h in 4 s gleichmäßig beschleunigt. Berechnen Sie die Beschleunigungskraft, die dazu aufgebracht werden muss.
15. Beim Bau von Turbinen ist es wichtig, die Daten zu der Turbinenschaufel, Drehzahlen und Fliehkräfte vorher genau zu berechnen. Berechnen Sie die maximale Drehzahl der Turbine bei einer Masse der Turbinenschaufel von 0,06 kg und einem Wirkdurchmesser von d = 760 mm, wenn die Fliehkraft nicht größer als F_f = 9.000 N werden soll. Für die Zentrifugal- und die Fliehkraft gilt die Formel
$$F_f = \frac{m \cdot v^2}{r}$$
(Formel wird auch in A 16b und A 21 benötigt.)
16. Vor der Anschaffung einer neuen Synchronmaschine sind folgende Daten zu ermitteln:
a) Berechnen Sie die Drehfrequenz und die Umfangsgeschwindigkeit der Synchronmaschine, wenn deren Läufer einen Durchmesser von d = 800 mm aufweist und eine Drehzahl von 4.200 1/min.
b) Ermitteln Sie die auf ein Masse-Element von 1 kg am Umfang wirkende Zentrifugalkraft.
c) Welche Bezeichnung hat das folgende Produkt: 2 · π · f
17. Sie stehen vor einem alten Mercedes mit m = 1.200 kg an einer Steigung mit 25 %. Berechnen Sie die Normalkraft und die Hangabtriebskraft.
18. Auf einen Wagen wirkt auf einer schiefen Ebene eine Hangabtriebskraft von F = 67 N. Der Wagen hat eine Masse von m = 30 kg. Berechnen Sie die Steigung der schiefen Ebene.
19. In einem Zirkus hat ein Zauberkünstler einen geheimnisvollen Kasten an zwei 3,50 m langen Seilen aufgehängt, die unter einem Winkel von 15 Grad schräg zur Horizontalen verlaufen. In jedem Seil beträgt die Seilkraft 600 N. Berechnen Sie die Masse des geheimnisvollen Kastens.
20. In der Wüste findet ein Autorennen statt, bei dem gemessen wird, innerhalb welcher Zeit die Autos von 0 auf 100 km/h beschleunigen. Sie haben einen Wagen mit der Masse m = 1.150 kg dabei, der das in 13 s schafft. Berechnen Sie die Kraft, die dazu erforderlich ist unter Berücksichtigung von 3,5 % der Normalkraft als Reibung.
21. Der Erdradius beträgt 6.370 km. Benutzen Sie die in Aufgabe 15 angegebene Formel und berechnen Sie die Fliehkraft, die auf einen Menschen mit der Masse m = 85 kg am Äquator wirkt.
22. Ihre Auszubildenden testen in der Pause, wer einen Wassereimer am ausgestreckten Arm (l = 0,6 m) in der Vertikalen so schnell drehen kann, dass gerade kein Wasser herausläuft. Berechnen Sie, wie schnell der Eimer gedreht werden muss, wenn die Henkellänge 30 cm beträgt.
23. Ein Rad hat einen Durchmesser von d = 900 mm. Am Umfang greift eine Kraft F_1 = 70 N rechtwinklig zum Radius an. Die Kraft erzeugt ein rechtsgerichtetes Drehmoment. Ein linksgerichtetes Drehmoment wird von der Kraft F_2 = 325 N erzeugt. Diese greift auf halbem Radius ebenfalls rechtwinklig zu diesem an. Berechnen Sie das Gesamtdrehmoment, das auch als resultierendes Drehmoment bezeichnet wird.

LÖSUNGSVORSCHLÄGE

L1:
a) Die Quotienten s/t bei den Messungen sind bei Bewegung 1 und Bewegung 2 jeweils annähernd konstant.

b) 0,5 m/s und 2 m/s

c)

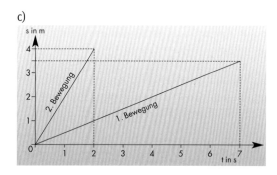

d) Der schnelleren Bewegung ist die steilere Gerade zugeordnet.

L2: $v = \dfrac{s}{t} = \dfrac{80 \text{ cm}}{1,2 \text{ min}} = 0,011 \dfrac{m}{s}$

L3: $t = \dfrac{s}{v} = \dfrac{3,84 \cdot 10^5 \text{ km}}{3,0 \cdot 10^5 \dfrac{\text{km}}{\text{s}}} = 1,28 \text{ s}$

L4:
Gegeben sind t = 20 s und v = 40 km/h = 11,1 m/s
Damit:
$a = \dfrac{v}{t} = \dfrac{11,1 \text{ m/s}}{20 \text{ s}} = 0,555 \dfrac{m}{s^2} \approx 0,56 \dfrac{m}{s^2}$

$v_m = \dfrac{v}{2} = \dfrac{1}{2} \cdot 40 \text{ km} = 20 \text{ km}$

L5:
Gegeben sind v = 15 m/s und t = 9 s
Damit:
$a' = \dfrac{v}{t} = \dfrac{15 \text{ m/s}}{9 \text{ s}} = 1,667 \dfrac{m}{s^2} \approx 1,7 \dfrac{m}{s^2}$

L6:
Gegeben t = 15 s und a = 5 m/s²
Damit:
$v = a \cdot t = 5 \text{ m/s}^2 \cdot 15 \text{ s} = 75 \text{ m/s} = 270 \text{ km/h}$

L7:
Gegeben a = 1,2 m/s² und t = 6,5 s
$s = 1/2 \cdot a \cdot t^2$ und $v = a \cdot t$
$s = 1/2 \cdot 1,2 \text{ m/s}^2 \cdot (6,5 \text{ s})^2$
$= 1/2 \cdot 2,2 \text{ m/s}^2 \cdot 42,25 \text{ s}^2 = 25,35 \text{ m}$
$v = 1,2 \text{ m/s}^2 \cdot 6,5 \text{ s} = 7,8 \text{ m/s}$

L8:
a)
$\dfrac{v_B^2}{r} = g \Rightarrow v_B = \sqrt{rg}$ $v_B = 1,716 \text{ m/s}$

b)
$v_B = \sqrt{2g(h-2r)} \Rightarrow h - 2r = \dfrac{v_B^2}{2g}$

$\Rightarrow h = \dfrac{v_B^2}{2g} + 2r = 0,75 \text{ m}$

c) $E_{kin} = \dfrac{1}{2} m v_B^2 = m \cdot g \cdot \dfrac{r}{2} = 1,177 \text{ Ws}$

d) $v_c = \sqrt{2g \cdot 1,5 r} = 2,97 \text{ m/s}$

L9:
a) $F_1 = 2 \cdot m \cdot g = 2.355 \text{ N}$
b) $F_2 = 5 \cdot m \cdot g = 5.890 \text{ N}$

L10:
$\sigma_{dvorh} = \dfrac{F}{S} = \dfrac{11.300 \text{ N}}{30 \text{ mm} \cdot 30 \text{ mm}} = 12,56 \text{ N/mm}^2$

L11:
$v_b = \dfrac{R_m}{\sigma_{Zvor}} = \dfrac{900 \text{ N/mm}^2}{425 \text{ N/mm}^2}$
= 2,12fache Sicherheit

L12:
$\sigma_{Zzul} = \dfrac{F_{zul}}{S_{vorh}} \Rightarrow F_{zul} = \sigma_{Zzul} \cdot S_{vorh}$

$= \sigma_{Zzul} \cdot i \cdot \dfrac{\pi}{4} \cdot d^2$

$F_{zul} = 200 \text{ N/mm}^2 \cdot 36 \cdot \dfrac{\pi}{4} (0,7 \text{ mm})^2$
$= 2.770,9 \text{ N}$

L13:
Man formt wie in 12. in F_{zul} um:
$F_{zul} = \sigma_{dzul} \cdot S_{vorh}$
$= \sigma_{dzul} \cdot \pi/4 \cdot d_3^2$
$= 80 \text{ N/mm}^2 \cdot \pi/4 \cdot (29 \text{ mm})^2$
$F_{zul} = 5.2842 \text{ N} = 52,842 \text{ kN}$

L14:
$$a = \frac{\Delta v}{\Delta t} = \frac{v_2 - v_1}{\Delta t} = \frac{333{,}3 \text{ m/s} - 222{,}22 \text{ m/s}}{4 \text{ s}}$$
$= 27{,}778 \text{ m/s}^2$
$F_{res} = m \cdot a$
$= 1.500 \text{ kg} \cdot 27{,}778 \text{ m/s}^2$
$= 41.667 \text{ N} = 41{,}667 \text{ kN}$

L15:
$$v = \sqrt{\frac{F_f \cdot r}{m}}$$
$$v = \sqrt{\frac{900 \text{ kg} \cdot \text{m} \cdot 0{,}38 \text{ m}}{s^2 \cdot 0{,}06 \text{ kg}}}$$
$v = 238{,}7 \text{ m/s}$
$v = d \cdot \pi \cdot n \Rightarrow n = \frac{v}{d \cdot \pi}$
$$n = \frac{238{,}7 \text{ m} \cdot 60 \text{ s}}{s \cdot 0{,}76 \text{ m} \cdot \pi \cdot \text{min}}$$
$n = 6000 \text{ 1/min}$.

L16:
a)
Drehfrequenz
$f = 4.200/\text{min} = 4.200/60 \text{ s} = 70 \text{ 1/s}$

Umfangsgeschwindigkeit
$v_u = d \cdot \pi \cdot f = 0{,}8 \text{ m} \cdot \pi \cdot 70 \text{ 1/s} = 175{,}93 \text{ m/s}$

b) $F_z = m \cdot \omega^2 \cdot r = 1 \text{ kg} (2 \cdot \pi \cdot 70 \text{ 1/s})^2 \cdot 0{,}4 \text{ m}$
$= 77.378 \frac{\text{kg} \cdot \text{m}}{s^2} = 77.378 \text{ N}$

oder
$$-F_z = \frac{m \cdot v_u^2}{r} = \frac{1 \text{ kg} \cdot (175{,}93 \text{ m/s})^2}{0{,}4 \text{ m}}$$
$= 77.378 \frac{\text{kg} \cdot \text{m}}{s^2} = 77.378 \text{ N}$

c) ω wird als Kreisfrequenz bezeichnet.
$v_u = 2 \cdot \pi \cdot f \cdot r = \omega \cdot r$

L17:

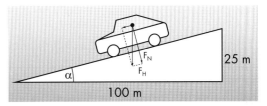

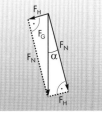

Vergrößerung des
Kräfteparallelogramms

$\tan \alpha = \frac{25 \text{ m}}{100 \text{ m}} = 0{,}25$, also $\alpha = 14{,}04°$

$F_G = m \cdot g = 1.200 \text{ kg} \cdot 9{,}81 \text{ m/s}^2 = 11.772 \text{ N}$
$F_H = F_G \cdot \sin \alpha = 11.772 \text{ N} \cdot \sin 14{,}04°$
$= 2.856 \text{ N}$
$F_N = F_G \cdot \cos \alpha = 11.772 \text{ N} \cdot \cos 14{,}04°$
$= 11.420 \text{ N}$

L18:

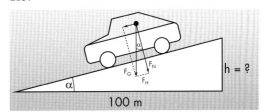

$F_G = m \cdot g$
$= 30 \text{ kg} \cdot 9{,}81 \text{ m/s}^2$
$= 294{,}3 \text{ N}$

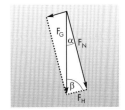

$\sin \alpha = \frac{F_H}{F_G} = \frac{67 \text{ N}}{294{,}3 \text{ N}} = 0{,}228 \Rightarrow \alpha = 13{,}16°$

$\tan \alpha = h/100\text{m}$
$\Rightarrow h = 100 \text{ m} \cdot \tan \alpha = 100 \text{ m} \cdot \tan 13{,}16°$
$= 23{,}38 \text{ m}$
$\Rightarrow$ Steigung: 23,38 %

L19:

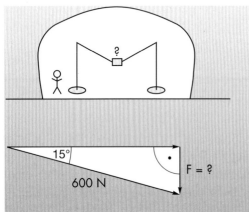

sin α = F/600 N ⇒ F = 600 N · sin α = 155,3 N
Zwei Seile, also
F_{gesamt} = 2 · 155,3 = 310,6 N, m = 31,66 kg

L20:
100 km/h = 27,78 m/s
$\Delta v = a \cdot t \Rightarrow a = \frac{\Delta v}{t} = \frac{27,78 \text{ m/s}}{13 \text{ s}}$

a = 2,14 m/s²
F_B = m · a = 1.150 kg · 2,14 m/s² = 2.457 N
Reibung 3,5 % von F_N (= F_G, da ebene Straße)
F_G = m · g = 1.150 kg · 9,81 m/s² = 11.281,5 N
$F_R = \mu \cdot F_N$ = 0,035 · 11.281,5 = 394,6 N

Gesamtkraft?
$F_{ges} = F_B + F_R$ = 2.457 N + 394,6 N
F_{ges} = 2.851,6 N

L21:
$S_{\text{Äquator}}$ = 40.000 km
U = 2 · r · π = 2 · 6.370 km · π = 40.000 km
t = 24 Stunden = 24 · 3.600 s = 86.400 s

$v_{Erde} = \frac{s}{t} = \frac{40 \cdot 10^6 \text{m}}{86.400 \text{ s}} = 463$ m/s

$F = \frac{m \cdot v^2}{r} = \frac{85 \text{ kg} \cdot (463 \text{ m/s})^2}{6,37 \cdot 10^6 \text{m}} = 2,86$ N

L22:
F = G am Hochpunkt des Eimers

$\Rightarrow \frac{m \cdot v^2}{r} = m \cdot g$ m kürzt sich heraus $\Rightarrow \frac{v^2}{r} = g$

$\Rightarrow v = \sqrt{r \cdot g} = \sqrt{0,9 \cdot 9,81 \text{ m/s}^2} = 2,97$ m/s

L23:
$\Sigma M_d = -F_1 \cdot r_1 + F_2 \cdot r_2 =$

$= F_1 \cdot \frac{d}{2} + F_2 \cdot \frac{d}{4}$

= –70 N · 0,45 m + 325 N · 0,225 m
= –31,5 Nm + 73,125 Nm = +41,625 Nm
→ das Drehmoment ist links gerichtet

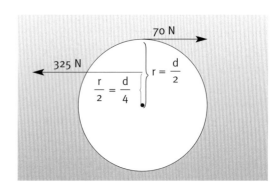

5.4 Anwendung statistischer Verfahren und einfache statistische Berechnungen sowie ihre grafische Darstellung

5.4.1 Statistische Methoden zur Überwachung, Sicherung und Steuerung von Prozessen

5.4.1.1 Grundmodelle der technischen Statistik
Fertigungsprozesse müssen wegen der Überwachung der Qualität einer ständigen Überprüfung unterliegen.

Statistische Methoden werden immer dort angewendet, wo Prozessdaten und Messergebnisse erhoben, verarbeitet und ausgewertet werden.

Wo kommen statistische Methoden zum Tragen?

Die Ergebnisse werden sehr oft durch grafische Darstellung veranschaulicht. (Nicht ganz ernst gemeint ist der altbekannte Spruch der Statistiker: „Traue keiner Statistik, die du nicht selbst gefälscht hast.")
Werden statistische Methoden auf technische Sachzusammenhänge angewendet, spricht man von technischer Statistik. Eine statistische Einheit ist sachlich, räumlich und zeitlich eindeutig bestimmbar und weist bestimmte qualitative (vorhanden oder nicht vorhanden, gut oder schlecht) und quantitative (Masse, Länge) Merkmale auf. Die Menge der statistischen Einheiten ist die statistische Masse. Vor einer statistischen Untersuchung müssen die zu erfassenden Merkmale festgelegt werden. Meist hängt dies von der Problemstellung ab.

Was ist die statistische Masse, was ein Merkmal?

Werden Messsignale von Amplituden oder Frequenzen auf bestimmte Kriterien hin untersucht, spricht man von Signalanalyse. Es werden so genannte Kennfunktionen festgehalten (Amplitudenhäufigkeitsverteilung oder Signalmittelung).

Bei der Messdatenverarbeitung werden Messwerte aufbereitet oder mit anderen Daten verknüpft. So werden z. B. systematische Fehler beseitigt oder die Daten durch Mittelwertbildung reduziert. Die Verknüpfung kann zur Berechnung von Kennzahlen erfolgen.

5.4.1.2 Einsatzbereiche für statistische Methoden
Mithilfe von statistischen Methoden können Fehler in Prozessen entdeckt werden. Es kann sich dabei um eine Qualitätsabweichung des Erzeugnisses handeln oder um die geminderte Funktionsfähigkeit von Maschinen.

Betrachtet man den Weg eines Rohstoffs bis zum fertigen Produkt, ergeben sich drei Bereiche für den Einsatz statistischer Methoden.

Welche sind die Hauptanwendungsbereiche von Statistik in der Produktion?

- **Eingangskontrolle**: Wird das Material vom Lieferanten oder Spediteur angeliefert, müssen seine Eigenschaften geprüft werden (z. B. Maße, Kohlenstoffanteil).
- **Fertigungskontrolle**: Hier wird sowohl das entstehende Produkt als auch der Fertigungsprozess auf Abweichungen untersucht (z. B. Spannung, Dehnung, Legierung, Leitfähigkeit, Bruchfestigkeit).
- **Endkontrolle**: Hier wird festgestellt, ob das Erzeugnis z. B. den Anforderungen des Kunden und den Sicherheitsbestimmungen entspricht.

5.4.1.3 Auswahl von Merkmalen

Man unterscheidet zwei Gegensatzpaare – nämlich diskrete und stetige Merkmale einerseits und nominale und ordinale Merkmale andererseits.

> Welche beiden Gegensatzpaare für Merkmale gibt es?

Ein Merkmal wird dann als **diskret** bezeichnet, wenn es auf einer metrischen Skala nur bestimmte Werte annehmen kann (z. B. Zahl der Mitarbeiter in einem Raum, Zahl der Produkte in einer Gitterbox).

Kann ein Merkmal – zumindest in einem bestimmten Intervall – jeden beliebigen Wert annehmen, spricht man von einem **stetigen** Merkmal (z. B. Länge eines Werkstücks, Füllgewicht). Allerdings lassen sich stetige Merkmale in der Praxis wegen der Grenzen der Messgenauigkeit nur diskret erfassen. So ist das Füllgewicht zwar ein stetiges Merkmal, kann aber nicht feiner gemessen werden, als es die kleinste auf der Waage angegebene Skaleneinheit zulässt.

Lassen sich Merkmale nur durch eine Bezeichnung unterscheiden, zum Beispiel roter Würfel oder grüner Würfel, liegen **nominale** Merkmale vor.

Ordinale Merkmale sind in eine quantitative Hierarchie eingeordnet, zum Beispiel die Lottozahlen.

> Was ist bei der Erfassung von Merkmalen einer Stichprobe zu beachten?

Sollen nun bestimmte Merkmale einer Stichprobe erfasst werden, werden die Aussagen umso genauer, je gründlicher Planung vorgenommen wird.
- Das Material, die Methodik des Versuchs, Apparate und Produktionsbedingungen und Messgeräte dürfen nicht verändert werden.
- Ausschaltung von systematischen Fehlern: Werden z. B. zwei Werkstoffe auf ihre Eigenschaften bei der Fertigung überprüft, dürfen sie nur auf den gleichen Maschinen bearbeitet werden.
- Vergleichswerte hinzuziehen: Man kann zum Beispiel die Eigenschaften eines Werkstoffes unter einer bestimmten Hitzeeinwirkung besser bestimmen, wenn man ihn unter verschiedenen Temperaturen testet.
- Zufällige Auswahl der Stichprobe: Man soll zum Beispiel Schrauben aus einem Karton nicht nur von einer Stelle entnehmen.
- Repräsentative Auswahl der Stichprobe: Werden zum Beispiel Schrauben auf mehreren Maschinen gefertigt, muss man für die repräsentative Auswahl von allen Maschinen Schraubenproben nehmen.
- Je größer der Umfang der Stichprobe gewählt wird, desto größer ist die statistische Sicherheit.

5.4.2 Stichprobenverfahren und Darstellung der Messwerte

5.4.2.1 Aufbereiten von Messstichproben

Messstichproben können z. B. grafisch als Histogramme (flächenproportionale Darstellung) oder Balkendiagramme dargestellt werden (siehe Abschnitt 3.4.4).

Beispiel

Die Häufigkeit von Messwerten kann so wie folgt in einer Urliste aufgezeichnet werden:

x_1	x_2	x_3	x_4	x_5	x_6	x_7	x_8	x_9	x_{10}
3,5	3,2	3,4	3,2	3,5	3,3	3,6	3,2	3,3	3,5

Daraus ergibt sich folgende Häufigkeitstabelle:

Messwert	Häufigkeit
3,2	3
3,3	2
3,4	1
3,5	3
3,6	1

Wie gelangt man zu einer Häufigkeitstabelle, was ist deren einfachste grafische Veranschaulichung?

Das dazu passende Säulendiagramm sieht in schlichtester Ausführung wie in Abb. 5.46 aus.

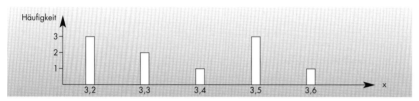

Abb. 5.46: Einfache Ausführung eines Säulendiagramms

Zur Aufbereitung der Daten aus den Stichproben bietet sich – je nach Zweck und Ziel – die Bildung der in der nachfolgenden Übersicht zusammengestellten Mittelwerte bzw. Streuungsmaße an, die nur eine Auswahl aus einer größeren Anzahl statistischer Kennziffern darstellen. (An dieser Stelle sei auch ausdrücklich auf die Übungsaufgaben zu diesem Kapitel verwiesen.)

Was sind Kennziffern?

Ausgewählte statistische Kenngrößen zur Stichprobenaufbereitung

Mittelwerte
- ungewogenes arithmetisches Mittel

$$\bar{x} = \frac{x_1 + x_2 + \ldots + x_N}{N}$$

- gewogenes arithmetisches Mittel

$$\bar{x} = \frac{m_1 \cdot x_1 + n_2 \cdot x_2 + \ldots + x_k \cdot n_k}{n_1 + n_2 + \ldots + n_k}$$

Modalwert
Merkmalsausprägung mit der größten Häufigkeit (und damit auch ein „Mittelwert", häufig genutzt bei nominalen Skalen, die keine Berechnung zulassen)

Spannweite
Man berechnet die Differenz zwischen dem größten und dem kleinsten Wert (= einfachste Größe zur Beschreibung der Verteilung).

Varianz (= Streuungsmaß)
Die Varianz s^2 ist die mittlere quadratische Abweichung. Man bildet die Summe der Quadrate der Abweichungen zwischen den Merkmalsausprägungen und dem arithmetischen Mittel und dividiert sie durch die Anzahl der gemessenen Werte.

Standardabweichung (= auch Streuungsmaß)
Wurzel aus der Varianz (in Größenordnung Einheit mit den Merkmalen „stimmig"):

$$s = \sqrt{\text{Varianz}}$$

Statistische Sicherheit
Die statistische Sicherheit gibt die Wahrscheinlichkeit an, mit der ein Messwert nahe genug am arithmetischen Mittelwert erwartet werden darf. Das betreffende Intervall um den Mittelwert wird Vertrauensbereich genannt.

5.4.2.2 Voraussetzung und Eigenschaften (Kennwerte) einer Normalverteilung

Was ist eine Prüfverteilung, wozu dient sie?

Hat man den Mittelwert einer Stichprobe errechnet, wird man feststellen, dass dieser vom Mittelwert der Grundgesamtheit abweicht. Es muss nun festgestellt werden, ob der errechnete Mittelwert vom Mittelwert der Grundgesamtheit zufällig oder wesentlich abweicht. Dazu nimmt man die Zufallsgröße u zu Hilfe, von der das Verteilungsgesetz (Prüfverteilung) bekannt ist.

Die bekannteste Prüfverteilung ist die Normalverteilung mit dem Mittelwert 0 und dem Streuungsmaß 1.

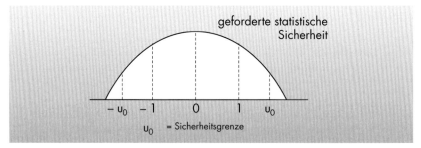

Abb. 5.47: Ausschnitt der Normalverteilung zwischen den Sicherheitsgrenzen

5.4.2.3 Funktionen der Normalverteilung und deren Graphen

Der deutsche Mathematiker Carl Friedrich Gauß hat die Funktion der Normalverteilung (Glockenkurve) mithilfe der Wahrscheinlichkeitsrechnung ermittelt. Das ist die am häufigsten anzutreffende Verteilung von Merkmalen. Die meisten Messwerte liegen eng um einen Mittelwert. Je größer die Abweichung vom Mittelwert ist, desto geringer wird die Anzahl der abweichenden Teile. Entspricht also eine Stichprobe der Normalverteilung, kann man daraus schließen, dass sich 68,26 % der Grundgesamtheit zwischen den Wendepunkten der Verteilungskurve in einer Verteilung von +1s bis -1s (s= Standardabweichung) um den Mittelwert befinden. Liegen Stichproben vor, die nicht der Normalverteilung entsprechen, ergeben sich andere Prozentsätze.

Welche Grundcharakteristika hat die Normalverteilung?

Die Glockenkurve ist bestimmt durch die beiden Parameter Mittelwert µ (Lage des Prozesses) und Standardabweichung s (Streuung des Prozesses).

Die in Abb. 5.48 ersichtlichen Prozentzahlen ergeben sich aus den Flächenanteilen unter der Kurve. Der Kreis auf der rechten Seite der Kurve markiert den Wendepunkt. Abb. 5.49 zeigt verschiedene Lagen und Streuungen von Prozessen. Jede Glockenkurve stellt eine Stichprobenauswertung dar. Die obere und untere **Toleranzgrenze** wird auch oberer und unterer **Grenzwert** genannt.

Was ist der Zufallsstreubereich?

Der Zufallsstreubereich gibt den Bereich an, in dem die Stichprobenergebnisse oder die daraus errechneten Kennwerte zu erwarten sind (Abb. 5.50). Die Irrtumswahrscheinlichkeit umfasst den Bereich, in dem die Werte außerhalb des Zufallsstreubereichs liegen.

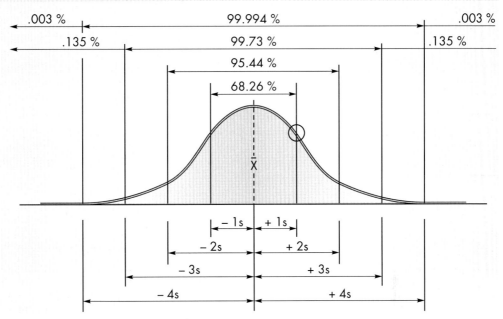

Abb. 5.48: Normalverteilung mit Prozentangaben

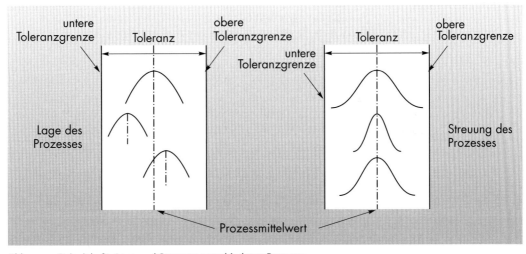

Abb. 5.49: Beispiele für Lage und Streuung verschiedener Prozesse

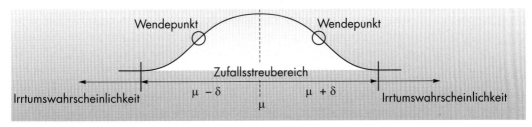

Abb. 5.50: Zufallsstreubereich

5.4.2.4 Häufigkeitsverteilung in einer Stichprobe und Fehleranteil im Prüflos

Wie schon in Abschnitt 5.4.2.1 erwähnt, finden sich Beispiele zur Berechnung von Modalwert, Spannweite, arithmetischem Mittel, Standardabweichung usw. in den Übungsaufgaben.

Was ist der Fehlanteil?

Je nach Fragestellung kann die Häufigkeitsverteilung bzw. der Fehleranteil unterschiedlich berechnet werden.

Wie bestimmt man den größten auftretenden Fehler?

Weisen z. B. 15 von 100 geprüften Teilen einen bestimmten Fehler auf, beläuft sich der Fehleranteil auf 15 %. Ist der am häufigsten auftretende Wert gesucht, spricht man vom Modalwert. Der größte auftretende Fehler (absoluter Fehler) ist die Differenz aus dem größten und kleinsten Messwert (Spannweite). Den relativen Fehler erhält man durch Division des absoluten Fehlers durch den Zahlenwert der betrachteten Größe.

Beispiel zur Berechnung des relativen Fehlers

Wie berechnet man den relativen Fehler?

Ein Stab soll nach der Fertigung 25 cm lang sein. Bei der Qualitätskontrolle wird als absoluter Fehler eine Abweichung von 0,5 cm festgestellt. Daraus ergibt sich ein relativer Fehler von 0,02, also von 2 %.

Zahlenwert x des Stabes	absoluter Fehler	relativer Fehler
$x = 25$ cm	$\Delta x = 0{,}5$ cm	$\dfrac{\Delta x}{x} = \dfrac{0{,}5}{25} = 0{,}02$, das sind 2 %

5.4.3 Ermittlung von verschiedenen Fähigkeitskennwerten und deren Bedeutung für Prozess, Messgerät und Maschine

5.4.3.1 Fähigkeitsuntersuchungen und deren Kennwerte

Maschinen, Messgeräte und Prozesse sollen gewährleisten, dass die gefertigten Produkte den Qualitätsanforderungen mit sehr hoher Wahrscheinlichkeit entsprechen. Eine permanente Prozessüberwachung und -steuerung soll Veränderungen erkennen und bei Überschreiten einer bestimmten Grenze (Toleranz) den Prozess unterbrechen und Korrekturmaßnahmen einleiten.

Was versteht man unter Fähigkeitskennwerten?

 Die so genannten Fähigkeitskennwerte geben Auskunft darüber, ob Maschinen, Messgeräte und Prozesse dazu in der Lage sind, innerhalb von vorgegebenen Toleranzgrenzen zu arbeiten.

Die Gauß'sche Normalverteilung der Merkmalswerte ist Voraussetzung für die Ermittlung von Fähigkeitskennwerten. Die Normalverteilung ist dann gegeben, wenn keine Störungen auftreten und Schwankungen der Messwerte zufallsbedingt sind.

Ergibt sich aus Messwerten eine Verteilung, die nicht „normal" ist, kann man auf dieser Grundlage keine Fähigkeitskennwerte ausrechnen. Es muss zuerst eine Fehleranalyse durchgeführt werden, um die Störungen zu erkennen und zu beseitigen. Liegt eine Normalverteilung vor, werden zuerst Mittelwert und Standardabweichung berechnet. Außerdem muss der zulässige Toleranzbereich der überprüften Merkmale gegeben sein. Bei Messmitteln ist dieser Toleranzbereich von den kleinsten Messbereichen abhängig, die möglich sind.

Maschinenfähigkeitsuntersuchung:
Kurzzeituntersuchung unter Idealbedingungen, bei der mind. 50 Messwerte entnommen und ausgewertet werden. Die Breite der Maschinenstreuung im Verhältnis zum Toleranzfeld wird mit Kennwert c_m angegeben. Wird zusätzlich zur Streuung die Lage der Maschinenfähigkeit berücksichtigt, verwendet man Kennwert c_{mk}. Ist die Maschinenstreubreite (6-Sigma-Bereich, s. Normalverteilung) gleich der Toleranzbreite, beträgt der c_m-Wert 1. Je größer die Abweichung von der Prozessmitte ist, desto kleiner wird c_{mk} im Vergleich zu c_m.

Zeichenerklärung:

OGW = obere Toleranzgrenze
UGW = untere Toleranzgrenze
T = Toleranz
σ = Prozessstandardabweichung
μ = Prozessmittelwert
Z_{krit} = kleinster Abstand von μ zur Toleranzgrenze
Z_{ob} = Abstand zur oberen Toleranzgrenze
Z_{un} = Abstand zur unteren Toleranzgrenze

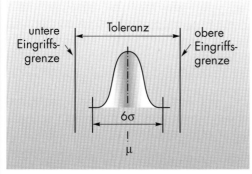

Abb. 5.51 a: Streuung Maschinenkennwert c_m

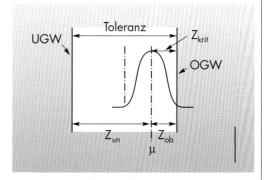

Abb. 5.51b: Lage/Streuung Maschinenkennwert c_{mk}

$$c_m = \frac{\text{Toleranz}}{\text{Prozessstandardabweichung}} = \frac{\text{OWG} - \text{UWG}}{6 \cdot \sigma} = \frac{T}{6 \cdot \sigma}$$

$$c_{mk} = \frac{\text{kleinster Abstand von m zur Toleranzgrenze}}{\text{halbe Prozessstandardabweichung}} = \frac{Z_{krit}}{3 \cdot \sigma}$$

Als Z_{krit} wählt man den kleineren Wert von Z_{ob} = OGW – μ und Z_{un} = μ – UGW.

Prozessfähigkeitsuntersuchung
Grundlage für die Ermittlung der Prozessfähigkeit ist die Entnahme und Auswertung von mindestens 25 Stichproben. Da dies über einen längeren Zeitraum geschieht, um alle Einflussgrößen zu berücksichtigen, spricht man von einer **Langzeituntersuchung**. Mit Kennwert c_p wird die Breite der Prozessstreuung im Verhältnis zum Toleranzfeld beschrieben. Ist die Prozessstreubreite (6-Sigma-Bereich, s.Normalverteilung) gleich der Toleranzbreite, beträgt der c_p-Wert 1.

Wird zusätzlich zur Streuung die Lage des Prozesses berücksichtigt, verwendet man den Kennwert c_{pk}. Sind c_p-Wert und c_{pk}-Wert gleich groß, befindet sich der Prozess in der Toleranzmitte. Je größer die Abweichung von der Pro-

> Was versteht man unter dem c_p- und was unter dem c_{pk}-Wert?

zessmitte ist, desto kleiner wird der c_{pk}-Wert im Vergleich zum c_p-Wert. Bei der Berechnung der Prozessfähigkeit werden die gleichen Grafiken verwendet wie bei der Maschinenfähigkeitsuntersuchung. Es gelten auch die gleichen Formeln, nur mit anderen Formelzeichen.

Wie berechnet man den c_p- und den c_{pk}-Wert?

Streuung des	
Prozesskennwertes c_p	Prozesskennwertes c_{pk}
$c_p = \dfrac{OWG - UWG}{6 \cdot \sigma} = \dfrac{T}{6 \cdot \sigma}$	$c_{pk} = \dfrac{z_{krit}}{3 \cdot \sigma}$

5.4.3.2 Mindestanforderungen für Fähigkeitskennwerte

- Mindestforderung für Maschinenfähigkeit: c_m-Wert mindestens 1,67.
  $$c_m = \frac{10 \cdot \sigma}{6 \cdot \sigma} = 1{,}67 \Rightarrow \text{Toleranz sollte} > 10\,\sigma \text{ sein}$$

  ⟹ *Ist der Wert für c_m größer als c_{mk}, ist es empfehlenswert, den Prozess zu zentrieren.*

- Mindestforderung für Prozessfähigkeit: Sind c_p-Wert und c_{pk}-Wert beide größer als 1, ist der Prozess fähig. Die Produktion kann in diesem Fall die volle Toleranz ausnutzen. Die Prozessbreite sollte jedoch nur 75 % der Toleranzbreite nutzen. Der c_p-Wert soll mindestens 1,33 betragen.
  $$c_p = \frac{8 \cdot \sigma}{6 \cdot \sigma} = 1{,}33 \Rightarrow \text{Toleranz sollte} > 8\,\sigma \text{ sein}$$

  ⟹ *Ist der Wert für c_p größer als c_{pk}, ist es empfehlenswert, den Prozess zu zentrieren.*

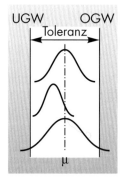

Prozess ist zentriert, $c_p = c_{pk} = 1{,}66$

Prozess muss zentriert werden.

Prozessstreuung ist zu groß und muss verkleinert werden.

Abb. 5.52: Beispiele für verschobene Prozesse

- Mindestforderung für Messmittelfähigkeit: An Messmitteln werden Fähigkeitskennzahlen durch Wiederholungsmessungen (mindestens 50) bestimmt. Mittelwert und Standardabweichung errechnen sich aus den normalverteilten Messwerten. Die Toleranzgrenzen werden z. B. als Bruchteil des kleinsten zu messenden Toleranzbereichs angegeben. Der c_g-Wert soll mindestens 1,33 betragen.

5.4.3.3 Statistische Prozessregelung mit Prozessregelkarten
Die statistische Prozessregelung (SPC) zielt darauf ab, nicht erst zu warten, bis Fehler auftreten und diese dann zu entdecken, sondern Fehler vom ersten Augenblick an zu vermeiden.

> *SPC verbessert nicht, sondern sichert die Produktqualität. Da bei jedem Fertigungsprozess zufällige Einflüsse vorhanden sind, die auf die natürliche Streuung in ungestörtem Zustand zurückzuführen sind, ist es Aufgabe der SPC, diese zu erkennen und sie zu kompensieren.*

Welche Hauptaufgabe hat die statistische Prozessregelung?

Dies wird über einen Regelkreis gesteuert. Durch Stichproben stellt die Steuerung fest, ob eine Regelabweichung vorliegt. Zur Anpassung werden die Prozessparameter entsprechend verändert. Der Prozess wird in die gewünschte Richtung gelenkt.

Eine weitere Möglichkeit der Steuerung ist der Einsatz von **Kontrollkarten** beziehungsweise **Prozessregelkarten**. Über diese Regelkarten kann direkt auf den Produktionsprozess Einfluss genommen werden.

Wie wird in diesem Zusammenhang das Instrument der Prozessregelkarten eingesetzt?

> *Während des Fertigungsprozesses werden charakteristische Merkmale beurteilt. Im Falle von Abweichungen ist zu entscheiden, ob in den Prozess eingegriffen werden muss.*

Per Zufallsauswahl wird in bestimmten Zeitabständen geprüft. Das Ergebnis wird auf der Regelkarte eingetragen. In vielen Fällen entsteht eine Normalverteilung, es liegen also keine Besonderheiten vor.

5.4.3.4 Interpretation von Regelkarten
Regelkarten/Qualitätsregelkarten halten die Ergebnisse von Prüf- und Messvorgängen fest. Sie überwachen die Fertigungsprozesse und greifen – wenn nötig – korrigierend ein. Es gibt eine Vielzahl von Qualitätsregelkarten, die sich nach Messmöglichkeiten, Qualitätsanforderungen oder Prüfmerkmalen unterscheiden können.

Der Regelkarte kommt im Regelkreis die Funktion des Reglers zu. Sie enthält Toleranzgrenzen, die anzeigen, dass in den Prozess nicht eingegriffen werden muss, solange sich die Werte dazwischen bewegen. Eingriffsgrenzen hingegen zeigen an, dass bei Überschreitung der Fehler analysiert und behoben werden muss. Die Regelkarte dokumentiert auch alle Eingriffe in den Prozess und die sonstigen Vorkommnisse. Ein Beispiel zeigt Abb. 5.53 auf der folgenden Seite. Je nachdem, welcher Wert für M gesetzt wird, kann es sich um Mediankarten, Spannweitenkarten, Standardabweichungskarten usw. handeln.

Welcher Funktion entspricht die Regelkarte im Modell des Regelkreises?

> *Es gibt auch Qualitätsregelkarten, die zwei Werte gleichzeitig anzeigen (zweispurige Karten). Hierdurch ist eine bessere Beurteilung des Prozesses möglich.*

Abb. 5.54 zeigt eine Mittelwert-Standardabweichungs-Karte.

Begriffe/Größen auf Regelkarten
OTG = obere Toleranzgrenze
UTG = untere Toleranzgrenze
OEG = obere Eingriffsgrenze
UEG = untere Eingriffsgrenze
OWG = obere Warngrenze
UWG = untere Warngrenze
M = Erwartungs- oder Soll-Wert

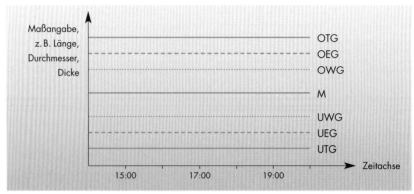

Abb. 5.53: Prinzipielles Beispiel einer Regelkarte

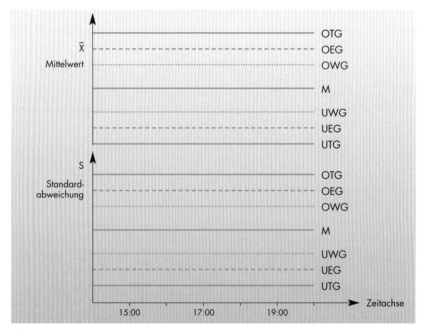

Abb. 5.54: Beispiel für eine Mittelwert-Standardabweichungs-Karte

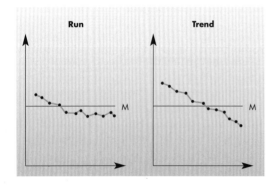

Man spricht von einem **Trend**, wenn bei mindestens sieben aufeinander folgenden Werten die gleiche Tendenz auftritt (steigen oder fallen).
Als **Run** wird eine Erscheinung bezeichnet, wenn mindestens sieben aufeinander folgende Werte auf einer Seite der Toleranzmitte vorliegen.
In beiden Fällen muss nach der Ursache gesucht werden, da dies den Gesetzen der Wahrscheinlichkeit des Auftretens eines Zufalls widerspricht. Dies gilt selbstverständlich auch für das Überschreiten der Eingriffsgrenze.

AUFGABEN ZU ABSCHNITT 5.4

1. Skizzieren Sie den Verlauf der Normalverteilungskurve nach Gauß. Benennen Sie die Achsen des Koordinatensystems und zeichnen Sie die Lage des arithmetischen Mittelwerts und der Standardabweichungen ein.
2. Berechnen Sie das ungewogene arithmetische Mittel aus folgenden Merkmalsausprägungen: 3, 5, 17, 8
3. Berechnen Sie das gewogene arithmetische Mittel aus folgenden Daten:

x	Gewichtung n
3	4
5	2
17	1
8	9

4. Ermitteln Sie das gewogene geometrische Mittel aus folgenden Daten:

x	Gewichtung n
3	3
5	2
9	1
8	2

   Hinweis: Zusätzliche Aufgabe, Begriff wurde vorn im Text nicht erklärt. Beim geometrischen Mittel multipliziert man die Ausprägungen und zieht anschließend die entsprechende Wurzel. Die Gewichtungen werden in die Potenz geschrieben.

5. Ermitteln Sie den Median/Zentralwert:
   a) 3, 5, 7, 8, 9, 12
   b) 3, 5, 7, 8, 9, 12, 13
   Hinweis: Zusätzliche Aufgabe, Begriff wurde vorn im Text nicht erklärt. Der Median ist die Ausprägung, die genau in der Mitte der geordneten Ausprägungen steht.
6. Ermitteln Sie den Modalwert folgender Merkmalsausprägungen:
   2, 3, 2, 4, 9, 2, 3, 5, 4, 2
7. Berechnen Sie die Spannweite folgender Merkmalsausprägungen: 2, 3, 5, 7, 9
8. Berechnen Sie die lineare Streuung bei folgenden gegebenen Werten: 2, 4, 8, 10, 12
9. Ermitteln Sie die mittlere quadratische Abweichung (Varianz s^2) aus: 2, 4, 8, 10, 12
10. Ermitteln Sie die Standardabweichung s bei gegebener Varianz 13,76.
11. Berechnen Sie den Variationskoeffizient v bei gegebener Standardabweichung 3,71 und arithmetischem Mittel 7,2.
12. In der Personalabteilung wurde folgende Krankenstatistik erstellt:

Krankheitstage	1	2	3	4	5	6
Anzahl Arbeitnehmer	5	4	10	7	2	1

    a) Ermitteln Sie den arithmetischen Mittelwert.
    b) Berechnen Sie die Standardabweichung.
13. Bei Stichproben wird festgestellt, dass der Materialverbrauch für die Herstellung eines Produktes schwankt. Folgender Materialverbrauch wurde bei 15 Stück ermittelt:

Materialverbrauch in kg (M)	Häufigkeit
9,0	2
9,5	3
10,0	1
0,5	5
11,0	1
12,0	2
12,5	1
	15

    Berechnen Sie die Varianz des Materialverbrauchs. Gehen Sie dabei von einem Mittelwert 10 kg aus.
14. Eine Maschine war bei den letzten Aufträgen wie folgt ausgelastet:

    Auftrag 1: 810 Stunden
    Auftrag 2: 920 Stunden
    Auftrag 3: 950 Stunden
    Auftrag 4: 880 Stunden
    Auftrag 5: 910 Stunden
    Auftrag 6: 990 Stunden

    a) Geben Sie die Variationsbreite der Reihenglieder an (Spannweite).
    b) Ermitteln Sie die mittlere Abweichung (mittlere lineare Streuung) dieser Reihe.
    c) Bestimmen Sie den Median.
15. Erläutern Sie, wie die Maschinenfähigkeitskennzahl c_m bestimmt wird.

LÖSUNGSVORSCHLÄGE

L1:

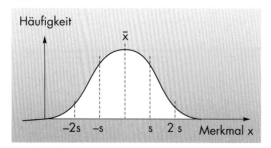

L2:
$$\bar{x} = \frac{3 + 5 + 17 + 8}{4} = 8,25$$

L3:

x	Gewichtung n	x · n
3	4	12
5	2	10
17	1	17
8	9	72
	16	111

$$\bar{x} = \frac{111}{16} = 6,9375$$

L4: Durch Addition der Gewichtungen ermittelt man, dass es sich um 3 + 2 + 1 + 2 = 8 Einzelmerkmale handelt.

$$\bar{x} = \sqrt[8]{3^3 \cdot 5^2 \cdot 9^1 \cdot 8^2}$$

$$= \sqrt[8]{27 \cdot 25 \cdot 9 \cdot 64}$$

$$= 4,997$$

L5: Der Median teilt der Größe nach geordnete Werte in zwei Hälften. Dabei gilt:
Bei n = gerade, ist der Median das arithmetische Mittel der beiden in der Mitte stehenden Werte.
Bei n = ungerade, ist der Median der in der Mitte stehende Wert.
a) In der Aufgabe ist n = 6, die Merkmale lauten geordnet:
3 5 7 8 9 12
Median = (7 + 8)/2 = 7,5

b) Bei n = ungerade, ist der Median der in der Mitte stehende Wert
3 5 7 (8) 9 12 13

L6: Der Modalwert ist der dichteste Wert. Er bezeichnet die Merkmalsausprägung mit der größten Häufigkeit.
2 3 2 4 9 2 3 5 4 2
2 kommt 4 x vor, 3 kommt 2 x vor etc. Hier ist eindeutig 2 der Modalwert.

L7: Die Spannweite ist die Differenz zwischen dem größten und dem kleinsten Wert.
2 3 5 7 9
Spannweite also 9 − 2 = 7

L8: Die lineare Streuung ist die Summe der absoluten Differenzen zwischen den Merkmalsausprägungen und dem arithmetischen Mittel dividiert durch die Anzahl.
Merkmalsausprägungen 2 4 8 10 12
arithmetische Mittel: 36/5 = 7,2, damit erhält man unter Setzung der Betragsstriche |...| (nur der Zahlenwert zählt, das Vorzeichen ist immer plus):
$| 2 − 7,2 | = 5,2$
$| 4 − 7,2 | = 3,2$
$| 8 − 7,2 | = 0,8$
$| 10 − 7,2 | = 2,8$
$| 12 − 7,2 | = \underline{4,8}$
$ 16,8$

Daraus ergibt sich die lineare Streuung als 16,8 : 5 = 3,36

L9: Man berechnet das Quadrat der Abweichungen zwischen der Merkmalsausprägung und dem Mittelwert. Durch das Quadrieren werden große Abweichungen stärker und kleine Abweichungen weniger berücksichtigt.
Merkmalsausprägungen 2 4 8 10 12
arithmetische Mittel: 36/5 = 7,2, damit erhält man:
$(2 − 7,2)^2 = 5,2 \cdot 5,2 = 27,04$
$(4 − 7,2)^2 = 3,2 \cdot 3,2 = 10,24$
$(8 − 7,2)^2 = 0,8 \cdot 0,8 = 0,64$
$(10 − 7,2)^2 = 2,8 \cdot 2,8 = 7,84$
$(12 − 7,2)^2 = 4,8 \cdot 4,8 = \underline{23,04}$
$ 68,8$

Daraus ergibt sich die Varianz als
68,8 : 5   = 13,76
Varianz s^2 = 13,76

L10: Die Standardabweichung ist die positive Wurzel aus der Varianz.
$s = \sqrt{13,76} = 3,7094473 \approx 3,71$

L11: Die bisher vorgestellten Streuungsmaße haben den Nachteil, dass sie sich ändern, wenn sich der Maßstab ändert (z. B. Millimeter statt Zentimeter). Um diesen Nachteil zu vermeiden, verwendet man den Variationskoeffizienten v. Dafür muss die Standardabweichung durch das arithmetische Mittel geteilt werden.

$v = \dfrac{\text{Standardabweichung}}{\text{arithmetisches Mittel}}$

$v = 3,71/7,2 = 0,5152777$

Man gibt v oft in Prozent an, hier ist dies
$v = (3,71 \cdot 100)/7,2 = 51,53\,\%$

L12:
a)
$\bar{x} = \dfrac{5 \cdot 1 + 4 \cdot 2 + 10 \cdot 3 + 7 \cdot 4 + 2 \cdot 5 + 1 \cdot 6}{29}$

$= \dfrac{87}{29} = 3,0$

b)
$s = \sqrt{\dfrac{a^2_1 + a^2_2 + \ldots + a^2_n}{n-1}}$

$s = \sqrt{\dfrac{1}{n-1} \sum_{i=1}^{n} (x_1 - \bar{x})^2}$

$s =$
$\sqrt{\dfrac{5(1-3)^2 + 4(2-3)^2 + 10(3-3)^2 + 7(3-4)^2 + 2(3-5)^2 + 1(3-6)^2}{28}}$

$s = 1,71$

L13:

Mi – M	$(M_i - M)^2$	$(M_i - M)^2 \cdot$ Häufigkeit
1 (10 – 9)	1	2
0,5 (10 – 9,5)	0,25	0,75
0	0	0
0,5	0,25	1,25
1	1	1
2	4	8
2,5	6,25	6,25
		19,25 : 15 = 1,2833

Varianz = 1,2833

L14:
a) Variationsbreite: 180
990 – 810 = 180 (Maximum abzügl. Minimum)
b) (810 + 920 + 950 + 950 + 880 + 910 + 990) : 6
= 910 = arith. Mittel
Auftrag 1:   910 – 810 = 100 (Abweichung)
Auftrag 2:   920 – 910 = 10 (Abweichung)
Usw.
Summe der Abweichungen = 260
260 : 6 Aufträge = 43,33 = mittlere Abweichung
c) Median: 915
Bei ungerader Zahlenreihe: mittlerer Wert
Bei gerader Zahlenreihe bildet man den Durchschnitt aus den beiden Mittelwerten:
(950 + 880) : 2 = 915

L15:
Es wird eine fortlaufende Stichprobe im Umfang von n > 50 entnommen.
In dieser Zeit bleiben alle Einflussgrößen auf den Fertigungsprozess konstant. Die Fertigungsgenauigkeit der Maschine wird durch den Mittelwert der Stichprobe und die Standardabweichung der Stichprobe dargestellt. Die Kennzahl c_m wird aus den Kennwerten der Stichprobe gebildet.

Musterklausur für „Berücksichtigung naturwissenschaftlicher und technischer Gesetzmässigkeiten"

1. Beschreiben Sie eine Nachweismöglichkeit für Säuren. (6 Punkte)

2. Erläutern Sie, welche Aussage der pH-Wert trifft. (6 Punkte)

3. In einem Kessel befinden sich 180 l Öl, die zum Abschrecken von Stahl verwendet werden. Berechnen Sie, wie viele Kilogramm Stahl mit einer Temperatur von 800 °C in diesem Kessel abgeschreckt werden können, wenn das Öl eine Temperatur von 20 °C hat und die Öltemperatur 35 °C nicht überschreiten soll. (12 Punkte)
Notwendige Zusatzinformationen:
$\rho_{Öl}$ = 0,9 kg/dm³
$c_{Öl}$ = 1,89 kJ/kg K
c_{St} = 0,49 kJ/kg K

4. Zum Löten von Spezialteilen soll ein Lötkolben, der bei 230 V eine Leistung von 170 W aufnimmt, mithilfe eines Vorwiderstands so verändert werden, dass er noch maximal 100 W aufnimmt.
   a) Berechnen Sie den Gesamtwiderstand des Lötkolbens. (6 Punkte)
   b) Ermitteln Sie, wie groß der Vorwiderstand sein muss. (8 Punkte)

5. Bei der Besichtigung eines Pumpspeicherwerkes treten folgende Fragen auf:
   a) Skizzieren Sie die prinzipiellen Verhältnisse bei der Umformung von Energie und nennen Sie die bei der Energieumwandlung wichtige Kenngröße. (6 Punkte)
   b) Der Höhenunterschied zwischen einem Wasserspeicher und einer Turbine mit Elektrogenerator beträgt 450 m. Die benutzbare Wassermenge beträgt $3,5 \cdot 10^5$ m³. Berechnen Sie die potenzielle Energie (W_{pot}) der Wassermenge. (6 Punkte)
   c) Die potenzielle Energie der Wassermenge wird vollständig als kinetische Energie (W_{kin}) an die Turbine weitergeleitet. Die Turbine gibt an den Elektrogenerator $1,33 \cdot 10^{12}$ Nm ab. Davon gehen 12 % im Elektrogenerator verloren. Berechnen Sie den Wirkungsgrad von Generator und Turbine sowie von der gesamten Energieumformung. (6 Punkte)
   d) Berechnen Sie die abgegebene elektrische Arbeit in Kilowattstunden. (6 Punkte)

6. Berechnen Sie die Leistung des Antriebsmotors an einer Pumpe, wenn mit deren Hilfe (Wirkungsgrad: 65 %) 15 Kubikmeter Wasser in der Minute um 15 m hochgepumpt werden sollen. (10 Punkte)

7. Erläutern Sie die Grundzüge der Wirkungsweise eines Wärmekraftwerks. (10 Punkte)

8. Ein Düsenflugzeug hebt bei einer Geschwindigkeit von 216 km/h ab. Auf der Startstrecke wurde es gleichmäßig mit 2,00 m/s² beschleunigt. Berechnen Sie, wie lange das Flugzeug vom Anrollen auf der Startbahn bis zum Abheben braucht. Berechnen Sie auch den Weg, den es dabei zurücklegt. (12 Punkte)

9. Ermitteln Sie das ungewogene geometrische Mittel der Merkmalsausprägungen
   a) 3, 5 (3 Punkte)
   b) 3, 5, 4, 6 (3 Punkte)

LÖSUNGSVORSCHLÄGE

Lösung zu 1.:
Zum Nachweis von Säuren setzt man Indikatoren ein. Säuren färben den Indikator Bromthymolblau gelb und den Indikator Lackmus rot.
Verwendet man ein pH-Meter, liegt eine Säure vor, wenn ein Wert unter pH 7 gemessen wird.

Lösung zu 2.:
Der pH-Wert ist ein Maß für den schwach sauren oder schwach basischen Charakter von wässrigen Lösungen. Für Säuren und Basen höherer Konzentration ist der pH-Wert als Konzentrationsmaß ungeeignet.
Lösungen mit einem pH-Wert kleiner als 7 reagieren sauer.
Lösungen mit dem pH-Wert 7 reagieren neutral.
Lösungen mit einem pH-Wert größer als 7 reagieren basisch.

Lösung zu 3.:

$m_{Öl} = V \cdot \sigma_{Öl}$

$m_{Öl} = 180 \text{ dm}^3 \cdot 0{,}9 \text{ kg/dm}^3 \Rightarrow m_{Öl} = 162 \text{ kg}$

$Q_{ab} = Q_{anf}$

$m_{St} \cdot c_{St} \cdot \Delta T_{St} = m_{Öl} \cdot c_{Öl} \cdot \Delta T_{Öl}$

$m_{St} = \dfrac{m_{Öl} \cdot c_{Öl} \cdot \Delta T_{Öl}}{c_{St} \cdot \Delta T_{St}}$

$m_{St} = \dfrac{162 \text{ kg} \cdot 1{,}89 \text{ kJ} \, (35-20) \text{ K kg K}}{\text{kg K} \cdot 0{,}49 \text{ kJ} \, (800-35) \text{ K}}$

$m_{St} = 12{,}25 \text{ kg}$

Lösung zu 4.:

a)
$P = \dfrac{U^2}{R} \Rightarrow R = \dfrac{U^2}{P} = \dfrac{(230 \text{ V})^2}{170 \text{ W}} = \dfrac{52.900 \text{ V}^2}{170 \text{ V} \cdot \text{A}} = 311 \dfrac{\text{V}}{\text{A}} = 311 \, \Omega$

b)
$P_{Löt} = 100 \text{ W} \quad R_{Löt} = 311 \, \Omega$

$P_{Löt} = \dfrac{U^2_{Löt}}{R_{Löt}} \Rightarrow U_{Löt} = \sqrt{P_{Löt} \cdot R_{Löt}}; \quad U_{Löt} = \sqrt{100 \text{ W} \cdot 311 \, \Omega} = 176{,}35 \text{ V}$

$U_{Vor} = U_{Ges} - U_{Löt} = 230 \text{ V} - 176{,}35 \text{ V} = 53{,}65 \text{ V}$

$P_{Löt} = I^2_{Löt} \cdot R_{Löt}; \Rightarrow I_{Löt} = \sqrt{\dfrac{P_{Löt}}{R_{Löt}}} = \sqrt{\dfrac{100 \text{ W}}{311 \, \Omega}} = 0{,}567 \text{ A}$

$$R_{Vor} = \frac{U_{Löt}}{I_{Löt}} = \frac{53{,}65\ V}{0{,}567\ A} = 94{,}6\ \Omega$$

Lösung zu 5.:

a)
Wirkungsgrad: $\eta = \dfrac{W_{ab}}{W_{zu}}$

```
         W_zu  ┌──────────────┐  W_ab
        ─────▶ │ Energiewandler│ ─────▶
               └──────┬───────┘
                      ▼ Verluste
```

b)
$W_{pot} = m \cdot g \cdot h = W_{zuT}$

$W_{pot} = 3{,}5 \cdot 10^5\ m^3 \cdot \dfrac{1.000\ kg}{m^3} \cdot 9{,}81\ \dfrac{m}{s^2} \cdot 450\ m = 1{,}55 \cdot 10^{12}\ Nm$

$W_{pot} = 1{,}55 \cdot 10^{12}\ Nm = 1{,}55 \cdot 10^{12}\ J$

c)

$\eta_T = \dfrac{W_{abT}}{W_{zuT}} = \dfrac{1{,}33 \cdot 10^{12}\ Nm}{1{,}55 \cdot 10^{12}\ Nm} = 0{,}858$

$\eta_T = 85{,}8\,\%$

$\eta_G = 88\,\%$

$\eta_{ges} = \eta_T \cdot \eta_\sigma$

$\eta_{ges} = 75{,}5\,\%$

d)
$W_{ab} = W_{zuT} \cdot \eta_{ges} = 1{,}55 \cdot 10^{12}\ Nm \cdot 0{,}755 = 1{,}17 \cdot 10^{12}\ Nm$

$W_{ab} = \dfrac{1{,}17 \cdot 10^{12}\ Wh}{3600} = 3{,}25 \cdot 10^8\ Wh = 3{,}25 \cdot 10^5\ kWh$

$W_{ab} = 3{,}25 \cdot 10^5\ kWh$

Lösung zu 6.:

$P_{Pumpe} = 56{,}6\ kW$

$W_{pot} = m \cdot g \cdot h = 15.000\ kg \cdot 9{,}81\ m/s^2 \cdot 15\ m = 2{,}207\ MJ$

$P_{hub} = W_{pot} : t = 2{,}207\ MJ : 60\ s = 36{,}8\ kW$

$\eta = P_{hub} : P_{Pumpe} \Rightarrow P_{Pumpe} = P_{hub} : \eta = 56{,}6\ kW$

Lösungen zu 7.:
Bei Wärmekraftmaschinen bzw. Heizungskraftmaschinen wird der Abdampf für Heizungszwecke in Industrie und Haushalt verwendet. Es ist eine wirtschaftliche Kopplung zwischen Elektroenergieversorgung und Wärmeversorgung gegeben. Zu den Hauptbestandteilen eines Wärmekraftwerks zählen die Wasseraufbereitung, der Dampferzeuger, der Generator und die Turbine. Im Feuerraum des Dampferzeugers wird der Primärenergieträger – zum Beispiel Öl oder Kohle – verbrannt. Durch die entstehende Wärme wird das Wasser in der Dampftrommel verdampft. Der Frischdampf (ungefähr 250 bar bei etwa 550 °C) versetzt die Turbine in eine Drehbewegung. Turbine und Generator sind über die Turbinenwelle verbunden. Der Generator erzeugt den elektrischen Strom.

Lösung zu 8.:

v = 216 km/h = 60 m/s

a = 2 m/s²

$$t = \frac{v}{a} = \frac{60 \text{ m/s}}{2 \text{ m/s}^2} = 30 \text{ s}$$

$$s = \frac{1}{2} a t^2 = \frac{1}{2} \cdot 1 \text{ m/s}^2 \cdot 30 \text{ s} \cdot 30 \text{ s} = 900 \text{ m}$$

Lösung zu 9.:
Das geometrische Mittel findet dann Anwendung, wenn die Unterschiede in den Ausprägungen der Merkmale mehr im Verhältnis der Werte zueinander liegen als in ihrer Differenz. Man zieht aus dem Produkt von n Merkmalsbeträgen die n-fache Wurzel.

$$\sqrt[2]{3 \cdot 5} = 3{,}873$$

oder $\sqrt[4]{3 \cdot 5 \cdot 4 \cdot 6} = \sqrt[4]{360} = 4{,}356$

Glossar

AbwV Abwasserverordnung	Verordnung über Anforderungen an das Einleiten von Abwasser in Gewässer § 1 Anwendungsbereich (1) Diese Verordnung bestimmt die Anforderungen, die bei der Erteilung einer Erlaubnis für das Einleiten von Abwasser in Gewässer aus den in den Anhängen bestimmten Herkunftsbereichen mindestens festzusetzen sind. (Siehe www.bunesrecht.juris.de) § 3 Allgemeine Anforderungen (1) Soweit in den Anhängen nichts anderes bestimmt ist, darf eine Erlaubnis für das Einleiten von Abwasser in Gewässer nur erteilt werden, wenn die Schadstofffracht nach Prüfung der Verhältnisse im Einzelfall so gering gehalten wird, wie dies durch Einsatz Wasser sparender Verfahren bei Wasch- und Reinigungsvorgängen, Indirektkühlung und den Einsatz von schadstoffarmen Betriebs- und Hilfsstoffen möglich ist.
Arbeitsstoffe	Arbeitsstoffe sind alle Stoffe, Zubereitungen (Mischungen) und biologische Agenzien (wirkende Substanzen), die bei der Arbeit verwendet werden. Biologischer Arbeitsstoff-Toleranzwert (BAT-Wert): Am 01. Januar 2005 ist die neue Gefahrstoffverordnung in Kraft getreten und mit ihr ein neues Grenzwertkonzept. Der so genannte BAT-Wert wird durch den biologischen Grenzwert (BGW) ersetzt. BAT-Wert = maximal zulässige Konzentration eines Arbeitsstoffes im Blut, Harn oder der Atemluft des Menschen, bei der nach aktuellem Wissen keine Schädigung der Gesundheit auftritt.
Arbeitsvertrag, Mängel	Mängel bei Vertragsabschluss: Unmöglichkeit der Leistung, Willensmangel, Verstoß gegen die guten Sitten, Verstoß gegen ein gesetzliches Verbot.
Arbeitsvertrag, unbefristeter	Ein unbefristeter Arbeitsvertrag wird durch einseitige Erklärung des Arbeitgebers oder des Arbeitnehmers – also Kündigung – oder durch Aufhebung beendet.
Arbeitsvertragsrecht	Abschlussfreiheit: Der Arbeitgeber ist nicht verpflichtet, bestimmte Bewerber einzustellen. Er kann wählen. Abschlussgebot: Bestimmte Personen sind unter gewissen Voraussetzungen einzustellen (z.B. Behinderte). Abschlussverbot: Mit bestimmten Personen darf nicht für bestimmte Tätigkeiten ein Vertrag geschlossen werden (z.B. Nachtarbeit für Jugendliche).
Arbeitsvorgänge	Die Gestaltung von Arbeitsvorgängen ist abhängig von: Arbeitsbedingungen, -methoden, -weisen, -verfahren, -platztypen (siehe dort) und Qualitätsangaben (siehe Qualitätsdaten, -planung)

Auftrags-disposition	Wird ein Auftrag disponiert (siehe dort), müssen die Materialien und Betriebsmittel bereitgestellt werden. Bei der Überprüfung der Verfügbarkeit des Personals sind eventuelle Fluktuation und Fehlzeiten zu berücksichtigen.
Back-up-Verfahren	Back-up = Datensicherung = einfaches Anlegen einer Sicherungskopie; Back-up-Software legt Sicherungskopien von Datenbeständen auf Wechselmedien an. Sie wird meist von den Herstellern mitgeliefert. Außerdem enthalten moderne Betriebssysteme eine Software zum Anlegen von Back-ups. Vollständiges Back-up – Sicherungskopie des kompletten Datenbestandes – es werden immer alle Daten gesichert – dauert lange und nimmt viel Platz in Anspruch – bei Datenverlust kann der letzte Stand wiederhergestellt werden Differenzielles Back-up = Sicherung aller Daten, die seit dem letzten vollständigen Back-up geändert oder neu erstellt wurden Das letzte differenzielle Back-up wird bei einer Sicherung nicht berücksichtigt, es wird immer mit dem letzten vollständigen Back-up verglichen. Geänderte Dateien können deshalb in mehreren differenziellen Back-ups gleichzeitig vorhanden sein. Bei Datenverlust müssen das letzte vollständige Back-up und danach das letzte differenzielle Back-up aufgespielt werden. Inkrementelles Back-up = Sicherung aller Daten, die seit dem letzten vollständigen oder inkrementellen Back-up geändert oder neu erstellt wurden Es werden nur tatsächliche Änderungen gesichert und deshalb nichts doppelt erfasst. Das inkrementelle Back-up geht schnell und belegt wenig Speicherplatz. Bei Datenverlust müssen das letzte vollständige Back-up und alle nachfolgenden inkrementellen Back-ups aufgespielt werden.
Beschwerdemanagement	– Lösung von Kundenproblemen – Erhaltung/Wiederherstellung der Kundenzufriedenheit – Erkennen und Beseitigen von Fehlem – Nutzung der Informationen – Problem- und Kostenvermeidung
Betriebliche Besprechungen	Abstimmgespräche, Team-, Arbeits-, Projektbesprechungen, Qualitätszirkel, Kommunikationsförderung, Informationsaustausch ...
Biegen	Werkstücke werden mittels Biegewerkzeugen plastisch umgeformt (z.B. Bleche, Drähte, Profile, Rohre). (Siehe einschlägige Fachliteratur)

Change Management	Veränderungsmanagement meint alle Aufgaben, Maßnahmen und Tätigkeiten, die eine umfassende und bereichsübergreifende Veränderung – zur Umsetzung von neuen Strategien, Strukturen, Systemen, Prozessen oder Verhaltensweisen – in einer Organisation bewirken sollen.
Corporate Identity	Die „Unternehmensidentität" soll ein nach innen und außen übereinstimmendes Selbstverständnis eines Unternehmens darstellen, welches sich zusammensetzt aus: Corporate Design: inneres und äußeres Erscheinungsbild, z.B. Logo Corporate Behaviour: nach innen und außen gerichtete Verhaltensweisen, z.B. Umgang mit Mitarbeitern und Kunden Corporate Communications: kommunikative Aktivitäten, z.B. Information von Mitarbeitern, Kunden und Lieferanten Zielsetzungen: Koordination, Motivation, Leistung, Synergie, Glaubwürdigkeit, Vertrauen, Akzeptanz, Zuneigung.
Eigenfertigung, Fremdbezug	Vergleich mit Fremdbezug (Make-or-Buy-Entscheidung) Entscheidungskriterien: Kosten (Berechnung der kritischen Menge bzw. Grenzstückzahl = Stückzahl, bei der beide Maschinen/Verfahren die gleichen Kosten aufweisen), Image, Sicherung des Knowhow, Qualität, Sicherung von Arbeitsplätzen, Abhängigkeit vom Lieferanten, Flexibilität.
Elektrochemische Spannungsreihe der Metalle	Normalpotenzial: Spannung zwischen einem Elektrodenwerkstoffund einer mit Wasserstoff umspülten Platinelektrode. Die Stellung eines Werkstoffes in der Spannungsreihe kann sich durch Passivierung ändern. (Siehe einschlägige Fachliteratur, Tabellenbücher)
Elektrohydraulik	Schematischer Aufbau einer elektrohydraulischen Anlage: Aufteilung der Anlage in Signalsteuerteil und Hydraulik-Leistungsteil Signalsteuerteil: Hier werden elektrische Signale eingegeben und verarbeitet. Die Schnittstelle zwischen dem elektrischen Signalsteuerteil und dem hydraulischen Leistungsteil bilden Magnetventile. Hydraulik-Leistungsteil: Hier wird der hydraulische Volumenstrom über Magnetventile gesteuert. Die hydraulische Energie wird in Aktuatoren umgewandelt. (Siehe einschlägige Fachliteratur)
Elektropneumatik	Man verwendet elektropneumatische Steuerungen, wenn eine Steuerung für ein pneumatisches Problem zu komplex wird. Die Ventile werden dann mit einem Elektromagneten betätigt. Damit laufen die Steuerungen schneller ab. (Siehe einschlägige Fachliteratur)
End-of-the-Pipe-Technik	Umweltschmutz (z.B. Abgase, Abwasser, Abfälle) entsteht während des Prozesses und wird an dessen Ende behandelt. Recycling und ressourcenschonende

	Weiterverwendungen sind nur selten möglich. (Siehe integrierte Umwelttechnik)
Fertigungs-kontrolle	Tätigkeiten während der Produktentwicklung: – Unterstützung bei der Auswahl des Fertigungsverfahrens – Prüfpunkte mit Prüf- und Messmitteln festlegen – Mithilfe bei Entwurf und Fertigung eines Prototyps – Mitwirkung bei Pflichten- und Lastenheften – Beratung bei Lieferantenauswahl – Festlegung von Materialien – Unterstützung bei der Produktgestaltung Tätigkeiten vor und während der Produktion: – Prüfablaufpläne festlegen – Mitarbeiter auswählen und schulen – Prüfungen durchführen – Fehler erfassen und analysieren – Überwachung von Maßnahmen
Feuchte	Als Baufeuchte wird die Feuchte bezeichnet, die aus bautechnischen Gründen in ein Gebäude gebracht wird (Beton, Mörtel, Putz, Farben usw.). Wohnfeuchte entsteht bei der normalen Nutzung des Wohnraums (Bewohner, Kochen, Bad, Wäsche waschen, Blumen gießen usw.) (siehe einschlägige Fachliteratur).
Führungs-instrumente	Mitarbeitergespräch, Mitarbeiterbeurteilung, Zielvereinbarung, Entgeltanreize Bewertung der Wirksamkeit: Personalkennziffern (z.B. Fluktuation), Beurteilung von Führungskräften, Mitarbeiterbefragungen, Entwicklung des Unternehmensimages.
Führungsmittel	Informationsaustausch, Tadel, Kritik, Lob, Hilfestellung, Zielvereinbarung.
Gespräche, Feedbackinstrumente	Feedbackinstrumente: Intensive Beobachtung, kurze „zufällige" Gespräche, Gespräche zu vereinbarten Terminen, Kontrolle der Ergebnisse.
HSDPA	T-Mobile, Vodafone und O_2 setzen auf den Handy-Standard HSDPA, der eine deutlich schnellere Datenübertragung erlaubt. DSDPA ist eine Variante von UMTS.
Integrierte Umwelttechnik, Energiewiedergewinnung	– läuft in kurzen Schleifen im Prozess selbst ab; – muss meist mit dem Verfahren geplant werden; – verzweigte Materialströme werden auf kürzestem Wege wieder vereint: → Selektive Katalysen führen zu höheren Ausbeuten. → Reine Substanzen vermeiden Rückstände und Lösungsmittel-Rückführungen und helfen, Ressourcen zu sparen. Beispiele: Abgaswäsche: Abgasvermeidung durch geschlossene Anlagen, Abgasrückführung, katalytische Zersetzung der Abgase.

Lärmschutz: Leise laufende Aggregate, schallschutztechnische Auslegung ohne Schalldämpfer und Einhausungen.

Abwasseraufbereitung: Abwasservermeidung durch trockene Prozesse (z.B. Pulverreaktion, Sintern), Wasserkreisläufe, Mehrfachnutzung von Wasser, Säuren usw. (PINCH-Methode: Wärmeaustausch zwischen aufzuheizenden und abzukühlenden Produktströmen).

Abfallwirtschaft: Abfallvermeidung und -verminderung durch quantitative Reaktionen, interne Kreisläufe und kreislaufgerechte Verfahren, Etablieren von Verwertungswegen und verwertungsgerechten Prozessen.

Integriertes Managementsystem	Das IMS fasst Methoden und Instrumente zur Einhaltung von Anforderungen aus verschiedenen Bereichen (z.B. Qualität, Umwelt- und Arbeitsschutz, Sicherheit) zusammen. Durch Nutzung von Synergien und die Bündelung von Ressourcen ist ein effizienteres Management möglich.
Investitionsarten	Nach dem Investitionsobjekt werden Sach- (z.B. Fuhrpark, Material), Finanz- (z.B. Beteiligungen) und immaterielle Investitionen (z.B. Marketing) unterschieden. Nach dem Investitionszweck werden z.B. Gründungs-, Erweiterungs-, Ersatz- (Güter gleicher Art), Rationalisierungs- (Güter mit verbesserter Technologie), Diversifizierungs- (Fertigungsprogrammänderung) oder Sicherungsinvestition (z.B. Firmenbeteiligung, Investition in neue Absatzmärkte) unterschieden.
Kommunikation, Kundenbeschwerden, Kundenorientierung	Ein wichtiger Bereich in der externen Kommunikation eines Unternehmens ist der schriftliche und mündliche Kontakt zu Kunden, die sich über etwas beschwert haben. Das Beschwerdemanagement soll die Zufriedenheit wiederherstellen und die Kundenbeziehung stabilisieren. Das Unternehmen bekommt dadurch Hinweise auf Stärken bzw. Schwächen aus Sicht des Kunden. Das Feedback von Kunden muss in den kontinuierlichen Verbesserungsprozess einfließen. Ziele des Beschwerdemanagements sind z.B.: Verbesserung der Servicequalität, Aufbau der Kundenzufriedenheit, Vermeidung/Reduzierung von Fehlern, Minimierung von Beschwerdekosten ... Mit dem Ziel der Kundenorientierung müssen sich alle Mitarbeiter identifizieren. Das Unternehmen muss vom Markt her geführt werden. Was der Kunde wünscht, das wird so gut wie möglich erfüllt. Unerlässlich bei Kundengesprächen ist eine gewisse Prägnanz, also „das konkret auf den Punkt bringen" der für den Gesprächspartner entscheidenden Kriterien. Weitschweifigkeit und Ausweichen sind zu vermeiden.
Kostenauflösung in variable Kosten und fixe Kosten	Sind verschiedene Gesamtkosten mit zugehöriger Beschäftigung (z.B. Stückzahl) gegeben, können die variablen Kosten je Einheit durch Bildung des Quotienten aus der Kosten- und der Beschäftigungsdifferenz errechnet werden. Die fixen Kosten ergeben sich anschließend aus der Differenz der Gesamtkosten und der entsprechenden variablen Kosten.

$$k_{var} = \frac{\text{Kostendifferenz}}{\text{Beschäftigungsdifferenz}} = \frac{\Delta K}{\Delta B}$$

$$k_{var} = \frac{K_2 - K_1}{B_2 - B_1}$$

$K_{fix} = K_2 - k_{var} \cdot B_2$ oder

$K_{fix} = K_1 - k_{var} \cdot B_1$

Beispiel

Monat	Gesamtkosten	Produzierte Stückzahl
Mai	34.600 €	4.500 Stück
Juni	39.540 €	5.800 Stück

$$k_{var} = \frac{39.540\ € - 34.600\ €}{5.800\ \text{Stück} - 4.500\ \text{Stück}} = 3{,}80\ €\ \text{variable Kosten/Stück}$$

Da sich die gesamten fixen Kosten pro Monat nicht ändern, ist es ausreichend, sie für einen Monat zu berechnen. In den anderen Monaten weisen sie die gleiche Höhe auf.

K_{fix} = 34.600 € − 3,80 € var. Kosten/Stück · 4.500 Stück = 17.500 € Fixkosten

Kostenträgerblatt	Ein Kostenträgerblatt enthält in Tabellenform die Kalkulation verschiedener Produkte und zeigt die jeweilige Differenz (Umsatzergebnis) zwischen Umsatzerlösen und Selbstkosten. Die Selbstkosten werden auf Vollkostenbasis ermittelt. Werden Entscheidungen nur aufgrund der so ermittelten Daten getroffen, kann dies zu Fehlentscheidungen führen. Empfehlenswert ist eine Teilkostenrechnung, bei der zwischen fixen und variablen Kosten getrennt wird.
Lohnnebenkosten (Personalkosten)	Sozialversicherungsbeiträge der Arbeitgeber Gesetzliche Unfallversicherung Vermögensbildung Entgeltfortzahlung im Krankheitsfall Bezahlte Feiertage Betriebliche Altersversorgung Fest vereinbarte Sonderzahlungen (Weihnachts-, zusätzl. Urlaubsgeld) Sonstige Personalzusatzkosten Urlaub Lohnnebenkosten werden neben dem Direktentgelt für geleistete Arbeit aufgewendet.
Managementregelkreis	Erfassung des Istzustands, Ziele setzen. Planen, Entscheiden, Realisieren, Überwachen, Koordinieren, Integrieren, Steuern.

Hierbei ist besonderes Augenmerk auf konkurrierende Zielgrößen zu richten, z.B. hohe Qualität und niedrige Kosten. Zur Erfüllung dieser Ziele ist der „goldene Mittelweg" anzustreben.

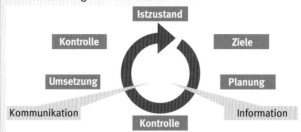

Materialermüdung	Dabei handelt es sich um einen langsamen Schädigungsprozess in einem Werkstoff. Gründe können Umgebungseinflüsse sein wie Temperaturwechsel oder unterschiedliche mechanische Belastungen. Eventuell tritt gleichzeitig noch Korrosion auf. Werden im Einzelnen unkritische Belastungen auf Dauer ausgeführt, kann das Material funktionsuntüchtig (Ermüdungsrissbildung) werden oder komplett unbrauchbar (Totalausfall = Ermüdungsbruch). Man unterscheidet folgende Arten von Materialermüdung: Thermische, isotherme mechanische, thermo-mechanische, tribologische Ermüdung, Kriechermüdung (siehe einschlägige Fachliteratur).
Mitarbeitergespräche, Arten	Anerkennung, Kritik, Beschwerde, Zielvereinbarung, Beurteilung, Rückkehr, Einweisung, Fehlzeiten, Einführung ...
Nachhaltigkeit der Ressourcen	Der Verbrauch von Ressourcen soll so weit reduziert werden, dass eine Regeneration möglich ist. Gefordert wird eine Verknüpfung der Ziele Ökonomie, Ökologie und Soziales. Auch zukünftige Generationen sollen ihre Bedürfnisse erfüllen können. Die heutige Generation darf nicht auf Kosten ihrer Kinder leben. Dazu gehört, dass Ressourcen geschont und – soweit möglich – durch regenerierbare ersetzt werden. Ressourcen sollten möglichst lange verwendet werden (Verlangsamung des Durchflusses). Werden Ressourcen nicht mehr benötigt, sind sie aufzubereiten. Die Umwelt darf nicht durch die Aufnahme von Schadstoffen überstrapaziert werden. Wünschenswert ist eine Erhöhung der Ressourcenproduktivität, also die Erhöhung der „Ausbeute" pro Einheit (siehe z.B. alternative Anlagen zur Energieerzeugung).
Normung, Standardisierung	Vorteile: vereinfachte Beschaffung, kürzere Lieferzeiten durch eindeutig festgelegtes Material, weniger Kosten durch höhere Stückzahlen, geringere Einkaufspreise durch höhere Bestellmengen, einfachere Materialprüfung, weniger Kapitalbindung und Lagerhaltungskosten durch Reduzierung der Lagervorräte.
Organigramm, funktional, operational	Ein Organigramm kann funktional aufgebaut sein, also nach Funktionen (Aufbauorganisation: Vorgesetzter, Abteilungsleiter, Gruppenleiter, Mitarbeiter) oder operational, also nach genau beschriebenen und umsetzbaren Arbeitsabläufen (Ablauforganisation: Einkauf, Lager, Fertigung, Vertrieb).

Organisations-entwicklung	In Unternehmen vollzieht sich ein ständiger Wandel, z.B. bedingt durch neue Technologien oder neue Kundenanforderungen. Die Geschäftsleitung gibt das Unternehmensziel vor, das auf die jeweiligen Abteilungen und Mitarbeiter herunterzubrechen ist. Dabei ist ein integrativer Ansatz zu bevorzugen. Das bedeutet, dass alle Mitarbeiter miteinbezogen werden, wenn ein Unternehmen sich im Zuge der Organisationsentwicklung verändert. Jeder trägt seinen Teil dazu bei und wird nicht vor vollendete Tatsachen gestellt.
Personalentwicklungsmaßnahmen, Weiterbildungsbedarf	Interne Faktoren für die Feststellung des Weiterbildungsbedarfs: Kapitalausstattung, Fertigungsprogramm, Umsatz, Organisation ... Externe Faktoren für die Feststellung des Weiterbildungsbedarfs: Aktuelle Technologie, Wirtschaftspolitik, Konjunktur, Entwicklungen ... Ermittlung des fachlichen Bedarfs (Fachkompetenz) mithilfe von: Beurteilungen, Personaldaten, Weiterbildungen, Szenariotechniken ... Ermittlung des Bedarfs an qualitativer Persönlichkeitsentwicklung (Sozialkompetenz) mithilfe von: Anforderungs-/Eignungsprofil, Gespräche, Potenzialbeurteilung, Assessment-Center, Gruppendiskussionen
Preisuntergrenze, kurzfristig (absolut)	Die kurzfristige Preisuntergrenze stellen die variablen Kosten eines Produkts dar, also Materialeinzel- und Fertigungseinzelkosten. Ein Produkt soll wenigstens das erbringen, was es unmittelbar an Kosten verursacht.
Preisuntergrenze, langfristig	Die langfristige Preisuntergrenze sind die Selbstkosten (variable und fixe Kosten). Ein Betrieb kann damit existieren, wenn wenigstens die Selbstkosten als Erlöse erzielt werden. Es wird kein Gewinn erwirtschaftet, aber alle Kosten sind gedeckt.
Produktion, Ressourcen	Ressourcen Technische Mittel: Produktionsanlagen, Versorgungseinrichtungen, Maschinen, Geräte Betriebsstoffe/Hilfsmittel: Werkzeuge, Filter, Schmieröle, Verschleißmaterialien Finanzen: Budget für Produktionsanlagen, Montage- und Bedienpersonal, Räume Personal: eigene und evtl. fremde Mitarbeiter Informationen: Erfahrungen, Messe- und Lieferantenbesuche, Schulungen
Projekt	Inhalte des Projektauftrages: Projektleiter, Zielsetzungen, Aufgabenstellung, erwartete Ergebnisse, Budget, Umfeld- und Randbedingungen, Termine ... Formulierung der Projektziele: Präzise, unmissverständlich, eindeutig, ohne Lösungsvorschläge, objektiv prüfbare Ergebnisse, genauer Budgetrahmen mit Regelungen für Abweichungen, eindeutige Projektdauer, Nennung des Auftraggebers ... z.B. Ziel: Verkürzung der Produktdurchlaufzeiten z.B. Nutzen: Optimierung der Prozesse, Minimierung der Kosten Form der Aufbauorganisation für Projekt:

	z.B. Matrix: Projektteammitglieder werden temporär zugeordnet, Ergänzung durch Spezialisten, Synergieeffekte
Projekt, Beendigung	Ursachen für die Beendigung eines Projekts können sein: – Das Projektziel ist erreicht. Die Projektgruppe wird aufgelöst. Das Projektergebnis ist in den normalen betrieblichen Ablauf integriert. – Es haben sich veränderte Rahmenbedingungen ergeben. Das Projekt kann so nicht fortgeführt werden. Entweder alles wird gestoppt oder es wird ein neues Projekt ins Leben gerufen. – Auf Weisung des Auftraggebers wird das Projekt nicht mehr fortgeführt. Entweder weil er inzwischen andere Entscheidungen getroffen hat bzw. andere Ziele verfolgt oder das Projekt nicht mehr als relevant einschätzt.
Projektbeteiligte, Aufgaben	Auftraggeber: Genehmigung des Projekts, Bewilligung der Ressourcen, Abnahme des Ergebnisses Projektleiter: Auswahl und Führung des Teams, Informationsplanung, Steuerung, Berichtswesen, Entscheidungsfähigkeit, Risikoanalyse, Anpassung der Projektplanung, Beachtung von Zielkonflikten usw. Projektteam: Kooperation, Kommunikation, Informationsweitergabe usw.

Projektbeteiligte, Verantwortung und Einflussmöglichkeiten

	Lenkungsausschuss	Projektleiter	Mitglieder des Projektteams
Funktion	Vorbereitung und Leitung der Kickoff-Veranstaltung: Ort, Termin, Einladungen, Unterlagen	Steuerung zur Realisierung der Ziele: Zeitnahe Besprechungen, regelmäßige Kontrolle der Meilensteine	Mitwirkung bei der Planung: Ideensammlung und Auswertung, Vorschläge, Kreativität
	Festlegung des Projektleiters und der Mitglieder	Mitbestimmung beim Projektauftrag: Formulierung des zu erreichenden Ziels	Verantwortung für Teile der Ressourcen: begrenztes Budget, Einsatz von Betriebsmitteln
	Festlegung der Befugnisse des Projektleiters: Entscheidungen bis xxx € ohne Zustimmung der Geschäftsleitung	Überprüfung auf Realisierbarkeit: Zielinhalt, Zielausmaß, Zielzeit konkret festlegen und abwägen	Planung und Durchführung von Teilzielen: Einholen von Informationen
	Information der Mitarbeiter: Versammlungen, Sitzungen oder Rund-	Informationen sammeln und informieren: Der Lenkungsausschuss benötigt	Steuerung der Teilaufgaben: Zur Erreichung des Gesamtziels kann korrigierend

		schreiben oder ...	den neuesten Stand der Dinge.	eingegriffen werden.
	Verantwortung	Gesamtverantwortung: Regelmäßige Überprüfung der Meilensteine	Erreichung der Ziele: Einwirken auf Mitarbeiter, Kontrolle	Verantwortung für Zwischenergebnisse: Rechenschaftsbericht
		Prioritäten setzen zwischen Projekt und Linie: Erfüllung von Kundenaufträgen hat Vorrang	Einhaltung der Zielinhalte an sich, Termine, Budget, Betriebsmittel, Materialien (Ressourcen)	Verantwortung für Einhaltung von Terminen und Kosten: Kontrolle und Steuerung
		Überwachung des Risikos: Qualität der Schulung, Kostenkontrolle, Terminkontrolle	Einschätzung der Risiken: Vorwegnahme möglicher Szenarien und Bereitstellung eventueller Gegenmaßnahmen	Information des Projektleiters: Information als Bringschuld, Kommunikation, Kooperation
	Einflussmöglichkeiten	Weisungsbefugnis: Stärkung der Kompetenz des Projektleiters	Weisungsbefugnis: Teammitglieder sind an Anweisungen gebunden	Direkter Kontakt zum Projektleiter: Informationsaustausch
		Entscheidung über Planungsergebnisse: Ergebnis liegt im Rahmen oder muss korrigiert werden	Verfügung über Ressourcen: Festlegung, wofür das Budget oder die Betriebsmittel eingesetzt werden	Verwendung der zur Verfügung stehenden Ressourcen: früherer oder späterer Einsatz
		Entscheidung über Einsatz von Ressourcen:	Vetorecht bei Teamentscheidungen: das Team kann nicht über den Leiter hinweg bestimmen	Verwaltung der Teilaufgaben: Start, Durchführung, Zielerreichung
		Zielkorrekturen: kürzere Schulungsintervalle, bessere Einbindung der Mitarbeiter	Zugriff auf relevante Informationen: Kundenwünsche, gesetzliche Bestimmungen ...	Kontinuierlicher Verbesserungsprozess: ständiges Hinterfragen und Infragestellen

Projektkosten — Direkt: Betriebsmittel, Personal, Räumlichkeiten ...
Indirekt: entgangener Projektnutzen bei langer Projektdauer: entgangene Verkaufserlöse, Imageverlust, Kundenunzufriedenheit, keine Liefermöglichkeit, Konventionalstrafen ...

Projektkosten, Abweichungsanalyse	Kostenart	Soll	Ist	Abweichung absolut	in Prozent
	Material				
	Personal				
	Fremdleistung				
	Spesen				
	usw.				

Projektmanagement, Abweichungsanalyse	Fehler in der Planung	• Teilaufgabe vergessen/übersehen • Falsche Einschätzung der Kosten • Keine Überprüfung der Termine • Risiko nicht eingerechnet • Kapazität überfordert • Kapazität steht aus Informationsmangel zum vorgesehenen Zeitpunkt nicht zur Verfügung • Mitarbeiter überfordert • Mitarbeiter nicht rechtzeitig darauf vorbereitet • Urlaub nicht berücksichtigt
	Fehler in der Ausführung	• Nicht geeignete Mitarbeiter ausgewählt • Fehlende Einweisung für Mitarbeiter • Mangelhafte Terminüberwachung bei der Angebotseinholung • Falsche Installation • Verspätete Bestellungen
	Änderung der Rahmenbedingungen	• Änderung der Ziele durch die Geschäftsleitung • Streik der Lieferanten • Kündigung von Mitarbeitern • Krankheitsfälle bei Mitarbeitern • Ausfall von Betriebsmitteln

Projektplanung	Schritt 1: Zielfindung	**Situationsanalyse** (IST): z.B. Vorstellung der Firma, Beschreibung der aktuellen Situation **Problemanalyse**: Ergibt sich aus der aktuellen Situation, muss mit Unterlagen belegt werden (Ishikawa, ABC-Analyse, Benchmarking, Lieferantenbewertung...) **Zielanalyse** (SOLL): Geschäftsleitung gibt Ziele vor oder genehmigt die vom Projektteam erarbeiteten Ziele (auch schon in der Situationsanalyse, dort Teilziele ableiten); Abzuleiten sind Sach-, Qualitäts-, Termin- und Kostenziele. Instrumente/Darstellungsformen können sein: Qualitätsanalyse, SMART-Formel, Zielmatrix mit Muss- und Wunschzielen, Rangfolgen/Prioritäten

	Schritt 2: Konzeptentwicklung (Lösungen)	**Variantenfindung**: als Hilfsmittel, z.B. Kreativitätstechniken **Variantenbewertung**: als Instrument, z.B. Nutzwertanalyse, Wertanalyse **Variantenauswahl**: nutzbar z.B. FMEA, Tauschwertanalyse
	Schritt 3: Planung der Vorgehensweise (bei der Umsetzung der ausgewählten Variante/n)	**Ablaufplanung**: Strukturplanung (Projektstrukturplan), Vorgangsliste und anschließend Netzplan (noch ohne Zeitangaben); Tätigkeitsliste; Beschreibung eines Arbeitspaketes **Zeitplanung**: Vorgangsdauerermittlung, Netzplan, Terminplanung, Meilensteinplanung, Balkendiagramm, Arbeitsablaufdiagramm **Ressourcenplanung**: Einsatzmittelplanung (Balkendiagramm, Maschinenbelegung), Personalplanung, Kosten- und Finanzplanung (Kostenvergleich, Gewinnvergleich, Rentabilitätsvergleich, Amortisationsvergleich, Kapitalwert, Annuität bei verschiedenen Laufzeiten, interner Zinsfuß) **Ziel- und Aktionsplanung**: Maßnahmenplan/Ziel- und Aktionsplan – wer macht was bis wann mit wem und womit
Projektdurchführung	**1. Controlling (Wird der Prozess nach Plan durchgeführt?)**	Projektanalyse der Sachziele, Terminziele, Kostenziele (Soll-Ist-Vergleich). Darstellung der Abweichung
	2. Abweichungsanalyse	Abweichungen bewerten, ob eingegriffen werden muss Projekt-Status-Analyse verbinden mit Projektprognose; Leitfaden: Meilenstein-Trendanalyse und Kosten-Trendanalyse; Szenariotechnik
	3. Korrekturmöglichkeiten	Regulierende Maßnahmen und deren Auswirkungen (evtl. als Tabelle), Verfehlung des Sachziels, Verfehlung des Terminziels, Verfehlung des Kostenziels
Projektabschluss	**1. Evaluation**	Feststellen der Tatsachen bezüglich Qualität, Kosten und Terminen; Bewertung durch die Mitarbeiter
	2. Dokumentation	Auf der Prozess begleitenden Dokumentation kann die abschließende Dokumentation aufbauen, Information, Planung, Durchführung, Evaluation, Projektstatusbericht

	3. Verantwortlichkeiten im laufenden Betrieb	Wer kümmert sich weiterhin um was?
Projektmanagement, Zielfindung	**Ist-Zustand** – Wo treten die meisten Fehler auf? – usw.	
	Konkretisierung des Problems – Anforderungen der Kunden steigen – usw.	
	Festlegung der Maßstäbe/Grad der Zielerreichung – Volle Zufriedenstellung der ausländischen und inländischen Kunden – Dauerhafte Motivation der Mitarbeiter – usw.	
	Lösungsalternativen – Externe Schulung – Kreative Möglichkeiten – usw.	
	Auswahl der Lösungsmöglichkeiten – Interner Trainer für interne Schulung – Externe Schulungen usw.	
	Risiken und Konsequenzen – Steigende Kosten – Steigender Umsatz durch neue Kunden – Motivierte Mitarbeiter usw.	
	Entscheidung für die beste Lösung – Aufgabenverteilung – Kompetenzabgrenzung – Vorgabe von Teilzielen – Meilensteine usw.	
Projektsteuerung	Zweck: laufende Überwachung von Leistung (Quantität, Qualität), Ressourcen, Kosten und Termin (Zeit). Bei Abweichungen von den Ist-Daten sind eventuelle Gegenmaßnahmen einzuleiten, um das Ziel zu erreichen.	
Projektsteuerung, Grundsätze	Regelkreisprinzip (siehe Managementregelkreis), das Projekt als Ganzes betrachten (Ganzheitlichkeit) und Konflikte zwischen den einzelnen Zielen berücksichtigen, Wechselwirkungen einzelner Ziele einbeziehen, Daten und Informationen sammeln und zur Informationsweitergabe aufbereiten, permanente Überwachung und Kontrolle (Soll-Ist-Vergleich). Unterscheidung in sachliche und personelle Bereiche der Projektsteuerung: sachlich: Budget, Ressourcen, Termine, Qualität, Zielsetzung ... personell: Auswahl der Teammitglieder und des Projektleiters, Betreuung der Mitglieder bis zur Wiedereingliederung in das Unternehmen nach Auflösung des Projekts, Zuordnung von Aufgaben, Kompetenzen und Verantwortung ...	

Projektsteuerung, Maßnahmen zur Termineinhaltung	Beschleunigung der Prozesse → evtl. schlechtere Qualität, schnellerer Verschleiß Überstunden → höhere Kosten Fremdvergabe von Teilaufgaben → Kommunikationsprobleme, schlechtere Qualität, höhere Kosten
Prozessverantwortung	Im Umweltschutz wie auch in der Fertigung und in anderen Bereichen ist es wichtig, einen Prozessverantwortlichen zu benennen, um zur Erfüllung der gesetzten Ziele einen direkten Ansprechpartner zu haben. Dieser ist mit entsprechenden Kompetenzen und Verantwortung ausgestattet. Er übernimmt die Kontrolle (Soll-Ist-Vergleich) und ergreift bei Bedarf passende Maßnahmen zur Korrektur von Abweichungen.
Qualifizierungsmaßnahmen, Ergebnisanalyse	Werden für Mitarbeiter Qualifizierungsmaßnahmen organisiert und durchgeführt, hat die Führungskraft die Aufgabe, in regelmäßigen Abständen eine Ergebnisanalyse durchzuführen. Es ist zu prüfen, ob und wie viel die Mitarbeiter von einer Maßnahme profitieren und wie lange dies anhält. Geeignete Instrumente dazu sind regelmäßige Gespräche, schriftliches Feedback mit vorgefertigten Fragebögen, Überprüfung der Arbeitsergebnisse usw.
RFID	Radio Frequency Identification Anstatt des EAN-Barcodes werden Transponder für die Identifikation von Waren eingesetzt. Jedes Produkt erhält eine eindeutige ID. Auf einem stecknadelkopfgroßen Mikrochip, der auf dem Produkt angebracht ist, können Infos gespeichert werden, die jederzeit per Funk ausgelesen werden können. Zum Einsatz kommt diese Technologie bei der Chargenverfolgung, Wareneingangsprüfung im Einzelhandel sowie bei der Gepäckabwicklung. Nachteile: Störfrequenzen können eine Identifikation verhindern. Datenschutz wird ausgehöhlt (z.B. Identifikation von Personen). Vorteile: Auffinden von Akten in Archiven, Überwachung des Schulweges, schnellere Warenvereinnahmung, höhere Transparenz beim Verfolgen von Paketen.
Schutzgas	Gas oder Gasgemisch mit der Aufgabe, die Luft der Atmosphäre zu verdrängen, vor allem den Sauerstoff der Luft, z.B. bei Verpackung von Lebensmitteln (Verhinderung von Reaktionen mit Sauerstoff und Schutz vor Bakterien aus der Luft). Große Vielfalt von Schutzgasgemischen (natürliche, geruchlose und geschmacksneutrale Bestandteile der Luft): z.B. Argon, Kohlendioxid, Helium, Stickstoff. Beim Schweißen verhindert Schutzgas eine Oxidation der Materialien während des Schweißens. Klassifizierung der verschiedenen Schutzgase in der europäischen Norm (EN): Schutzgase zum Lichtbogenschweißen und Schneiden In der Elektrotechnik setzt Schutzgas die Leitfähigkeit in der Umgebung von Schaltkontakten herab. Dies dient der Funkenlöschung. (siehe einschlägige Fachliteratur)

Servicequalität	Kundenzufriedenheit durch – Beratung (Mitarbeiterschulung → Produktkenntnisse, Verhalten) – Angebotserweiterung (z.B. Service, Sonderveranstaltungen) – After-Sales-Service (regelmäßige Kundenkontakte) – Finanzierungsangebote – Hoher Lieferbereitschaftsgrad – Flexibilität
Standort	Ökologische Gesichtspunkte: Reinhaltung Boden, Lärmentwicklung, Schadstoffausstoß, Gewässerschutz.
Stellenplanung	Aktuell bestehende Stellen + Neu zu besetzende Stellen – entfallende Stellen + Reservebedarf = Bruttopersonalbedarf
Umschlaghäufigkeit	Je höher die Umschlaghäufigkeit, desto geringer ist der durchschnittliche Lagerbestand, desto geringer sind die Zinskosten, desto geringer sind die Gesamtkosten, desto größer ist der Gewinn und umgekehrt.
Unternehmensplanung, operative	Inhalt: Ableitung der sich aus der strategischen Planung ergebenden Führungs- und Ausführungsausgaben für alle Unternehmenseinheiten Frist: bis zu zwei Jahre Planungsweg: top-down/down-up, also gemischt: zuerst von oben nach unten, dann von unten nach oben und wieder nach unten; Zusammenhang mit Unternehmenszielen: konkrete Maßnahmen zur Erreichung der Ziele
Unternehmensplanung, strategische	Inhalt: betriebswirtschaftliche und soziale Unternehmensziele und die Mittel und Wege zu ihrer Realisierung Frist: zwei Jahre und länger Planungsweg: meist top-down (von oben nach unten)
Warenwirtschaftssystem	Ziele: Integration aller Informationsströme des Unternehmens, z.B. stückgenaue Materialbewirtschaftung, Erfassung aller Warenbewegungen, Analyse des Käuferverhaltens, Auswertung des Warendurchsatzes, Reduzierung der Betriebskosten, Reduzierung der Warenbestände
Wärmetransport	Wärmeleitung: Kinetische Energie wird zwischen benachbarten Atomen oder Molekülen übertragen (Schwingungen). Der Vorgang ist nicht umkehrbar und die Wärme wird immer von einem höheren Energieniveau auf ein niedrigeres Niveau übertragen, also von wärmer zu kälter. Beispiele: Böden von Kochtöpfen leiten die Wärme an den Inhalt weiter, Kühlrippen verteilen z.B. die Motorwärme auf eine große Fläche.

Wärmestrahlung: Es handelt sich um elektromagnetische Strahlung im Infrarotbereich. Sie kann auch im Vakuum übertragen werden. Die Übertragung ist sowohl von warm nach kalt als auch von kalt nach warm möglich, wobei erstere immer größer ist. Der Temperaturunterschied wird demzufolge immer kleiner. Beispiele: Kaminöfen, Infrarotstrahler, Kohleöfen.

Wärmeströmung/Konvektion/Stofftransport: Ein Stoff wird erwärmt und gibt seine innere Energie (Enthalpie) an ein anderes Medium ab. Beispiele: Wasser wird erwärmt, in eine Wärmflasche abgefüllt und gibt seine Wärme anschließend im Bett ab. Wasser wird mit einem Brenner aufgeheizt, durch Rohre gepumpt und gibt über die Heizkörper die Wärme an den Raum ab.

Widerspruchs-verfahren	Das Vorverfahren wird im Bereich der allgemeinen Verwaltung und der Sozialverwaltung Widerspruchsverfahren genannt. Das Widerspruchsverfahren ist zulässig, wenn der Bürger sich gegen einen Verwaltungsakt (Anfechtungswiderspruch) oder gegen die Ablehnung eines Verwaltungsaktes (Verpflichtungswiderspruch) wehren will. Der Widerspruch ist binnen eines Monats schriftlich oder zur Niederschrift bei der Behörde einzulegen.
Windows Vista	Windows Vista gibt es seit Anfang 2007 auf dem Markt. Es soll die Version Windows XP ersetzen. Die herausragende Neuerung in Vista ist Aero (Akronym für „Authentic, Energetic, Reflective, Open"), die neue vektorbasierte Benutzeroberfläche von Windows. Im so genannten Aero-Glass-Modus bietet sie dem Benutzer Anwendungsfenster mit Schattenwurf, halbtransparenten Rahmen sowie flüssige Animationen beim Minimieren, Wiederherstellen, Schließen und Öffnen. Weitere Neuerungen: überarbeitete Suchfunktion, verbesserte Benutzerkontensteuerung, spezialisierte Hilfsapplikationen, Möglichkeit der Einschränkung des Internetzugriffs und Überwachung der Nutzung des Computers (Kinder!), neu entwickeltes Hilfesystem, neues E-Mail-Programm mit integriertem Spamfilter, integriertes geräteunabhängiges Dokumentenformat (XML Paper Specification). Sicherungsprogramm Windows Back-up, Windows Kalender (mit WebDAV-Unterstützung), Notizzettel, Windows Defender (Schutz vor Malware) usw.
Zivilrecht	Das Zivilrecht regelt auf der Grundlage der Gleichordnung und Gleichberechtigung die Rechtsbeziehungen zwischen verschiedenen Rechtssubjekten (natürlichen oder juristischen Personen). Es gibt – anders als im öffentlichen Recht – kein Über- und Unterordnungsverhältnis. Oft werden die Begriffe Zivilrecht, bürgerliches Recht und Privatrecht im Sprachgebrauch synonym verwendet. Den Oberbegriff bildet das Privatrecht. Dessen wichtigster Teil ist das Zivilrecht, das sich mit den grundlegenden Regeln über Personen, Sachen und Schuldverhältnissen befasst. Weitere Bereiche des Privatrechts sind das Handels- und Gesellschaftsrecht, das Arbeitsrecht und das Urheberrecht.

Ausgewählte Fachliteratur

Thema Recht

In der Vorbemerkung des betreffenden Qualifikationsbereichs wurde empfohlen die Gesetze im Wortlaut heranzuziehen. Passende Sammlungen sind:

- **BGB** Bürgerliches Gesetzbuch, Beck-Texte im dtv, München, jeweils neueste Auflage
- **Arbeitsgesetze**, Beck-Texte im dtv, München, jeweils neueste Auflage

Hilfreich sind ferner Lexika und Taschenbücher, die jeweils den Überblick über eine Reihe von Rechtsgebieten verschaffen:

- H. Geiger u.a.: **Beck'sches Rechtslexikon**, Beck/dtv, München, jeweils neueste Auflage
- H. v. Pappenheim, **Lexikon Arbeitsrecht 2008**, mit CD-ROM, Verlag Jehle Rehm, München
- **Ratgeber Sozialversicherung**, Presto Medien-Fachverlag, Hemmingen, 2004
- L. Lehder, R. Skiba: **Taschenbuch Arbeitssicherheit**, Erich Schmidt Verlag, Berlin, 11. Auflage 2005

Thema Betriebswirtschaft
einschließlich Kostenrechnung, Organisation, Information und Kommunikation, Arbeitsgestaltung

BWL allgemein

- K. Birker (Hrg.), **Handbuch Praktische Betriebswirtschaft**, Berlin, 4. Auflage 2004
  15 Beiträge u.a. über BWL, Marketing, Rechnungswesen, Kostenrechnung, Informationsverarbeitung, Personalwirtschaft, Logistik, Steuerlehre – vor allem als systematisches Nachschlagewerk geeignet

- K. Birker (Hrg.), **Das neue Lexikon der BWL**, Berlin, 2. Auflage 2005
  Alphabetisches Lexikon mit ca. 2.000 Begriffen

- V. Schultz, **Basiswissen Betriebswirtschaft**, München, 3. erweiterte Auflage 2008
  Taschenbuch, das einen gut verständlichen und breiten Überblick gibt – eher für die Einarbeitung und zum Nacharbeiten von Kenntnissen

- K. Birker, **Einführung in die Betriebswirtschaftslehre**, Berlin, 2. erweiterte Auflage 2006
  Eigentlich ein Studienbuch für Fachhochschulen, das jedoch eine gut verständliche Einführung für alle bietet, die vorhandene betriebswirtschaftliche Kenntnisse fundieren und vertiefen möchten

Einzelne Themen (alphabetisch nach Autorennamen)

- K. Birker, **Projektmanagement**, Berlin, 3. Auflage 2004
  Lehr- und Arbeitsbuch für die berufliche Fort- und Weiterbildung

- Degener More Office (Hrsg.), **Zeitmanagement**, Berlin, 3. Auflage 2002
  Pocket-Bändchen, das praxisnah und anwendungsorientiert in Techniken der persönlichen Zeitplanung einführt

- J. Gärtner u.a., **Handbuch Schichtpläne, Planungstechnik, Entwicklung, Ergonomie, Umfeld**, Zürich, 2. erweiterte Auflage 2007
  Umfassendes Handbuch zu den genannten Themen

- J. Härtl/W. Merkel, **Volkswirtschaftslehre**, Berlin, 2002
  Kompakte Einführung, die alle wesentlichen Begriffe erklärt und an vielen Beispielen die rechnerische Seite der VWL einübt

- J. Härtl, **Kalkulation und Kostenrechnung**, Berlin 2002
  Lehr- und Arbeitsbuch für die Fortbildung (allerdings weitgehend inhaltsgleich mit Abschnitt 2.5 im vorliegenden Meisterkompendium)

- Herting, **Kalkulation**, Berlin, 2004
  Taschenbuch mit einer sehr praktischen gehaltenen Einführung ins Thema, mit dem Blickwinkel der Preiskalkulation

- E. Kirchler u.a., **Arbeits- und Organisationspsychologie**, Wien 2008
  In einem Universitätsverlag erschienenes Buch, das fundiert und zugleich knapp wesentliche Grundlagen zusammenfasst

- R. Koether, **Betriebsstättenplanung und Ergonomie**, München 2001
  Arbeitsbuch für die professionelle Praxis

- D. Vahs, **Organisation**, Stuttgart, 6. Auflage 2007
  Ebenfalls ein Studienbuch, das gut verständlich einen breiten und tief gehenden Überblick über die Organisationslehre bietet

- Wolf, **Kostenrechnung**, Berlin, 2004
  Taschenbuch mit einer praktisch gehaltenen Einführung ins Thema

Thema: Zusammenarbeit im Betrieb

Hier sind einige ausgewählte Titel zur Mitarbeiter- und Unternehmensführung zusammengestellt.

- K. Derksen, **Arbeitszeugnisse**, Berlin, 2. Auflage 2008
  Pocket-Bändchen, das die Codesprache erklärt, die in Arbeitszeugnissen benutzt wird

- J. Kießling-Sonntag, **Handbuch Mitarbeitergespräche**, Berlin, 2004
  Handbuch für die berufliche Praxis und für Meister sehr empfehlenswert, da Gespräche mit Mitarbeitern aus den unterschiedlichen Anlässen zum alltäglichen Handwerkszeug gehören

- U.Oppermann-Weber, **Handbuch Führungspraxis**, Berlin, 2004
  Handbuch für die berufliche Praxis - die Autorin versteht Führung vor allem als erfolgreiche Kommunikation

- H.-J. Rahn, **Unternehmensführung**, Ludwigshafen, 7. Auflage 2008
  Ein umfassendes, weit verbreitetes Lehrbuch, das Mitarbeiter- und Unternehmensführung im Zusammenhang behandelt

Thema Naturwissenschaft und Technik

Dieser Qualifikationsbereich umfasst einen grundlegenden Querschnitt, für den es keine zusammenfassende Literaturempfehlung geben lässt.
Zum einen knüpft er an die Kenntnisse aus der beruflichen Erstausbildung an und es ist sinnvoll, die entsprechenden Fachkunde- bzw. Technologiebücher, eines der einschläggigen Tabellenbücher sowie eine Formelsammlung weiter zu verwenden.
Zum anderen werden technische Kenntnisse in einer Meisterausbildung fachlich weitergeführt und man findet auch wiederholend Grundkenntnisse in den entsprechenden Fachbüchern.

Nachfolgend werden einige wenige Empfehlungen zu einzelnen Themen gegeben, die entweder Kursteilnehmern erfahrungsgemäß oft Probleme bereiten oder zu denen Vertiefungswünsche bestehen:

- A.Böge, **Technische Mechanik**, Wiesbaden, 27. Auflage 2006
  Gilt als Standardlehrbuch zum Thema – dazu sind auch eine Aufgabensammlung und eine Formelsammlung erhältlich

- B. Gerstenberger, **Formelsammlung Chemie** (Reihe Fachwissen kompakt), Bände 1 u. 2, Berlin 1998
  Taschenbändchen zu elementaren Grundlagen der allgemeinen, der anorganischen und der organischen Chemie - geeignet für alle, die Schulkenntnisse wiederholen und etwas Griffbereit zum Nachschlagen einfacher Fakten haben möchten

- W. Hesser, H. Hoischen, **Technisches Zeichnen**, Berlin, 31. Auflage 2007
  Umfassendes und aktuelles Standwerk

- W. Krämer, **Statistik verstehen**, München, 2001
  Ein Buch für alle, die Schwierigkeiten mit dem Thema haben und Grund unter die Füße bekommen möchten - der Autor erklärt die Prinzipien ohne gleich auf Formeln und Rechnungen zurückzugreifen.

- H. Kuchling, **Taschenbuch der Physik**, Leipzig, 19. Auflage 2007
  Renommiertes Standardwerk zum Nachschlagen – auf Grund seines Umfangs empfehlenswert bevorzugt für alle, deren technisch-fachliche Spezialisierung stark auf Physik aufbaut

Register

A
ABC-Analyse 144, 441, 452
  Grafik 454
  Ziele 452
Abfallbesitzer 115
Abfallbilanz 113
Abfallbilanzverordnung 115
Abfälle
  Beseitigung 109, 114, 118
  Beseitigungsnachweis 115
  Besitzer 115
  Einteilung 115
  Erzeuger 115
  Material 145
  Vermeidung 109, 114, 118
  Verwertung 109, 114, 118
  Weiterverwendung 145
  Weiterverwertung 145
  Wiederverwendung 145
  Wiederverwertung 145
Abfallerzeuger 115
Abfallgesetz 109, 114
Abfalltrennung 114
Abfallwirtschaft 751
Abfallwirtschaftskonzept 115
Abgabenordnung 239
Abgas 654
Abgrenzungsrechnung 282, 384
Ablagesysteme 443
Ablauf
  räumlich 196
  zeitlich 196
Ablaufanalyse 225
Ablaufdarstellung
  Tabelle 198
Ablaufdiagramm 199
  Funktionssymbole 199
Ablaufgestaltung 580
Ablauforganisation 148, 192
Ablaufplanung 168
Ablaufprinzipien
  Fertigung 176
Abmahnung 37
Absatz 135
Absatzwirtschaft 187, 189
Abscherspannung 719
Abschlussfreiheit 7, 53, 57, 747
Abschlussgebot 7, 747
Abschlussprüfung
  freier Tag 100
Abschlussverbot 7, 747
Abschreibung 266, 399
  arithmetisch-degressiv 268
  Aufgaben 267
  außerplanmäßig 266
  bilanziell 283
  degressiv 268
  geometrisch-degressiv 270
  Gesetz 271
  kalkulatorisch 267, 283
  leistungsbezogen 268
  linear 268
  planmäßig 266
  Restwert 403
  Ursachen 267
  Wechsel 270
Abschreibungsbetrag 268
Abschreibungskreislauf 267
Abschreibungssatz 268
Abschreibungsverfahren 268
Absolutdruck 677
Abteilungen
  Veränderungen 208
Abwasser 107, 108
  Schädlichkeit 108
Abwasserabgabe 108
Abwasserabgabengesetz 108
Abwasseraufbereitung 751
Abwasserverordnung 747
Abwehr 186
Abwehraussperrung 48
Abweichung
  mittlere 739
Abweichungsanalyse 522
Adaptionsproblematik 193
Affektion 554
AG 129, 145
Aggregatzustand 641, 665
  fest 665
  flüssig 665
  gasförmig 665
  Plasma 665
AIDA-Formel 470
Akkordfähigkeit 223
Akkordlohn 220, 221, 232, 578
  Nachteile 223
  Vorteile 223
Akkordreife 223
Akkordrichtsatz 221, 413
Akkordsatz 141, 221
Akkordstundenlohn 232, 523
Akkordzuschlag 221
Akkumulator 703
Aktennotiz 539
Aktien 129, 146
Aktiengesellschaft 129
  Organe 129
Aktionäre 129
Aktiva 247
Aktivkonto 249, 250, 259
Aktiv-Passiv-Mehrung 252
Aktiv-Passiv-Minderung 252
Aktivseite 248, 249
Aktivtausch 250
Alkohol
  Unfallursache 101
Alleinvertretung 128
Allgemeinverbindlichkeit 46
Alpenmethode 441
Alternativfrage 480, 632
Altlasten 108
Amortisation
  Durchschnitt 410
  Kumulation 410
  mit Zinsen 411
  ohne Zinsen 411
Amortisationsvergleich 409
Amperemeter 678, 681
Amtsautorität 597
Analyse 642
Anbauverfahren 306
Anderskosten 281, 288
Änderungskündigung 40, 65
Änderungsschutzklage 65
Andlersche Losgrößenformel 184
Anerkennung 608, 621
Anerkennungsgespräch 609
Anfechtung 14
Anfechtungsklage 66
Anforderungen
  Meister 590
Anforderungsarten 215, 218
Anforderungsgerechtigkeit 214
Anforderungsprofil 139, 152, 573, 605
Angebot
  Vorkalkulation 315
Angebotserstellung 276
Angebotskalkulation 316
Angestellte
  leitende 11, 42, 50
Angestellter 10
Angriffspunkt
  Kraft 667, 668
Anhang 261
Anhörung 42
Anhörungsrecht 62
Anlage 554
Anlageintensität 264
Anlagenauftrag 181
Anlagevermögen 245
Annahmeverweigerung 29
Annahmeverzug 25, 29, 49
Anode 654
Anomalie
  des Wassers 664
Anschaffungskosten 289
Anthropometrie 211, 574
Antriebskraft 711
Anwaltszwang 65
Anwendungssoftware 541
Anzeigegeräte
  Gestaltung 207
Äquivalenzprinzip 71
Äquivalenzziffern 326, 377, 381
  Berechnung 327
Äquivalenzziffernkalkulation
Arbeitsschritte 327
  einstufige 326
  mehrstufige 328
Arbeit 670
  andere Person 53
  andere Tätigkeit 53
Arten 147
  dispositive 137, 138
  dynamische 137
  elektrische 680, 742
  Formen 137
  fremdbestimmte 53
  geistige 137
  körperliche 137
  mechanische 670, 686
  menschliche 145
  operative 137
  potenzielle 711
  selbstständige 138
  statische 137
  unselbstständige 138
Arbeit auf Abruf 19
Arbeiten
  optimales 438
Arbeiter 10
Arbeitgeber 9
Arbeitsleistung 23
Arbeitsschutz 90, 120
  Fluchtwege 100
  Mitverschulden 30
  Pflichtbeiträge 70
  Pflichten 24, 43
  Pflichtenübertragung 103
Arbeitgeberanteil 72
Arbeitgeberverbände 44, 47
Arbeitnehmer 9, 53, 83
  ältere 562
Arbeitsleistung 23
  Arbeitsschutz 90, 120
  Aushilfe 124
  Haftungsausschluss 30
  kein 56
  Mitbestimmung 59
  Nichtleistung 28
  Pflichtbeiträge 70
  Pflichten 22, 43
  Schlechtleistung 28
Arbeitnehmerähnliche Person 10
Arbeitnehmerüberlassung 81
Arbeitnehmerüberlassungsgesetz 20
Arbeitsablauf 168, 173, 568
  Darstellung 197
  Funktionssymbole 199
  grafisch 169
  räumlich 196
  verbal 169
  Zeitbedarf 213
  zeitlich 196
  Zerlegung 169
Arbeitsablaufdiagramm 198
  stellenorientiert 198
  verrichtungsorientiert 198
Arbeitsablaufstudien 232
Arbeitsanforderungen 138, 566, 605
Arbeitsaufgabe 567, 568
  Merkmale 148
Arbeitsbedingungen 175, 438
  Motivation 566
Arbeitsbelastung 577
Arbeitsbescheinigung 43
Arbeitsbewertung 140, 215, 604
  analytisch 215, 216, 414, 604, 621
  summarisch 215, 216, 414, 604, 621
Arbeitsentlastung 580
Arbeitsergebnis
  Qualität 621
Arbeitsförderung 69, 81
  Maßnahmen 81
  Ziele 81
Arbeitsformen 567
Arbeitsgegenstand 168, 173
Arbeitsgericht 63, 67
Arbeitsgerichtsbarkeit 63, 64, 67
  Aufbau 68
Arbeitsgerichtsgesetz 63
Arbeitsgerichtsverfahren 64
Arbeitsgestaltung 175, 571, 574, 580
  anthropometrisch 574
  bewegungstechnisch 576
  menschengerecht 580
  physiologisch 576
  sicherheitstechnisch 577
  Zielsetzung 187
Arbeitsgruppe 627
  Analyse 633
  teilautonome 177, 572, 587
  Zusammensetzung 627, 633
Arbeitskampf 47
Arbeitskampfmittel 47
Arbeitskontrolle 442, 607
Arbeitskraft 73
Arbeitslärm 111
Arbeitsleistung 23, 145, 147, 566, 602, 621
  Bedingungen 138
  Kriterien 145
  menschliche 138
  Optimierung 568
Arbeitslosengeld 79, 80, 82
Arbeitslosenversicherung 79
  Finanzierung 80
  Leistungen 80, 82
  Versicherte 80
Arbeitslosigkeit 143
  Arten 79
  friktionelle 79
  konjunkturelle 79
  regionale 79
  saisonale 79
  sektorale 79
  strukturelle 79
Arbeitsmaschine 692
Arbeitsmethode 169, 176
Arbeitsmethodik 440
  Verfahren 440
Arbeitsmittel 168
Arbeitsmotivation 569, 571
  Beeinflussung 580
Arbeitsmotive
  extrinsische 569
  intrinsische 569
Arbeitsorganisation 140, 571
  Formen 572
Arbeitspaket 515

Arbeitspapiere 43, 206
Arbeitspflicht 22, 57
Arbeitsplan 169, 173, 174, 187, 207, 420
Arten 174
  Daten 420
  Fertigungsdaten 174
  Kopfdaten 174
  Materialdaten 174
Arbeitsplanung 161, 167, 168
Arbeitsplatz 152
  Beleuchtung 207
  Ergonomie 573
  Informationstechnik 212
  Organisation 212
  Physiologie 211
  Psychologie 211
  Sicherheitstechnik 212
Arbeitsplatzdatei 208
Arbeitsplatzgestaltung 175, 187, 211, 213, 442, 573, 577
Arbeitsplatzteilung 19
Arbeitsplatztypen 176
Arbeitsplatzvergleiche 232
Arbeitsproduktivität 141, 222
Arbeitsraum 95, 168
Arbeitsrecht 2
  individuelles 6, 7
  kollektives 6, 7, 44
Arbeitsschutz 86, 120
  Arbeitgeber 90
  Arbeitnehmer 90
  Behörden 89, 100
  Betriebsrat 91
  Energieträger 710
  EU-Recht 88
  Frauen 92
  Gesetze 87, 100
  Gewerbeordnung 87
  Grundsätze 100
  Jugendliche 91
  Maßnahmen 100
  Ordnungswidrigkeiten 91
  Schwerbehinderte 92
  Überwachung 89
  Verantwortung 90
  Verordnungen 88
  Vorschriften 89
Arbeitsschutzausschuss 94, 99, 100, 102
Arbeitsschutzgesetz 7, 87, 97, 101
  Vorschriften 87
Arbeitsschutzpolitik 88
Arbeitsschutzrecht
  Verstöße 100
Arbeitssicherheit 86, 120
  Arbeitgeber 90
  Arbeitnehmer 90
  Behörden 89
  Betriebsrat 91, 120
  EU-Recht 88
  Gesetze 87, 100
  Ordnungswidrigkeiten 91
  Überwachung 89
  Verantwortung 90
  Verordnungen 88
  Vorschriften 89
  Ziele 100

Arbeitssicherheitsgesetz 93
Arbeitsstätte 94
Arbeitsstättenrichtlinien 95
Arbeitsstättenverordnung 94, 95
  Beleuchtung 100
Arbeitsstil 438
Arbeitsstoffe 747
Arbeitsstrukturierung 571
Arbeitssystem 140, 146, 147, 172, 567, 568
  Makro 172
  Mikro 172
  ortsgebundenes 172
  ortsungebundenes 172
  soziales 172
  soziotechnisches 172
  technisches 172
Arbeitsteilung 139, 168, 170
Arbeitsumgebung 577
Arbeitsumwelt 88
Arbeitsunfähigkeit 82
Arbeitsunfähigkeitsbescheinigung 18, 26
Arbeitsunfall 74, 82, 100, 102
  Haftungsansprüche 101
Arbeitsunterweisungen 607
Arbeitsverbände 44
Arbeitsverfahren 176
Arbeitsverhältnis 9, 52
  Beendigung 34, 120
  befristetes 15, 16, 17
  faktisches 15, 58
  Pflichten 22
  Rechte 22
  Teilzeit 17
Arbeitsvertrag 4, 5, 7, 9, 30, 34, 52, 53
  Anfechtung 14, 15
  befristeter 15, 16, 17, 53, 54, 57, 58
  Befristung 17
  Betriebsrat 8
  Form 8, 13
  Inhalte 8
  Mängel 11, 13, 747
  Nachweisgesetz 8
  Nichtigkeit 14
  Schriftform 13
  unbefristeter 747
Arbeitsvertragsrecht
Abschlussfreiheit 747
Abschlussgebot 747
Abschlussverbot 747
Arbeitsvorgänge
  Gestaltung 747
Arbeitsweisen 176
Arbeitswertanalyse
  analytisch 215
  summarisch 215
Arbeitswertstudien 232
Arbeitszeit 4, 21, 55
  Betriebsrat 52
Arbeitszeitdatei 208
Arbeitszeitgesetz 89, 179
Arbeitszeitstudien 232
Arbeitszeittarif 46
Arbeitszerlegung 566
Arbeitszeugnis 610
  qualifiziertes 615

Arbeitszufriedenheit 558
  Faktoren 580
Argon-Isotop 683
Argumentationstechniken 624
Argumente
  Arten 624
Arme Hunde 164
Artteilung 139, 414, 567, 580
Arzt 11
Assembler 429, 431
Atmosphärendruck 677
Atom 642
Atomaufbau 684
Atombindung 645
Atommasse
  relative 643
Atommodell 683, 684
Atomverbindung
  Elektronen 684
Aufbaudiagramm 479
Aufbauorganisation 148, 149, 192
Aufgabe
  delegierbare 599
  direkte 150
  dispositive 154
  indirekte 150
Aufgabenanalyse 149, 152
  Kriterien 149
Aufgabendelegation 603
Aufgabenerweiterung 214
Aufgabenmodell 421
Aufgabenorientierung 594
Aufgabensynthese 149, 152
  Gliederungsmerkmale 150
Aufhebungsvertrag 13
Aufsichtsbehörden 71
Aufsichtsrat 129
Auftrag
  Informationen 207
Auftragsarten 181
Auftragsdisposition 181, 748
Auftragsfertigung 187
Auftragszeit 170, 208, 522, 546
Aufwand 277, 281
  außerordentlicher 278
  betriebsbedingter 278, 281
  betriebsfremder 278
  neutraler 278, 281
  periodenfremder 278
Aufwandskonten 255, 256
Aufwendungen 256
  Beispiele 236
Ausführungszeit 170
Ausgabe 277
Ausgabegerät 527
Ausgleichsabgabe 55
Aushilfsarbeitnehmer 124
Aushilfsarbeitsverhältnis 20
Ausländer 562
Auslastung 522
Ausnutzung
  optimale 143
Ausschreibung Stellen 11, 12

Ausschuss 145
Außenverhältnis 127
Aussperrung 47
  Hauptpflichten 49
  kalte 48
  Nebenpflichten 49
  rechtswidrige 49
Auszahlung 277
Auszubildender 10
  Förderung 635
Automation 214, 567
Automatisierung 138, 147, 214, 526
  Auswirkungen 146, 635
  Verhalten 557
Autorität 597
Arten 597
  erworbene 597, 599
  persönliche 599
  verliehene 597
Avogadrokonstante 644

B
Backbone-Funktion 463, 515
Back-up
  differenzielles 748
  inkrementelles 748
  vollständiges 748
Back-up-Verfahren 748
Balkendiagramm 200, 208, 209, 210, 478
Bar 675
Bargründung 129
Basen 659, 683
  Nutzung 662
BASIC 430
Batch-Verarbeitung 423
BAT-Wert 747
Baufeuchte 750
Baugruppe 167
Baukastenstückliste 494, 496
Baukastensystem 167
Baustellenfertigung 177
BCG-Matrix 164
Beamer 475
Beanspruchung 716
Bedarfsarten 180
Bedarfsauflösung
  analytische 494
  synthetische 494
Bedarfsermittlung 187
Bedarfsplanung 178
Bedienungsanleitung 492
Bedingung, auflösende 16, 17
Bedürfnispyramide 569, 580
Bedürfnisse
  Arten 569
  aufgabenorientierte 588
  primäre 569
  sekundäre 569
Beendigungstatbestände 35
Befeuerung 695
Befristung 15, 16, 57
  Höchstdauer 17
  Kündigung 17
  Probezeit 20
  Sachgrund 16

Schriftform 17
Zeit 16
Zweck 16, 17
Behinderte 561
  Förderung 561
  Führung 562
  Ursachen 561
Beitragsbemessungsgrenze 70, 72, 74, 77, 81
Belastbarkeit 719
Belege 254, 287
  eigene 255
  fremde 255
Richtigkeit 255
Beleuchtung 95, 100, 577
Arbeitsplatz 207
Benachteiligung 559
Benachteiligungsverbot 12
Benutzerfreundlichkeit 535
Anwendersoftware 536
Benutzeroberfläche 528
Benutzungsrecht 533
Beratungsrecht 62
Bereichsfixkosten 365
Berufsausbildungsvertrag 9
Berufsbildungsgesetz 9
Berufsgenossenschaft 86, 89, 100
  Gliederung 98
  Status 98
  Zweck 98
Berufskrankheit 75
Berufung 63, 65, 66
Beschaffung 135, 145, 146
  fertigungssynchrone 183
Beschäftigte, geringfügig 17
Beschäftigungsabweichung 373, 374, 375, 376, 382
Beschäftigungsänderung
  Kosten 352
Beschäftigungsanspruch 26, 27
Beschäftigungsgrad 336, 338, 347
  Kosten 341, 377
  kostenoptimaler 337
Beschäftigungspflicht 24
Beschäftigungsverhältnis 10
Beschleunigung 667, 685, 720, 721, 724, 743
  negative 667
Beschleunigungsarbeit 671
Beschleunigungskraft 711, 725
Beschleunigungsleistung 673
Beschlussverfahren 63, 65, 67, 68
Beschwerde 63, 65, 66, 630, 633
Behandlung 630, 635
Beschwerdemanagement 748
Beseitigung 109, 118
Besprechungen
  Ablauf 633
  Anlässe 626
  Arten 626
  betriebliche 626, 748
  Checkliste 626
  Durchführung 633

Schriftform 17
Zeit 16
Zweck 16, 17

Planung 467, 633
Rahmenbedingungen 626
Vorbereitung 626
Ziele 626
Bestand
  eiserner 185
Bestandsaufnahme 242
Bestandsbewegungen 250
Bestandsbewertung 378
Bestandserfassung
  buchmäßige 242
  vollständige 242
Bestandserhöhung 381
Bestandskonten 249, 255, 258
Bestandsveränderungen 262
Bestandsverzeichnis 242, 244
Bestellbestand 180
Bestellhäufigkeit 188
  optimale 185
Bestellkosten 184
Bestellmenge 182
  optimale 144, 184, 188
Bestellpunktverfahren 182, 188, 190
  Grafik 183
Bestellrhythmusverfahren 182, 188, 190
Bestellzeitabstand 188
Bestellzeitpunkt 182
Betrieb 126
  Energieversorgung 708
  Wasserversorgung 708
Betriebliche Übung 4
Betriebliches Vorschlagswesen 226
Betriebsabrechnung 286
Betriebsabrechnungsbogen 292
  einfacher 295
  erweiterter 300
  mehrstufiger 302
  Überdeckung 311
  Unterdeckung 311
Betriebsänderung 60, 68
Betriebsanleitung 101, 104, 492, 505
Betriebsanweisung 101, 104
Betriebsarzt 89, 93
Betriebsauftrag 181
Betriebsausgaben 277, 280
Betriebsausschuss 61
Betriebsbuchhaltung 237, 282
Betriebsdaten 422
  Arten 422
Betriebsdatenerfassung 421, 422, 434
Betriebseinnahmen 277, 280
Betriebserfolg 238, 384
Betriebsergebnis 282, 294, 315, 354, 355, 357, 382, 383, 384
Betriebsfriedenspflicht 60
Betriebsgeheimnisse 186
Betriebsgewinn 298
Betriebsklima 579
  schlechtes 633
Betriebskosten 399

Betriebsmaterialien 144
Betriebsmittel 142, 147
  Daten 175
  Nummernsystem 175
Betriebsmittelbelegung 179
Betriebsmitteldatei 175
Betriebsmittelplanung 179
Betriebsoptimum 343
Betriebspolitik 276
Betriebsrat 59, 67, 89, 139
  Anhörung 42, 54
  Anhörungsrecht 62
  Arbeitskampf 62
  Arbeitsplatzgestaltung 60
  Arbeitsschutz 91
  Arbeitssicherheit 120
  Aufgaben 62
  Befugnisse 59
  Beratungsrecht 62
  Beschlussverfahren 65
  Ehrenamt 62
  Gewissen 62
  Informationsrecht 62
  Initiativrecht 62
  Kosten 62
  Kündigung 62
  Kündigungsbeteiligung 42
  Mitbestimmungsrecht 62
  personelle Angelegenheiten 60
  Pflichtverletzung 61
  Rechtsstellung 62
  Schweigen 58
  soziale Angelegenheiten 60
  Stellenausschreibung 12
  Vertretungsorgan 61
  Vetorecht 62
  Vorschlagsrecht 62
  Vorschlagswesen 232
  Wahl 61, 62, 63, 67
  Widerspruchsrecht 62
  wirtschaftliche Angelegenheiten 60
  Zusammensetzung 61
Betriebsräteversammlung 61
Betriebsregeln 627
Betriebsschutz
  allgemeiner 186
  erweiterter 186
  Gesetze 186
  spezieller 186
Betriebsstoffe 144, 146, 147, 182
Betriebsstörung 25
Betriebssystem 423
  Aufgaben 423
  Echtzeit 423
  Einteilung 423
  Komponenten 423
  Überblick 424
Betriebsvereinbarung 5, 50, 54, 55, 56, 63, 124
  erzwingbare 51, 124
  freiwillige 51, 124
  teilmitbestimmungspflichtige 51
Betriebsverfassungsgesetz
  Geltungsbereich 59
  Mitbestimmung 61

Betriebsversammlung 61
Betriebszweck 237, 276
Beurteilung 609
  Ablauf 610
  Arten 610
  Fehler 614
  Kriterien 611
  Leistungen 621
  Merkmale 611
  Verhalten 621
  Voraussetzungen 610
  Ziel 610
  Zweck 610
Beurteilungsbogen 610, 611, 612, 613
Beurteilungsfehler 614
Beurteilungsgespräch 614
  Ablauf 621
  Phasen 614
Bewegung
  gleichförmige 724
Bewegungsanalyse 213
Bewegungsarten 666
Bewegungselemente 213, 576
Bewegungsverdichtung 214, 576
Bewegungsvereinfachung 213, 576
Bewertungskriterien 459, 580
Beziehungen
  informelle 588
  Zusammenarbeit 585
  zwischenmenschliche 585
Beziehungszahlen 264
BGB-Gesellschaft 128
Biegen 748
Bilanz 239, 247, 260, 261
  Analyse 263
  Aufbau 248
  Aufgaben 247
  Bestandsbewegungen 250
  Kurzfassung 248
  Zusammenhang GuV 258
Bilanzanalyse
  Grenzen 265
Bilanzgleichung 248
Bilanzgliederung 247
Bilanzverkürzung 252
Bilanzverlängerung 252
Bildschirmarbeit 95
Bindungsarten 684
Biorhythmus 578, 603
Blockdiagramm 198
Bodenschutz 108
Bodenverunreinigung 108
Bohr'sches Atommodell 642
Bonus 224
Bottom-up-Prinzip 464
Bottom-up-Strategie 195
Boxenfertigung 573
Boykott 47, 48
Boyle-Mariotte 663
Brainstorming 455, 467
Brainwriting 635, 455
Branchensoftware 428
Brandbekämpfung 101
Brandschutz 100, 101
Brandverhütung 101
Brauchluft 677
Brauchwasser 657, 683

Break-even-point 343, 346, 350, 372, 407
  Grafik 351
Breite
  Fertigung 162, 163
Bremsanlagen 675
Bremsarbeit 721
Bremsen 720
Bremskraft 721
Bremsweg 721
Brenngas 654
Brennstoffzelle 705
Brennwert 666
Brown'sche Molekularbewegung 662
Bruch
  Sicherheit 725
Bruchdehnung 718
Bruttobedarf 180, 182, 187
Bruttolohn 224
Bruttopersonalbedarf 178
Buchführung
  Grundsätze 240
Buchführungspflicht 239
Buchinventur 241
Buchungsregeln 250
Buchungssatz 260
  einfacher 253
  zusammengesetzter 253
Buchwert 241, 268
Budget 373
  Abweichungen 373
  Einhaltung 373
  Kontrolle 373
Bundesarbeitsgericht 64
Bundesbeauftragter für Datenschutz 117
Bundesdatenschutzgesetz 117
Bundesimmissionsschutzgesetz 109
  Bestimmungen 110
  Geltungsbereich 109
  Zweck 109
Bundesnaturschutzgesetz 107
Bundessozialgericht 66

C
CAD 434
Cafeteria-System 578
CAM 434
CAP 434
CAQ 434
Cash cows 164
CE
  Prüfverfahren 97
Celsius 664
Center-out-Strategie 195
Cetanzahl 708
CE-Zeichen 97, 100
Change Management 749
Checklisten 440
Chemie 641
Chemikalien
  Risikovermeidung 113
Chemikaliengesetz 112
CIM 434
Compiler 431
Computerarbeitsplatz 541
Computervirus 519
Corporate Behaviour 749
Corporate Communications 749
Corporate Design 749

Corporate Identity 749
  Ziele 749
Cost-Center 158, 161
CPM 202
Critical Path Methode 202

D
Dampf
  Arten 694
Dampferzeuger 697
Dampferzeugerhilfsanlagen 697
Dampferzeugung 693
  Vorgänge 697
Dampfkraftwerk 696
Dampfmaschine 693, 705
Dampfturbine 696, 697
Dampfturbinenantrieb 711
Darstellung
  fertigungsgerecht 499
  funktionsgerecht 499
  isometrische 504
Daten
  Arten 434
  Erfassung 287, 434
  Interpretation 431
  personenbezogene 117, 118
  Schutzmaßnahmen 118
  Speicherung 118
  Verarbeitung 118
  Verschlüsselung 532
  Visualisierung 423
  Zugriffsschutz 118
Datenbank 528, 541
Dateneingabe 541
Datenerfassung 422
  Zweck 434
Datenerfassungsgeräte 422
Datenflussplan 197
Datengeheimnis 118
Datenmissbrauch 541
Datenmodell 421
Datenschutz 541
  Abgangskontrolle 119
  Benutzerkontrolle 119
  Eingabekontrolle 119
  Kryptografie 119
  Maßnahmen 118
  Rechte 118
  Rechtsquellen 116
  Zugangskontrolle 119
  Zugriffskontrolle 119
Datenschutzbeauftragter 89, 117
Datensicherheit 541
Datensicherung 529, 748
  Hardware 530
  Organisation 531
  Software 531
Datensicherungsverfahren 541
Datenspeicher 541
Datenstruktur 529
Datenträger 542
Datenverarbeitung 423, 526
  Batch 423
  direkt 423
  indirekt 423
  Realtime 423
  Schadensvermeidung 118

Datenverlust 541
Datenverwaltung 528
Debitoren 237
Deckungsbeitrag 165, 346, 348, 379, 382
  absoluter 361, 363
  Ein-Produkt-Unternehmen 350
  Kostenänderung 352
  Mehr-Produkt-Unternehmen 354
  Preisänderung 352
  relativer 165, 361, 363
  Umsatz 359
Deckungsbeitragsrechnung 348
  Engpass 360
  mehrstufige 365
  Periodenrechnung 350, 354
  Stückrechnung 349
Degressionsbetrag 269
Dehnung 716
Delegation 558, 595, 599, 603
  Fragenkatalog 604
  Mitarbeiter 603
  Vorgesetzter 603
Delphi-Methode 456
Demokratieprinzip 3
Dezentralisation 152
  Nachteile 152
  räumliche 152
  Vorteile 152
Dia 475
Diagramme 477, 478, 502
  Arten 503
  Basis 432
  Daten 432
  Dimensionierung 432
  Drehzahl 503
  Interpretation 431, 432
Dialoggerät 527
Dienstleistungsgewerbe 147
Dienstvertrag 7, 9
Dienstweg 154
Dieselmotor 706
Dieselverfahren 711
Differenzierung 166
Differenzkalkulation 316
Dipol 645
Direktionsrecht 4, 20, 22, 23, 30
Diskriminierungsverbot 7, 11, 17
Dispersionsgrad 101
Disposition
  auftragsgesteuerte 182
  plangesteuerte 182
  verbrauchsgesteuerte 182
Dispositionsaufgabe 235
Dispositionsverfahren 182
Dispositives Recht 5
Dissoziation 658
Diversifikation 157, 166
  horizontale 166
  laterale 166
  vertikale 166
Dividende 224
Division 158
Divisionskalkulation 319
  differenzierende 319
  mehrstufige 322

summarische 319
zweistufige 321
DNC-System 177
Dokumentation 254, 492
  Aufgaben 421
  Prozess 420
  Schritte 420
  technische 504
Dokumentationsaufgabe 234
Draufsicht 504, 505
Drehfrequenz 723, 725
Drehleistung 673
Drehmoment 673, 674, 719
Drehstrom 678
Drehzahl 667, 723
  Turbine 725
Drehzahldiagramm 503
Drei-Körbe-System 441
Dreiphasen-Wechselstrom 678
Druck 718
  absoluter 677
  kritischer 694
Druckfestigkeit 719
Druckgesetz 663
Druckkraft
  Fläche 675
Druckspannung 718, 719, 725
Druckwasserreaktor 701, 702
Durchflutungsgleichung 676
Durchlaufzeit 169, 413
Durchschnittskosten 337
Durchschnittsleistung 140
Durchschnittsrechnung 410
Durchschnittsverdienst 523

E
Ebene
  Fertigung 168
  schiefe 669
  schiefe, Steigung 725
Echtzeitbetriebssystem 423, 424
Echtzeit-Verarbeitung 423
E-Commerce 542
Edelgase 683
EDV
  Automatisierung 526
  Beschleunigung 526
  Einsatzmöglichkeiten 526
  Fehler 537
  Leistungsfähigkeit 527
  Organisation 534
  Rationalisierung 526
EDV-Einsatz
  Gründe 541
  Ziele 541
Eigenbelege 255
Eigenfertigung
  Fremdbezug 749
Eigenkapital 234, 244, 245, 249, 256
Eigenkapitaländerung
  erfolgsneutral 258
Eigenkapitalrentabilität 265
Einbauteile 144

Einfluss
  Vorgesetzter 558
Einflussprojektmanagement 509, 522
Eingriffsgrenze 738
Einheiten
  Strom 678
Einigungsstelle 60
Einlagen 258
Einliniensystem 155, 156, 187
Einnahme 277
Einsatzbedarf 178
Einsatzplanung 603
Einschnürung 718
Einstellenarbeit 176
Einstellungstest 13
Einstellungsveränderung 558
Einwände
  Umgang 471
  Vorwegmethode 471
Einzahlung 277
Einzelarbeit 567
  einstellige 172
  mehrstellige 172
Einzelarbeitsvertrag 5
Einzelbeschaffung 183
Einzelbewertung 246
Einzelerfassung 246
Einzelfertigung 171, 566
  Motivation 580
Einzelgeschäftsführungsbefugnis 127
Einzelkosten 287, 339
Einzelteil 167
Einzelteilzeichnung 498
Einzelunternehmung 127
Einzelvertretungsmacht 127
Eisenhower-Prinzip 440
Elastizitätsgrenze 717
Elastizitätsmodul 716, 718
Elektrische Anlagen
  Fehler 682
Elektrohydraulik 749
Elektrolyte 658
Elektronen
  Atomverbindung 684
Elektronenaufnahme 651
Elektronengas 646
Elektronenhülle 642
Elektronenpaarbindung 645
Elektropneumatik 749
Elektrotechnik 677
Element
  galvanisches 654
Elementaraufgabe 149
Elemente 642
Eliminierung 166
Emissionen 110
Emissionsbegrenzungen 110
End-of-the-pipe-Technik 749
Energie 671, 692
  Arten 671
  Einsparung 710
  elektrische 671
  kinetische 711, 712, 721, 724
  mechanische 671
  natürliche 692

  potenzielle 672, 712, 742
  regenerative 692
  Verluste 710
  Wärme 671
Energieäquivalenz 671
Energieausstoß
  Erdölverbrennung 711
  Kernkraftwerk 711
  Wasserkraftwerk 711
Energieeinsparung
  Möglichkeiten 711
Energieerhaltungssatz 693
Energieerzeugung
  alternative 703
Energieträger 692
Energieumwandlung 692, 742
Energieverbrauch 709
Energie-Verlust-Diagramm 705
Energieversorgung
  Betrieb 708
Energiewiedergewinnung 750
Engpass 165, 360, 363
Entgeltfindung 214
Entgeltfortzahlung 26, 82, 84
Entgeltfortzahlung Teilzeit 18
Entgeltfortzahlungsgesetz 73
Enthalpie 693
Enthärtung 657
Entlastung
  Arbeit 580
Entlastungsfragen 441
Entlohnungsformen 578
Entlohnungssysteme 578
Entschädigung 12, 74
Entscheidungen
  mit Mitarbeitern 599
Entscheidungsfindung 444, 603
Entscheidungsprozesse
  Teilnahme 580
Entsorgung 109
Entwicklung
  berufliche 552
  Einflüsse 562
  emotionale 558, 562
  geistige 558, 562
  Jugendliche 559, 562
  körperliche 558
  Mensch 553, 555, 558
  menschliche 599
  motivationale 558
  persönliche 552
  soziale 558
Entwicklungsabteilung 135
Entwicklungsförderung 635
Entwürfe 498
Erdbeschleunigung 721
Erdölverbrennung
  Energieausstoß 711
Erfolg 237
  neutraler 384
Erfolgsbeteiligung 224
Erfolgsbonus 224
Erfolgsfaktoren
  Wandel 196
Erfolgskonten 255, 257, 259
Erfolgskontrolle 282

Erfolgsrechnung 237
  externe 277
  interne 277
Ergebnis
  neutrales 282, 284
Ergebnisanalyse
  Qualifizierungsmaßnahmen 760
Ergebniskontrolle 608
Ergebnisrechnung 354
Ergebnistabelle 385
Ergonomie 175, 179, 187, 190, 211
  Arbeitsplatz 573
  Computer 541
  Hardware 534
  Physiologie 211
  Psychologie 211
  Software 535
Erhaltung der Masse 644
Erholungszeit 170
Erlöskurve 346
Ersatzauftrag 181
Ersatzbedarf 178
Ersatzinvestition 409
Erscheinungsbild 471
Erste Hilfe 75
Ertrag 277, 279, 281
  außerordentlicher 280
  betrieblicher 279
  betriebsbedingter 281
  betriebsfremder 280
  neutraler 279, 281
  periodenfremder 280
Erträge 256
  Beispiele 236
Ertragskonten 255, 256
Erwachsener 553
Erwärmung 686
  Wasser 712
Erwerbsminderungsrente 83
Erzeugnisfixkosten 365
Erzeugnisgliederung 167, 168
  horizontale 168
  vertikale 168
Erzeugnisgruppenfixkosten 365
Erzeugniskosten 365
Erzeugnisstruktur 496, 504
EU-Recht 6
  Arbeitsschutz 88
Europäisches Recht 6

F
Face-Lifting 164
Fachaufgaben 599
Fachkompetenz 138, 587
Fachkraft für Arbeitssicherheit 93, 101
Fähigkeiten 554
Fähigkeitskennwerte 734
Fähigkeitsuntersuchung 734
Fahrenheit 664
Fahrlässigkeit 54, 58, 100, 103
  grobe 30
  leichte 30
  mittlere 30
Fall
  freier 722
Fallbeschleunigung 721
Fälligkeit 249

Familienversicherung 72
Farbgestaltung 211, 577
Federarbeit 672
Federdiagramm 672
Federkonstante 669, 672
Feedbackinstrumente 750
Fehler 120
　EDV 537
　elektr. Anlagen 682
　Prozesse 729
　relativer 734
Fehleranteil 734
Fehlzeiten 620
　Beeinflussung 621
Fehlzeitengespräch 620
Fertigkeiten 554
Fertigteile 181
Fertigung 135, 145, 162
　Ablauf 168
　Ablaufprinzipien 176
　automatische 177
　Breite 162, 163
　flexible 177
　Sternprinzip 177
　Tiefe 162, 163
Fertigungsablauf 170, 176
Fertigungsarten 171
Fertigungsebenen 168
Fertigungsengpass 363
Fertigungsgemeinkosten 288
Fertigungsgemeinkostenzuschlagssatz 294
Fertigungshauptstellen 300
Fertigungshilfsstellen 302
Fertigungsinsel 177, 573
Fertigungskontrolle 750
Fertigungslöhne 289
Fertigungsplanung 232
Fertigungsprogramm
　Änderung 165
　gewinnmaximales 165
　kurzfristiges 165
　langfristiges 162
　mittelfristiges 163
　strategisches 162
　Zeitabschnitte 162
Fertigungsprogrammplanung 187
Fertigungssteuerung 175
Fertigungsstufen 162, 163, 168
Fertigungssystem
　flexibles 177
Fertigungsverbundsysteme 177
Fertigungsverfahren 566
　neu 165
Fertigungszeit 208
Fertigungszellen 177
Festigkeit 716
Feststellungsklage 65, 66
Feuchte 750
Feuerungen 695
Feuerungsanlagen 695
Feuerungsarten 695
Film 475
Finanzbuchhaltung 236, 275, 282
　Begriffe 277
　Gesetze 239
Finanzierung 136
Finanzierungsleasing 273
Firewall 530, 541

Firmentarif 46
Fischgräten-Diagramm 451, 467
Fixkostendeckung
　Umsatz 358
Fixkostendeckungsbeitrag 347
Fixkostendeckungsrechnung 365
Fläche
　Druckkraft 675
Flächenpressung 719
Flächenstreik 48
Flächentarif 46
Flaschenzug 669
Flecken-Strategie 195
Fliehkraft 725
Fließfertigung 171, 176, 567
　organisierte 177
　verfahrenstechnische 177
Fließgrenze 717
Flipchart 474
Fluchtwege 100
Fluktuation 620
　Arten 620
　Auswirkungen 620
　Beeinflussung 621
　Einflussmöglichkeiten 620
　Ursachen 620
Flussdiagramm 197, 445, 467, 545
　Symbole 197
Flussprinzip 171, 176
FMEA 461
　Beispiel 462
Fördermittel 172
　flurfrei 172
　flurgebunden 172
Förderprinzip 177
Förderung
　Jugendliche 559
　Forschung & Entw 135
Fotoeffekt 703
Fotovoltaikanlagen 703
Frage
　geschlossene 480, 632
　offene 480, 632
　rhetorische 480, 632
　unzulässig 13
　zulässig 13
　zurückgegebene 480, 632
Fragearten 480, 625, 632
Fragetechnik 480, 625, 632
Fragezeichen 164
Frauen
　Arbeitsschutz 92
　Benachteiligung 562
Frauenförderung 560
Freeware 533
Freiberufler 128
Freiberufliche Partnerschaftsgesellschaft 128
Freier Fall 722
Freier Mitarbeiter 9, 11
Freistellungsanspruch 43
Freistellungsbedarf 178
Freiwilligkeitsvorbehalt 4
Fremdanalyse 598
Fremdbelege 255
Fremdbestimmung 53
Fremdbezug
　Eigenfertigung 749

Fremdkapital 245
Fremdkontrolle 607
Fremdlager 183
Friedenspflicht 45, 124
Fristenplanung 464
Fristigkeit 245, 249
Frustration 580
Fügen 213
Führung
　Beeinflussung 599
　erfolgreiche 598
　kooperative 595
Führung als Kollege 591
Führung durch
　Befehl 591
　Erfolg 591
　Zusammenarbeit 592
Führungsaufgaben 591, 599
Führungserfolg
　Rahmenbedingungen 591
Führungsinstrumente 750
Führungskompetenz 596
Führungskonzept 558
Führungsmittel 595, 750
Führungsprozess 558
Führungsstil 558, 592, 599
　autoritärer 592
　charismatischer 593
　Einflussfaktoren 596, 599
　kooperativer 592, 595
　Kumpel 593
　Laissez-faire 592
　mehrdimensional 593
　motivierender 592
　partnerschaftlicher 599
　patriarchalischer 593
　Situationsfaktoren 596
　situativer 595
Führungsverhalten 187, 591
　falsches 597
　Leitsätze 599, 635
Führungsvoraussetzungen
　fachliche 590
　persönliche 590
Funktionsarten 465
Funktionsfähigkeit 115
Funktionsmanager 189, 191
Funktionsmodell 421
Funktionssicherheit 100, 101
Funktionssymbole 199
Funktionssystem 156
Funktionswertanalyse 457
Fürsorgepflicht 24, 27

G
Gantt-Diagramm 467
Gasausdehnung 664
Gasdurchlauferhitzer 712
Gase 663
Gasgleichung
　allgemeine 663
Gasturbine 695, 696
　Nachteile 711
Gasturbinenkraftwerk 695
Gasvolumen 663
Gauß'sche Glocke 501, 732
Gauß'sche Normalverteilung 734
Gay-Lussac 663
GbR 128

Gebrauchsanweisung 492
Gebrauchsfähigkeit 115
Gebrauchsfunktion 228, 465
Gebrauchswert 228
Gefährdungshaftung 120
Gefahrstoffverordnung 112, 113
　Schutzpflicht 113
Gegenfrage 480, 632
Gegenstromverfahren 464
Gehaltstarif 46
Gehorsamspflicht 22, 23
Geldakkord 221
Gelegenheitsgesellschaft 128
Geltungsfunktion 228, 465
Geltungswert 228
Gemeinkosten 287
　Arten 330
　Verteilungsschlüssel 292
Gemeinkostenzuschlagssätze 294
Gemeinlastprinzip 106
Gemenge
　heterogene 641
　homogene 641
Gemische 684
Generalausnahmeklausel 133
Generalversammlung 130
Generationenkonflikt 563
Generationenprinzip 531
Genfer Schema 215
Genossenschaft 130
　Arten 130
　Organe 130
Geprüfte Sicherheit 96
Geräte- und Produktsicherheitsgesetz 96
Gerätesicherheit 100
Gerichtskosten 65, 66
Geringfügig Beschäftigte 17
Gesamtablauf 174
Gesamtabweichung 373, 374, 375, 376, 382
Gesamtaufgabe 149, 150, 151
Gesamtbetriebsrat 61, 67
Gesamtdeckungsbeitrag 363
Gesamtdrehmoment 725
Gesamtergebnis 282, 385
Gesamthandvermögen 128
Gesamtkapitalrentabilität 265
Gesamtkosten 337, 380, 401
　Grafik 342, 344, 347
Gesamtkostenverfahren 261
　Beispiel 263
Gesamtkostenvergleich 368
Gesamtpuffer 205
Gesamtschuldner 128
Gesamtwiderstand 742
Gesamtwirkungsgrad 712
Gesamtzeichnung 167, 498
Geschäftsanteile 130
Geschäftsbuchführung 384
Geschäftsbuchhaltung 236

Geschäftsfähigkeit 58
　beschränkte 14, 15
　volle 15
Geschäftsfälle 234, 249, 254, 260
　Beispiele 235
　erfolgsneutral 255
　erfolgswirksam 255, 256
Geschäftsführungsbefugnis 127
Geschäftsleitung 135
Geschäftsunfähigkeit 15
Geschäftsvorfälle 234, 249, 254, 260
　Beispiele 235
　Dokumentation 237
　erfolgsneutral 255
　erfolgswirksam 255, 256
Geschmackswert 228
Geschwindigkeit 667, 720, 724
Geschwindigkeits-Zeit-Diagramm 720
Gesellschaft des bürgerlichen Rechts 128
Gesellschafter
　Aufnahmegründe 145
Gesetz
　Aufgaben 52
Gesetz über technische Arbeitsmittel 96
Gespräche
　adressatengerecht 625
　Anerkennung 609
　Arten 753
　erfolgreicher Verlauf 624
　Feedbackinstrumente 750
　Fehlzeiten 620
　Kritik 609
　Rahmenbedingungen 624
　Vorbereitung 624
　zielorientiert 625
Gestaltung
　Abläufe 580
Gestaltungsaufgaben
　Ziele 207
Gestaltungssicherheit 100, 101
Gesundheit 73
Gewährleistungsansprüche 119
Gewässer 107, 108
Gewässerschutz 107
Gewerbeaufsicht 89, 97
　Aufgaben 98
　Auflagen 98
　Gesetzesgrundlage 97
Gewerbeaufsichtsamt
　Gesetzesgrundlage 97
Gewerbeordnung 4, 24, 28, 97
　Arbeitsschutz 87
Gewerkschaften 44
　Aufgaben 47
Gewichtskraft 669, 685
Gewinn 256, 282, 318
　absoluter 407
　relativer 407
Gewinn- und Verlustkonto 256
Gewinn- und Verlustrechnung 261
Gewinnermittlung 236

Gewinnmaximum 343, 347
Gewinnquote 265
Gewinnschwelle 343, 346, 348, 350, 352, 372, 407, 522
  Grafik 347, 351
Gewinnschwellenmenge 346, 347, 350, 372, 377, 383
Gewinnvergleich 404
Gewinnzuschlag 378
Gezeitenkraftwerk 704
Gitterenergie 656
Gleichbehandlungsgrundsatz 5, 56, 123
Gleichbehandlungspflicht 24, 27
Gleichberechtigung 559
Gleichgewicht 667
  Wippschaukel 686
Gleichgewichtsreaktion 653
Gleichgültigkeitsstil 592
Gleichheitsgrundsatz 12, 60
Gleichstrom 678
Gleichungsverfahren 309
Gleitreibung 670, 685
Gleitreibungskraft 686
Gleitreibungszahl 670
Gliederungsmerkmale
  Aufgaben 150
  formale 150
  sachliche 150
Gliederungszahlen 264
Globalisierung 134, 157, 170
Glockenkurve 732
GmbH 130
  UG 130
GmbH & Co
  atypische 128
  typische 128
GmbH & Co. KG 127
GoB 240
Gradskalen 664
Grafik 545
  Präsentation 476
Grammatom 644
Greifen 213
Greifräume 575
Grenzkosten 348
Grenzspannungen 717
Grenzstückzahl 370, 401, 405, 413
  Grafik 371
Grenzwert
  oberer 732
Grundbewegungen 213
Grundbuch 237
Grundentgelt 224
Grundgesamtheit 732
Grundgesetz 6
Grundkapital 129
Grundkosten 280, 288
Grundmietzeit 273
Grundsätze
  Richtigkeit 246
  Vollständigkeit 246
Grundsätze ordnungsgemäßer Buchführung 240
Grundwasser 107
Grundzeit 170
Gruppen 588

Aufgabenübertragung 588
Auswirkungen 585
  Einfluss 586
  formelle 583
  informelle 583, 584, 585, 586
  informelle Auswirkungen 588
    Kennzeichen 588
    Rolle des Meisters 628
    Sozialverhalten 627
    Störungen 586
    teilautonome 587
    Zusammensetzung 627
    Zusammenstellung 587
Gruppenarbeit 567
  einstellige 172
  Leistungsvorteile 588
  mehrstellige 172
  pos. Auswirkung 588
Gruppenarten 583
Gruppenbeeinflussung
  Vorgesetzter 586
Gruppenbildung 583
  formelle 588
  informelle 588
  Motive 588
  Phasen 633
Gruppendruck 584, 586
Gruppendynamik 584, 628
Gruppenfertigung 177
Gruppenführer 584
Persönlichkeitsmerkmale 635
Gruppengröße 584
Gruppenmitglieder
  Sozialverhalten 627
Gruppennormen
  Nichteinhaltung 588
Gruppenphasen 628
Gruppenrollen 584, 628
Gruppenstruktur 628
Gruppenzeichnung 167, 498
Gruppenzusammenhalt 588
GS
  Prüfverfahren 97
GS-Zeichen 96, 100
GuD-Kraftwerke 696
Günstigkeitsprinzip 3, 6, 46, 50, 54, 58
Güteverfahren 63, 64
GuV
  Zusammenhang Bilanz 258
GuV-Konto 256, 258, 259
  Abschluss 257
GuV-Rechnung 261
  Analyse 263
  Gesamtkostenverfahren 261
  Umsatzkostenverfahren 261

H
Haben 250
Habitualisierung 557
Habitus 557
Haftpflicht 86
Haftreibung 670, 685
Haftreibungszahl 670
Haftung
  solidarisch 127

unbeschränkt 127
unmittelbar 127
Haftungsausschluss 30, 120
Halbleiter 683
Halbmetalle 644
Halbschnitt 499
Halbzeuge 144, 181
Halo-Effekt 614
Handelsgesetzbuch 239
Handelsrecht 239
Handelsvertreter 11
Handlungsspielraum 604
Handout 484, 542
Handy-Standard HSDPA 750
Hangabtriebskraft 669, 725
Hardware 527, 541
  Ergonomie 534
  Klassifizierung 527
Härte
  permanente 684
  temporäre 684
  Wasser 684
Häufigkeitstabelle 731
Häufigkeitsverteilung 734
Hauptaufgabe 149, 150, 151
Hauptbuch 237
Hauptfunktion 465
Hauptfunktionen
  Industriebetrieb 134
Hauptkostenstellen 302
Hauptpflichten 22, 24
Hauptversammlung 129
Hauptzeichnung 498
Haustarif 46
Hausverbot 121, 124
Hebebühne 675
Hebel 673
  zweiseitiger 686
Hebelwirkung 674
Heilbehandlung 76
Heimarbeiter 11
Heißdampf 694
Heißwasserbereiter 712
Heizleistung
  Widerstand 685
Heizölverschmutzung 113
Heizung
Heizleistung 684
  Strom 684
Heizwert 666, 695
Heranwachsender 553
Herstellkosten 378, 380, 381
Herstellkosten der Erzeugung 293, 294
Herstellkosten des Umsatzes 293, 294, 297
Herzberg 570
Hierarchie 148, 150, 154
Hilfesysteme 538
Hilfsstoffe 144, 146, 147, 181
Hinterbliebenenrente 76
Hochpreispolitik 276
Höchstbefristungsdauer 17
Höchstbestand 182
Höchstbestandsstrategie 182
Hooke'sches Gesetz 669, 716

Horizontalkomponente 686
Hotline 534
HSDPA 750
Hubarbeit 672
Hubleistung 673
Humanisierung 571, 572
Hydratationsenergie 656
Hydraulik 674
Hydrauliksystem 676
Hydrodynamik 676
Hydromechanik 674
Hydroxidgruppe 659
Hygienefaktoren 570, 580

I
Ideenfindung 455
  Methoden 455
  Ziel 455
Immissionen 110
Immissionsschutzbeauftragter 110
Indexzahlen 264
Indikatoren 661
Individualarbeitsrecht 6, 7
Individualsoftware 428, 434
Industriebetrieb
  Funktionen 134
  Hauptfunktionen 145
Informationen
  Aufbereitung 540
  Auftrag 207
Informationsaufgabe 235
Informationskanäle 441
Informationsquellen 483
Informationsrecht 62
Informationsverarbeitung 526
Inhaltsfreiheit 7, 53, 57
Initiativrecht 62
Inkompressibilität 675
Innenverhältnis 127
Innovation 166, 225
Inselfertigung 177
Inspektion 709
Instandhaltung 709
Instanz 154
Instanzenweg 63
Integration 559
Integriertes Managementsystem 751
Intensität 141
Interaktion 579, 583
Interessengemeinschaft 133
Internationalisierung 134
Interpreter 431
Interrollenkonflikt 585, 588, 629
Intervention 629
Intrarollenkonflikt 585, 588, 629
Inventar 241, 244, 247
  Beispiel 246
  Bestandteile 245
  Grundsätze 245
  Reihenfolge 244
Inventur 241
  Arten 242
  Gesetze 241
  körperliche 241
  permanente 242
  Planung 243
  Verfahren 242

verlegte 243
zeitlich ausgeweitet 242
Zeitpunkte 241
Inventurlisten 243
Investitionen 142
  Folgen 142
  Notwendigkeit 142
  Probleme 142
Investitionsarten 751
Investitionsprojekt 399
Investitionsrechenverfahren
  statische 399
Investitionsrechnung
  statische 368
Ionen 646
Ionenbindung 645, 646
Ionen-Wertigkeit 652
Irrtumswahrscheinlichkeit 733
Ishikawa-Diagramm 451, 467
Isolatoren 665
Isotope 642
Istbeschäftigung 374
Istgemeinkosten 311, 374
Istkosten 286, 311, 374
Istleistung 140, 141, 222
Istzahlen 238, 241
Istzeit 222
Ist-Zustandsanalyse 463

J
Jahresabschluss
  Bestandteile 239, 260
  Tätigkeiten 260
Jahresarbeitsentgeltgrenze 72
Job Enlargement 177, 214, 232, 572
Job Enrichment 177, 232, 572, 635
Job Rotation 177, 572
Jobsharing 19
Journal 237
Jugend- und Auszub.-Vertretung 61
Jugendarbeitsschutzgesetz 90
Jugendliche
  Abschlussprüfung 100
  Arbeitsschutz 91
  Ausbildung 563
  Entwicklung 562
  Förderung 559
  Unterstützung 562
Jugendvertretung 67
Juristische Person 129, 130
Just-in-sequence 183
Just-in-time 183

K
Kaizen 225
Kalium 683
Kaliumionen 683
Kapazität
  Einflussfaktoren 146
  technische 143
  wirtschaftliche 143, 146, 147
Kapazitätenplan 517
Kapazitätsauslastung 143, 413

Kapazitätsausnutzungsgrad 336
Kapazitätsengpass 360
Kapazitätsgrenze 343, 347
Kapital 247
  durchschnittlich gebunden 400, 408
Kapitalbedarf 145
Kapitalbindung 143, 144, 180
Kapitalgesellschaften
  Haftung 126
  Überblick 126
Kapitalkosten 399
Kapitalrentabilität 377, 408
Kapitalrücklaufzeit 371
Kapitalumschlag 372, 377
KapovAz 19, 179
Karenzklausel 24
Kartelle 132
  anmeldepflichtige 133
  Arten 132
  genehmigungspflichtige 133
Katalogverfahren 217
Katalysatoren 653
Kathode 654
Kelvin 664
Kennfunktionen 729
Kennzahlen 264
  absolute 264
  relative 264
Kennzahlensystem 372
Kennziffern
  statistische 731
Kernkraftwerk
  Energieausstoß 711
  Technikgrundsatz 711
Kernreaktion 698
Kernreaktor 701
  Grundelemente 701
Kernspaltung 698, 711
  Folgen 698
  Uran 699
Kesselstein 656, 697
Kettenarbeitsverhältnis 16
Kettenreaktion 699, 711
  Bedingungen 700
  Grafik 700
KG 127, 145, 146
KGaA 129
Kick-off-Meeting 546
Kilowattstunde 680
Kirchhoff'sche Gesetze 680
Klagearten 64, 66
Klarheit 245
Kleinserienfertigung 171
Klima 577
Knotenregel 680
Koalition 44
Koalitionsfreiheit 6
  individuelle 44
  kollektive 44
  negative 44
  positive 44
Kognition 554
Kolbendurchmesser 676
Kolbengeschwindigkeit 676
Kolbenkräfte 674
Kolbenmaschinen 695
Kollektivarbeitsrecht 6, 7
Kommanditaktionäre 129

Kommanditgesellschaft 127
Kommanditgesellschaft auf Aktien 129
Kommanditist 127, 146
Kommunikation 538, 583, 599
  externe 751
  Formen 539, 633
  nonverbale 625
  schriftliche 539
  Verbesserung 434
  Wege 539
  Ziele 539
Kommunikationsmodell 625, 633
Kompetenz
  Arten 587
  fachliche 138, 591
  persönliche 138
  soziale 138, 591
  strategische 138
Komplementär 127, 146
Kompressionsmodul 719
Konfiguration 527
Konfliktanalyse 514
Konflikte 579
  Arten 629
  Generationen 563
  Lösung 629
  nicht negativ 633
  soziale 629
  Umgang 513
  Ursachen 580, 629, 633
  Verhinderung 629
Konfliktentstehung 514
Konfliktgespräch 629
Konfliktmanagement 513, 514
Konfliktwahrnehmung 514
Konformitätsdruck 586
Konsortium 133
Konstruktionszeichnung 498
Kontakte
  außerbetriebliche 588
Kontinuierlicher Verbesserungsprozess 225
Kontinuitätsgleichung 676
Konto 249
Kontrastfehler 614
Kontrollaufgabe 235
Kontrolle 442, 607, 621
  Arten 621
  Fertigung 750
  Formen 607
  Gegenstand 608
  Häufigkeit 607
  Qualitätsmanagement 608
  Regelkreis 442
  Verhalten 608
  Ziele 607
Kontrollkarten 737
Kontrollmechanismen 541
Kontrollspanne 154
Konvektion 666
Konzentration 131
Konzentrationsformen 131
Konzern 133
Konzernbetriebsrat 61
Kooperation 131, 137
Kooperationsprinzip 106, 107
Körpersprache 471

Korrektur 608
Korrekturmaßnahmen
  Projekt 519
Korrosion 654, 683
  Arten 654
  chemische 654
  elektrochemische 654
  elektrolytische 654
  Schutzmaßnahmen 655
Korrosionsschutz
  aktiver 655
  passiver 655
Kosten 238, 277, 280, 281
  aufwandsgleiche 288
  aufwandslose 280, 288
  aufwandsungleiche 281
  aufwandsverschiedene 281, 288
  beschäftigungsabhängige 339
  Beschäftigungsbezug 288
  Beschäftigungsgrad 341, 377
  beschäftigungsunabhängig 337
  Betriebsfunktionen 287
  degressive 339, 340
  Erfassung 286, 287
  Erfassungsart 288
  fixe 288, 337, 345, 346, 365, 751, 752
  gemischte 288
  Gliederung 287
  Grafik 344, 347
  intervallfixe 338
  progressive 339, 341
  proportionale 339
  sprungfixe 288, 338
  überproportionale 341
  unterproportionale 340
  variable 288, 337, 339, 345, 346, 365, 751, 752
  veränderliche 339
  Verrechnungsart 287
Kosten- und Leistungsrechnung 237
  Begriffe 277
Kostenänderung
  Deckungsbeitrag 352
Kostenarten 146, 285
Kostenartenrechnung 285
Kostenauflösung 751
Kostenfunktion 342, 343, 522
Kostenkontrolle 275
Kosten-Nutzen-Aufstellung 449
Kostenrechnung
  Aufgaben 275
  Teilgebiete 285
Kostenstellen
  allgemeine 302
  Umlage 315
Kostenstellenfixkosten 365
Kostenstellenplan 303
Kostenstellenrechnung 286
Kostenträger 315
Kostenträgerblatt 378, 752
Kostenträgerrechnung 286
Kostenträgerstückrechnung 286, 315
Kostenträgerzeitrechnung 286, 315

Kostentragfähigkeitsprinzip 348
Kostenvergleich 399, 413
  Leistungseinheit 403
  Restwert 402
Kostenvergleichsrechnung 368
Kostenverursachungsprinzip 286, 315, 348
Kraft 667
  Angriffspunkt 667, 668
  Gleichgewicht 667
  Gleitreibung 686
  resultierende 667, 668, 685
Kräfte
  gleich gerichtete 668
Kräftegleichgewicht 667
Kräfteparallelogramm 668
Kräfteplan 668
Kräftepolygon 668
Kraftkomponente 671, 686
Kraftlinie 670
Kraftmaschinen 692
Kraftstoffe 708
Kraftübertragung 667
Kraftvektoren 667
Kraft-Weg-Diagramm 670
Krankengeld 72, 76, 83, 85, 86
  Voraussetzungen 83
Krankenkasse
  Leistungen 72, 82
Krankenkassenbeiträge 72
Krankenversicherung 69, 71
  Anspruchsberechtigung 83
  Finanzierung 71
  gesetzliche 71
  Leistungen 72, 82
  Pflichtversicherte 72
  private 71
  Versicherte 82
  Versicherungsfreiheit 82
Krankenversicherungspflicht 82
Krankheit 83, 85
Kreativität 619, 621
  Techniken 619
Kredit
  Vergleich Leasing 274
Kreditoren 237
Kreisbewegung 722
Kreisdiagramm 479, 490
Kreiskolbenmotor 707
Kreislaufmodell
  Terminplanung 440
Kreislauw.-Abfallgesetz 114
Kreislaufwirtschaft 109
Kritik 608
Kritikgespräche 609
  Ablauf 609
Kritische Menge 401, 405
Kritischer Pfad 522
Kritischer Weg 204
Kryptografie 119
Kumpelstil 593
Kumulationsrechnung 410, 411
Kundenauftrag 181
Kundenbeschwerden 751
Kundenorientierung 751

Kündigung 27, 67, 120, 122
  außerordentliche 35, 40, 41
  Befristung 17
  betriebsbedingt 38
  Betriebsrat 62
  Betriebsratsbeteiligung 42
  Checkliste 39, 40
  fristlose 35
  Krankheit 37
  mündliche 121
  ordentliche 35, 39, 41
  personenbedingt 37
  Probezeit 20
  Schriftform 35, 121
  sozial gerechtfertigt 36, 37, 38
  sozial ungerechtfertigt 53, 57
  verhaltensbedingt 36
  Voraussetzungen 36
  Zugang 35
Kündigungsfrist 35, 53, 56
  falsche 120
Kündigungsgrund 120
  betriebsbedingt 36
  personenbedingt 36
  verhaltensbedingt 36
Kündigungsschutz 38, 41
Kündigungsschutzklage 41, 42, 43, 53, 65, 121
Kündigungsschutzprozess 27
Kurvendiagramm 478, 505
Kurzarbeitergeld 80
KVP 225

L
Lagebericht 261
Lagerarten 136
Lagerbestand 180
  durchschnittlicher 185, 188
Lagerbestandsveränderungen 321, 322
Lagerdauer
  durchschnittliche 185
Lagerhaltung 183
Lagerhaltungskosten 184
Lagerhaltungskostensatz 184, 185
Lagerkennzahlen 185, 188
Lagerkostensatz 184, 185
Lagerung 136
Lagerverlust 145
Laissez-faire-Führungsstil 592
Landesarbeitsgericht 64
Landessozialgerichte 66
Längenänderung 664
Längenausdehnungskoeffizient 664, 686
Längenmessung 664
Langzeituntersuchung
  Prozessfähigkeit 735
Lärm 95, 100, 111, 577
Lärmminderung 111
Lärmschutz 751
Lärmstufen 111
Last
  Heben 725
Lastenheft 513
Laufkarte 206

Laufwasserkraftwerk 704, 711
Laugen 659, 683
  Schutzmaßnahmen 661
  Verdünnen 662
Leasing 273
  Nachteile 274
  Teilamortisation 273
  Vergleich Kredit 274
  Vollamortisation 273
  Vorteile 273
Leasingraten 273
Lebenslauf 552
Lebenszyklus 163
Leerkosten 338
Leiharbeit 20
Leistung 673
  Arten 673
  Beschleunigung 673
  Drehen 673
  elektrische 680, 681
  Hub 673
  hydraulische 676
  mechanische 686
  menschliche 602
  Messung 681
  Motor 742
  Reibung 673
  Spann 673
  Verformung 673
Leistungen 238, 277, 279, 280, 281
Leistungsaustausch innerbetrieblicher 306
Leistungsbereitschaft 139, 602, 619
Leistungsbeurteilung
  Ziele 635
Leistungsdisposition 602
Leistungsfähigkeit 139, 602
Leistungsgerechtigkeit 214
Leistungsgrad 140, 141, 222, 523
Leistungsklage 64, 66
Leistungslohn 220
  Auswirkungen 224
Leistungsmessung
  direkt 681
  indirekt 681
Leistungsmotivation 569, 602
Leistungsort 4
Leistungsverrechnung innerbetriebliche 306
Leistungszulage 224
Leitender Angestellter 11
Leitertafel 502, 505
Leiterwiderstand 679
Leitfähigkeit
  elektrische 684
Leitungsebene 154
Leitungsspanne 154, 584
Leitwert 679
Lernen 193
  Arten 555, 562
  bedingte Reaktion 555
  Einsicht 555
  kognitives 555
  Nachahmung 555
  sechs Stufen 555
  soziales 556, 557
  soziales, Lernorte 557
  soziales, Phasen 556

Übung 555
  Verstärkung 555
  Versuch und Irrtum 555
Lernen im Team 193
Lernorte 557
Lernprozess 555
Lernstatt 606
Lernstattgruppen 573
Licht 95, 100, 577
  Arbeitsplatz 207
Lichtgeschwindigkeit 724
Lieferbereitschaft 180
Liegezeiten 145
Linienfertigung 176
Linienorganisation 413
Linienstelle 157
Linux 427
Liquidationserlös 399
Liquidität 235, 245, 249
Liquiditätsplanung 136
Listenverkaufspreis 380
Lob 621
Logistik 136
Logistikdienstleister 183
Lohn
  Sonderformen 224
Lohnausfallprinzip 18
Lohnformen 220, 578
Lohnfortzahlung 26, 73, 82, 84
Lohngerechtigkeit
  absolute 214
  relative 214
Lohngruppen 46, 217
Lohngruppenverfahren 215, 216, 217, 232, 416
Lohnhöhe 215, 220
Lohnnebenkosten 752
Lohnschein 206
Lohnschlüssel 217
Lohntarif 46
Lohnzahlung
  Anspruch 123
Lohnzahlungspflicht 24
  geleistete Arbeit 25
  ohne Arbeit 25
Lohnzettel 287
Losgröße
  optimale 184
Lösung 641
  basisch 683
  sauer 683
Lösungen
  Bewertung 232
Lösungsalternativen 194
Lösungsvorschläge
  Bewertung 232
Löten 684
Lower Management 154
Lückenfüllung 54
Luft 647
Luftverbrauch 677
Luftverunreinigung 110

M
Make-or-buy-Entscheidung 749
Makro-Arbeitssystem 172
Management
  Gliederung 154
Management by
  Delegations 590
  Exceptions 590
  Objectives 590, 599
  Results 590

Management by Objectives 442
Management-by-Techniken 590
Managementregelkreis 752
Managementsystem
  integriertes 751
Managerial Grid 593
Manometer 664
Manteltarif 46
Marktanteil 164
Marktforschung 135
Marktwachstum 164
Maschenregel 680
Maschinenauslastung 413
Maschinenbelegung 200
Maschinenbelegungsplan 179
Maschinencode 428
Maschinenfähigkeit 735
  Mindestforderung 736
Maschinenfähigkeitskennzahl 739
Maschinenkosten 288
Maschinenplatz 289
Maschinensprache 429
Maschinenstundensatz 290, 379
  Gemeinkosten 291
  Überbeschäftigung 291
  Unterbeschäftigung 291
Maschinenstundensatzrechnung 288
Maschinensystem 172
Maslow 569, 580
Masse 725
  Atom 683
  statistische 729
  Temperatur 742
Massenfertigung 171, 319, 566
Motivation 580
Maßnahmen
  personelle 617
Maßstäbe
  Vergrößerung 498
  Verkleinerung 498
Materialdisposition 167, 181
Materialentnahmeschein 206, 287
Materialermüdung 666, 753
Materialfluss 170, 208
  fertigungstechnische Faktoren 171
  fördertechnische Faktoren 172
  räumliche Faktoren 170
Materialgemeinkostenzuschlagssatz 294
Materialien
  Temperaturverhalten 663
Materiallager 144
Materialplanung 180
Materialverlust 145
Materialverschleiß 666
Matrixorganisation 158, 187
  Funktionsmanager 188
  Produktmanager 188
Matrix-Projektmanagement 509, 510

Matrix-Projektorganisation 159
Mechanisierung 567
Median 739
Mediator 579
Medieneinsatz 474
Mehrbestand 262, 295
Mehrliniensystem 156, 187
Mehrstellenarbeit 176
Meilensteine 517
Meister
  „guter" 597
  Anforderungen 590, 596
  Aufgaben 596
  Erwartungen 598
  fachl. Anforderungen 596
  Führungskraft 590
  Motivation 621
  persönl. Anforderungen 596
  Spannungsfeld 596
  Tätigkeitsbereiche 599
  Tätigkeitsfelder 596
Meldebestand 182
Menge
  kritische 401, 405
Mengendifferenzen
  Produktionsstufen 324
Mengenstückliste 494, 495
Mengenteilung 139, 567, 580
Mensch
  Wirkungsgrad 414
Menschenführung 552
Menschen-Systeme 140
Mensch-Maschinen-System 140, 172
Merkmale 730
  diskrete 730
  nominale 730
  ordinale 730
  stetige 730
Stichprobe 730
Zentralisation 152
Messgeräte
  elektrische 681
Messmittelfähigkeit 736
Messstichproben 730
Messung
  Leistung 681
  Spannung 681
  Strom 681
Messverfahren 664
Metall
  elektr. Leitfähigkeit 684
  elektr. Widerstand 684
Metallbindung 646
Metalle 644
  unedle 659
Metallgitter 646
Metaplan-Technik 631
Methode vertikaler Schnitte 195
Methodenkompetenz 587
Method-Time-Measurement-Verfahren 213
Metra Potential Methode 202
Microsoft Windows 426
Middle Management 154
Mikro-Arbeitssystem 172
Mikrofilm 443
Milchkühe 164

Minderbestand 262, 295
Minderjährige 15
Minderkosten 408
Mindestbestand 185
Mindesturlaub 27, 55
Mindmap 447
Minuspol 678
Minutenfaktor 221
Mirroring 530
Mischstrom 678
Mitarbeiter
  ältere 560, 562
  anforderungsgerechter Einsatz 605
  ausländischer 562
  dienstleistender 9
  Einarbeitung 618
  Einbindung 599
  Einführung 618
  Förderung 635
  freier 9
  Potenzial 604
  Wirkungsgrad 414
Mitarbeiter, freier 11
Mitarbeiterbeteiligung 232
Mitarbeiterbeurteilung 609, 621
Mitarbeitereinarbeitung 618
  Checkliste 618
  Methoden 618
Mitarbeitereinführung 618
  Checkliste 618
  Methoden 618
Mitarbeitereinsatz 602
  anforderungsgerechter 573
Mitarbeitergespräch 624
  Arten 624, 753
Mitarbeiterorientierung 594
Mitbestimmungsgesetz 59, 61
Mitbestimmungsrecht 62, 67
Mittelwert 433, 731, 732, 739, 743
Mitwirkungskompetenz 587
Modalwert 731, 734, 739
Moderation 630
  Methoden 631
  Phasen 631
  Techniken 631
  Vorbereitung 630
Moderationstechnik 630
Moderator 472, 480
  Aufgaben 473, 490, 630
  Fragentechnik 632
  Kernspaltung 701
  Reaktor 711
  Rolle 631
  Stellung 631
  Störer 633
Mol 644
Moleküle 643
Molekülmasse
  relative 643
Monatsverdienst 523
Monotonie 139, 143, 580
Montageanleitung 493
Montanmitbestimmung 59
Morphologische Matrix 458

Morphologischer Kasten 458
Motivation 569, 571, 619
　Arbeitsbedingungen 566
　äußere 571
　innere 571
　Meister 621
Motivationsgespräch 633
Motivatoren 570, 580
Motive 569
　extrinsische 569
　intrinsische 569
Motor 692
　Leistung 742
　Nutzleistung 711
　Wirkungsgrad 685
MPM 202
MS-DOS 425
MTM 213, 568
Müllvermeidung 113
Multi Tasking 424
Multi User 424
Multiple-nucleus-Strategie 195
Mussziele 461
Mutterschutzgesetz 90

N
Nachfolger 145
Nachhaltigkeit
　Ressourcen 753
Nachholbedarf 178
Nachkalkulation 276, 316, 317
　Kontrolle 315
Nachprüfbarkeit 245
Nachweisgesetz 8
Nachwirkung Tarifvertrag 46
Nassdampf 694
Naturallohn 25
Nebenfunktion 465
Nebenpflichten 22, 24
Nein-Sagen 441
Nennbetragsaktien 129
Nettobedarf 180, 182, 187, 188, 190, 504
Nettopersonalbedarf 178
Netzplan 201, 203, 204, 207, 208, 467
　ereignisorientiert 202
　Methoden 202
　Vorgang 202
　vorgangsorientiert 202
　Ziele 202
Netztafeln 503
Netzwerk 546
Neubedarf 178
Neutralisation 660, 683
Neutronenbeschuss 698
Nichtigkeit 14
Nichtleistung 28, 29
Nichtmetalle 644
Niederschlagswasser 108
Niederstwertprinzip 266
Niedrigpreispolitik 276
Nomogramm 502, 504
Normalbeschäftigung 291
Normalfallbeschleunigung 722
Normalgemeinkosten 311
Normalkapazität 336
Normalkosten 286, 311
Normalkraft 669, 725

Normalleistung 140, 141, 222
Normalluftdruck 677
Normalpotenzial 749
Normalspannung 716, 719
Normalverteilung 501, 732, 733, 739
Normen 498, 557, 586
Normteile 181
Normung 497
　Vorteile 753
Notar 11
Notausgänge 100
Nutzenergie 673
Nutzkosten 338
Nutzleistung 711
　Motor 711
Nutzung
　optimale 143
Nutzungsperiode 399
Nutzungszeit 337
Nutzwert 228
Nutzwertanalyse 229, 459, 467, 522

O
Objekt 148, 149, 150, 151, 152, 153, 187
　immaterielles 150
　materielles 150
Objektorientierung 158
Objektzentralisation 153
Offenbarungspflicht 13
Offene Handelsgesellschaft 127
Offizialdelikte 105
Offline-Verarbeitung 541
Öffnungsklausel 51, 63
OHG 127, 145, 146
Ohm'sches Gesetz 678, 680
Ökobilanz 710
Ökologie 145
Oktanzahl 708
Ölverschmutzung 113
Operationalisierung 512
Opferanoden 655
Optimierungsprozesse 207
Ordnungsprinzip 3, 6
Ordnungswidrigkeit
　Arbeitsschutz 91
Organigramm 154, 479
　Formen 160
　funktional 753
　Grafik 155
　Kriterien 160
　operational 753
Organisation 148
　EDV 534
　formelle 599
　lernende 192
　Merkmale 148
　objektorientiert 158
　verrichtungsorientiert 158
　zeitliche 577
Organisationsanalyse 194
Organisationseinheit 154
　ergebnisorientiert 161
Organisationsentwicklung 192, 196, 207, 754
　Änderungen 193
　Kennzeichen 193
　Methoden 195
　Vorgänge 208

Organisationsmittel 206
Organisationsplan 160
Organisationsprinzipien 590, 599
Organisationssystem 155
Organisationszyklus 193
　Phasen 194
Orientierungsphase 629, 633
OS/2 425
Ottomotor 705
　Arten 705
Ottoverfahren 711
Overheadprojektor 475
Oxidation 649, 653, 684
　Verhinderung 684
Oxidationsmittel 649, 650, 651, 684
Oxidationsvorgänge
　Beschleunigung 683
Oxidationszahl 652
　Bestimmung 652
Oxide edler Metalle 650
Oxidionen 683
Ozon 648

P
Parallelentwicklung 164
Parallelschaltung 679, 684
Pareto-Analyse 441
Parteipolitische Betätigung 61
Partizipation 165, 586, 604
Pascal 675
Passiva 247
Passivkonto 249, 250, 259
Passivseite 248, 249
Passivtausch 251
Passwort 532, 541
Passwortwechsel 118
Patina 655
Pay-off-Methode 409
PDCA-Zyklus 225
Pensumlohn 221, 224
Periodensystem der Elemente 643, 683, 684
Personal Mastery 192
Personalbedarf 187, 546
Personalbedarfsplanung 178
Personalbedarfsrechnung 178
Personaleinsatzplanung 179
　Arbeitsplatz 179
　Qualifikation 179
Personalentwicklung 136, 621
Personalentwicklungskonzept 558
Personalentwicklungsmaßnahmen 754
Personalfragebogen 12
Personalkosten 752
Personalplanung 178, 605
　kurzfristige 178
　langfristige 178
　mittelfristige 178
Personal-Service-Agentur 81
Personalvertretung 59
Personelle Maßnahmen 617
Planungsmittel 617

Personenbezogene
　Daten 27
Personendaten
　Schutzmaßnahmen 118
Personengesellschaften
　Haftung 126
　Überblick 126
Personenschaden 30
Persönliche Schutzausrüstung 100, 103
Persönlichkeit 598
Persönlichkeitsentwicklung 552, 562, 598
Persönlichkeitsmerkmale
　Gruppenführer 635
Persönlichkeitsprofil 139, 152, 573, 605
Perspektive 499
PERT 202
Pfad
　kritischer 522
Pflegebedürftigkeit 74, 82
Pflegepflichtversicherung
　private 74
Pflegestufen 74, 82, 83
Pflegeversicherung 69, 73
　Befreiung 82, 85
　gesetzliche 74
　Leistungen 83
　private 74, 83, 85
Pflichtbeiträge 70
Pflichtenheft 513
Phase 150, 151
pH-Wert 661, 684, 742
Physik 641
Physiologie 576
PINCH-Methode 751
Pinnwand 474
Planbeschäftigung 374
Plangemeinkosten 374
　verrechnete 374
Plan-Ist-Vergleich 374
Plankosten 286, 374
　verrechnete 374
Plankostenrechnung 373, 374
　flexible 373, 375
　starre 373, 374
Plankostensatz 374
Plankostenverrechnungssatz 382
Planung 463, 467
　Arten 162
　Besprechung 467
　betriebliche 161
　kurzfristige 161, 165
　langfristige 161, 162
　mittelfristige 161, 163
　operative 161, 165, 463, 467
　strategische 161, 162, 463, 467
　taktische 161, 163, 464
Planungsebene 161, 463
Planungshilfsmittel 442
Planungsmittel 617
Planungsprinzipien 464
Planungsrechnung 238
Planungstafel 443, 468
Planungszeiträume 162
Planzahlen 238
Platzprinzip 177
Pluspol 678
Pneumatik 677
Poor dogs 164

Portabilität 537
Portfolio 166
Portfolio-Analyse 164
Potenzial 604
PPS 434
Prämien
　Vorschlagswesen 231
Prämienarten 223
Prämienlohn 223, 232, 578
　Nachteile 223
　Vorteile 223
Präsentation 470, 630
　Ablauf 481
　Abschluss 489
　Anlässe 470
　Argumentation 472
　Aufbau 483
　Bestuhlung 485
　Checkliste f. Vorbereitung 487
　Diskussion 472, 490
　Durchführung 487
　Einleitung 488
　Einwände 490
　Erfolg 481
　Eröffnung 487, 490
　Fachinformation 482
　Farben 490
　Feedback 489, 490
　Gliederung 490
　Grafik 476
　Handout 484
　Hauptteil 488
　Improvisation 472
　Informationsauswahl 483
　Informationsquellen 483
　Medien 484, 490
　Nachbereitung 489
　Organisation 484
　Ort 484
　persönl. Vorbereitung 486
　Raum 484
　Stichwortmanuskript 486
　Störer 488, 490
　Störungen 487
　Tischvorlage 484
　Verhalten 488
　Vorbereitung 482
　Zeitplanung 484
　Zeitpuffer 487
　Ziele 481
　Zielgruppe 481, 482
　Zusatzinformation 482
　Zweck 470
Präsentationsstrategie 483
Prävention 74, 75, 83, 629
Preisänderung
　Deckungsbeitrag 352
Preiskartell 132
Preispolitik 276
Preisuntergrenze
　absolute 348
　kurzfristige 348, 349, 380, 754
　langfristige 348, 349, 380, 754
Pressdruck 675
Presskraft 674
Prestigewert 228
Primäraufgabe 150
Primärbedarf 180, 495, 504
Primärenergie 694, 711

Primärgruppen 583
Primärmotive 490
Prinzip
  ökonomisches 176
Prioritätsregeln 180
Privatrecht 3
Probearbeitsverhältnis 20
Probezeit 20
Problemanalyse 450
Problem-Analyse-Schema 450
Probleme
  betriebliche 444
  Ursachen 633
Problemlösegruppen 572
Problemlösung 444
Problemlösungszyklus 512
Problemprodukte 164
Produkt 120
  Differenzierung 166
  Diversifikation 166
  eliminieren 355
  Eliminierung 166
  Hauptbestandteil 144
  Innovation 166
  Nebenbestandteil 144
  neu 165
  Neugestaltung 167
  Variation 166
Produktbestimmung 163
Produktdokumentation 492
Produktentwicklung
  Verkürzung 164
Produktfeld 162
Produktgestaltung 167
Produktgliederung 167
Produkthaftung 115
  Beweislast 116
  Ersatzpflicht 116
  Fehler 116, 120
  gesetzlich 115
  Haftungsausschluss 116, 120
  Produkt 116
    vertraglich 115
  Produkthaftungsgesetz 115, 118, 120, 122
  Haftung 116
  Schadensersatz 119
Produktidee 162
Produktion 162
  Ressourcen 754
Produktionsbetrieb
  Funktionen 134
Produktionsfaktoren 135, 137, 287
  Kombination 148
Produktionsorganisation 171
Produktionsplanung- und Steuerung 434
Produktionsprogramm 162, 181, 187
  Änderung 165
  kurzfristiges 165
  langfristiges 162
  mittelfristiges 163
  optimales 361
  strategisches 162
  Zeitabschnitte 162
Produktionsprozess 161
Produktionsstufen 382
  Mengendifferenzen 324

Produktionstypen 171
Produktionsvolumen 161, 162
Produktivität 139
Produktkonzept 163
Produktlebenszyklus 163
Produktlinie 162
Produktmanager 188, 191
Produktmaterialien 144
Produktportfolio 166
Produktverantwortung 114, 118
Profilierungsphase 629
Profit-Center 158, 161
Programmablaufplan 197
Programmbreite 163
Programmdichte 163
Programmerstellung 542
Programmfehler 431
Programmiersprachen 428, 429, 430, 545
Programmtiefe 163
Projekt 159, 508
  Abschluss 513
  Abschlussbericht 520
  Abschlusssitzung 521
  Abwicklung 512
  Auflösung 521
  Beendigung 755
  Dokumentation 521
  Durchführung 510
  Einsatz 511
  Feedback 521
  Inhalt 754
  Investition 399
  Istzustand 519
  Kapazitätenplan 517
  Konflikte 513
  Korrekturmaßnahmen 519
  Kosten 517, 518, 522, 756
  Kostenrechnung 518
  Kostenziel 519
  Merkmale 159, 511
  Personalbedarf 517
  Phasen 159, 512
  Qualitätsplan 518
  Sachziel 519
  Software 523
  Strukturierungsphasen 512
  Terminziel 519
  Zeitplan 517
  Zielabweichung 520
  Zielbildungsprozess 546
  Ziele 511, 522, 754
Projektablauforganisation 159, 509
Projektablaufplan 516
Projektabschluss 520, 521, 758
Projektaufbauorganisation 509
  begrenzte 159
  Stab 159
  totale 159
Projektauftrag 513, 522
Projektbeteiligte
  Aufgaben 755
  Einflussmöglichkeiten 755, 756
  Funktion 755
  Verantwortung 755, 756

Projektdurchführung 510, 758
Projektkosten
  Abweichungsanalyse 757
  direkte 756
  indirekte 756
Projektleiter 509, 522
Projektmanagement 508
  Abweichungsanalyse 757
  Matrix 509
  reines 522
Stabsstelle 509
totales 509
Ziele 508
Zielfindung 759
Projektorganisation 159, 508, 509
  begrenzte 159
  Matrix 159
  Stabsstelle 510
Projektplanung 515
  Bestandteile 515
  Lösungen 758
  Vorgehensweise 758
  Zielfindung 757
Projektsteuerung 519, 522, 759
  Grundsätze 759
  Termineinhaltung 760
  Ziele 522
Projektstrukturplan 515
  funktionsorientiert 515
  Mischformen 516
  objektorientiert 515
Projektstufe 169
Projektterminplan 517
Proportionalitätsgrenze 717, 718
Protokoll 539
Protolysengleichung 683
Prozess 420
  Analyse 421
  Beispiele 420
  Dokumentation 420
  EDV-Erfassung 421
  Modelle 421
  Rahmenbedingungen 421
Prozessfähigkeit 735
  Langzeituntersuchung 735
  Mindestforderung 736
  Teilbereiche 275
Prozessfehler 729
Prozesskennwert 736
Prozessmodell 421
Prozessregelkarten 737
Prozessstreubreite 735
Prozessverantwortung 760
Prüf- und Zertifizierungsstelle 97
Prüfsummen 533
Prüfverfahren
  CE 97
  GS 97
Prüfverteilung 732
Prüfziffer 541
Psychomotorik 554
Pubertät 553
Puffer
  freier 205
Pumpspeicherkraftwerk 711

Q
Qualifikationsbedarf 606
Qualifizierung 604, 605
Qualifizierungsbedarf 604, 606
Qualifizierungsmaßnahmen 606
  Ergebnisanalyse 760
  externe 621
Qualitätsplanung 518
Qualitätsregelkarten 737
Qualitätszirkel 225, 606
Question marks 164

R
Rahmentarif 46
Raid-Systeme 530
Rang 150, 151
Rangfolgeverfahren 215, 216, 416
Rangprinzip 3
Rangreihenverfahren 215, 216, 218, 417
Rationalisierung 143, 434, 526
  Auswirkungen 143
Rationalisierungsinvestition 408, 410
Rauchgas 654, 697
Raum 148
Reagibilitätsgrad 339
Reaktion
  endotherme 653
  exotherme 653
Reaktionskraft 674
Reaktor
  Moderator 711
  schneller 711
Reaktorbrennstoff 701
Reaktortypen 701
Realisierung 194
Realtime-Verarbeitung 423
Rechenschaftslegungsaufgabe 235
Rechnungswesen 234
  Aufgaben 234
  externe Aufgaben 235, 236
  externes 237, 276
  Gliederung 236
  interne Aufgaben 235, 236
  internes 276
Recht
  dispositives 5
  öffentliches 3
  privates 3
  tarifdispositives 6
Rechtsbeschwerde 64
Rechtsmittel 65, 66
Recycling 109, 145
Re-Design 164
Redoxreaktion 649, 650
Reduktion 649, 653, 654, 684
  direkte 654
  indirekte 654
Reduktionsmittel 649, 650, 651, 683
Regelkarte 738
Regelkarten 737
Regelkreis 737
Regeln der Technik 96
Registratur 443

Regressanspruch 100
Rehabilitation 74, 77, 82, 83
Rehabilitationsmaßnahmen 73
Reibung 670, 725
  Arten 670
Reibungsarbeit 672
Reibungskraft 670
Reibungsleistung 673
Reibungszahlen 670, 672
Reichsversicherungsordnung 86
Reifung 554, 555
Reihenfertigung 171, 176
Reihenfolge Vorschriften 3
Reihenschaltung 679
Reinigungsmittel 108
Reinstoffe 641
Reinvermögen 244, 245
Relaunch 164
Rentabilität 373, 408
Rentabilitätsvergleich 407
Rente
  beitragsgerecht 83
  Erwerbsminderung 83
  Höhe 83, 85
  lohnbezogen 83
  sozial 83
Rentenanpassung 79
Rentenberechnung 78
Rentenversicherung 69, 76, 82
  Aufgaben 76
  Finanzierung 77
  Leistungen 77
  Versicherte 76
  Versicherungsträger 77
  Versicherungszweige 77
  Ziele 76
Rentenzahlung 77
Reparaturanleitung 493
Reparaturmaterial 144
Reserve 185
Reservebedarf 178
Ressourcen 754
  Nachhaltigkeit 753
Resterlös 399
Rest-Fertigungsgemeinkosten 335
Restwert 268, 399
Return on Investment 372, 407
Revision 64, 65, 66
RFID 760
Richterrecht 5
Risikoanalyse 461
Rohstoffe 144, 146, 147, 181
  Kapitalbindung 144
  Lagerkosten 144
  Überalterung 144
Rohstoffverbrauch 185
Rohstoffwiedergewinnung 145
ROI 372, 407
Rollen 557
Rollendifferenzierung 585
Rollreibung 670
Rotation 666, 667
Rücknahmepflichten 114
Rückwärtsrechnung 204
Rückwärtsterminierung 464

Ruhepausen 100
Run 738
Rüstgrundzeit 170
Rüstzeit 170

S
Sachgrund 16
Sachgründung 129
Sachschaden 29
Sachverständiger 99
Sachziel 519
Salamitaktik 625
Salz 660
  Beispiele 661
  Bildung 683
  Nutzung 662
  Zusammensetzung 683
Salzbildung
  Arten 660
Salzsäure 684
Sattdampf 694, 697
Satzung 130
Sauerstoff 647, 683
Säulendiagramm 478
Säuren 658, 683
  Nachweis 659, 742
  Nutzung 662
  Schutzmaßnahmen 661
  Verdünnen 662
  von Metallen 658
  von Oxiden 658
Schadensersatz 12, 22, 27, 28, 29, 30, 47, 49, 54, 58, 119
Schalenaufbau
  Elektronenhülle 642
Schaltbild 678
Schaltungsarten
  elektrische 679
Schaukel
  Aufhängung 724
  Bahnpunkt 724
Scheduling 179
Scherspannung 719
Schichtarbeit 179
Schichtplan 200
Schichtplanung 179
Schlechtleistung 28, 29
Schlechtwettergeld 80
Schlichtungsverfahren 49
Schlussbilanz 250
Schlüsselqualifikationen 597, 599
Schmelzpunkt 665
Schmelzsicherung 680
Schmerzensgeld 119
Schmutzwasser 108
Schneller Brüter 702
Schnittarten
  Zeichnung 499
Schnittgeschwindigkeit 723
Schreibtischmanagement 441
Schubspannung 716, 719
Schulden 234, 241, 244, 245
Schutzausrüstung
  persönliche 100, 103
Schutzbedürftige
  Arbeitsplätze 91
  Personen 91
  Vorschriften 92
Schutzgas 760

Schutzmaßnahmen
  elektr. Anlagen 682
  Energieträger 710
Schutzpflicht 27
Schwerbehinderte
  Arbeitsschutz 92
Schwerbehinderter 52, 55
Schwerpunktstreik 48
Schwindmaß 665
Schwindung 665
Schwund 145
Sechs-Stufen-Methode 226, 227, 464, 466
  Lernen 555
Seitenansicht 504, 505
Sekundäraufgabe 150
Sekundärbedarf 180, 182, 495
Sekundärgruppen 583
Sekundärmotive 490
Selbstanalyse 598
Selbstkontrolle 442, 607
Selbstkosten 276, 293, 295, 298, 299, 354, 378, 380, 381, 385
  Fertigungshauptstellen 301
Selbstschutz
  betrieblicher 186
Selbstständiger 9, 11, 53
Selbstwertgefühl 599
Serienfertigung 171, 566
Servicequalität 761
Shareware 533
Sicherheit
  Abwehr 186
  Bruch 725
  statistische 731
  Vorbeugung 186
Sicherheitsausschuss 99
Sicherheitsbeauftragter 89, 101
  Aufgaben 99
  Bestellung 98
Sicherheitsbestand 182, 185, 187, 188, 190
Sicherheitsfachkraft 89
  Voraussetzungen 100
Sicherheitsgrenzen
  Normalverteilung 732
Sicherheitsmaßnahmen 186
  materielle 186
  organisatorische 186
  personelle 186
Sicherheitswesen 186
Sicherheitszahl 718
Sicherungen
  Strom 680
Siedepunkt 665
Siedetemperatur 694
Siedewasserreaktor 701, 702
Signalanalyse 729
Simultaneous Engineering 164
Single User 424
Situationsanalyse 194, 512
Situationsbeschreibung 444
  Verfahren 445
Skizze 498, 499
SMART-Formel 461
Software 428, 527
  Arten 428

Benutzerfreundlichkeit 536
  Ergonomie 535
Software-Lizenz 533
Solaranlage
  thermische 703
Solarenergie 703
Solarkollektor 711
Solarkonstante 703, 711
Solarzelle 703, 711
Solidaritätsprinzip 71
Solidaritätsstreik 48
Soll 250
Soll-Ist-Analyse 445
Soll-Ist-Vergleich 519
Sollkosten 375, 376, 382
Sollzahlen 238, 241
Sollzeit 222
Sonderabschreibung 272
Sonderkündigungsschutz 120, 122
Sondervereinbarungen 21
Sonderzahlung 120, 123
Sozialauswahl 38
Sozialgerechtigkeit 215
Sozialgerichte 65
Sozialgerichtsbarkeit 65
Sozialgerichtsverfahren 66
Sozialgesetzbuch 69, 86
Sozialhilfe 85
Sozialisation 557
Sozialisationsinstanz 562
Sozialkompetenz 138, 587
Sozialleistungen 578
Sozialplan 60, 68, 124
Sozialstaatsprinzip 3
Sozialverhalten 552, 627, 628
Sozialversicherung 69
  Aufbau 70
  Aufgaben 69
  Aufsichtsbehörden 71
  Selbstverwaltung 70, 71
  Träger 70
  Versicherungsträger 69
  Versicherungszweige 69
  Zweige 82
Sozialversicherungsträger 69
Soziogramm 584, 598
Spahlsches Faktorenquadrat 231
Spam 533
Spannarbeit 672
Spannleistung 673
Spannung 678, 716
  elektr., Erzeugung 677
  elektrische 677
  mechanische 716
  Messung 681
  Widerstand 685
Spannungs-Dehnungs-Diagramm 717
Spannungsquelle 678
Spannungsreihe der Metalle
  elektrochemische 749
Spannweite 731, 734, 739
Sparte 158
Spartenleiter 161
Spartenorganisation 157
SPC 737
Speicherkontrolle 541
Speicherkraftwerk 704
Speichermedien 527

Speicherung
  elektromagnetisch 443
  optoelektronisch 443
Speisewasser 697
Sperrminorität 133
Spezialisierung 139
Spezialitätsprinzip 3, 6
Sprecherausschussgesetz 71
Sprungrevision 65, 66
Stabilisierungsphase 629, 633
Stabliniensystem 157
Stabs-Projektorganisation 159
Stabsstelle 154, 157, 187
Staffelform 261
Stammkapital 130
Stand der Technik 110
Standardabweichung 731, 732, 739
Standardisierung 566
  Vorteile 753
Standardprogramme 428
Standardsoftware 428, 541
  Vorteile 434
Standort 170, 761
Standortwahl 145
Stapel-Verarbeitung 423
Stärken-Schwächen-Analyse 445
Stars 164
Statistik 238, 499
  analytische 500
  beschreibende 500
  Einsatzmöglichkeiten 729
  Kennziffern 731
  technische 729
Statistische Prozessregelung 737
Statistische Sicherheit 731
Statistisches Streubild-Verfahren 434
Status 585
Statussymbol 585
Statut 130
Steigung
  schiefe Ebene 725
Stelle 148, 149, 152, 154, 172, 188
  Anordnung 154
  Anordnungsbeziehungen 154
  Beziehungen 154
  Elemente 154
  leitende 154
Stellenausschreibung 11, 12, 18
Stellenbeschreibung 152
Stellenbesetzungsplan 178
Stellenbildung 152, 153
Stellenplanung 761
Stellensuche 43
Sterbegeld 76
Sternfertigung 573
Sternprinzip-Fertigung 177
Stetigförderer 172
Steuererklärung 239
Steuerrecht 239
Stichprobe
  Merkmale 730
Stichprobeninventur 242
Stichprobenkontrolle 607
Stichtagsinventur 242

Stille Gesellschaft 128
Stoffe 641
  amphotere 683
  Grundstoffe 684
  reine 684
  Umweltgefahr 113
  Verbindungen 684
  wassergefährdende 107
Störfaktoren 444
Störfallbeauftragter 110
Störungsfaktor 522
Strahlen
  Schutz 111, 112
Strahltriebwerk 695
Strahlung 111
  Arten 112
  ionisierende 112
Straßenfertigung 176
Streckgrenze 717, 718
Streik 47, 121, 124
  Arten 48
  Hauptpflichten 49
  Nebenpflichten 49
  Rechtmäßigkeit 48
  rechtswidriger 49
  Unterhaltszahlung 48
  wilder 48
Streikgeld 49
Streubild-Verfahren 434
Streupunktdiagramm 434
Streuung
  lineare 739
Streuungsmaß 731
Strichliste 501
Strom
  elektrischer 677
  Heizung 684
  Messung 681
Stromkreis 678
  Sicherungen 680
  Widerstand 685
Stromrichtung
  technische 678
Stromstärke 678
Strömungskraftmaschinen 695
Strukturplanung 463
Strukturstückliste 494, 495, 496
Stückakkord 221
Stückaktien 129
Stückkosten 320, 324, 337
  Grafik 344
  konstante 349
Stücklisten 168, 208, 493, 505
  Arten 493, 494
Stückrechnung 238
Stückzahl
  kritische 370, 413
  kritische, Grafik 371
Stufenkalkulation 324
Stufenleiterverfahren 307
Stufenwertzahlverfahren 215, 216, 219, 417
Stundenfaktor 219
Subsidiaritätsprinzip 106
Substitution 143, 146
Suggestivfrage 480, 632
Supply Chain 135
Support 534
SWOT-Analyse 449
Symbole 476
Synchronmaschine 725
Synektik-Methode 490

Synthese 642
System
  abgeschlossenes 693
  soziales 140, 580
  soziotechnisches 140, 580
  technisches 580
Systeme vorbestimmter Zeiten 213
Systemelemente 140, 146, 147, 172, 567
Systemgestaltung 464

T
TA Lärm 111
TA Luft 110
Tabellen 500
  Ablaufdarstellung 198
  Beispiele 500
  Elemente 501
  technische 501
Tabellenbücher 497
Tabellenkalkulation 528
Tagesrhythmus 603
Tageswert 266
Target Costing 457
Tarifautonomie 5, 45, 54
Tarifbindung 46
Tarifregister 45
Tarifvertrag 5, 45, 50, 51, 55, 56
  Arten 46
  Nachwirkung 45, 46
  normativer Teil 45
  schuldrechtlicher Teil 45
  Voraussetzungen 45
Tarifvertragsgesetz 45
Task Force 159, 509
Tätigkeitskontrolle 608
Tätigkeitszeit 170
  beeinflussbare 170
  unbeeinflussbare 170
Team 585, 588
Teamorganisation 159
Technische Arbeitsmittel 96
Technische Dokumentation 504
Technische Überwachungsvereine
  rechtliche Stellung 99
Teilamortisationsverträge 273
Teilarbeitslosigkeit 80
Teilaufgabe 149, 150
Teilautomation 567
Teilchenstrahlung 112
Teileansichten 499
Teileverwendungsnachweis 494, 497
Teilhafter 127, 145, 146
Teilkostenrechnung 355
Teilkraft 668
Teilmechanisierung 214
Teilnichtigkeit 14
Teilschnitt 499
Teilzeit Anspruch 19
Teilzeitarbeitsplatz 18
Teilzeitarbeitsverhältnis 17
Telefonmanagement 441
Temperatur 95, 663
  Masse 742
Temperaturerhöhung Volumen 711
Temperaturmessung 664

Temperaturverhalten Materialien 663
Tendenz zur Milde 614
Tendenz zur Mitte 614
Terminkarte 206
Terminmanagement 439
Terminplanung 439, 441, 442, 464, 467
  betriebliche 439
  Kreislauf 440
  Kreislaufmodell 439
  persönliche 439
Terminziel 519
Tertiärbedarf 180
Textformulierung 540
Textgestaltung 476
Textverarbeitung 428
Textverständlichkeit 633
Tiefe
  Fertigung 162, 163
Time-cost-tradeoff 164
Time-to-market 164
Tischvorlage 484, 542
Toleranzbreite 735
Toleranzgrenze 732, 733, 738
Top Management 154
Top-down-Prinzip 464
Top-down-Strategie 195
Torsion 719
Tortendiagramm 479
Training on the job 606
Translation 666, 667
Trend 738
Treuepflicht 22, 23
Trinkwasser 657, 684
Trisauerstoff 648
Trust 133
Turbine
  Drehzahl 725
Turnusarbeit 19
Tutorensysteme 538
TÜV 89
  rechtliche Stellung 99

U
Überdeckung 311
Überdruck 677, 711
Überdruckventil 685
Überhitzer 697
Überlassungsvertrag 21
Übersetzungsprogramm 428
Überstunden Teilzeit 18
Überstundenzuschläge 54, 58
Übung 555
UG 130
Ultima-Ratio-Prinzip 47, 124
Umfangsgeschwindigkeit 722, 723, 725
Umgebungseinflüsse 175, 211
Umkehrübung 4
Umlaufgeschwindigkeit 722
Umlaufvermögen 245
Umsatz
  Deckungsbeitrag 359
  Fixkostendeckung 358
Umsatzfunktion 343
Umsatzkostenverfahren 262
  Beispiel 263

Umsatzrentabilität 265, 372, 377
Umschlagshäufigkeit 185, 188, 761
Umlaufvermögen 265
Umwelt
  biologische 554
  sozial-kulturelle 554
Umweltbelastung 145
Umweltdelikte 105
  Strafen 105
Umwelteinflüsse 175, 568
  entwicklungsfördernd 556
  entwicklungshemmend 556
Umweltpolitik 113
Umweltrecht 104
Umweltschutz 104, 113, 633
  Gesetze 107
  Politik 104
  Prinzipien 106
  Verordnungen 107
  Verstöße 113
Umweltschutzrecht
  EU 104
  EU-Instrumente 105
  EU-Ziele 105
Umweltsicherheit 100, 101
Umwelttechnik
  integrierte 750
Umweltverträglichkeit 107
Unabdingbarkeit 3
Unfalluntersuchung 100
Unfallverhütung 75, 83, 90, 100
Unfallverhütungsvorschriften 75, 86
Unfallversicherung 69, 70, 74, 82
  Aufgaben 74, 98
  Beiträge 74
  Leistungen 76, 82
  Versicherte 74
Unix 424
Unstetigförderer 172
Untätigkeitsklage 66
Unterdeckung 311
Unterdruck 677
Unterlagen
  technische 492
Unternehmen
  Verpflichtungen 145
Unternehmenserfolg 237
Unternehmensergebnis 282
Unternehmensfixkosten 365
Unternehmensformen 126
  Auswahlkriterien 126
  Überblick 126
Unternehmensfortführung 145
Unternehmenskultur 565, 580
Unternehmensleitung 135
Unternehmensmitbestimmung 59
Unternehmensphilosophie 565, 580
Unternehmensplanung
  operative 761
  strategische 761
Unternehmenspolitik 565

Unternehmensziel 149
Unternehmenszusammenschlüsse 414
Unternehmerrentabilität 265
Unternehmungsrentabilität 265
Unterweisung 101, 104
Unwucht 666
Uran 698
  Kernspaltung 699
Urlaub 26, 27, 28
  Teilzeit 18
Urlaubsanspruch 27, 121, 124
Urlaubsbescheinigung 43
Urlaubsentgelt 26
  Berechnung 18
  Teilzeit 18
Urlaubsgeld 54
Urlaubsgewährung 24
Urlaubsplan 207
Urlaubstage 52, 55
Urliste 730
Urteilsverfahren 63, 65, 67, 68

V
Vakuum 677
Varianten 163
Variantenstückliste 494
Varianz 731, 739
Variation 166
Variationsbreite 739
Variationskoeffizient 739
Vektor 667
Veränderungsprozesse 207
Verbandstarif 46
Verbesserung 444
Verbesserungsprozess 414
Verbesserungsvorschläge 226
  Bewertungsbeispiel 230
  Bewertungsfaktoren 229
  Bewertungskriterien 230
  Bewertungsmaßstäbe 229
  Prämiierung 231
Verbindungen 641
Verbraucherprodukte 96
Verbrauchsabweichung 373, 375, 376, 382
Verbrennung 653, 694
  liegende 695
  schwebende 695
  unvollkommene 654
  vollkommene 653
Verbrennungsgasmotoren 695
Verbrennungsgeschwindigkeit 100
Verbrennungskraftmaschinen 695, 705
Verbrennungsmotor
  Vorteile 711
Verbrennungswärme 666, 695, 711
Verbundene Unternehmen 133
Verdachtskündigung 41
Verdampfungswärme 666
Verdrillung 719
Vereinigte Unternehmen 133

Verfassung 6
Verformungsleistung 673
Verhalten
  konformes 586
Verhaltensänderung 558
Verhaltensgerechtigkeit 215
Verhaltensgitter 593, 594
Verhaltensregeln 627
Verhältnismäßigkeit 37
Verkehrslärm 111
Verletztengeld 76
Verletztenrente 76
Verlust 256, 282, 318
Vermeidung 109, 118
Vermittlungsgutschein 81
Vermögen 234, 244, 245, 247
Vermögensgegenstände 241
Vermögensvergleich 237
Verrichtung 148, 149, 150, 152, 187
Verrichtungsorientierung 158
Verrichtungsprinzip 171, 176
Verrichtungszentralisation 153
Verschlüsselung 532
Verschwendungssucht 54
Versicherungsfall 102
Versicherungsfreiheit 72, 82
Versicherungspflicht 72
Versicherungspflichtgrenze 72
Versicherungspflichtige Personen 72
Versicherungsträger 69
Versicherungsunternehmen 130
Versicherungsverein auf Gegenseitigkeit 130
Verteilungsschlüssel 296
  Gemeinkosten 292
Verteilzeit
  persönliche 170
  sachliche 170
Vertikalkomponente 686
Vertragsfreiheit 5, 7, 52, 57
Vertrauensschaden 8, 55
Vertriebsgemeinkostenzuschlagssatz 294
Verursacherprinzip 106
Verwaltung 136
Verwaltungsaufgabe 150
Verwaltungsgemeinkostenzuschlagssatz 294
Verwertung 109, 118
Verzögerung 667, 720, 724
Vetorecht 62
Video 475
Videoüberwachung 118
Vier-Felder-Matrix 164
Vier-Stufen-Methode 607
Viertaktmotor 706
Viertaktverfahren 706
Virenscanner 533
Visualisierung 471, 545, 632
  Checkliste 473
  Daten 423

Ergebnisse 540
Medien 474
Vollamortisations-
  verträge 273
Vollhafter 127, 145, 146
Vollkontrolle 607
Vollkostenrechnung 354,
  378
Vollschnitt 499
Voltmeter 681
Volumenänderung 664
Volumenausdehnung 665
Volumengesetz 663
Volumenstrom 676
Voraussetzungen
  fachliche 590
  persönliche 590
Vorbehalt Weihnachts-
  geld 4
Vorbeugung 186
Vorderansicht 504
Vorgang 169
  hydrodynamischer 676
Vorgangselement 169, 174
Vorgangsliste 200
Vorgangsstufe 169, 174
Vorgangszerlegung 169
Vorkalkulation 276, 317
  Angebot 315
Vormerkbestand 180, 182
Vorratsauftrag 181
Vorratsbeschaffung 183
Vorratshaltung 264
Vorratsluft 677
Vorratsplanung 184
Vorsatz 30
Vorschlagsrecht 62
Vorschlagswesen 226
  Betriebsrat 232
  Mitarbeiterbeteiligung
    232
  Prämienarten 231
Vorsorgeleistungen 73
Vorsorgeprinzip 106, 107
Vorstand 129
Vorstellungsgespräch 12
  Kosten 52, 56
Vorstellungskosten 12
Vortrag
  mündlicher 540
Vortragsweise 472
Vorwärmer 697
Vorwärtsrechnung 203
Vorwärtsterminierung 464
Vorwegmethode 471
Vorwiderstand 742
VVaG 130

W
Wachstum 554
Wahlrecht
  aktives 62
  passives 62
Wandel
  Erfolgsfaktoren 196
  organisatorischer 196
Wanderprinzip 177
Wareneinsatz 185
Warenwirtschaftssystem
  761
Wärme 662, 663
Wärmedämmung 665
Wärmeenergie 671, 693,
  694
  Übertragung 665

Wärmekapazität
  spezifische 693
Wärmekraftwerk 694, 711
Wirkungsweise 743
Wärmeleiter 665
Wärmeleitung 666
Wärmemenge 662, 693,
  695
Wärmequellen 694
Wärmeschutzverordnung
  710
Wärmestrahlung 666
Wärmeströmung 666
Wärmetransport 761
Wärmeübertragung 665
Wärmeverluste 665
Warngrenze 738
Warnstreik 48, 124
Wartezeit 82, 85, 170
Wartung 709
Wartungsanleitung 493
Waschmittel 108
Wasser 655
  Anomalie 664
  Erwärmung 712
  Härte 684
  Lösungsmittel 656
  Reinigung 657
Wasseraufbereitung 657,
  697
Wasserenthärtung 657
Wassergefährdungs-
  klassen 107, 108
Wasserhärte 656, 683, 684
  Verringerung 685
Waschvorgänge 657
Wasserhaushaltsgesetz
  107
Wasserkraftwerk 704
  Arten 704
  Energieausstoß 711
Wasserkreislauf
  natürlicher 683
Wasserstoff 648
Wasserverschmutzung
  113, 657
Wasserversorgung
  Betrieb 708
Wattsekunde 680
Wechsel
  schrittweise 208
Wechselstrom 678
Wegeunfälle 74, 120
  Alkohol 75
  Umwege 75
Weg-Zeit-Diagramm 720,
  724
Weihnachtsgeld 4, 17, 52,
  53, 54, 56, 124
Weisungsrecht 4, 30
Weiterbeschäftigung 26,
  27, 53
Weiterbeschäftigungsan-
  spruch 42
Weiterbeschäftigungs-
  möglichkeit 57
Weiterbildungsbedarf
  606, 754
Weiterverwendung 145
Weiterverwertung 145
Wellenstrahlung 112
Werkbankfertigung 176
Werkschutz 186
Werktarif 46
Werkstattauftrag 206

Werkstattbestand 182
Werkstattfertigung 176,
  567
Werkstattgruppen 573
Werkstoffe 144, 146
Werkstoffverlust 145,
  146, 147
Werkstoffzeit 146, 147
Werktage 27
Werkzeugdatei 208
Wert
  ästhetischer 228
Wertanalyse 228, 232,
  457, 465
  Grundschritte 228
  Phasen 457
Werte 557
Wertfortschreibung 243
Wertminderung 266
Wertrückrechnung 243
Wettbewerb 132
Wettbewerbsenthaltung
  127
Wettbewerbsklausel 23
Wettbewerbsverbot 23, 24
Widerspruchsrecht 62, 127
Widerspruchsverfahren
  762
Widerstand 679, 684
  Heizleistung 685
  Spannung 685
  spezifischer 679
  Stromkreis 685
Widerstandsmessbrücke
  681
Wiederbeschaffungs-
  kosten 289
Wiedergewinnungszeit
  409
Wiederverwendung 145
Wiederverwertung 113, 145
Windkraftanlage 704
Windows 427
Windows Vista 762
Windrad 704
Winkelgeschwindigkeit
  722, 723
Wirkkomponente 671
Wirksamkeit 141
Wirkungsgrad 576, 673,
  709, 711, 742
  Mensch 414
  Motor 685
  Pumpe 712
  Wärmekraftmaschine
    694
Wirtschaftlichkeit 238
  absolute 369
  Kostenentwicklung 275
  relative 368
Wirtschaftlichkeits-
  rechnung 371
Wirtschaftsausschuss
  60, 61
Wirtschaftsgüter
  geringwertige 272
Wirtschaftsschutz 186
  außen 186
  Gesetze 186
  innen 186
Wissensverarbeitung 193
Wohnfeuchte 750
Work-Factor-Verfahren 213
Wortwahl 472
Wunschziele 461

Wurf
  senkrechter 722

Z
Zeichnung 498, 504
  Arten 498
  fertigungsgerecht 499
  funktionsgerecht 499
  Schnittarten 499
  Schnittflächen 505
Zeichnungsarten 167
Zeit 148
Zeitabstand
  Bestellungen 188
Zeitarbeit 20
Zeitbedarf
  Aufträge 522
Zeitbefristung 16
Zeiten
  störungsfreie 467
Zeitgrad 141, 222, 523
Zeitlohn 220, 232, 578
  Anwendung 220
  Auswirkungen 224
  mit Leistungsbewertung
    220
  ohne Leistungsbewer-
    tung 220
Zeitmanagement 439, 467
Zeitnutzung 467
Zeitplanung 438, 467
Zeitpunktrechnung 247,
  261
Zeitraumrechnung 261
Zeitrechnung 236, 238
Zeitstudien 213
Zelle
  elektrochemische 655
Zentraleinheit 527
Zentralisation 152
  Nachteile 152
  Objekt 153
  räumliche 152
  Verrichtung 153
  Vorteile 152
Zentralwert 739
Zentrifugalkraft 725
Zertifizierung 96, 134
Zertifizierungsstelle 97
Zeugnis
  Aufbau 615
  einfaches 28, 43, 610
  einfaches, Beispiel 616
  Formulierungen 615, 621
  qualifiziertes 28, 43,
    610, 615
  qualifiziertes, Beispiel
    616
Zeugniserteilung 24
Zeugnisformulierungen
  621
Zielausmaß 511, 590
Zielformulierung 194, 196,
  511, 590
Zielgruppe 481, 482
  Interessen 482
Zielinhalt 511, 590
Zielsetzung
  soziale, Führung 591
  wirtschaftliche, Führung
    591
Zielvereinbarung 635
Zielverkaufspreis 316, 378
Zielzeit 511, 590
Zinküberzug 683

Zinsberechnung 399
  Restwert 403
Zivilrecht 762
Zufallsstreubereich 732,
  733
Zug 716
Zugangskontrolle 119,
  541
Zugfestigkeit 717, 718
Zugkraft 725
Zugriffsberechtigung 532
Zugriffskontrolle 541
Zugspannung 718, 719
Zukunftswerkstatt 195
Zündwilligkeit 708
Zusammenarbeit 627
  Beziehungen 585
Zusammenschluss
  diagonaler 131
  horizontaler 131
  Nachteile 132
  vertikaler 131
  Vorteile 132
Ziele 132
Zusatzauftrag 380, 384
Zusatzbedarf 180, 182, 504
Zusatzkosten 280, 288
Zuschlagskalkulation 330,
  378, 383
  differenzierende 332
  Maschinenstundensatz
    335
  Schema 336
  summarische 330
Zuschlagssätze 294
  Angebotskalkulation
    298
Zustand
  dynamischer 674
  statischer 674
Zustandsveränderungen
  641
Zuverlässigkeitswert 228
Zwangslauffertigung 177
Zweckaufgabe 150
Zweckaufwand 278, 280
Zweckbefristung 16, 17
Zweckbeziehung 150, 151
Zweckertrag 279
Zwei-Faktoren-Theorie 570
Zweitaktmotor 707
Zweitaktverfahren 706
Zwischenkalkulation 318
Zwischenzeugnis 28, 43

Klare Sicht
BWL-Basiswissen kompakt und anschaulich

Der Band gibt einen Überblick über das Bürgerliche Recht und das Handelsrecht. Daneben macht er mit der Technik der Fallbearbeitung (Subsumtionstechnik) vertraut. Mit Klausurtipps und Prüfschemata.

Monika Haunerdinger/
Hans-Jürgen Probst
BWL visuell
200 Seiten, kartoniert
ISBN 978-3-589-23770-8

Weitere Informationen zum Programm erhalten Sie im Buchhandel oder im Internet unter **www.cornelsen.de/berufskompetenz**

Cornelsen Verlag • 14328 Berlin
www.cornelsen.de

Überzeugend
Wenn der Auftritt stimmt

Präsentations- und Moderationsfähigkeiten sind wichtige professionelle Kompetenzen.
Grundlagen, Methoden sowie praktische Tipps finden sich in diesem Buch – einschließlich Umgang mit dem Overheadprojektor und Beamer.

Andreas Lenzen
Präsentieren – Moderieren
2., überarbeitete Auflage
188 Seiten, kartoniert
ISBN 978-**3-589-23536-0**

Weitere Informationen zum Programm erhalten Sie im Buchhandel oder im Internet unter **www.cornelsen.de/berufskompetenz**

Cornelsen Verlag • 14328 Berlin
www.cornelsen.de